BOUQUINS

Collection fondée par Guy Schoeller
et dirigée par Jean-Luc Barré

À DÉCOUVRIR AUSSI
DANS LA MÊME COLLECTION

Honoré de Balzac, *Premiers Romans* (2 vol.) ; *Lettres à Madame Hanska, 1848-1850* ; *Le Cycle de Vautrin*

Charles Baudelaire, *Œuvres complètes*

Charles Dantzig, *Les Écrivains et leurs mondes*

Dictionnaire Albert Camus

Chateaubriand, *Génie du christianisme. Textes historiques, pamphlets, essais politiques*

Tristan Corbière, *Œuvres poétiques complètes*

Alexandre Dumas, *Mes mémoires* (2 vol.) ; *Les Grands Romans d'Alexandre Dumas* (10 vol.)

La Fabrique de l'intime. Mémoires et journaux de femmes du XVIIIe siècle

Gustave Flaubert, *Madame Bovary, L'Éducation sentimentale, Bouvard et Pécuchet, Dictionnaire des idées reçues, Trois Contes*

Théophile Gautier, *Œuvres*

Edmond et Jules de Goncourt, *Journal. Mémoires de la vie littéraire* (3 vol.) ; *Les Hommes de lettres et autres romans*

Victor Hugo, *Correspondance familiale et écrits intimes* ; *Œuvres* (11 vol.)

Alfred Jarry, *Œuvres*

Pierre Loti, *Voyages (1872-1913)*

Guy de Maupassant, *Contes et nouvelles, romans* (2 vol.)

Octave Mirbeau, *Le Jardin des supplices et autres romans*

Marcel Proust, *À la recherche du temps perdu*

François Rabelais, *Tout Rabelais*

Jules Renard, *Journal (1887-1910)*

Rivarol, Chamfort, Vauvenargues, *L'Art de l'insolence*

Saint-Simon, *Tout Saint-Simon*

Germaine de Staël, *La Passion de la liberté*

Alexis de Tocqueville, *De la démocratie en Amérique, Souvenirs, L'Ancien Régime et la Révolution*

Émile Zola, *Les Rougon-Macquart* (5 vol.)

CHARLES DANTZIG

HISTOIRE LITTÉRAIRE DES FRANÇAIS

BOUQUINS
la collection

Si, malgré nos efforts, nous n'avions pas réussi à joindre tous les auteurs ou ayants droit des extraits reproduits dans ce livre, nous prions ceux-ci d'accepter nos excuses et de se mettre en rapport avec l'éditeur.

ISBN : 978-2-38292-513-3
Dépôt légal : août 2024 – N° d'édition : 66097/01
Bouquins éditions – 92, avenue de France – 75013 Paris

DES FRANÇAIS

Prenons « Français » dans un sens simple, habitants plus ou moins anciens du lieu-dit France, pour reprendre l'expression « lieu-dit Allemagne » que Marx opposait aux nationalistes de son pays dans *L'Idéologie allemande*. Ces habitants ont vécu des faits qui, soit qu'ils les aient engendrés, soit qu'ils les aient subis, soit marquants, soit banals, les ont constitués. Ces faits se sont parfois produits hors de nos frontières, au demeurant mouvantes ; les frontières sont moins cruciales que certains ne le pensent. Elles fluctuent par la volonté des pays ou de leurs ennemis quand ils en ont, fluctueront en raison du changement climatique qui engendrera le rétrécissement de certains par le rongement de leurs façades maritimes, et ne comptent pour rien quand il s'agit d'épidémies ou d'idées. Simplifiées en slogans, les idées affectent les populations comme des maladies. Il leur faut au moins cent ans pour s'en débarrasser, parfois au prix de guerres. Du nationalisme qui a contaminé la deuxième moitié du XIXe siècle et la première du XXe, on connaît le prix du débarras ; l'idéologie plus bégnine du progrès s'est éteinte en France sous l'effet de la déception de voir des politiciens arrivés au pouvoir en son nom l'abandonnant avec une frivolité d'acier. Les idées ne sont pas des vents magiques s'emparant des cerveaux ; les idées, ce sont des êtres. Dans une position d'influence ou de pouvoir, ils les diffusent à leur avantage. L'idée des croisades en a été une bien stupide, qui a duré malgré les ravages qu'elle engendrait. La stupidité est d'un grand attrait. Les analyses historiques n'en tiennent pas assez compte (elles ne le font même jamais). Après l'histoire sociale, l'histoire monétaire et toutes ces spécialités qui nous ont soulagés de l'histoire narrative et de ses féeries, on pourrait créer l'histoire idiotique. La deuxième croisade au regard de l'éventuelle imbécillité de Bernard de Clairvaux et de la stupidité meurtrière qu'il a éveillée chez ses auditeurs serait une étude intéressante. Le plus ancien écrit de cette *Histoire littéraire des Français* relate une croisade de Français contre des Français, au XIIIe siècle, *La Chanson de la croisade des Albigeois* de Guilhem de Tudèla.

Les êtres qui occupent le pouvoir suprême sont parfois appelés grands hommes. Nous connaissons pourtant la composition morale de bien d'entre eux : désir de domination, opportunisme, manque de parole, cuistrerie, au minimum. Grandes femmes, mêmes composantes. Catherine de Russie. Jiang Qing. Park Geun-Hye. Le pouvoir n'a pas de sexe. Margaret Thatcher n'est ni femme ni homme. Léonid Brejnev n'est ni homme ni femme. Ils sont le Pouvoir. Le pouvoir n'a pas d'âge. En 2017, la France s'est pourvue d'un président de la République de trente-neuf ans. Sans qu'on ait pu disposer d'une soirée pour en éprouver du contentement, il s'est mis à vieillir la jeunesse. Il n'avait pas trente-neuf ans, il en avait deux mille, il en avait cent mille. Il avait l'âge du Pouvoir. C'est celui de Caïn.

Ce livre sépare ce type d'êtres de pouvoir, les « Eux », les suprêmes, des autres Français. L'histoire de notre pays a longtemps été un chant du pouvoir sur des rengaines que chaque génération complétait de couplets plus ou moins sanglants. Plusieurs écrivains ont sauté dans le camion à ridelles de cette fanfare, avec bien peu d'honneur, malgré ce qu'ils croyaient. Chateaubriand, Lamartine, même Voltaire (dans *La Henriade* et *Le Siècle de Louis XIV*) ont fait reluire les cuivres des canons en les disant en or. C'était au moins autant pour eux que pour la France. Qui écrit sur César se prend un peu pour César. Mes pellicules ? La poussière de sa gloire. À l'exception d'Austerlitz dont le récit dans le *Bulletin de la Grande Armée* constitue *aussi* un exemple de propagande, j'ai laissé de côté ces dithyrambes qui font béer les naïfs et confié aux écrivains du moment le soin de raconter ce que les Français ont vécu et vivent, en dehors, dans la plupart des cas, des moments « historiques ».

Mon histoire n'est pas racontée par des historiens, mais par des écrivains. Ils sont contemporains des faits qu'ils relatent, le plus souvent des témoins, à défaut des renseignés de première main. Si j'ai choisi Dumas sur la révolution de 1830, c'est que, au contraire de la période des *Trois Mousquetaires*, il y était. Bien sûr, il exagère, mais on le sent. La partialité de l'historien est moins discernable. De même Germaine de Staël sur Napoléon ou, sur Clemenceau, Churchill que je peux qualifier d'écrivain, doué qu'il est d'un authentique talent littéraire nourri par une vaste connaissance de la littérature anglaise, notamment de Shakespeare, dont ses discours de guerre sont innervés. Sa limite était qu'il lisait très peu de romans. De ce point de vue, Disraeli était plus lettré, quoi que moins bon écrivain, de même que Macmillan, qui, comme son nom l'indique, avait été éditeur ; on voit dans ses carnets que, quand un incident politique le déprimait, il reprenait Dickens. Comme on le comprend ! Que le génie galvanise ! En France, les Eux sont d'une culture littéraire très plate, malgré les roucoulades de leurs courtisans. Louis XIV aimait mieux la musique et le ballet, qui n'ont jamais engendré de révolutions ; en littérature, il était aidé par son propagandiste au moyen de la blague, Molière, et par le génie de Racine dont bien des tragédies comportent des tirades allusives mais très suaves à l'oreille du chef sur la pénible charge du pouvoir. Les Eux ont en France un net complexe littéraire, tant mieux pour la littérature, qui leur a fait écrire des livres intéressants par leur combinaison d'application scolaire et de fatuité délirante, à la très rare exception du *Grandeurs et Misères d'une victoire* de Clemenceau, et citer des auteurs d'un talent modéré, les autres étant trop indépendants pour ne pas blesser leur assurance. Pompidou injuriait Apollinaire dans son anthologie de poésie française (le malheureux croyait Éluard un bon poète), Mitterrand ne trouvait nul de meilleur que Chardonne (la charentaise à motif Vichy) et Giscard que Maupassant (les p'tites femmes) ; par une haine appliquée envers la littérature française, Chirac raffolait de citer des poètes chinois, la poésie ayant par sa brièveté, selon lui, l'avantage de pouvoir être lue en avion (authentique). Quant aux successeurs, veuillez m'excuser un instant, je m'éloigne pour aller rire.

Plusieurs textes sont très rares, comme le compte rendu de la journée du 4 août par Chamfort, extrait d'une série de récits sur les événements marquants de la Révolution publiés en fascicules entre 1791 et 1796, les souvenirs de Ludovic Halévy (oui, celui des livrets d'Offenbach) sur Gambetta, qui n'ont eu qu'une édition posthume et limitée en 1929, la visite de Bernardin de Saint-Pierre à Jean-Jacques Rousseau dans son petit appartement près du Louvre, essai inachevé lui aussi posthume, ou le récit de l'extravagante exfiltration du cadavre de Voltaire hors de Paris, provenant d'une lettre manuscrite. C'est en se fondant sur cette sorte d'écrits que les historiens travaillent. Ils montrent, mais après. Ils ont trié. C'est *leur* tri. Je ne dis pas qu'il soit fautif, encore moins malhonnête, mais il éloigne des sources. Et c'est à partir de ces tris répétés pendant des générations que s'élaborent des légendes. Voilà pourquoi j'ai exclu les écrivains de l'après : pas d'extraits de romans historiques dans ce livre. Non seulement leurs auteurs abdiquent le plus souvent leur imagination en faveur de ce qui a été trié par les historiens mais, à cause de la fréquente pauvreté des connaissances, ils se concentrent sur le décor. L'auteur d'un roman sur l'Athènes antique perd souvent plus de temps à répéter des lieux communs sur Périclès et à décrire des cothurnes que, dans un roman contemporain, il n'en passerait avec des sneakers et le roi des Belges.

Romans : on ne trouvera pas ici que des mémoires et des chroniques, aussi génialement écrits soient-ils que ceux de Saint-Simon, aussi allègres que celles de Tallemant des Réaux. Le nom de Churchill l'a annoncé, il n'y a pas non plus que des auteurs français. On en trouvera même de francophobes, comme Scott Fitzgerald (je vous raconterai une autre fois la quantité d'écrivains étrangers que, dans notre vanité candide, nous croyons des admirateurs), d'autres pas, comme Katherine Mansfield, qui évoque Paris en 1915. Dans une nouvelle, elle a raconté l'aventure d'une femme grugeant des soldats de garde pour rendre visite à un ami au front. Plusieurs femmes, quelquefois grimées en homme, sont ainsi allées visiter leur fiancé mobilisé. Seule la fiction rapporte ces choses. Sur le moment, la censure de la presse, la bienséance, l'hypocrisie l'interdisent. La fiction est un biais. C'est par lui qu'elle met l'authentique au jour. Grâce à elle, l'inavouable, l'imperceptible, le dissimulé éclatent. Napoléon III errant dans *La Débâcle* morne et malade est au moins aussi sûr que les relations grandiloquentes des journaux de l'Empire. Non seulement Zola enquêtait impeccablement, mais il y avait son imagination. Je l'ai déjà dit et le redirai, l'imagination n'est pas une fantasmagorie, mais un calcul de probabilités. En plus de la littérature pure, comprenez des lignes imprimées sur du papier, j'ai choisi de la littérature dessinée, Copi ou Bretécher disant en deux planches bien plus que quantité de dramaturges en cinq actes, et des chansons, non pour ce qu'elles diraient les choses, mais parce qu'elles évoquent sensitivement la façon de les prendre. La fiction commence où l'histoire ignore.

De là que j'ai essentiellement choisi les écrivains les plus personnels, ceux qui ont un point de vue, ne laissant que peu de place aux écrivains représentatifs. Le représentatif n'est pas l'authentique. Prenons le voyage en Tunisie de Jean Lorrain en 1899. Il n'est pas mauvais, mais il colporte l'opinion moyenne sur ce protectorat au moment où il l'écrivait : cela se manifeste par le goût du pittoresque. La croyance au pittoresque révèle une chimère de supériorité. Et Lorrain n'est pas le pire. La bourgeoisie française de la première moitié du XXe siècle a été droguée d'une littérature coloniale de très mauvaise qualité, Joseph Peyré, Henry de Monfreid, les frères Tharaud, ici contredits par des extraits du récit de Gide au Congo et de l'extraordinaire roman d'un officier d'Indochine, *Fumeurs d'opium*. Si j'avais choisi ce que les Français lisaient en quantité à chaque moment dont il est question, j'aurais donné une idée fausse des faits, quoiqu'exacte de leurs fantasmes. Tenez, la guerre de 1870. Ce que les Français ont majoritairement écrit et lu après la défaite étaient des romans à moustache destinés à consoler les plaies de l'imagination nationale : des *pioupious* solitaires et *trempés dans l'acier* donnant *du fil à retordre* à des compagnies entières de *féroces Prussiens*. Pour la guerre suivante, même gagnée, tant de romans à la Louis Dumur, auteur d'une trilogie romanesque assez proche du prurit, *Nach Paris !* (1919), *Le Boucher de Verdun* (1921) et *Les Défaitistes* (1923). « Brest-Litovsk ! Brest-Litovsk ! hurlait Guillaume II comme un dément » (*Les Défaitistes*). C'est dans ces romans et dans le journalisme, toujours approximatif, que l'on trouvera l'origine des soldats mobilisés en 1914 partant « la fleur au fusil ». Les livres sérieux attestent fréquemment le contraire. « À la gare, les paysans normands s'entassent dans les wagons. Contrairement à la légende, ils ne sont pas joyeux du tout d'aller combattre les Allemands. Ils se sont saoulés » (Henriette Nizan, *Libres Mémoires*, 1989).

Dans un passage que je n'ai pas retenu de son récit de voyage, Jean Lorrain exprime le vieux préjugé antisémite, sans insister, en passant, puisque ça allait de soi. J'aurais pu citer le *Manette Salomon* (1867) des frères Goncourt (« […] des visages brouillés […] étalant ce luxe de velours gras qu'aiment les marchands de choses suspectes, de petits yeux allumés de la fièvre du lucre […] ») ou le délicat roman *Dinah Samuel* (1882) par Félicien Champsaur (« Une jolie femme, Esther Chatam, horizontale en renom, une Juive blonde au nez retroussé, aux yeux profonds, d'un éclat pervers, ayant seuls, dans sa personne, le caractère youtre […][1] »). Pour le racisme, Alphonse Daudet (qui n'était pas en peine d'antisémitisme non plus) dans *Sapho* (1884) : « Caravanes de nègres et de chameaux chargés de gomme, tentes de poil dressées, une odeur de musc humain sur toute cette singerie qui bivouaquait au bord de la mer […] ») ou le capitaine Danrit et son *Invasion noire* (1895), où les musulmans conquièrent l'Europe aidés par les Noirs d'Afrique (« Le cercle des nègres se resserre à vue d'œil. C'est la marée qui monte autour d'un îlot […] »), tout moment ayant son Houellebecq pour exprimer sa bile. Sur les femmes, du Barbey d'Aurevilly en rafales. Il était si vain de sa misogynie qu'il l'a rassemblée en deux anthologies ; dans *Fragments sur les femmes* (1889), il trouve manifestement désopilant : « En fait de femmes, c'est dans les huîtres que l'on trouve les perles. » Et ce n'est rien comparé à la salacité générale de ces années-là. Sous le rapport de l'attention à ce que l'on n'appelait pas encore les dominés, peu de périodes littéraires ont été plus ignobles que celle du réalisme. Entre 1850 et 1930, il a bavé du plaisir de mépriser. Cela venait de son fantasme d'aristocratisme, ces écrivains se considérant comme des purs dans la fange. L'un faisait des enfants qu'il ne reconnaissait pas, l'autre employait un prête-plume, un autre couchait avec sa bonne et masturbait sa chatte, un autre théorisait le racisme, un autre qui faisait des frisettes de style se croyait le roi du Goût. J'exclus les naturalistes de cette maniaquerie égocentrique qui a arrosé la graine du fascisme français. Ils sont tout autre chose, esthétiquement, politiquement, politiquement parce qu'esthétiquement. L'imagination de Zola n'est pas orientée par des préjugés. Deux de ses écrits reproduits ici, le célèbre « J'accuse… ! » et le

1. Quant à Dinah Samuel, c'est Sarah Bernhardt qu'il pense décrire dans ce roman à clefs rouillées.

très peu connu « Pour les Juifs », ont effacé bien des sottises de la corporation écrivante.

Non qu'elle ne se soit pourvue d'autres préjugés une fois les précédents refoulés. Dans les années 1940 à 1970, elle a barboté avec bonheur dans le petit bassin de l'homophobie. Un écrivain qui rabaissait tout, Marcel Aymé, invente dans *Travelingue* (en feuilleton dans *Je suis partout*, puis en volume, 1941) un personnage caractérisé par une phrase d'une considérable bêtise fantasmatique : « Riche, notoirement homosexuel, il passait, de surcroît, pour être muni d'un anus artificiel, et ce détail curieux faisait rechercher sa société » (et ces gens se croient drôles ; le même a colporté dans *Uranus*, en 1948, des spéciosités sur l'« épuration » après-guerre, à propos de laquelle je ne recommanderais jamais assez le livre de l'historienne Annie Lacroix-Riz, *La Non-Épuration en France*, 2019). Dans *L'Automne à Pékin* (1947), Boris Vian invente un personnage qui s'annonce comme directeur à qui une femme répond : « Mais non. On sait bien ce que vous êtes. Un pédéraste. » Les sympas sont les pires.

A disparu un préjugé très ancien et si durable que nos prédécesseurs, y compris les plus intelligents, seraient indignés de nous voir éprouver pour lui le même type de surprise que l'on peut éprouver quand on pense à une amourette passée : quoi, j'ai aimé ça ? La gloire militaire, cette invention romaine en Europe, y était revenue au moment où la religion catholique et le latin commençaient à baisser le nez face aux États en gésine. Plus de papes noircissant de leur ombre le haut Moyen Âge : des rois jeunes et frais jouant au rugby des nations. Il fallait des podiums. On les érigeait sur des cadavres. Elle aussi non genrée quoique fortement masculine (Artémise à Salamine), la gloire militaire a eu besoin des carnages résolus de la Deuxième Guerre mondiale pour s'éteindre, dès 1940, en France. Dans les années 1960, on demandait à un historien membre de l'Académie française : « Pourquoi n'élisez-vous plus de généraux ? » Et lui : « Pour quoi faire ? Pour qu'ils disent dans leur discours de réception : "Je suis arrivé le premier à Perpignan en 40" ? »

Tous ces vices, je les ai exclus de ce livre, il ne sert pas à exhiber des préjugés. De plus, ceux-ci ne sont pas spécifiques aux

Français. « Les » Français ? Marseillais, Biarrots, Nantais, Brestois et ainsi de suite, nous avons sans doute des traits communs, façonnés par de longues habitudes que certains disent immémoriales, c'est exagéré. Une habitude se crée en deux fois, et une coutume naît dès qu'un groupe y trouve son confort. Il y a des coutumes de la veille. Toutes tombent sans que l'on s'aperçoive de leur disparition. Rarement on a mesuré la durée de telle ou telle. On sait à quelque cent ans près de quand à quand a existé la coutume chevaleresque, de quand à quand, la coutume courtoise, mais ce sont de très vagues limites. Nous qui avons dépassé l'âge de vingt ans savons très bien que 2020 n'était pas 2010. Que sait-on des Français de 1200 ? Sommes-nous si proches d'eux, exceptée la part humaine ? Une chose qui a beaucoup changé est le rapport à l'argent. Quand est-il devenu indicible dans la fiction française ? On en parle très librement dans Sorel, dans Marivaux, en monarchie, il n'est dissimulé ni dans George Sand ni dans Zola, en république. Ces écrivains notaient sans complexe le pécuniaire, à la manière des Américains, ce que les écrivains d'aujourd'hui trouvent grossier. C'est au XXe siècle que cette pruderie est arrivée. Comment ? Nous sommes mystérieux à nous-mêmes.

•

Note sur nos vices

Comme on n'expose pas ses qualités (au reste, si on en a, on a tendance à les méconnaître), j'aurais bien voulu inclure nos vices. Il semble que nous n'en ayons pas de précis. Les Français ne sont pas les seuls à dire du mal des autres pays, mais ils sont parmi les seuls à ne jamais en dire du leur. Combien de fois me suis-je trouvé en Italie dans des conversations s'achevant sur : « Paese di merda ! » ? En Belgique, où l'on ne fait même plus attention à la remarque : « La Belgique n'existe pas » ? En France, jamais je n'ai entendu : « La France n'existe pas », encore moins : « Pays de merde ! ». Les Français sont nationalistes en se croyant universalistes. Il est vrai que l'universalisme est un fréquent moyen d'ordonner à qui est différent de soi : sois comme moi ! Les Français sont universalistes pour que les autres modes de vie ressemblent au leur. (Parenté avec les États-Unis.) Loin de dater de la Révolution, il a été inventé sous les rois. Il fallait que le pays fût exceptionnel. (Autre parenté avec les États-Unis, avec lesquels nous partageons aussi le goût d'un lexique abstrait.) Si les Français adorent la France, ils ne s'aiment apparemment pas. Ils disent sans cesse du mal des Français, d'abord suivant des critères de classe sociale, de région, d'ethnie, faisant le Septentrional dédaigner le Méridional, le Bordelais, le Toulousain, le riche, le pauvre, le Han, le Noir ; à l'intérieur de chaque catégorie, silence : le bourgeois est content de la bourgeoisie, le paysan de la paysannerie, le Blanc ne pense pas à la blancheur, signe le plus sûr de la suprématie. En tant qu'ensemble, dérision universelle. « Les Français sont des veaux, comme disait de Gaulle ! », lequel ne l'a sans doute jamais dit, mais ces Français mal habitués à la démocratie raffolent du Chef qui piétine leurs voisins, chacun s'excluant bien sûr de la généralité. Dénigrer en général empêche de se réformer en particulier, et c'est ainsi que, en réalité, les Français s'adorent. L'unité se fait par le plaisir de pester. Non sans perversité, un Français dira : « Les Français ne sont jamais contents » avec une nuance d'approbation. Il sera content de ne pas être content que ses compatriotes ne soient pas contents. La promiscuité tue le jugement.

J'ai cherché parmi les spécialistes du vice, les moralistes. Très perspicaces envers les autres sans jamais se critiquer eux-mêmes, qu'ont exprimé ces juges ?

Montaigne, rien. (Je ne compte pas la seule remarque de cet ordre dans les *Essais*, « Mettez trois Français aux déserts de Libye, ils ne seront pas un mois ensemble sans se harceler et égratigner », comme ne pouvant pas s'appliquer à d'autres populations.)

Pascal, rien.

La Rochefoucauld, rien.

La Bruyère, rien.

Saint-Évremond, rien.

Vauvenargues, rien.

Joubert, flatteries. « Les Athéniens avaient l'esprit naturellement noble et pathétique, comme les Français l'ont naturellement plaisant. »

Que nous sommes bien, dites !

Je dirais que le plus ancien vice des Français est la passion de ressembler. Nous vivons dans un pays où il n'est pas rare d'entendre, à propos de quoi que ce soit : « Que faut-il en penser ? » Ce désir de penser la même chose, et de la même façon, explique quantité de comportements. Il provient d'un snobisme inoculé au pays par la monarchie et ses cours. Un parler réglé, si important dans un pays social et centralisé, en était la première structure. (Versailles n'a été que la ville de Washington de la France. La capitale, juridique ou non, a toujours été Paris, et tant mieux. Paris est le boulon de la France.) À vingt ans, ne tenant rien pour acquis et vérifiant aux sources, principe même de cette *Histoire littéraire des Français*, j'ai examiné les leçons de Vaugelas dans ses *Remarques sur la langue française* (1647), fondées sur le bien parler de la cour. « Car si ce n'est autre chose, comme quelques-uns se l'imaginent, que la façon ordinaire de parler d'une nation dans le siège de son empire, ceux qui y sont nés et élevés n'auront qu'à parler le langage de leurs nourrices et de leurs domestiques pour bien parler la langue de leur pays. » Je dois dire que j'en ai gardé certaines méfiances, comme envers le mot « quasi », resté pour moi quelque chose entre l'affectation petite bourgeoise et le morceau de veau. Je tiens l'observation suivante de Germaine de Staël pour cruciale dans l'ethnographie de la France : « Les Français […] vont où tout le monde va, disgrâce ou crédit, n'importe : si quelques-uns se font passer pour la foule, ils sont bien sûrs qu'elle y viendra réellement. On a fait la révolution de France en 1789 en envoyant un courrier qui, d'un village à l'autre, criait : *Armez-vous, car le village voisin est armé*, et tout le monde se trouva levé contre tout le monde, ou plutôt contre personne » (*De l'Allemagne*). Les exodes hors de Paris de 1848, 1870, 1918, 1940, et probablement ceux qui ont dû se produire en 1420 et à je ne sais quels autres piteux moments, n'ont pas eu d'autre cause. *Idem*, le film français le plus vu, *Bienvenue chez les Ch'tis* (2008), vingt millions de billets vendus ; *idem*, l'exposition Toutankhamon à la Villette (2019), un million quatre cent mille visiteurs ; *idem*, n'importe quelle fête au Champ-de-Mars depuis le premier spectacle à s'y être tenu, en 1984 (la fête de la Fédération de 1790 ayant été oubliée), celui du pape Jean-Paul II aux « journées mondiales de la jeunesse », suivi de celui de l'équipe de France de football en 1998, puis de celui de Johnny Hallyday en 2009, puis de celui des Jeux olympiques en 2024. Un musicien nous composera-t-il une marche des Zombies de France ?

Autre vice ancien quoique plus récent, la symétrie. Cette angoisse spécifique aux Français tient sans doute à la tragédie classique (j'écrirai un jour une histoire de France à partir de l'alexandrin avec césure à l'hémistiche), puis à la mathématisation du pays lors de la Révolution de 1789 (division rationnelle en départements, système métrique), enfin à la rigidification de la grammaire sous la IIIe République. S'y ajoute la conformation géographique du territoire, la France métropolitaine étant plus ou moins carrée même si on la qualifie d'hexagone. Les habitants de chaque pays sont influencés par sa forme ; les Lombards mépriseraient-ils autant les Calabrais sans cette distance d'élastique tendu entre les deux régions ? Stop. À trop vouloir prouver, on devient imbécile.

Le plus grand vice des Français actuels est de vouloir avoir raison. Voyez comme ils raffolent de dire non. Leur démarche exprime le non. Leur visage rayonne de non. Leur voix résonne le non. On le leur a appris. La culture élevée le vénère autant que la populaire. Spectacle triomphant au palais des Congrès de Paris sur de Gaulle en 1999 : *Celui qui a dit non*. (Il réclamait pourtant des oui à ses référendums.) Livre de Gaston Bachelard en 1940 : *La Philosophie du non*. Le nombre de Français qui répondent non à une question sans se rendre compte de leur brutalité n'égale que l'exaspérant des commerciaux de hotlines à qui l'on a appris à remplacer le non par le oui. Cette négativité participe d'une amertume entretenue par des essayistes dépressifs et des politiciens démagogues. (Ceux-ci passeraient à l'optimisme dès l'instant où ils le verraient à la mode. Quel est le politicien spirituel, je me demande si ce n'est pas Briand, qui, voyant des passants courir devant l'Assemblée nationale, a dit : « Tiens, des électeurs qui courent ! Allons voir ce qu'ils veulent pour le leur proposer » ?) Dans l'ensemble et avec tout l'approximatif que cela comporte, ces traits existent. De même, la proposition suivante : le génie des Français reste la littérature.

EUX

Eux, ceux qui disposent du pouvoir politique suprême. Êtres fréquemment pourvus du génie de la mauvaise foi, auquel s'ajoute non rarement une moralité de Cosa Nostra. Intelligence plutôt moyenne, seule chose qui rende la popularité possible (Alphonse de Lamartine n'a pas pu se faire élire président de la République, 21 000 voix, moins qu'il n'avait de lecteurs), mais ruse considérable. Comme nous tous, les Eux français sortent des grottes, et y sont longtemps restés. Je laisse, pour la seule fois de ce livre, la parole à un historien. Dans son Histoire des Francs, *Grégoire de Tours montre la famille royale française au VIᵉ siècle :*

> Rigonthe, fille de Chilpéric, tenait souvent des discours contre sa mère, se prétendait la maîtresse, et disait que sa mère devait la servir, l'accablant continuellement d'un grand nombre d'injures, en sorte qu'elles se battaient souvent à coups de poings et avec des soufflets. Sa mère enfin lui dit : « Pourquoi me tourmentes-tu, ma fille ? Voilà les trésors de ton père que j'ai en ma puissance ; prends-les, et fais-en ce qu'il te plaira » ; et étant entrée dans le cabinet du trésor, elle ouvrit un coffre rempli de colliers et de joyaux précieux, et après en avoir tiré pendant longtemps diverses choses qu'elle remettait à sa fille qui était là présente, elle lui dit : « Je suis fatiguée, mets la main dans le coffre, et sors-en ce que tu trouveras. » Celle-ci ayant enfoncé son bras dans le coffre pour en tirer des effets, sa mère prit le couvercle, et lui en frappa la tête ; puis, le pressant de toutes ses forces, elle lui serrait la gorge contre la planche inférieure, de telle sorte que les yeux étaient prêts à lui sortir de la tête. Une servante qui était dans le cabinet, se mit à crier de toutes ses forces en disant : « Accourez, je vous prie, accourez ; voilà ma maîtresse que sa mère étrangle. » Aussitôt ceux qui étaient restés devant la

porte, attendant qu'elles sortissent, se précipitèrent vers le cabinet, et, sauvant Rigonthe d'un péril imminent, la conduisirent dehors. Après cela, il s'engendra entre elles de violentes inimitiés ; et surtout à cause des adultères auxquels se livrait Rigonthe, il y avait sans cesse entre elles des querelles et des coups[1].

Nous n'en sommes plus à cette férocité comique ? Il suffit d'un Trump. La civilisation est un vernis sur des ongles sales.

1. Traduit par François Guizot pour la *Collection des mémoires relatifs à l'histoire de France depuis la fondation de la monarchie française jusqu'au* XIII*e siècle.*

FRANÇOIS DE BASSOMPIERRE

(1579-1646)

Les derniers jours d'Henri IV

La première statue d'un roi érigée en France a été, après sa mort, celle d'Henri IV au Pont-Neuf. Cela participait de l'idée romaine des empereurs divinisés ; les rois de France ont toujours su utiliser la romanité dans ce qu'elle avait de plus comminatoire. Sur le piédestal, Henri IV est d'ailleurs qualifié d'« empereur des Gaules ». Cela ne veut rien dire, mais il y a le mot, et qui sait ? il pourrait un jour servir à des prétentions. Le sculpteur le fait sourire sur cette statue de 1614. Mettons qu'Henri IV ait été sympathique. La sympathie n'est que la preuve d'elle-même. L'idée d'un simple attentat contre la personne d'un roi était sacrilège. Sur celui de 1605 contre Henri IV, Malherbe a écrit :

Que direz-vous, races futures,
Si quelquefois un vrai discours
Vous récite les aventures
De nos abominables jours ?

Et c'était parce qu'Henri IV avait été tiré par le manteau et déséquilibré alors qu'il allait à cheval sur ce même Pont-Neuf. En 1594, on avait écartelé un homme qui l'avait attaqué ; le roi avait eu une dent cassée. (L'attentat de Ravaillac a été le dix-huitième.) Il a été un des rares rois que nous ayons bien aimé, avec Louis XII, mais celui-ci c'était pour une raison que ses successeurs, quel que soit le régime, se sont gardés d'imiter : il avait baissé les impôts.

Bassompierre a été fait maréchal par Louis XIII pour avoir exterminé un bon lot de protestants, en particulier à Privas, avant d'être emprisonné à la Bastille qu'il avait quelque temps dirigée, Richelieu le haïssant. C'est dans sa vie qu'il m'a semblé trouver l'origine, dans À la recherche du temps perdu, *de Basin de Guermantes prévenu de la mort de sa mère pendant qu'il est en train de danser et répondant « On exagère » : un jour que Bassompierre dansait avec la reine, quelqu'un l'avise que sa mère vient de mourir, et lui : « Ma mère ne sera morte que quand j'aurai fini de danser. »*

Mai [1610]

Puis nous entrâmes dans ce malheureux mois de mai, fatal à la France par la perte que nous fîmes en celui-ci de notre bon roi !

Je dirai plusieurs choses des ressentiments que le roi avait de mourir, et qui prévinrent sa mort. Il me dit, peu avant ce temps-là : « Je ne sais ce que c'est, Bassompierre, mais je ne me puis persuader que j'aille en Allemagne, et le cœur ne me dit point que tu ailles aussi en Italie. » Plusieurs fois il me dit, et à d'autres aussi : « Je crois mourir bientôt. » Et le premier jour de mai, revenant des Tuileries par la grande galerie (il s'appuyait toujours sur quelqu'un), et lors il tenait M. de Guise d'un côté et moi de l'autre, et ne nous quitta qu'il ne fut près d'entrer dans le cabinet de la reine ; il nous dit alors : « Ne vous en allez point, je m'en vais hâter ma femme de s'habiller, afin qu'elle ne me fasse point attendre à dîner », parce qu'il mangeait ordinairement avec elle. Nous nous appuyâmes, en attendant, sur ces balustres de fer qui regardent dans la cour du Louvres ; lors le mai que l'on y avait planté au milieu tomba sans être agité de vent ni autre cause apparente, et chut du côté du petit degré qui va à la chambre du roi ; je dis alors à M. de Guise : « Je voudrais qu'il ne m'eût coûté quelque chose de bon, et que cela ne fut point arrivé : voilà un très mauvais présage. Dieu veuille garder le roi, qui est le mai du Louvre ! » Il me dit : « Que vous êtes fou de songer à cela ! » Je lui répondis : « On ferait en Italie et en Allemagne bien plus d'état d'un tel présage que ne faisons ici : Dieu conserve le roi et tout ce qui lui attouche ! » Le roi, qui n'avait fait qu'entrer et sortir du cabinet de la reine, était venu tout doucement nous écouter, s'imaginant que nous parlerions de quelque femme, ouït tout ce que j'en avais dit, nous interrompit alors, disant : « Vous êtes des fous de vous amuser à tous ces pronostics : il y a trente ans que tous les astrologues et charlatans qui feignent de l'être me prédisent chaque année que je cours fortune de mourir ; et, celle que je mourrai, on remarquera alors tous les présages qui m'en ont averti en celle-ci, dont l'on fera cas, et on ne parlera pas de ceux qui sont advenus les années précédentes. »

La reine eut une passion particulière de se faire couronner avant le départ du roi pour aller en Allemagne. Le roi ne le désirait pas, tant pour éviter la dépense que parce qu'il n'aimait guère ces grandes fêtes ; toutefois, comme il était le meilleur mari du monde, il y consentit, et retarda son départ pour aller en Allemagne jusque après qu'elle aurait fait son entrée à Paris[1]. Il me commanda de m'y arrêter aussi, ce que je fis, et aussi parce que Madame la princesse de Conti me pria d'être son chevalier à la cérémonie du sacre et de l'entrée.

La cour alla donc coucher le 12e de mai à Saint-Denis pour se préparer au lendemain 13e, qui fut le jour du sacre de la reine, qui se fit en la plus grande magnificence qu'il fut possible. Le roi y fut extraordinairement gai. Après le sacre il y eut, au logis de la descente des ambassadeurs, quelque brouillerie avec celui d'Espagne et de Venise. Le soir tout revint à Paris.

Le lendemain matin, 14e dudit mois, M. de Guise passa par mon logis, et me prit pour aller trouver le roi qui était allé ouïr messe aux Feuillants ; on nous dit par les chemins qu'il était allé au retour par les Tuileries ; nous allâmes donc lui couper chemin, et le trouvâmes dans le berceau, s'en revenant, et parlait à M. de Villeroy, qu'il quitta pour prendre M. de Guise et moi à ses deux côtés, et nous dit d'abord : « Je viens des Feuillants, où j'ai vu la chapelle que Bassompierre y fait faire, qui a fait mettre sur la porte : *Quid retribuam Domino pro omnibus quae retribuit mihi*[2] ? » Et moi j'ai dit que pour lui, qui était allemand, il y fallait ajouter : « *Calicem salutaris accipiam*[3]. » M. de Guise s'en mit à rire bien fort, et lui dit : « Vous êtes, à mon gré, un

1. Prévue le 16 mai. Sauf mention contraire, les notes sont de l'auteur de cette édition.
2. « Que dois-je rendre au Seigneur pour tout ce qu'il m'a rendu ? »
3. « Je recevrai le calice du salut. »

des plus agréables hommes du monde, et notre destinée portait que nous fussions l'un à l'autre ; car si vous n'eussiez été qu'un homme médiocre, je vous eusse eu à mon service, à quelque prix que c'eut été ; mais puisque Dieu vous a fait naître un grand roi, il ne pouvait pas être autrement que je ne fusse à vous. » Le roi l'embrassa et lui dit, et à moi aussi : « Vous ne me connaissez pas maintenant, vous autres : mais je mourrai un de ces jours, et quand vous m'aurez perdu, vous connaîtrez alors ce que je valais, et la différence qu'il y a de moi aux autres hommes. » Je lui dit alors : « Mon Dieu, Sire, ne cesserez-vous jamais de nous troubler en nous disant que vous mourrez bientôt ? Ces paroles ne sont point bonnes à dire ; vous vivrez, Dieu aidant, quantité de longues et heureuses années. Il n'y a point de félicité au monde pareille à la vôtre ; vous n'êtes qu'en la fleur de votre âge, en une parfaite santé et force de corps, plein d'honneur plus qu'aucun des mortels, jouissant en toute tranquillité du plus florissant royaume du monde, aimé et adoré de vos sujets, plein de biens, d'argent, de belles maisons, belle femme, belles maîtresses, beaux enfants qui deviennent grands. Que vous faut-il plus, ou qu'avez-vous à désirer davantage ? » Il se mit alors à soupirer, et me dit : « Mon ami, il faut quitter tout cela. — Et ce propos aussi, lui répondis-je, pour vous demander quelque chose ; mais c'est en payant : à savoir cent paires d'armes de votre arsenal, qui nous manquent, et que nous ne pouvons avoir, à quelque prix que nous en voudrions donner. Ce n'est pas pour ma compagnie, car elle est complète et armée comme il faut ; mais M. de Varennes en a besoin de vingt-cinq, M. de Bordes de vingt-cinq, et le comte de Charlus de cinquante. » Il me répondit alors : « Bassompierre, je vous les ferai donner : mais n'en dites mot ; car tout le monde m'en demanderait, et je dégarnirais mon arsenal. Venez-y cette après-dînée, car j'irai voir M. de Sully, et je lui commanderai de vous les faire délivrer. » Je lui dis : « Sire, je donnerai à l'heure même l'argent qu'elles valent à M. de Sully, afin qu'il les remplace. » Et il me répondit la fin d'une chanson qui dit :

Que je n'offre à personne,
Mais à vous je les donne.

Lors je lui baisai la main, et me retirai, comme il entra dans sa chambre, pour m'en aller dîner à l'hôtel de Chalons avec M. de Guise et M. de Roquelaure.

Après dîner je vins passer chez Descures[1], à la place Royale, pour des routes qu'il me fallait pour diverses compagnies ; puis j'allai attendre le roi à l'Arsenal, comme il m'avait dit. Mais hélas ! ce fut en vain ; car peu après on vint crier que le roi avait été blessé, et qu'on le rapportait dans le Louvre. Je courus alors comme un insensé et pris le premier cheval que je trouvai, et m'en vins à toute bride au Louvre. Je rencontrai devant l'hôtel de Longueville M. de Blérancourt[2] qui revenait du Louvre, qui me dit à l'oreille : « Il est mort ! » Je courus jusqu'aux barrières que les gardes françaises et suisses avaient occupées, les piques basses, et passâmes, M. le Grand[3] et moi, sous les barrières, puis courûmes au cabinet du roi, où nous le vîmes étendu sur son lit, et M. de Vic, conseiller d'État, assis sur le même lit, qui lui avait mis sa croix de l'ordre sur la bouche, et lui faisait souvenir de Dieu. Milon, son premier médecin, était à la ruelle, pleurant, et des chirurgiens qui voulaient le panser ; mais il était déjà passé : bien vîmes-nous une chose, qu'il fit un soupir, ce qui, en effet, n'était qu'un vent qui sortait ; alors le premier médecin cria : « Ah ! c'en est fait, il est passé ! » M. le Grand, en arrivant, se mit à genoux à la ruelle du lit, et lui tenait une main qu'il baisait ; et moi je m'étais jeté à ses pieds, que je tenais embrassés, pleurant amèrement. M. de Guise arriva alors, pleurant aussi, qui le vint embrasser ; et en ce même instant, Catherine, femme de chambre de la reine, vint appeler M. de Guise, M. le Grand et moi. Nous la trouvâmes sur un lit d'été en son petit cabinet, n'étant encore habillée ni coiffée, qui était dans une extrême affliction, ayant près d'elle messieurs le chancelier et de Villeroy. Nous nous mîmes tous trois à genoux, et lui baisâmes l'un après l'autre la main, avec assurance de notre fidélité à son service. Alors M. de Villeroy lui dit :

« Madame, il faut suspendre ces cris et ces larmes, et les réserver lorsque vous aurez donné la sûreté à messieurs vos enfants, et à vous : commandez, s'il vous plaît, à M. de Guise d'aller à l'hôtel de ville avec le plus de gens qu'il pourra amasser, et faire que le corps de ville vienne reconnaître le roi et vous que M. de Bassompierre prenne ce qu'il pourra ramasser de tant de chevaux-légers qui sont sous sa charge, et qui sont maintenant à Paris, et qu'il marche

1. Pierre d'Escures, maréchal général des logis des camps et armées du roi.
2. Lieutenant-colonel de la cavalerie légère de France, dont Bassompierre était colonel.
3. Le duc de Bellegarde, grand écuyer de France.

par la ville pour apaiser le tumulte et la sédition. Ne manquez pas à vous-même, Madame, et à ce qui vous doit être si cher, qui sont vos enfants. M. le Grand demeurera auprès du corps du roi, et, s'il est besoin, auprès de M. le Dauphin. »

Elle nous pria donc de nous acheminer, ce que nous fîmes en diligence. L'on nous fit sortir par le Jeu de paume ; et allâmes à pied à mon logis, où je trouvai quantité de gens qui s'y étaient rendus à ce bruit. M. de Guise était seul et à pied, qui me pria de l'accompagner jusqu'à l'hôtel de ville avec ce que j'avais de gens, qui pouvaient être quarante chevaux ; mais comme, dans un étonnement pareil, chacun se joint au plus grand nombre, tous ceux qui couraient éperdus par la ville se joignirent à nous, de sorte que nous étions plus de trois cents chevaux quand nous arrivâmes à l'hôtel de ville, où je laissai M. de Guise avec une partie de cette troupe, et je marchai vers le cimetière Saint-Jean. Puis en sortant pour aller à la rue Saint-Antoine, nous rencontrâmes M. de Sully avec quelque quarante chevaux, lequel étant près de nous, commença, avec une façon épeurée, de nous dire : « Messieurs, si le service que vous aviez voué au roi qu'à notre grand malheur nous venons de perdre vous est aussi avant empreint en l'âme qu'il le doit être à tous les bons Français, jurez tout présentement de conserver la même fidélité que vous lui avez rendue au roi son fils et successeur, et que vous emploierez votre sang et votre vie pour venger sa mort ? — Monsieur, lui répondis-je, c'est nous qui faisons faire ce serment aux autres, et qui n'avons point besoin d'exhortateur à une chose *à quoi nous sommes si obligés.* » Je ne sais si ma réponse le surprit, ou s'il se repentit d'être venu si avant hors de son fort ; il partit en même temps et nous tourna visage, et s'alla enfermer dans la Bastille, envoyant en même temps enlever tout le pain qu'il peut trouver aux halles et chez les boulangers. Il dépêcha aussi en diligence vers M. de Rohan, son gendre, pour lui faire tourner tête avec six mille suisses qui étaient en Champagne, et dont il était colonel général, et marcher droit à Paris : ce qui fut depuis un des prétextes que l'on prit pour l'éloigner des affaires ; joint à ce qu'il ne peut jamais être persuadé par M. de Pralain et de Créquy, qui le vinrent sémondre [*inviter*] de se présenter au roi comme tous les autres grands, et n'y vint que le lendemain, que M. de Guise lui amena avec peine : après quoi il contremanda son gendre avec les suisses, qui s'étaient déjà avancés une journée vers Paris.

M. d'Épernon qui, après avoir mis l'ordre nécessaire aux gardes françaises devant le Louvre, était venu baiser la main du roi et de la reine sa mère, fut envoyé par elle au Parlement, représenter que la reine avait des lettres de régence expédiées du feu roi qui pensait partir pour aller en Allemagne ; que son intention avait une autre fois été, alors qu'il fut si mal à Fontainebleau, de la déclarer régente après sa mort ; qu'il lui appartenait plutôt qu'à tout autre ; que l'urgence de l'affaire présente requérait d'y pourvoir promptement, et qu'il était du bien de l'État qu'ils en délibèrent promptement : ce qu'ils firent, et la déclarèrent régente de France pendant la minorité du roi, lequel la reine fit coucher quelques jours en sa chambre, jusques après les funérailles du feu roi, qu'il prit son appartement.

Tous les grands et princes présents témoignèrent à l'envi leur zèle au service du roi, et leur obéissance à la reine ; et M. de Nevers, qui alors commandait à l'armée de Champagne, fit prêter le serment en leur nom.

Le soir on pansa le corps du roi, et on le lava avec la même cérémonie que s'il eut été en vie : M. du Maine lui donna sa chemise ; M. le Grand [le duc de Bellegarde] servit, et l'on me commanda de servir, et représenter la place de M. de Bouillon.

Le lendemain matin samedi, 15e de mai, tous les princes, duc, officiers, et autres du conseil, s'assemblèrent au Louvre, où, d'un commun accord et sans aucune discordance, on ratifia ce qui avait été fait au Parlement pour la régence de la reine ; et pour l'autoriser davantage, on fut d'avis de mener le roi aux Augustins, où pour lors se tenait le Parlement, auquel lieu, les pairs siégeant, fut reconfirmée la régence, et le roi, de sa bouche, l'approuva : puis il revint au Louvre ; et on mit le corps du feu roi en vue à la chambre du trépas, où on lui donna de l'eau bénite jusque sur les cinq heures du soir qu'il fut ouvert, et je fus ordonné présent, afin d'autoriser, avec messieurs les premiers gentilshommes de la chambre, et quatre ou cinq autres, seigneurs ou conseillers d'État. Il avait deux coups qui lui entraient dans le corps, l'un desquels était léger, mais l'autre lui coupait la veine artérieuse ; il était d'une très bonne disposition, et n'avait dans son corps aucune chose qui ne témoignât une longue vie, c'était le plus épais estomac, au rapport des médecins et chirurgiens présents, que l'on ait vu ; il avait le poumon gauche un peu attaché aux côtes. Après cela on mit ses entrailles dans un pot, et son cœur en une caisse de plomb que l'on porta aux Jésuites, et l'on embauma son corps qui fut mis au cercueil, et reposa huit ou dix jours dans la même chambre, y ayant deux autels aux côtés, où il se disait des messes tant que le temps le permettait, avec grand nombre de moines, et ses aumôniers qui y étaient jour et nuit à prier. Il y avait aussi des gentilshommes et seigneurs destinés, outre les officiers particuliers de sa maison, pour se relever de deux en deux heures [tant de jour que de nuit] : il y a une heure principale qui est de dix à douze heures du matin, en laquelle M. le comte et M. de Guise, M. d'Épernon, M. le maréchal de Laverdin, MM. de Créquy, Saint-Luc, La Rochefoucaud, comte de Gurson, Narmoutiers, Termes et moi étions destinés en ce lieu-là que l'on appelle la chambre du trépas, puis ensuite en la salle de l'effigie, et celle du deuil ; mais alors nous y assistions en longs manteaux seulement[1].

Le mardi 18e, M. le comte arriva avec quelque deux cents chevaux de ses serviteurs et amis ramassés ; mais comme il trouva toutes les affaires faites, ce fut à lui de se soumettre à la reine, qui ne laissa pas de lui donner le gouvernement de Normandie, que possédait le roi, étant dauphin.

On avisa alors de licencier l'armée qui était sur le point d'entrer en Italie, à laquelle on donna un mois de paie aux chefs pour distribuer à leurs soldats, non encore tout à fait mis sur pied ; et quant à celle qui était en Champagne, on en réserva dix mille hommes de pied, savoir sept mille français et trois mille suisses, pour envoyer à Juliers, et on licencia le reste.

En ce même temps le marquis Botty, qui traitait l'accommodement, eut pouvoir d'offrir à la reine que l'on mettrait entre mes mains, en dépôt, le duché de Juliers, dont je ferais serment à l'empereur, au roi, au roi d'Espagne, à celui d'Angleterre, et aux États ; et que je ne m'en dessaisirais point qu'avec leur général consentement, et après que l'on aurait décidé à qui il devrait appartenir. La reine mère fut très aise qu'une si noble chose lui fut arrivée au commencement de sa régence, qu'un sien particulier serviteur (car, après la mort du roi, elle me retint avec 4 000 écus de pension), fut choisi pour lui confier le dépôt, et en voulut avoir

1. C'est-à-dire : tant que le corps reposa dans la chambre du trépas, les seigneurs désignés pour l'entourer portèrent le manteau long et lorsque le corps fut transporté dans la chambre de l'effigie et que celle-ci devint chambre du deuil, les assistants restèrent les mêmes, à ceci près que leur costume fut modifié.

le consentement du roi d'Angleterre et des États de Hollande : celui-là y consentit volontiers ; mais les Hollandais ne le voulurent faire, et privèrent ma bonne fortune d'un tel avantage qui m'était si important.

Toutes les villes et provinces du royaume vinrent à l'envie après la mort du roi, par leurs députés, saluer le roi, et reconnaître la reine régente.

Le corps du roi fut porté en la salle de parade, ou de l'effigie, laquelle fut servie comme si le roi eut vécu. Nous la vîmes garder alors avec les longues robes, le chaperon sur l'épaule, et les bonnets carrés en tête, ce qui dura plus de trois semaines (juin), au bout desquelles l'effigie fut ôtée, la salle tendue de noir, et le cercueil découvert ; ayant une couverture de velours noir, au lieu du lit, qui était dessus[1]. Alors nous gardâmes le corps avec le chaperon en tête ; et le roi vint en grande cérémonie jeter de l'eau bénite sur le corps du roi son père ; et le lendemain on porta le corps à Notre-Dame, le jour d'après à Saint-Ladre [*Saint-Lazare*], et de là à Saint-Denis, et le subséquent se fit le service et l'oraison funèbre.

Extrait du *Journal de ma vie*, posth., 1665.

1. C'est-à-dire : sur le cercueil, à la place du lit, était posé un poêle de velours noir.

GÉDÉON TALLEMANT DES RÉAUX

(1619-1692)

Louis XIII

Des Réaux est un des écrivains les plus spontanés, les plus rieurs qui soient. Ses Historiettes *(l'intitulé révèle déjà l'esprit, semblable à celui de Mallarmé recueillant des articles sous le titre* Divagations*) se trouveront sur mon lit de mort plus volontiers que la Bible. Son « Louis XIII » montre les débuts dans la méchanceté de cette famille des Bourbons qui a mis la France derrière des grilles. Il recèle de plus la raison des* Précieuses ridicules. *Des Réaux faisait partie de la société de l'hôtel de Rambouillet, qui se moquait beaucoup de ce roi. Personne n'étant plus rancunier qu'un Bourbon, ni plus habile à deviner les désirs du maître que Molière, celui-ci a servi d'instrument à la vengeance de Louis XIII par son fils au moyen de cette pièce, où les supposées précieuses supposément ridicules sont les dames de l'hôtel de Rambouillet ; Molière servait du même coup le rabaissement des femmes par Louis XIV. Et voilà comment on a ridiculisé, ou cru ridiculiser, des gens irrespectueux et de talent.*

Le roi commença par son cocher Saint-Amour à témoigner de l'affection à quelqu'un. Ensuite il eut de la bonne volonté pour Haran, valet de chiens. Il voulut envoyer quelqu'un qui lui pût bien rapporter comment la princesse d'Espagne était faite. Il se servit pour cela du père de son cocher, comme si c'eût été pour aller voir des chevaux.

*

Le feu roi *[Louis XIII]* ne manquait pas d'esprit ; mais, comme j'ai remarqué ailleurs[1], son esprit tournait du côté de la médisance ; il avait de la difficulté à parler, et, étant timide, cela faisait qu'il agissait encore moins par lui-même. Il était bien fait, dansait assez bien en ballet, mais il ne faisait jamais que des personnages ridicules. Il était bien à cheval, eût enduré la fatigue en un besoin, et mettait bien une armée en bataille.

Le cardinal de Richelieu, qui craignait qu'on ne l'appelât Louis le Bègue, fut ravi de ce que l'occasion s'était présentée de le surnommer Louis le Juste. Cela arriva lorsque Mme de Guemadeux, femme du gouverneur de Fougères, se jeta à ses pieds, pleura et lamenta, et qu'il n'en fut point ému, encore qu'elle fût fort belle.

*

Il était un peu cruel, comme sont la plupart des sournois et des gens qui n'ont guère de cœur, car le bon sire n'était pas vaillant, quoiqu'il voulût passer pour tel. Au siège de Montauban, il vit sans pitié plusieurs huguenots, de ceux que Beaufort avait voulu jeter dans la ville, la plupart avec de grandes blessures, dans les fossés du château où il était logé. Ces fossés étaient secs ; on les mit là comme dans un lieu sûr, et on ne daigna jamais leur faire donner de l'eau. Les mouches mangeaient ces pauvres gens. Il s'est diverti longtemps à contrefaire les grimaces des mourants. Le comte de La Roche-Guyon (c'était un homme qui disait les choses plaisamment) étant à l'extrémité, le roi lui envoya un gentilhomme pour savoir comment il se portait : « Dites au roi, dit le comte, que dans peu il en aura le divertissement. Vous n'avez guère à attendre, je commencerai bientôt mes grimaces. Je lui ai aidé bien des fois à contrefaire les autres, j'aurai mon tour à cette heure. »

Quand M. le Grand [Cinq-Mars] fut condamné, il dit : « Je voudrais bien voir la grimace qu'il fait à cette heure sur cet échafaud. »

---

1. Dans l'« historiette » du cardinal de Richelieu.

Quelquefois il a raisonné passablement dans un conseil, et même il semblait qu'il avait l'avantage sur le cardinal. Peut-être l'autre avait-il l'adresse de lui donner cette petite satisfaction. La fainéantise l'a perdu. Pisieux gouverna un temps, puis La Vieuville, surintendant des finances, fut comme une espèce de ministre, avant la grande puissance du cardinal de Richelieu.

*

Ses amours étaient d'étranges amours. Il n'avait rien d'un amoureux que la jalousie. Il entretenait Mme d'Hautefort de chevaux, de chiens, d'oiseaux et d'autres choses semblables. Il la fit dame d'atours en survivance ; elle eut quelques dons. Mais il était jaloux d'Esgvilly-Vassé ; et il fallut qu'on lui fît accroire qu'il était parent de la belle. Le roi le voulut savoir de d'Hozier. D'Hozier avait le mot, et dit tout ce qu'on voulut.

*

Une fois il avait fait un air qui lui plaisait fort, il envoya quérir Boisrobert pour lui faire faire des paroles. Boisrobert en fit sur l'amour que le roi avait pour Hautefort. Le roi lui dit : « Ils vont bien, mais il faudrait ôter le mot de *désirs*, car je ne désire rien. »

*

Le soin qu'on avait eu d'amuser le roi à la chasse servit fort à le rendre sauvage. Mais cela ne l'occupa pas si fort qu'il n'eût tout le loisir de s'ennuyer. Il prenait quelquefois quelqu'un, et lui disait : « Mettons-nous à cette fenêtre, puis ennuyons-nous, ennuyons-nous » ; et il se mettait à rêver.

*

Depuis la mort du cardinal, M. de Schomberg lui dit que Corneille voulait lui dédier la tragédie de *Polyeucte*. Cela lui fit peur, parce que Montauron avait donné deux cents pistoles à Corneille pour *Cinna*. « Il n'est pas nécessaire, dit-il. — Ah ! Sire, reprit M. de Schomberg, ce n'est point par intérêt. — Bien donc, dit-il, il me fera plaisir. » Ce fut à la reine qu'on la dédia, car le roi mourut entre deux.

*

Au commencement, M. de Cinq-Mars faisait faire débauche au roi. On dansait, on buvait des santés. Mais comme c'était un jeune homme fougueux et qui aimait ses plaisirs, il s'ennuya bientôt d'une vie qu'il n'avait prise qu'à contre-cœur. [...]

Nous avons dit comme le roi l'aimait éperdument. Fontrailles racontait qu'étant entré une fois à Saint-Germain fort brusquement dans la chambre de M. le Grand, il le surprit comme il se faisait frotter depuis les pieds jusqu'à la tête d'huile de jasmin, et, se mettant au lit, il lui dit d'une voix peu assurée : « Cela est plus propre. » Un moment après on heurte, c'est le roi. Il y a apparence, comme le dit le fils de feu L'Huillier, à qui on contait cela, qu'il s'huilait pour le combat. On m'a dit aussi qu'en je ne sais quel voyage le roi se mit au lit dès sept heures. Il était fort négligé ; à peine avait-il une coiffe à son bonnet. Deux grands chiens sautent aussitôt sur le lit, le gâtent tout, et se mettent à baiser Sa Majesté. Il envoya déshabiller M. le Grand, qui revint paré comme une épousée : « Couche-toi, couche-toi », lui dit-il d'impatience. Il se contenta de chasser les chiens sans faire refaire le lit, et ce mignon n'était pas encore dedans, qu'il lui baisait déjà les mains.

Extrait des *Historiettes*, posth., 1834-1836.

LOUIS DE SAINT-SIMON

(1675-1755)

Mort et caractère de Louis XIV

Le mot plus fréquent de Saint-Simon à propos de Louis XIV, qu'il côtoyait souvent, est : « Terreur ». Son impérieux égoïsme, son impitoyable autoritarisme, aidé par la diabolique invention du droit divin par un évêque (Bossuet et Richelieu sont les aigres mamelles de l'absolutisme français), ainsi que son système protocolaire de dressage, sans parler de l'écrasement de toute opposition (un autre évêque, Fénelon, a été banni de la cour pour avoir osé murmurer) ont fait l'enchantement de ceux qui adorent se prosterner pourvu qu'il y ait des dorures ; et Louis XIV n'en manquait pas. Quand les Mémoires *de Saint-Simon ont paru, sous Louis XV, on a estimé qu'il écrivait atrocement mal. Nous trouvons qu'il écrit atrocement bien.*

[1715] Il y avait plus d'un an que la santé du roi tombait. Ses valets intérieurs s'en aperçurent d'abord, et en remarquèrent tous les progrès, sans que pas un osât en ouvrir la bouche. Les bâtards, ou, pour mieux dire, M. du Maine le voyait bien aussi, qui, aidé de Mme de Maintenon et de leur chancelier-secrétaire d'État, hâta tout ce qui le regardait. Fagon, premier médecin, fort tombé de corps et d'esprit, fut de tout cet intérieur le seul qui ne s'aperçut de rien. Maréchal, premier chirurgien, lui en parla plusieurs fois, et fut toujours durement repoussé. Pressé enfin par son devoir et par

son attachement, il se hasarda un matin, vers la Pentecôte, d'aller trouver Mme de Maintenon. Il lui dit ce qu'il voyait, et combien grossièrement Fagon se trompait. Il l'assura que le roi, à qui il avait tâté le pouls souvent, avait depuis longtemps une petite fièvre lente interne ; que son tempérament était si bon, qu'avec des remèdes et de l'attention tout était encore plein de ressources, mais que, si on laissait gagner le mal, il n'y en aurait plus. Mme de Maintenon se fâcha, et tout ce qu'il remporta de son zèle fut de la colère. Elle lui dit qu'il n'y avait que les ennemis personnels de Fagon qui trouvassent ce qu'il lui disait là de la santé du roi, sur laquelle la capacité, l'application, l'expérience du premier médecin ne se pouvait tromper. Le rare est que Maréchal, qui avait autrefois taillé Fagon de la pierre, avait été mis en place de premier chirurgien par lui, et qu'ils avaient toujours vécu depuis jusqu'alors dans la plus parfaite intelligence. Maréchal outré, qui me l'a conté, n'eut plus de mesures à pouvoir prendre, et commença dès lors à déplorer la mort de son maître. Fagon en effet était en science et en expérience le premier médecin de l'Europe ; mais sa santé ne lui permettait plus depuis longtemps d'entretenir son expérience, et le haut point d'autorité où sa capacité et sa faveur l'avaient porté, l'avait enfin gâté. Il ne voulait ni raisons ni réplique, et continuait de conduire la santé du roi comme il avait fait dans un âge moins avancé, et le tua par cette opiniâtreté.

La goutte, dont il avait eu de longues attaques, avait engagé Fagon à emmailloter le roi, pour ainsi dire, tous les soirs dans un tas d'oreillers de plume qui le faisaient tellement suer toutes les nuits, qu'il le fallait frotter et changer tous les matins avant que le grand chambellan et les premiers gentilshommes de la chambre entrassent. Il ne buvait depuis longues années, au lieu du meilleur vin de Champagne, dont il avait uniquement usé toute sa vie, que du vin de Bourgogne avec la moitié d'eau, si vieux qu'il en était usé. Il disait quelquefois, en riant, qu'il y avait souvent des seigneurs étrangers bien attrapés à vouloir goûter du vin de sa bouche. Jamais il n'en avait bu de pur en aucun temps, ni usé de nulle sorte de liqueurs, non pas même de thé, café, ni chocolat. À son lever seulement, au lieu d'un peu de pain, de vin et d'eau, il prenait depuis fort longtemps deux tasses de sauge et de véronique souvent entre ses repas et toujours en se mettant au lit, des verres d'eau avec un peu d'eau de fleurs d'orange qui tenaient chopine, et toujours à la glace en tout temps ; même les jours de médecine il y buvait, et toujours aussi à ses repas, entre lesquels il ne mangea jamais quoi que ce fût, que quelques pastilles de cannelle, qu'il mettait dans sa poche à son fruit, avec force biscotins pour ses chiennes couchantes de son cabinet.

Comme il devint la dernière année de sa vie de plus en plus resserré, Fagon lui faisait manger à l'entrée de son repas beaucoup de fruits à la glace, c'est-à-dire des mûres, des melons et des figues, et celles-ci pourries à force d'être mûres, et à son dessert beaucoup d'autres fruits, qu'il finissait par une quantité de sucreries qui surprenait toujours. Toute l'année, il mangeait à souper une quantité prodigieuse de salade. Ses potages, dont il mangeait soir et matin de plusieurs, et en quantité de chacun sans préjudice du reste, étaient pleins de jus et d'une extrême force, et tout ce qu'on lui servait plein d'épices, au double au moins de ce qu'on y en met ordinairement, et très fort d'ailleurs. Cela et les sucreries n'étaient pas de l'avis de Fagon, qui, en le voyant manger, faisait quelquefois des mines fort plaisantes, sans toutefois oser rien dire, que par-ci par-là, à Livry et à Benoist, qui lui répondaient que c'était à eux à faire manger le roi, et à lui à le purger. Il ne mangeait d'aucune sorte de venaison ni d'oiseaux d'eau, mais d'ailleurs de tout sans exception, gras et maigre, qu'il fit toujours, excepté le carême que quelques jours seulement depuis une vingtaine d'années. Il redoubla ce régime de fruits et de boisson cet été.

À la fin, ces fruits pris après son potage lui noyèrent l'estomac, en émoussèrent les digestifs, lui ôtèrent l'appétit, qui ne lui avait manqué encore de sa vie, sans avoir jamais eu ni faim ni besoin de manger, quelque tard que des hasards l'eussent fait dîner quelquefois. Mais, aux premières cuillerées de potage, l'appétit s'ouvrait toujours, à ce que je lui ai ouï dire plusieurs fois, et il mangeait si prodigieusement et si solidement soir et matin, et si également encore, qu'on ne s'accoutumait point à le voir. Tant d'eau et tant de fruits, sans être corrigés par rien de spiritueux, tournèrent son sang en gangrène, à force d'en diminuer les esprits, et de l'appauvrir par ces sueurs forcées des nuits, et furent cause de sa mort, comme on le reconnut à l'ouverture de son corps. Les parties s'en trouvèrent toutes si belles et si saines, qu'il y eut lieu de juger qu'il aurait passé le siècle de sa vie. Son estomac surtout étonna, et ses boyaux, par leur volume et leur étendue au double de l'ordinaire, d'où lui vint d'être si grand mangeur et si égal. On ne songea aux remèdes que quand il n'en fut plus temps, parce que Fagon ne voulut jamais le croire malade, et que l'aveuglement de Mme de Maintenon fut pareil là-dessus, quoiqu'elle eût bien su prendre toutes les précautions possibles pour Saint-Cyr et pour M. du Maine. Parmi tout cela, le roi sentit son état avant eux, et le disait quelquefois à ses valets intérieurs. Fagon le rassurait toujours sans lui rien faire. Le roi se contentait de ce qu'il lui disait, sans en être persuadé ; mais son amitié pour lui le retenait, et Mme de Maintenon encore plus.

Le mercredi 14 août, il se fit porter à la messe pour la dernière fois, tint conseil d'État, mangea gras et eut grande musique chez Mme de Maintenon. Il soupa au petit couvert dans sa chambre, où la cour le vit comme à son dîner. Il fut peu dans son cabinet avec sa famille, et se coucha peu après dix heures.

Le jeudi, fête de l'Assomption, il entendit la messe dans son lit. La nuit avait été inquiète et altérée. Il dîna devant tout le monde dans son lit, se leva à cinq heures, et se fit porter chez Mme de Maintenon, où il eut petite musique. Entre sa messe et son dîner il avait parlé séparément au chancelier, à Desmarets, à Pontchartrain. Il soupa et se coucha comme la veille. Ce fut toujours depuis de même, tant qu'il put se lever.

[…]

Le vendredi 23 août, la nuit fut à l'ordinaire, et la matinée aussi. Il travailla avec le P. Tellier, qui fit inutilement des efforts pour faire nommer aux grands et nombreux bénéfices qui vaquaient, c'est-à-dire pour en disposer lui-même, et ne les pas laisser à donner par M. le duc d'Orléans. Il faut dire tout de suite que plus le roi empira, plus le P. Tellier le pressa là-dessus, pour ne pas laisser échapper une si riche proie, ni l'occasion de se munir de créatures affidées avec lesquelles ses marchés étaient faits, non en argent, mais en cabales. Il n'y put jamais réussir. Le roi lui déclara qu'il avait assez de comptes à rendre à Dieu sans se charger encore de ceux de cette nomination, si prêt à paraître devant lui, et lui défendit de lui en parler davantage. Il dîna debout dans sa chambre en robe de chambre, y vit les courtisans, ainsi qu'à son souper de même, passa chez lui l'après-dînée avec ses deux bâtards, M. du Maine surtout, Mme de Maintenon et les dames familières ; la soirée à l'ordinaire. Ce fut ce même jour qu'il apprit la mort de Maisons, et qu'il donna sa charge à son fils, à la prière du duc du Maine.

Il ne faut pas aller plus loin sans expliquer la mécanique de l'appartement du roi, depuis qu'il n'en sortait plus. Toute la cour se tenait tout le jour dans la galerie. Personne ne s'arrêtait dans l'antichambre la plus proche de sa chambre, que les valets familiers et la pharmacie, qui y faisaient chauffer ce qui était nécessaire ; on y passait seulement, et vite, d'une porte à l'autre. Les entrées passaient dans les cabinets par la porte de glace qui y donnait de la galerie, qui était toujours fermée et qui ne s'ouvrait que lorsqu'on y grattait, et se refermait à l'instant. Les ministres et les secrétaires d'État y entraient aussi, et tous se tenaient dans le cabinet qui joignait la galerie. Les princes du sang ni les princesses filles du roi n'entraient pas plus avant, à moins que le roi ne les demandât, ce qui n'arrivait guère. Le maréchal de Villeroy, le chancelier, les deux bâtards, M. le duc d'Orléans, le P. Tellier, le curé de la paroisse, et, quand Maréchal, Fagon et les premiers valets de chambre n'étaient pas dans la chambre, ils se tenaient dans le cabinet du Conseil, qui est entre la chambre du roi et cet autre cabinet où étaient les princes et princesses du sang, les entrées et les ministres.

Le duc de Tresmes, premier gentilhomme de la chambre en année, se tenait sur la porte entre les deux cabinets, qui demeurait ouverte, et n'entrait dans la chambre du roi que pour les moments de son service absolument nécessaire. Dans tout le jour, personne n'entrait dans la chambre du roi que par le cabinet du Conseil, excepté ces valets intérieurs ou de la pharmacie qui demeuraient dans la première antichambre, Mme de Maintenon et les dames familières ; et, pour le dîner et le souper, le service et les courtisans qu'on y laissait entrer. M. le duc d'Orléans se mesurait fort à n'entrer dans la chambre qu'une fois ou deux le jour au plus, un instant, lorsque le duc de Tresmes y entrait, et se présentait un autre instant une fois le jour sur la porte du cabinet du Conseil dans la chambre, d'où le roi le pouvait voir de son lit. Il demandait quelquefois le chancelier, le maréchal de Villeroy, le P. Tellier, rarement quelque ministre, M. du Maine souvent, peu le comte de Toulouse, point d'autres, ni même les cardinaux de Rohan et de Bissy, qui étaient souvent dans le cabinet où se tenaient les entrées. Quelquefois, lorsqu'il était seul avec Mme de Maintenon, il faisait appeler le maréchal de Villeroy, ou le chancelier, ou tous les deux, et fort souvent le duc du Maine. Madame ni Mme la duchesse de Berry n'allaient point dans ces cabinets, et ne voyaient presque jamais le roi dans cette maladie ; et, si elles y allaient, c'était par les antichambres, et ressortaient à l'instant.

Le samedi 24, la nuit ne fut guère plus mauvaise qu'à l'ordinaire ; car elles l'étaient toujours ; mais sa jambe parut considérablement plus mal, et lui fit plus de douleur. La messe à l'ordinaire, le dîner dans son lit, où les principaux courtisans sans entrées le virent, conseil des finances ensuite ; puis il travailla avec le chancelier seul ; succédèrent Mme de Maintenon et les dames familières. Il soupa debout en robe de chambre en présence des courtisans, pour la dernière fois. J'y observai qu'il ne put avaler que du liquide, et qu'il avait peine à être regardé. Il ne put achever, et dit aux courtisans qu'il les priait de passer, c'est-à-dire de sortir. II se fit remettre au lit ; on visita sa jambe, où il parut des marques noires. Il envoya chercher le P. Tellier, et se confessa. La confusion se mit parmi la médecine. On avait tenté le lait et le quinquina à l'eau ; on les supprima l'un et l'autre sans savoir que faire. Ils avouèrent qu'ils lui croyaient une fièvre lente depuis la Pentecôte, et s'excusaient de ne lui avoir rien fait sur ce qu'il ne voulait point de remèdes, et qu'ils ne le croyaient pas si mal eux-mêmes. Par ce que j'ai rapporté de ce qui s'était passé dès avant ce temps-là entre Maréchal et Mme de Maintenon là-dessus, on voit ce qu'on en doit croire.

Le dimanche 25 août, fête de Saint-Louis, la nuit fut bien plus mauvaise. On ne fit plus mystère du danger, et tout de suite grand et imminent. Néanmoins, il voulut expressément qu'il ne fût rien changé à l'ordre accoutumé de cette journée, c'est-à-dire que les tambours et les hautbois, qui s'étaient rendus sous ses fenêtres, lui donnassent, dès qu'il fut éveillé, leur musique ordinaire, et que les vingt-quatre violons jouassent de même dans son antichambre pendant son dîner. Il fut ensuite en particulier avec Mme de Maintenon, le chancelier et un peu le duc du Maine. Il y avait eu la veille du papier et de l'encre pendant son travail tête à tête avec le chancelier ; il y en eut encore ce jour-ci, Mme de Maintenon présente, et c'est l'un des deux que le chancelier écrivit sous lui son codicille. Mme de Maintenon et M. du Maine, qui pensait sans cesse à soi, ne trouvèrent pas que le roi eût assez fait pour lui par son testament ; ils y voulurent remédier par un codicille, qui montra également l'énorme abus qu'ils firent de la faiblesse du roi dans cette extrémité, et jusqu'où l'excès de l'ambition peut porter un homme. Par ce codicille le roi soumettait toute la maison civile et militaire du roi au duc du Maine immédiatement et sans réserve, et sous ses ordres au maréchal de Villeroy, qui par cette disposition devenaient les maîtres uniques de la personne et du lieu de la demeure du roi ; de Paris, par les deux régiments des gardes et les deux compagnies des mousquetaires ; de toute la garde intérieure et extérieure ; de tout le service, chambre, garde-robe, chapelle, bouche, écuries ; tellement que le Régent n'y avait plus l'ombre même de la plus légère autorité, et se trouvait à leur merci, et en état continuel d'être arrêté, et pis, toutes les fois qu'il aurait plu au duc du Maine.

Peu après que le chancelier fut sorti de chez le roi, Mme de Maintenon, qui y était restée, y manda les dames familières, et la musique y arriva à sept heures du soir. Cependant le roi s'était endormi pendant la conversation des dames ; il se réveilla la tête embarrassée, ce qui les effraya et leur fit appeler les médecins. Ils trouvèrent le pouls si mauvais, qu'ils ne balancèrent pas à proposer au roi, qui revenait cependant de son absence, de ne pas différer à recevoir les sacrements. On envoya quérir le P. Tellier, et avertir le cardinal de Rohan, qui était chez lui en compagnie, et qui ne songeait à rien moins, et cependant on renvoya la musique qui avait déjà préparé ses livres et ses instruments, et les dames familières sortirent.

Le hasard fit que je passai dans ce moment-là la galerie et les antichambres pour aller, de chez moi dans l'aile neuve, dans l'autre aile chez Mme la duchesse d'Orléans, et chez M. le duc d'Orléans après. Je vis même des restes de musique dont je crus le gros entré. Comme j'approchais de l'entrée de la salle des gardes, Pernault, huissier de l'antichambre, vint à moi, qui me demanda si je savais ce qui se passait, et qui me l'apprit. Je trouvai Mme la duchesse d'Orléans au lit, d'un reste de migraine, environnée de dames qui faisaient la conversation, ne pensant à rien moins. Je m'approchai du lit et dis le fait à Mme la duchesse d'Orléans, qui n'en voulut rien croire, et qui m'assura qu'il y avait actuellement musique, et que le roi était bien ; puis, comme je lui avais parlé bas, elle demanda tout haut aux dames si elles en avaient ouï dire quelque chose. Pas une n'en savait un mot, et Mme la duchesse d'Orléans demeurait rassurée. Je lui dis une seconde fois que j'étais sûr de la chose, et qu'il me paraissait qu'elle valait bien la peine d'envoyer au moins aux nouvelles, et en attendant de se lever. Elle me crut, et je passai chez M. le duc d'Orléans, que j'avertis aussi, et qui avec raison jugea à propos de demeurer chez lui, puisqu'il n'était point mandé.

En un quart d'heure, depuis le renvoi de la musique et des dames, tout fut fait. Le P. Tellier confessa le roi, tandis que le cardinal de Rohan fut prendre le saint sacrement à la chapelle, et qu'il envoya chercher le curé et les saintes huiles. Deux aumôniers du roi, mandés par le cardinal, accoururent, et sept ou huit flambeaux portés par des garçons bleus du château, deux laquais de Fagon, et un de Mme de Maintenon. Ce très petit accompagnement monta chez le roi par le petit escalier de ses cabinets, à travers desquels le cardinal arriva dans sa chambre. Le P. Tellier, Mme de Maintenon, et une douzaine d'entrées, maîtres ou valets, y reçurent ou y suivirent le saint sacrement. Le cardinal dit deux mots au roi sur cette grande et dernière action, pendant laquelle le roi parut très ferme, mais très pénétré de ce qu'il faisait. Dès qu'il eut reçu Notre Seigneur et les saintes huiles, tout ce qui était dans la chambre sortit devant et après le saint sacrement ; il n'y demeura que Mme de Maintenon et le chancelier. Tout aussitôt, et cet aussitôt fut un peu étrange, on apporta sur le lit une espèce de livre ou de petite table ; le chancelier lui présenta le codicille, à la fin duquel il écrivit quatre ou cinq lignes de sa main, et le rendit après au chancelier.

Le roi demanda à boire, puis appela le maréchal de Villeroy, qui, avec très peu des plus marqués, était dans la porte de la chambre au cabinet du Conseil, et lui parla seul près d'un quart d'heure. Il envoya chercher M. le duc d'Orléans, à qui il parla seul aussi un peu plus qu'il n'avait fait au maréchal de Villeroy. Il lui témoigna beaucoup d'estime, d'amitié, de confiance ; mais ce qui est terrible, avec Jésus-Christ sur les lèvres encore, qu'il venait de recevoir, il l'assura qu'il ne trouverait rien dans son testament dont il ne dût être content, puis lui recommanda l'État et la personne du roi futur. Entre sa communion et l'extrême-onction et cette conversation, il n'y eut pas une demi-heure ; il ne pouvait avoir oublié les étranges dispositions qu'on lui avait arrachées avec tant de peine, et il venait de retoucher dans l'entre-deux son codicille si fraîchement fait, qui mettait le couteau dans la gorge à M. le duc d'Orléans, en en livrant le manche en plein au duc du Maine. Le rare est que le bruit de ce particulier, le premier que le roi eût encore eu avec M. le duc d'Orléans, fit courir le bruit qu'il venait d'être déclaré régent.

Dès qu'il se fut retiré, le duc du Maine, qui était dans le cabinet, fut appelé. Le roi lui parla plus d'un quart d'heure, puis fit appeler le comte de Toulouse, qui était aussi dans le cabinet, lequel fut un autre quart d'heure en tiers avec le roi et le duc du Maine. Il n'y avait que peu de valets des plus nécessaires dans la chambre avec Mme de Maintenon. Elle ne s'approcha point tant que le roi parla à M. le duc d'Orléans. Pendant tout ce temps-là, les trois bâtardes du roi, les deux fils de Madame la Duchesse et le prince de Conti avaient eu le temps d'arriver dans le cabinet. Après que le roi eut fini avec le duc du Maine et le comte de Toulouse, il fit appeler les princes du sang, qu'il avait aperçus sur la porte du cabinet, dans sa chambre, et ne leur dit que peu de chose ensemble, et point en particulier ni bas. Les médecins s'avancèrent presque en même temps pour panser sa jambe ; les princes sortirent ; il ne demeura que le pur nécessaire et Mme de Maintenon. Tandis que tout cela se passait, le chancelier prit à part M. le duc d'Orléans dans le cabinet du Conseil, et lui montra le codicille. Le roi, pansé, sut que les princesses étaient dans le cabinet ; il les fit appeler, leur dit deux mots tout haut, et prenant occasion de leurs larmes, les pria de s'en aller, parce qu'il voulait reposer. Elles sorties avec le peu qui était entré, le rideau du lit fut un peu tiré, et Mme de Maintenon passa dans les arrière-cabinets.

Le lundi 26 août, la nuit ne fut pas meilleure. Il fut pansé, puis entendit la messe. Il y avait le pur nécessaire dans la chambre, qui sortit après la messe. Le roi fit demeurer les cardinaux de Rohan et de Bissy. Mme de Maintenon resta aussi comme elle demeurait toujours, et avec elle le maréchal de Villeroy, le P. Tellier et le chancelier. Il appela les deux cardinaux, protesta qu'il mourait dans la foi et la soumission à l'Église, puis ajouta en les regardant qu'il était fâché de laisser les affaires de l'Église en l'état où elles étaient, qu'il y était parfaitement ignorant, qu'ils savaient, et qu'il les en attestait, qu'il n'y avait rien fait que ce qu'ils avaient voulu, qu'il y avait fait tout ce qu'ils avaient voulu, que c'était donc à eux à répondre devant Dieu pour lui de tout ce qui s'était fait, et du trop ou du trop peu, qu'il protestait de nouveau qu'il les en chargeait devant Dieu, et qu'il en avait la conscience nette, comme un ignorant qui s'était abandonné absolument à eux dans toute la suite de l'affaire. Quel affreux coup de tonnerre ! Mais les deux cardinaux n'étaient pas pour s'en épouvanter ; leur calme était à toute épreuve. Leur réponse ne fut que sécurité et louanges, et le roi à répéter que, dans son ignorance, il avait cru ne pouvoir mieux faire pour sa conscience que de se laisser conduire en toute confiance par eux, par quoi il était déchargé devant Dieu sur eux. Il ajouta que, pour le cardinal de Noailles, Dieu lui était témoin qu'il ne le haïssait point, et qu'il avait toujours été fâché de ce qu'il avait cru devoir faire contre lui. À ces dernières paroles, Bloin, Fagon, tout baissé et tout courtisan qu'il était, et Maréchal, qui était en vue et assez près du roi, se regardèrent, et se demandèrent entre haut et bas si on laisserait mourir le roi sans voir son archevêque, sans marquer par là réconciliation et pardon, que c'était un scandale nécessaire à lever. Le roi, qui les entendit, reprit la parole aussitôt, et déclara que non seulement il ne s'y sentait point de répugnance, mais qu'il le désirait.

Ce mot interdit les deux cardinaux bien plus que la citation que le roi venait de leur faire devant Dieu à sa décharge. Mme de Maintenon en fut effrayée ; le P. Tellier en trembla. Un retour de confiance dans le roi, un autre de générosité et de vérité dans le pasteur, les intimidèrent. Ils redoutèrent les moments où le respect et la crainte fuient si loin devant des considérations plus prégnantes. Le silence régnait dans ce terrible embarras. Le roi le rompit par ordonner au chancelier d'envoyer sur-le-champ chercher le cardinal de Noailles, si ces Messieurs, en regardant les cardinaux de Rohan et de Bissy, jugeaient qu'il n'y eût point d'inconvénient. Tous deux se regardèrent, puis s'éloignèrent jusque vers la fenêtre, avec le P. Tellier, le chancelier et Mme de Maintenon. Tellier cria tout bas, et fut appuyé de Bissy ; Mme de Maintenon trouva la chose dangereuse ; Rohan, plus doux ou plus politique sur le futur, ne dit rien, le chancelier non plus. La résolution enfin fut de finir la scène comme ils l'avaient commencée et conduite jusqu'alors, en trompant le roi et se jouant de lui. Ils s'en rapprochèrent, et lui firent entendre avec forces louanges qu'il ne fallait pas exposer la bonne cause au triomphe de ses ennemis, et à ce qu'ils sauraient tirer d'une démarche qui ne partait que de la bonne volonté du roi et d'un excès de délicatesse de conscience ; qu'ainsi ils approuvaient bien que le cardinal de Noailles eût l'honneur de le voir, mais à condition qu'il accepterait la Constitution et qu'il en donnerait sa parole. Le roi, encore en cela, se soumit à leur avis, mais sans raisonner, et dans le moment le chancelier écrivit conformément, et dépêcha au cardinal de Noailles.

Dès que le roi eut consenti, les deux cardinaux le flattèrent de la grande œuvre qu'il allait opérer (tant leur frayeur fut grande qu'il ne revînt à le vouloir voir sans condition, dont le piège était si misérable et si aisé à découvrir), ou en ramenant le cardinal de Noailles, ou en manifestant par son refus et son opiniâtreté invincible à troubler l'Église, et son ingratitude consommée pour un roi à qui il devait tout et qui lui tendait ses bras mourants. Le dernier arriva. Le cardinal de Noailles fut pénétré de douleur de ce dernier comble de l'artifice. Il avait tort ou raison devant tout parti sur l'affaire de la Constitution ; mais, quoi qu'il en fût, l'événement de la mort instante du roi n'opérait rien sur la vérité de cette matière, ni ne pouvait opérer, par conséquent, aucun changement d'opinion. Rien de plus touchant que la conjoncture, mais rien de plus étranger à la question, rien aussi de plus odieux que ce piège, par rapport au roi, de l'état duquel ils achevèrent d'abuser si indignement, et par rapport au cardinal de Noailles, qu'ils voulurent brider ou noircir si grossièrement. Ce trait énorme émut tout le public contre eux, avec d'autant plus de violence que l'extrémité du roi rendit la liberté, que sa terreur avait si longtemps retenue captive. Mais quand on en sut le détail, et l'apostrophe du roi aux deux cardinaux sur le compte qu'ils auraient à rendre pour lui de tout ce qu'il avait fait sur la Constitution, et le détail de ce qui là même s'était passé tout de suite sur le cardinal de Noailles, l'indignation générale rompit les digues et ne se contraignit plus ; personne au contraire qui blâmât le cardinal de Noailles, dont la réponse au chancelier fut en peu de mots un chef-d'œuvre de religion, de douleur et de sagesse.

Ce même lundi 26 août, après que les deux cardinaux furent sortis, le roi dîna dans son lit en présence de ce qui avait les entrées. Il les fit approcher comme on desservait, et leur dit ces paroles, qui furent à l'heure même recueillies : « Messieurs, je vous demande pardon du mauvais exemple que je vous ai donné. J'ai bien à vous remercier de la manière dont vous m'avez servi, et de l'attachement et de la fidélité que vous m'avez toujours marqués. Je suis bien fâché de n'avoir pas fait pour vous ce que j'aurais bien voulu faire. Les mauvais temps en sont cause. Je vous demande pour mon petit-fils la même application et la même fidélité que vous avez eue pour moi. C'est un enfant qui pourra essuyer bien des traverses. Que votre exemple en soit un pour tous mes autres sujets. Suivez les ordres que mon neveu vous donnera. Il va gouverner le royaume ; j'espère qu'il le fera bien ; j'espère aussi que vous contribuerez tous à l'union, et que, si quelqu'un s'en écartait, vous aideriez à le ramener. Je sens que je m'attendris, et que je vous attendris aussi ; je vous en demande pardon. Adieu, Messieurs, je compte que vous vous souviendrez quelquefois de moi. »

Un peu après que tout le monde fut sorti, le roi demanda le maréchal de Villeroy, et lui dit ces mêmes paroles, qu'il retint bien, et qu'il a depuis rendues : « Monsieur le maréchal, je vous donne une nouvelle marque de mon amitié et de ma confiance en mourant. Je vous fais gouverneur du Dauphin, qui est l'emploi le plus important que je puisse donner. Vous saurez par ce qui est dans mon testament ce que vous aurez à faire à l'égard du duc du Maine. Je ne doute pas que vous ne me serviez après ma mort avec la même fidélité que vous l'avez fait pendant ma vie. J'espère que mon neveu vivra avec vous avec la considération et la confiance qu'il doit avoir pour un homme que j'ai toujours aimé. Adieu, monsieur le maréchal ; j'espère que vous vous souviendrez de moi. »

Le roi, après quelques intervalles, fit appeler M. le duc et M. le prince de Conti, qui étaient dans les cabinets, et, sans les faire trop approcher, il leur recommanda l'union désirable entre les princes, et de ne pas suivre les exemples domestiques sur les troubles et les guerres ; il ne leur en dit pas davantage. Puis, entendant des femmes dans le cabinet, il comprit bien qui elles étaient, et tout de suite leur manda d'entrer. C'était Mme la duchesse de Berry, Madame, Mme la duchesse d'Orléans, et les princesses du sang, qui criaient, et à qui le roi dit qu'il ne fallait point crier ainsi. Il leur fit des amitiés courtes, distingua Madame, et finit par exhorter Mme la duchesse d'Orléans et Madame la Duchesse de se raccommoder. Tout cela fut court, et il les congédia. Elles se retirèrent par les cabinets, pleurant et criant fort, ce qui fit croire au-dehors, parce que les fenêtres des cabinets étaient ouvertes, que le roi était mort, dont le bruit alla à Paris, et jusque dans les provinces.

Quelque temps après, il manda à la duchesse de Ventadour de lui amener le Dauphin. Il le fit approcher et lui dit ces paroles devant Mme de Maintenon et le très peu des plus intimement privilégiés ou valets nécessaires, qui les recueillirent : « Mon enfant, vous allez être un grand roi. Ne m'imitez pas dans le goût que j'ai eu pour les bâtiments, ni dans celui que j'ai eu pour la guerre ;

tâchez, au contraire, d'avoir la paix avec vos voisins. Rendez à Dieu ce que vous lui devez ; reconnaissez les obligations que vous lui avez ; faites-le honorer par vos sujets. Suivez toujours les bons conseils ; tâchez de soulager vos peuples, ce que je suis assez malheureux pour n'avoir pu faire. N'oubliez point la reconnaissance que vous devez à Mme de Ventadour. Madame s'adressant à elle, que je l'embrasse » ; et en l'embrassant lui dit : « Mon cher enfant, je vous donne ma bénédiction de tout mon cœur. » Comme on eût ôté le petit prince de dessus le lit du roi, il le redemanda, l'embrassa de nouveau, et, levant les mains et les yeux au ciel, le bénit encore. Ce spectacle fut extrêmement touchant ; la duchesse de Ventadour se hâta d'emporter le Dauphin et de le ramener dans son appartement.

Après une courte pause, le roi fit appeler le duc du Maine et le comte de Toulouse, fit sortir tout ce peu qui était dans sa chambre et fermer les portes ; ce particulier dura assez longtemps. Les choses remises dans leur ordre accoutumé, quand il eut fait avec eux, il envoya chercher M. le duc d'Orléans, qui était chez lui. Il lui parla fort peu de temps, et le rappela comme il sortait pour lui dire encore quelque chose, qui fut fort court. Ce fut là qu'il lui ordonna de faire conduire, dès qu'il serait mort, le roi futur à Vincennes, dont l'air est bon, jusqu'à ce que toutes les cérémonies fussent finies à Versailles et le château bien nettoyé après, avant de le ramener à Versailles, où il destinait son séjour. Il en avait apparemment parlé auparavant au duc du Maine et au maréchal de Villeroy ; car, après que M. le duc d'Orléans fut sorti, il donna ses ordres pour aller meubler Vincennes, et mettre ce lieu en état de recevoir incessamment son successeur. Mme du Maine, qui jusqu'alors n'avait pas pris la peine de bouger de Sceaux, avec ses compagnies et ses passe-temps, était arrivée à Versailles, et fit demander au roi la permission de le voir un moment après ces ordres donnés. Elle était déjà dans l'antichambre ; elle entra, et sortit un moment après.

Le mardi 27 août, personne n'entra dans la chambre du roi que le P. Tellier, Mme de Maintenon, et pour la messe seulement le cardinal de Rohan et les deux aumôniers de quartier. Sur les deux heures, il envoya chercher le chancelier, et, seul avec lui et Mme de Maintenon, lui fit ouvrir deux cassettes pleines de papiers, dont il lui fit brûler beaucoup, et lui donna ses ordres pour ce qu'il voulut qu'il fît des autres. Sur les six heures du soir, il manda encore le chancelier. Mme de Maintenon ne sortit point de sa chambre de la journée, et personne n'y entra que les valets, et, dans des moments, l'apparition du service le plus indispensable. Sur le soir, il fit appeler le P. Tellier, et, presque aussitôt après qu'il lui eut parlé, il envoya chercher Pontchartrain, et lui ordonna d'expédier aussitôt qu'il serait mort un ordre pour faire porter son cœur dans l'église de la maison professe des jésuites à Paris, et l'y faire placer vis-à-vis celui du roi son père, et de la même manière.

Peu après, il se souvint que Cavoye, grand maréchal des logis de sa maison, n'avait jamais fait les logements de la cour à Vincennes, parce qu'il y avait cinquante ans que la cour n'y avait été ; il indiqua une cassette où on trouverait le plan de ce château, et ordonna de le prendre et de le porter à Cavoye. Quelque temps après ces ordres donnés, il dit à Mme de Maintenon qu'il avait ouï dire qu'il était difficile de se résoudre à la mort ; que, pour lui, qui se trouvait sur le point de ce moment si redoutable aux hommes, il ne trouvait pas que cette résolution fût si pénible à prendre. Elle lui répondit qu'elle l'était beaucoup quand on avait de l'attachement aux créatures, de la haine dans le cœur, des restitutions à faire. « Ah ! reprit le roi, pour des restitutions à faire, je n'en dois à personne comme particulier ; mais pour celles que je dois au royaume, j'espère en la miséricorde de Dieu. » La nuit qui suivit fut fort agitée. On lui voyait à tous moments joindre les mains, et on l'entendait dire les prières qu'il avait accoutumé en santé, et se frapper la poitrine au *Confiteor*.

Le mercredi 28 août, il fit le matin une amitié à Mme de Maintenon qui ne lui plut guère, et à laquelle elle ne répondit pas un mot. Il lui dit que ce qui le consolait de la quitter était l'espérance, à l'âge où elle était, qu'ils se rejoindraient bientôt. Sur les sept heures du matin, il fit appeler le P. Tellier, et, comme il lui parlait de Dieu, il vit dans le miroir de sa cheminée deux garçons de sa chambre assis au pied de son lit qui pleuraient. Il leur dit : « Pourquoi pleurez-vous ? Est-ce que vous m'avez cru immortel ? Pour moi, je n'ai point cru l'être, et vous avez dû, à l'âge où je suis, vous préparer à me perdre. »

[…]

Le vendredi 30 août, la journée fut aussi fâcheuse qu'avait été la nuit : un grand assoupissement, et dans les intervalles la tête embarrassée. Il prit de temps en temps un peu de gelée et de l'eau pure, ne pouvant plus souffrir le vin. Il n'y eut dans sa chambre que les valets les plus indispensables pour le service, et la médecine, Mme de Maintenon et quelques rares apparitions du P. Tellier, que Bloin ou Maréchal envoyaient chercher. Il se tenait peu même dans les cabinets, non plus que M. du Maine. Le roi revenait aisément à la piété quand Mme de Maintenon ou le P. Tellier trouvaient les moments où sa tête était moins embarrassée ; mais ils étaient rares et courts.

Sur les cinq heures du soir, Mme de Maintenon passa chez elle, distribua ce qu'elle avait de meubles dans son appartement à son domestique, et s'en alla à Saint-Cyr pour n'en sortir jamais.

Le samedi 31 août, la nuit et la journée furent détestables ; il n'y eut que de rares et de courts instants de connaissance. La gangrène avait gagné le genou et toute la cuisse. On lui donna du remède du feu abbé Aignan, que la duchesse du Maine avait envoyé proposer, qui était un excellent remède pour la petite vérole. Les médecins consentaient à tout, parce qu'il n'y avait plus d'espérance. Vers onze heures du soir, on le trouva si mal qu'on lui dit les prières des agonisants. L'appareil le rappela à lui. Il récita des prières d'une voix si forte qu'elle se faisait entendre à travers celle du grand nombre d'ecclésiastiques et de tout ce qui était entré. À la fin des prières, il reconnut le cardinal de Rohan, et lui dit : « Ce sont là les dernières grâces de l'Église. » Ce fut le dernier homme à qui il parla. Il répéta plusieurs fois : « *Nunc et in hora mortis*[1] », puis dit : « Ô mon Dieu, venez à mon aide ; hâtez-vous de me secourir. » Ce furent ses dernières paroles. Toute la nuit fut sans connaissance, et une longue agonie, qui finit le dimanche 1er septembre 1715, à huit heures un quart du matin, trois jours avant qu'il eût soixante-dix-sept ans accomplis, dans la soixante-douzième année de son règne.

*

Il faut encore le dire. L'esprit du roi était au-dessous du médiocre, mais très capable de se former. Il aima la gloire ; il voulut l'ordre et la règle. Il était né sage, modéré, secret, maître de ses mouvements et de sa langue ; le croira-t-on ? il était né bon et juste, et Dieu lui en avait donné assez pour être un bon roi, et peut-être même un assez grand roi. Tout le mal lui vint d'ailleurs.

1. « Maintenant et à l'heure de la mort. »

Sa première éducation fut tellement abandonnée, que personne n'osait approcher de son appartement. On lui a souvent ouï parler de ces temps avec amertume, jusque-là qu'il racontait qu'on le trouva un soir tombé dans le bassin du jardin du Palais-Royal à Paris, où la cour demeurait alors.

Dans la suite, sa dépendance fut extrême. À peine lui apprit-on à lire et à écrire ; il demeura tellement ignorant que les choses les plus connues d'histoire, d'événements, de fortunes, de conduites, de naissance, de lois, il n'en sut jamais un mot. Il tomba, par ce défaut et quelquefois en public, dans les absurdités les plus grossières.

M. de La Feuillade plaignant exprès devant lui le marquis de Renel, qui fut tué depuis lieutenant général et mestre de camp général de la cavalerie, de n'avoir pas été chevalier de l'Ordre en 1661, le roi passa, puis dit avec mécontentement qu'il fallait aussi se rendre justice. Renel était Clermont-Gallerande ou d'Amboise et le roi, qui depuis n'a été rien moins que délicat là-dessus, le croyait un homme de fortune. De cette même maison était Monglat, maître de sa garde-robe, qu'il traitait bien et qu'il fit chevalier de l'Ordre en 1661, qui a laissé de très bons Mémoires. Monglat avait épousé la fille du fils du chancelier de Cheverny. Leur fils unique porta toute sa vie le nom de Cheverny, dont il avait la terre. Il passa sa vie à la cour, et j'en ai parlé quelquefois, ou dans les emplois étrangers. Ce nom de Cheverny trompa le roi ; il le crut peu de chose ; il n'avait point de charge, et ne put être chevalier de l'Ordre. Le hasard détrompa le roi à la fin de sa vie. Saint-Herem avait passé la sienne grand louvetier, puis gouverneur et capitaine de Fontainebleau, il ne put être chevalier de l'Ordre ; le roi, qui le savait beau-frère de Courtin, conseiller d'État, qu'il connaissait, le crut par là fort peu de chose. Il était Montmorin, et le roi ne le sut que fort tard par M. de La Rochefoucauld. Encore lui fallut-il expliquer quelles étaient ces maisons, que leur nom ne lui apprenait pas.

Il semblerait à cela que le roi aurait aimé la grande noblesse, et ne lui en voulait pas égaler d'autre ; rien moins. L'éloignement qu'il avait pris de celle des sentiments, et sa faiblesse pour ses ministres, qui haïssaient et rabaissaient, pour s'élever, tout ce qu'ils n'étaient pas et ne pouvaient pas être, lui avait donné le même éloignement pour la naissance distinguée. Il la craignait autant que l'esprit ; et, si ces deux qualités se trouvaient unies dans un même sujet, et qu'elles lui fussent connues, c'en était fait.

Ses ministres, ses généraux, ses maîtresses, ses courtisans s'aperçurent, bientôt après qu'il fut le maître, de son faible plutôt que de son goût pour la gloire. Ils le louèrent à l'envi et le gâtèrent. Les louanges, disons mieux, la flatterie lui plaisait à tel point que les plus grossières étaient bien reçues, les plus basses encore mieux savourées. Ce n'était que par là qu'on s'approchait de lui, et ceux qu'il aima n'en furent redevables qu'à heureusement rencontrer, et à ne se jamais lasser en ce genre. C'est ce qui donna tant d'autorité à ses ministres, par les occasions continuelles qu'ils avaient de l'encenser, surtout de lui attribuer toutes choses, et de les avoir apprises de lui. La souplesse, la bassesse, l'air admirant, dépendant, rampant, plus que tout l'air de néant sinon par lui, étaient les uniques voies de lui plaire. Pour peu qu'on s'en écartât, on n'y revenait plus, et c'est ce qui acheva la ruine de Louvois.

Ce poison ne fit que s'étendre. Il parvint jusqu'à un comble incroyable dans un prince qui n'était pas dépourvu d'esprit et qui avait de l'expérience. Lui-même, sans avoir ni voix ni musique, chantait dans ses particuliers les endroits les plus à sa louange des prologues des opéras ; on l'y voyait baigné, et jusqu'à ses soupers publics au grand couvert, où il y avait quelquefois des violons, il chantonnait entre ses dents les mêmes louanges quand on jouait les airs qui étaient faits dessus.

De là ce désir de gloire qui l'arrachait par intervalles à l'amour ; de là cette facilité à Louvois de l'engager en de grandes guerres, tantôt pour culbuter Colbert, tantôt pour se maintenir ou s'accroître, et de lui persuader en même temps qu'il était plus grand capitaine qu'aucun de ses généraux, et pour les projets et pour les exécutions, en quoi les généraux l'aidaient eux-mêmes pour plaire au roi. Je dis les Condé, les Turenne, et à plus forte raison tous ceux qui leur ont succédé. Il s'appropriait tout avec une facilité et une complaisance en lui-même admirables, et se croyait tel qu'ils le dépeignaient en lui parlant. De là ce goût de revues, qu'il poussa si loin que ses ennemis l'appelaient le « roi des revues », ce goût de sièges pour y montrer sa bravoure à bon marché, s'y faire retenir à force, étaler sa capacité, sa prévoyance, sa vigilance, ses fatigues, auxquelles son corps robuste et admirablement conformé était merveilleusement propre, sans souffrir de la faim, de la soif, du froid, du chaud, de la pluie, ni d'aucun mauvais temps. Il était sensible aussi à entendre admirer, le long des camps, son grand air et sa grande mine, son adresse à cheval et tous ses travaux.

C'était de ses campagnes et de ses troupes qu'il entretenait le plus ses maîtresses, quelquefois ses courtisans. Il parlait bien, en bons termes, avec justesse ; il faisait un conte mieux qu'homme du monde, et aussi bien un récit. Ses discours les plus communs n'étaient jamais dépourvus d'une naturelle et sensible majesté.

Son esprit, naturellement porté au petit, se plut en toutes sortes de détails. Il entra sans cesse dans les derniers sur les troupes : habillements, armements, évolutions, exercices, discipline, en un mot, toutes sortes de bas détails. Il ne s'en occupait pas moins sur ses bâtiments, sa maison civile, ses extraordinaires de bouche ; il croyait toujours apprendre quelque chose à ceux qui en ces genres-là en savaient le plus, qui de leur part recevaient en novices des leçons qu'ils savaient par cœur il y avait longtemps. Ces pertes de temps, qui paraissaient au roi avec tout le mérite d'une application continuelle, étaient le triomphe de ses ministres, qui, avec un peu d'art et d'expérience à le tourner, faisaient venir comme de lui ce qu'ils voulaient eux-mêmes et qui conduisaient le grand selon leurs vues et trop souvent selon leur intérêt, tandis qu'ils s'applaudissaient de le voir se noyer dans ces détails.

La vanité et l'orgueil, qui vont toujours croissant, qu'on nourrissait et qu'on augmentait en lui sans cesse, sans même qu'il s'en aperçût, et jusque dans les chaires par les prédicateurs en sa présence, devinrent la base de l'exaltation de ses ministres pardessus toute autre grandeur. Il se persuadait par leur adresse que leur grandeur n'était que sa grandeur propre, qui, au comble en lui, ne se pouvait plus mesurer, tandis qu'en eux elle augmentait la leur d'une manière sensible, puisqu'ils n'étaient rien par eux-mêmes, et utile en rendant plus respectables les organes de ses commandements, qui les faisaient mieux obéir.

Extrait des *Mémoires*, posth., 1829.

CHAMFORT

(1740-1794)

Louis XV

La différence entre l'absolutisme et le caprice reste à établir. En 1770, le premier président du Parlement ayant publié une représentation à Louis XV pour qu'il retire le préambule d'un de ses édits, le roi répond : « Rien ne prouve mieux la nécessité de ma loi que la résistance que vous apportez à son exécution. » Comment ces gens n'auraient-ils pas cru qu'ils avaient raison en tout, ayant été élevés dans l'idée de leur droit divin ? Chamfort donne bien des exemples de ces aberrations dans ses maximes, qui ne sont pas d'un moraliste, mais d'un tendre blessé. « C'est un fait avéré que Madame, fille du roi, jouant avec une de ses bonnes, regarda à sa main, et après avoir compté ses doigts, "Comment, dit l'enfant avec surprise, vous avez cinq doigts aussi, comme moi" ; et elle recompta pour s'en assurer. »

Louis XV avait un sentiment si intime de sa puissance illimitée, qu'il n'attribue qu'à sa bonté la clémence dont il usa envers les parlements, et qu'il les menace d'un successeur moins doux, d'un maître plus sévère. Il ne pouvait prévoir que son successeur se lasserait de voir son autorité combattue par des corps orgueilleux, éternellement compromise en de ridicules débats entre des ministres intrigants et des cours de judicature ; et qu'il aimerait mieux se voir chéri par une grande nation puissante et heureuse, que de régner sur un peuple avili et infortuné, qui ne peut apercevoir les vertus de son roi à travers les crimes de ses ministres.

C'est dans cette correspondance très curieuse de Louis XV, qu'on trouve l'explication de la constance que ce prince a portée dans la destruction des parlements. On en fut étonné ; mais la surprise redoubla en lisant ces étranges paroles écrites en 1753, après avoir juré de déployer contre les parlements toute sa puissance royale : « Je répandrai mon sang avec plaisir. » Cette même lettre est terminée par ces mots : « Vous pouvez faire usage de ceci. Je ne le signe pas, vous connaissez assez mon écriture pour être sûr qu'elle est de moi ; mais je le ferais même avec grand plaisir, s'il fallait, d'une autre couleur. »

C'est ainsi que parlait, dans cette seule occasion, un prince qui, se tenant comme étranger aux affaires publiques, laissait quelquefois manquer de respect à son nom et même contrarier ses goûts personnels par ses propres ministres. On connaît son mot : « Quand je vous disais qu'ils sont plus maîtres que moi ! Ils font des sottises ; c'est leur faute : pourquoi ne m'écoutent-ils pas ? »

Cette faiblesse avait tellement enhardi l'insolence des ministres, qu'ils affichaient leur mépris pour ses volontés connues, et même pour sa signature. « Le roi m'a donné une pension, disait un homme à l'abbé Terray, en lui montrant la signature du roi. — Que le roi vous paie », répondait l'abbé. Un autre présentait un bon du roi. « Ce n'est pas le mien », disait le contrôleur général. Ce contraste entre tant de faiblesse et l'espèce de force qu'il déploie dans l'affaire des parlements, tient à des idées et à des habitudes de sa jeunesse. L'évêque de Fréjus, devenu ministre, s'étant trouvé engagé, comme ses prédécesseurs, dans ces querelles avec les parlements, se vit forcé d'en impatienter l'insouciante jeunesse du monarque ; et de lui donner un rôle personnel dans ces farces ministérielles et parlementaires. De là naquit l'importance que le roi continua d'y attacher. C'est ainsi que des circonstances particulières placent dans le caractère et dans l'esprit certains contrastes bizarres qu'il n'est pas toujours facile d'expliquer. Ce qui était plus facile, c'était d'épargner au jeune roi tout cet embarras : il suffisait, pour anéantir l'importance des parlements, de ne point en mettre à des disputes scolastiques, déguisées en questions religieuses. Mais alors M. de Fréjus n'eût point fait sa cour au saint siège ; dès lors, plus de chapeau ; et rien de plus désagréable pour un évêque Premier ministre. On ne saurait trop répéter que telles sont les belles idées qui ont influé pendant cinq ou six cents ans sur le sort des empires, et qui sont bien loin d'être anéanties partout.

*

Louis XV ayant refusé vingt-cinq mille francs de sa cassette à Lebel, son valet de chambre, pour la dépense de ses petits appartements, et lui disant de s'adresser au Trésor royal, Lebel lui répondit : « Pourquoi m'exposerais-je aux refus et aux tracasseries de ces gens-là, tandis que vous avez là plusieurs millions ? » Le roi lui répondit : « Je n'aime point à me dessaisir : il faut toujours avoir de quoi vivre. » (*Anecdote contée par Lebel à M. Buscher.*)

*

M. de Malesherbes disait à M. de Maurepas qu'il fallait engager le roi à aller voir la Bastille. « Il faut bien s'en garder, lui répondit M. de Maurepas ; il ne voudrait plus y faire mettre personne. »

*

Du temps de M. de Machault, on présenta au roi le projet d'une cour plénière, telle qu'on a voulu l'exécuter depuis. Tout fut réglé entre le roi, Mme de Pompadour et les ministres. On dicta au roi les réponses qu'il ferait au premier Président : tout fut expliqué dans un mémoire dans lequel on disait : « Ici, le roi prendra un air sévère ; ici, le front du roi s'adoucira ; ici, le roi fera tel geste », etc. Le mémoire existe.

*

Le roi de Prusse demandait à d'Alembert s'il avait vu le roi de France. « Oui, Sire, dit celui-ci ; en lui présentant mon discours de réception à l'Académie française. — Eh bien ! reprit le roi de Prusse, que vous a-t-il dit ? — Il ne m'a pas parlé, Sire. — À qui donc parle-t-il ? poursuivit Frédéric. »

*

Le maréchal de Richelieu, ayant proposé pour maîtresse à Louis XV une grande dame, j'ai oublié laquelle ; le roi n'en voulut pas, disant qu'elle coûterait trop cher à renvoyer.

*

Le jour de la mort de Mme de Châteauroux, Louis XV paraissait accablé de chagrin ; mais ce qui est extraordinaire, c'est le mot par lequel il le témoigna. *Être malheureux, pendant quatre-vingt-dix ans ! car je suis sûr que je vivrai jusque-là.* Je l'ai ouï raconter par Mme de Luxembourg, qui l'entendit elle-même, et qui ajoutait : « Je n'ai raconté ce trait que depuis la mort de Louis XV. » Ce trait méritait pourtant d'être su pour le singulier mélange qu'il contient d'amour et d'égoïsme.

*

Louis XV se fit peindre par La Tour. Le peintre, tout en travaillant, causait avec le roi, qui paraissait le trouver bon. La Tour, encouragé et naturellement indiscret, poussa la témérité jusqu'à lui dire : « Au fait, Sire, vous n'avez point de marine. » Le roi répondit sèchement : « Que dites-vous là ? Et Vernet, donc ? »

*

Mme d'Esparbès, couchant avec Louis XV, le roi lui dit : « Tu as couché avec tous mes sujets. — Ah, Sire ! — Tu as eu le duc de Choiseul. — Il est si puissant ! — Le maréchal de Richelieu. — Il a tant d'esprit ! — Monville. — Il a une si belle jambe ! — À la bonne heure ; mais le duc d'Aumont, qui n'a rien de tout cela. — Ah, Sire ! il est si attaché à Votre Majesté ! »

*

Le duc de Choiseul et le duc de Praslin avaient eu une dispute pour savoir lequel était le plus bête du roi ou de M. de La Vrillière ; le duc de Praslin soutenait que c'était M. de La Vrillière ; l'autre, en fidèle sujet, pariait pour le roi. Un jour, au Conseil, le roi dit une grosse bêtise. « Eh bien ! M. de Praslin, dit le duc de Choiseul, qu'en pensez-vous ? »

*

Pendant la dernière maladie de Louis XV, qui dès les premiers jours se présenta comme mortelle, Lorry, qui fut mandé avec Bordeu, employa, dans le détail des conseils qu'il donnait, le mot : « Il faut. » Le roi, choqué de ce mot, répétait tout bas, et d'une voix mourante : « *Il faut, il faut !* »

Extrait des *Maximes, pensées, caractères et anecdotes*,
1re éd., 1796.

GERMAINE DE STAËL

(1766-1817)

Portrait de Napoléon

Une phrase de Germaine de Staël dans De la littérature considérée dans ses rapports avec les institutions sociales *n'est sans doute pas sans rapport avec Napoléon : « La tyrannie peut servir au développement de la philosophie, mais elle porte une atteinte funeste à la littérature. » Napoléon, écrit-elle dans* Dix Années d'exil, *l'a « persécutée avec un soin minutieux », son moindre tort n'ayant pas été d'être une femme exprimant des idées. L'observation de Germaine de Staël est d'une stricte exactitude ; comparez Heidegger et Thomas Mann. Napoléon protégeait ceux que l'on appelait les « philosophes », Cabanis, Destutt de Tracy, et donnait des leçons de littérature (il savait tout sur tout) au célèbre acteur Talma. Il est révélateur, non de Corneille, mais de lui-même, qu'il lui ait expliqué que « Prends un siège, Cinna » ne constitue pas une réconciliation, mais une fourberie.*

L'empereur Napoléon, dont le caractère se montre tout entier dans chaque trait de sa vie, m'a persécutée avec un soin minutieux, avec une activité toujours croissante, avec une rudesse inflexible ; et mes rapports avec lui ont servi à me le faire connaître, longtemps avant que l'Europe eût appris le mot de cette énigme.

Je n'entre point dans le récit des faits qui ont précédé l'arrivée de Bonaparte sur la scène politique de l'Europe : si j'accomplis le dessein que j'ai formé d'écrire la vie de mon père, je dirai ce que j'ai vu de ces premiers jours de la révolution, dont l'influence a changé le sort de tout le monde. Je ne veux retracer maintenant que la part qui me concerne dans ce vaste tableau. Mais, en jetant de ce point de vue si borné quelques regards sur l'ensemble, je me flatte de me faire souvent oublier en racontant ma propre histoire.

Le plus grand grief de l'empereur Napoléon contre moi, c'est le respect dont j'ai toujours été pénétrée pour la véritable liberté. Ces sentiments m'ont été transmis comme un héritage ; et je les ai adoptés dès que j'ai pu réfléchir sur les hautes pensées dont ils dérivent, et sur les belles actions qu'ils inspirent. Les scènes cruelles qui ont déshonoré la révolution française, n'étant que de la tyrannie sous des formes populaires, n'ont pu, ce me semble, faire aucun tort au culte de la liberté. L'on pourrait, tout au plus, s'en décourager pour la France ; mais, si ce pays avait le malheur de ne savoir posséder le plus noble des biens, il ne faudrait pas pour cela le proscrire sur la terre. Quand le soleil disparaît de l'horizon des pays du Nord, les habitants de ces contrées ne blasphèment pas ses rayons, qui luisent encore pour d'autres pays plus favorisés du ciel.

Peu de temps après le 18 Brumaire, il fut rapporté à Bonaparte que j'avais parlé dans ma société contre cette oppression naissante dont je pressentais les progrès aussi clairement que si l'avenir m'eût été révélé. Joseph Bonaparte, dont j'aimais l'esprit et la conversation, vint me voir, et me dit : « Mon frère se plaint de vous. "Pourquoi, m'a-t-il répété hier, pourquoi Mme de Staël ne s'attache-t-elle pas à mon gouvernement ? Qu'est-ce qu'elle veut ? le payement du dépôt de son père ? je l'ordonnerai ; le séjour de Paris ? je le lui permettrai. Enfin, qu'est-ce qu'elle veut ?" — Mon Dieu, répliquai-je, il ne s'agit pas de ce que je veux, mais de ce que je pense. » J'ignore si cette réponse lui a été rapportée ; mais je suis bien sûre au moins que s'il l'a sue, il n'y a attaché aucun sens ; car il ne croit à la sincérité des opinions de personne ; il considère la morale en tout genre comme une mule qui ne tire pas plus à conséquence que la fin d'une lettre ; et, de même qu'après avoir assuré quelqu'un qu'on est son très humble serviteur, il ne s'ensuit pas qu'il puisse rien exiger de vous, Bonaparte croit que, lorsque quelqu'un dit qu'il aime la liberté, qu'il croit en Dieu, qu'il préfère sa conscience à son intérêt, c'est un homme qui se conforme à l'usage qui suit la manière reçue pour expliquer ses prétentions ambitieuses, ou ses calculs égoïstes. La seule espèce de créatures humaines qu'il ne comprenne pas bien, ce sont celles qui sont sincèrement attachées à une opinion, quelles qu'en puissent être les suites ; Bonaparte considère de tels hommes comme des niais, ou comme des marchands qui surfont, c'est-à-dire qui veulent se vendre trop cher. Aussi, comme on le verra par la suite, ne s'est-il jamais trompé dans ce monde que sur les honnêtes gens, soit comme individus, soit surtout comme nations.

*

La motion pour appeler Bonaparte à l'Empire fut faite dans le Tribunat par un conventionnel, autrefois jacobin, appuyée par Jaubert, avocat et député du commerce de Bordeaux, et secondée par Siméon, homme d'esprit et de sens, qui avait été proscrit sous la République comme royaliste. Bonaparte voulait que les partisans de l'Ancien Régime et ceux des intérêts permanents de la nation fussent réunis pour le choisir. Il fut convenu qu'on ouvrirait des registres dans toute la France pour que chacun exprimât son vœu relativement à l'élévation de Bonaparte sur le trône. Mais, sans attendre ce résultat, quelque préparé qu'il fût, il prit le titre d'empereur par un sénatus-consulte, et ce malheureux Sénat n'eut pas même la force de mettre des bornes constitutionnelles à cette nouvelle monarchie. Un tribun, dont je voudrais oser dire le nom, eut l'honneur d'en faire la motion spéciale. Bonaparte, pour aller habilement au-devant de cette idée, fit venir chez lui quelques sénateurs, et leur dit : « Il m'en coûte beaucoup de me placer ainsi en évidence ; j'aime mieux ma situation actuelle. Toutefois la continuation de la république n'est plus possible ; on est blasé sur ce genre-là ; je crois que les Français veulent la royauté. J'avais d'abord pensé à rappeler les vieux Bourbons ; mais cela n'aurait fait que les perdre, et moi aussi. Ma conscience me dit qu'il faut à la fin un homme à la tête de tout ceci ; cependant peut-être vaudrait-il mieux encore attendre… J'ai vieilli la France d'un siècle depuis quatre ans ; la liberté, c'est un bon code civil, et les nations modernes ne se soucient que de la propriété. Cependant, si vous m'en croyez, nommez un comité, organisez la Constitution, et, je vous le dis naturellement, ajouta-t-il en souriant, prenez des précautions contre ma tyrannie ; prenez-en, croyez-moi. » Cette apparente bonhomie séduisit les sénateurs, qui, au reste, ne demandaient pas mieux que d'être séduits. L'un d'eux, homme de lettres assez distingué, mais l'un de ces philosophes qui trouvent toujours des motifs philanthropiques pour être contents du pouvoir, disait à un de mes amis : « C'est admirable ! avec quelle simplicité l'Empereur se laisse tout dire ! L'autre jour, je lui ai démontré pendant une heure de suite qu'il fallait absolument fonder la dynastie nouvelle sur une charte qui assurât les droits de la nation. — Et que vous a-t-il répondu ? lui demanda-t-on. — Il m'a frappé sur l'épaule avec une bonté parfaite, et m'a dit : "Vous avez tout à fait raison, mon cher sénateur ; mais, fiez-vous à moi, ce n'est pas le moment." » Et ce sénateur, comme beaucoup d'autres, se contentait du plaisir d'avoir parlé, lors même que son opinion n'était pas le moins du monde adoptée. Les besoins de l'amour-propre, chez les Français, l'emportent de beaucoup sur ceux du caractère.

Une chose bien bizarre, et que Bonaparte a pénétrée avec une grande sagacité, c'est que les Français, qui saisissent le ridicule avec tant d'esprit, ne demandent pas mieux que de se rendre ridicules eux-mêmes, dès que leur vanité y trouve son compte d'une autre manière. Rien en effet ne prête plus à la plaisanterie que la création d'une noblesse toute nouvelle, telle que Bonaparte l'établit pour le soutien de son nouveau trône. Les princesses et les reines, citoyennes de la veille, ne pouvaient s'empêcher de rire elles-mêmes en s'entendant appeler Votre Majesté. D'autres, plus sérieux, se faisaient répéter le titre de monseigneur du matin au soir, comme le Bourgeois gentilhomme. On consultait les vieilles archives, pour retrouver les meilleurs documents sur l'étiquette ; des hommes de mérite s'établissaient gravement à composer des armoiries pour les nouvelles familles ; enfin, il n'y avait pas de jour qui ne donnât lieu à quelque situation digne de Molière : mais la terreur, qui faisait le fond du tableau, empêchait que le grotesque de l'avant-scène ne fût bafoué comme il aurait dû l'être. La gloire des généraux français relevait tout, et les courtisans obséquieux se glissaient à l'ombre des militaires, qui méritaient sans doute les honneurs sévères d'un État libre, mais non les vaines décorations d'une semblable cour. La valeur et le génie descendent du ciel, et ceux qui en sont doués n'ont pas besoin d'autres ancêtres. Les distinctions accordées dans les républiques ou dans les monarchies limitées doivent être la récompense de services rendus à la patrie, et tout le monde y peut également prétendre ; mais rien ne sent le despotisme comme cette foule d'honneurs émanant d'un seul homme, et dont son caprice est la source.

Des calembours sans fin furent lancés contre cette noblesse de la veille ; on citait mille mots des dames nouvelles, qui supposaient peu d'usage des bonnes manières. Et, en effet, ce qu'il y a de plus difficile à apprendre, c'est le genre de politesse qui n'est ni cérémonieux ni familier ; cela semble peu de chose, mais il faut que cela vienne du fond de nous-mêmes ; car personne ne l'acquiert, quand les habitudes de l'enfance ou l'élévation de l'âme ne l'inspirent pas.

Bonaparte lui-même a de l'embarras quand il s'agit de représenter ; et souvent, dans son intérieur, et même avec des étrangers, il revient avec joie à ces fermes et à ces façons vulgaires qui lui rappellent sa jeunesse révolutionnaire. Bonaparte savait très bien que les Parisiens faisaient des plaisanteries sur ses nouveaux nobles ; mais il savait aussi qu'ils n'exprimeraient leur opinion que par des quolibets, et non par des actions fortes. L'énergie des opprimés ne s'étendait pas au-delà de l'équivoque qui naît des calembours ; et, comme dans l'Orient on en est réduit à l'apologue, en France on était tombé plus bas encore ; on s'en tenait au cliquetis des syllabes. Un seul jeu de mots cependant mérite de survivre au succès éphémère de ce genre ; comme l'on annonçait un jour les princesses du sang, quelqu'un ajouta : « Du sang d'Enghien. » En effet, tel fut le baptême de cette nouvelle dynastie.

Bonaparte croyait n'avoir encore rien fait en s'entourant d'une noblesse de sa création ; il voulait mêler l'aristocratie du nouveau régime avec celle de l'ancien. Plusieurs nobles ruinés par la Révolution se prêtèrent à recevoir des emplois à la cour. L'on sait par quelle injure grossière Bonaparte les remercia de leur complaisance. « Je leur ai proposé, dit-il, des grades dans mon armée, ils n'en ont pas voulu ; je leur ai offert des places dans l'administration, ils les ont refusées ; mais je leur ai ouvert mes antichambres, et ils s'y sont précipités. » Quelques gentilshommes, dans cette circonstance, ont donné l'exemple de la plus courageuse résistance ; mais combien d'autres se sont dits menacés, avant qu'ils eussent rien à craindre ! et combien d'autres aussi ont sollicité pour eux-mêmes ou pour leur famille des charges de cour que tous auraient dû refuser ! Les carrières militaires ou administratives sont les seules dans lesquelles on puisse se persuader qu'on est utile à sa patrie, quel que soit le chef qui la gouverne ;

mais les emplois à la cour vous rendent dépendant de l'homme et non de l'État.

On en fit des registres pour voter sur l'Empire comme de ceux qui avaient été ouverts pour le Consulat à vie ; l'on compta de même, comme ayant voté pour, tous ceux qui ne signèrent pas ; on destitua de leurs emplois le petit nombre d'individus qui s'avisèrent d'écrire *non*. M. de La Fayette, constant ami de la liberté, manifesta de nouveau son invariable résistance ; et il eut d'autant plus de mérite, que déjà, dans ce pays de la bravoure, on ne savait plus estimer le courage. Il faut bien faire cette distinction, puisque l'on voit la divinité de la peur régner en France sur les guerriers les plus intrépides. Bonaparte ne voulut pas même s'astreindre à la loi de l'hérédité monarchique, et il se réserva le droit d'adopter et de choisir un successeur, à la manière de l'Orient. Comme il n'avait point d'enfants alors, il ne voulut pas donner à sa famille un droit quelconque ; et, tout en l'élevant à des rangs auxquels elle n'avait sûrement pas droit de prétendre, il l'asservissait à sa volonté par des décrets profondément combinés, qui enlaçaient de chaînes les nouveaux trônes.

Extrait de *Dix Années d'exil*, posth., 1818.

VICTOR HUGO ET ALFRED DE VIGNY

Louis-Philippe

La caricature de Louis-Philippe en poire par Daumier fait oublier que ce roi impressionnait par sa prestance ; les vestiges de l'Ancien Régime étaient frappés de sa ressemblance avec Louis XIV, ou du moins le répétaient pour se conférer à eux-mêmes une sorte de prestige. Hugo, dans ses succulentes Choses vues, *rapporte des paroles frappantes que ce roi intelligent comme peu lui a tenues quelques années avant la fin de son règne, tandis que Vigny, dans ses passionnants* Mémoires inédits, *rapporte une rencontre de 1831. Il était resté « fidèle à la branche aînée », comme on disait, celle des Bourbons récemment chassés, « non pour eux mais pour mes pères », écrit-il, car : « Je vis les Bourbons tels qu'ils étaient : froids, illettrés, ingrats de cœur et même, par principe, car ils se faisaient une sorte de théorie d'ingratitude, un dogme de demi-dieux [...]. »*

VICTOR HUGO

(1802-1885)

Conversations avec Louis-Philippe

28 juin 1844

Conversation avec le roi.

Il me disait à propos de langues : « L'anglais est un squelette allemand vêtu d'habits français. »

Il me contait que M. de Talleyrand lui avait dit un jour : « Vous ne ferez jamais rien de Thiers, qui serait pourtant un excellent instrument. Mais c'est un de ces hommes dont on ne peut se servir qu'à la condition de les satisfaire. Or, il ne sera jamais satisfait. Le malheur, pour lui comme pour vous, c'est qu'il ne puisse plus être cardinal. »

Juillet 1844

Il y a quelques jours, le roi disait au maréchal Soult (devant témoins) : « Maréchal, vous souvient-il du siège de Cadix ? — Pardieu, sire, je le crois bien ! J'ai assez pesté devant ce maudit Cadiz. J'ai investi la place et j'ai été forcé de m'en aller comme j'étais venu. — Maréchal, pendant que vous étiez devant, j'étais dedans. — Je le sais, sire. — Les cortès et le cabinet anglais m'offraient le commandement de l'armée anglo-espagnole. — Je me le rappelle. — L'offre était grave. J'hésitais beaucoup. Porter les armes contre la France ! pour ma famille, c'est possible ; mais contre mon pays. J'étais fort perplexe. Sur ces entrefaites, vous me fîtes demander par un affidé une entrevue secrète, entre la place et votre camp, dans une petite maison située sur la Cortadura. Vous en souvenez-vous, monsieur le maréchal ? — Parfaitement, sire ; le jour même fut fixé et le rendez-vous pris. — Et je n'y vins pas. — C'est vrai. — Savez-vous pourquoi ? — Je ne l'ai jamais su. — Je vais vous le dire. Comme je me disposais à vous aller trouver, le commandant de l'escadre anglaise, averti de la chose je ne sais comment, tomba brusquement chez moi et me prévint que j'étais sur le point de tomber dans un piège ; que, Cadiz étant imprenable, on désespérait de m'y saisir, mais qu'à la Cortadura je serais arrêté par vous ; que l'Empereur voulait faire du duc d'Orléans le second tome du duc d'Enghien, et que vous me feriez immédiatement fusiller. Là, vraiment, ajouta le roi avec un sourire, la main sur la conscience, est-ce que vous vouliez me faire fusiller ? » Le maréchal est resté un moment silencieux, puis a répondu, avec un autre sourire, non moins inexprimable que le sourire du roi : « Non, sire, je voulais vous compromettre. »

La conversation a changé d'objet. Quelques instants après, le maréchal a pris congé du roi, et le roi, en le regardant s'éloigner, a dit en souriant à la personne qui entendait cette conversation : « Compromettre ! compromettre ! cela s'appelle aujourd'hui compromettre. En réalité, c'est qu'il m'aurait fait fusiller. »

6 septembre 1844

Le roi me disait hier : « Ce qui rend la paix difficile, c'est qu'il y a en Europe deux choses que les rois de l'Europe détestent, la France et moi. Moi plus encore que la France. Je vous parle en toute franchise. Ils me haïssent parce que je suis Orléans ; ils me haïssent parce que je suis moi. Quant à la France, on ne l'aime pas, mais on la tolérerait en d'autres mains. Napoléon leur était à charge ; ils l'ont renversé en le poussant à la guerre qu'il aimait. Je leur suis à charge, ils voudraient me jeter bas, en me poussant hors de la paix que j'aime. »

Puis il a mis ses deux mains sur ses yeux ; et est resté un moment, la tête appuyée en arrière aux coussins du canapé, pensif et comme accablé.

Saint-Cloud, 16 novembre

Le roi était hier soucieux et paraissait fatigué. Quand il m'a aperçu, il m'a conduit dans le salon qui est derrière le salon de la reine, et il m'a dit en me montrant un grand canapé de tapisserie où sont figurés des perroquets dans des médaillons : « Asseyons-nous sur ces oiseaux. » Puis il m'a pris la main, et s'est plaint assez amèrement :

« Monsieur Hugo, on me juge mal. On dit que je suis fin. On dit que je suis habile. Cela veut dire que je suis traître. Cela me blesse. Je suis un honnête homme. Tout bonnement. Je vais droit devant moi. Ceux qui me connaissent savent que j'ai de l'ouverture de cœur. Thiers, en travaillant avec moi, me dit un jour que nous n'étions pas d'accord : "Sire, vous êtes fin, mais je suis plus fin que vous. — La preuve que non, lui répondis-je, c'est que vous me le dites." Thiers, du reste, a de l'esprit, mais il est trop fier d'être un parvenu. Guizot vaut mieux. C'est un homme solide. Un point d'appui. Espèce rare et que j'estime. Il est supérieur même à Casimir Perier, qui avait l'esprit étroit. C'était une âme de banquier scellée à la terre comme un coffre-fort. Oh ! que c'est rare, un vrai ministre ! Ils sont tous comme des écoliers. Les heures de conseil les gênent. Les plus grandes affaires se traitent en courant. Ils ont hâte d'être à leurs ministères, à leurs commissions, à leurs bureaux, à leurs bavardages. Dans les temps qui ont suivi 1830, ils avaient l'air humiliés et inquiets quand je les présidais. Et puis, aucun goût vrai du pouvoir. Peu de grandeur au fond, pas de suite dans les projets, pas de persistance dans les volontés. On quitte la partie comme un enfant sort de classe. Le jour de sa sortie du ministère, le duc de Broglie dansait de joie dans la salle du Conseil. Le maréchal Maison arrive. "Qu'avez-vous, mon cher duc ? — Maréchal, nous quittons le ministère ! — Vous y êtes entré comme un sage, dit le maréchal qui avait de l'esprit, et vous en sortez comme un fou."

« Le comte Molé, lui, avait une manière de me céder et de me résister tout à la fois. "Je suis de l'avis du roi quant au fond, disait-il, je n'en suis pas quant à l'opportunité." M. Humann, qui a été ministre des finances, était bon économiste, mais alsacien et entêté. Quand nous étions en désaccord, notamment pour la conversion des rentes, je lui disais, si c'était en été : "Monsieur Humann, venez avec moi à Eu. Nous prendrons une calèche ou un char à bancs, et nous causerons en nous promenant dans la forêt." Nous partions pour la ville d'Eu, je faisais mettre les chevaux à la voiture, et nous nous en allions par le bois, lui pérorant, moi regardant les arbres, cela durait toute la journée, et je m'en revenais le soir après avoir promené M. Humann.

« Je n'aime pas le système des finances en France. Je suis payé pour m'en plaindre. C'est-à-dire pas payé. L'arriéré me doit soixante-quinze millions dont je n'aurai jamais un sou. On me doit pour la principauté de Dombes, pour Gaillon, pour Vernon. On me doit pour Rambouillet. J'en ai fait mon deuil, mais cela m'impatiente d'être accusé quand c'est moi qui devrais réclamer et récriminer. Enfin, n'importe ! Monsieur Hugo, si vous saviez comme les choses se passent quelquefois au Conseil ! Le traité du droit de visite, ce fameux droit de visite ! croiriez-vous cela ? n'a pas même été lu en Conseil. Le maréchal Sébastiani, alors ministre, disait : "Mais, messieurs, lisez donc le traité." Je disais : "Mes chers ministres, mais lisez donc le traité. — Bah ! nous n'avons pas le temps, nous savons ce que c'est. Que le roi signe !" disaient-ils. Et j'ai signé. »

Extraits des *Choses vues*, posth., 1887.

~

ALFRED DE VIGNY

(1797-1863)

Les gestes d'un roi

Dans cette journée où tout était un peu troublé, Madame Adélaïde l'était beaucoup. Elle remarquait l'air préoccupé de son frère qui, ne voyant ni elle, ni personne, ni les plats qui passaient et dont il ne touchait rien, avait attaché sa vue distraite sur un surtout de table dont les étages de porcelaine portaient des sucreries. Il était absorbé par la continuation intérieure en lui-même de quelque conversation interrompue ou d'une correspondance dont il poursuivait la pensée et dans cette abstraction totale hors de tout ce qui l'environnait, il finit par poser ses deux coudes sur la table, prenant toujours des dragées et des oranges glacées qu'il écrasait sans les porter à sa bouche, se laissant toujours donner et enlever les assiettes sans les voir, jusqu'au moment où, le dîner étant achevé, tout le monde dans le silence et n'osant bouger, chacun le regardant soit en face, soit de côté à la dérobée, depuis vingt minutes, la reine attentive, prenant sur elle enfin d'élever seule la voix au milieu de la chambre où nous étions tous muets, toussa légèrement, se leva à demi, fit à son mari un salut profond et lui dit :

— Quand vous voudrez.

Louis-Philippe s'éveilla comme en sursaut, la salua et jetant sa serviette sur la table fit rouler sa chaise jusqu'aux murs et courut lui donner le bras pour sortir de l'appartement.

Nous étions debout dans le second salon de cette enfilade carrée et par trop vitrée, pareille à une serre chaude à mon avis plus qu'à un palais. J'étais préoccupé d'un ordre que je venais de donner à un capitaine de surveiller le Panthéon avec sa compagnie et je parlais à un des aides de camp, du tableau de Jéricho, le premier exposé à la vue, tableau que ne peut voir sans émotion tout homme portant un cœur et une épée ; un officier des guides en Égypte lance son cheval à l'assaut d'une forteresse et tandis que les fers de son compagnon d'armes brûlent les pierres et en arrachent des flammes, il se retourne et crie pour enlever son escadron qui le suit : « En avant ! »

On se sent emporté dans la forteresse avec lui.

Je me laissais entraîner à pénétrer ainsi dans la pensée intime du grand peintre et j'en parlais à demi-voix, lorsque les gens qui circulaient avec des plateaux nous apportèrent les tasses de café. Je tenais à peine la mienne quand une voix connue me vint dire :

— Eh bien ! Monsieur de Vigny, les rues sont encore bien agitées aujourd'hui ?

Le roi venait à moi, sa tasse à la main et son approche éloigna, par crainte de trop entendre, ceux qui me parlaient avant lui.

Quelque souvenir ineffaçable l'obsédait. Il agitait vite et d'une main nerveuse la cuillère et le sucre de sa tasse qui n'avait nul besoin d'être pilé comme dans un mortier et il continua sans attendre ma réponse, prononçant chaque mot avec une voix saccadée sous laquelle on sentait à chaque syllabe les soulèvements d'un cœur bondissant par colère mal contenue.

— Ah ! si vous saviez, monsieur de Vigny, comme ils sont insolents les chefs de ces pauvres jeunes gens des écoles que vous combattez et que vous aurez encore à chasser cette nuit du Luxembourg ! Si vous saviez de quel ton ils m'ont parlé, ici, ce matin. J'en ai reçu plusieurs qui m'ont fait pitié. Il y avait là l'un des Cavaignac[1], ils ont cru m'en remontrer sur 1789. J'en sais plus qu'eux tous, croyez-le bien. Mais ils ont voulu me braver et me prouver qu'ils avaient lu ce que j'ai vu et entendu. J'ai connu, moi, ces hommes de la Convention, c'est une horreur de les avoir

1. 1. Godefroy Cavaignac, le frère du général Cavaignac, dictateur en 1849.

connus, il en reste un dégoût éternel. Dites bien cela, monsieur de Vigny, à ceux de ces jeunes gens qui sont si enthousiastes de vous. Ils vous regardent comme un de leurs maîtres, dites-leur bien que le cœur leur soulèverait s'ils entendaient comme je les ai entendus ici dans cette cour (et il montrait la cour du palais par la fenêtre) chanter :

Je suis sans-culotte, moi,
Et je m'en fais gloire...

Je les entends encore hurler cela. Et en même temps, le roi se mit à chanter aussi en secouant et haussant ses larges épaules au grand étonnement des assistants dont chacun suspendit sa conversation, à demi-voix pour le regarder. Mais la reine fit un léger signe de n'y pas faire attention et il poursuivit avec beaucoup d'animation, me conduisant à *un petit coin sombre*, comme celui du Misanthrope, derrière les rideaux.

— Ils sont peu capables et très imprudents ces enfants-là ; ils tentent bien hardiment des essais déjà faits avant leur naissance et qui ont été manqués par de plus forts qu'eux. Danton, Marat et Robespierre leur feraient horreur s'ils les voyaient et ils ne savent pas dans quelle voie ils s'engagent en évoquant ces noms-là. Robespierre a succombé parce qu'il *manquait de bravoure*. Il était maître à l'Hôtel de Ville et pouvait marcher avec les piques des Jacobins fanatisés contre la Convention. Il n'avait de courage que pour faire des listes de proscription. Je l'ai connu, je le vois encore d'ici. Tenez, monsieur de Vigny, il n'y a jamais eu de portrait plus vrai que celui que fit de lui Mirabeau en le peignant d'un trait de pinceau ; il disait de Robespierre : « *Il a l'air d'un chat qui a bu du vinaigre.* » Il faisait, en effet, cette grimace-là qui n'était pas du tout celle d'un héros. Mais les croyez-vous vraiment bien sincères dans cette admiration des Jacobins ? Voyons, parlez-moi d'eux, vous m'éclairerez. Vous devez bien les connaître, car ils ne jurent que par vous ; ils savent (*comme moi*, du reste), et il appuya sur cette parenthèse, ils savent par cœur vos poèmes et *Cinq-Mars* et tous vos écrits, vous êtes un des chefs de la réforme littéraire. Les mêmes étudiants que vous venez de combattre et sur qui nous aurons peut-être le malheur d'être forcés de tirer sont vos lecteurs et les mêmes qui vous applaudissent.

Il se tut pour attendre ma réponse. Je crus voir et entendre Ulysse et pendant cette petite allocution insidieuse, faite en manière de boutade, je ne pouvais m'empêcher de le comparer au voyageur antique et rusé ; tous les traits du méfiant naufragé des Grecs je les retrouvais en lui. L'expérience des choses publiques, des nations et des hommes (*homines vidit et urbes*), une habitude de persuasion et de piperie par la glu des flatteries et de l'intérêt de chacun montré en perspective ; un soupçon général de tous les cœurs et un amer plaisir à se jouer des vanités ; un excès de lassitude de la monotone perversité dont la foule donne le spectacle aux races royales, aux chefs des hommes (Ἄναξ/ἀνδρῶν), une assurance railleuse à s'avancer dans l'examen des consciences avec une autorité qu'il croyait irrésistible, une fausse bonhomie qui lui faisait prendre l'attitude et la grosse façon du matelot fatigué qui cherche le repos et le propos familier, tous ces traits étaient empruntés sur lui, dans chaque geste, chaque regard oblique et radouci, chaque sourire incertain, et je lus si clairement dans son esprit que je me sentis tout à coup révolté de ce qu'il me confondait avec tout ce vulgaire qu'il maniait du matin au soir et qu'il attirait, à lui dire ce qu'il désirait entendre pour se rassurer et augmenter son troupeau. Je résolus de lui parler franc et de lui faire voir, ne fût-ce qu'une fois, un caractère inaccessible sous des formes polies. Comme il y avait dans ses dernières paroles une sorte de reproche indirect et un piège tendu à l'amour-propre d'auteur qu'il croyait en moi pire que jamais il n'y fut :

— En vérité, dis-je, je suis bien aise, Sire, d'avoir fait passer quelques heures de désœuvrement à mes lecteurs ou spectateurs, mais je ne me crois pas obligé pour cela d'être de l'opinion de tous ceux qui m'ont lu. J'aurais trop à faire si j'étais solidaire de leur variété de sentiments et surtout de leur mobilité.

Il m'interrompit par un rire que je crus de bon cœur cette fois, car ce gros éclat de bonne humeur fit sortir une anecdote de ses flancs agités par ce moment de gaîté.

— Ah ! ah ! la *mobilité* ! dit-il en riant, à qui en parlez-vous ! Vous avez ma foi, bien raison. Tenez, tout à l'heure avant le dîner, il m'est venu des gens, toute une famille vraiment, des gens de qualité qui m'ont apporté les preuves qu'ils avaient employé tout le temps de la Restauration à préparer mon règne. Je les ai laissé dire, avec un imperturbable sang-froid, mais ils ne savent pas que j'ai mes notes aussi, moi, et que là je retrouve la *preuve* que lorsqu'ils me priaient en 1814 de les appuyer près de Louis XVIII, ils me démontraient qu'ils avaient travaillé durant tout l'Empire à préparer la Restauration. Ils me croient leur dupe, mais ça m'est égal, c'est un plaisir que je leur laisse.

Il se frottait les mains en riant encore et dans son coup d'œil de renard, je voyais toute une odyssée d'intrigues traversées. Je savais le nom de ces familles qui ne m'étaient que trop bien désignées par lui.

Je regardais Philippe fixement pendant qu'il s'ébattait dans cette malice amère et je calculais avec tristesse quel amas d'impureté devait former dans la mémoire d'un prince de cinquante-huit ans le limon des hontes humaines déposé par l'océan des événements, vomi par ses courants invisibles. Je me demandais de combien de trahisons et de marchés un vieux souverain devait être le confesseur involontaire. Un de ces éclairs de la mémoire qui traversent l'esprit au milieu d'une conversation me fit voir tout ouvert le livre rouge où était inscrite la dette des révolutionnaires fameux de nos jours qui, après avoir reçu d'une main le salaire d'une *Trêve de Dieu*, poussèrent de l'autre main la hache du bourreau. Je me disais :

— Les souverains détrônés peuvent emporter sous leur manteau, avec ce qu'ils sauvent de leurs pénates, cette boîte de Pandore où sont tous les vices d'un peuple. En perdant tous leurs droits, ils en gardent le plus redoutable, *le droit au mépris de leur nation*. Quelle honte ce serait pour nous s'ils ouvraient cette boîte et répandaient au vent cette poussière pestiférée !

Et dans ce moment je sentis combien j'admirais les rois exilés qui n'ont rien dit.

Quel livre chacun d'eux aurait pu donner au monde après sa chute ! Quelle grandeur il y aurait dans cette dénonciation majestueuse d'une nation par son Prince banni ou renversé par-devant ce tribunal du monde civilisé. Quel acte d'accusation ce serait que ce grand règlement de comptes des avocats mendiants qui vendaient à la victime, sous le couteau, des phrases qu'ils ne prononçaient pas, lui laissant seulement le temps de payer comptant, avant que la tête fût tranchée.

Celui qui me parlait n'avait fait qu'entr'ouvrir la cassette de ces mystères et il savait qu'il en aurait bien d'autres à enfouir autour de ceux-là. Cependant, soit qu'il eût vu passer sur mon front une ombre fâcheuse pour la gaîté de son anecdote, soit qu'il s'en repentît subitement et la trouvât de nature aigre et propre à faire tourner le breuvage qu'il me destinait, il se mordit les lèvres et passa de ce ton badin du rusé politique au ton naïf du bonhomme cultivateur, père de famille, honnête citoyen et gros bourgeois qui se laisse volontiers ballotter par les événements. Il haussa d'abord ses grosses épaules, tourna sa tête lentement et pesamment à droite et à gauche comme les bœufs tournent et balancent leur col épais avec ses fanons, il en avait aussi d'assez ridés qui pendaient sur sa cravate et la recouvraient de deux étages de mentons, il éleva démesurément des sourcils étonnés qui ridèrent son front. Ses gros yeux regardaient le parquet et en suivaient les lignes de l'air abruti d'un voyageur perdu dans la nuit.

— À dire vrai, reprit-il, en jetant ses bras derrière le dos, je fais mon compliment à ceux qui me viennent conter qu'ils n'ont jamais changé d'opinion, moi je n'ai pas fait autre chose de ma vie. Il est bien difficile de ne pas modifier ses idées quand les temps amènent de si énormes changements dans l'esprit des nations.

— En effet, dis-je, c'est aujourd'hui le règne des sophistes et les paradoxes ne nous font pas défaut pour *modifier les idées*. Mais nous ne sommes pas tous également sensibles aux commotions de ce magnétisme des inventeurs de subtiles doctrines. Moi, par exemple, je l'avoue, je m'y sens très rebelle de naissance et il n'est pas facile de m'amener à une conception où ne m'aurait pas conduit une longue suite de réflexions et d'expériences.

À son tour il s'arrêta dans sa faconde et me regarda pour chercher le sens de cette réponse qui se trouvait opposée à lui comme un bouclier, mais je ne lui voulus pas laisser le temps d'y réfléchir et je continuai sans voir son air scrutateur, revenant à la question qui le touchait au vif pour rompre le trop d'attention qu'il faisait à moi-même :

— … Et parmi les subtilités que les orateurs de certains clubs mettent en circulation, je ne suis point séduit par celle qui passionne le plus vivement les étudiants armés dont le roi est en ce moment préoccupé, c'est une sorte de *constitution du meurtre* rédigée par deux ennemis mortels que le roi peut avoir connus en France ou dans ses voyages, *Joseph de Maistre* et *Saint-Just*. Après leur mort, on les unit à présent sur un même autel comme deux demi-dieux et l'on force leurs doctrines à se confondre en une seule. C'est une folle union imaginée pour enfanter une croyance dont je ne suis point touché, celle de la *sainteté de l'égorgement* qui autorise à la *substitution des victimes* et rassure les consciences qui pourraient être troublées en versant le sang de l'innocent et du faible comme les *septembriseurs* qui se trouvent béatifiés par l'intention du salut général qu'on leur suppose. C'est cette doctrine qui fait descendre dans la rue les plus ardents de ceux que nous repoussons. Je ne les combats encore que par les armes parce que la France est debout et ne lit pas, mais je les combattrai bientôt avec des écrits ; car j'en suis convaincu (je préparais alors *Stello* et lui en faisais entendre comme vous voyez quelques notes par avance) ; je suis convaincu, disais-je, que les terroristes n'ont pas l'honneur d'avoir sauvé la France de l'invasion étrangère.

— Eh ! vous avez raison mille fois, s'écria vivement le roi, les Girondins par leur éloquence auraient pu faire à eux seuls ce que la Montagne s'attribuait, ils avaient plus d'influence sur les armées et l'obstination admirable de Dumouriez a plus fait que les cruautés de bien des hommes trop vantés.

« Oui, continua-t-il en serrant les poings avec une force dans laquelle on sentait l'ancien aide de camp de Dumouriez, il sauva le territoire comme il est vrai que le *10 août* avait *sauvé* la Révolution de la coalition intérieure des *Tuileries* avec les Prussiens.

« Il est certain (et il s'inclinait avec une tristesse et une sévérité assez hostile), il est certain que les *Tuileries étaient coupables*. Du reste, on trouvera après moi des notes sur cette époque-là. J'ai écrit tout ce que j'en pensais, je laisserai des Mémoires qui éclairciront beaucoup de choses.

Ce que je démêlais dans ce mot : *Les Tuileries étaient coupables*, de rancunes incurables, de rages invétérées, mêlées d'hypocrisie et de pédantisme révolutionnaire, de fausse indignation, de probité simulée qui espérait être proclamée par moi dans les rangs et célébrée dans le monde et peut-être même dans des écrits utiles et dans quelque polémique à son usage, tout ce qu'il y avait de calculé dans sa voix élevée tout à coup et jetée dans tout le salon et dans ses regards cherchant des auditeurs vers le côté où se tenaient les officiers des gardes nationaux ne se peut concevoir ni à peine exprimer. Il me reporta par ce mot au jour fatal où ce fils de Philippe-Égalité, placé dans une tribune de la Convention voyant Louis XVI jugé ouvrir la bouche et se disposer à prendre la parole, s'écria avec le même mélange de sentiments mauvais, le 7 janvier 1793 :

— Vous verrez qu'il essaiera de se défendre !

Il y avait trente-huit ans que l'on avait posé à la Convention cette question : « Louis est-il coupable ? » Et il disait encore : « *Oui* », comme son père Égalité votant la mort.

Dix-huit ans après, j'ai entendu la seconde République, en le bannissant à perpétuité avec sa race, dire aussi de lui : « *Les Tuileries étaient coupables.* »

J'aurais voulu me pouvoir délivrer de cette vue et de ce langage hypocrite et sourdement haineux qui m'obsédaient, mais il me fallait encore écouter d'autres plaintes qui le conduisaient à d'autres questions. Au fond de toutes ses paroles, on sentait la défiance et la crainte de ce qui tournait autour de lui. Il était lancé dans les souvenirs de la République et il parcourut avec une incroyable volubilité un chapelet d'anecdotes où il paraissait tantôt acteur, tantôt spectateur. Parmi ces petites scènes et ces courts dialogues, j'en entendis plusieurs qu'il avait déjà racontés à d'autres et que je reconnus à chacun des mots qu'il redisait précisément dans le même ordre où ils étaient placés dans le rapport que m'en avaient fait ceux à qui il les avait déjà contés. On eût dit qu'il récitait un saint livre, avec une crainte religieuse de transposer un mot ou de se permettre une altération. Au milieu de ces verres rapides de la lanterne magique de petites histoires républicaines qui lui traversaient l'esprit, j'en saisis une que je crayonnai le soir même au corps de garde et qui me semblait reluire d'un feu plus vif que les autres dans les sourdes lueurs de sa mémoire. Il s'agissait de Danton.

« J'avais témoigné publiquement une grande horreur des massacres de Septembre au milieu du régiment de dragons dont j'étais colonel et comme en 1792 on était promptement dénoncé, le ministre de la Justice Danton en fut vite instruit. Nous allions partir de Paris pour l'armée du Nord et je lui devais une visite avec le corps d'officiers de mon régiment. Quand je passai devant lui, il m'arrêta et prenant la parole brusquement :

« — Jeune homme, me dit-il, vous vous êtes permis de blâmer hautement les *mesures* prises à l'Abbaye ! Sachez bien qu'il y a des moments de danger dans la vie d'une grande nation, dont elle ne peut se tirer que par de grands actes d'énergie. C'est moi qui ai commandé celui-ci.

« Partez demain, avant le jour pour votre régiment ou prenez garde à vous.

« Vous sentez, monsieur de Vigny, que je ne me le fis pas dire deux fois.

« Eh ! bien, voilà comment on serait gouvernés si de tels hommes revenaient au pouvoir. »

— Des hommes semblables, dis-je, ne me paraissent pas à craindre. (En 1831 la Fortune n'avait pas encore jeté des dés pareils à ceux-ci.) Heureusement pour nous, ceux qui voudraient prendre leurs rôles n'ont pas eu le temps de la férocité et le roi peut voir à quel point la garde nationale et l'armée sont unies dans une commune volonté de *résistance* à un *mouvement* incalculable.

Ces deux mots, il faut vous en souvenir, étaient alors les noms des deux courants d'opinion qui agitaient la mer après les trois tempêtes de juillet.

— Eh ! mon Dieu ! s'écria-t-il, je sens mieux que personne cette volonté de la partie saine du pays.

Et ici, l'homme simple et candide reparut dans la bonhomie de ses gestes ; il haussa les deux épaules et y ensevelit sa tête :

— Moi, je l'avoue, je n'ai pas de plan de gouvernement, je vais *au jour le jour* absolument.

Puis, saluant à demi, à droite et à gauche comme si le peuple eût été là et lui au balcon :

— Lorsqu'on a affaire à une nation si grande et si éclairée, on est trop heureux de pouvoir deviner ses désirs et c'est une assez grande gloire que de lui obéir et la satisfaire ; mais ses désirs ne sont pas toujours faciles à connaître.

Il ne sut pas longtemps à Rome
Cette éloquence entretenir.

Et bientôt, étant plus ferme sur l'étrier, il tint un autre langage.

En ce moment et tandis qu'il parlait on venait m'avertir des mouvements de l'émeute et je fis signe à l'officier qui s'approchait de ne pas interrompre le roi. Il resta donc près des aides de camp, du côté où se tenait la reine Marie-Amélie avec les princesses, près de la cheminée. Leur groupe demeurait debout et incertain, parlant à demi-voix, étonné de ce long *a parte* et de temps en temps la jolie tête de la princesse Marie se retournait vers son père, par-dessus son épaule où se penchait son col gracieux et souple comme celui des cygnes.

Mais la course des anecdotes ne s'arrêtait pas et moi toujours debout en face de lui, adossé à l'embrasure de la fenêtre contre laquelle il m'avait barricadé par sa pantomime agitée, le chapeau sous le bras et ma tasse à la main, je le regardais remettre la sienne sans la boire sur une console, puis la reprendre et je cherchais le but de toutes ces historiettes inutiles où l'emportait une sorte d'agitation nerveuse, un fond de malaise, d'inquiétude, de tremblement, se voyant mal assis sur un trône mal construit ; c'était une sorte de débordement de paroles où l'entraînaient surtout les *plaisirs de la mémoire*, exercice favori et orgueil de son esprit. Ce qui se sentait partout dans ses souvenirs, c'était le désir de se montrer très pénétrant, et, dans le choix des aventures, le soupçon importun d'un certain fantôme de république qu'il paraissait voir toujours rôdant sous ses fenêtres et prêt à entrer dans la chambre par toutes les cheminées. Mais en même temps que je l'écoutais, je résumais ses anecdotes et je rangeais dans ma mémoire les grains de ce long chapelet. Il croyait par leur variété tantôt tragique tantôt burlesque et triviale me cacher le fil qui les enchaînait, mais au passage de chacune de ces balles je le vis clairement et le reconnus, c'était le mépris d'un roué pour la nation, pour son siècle, pour la dignité des hommes et pour lui-même. Je reconnus ce fil secret dont il se servait pour enlacer et faire chanceler et tomber à ses pieds les caractères réputés les plus solides, quitte à s'en railler en secret, mais aucune de ces balles ne put rouler jusqu'à moi. J'écoutai longtemps sans répondre et sans permettre à ma physionomie le plus léger mouvement ou le moindre sourire de plaisir ; il s'arrêtait à peine un moment et cherchait un grain plus fort pour entamer le bronze, pour échauffer le marbre, mais chaque plomb y rebondissait et il lui fallut bien comprendre que rien n'est dur comme ce qui est très poli, comme l'acier ou le diamant.

La façon de ses historiettes était justement celle de Montgaillard qu'il me sembla parcourir en l'écoutant. Seulement chaque trait d'*immoralité en action* était précédé et suivi de l'éloge de son personnage.

Extrait des *Mémoires inédits*, établi d'après les manuscrits.

KARL MARX

(1818-1883)

La carrière de Thiers

*C'est un régal de lire la relation de la canaillerie d'un politicien à plaques de rue. Régal amer, car il est le plus souvent posthume. Il a fallu Marx pour s'occuper de Thiers sur le moment, car, s'il n'avait peur de rien, il était aussi un étranger passant pour un extrémiste, sans grande audience et expulsable à l'envi. L'histoire de la cupidité de Richelieu, de Napoléon et, encore plus mystérieuse, des serviteurs des républiques, est un des secrets les mieux cachés du monde si l'on excepte les carrières des banquiers. Les républiques étant selon Montesquieu fondées sur la vertu, cela les oblige à une dissimulation maximale. Thiers avait débuté sous la monarchie. La duchesse de Maillé, qui n'était pas communiste, disait de lui en 1832 qu'il était « une véritable espèce d'homme des plus ignobles » (*Mémoires*, posth., 1989). Le maréchal Soult, qui n'était pas légitimiste, le qualifiait de « méchant foutriquet » (Maxime Du Camp,* Souvenir d'un demi-siècle*, posth., 1949). Tocqueville, qui n'était pas pour le désordre, le montre éperdu et sanglotant en 1848 (*Souvenirs*, posth., 1831[1]).*

Marx connaissait bien la France, y ayant séjourné plusieurs fois, et, sinon tous les Français, du moins plusieurs, puisque chacune de ses filles en a épousé ou fréquenté un. Avec Louis XVIII, qui n'a pas été renvoyé moins de dix-huit fois de ses exils avant de devenir roi de France, Marx a été l'homme le plus chassé d'Europe au XIX*e siècle avant de devenir un des rois de sa philosophie.*

---

1. Voir plus bas, p. 385-386.

Ces hommes, donc, ne pouvaient trouver que dans les ruines de Paris leur billet d'élargissement conditionnel, ils étaient bien les hommes mêmes qu'il fallait à Bismarck.

Quelques tours de passe-passe, et Thiers, jusque-là le conseiller secret du gouvernement, apparut à sa tête avec ses *élargis* pour ministres.

Thiers, ce nabot monstrueux, a tenu sous le charme la bourgeoisie française pendant plus d'un demi-siècle, parce qu'il est l'expression intellectuelle la plus achevée de sa propre corruption de classe.

Avant de devenir homme d'État il avait déjà fait la preuve, comme historien, de sa maîtrise dans le mensonge. La chronique de sa vie publique est l'histoire des malheurs de la France. Allié des républicains avant 1830, il se faufile au ministère sous Louis-Philippe, en trahissant son protecteur, Laffitte. Il s'insinue dans les bonnes grâces du roi en provoquant des émeutes contre le clergé, au cours desquelles l'église Saint-Germain-l'Auxerrois et l'archevêché furent pillés, et en se faisant l'espion-ministre, puis l'accoucheur-geôlier de la duchesse de Berry. Le massacre des républicains, rue Transnonain, et les infâmes lois de septembre contre la presse et le droit d'association, qui l'ont suivi, furent tous deux son œuvre. Quand il reparut comme président du Conseil en mars 1840, il étonna la France par son plan de fortifications de Paris. Aux républicains, qui dénonçaient ce plan comme un complot perfide contre la liberté de Paris, il répliqua de la tribune de la Chambre des députés :

« Eh quoi ! s'imaginer que des fortifications puissent jamais mettre la liberté en péril ! Et d'abord, on calomnie un gouvernement, quel qu'il soit, quand on suppose qu'il puisse un jour tenter de se maintenir en bombardant la capitale… Mais ce gouvernement-là serait cent fois plus impossible après sa victoire. »

Certes, aucun gouvernement n'aurait jamais osé tourner contre Paris le feu de ses forts, si ce n'est le gouvernement même qui avait au préalable livré ces forts aux Prussiens.

Quand le roi Bomba se fit la main sur Palerme en janvier 1848, Thiers, depuis longtemps sans portefeuille, surgit à nouveau à la Chambre des députés.

« Vous savez, Messieurs, ce qui se passe à Palerme : vous avez tous tressailli d'horreur [parlementairement parlant] en apprenant que, pendant quarante-huit heures, une grande ville a été bombardée. Par qui ? Était-ce par un ennemi étranger, exerçant les droits de la guerre ? Non, Messieurs, par son propre gouvernement. Et pourquoi ? Parce que cette ville infortunée réclamait ses droits. Eh bien, pour avoir réclamé ses droits, Palerme eut quarante-huit heures de bombardement ! Permettez-moi d'en appeler à l'opinion européenne. C'est rendre un service à l'humanité que de venir, du haut de la plus grande tribune peut-être de l'Europe, faire retentir des paroles [des paroles en effet] d'indignation contre de tels actes… Quand le régent Espartero, qui avait rendu des services à son pays [ce que M. Thiers, lui, n'a jamais fait], prétendit, pour réprimer l'insurrection, bombarder Barcelone, il s'éleva de toutes les parties du monde un grand cri d'indignation. »

Dix-huit mois plus tard, M. Thiers était parmi les plus farouches défenseurs du bombardement de Rome par une armée française. En fait, le roi Bomba ne semble avoir eu d'autre tort que de limiter son bombardement à quarante-huit heures. Quelques jours avant la révolution de Février, irrité du long exil loin du pouvoir et de ses bénéfices, auquel l'avait condamné Guizot, et flairant dans l'air l'odeur d'un soulèvement populaire prochain, Thiers, dans ce style pseudo-héroïque qui lui a valu le surnom de « Mirabeau-mouche », déclara à la Chambre des députés :

« Je suis du parti de la révolution, non seulement en France, mais en Europe. Je souhaite que le gouvernement de la révolution reste entre les mains des modérés ; mais si le gouvernement tombait entre les mains des ardents, fût-ce des radicaux, malgré cela je n'abandonnerais pas ma cause. Je serais toujours du parti de la révolution. »

Survint la révolution de Février. Au lieu de remplacer le cabinet Guizot par un cabinet Thiers, comme le petit homme l'avait rêvé, elle remplaça Louis-Philippe par la république. Au premier jour de la victoire populaire, il se cacha soigneusement, oubliant que le mépris des travailleurs le mettait à l'abri de leur haine.

Pourtant, avec son courage légendaire, il continua de fuir la scène publique, jusqu'à ce que les massacres de Juin l'eussent nettoyée pour son genre d'activité. Alors, il devint le cerveau dirigeant du « parti de l'Ordre » et de la République parlementaire, cet interrègne anonyme pendant lequel toutes les factions rivales de la classe dirigeante conspiraient *ensemble* pour écraser le peuple, et *l'une contre l'autre* pour restaurer chacune la monarchie de son choix. Alors, comme aujourd'hui, Thiers dénonçait les républicains comme le seul obstacle à la consolidation de la république ; alors, comme aujourd'hui, il parlait à la république comme le bourreau à Don Carlos :

« Je vais te tuer, mais c'est pour ton bien. »

Aujourd'hui, comme alors, il pourra s'écrier au lendemain de sa victoire : « L'Empire est fait ! »

En dépit de ses hypocrites homélies sur les « libertés nécessaires » et de sa rancune personnelle contre Louis Bonaparte qui avait fait de lui sa dupe et flanqué dehors le parlementarisme – et hors de son atmosphère factice, ce petit homme, il le sait bien, se ratatine et rentre dans le néant –, Thiers a trempé dans toutes les infamies du Second Empire, de l'occupation de Rome par les troupes françaises, jusqu'à la guerre avec la Prusse, à laquelle il poussa par ses farouches invectives contre l'unité allemande – non pas parce qu'elle servirait de façade au despotisme prussien, mais parce qu'elle serait une atteinte au droit traditionnel de la France au morcellement de l'Allemagne.

Aimant à brandir à la face de l'Europe, avec ses bras de nain, l'épée de Napoléon Ier dont il était devenu le cireur de bottes historique, sa politique étrangère a toujours eu pour couronnement l'humiliation totale de la France, depuis la Convention de Londres en 1841 jusqu'à la capitulation de Paris en 1871 et à la guerre civile actuelle où il lance contre Paris les prisonniers de Sedan et de Metz avec la haute autorisation de Bismarck.

Malgré la souplesse de son talent et l'inconstance des desseins qu'il poursuit, cet homme a été enchaîné sa vie entière à la routine la plus fossile.

Il est évident que les courants profonds de la société moderne devaient lui demeurer à jamais cachés ; mais même les changements les plus manifestes à sa surface répugnaient à une cervelle dont toute la vitalité s'était réfugiée dans la langue.

Aussi ne se lassa-t-il jamais de dénoncer comme un sacrilège tout écart du désuet système du protectionnisme français. Ministre de Louis-Philippe, il dénigra les chemins de fer comme une folle chimère ; et, plus tard, dans l'opposition sous Louis Bonaparte, il stigmatisa comme une profanation toute tentative pour réformer le système pourri de l'armée française. Jamais, au cours de sa longue carrière politique, il ne s'est rendu coupable d'une seule mesure, si minime fût-elle, de quelque utilité pratique.

Thiers n'a été conséquent que dans son avidité de richesse, et dans sa haine des hommes qui la produisent. Entré pauvre comme Job dans son premier ministère sous Louis-Philippe, il le quitta millionnaire. Son dernier ministère sous le même roi (celui du 1er mars 1840) l'exposa à des accusations publiques de concussion à la Chambre des députés, auxquelles il se contenta de répondre par des larmes, denrée qu'il prodigue avec autant de facilité que Jules Favre ou tout autre crocodile.

À Bordeaux, sa première mesure pour sauver la France d'une ruine financière imminente fut de se doter lui-même de trois millions par an, premier et dernier mot de la « république économe », qu'il avait fait miroiter à ses électeurs de Paris en 1869. Un de ses anciens collègues à la Chambre des députés de 1830, capitaliste lui-même et néanmoins membre dévoué de la Commune, M. Beslay, apostrophait dernièrement Thiers dans une affiche publique :

« L'asservissement du travail au capital a toujours été la pierre angulaire de votre politique, et depuis le jour où vous avez vu la république du travail installée à l'Hôtel de Ville, vous n'avez jamais cessé de crier à la France : "Ce sont des criminels !" »

Passé maître dans la petite fripouillerie politique, virtuose du parjure et de la trahison, rompu à tous les bas stratagèmes, aux expédients sournois et aux viles perfidies de la lutte des partis au Parlement, toujours prêt, une fois chassé du ministère, à allumer une révolution, pour l'étouffer dans le sang une fois qu'il y est revenu, avec des préjugés de classe en guise d'idées, de la vanité en guise de cœur, menant une vie privée aussi abjecte que sa vie publique est méprisable – il ne peut s'empêcher, même maintenant où il joue le rôle d'un Sylla français, de rehausser l'abomination de ses actes par le ridicule de ses fanfaronnades.

La capitulation de Paris, en livrant à la Prusse non seulement Paris, mais la France entière, a clos la longue série d'intrigues et de trahisons avec l'ennemi que les usurpateurs du 4 Septembre avaient inaugurée, comme Trochu en personne l'avait dit, le soir même. D'autre part, elle ouvrait la guerre civile qu'ils allaient maintenant engager avec l'aide de la Prusse contre la république et Paris.

Le traquenard était tendu dans les clauses mêmes de la capitulation. À ce moment, plus d'un tiers du territoire était aux mains de l'ennemi, la capitale était coupée des départements, toutes les communications étaient désorganisées. Élire dans de telles circonstances une véritable représentation de la France était impossible sans prendre largement le temps nécessaire aux préparatifs.

C'est *précisément* pourquoi la capitulation stipula qu'une Assemblée nationale devait être élue dans les huit jours, de sorte qu'en bien des parties de la France la nouvelle des élections à faire n'arriva qu'à la veille du scrutin. En outre, cette assemblée, selon une clause expresse de la capitulation, ne devait être élue que dans le seul but de décider de la paix ou de la guerre, et, éventuellement, de conclure un traité de paix. La population ne pouvait pas ne pas sentir que les termes mêmes de l'armistice rendaient la continuation de la guerre impossible, et que, pour ratifier la paix imposée par Bismarck, les pires hommes de France étaient les meilleurs.

Mais, non content de toutes ces précautions, Thiers, avant même que le secret de l'armistice ait été divulgué dans Paris, était parti en tournée électorale à travers les départements pour y galvaniser et y rappeler à la vie le Parti légitimiste, qui devait désormais, à côté des orléanistes, prendre la place des bonapartistes, que l'on n'eût pas tolérés. Il n'en avait pas peur. Impossibles comme gouvernants de la France moderne, et par suite, rivaux méprisables, pouvait-il y avoir, comme instrument de la réaction, un parti préférable à celui dont l'action, suivant les paroles de Thiers lui-même (Chambre des députés, 5 janvier 1833) « s'était toujours confinée aux trois ressources de l'invasion étrangère, de la guerre civile et de l'anarchie » ?

Ils croyaient vraiment, ces légitimistes, à l'avènement de ce millénaire rétrospectif si longtemps attendu. Il y avait la France sous la botte de l'invasion étrangère ; il y avait la chute d'un empire, et la captivité d'un Bonaparte ; enfin, il y avait eux-mêmes. La roue de l'histoire avait visiblement tourné à l'envers pour s'arrêter à la « Chambre introuvable » de 1816.

Dans les Assemblées de la République, de 1848 à 1851, ils avaient été représentés par leurs champions parlementaires, instruits et exercés ; c'étaient les simples soldats du parti qui s'y ruaient maintenant : tous les Pourceaugnacs de France.

Dès que cette Assemblée de « ruraux » se fut réunie à Bordeaux, Thiers lui fit entendre nettement que les préliminaires de paix devaient être agréés sur-le-champ, sans même avoir les honneurs d'un débat parlementaire ; à cette condition seulement la Prusse leur permettrait d'ouvrir les hostilités contre la république et Paris, sa place forte. La contre-révolution, en effet, n'avait pas de temps à perdre.

Le Second Empire avait plus que doublé la dette nationale et lourdement endetté toutes les grandes villes. La guerre avait enflé les charges d'une manière effrayante et ravagé sans pitié les ressources de la nation. Pour compléter la ruine, le Shylock prussien était là, exigeant l'entretien d'un demi-million de ses soldats sur le sol français, son indemnité de cinq milliards et l'intérêt à 5 % des échéances en retard.

Qui allait payer la note ? Ce n'est qu'en renversant la république par la violence, que ceux qui s'appropriaient la richesse pouvaient espérer faire supporter aux producteurs de cette richesse les frais d'une guerre qu'ils avaient eux-mêmes provoquée. Ainsi, c'est précisément l'immense ruine de la France qui poussait ces patriotiques représentants de la propriété terrienne et du capital, sous les yeux mêmes et sous la haute protection de l'envahisseur, à greffer sur la guerre étrangère une guerre civile, une rébellion de négriers. Barrant la route au complot, il y avait un grand obstacle : Paris.

Désarmer Paris était la première condition du succès. Paris fut donc sommé par Thiers de rendre ses armes. Puis Paris fut harcelé par les frénétiques manifestations anti-républicaines de l'Assemblée « des ruraux » et par les déclarations équivoques de Thiers lui-même sur le statut légal de la république ; par la menace de décapiter et de décapitaliser Paris ; la nomination d'ambassadeurs orléanistes ; les lois de Dufaure sur les échéances commerciales et les loyers, qui menaçaient de ruine le commerce et l'industrie parisiens ; la taxe de Pouyer-Quertier, de deux centimes sur chaque exemplaire de toutes les publications quelles qu'elles soient ; les sentences de mort contre Blanqui et Flourens ; la suppression des journaux républicains ; le transfert de l'Assemblée nationale à Versailles ; le renouvellement de l'état de siège proclamé par Palikao, et aboli le 4 septembre ; la nomination de Vinoy, le décembriseur, comme gouverneur de Paris, celle de Valentin, le gendarme de l'Empire, comme préfet de police, enfin celle de d'Aurelle de Paladines, le général jésuite, comme commandant en chef de la garde nationale.

Et maintenant, nous avons une question à poser à M. Thiers et aux hommes de la Défense nationale, ses sous-ordres. On sait que, par l'entremise de M. Pouyer-Quertier, son ministre des Finances, Thiers avait contracté un emprunt de deux milliards, payable immédiatement.

Eh bien, est-il vrai ou non :

1° Que l'affaire était arrangée de telle sorte qu'un pot-de-vin de plusieurs centaines de millions tombât dans les poches de Thiers, Jules Favre, Ernest Picard, Pouyer-Quertier et Jules Simon ?

2° Qu'il ne serait fait de versement, qu'après la « pacification » de Paris ? En tout cas il faut que la chose ait été très urgente, car

Thiers et Jules Favre, au nom de la majorité de l'Assemblée de Bordeaux, sollicitèrent sans vergogne l'occupation de Paris par les troupes prussiennes. Mais cela n'entrait pas dans le jeu de Bismarck, comme il le dit publiquement et en ricanant, aux philistins admiratifs de Francfort, à son retour en Allemagne.

Extrait de *La Guerre civile en France*, 1871.

LUDOVIC HALÉVY

(1834-1908)

Gambetta

*D'une certaine façon, la famille Halévy donne tort à Balzac. La réussite peut être autre que celle de l'argent et du pouvoir. À un Élie Halévy, Juif bavarois et savant talmudiste établi à Paris à la fin du XVIII*e *siècle (il est aussi poète, en français et en hébreu, ayant entre autres écrit des vers en hommage à la bataille de Wagram), succèdent ses fils Fromental, compositeur du célèbre opéra* La Juive *que le grand-père du Narrateur d'*À la recherche du temps perdu *fredonnera avec une perfidie balourde dès qu'il sera question de Juifs, et Léon, qui écrit quantité de pièces de théâtre. Son fils Ludovic confectionne avec Henri Meilhac les livrets de plusieurs opérettes d'Offenbach, comme* La Grande-Duchesse de Gerolstein, *« Ah que j'aime les militaires, leur uniforme coquet, leur moustache et leur plumet ! », et de* Carmen, *il était du reste cousin avec l'épouse du compositeur, Geneviève Bizet (fille de son oncle Fromental). Ludovic Halévy n'était pas loin de la politique, ayant travaillé pour Morny, et ses récits sur Gambetta sont de première main. Après lui son fils le philosophe Daniel Halévy, préfacier et commentateur de ce texte, protestant et maurrassien, d'où la famille Joxe, qui a eu des ministres sous de Gaulle et Mitterrand.*

Je vais me servir ici de quelques cahiers sur lesquels mon père avait coutume de noter, presque chaque soir, les conversations auxquelles il avait été mêlé, les scènes qu'il avait observées, les mots qu'il avait entendus. Ces cahiers constitueraient un précieux document, et mériteraient tout à fait d'être publiés, si mon père, par un scrupule de délicatesse qui n'étonnera pas ceux qui l'ont connu, ne les avait, dans les dernières années de sa vie, impitoyablement tailladés et raturés. Il ne nous reste entre les mains que des débris, mais dans ces débris même, des morceaux intéressants, notamment ces dîners avec Gambetta que je vais reproduire ici.

De ces trois dîners, le plus curieux est le deuxième ; les trois forment un ensemble et il convient de les donner tous. Je les compléterai par quelques lignes ou fragments qui éclairent assez bien les derniers temps de la vie de Gambetta, son apothéose, sa défaite, sa fin.

C'est, je pense, dans les coulisses des théâtres des boulevards que mon père avait connu le jeune Gambetta. Laissant les cafés de la rive gauche, il y venait volontiers et souvent. Il y était fêté, aimé ; il le fut partout et toujours.

Mais mon père n'était pas seulement un homme de théâtre. Secrétaire-rédacteur au Corps législatif, secrétaire particulier et intime du très puissant et très charmant duc de Morny, alors président du Corps législatif, il était chez lui au Palais-Bourbon comme aux Variétés, et c'est à lui que souvent s'adressait Gambetta, quand il voulait assister à quelque séance. Mon père, pour qu'il fût bien placé, le recommandait à Morny même. Gambetta était dès lors célèbre sur les deux rives, étant de ceux qui naissent princes, prince de la parole, prince de la jeunesse. Morny, qui ne le connaissait que de renom, désira le voir. La séance étant ouverte, il appela mon père près du fauteuil présidentiel : « Où est Gambetta ? Montrez-le-moi. » Mon père lui désigna le rang, la place, et Morny, prenant sa lorgnette, dévisagea attentivement le tumultueux jeune homme qui, si peu d'années plus tard, renverserait l'Empire, occuperait son fauteuil même.

Après la guerre de 1870, et pendant une dizaine d'années, mon père n'eut plus l'occasion de rencontrer Gambetta qui, absorbé par les grandes affaires, vivait entouré d'amis politiques. C'est seulement en 1879 que mon père le rencontra de nouveau et à plusieurs reprises. Peut-être n'est-ce pas là tout à fait un effet du hasard.

Gambetta, à cet instant de sa vie, s'apprêtait à prendre en mains le gouvernement de la France, et il lui convenait de se rapprocher de tels éléments de la société qui n'étaient pas de son parti même.

Daniel Halévy

I. Chez Eugène Yung

Voici donc le premier dîner[1].

Février 1881

Dîné chez M. Yung[2] avec M. et Mme Alphonse Daudet, Francisque Sarcey, Coppée, Reinach, etc., et Gambetta.

Je n'étais pas préparé à un tel honneur… J'avais à peine revu Gambetta depuis nos relations d'il y a quinze ans à la Chambre. Nous avons hier soir longuement causé. Il a été charmant, a beaucoup parlé de sa *politique scientifique*. Plus rien n'est livré au hasard, on marche d'un pas certain sur un terrain solide, on gouverne d'après les calculs des probabilités… Les résultats sont, en quelque sorte, mathématiques. Il scande ce mot « ma-thé-ma-ti-ques », et le répète deux fois – « ma-thé-ma-ti-ques » – avec un geste qui en coupe les tranches en parties égales comme de la galette. Un homme très distingué dinait avec nous, M. Ordinaire, rédacteur en chef de *La Petite République*, député, ancien élève de l'École normale, camarade de Challemel-Lacour. Il *s'emballe* un peu, se met à parler de la *poésie* du suffrage universel, de l'horizon de justice indéfinie ouvert à tous aujourd'hui. Alphonse Daudet de *s'emballer* à la suite de M. Ordinaire, et de se mettre à célébrer le grand poète qui était en Gambetta… Il ajouta d'ailleurs : « Tous les grands politiques sont de grands poètes… — En tout cas, répliquai-je, tous les grands poètes ne sont pas de grands politiques. Voyez Hugo et Lamartine… » Gambetta ne relève pas le nom de Victor Hugo, il relève le nom de Lamartine : « C'était un esprit politique. » Je me récriai : « Comment, voyez, en 1848, quelle situation, et ce qu'il en a fait ! Il était au pinacle le 21 février, et

---

1. Toutes les mentions en italique sont de Daniel Halévy.
2. Eugène Yung était le directeur de la *Revue politique et littéraire*, qui aujourd'hui existe encore, connue sous le titre que l'usage lui donna et qu'elle dut accepter, la *Revue bleue.* (Les notes sont de Daniel Halévy.)

quelques mois après, plus rien… Lamartine au gouvernement, oui, vous avez raison ; mais Lamartine dans l'opposition, admirable et prophétique… Il a prédit le Siège et la Commune, et Paris bombardé par les forts construits pour sa défense. Il a annoncé le suffrage universel. Il a vu clair dans les périls futurs de la question d'Orient… »

La conversation prit un tour littéraire sur Hugo. « Que de fatras ! dit Gambetta… Il faut généralement enjamber huit à dix vers obscurs ou fous pour arriver à un vers admirable. » Il a excepté *La Légende des siècles*, mise par lui au premier rang, et surtout la partie biblique.

Très classique. Grand admirateur de Diderot… Daudet a parlé avec légèreté des romans de Voltaire : Gambetta a bondi. Il a récité des passages de *Candide*, parlé de *La Religieuse*, du rôle de Diderot : « Le vrai chef du mouvement qui entraîne le siècle vers les choses réelles… On commence à voir que le romantisme n'a été qu'un accident. Zola sur ce point a raison. » Daudet, pas du tout naturaliste, vexé d'être enrôlé dans cette bande dont Zola s'est déclaré le chef. Daudet et sa femme affectent grand enthousiasme pour les Goncourt. Francisque Sarcey et moi, très vivement, avons protesté, déclaré que ces messieurs ne méritaient aucunement le tapage qui se fait autour de leurs noms… Gambetta très admirateur de Chateaubriand, des *Mémoires d'outre-tombe*, cela va sans dire, mais aussi et plus encore de ses *Études sur la religion*. Moi très humilié, je n'ai pas lu ça. Gambetta m'a dit d'aller à la bibliothèque de la Sorbonne, au fonds Victor Cousin. Il y a là un exemplaire extraordinaire, annoté par Cousin et par Sainte-Beuve. J'irai.

(Mon père était bien bon de se laisser humilier. Quoique très fin, il se laissait jouer et dominer par la faconde de Gambetta. Je ne sais s'il a été à la bibliothèque de la Sorbonne, et consulté le fonds Victor Cousin. J'ai pris cette peine, et je n'ai rien trouvé. D'abord, les *Études sur la religion* n'existent pas. Cet ouvrage, que Gambetta préférait aux *Mémoires d'outre-tombe* mêmes, est tout de son invention. Ensuite, aucun exemplaire de Chateaubriand, annoté par Cousin et Sainte-Beuve, n'existe à la Sorbonne. Quelque souvenir imprécis aura traversé l'esprit de Gambetta, et, le vent de Cahors ayant soufflé là-dessus, tous les convives restèrent émerveillés par l'érudition du grand homme.)

En somme, il est agréable de voir la France gouvernée par un homme qui n'est pas bête et qui a si parfaitement le goût et le sens des choses littéraires et des choses d'art, qui sait ce que c'est que Diderot. La France n'était pas habituée à cela.

Grandes illusions, je crois, sur le suffrage universel, qui est pour tous les gouvernements. J'en suis, moi, du suffrage universel, et mon opinion est, au bout du compte, sous la République, à peu près ce qu'elle était sous l'Empire. Bien que fort peu bonapartiste, je souhaitais de voir durer ce pitoyable gouvernement. Je me disais : « Faites que cela dure, car si cela ne dure pas, cela finira bien mal. » Et cela n'a pas manqué… De même aujourd'hui, je ne suis républicain ni de la veille ni du lendemain ; je suis un républicain de résignation… Elle m'inquiète énormément, la République ; mais enfin je répète dans les mêmes termes ma prière de l'Empire : « Que cela dure, car, si cela ne dure pas, cela finira bien mal, et plus mal même que l'Empire, car il n'y aura pas même la ressource de la République à mettre à la place de la République. »

Gambetta a été plus qu'aimable avec moi, évoquant des souvenirs d'il y a quinze ans, quand je lui faisais avoir des billets pour les séances de la Chambre, quand nous nous en allions, ensemble, après les séances, le long des quais… Et chose singulière, ces souvenirs se retrouvent dans la chronique de *L'Univers illustré*, contés par moi il y a huit jours.

Gambetta parle de la Chambre actuelle avec un mépris évident. Le scrutin de liste : il veut le scrutin de liste ; il donnera des députés d'une qualité supérieure… Gambetta a parlé avec un véritable enthousiasme de l'Assemblée nationale réactionnaire de 1871 ; il en parlait en artiste ; il y avait plaisir à parler devant cette Chambre-là ; l'instrument était sensible ; l'Assemblée nationale était pleine de gens intelligents et cultivés de tous les partis. Il vaut mieux avoir affaire à des ennemis intelligents qu'à des amis stupides. C'était l'orateur qui parlait, qui se rappelait les luttes d'autrefois. Convaincre et vaincre une Assemblée résistante, voilà le plaisir. C'est monter un cheval difficile, mais vigoureux et généreux. La Chambre actuelle, qui lui appartient cependant, lui paraît plate et basse. Le fait est qu'il n'y a guère que lui, Gambetta, dans cette Chambre. Il devrait en être heureux. Il en est mécontent. Et ce mécontentement lui fait honneur. Les ennemis secouent, échauffent, animent, irritent, vous donnent du mouvement et de l'éloquence.

*

Gambetta se trouvait alors à un moment grave de son existence politique. Président de la Chambre depuis février 1879, il dominait les partis, les ministères, l'Élysée même, par une sorte de prestige qui ne pouvait avoir une durée indéfinie. Il lui fallait enfin se montrer, agir à découvert. Les chefs républicains (un Grévy, un Ferry, un Clemenceau) le sentaient, et déjà montraient leur inquiétude. Les partisans d'un régime d'autorité, eux aussi surveillant l'événement, commençaient à s'intéresser à l'avenir de Gambetta, et préparaient leur ralliement.

Voici une note qui est de mars 1881 :

Le soir, dîner chez Calmann-Lévy avec Renan et Octave Feuillet. Feuillet a beaucoup parlé. Il est en train de passer à Gambetta, ainsi que les neuf dixièmes des bonapartistes. Ils veulent un maître, ils ne voient d'autre despote possible que Gambetta, va donc pour Gambetta. Pas républicain, « gambettiste » : c'était le mot de Déroulède, c'est le mot de Feuillet : « Je n'ai plus besoin que d'une vingtaine d'années de despotisme, disait-il, si Gambetta me les donne, tant mieux. »

Gambetta, découvrant ses projets, donne à ses campagnes un tour ardent. Les élections sont imminentes : il veut dominer ces élections, déterminer une sorte de plébiscite. Les élections se faisaient alors, comme aujourd'hui, arrondissement par arrondissement ; Gambetta veut leur donner une base élargie, et la base du scrutin de liste. Sans doute, il compte sur son nom pour entraîner les listes que présenteront ses partisans, et les faire nommer.

Voici encore une note, qui est du mois de mars :

La querelle scrutin de liste et scrutin d'arrondissement tourne à l'aigu. M. Grévy commence à montrer les dents, ne veut pas se laisser faire. Gambetta va reprendre vis-à-vis de Grévy l'ancienne formule qui lui a servi contre Mac-Mahon : *se soumettre ou se démettre*.

Nouvel aspect, nouvelle complication des événements : le gouvernement rompt avec le Bey de Tunis, et décide une expédition militaire, dont Gambetta surveille avec passion les préparatifs.

Mais il a d'autres préoccupations encore, moins politiques que mondaines. Avril 1881 :

Suite de déjeuners et de dîners réactionnaires de Gambetta. Cela dure depuis une vingtaine de jours, et personne ne s'en doute. Personne. Quel cri jetterait la presse intransigeante si elle apprenait que Gambetta a déjeuné il y a une vingtaine de jours chez M. de Breteuil avec le prince de Galles, le duc de La Trémoïlle, le marquis du Lau, etc., etc. ; qu'il a déjeuné il y a une dizaine de jours chez M. O'Connor, avec le marquis de Galliffet, La Trémoïlle, du Lau et une dizaine de légitimistes, tous comtes ou marquis ; qu'il dîne, samedi prochain, après-demain, chez du Lau avec une dizaine d'affreux réactionnaires dont Alphonse de Rothschild !

C'est à ce dîner que mon père va être invité, et dont il va nous dire l'allure et les propos.

Je me trouve ici en présence d'un ensemble d'écrits qui rend assez difficile l'établissement du texte. D'abord, il y a des notes cursives, sans doute prises au lendemain, peut-être au soir et au sortir même du dîner ; ensuite de courtes notes, ajoutées les jours suivants pour fixer quelques traits qui d'abord avaient échappé ; enfin, une rédaction écrite pour être donnée, en souvenir du dîner, à du Lau qui l'avait offert. Une édition scientifique comporterait les notes cursives, les addenda, la rédaction. Mais il ne s'agit pas ici d'édition scientifique ; je donnerai donc la rédaction, et, au bas des pages, les additions qui paraîtront utiles. Voici la rédaction :

II. Chez le marquis de Lau

1er mai 1881

Du Lau avant-hier m'avait écrit : « Venez dîner demain en assez amusante compagnie pour un philosophe », et j'arrive hier à sept heures et demie, rue des Petits-Champs, légèrement intrigué par la forme mystérieuse de l'invitation.

J'arrive le premier. Du Lau me dit : « Vous allez dîner avec Galliffet, Breteuil, d'Arenberg, Kerjégu, Alphonse de Rothschild…

et… et… Gambetta !!! » En effet, les voilà tous[1], et voilà, causant amicalement un peu à l'écart dans l'embrasure d'une fenêtre, deux souverains, Gambetta, le maître actuel de la France, et Rothschild… Puis, conversation générale… Gambetta dans la journée est allé au Salon. Il parle avec enthousiasme du tableau de Baudry, *Le Règne de la Loi*[2]. Puis se lance dans un grand discours sur Ingres et Delacroix. Pour Ingres contre Delacroix… Et très ardent, très violent : « Delacroix, un coloriste, un décorateur, voilà tout… Tandis que Ingres ! Ingres ! » Très jolie tirade, comme il parle bien ! Il s'applique d'ailleurs, et il s'appliquera toute la soirée. Il est évident qu'il y met de la coquetterie et veut briller.

Éloquent sur le portrait de Bertin par Ingres : « Ce n'est pas un portrait, dit-il, c'est de l'histoire, c'est l'image de la bourgeoisie triomphante, devenant maîtresse de ce siècle et du monde. »

On dîne, on a fait à Gambetta *son* macaroni – très épais.

— C'est une base, dit-il, c'est une base…

Il dit cela très drôlement, avec son accent. Que de choses d'ailleurs, dans sa conversation, prennent de la valeur grâce à l'accent.

La Tunisie ! Les Kroumirs ! Gambetta, à propos de Grévy, commence à s'abandonner, à se détendre.

— Il y a des dépêches ce soir, et très curieuses, très inattendues ; on ne trouve pas de Kroumirs. Si l'on n'en trouvait pas ! s'il n'y en avait pas !… Grévy, prodigieux ! Il ne sait pas du tout ce que c'est que la Tunisie… Tout d'ailleurs lui est indifférent. Il ne sait rien, ne fait rien, ne pense qu'à faire des économies… Quand il quittera le pouvoir, son emploi est tout trouvé… on le nommera Grand Économe de France… et Albert Grévy ! Albert Grévy !…

Là-dessus, deux récits charmants du prince d'Arenberg… Comment il a été validé… Albert Grévy enchanté de dire : *Mon prince, mon cher prince*… Et l'histoire de Journault en Algérie ! Journault organisant une expédition, faisant partir des troupes : *Ce que je ne fais pas moi-même, mon cher prince*. Ce bourgeois se délectant

1. Ici, dans les notes cursives : « Du Lau m'annonce que je vais dîner avec Gambetta. Cinq minutes après, arrive Gambetta le premier. Évidente satisfaction de me trouver là. Puis arrivent le général de Galliffet, le prince d'Arenberg et le baron de Breteuil, députés de la droite, le baron de Kerjégu, secrétaire d'ambassade, et enfin Alphonse de Rothschild. Il aborde Gambetta, très affectueusement ; ils s'écartent, causent quelques minutes ensemble. »

2. *Glorification de la Loi*, présentée au Salon de 1881.

de ce *mon cher prince*, en ayant plein la bouche… Très vrai, et très délicatement conté[1].

On a enterré Émile de Girardin dans la journée ; Gambetta y était. On parle de Girardin, avec un peu d'hésitation d'abord, on ne sait trop ce que Gambetta va en dire. Mais il nous met bien vite à l'aise en lâchant ce mot : *C'était un forban. Près de lui, Genty est un ange.* Et il nous explique, avec beaucoup d'entrain, que Girardin n'a jamais été qu'un spéculateur, un agioteur, un tripoteur en politique comme en toutes choses.

On sort de table à neuf heures – et alors, de neuf heures à une heure du matin, pendant quatre heures, sans désemparer, là, tous les huit, nous bavardons[2], ou plutôt nous écoutons causer Gambetta. Il a été délicieux. Il ne déclame ni ne pérore, et bien que portant, presque à lui seul, tout le poids de la conversation. Il cause avec infiniment d'esprit, de grâce et d'éloquence enjouée. Il s'applique, d'ailleurs, je le répète, et à bien parler, et à bien se tenir.

---

1. Les notes cursives sont ici beaucoup plus développées. « Très spirituel, Breteuil et d'Arenberg… Des gens du monde pas bêtes, cela étonne au premier abord… Albert Grévy : là, épiques les récits de d'Arenberg. C'est lui, dit-il, qui m'a fait valider. J'allais être invalidé, comme la plupart de mes collègues de la droite… Albert Grévy est président du bureau chargé d'examiner son élection… D'Arenberg va le trouver… Le prince d'Arenberg ! « Mon cher prince, nous sommes du même pays… » Et il rappelle des souvenirs d'enfance : « Quand j'étais tout petit, à Mont-sous-Vaudrey, fils de petits bourgeois, je voyais souvent passer dans les bois, les cerfs, les sangliers poursuivis par la meute, l'équipage, les valets à livrée éclatante du *prince votre père*. Oui, je me souviens… J'étais là, appuyé contre un arbre. J'entends encore le son des cors dans la forêt. Mon cher prince, je fais mon affaire de votre validation. » Et il fut validé… Le plaisir de protéger *notre prince* !… C'est du Labiche et du bon. Cela aussi : il y a deux ans, Albert Grévy prend pour secrétaire général un nommé Journault, député. Six mois après il le fait révoquer. Le prince d'Arenberg dit à Albert Grévy : « Eh bien ! cela n'a pas marché avec Journault. Qu'est-ce qui s'est passé ? — Ah ! mon cher prince… figurez-vous… Là-bas, *mon cher prince*, quand j'ai à prendre quelque décision sur une question militaire, à organiser quelque expédition, jamais je ne fais rien, *mon cher prince*, sans en parler au général Saussier. Je me ferais un scrupule, *mon cher prince*, d'agir autrement. Eh bien ! là-bas, à Alger, pendant mon absence, Journault a organisé des expéditions, de lui-même, *mon cher prince*, tout seul… *Ce que je ne fais pas moi-même, mon cher prince…* »

2. J'introduis ici une anecdote que la rédaction a laissé tomber : « Sur la pièce de Pailleron, tous unanimes, la pièce est charmante. Galliffet n'a pas vu *Le Monde où l'on s'ennuie*. Coquelin lui avait écrit pour lui envoyer une place. Il était retenu à Tours pour des troupes à expédier en Algérie. Il a répondu à Coquelin : « Mon cher ami, pas moyen. Je fais partir des troupes. Hélas ! la guerre et ne pas en être ! Être parmi les *emballeurs*, pas parmi les *emballés*. »

À ce dîner, chez Yung, il y a trois mois, quelle différence ! Il y avait des femmes cependant, Mme Juliette Lamber, Mme Yung, et Gambetta était venu en redingote et pas peigné du tout. Puis, après le dîner, s'était vautré sur un canapé, tout à fait débraillé. Hier, chez du Lau, absolument correct : cravate blanche, habit noir, sortant aussi frais que possible des mains de son perruquier, ne se vautrant pas. Deux ou trois fois cependant, il fut sur le point de s'abandonner, il glissait sur le canapé !… Ça y était… Il allait se vautrer, mais brusquement, comme par un ressort, il se redressait, reprenant une attitude convenable et perpendiculaire. Il se disait évidemment : « Oh ! Oh ! attention ! je ne suis pas ici dans mon monde ! »

Il était ravi de ne pas être dans son monde, dans le monde où l'on se vautre, d'être là côte à côte sur ce canapé avec Alphonse de Rothschild, *famillionnairement*, comme disait Henri Heine.

Il parlait, parlait, parlait de tout, avec une admirable fertilité.

De la Russie. Perdue, disait-il, menacée d'une jacquerie, le nouveau Tsar sera assassiné. Ils sont fous, ils ne font rien, ni dans un sens, ni dans un autre. Il y avait deux partis à prendre : ou bien des concessions franches, hardies, octroyées par ukase…, ou bien répression à outrance, noyer la Russie *dans le sang* (*sic*). Et cette dernière phrase était débitée avec une extrême énergie[1].

L'expédition de Tunisie. Gambetta la blâme. Il voulait une démonstration navale, cinq cuirassés devant Tunis, cinq compagnies de débarquement, et dire nettement au Bey : « Acceptez le protectorat ou filez. C'était l'affaire de vingt-quatre heures. » Il cédait et *l'Europe aurait fait un nez* (*sic*). Je crois qu'il aurait bien voulu rattraper cette phrase à peine lâchée. Ce n'était pas la langue de Talleyrand.

Très irrité contre Barthélemy Saint-Hilaire et contre son sous-secrétaire d'État, Horace de Choiseul. *Il ne les voit jamais*. Il ne sait rien de ce qui se passe aux Affaires étrangères, n'est tenu au courant de rien. Il a une peur affreuse de Barthélemy : il fera, dit-il,

1. Note cursive. Quand je remettrai au net mes notes sur le dîner Gambetta, bien appuyer sur le discours russe… Noyer la Russie dans le sang, etc., etc. Il a été très éloquent sur ce point. Tableau curieux. Ils passent leur temps à creuser des tranchées de huit mètres autour des résidences impériales, autour des palais des grands fonctionnaires. L'empereur se sauve de Saint-Pétersbourg en secret comme un voleur. On révoque d'un coup quatre mille fonctionnaires et employés au lendemain de l'attentat. Ils sont aujourd'hui tous rentrés en fonction. C'est un affolement général. »

d'horribles bêtises. On sait que Gambetta n'est pas consolé de l'affaire de Grèce manquée, de ce qu'il appelle la « reculade ». Il aimait mieux l'intervention en Grèce que l'intervention en Tunisie, et tout prendre et tout garder… C'est un détestable éparpillement de nos forces. Il dit clairement que le général Farre est son commis, que le ministère de la Guerre est dans sa main. Il n'approuvait pas l'expédition de Tunisie, mais enfin, une fois l'expédition décidée, c'est lui qui l'a organisée, qui a désigné les généraux, fait partir tel ou tel officier. L'armée, c'est lui, c'est son affaire, c'est sa chose. En somme, il ne pense qu'à la guerre, il ne voit qu'un homme en Europe, et qu'un ennemi, Bismarck. Ailleurs, rien… Si !… Il voit encore un autre homme, lui, Gambetta, en France. Et c'est tout. Entre ces deux colosses, le choc est inévitable. Voilà l'opinion de Gambetta.

Parlé des hommes d'État de l'Italie : Depretis et Sella, seuls capables. Et là, le monologue se change en duo… Alphonse de Rothschild se met à parler et à parler très bien, très bien, des hommes d'État italiens et anglais. Gambetta écoute avec une attention mêlée d'étonnement : il ne soupçonnait pas chez Alphonse de Rothschild une intelligence si vive et si haute. À eux deux, ils passent en revue Depretis, Caïroli, Sella, Disraëli, Gladstone, Crispi, Hartington, Granville.

Prises çà et là quelques phrases textuelles de Gambetta :

— Crispi hait la France.

— Gladstone me déteste.

— J'étais au mieux avec Disraeli.

— Le roi d'Italie n'est pas très intelligent, mais il a une grande qualité chez un souverain parlementaire : *il ne tient à personne*.

— Caïroli, honnête homme, mais nul. Tenez, c'est Garnier-Pagès.

Au 24 mai, Gambetta avait prévu l'avènement de Mac-Mahon. Changarnier se tenait prêt. « J'étais, dit Gambetta, au mieux avec Changarnier ; je lui disais : "Vous savez, ce ne sera pas vous, ce sera Mac-Mahon." Il me répondait : "Ce n'est pas possible. Ce sera lui, ce sera lui." Et ce fut lui. » D'ailleurs, il aurait, lui Gambetta, gardé (*sic*) très volontiers Mac-Mahon. Cela aurait mieux valu que Grévy. « On lui aurait demandé très peu de chose, à Mac-Mahon… » On sent que Gambetta regrette Mac-Mahon qui aurait fini naturellement en 1880, tandis que Grévy en a encore pour cinq ans à faire des économies et à tenir la place.

« Le 16 mai, dit Gambetta, n'a pas été un coup d'État, mais un coup de tête... Le duc de Broglie, Fourtou et les autres, n'ont pas voulu lâcher Mac-Mahon et l'ont suivi courageusement, bien que sentant la partie mal engagée, perdue d'avance. C'était bien eux qui avaient chargé le canon, mais il est parti trop tôt, de lui-même, tout seul, sans être encore au point. »

Sur Henri IV, merveilleuse petite improvisation de Gambetta. Il a dû parler une bonne demi-heure. Henri IV est sa grande admiration. C'est lui qui a *fait la France*, et tout ce qu'il n'a pas eu le temps de faire, il l'a indiqué. Richelieu n'a eu qu'à exécuter. Rien, dans l'histoire, de comparable à Henri IV. Et ses lettres !... Il en récite des passages. Il parle des portraits de Henri IV, il le connaît à fond, il l'aime, il l'adore. Tout cela a été charmant.

Et charmant aussi sur Talleyrand... Éloge enthousiaste de Talleyrand et de Louis XVIII[1]. « Après Henri IV, dit-il, *le plus grand roi de France, non pas seulement le plus spirituel, mais aussi le plus énergique*. Tranquillement, six mois après Waterloo, Louis XVIII dit : "Je ferai la guerre pour la Saxe." Autre petit discours très original sur Talleyrand *faisant* Bonaparte, lui écrivant tous les jours, lui apprenant la politique, la diplomatie, charmé d'abord des progrès de son élève, ébloui ensuite, écrasé, tombant à genoux dans une admiration sincère... Puis, bientôt, effrayé, se relevant, le regardant : « Qu'est-ce qu'il fait ? Mon grand homme, il devient fou. » M. Thiers disait un jour à Gambetta : « J'allais très souvent chez M. de Talleyrand... Il avait beaucoup d'amitié pour moi, mais il était insupportable... Je voulais toujours mettre la conversation sur l'Europe, l'état des affaires, la politique, enfin... Lui, ne parlait jamais que de femmes. J'étais excédé... Un jour, je lui dis : "Mon prince, vous me parlez toujours de femmes, j'aimerais bien mieux parler politique..." Il me répondit : "*Mais les femmes, c'est la politique.*" »

On parle de Thiers après la guerre, pendant la Commune. Alphonse de Rothschild, très intéressant, explique les grandes opérations financières auxquelles il a été étroitement mêlé. Il dit qu'il aimait M. Thiers, et que celui-ci cependant l'a très injustement

1. Note cursive. « Appuyer sur les grandes admirations de ce républicain. Est-ce Mirabeau ? Est-ce Danton ? Est-ce Washington ? Non. C'est Henri IV et Louis XVIII. Et après, Talleyrand. S'il avait le temps, il écrirait la vie de Talleyrand. Après cela, dînant ailleurs, aurait-il les mêmes grandes admirations ? »

accusé d'avoir été son ennemi. Ils sont restés un an sans se voir, et Thiers disait : « C'est Rothschild qui m'a renversé. »

— Il me l'a dit, interrompt Gambetta.

— Cela n'est pas vrai, répliqua très vivement Alphonse de Rothschild… J'avais évidemment une certaine action sur un assez grand nombre de députés, et j'ai fait durer Thiers six mois de plus qu'il n'aurait duré sans moi. Je disais à mes amis de la Chambre : « Ne renversez pas M. Thiers, ce serait un désastre public… Laissez au moins se terminer les grandes opérations de l'emprunt, il y va du crédit et de la fortune de la France. » Je n'ai jamais tenu un autre langage.

Rothschild et Gambetta pleinement d'accord sur l'esprit routinier de Thiers ; il en était resté à l'intérêt à 4 pour 100 : c'était toujours le petit bourgeois étroit et mesquin de la monarchie de Juillet, ne comprenant rien aux affaires d'aujourd'hui, absolument rebelle aux idées modernes[1].

Après le dîner – j'avais oublié cela –, du Lau, avec beaucoup de grâce, avait porté la santé de Gambetta : tous les verres avaient rencontré le verre de Gambetta… Et celui-ci, debout, dit :

— Moi aussi, je veux porter un toast.

Et levant son verre :

— À la France réparée !

Alphonse de Rothschild alors :

— À celui qui la réparera.

La phrase était vague, et pouvait s'appliquer à Galliffet aussi bien qu'à Gambetta, ou encore à n'importe quel général de l'avenir, mais Gambetta n'hésita pas à la prendre pour lui, chercha pendant quelques instants une phrase à effet qui ne vint pas, et répondit alors tout simplement :

— Ah ! je voudrais bien !

Si le comité électoral de Belleville avait été là, s'il avait vu son Gambetta en compagnie de ces princes et de ces marquis, plus un vaudevilliste, lequel avait intimement connu le Gambetta

---

1. Notes cursives. « Gambetta et Rothschild, d'accord sur l'esprit routinier de Thiers, resté à l'intérêt à 4 pour 100. Rothschild menaçait de donner sa démission de régent de la Banque. Thiers, resté le petit bourgeois étroit de la monarchie de Juillet, ne comprenait rien aux idées, aux affaires modernes. Je raconte la réponse d'Anna Des Lions au duc de X… (un prince de la maison d'Orléans) lui envoyant vingt-cinq louis à Londres sous l'Empire. Elle les renvoie en écrivant : "Ah ! monseigneur, ce sont les prix d'avant 1848." — "Oui, dit Rothschild, M. Thiers en était resté aux prix de 1848." »

d'autrefois, le Gambetta du Quartier latin, du café *Procope* et de l'*Hôtel du Sénat* !…

Ce vaudevilliste, aujourd'hui, après trois années écoulées, recopie textuellement ces notes dans ce désordre et dans cette incorrection qui témoignent de leur fidélité. Et il remercie de tout son cœur son ami du Lau de l'avoir fait assister à ce dîner historique.

*

Cependant, Gambetta remporte une victoire. Note du 21 mai :

« Gambetta décidément notre maître : il a enlevé hier son scrutin de liste à la Chambre. Le voilà grand électeur de France. Il va avoir *sa Chambre*. Il a annoncé hier que la France avec le scrutin de liste *reprendrait sa marche vers ses destinées glorieuses*. Cela m'inquiète. Toutes les fois que j'ai entendu cette phrase-là, les bêtises étaient près de recommencer. Rochefort, avant-hier, terminait son article de *L'Intransigeant* très drôlement : "Un de mes amis, disait-il, jugeant dernièrement en une phrase deux artistes du théâtre de ***, écrivait : 'Victorine est si bête, qu'Estelle s'en est aperçue.' Eh bien ! M. Gambetta fait de si mauvais discours que la Chambre s'en apercevra." »

Le discours de Gambetta n'était pas si bête que le dit Rochefort. Il était en tout cas d'une aimable impertinence. Il disait aux députés : « Vous êtes trop bêtes. Ça m'humilie de présider depuis trois ans une Chambre aussi bête que ça. Ça ne peut pas continuer comme ça… Je veux une nouvelle Chambre. Vous ne savez pas comme c'est ennuyeux de vous présider. Quand M. X. parle, ou M. Z, ou Y, vous allez vous promener à la buvette, fumer un cigare sur la terrasse et regarder les jolies réactionnaires du faubourg Saint-Germain qui s'en vont au Bois dans leurs calèches… Et moi, je reste là, toujours là, luttant contre le sommeil… Je ne peux plus aller nulle part sans qu'on me dise : "Mon Dieu, que votre Chambre est médiocre et terre à terre !…" Je veux vous faire faire peau neuve. Quand de jolies personnes me demandent une belle séance, je suis obligé de parler moi-même. Je n'ai pas un spectacle à leur offrir. C'est insoutenable, etc. »

La Chambre d'ailleurs lui a donné raison. Il y a eu huit voix de majorité au scrutin secret et soixante-quinze au scrutin public cinq minutes après… Il y a par conséquent soixante-sept députés qui sont d'agréables spécimens de la lâcheté humaine.

Ce scrutin secret, il ne craignait que cela. Connaissant bien la bassesse de ses députés, au dîner chez du Lau, quand le prince d'Arenberg a dit : « Il y a les cinquante signatures pour le scrutin secret », Gambetta très vivement a dit : « En êtes-vous bien sûr ? — Parfaitement sûr, monsieur le président. — Ah ! » Il était inquiet, troublé. Le danger était là. Une fois la lutte engagée à visage découvert, on avait trop peur de lui. Mais sous le masque.

Gambetta veut une Chambre qui le suive docilement dans tout ce qu'il imaginera et entreprendra, qui dise à tout *Amen* et *Bravo…* Il l'aura dans trois mois. C'est bien ce qui m'inquiète. J'ai une peur horrible des gens qui veulent *avoir une grande page dans l'histoire*. Gambetta est de ces gens-là. Et puis ils sont tous garçons autour de lui, et lui-même. Sans feu, ni lieu, sans femme ni enfants… Une grande aventure ne les effraye pas.

Ce vote arraché à la Chambre marqua pour Gambetta le plus haut point de sa puissance. Ensuite, ce fut le voyage de Cahors, la pompeuse visite au pays natal. Ses ennemis le surveillent et cherchent à l'atteindre. Note du 24 mai :

Le pétard du dîner du Lau va-t-il éclater au moment où Gambetta se dirige vers son doux pays de Cahors ? Il part ce soir avec une suite impériale et une cinquantaine de reporters chargés de recueillir ses moindres paroles. Or, hier, *Le Clairon* annonçait des révélations sur un curieux dîner réunissant chez un brillant marquis légitimiste (pas si légitimiste que cela, du Lau ; je le crois éclectique) : 1° le roi des banquiers parisiens ; 2° le républicain le plus en vue ; 3° un duc et pair (c'est la Trémoïlle, on confond avec le déjeuner chez Breteuil) ; 4° le plus brillant des généraux de cavalerie.

C'est tout. Attendons les révélations.

Rien ne vint ; il semblait que la presse fût tenue en respect. Parcourons les notes. Celle-ci, du 26 mai : « Gambetta commence son voyage impérial à Cahors… » Du 27 mai : « Gambetta à Cahors a réglé ainsi l'ordre de ses réceptions. 1° les voyageurs de commerce ; 2° l'armée ; 3° la magistrature… » Du 28 mai : « Inouï, ce voyage de Gambetta. D'heure en heure, des dépêches de l'agence

Havas… » 30 mai : « Gambetta revient aujourd'hui à Paris après ce voyage de souverain à Cahors. Il a fait trois grands discours et trente ou quarante allocutions… »

C'était un imprudent, un insolent étalage de popularité, et la sanction ne tarda pas. Note du 31 mai :

Le Sénat a l'air de vouloir se rebiffer. Gambetta aurait-il trop joué à l'empereur ? Une commission sénatoriale a été élue hier, qui compte huit membres sur neuf hostiles au scrutin de liste. Mais voilà Gambetta revenu. Rendra-t-il le Sénat aussi souple que la Chambre des députés ? Personne au fond n'en veut, de ce scrutin de liste. Personne, si ce n'est Gambetta… On sent bien que ce sera l'instrument de sa grandeur. Le Sénat tiendra-t-il ferme jusqu'au bout ? J'en doute… Il capitulera…

Le Sénat ne capitula pas. Note du 10 juin :

Échec au roi !… Le Sénat s'est rebiffé… Par 148 voix contre 114, il a repoussé le scrutin de liste. Toute la combinaison de Gambetta s'écroule, et M. Grévy l'emporte. C'est la faute au voyage de Cahors. Gambetta a trop tôt joué à l'empereur. Il avait accepté depuis deux ou trois mois cette malheureuse invitation. Le hasard a fait que l'expédition a dû avoir lieu entre le vote de la Chambre et le vote du Sénat. L'impression a été détestable sur le Sénat et, il faut bien le dire, sur le pays.

Dans le tumulte des polémiques, voici qu'apparaît le dîner chez du Lau. Rochefort, le 11 juin, en tire parti ; il renvoie Gambetta « ignominieusement à ses évêques dont il rêve d'augmenter les traitements, à son Galliffet, dont il fait crier les carrosses sous son poids énorme, et à ses tête-à-tête avec Rothschild ». C'est tout : l'allusion ne sera ni développée, ni même reprise.

*

Cependant approchent ces élections, dont Gambetta avait voulu changer la loi. L'une des raisons (raison petite, accessoire, mais réelle) qui l'y avait incité, ç'avait été son désir d'élargir pour lui-même son cercle électoral. En effet, député de Belleville depuis 1869, il ne laissait pas de sentir l'incommodité du lien qui l'attachait au quartier rouge. Il devenait de moins en moins radical, Belleville devenait de plus en plus révolutionnaire. Belleville lisait chaque matin l'article de Rochefort, et Rochefort chaque matin insultait Gambetta. Gambetta abandonnerait-il Belleville ? Sa situation dangereuse, délicate, défrayait la chronique. Je trouve ici dans les notes :

La petite X... un soir, aux Variétés, me disait :
« Voyez-vous, dans la vie, tout dépend du premier amant ! » Belleville a été le premier amant de Gambetta. Je crois que cela lui coûtera cher, et à nous aussi...

Ceci encore, autre écho de coulisse et de politique :

Gambetta s'acharnant à rester député de Belleville, cela me rappelle un mot de je ne sais quelle petite actrice qui me disait : « J'ai bêtement commencé avec un méchant cabotin de Belleville. Mais dame, ça n'a pas duré longtemps, et depuis que j'ai pu venir m'installer boulevard Haussmann – bien le bonsoir, Belleville ! » Gambetta, lui aussi, depuis longtemps aurait dû dire : « Bien le bonsoir, Belleville ! »

Mais Gambetta avait une âme romantique, artiste ; il lui déplaisait de manquer à la fidélité, aux souvenirs et aux amitiés. Il restait donc à Belleville, et quelle que fût l'autorité de sa parole, n'envisageait pas sans souci de rencontrer ses électeurs. Il avait raison d'être soucieux, l'événement le montra. Note du 19 août 1885 :

Tumulte effroyable hier soir à Belleville. Gambetta hué, sifflé, ne pouvant réussir à se faire entendre, obligé de lâcher la partie au bout d'une demi-heure de lutte et de bataille... Il a traité ses anciens amis de Belleville d'*esclaves ivres*, de *braillards*, de *gueulards*. La réunion de vendredi dernier était composée d'un millier de personnes triées sur le volet. Hier soir encore, Gambetta a tâché de faire une fausse réunion publique, mais le hangar de menuisier où il devait parler était immense, pouvait contenir cinq ou six mille personnes. Le triage devenait difficile. Il n'a pu se faire, et Gambetta a vu de près ses électeurs de Belleville. *Belleville*, c'est la France, s'écriait Gambetta. *Montmartre*, c'est la France, lui répond Clemenceau. Double erreur.

À la réunion du 16, à Belleville, répliques textuelles :

GAMBETTA, dominant le tumulte. – Silence à ceux qui n'ont ni conscience ni pudeur !

UNE VOIX. – Comme toi, gros cochon.

GAMBETTA. – Silence aux braillards ! Silence aux gueulards ! etc.

Deux heures après, rue de Surène, on corrigeait les épreuves du compte rendu destiné à *la République française*. Étaient présents : Ranc, Spuller, Reinach. On enlève : *Comme toi, gros cochon*… Tout le monde d'accord là-dessus. Ranc et Spuller veulent également faire disparaître : *gueulards*. Résistance de Gambetta : *Le mot a été entendu, dit-il, il faut le laisser, et puis cela serait choquant chez un autre, pas chez moi… Je parle ma langue à moi, le public y est habitué.*

Et on a maintenu *gueulards*.

Gambetta fut élu, mais bien juste : à huit voix de majorité dans un arrondissement, à trois cent cinquante dans l'autre.

*

Revenons au dîner chez du Lau. Rochefort avait laissé tomber ce beau thème. Il faut attendre le mois de novembre pour trouver dans la presse un récit circonstancié de la soirée. Le voici, tel qu'il parut dans le Figaro *:*

UN DÎNER DE RÉGENT

Novembre 1881

Un grand financier de Paris, le baron de X…, désirait vivement, au mois de mai dernier, faire la connaissance de M. Gambetta. Un ami aimable et complaisant organisa, à cet effet, un dîner intime et il fut décidé qu'on s'y réunirait chez le marquis de X… qui connaissait le dictateur. Les convives, si je ne me trompe, étaient le baron de X… le général de X…, le prince de Z…, le duc Y… et quelques autres seigneurs de moindre importance.

Le président Léon arriva pimpant et superbe au rendez-vous ; camélia à la boutonnière, escarpins à boucles, chaussettes de soie, mouchoirs parfumés, etc. Les présentations faites, on se mit à table, l'amphitryon plaça à sa droite le noble étranger. L'enfant de Cahors était rayonnant ; il arrivait, il est vrai, de son fameux voyage triomphal, le cœur, la tête et les yeux pleins encore des ovations, des transports de sa ville natale et de la province enflammée.

Il serait difficile de donner une idée de la désinvolture, de l'entrain, de l'esprit charmant, de la gentilhommerie exquise du député de Belleville : enfin c'était Richelieu, Lauzun et Morny, tout à la fois ! Parler du dîner serait superflu : les vins, particulièrement, étaient délicieux. Au milieu du repas, renversé sur son siège, tenant en main, à hauteur de l'œil, le cristal où miroitait un nectar sans pareil, le galant convive en détaillait avec une emphase et avec une loquacité de connaisseur et de négociant les qualités précieuses : « Quel velouté, cher marquis, en s'adressant à son hôte, et quel bouquet ! Ce vin est une merveille ! Il a une âme, il est animé, il a des jambes, il a du corps. C'est un parfum, c'est un nectar ! Il possède tout ! De ma vie, palsambleu, marquis, je n'en ai bu de semblable !… D'où vient-il donc ? — Des caves du baron, fit le marquis, en désignant son voisin. »

Le baron se leva, et plein de reconnaissance et d'opportunisme à la fois, et de patriotisme, il se crut tenu à remercier.

Saisissant son verre : « Je bois, messieurs, dit-il en s'inclinant gracieusement devant le gros Génois, au grand Français, à l'homme intelligent et fort, que vient d'acclamer la France et qui nous sauvera demain. » Là, pour être tout à fait véridique, il y eut un léger froid ; puis les convives, seigneurs fort bien élevés, s'associèrent bruyamment, mais un peu vaguement, à ce toast inattendu, le bon goût d'ailleurs, et le bon ton interdisant de répondre par des discours.

On n'était point à un banquet.

Après cet incident, le dîner s'acheva d'une façon très gaie ; on causa de tous et de tout. La tenue de l'ami de Coquelin, on doit lui rendre cet hommage, fut de tous points irréprochable, et le nouveau régent de France fut raffiné jusqu'au bout des ongles.

« En vérité, fit le président, je ne saurais vous dire, messieurs, combien je suis heureux de cette réunion. Ah ! que de dissentiments, que de malentendus seraient évités, si l'on pouvait ainsi se voir souvent, s'apprécier et se comprendre ! Vous aviez la bonté de parler de moi tout à l'heure et de prévoir l'avènement d'un grand ministère composé de personnages sérieux et capables. Eh ! mon Dieu ! j'en sens la nécessité aussi bien que vous. Certes, je ne m'aveugle pas sur le mérite des hommes actuels. Ferry, entre nous, n'est pas autre chose qu'un cuistre ; Fabre dépasse les bornes de l'imbécillité ; tout cela, à vrai dire, est purement provisoire. Au sujet du choix d'un ministre de la Guerre, en particulier, j'ai longuement réfléchi. C'est dans l'histoire des peuples, dans l'étude des institutions et des nations étrangères, qu'il faut chercher des enseignements. C'est là que je puise mes leçons, messieurs, car, il ne faut pas vous y tromper, le bien, l'avenir de notre pays, seuls me préoccupent et m'absorbent.

« Or, en remontant le passé, en France, même en Angleterre, partout, enfin, j'ai constaté que tes meilleurs, les plus grands ministres de la Guerre n'étaient point des généraux. Il faut que la capacité militaire soit doublée d'un politique homme d'État, d'un homme de cabinet. Je vous en demande pardon, mon cher général, fit l'ex-dictateur, adressant un gracieux sourire à l'un des convives ; mais vos grandes qualités d'homme de guerre sont trop précieuses, pour ne point les utiliser dans les camps ou sur un champ de bataille. Ainsi donc, j'ai le projet, je puis vous l'avouer entre nous, de mettre Freycinet à la tête du département de la Guerre, avec ces deux bras droits, le général de Miribel et le général Lewal.

« Quant à notre représentation à l'étranger, je n'en disconviens pas, elle laisse fort à désirer. Tout cela est à modifier. On me calomnie, on me méconnaît, lorsqu'on me croit entiché des produits des nouvelles couches. Je sais trop ce que valent les grands noms de France, la vieille aristocratie du pays, pour ne point en parer la République. C'est précisément sur vous, messieurs, que je compte pour dissiper tous ces malentendus, pour faire cesser ces méchantes bouderies. L'amour de la France doit nous réunir tous, effacer toutes les divisions de parti. Tenez, vous avez un homme que j'apprécie beaucoup, plein de tact, esprit modéré, profond, qui doit nous revenir nécessairement : « Vogüé. »

Rien de plus plaisant, paraît-il, que ce ton d'aimable et protectrice familiarité avec lequel l'épicier du Lot affectait de désigner « Vogüé » tout court, le marquis de Vogüé.

— Il a été fort bon à Vienne, nous l'y renverrons ! Duchâtel ira à Londres ; vous comprenez bien que nous ne pouvons y conserver ce pauvre Challemel-Lacour, tout à fait dépaysé là-bas. Du reste, je mettrai au quai d'Orsay un des vôtres, vous n'aurez pas à vous plaindre : le comte de Chaudordy.

Les convives se regardèrent un peu étonnés.

— Je l'ai vu de près à Tours, il saura nous relever.

Cette conversation est, paraît-il, fort authentique ; nous ne savons si, depuis, l'illustre homme d'État a modifié ses projets ; mais tels étaient, ce soir-là, les projets qu'il voulait bien dévoiler à ce petit cénacle de gentilshommes. Les événements, faut-il l'avouer, ont quelque peu contrarié l'enfant de Cahors. Le Sénat a malencontreusement repoussé le scrutin de liste, glorieux plébiscite qui devait conduire Léon à l'Élysée ; les esclaves ivres de Belleville ont manqué d'enthousiasme et de courtoisie à l'égard de leur ancien favori, et la rue, hélas ! ne lui appartient plus aujourd'hui. Voilà pourquoi nous ne reproduisons qu'à titre de document rétrospectif, les détails de cet intéressant repas.

SAINT-SIMON

Mon père classa ce document parmi ses notes, inscrivant dans la marge ces mots : « La comparaison avec mon récit démontrera l'inexactitude de cet article. Peut-être était-il curieux de confronter la grosse image publique et le dessin délicat. »

III. Le troisième dîner

Un long temps passe, et chargé d'événements. Gambetta a tenté toute sa fortune et l'a manquée. Il a pris en main la présidence du Conseil. « Nous allons avoir, écrivait mon père le 10 novembre, le grand ministère *Gambetta, Freycinet, Jules Ferry, Léon Say, Challemel-Lacour. Ce sera chose faite demain ou après-demain. Gambetta sera complètement maître de la Chambre. » Rien de tout cela n'arriva. Freycinet, Jules Ferry, Léon Say, Challemel-Lacour, se récusèrent, et Gambetta, ne voulant pas avouer sa défaite, composa en hâte un ministère d'amis obscurs. Là-dessus, s'exerce la plaisanterie parisienne, et cet esprit de mot qu'alors on prisait tant ; note du 14 : « Gambetta a certainement de l'étoffe, disait ce soir quelqu'un chez Pailleron, mais pas assez pour tant de doublures. » Gambetta était perdu, les parlementaires avaient conspiré sa chute. Il leur donna partie belle par ses imprudences, ses agitations. Il engagea le rachat des Compagnies de chemins de fer, l'expédition d'Égypte, la révision de la Constitution. Tout cela en trois mois. Et, sur la question constitutionnelle, il fut* précipité.

Comment prit-il cette chute ? Note du 29 janvier :

Gambetta radieux, paraît-il ; Galliffet l'a vu, libre et léger comme l'eau. Il va ne se mêler de rien. À quoi bon ? Rien ne marchera, on reviendra à lui à genoux, pieds et poings liés. Alors, il fera ses conditions, et ce sera son vrai ministère.

Libre et léger comme l'eau, tel nous le voyons dans ce dîner du 27 mai dont voici le récit :

27 mai

Dîner chez Yung avec Gambetta, Coquelin aîné et cadet, de la Comédie française, Mézières, de l'Académie française, Mme Versigny, Paul Déroulède, Joseph Reinach.

Discussion sur le divorce, joli mot de Mme X…, qui dit : *L'adultère du mari est quelquefois un égard pour la femme.* Après le dîner, Gambetta charmant, parlant peinture. Sur Courbet, anecdote admirablement racontée, un peu trop en acteur, mais en grand acteur. Un excellent comédien utilisant ses défauts. Tout lui sert : d'être gros, d'être borgne, d'être gasconnant. On a parlé du divorce pendant le dîner, on mourait de rire de tout ce qu'il disait. Un autre aurait dit cela, on n'aurait pas bronché. C'était le geste, l'accent, ce mélange singulier de sérieux et de burlesque dans le geste et dans la voix.

Je reviens à Courbet. Gambetta l'a beaucoup connu, a vécu avec lui, l'imite à merveille. Coquelin, qui s'y connaît, était ravi. Il connaissait toutes ces histoires et me disait d'avance : « Attendez, vous allez voir », il se pâmait devant les drôleries de geste et d'accent de Gambetta. Un grand comédien admirant un grand comédien. Et sans jalousie. Ils ne jouent pas sur le même théâtre.

C'était chez Khalil Bey, là où se trouvait ce fameux tableau, le chef-d'œuvre, paraît-il, de Courbet : *L'Origine du monde*. Une femme nue, sans pieds et sans tête. Après le dîner, on était là, regardant… admirant… On s'épuisait en phrases enthousiastes : C'est merveilleux… (Un chef-d'œuvre, paraît-il), Courbet ne bronchait pas… On recommençait… Cela durait depuis dix minutes. Courbet n'en avait pas assez. À la fin, on s'arrêta, on ne trouvait plus rien. Courbet alors de dire avec sa grosse voix grasseyante et traînante :

— Vous trouvez cela beau… et vous avez raison… Oui, cela est beau… Oui, cela est très beau, et tenez, Titien, Véronèse, LEUR Raphaël, MOI-MÊME nous n'avons jamais rien fait de plus beau…

Gambetta a dit ce LEUR Raphaël et le MOI-MÊME en grand artiste. Il n'en finissait pas avec le MOI-MÊME. Gambetta en avait plein la bouche. Il y en avait toujours. C'était admirable. Coquelin lui-même était émerveillé.

Un jour, Gambetta regardait une étude de Courbet et le félicitait :

— Comme cela est juste, lui disait-il, comme tu vois clair !

— Si je vooa clair, je vooooa trop clair. Cela me geeeeene. C'est-à-dire que je serai forcé de me crever un œil pour vooo ar moins clair.

Un jour, et cela est beau, Gambetta arrive et Courbet lui dit :

— Ah ! te voilà, attends, je vais te montrer le portrait d'un ami que j'ai.

Il prend un tableau contre le mur, et le retourne. C'était une étude de chêne. « Admirable, dit Gambetta. Une chose étonnante. » Et Courbet de dire :

— Oui, c'est mon ami. Il est là tout près, seul, absolument seul. Sur une colline… J'allais souvent le voir… Il avait une existence propre. Il vivait, il respirait. Je me suis pris d'affection pour lui, et un jour je lui ai dit : « Attends, je vais faire ton portrait. » Et je l'ai fait.

Daubigny arrive un jour chez Courbet qui était en train de se débarbouiller. Une étude était sur un chevalet. Daubigny, le père Daubigny (il était vieux), regarde cette étude.

— C'est admirable, dit-il, c'est admirable.

Et Gambetta imite extraordinairement bien Courbet répondant, la tête enfouie dans son éponge :

— Je crois bien que c'est admirable… Tu ne serais pas seulement f… de le copier.

Gambetta nous a raconté ensuite de très amusantes anecdotes sur Cousin et Jules Simon. Mais il disait : « Ah ! il faut entendre Simon raconter cela. C'est merveilleux. C'est un si grand comédien !… » J'avais envie de répondre : « Et vous donc, mon cher Gambetta ? »

*

Mon père ne devait plus rencontrer Gambetta. Il s'intéressa à ses derniers efforts avec, semble-t-il, une sympathie qui paraît dans ses notes. Celle-ci, du 2 juin 1882 :

Hier, vote de confiance à Freycinet sur la question égyptienne. Il avait pataugé, la Chambre était houleuse et mécontente. Gambetta croit l'occasion propice, monte à la tribune, attaque Freycinet très vivement. Brusque revirement. La Chambre, en haine de Gambetta, donne une grosse majorité à Freycinet. Voilà par quels hommes nous sommes gouvernés.

Et, peu de mois après, le dénouement. Du 3 décembre 1882 :

Gambetta blessé à la main. À ce sujet, mille commérages… C'est une femme abandonnée qui, etc., etc. Ses amis affirment qu'il s'est blessé la main en jouant avec un revolver. Il a la manie du tir et des armes à feu. Gambetta, en somme, bien diminué. Il a été presque *tout*, tant qu'il n'a été *rien* ; il n'est presque plus *rien* depuis qu'il a été *tout*.

Du 31 décembre :

Gambetta très mal, dit-on.

Et le 1er janvier :

Gambetta mort. L'année commence par ce coup de tonnerre. Il est mort hier soir 31 décembre à minuit moins cinq. Il était décidément malade, malgré les dénégations de ses amis. Pourquoi ce mystère[1] ? Gambetta était aimable, spirituel et bon. Personnellement, il est à regretter. Politiquement, on ne sait que dire… Il n'était plus rien, ni conservateur, ni révolutionnaire ; il était gambettiste…

Du 6 janvier :

Obsèques de Gambetta. Conduit Élie et Daniel au balcon de l'hôtel d'Alphonse de Rothschild, l'hôtel Talleyrand, au coin de

1. Il est hors de doute que Gambetta est mort d'une crise d'appendicite mal diagnostiquée et qu'une opération, que Lannelongue voulait faire, aurait pu le guérir. La blessure à la main avait été légère. Quant à l'origine de cette blessure, le mystère subsiste, et les hypothèses proposées sont nombreuses. Il se peut d'ailleurs fort bien que l'explication simple, l'accident, soit aussi l'explication vraie.

la rue Saint-Florentin et de la rue de Rivoli. De là, vue admirable. Toute la place de la Concorde. On voyait le cortège sur une étendue immense, sortant du pont de la Concorde, traversant la place, tournant devant nous et allant se perdre tout au bout de la rue de Rivoli. Très beau spectacle. Défilé de deux heures un quart. *Le Temps*, ce soir, dit *cent mille* personnes. Toute l'École polytechnique. Deux à trois mille étudiants. Des chars remplis de couronnes. Des députations de la France entière : c'était cela le plus curieux, ce défilé de deux à trois cents groupes de petits politiciens de province venus de tous les coins de la France chacun avec leur couronne. *Les nouvelles couches sociales, la petite bourgeoisie*, les vrais maîtres de la France. Gambetta, c'est leur Dieu. Il a dit ce mot : « À vous la politique, à vous la France… » Il leur a ouvert la terre promise. Trop de francs-maçons, burlesques absolument, avec leur air d'importance et de gravité.

Quelques appréciations enfin, à travers lesquelles on devine la rumeur des conversations, des jugements contrastés :

Au dedans, il aurait pu être bien utile, se mettre en travers de la démagogie débordante, et cependant une chose l'aurait gêné pour être vraiment gouvernemental, cette rage contre le catholicisme.

Au dehors, il pouvait être, selon les circonstances, ou très précieux ou très dangereux.

Très précieux, la guerre une fois déclarée. Il aurait peut-être su entraîner la France. Mais très dangereux, car il aurait probablement amené la guerre trop tôt…

Un mot juste : la France n'a pas perdu *un* grand homme, mais la République a perdu *son* grand homme…

Gambetta était une force qui n'était pas de force.

Encore quelques échos de conversation, retours sur le passé, sur ce qui n'a pas été, ce qui aurait pu être :

Vu M. Mignet ce matin. Étonnant de verdeur et d'intelligence avec ses quatre-vingt-six ou quatre-vingt-sept ans. Raconte des souvenirs de jeunesse. Parle de Talma venant à Aix vers 1820 pour jouer quatre tragédies. Ils écrivent à Talma, vont le voir à l'hôtel. Il les reçoit très bien. Pas spirituel, pas brillant, mais parlant très bien de son art.

Parlé de Gambetta. Erreur de M. Mignet : il croit que M. Thiers, s'il avait vécu, aurait contenu, modéré Gambetta, l'aurait eu docile, souple, obéissant comme ministre ou comme chef de sa majorité. Erreur. Gambetta bien vite se serait cabré, révolté. Il n'aurait jamais su se résigner à être *second*.

Encore une rumeur… un retour… Gambetta déjà n'est plus qu'un souvenir :

Mort subite du général Chanzy, cinq jours après Gambetta. Chanzy, Gambetta étant mort, allait jouer un rôle politique, aurait probablement remplacé Grévy.

Chanzy, Gambetta, les deux hommes de la guerre de 1870, morts tous deux jeunes ; morts Thiers, Crémieux, Jules Favre, Clinchant ; Trochu disparu dans la retraite, se tuant lui-même ; Faidherbe impotent, paralysé ; mort, Bourbaki ; mais en revanche vivant, Bazaine qui a mérité cent fois la mort par sa conduite à Metz. En Allemagne, au contraire, vivants, l'empereur Guillaume, Moltke et Bismarck…

Trois Rencontres avec Gambetta, posth., 1929.

WINSTON CHURCHILL

(1874-1965)

Clemenceau

Churchill était d'une francophilie exceptionnelle pour un Anglais. Dans ses mémoires il raconte que, enfant, dans la cour de l'école, il jouait aux Anglais vengeant la pauvre France vaincue par la Prusse. En 1914, alors que la majorité du gouvernement dont il était membre s'opposait à l'entrée en guerre du Royaume-Uni, il fait mobiliser la marine dans la nuit : le lendemain, on a été forcé de le suivre. Un jour qu'il visitait le front en compagnie de Clemenceau, ils s'approchent si près des lignes ennemies que des tirs de fusil approchent. « Il ne faut pas vous exposer au feu ! », dit-il à Clemenceau, lequel : « C'est mon grand plaisir. » C'était aussi celui de Churchill. Bien après l'autre guerre, il a confié à lord Moran, son médecin : « Sans guerre, je me sens seul. » On l'imagine s'éloigner mains derrière le dos, avec une fumée de locomotive sortant de son chapeau melon, et un pas de danse à la Chaplin.

Le parcours de Clemenceau est bien connu de la plupart d'entre nous. Une vie de tempêtes du début à la fin ; toujours, toujours il a dû combattre ; jamais de pause, jamais de trêve, jamais de repos. Son glaive fut trempé dans le feu et la froidure d'un demi-siècle. Il était maire de Montmartre à l'époque périlleuse de la Commune. Ses attaques contre l'Empire qui s'écroulait, son opposition aux excès des révolutionnaires, sa vaine tentative pour sauver – presque au prix de la sienne – la vie des généraux Clément Thomas et Lecomte, lui avaient attiré la haine aussi bien des extrémistes dont il avait empêché les atrocités que des réactionnaires vainqueurs qui voulaient châtier ceux qui avaient excité la populace sans savoir comment l'encadrer. Longtemps il a dû travailler dur pour gagner son pain quotidien, comme médecin, comme professeur, comme journaliste. Toutes ces épreuves ne constituèrent que l'aube d'une longue vie souvent menacée. Son entrée à la Chambre marqua le début d'une autre série de conflits. L'inflexible républicain radical, le démolisseur de ministres et de ministères, le Tigre parlementaire redouté de tous les hommes politiques, l'iconoclaste, le duelliste, l'impitoyable adversaire des hommes qui érigeaient le nouvel empire colonial français, réussit à unir contre lui des ennemis venus de tous les camps. Il suivit Gambetta avant de le répudier. Il fut trompé par Boulanger et devint son plus implacable ennemi. Pendant des années l'existence de la République ne tint qu'à un fil. Sur ce fil, un gardien veillait sans se lasser : c'était Clemenceau.

Mais quel tumulte d'animosités ne traînait-il pas dans son sillage ! Chacun avait reçu des piques de sa langue ou de sa plume, et plus d'un avait eu à affronter son épée ou son pistolet. Des forces puissantes, de gros intérêts, des traditions sacrées avaient subi ses foudres – que dis-je ? ses blessures, ses meurtrissures, ses mutilations. Une douzaine d'hommes d'État éminents n'oubliaient pas qu'il avait ruiné leurs projets et leurs ambitions. Quelquefois ces projets étaient bons. Jules Ferry, dénoncé et chassé du pouvoir avec l'étiquette de « Tonkinois », avait, par ses efforts et ses sacrifices, triplé l'étendue du domaine colonial de la France. Clemenceau fut plus que quiconque responsable de sa chute. Un autre terrain d'action s'ouvrait, un vieux terrain lié à l'histoire de France. L'Angleterre invitait la France à coopérer avec elle pour rétablir l'ordre et les finances en Égypte. Il est de notoriété publique que la peur de Clemenceau contribua à la décision de laisser la flotte française assister passivement au bombardement d'Alexandrie[1] avant de reprendre le large. Clemenceau n'avait pas réussi à empêcher la France de conquérir Tunis, le Tonkin et l'Indochine. Mais il avait brisé l'homme qui avait accompli tout cela, et dans les faits, il l'avait maintenue en dehors de l'Égypte. Les baïonnettes

1. En pleine période de rivalité coloniale entre Français et Britanniques, une émeute populaire à Alexandrie à l'été 1882 fournit à ces derniers l'occasion d'imposer leur domination sur l'Égypte.

venues du nouvel empire colonial français ont eu leur part sur la ligne des combats de 1914. Et pourtant personne autant que Clemenceau n'avait freiné ou entravé l'acquisition de cet empire. Quand il y repensait des années plus tard, cela devait sûrement lui inspirer de nombreux regrets. Cela lui a valu en tout cas de nombreux reproches.

En France, la politique est entourée d'une intensité, d'une complexité et d'une violence sans équivalent en Grande-Bretagne. Le point extrême en fut atteint au cours des années 1880 et 1890. Tous les éléments d'une pièce grandguignolesque sur le pouvoir étaient là, reflétant des faits réels. La vie de la Chambre française – fiévreuse, féroce, empoisonnée – se déroulait au milieu d'une série de scandales, d'escroqueries, de dénonciations, de parjures, de faux et usage de faux, de meurtres, de complots, d'intrigues, d'ambitions et de vengeances personnelles, de fourberies et de doubles jeux dont on ne peut trouver la contrepartie dans le monde moderne qu'au sein de la pègre de Chicago. Seulement là, tout cela s'étalait sous les feux de la rampe de la scène de la plus célèbre des nations avec le monde entier comme public. Les acteurs étaient des hommes de haut vol, des hommes fin lettrés et éloquents, des hommes de renom, des hommes de pouvoir, des hommes qui professaient les plus nobles sentiments, dont la vie était publique, des hommes qui étaient à la tête des armées, de la diplomatie et de la finance. C'était une société terrible, au vernis sinistre, chargée d'explosifs, maillée de fils électriques sous tension. Faisant front tantôt ici, tantôt là, en abattant l'adversaire à coups de massue, Clemenceau parcourut longtemps cette arène – fougueux, agressif et triomphant.

Considérons seulement les quatre principaux scandales qui ont agité la France pendant le dernier quart du XIXe siècle. L'affaire Grévy, qui conduisit à la condamnation du gendre du président pour trafic de décorations à grande échelle, ce qui coûta au président Grévy sa place et sa réputation. Le futile emballement pour Boulanger, qui fut bien près de renverser la République, sous prétexte de la nettoyer et de la réhabiliter. Ce furent les deux premiers. Deux autres, bien pires et plus importants, allaient suivre : le cloaque de Panama, qu'il fallut assainir et le martyre de Dreyfus, qu'il fallut laisser se poursuivre jusqu'à sa fin. Rappelons que chacun de ces épisodes extraordinaires, drames fournis tout faits par des événements véridiques, est advenu dans un pays déjà déchiré intérieurement par les souvenirs de la Révolution et de la guerre civile, divisé entre les factions irréconciliables des royalistes, des bonapartistes, des républicains et des socialistes – dans un État où rien n'était définitivement acquis et tout constamment remis en cause, dans un État récemment vaincu sur le champ de bataille et demeuré sous la menace de la puissance allemande. Ils ont eu lieu au sein d'un peuple dont l'histoire, depuis un siècle, n'était faite que de guerres extérieures terminées en désastre et de luttes intestines conclues par des massacres et des proscriptions. Trois fois, des armées étrangères étaient entrées dans Paris pour y dicter les conditions de paix. Quatre ou cinq *coups d'État*[1] ou révolutions avaient mis en place ou éliminé des souverains, des constitutions, des gouvernements et des législations. Quelques années seulement auparavant, la répression de la Commune s'était accompagnée de milliers d'exécutions. Dans tous les camps, dans tous les partis, il y avait du sang, des taches de sang que ne pouvait dissimuler ni l'élégance des manières, ni la culture ni même la gloire intellectuelle. Il n'y avait rien de semblable en Europe avant la guerre. Il n'y a jamais eu de société aussi polie, aussi civilisée, occupée à panser d'aussi hideuses blessures.

Clemenceau ne faisait pas de quartier et ne pouvait pas en attendre. Il avait renversé une série de gouvernements en usant de tous les moyens, bons et mauvais. Il s'était montré sans pitié pendant le scandale Grévy. Il avait le scalp d'une douzaine de ministres cloué à sa porte. Il avait toujours été prêt à aller jusqu'au bout – y compris par la lutte armée – contre Boulanger et les forces patriotiques qui suivaient cet homme de paille par aveuglement. Jusque-là, c'était toujours lui qui attaquait le premier, avec férocité. Toutefois, avec l'affaire de Panama, les rôles parurent se renverser. Le souffle infectieux du soupçon vint le contaminer avec ses relents pestilentiels. Les deux pires canailles de l'affaire de Panama et de ses malversations, les deux plus grands corrupteurs de responsables publics, étaient Cornélius Herz et le baron Reinach. Tous deux étaient des amis intimes de Clemenceau. Le premier avait apporté un soutien financier à son journal, *La Justice*. Avec son courage habituel, Clemenceau avait accompagné l'autre dans sa visite au ministre de l'Intérieur le soir même où Reinach allait mourir. On mettait en doute l'honnêteté de cent quarante

1. En français dans le texte.

députés. Nombre d'entre eux étaient connus pour tremper dans la corruption. Dans tous les camps, des réputations étaient brisées ou attaquées. Chacun de ceux qui tombaient s'efforçait d'entraîner les autres dans sa chute. Dans le délire fou de ces journées, le moindre contact avec un coupable était considéré comme suffisant pour compromettre un responsable public. Les contacts de Clemenceau n'avaient pas été négligeables. En outre, les explications qu'il avança n'allaient pas très loin. Alors, allait-il pouvoir se tirer d'affaire – lui qui n'avait jamais épargné personne ? Le moment n'était-il pas venu pour ses ennemis acharnés de s'unir afin de l'écraser une fois pour toutes ?

En pleine assemblée, le fougueux Déroulède déclara que l'ascension de Herz en France et son accession aux honneurs et à l'influence ne pouvaient être dues qu'au soutien d'un homme exceptionnellement influent et puissant : « Or ce complaisant, ce dévoué, cet infatigable intermédiaire, si actif et si dangereux, vous le connaissez tous, son nom est sur toutes vos lèvres ; mais pas un de vous, pourtant, ne le nommerait, car il est trois choses en lui que vous redoutez : son épée, son pistolet, sa langue. Eh bien moi, je brave les trois et je le nomme : c'est M. Clemenceau ! »

Et encore :

« Cornélius Herz est un agent de l'étranger. Il est juste que ses complices soient châtiés. En attendant, désignons à la vengeance publique le plus formidable, le plus coupable de ceux qui l'ont servi. »

Aucun pays n'est exempt d'épisodes semblables. Les épargnants ont été spoliés, les deniers publics ont été détournés ou honteusement dilapidés. Des députés et sénateurs, voire des ministres, ont reçu des pots de vin ou des avantages, ou bien se sont rendus tributaires de gros intérêts : on peut dès lors penser ou sous-entendre que leurs discours et leurs votes ont été viciés par la corruption. Beaucoup se voient mélangés avec ceux qui sont réellement coupables car, sans avoir commis de délits, ils sont compromis par des imprudences ou par des relations douteuses. D'autres encore se voient mélangés à ces derniers, car leurs amitiés ou leurs transactions parfaitement innocentes semblent les ranger parmi les coupables. Dès lors que sonne l'hallali, que les raisons d'agir sont mises en doute, que la rumeur fait circuler des listes de noms et que le soupçon gagne de tous côtés, les actions et les relations les plus légitimes deviennent extrêmement dangereuses pour un responsable public. Mais il reste un moyen de défense infaillible pour qui est sûr de son honnêteté : un train de vie modeste et austère, justifié par les comptes du foyer qu'on peut présenter au monde entier et par la fière décision de rendre publiques toutes les sources de son revenu. C'est là le moyen de défense auquel Clemenceau eut recours. « Ma vie est au grand jour, déclara-t-il à ses électeurs, et je défie qu'on y trouve d'autre luxe qu'un cheval de selle, dont la pension est de cinq francs par jour, pendant neuf mois, et une action de chasse qui ne me revient pas à cinq cents francs. »

Pourtant, d'autres accusations étaient tenues en réserve. Battus au sujet de Panama, les nombreux ennemis jurés de Clemenceau revinrent à la charge avec d'autres armes. Des documents censés provenir du Foreign Office furent produits, de connivence avec le ministère français, pour prouver qu'il était à la solde de l'Angleterre. De toute évidence, ces pièces étaient des faux et l'attaque directe à la Chambre s'effondra ignominieusement, mais la calomnie fut largement répandue. « Maintenant, proclamait-on, on sait pourquoi il s'opposait à notre expansion coloniale, pourquoi il n'a pas voulu de notre intervention en Égypte, pourquoi il nous a presque empêchés de conquérir la Tunisie. » Lors de chaque réunion publique des cris haineux de *A-oh, yes !* et de *Spik Ingleesh !* saluaient son arrivée. Il fut battu dans sa circonscription du Var, qu'il quitta sous les sarcasmes et les insultes de la populace. Rarement homme public fut harcelé et agressé avec autant de cruauté en temps de paix. Oui – sombres journées, sous les regards sournois et triomphants d'adversaires autrefois réduits à l'impuissance !

Le désolateur désolé !
Le vainqueur renversé !
L'arbitre de la destinée des autres
Suppliant pour la sienne[1] *!*

Suppliant – que non ! Cela, jamais ! Défiant à lui seul le monde des Français déchaînés, il lui fit front, invincible.

Exclu de la Chambre, il ne pouvait plus faire entendre sa voix. Peu importe ! Il possédait une autre arme : sa plume. Son biographe

1. Byron, « Ode à Napoléon » (1814). Traduction Benjamin Laroche, *Œuvres complètes de Lord Byron*, Paris, Charpentier, 1840.

indique que la production journalistique de Clemenceau ne tiendrait pas dans une centaine de gros volumes. Il écrivait pour gagner sa vie – mais aussi pour l'honneur ! Et ce qu'il écrivait était lu un peu partout. C'est ainsi qu'il réussit à survivre. Il a survécu non pas seulement pour se remettre de sa défaite, mais pour attaquer – mieux : pour vaincre. Le pire de tous les scandales était encore à venir. Clemenceau se fit le champion de Dreyfus. Là, il avait à combattre ce qu'il y avait à ses yeux de plus sacré en France : l'armée française. Comme autrefois, il trouvait en face de lui l'Église, la bonne société, la haute finance et la presse. Mais cette fois, il y avait en plus cette magnifique institution dont les baïonnettes allaient bientôt se montrer le plus sûr rempart des libertés de l'Europe. « Si vous détruisez la confiance dans les chefs de l'armée, vous mettez en danger la sécurité du pays ! » répétaient en chœur les généraux. « Voulez-vous que nous conduisions vos fils à la boucherie ? » lança le général de Pellieux à l'un des procès Dreyfus. Cependant, il s'agissait fondamentalement de savoir si Dreyfus était ou non un traître. Or il était innocent. La nation entière prit parti. Des amitiés se défirent et des familles se divisèrent. Mais le génie de la France n'en fut pas affecté. La vérité et la justice poursuivirent leur marche en avant, et sur le chemin qu'il avait contribué à leur tracer, Clemenceau retrouva la place qui était la sienne. Il fut même pour un temps président du Conseil.

*

C'était donc là l'homme qui, chargé de toutes les haines d'un demi-siècle, mais prémuni par l'expérience, fut appelé au gouvernail de la France au pire moment de la tempête[1].

Beaucoup de généraux français étaient discrédités, et tous leurs plans avaient échoué. De nombreuses mutineries sur le front avaient été réprimées avec peine. Paris était la proie de profondes et tortueuses intrigues. La Grande-Bretagne avait été saignée à blanc à Passchendaele, la Russie s'était effondrée, l'Italie en était à son dernier souffle et l'Amérique était encore bien loin. L'ennemi gigantesque nous toisait de toute sa hauteur, sûr de lui et, autant que nous pouvions en juger, invulnérable. C'est à ce moment, après

1. Clemenceau est nommé président du Conseil le 16 novembre 1917. Il formera son gouvernement le 17 et prononcera son discours d'investiture le 20. Il assume également le portefeuille de la Guerre.

avoir essayé toutes les autres solutions imaginables, que l'on alla chercher l'impétueux vieillard pour qu'il assume ce qui était en fait la dictature de la France. Il revint au pouvoir comme Marius était revenu à Rome, récusé par beaucoup, redouté par tous, mais imposé par le destin, inévitable.

C'est seulement alors que j'appris à le connaître. Je l'avais rencontré plusieurs fois auparavant, mais seulement en de brèves occasions. Mes fonctions de ministre de l'Armement m'amenaient souvent à Paris et impliquaient des consultations constantes avec des ministres français. Le fait que j'étais très proche de M. Lloyd George permettait d'autres contacts personnels. J'ai passé une demi-heure avec Clemenceau le matin même où il formait son ministère. J'ai pu entendre son discours d'investiture à la Chambre. Mon ami, collègue et homologue français, Albert Thomas, venait de perdre son portefeuille, un jour ou deux auparavant, dans le tremblement de terre ministériel. Nous avions étudié ensemble tant de détails importants que je m'aventurai à demander au Tigre de ne pas troubler une collaboration qui, à travers la Manche, fonctionnait sans heurts. J'ai cru que j'avais fait impression. Toutefois, pendant ce temps, Albert Thomas, soutenu par les socialistes, déclarait que Clemenceau président du Conseil « constituait un danger pour la défense nationale ». C'était évidemment mortel.

J'ai aussi entendu comment Clemenceau répondait à la Chambre. Il est toujours difficile pour un étranger n'ayant qu'une connaissance superficielle de la langue et une perception indirecte de l'ambiance des séances de juger ces envolées oratoires. Il est certain que, plus qu'aucun autre des parlementaires français que j'ai entendus, Clemenceau se rapprochait des usages en vigueur à la Chambre des communes lors des débats. Le fond et la forme des débats aux Communes reposent sur un dialogue de haute tenue. Les discours apprêtés, les harangues devant des électeurs ou un public plus vaste en plein air, n'ont jamais eu grand succès dans notre petite chambre, aux sages dimensions. Pour avoir quelque chance de réussite, il faut s'en tenir à son sujet et conserver un contact humain avec l'auditoire. C'est ce que Clemenceau m'a bien paru faire : il arpentait la tribune d'une extrémité à l'autre tout en parlant sans aucune note ni même le moindre petit bout de papier, sans consulter aucun recueil de chiffres, en phrases saccadées qu'il lançait d'une voix de stentor pleine de mordant à mesure qu'elles lui venaient à l'esprit. Il ressemblait à un fauve qui tournait en cage en rugissant, l'œil féroce, entouré par une assemblée qui aurait fait n'importe quoi pour ne pas le voir là mais qui, l'y ayant mis, sentait bien qu'elle devait lui obéir. Au fond, ce n'était plus une question de mots ou de raisonnements. Ce qui disciplinait son auditoire, c'était que les passions naturelles s'étaient figées dans la souffrance, l'immense péril si proche et qui se rapprochait, une lassitude angoissée et de lancinantes appréhensions de l'avenir. Il fallait tout miser sur la dernière chance, désespérée, qui restait. La France s'était décidée à ouvrir la cage et à lâcher son tigre sur tous ses ennemis, de l'autre côté des tranchées ou en son sein. Point n'était besoin de discours, d'éloquence ou d'arguments pour exposer la situation. Avec force grognements et grondements, la bête féroce, vieillie mais indomptable, s'élançait sur sa proie.

C'est ainsi que la lutte à mort avec l'Allemagne a commencé. Elle allait durer une année entière. D'éminents Français furent abreuvés d'injures. L'exécution de traîtres avérés n'était que le symbole d'un terrorisme en puissance qui n'aurait pas hésité, si les nécessités ou le climat de l'heure l'avaient exigé, à envoyer à Vincennes, au poteau d'exécution, des hommes coupables seulement de manque de concentration intellectuelle, des hommes qui avaient occupé les plus hautes fonctions officielles. Le simple fait de manifester de l'opposition ou de fréquenter des amis autrefois considérés comme tièdes ou comme défaitistes suffisait à exposer des hommes d'État de renom au risque d'être arrêtés, ou pire. Clemenceau inspirait la terreur dans tous les camps – mais personne plus que les Allemands n'a eu autant de raisons de s'en plaindre.

En tant qu'étranger il me laissait lui dire des choses qu'il n'aurait acceptées que de bien peu de Français. « Il serait sûrement de bonne politique de rassembler maintenant tout le monde autour de vous en oubliant les vieilles querelles. Des hommes de valeur se mettent parfois dans des situations inextricables sans main secourable. En Angleterre, pour les aider, nous leur tendons souvent la perche, même si elle reste difficile à saisir. Nous pataugeons beaucoup, mais nous réussissons à rester plus ou moins unis. » Une étincelle se lisait dans ses yeux, il opinait du chef, son sourire drolatique et pénétrant illuminait son visage flétri de Mongol.

Un jour il me déclara : « Je n'ai pas de système politique et j'ai abandonné tous les principes politiques. Je réagis aux événements comme ils viennent, à la lumière de mon expérience » – ou peut-être était-ce « d'après la façon dont je les ai vus arriver ».

Cela me fit penser à la lettre de M. de Camors à son fils : « En réalité, tous les principes sont indifférents ; ils sont tous vrais ou faux, suivant l'heure[1]. » Clemenceau avait raison, la seule chose qui importait, c'était de battre les Allemands.

Puis vint la crise suprême. De nouveau, les Allemands étaient sur la Marne. Des hauteurs de Montmartre on voyait l'horizon traversé par les éclairs des tirs d'artillerie. On dépêcha les Américains en toute hâte vers Château-Thierry. J'avais d'importantes fabriques d'aéroplanes et de matériel de guerre autour de Paris : il nous fallait prévoir leur déménagement et trouver des abris de fortune plus au sud – j'étais donc souvent dans la capitale de la France. Avant de commencer une guerre on devrait toujours se dire : « Je suis fort, mais l'ennemi aussi. » Quand une guerre est en cours il faut se dire : « Je suis épuisé, mais l'ennemi est très las lui aussi. » Il est presque impossible d'énoncer l'une ou l'autre de ces deux vérités au moment où elles ont toute leur importance. Jusqu'à ce qu'ils s'effondrent, les Allemands paraissaient invincibles, mais Clemenceau l'était aussi. Dans son bureau, au ministère de la Guerre, il prononça devant moi les paroles qu'il répéta plus tard à la tribune : « Je me battrai devant Paris, je me battrai dans Paris, je me battrai derrière Paris ! » Tout le monde savait bien que ce n'était pas une vaine fanfaronnade. Paris aurait pu être réduit en ruines comme Ypres ou Arras. Cela n'aurait nullement ébranlé la résolution de Clemenceau. Il avait l'intention de rester assis sur la soupape de sûreté jusqu'à ce qu'il gagne ou jusqu'à ce que tout son monde vole en éclats. Il n'avait aucun espoir outre-tombe – il se riait de la mort – il était dans sa soixante-dix-septième année. Heureuse la nation qui peut trouver un tel tyran, un tel champion à l'heure où son sort est en suspens dans la balance du destin !

*

Après la victoire, aux yeux des étrangers, la France a semblé bien ingrate. Elle s'est débarrassée de lui pour en revenir au plus vite aux vieilles manigances du jeu politique. Sur le principe, on ne peut rien reprocher aux Français, mais ils auraient pu agir plus poliment. Le Clemenceau de la paix a été un grand homme d'État. Il s'est trouvé en face d'énormes difficultés. Il obtint pour

1. Octave Feuillet, *Monsieur de Camors*, 1867.

la France le meilleur compromis que les Alliés – qui représentaient le monde – étaient prêts à accepter. La France fut déçue. Foch fut déçu, et aussi vexé par des frictions personnelles. Clemenceau, incorrigible jusqu'à la fin, continua à s'en prendre à l'Église. La présidence de la République alla à une aimable nullité qui devait bientôt tomber d'un compartiment de chemin de fer[1]. Le Tigre se retira dans ses foyers, pour y mourir, pensait chacun. Mais il vécut encore de nombreuses années, en pleine possession de ses capacités physiques et mentales. À n'importe quel moment il eût été capable de saisir le gouvernail et de diriger le navire. Il le sentait bien, cela va sans dire. Orgueilleux comme Lucifer, il se drapait dans son immortelle action passée et dans son formidable prestige. « Qu'allez-vous faire maintenant ? lui demanda-t-on à son retour des Indes. — Vivre jusqu'à ce que je meure », répondit-il, toujours aussi têtu.

Chaque fois que j'allais à Paris pour des raisons officielles, quel que fût le gouvernement au pouvoir, je me faisais un devoir de lui rendre visite. « Je n'invite personne ici, me disait-il, mais chaque fois que vous viendrez vous serez le bienvenu. » Une fois, il alla jusqu'à dire à sa fille aînée, « sur un ton inoubliable » – c'est d'elle que je tiens cela : « M. Winston Churchill est bien loin d'être un ennemi de la France. » J'ai toujours en tête ma dernière image de lui, un an avant sa mort. Dans la minuscule maison de la rue Franklin, un petit bureau-salon. C'est l'hiver, la pièce ne semble pas chauffée. Il y a bien une grande cheminée mais le foyer est garni de livres empilés. Pas de feu cette année, de toute évidence ! Je regrette de n'avoir pas gardé mon pardessus. Le vieillard apparaît dans son inimitable calot noir, ganté et bien emmitouflé. Il n'a rien de la beauté de Napoléon, mais je dirais qu'il a quelque chose de sa majesté à Sainte-Hélène, et bien plus loin que Napoléon, c'est aux figures romaines qu'il fait penser. La résolution, la fierté, la pauvreté après avoir rempli de si hautes charges, la grandeur bien que déchu du pouvoir, ce défi inébranlable à ce monde et à l'autre : tout cela appartient aux hommes de l'Antiquité.

---

1. Allusion à Paul Deschanel (1855-1922), élu président de la République en janvier 1920. Toutes les hypothèses ont été formulées sur les circonstances de sa chute par une fenêtre du train présidentiel le soir du 23 mai suivant, de l'effet secondaire de somnifères à la dépression suicidaire. Il présente alors sa démission pour raisons de santé, qui ne sera acceptée qu'en septembre.

> Monsieur Churchill, j'ai toujours admiré l'amour des Anglais pour les chevaux. J'ai compris pourquoi ils aiment les chevaux. Voyez leurs chevaux de cavalerie, voyez *a fortiori* leurs chevaux d'artillerie. Jamais on n'a connu de chevaux plus magnifiquement soignés. Je vais vous dire pourquoi les Anglais aiment les chevaux. Ce sont des marins, ils passent leur vie en mer, sur leurs bateaux. Ce n'est que pendant leurs vacances qu'ils reviennent à terre, et c'est pour cela qu'ils aiment les animaux, surtout les chevaux, parce qu'ils n'en voient jamais quand ils naviguent.

Autres remarques :

> Quand j'étais aux Indes, j'ai vu certaines choses que votre peuple ne voit jamais. J'avais l'habitude d'aller dans les bazars, près des fontaines. J'avais un très bon interprète et quantités de gens vinrent me parler. Vos officiers anglais sont durs avec les Indiens, ils ne se mêlent pas du tout à eux, mais ils prennent leurs opinions politiques en considération. C'est le contraire de ce qu'il faut faire. Les Français seraient beaucoup plus familiers, mais ils ne toléreraient pas qu'on discute leur façon de gouverner.
>
> M. Lloyd George ? C'est désormais un ennemi de la France. Il m'a déclaré lui-même que les Anglais ne pouvaient être les amis de la France que lorsqu'elle est faible ou en danger. Je lui en veux, mais tout de même je suis heureux qu'il ait été là quand tous ces événements ont eu lieu.

Je citai le nom d'un homme d'État français. « Non, dit-il, je ne discute jamais de politique française avec un étranger. Vous m'excuserez, mais il y a des noms que je ne prononce jamais. Revenez quand vous voudrez », et sur le seuil : « Au revoir. »

Extrait de *Great Contemporaries*, 1937 ;
Mes grands contemporains, trad. et notes d'Antoine Capet, 2019.

HEURES NOBLES

Les héros, les grands hommes participent d'une idée de suprématie érectile. Quand bien même on admettrait la locution, les grands hommes ne sont pas pour moi les guerriers ni les techniciens de l'État, mais les écrivains, les artistes et les combattants de la justice. « Un poète n'est pas plus utile à l'État qu'un joueur de quilles », disait Malherbe ; il aurait été bien surpris de voir « l'État » s'allier avec les joueurs de quilles ; et quelle idée que de se soucier de son utilité à cet État ? Elle vient de la confusion de l'importance et des importants. Qui était roi sous Rabelais ? Qui était président de la République sous Mallarmé ?

BLAISE DE MONLUC

(1502-1577)

Un conseil de guerre de François Ier
(mars 1544)

Monluc n'était pas encore maréchal au moment où il relate ce conseil de guerre. La bataille de Cérisoles (Ceresole), en Piémont, a été remportée sous ses ordres par les Français sur les troupes de Charles Quint, nos deux pays trouvaient glorieux de ravager la pauvre Italie, à cette époque-là. On trouve des prétentions où l'on peut : pour nous, c'était d'avoir eu une Milanaise dans la famille de France. Valentine Visconti, dont la mère était fille de Jean le Bon, avait épousé le frère de Charles VI (et engendré Charles d'Orléans, le prince s'étant fait poète en prison que l'on trouvera plus loin[1]). Les Français en déduisaient que l'Italie était un peu à eux, tandis que Charles Quint s'imaginait en empereur de la chrétienté. L'énormité des idées germaniques tient à l'immensité sans barrière de leurs plaines ?

Et sur le midi, M. l'amiral d'Annebaut me manda d'aller trouver le roi, qui était déjà entré en conseil, là où assistaient M. de Saint Pol, M. l'Amiral, M. le grand écuyer Galliot, M. de Boissy, qui depuis a été grand écuyer, et deux ou trois autres, desquels il

1. Voir *infra*, p. 240.

ne me souvient, et M. le Dauphin[1], qui était debout derrière la chaire du roi ; et n'y avait assis que le roi, M. de Saint Pol près de lui, M. l'Amiral de l'autre côté de la table, vis-à-vis dudit sieur de Saint Pol. Et comme je fus dans la chambre, le roi me dit : « Monluc, je veux que vous en retourniez au Piémont porter ma délibération et de mon conseil à M. d'Anguyen [d'Enghien], et veux que vous entendiez ici la difficulté que nous faisons à ne l'autoriser à donner bataille, comme il demande. » Et sur ce commanda à M. de Saint Pol de parler. Alors ledit sieur de Saint Pol proposa l'entreprise de l'Empereur et du roi d'Angleterre, lesquels dans cinq ou six semaines avaient résolu entrer dans le royaume, l'un par un côté et l'autre par l'autre, et que, si M. d'Anguyen perdait la bataille, le royaume serait en péril d'être perdu, pour ce que toute l'espérance du roi, quant aux gens de pied, était aux compagnies qu'il y avait en Piémont, et qu'en France il n'avait que gens nouveaux et légionnaires étant bien meilleurs et plus assuré de conserver le royaume que le Piémont, où fallait seulement se tenir sur la défensive, sans rien mettre au hasard d'une bataille, la perte de laquelle perdrait non seulement le Piémont, mais mettrait le pied à l'ennemi en France de ce côté-là. M. l'Amiral en dit de même, et tous les autres aussi, discourant chacun comme il lui plaisait. Je trépignais de parler ; et, voulant interrompre lorsque M. Galliot opinait, M. de Saint Pol me fit signe de la main et me dit : « Tout beau ! tout beau », ce qui me fait taire ; et vis que le roi se prit à rire. M. le Dauphin n'opina point, et croit que c'était la coutume ; mais le roi l'y fit assister, afin qu'il apprît, car devant ces princes il y a toujours de belles opinions, non pas toujours bonnes. On ne parle pas à demi et toujours à l'humeur du maître. Je ne serais pas bon là, car je dis toujours ce qu'il m'en semble. Alors le roi me dit ces mots : « Avez-vous bien entendu, Monluc, les raisons qui me poussent à ne pas promettre à M. d'Anguyen de combattre ni de rien hasarder ? » Je lui répondis que je l'avais bien entendu, mais que, s'il plaisait à Sa Majesté de me permettre de lui en dire mon avis, je le ferais fort volontiers, non pour que Sa Majesté en fît autre chose sinon ce qu'elle et son conseil en avaient déterminé. Sa Majesté me dit qu'il le voulait et que je lui en disse librement ce que m'en semblait. Alors je commençai en cette manière : il m'en souvient comme s'il n'y avait que trois

1. Le futur Henri II, alors duc de Bretagne.

jours. Dieu m'a donné une grande mémoire de ces choses, dont je le remercie ; car encore ce m'est grand contentement, à présent qu'il ne me reste rien plus, de me ressouvenir de mes fortunes pour les décrire en vrai, sans y rien ajouter ; car, soit le bien, soit le mal, je le veux dire :

« Sire, je me tiens bien heureux tant de ce qu'il vous plaît que je vous dise mon avis sur cette délibération qui a été tenue en votre conseil que parce qu'aussi j'ai à parler devant un roi soldat, et non devant un roi qui n'a jamais été en guerre. Avant d'être appelé à cette grande charge que Dieu vous a donnée et depuis, vous avez cherché la fortune de la guerre autant que roi qui jamais ait été en France, sans avoir épargné votre personne non plus que le moindre gentilhomme. Donc ne dois-je craindre, puisque j'ai à parler à un roi soldat. »

M. le Dauphin, qui était derrière la chaire du roi et vis-à-vis de moi, me faisait signe de la tête, qui me fit penser qu'il voulait que je parlasse hardiment, ce que me donnait plus de hardiesse, de laquelle je n'ai eu jamais faute, car la crainte ne me ferma jamais la bouche.

« Sire, dis-je, nous sommes de cinq à six mille Gascons comptés, car vous savez que jamais les compagnies ne sont du tout complètes, aussi tout ne se peut jamais trouver à la bataille ; mais j'estime que nous serons cinq mille cinq cents ou six cents comptés. Et de cela je vous en réponds sur mon honneur, tous, les capitaines et soldats, vous bailleront nos noms et les lieux d'où nous sommes, et vous obligerons nos têtes que tous combattront le jour de la bataille, s'il vous plaît de l'accorder et de nous donner l'autorisation de combattre. C'est chose que nous attendons et désirons il y a longtemps, sans tant coniller[1]. Croyez, Sire, qu'au monde il n'y a point de soldats plus résolus que ceux-là : ils ne désirent que mener les mains. Il y a, d'ailleurs, treize enseignes de suisses. Je connais les six de Saint-Julien mieux que celles du baron, lesquelles Fourly commande. J'ai voulu faire la montre à toutes : il peut y avoir autant d'hommes comptés parmi eux que parmi nous. Ils vous feront pareille promesse que nous qui sommes vos sujets, et vous enverront les noms de tous, pour les envoyer à leurs cantons, afin que, s'il y en a quelqu'un qui ne fasse son devoir, il y soit dégradé des armes. C'est chose

1. S'esquiver, de « conil », le lapin.

à laquelle ils se veulent soumettre, comme ils m'ont assuré à mon départ. Et puisque c'est une même nation, je crois que veux du baron n'en feront pas moins. Votre Majesté les a pu connaître à Landrecy. Voilà donc, Sire, neuf mille hommes ou plus, desquels vous pouvez faire état et vous assurer qu'ils combattront jusqu'au dernier soupir de leur vie. Quant aux Italiens et Provençaux qui sont avec M. des Cros, et aux Gruyens, qui nous sont venus trouver devant Yvrée, je ne vous en assurerais pas ; mais j'espère qu'ils feront tous aussi bien que nous, mêmement quand ils nous verront mener les mains. » Je levai alors le bras en haut, comme si c'était pour frapper, dont le roi sourit. « Vous devez aussi avoir quatre cents hommes d'arme en Piémont, desquels il s'y en trouvera bien trois cents, et autant d'archers, qui sont en même volonté que nous. Vous y avez, Sire, quatre capitaines de chevau-légers, qui sont MM. de Termes, d'Aussun, Francisco Bernardin et Maure, chacun devant avoir deux vents chevau-légers ; et entre tous les quatre, ils vous serviront de cinq à six cents chevaux, tous lesquels désirent faire paraître l'envie qu'ils ont de vous faire service. Je sais ce qu'ils valent et connais leur courage. »

Le roi lors s'émut un peu de ce que les compagnies de la gendarmerie et celles des chevau-légers n'étaient pas complètes. Mais je lui dis que c'était impossible, et qu'il y en avait qui avaient obtenu la permission de leurs capitaines pour aller à leurs maisons se rafraîchir, et que d'autres étaient malades ; mais que, s'il plaisait à Sa Majesté de donner l'autorisation aux gentilshommes qui le lui demanderaient de se trouver à la bataille, ils supplieraient bien au défaut qui pourrait être desdites compagnies. « Puisque donc, Sire, dis-je alors continuant mon propos, je suis si heureux de parler devant un roi soldat, qui voulez-vous qui tue neuf ou dix mille hommes et mille à douze cents chevaux, tous résolus de mourir ou de vaincre ? Telles gens que cela ne se défont pas ainsi. Ce ne sont pas des apprentis. Nous avons souvent sans avantage attaqué l'ennemi et l'avons le plus souvent battu. J'oserais dire que, si nous avions tous un bras lié, il ne serait encore en la puissance de l'armée ennemie de nous tuer de tout un jour, sans perte de la plus grande part de leurs gens et des meilleurs hommes. Pensez donc que, si nous avons les deux bras libres et le fer à la main, s'il sera aisé et facile de nous battre. Certes, Sire, j'ai appris des sages capitaines, pour les avoir ouï discourir, qu'une armée composée de douze à quinze mille hommes est suffisant pour en affronter une de trente mille. Car ce n'est pas le grand nombre qui vainc, c'est le bon cœur. Un jour de bataille, la moitié ne combat pas. Nous n'en voulons pas davantage. Laissez-nous faire. »

M. le Dauphin riait derrière la chaire du roi, continuant toujours à me faire signe de la tête ; car, à ma mine, il semblait que je fusse déjà au combat. « Non, non, Sire, ces gens ne sont pas pour être défaits. Si les messieurs qui en parlent les avaient vus à la besogne, ils changeraient d'avis, et vous aussi. Ce ne sont pas des soldats faits pour se reposer dans une garnison ; ils demandent l'ennemi et veulent montrer leur valeur. Ils vous demandent la permission de combattre. Si vous les refusez, vous leur ôterez le courage et serez cause que celui de votre ennemi s'enflera. Peu à peu votre armée se défera. À ce que j'ai entendu, Sire, tout ce qui émeut les messieurs qui ont opiné devant Votre Majesté est la crainte d'une perte. Ils ne disent autre chose, si ce n'est : "Si nous perdons, si nous perdons !" Je n'ai ouï personne d'eux qui aie jamais dit : "Si nous gagnons, si nous gagnons, quel grand bien nous adviendra !" Pour Dieu, Sire, ne craignez de nous accorder notre requête, et que je ne m'en retourne pas avec cette honte qu'on dise que vous avez peur de mettre le hasard d'une bataille entre nos mains, qui vous offrons volontiers et de bon cœur notre vie. »

Le roi, qui m'avait fort bien écouté et qui prenait plaisir à voir mon impatience, tourna les yeux vers M. de Saint Pol, lequel lui dit alors : « Monsieur, voudriez-vous bien changer d'opinion pour le dire de ce fol, qui ne se soucie que de combattre et n'a nulle considération du malheur que ce vous serait, si perdions la bataille ? C'est une chose trop importante pour la remettre à la cervelle d'un jeune Gascon. » Alors je lui répondis ce même mot : « Monsieur assurez-vous que je ne suis point un bravache, ni aussi écervelé que vous me pensez. Je ne dis point ceci pour braverie ; car, s'il vous souvient de tous les avertissements que le roi a eus depuis que sommes retournés de Perpignan en Piémont, vous trouverez que, à pied ou à cheval, où nous avons trouvé les ennemis, nous les avons toujours battus, si ce n'est lorsque M. d'Aussun fut rompu, lequel ne se perdit que pour avoir combattu à la tête d'un camp, ce qu'un bon capitaine ne doit jamais faire. Il n'y a pas encore trois mois, vous l'avez entendu, car tout le monde le sait, les beaux deux combats que nous fîmes à pied et à cheval, dans la plaine vis-à-vis de Samfré, contre les Italiens premièrement puis contre les Espagnols, en dix jours, ayant M. d'Aussun, quinze jours avant qu'il ne fût pris, combattu et défia toute une compagnie d'Allemands. Regardez-nous donc, qui sommes en cœur, et eux en peur ; nous qui sommes vainqueurs et eux vaincus ; nous qui les désestimons, cependant qu'ils nous craignent, quelle différence il y a d'eux à nous ! Quand sera-ce donc que vous voulez que le roi donne l'autorisation de combattre, sinon lorsque nous serons en l'état auquel nous nous trouvons à présent en Piémont ? Ce ne sera pas quand nous aurons été battus qu'il devra le faire, mais à présent que nous sommes coutumiers de les battre. Il ne nous faut faire autre chose, sinon de bien aviser de ne pas les assaillir dans un fort, comme nous le fîmes à la Bicquoque. Mais M. d'Anguyen a trop de bons et vieux capitaines pour faire une telle erreur, et il ne sera pas question d'autre chose que de chercher le moyen de les trouver en campagne rase, où il n'y ait ni haie ni fossé qui puisse nous empêcher de venir aux mains ; et alors, Sire, vous entendrez de plus furieux combats que jamais. Et je vous supplie très humblement de ne vous attendre à rien d'autre que de recevoir la nouvelle de la victoire. Et si Dieu nous fait la grâce de la gagner, comme je me tiens assuré que nous le ferons, vous arrêterez l'Empereur et le roi d'Angleterre sur le cul, qui ne sauront quel parti prendre. »

M. le Dauphin continuait plus fort en riant à me faire signe, ce qui me donnait encore une grande hardiesse de parler. Tous les autres parlaient et disaient que le roi ne se devait aucunement arrêter à mes paroles. M. l'Amiral ne dit jamais mot, mais souriait, et je crois qu'il s'était aperçu des signes que M. le Dauphin me faisait, étant presque en face de lui. M. de Saint Pol recharge encore, disant au roi : « Quoi, Monsieur, il semble que vous voulez changer d'opinion, et vous arrêter aux paroles de ce fol enragé ? » À quoi le roi répondit : « Foi de gentilhomme, mon cousin, il m'a dit de si grandes raisons et m'a représenté si bien le bon cœur de mes gens, que je ne sais que faire. » Lors ledit seigneur de Saint Pol lui dit : « Je vois bien que vous êtes déjà retourné. » Il ne pouvait voir les signes que M. le Dauphin me faisait, car il lui tournait le dos, comme M. l'Amiral. Sur quoi le roi, adressant la parole audit sieur Amiral, lui dit ce qu'il lui en semblait. M. l'Amiral se prit encore à sourire et lui répondit : « Sire, voulez-vous dire la vérité ? Vous avez belle envie de leur donner l'autorisation de combattre. Je ne vous assurerai pas, s'ils combattent, du gain ni de la perte, car il n'y a que Dieu qui puisse le savoir ; mais je vous obligerai bien ma vie et mon honneur que tous ceux-là qu'il vous a nommés combattront, et en gens de bien ; car je sais ce qu'ils valent, pour les avoir commandés. Faites une chose : nous savons bien que vous êtes à demi gagné et que vous pendez plus du côté du combat que du contraire. Faites votre requête à Dieu et priez-le que, à ce coup, Il veuille vous aider et vous conseiller ce que vous devez faire. » Alors le roi leva les yeux au ciel, et joignant les mains, jetant le bonnet sur la table, dit : « Mon Dieu, je te supplie qu'il te plaise de me donner aujourd'hui le conseil de ce que je dois faire pour la conservation de mon royaume et que le tout soit à ton honneur et à ta gloire. » Sur quoi M. l'Amiral lui demanda : « Sire, quelle opinion vous prend-il à présent ? » Le roi, après avoir patienté quelque peu, se tourna vers moi, disant comme en s'écriant : « Qu'ils combattent ! qu'ils combattent ! — Or donc, il n'en faut plus parler, dit M. l'Amiral ; si vous perdez, vous seul serez cause de la perte, et si gagnez, pareillement ; et tout seul en aurez le contentement, en ayant donné seul l'autorisation. »

Alors le roi et tous se levèrent, et moi je tressaillais d'aise. Sa Majesté se met à parler avec M. l'Amiral pour ma dépêche et pour donner ordre au paiement, dont nous avions faute. M. de Saint Pol m'accosta et me dit en riant : « Fol enragé, tu seras cause du plus grand bien qui pourrait venir au roi, ou du plus grand mal. » Ledit sieur de Saint Pol ne m'avait rien dit quelque haine qu'il me portât, car il m'aimait en tant que capitaine de France et de longue main, m'ayant connu du temps que j'étais à M. le maréchal de Foix. Et me dit encore qu'il fallait que je parlasse à tous les capitaines et soldats, et que la grande confiance et estime que le roi avait en nous l'avait fait condescendre à nous donner l'autorisation de combattre, et non la raison, vu l'état où il se trouvait. Alors je lui répondis : « Monsieur, je vous en supplie très humblement, ne vous mettez ni en peine ni en crainte que nous perdions la bataille, et assurez-vous que les premières nouvelles que vous en entendrez seront que nous les avons tous fricassés, et en mangerons, si nous voulons. » Alors le roi s'approcha et me mit la main sur le bras, disant : « Monluc, recommande-moi à mon cousin d'Anguien et à tous les capitaines qui sont par-delà, de quelque nation qu'ils soient, et dis-leur que la grande confiance que j'ai en eux m'a fait condescendre à leur donner l'autorisation de combattre, les priant qu'à ce coup ils me servent bien, car je ne pense jamais en avoir autant besoin qu'à présent, et que c'est à cette heure qu'il faut qu'ils montrent l'amitié qu'ils me portent, et qu'en bref je lui enverrai l'argent qu'il demande. » Je lui répondis : « Sire, je ferai votre commandement, et ce sera un coup d'éperon pour les réjouir et leur donner encore plus de volonté de combattre ; et je supplie très humblement Votre Majesté de ne mettre en aucun doute l'issue de notre combat, car cela ne vous servirait que de peiner votre esprit. Mais réjouissez-vous sur l'attente de bientôt avoir de bonnes nouvelles de nous. Mon esprit et mon présage ne me trompa jamais. » Et sur ce, lui baisai les mains et pris congé de Sa Majesté.

Extrait des *Commentaires*, 1re éd. posth., 1592 ;
mis en français moderne par Charles Dantzig.

ÉTIENNE DE LA BOÉTIE

(1530-1563)

Invective au peuple

Si je devais donner un exemple de noblesse en littérature, je répondrais le Discours de la servitude volontaire. *Et que La Boétie l'ait écrit à vingt ou vingt-deux ans augmente son éclat. La jeunesse altière est la meilleure. Il définit la tyrannie dans une expression sublime : « Ne pouvoir être joyeux, et n'oser être triste ! » Encore mieux, il s'en prend à qui accouche de la tyrannie : nous, le peuple. En ayant donné des exemples à travers l'histoire, il résume : « C'est le peuple qui s'asservit, qui se coupe la gorge, qui, ayant le choix d'être serf ou d'être libre, quitte la franchise et prend le joug, qui consent à son mal, ou plutôt le pourchasse. »*

Le Discours de la servitude volontaire *est un vaccin contre le populisme. Chaque fois qu'un tribun de la plèbe parle, il devrait y avoir, dans une petite fenêtre de l'écran, à la façon des traducteurs en langue des sourds, quelqu'un qui lise un passage de son livre. On se rappellerait que le populisme est une instrumentalisation du très vague concept de peuple pour mieux pouvoir assommer celui-ci.*

Pour le moment, je voudrais seulement comprendre comment il se peut que tant d'hommes, tant de bourgs, tant de villes, tant de nations supportent quelquefois un tyran seul qui n'a de puissance que celle qu'ils lui donnent, qui n'a pouvoir de leur nuire qu'autant qu'ils veulent bien l'endurer, et qui ne pourrait leur faire aucun mal s'ils n'aimaient mieux tout souffrir de lui que de le contredire. Chose vraiment étonnante – et pourtant si commune qu'il faut plutôt en gémir que s'en ébahir –, de voir un million d'hommes misérablement asservis, la tête sous le joug, non qu'ils y soient contraints par une force majeure, mais parce qu'ils sont fascinés et pour ainsi dire ensorcelés par le seul nom d'un, qu'ils ne devraient pas redouter – puisqu'il est seul – ni aimer – puisqu'il est envers eux tous inhumain et cruel. Telle est pourtant la faiblesse des hommes : contraints à l'obéissance, obligés de temporiser, ils ne peuvent pas être toujours les plus forts. Si donc une nation, contrainte par la force des armes, est soumise au pouvoir d'un seul – comme la cité d'Athènes le fut à la domination des trente tyrans –, il ne faut pas s'étonner qu'elle serve, mais bien le déplorer. Ou plutôt, ne s'en étonner ni ne s'en plaindre, mais supporter le malheur avec patience, et se réserver pour un avenir meilleur.

Nous sommes ainsi faits que les devoirs communs de l'amitié absorbent une bonne part de notre vie. Il est raisonnable d'aimer la vertu, d'estimer les belles actions, d'être reconnaissants pour les bienfaits reçus, et de réduire souvent notre propre bien-être pour accroître l'honneur et l'avantage de ceux que nous aimons, et qui méritent d'être aimés. Si donc les habitants d'un pays trouvent parmi eux un de ces hommes rares qui leur ait donné des preuves d'une grande prévoyance pour les sauvegarder, d'une grande hardiesse pour les défendre, d'une grande prudence pour les gouverner ; s'ils s'habituent à la longue à lui obéir et à se fier à lui jusqu'à lui accorder une certaine suprématie, je ne sais s'il serait sage de l'enlever de là où il faisait bien pour le placer là où il pourra faire mal ; il semble, en effet, naturel d'avoir de la bonté pour celui qui nous a procuré du bien, et de ne pas en craindre un mal.

Mais, ô grand Dieu, qu'est donc cela ? Comment appellerons-nous ce malheur ? Quel est ce vice, ce vice horrible, de voir un nombre infini d'hommes, non seulement obéir, mais servir, non pas être gouvernés, mais être tyrannisés, n'ayant ni biens, ni parents, ni enfants, ni leur vie même qui soient à eux ? De les voir souffrir les rapines, les paillardises, les cruautés, non d'une armée, non d'un camp barbare contre lesquels chacun devrait défendre son sang et sa vie, mais d'un seul ! Non d'un Hercule ou d'un Samson, mais d'un hommelet souvent le plus lâche, le plus efféminé de la nation, qui n'a jamais flairé la poudre des batailles ni guère foulé le sable des tournois, qui n'est pas seulement inapte à commander aux hommes, mais encore à satisfaire la moindre femmelette ! Nommerons-nous cela lâcheté ? Appellerons-nous vils et couards ces hommes soumis ? Si deux, si trois, si quatre cèdent à un seul, c'est étrange, mais toutefois possible ; on pourrait peut-être dire avec raison : c'est faute de cœur. Mais si cent, si mille souffrent l'oppression d'un seul, dira-t-on encore qu'ils n'osent pas s'en prendre à lui, ou qu'ils ne le veulent pas, et que ce n'est pas couardise, mais plutôt mépris ou dédain ?

Enfin, si l'on voit non pas cent, non pas mille hommes, mais cent pays, mille villes, un million d'hommes ne pas assaillir celui qui les traite tous comme autant de serfs et d'esclaves, comment qualifierons-nous cela ? Est-ce lâcheté ? Mais tous les vices ont des bornes qu'ils ne peuvent pas dépasser. Deux hommes, et même dix, peuvent bien en craindre un ; mais que mille, un million, mille villes ne se défendent pas contre un seul homme, cela n'est pas couardise : elle ne va pas jusque-là, de même que la vaillance n'exige pas qu'un seul homme escalade une forteresse, attaque une armée, conquière un royaume. Quel vice monstrueux est donc celui-ci, qui ne mérite pas même le titre de couardise, qui ne trouve pas de nom assez laid, que la nature désavoue et que la langue refuse de nommer ?

Qu'on mette face à face cinquante mille hommes en armes ; qu'on les range en bataille, qu'ils en viennent aux mains ; les uns, libres, combattent pour leur liberté, les autres combattent pour la leur ravir. Auxquels promettrez-vous la victoire ? Lesquels iront le plus courageusement au combat : ceux qui espèrent pour récompense le maintien de leur liberté, ou ceux qui n'attendent pour salaire des coups qu'ils donnent et qu'ils reçoivent que la servitude d'autrui ? Les uns ont toujours devant les yeux le bonheur de leur vie passée et l'attente d'un bien-être égal pour l'avenir. Ils pensent moins à ce qu'ils endurent le temps d'une bataille qu'à ce qu'ils endureraient, vaincus, eux, leurs enfants et toute leur postérité. Les autres n'ont pour aiguillon qu'une petite pointe de convoitise qui s'émousse soudain contre le danger, et dont l'ardeur s'éteint dans le sang de leur première blessure. Aux batailles si renommées de Miltiade, de Léonidas, de Thémistocle, qui datent de deux mille ans et qui vivent encore aujourd'hui aussi fraîches dans la mémoire des livres et des hommes que si elles venaient d'être livrées hier, en Grèce, pour le bien des Grecs et pour l'exemple du monde entier, qu'est-ce qui donna à un si petit nombre de Grecs, non pas le pouvoir, mais le courage de supporter la force de tant de navires que la mer elle-même en débordait, de vaincre des nations si nombreuses que tous les soldats grecs, pris ensemble, n'auraient pas fourni assez de capitaines aux armées ennemies ? Dans ces journées glorieuses, c'était moins la bataille des Grecs contre les Perses que la victoire de la liberté sur la domination, de l'affranchissement sur la convoitise.

Ils sont vraiment extraordinaires, les récits de la vaillance que la liberté met au cœur de ceux qui la défendent ! Mais ce qui arrive, partout et tous les jours : qu'un homme seul en opprime cent mille et les prive de leur liberté, qui pourrait le croire, s'il ne faisait que l'entendre et non le voir ? Et si cela n'arrivait que dans des pays étrangers, des terres lointaines et qu'on vînt nous le raconter, qui ne croirait ce récit purement inventé ?

Or ce tyran seul, il n'est pas besoin de le combattre, ni de l'abattre. Il est défait de lui-même, pourvu que le pays ne consente point à sa servitude. Il ne s'agit pas de lui ôter quelque chose, mais de ne rien lui donner. Pas besoin que le pays se mette en peine de faire rien pour soi, pourvu qu'il ne fasse rien contre soi. Ce sont donc les peuples eux-mêmes qui se laissent, ou plutôt qui se font malmener, puisqu'ils en seraient quittes en cessant de servir. C'est le peuple qui s'asservit et qui se coupe la gorge ; qui, pouvant choisir d'être soumis ou d'être libre, repousse la liberté et prend le joug ; qui consent à son mal, ou plutôt qui le recherche… S'il lui coûtait quelque chose pour recouvrer sa liberté, je ne l'en presserais pas ; même si ce qu'il doit avoir le plus à cœur est de rentrer dans ses droits naturels et, pour ainsi dire, de bête redevenir homme. Mais je n'attends même pas de lui une si grande hardiesse ; j'admets qu'il aime mieux je ne sais quelle assurance de vivre misérablement qu'un espoir douteux de vivre comme il l'entend. Mais quoi ! Si pour avoir la liberté il suffit de la désirer, s'il n'est besoin que d'un simple vouloir, se trouvera-t-il une nation au monde qui croie la payer trop cher en l'acquérant par un simple souhait ? Et qui regretterait sa volonté de recouvrer un bien qu'on devrait racheter au prix du sang, et dont la perte rend à tout homme d'honneur la vie amère et la mort bienfaisante ? Certes, comme le feu d'une petite étincelle grandit et se renforce toujours, et plus il trouve de bois à brûler, plus il en dévore, mais se consume et finit par s'éteindre de lui-même quand on cesse de l'alimenter, de même, plus les tyrans pillent, plus ils exigent ; plus ils ruinent et détruisent, plus où leur fournit, plus on les sert. Ils se fortifient d'autant, deviennent de plus en plus frais et dispos pour tout anéantir et tout détruire. Mais si on ne leur fournit rien, si on ne leur obéit pas, sans les combattre, sans les frapper, ils restent nus et défaits et ne sont plus rien, de même que la branche, n'ayant plus de suc ni d'aliment à sa racine, devient sèche et morte.

Pour acquérir le bien qu'il souhaite, l'homme hardi ne redoute aucun danger, l'homme avisé n'est rebuté par aucune peine. Seuls les lâches et les engourdis ne savent ni endurer le mal, ni recouvrer le bien qu'ils se bornent à convoiter. L'énergie d'y prétendre leur est ravie par leur propre lâcheté ; il ne leur reste que le désir naturel de le posséder. Ce désir, cette volonté commune aux sages et aux imprudents, aux courageux et aux couards, leur fait souhaiter toutes les choses dont la possession les rendrait heureux et contents. il en est une seule que les hommes, je ne sais pourquoi, n'ont pas la force de désirer : c'est la liberté, bien si grand et si doux ! Dès qu'elle est perdue, tous les maux s'ensuivent, et sans elle tous les autres biens, corrompus par la servitude, perdent entièrement leur goût et leur saveur. La liberté, les hommes la dédaignent uniquement, semble-t-il, parce que s'ils la désiraient, ils l'auraient ; comme s'ils refusaient de faire cette précieuse acquisition parce qu'elle est trop aisée.

Pauvres gens misérables, peuples insensés, nations opiniâtres à votre mal et aveugles à votre bien ! Vous vous laissez enlever sous vos yeux le plus beau et le plus clair de votre revenu, vous laissez piller vos champs, voler et dépouiller vos maisons des vieux meubles de vos ancêtres ! Vous vivez de telle sorte que rien n'est plus à vous. Il semble que vous regarderiez désormais comme un grand bonheur qu'on vous laissât seulement la moitié de vos biens, de vos familles, de vos vies. Et tous ces dégâts, ces malheurs, cette ruine, ne vous viennent pas des ennemis, mais certes bien de l'ennemi, de celui-là même que vous avez fait ce qu'il est, de celui pour qui vous allez si courageusement à la guerre, et pour la grandeur duquel vous ne refusez pas de vous offrir vous-mêmes à la mort. Ce maître n'a pourtant que deux yeux, deux mains, un corps, et rien de plus que n'a le dernier des habitants du nombre infini de nos villes. Ce qu'il a de plus, ce sont les moyens que vous lui fournissez pour vous détruire. D'où tire-t-il tous ces yeux qui vous épient, si ce n'est de vous ? Comment a-t-il tant de mains pour vous frapper, s'il ne vous les emprunte ? Les pieds dont il foule vos cités ne sont-ils pas aussi les vôtres ? A-t-il pouvoir sur vous, qui ne soit de vous-mêmes ? Comment oserait-il vous assaillir, s'il n'était d'intelligence avec vous ? Quel mal pourrait-il vous faire, si vous n'étiez les receleurs du larron qui vous pille, les complices du meurtrier qui vous tue et les traîtres de vous-mêmes ? Vous semez vos champs pour qu'il les dévaste, vous meublez et remplissez vos maisons pour fournir ses pilleries, vous élevez vos filles afin qu'il puisse assouvir sa luxure, vous nourrissez vos enfants pour qu'il en fasse des soldats dans le meilleur des cas, pour qu'il les mène à la guerre, à la boucherie, qu'il les rende ministres de ses convoitises et exécuteurs de ses vengeances. Vous vous usez à la peine afin qu'il puisse se mignarder dans ses délices et se vautrer dans ses sales plaisirs. Vous vous affaiblissez afin qu'il soit plus fort, et qu'il vous tienne plus rudement la bride plus courte. Et de tant d'indignités que les bêtes elles-mêmes ne supporteraient pas si elles les sentaient, vous pourriez vous délivrer si vous essayiez, même pas de vous délivrer, seulement de le vouloir.

Soyez résolus à ne plus servir, et vous voilà libres. Je ne vous demande pas de le pousser, de l'ébranler, mais seulement de ne plus le soutenir, et vous le verrez, tel un grand colosse dont on a brisé la base, fondre sous son poids et se rompre.

Les médecins conseillent justement de ne pas chercher à guérir les plaies incurables, et peut-être ai-je tort de vouloir ainsi exhorter un peuple qui semble avoir perdu depuis longtemps toute connaissance de son mal – ce qui montre assez que sa maladie est mortelle. Cherchons donc à comprendre, si c'est possible, comment cette opiniâtre volonté de servir s'est enracinée si profond qu'on croirait que l'amour même de la liberté n'est pas si naturel.

Il est hors de doute, je crois, que si nous vivions avec les droits que nous tenons de la nature et d'après les préceptes qu'elle nous enseigne, nous serions naturellement soumis à nos parents, sujets de la raison, sans être esclaves de personne. Chacun de nous reconnaît en soi, tout naturellement, l'impulsion de l'obéissance envers ses père et mère. Quant à savoir si la raison est en nous innée ou non – question débattue amplement par les académies et agitée par toute l'école des philosophes –, je ne pense pas errer en disant qu'il y a dans notre âme un germe naturel de raison. Développé par les bons conseils et les bons exemples, ce germe s'épanouit en vertu, mais il avorte souvent, étouffé par les vices qui surviennent. Ce qu'il y a de clair et d'évident, que personne ne peut ignorer, c'est que la nature, ministre de Dieu, gouvernante des hommes, nous a tous crées et coules en quelque sorte dans le même moule, pour nous montrer que nous sommes tous égaux, ou plutôt frères. Et si, dans le partage qu'elle a fait de ses dons, elle a prodigué quelques avantages de corps ou d'esprit aux uns plus qu'aux autres, elle n'a cependant pas voulu nous mettre en ce monde comme sur un champ de bataille, et n'a pas envoyé ici-bas les plus forts ou les plus adroits comme des brigands armés dans une forêt pour y malmener les plus faibles. Croyons plutôt qu'en faisant ainsi des parts plus grandes aux uns, plus petites aux autres, elle a voulu faire naître en eux l'affection fraternelle et les mettre à même de la pratiquer, puisque les uns ont la puissance de porter secours tandis que les autres ont besoin d'en recevoir. Donc, puisque cette bonne mère nous a donné à tous toute la terre pour demeure, puisqu'elle nous a tous logés dans la même maison, nous a tous formés sur le même modèle afin que chacun pût se regarder et quasiment se reconnaître dans l'autre comme dans un miroir, puisqu'elle nous a fait à tous ce beau présent de la voix et de la parole pour mieux nous rencontrer et fraterniser et pour produire, par la communication et l'échange de nos pensées, la communion de nos volontés ; puisqu'elle a cherché par tous les moyens à faire et à resserrer le nœud de notre alliance, de notre société, puisqu'elle a montré en toutes choses qu'elle ne nous voulait pas seulement unis, mais tel un seul être, comment douter alors que nous ne soyons tous naturellement libres, puisque nous sommes tous égaux ? Il ne peut entrer dans l'esprit de personne que la nature ait mis quiconque en servitude, puisqu'elle nous a tous mis en compagnie.

[…]

Que dirai-je d'une autre sornette que les peuples anciens prirent pour argent comptant ? Ils crurent fermement que l'orteil de Pyrrhus, roi d'Épire, faisait des miracles et guérissait les malades de la rate. Ils enjolivèrent encore ce conte en disant que, lorsqu'on eut brûlé le cadavre de ce roi, l'orteil se retrouva dans les cendres épargné du feu, intact. Le peuple a toujours ainsi fabriqué lui-même les mensonges, pour y ajouter ensuite une foi stupide. Bon nombre d'auteurs ont rapporté ces mensonges ; on voit aisément qu'ils les ont ramassés dans les ragots des villes et les fables des ignorants. Telles sont les merveilles que fit Vespasien, revenant d'Assyrie et passant par Alexandrie pour aller à Rome s'emparer de l'Empire : il redressait les boiteux, rendait clairvoyants les aveugles, et mille autres choses qui ne pouvaient être crues, à mon avis, que par de plus aveugles que ceux qu'il guérissait.

Les tyrans eux-mêmes trouvaient étrange que les hommes souffrissent qu'un autre les maltraitât, c'est pourquoi ils se couvraient volontiers du manteau de la religion et s'affublaient autant que faire se peut des oripeaux de la divinité pour cautionner leur méchante vie. Ainsi Salmonée, pour s'être moqué du peuple en faisant son Jupiter, se trouve maintenant au fin fond de l'enfer, selon la sibylle de Virgile, qui l'y a vu :

Là, des fils d'Aloüs gisent les corps énormes,
Ceux qui, fendant les airs de leurs têtes difformes
Osèrent attenter aux demeures des Dieux,
Et du trône éternel chasser le Roi des cieux.
Là, j'ai vu de ces dieux le rival sacrilège,
Qui du foudre usurpant le divin privilège
Pour arracher au peuple un criminel encens
De quatre fiers coursiers aux pieds retentissants
Attelant un vain char dans l'Élide tremblante
Une torche à la main y semait l'épouvante :
Insensé qui, du ciel prétendu souverain,
Par le bruit de son char et de son pont d'airain
Du tonnerre imitait le bruit inimitable !
Mais Jupiter lança le foudre véritable
Et renversa, couvert d'un tourbillon de feu,
Le char et les coursiers et la foudre et le Dieu :
Son triomphe fut court, sa peine est éternelle[1].

Si celui qui voulut simplement faire l'idiot se trouve là-bas si bien traité, je pense que ceux qui ont abusé de la religion pour mal faire s'y trouveront encore à meilleure enseigne.

Nos tyrans de France ont semé aussi je ne sais quoi du genre : des crapauds, des fleurs de lys, la Sainte Ampoule et l'oriflamme. Toutes choses que, pour ma part et quoi qu'il en soit, je ne veux pas croire n'être que des balivernes, puisque nos ancêtres les croyaient et que de notre temps nous n'avons eu aucune occasion de les soupçonner telles. Car nous avons eu quelques rois si bons à la paix, si vaillants à la guerre que, bien qu'ils fussent nés rois,

1. Virgile, *L'Énéide*, Livre VI.

il semble que la nature ne les ait pas faits comme les autres et que le dieu tout-puissant les ait choisis avant leur naissance pour leur confier le gouvernement et la garde de ce royaume. Et quand cela ne serait pas, je ne voudrais pas entrer en lice pour débattre de la vérité de nos histoires, ni les éplucher trop librement pour ne pas ravir ce beau thème où pourra si bien s'escrimer notre poésie française, cette poésie non seulement agrémentée, mais pour, ainsi dire refaite à neuf par nos Ronsard, Baïf et du Bellay : ils font tellement progresser notre langue que bientôt, j'ose l'espérer, nous n'aurons rien à envier aux Grecs ni aux Latins, hormis le droit d'aînesse.

Certes, je ferais grand tort à notre rime (j'use volontiers de ce mot qui me plaît, car bien que plusieurs l'aient rendue purement mécanique, j'en vois toutefois assez d'autres capables de l'anoblir et de lui rendre son premier lustre). Je lui ferais, dis-je, grand tort en lui ravissant ces jolis contes du roi Clavis, dans lesquels s'égaiera si plaisamment, si aisément, la verve de notre Ronsard, dans sa *Franciade*. Je saisis sa portée, je connais son esprit fin et je sais la grâce de l'homme. Il fera son affaire de l'oriflamme, aussi bien que les Romains le faisaient de leurs anciles et de ces « boucliers du ciel en bas jetés », dont parle Virgile. Il tirera de notre Sainte Ampoule un parti aussi bon que les Athéniens en tirèrent de leur corbeille d'Erisicthone. Il parlera de nos armoiries aussi bien qu'eux de leur olivier, qu'ils prétendent exister encore dans la tour de Minerve. Certes, je serais téméraire de vouloir démentir nos livres et de courir ainsi sur les terres de nos poètes.

Mais pour revenir à mon sujet, dont je me suis éloigné je ne sais trop comment, n'est-il pas clair que les tyrans, pour s'affermir, se sont efforcés d'habituer le peuple, non seulement à l'obéissance et à la servitude mais encore à leur dévotion ? Tout ce que j'ai dit jusqu'ici des moyens employés par les tyrans pour asservir n'est exercé que sur le petit peuple ignorant.

J'en arrive maintenant à un point qui est, selon moi, le ressort et le secret de la domination, le soutien et le fondement de toute tyrannie. Celui qui penserait que les hallebardes, les gardes et le guet garantissent les tyrans, se tromperait fort. Ils s'en servent, je crois, par forme et pour épouvantail, plus qu'ils ne s'y fient. Les archers barrent l'entrée des palais aux malhabiles qui n'ont aucun moyen de nuire, non aux audacieux bien armés. On voit aisément que, parmi les empereurs romains, moins nombreux sont ceux qui échappèrent au danger grâce au secours de leurs archers qu'il n'y en eut de tués par ces archers mêmes. Ce ne sont pas les bandes de gens à cheval, les compagnies de fantassins, ce ne sont pas les armes qui défendent un tyran, mais toujours (on aura peine à le croire d'abord, quoique ce soit l'exacte vérité) quatre ou cinq hommes qui le soutiennent et qui lui soumettent tout le pays. Il en a toujours été ainsi : cinq ou six ont eu l'oreille du tyran et s'en sont approchés d'eux-mêmes, ou bien ils ont été appelés par lui pour être les complices de ses cruautés, les compagnons de ses plaisirs, les maquereaux de ses voluptés et les bénéficiaires de ses rapines. Ces six dressent si bien leur chef qu'il en devient méchant envers la société, non seulement de sa propre méchanceté mais encore des leurs. Ces six en ont sous eux six cents, qu'ils corrompent autant qu'ils ont corrompu le tyran. Ces six cents en tiennent sous leur dépendance six mille, qu'ils élèvent en dignité. Ils leur font donner le gouvernement des provinces ou le maniement des deniers afin de les tenir par leur avidité ou par leur cruauté, afin qu'ils les exercent à point nommé et fassent d'ailleurs tant de mal qu'ils ne puissent se maintenir que sous leur ombre, qu'ils ne puissent s'exempter des lois et des peines que grâce à leur protection. Grande est la série de ceux qui les suivent. Et qui voudra en dévider le fil verra que, non pas six mille, mais cent mille et des millions tiennent au tyran par cette chaîne ininterrompue qui les soude et les attache à lui, comme Homère le fait dire à Jupiter qui se targue, en tirant une telle chaîne, d'amener à lui tous les dieux. De là venait l'accroissement du pouvoir du Sénat sous Jules César, l'établissement de nouvelles fonctions, l'institution de nouveaux offices, non certes pour réorganiser la justice, mais pour donner de nouveaux soutiens à la tyrannie. En somme, par les gains et les faveurs qu'on reçoit des tyrans, on en arrive à ce point qu'ils se trouvent presque aussi nombreux, ceux auxquels la tyrannie profite, que ceux auxquels la liberté plairait.

Au dire des médecins, bien que rien ne paraisse changé dans-notre corps, dès que quelque tumeur se manifeste en un seul endroit, toutes les humeurs se portent vers cette partie véreuse. De même, dès qu'un roi s'est déclaré tyran, tout le mauvais, toute la lie du royaume, je ne dis pas un tas de petits friponneaux et de faquins qui ne peuvent faire ni mal ni bien dans un pays, mais ceux qui sont possédés d'une ambition ardente et d'une avidité notable se groupent autour de lui et le soutiennent pour avoir part au butin et pour être, sous le grand tyran, autant de petits tyranneaux.

Tels sont les grands voleurs et les fameux corsaires ; les uns courent le pays, les autres pourchassent les voyageurs ; les uns sont en embuscade, les autres au guet ; les uns massacrent, les autres dépouillent, et bien qu'il y ait entre eux des prééminences, que les uns ne soient que des valets et les autres des chefs de bande, à la fin il n'y en a pas un qui ne profite, sinon du butin principal, du moins de ses restes. On dit que les pirates ciliciens se rassemblèrent en un si grand nombre qu'il fallut envoyer contre eux le grand Pompée, et qu'ils attirèrent à leur alliance plusieurs belles et grandes villes dans les havres desquelles, en revenant de leurs courses, ils se mettaient en sûreté, leur donnant en échange une part des pillages qu'elles avaient recélés.

C'est ainsi que le tyran asservit les sujets les uns par les autres. Il est gardé par ceux dont il devrait se garder, s'ils valaient quelque chose. Mais on l'a fort bien dit : pour fendre le bois, on se fait des coins du bois même ; tels sont ses archers, ses gardes, ses hallebardiers. Non que ceux-ci n'en souffrent souvent eux-mêmes ; mais ces misérables abandonnés de Dieu et des hommes se contentent d'endurer le mal et d'en faire, non à celui qui leur en fait, mais bien à ceux qui, comme eux, l'endurent et n'y peuvent mais. Quand je pense à ces gens qui flattent le tyran pour exploiter sa tyrannie et la servitude du peuple, je suis presque aussi souvent ébahi de leur méchanceté qu'apitoyé de leur sottise.

Car à vrai dire, s'approcher du tyran, est-ce autre chose que s'éloigner de sa liberté et, pour ainsi dire, embrasser et serrer à deux mains sa servitude ? Qu'ils mettent un moment à part leur ambition, qu'ils se dégagent un peu de leur avidité, et puis qu'ils se regardent ; qu'ils se considèrent eux-mêmes : ils verront clairement que ces villageois, ces paysans qu'ils foulent aux pieds et qu'ils traitent comme des forçats ou des esclaves, ils verront, dis-je, que ceux-là, si malmenés, sont plus heureux qu'eux et en quelque sorte plus libres. Le laboureur et l'artisan, pour asservis qu'ils soient, en sont quittes en obéissant ; mais le tyran voit ceux qui l'entourent coquinant et mendiant sa faveur. Il ne faut pas seulement qu'ils fassent ce qu'il ordonne, mais aussi qu'ils pensent ce qu'il veut et souvent même, pour le satisfaire, qu'ils préviennent ses propres désirs. Ce n'est pas le tout de lui obéir, il faut encore lu complaire ; il faut qu'ils se rompent, se tourmentent, se tuent à traiter ses affaires, et puisqu'ils ne se plaisent qu'à son plaisir, qu'ils sacrifient leur goût au sien, qu'ils forcent leur tempérament et dépouillent leur naturel. Il faut qu'ils soient attentifs à ses paroles, à sa voix, à ses regards, à ses gestes : que leurs yeux, leurs pieds, leurs mains soient continuellement occupés à épier ses volontés et à deviner ses pensées.

Est-ce là vivre heureux ? Est-ce même vivre ? Est-il rien au monde de plus insupportable que cet état, je ne dis pas pour tout homme de cœur, mais encore pour celui qui n'a que le simple bon sens, ou même figure d'homme ? Quelle condition est plus misérable que celle de vivre ainsi, n'ayant rien à soi et tenant d'un autre son aise, sa liberté, son corps et sa vie ?

Mais ils veulent servir pour amasser des biens : comme s'ils pouvaient rien gagner qui fût à eux, puisqu'ils ne peuvent même pas dire qu'ils sont à eux-mêmes. Et comme si quelqu'un pouvait avoir quelque chose à soi sous un tyran, ils veulent se rendre possesseurs de biens, oubliant que ce sont eux qui lui donnent la force de ravir tout à tous, et de ne rien laisser qu'on puisse dire être à sa personne. Ils voient pourtant que ce sont les biens qui rendent les hommes dépendants de sa cruauté ; qu'il n'y a aucun crime plus digne de mort, selon lui, que l'avantage d'autrui ; qu'il n'aime que les richesses et ne s'attaque qu'aux riches ; ceux-là viennent cependant se présenter à lui comme des moutons devant le boucher, pleins et bien repus comme pour lui faire envie.

Ces favoris devraient moins se souvenir de ceux qui ont gagné beaucoup auprès des tyrans que de ceux qui, s'étant gorgés quelque temps, y ont perdu peu après les biens et la vie. Ils devraient moins songer au grand nombre de ceux qui y ont acquis des richesses qu'au petit nombre de ceux qui les ont conservées. Qu'on parcoure toutes les histoires anciennes et qu'on rappelle toutes celles dont nous nous souvenons, on verra combien nombreux sont ceux qui, arrivés par de mauvais moyens jusqu'à l'oreille des princes, soit en flattant leurs mauvais penchants, soit en abusant de leur naïveté, ont fini par être écrasés par ces mêmes princes, qui avaient mis autant de facilité à les élever que d'inconstance à les défendre. Parmi le grand nombre de ceux qui se sont trouvés auprès des mauvais rois, il en est peu ou presque pas qui n'aient éprouvé eux-mêmes la cruauté du tyran, qu'ils avaient auparavant attisée contre d'autres. Souvent enrichis à l'ombre de sa faveur des dépouilles d'autrui, ils l'ont à la fin enrichi eux-mêmes de leur propre dépouille.

Extrait du *Discours de la servitude volontaire*, 1576 ;
mis en français moderne par Charles Dantzig.

XXXe BULLETIN DE LA GRANDE ARMÉE

La victoire d'Austerlitz

*Les Bulletins de la Grande Armée étaient en partie dictés par Napoléon, l'appellation « Grande Armée » constituant un trait du gigantisme de ce régime où tout était hors de proportion. Napoléon a tenté d'être écrivain dans sa jeunesse (*Dialogue sur l'amour, Clisson et Eugénie, Le Discours de Lyon*), c'était un élément du parcours social d'un jeune homme, comme de savoir monter à cheval. Napoléon était un jongleur qui a réussi à se faire passer pour un penseur.*

Le 6 frimaire, l'Empereur, en recevant la communication des pleins pouvoirs de MM. de Stadion et Gyulai, offrit préalablement un armistice, afin d'épargner le sang, si l'on avait effectivement envie de s'arranger et d'en venir à un accommodement définitif. Mais il fut facile à l'Empereur de s'apercevoir qu'on avait d'autres projets ; et, comme l'espoir du succès ne pouvait venir à l'ennemi que du côté de l'armée russe, il conjectura aisément que les deuxième et troisième armées étaient arrivées ou sur le point d'arriver à Olmütz, et que les négociations n'étaient plus qu'une ruse de guerre pour endormir sa vigilance.

Le 7, à neuf heures du matin, une nuée de Cosaques soutenue par la cavalerie russe fit plier les avant-postes du prince Murat, cerna Wischau et y prit cinquante hommes à pied du 6e régiment de dragons. Dans la journée, l'empereur de Russie se rendit à Wischau, et toute l'armée russe prit position derrière cette ville.

L'Empereur avait envoyé son aide de camp le général Savary pour complimenter l'empereur de Russie, dès qu'il avait su ce prince arrivé à l'armée. Le général Savary retint au moment où l'Empereur faisait la reconnaissance des feux des bivouacs ennemis placés à Wischau.

Il se loua beaucoup du bon accueil, des grâces et des bons sentiments personnels de l'empereur de Russie, et même du grand-duc Constantin, qui eut pour lui toute espèce de soins et d'attentions ; mais il lui fut facile de comprendre, par la suite des conversations qu'il eut, pendant trois jours, avec une trentaine de freluquets qui, sous différents titres, environnent l'empereur de Russie, que la présomption, l'imprudence et l'inconsidération régneraient dans les décisions du cabinet militaire comme elles avaient régné dans celles du cabinet politique.

Une armée ainsi conduite ne pouvait tarder à faire des fautes. Le plan de l'Empereur fut, dès ce moment, de les attendre et d'épier l'instant d'en profiter. Il donna sur-le-champ ordre de retraite à son armée, se retira de nuit comme s'il eût essuyé une défaite, prit une bonne position, à trois lieues en arrière, et fit travailler avec beaucoup d'ostentation à la fortifier et à y établir des batteries.

Il fit proposer une entrevue à l'empereur de Russie, qui lui envoya son aide de camp le prince Dolgorouki. Cet aide de camp put remarquer que tout respirait, dans la contenance de l'armée française, la réserve et la timidité. Le placement des grand'gardes, les fortifications que l'on faisait en toute hâte, tout laissait voir à l'officier russe une armée à demi battue.

Contre l'usage de l'Empereur, qui ne reçoit jamais avec tant de circonspection les parlementaires à son quartier général, il se rendit lui-même à ses avant-postes. Après les premiers compliments, l'officier russe voulut entamer des questions politiques. Il tranchait sur tout avec une impertinence difficile à imaginer. Il était dans l'ignorance la plus absolue des intérêts de l'Europe et de la situation du continent. C'était, en un mot, une jeune trompette de l'Angleterre. Il parlait à l'Empereur comme il parle aux officiers russes, que depuis longtemps il indigne par sa hauteur et ses mauvais procédés. L'Empereur contint toute son indignation, et ce jeune homme, qui a pris une véritable influence sur l'empereur

Alexandre, retourna plein de l'idée que l'armée française était à la veille de sa perte. On se convaincra de tout ce qu'a du souffrir l'Empereur, quand on saura que, sur la fin de la conversation, il lui proposa de céder la Belgique et de mettre la couronne de fer sur la tête des plus implacables ennemis de la France.

Toutes ces différentes démarches remplirent leur effet. Les jeunes têtes qui dirigent les affaires russes se livrèrent sans mesure à leur présomption naturelle. Il n'était plus question de battre l'armée française, mais de la tourner et de la prendre : elle n'avait tant fait que par la lâcheté des Autrichiens. On assure que plusieurs vieux généraux autrichiens, qui avaient fait des campagnes contre l'Empereur, prévinrent le conseil que ce n'était pas avec cette confiance qu'il fallait marcher contre une armée qui comptait tant de vieux soldats et d'officiers du premier mérite. Ils disaient qu'ils avaient vu l'Empereur, réduit à une poignée de monde, dans les circonstances les plus difficiles, ressaisir la victoire par des opérations rapides et imprévues, et détruire les armées les plus nombreuses ; que cependant, ici, on n'avait obtenu aucun avantage ; qu'au contraire, toutes les affaires d'arrière-garde de la première armée russe avaient été en faveur de l'armée française. Mais à cela cette jeunesse présomptueuse opposait la bravoure de quatre-vingt mille Russes, l'enthousiasme que leur inspirait la présence de leur empereur, le corps d'élite de la garde impériale de Russie, et, ce qu'ils n'osaient probablement pas dire, leur talent, dont ils étaient étonnés que les Autrichiens voulussent méconnaître la puissance.

Le 10, l'Empereur, du haut de son bivouac, aperçut, avec une indicible joie, l'armée russe commençant, à deux portées de canon de ses avant-postes, un mouvement de flanc pour tourner sa droite. Il vit alors jusqu'à quel point la présomption et l'ignorance de l'art de la guerre avaient égaré les conseils de cette brave armée ; il dit plusieurs fois : « Avant demain au soir, cette armée est à moi. » Cependant le sentiment de l'ennemi était bien différent. Il se présentait devant nos grand'gardes à portée de pistolet. Il défilait par une marche de flanc, sur une ligne de quatre lieues, en prolongeant l'armée française, qui paraissait ne pas oser sortir de sa position. Il n'avait qu'une crainte, c'était que l'armée française ne lui échappât. On fit tout pour confirmer l'ennemi dans cette idée. Le prince Murat fit avancer un petit corps de cavalerie dans la plaine ; mais tout d'un coup il parut étonné des forces immenses de l'ennemi, et rentra à la hâte. Ainsi tout tendait à confirmer le général russe dans l'opération mal calculée qu'il avait arrêtée.

L'Empereur fit mettre à l'ordre la proclamation ci-jointe.

Le soir, il voulut visiter à pied et incognito tous les bivouacs ; mais à peine eut-il fait quelques pas qu'il fut reconnu. Il serait impossible de peindre l'enthousiasme des soldats en le voyant. Des fanaux de paille furent mis en un instant au haut de milliers de perches, et quatre-vingt mille hommes se présentèrent au-devant de l'Empereur en le saluant par des acclamations ; les uns pour fêter l'anniversaire de son couronnement, les autres disant que l'armée donnerait le lendemain son bouquet à l'Empereur. Un des plus vieux grenadiers s'approcha de lui, et lui dit :

« Sire, tu n'auras pas besoin de t'exposer. Je te promets, au nom des grenadiers de l'armée, que tu n'auras à combattre que des yeux, et que nous t'amènerons demain les drapeaux et l'artillerie de l'armée russe, pour célébrer l'anniversaire de ton couronnement. »

L'Empereur dit, en entrant dans son bivouac, qui consistait en une mauvaise cabane de paille sans toit que lui avaient faite les grenadiers :

« Voilà la plus belle soirée de ma vie, mais je regrette de penser que je perdrai bon nombre de ces braves gens. Je sens, au mal que cela me fait, qu'ils sont véritablement mes enfants ; et, en vérité, je me reproche quelquefois ce sentiment, car je crains qu'il ne finisse par me rendre inhabile à faire la guerre. »

Si l'ennemi eût pu voir ce spectacle, il eût été épouvanté ; mais l'insensé continuait toujours son mouvement et courait à grands pas à sa perte.

L'Empereur fit sur-le-champ toutes ses dispositions de bataille. Il fit partir le maréchal Davout en toute hâte, pour se rendre au couvent de Raigern. Il devait, avec une de ses divisions et une division de dragons, y contenir l'aile gauche de l'ennemi, afin qu'au moment donné elle se trouvât tout enveloppée. Il donna le commandement de la gauche au maréchal Lannes, de la droite au maréchal Soult, du centre an maréchal Bernadotte, et de toute la cavalerie, qu'il réunit sur un seul point, au prince Murat. La gauche du maréchal Lannes était appuyée au Santon, position superbe que l'Empereur avait fait fortifier, et où il avait fait placer dix-huit pièces de canon. Dès la veille, il avait confié la garde de cette belle position au 17e régiment d'infanterie légère ; et certes elle ne pouvait être gardé par de meilleures troupes. La division du général Suchet formait la gauche du maréchal Lannes ; celle du général Caffarelli formait sa droite, qui était appuyée à la cavalerie du prince Murat ; celle-ci avait devant elle les hussards et les chasseurs, sous les ordres du général Kellermann, et les divisions de dragons Walther et Beaumont, et en réserve, les divisions de cuirassiers des généraux Nansouty et d'Hautpoul, avec vingt-quatre pièces d'artillerie légère.

Le maréchal Bernadotte, c'est-à-dire le centre, avait à sa gauche la division du général Rivaud, appuyée à la droite du prince Murat et à sa droite la division du général Drouet.

Le maréchal Soult, qui commandait la droite de l'armée, avait à sa gauche la division du général Vandamme, au centre la division du général Saint-Hilaire, à sa droite la division du général Legrand.

Le maréchal Davout était détaché, et sur la droite du général Legrand, qui gardait les débouchés des étangs des villages de Sokolnitz et de Telnitz. Il avait avec lui la division Friant et les dragons de la division du général Bourcier. La division du général Gudin devait se mettre, de grand matin, en marche de Nikolsburg pour contenir le corps ennemi qui aurait pu déborder la droite.

L'Empereur, avec son fidèle compagnon de guerre le maréchal Berthier, son premier aide de camp le colonel général Junot, et tout son état-major, se trouvait en réserve avec les dix bataillons de sa Garde et les dix bataillons de grenadiers du général Oudinot, dont le général Duroc commandait une partie.

Cette réserve était rangée sur deux lignes, en colonnes par bataillon, à distance de déploiement, ayant dans les intervalles quarante pièces de canon servies par les canonniers de la Garde. C'est avec cette réserve que l'Empereur avait le projet de se précipiter partout où il eût été nécessaire. On peut dire que cette réserve seule valait une armée.

À une heure du matin, l'Empereur monta à cheval pour parcourir ses postes, reconnaître les feux des bivouacs de l'ennemi, et se faire rendre compte par les grand'gardes de ce qu'elles avaient pu entendre des mouvements des Russes. Il apprit qu'ils avaient passé la nuit dans l'ivresse et des cris tumultueux, et qu'un corps l'infanterie russe s'était présenté au village de Sokolnitz, occupé par un régiment de la division du général Legrand, qui reçut ordre de le renforcer.

Le 11 frimaire, le jour parut enfin. Le soleil se leva radieux, et cet anniversaire du couronnement de l'Empereur, où allait se passer un des plus beaux faits d'armes du siècle, fut une des plus belles journées de l'automne.

Cette bataille, que les soldats s'obstinent à appeler la journée des trois empereurs, que d'autres appellent la journée de l'anniversaire et que l'Empereur a nommée la bataille d'Austerlitz, sera à jamais mémorable dans les fastes de la grande nation.

L'Empereur, entouré de tous les maréchaux, attendait pour donner ses derniers ordres que l'horizon fût bien éclairci. Aux premiers rayons du soleil les ordres furent donnés, et chaque maréchal rejoignit son corps au grand galop. L'Empereur dit en passant sur le front de bandière de plusieurs régiments :

« Soldats, il faut finir cette campagne par un coup de tonnerre qui confonde l'orgueil de nos ennemis ! » Et aussitôt les chapeaux au bout des baïonnettes et des cris de « Vive l'Empereur ! » furent le véritable signal du combat. Un instant après, la canonnade se fit entendre à l'extrémité de la droite que l'avant-garde ennemie avait déjà débordée. Mais la rencontre imprévue du maréchal Davout arrêta l'ennemi tout court, et le combat s'engagea.

Le maréchal Soult s'ébranle au même instant, se dirige sur les hauteurs du village de Pratzen avec les divisions des généraux Vandamme et Saint-Hilaire, et coupe entièrement la droite de l'ennemi dont tous les mouvements devinrent incertains. Surprise par une marche de flanc pendant qu'elle fuyait, se croyant attaquante et se voyant attaquée, elle se regarde comme à demi battue.

Le prince Murat s'ébranle avec sa cavalerie. La gauche, commandée par le maréchal Lannes, marche en échelons par régiment comme à l'exercice. Une canonnade épouvantable s'engage sur toute la ligne. Deux cents pièces de canon et près de deux cent mille hommes faisaient un bruit affreux. C'était un véritable combat de géants. Il n'y avait pas une heure que l'on se battait, et toute la gauche de l'ennemi était coupée. Sa droite se trouvait déjà arrivée à Austerlitz au quartier général des deux empereurs, qui durent faire marcher sur-le-champ la garde de l'empereur de Russie pour tâcher de rétablir la communication du centre avec la gauche. Un bataillon du 4e de ligne fut chargé par la garde impériale russe à cheval, et culbuté ; mais l'Empereur n'était pas loin ;

il s'aperçut de ce mouvement, il ordonne au maréchal Bessières de se porter au secours de sa droite avec ses invincibles, et bientôt les deux gardes furent aux mains. Le succès ne pouvait être douteux : dans un moment la garde russe fut en déroute ; colonel, artillerie, étendards, tout fut enlevé. Le régiment du grand-duc Constantin fut écrasé ; lui-même ne dut son salut qu'à la vitesse de son cheval.

Des hauteurs d'Austerlitz, les deux empereurs virent la défaite de toute la garde russe. Au même moment, le centre de l'armée, commandé par le maréchal Bernadotte, s'avança. Trois de ses régiments soutinrent une très belle charge de cavalerie. La gauche, commandée par le maréchal Lannes, donna plusieurs fois ; toutes les charges furent victorieuses. La division du général Caffarelli s'est distinguée. Les divisions de cuirassiers se sont emparées des batteries de l'ennemi.

À une heure après midi la victoire était décidée. Elle n'avait pas été un moment douteuse. Pas un homme de la réserve n'avait été nécessaire et n'avait donné nulle part.

La canonnade ne se soutenait plus qu'à notre droite. Le corps ennemi qui avait été cerné et chassé de toutes ses hauteurs se trouvait dans un bas-fond et acculé à un lac. L'Empereur s'y porta avec vingt pièces de canon. Ce corps fut chassé de position en position, et l'on vit un spectacle horrible, tel qu'on l'avait vu à Aboukir : vingt mille hommes se jetant dans l'eau et se noyant dans les lacs !

Deux colonnes, chacune de quatre mille Russes, mettent bas les armes et se rendent prisonnières. Tout le parc ennemi est pris. Les résultats de cette journée sont quarante drapeaux russes, parmi lesquels sont les étendards de la garde impériale, un nombre considérable de prisonniers (l'état-major ne les connaît pas encore tous ; on avait déjà la note de vingt mille) ; douze à quinze généraux, au moins quinze mille Russes tués, restés sur le champ de bataille. Quoiqu'on n'ait pas encore les rapports, on peut, au premier coup d'œil, évaluer notre perte à huit cents hommes tués, et à quinze ou seize cents blessés. Cela n'étonnera pas les militaires, qui savent que ce n'est que dans la déroute qu'on perd des hommes, et nul autre corps que le bataillon du 4e n'a été rompu. Parmi les blessés sont le général Saint-Hilaire, qui, blessé au commencement de l'action, est resté toute la journée sur le champ de bataille ; il s'est couvert de gloire ; les généraux de division Kellermann et

Walther, les généraux de brigade Valhubert, Thiébault, Sébastiani, Compans, et Rapp, aide de camp de l'Empereur. C'est ce dernier qui, en chargeant à la tête des grenadiers de la garde, a pris le prince Repnine, commandant les chevaliers de la garde impériale de Russie.

Quant aux hommes qui se sont distingués, c'est toute l'armée qui s'est couverte de gloire. Elle a constamment chargé aux cris de « Vive l'Empereur ! » et l'idée de célébrer si glorieusement l'anniversaire du couronnement animait encore le soldat.

L'armée française, quoique nombreuse et belle, était moins nombreuse que l'armée ennemie, qui était forte de cent cinq mille hommes, dont quatre-vingt mille Russes et vingt-cinq mille Autrichiens. La moitié de cette armée est détruite ; le reste a été mis en déroute complète, et la plus grande partie a jeté ses armes.

Cette journée coûtera des larmes de sang à Saint-Pétersbourg. Puisse-t-elle y faire rejeter avec indignation l'or de l'Angleterre, et puisse ce jeune prince, que tant de vertus appelaient à être le père de ses sujets, s'arracher à l'influence de ces trente freluquets que l'Angleterre solde avec art, et dont les impertinences obscurcissent ses intentions, lui font perdre l'amour de ses soldats, et le jettent dans les opérations les plus erronées ! La nature, en le douant de si grandes qualités, l'avait appelé à être le consolateur de l'Europe.

Des conseils perfides, en le rendant l'auxiliaire de l'Angleterre, le placeront dans l'histoire au rang des hommes qui, en perpétuant la guerre sur le continent, auront consolidé la tyrannie britannique sur les mers et fait le malheur de notre génération. Si la France ne peut arriver à la paix qu'aux conditions que l'aide de camp Dolgorouki a proposées à l'Empereur, et que M. de Novosiltzof avait été chargé de porter, la Russie ne les obtiendrait pas, quand même une armée serait campée sur les hauteurs de Montmartre. Dans une relation plus détaillée de cette bataille, l'état-major fera connaître ce que chaque corps, chaque officier, chaque général, a fait pour illustrer le nom français et donner un témoignage de l'amour à leur Empereur.

Le 12, à la pointe du jour, le prince Jean de Liechtenstein, commandant l'armée autrichienne, est venu trouver l'Empereur à son quartier général, établi dans une grange ; il en a eu une longue audience.

Cependant nous poursuivons nos succès. L'ennemi s'est retiré le chemin d'Austerlitz à Goeding. Dans cette retraite, il prête le flanc. L'armée française est déjà sur ses derrières et le suit l'épée dans reins.

Jamais champ de bataille ne fut plus horrible. Du milieu de lacs immenses, on entend encore les cris de milliers d'hommes qu'on ne peut secourir. Il faudra trois jours pour que tous les blessés ennemis soient évacués sur Brünn ; le cœur saigne. Puisse tant de sang versé, puissent tant de malheurs retomber enfin sur les perfides insulaires qui en sont la cause ! Puissent les lâches oligarques de Londres porter la peine de tant de maux !

12 frimaire an XIV-3 décembre 1805.

ÉTIENNE-DENIS PASQUIER

(1767-1862)

Les Juifs de France et le Grand Sanhédrin de 1807

Une des qualités de Bonaparte a été de s'opposer au vague, à l'ambigu, à l'équivoque (du moins après son coup d'État), de là ses nombreuses décisions codificatrices. Il a chargé le Conseil d'État de réfléchir au statut des Juifs de France : grâce à la Convention, en 1791, ils avaient obtenu la citoyenneté, mais pas la tranquillité. Et l'on voit le travail sérieux, posé et admirable des conseillers aidés de rabbins dont la science les étonne. L'étonnant, et assez beau, disons-le, est que le si docile Conseil d'État ait eu le courage de s'opposer au décret de 1808 pris par Napoléon afin d'interdire aux Juifs d'envoyer des remplaçants à la conscription et de restreindre l'accès au commerce des Juifs d'Alsace (le fameux « décret infâme »). Évidemment, ce fut en vain. Le Chef qui savait tout décidait de tout.

Étienne-Denis Pasquier est le plus sûr des témoins puisque, conseiller d'État, il a participé à ces travaux. Comme tant de gens ayant débuté leur carrière sous la monarchie, par exemple Talleyrand qu'il haïssait, il a servi tous les régimes. Après le Conseil d'État, il a été préfet de police de Paris, l'est resté sous la première Restauration, devenant ministre de la Justice sous la deuxième, puis chancelier de France et président de la Chambre des pairs sous Louis-Philippe, qui le fit aussi duc. Il a été élu à l'Académie française sans avoir écrit un seul livre (ses Mémoires sont posthumes) contre Alfred de Vigny. Je peux donc l'inclure dans une anthologie littéraire.

La première occasion où se signala la confiance que l'Empereur était disposé à accorder aux maîtres des requêtes fut celle d'une discussion relative à l'existence des Juifs et à la conduite qu'ils tenaient dans les provinces où leur nombre était le plus considérable. On les accusait, non sans motifs, d'avoir depuis quelques années, et surtout en Alsace, poussé l'usure à un tel point que, s'ils conservaient la faculté de réaliser entièrement leurs créances, ils seraient propriétaires de la meilleure partie des terres de cette province. Leur blâmable et traditionnelle industrie s'était plus particulièrement exercée sur la classe des cultivateurs, et elle avait été singulièrement favorisée par les temps difficiles que les petits propriétaires avaient eu à traverser, et surtout par les charges extraordinaires qu'une guerre continuelle avait fait peser sur les départements de la frontière du Rhin.

Un décret impérial, en date du 30 mai 1806, avait déjà suspendu pour une année l'effet des poursuites exercées par ces impitoyables créanciers ; mais cette mesure provisoire n'avait été adoptée que pour donner le temps et le moyen de statuer sur tous les droits, en parfaite connaissance de cause. C'était une mesure arbitraire puisque, sans entendre les parties intéressées, on avait confondu dans une même réprobation les titres, de quelque nature qu'ils fussent, sans distinction de leur origine juste ou injuste, par cela seul qu'ils appartenaient à une certaine classe de citoyens français. Et comment refuser aux Juifs cette qualification ? Elle leur appartenait aux termes de lois rendues depuis la Révolution ; ils en supportaient toutes les charges, notamment celle du service militaire. Ils cherchaient bien à se soustraire à la conscription, profitant de ce que, pendant longtemps, aucun registre n'avait été tenu régulièrement pour constater leur naissance ; la plupart d'entre eux avaient évité de faire, devant les municipalités, les déclarations prescrites à cet égard. Enfin, le défaut de noms patronymiques, inusités parmi eux, les servait merveilleusement, lorsqu'il s'agissait de former les contingents. Mais ces difficultés avaient été surmontées, lorsque l'Empereur crut devoir prendre la résolution de suspendre leurs créances.

Cette mesure fut, dans le Conseil d'État, l'occasion d'une assez vive controverse ; la section de l'intérieur, chargée de préparer le décret, s'y était montrée peu favorable ; son président surtout, M. Regnault de Saint-Jean-d'Angély, en avait combattu la proposition comme contraire aux principes du droit civil, et comme portant atteinte à la liberté des cultes ; cette liberté n'était-elle pas, en effet, manifestement violée du moment où un citoyen, par cela seul qu'il professait la religion juive, se trouvait privé de quelques-uns des avantages de la loi commune ? Pour M. Regnault, protéger les Juifs n'était pas seulement faire acte de justice, mais encore se mettre en garde contre les prêtres catholiques, objet particulier de ses méfiances.

Par une inclination toute contraire, il s'était trouvé que le jeune auditeur, chargé dans la même section du travail préparatoire de cette affaire, n'avait pas craint de se prononcer avec une grande chaleur pour les mesures réclamées contre les Juifs. L'Empereur ne l'avait point ignoré, et la bienveillance qu'il portait à cet auditeur, c'était M. Molé, s'en était sensiblement accrue. Le jour où la discussion s'ouvrit dans le Conseil, il lui fit la faveur tout à fait insolite de lui accorder la parole, et ordonna l'impression de son rapport. Le décret portant sursis fut ensuite rédigé conformément aux idées qu'il y avait émises, mais il fut en outre statué qu'une assemblée de Juifs, habitant le territoire français, serait convoquée le 15 juillet suivant, dans la ville de Paris.

Les membres de cette assemblée, au nombre porté dans un tableau annexé au décret, devaient être désignés par les préfets, et choisis parmi les rabbins, les propriétaires et les autres Juifs les plus distingués par leurs lumières et leur probité. L'Empereur devait faire connaître ses intentions à cette assemblée par une commission spécialement nommée à cet effet. Les membres de cette commission seraient en même temps chargés de recueillir les vœux, qui pourraient être émis, sur les moyens les plus expédients pour rappeler parmi les Juifs l'exercice des arts, des professions utiles, et pour remplacer ainsi, par une honnête industrie, les ressources blâmables auxquelles beaucoup d'entre eux se livraient de père en fils, depuis des siècles.

Lorsqu'il s'agit un peu plus tard de nommer les commissaires, la première pensée de l'Empereur se fixa sur M. Molé. Cette marque de confiance lui était naturellement acquise par le rôle qu'il avait déjà joué dans l'affaire ; et, en effet, outre ce qu'il nous avait déjà raconté du rapport qu'il avait lu dans le Conseil, l'Empereur lui avait encore commandé un travail sous le titre de : *Recherches sur l'état politique et religieux des Juifs depuis Moïse jusqu'au temps présent*. Ce travail ne s'était pas fait attendre et il avait été inséré en entier au *Moniteur* où il occupait dix-huit colonnes ; c'était un acte d'accusation contre la nation juive, dans lequel il était établi que l'usure n'était point née des malheurs du peuple juif, ainsi qu'on avait trop souvent affecté de le croire, qu'elle était non seulement tolérée, mais même commandée par la loi de Moïse et par les principaux docteurs qui l'avaient interprétée ; que cette prescription de la part du législateur hébreu avait eu pour projet de compléter la séparation entre son peuple et les autres nations ; que dès lors on devait regarder le vice de l'usure comme inhérent au caractère tout vrai Juif, et comme tellement enraciné que nulle puissance au monde ne parviendrait jamais à l'en extirper.

Les deux autres commissaires furent pris parmi les maîtres des requêtes : M. Portalis, fils du ministre des Cultes, fut nommé le second, et moi le troisième. Lorsque nous eûmes à prendre connaissance de nos instructions, il nous fut impossible (je parle pour M. Portalis et pour moi) de ne pas croire que la pensés tout entière de l'Empereur n'avait pas été pénétrée, qu'elle avait échappé à M. Molé et au Conseil d'État ; qu'il voulait évidemment faire sortir, de ce qui n'avait d'abord été considéré que comme une mesure de rigueur, un grand acte de politique. Il ne s'agissait, en effet, de rien moins, d'après les documents qui nous furent remis, que de savoir des Juifs eux-mêmes si leur religion leur permettait d'accepter réellement la qualité de citoyen dans le pays où on consentirait à les accueillir comme tels ; si cette religion ne contenait pas des prescriptions qui leur rendaient impossible ou au moins très difficile une complète soumission aux lois, si on pouvait enfin faire tourner au profit de la société tout entière la fortune, l'industrie, les talents d'une population qui, jusqu'alors, s'était tenue vis-à-vis d'elle dans un état d'inimitié manifeste.

En considérant les choses sous ce point de vue, il y avait nécessité de faire subir aux Juifs un solennel examen, d'abord sur ce qu'ils croyaient permis, et ensuite sur ce qu'ils croyaient défendu. Devait-on tenir pour certain que la loi de Moïse permît aux Juifs d'exercer l'usure envers tous ceux qui ne professaient pas leur culte ? Pouvaient-ils renoncer à cette faculté là où l'usure était interdite par les lois du pays ? Leurs docteurs, leurs rabbins, pouvaient-ils garantir sur ce point leur obéissance ? Le service militaire pouvait-il se concilier avec plusieurs observances de leur culte, comme celle du sabbat, par exemple, et celle de certains jeûnes et de l'abstinence de certains aliments ? Pouvait-on se flatter qu'ils consentissent sincèrement à prendre rang dans les armées françaises, toutes les fois qu'ils y seraient appelés par la loi ?

Ces deux difficultés étaient les principales à résoudre, et elles peuvent donner une idée du parti que l'Empereur espérait tirer d'une assemblée jusque-là sans exemple dans les annales du monde, depuis la dispersion de leurs tribus, après la prise de Jérusalem et la destruction du temple par Titus. Cette assemblée, qui a passé presque inaperçue, était donc dans la réalité une grande conception, et si ses résultats n'ont pas suffisamment répondu à l'idée qu'on s'en était formée, si elle n'a laissé de son existence que des traces peu profondes, il le faut attribuer principalement à la succession rapide d'événements qui ont absorbé l'attention publique ; et pourtant c'était un spectacle bien intéressant que ces discussions dans une réunion d'hommes ardemment dévoués à une religion dont le véritable esprit est si peu connu, animés de sentiments si différents de ceux qui dirigent les nations chrétiennes. On leur demandait d'examiner sérieusement jusqu'à quel point ils pouvaient, en surmontant leurs habitudes les plus enracinées, prendre rang dans le monde moderne, et participer, sans blesser leur conscience, aux avantages de la civilisation européenne.

Je me livrai donc avec beaucoup d'ardeur aux soins si inattendus qui m'étaient confiés. Au moment où je trace ces lignes, le souvenir de ce premier pas vers la connaissance des hautes affaires humaines est encore pour moi plein d'intérêt. La politique du conquérant avait certainement inspiré Bonaparte de cette entreprise. En cherchant, avec ce qu'il y avait de plus éclairé dans la race juive, les moyens de la tirer de l'abjection dans laquelle elle languissait depuis tant de siècles, il s'était dit probablement qu'un tel bienfait attacherait à jamais cette race à sa fortune et que partout où elle était répandue il trouverait des auxiliaires disposés à seconder ses projets. Il allait entreprendre une nouvelle invasion en Allemagne qui devait le conduire à travers la Pologne et dans les pays voisins, où les affaires alors se traitaient presque exclusivement par l'intermédiaire des Juifs ; il était donc naturel de penser que nuls auxiliaires ne pouvaient être plus utiles que ceux-là, et par conséquent plus nécessaires à acquérir.

Telle était sans doute la disposition de son esprit, lorsque sont intervenus les décrets impériaux qui, dans le courant de l'année 1808[1], ont statué sur l'organisation religieuse et sur l'exercice des droits civils et politiques des Juifs dans toute l'étendue de l'Empire.

Mais bientôt le général victorieux ne tarda pas à croire que, marchant à la tête de l'armée et de la nation française, il ne lui fallait d'autres auxiliaires que son épée, qu'elle lui suffisait pour disposer du sort de l'Europe, depuis les rives de la Néva jusqu'aux colonnes d'Hercule. L'affaire des Juifs eut pour lui moins d'intérêt.

M. Molé, étant le premier dans l'ordre de la nomination, fut sans contestation élu président de la commission. Le discours qu'il prononça à l'ouverture de l'assemblée, le 29 juillet, était très hostile aux Juifs et n'était pas fait pour leur donner confiance dans les dispositions du gouvernement. Le choix des membres de l'assemblée (ils étaient au nombre de 112) avait été confié, comme je l'ai dit, aux préfets des départements dans lesquels les Juifs étaient assez nombreux pour que leur existence eût une réelle importance. C'était d'abord dans les départements de l'Est, du Midi, notamment celui qui avait Avignon pour chef-lieu, puis le département de la Seine, et ensuite celui de la Gironde.

Les préfets avaient choisi, comme on devait s'y attendre, les Israélites les plus considérés, et aussi ceux qu'ils avaient supposés les plus accommodants. C'était principalement parmi ceux de Bordeaux qu'on avait espéré de trouver et plus de lumières et les moyens d'influence dont on pourrait user avec le plus de sécurité. Ces Juifs, généralement connus sous la dénomination de « Juifs portugais », étaient censés descendre de la nombreuse colonie juive établie, depuis des siècles, à l'embouchure du Tage.

Une des personnalités des plus marquantes était M. Furtado, négociant fort estimé de la Gironde ; on le choisit pour président de l'assemblée. Il fut bientôt avéré que les Juifs portugais étaient suspects à tous leurs coreligionnaires qui les considéraient comme des apostats. Le président Furtado était plus qu'un autre en butte aux soupçons. On semblait croire qu'il ne tenait à sa religion que par ce sentiment de respect humain qui ne permet d'abandonner celle où l'on est né que dans le cas où l'on serait entraîné par la plus forte des convictions. Or telle n'était pas la disposition d'esprit de M. Furtado : l'indifférence philosophique faisait le fondement de ses opinions. Les rabbins d'Alsace et ceux de l'ancien comtat

---

1. Décrets impériaux du 17 mars 1807 réglant la création des consistoires, l'état civil et certaines restrictions d'accès au commerce et au service militaire.

d'Avignon, auxquels appartenait le premier rang pour la science, disaient de leur président qu'on voyait bien qu'il n'avait appris la Bible que dans Voltaire. Son influence fut nulle sur une réunion d'hommes qu'animait la plus profonde conviction religieuse. On les avait généralement supposés uniquement occupés de leurs intérêts pécuniaires, ne tenant à leur religion que par habitude, et surtout en raison des commodités qu'elle accordait à leur conscience pour vivre aux dépens de tous les pays qui les recevaient ou les souffraient. On se trouva en présence d'hommes très supérieurs à la tourbe avec laquelle l'opinion générale les confondait. Très soigneusement instruits de leur religion et de ses principes, ils étaient fortifiés dans l'attachement qu'ils lui portaient par l'animadversion qu'elle attirait sur eux ; leur esprit très cultivé n'était étranger à aucune connaissance humaine. Il ne fut donc plus permis de méconnaître l'existence d'une nation juive dont jusqu'alors on n'avait aperçu que la lie, et qui, par le soin qu'on avait apporté au choix des membres dont se composait l'assemblée, parlait un langage digne d'être écouté.

Les questions posées par l'Empereur furent examinées avec une solennelle lenteur. Cette hésitation ne pouvait manquer de lui déplaire, et elle fut l'occasion de remontrances très vives de la part de M. Molé. C'était aller directement contre le but que nous devions nous proposer. Une circonstance, qui lui était personnelle, ajoutait encore à l'horreur que les formes de son langage inspiraient à ceux qu'il avait mission de ramener. On tenait généralement pour certain que son arrière-grand-mère, fille de Samuel Bernard, célèbre financier de la fin du règne de Louis XIV, était d'origine juive[1], et il n'était pas permis de douter que la grande fortune dont jouissait sa famille ne vînt presque entièrement de cette alliance. À la vérité, il prétendait que le judaïsme de Samuel Bernard était une pure fiction, fondée sur le hasard d'un nom de baptême plus usité, en effet, chez les Juifs que chez les chrétiens.

Au bout de quelques semaines, nous n'étions pas plus avancés que le premier jour ; outre les difficultés de la matière et même en reconnaissant sur presque tous les points la justice des propositions qui leur étaient faites, les plus éclairés, les plus influents de l'assemblée disaient aux commissaires que les déclarations qu'on leur demandait n'étaient pas seulement embarrassantes pour eux

1. Samuel Bernard était en réalité protestant.

et délicates pour leur conscience, mais qu'elles seraient encore, suivant toute apparence, complètement inutiles ; qu'ils n'avaient aucune qualité pour commander l'obéissance à leurs coreligionnaires ; que, par cela même qu'ils avaient été choisis par le gouvernement, il n'était pas possible de les considérer comme les représentants de la nation juive, ayant droit de stipuler en son nom.

Plusieurs fois ils avaient prononcé le nom de l'ancienne réunion de docteurs connue sous la dénomination de *Grand Sanhédrin* ; cette réunion, disaient-ils, aurait eu seule le droit de prononcer sur de semblables matières, alors que le peuple juif était constitué en corps de nation, et seule encore elle pouvait avoir qualité pour en connaître.

Lorsque les commissaires rendirent compte à l'Empereur de ces observations, il n'hésita pas à s'emparer de l'idée, et bientôt on sut qu'il se montrait très disposé à autoriser la convocation dans Paris d'un Grand Sanhédrin, composé autant que possible d'après les règles et suivant les formes imposées par la loi de Moïse. Son intention était que toutes les synagogues de ses vastes États et même de l'Europe fussent invitées à envoyer soit des docteurs pour faire partie de ce sanhédrin, soit des députés pour s'unir à l'assemblée déjà existante et dont les travaux continueraient à marcher parallèlement à ceux de la réunion *doctorale* ; alors, disait-il, on pourrait se flatter d'avoir la représentation la plus légale tout à la fois de la religion et de la nation juive ; ce serait comme une résurrection de cette nation, qui ne méconnaîtrait pas sans doute à quel point il lui importait de se rendre digne d'un si grand bienfait.

On installa des conférences pour préparer les questions qui seraient soumises au Grand Sanhédrin ; ces réunions furent longues et nombreuses. On y agita une foule de questions religieuses, historiques et politiques, dans lesquelles plusieurs rabbins déployèrent des connaissances fort étendues, et quelquefois même, dans les matières qui touchaient à leur foi, une éloquence pleine de chaleur et d'inspiration. Les rôles entre les commissaires restèrent distribués comme ils l'avaient été précédemment : M. Molé toujours menaçant ; M. Portalis et moi nous efforçant de ramener, par des formes plus conciliantes, les esprits que notre impétueux collègue ne cessait de cabrer. M. Portalis brillait déjà dans ces discussions par cette érudition sage, appuyée sur les meilleures autorités et pleine de bonne foi, dont il a donné tant de preuves depuis. Cela faisait une impression d'autant plus grande sur ceux qu'il s'agissait de persuader que sa position, comme fils du ministre des Cultes, semblait donner plus de poids à ses paroles ; les commissaires étaient en général fort touchés du désir sincère que je leur témoignais de voir sortir de nos débats un résultat véritablement utile pour eux.

Un jour l'expansion de leur connaissance alla jusqu'à un point qu'il me serait difficile d'oublier. C'était à la suite d'une des conférences où M. Molé avait été plus amer encore que de coutume et où je m'étais efforcé de détruire le mauvais effet de quelques-unes de ses paroles. Plusieurs d'entre eux virent me trouver le lendemain, et, ne sachant comment m'exprimer leur gratitude, ils finirent par m'assurer qu'avant qu'il fût six mois il n'y aurait pas jusqu'à leurs frères de la Chine qui ne sussent ce que tous les Juifs me devaient de reconnaissance pour le bien que je leur voulais faire, et pour l'excellence de mes procédés envers eux.

Cette phrase m'a toujours semblé fort remarquable en ce qu'elle manifeste jusqu'à quel point ces hommes, répandus sur la surface du monde, à des distances si grandes, vivant sous des cieux si différents, et au milieu de mœurs dissemblables, conservent de rapports entre eux, s'identifient aux intérêts les uns des autres et sont animés d'un même esprit. En vérité, quand on compare les résultats de toutes les législations anciennes et modernes avec ceux de la législation de Moïse, on est frappé de stupéfaction en voyant combien la force des liens politiques et religieux, dont il a su enlacer son peuple, a été grande, puisqu'une dispersion de vingt siècles n'a pu les rompre.

Ce fut surtout dans les discussions relatives à l'usure que l'uniformité des croyances juives se manifesta d'une manière frappante. Sur ce point, la décision des docteurs et des rabbins ne fut pas un instant douteuse ; contrairement à l'opinion émise dans le mémoire de M. Molé, ils s'accordaient tous à regarder comme une injure imméritée la supposition que l'usure exercée sur les étrangers était autorisée par la loi de Moïse.

« L'usure, disent-ils, est née parmi nous de notre malheureuse situation au milieu du monde, de la nécessité où nous avons été réduits, depuis notre dispersion, de travailler presque toujours à sauver les débris d'une fortune dont on cherchait sans cesse à nous dépouiller. Dans cet état de guerre perpétuelle avec toutes les sociétés, il est simple que nous ayons voulu sauver tout ce que nous pouvions soustraire à nos persécuteurs, que nous ayons profité de tous les avantages que nous offraient les besoins de ceux au milieu desquels nous vivions, mais notre loi politique et religieuse est tout à fait étrangère à ce résultat. Loin de là, elle ne contient sur cette matière qu'une disposition dictée par le sentiment de fraternité qu'elle s'est constamment efforcée de créer au milieu de nous. Pour établir une opinion contraire, on a abusé d'un mot qu'on a mal compris et auquel on a donné une interprétation d'autant plus fausse qu'elle suppose l'existence d'un fait, d'une idée ignorée où cette loi nous fut donnée.

« Alors, ce qu'on a appelé depuis l'*intérêt légal* de l'argent n'était connu ; dès lors, le mot d'*usure* ne pouvait se trouver dans la langue, puisqu'il n'aurait rien eu à exprimer. Tous les intérêts tirés de l'argent prêté étaient également légaux, à quelque taux qu'ils fussent portés ; ce taux dépendait uniquement de la volonté des contractants. De là vient ce que, dans la langue hébraïque, il n'existe qu'un seul mot signifiant *intérêt*, et aucun mot signifiant *usure*.

« Qu'a fait la loi de Moïse ? Elle a défendu aux Juifs de tirer aucun intérêt de l'argent qu'ils se prêtaient entre eux, et leur a seulement permis d'en tirer de celui qu'ils prêteraient à des étrangers. Elle n'a pu distinguer dans cet intérêt celui qui serait usuraire de celui qui ne le serait pas, parce qu'alors cette distinction n'était pas connue. Il n'est donc pas vrai qu'elle ait jamais permis l'usure envers les étrangers, tandis qu'elle la défendait de Juif à Juif. On a dit de l'usure ce qui n'était vrai que de l'intérêt, et on a fort mal à propos traduit par le mot *usure* celui qui ne signifiait qu'*intérêt*. Telle est encore aujourd'hui, ajoutaient-ils, la loi qui lie ou qui devrait lier les Juifs entre eux. Un Juif consciencieux ne devrait tirer aucun intérêt de l'argent qu'il prête à un autre Juif, et c'est ce que les interprètes rigoureux de la loi enseignent encore.

« Les opérations commerciales, auxquelles les Juifs ont été obligés de se livrer d'un bout du monde à l'autre, ont rendu difficile la stricte application de ce précepte, et sans doute la tolérance, dont les docteurs n'ont pu se défendre à cet égard, a pu conduire le plus grand nombre des Israélites à se figurer que, puisqu'il y avait une différence commandée par la loi entre la manière de traiter avec le frère et avec l'étranger, cette différence était celle de l'intérêt à l'usure. Une croyance aussi commode pour leur cupidité a dû être facilement accueillie, et elle a dû s'enraciner non moins aisément ; mais, comme elle est contraire à l'esprit et au texte de la loi, ce sera toujours pour les docteurs un devoir de la combattre, lorsqu'ils seront interpellés à ce sujet. »

Il nous a été impossible de méconnaître, après tous les renseignements qui nous furent donnés, que les Juifs, si avides dans l'industrie qu'ils exercent, étaient presque toujours entre eux de la charité la plus exemplaire ; que presque nulle part on n'en voyait qui fussent réduits à implorer d'autres secours que ceux de leurs coreligionnaires ; que, pour ce qui n'était pas affaire de commerce, c'est-à-dire pour tous les prêts qui avaient lieu de Juif à Juif, quand il s'agissait de satisfaire aux besoins pressants de la vie de l'un d'eux, il était presque sans exemple que les prêts portassent intérêt. Enfin, il nous fut affirmé de manière que nous n'en puissions douter que, lorsqu'un Juif sans ressources personnelles avait une affaire pressante à suivre à une grande distance du lieu qu'il habitait, il pouvait se présenter chez le rabbin ou chez le principal personnage de la communauté juive, et que, sur l'exposé de ses besoins, un certificat lui était délivré à l'aide duquel il pouvait traverser l'Europe jusqu'aux extrémités de l'Asie, accueilli et défrayé par les Juifs qui, de distance en distance, se trouvaient sur son passage, et qui partout le traitaient, non en pauvre qui arrache à la pitié un léger secours, mais en frère avec lequel on partage ce qu'on a.

Nos idées furent rectifiées également sur la nature et l'étendue des pouvoirs des rabbins. Comme nous insistions beaucoup sur l'étendue de ces pouvoirs et sur l'usage que nous les pressions d'en faire, dans la persuasion où nous étions que, donnés par Dieu même aux serviteurs du temple, ils devaient avoir une autorité considérable sur l'esprit d'un peuple dont le gouvernement, sous beaucoup de rapports, pouvait être considéré comme théocratique, ils nous dirent que c'était une erreur qu'il leur importait de redresser. Ils établirent, d'une manière positive et d'après les autorités les plus irrécusables, que toute filiation de la tribu de Lévi était entièrement perdue depuis la dernière dispersion ; que dès lors il n'existait plus parmi eux de sacerdoce, puisque le sacerdoce était inhérent à cette tribu, et qu'ainsi toute puissance sacerdotale était anéantie parmi eux. C'est sans doute un des faits les plus extraordinaires dans l'histoire de ce peuple si fidèle à ses souvenirs, si attaché à ses usages civils et religieux, que la perte absolue d'une filiation aussi précieuse et qui aurait dû être l'objet de précautions d'autant plus scrupuleuses qu'à sa conservation seule tenait la possibilité de remplir encore, à une époque quelconque, les plus saintes cérémonies du culte juif.

Qu'on suppose, en effet, le temple de Jérusalem rebâti, ce que doit toujours espérer tout bon Israélite, le sanctuaire de ce temple devrait rester inhabité, le sacrifice ne pourrait s'y accomplir, à moins qu'un miracle du Dieu qui a donné la loi sainte sur le mont Sinaï ne vînt révéler les véritables descendants de cette tribu.

S'il n'y a plus de lévites, de prêtres, ni de pontifes, que sont donc les rabbins ? Pas autre chose que des docteurs acceptés par leurs coreligionnaires pour réciter des prières et accomplir certaines formalités religieuses, et quelquefois judiciaires, pour lesquelles, dans la Judée même et au temps où la loi était le mieux observée, les anciens de chaque famille étaient jugés suffisants. Considérés sous cet aspect, il est aisé de comprendre que l'influence de ces rabbins, fondée sur l'estime, ne peut rien obtenir que de la confiance, et comment il était impossible à ceux qui faisaient partie de notre assemblée de prétendre imposer leur avis par voix d'autorité. Une telle situation explique donc très suffisamment les ménagements qu'ils se crurent obligés de garder et qu'on n'avait pas d'abord compris.

Cette autorité des docteurs, la seule qui ait existé au milieu des Juifs, depuis leur dispersion, l'unique lien qui les tienne unis dans la foi, est un phénomène tout à fait digne d'attention. De cette autorité est sorti un supplément à la loi de Moïse, connu sous le nom de *Talmud* ; c'est un recueil assez indigeste composé d'interprétations, souvent fort hasardées, du texte sacré. Il a soulevé de nombreuses controverses et donne encore lieu à beaucoup de disputes ; on leur attribue en grande partie le relâchement de la morale des Juifs. Les rabbins, en général, faisaient peu de cas des *Talmudistes* ; tout en reconnaissant le mérite de quelques-uns d'entre eux, ils paraissaient les regarder comme fort dangereux.

On finit par obtenir de l'assemblée des réponses satisfaisantes à toutes les questions qui lui avaient été adressées. Le 18 septembre, les commissaires impériaux vinrent annoncer que Sa Majesté Impériale voulant que ces réponses prissent, aux yeux des Juifs de tous les pays et de tous les siècles, la plus grande autorité possible, elle avait résolu de convoquer un Grand Sanhédrin, dont les fonctions consisteraient à convertir en décisions doctrinales les réponses déjà rendues par l'assemblée provisoire, ainsi que celles qui pourraient résulter de la continuation de ses travaux.

Cette communication fut reçue avec enthousiasme, et, dans les jours qui suivirent, toutes les mesures nécessaires pour obéir à la nouvelle volonté de l'Empereur furent discutées, adoptées et exécutées avec autant de sincérité que d'empressement. Conformément à l'ancien usage, le nombre des membres du Grand Sanhédrin avait été fixé à 71, sans compter son chef.

Tous les rabbins déjà siégeant dans l'assemblée, et ils étaient au nombre de 17, furent appelés à en faire partie. On en demanda 29 autres aux synagogues de l'Empire français et du royaume d'Italie ; 25 membres enfin, devant être pris parmi les simples israélites, furent choisis par l'assemblée, dans son propre sein, au scrutin secret. Les lettres et instructions nécessaires furent aussitôt envoyées aux synagogues françaises et italiennes.

L'assemblée adressa en même temps à tous ses coreligionnaires de l'Europe une proclamation pour leur apprendre le merveilleux événement de la convocation d'un Grand Sanhédrin, et les engager à s'entendre afin d'envoyer à Paris des hommes connus par leur sagesse, par leur amour de la vérité et de la justice. L'effet de cette proclamation ne répondit point à ce qu'on en avait attendu, et il fut à peu près nul dans les pays situés hors de l'Empire français, du royaume d'Italie et de quelques contrées où l'influence française se faisait sentir.

Restait à obtenir de l'assemblée qu'elle reconnût la nécessité d'une organisation dans l'exercice de son culte, et il fallait l'amener à concourir à cette organisation. Or c'était l'entreprise qui devait lui répugner le plus, parce qu'l était impossible qu'elle ne s'aperçût pas qu'il n'y en avait aucune où la soumission de ses coreligionnaires fût plus difficile à obtenir. N'était-il pas sensible, en effet, que le gouvernement ne manquerait pas de profiter de cette occasion pour s'immiscer plus ou moins dans le régime intérieur des synagogues, et pour s'attribuer le droit de surveiller la conduite des rabbins ? Or, aux yeux de ceux-ci, c'était, en quelque sorte, porter la main sur l'Arche sainte.

Malgré toutes ces difficultés, augmentées par les dispositions peu bienveillantes du président, il fallait cependant trouver une solution. Nous nous résolûmes, M. Portalis et moi, à une tentative qui fut couronnée d'un plein succès. Étant assurés d'un jour où M. Molé serait absent de Paris, nous en profitâmes pour réunir chez M. Portalis le plus grand nombre possible d'hommes influents, et là, après une séance qui dura plus de six heures, nous parvînmes, à force de bons raisonnements et de douces paroles, à leur faire adopter un projet de règlement aussi bon que nous pouvions le désirer.

L'assemblée générale l'adopta peu de jours après. Un arrêté fut pris en même temps pour supplier Sa Majesté Impériale de donner sa sanction à ce règlement et de vouloir bien concourir au paiement des rabbins ; on lui demandait encore, ce qui ne pouvait que lui être très agréable, de daigner faire connaître aux autorités locales de l'Empire et du royaume d'Italie que son intention était qu'elles se concertassent avec les consistoires pour achever de détruire l'éloignement que semblait avoir la jeunesse israélite pour le noble métier des armes, et obtenir ainsi sa parfaite obéissance aux lois de la conscription.

L'ouverture du Grand Sanhédrin ne put avoir lieu que le 9 février 1807 ; les plus distingués, parmi les nouveaux élus, arrivèrent presque tous du royaume d'Italie, notamment des provinces qui avaient fait partie des anciens États vénitiens. Dès le 9 mars, on vit paraître un acte, par lequel les docteurs de la loi et notables d'Israël réunis faisaient connaître qu'ils s'étaient constitués en Grand Sanhédrin, afin de trouver en eux les moyens et la force de rendre des ordonnances religieuses conformes aux principes de leur sainte loi et pouvant servir d'exemple et de règle à tous les Israélites. Ils déclaraient « que cette loi contenait des dispositions *religieuses* et des dispositions *politiques* ; que les premières étaient absolues ; mais que les dernières, étant destinées à régir le peuple d'Israël dans la Palestine, ne pouvaient être applicables depuis qu'il ne formait plus un corps de nation. Ainsi la polygamie permise par la loi de Moïse, n'étant qu'une simple faculté et hors d'usage en Occident, devait être considérée comme interdite. En France, l'acte civil du mariage devait précéder l'acte religieux. Nulle répudiation ou divorce ne pouvait avoir lieu que suivant les formes voulues par les lois civiles. Les mariages entre Israélites et chrétiens devaient être considérés comme valables. La loi de Moïse obligeant de regarder comme frères tous les individus des nations qui reconnaissaient un Dieu créateur, tous les Israélites devaient exercer, comme un devoir essentiellement religieux et inhérent à leur croyance, la pratique habituelle et constante, envers tous les hommes reconnaissant un Dieu créateur, des actes de justice et de charité prescrits par les Livres saints.

« Tout Israélite, traité par les lois comme citoyen, devait obéir aux lois de la patrie et de conformer, dans toutes les transactions, aux dispositions des codes qui y étaient en usage. Appelé au service militaire, il était dispensé pendant la durée de ce service de toutes les observances religieuses qui ne pouvaient se concilier avec lui. Les Israélites devaient de préférence exercer les professions mécaniques et libérales et acquérir des propriétés foncières, comme autant de moyens de s'attacher à leur patrie et d'y mériter la considération générale.

« Conformément à la loi de Moïse, l'usure était indistinctement défendue, non seulement d'Hébreu à Hébreu et d'Hébreu à concitoyen d'une autre religion, mais encore avec les étrangers de toutes les nations, cette pratique étant une iniquité abominable aux yeux du Seigneur. »

Il eût été difficile à quelque jurisconsulte et moraliste que ce fût de développer cette dernière prescription avec plus de soin et de force. Cet acte si énergiquement conçu avait été adopté à l'unanimité. L'assemblée générale s'empressa de joindre à cet acte une adresse à l'Empereur et un arrêté destinés l'un à l'autre à en assurer et à en compléter l'effet. Elle amena naturellement l'expression du vœu que, rassurée par l'heureux effet que devait produire, pour la répression des abus, l'ensemble des décisions qui venaient d'être prises d'une manière si imposante, Sa Majesté daignât considérer, dans sa haute sagesse, s'il ne conviendrait pas de mettre un terme à la suspension des actions hypothécaires, dans les départements frappés par le décret du 30 mai, et si ce terme ne devait pas se rencontrer avec l'expiration du sursis que ce décret avait prescrit.

Elle exprima donc le désir que Sa Majesté voulût bien prendre les mesures qu'elle croirait les plus efficaces pour empêcher qu'à l'avenir quelques Israélites, au moyen des hypothèques qu'ils seraient dans le cas de faire inscrire, ne portassent dans les fortunes des désordres semblables à ceux dont on s'était plaint, et dont trop souvent la honte et les châtiments avaient rejailli sur tous leurs coreligionnaires. Jamais plus d'efforts n'avaient été tentés, avec des intentions plus franches et plus sincères, pour arriver à une réforme depuis si longtemps désirée par tous les esprits éclairés ; mais jamais aussi une pareille occasion n'avait été offerte à la race juive depuis sa dispersion ; bien des siècles peut-être s'écouleront, avant qu'il se produise une circonstance aussi favorable pour elle.

L'Empereur, détourné par des pensées politiques de l'affaire qui l'avait longtemps préoccupé, négligea de profiter des ouvertures qui lui furent faites. Un nouveau sursis vint s'ajouter à celui dont le décret du 30 mai 1806 avait frappé les créances juives ; la notification qui en fut faite par une simple circulaire ministérielle jeta un grand découragement dans l'esprit de la population juive.

Suivant les ordres que nous avions reçus, le Grand Sanhédrin fut dissous le 6 avril 1807 ; les projets de décret furent soumis à la discussion du Conseil d'État. Les idées de l'Empereur s'étaient modifiées dans un sens défavorable aux Juifs, sans doute par suite de l'impression produite sur lui par les populations juives de l'Allemagne et de la Pologne. Le système de M. Molé devait triompher, malgré les efforts de M. Portalis et les miens. Nous parvînmes cependant à faire sanctionner, sans y rien changer, le règlement que nous avions eu tant de peine à faire adopter pour l'organisation du culte juif et pour sa police intérieure dans l'étendue de l'Empire français et du royaume d'Italie.

Les dispositions destinées à régler les effets du sursis vinrent du quartier général de l'Empereur, après un long retard ; elles étaient d'une sévérité qui, je ne crains pas de le dire, outrepassait toutes les règles de l'équité.

Extrait de l'*Histoire de mon temps*, posth., 1893-1895.

ÉMILE ZOLA

(1840-1902)

Pour les Juifs

suivi de

J'accuse… !

Avant « J'accuse... ! », j'aurais pu reproduire le dix-huitième chapitre de La Conquête de Plassans*, paru vingt-trois ans avant. Ce qui a rendu Zola si perspicace dans l'Affaire Dreyfus, c'est son imagination de romancier. Dans ce livre, il montre comment Mouret, dont la maison et la femme sont captées par l'abbé Faujas et sa sœur, finit enfermé dans un asile de fous. Il a fallu le lent travail de la calomnie. Le désir de croire des craintifs, des suiveurs et des timides malveillants a persuadé à peu près tout le village que Mouret méritait sa peine. Lui-même est maladroit, comme l'a été Dreyfus. Un peu moins de deux ans avant l'admonestation au président Faure, Zola avait publié dans le même* Figaro *un « Pour les Juifs ». Quand on se rappelle les préjugés antisémites qui imbibaient le pays, c'est peut-être d'une plus grande audace encore.*

Pour les Juifs

Depuis quelques années, je suis la campagne qu'on essaye de faire en France contre les Juifs, avec une surprise et un dégoût croissants. Cela m'a l'air d'une monstruosité, je veux dire une chose en dehors de tout bon sens, de toute vérité et de toute justice, une chose sotte et aveugle qui nous ramènerait à des siècles en arrière, une chose enfin qui aboutirait à la pire des abominations, une persécution religieuse, ensanglantant toutes les patries.

Et je veux le dire.

D'abord, quel procès dresse-t-on contre les Juifs, que leur reproche-t-on ?

Des gens, même des amis à moi, disent qu'ils ne peuvent les souffrir, qu'ils ne peuvent leur toucher la main sans avoir à la peau un frémissement de répugnance. C'est l'horreur physique, la répulsion de race à race, du blanc contre le jaune, du rouge contre le noir. Je ne cherche pas si, dans cette répugnance, il n'entre pas la lointaine colère du chrétien contre le Juif qui a crucifié son Dieu, tout un atavisme séculaire de mépris et de vengeance. En somme, l'horreur physique est une bonne raison, la seule raison même, car il n'y a rien à répondre aux gens qui vous disent : « Je les exècre parce que je les exècre, parce que la vue seule de leur nez me jette hors de moi, parce que toute ma chair se révolte à les sentir différents et contraires. »

Mais, en vérité, cette raison de l'hostilité de race à race n'est pas suffisante. Retournons alors au fond des bois, recommençons la guerre sauvage d'espèce à espèce, dévorons-nous parce que nous n'aurons pas le même cri et que nous aurons le poil planté autrement. L'effort des civilisations est justement d'effacer ce besoin sauvage de se jeter sur son semblable quand il n'est pas tout à fait semblable. Au cours des siècles, l'histoire des peuples n'est qu'une leçon de mutuelle tolérance, si bien que le rêve final sera de les ramener tous à l'universelle fraternité, de les noyer tous dans une commune tendresse, pour les sauver tous, le plus possible de la commune douleur. Et, de notre temps, se haïr et se mordre parce qu'on n'a pas le crâne absolument construit de même, commence à être la plus monstrueuse des folies.

J'arrive au procès sérieux qui est surtout d'ordre social. Et je résume le réquisitoire, j'indique les grands traits.

Les Juifs sont accusés d'être une nation dans la nation, de mener à l'écart une vie de caste religieuse et d'être ainsi, par-dessus les frontières, une sorte de secte internationale, dans patrie réelle, capable un jour, si elle triomphait, de mettre la main sur le monde. Les Juifs se marient entre eux, gardant un lien de famille très étroit, au milieu du relâchement moderne, se soutiennent et s'encouragent, montrent, dans leur isolement, une force de résistance et de lente conquête extraordinaire. Mais surtout, ils sont de race pratique et avisée, ils apportent avec leur sang un besoin du lucre, un amour de l'argent, un esprit prodigieux des affaires, qui, en moins de cent ans, ont accumulé entre leurs mains des fortunes énormes, et qui semblent leur assurer la royauté, en un temps où l'argent est roi.

Et tout cela est vrai. Seulement, si l'on constate le fait, il faut l'expliquer. Ce qu'on doit ajouter, c'est que les Juifs, tels qu'ils existent aujourd'hui, sont notre œuvre, l'œuvre de plus de dix-huit cents ans d'imbécile persécution. On les a parqués dans des quartiers infâmes, comme des lépreux, et rien d'étonnant à ce qu'ils aient vécu à part, conservant tout de leurs traditions, resserrant le lien de la famille, demeurant des vaincus chez des vainqueurs. On les a frappés, injuriés, abreuvés d'injustices et de violences, et rien d'étonnant à ce qu'ils gardent au cœur, même inconsciemment, l'espoir d'une lointaine revanche, la volonté de résister, de se conserver et de vaincre. Surtout on leur a dédaigneusement abandonné le domaine de l'argent, qu'on méprisait, faisant socialement d'eux des trafiquants et des usuriers, et rien d'étonnant à ce que, lorsque le régime de la force brutale a fait place au régime de l'intelligence et du travail, on les ait trouvés maîtres des capitaux, la cervelle assouplie et exercée par des siècles d'hérédité, tout prêts pour l'empire.

Et voilà qu'aujourd'hui, terrifiés devant cette œuvre d'aveuglement, tremblants de voir ce que la rage sectaire du Moyen Âge a fait des Juifs, vous n'imaginez rien de mieux que de retourner à l'an mille, de reprendre les persécutions, de prêcher de nouveau la guerre sainte pour que les Juifs soient traqués, dépouillés, remis en tas, avec la rage dans l'âme, traités en peuple vaincu parmi un peuple vainqueur !

En vérité, vous êtes des gaillards intelligents, et vous avez là une jolie conception sociale !

Eh quoi ! vous êtes plus de deux cents millions de catholiques, on compte à peine cinq millions de Juifs, et vous tremblez, vous appelez les gendarmes, vous menez un effroyable vacarme de terreur, comme si des nuées de pillards s'étaient abattues sur le pays. Voilà du courage !

Il me semble que les conditions de la lutte sont acceptables. Sur le terrain des affaires, pourquoi ne pas être aussi intelligents et aussi forts qu'eux ? Pendant le mois que je suis allé à la Bourse, pour tâcher d'y comprendre quelque chose, un banquier catholique me disait, en parlant des Juifs : « Ah monsieur, ils sont plus forts que nous, toujours ils nous battront. » Si cela était vrai, ce serait vraiment humiliant. Mais pourquoi serait-ce vrai ? Le don a beau exister, le travail et l'intelligence, quand même, peuvent tout. Je connais déjà des chrétiens qui sont des Juifs très distingués. Le champ est libre, et s'ils ont eu des siècles pour aimer l'argent et pour apprendre à le gagner, il n'y a qu'à les suivre sur ce terrain, à y acquérir leurs qualités, à les battre avec leurs propres armes. Mon Dieu ! oui, cesser de les injurier inutilement, et les vaincre en leur étant supérieur. Rien n'est plus simple et c'est la loi même de la vie.

Quelle satisfaction orgueilleuse doit être la leur, devant le cri de détresse que vous poussez ! N'être qu'une minorité infime et nécessiter un tel déploiement de guerre ! Tous les matins, vous les foudroyez, vous battez désespérément le rappel, comme si la cité se trouvait en péril d'être prise d'assaut ! À vous entendre, il faudrait rétablir le *ghetto*, nous aurions encore la rue des Juifs, qu'on barrerait le soir avec des chaînes. Et ce serait une chose aimable, cette quarantaine, dans nos libres villes ouvertes. Je comprends qu'ils ne s'émotionnent pas et qu'ils continuent à triompher sur tous nos marchés financiers, car l'injure est la flèche légendaire qui retourne crever l'œil du méchant archer. Continuez donc à les persécuter, si vous voulez qu'ils continuent à vaincre !

La persécution, vraiment, vous en êtes encore là ? Vous en êtes encore à cette belle imagination qu'on supprime les gens en les persécutant ? Eh ! c'est tout le contraire, pas une cause n'a grandi qu'arrosée du sang de ses martyrs. S'il y a encore des Juifs, c'est de votre faute. Ils auraient disparu, se seraient fondus, si on ne les avait pas forcés de se défendre, de se grouper, de s'entêter dans leur race. Et, aujourd'hui encore, leur plus réelle puissance vient de vous, qui la rendez sensible en l'exagérant. On finit par créer un danger, en criant chaque matin qu'il existe. À force de montrer au peuple un épouvantail, on crée le monstre réel. Ne parlez donc plus d'eux, et ils ne seront plus. Le jour où le Juif ne sera qu'un homme comme nous, il sera notre frère.

Et la tactique s'indique absolument opposée. Ouvrir les bras tout grands, réaliser socialement l'égalité reconnue par le Code. Embrasser les Juifs pour les absorber et les confondre en nous. Nous enrichir de leurs qualités, puisqu'ils en ont. Faire cesser la guerre des races en mêlant les races. Pousser aux mariages, remettre aux enfants le soin de réconcilier les pères. Et là seulement est l'œuvre d'unité, l'œuvre humaine et libératrice.

L'antisémitisme dans les pays où il a une réelle importance n'est jamais que l'arme d'un parti politique ou le résultat d'une situation économique grave.

Mais, en France, où il n'est pas vrai que les Juifs, comme on veut nous en convaincre, soient les maîtres absolus du pouvoir et de l'argent, l'antisémitisme reste une chose en l'air, sans racine aucune dans le peuple. Il a fallu, pour créer une apparence de mouvement, qui n'est au fond que du tapage, la passion de quelques cerveaux fumeux, où se débat un louche catholicisme de sectaires, poursuivant jusque dans les Rothschild, par un abus de littérature, les descendants du Judas qui a livré et crucifié son Dieu. Et j'ajoute que le besoin d'un terrain de vacarme, la rage de se faire lire et de conquérir une notoriété retentissante, n'ont certainement pas été étrangers à cet allumage et à cet entretien public de bûchers, dont les flammes sont heureusement de simple décor.

Aussi quel échec lamentable ! Quoi ? depuis de si longs mois, tant d'injures, tant de délations, des Juifs dénoncés chaque jour comme des voleurs et des assassins, des chrétiens mêmes dont on fait des Juifs quand on les veut atteindre, tout le monde juif, traqué, insulté, condamné ! Et, au demeurant, rien que du bruit, de vilaines paroles, des passions basses étalées, mais pas un acte, pas un coin de foule ameuté, ni un crâne fendu, ni une vitre cassée ! Faut-il que notre petit peuple de France soit un bon peuple, et sage, et honnête, pour ne pas écouter ces appels quotidiens à la guerre civile, pour garder sa raison au milieu de ces excitations abominables, cette demande journalière du sang d'un Juif ! Ce n'est plus d'un prêtre que le journal déjeune chaque matin, mais d'un Juif, le plus grand, le plus fleuri qu'on puisse trouver. Déjeuner aussi médiocre que l'autre, et pour le moins aussi sot. Et, de tout cela, il ne reste que la laideur de la besogne, la plus folle et la plus exécrable qui soit à faire, la plus inutile aussi, heureusement, puisque les passants de la rue ne tournent même pas la tête, laissant les énergumènes se débattre comme des diables dans de louches bénitiers.

L'extraordinaire est qu'ils affectent la prétention de faire une œuvre indispensable et saine. Ah ! les pauvres gens comme je les plains, s'ils sont sincères ! Quel épouvantable document ils vont laisser sur eux : cet amas d'erreurs, de mensonges, de furieuse envie, de démence exagérée, qu'ils entassent quotidiennement. Quand un critique voudra descendre dans ce bourbier, il reculera d'horreur, en constatant qu'il n'y a en là que passion religieuse et qu'intelligence déséquilibrée. Et c'est au pilier de l'histoire qu'on les clouera, ainsi que des malfaiteurs sociaux, dont les crimes n'ont avorté que grâce aux conditions de rare aveuglement dans lesquelles ils les ont commis.

Car là est ma continuelle stupeur, qu'un tel retour de fanatisme, qu'une telle tentative de guerre religieuse, ait pu se produire à notre époque, dans notre grand Paris, au milieu de notre bon peuple. Et cela dans nos temps de démocratie, d'universelle tolérance, lorsqu'un immense mouvement se déclare de partout vers l'égalité, la fraternité et la justice. Nous en sommes à détruire les frontières, à rêver la communauté des peuples, à réunir des congrès de religions pour que les prêtres de tous les cultes s'embrassent, à nous sentir tous frères par la douleur, à vouloir tous nous sauver de la misère de vivre, en élevant un autel unique à la piété humaine ! Et il y a là une poignée de fous, d'imbéciles ou d'habiles qui nous crient chaque matin : « Tuons les Juifs, mangeons les Juifs, massacrons, exterminons, retournons aux bûchers et aux dragonnades ! » Voilà qui est bien choisir son moment ! Et rien ne serait plus bête, si rien n'était plus abominable !

Qu'il y ait, entre les mains de quelques Juifs, un accaparement douloureux de la richesse, c'est là un fait certain. Mais le même accaparement existe chez des catholiques et chez des protestants. Exploiter les révoltes populaires en les mettant au service d'une passion religieuse, jeter surtout le Juif en pâture aux revendications des déshérités, sous le prétexte d'y jeter l'homme d'argent, il y a là un socialisme hypocrite et menteur, qu'il faut dénoncer, qu'il faut flétrir. Si, un jour, la loi du travail se formule pour la vérité et pour le bonheur, elle recréera l'humanité entière ; et peu importe qu'on soit Juif ou qu'on soit chrétien, car les comptes à rendre seront les mêmes, et les mêmes aussi les nouveaux droits et les nouveaux devoirs. Ah ! cette unité humaine à laquelle nous devons tous nous efforcer de croire, si nous voulons avoir le courage de vivre, et garder dans la lutte quelque espérance au cœur ! C'est le cri, confus encore, mais qui peu à peu va se dégager, s'enfler, monter de tous les peuples, affamés de vérité, de justice et de paix. Désarmons nos haines, aimons-nous dans nos villes, aimons-nous par-dessus les frontières, travaillons à fondre les races en une seule famille enfin heureuse ! Et mettons qu'il faudra des mille ans, mais croyons quand même à la réalisation finale de l'amour, pour commencer du moins à nous aimer aujourd'hui autant que la misère des temps actuels nous le permettra. Et laissons les fous, et laissons les méchants retourner à la barbarie des forêts, ceux qui s'imaginent faire de la justice à coups de couteau.

Que Jésus dise donc à ses fidèles exaspérés qu'il a pardonné aux Juifs et qu'ils sont des hommes !

Le Figaro, 16 mai 1896.

~

J'accuse… !

Lettre à M. Félix Faure, président de la République

Monsieur le Président,

Me permettez-vous, dans ma gratitude pour le bienveillant accueil que vous m'avez fait un jour, d'avoir le souci de votre juste gloire et de vous dire que votre étoile, si heureuse jusqu'ici, est menacée de la plus honteuse, de la plus ineffaçable des tâches ?

Vous être sorti sain et sauf des basses calomnies, vous avez conquis les cœurs. Vous apparaissez rayonnant dans l'apothéose de cette fête patriotique que l'alliance russe a été pour la France, et vous vous préparez à présider au solennel triomphe de notre Exposition universelle, qui couronnera notre grand siècle de travail, de vérité et de liberté. Mais quelle tâche de boue sur votre nom – j'allais dire sur votre règne – que cette abominable affaire Dreyfus ! Un conseil de guerre vient, par ordre, d'oser acquitter un

Esterhazy, soufflet suprême à toute vérité, à toute justice. Et c'est fini, la France a sur la joue cette souillure, l'histoire écrira que c'est sous votre présidence qu'un tel crime social a pu être commis.

Puisqu'ils ont osé, j'oserai aussi, moi. La vérité, je la dirai, car j'ai promis de la dire, si la justice, régulièrement saisie, ne la faisait pas, pleine et entière. Mon devoir est de parler, je ne veux pas être complice. Mes nuits seraient hantées par le spectre de l'innocent qui expie là-bas, dans la plus affreuse des tortures, un crime qu'il n'a pas commis.

Et c'est à vous, monsieur le Président, que je la crierai, cette vérité, de toute la force de ma révolte d'honnête homme. Pour votre honneur, je suis convaincu que vous l'ignorez. Et à qui donc dénoncerai-je la tourbe malfaisante des vrais coupables, si ce n'est à vous, le premier magistrat du pays ?

La vérité d'abord sur le procès et sur la condamnation de Dreyfus.

Un homme néfaste a tout mené, a tout fait, c'est le lieutenant-colonel du Paty de Clam, alors simple commandant. Il est l'affaire Dreyfus tout entière ; on ne la connaîtra que lorsqu'une enquête loyale aura établi nettement ses actes et ses responsabilités. Il apparaît comme l'esprit le plus fumeux, le plus compliqué, hanté d'intrigues romanesques, se complaisant aux moyens des romans-feuilletons, les papiers voles, les lettres anonymes, les rendez-vous dans les endroits déserts, les femmes mystérieuses qui colportent, de nuit, des preuves accablantes. C'est lui qui imagina de dicter le bordereau à Dreyfus ; c'est lui qui rêva de l'étudier dans une pièce entièrement revêtue de glaces ; c'est lui que le commandant Forzinetti nous représente armé d'une lanterne sourde, voulant se faire introduire près de l'accusé endormi, pour projeter sur son visage un brusque flot de lumière et surprendre ainsi son crime, dans l'émoi du réveil. Et je n'ai pas à tout dire, qu'on cherche, on trouvera. Je déclare simplement que le commandant du Paty de Clam, chargé d'instruire l'affaire Dreyfus, comme officier judiciaire, est, dans l'ordre des dates et des responsabilités, le premier coupable de l'effroyable erreur judiciaire qui a été commise.

Le bordereau était depuis quelque temps déjà entre les mains du colonel Sandherr, directeur du bureau des renseignements, mort depuis de paralysie générale. Des « fuites » avaient lieu, des papiers disparaissaient, comme il en disparaît aujourd'hui encore ;

et l'auteur du bordereau était recherché, lorsqu'un a priori se fit peu à peu que cet auteur ne pouvait être qu'un officier de l'état-major, et un officier d'artillerie : double erreur manifeste, qui montre avec quel esprit superficiel on avait étudié ce bordereau, car un examen raisonné démontre qu'il ne pouvait s'agir que d'un officier de troupe.

On cherchait donc dans la maison, on examinait les écritures, c'était comme une affaire de famille, un traître à surprendre dans les bureaux mêmes, pour l'en expulser. Et, sans que je veuille refaire ici une histoire connue en partie, le commandant du Paty de Clam entre en scène, dès qu'un premier soupçon tombe sur Dreyfus. À partir de ce moment, c'est lui qui a inventé Dreyfus, l'affaire devient son affaire, il se fait fort de confondre le traître, de l'amener à des aveux complets. Il y a bien le ministre de la Guerre, le général Mercier, dont l'intelligence semble médiocre ; il y a bien le chef de l'état-major, le général de Boisdeffre, qui paraît avoir cédé à sa passion cléricale, et le sous-chef de l'état-major, le général Gonse, dont la conscience a pu s'accommoder de beaucoup de choses. Mais, au fond, il n'y a d'abord que le commandant du Paty de Clam, qui les mène tous, qui les hypnotise, car il s'occupe aussi de spiritisme, d'occultisme, il converse avec les esprits. On ne saurait concevoir les expériences auxquelles il a soumis le malheureux Dreyfus, les pièges dans lesquels il a voulu le faire tomber, les enquêtes folles, les imaginations monstrueuses, toute une démence torturante.

Ah ! cette première affaire, elle est un cauchemar, pour qui la connaît dans ses détails vrais ! Le commandant du Paty de Clam arrête Dreyfus, le met au secret. Il court chez Mme Dreyfus, la terrorise, lui dit que, si elle parle, son mari est perdu. Pendant ce temps, le malheureux s'arrachait la chair, hurlait son innocence. Et l'instruction a été faite ainsi, comme dans une chronique du XVe siècle, au milieu du mystère, avec une complication d'expédients farouches, tout cela basé sur une seule charge enfantine, ce bordereau imbécile, qui n'était pas seulement une trahison vulgaire, qui était aussi la plus impudente des escroqueries, car les fameux secrets livrés se trouvaient presque tous sans valeur. Si j'insiste, c'est que l'œuf est ici, d'où va sortir plus tard le vrai crime, l'épouvantable déni de justice dont la France est malade. Je voudrais faire toucher du doigt comment l'erreur judiciaire a pu être possible, comment elle est née des machinations du commandant du Paty de Clam, comment le général Mercier, les généraux de Boisdeffre et Gonse ont pu s'y laisser prendre, engager peu à peu leur responsabilité dans cette erreur, qu'ils ont cru devoir, plus tard, imposer comme la vérité sainte, une vérité qui ne se discute même pas. Au début, il n'y a donc, de leur part, que de l'incurie et de l'inintelligence. Tout au plus, les sent-on céder aux passions religieuses du milieu et aux préjugés de l'esprit de corps. Ils ont laissé faire la sottise.

Mais voici Dreyfus devant le conseil de guerre. Le huis clos le plus absolu est exigé. Un traître aurait ouvert la frontière à l'ennemi pour conduire l'empereur allemand jusqu'à Notre-Dame, qu'on ne prendrait pas des mesures de silence et de mystère plus étroites. La nation est frappée de stupeur, on chuchote des faits terribles, de ces trahisons monstrueuses qui indignent l'Histoire ; et naturellement la nation s'incline. Il n'y a pas de châtiment assez sévère, elle applaudira à la dégradation publique, elle voudra que le coupable reste sur son rocher d'infamie, dévoré par le remords. Est-ce donc vrai, les choses indicibles, les choses dangereuses, capables de mettre l'Europe en flammes, qu'on a dû enterrer soigneusement derrière ce huis clos ? Non ! il n'y a eu, derrière, que les imaginations romanesques et démentes du commandant du Paty de Clam. Tout cela n'a été fait que pour cacher le plus saugrenu des romans-feuilletons. Et il suffit, pour s'en assurer, d'étudier attentivement l'acte d'accusation, lu devant le conseil de guerre.

Ah ! le néant de cet acte d'accusation ! Qu'un homme ait pu être condamné sur cet acte, c'est un prodige d'iniquité. Je défie les honnêtes gens de le lire, sans que leur cœur bondisse d'indignation et crie leur révolte, en pensant à l'expiation démesurée, là-bas, à l'île du Diable. Dreyfus sait plusieurs langues, crime ; on n'a trouvé chez lui aucun papier compromettant, crime ; il va parfois dans son pays d'origine, crime ; il est laborieux, il a le souci de tout savoir, crime ; il ne se trouble pas, crime ; il se trouble, crime. Et les naïvetés de rédaction, les formelles assertions dans le vide ! On nous avait parlé de quatorze chefs d'accusation : nous n'en trouvons qu'une seule en fin de compte, celle du bordereau ; et nous apprenons même que les experts n'étaient pas d'accord, qu'un d'eux, M. Gobert, a été bousculé militairement, parce qu'il se permettait de ne pas conclure dans le sens désiré. On parlait aussi de vingt-trois officiers qui étaient venus accabler Dreyfus de leurs témoignages. Nous ignorons encore leurs interrogatoires, mais il est certain que tous ne l'avaient pas chargé ; et il est à remarquer, en outre, que tous appartenaient aux bureaux de la guerre. C'est un procès de famille, on est là entre soi, et il faut s'en souvenir : l'état-major a voulu le procès, l'a jugé, et il vient de le juger une seconde fois.

Donc, il ne restait que le bordereau, sur lequel les experts ne s'étaient pas entendus. On raconte que, dans la chambre du conseil, les juges allaient naturellement acquitter. Et, dès lors, comme l'on comprend l'obstination désespérée avec laquelle, pour justifier la condamnation, on affirme aujourd'hui l'existence d'une pièce secrète, accablante, la pièce qu'on ne peut montrer, qui légitime tout, devant laquelle nous devons nous incliner, le bon Dieu invisible et inconnaissable ! Je la nie, cette pièce, je la nie de toute ma puissance ! Une pièce ridicule, oui, peut-être la pièce où il est question de petites femmes, et où il est parlé d'un certain D… qui devient trop exigeant : quelque mari sans doute trouvant qu'on ne lui payait pas sa femme assez cher. Mais une pièce intéressant la défense nationale, qu'on ne saurait produire sans que la guerre fût déclarée demain, non, non ! C'est un mensonge ! et cela est d'autant plus odieux et cynique qu'ils mentent impunément sans qu'on puisse les en convaincre. Ils ameutent la France, ils se cachent derrière sa légitime émotion, ils ferment les bouches en troublant les cœurs, en pervertissant les esprits. Je ne connais pas de plus grand crime civique.

Voilà donc, monsieur le Président, les faits qui expliquent comment une erreur judiciaire a pu être commise ; et les preuves morales, la situation de fortune de Dreyfus, l'absence de motifs, son continuel cri d'innocence, achèvent de le montrer comme une victime des extraordinaires imaginations du commandant du Paty de Clam, du milieu clérical où il se trouvait, de la chasse aux « sales juifs », qui déshonore notre époque.

Et nous arrivons à l'affaire Esterhazy. Trois ans se sont passés, beaucoup de consciences restent troublées profondément, s'inquiètent, cherchent, finissent par se convaincre de l'innocence de Dreyfus.

Je ne ferai pas l'historique des doutes, puis de la conviction de M. Scheurer-Kestner. Mais, pendant qu'il fouillait de son côté, il se passait des faits graves à l'état-major même. Le colonel Sandherr était mort, et le lieutenant-colonel Picquart lui avait succédé comme chef du bureau des renseignements. Et c'est à ce titre, dans l'exercice de ses fonctions, que ce dernier eut un jour entre les mains une lettre-télégramme, adressée au commandant Esterhazy, par un agent d'une puissance étrangère. Son devoir strict était d'ouvrir une enquête. La certitude est qu'il n'a jamais agi en dehors de la volonté de ses supérieurs. Il soumit donc ses soupçons à ses supérieurs hiérarchiques, le général Gonse, puis le général de Boisdeffre, puis le général Billot, qui avait succédé au général Mercier comme ministre de la Guerre. Le fameux dossier Picquart, dont il a été tant parlé, n'a jamais été que le dossier Billot, j'entends le dossier fait par un subordonné pour son ministre, le dossier qui doit exister encore au ministère de la Guerre. Les recherches durèrent de mai à septembre 1896, et ce qu'il faut affirmer bien haut, c'est que le général Gonse était convaincu de la culpabilité d'Esterhazy, c'est que le général de Boisdeffre et le général Billot ne mettaient pas en doute que le bordereau ne fût de l'écriture d'Esterhazy. L'enquête du lieutenant-colonel Picquart avait abouti à cette constatation certaine. Mais l'émoi était grand, car la condamnation d'Esterhazy entraînait inévitablement la révision du procès Dreyfus ; et c'était ce que l'état-major ne voulait à aucun prix.

Il dut y avoir là une minute psychologique pleine d'angoisse. Remarquez que le général Billot n'était compromis dans rien, il arrivait tout frais, il pouvait faire la vérité. Il n'osa pas, dans la terreur sans doute de l'opinion publique, certainement aussi dans la crainte de livrer tout l'état-major, le général de Boisdeffre, le général Gonse, sans compter les sous-ordres. Puis, ce ne fut là qu'une minute de combat entre sa conscience et ce qu'il croyait être l'intérêt militaire. Quand cette minute fut passée, il était déjà trop tard. Il s'était engagé, il était compromis. Et, depuis lors, sa responsabilité n'a fait que grandir, il a pris à sa charge le crime des autres, il est aussi coupable que les autres, il est plus coupable qu'eux, car il a été le maître de faire justice, et il n'a rien fait. Comprenez-vous cela ! Voici un an que le général Billot, que les généraux de Boisdeffre et Gonse savent que Dreyfus est innocent, et ils ont gardé pour eux cette effroyable chose ! Et ces gens-là dorment, et ils ont des femmes et des enfants qu'ils aiment !

Le lieutenant-colonel Picquart avait rempli son devoir d'honnête homme. Il insistait auprès de ses supérieurs, au nom de la justice. Il les suppliait même, il leur disait combien leurs délais étaient impolitiques, devant le terrible orage qui s'amoncelait, qui devait éclater, lorsque la vérité serait connue. Ce fut, plus tard, le langage que M. Scheurer-Kestner tint également au général Billot, l'adjurant par patriotisme de prendre en main l'affaire, de ne pas la laisser s'aggraver, au point de devenir un désastre public. Non ! Le crime était commis, l'état-major ne pouvait plus avouer son crime. Et le lieutenant-colonel Picquart fut envoyé en mission, on l'éloigna de plus en plus loin, jusqu'en Tunisie, où l'on voulut même un jour honorer sa bravoure, en le chargeant d'une mission qui l'aurait sûrement fait massacrer, dans les parages où le marquis de Morès a trouvé la mort. Il n'était pas en disgrâce, le général Gonse entretenait avec lui une correspondance amicale. Seulement, il est des secrets qu'il ne fait pas bon d'avoir surpris.

À Paris, la vérité marchait, irrésistible, et l'on sait de quelle façon l'orage attendu éclata. M. Mathieu Dreyfus dénonça le commandant Esterhazy comme le véritable auteur du bordereau, au moment où M. Scheurer-Kestner allait déposer, entre les mains du garde des Sceaux, une demande en révision du procès. Et c'est ici que le commandant Esterhazy paraît. Des témoignages le montrent d'abord affolé, prêt au suicide ou à la fuite. Puis, tout d'un coup, il paye d'audace, il étonne Paris par la violence de son attitude. C'est que du secours lui était venu, il avait reçu une lettre anonyme l'avertissant des menées de ses ennemis, une dame mystérieuse s'était même dérangée de nuit pour lui remettre une pièce volée à l'état-major, qui devait le sauver. Et je ne puis m'empêcher de retrouver là le lieutenant-colonel du Paty de Clam, en reconnaissant les expédients de son imagination fertile. Son œuvre, la culpabilité de Dreyfus, était en péril, et il a voulu sûrement défendre son œuvre. La révision du procès, mais c'était l'écroulement du roman-feuilleton si extravagant, si tragique, dont le dénouement abominable a lieu à l'île du Diable ! C'est ce qu'il ne pouvait permettre. Dès lors, le duel va avoir lieu entre le lieutenant-colonel Picquart et le lieutenant-colonel du Paty de Clam, l'un le visage découvert, l'autre masqué. on les retrouvera prochainement tous deux devant la justice civile. Au fond, c'est toujours l'état-major qui se défend, qui ne veut pas avouer son crime, dont l'abomination grandit d'heure en heure.

On s'est demandé avec stupeur quels étaient les protecteurs du commandant Esterhazy. C'est d'abord, dans l'ombre, le lieutenant-colonel du Paty de Clam qui a tout machiné, qui a tout conduit.

Sa main se trahit aux moyens saugrenus. Puis, c'est le général de Boisdeffre, c'est le général Gonse, c'est le général Billot lui-même, qui sont bien obligés de faire acquitter le commandant, puisqu'ils ne peuvent laisser reconnaître l'innocence de Dreyfus, sans que les bureaux de la guerre croulent dans le mépris public. Et le beau résultat de cette situation prodigieuse est que l'honnête homme, là-dedans, le lieutenant-colonel Picquart, qui seul a fait son devoir, va être la victime, celui qu'on bafouera et qu'on punira. Ô justice, quelle affreuse désespérance serre le cœur ! On va jusqu'à dire que c'est lui le faussaire, qu'il a fabriqué la carte-télégramme pour perdre Esterhazy. Mais, grand Dieu ! pourquoi ? dans quel but ? donnez un motif. Est-ce que celui-là aussi est payé par les Juifs ? Le joli de l'histoire est qu'il était justement antisémite. Oui ! nous assistons à ce spectacle infâme, des hommes perdus de dettes et de crimes dont on proclame l'innocence, tandis qu'on frappe l'honneur même, un homme à la vie sans tâche ! Quand une société en est là, elle tombe en décomposition.

Voilà donc, monsieur le Président, l'affaire Esterhazy : un coupable qu'il s'agissait d'innocenter. Depuis bientôt deux mois, nous pouvons suivre heure par heure la belle besogne. J'abrège, car ce n'est ici, en gros, que le résumé de l'histoire dont les brûlantes pages seront un jour écrites tout au long. Et nous avons donc vu le général de Pellieux, puis le commandant Ravary, conduire une enquête scélérate d'où les coquins sortent transfigurés et les honnêtes gens salis. Puis, on a convoqué le conseil de guerre.

Comment a-t-on pu espérer qu'un conseil de guerre déferait ce qu'un conseil de guerre avait fait ?

Je ne parle même pas du choix toujours possible des juges. L'idée supérieure de discipline, qui est dans le sang de ces soldats, ne suffit-elle à infirmer leur pouvoir d'équité ? Qui dit discipline dit obéissance. Lorsque le ministre de la Guerre, le grand chef, a établi publiquement, aux acclamations de la représentation nationale, l'autorité de la chose jugée, vous voulez qu'un conseil de guerre lui donne un formel démenti ? Hiérarchiquement, cela est impossible. Le général Billot a suggestionné les juges par sa déclaration, et ils ont jugé comme ils doivent aller au feu, sans raisonner. L'opinion préconçue qu'ils ont apportée sur leur siège, est évidemment celle-ci : « Dreyfus a été condamné pour crime de trahison par un conseil de guerre, il est donc coupable ; et nous, conseil de guerre, nous ne pouvons le déclarer innocent ; or nous savons que reconnaître la culpabilité d'Esterhazy, ce serait proclamer l'innocence de Dreyfus. » Rien ne pouvait les faire sortir de là.

C'est là une sentence inique, qui à jamais pèsera sur nos conseils de guerre, qui entachera désormais de suspicion tous leurs arrêts. Le premier conseil de guerre a pu être inintelligent, le second est forcément criminel. Son excuse, je le répète, est que le chef suprême avait parlé, déclarant la chose jugée inattaquable, sainte et supérieure aux hommes, de sorte que des inferieurs ne pouvaient dire le contraire. On nous parle de l'honneur de l'armée, on veut que nous l'aimions, la respections. Ah ! certes, oui, l'armée qui se lèverait à la première menace, qui défendrait la terre française, elle est tout le peuple, et nous n'avons pour elle que tendresse et respect. Mais il ne s'agit pas d'elle, dont nous voulons justement la dignité, dans notre besoin de justice. Il s'agit du sabre, le maître qu'on nous donnera demain peut-être. Et baiser dévotement la poignée du sabre, le dieu, non !

Je l'ai démontré d'autre part : l'affaire Dreyfus était l'affaire des bureaux de la guerre, un officier de l'état-major, dénoncé par ses camarades de l'état-major, condamné sous la pression des chefs de l'état-major. Encore une fois, il ne peut revenir innocent sans que tout l'état-major soit coupable. Aussi les bureaux, par tous les moyens imaginables, par des campagnes de presse, par des communications, par des influences, n'ont-ils couvert Esterhazy que pour perdre une seconde fois Dreyfus. Quel coup de balai le gouvernement républicain devrait donner dans cette jésuitière, ainsi que les appelle le général Billot lui-même ! Où est-il, le ministère vraiment fort et d'un patriotisme sage, qui osera tout y refondre et tout y renouveler ? Que de gens je connais qui, devant une guerre possible, tremblent d'angoisse, en sachant dans quelles mains est la défense nationale ! Et quel nid de basses intrigues, de commérages et de dilapidations, est devenu cet asile sacré, où se décide le sort de la patrie ! On s'épouvante devant le jour terrible que vient d'y jeter l'affaire Dreyfus, ce sacrifice humain d'un malheureux, d'un « sale juif » ! Ah ! tout ce qui s'est agité là de démence et de sottise, des imaginations folles, des pratiques de basse police, des mœurs d'inquisition et de tyrannie, le bon plaisir de quelques galonnés mettant leurs bottes sur la nation, lui rentrant dans la gorge son cri de vérité et de justice, sous le prétexte menteur et sacrilège de la raison d'État !

Et c'est un crime encore que de s'être appuyé sur la presse immonde, que de s'être laissé défendre par toute la fripouille de Paris, de sorte que voilà la fripouille qui triomphe insolemment, dans la défaite du droit et de la simple probité. C'est un crime d'avoir accusé de troubler la France ceux qui la veulent généreuse, à la tête des nations libres et justes, lorsqu'on ourdit soi-même l'impudent complot d'imposer l'erreur, devant le monde entier. C'est un crime d'égarer l'opinion, d'utiliser pour une besogne de mort cette opinion qu'on a pervertie jusqu'à la faire délirer. C'est un crime d'empoisonner les petits et les humbles, d'exaspérer les passions de réaction et d'intolérance, en s'abritant derrière l'odieux antisémitisme, dont la grande France libérale des droits de l'homme mourra, si elle n'en est pas guérie. C'est un crime que d'exploiter le patriotisme pour des œuvres de haine, et c'est un crime, enfin, que de faire du sabre le dieu moderne, lorsque toute la science humaine est au travail pour l'œuvre prochaine de vérité et de justice.

Cette vérité, cette justice, que nous avons si passionnément voulues, quelle détresse à les voir ainsi souffletées, plus méconnues et plus obscurcies ! Je me doute de l'écroulement qui doit avoir lieu dans l'âme de M. Scheurer-Kestner, et je crois bien qu'il finira par éprouver un remords, celui de n'avoir pas agi révolutionnairement, le jour de l'interpellation au Sénat, en lâchant tout le paquet, pour tout jeter à bas. Il a été le grand honnête homme, l'homme de sa vie loyale, il a cru que la vérité se suffisait à elle-même, surtout lorsqu'elle lui apparaissait éclatante comme le plein jour. À quoi bon tout bouleverser, puisque bientôt le soleil allait luire ? Et c'est de cette sérénité confiante dont il est si cruellement puni. De même pour le lieutenant-colonel Picquart, qui, par un sentiment de haute dignité, n'a pas voulu publier les lettres du général Gonse. Ces scrupules l'honorent d'autant plus que, pendant qu'il restait respectueux de la discipline, ses supérieurs le faisaient couvrir de boue, instruisaient eux-mêmes son procès, de la façon la plus inattendue et la plus outrageante. Il y a deux victimes, deux braves gens, deux cœurs simples, qui ont laissé faire Dieu, tandis que le diable agissait. Et l'on a même vu, pour le lieutenant-colonel Picquart, cette chose ignoble : un tribunal français, après avoir laissé le rapporteur charger publiquement un témoin, l'accuser de toutes les fautes, a fait le huis clos, lorsque ce témoin a été introduit pour s'expliquer et se défendre. Je dis que ceci est un crime de plus et que ce crime soulèvera la conscience universelle. Décidément, les tribunaux militaires se font une singulière idée de la justice.

Telle est donc la simple vérité, monsieur le Président, et elle est effroyable, elle restera pour votre présidence une souillure. Je me doute bien que vous n'avez aucun pouvoir en cette affaire, que vous êtes le prisonnier de la Constitution et de votre entourage. Vous n'en avez pas moins un devoir d'homme, auquel vous songerez, et que vous remplirez. Ce n'est pas, d'ailleurs, que je désespère le moins du monde du triomphe. Je le répète avec une certitude plus véhémente : la vérité est en marche et rien ne l'arrêtera. C'est d'aujourd'hui seulement que l'affaire commence, puisque aujourd'hui seulement les positions sont nettes : d'une part, les coupables qui ne veulent pas que la lumière se fasse ; de l'autre, les justiciers qui donneront leur vie pour qu'elle soit faite. Je l'ai dit ailleurs, et je le répète ici : quand on enferme la vérité sous terre, elle s'y amasse, elle y prend une force telle d'explosion, que, le jour où elle éclate, elle fait tout sauter avec elle. on verra bien si l'on ne vient pas de préparer, pour plus tard, le plus retentissant des désastres.

Mais cette lettre est longue, monsieur le Président, et il est temps de conclure.

J'accuse le lieutenant-colonel du Paty de Clam d'avoir été l'ouvrier diabolique de l'erreur judiciaire, en inconscient, je veux le croire, et d'avoir ensuite défendu son œuvre néfaste, depuis trois ans, par les machinations les plus saugrenues et les plus coupables.

J'accuse le général Mercier de s'être rendu complice, tout au moins par faiblesse d'esprit, d'une des plus grandes iniquités du siècle.

J'accuse le général Billot d'avoir eu entre les mains les preuves certaines de l'innocence de Dreyfus et de les avoir étouffées, de s'être rendu coupable de ce crime de lèse-humanité et de lèse-justice, dans un but politique et pour sauver l'état-major compromis.

J'accuse le général de Boisdeffre et le général Gonse de s'être rendus complices du même crime, l'un sans doute par passion cléricale, l'autre peut-être par cet esprit de corps qui fait des bureaux de la guerre l'arche sainte, inattaquable.

J'accuse le général de Pellieux et le commandant Ravary d'avoir fait une enquête scélérate, j'entends par là une enquête de la plus monstrueuse partialité, dont nous avons, dans le rapport du second, un impérissable monument de naïve audace.

J'accuse les trois experts en écritures, les sieurs Belhomme, Varinard et Couard, d'avoir fait des rapports mensongers et frauduleux, à moins qu'un examen médical ne les déclare atteints d'une maladie de la vue et du jugement.

J'accuse les bureaux de la guerre d'avoir mené dans la presse, particulièrement dans *L'Éclair* et dans *L'Écho de Paris*, une campagne abominable, pour égarer l'opinion et couvrir leur faute.

J'accuse enfin le premier conseil de guerre d'avoir violé le droit, en condamnant un accusé sur une pièce restée secrète, et j'accuse le second conseil de guerre d'avoir couvert cette illégalité, par ordre, en commettant à son tour le crime juridique d'acquitter sciemment un coupable.

En portant ces accusations, je n'ignore pas que je me mets sous le coup des articles 30 et 31 de la loi sur la presse du 29 juillet 1881, qui punit les délits de diffamation. Et c'est volontairement que je m'expose.

Quant aux gens que j'accuse, je ne les connais pas, je ne les ai jamais vus, je n'ai contre eux ni rancune ni haine. Ils ne sont pour moi que des entités, des esprits de malfaisance sociale. Et l'acte que j'accomplis ici n'est qu'un moyen révolutionnaire pour hâter l'explosion de la vérité et de la justice.

Je n'ai qu'une passion, celle de la lumière, au nom de l'humanité qui a tant souffert et qui a droit au bonheur. Ma protestation enflammée n'est que le cri de mon âme. Qu'on ose donc me traduire en cour d'assises et que l'enquête ait lieu au grand jour !

J'attends.

Veuillez agréer, monsieur le Président, l'assurance de mon profond respect.

L'Aurore, le 13 janvier 1898,
et auparavant en brochure.

LAURENT TAILHADE

(1854-1919)

Le 13 novembre 1918 à Paris

Laurent Tailhade est un Léon Bloy qui ne serait pas une brute. D'un courage irrépressible, d'une verve rossinienne, il a soutenu les Juifs quand ce n'était pas à la mode, été anarchiste, introduit en France des auteurs aussi divers qu'Ibsen ou le jeune Cocteau, et laisse une œuvre fragmentaire et fusante. Pour la perpétuation de ses écrits, son unique défaut est qu'il n'a pas publié de livre complet, mais seulement des recueils, de poèmes, d'articles et de conférences. La postérité a trop de travail : elle réclame de l'œuvre.

Le 13 novembre 1918. PARIS. Le contradicteur est, avec le prophète, le philosophe, un objet pour la foule de hargneuse, implacable et tenace animadversion. Nul fâcheux plus exécré ! Celui qui tourne le dos au feu d'artifice ou lève les épaules devant le *credo* à la mode ce jour-là, doit passer pour chanceux quand il en est quitte avec des sarcasmes ou des malédictions. Quiconque a raison contre l'avis du plus grand nombre mérite, suivant le plus grand nombre, d'être lapidé. Israël scie entre deux planches le trop véridique Isaïe. Auprès du bain sanglant où le Roi des Rois a trouvé la mort, Cassandre est immolée avec le même glaive qui frappa le Maître à son retour dans la maison de Pélops.

Encore qu'une fin si tragique ne menace guère, en un temps dépourvu de style et de pittoresque, le contradicteur des sentiments triviaux, il risque, néanmoins, cet ennemi de la gaîté publique, de se voir déchiré par le troupeau des Ménades, horde furieuse dont les ongles, depuis Orphée, ont singulièrement noirci.

Affrontons, néanmoins, leur haine et leur courroux. Qu'il soit permis de dire combien peu les saturnales d'hier et cette ruée, en plein Paris, de bandes avinées correspondent aux graves et mélancoliques pensers de l'heure. C'est avec une joie attristée, ou tout au moins recueillie, avec une émotion virile et tendre que la France devait à elle-même de glorifier la Paix. Les drapeaux en haillons, les drapeaux héroïques et sanglants que, bientôt, elle va saluer de clameurs triomphales et couronner de guirlandes, ces drapeaux victorieux, ces drapeaux mutilés ne sont-ils pas sa propre image, le symbole de sa gloire et de sa douleur ? L'incendie et le fer ont déchiré la trame de leur soie. Une main mourante les a sauvés de l'outrage, disputés, dans la boue et le sang, aux fureurs de l'ennemi. Comme eux la France est déchirée. Elle porte au cœur une blessure, lente à guérir. Elle pleure ! Son voile tricolore n'est pas humide toujours de sang, mais aussi des larmes que répandent les mères, les amantes et les sœurs.

Qu'une allégresse pure fête donc la Victoire ! qu'un long soupir de délivrance accrédite la fin heureuse de la guerre ! Après ce cauchemar, depuis cinquante mois, étendu comme un brouillard de mort sur l'Occident, que les villes, désormais à l'abri des pirates nocturnes, des sinistres oiseaux, dont les serres portaient l'incendie et le trépas, que les villes poussent de tout leur cœur, de toute leur voix les hourras de la délivrance ! La joie est une forme du devoir civique, à l'heure où l'Invasion, punie et désarmée, abandonne le territoire de la France. Mais cette joie, et celte légitime fierté dont chaque citoyen communie à l'heure de la justice, n'est-elle pas étrangement profanée et salie ? À transformer – comme le disait près de nous une femme du peuple –, à transformer la fête de l'Armistice en fête de Neuilly, Paris abaisse et dégrade à jamais la vision auguste qu'auraient dû laisser dans toutes les mémoires ces heures éminentes, ces heures uniques, les premières heures de la Paix.

Quoi ! c'est par des clameurs et des hoquets d'ivrognes, par des refrains obscènes, par des lazzi de carnaval, que vous célébrez le jour si tard venu, où se lève enfin le soleil de la Revanche. Quoi !

hier encore les obus éclataient, les bombes asphyxiantes inondaient l'air de leurs poisons ! Et vous allumez des pétards ! Hier, les soldats frappés à mort se couchaient pour le dormir éternel, sous l'averse meurtrière. Et, dans un moment, les boueux qui passent heurteront des sacs-à-vin endormis dans le ruisseau ! Pour exalter la louange des armes françaises et faire honneur aux peuples dont le concours a fixé la Victoire, cette cohue où nulle femme n'est à l'abri de l'insulte, où les goujats se débraillent, où les chansons et les cris immondes se mêlent au fracas des lourds camions et des pièces d'artifice, où le débordement de la crapule monte dans la rue ainsi qu'une fange écumeuse. Voilà donc quel spectacle, dans l'exaltation première et les transports de sa gratitude, Paris imagina d'offrir à l'Univers : une descente de la Courtille ! un retour de kermesse ! la Foire aux pains d'épice, bras dessus-bras dessous avec le Mardi gras !

Michelet, auquel bien peu de nos contemporains savent quels honneurs sont dûs, prenait un grand souci des fêtes publiques. Elles font partie, à juste titre, de l'éducation populaire. Autrefois, les vêpres étaient l'« opéra des gueux », suivant un mot célèbre et charmant. Le catholicisme, en effet, avait compris l'utilité de ces grandes mises en scène, offices en musique, processions, pour frapper l'intellect du peuple. Dans cet ordre d'idées, la République s'est montrée assez pauvre d'imagination. Elle n'a su ni ordonner des fêtes, ni créer une architecture.

Le retour des armées offre l'occasion sans pareille d'innover dans cet ordre d'idées. Quelle pompe assez grandiose pourra saluer, à son retour, l'armée française ? Comment exprimer par des lignes extérieures l'ivresse infinie, l'orgueil national, tout en ménageant le deuil de ceux dont la guerre a brisé le cœur ?

On rêve d'une sorte de panathénée où la France tout entière, avec ses corps savants, ses magistrats, ses jeunes hommes et ses enfants, se porterait à la rencontre des troupes victorieuses au milieu des chants d'allégresse et des chants triomphaux. Puis, une longue suite de femmes en deuil, les veuves et les mères, s'avancerait aux chants d'une symphonie héroïque et funèbre magnifiant la gloire de leurs morts, l'indéfectible tristesse de leur deuil. Il semble que d'une telle pompe doivent être exclus tous les éléments qui pourraient la rapprocher du Quatorze Juillet ou de telle autre réjouissance. Il faudrait que, du matin au soir, et malgré l'exubérante joie, on sentît que les morts prennent part à la solennité, que nul ne les oublie, en ce jour qu'eux seuls ont préparé.

Autrefois, quand c'était le souverain qui faisait la guerre et mettait à mal ses ennemis, le roi, seul, au retour, bénéficiait des acclamations, de l'enthousiasme populaire. Le chef suprême avait tout fait : il méritait l'idolâtrie et les bénédictions de la foule, tandis que les soldats, comparses des batailles, n'entraient pour rien dans le succès du Maître. Les temps sont changés. La déification des individus concorde mal avec l'envie démocratique. La fête du retour ne sera donc pas la fête d'un homme, quel que soit son nom, mais la fête de la Nation elle-même. Car, c'est pour délivrer la Terre des dictateurs et du kaiser, ces souverains par la grâce du Peuple et par la grâce de Dieu, que la guerre a été faite. La France elle-même s'acclamera dans chacun de ses fils, des hommes libres, qui survivent encore à l'atroce boucherie.

En ce jour mémorable, puisse-t-elle garder le sang-froid et la dignité qu'elle perdit à l'annonce de la Victoire ! Puisse-t-elle ne pas faire prendre le chemin du buvetier à ses soldats, lorsqu'ils montent au Capitole, couronnés de fleurs et de lauriers !

Extrait des *Reflets de Paris*, posth., 1921.

PAUL NIZAN

(1905-1940)

La translation des restes de Jean Jaurès au Panthéon

Nizan, un des écrivains les plus calomniés d'après-guerre pendant qu'on faisait fête à Céline (Louis Aragon à une vente de livres à la Libération chassant ses livres d'un étal d'un coup de canne), reste comme l'auteur de l'admirable Aden Arabie *(la jeunesse altière, voir plus haut), mais il a aussi écrit de très bons romans, le meilleur étant sans doute cette* Conspiration *où il montre la translation des restes de Jaurès au Panthéon. La calomnie vient de ce que, membre du Parti communiste français, il en a démissionné au moment du pacte germano-soviétique, mais aussi de ce qu'il a été tué au combat lors de la bataille de Dunkerque. Le Parti n'avait pas encore changé de ligne et Aragon ne pouvait pas admettre un Péguy.*

Cette année-là[1], Laforgue, Rosenthal et Bloyé préparaient à Louis-le-Grand l'École normale. Le lycée était une espèce de grande caserne de briques pâles avec des cadrans solaires à inscriptions dorées, où des garçons de dix-neuf ans ne pouvaient pas apprendre grand-chose sur le monde à force de vivre parmi les Grecs, les Romains, les philosophes idéalistes et les doctrinaires

1. 1924.

de la monarchie de Juillet : ils étaient cependant à gauche, comme on dit. Avec ce qui se passait dans le monde, simplement les jours de sortie, il aurait fallu être aveugle…

Un normalien que Rosenthal connaissait les fit inviter le 24 novembre à la veillée funèbre. Elle devait avoir lieu au Palais-Bourbon, dans la salle Mirabeau qui avait cessé le matin de s'appeler la salle Casimir-Périer : les gens avaient pensé au dernier moment que ce n'était pas possible, à cause des souvenirs que ce nom à tiret rappelait : les allusions aux insurrections de Lyon écrasées en mil huit cent trente et un par le grand-père ministre de l'Intérieur auraient fait en somme mauvais effet, et on ne voyait pas non plus grand rapport entre Jaurès et le petit-fils président de la République ; il y avait moyen de s'arranger avec Mirabeau en insistant sur les discours et sur les mots historiques du style appelés-ici-par-la-volonté-des-baïonnettes et en jetant un voile sur les combinaisons avec la cour. Comme il n'était pas question de toute manière de Robespierre, de Saint-Just, de Babeuf…

Des nappes de gaze violette tombaient le long des murs de pierre qui faisaient penser à la Chapelle expiatoire du boulevard Haussmann et déjà aux caves et à la gloire souterraine du Panthéon ; elles voilaient les lustres et répandaient un clair-obscur mauve tout à fait demi-deuil sur un échafaud grêle qui attendait le cercueil et un drap noir à étoiles d'argent qui avait beaucoup servi. Les femmes assises au pied des murs se disaient que cet éclairage mauve devait leur faire un drôle de teint, mais qu'elles ne l'arrangeraient pas en se remettant de la poudre. Tous les invités se composaient des figures de maison mortuaire ; de petits groupes de personnages causaient bas dans les coins ; des députés serraient des mains avec une mine et un dos rond pleins de familiarité écrasée ; de temps en temps on entendait l'éclat de voix enroué de quelqu'un qui n'arrivait pas à parler bas. Les huissiers qui portaient leur petit bicorne à cocarde tricolore sous le bras marchaient avec un pas solennel de Suisses, dans des souliers brisés qui ne craquaient pas ; ils ouvrirent un passage entre le catafalque et la porte, à travers la foule qui s'était épaissie comme si Jaurès avait réellement eu des quantités de frères, de parents et d'amis inconsolables. Tout le monde jetait des regards du côté de la porte. On pensait à ce grand mort vieux de dix ans et cinq mois qui n'arrivait toujours pas, on était vaguement inquiet : la nouvelle courut que le train d'Albi avait eu un accident aux Aubrais. Quelqu'un dit près de Laforgue et de Rosenthal :

— Ce n'est vraiment pas de veine !

Bernard ricana.

Ils reconnurent alors Lucien Herr qui causait avec Lévy-Bruhl, et qu'ils respectaient depuis qu'on leur avait raconté que Herr parlait toujours aux jeunes gens de la volonté de ne pas parvenir. Lucien Herr qui portait déjà, avec le poids invisible des grands livres qu'il n'avait pas écrits, le fardeau de sa prochaine mort, s'approcha d'eux ; ils le saluèrent. Herr dit à leur compagnon de la rue d'Ulm :

— Ne vous éloignez donc pas. Je veux vous faire faire la connaissance de Blum.

Herr s'écarta et revint avec Léon Blum, qui leur tendit une longue main, qu'ils trouvèrent molle et brûlante, et ne leur dit rien ; il n'avait pas l'air de s'intéresser beaucoup à ces jeunes gens, il tournait la tête de tous les côtés avec un air de grand oiseau guetteur, puis il s'éloigna d'une étrange allure raide et cassée.

À onze heures moins le quart, les deux battants de la porte s'ouvrirent enfin lentement comme sur une scène d'Opéra ; on se pressa, la foule fit ce bruit des théâtres quand le rideau monte. Il faisait dehors une nuit de lait étonnamment lumineuse pour la fin de novembre, comme s'il y avait eu quelque part derrière le ciel une lune de gel ou de printemps ; ces brumes étincelantes sur la cour noire du Palais-Bourbon firent pâlir le fade crépuscule violet de la salle Mirabeau ; on eut froid, envie de quitter cette longue caverne pour marcher sous des arbres ; les femmes frissonnèrent.

Les porteurs posèrent le cercueil sur la dernière marche de l'escalier ; leurs pas sonnèrent lourdement dans le silence bruissant. Des mineurs firent la haie. Une bouffée de cris éclata brutalement comme une grosse bulle nocturne au-dessus de la foule qui battait les grilles de la cour de Bourgogne et qui venait de courir à travers les rues endormies derrière le fourgon mortuaire, depuis le départ de la gare d'Orsay. Mais le cercueil entra, les vantaux retombèrent et les cris s'étouffèrent. Les mineurs de Carmaux, qui portaient leurs blouses noires du fond et leurs chapeaux de cuir, se rangèrent maladroitement autour du catafalque où les huissiers et les porteurs des pompes Funèbres empilaient les couronnes flétries qui venaient de faire le voyage dans l'ombre glaciale du wagon.

Personne ne pleurait : dix ans de mort tarissent toutes les larmes, mais des hommes se fabriquaient des masques, Saumande, qui jouait assez bien la douleur d'un lézard, Lautier, celle d'un porc, François-Albert, celle d'un furet.

Il fallut encore attendre on ne savait quoi, l'aube peut-être. De temps en temps un orchestre jouait *La Marche funèbre* de Siegfried pour occuper l'attente. C'était une intolérable nuit. Dans ce grand alvéole de pierre, Laforgue et ses amis avaient l'impression d'être les complices silencieux de politiques habiles qui avaient adroitement escamoté cette bière héroïque et cette poussière d'homme assassiné, qui devaient être les pièces importantes d'un jeu dont les autres pions étaient sans doute des monuments, des hommes, des conversations, des votes, des promesses, des médailles et des affaires d'argent : ils se sentaient moins que rien parmi tous ces types calculateurs et cordiaux. Heureusement, il venait parfois, à travers les murailles et la rumeur étouffée des piétinements et des musiques, comme une rafale de cris, et ils se disaient alors qu'il devait exister dans la nuit une espèce de vaste mer qui se brisait avec de la rage et de la tendresse contre les falaises aveugles de la Chambre ; ils ne distinguaient pas de quels mots ces cris étaient faits, mais ils devinaient quelquefois Jaurès au bout de ces clameurs. Les invités se regardaient avec un air, comme des gens au chaud dans une maison au bord de la mer un soir de tempête, qui n'aiment pas penser aux tourbillons que fabrique la nuit.

Rosenthal avait envie de fumer et il dit entre ses dents à Laforgue :

— Tu as repéré cette figure mondaine de Léon Blum quand il a serré la main des mineurs, cette main rugueuse ? Ces vieux serviteurs de la famille tout de même…

Vers une heure du matin, Laforgue dit :

— Ce n'est plus possible. Foutons le camp de ce cellier !

Ils s'échappèrent, en prenant des précautions, mais personne ne remarqua leur départ. Dehors, Laforgue reprit :

— Enfin, on aura eu l'honneur de veiller le corps de Jean Jaurès.

— Oui, dit Bloyé. C'est même un honneur que nous aurons partagé avec M. Eugène Lautier.

— Et avec Herr, dit Rosenthal.

— Ce qui est beaucoup plus curieux, continua Laforgue. Parce qu'enfin avec lui on est à peu près tranquille : il n'y a aucune combine de derrière la tête. Il devait être le seul qui pensait réellement, comme si le coup dur de juillet quatorze datait d'hier, à Jaurès, un type qui était de la promotion de Baudrillart et de Bergson et qui avait de la force, de la barbe, du courage, de la voix, et qui avait composé dans sa jeunesse une thèse latine sur la réalité du monde sensible…

Les gens commençaient à s'éloigner de la Chambre par le pont de la Concorde ou par le boulevard Saint-Germain pour attraper les derniers métros. Des groupes s'attardaient pourtant, écoutant encore les mesures amorties des marches funèbres qui sortaient des haut-parleurs entre les colonnes. Une brume impondérable noyait les cannelures et le grand voile tricolore qui battait du haut en bas de la façade du Palais-Bourbon ; la Seine était singulièrement solitaire et noire et on l'entendait dans le silence de Paris se déchirer et siffler doucement autour des piles des ponts comme si on avait marché en plein champ le long des eaux. À la hauteur de la Légion d'honneur, Laforgue dit :

— Tout compte fait, il y avait ce soir une belle petite troupe de salauds… Nous aurions aussi bien fait de ne pas prendre le genre croquemort et pieuse jeunesse des Écoles et d'être sur le quai avec les autres…

Le lendemain, vers le commencement de l'après-midi, ils s'étaient installés au coin de la rue Soufflot et du boulevard Saint-Michel et ils circulaient entre les groupes : ils commençaient à aimer les échos et les chances des grands rassemblements. C'était le vingt-cinq novembre, il faisait un temps gris, les femmes n'avaient pas chaud avec ce petit vent dans les jambes, sous les manteaux. Une voix s'éleva derrière eux :

— Un vrai temps de Toussaint.

Une autre voix répondit :

— C'est le mois, hein… Un temps d'enterrement, vous pouvez le dire. Il devait faire meilleur le jour qu'il est mort, Jaurès, en juillet quatorze…

Dans l'ensemble, on était plutôt satisfait de ce climat de circonstance, puisque c'était une parade de la mort qui allait se dérouler au départ du Palais-Bourbon pour finir dans les cryptes glacées du Panthéon dans un entassement de banderoles et d'immortelles et qu'on n'aime pas les contradictions du ciel et des hommes, les funérailles de printemps au moment où les cimetières fleurissent et les mariages sous la pluie.

La foule était épaisse sur les trottoirs depuis l'École de Droit jusqu'à la rue de Bourgogne : elle attendait patiemment avec sa sagesse de foule, en toussant et en tapant du pied, les grands hommes du cortège et les communistes qui s'étaient rassemblés vers midi le long des Champs-Élysées jusqu'au métro Marbeuf, disait-on.

Le boulevard était vide comme un lit de rivière à sec. De temps en temps, une voiture sombre de la Préfecture passait lentement et ses pneus crissaient sur le sable. On entendit enfin une rumeur qui venait de l'ouest puis une onde grossissante de cris où il y avait du soulagement, de la colère et de la joie.

— Si c'est la suite de la nuit dernière, dit Rosenthal, ça va faire une belle saloperie.

— Savoir, dit Laforgue. N'oublions pas les gens qui réclamaient Jaurès cette nuit devant la Chambre comme s'ils avaient eu assez de force pour le ressusciter et qui n'avaient pas l'air content…

Le catafalque roulant arriva, un étrange échafaud rouge et or qui rappelait les appareils civiques de la Révolution française, ses estrades drapées, ses chars baroques de la moisson, de la jeunesse, de la guerre, du patriotisme et de la mort. Le cortège suivit : c'était un mince ruban d'hommes en deuil et de magistrats, de professeurs, de militaires, où il y avait des képis, des chapeaux hauts de forme, des plastrons blancs, des écharpes sur la poitrine, sur le ventre, des hermines, des robes en poult de soie, des rubans maçonniques d'un bleu lavé, des médailles, des sabres, des visages célèbres qui jetaient des regards furtifs à droite et à gauche le long de ce torrent pétrifié, vers les deux crêtes mouvantes de poitrines, de têtes, de jambes et de cris qui allaient peut-être déferler sur la chaussée. On pensait naturellement au passage de la mer Rouge et sans doute le président du Conseil n'était-il pas beaucoup plus fier que Moïse, avec ce Pharaon et ses chars de guerre qui lui galopaient sur les talons et les deux murailles liquides qui s'impatientaient d'être si longtemps miraculeuses, et avait-il hâte d'être arrivé sur la rive du Panthéon.

Un espace vide s'étendit, puis des voix dirent dans les rangs de la foule :

— Les voilà !

Le boulevard s'emplit : c'étaient les ouvriers de banlieue, la masse des quartiers denses de l'Est et du Nord de la ville ; ils tenaient la chaussée d'un bord à l'autre bord, le fleuve finalement s'était mis à couler. Les gens du premier cortège qui étaient des gens dignes ne chantaient pas, ceux-ci chantaient, et comme ils chantaient l'*Internationale*, les locataires de la rue Soufflot et du boulevard Saint-Michel, qui n'en avaient jamais tant vu et qui commençaient à ne pas se sentir fiers derrière leurs rideaux à embrasses et leurs brise-bise, se mirent à crier des injures et à tendre le poing, mais comme personne n'entendait leurs cris, ces manifestations des sédentaires n'avaient pas autrement d'importance.

Les spectateurs sur les trottoirs ouvraient les yeux et ils lisaient en se tordant le cou les inscriptions des pancartes qui étaient dans ce style : Jaurès victime de la guerre est glorifié par ses assassins, et qui protestaient contre le plan Dawes, le Bloc des Gauches, le fascisme, la guerre et réclamaient la Révolution et la mise en jugement des responsables de la guerre devant un Tribunal révolutionnaire : peut-être étaient-ce des mots d'ordre légèrement utopiques, mais il n'y avait pas un doute à avoir sur la jeune vérité de ces cris de ralliement quand on se disait que les députés socialistes venaient de voter les fonds secrets de l'Intérieur.

On ne pouvait penser qu'à des puissances drues, à la sève, à un fleuve, au cours du sang. Le boulevard méritait soudain son nom d'artère. Les hommes et les femmes des trottoirs avaient peut-être eu depuis le commencement envie de rester calmes, parce qu'ils étaient venus là en famille, par curiosité, ou par reconnaissance, ou pour voir au passage des hommes célèbres, ou par fidélité aux images sentimentales que Paris gardait de Jean Jaurès et de son canotier et de sa vieille jaquette et de ses poings levés contre la guerre devant le grand ciel du Pré Saint-Gervais, mais il n'y a pas moyen de rester calmes. On a beau être Parisien et habitué aux grandes funérailles, avec tous les ministres, les cardinaux, les académiciens, les généraux qui meurent, aux revues, aux cortèges, il n'y a pas de fièvre qui se propage plus vite que les flammes des grandes processions, et comme les manifestants arrivés des Champs-Élysées n'avaient pas songé une seconde à prendre des figures de circonstance, les trottoirs se disaient que Jaurès, s'il revenait tout à coup, serait probablement assez content de voir les gens joyeux d'être deux cent mille en son honneur, et que la chaussée était dans le vrai : c'est pourquoi les trottoirs se laissèrent séduire après avoir un moment hésité. Les hommes immobiles ne résistèrent plus aux hommes en mouvement, les spectateurs au spectacle, les taciturnes aux chanteurs, ils descendirent pour connaître le mouvement du fleuve ; Laforgue, Rosenthal et Bloyé perdirent ce qui leur restait de respect humain, ils s'y jetèrent aussi et se mirent à chanter.

Extrait de *La Conspiration*, 1938.

JEAN CASSOU

(1897-1986)

Il y a eu des Français

*Secrétaire de Pierre Louÿs dans sa jeunesse, Jean Cassou a siégé dans le cabinet de Jean Zay, le ministre de l'Éducation nationale du Front populaire. Résistant pendant la guerre, il a été emprisonné ; à la Libération il a refusé une nomination comme préfet de région pour revenir au musée d'Art moderne d'où il avait été chassé en 1940 (le musée venait d'ouvrir et il en était le conservateur en chef). Romancier, poète, il a écrit en prison des poèmes publiés clandestinement par les Éditions de Minuit (*Trente-trois Sonnets composés au secret*) et un exaltant essai,* La Mémoire courte *(1954), qui pourrait servir de contrepoids à l'abject* Uranus *de Marcel Aymé (1948) où résistants, collaborateurs, attentistes, tous se valent dans une morne glu.*

C'est là le point, c'est là le curieux et l'affreux de l'histoire : le fascisme, dont toute la France en [19]40 se trouvait possédée, comme d'une ensorcelante, envoûtante, irrésistible contagion, elle ne l'a finalement connu et pratiqué que par l'intermédiaire des Boches, exécuteurs de ses basses envies. On n'a pas opéré soi-même, tout au plus du bout des doigts. La grosse besogne, on y a délégué les Boches. Il n'y avait plus qu'à s'abandonner à l'événement sans penser, oh ! surtout sans penser. Voilà ce qui importe. De toutes les peurs qui ont travaillé notre pays au cours de ces années terribles, c’est celle-là la plus puissante, la Grande Peur : surtout, n’allez rien penser ! Lorsque éclata la drôle de guerre, le gouvernement prit bien soin de déclarer que ce n’était pas une guerre idéologique : il ne devait pas y avoir une seule idée dans cette guerre-là. D’aucuns, en effet, auraient pu s’imaginer qu’on se battait contre Hitler, contre le fascisme, et vous voyez le danger. De là à croire qu’on se battait pour le communisme il n’y avait qu’un pas. Heureusement Staline venait de signer son pacte avec Ribbentrop, rien à craindre de ce côté, on pouvait dormir tranquille, cette guerre ne signifiait rien du tout, c’était une guerre pour rien, et faire les choses pour rien équivaut à ne pas les faire, à ne rien faire, rien partout, quel bonheur !

Ne pas penser, ne pas comprendre, ne pas avoir d’idées. Cette question des Juifs, on l’a bien posée à Weygand, général battu et obéissant, quand il est passé devant la Commission d’enquête parlementaire, cette question et d’autres qu’il aurait pu se poser lui-même et qui étaient du ressort des choses morales, sociales, civiques, mais pas son affaire, affaire des intellectuels, des philosophes, histoire d’« états d’esprit » et « on ne se bat pas avec des états d’esprit », quoi ? on se croirait à Byzance, que diantre ! l’est pas philosophe, lui, pas confondre les généraux avec les philosophes, brr…, les généraux c’est des militaires, et les militaires c’est des brutes, s’pas, mon brav’général ?

C’est un raisonnement de cette sorte qu’ont dû se tenir les quelques célèbres artistes qui, durant l’occupation, se sont rendus à Weimar, pas pour voir Goethe qui n’était plus là, mais simplement les Boches et faire un petit tour au cœur de l’empire germano-sadique. Non pas que, pour la plupart, ils aient eu une mauvaise intention dont il y aurait lieu aujourd’hui de leur tenir compte, mais parce que, se disaient-ils sans doute, les peintres ne font pas de politique et se contentent de peindre des pommes et des fesses sans se préoccuper plus avant. Bien des écrivains, dont la fonction pourrait paraître de se préoccuper plus avant, ne l’ont pas fait davantage. On a entendu récemment à la radio Marcel Jouhandeau raconter comment, pendant la libération de Paris, il rencontra Henry de Montherlant au violon, où il était assez normal qu’on remisât un petit moment ces deux minces collaborateurs, et évoquer la noble figure qu’ils faisaient tous deux « dans cette atmosphère de tragique dérision ». On ne saurait douter, en effet, qu’ils ne se montrassent très supérieurs à cette circonstance tragiquement dérisoire qu'était la libération de Paris, et surtout à l'épouvantable danger qu'ils ont couru alors. Mais Jouhandeau portait un tome de Sainte-Beuve sous le bras et ce fut l'occasion pour nos deux stoïciens de parler de Port-Royal. Car ainsi se comportaient les sages antiques, et ainsi les victimes de la Terreur qui, dans la charrette, discouraient aussi de Port-Royal et lisaient Pascal. Ce Pascal qui, s'attendant à voir dans un livre un auteur, se réjouissait de trouver un homme. Et puis le contraire arrive : on croit trouver un homme, mais c'est un homme de lettres – et un piètre polisson. Ainsi tout s'est-il tourné en farce et au point que la farce elle-même tourne complètement sur elle-même, boucle sa boucle et se donne des airs de réalité, simule le sérieux, le grand et l'héroïque. Mais ce sont là jeux de quelques exceptionnels virtuoses. Passons.

Il y a remède aux maux qu'un pays souffre dans sa chair. Les défaites, les ruines, le sang versé, les plus cruelles destructions sont réparables. Mais les atteintes morales sont plus difficiles à guérir. Il en est qui semblent désespérées, celles, par exemple, qui ont précipité l'Allemagne au ban de l'humanité. Ce n'est pas pour rien que les philosophes allemands ont inventé la notion de conscience malheureuse. Le malheur de la conscience c'est d'être séparée, c'est cette différence où se complaît la conscience allemande, et qui est, bien sûr, une différence de supériorité ; seulement cette supériorité mène à l'absurde et au monstrueux, provoque en retour la juste haine et, à ce terme d'absolu, devient une malédiction. Être allemand, c'est être maudit, et cette situation est tragique. C'est une tragédie définitivement close, où il faut vivre éternellement, c'est l'enfer. La situation de la conscience française, telle qu'elle apparaît depuis quinze ans, n'est pas une tragédie ; elle est pire que cela, pire que l'enfer ; elle est un néant. Elle est inconscience, c'est-à-dire renoncement à elle-même, insensibilité à sa durée, oubli. Elle est négation de toutes choses qui furent toujours et sont, renversement du sens des mots qui servent à les désigner, et en leur place fantasmagorie d'illusions strictement présentes et immédiates, sans racines, sans corps, chimères vaines, mensongères et qui, elles, méritent bien le titre de dérisoires. Aucun acte n'a plus son auteur responsable, il est commis par quelque autre, plus puissant, ou bien il se fait de soi comme l'événement inéluctable, comme la fatalité, et ne peut s'expliquer que par des compromis, des équivoques, des sophismes, des spéciosités, spectraux raisonnements de spectres. Pourquoi, comment ce pays a-t-il été trahi ? Que parle-t-on de trahison ? Quelle trahison ? Où est la trahison ? Comment, sous quelle loi, dans quelle volonté et quel souci les gens de ce pays ont-ils vécu pendant ce temps ? Ce temps, quel temps ? Qu'ont-ils fait et pourquoi faire ? Tout s'en est allé en fumée, exactement à la façon d'un petit village qui s'appelait Oradour.

*

Pour chaque résistant, la Résistance a été une façon de vivre, un style de vie, la vie inventée. Aussi demeure-t-elle dans son souvenir comme une période d'une nature unique, hétérogène à toute autre réalité, sans communication et incommunicable, presque un songe. Il s'y rencontre lui-même à l'état entièrement libre et nu, une inconnue et inconnaissable figure de lui-même, une de ces personnes que ni lui ni personne n'a, depuis, jamais retrouvée et qui ne fut là en relation qu'avec des conditions singulières et terribles, des choses disparues, d'autres fantômes ou des morts. Si chacun de ceux qui ont vécu cette expérience la veut définir pour lui-même, il lui donnera un nom que l'on n'ose pas donner aux aspects ordinaires de la destinée et qui ne saura manquer d'étonner. Encore ne le prononcera-t-il qu'à voix basse, pour lui seul. Certains diront : aventure. Moi, ce moment de mon existence, je l'appelle, pour moi : le bonheur. Je m'excuse de parler de moi, mais c'est, je le répète, d'un de mes moi particuliers et qui n'est plus, et que, par conséquent, je puis considérer objectivement. Mais chacun, s'il évoque ce temps, doit parler de lui, qui fut alors le plus pur, c'est-à-dire le plus réduit de lui. C'est cet être infiniment réduit, réduit à sa plus simple expression, qui s'est trouvé engagé dans toute une richesse d'épreuves à quoi tous les hommes, toutes les valeurs humaines les plus précieuses étaient intéressées. Qu'on ne se choque donc point de l'égoïsme qui peut sembler se manifester ici : tout ce qui fut en jeu alors et qui est chose commune et de partage, idées, principes, causes, liberté, justice, patrie, peuple, histoire, démocratie, révolution, amour de l'homme, ne peut être avant tout conçu, senti que du point de vue d'une épreuve personnelle, sous une couleur et selon une mélodie personnelles. Au demeurant tout acte valable naît toujours de la solitude et de sa réflexion, même s'il tend à un service collectif.

Aussi bien tout en cette matière ne peut-il se mesurer qu'à l'aune de l'inouï, c'est-à-dire de l'insolite, de l'inconnu, du déraisonnable. Que fut la Résistance à son origine, c'est-à-dire au moment où une chose marque sa nature, commence d'être, sinon un refus absurde ? Absurde comme celui où s'opiniâtrent les exilés espagnols, comme tous les actes dont se rient et les faits et les sages qui reconnaissent les faits. On oublie et on a raison. Il est donc déraisonnable de rappeler. De rappeler comme je le fais, contre toute raison et vainement, l'atmosphère d'implacable accablement des semaines qui suivirent l'armistice et où un peu de conscience s'éveillait çà et là, une minuscule et vacillante protestation qui ne savait quelle forme, quelle expression elle pourrait bien prendre. On se cherchait à tâtons, dans l'obscurité. J'étais ainsi parvenu, avec quelques amis, à joindre le réseau du Musée de l'Homme[1], qui compta quelques-uns des premiers fusillés du Mont-Valérien, dont ces deux jeunes savants, Boris Vildé à l'œil clair dans un visage aigu et sarcastique, Anatole Lewitsky, têtu et taciturne. Nous nous étions adjoint Pierre Brossolette que nous étions allés trouver, Agnès Humbert et moi, dans la librairie de la rue de la Pompe où il avait échoué alors et où, avec sa femme, il vendait des gommes Éléphant aux potaches de Janson-de-Sailly. Il nous avait répondu froidement : « Tout est fini, ce pays n'existe plus, vous voyez où en sont les partis : le parti communiste ne bouge pas à cause du pacte ; le parti socialiste, dont je suis, est dans la décomposition ; le parti radical, n'en parlons pas, etc. Mais enfin, comme il faut bien faire quelque chose, même quand il n'y a plus rien à faire, je suis des vôtres. » On sait jusqu'où le mena cette décision désespérée. Mais il ne pouvait y avoir de décision que désespérée. Nous disposions, dans notre dispositif de fortune, d'un hôtel du côté de Saint-Lazare, où les soldats boches débarqués de la gare menaient grand train avec des filles, en bas, mais dont les chambres, aux étages, servaient de refuge à nos gens, et où j'allai trouver un jour l'homme qui venait de servir de guide, à travers la ligne de démarcation, à Paul Rivet, après qui courait la Gestapo. Je causai de nos petites affaires avec cet homme qui ne m'avait

1. Le réseau du Musée de l'Homme fut fondé, dès la mi-décembre 1940, à l'instigation de deux jeunes ethnologues, Boris Vildé et Anatole Lewitsky. Le bulletin ronéotypé *Résistance*, qu'il éditait, fut l'un des tout premiers journaux résistants. Vildé et Lewitsky furent fusillés en février 1942 au Mont-Valérien. *(Les notes de ce chapitre sont de Marc Olivier Baruch.)*

jamais vu et dont je n'ai su le nom – Ithier – que lorsque ce fut devenu le nom d'un fusillé. Notre entretien terminé, je me levai, mais avec le vague sentiment que nous ne pouvions nous quitter comme ça ; je cherchais quelque chose à lui dire ; une pudeur me retenait, la crainte que le mot qui sortirait ne fût par trop pompier. Nous n'avions pas l'habitude, on ne faisait que commencer, et puis nous étions si peu, oh ! si peu nombreux. Ce fut lui qui, dans sa simplicité populaire, trouva ce qu'il fallait dire. Il me serra la main et murmura : « Allons, il y a encore des Français. »

Il y avait encore des Français, oui, c'est tout ce qu'on pouvait dire en ce temps-là, et c'est tout ce qu'on peut dire de la Résistance. Alors qu'il n'y avait plus de France, il y a eu des Français, des naufragés, qui, inconsidérément et en dépit de toute considération, s'obstinaient à être.

C'est dans des conjonctures aussi paradoxales et pour des consciences de naufragés obstinés que les choses revêtent un aspect neuf, étrange, inconnu et qui, pourtant, soudain, apparaît comme leur réalité essentielle, la France, par exemple, ses campagnes, ses villes. Ce garçon ou cette fille, qui fait l'agent de liaison, et suit sa route à vélo, des messages chiffrés dissimulés dans sa doublure, tout à coup le paysage lui apparaît dans une extraordinaire vérité : cette rotondité des champs, cet espace, cet horizon, la France. Et lui, tout seul, menant sa besogne de fourmi et riant sous cape pour lui tout seul de la bonne farce, qui peut-être d'ailleurs est insignifiante, inutile. J'ai souvent éprouvé cette exaltation bouffonne, presque idiote, à courir les chemins, en espadrilles et mon baluchon à la main : hé ! hé ! monsieur l'inspecteur des MUR[1] de la zone Sud, ou bien, plus tard, titre encore plus présomptueux, monsieur le commissaire de la République se promène dans son secteur… Il y avait de quoi rire. Les villes, aussi, avec leurs rendez-vous furtifs au coin des rues, leurs réunions dans des appartements inconnus, dans des arrière-boutiques, leur énorme masse où les circuits habituels, les quartiers familiers se recomposaient bizarrement, les villes avaient un visage que je ne leur ai jamais trouvé depuis, Paris, Lyon, Montauban, Toulouse. Cette dernière, que j'ai longtemps habitée, je l'ai sentie vivre d'une vie si étrange, avec ses points signalés comme dangereux,

1. Les Mouvements unis de Résistance (MUR) furent créés à la fin de janvier 1943 par fusion des trois principaux mouvements de zone sud : Combat, Libération-Sud et Franc-Tireur.

ses cachettes et sous son apparence extérieure tant d'honnêtes gens, professeurs de l'Université, prêtres de l'Institut catholique, dirigeants de la CGT, fonctionnaires du Capitole[1] ou du Ravitaillement, boutiquiers, garagistes, cheminots, avocats, jouant le jeu et bien souvent comme des héros. Tel brave bureaucrate à binocles, qui en d'autres temps eût mené la plus banale et paisible des carrières, la Gestapo pouvait le suspendre au plafond, la tête en bas, et le fustiger jusqu'à ce qu'asphyxie commençât à s'ensuivre, puis le décrocher, le laisser souffler et recommencer : il ne parlait pas. Tel petit ingénieur tout jeune, aux yeux et à la voix d'enfant, la Milice pouvait le passer à la chaise électrique, dans sa chambre de tortures de la rue Fourtanier, en présence du sadique intendant de police Marty, de hideuse mémoire : il ne parlait pas. Et quand, découragés, les bourreaux relâchaient leurs victimes, celles-ci retournaient à leurs travaux. Humbles travaux accomplis par des humbles. Toute la ville était ainsi minée d'une sourde et irréductible activité qui, au terme, n'avait peut-être d'autre utilité que de maintenir la fermeté des cœurs.

Une seconde image de l'ambiguë jubilation dont je parle se situe en [19]44, dans les maquis du Lot depuis longtemps maîtres de tout le département où les Allemands ne tenaient plus que Cahors. Ils y étaient enfermés, n'en sortant que pour quelque razzia incendiaire et sanglante, et y rentraient serrés de près par les maquisards. Quand je faisais ce voyage du Lot, je descendais à Figeac où était la frontière entre la France occupée et ce paradoxal lambeau de France libre. Les SS nous avaient contrôlés dans le train, mais sur le quai de Figeac, les FTP[2], mitraillette au poing, examinaient les papiers et la mine des arrivants et, au sortir de la gare, le commissaire de la République que j'étais trouvait sa voiture à fanion tricolore brodé de la croix de Lorraine. C'est ainsi que j'eus le bonheur de présider une prise d'armes sur la place de Saint-Céré, de voir défiler les troupes du maquis, dans un ordre impeccable, et, rangées devant moi, de les haranguer. « Pendant quatre ans, leur dis-je entre autres choses, vous avez entendu un sinistre vieillard, un professeur de lâcheté et de trahison, vous tenir ce langage

1. Hôtel de ville de Toulouse.
2. Apparus en février 1942, les Francs-Tireurs et Partisans (FTP) étaient un mouvement de Résistance directement lié au parti communiste, même si des non-communistes en faisaient partie. Les FTP privilégiaient l'action militaire directe contre l'occupant.

sacrilège : *Français, que chacun de vous, chaque matin, en s'éveillant, se dise : je suis vaincu*[1]. Vous, soldats du maquis, soldats de la libération, quand vous vous éveillez à cinquante kilomètres de l'ennemi, quand vous revêtez votre uniforme de soldat d'une armée interdite, quand votre main saisit votre fusil de partisan, chacun de vous peut et doit se dire : Je suis vainqueur. »

Quelques jours après, et c'est ma troisième histoire, je me rendis à Mauriac, dans le Cantal, où avait lieu un grand rassemblement des responsables de la Résistance, et je faisais toute la route en voiture, précédé de deux FFI motards, à travers un pays entièrement maquisé. Mauriac ressemblait à une petite ville où a lieu un congrès, comme autrefois, un congrès de philatélistes ou de dentistes, ou un comice agricole, hôtels bondés, terrasses tumultueuses. Comme je me trouvais, un de ces jours extraordinaires, vers cinq heures de l'après-midi, dans une salle du premier étage de mon hôtel, buvant de la bière et discutant le coup avec des camarades, je ne sais plus lesquels, peut-être Corton, Rossini et Cheval, une grande rumeur, soudain, s'éleva de la rue et nous courûmes aux fenêtres ouvertes. C'étaient les journaux du soir. Un gamin criait les journaux du soir, *La France libre*, *La Voix du maquis*, les dernières nouvelles du front de Normandie, du front d'Italie. Le pharmacien d'en face était accouru sur le pas de sa boutique, la monnaie à la main. J'avoue que les larmes me montèrent aux yeux. Ce n'était rien, sinon justement la petite goutte d'eau qui fait déborder le vase de l'âme, le petit détail familier, quotidien, le coup de baguette féerique qui, tout à coup, après un sommeil de quatre années plus profond que la mort, réveillait cette vieille petite ville d'Auvergne, restituait en elle la couleur et le parfum de l'heure, l'heure des journaux du soir dans une vieille petite ville de province française.

Extrait de *La Mémoire courte*, 1953.

1. Dans un de ses discours, le maréchal Pétain indiqua qu'il se répétait tous les jours que la France avait été vaincue. Cette déclaration pour le moins maladroite fut largement reprise par la radio de Londres : le général de Gaulle qualifia ainsi, en octobre 1941, le chef de l'État français de « Père-la-Défaite ».

JEAN GALTIER-BOISSIÈRE

(1891-1966)

Une pagaïe charmante – L'armée Leclerc arrive à Paris

Galtier-Boissière était le fondateur du Crapouillot, *journal des tranchées railleur et anarchisant. Il était un fils de bourgeois. On n'a pas nécessairement l'idéologie de sa classe sociale. Romancier, polémiste, il est à son meilleur dans les mémoires.* Un hiver à Souchez *(1930) relate les horreurs du Front en Artois, où il se trouvait pendant la Première Guerre mondiale. Durant la Seconde, pro-gaulliste, il tient ses* Mémoires d'un Parisien, *plein de choses vues et de bons mots, comme Pétain surnommé le « Connétable du déclin ». Nous autres Français croyons nous rembourser de nos malheurs par de l'esprit. Bah ! D'autres boivent trois litres de vodka et redemandent du tsarisme. Le mot « pagaille » que Galtier exprime à propos de l'entrée de la 2ᵉ DB à Paris est le même qu'emploiera le lendemain de Gaulle à la marche sur les Champs-Élysées. Dans ses* Mémoires, *il a préféré écrire : « C'est la mer ! »*

---

25 août [1944]

À 9 heures, Lucienne entre dans le bureau, épanouie : « Les tanks de Leclerc défilent dans la rue Saint-Jacques ! »

Je me précipite avec Charlotte qui a jeté une robe de chambre sur sa chemise de nuit. Rue de la Sorbonne, on entend claquer les balles tirées des toits.

Rue Saint-Jacques, vision inoubliable : une foule vibrante entoure les chars d'assaut français hérissés de drapeaux et parsemés de bouquets. Sur chaque tank, sur chaque automitrailleuse, à côté des servants en tenue kaki de mécano et coiffés de petits calots roses, des grappes de jeunes filles, de femmes, de gamins, de fifis à brassard. Le peuple qui fait la haie applaudit, envoie des baisers, donne des poignées de main au passage, crie aux vainqueurs sa joie de la libération ! Ces soldats français – ce sont des spahis – sont dignes, charmants, bons enfants. Sans aucun cabotinage, ils reçoivent les remerciements de tout un peuple et sourient de leurs dents blanches dans des faces bronzées et lasses.

Nous suivons le cortège qui passe devant la barricade de la rue Saint-Jacques, traverse les rues pavoisées et s'arrête au parvis de Notre-Dame. Une colonne d'automitrailleuses défile sur le quai. Des jeunes filles se hissent le long des voitures pour donner des baisers aux poilus, des mères passent à bout de bras leurs enfants pour qu'ils les embrassent. Un opérateur de cinéma filme la scène.

Dans sa pagaïe charmante, ce défilé est cent fois plus émouvant que le solennel défilé de la victoire en 1919.

Extrait des *Mémoires d'un Parisien*, 1963.

NOTRE ILIADE

Le dernier moment héroïque de la France à ce jour est la guerre de 14-18. Argument contre l'héroïsme. Tant de vains assauts pour tant d'erreurs des états-majors ! Un général peut perdre, s'il est tant soit peu habile, il aura une rue à sa mort. Personne n'est plus protégé que les institutions. Quel gouvernement se permettrait de froisser l'armée ou la police ? Les rois français d'avant les Valois ont tenté d'imposer la légende d'une descendance des rois troyens : au début du XX*e siècle, la France a été ce territoire assailli et en partie envahi par un ennemi. On dit : « guerre mondiale » sans doute pour l'origine des belligérants, mais la plupart des batailles ont eu lieu en France. Je conserve des médailles et des sabres de ces hommes de ma famille qui ont contribué à ce que la France ne devienne pas l'Allemagne, l'un déjà prisonnier en Prusse après Sedan, un autre qui a devancé l'appel en 1916 et combattu à Verdun, dont il ne parlait jamais, sauf une fois à ma mère qui m'avait rapporté l'aumônier tué devant lui et les rats gras trottinant dans les tranchées (362 000 Français, 337 000 Allemands morts), d'un autre encore je détiens des carnets de guerre où, dès août 1914, il note avec stupéfaction la quantité des morts dans les villages qu'il traverse. Le chef d'état-major Falkenhayn est mort en 1922 sans avoir été jugé pour cela, jugé, c'est-à-dire fusillé. Pendant ce temps Guillaume II, l'ex-fanfaron de la Mort, arrosait ses géraniums en Hollande.*

Pour ceux qui déplorent la dureté du traité de Versailles de 1919, l'Allemagne n'en a jamais honoré les termes, au contraire de la France en 1871 qui avait subi des conditions bien plus féroces. Indemnités imposées par le traité de Versailles à l'Allemagne en 1919 : 8,3 % du revenu national. Jamais entièrement payées. Indemnités imposées par l'Allemagne à la France en 1871 : 13 % du revenu national. Payées en six mois. Dans Grandeurs et misères d'une victoire*, Clemenceau rappelle que le traité de Versailles a été incriminé dès les négociations, et d'abord par l'« ineffable groupe des mécontents : Robert Lansing, Keynes… », les Anglais le sapant selon lui tout de suite pour éviter une résurgence française.*

ÉLISABETH DE GRAMONT
(1875-1954)

Comme des somnambules
(août 1914)

Élisabeth de Gramont, duchesse de Clermont-Tonnerre, est l'autrice de cinq volumes de mémoires qui sont à ce jour parmi les meilleurs du XXe siècle français. Elle écrivait sec, un peu court, mais sans aucun des préjugés où s'engonçaient tant de gens de sa classe.

Depuis quelques semaines les draperies de l'ange exterminateur traînaient un peu partout. Une rumeur montait de la rue, passait par les chancelleries et retombait vide de sens sur un public inconscient. « Nous n'allons pas nous battre pour des Serbes ! » disait-on. Les vétérans de 70 hochaient la tête et ne désiraient pas la revanche, les enfants entrevoyaient de longues vacances, des femmes naïves fourbissaient le sabre de leur mari. Mais enfin le mot « guerre » n'avait pas encore pris forme.

Je respirais dans la ville de Paris une odeur de catastrophe bien plus saisissante que les propos inquiétants des journaux, et j'avais l'épigastre contracté par des pressentiments que seuls ont les animaux et les femmes aux heures de bouleversement. Comment n'a-t-on pas senti, venant de l'autre côté du Rhin, les effluves belliqueux du peuple allemand en ébullition, et tremblant sous l'impulsion de la guerre comme la corde d'un arc au moment où l'archer s'agenouille pour viser ? M. Sazonof a proposé… M. de Yagoff a répondu… M. de Bethman-Holweg a télégraphié… Ah ! que nous faisaient toutes ces dépêches à la veille des départs pour la mer ou la montagne ! Du brouhaha diplomatique, comme les autres années ; il faut bien que les diplomates échangent des dépêches.

L'Europe offrait pourtant à ce moment un effrayant ensemble. Guillaume II donne, dans les dépêches autrichiennes, des coups de crayon qui sont déjà des coups de mitraille et prépare l'ultimatum. ses ministres mentent ou se taisent. Pour rassurer l'opinion, le président de la République française accompagné par Viviani lève son verre en l'honneur de la Paix, entouré de la famille impériale russe, et se promène en landau à Saint-Pétersbourg avec les quatre petites grandes-duchesses, dont les cheveux blonds ou bruns sont soulevés par la brise de l'été. Au Quai d'Orsay, Philippe Berthelot enlève avec ses phrases le masque à l'ambassadeur d'Allemagne qui répond par un sourire. Affreux sourire !

[…]

Le 25 juillet je vais à l'église de Mortefontaine pour commémorer un anniversaire familial. Je revois mon père dans les allées du cimetière, s'abritant du soleil avec son canotier ; il répète nerveusement : « Je ne suis pas partisan de la guerre. » Je déjeune à Vallière. Les oiseaux chantent éperduement, la nature a pris cet air magnifique qui irrite aux heures troubles. Les Serbes font les frais de la conversation. Des jeunes gens insouciants disent : « Vais-je rejoindre mon corps d'armée ou partir pour le Touquet ? » La vie est facile, heureuse, tranquille, mais je sens la catastrophe imminente et il me faut rentrer à Paris.

Toute la journée je téléphone. Un de mes amis revient de Londres, il a causé avec Edward Grey qui lui a expliqué que l'Angleterre ne peut pas faire la guerre en ce moment ; elle n'a pas d'armée, l'opinion anglaise n'est pas préparée et les troubles irlandais l'accaparent. D'ailleurs le Foreign Office était mécontent de l'amitié franco-russe, il soupçonnait des ententes particulières et avait même répondu l'année d'avant, quand on lui demandait si l'Entente franco-anglaise serait efficace :

> *Je n'ai pas reçu communication officielle des termes de la nouvelle convention navale franco-russe. Aussi longtemps que ces méthodes prévaudront, il est vain de parler du poids des Ententes dans l'équilibre européen.*

Cette phrase suffit-elle à expliquer l'attitude anglaise de juillet 1914 ? L'ami influent connaît très bien l'Allemagne et l'Autriche ; sa certitude de la guerre me terrifie.

M. Tittoni, l'ambassadeur d'Italie, a déclaré d'une façon péremptoire que jamais l'Italie n'entrerait dans le conflit, et que c'était fort heureux pour la France qu'elle restât neutre.

Je repars pour Vallière avec mes enfants. Elles jouent au croquet avec leur grand-père qui calme ainsi son agitation. Je veux encore retourner à Paris, je parle de la guerre. « Ces femmes sont folles et nerveuses », s'écrie mon père. Je reçois une dépêche de mes cousins d'Irlande qui précisent la date de notre arrivée. Décidément l'Angleterre ne songe pas à la guerre.

Cependant je me rappelle qu'au mois de mars précédent j'étais allée à Londres, et qu'une rumeur bourdonnait à mes oreilles. On y parlait tant d'armements, de *dreadnoughts*, que j'en fis la réflexion à lady Rothschild. Elle me répondit : « Ce n'est rien, ce sont les spéculateurs. L'État a fait de grosses commandes et les chantiers gagnent beaucoup d'argent. » Mais Winston Churchill n'a-t-il pas dit à la Chambre des communes que la marine anglaise se devait toujours de lancer le double des unités de la marine allemande ? En attendant, les Anglais ne bronchent pas, et l'Autriche, la Russie mobilisent.

Ainsi que des somnambules nous partons pour la gare du Nord après avoir, comme d'habitude, rangé la maison pour l'été. Les rues sont encombrées d'une foule dense et hagarde, de voitures qui se dirigent vers les trains. Cela tient à la fois de l'émeute, du mardi gras et d'un départ général pour les grandes vacances. Les nerfs l'emportent sur les réflexions et on ne sait plus ce que l'on pense. Et nous apprenons que les événements ont pris un caractère alarmant. Je ne veux pas quitter la France, mais où aller, Seigneur, où aller avec mes deux petites filles et mes malles ? Ma femme de chambre allemande sanglote et vomit. Elle est inquiète parce qu'elle a épinglé sur le mur de sa chambre une litho en couleur de l'empereur Guillaume. Nous irons retrouver ma belle-sœur qui villégiature sur la côte normande.

J'arrivai à Bénerville le 29 juillet au soir. Des sentinelles, l'arme au poing, gardaient les voies et les ponts, mais la vue des soldats en pantalons garance n'est pas effrayante ; c'est un aspect familier d'une journée de grandes manœuvres. L'aînée de mes filles s'amusait à regarder son écharpe bleu ciel que le vent emportait par la portière. À l'arrivée, une grande affiche représentant Granier entourée d'un programme théâtral est d'une ironie atroce.

Villa Mon Rêve, je jette au milieu d'un bridge : « C'est la guerre ! » Les hommes se lèvent : « Eh bien, nous la ferons », s'écrient-ils joyeusement.

Les femmes de Deauville assombrissent leur tenue, les satins clairs disparaissent et les mères qui ont des fils de vingt ans ont des expressions spéciales quand elles lisent les « affiches » ; on ne dit pas encore le « communiqué ».

Jaurès vient d'être assassiné à Paris et sa mort passe presque inaperçue, c'est une nouvelle de plus, et moins sensationnelle que l'état de guerre décrété en Allemagne. Déjà les rails sont déboulonnés à Pagny-sur-Moselle et à Avricourt. Avricourt, la frontière ; la petite pancarte blanche où se détache en lettres noires le mot « Avricourt » devient le symbole de ce qu'il va falloir défendre.

Le 5 août 1914, la proclamation de Raymond Poincaré, président de la République française, est affichée à la même heure dans les communes de France.

Et sous le soleil olympien du mois d'août, au bord de la Manche qui jette son murmure éternel sur les plages, les hommes s'en vont avec une fierté allègre. La guerre est une affirmation de la virilité. Ils partent, en laissant derrière eux le troupeau des femmes et des enfants. En quelques minutes les hommes de nos villas s'en vont, frères, maris, serviteurs. Une poignée de main à l'anglaise, égalitaire pour tous ; ni pleurs ni baisers. Nous autres, les femmes, retombons affalées sur les canapés en cretonne fleurie. La ligne bleue de la mer étincelle entre le bois des balcons et les rayures des stores. Tordues d'anxiété par l'inconnu entré si vite dans nos maisons pour les vider, nous commençons à égrener dans l'air chaud l'interminable chapelet des propos stupides qui nous aide à tuer le temps, la seule matière qu'on nous laisse détruire. « Ce sera une terrible boucherie, mais elle ne durera pas plus de six semaines. » Après dîner nous marchons avec les huit enfants sur la grand'route vide, en passant devant ces villas où des élégantes du demi-monde s'apprêtaient à faire ripaille.

Le *Normandy* fermé à moitié perd son air de fête, le *Royal* va être transformé en hôpital. Les boutiques de luxe tirent leurs rideaux de fer, les agences de location sont vides et les étrangers disparaissent. Les autos sont réquisitionnées, le prix de l'essence monte, et les voitures à chevaux exigent cent francs pour monter la côte de Bénerville. Quelques personnes prudentes qui se rappellent 1870 cachent de petits sacs d'or dans leur corset, et une Israelite avisée emploie ses journées à transformer ses billets en métal ; d'autres achètent de l'essence.

Les mots nouveaux commencent à naître.

Le premier est le mot « espion ». Chaque fois que je descendais au marché, une effervescence y régnait. Des mégères sorties d'on ne sait où, le poing sur la hanche, éméchées, vociféraient des injures contre les saisonniers : « Sales étrangers, on va avoir leur peau. Regardez-moi ces grues avec leurs voiles et leurs chapeaux. Ça doit être des espionnes. » Un souffle de haine animait les vieilles femmes. Un matin je partis pour le département de l'Eure dans un vieux tacot. Pour le soulager pendant qu'il grimpe la côte, je mets pied à terre dans un village. Je suis assaillie par des territoriaux ivres, congestionnés, le képi sur l'oreille ; ils empoignent les commères : « Eh, dites donc, Maâme Bliet, si vous voulez que j'vous serv' de mari, j'suis là. » À ce moment ces bonnes femmes déjà chavirantes m'aperçoivent. « Ben, que qu'è fait, celle-là c'est p't'ête ben une espionne. — Moi, j'vous dis qu'c'est un garçon déguisé, j'l'ai vu sauter l'fossé, a'll'est trop leste pour eune femme. » La troupe m'entoure et s'approche. J'enlève mon polo : « Voyez mes cheveux ! — C'est vrai, ail'a des ch'veux. — Voilà mes papiers. — Euh, suivez-nous tout de même chez l'maire. — Avec plaisir, mais allons d'abord boire du vin blanc. » Je les entraîne chez le marchand de vin, leur paie une tournée et m'esquive. Le deuxième mot fut celui de « moratorium ». Le taux de l'escompte passe de 4 à 10 % en trois jours à Londres, où l'or se rafle dans les banques. Ici les banques sont fermées, l'argent est arrêté net dans sa course. Je donne ma dernière pièce d'or devant l'octroi de Trouville pour achever un petit paiement, et je n'ai jamais revu d'or français depuis cet instant. Puis vient le mot « coupure » et déjà des papiers sales et puants circulent. Les dépêches ne partent plus, et je ne sais comment prévenir les cousins qui là-bas dans le nord de l'Irlande persistent à nous attendre. « Impossible venir à cause guerre. Il est défendu de télégraphier le mot guerre. »

Les huit premiers jours d'août se brûlèrent dans une oisiveté fiévreuse et hébétée. Ceux qui restaient se rapprochaient ; ignorants, ils racontaient des histoires folles. X. avait mis quinze jours pour revenir de Marienbad ou de Carlsbadt. Mme W. avait été houspillée en Allemagne et battue avec des plats de sabre. M. Cambon, notre ambassadeur à Berlin, a été injurié et chassé brutalement. Le comte Szechen, ambassadeur d'Autriche, continue à venir lire tous les jours son journal au Cercle de l'Union. Je vais voir des amis sur la Côte. L'un d'entre eux a l'air d'un œuf au beurre noir tant il est décomposé ; cet homme de quarante ans n'aime pas quitter son foyer et répète : « La mobilisation n'est pas la guerre. »

[...]

Et les jours s'étirent dans la lumière de l'été indifférent.

Alors commence à se former un groupe spécial qui s'appellera l'arrière. On bivouaque autour des communiqués – les premiers – chez les Arago, les Straus, les Fabre-Luce, les Watel-Dehaynin, Trouvillais. Ces communiqués sont creux, de temps en temps un uhlan est pris sur la frontière alsacienne. Le 6 août, les Allemands entrent à Liège et les Belges dans l'Histoire, entraînés par le roi Albert Ier et la reine des Belges. L'armée française est à Mulhouse et nous sommes pleins d'espoir. Le général Joffre fait cette proclamation à l'Alsace :

Enfants de l'Alsace, après 44 années d'une douloureuse attente, des soldats français foulent à nouveau le sol de votre noble pays. Ils sont les premiers ouvriers de la grande œuvre de la revanche. Pour eux, quelle émotion et quelle fierté !

Pour parfaire cette œuvre, ils ont fait le sacrifice de leur vie ; la nation française unanimement les pousse, et dans les plis de leurs drapeaux sont inscrits les noms magiques du droit et de la liberté.

Vive l'Alsace.

Vive la France.

[...]

Le 21 août, coup de théâtre : les Allemands entrent à Bruxelles sans résistance. Un témoin assiste derrière ses persiennes au défilé interminable des troupes allemandes marchant au pas de l'oie, au son de la merveilleuse musique religieuse de Haëndel, et rien n'était plus impressionnant que la discipline de cette armée mystique qui traversait une ville à cinq heures du matin entre des volets clos.

À partir du 20 août la bataille de Charleroi se déroule ; les forces ennemies, supérieures sur le point d'attaque aux troupes françaises, les massacrent avec une artillerie lourde tirant à neuf kilomètres et au-delà, pendant que nos 75 ne ripostent qu'à sept ; l'aviation allemande est déjà capable de diriger le tir de l'artillerie, alors que la nôtre n'est pas encore organisée. Comment les Français auraient-ils pu gagner cette bataille de Charleroi avec une préparation aussi maigre ? En 1913, alors qu'il était président de la Commission de l'armée, Jaurès demandant le nombre de nos fusils fut épouvanté d'apprendre qu'il se bornait à deux millions, alors que douze millions étaient nécessaires. Mais les Français ne croyaient pas à la guerre. Et nos soldats furent bientôt obligés de se servir de fusils de hasard, fusils de chasse, fusils Gras. Le personnel du Creusot et des arsenaux avait été mobilisé dès août 1914 – la guerre ne devant pas durer plus de quatre mois. Ce fut Albert Thomas qui réintégra dans les usines ceux qui devaient fabriquer les munitions.

Avec Charleroi le voile illusion se déchire, et les Français commencent à appréhender le pire. Il ne s'agit plus de batailles rangées, de forces à peu près égales se combattant d'après les vieux principes ; les anciennes lois de la guerre sont périmées ainsi que le mot lui-même. Guerre signifie combat ; aujourd'hui c'est la destruction mathématique ; et un monstre conçu par la science des chimistes et des ingénieurs allemands descend vers Paris, lourd d'une cruauté insoupçonnée. Il n'y a qu'une ressource : la retraite, que le général Joffre organise pour sauver son matériel et ses hommes, ce qui permettra aux Français de se ressaisir et d'apprendre la nouvelle guerre en la faisant.

[…]

Les premiers convois de blessés arrivèrent pour être répartis dans les diverses formations sanitaires de la Croix-Rouge et des hôpitaux militaires. Des infirmiers en blouse blanche accompagnaient les civières jusqu'à la fraîcheur des lits neufs. Pauvres êtres grelottants, aux visages souvent cachés par des pansements, aux uniformes déchirés, sang, fièvre et poussière. Nous assistons pour la première fois à ce spectacle horrible et les infirmières tombent toutes à genoux. 550 kilomètres plus loin, chez nos ennemis, le spectacle est identique : mêmes soldats, mêmes femmes, même souffrance et même émotion.

Parmi nos blessés il y avait quelques Anglais et un fort contingent de Sénégalais. L'armée noire, amenée d'Afrique grâce à la prévoyance de Painlevé, avait fait merveille par son héroïsme et sa violence. Les nègres horripilaient les Allemands qui n'avaient pas de colonies pouvant leur fournir du matériel humain. De Charleroi jusqu'au dernier jour de l'occupation rhénane, ils entrèrent toujours en fureur à la pensée de combattre ou de supporter un Sénégalais ou un Marocain.

[…]

Les Allemands approchaient vertigineusement de Paris et peut-être envahiraient le Calvados. « Croyez-vous que les Allemands vont venir jusqu'ici ? Mais madame, qu'est-ce qu'ils viendraient faire à Deauville en temps de guerre ! »

Un jour le médecin-major nous réunit et nous lut la victoire de la Marne. Paris était sauvé. Mais ne savions-nous pas qu'il était impossible que Paris fut pris !

Nous retournâmes à nos pansements, pareilles au soldat de Waterloo qui, unité perdue derrière une ligne de peupliers, ignorait les péripéties de la bataille.

La Croix-Rouge fonctionnait, les hôpitaux militaires fonctionnaient, et, tristes, les journées passaient. L'équinoxe de septembre roula de gros nuages qui ternirent le ciel d'été, et les dames de l'hôpital rentrèrent à Paris, sauvé par miracle.

La cathédrale de Reims est bombardée, elle brûle, la toiture s'effondre et le plus grand chef-d'œuvre des âges gothiques est détruit par l'armée allemande. Les Allemands ne sont plus des Allemands, ils sont redevenus pareils à leurs ancêtres des forêts primitives, ce sont des Goths, des Wisigoths, des Huns, des Barbares. Le massacre des innocents, les atrocités de l'été 1914, Louvain, Reims détruits : taches indélébiles qui pourront s'oublier mais non pas s'effacer.

Extrait de *Clair de lune et taxi*, 1932.

HENRI BARBUSSE

(1873-1935)

Des allumettes dans les tranchées

Il n'y a pas tellement eu de bons prix Goncourt qu'on se prive de lire Le Feu, *même si Barbusse l'a obtenu pour des raisons plus patriotiques que littéraires, en 1916. Après un premier livre de poèmes intitulé* Pleureuses, *dans le goût de la période (1895), il se garde dans* Le Feu *du moindre apitoiement. Le titre* L'Enfer *était déjà pris, par lui-même outre Dante, pour un curieux roman de 1908 où un homme déprimé (le père de Roquentin, sans doute) perce un trou dans le mur de l'hôtel de province où il réside pour observer la vie des autres.*

Il est cinq heures du soir. On les voit tous les trois remuer au fond de la tranchée sombre.

Ils sont épouvantables, noirs et sinistres, dans l'excavation terreuse, autour du foyer éteint. La pluie et la négligence ont fait mourir le feu, et les quatre cuisiniers regardent les cadavres des tisons ensevelis dans la cendre et ces restes du bûcher d'où la flamme s'est envolée, s'est enfuie, et qui refroidissent là.

Volpatte chancelle jusqu'au groupe, et jette un bloc noir qu'il avait sur l'épaule.

— J'l'ai arraché à une guitoune sans que ça se voie trop.

— On a du bois, dit Blaire, mais faut l'allumer. Autrement, comment faire cuire c'te dure ?

— C'est un beau morceau, gémit un homme noir. D'la hampe. Pour moi, v'là le meilleur morceau de bœuf : la hampe.

— Du feu ! réclame Volpatte. Y a pus d'allumettes, y a pus rien.

— I' faut du feu, grognonne Poupardin, dont l'incertitude roule et balance, dans le fond de cette espèce de cage obscure, la stature d'ours.

— Y a pas à tourner, l'en faut, souligne Pépin qui émerge de sa guitoune, tel un ramoneur d'une cheminée. Il sort, apparaît, masse grise, comme de la nuit dans le soir.

— T'en fais pas, j'en aurai, déclare Blaire d'un accent où se concentrent la fureur et la résolution.

Il n'y a pas longtemps qu'il est cuisinier, et il tient à se montrer à la hauteur des circonstances difficiles dans l'exercice de ses fonctions.

Il a parlé comme parlait Martin César, du temps qu'il existait. Il vit à l'imitation de la grande figure légendaire du cuisinier qui trouvait toujours du feu, comme d'autres, parmi les gradés, essayent d'imiter Napoléon.

— J'irai, s'il le faut, déboiser jusqu'à l'os la camigeotte du poste de commandement. J'irai réquisitionner les allumettes du colon. J'irai…

— Allons chercher du feu.

Poupardin marche en tête. Sa figure est ténébreuse, pareille à un fond de casserole où, peu à peu, le feu s'est imprimé en sale. Comme il fait cruellement froid, il est enveloppé de toutes parts. Il porte une pelisse moitié peau de bique et moitié peau de mouton : mi-brune, mi-blanchâtre, et cette double dépouille aux teintes géométriquement tranchées le fait ressembler à quelque étrange animal cabalistique.

Pépin a un bonnet de coton si noirci et si luisant de crasse que c'est le fameux bonnet de coton en soie noire. Volpatte, à l'intérieur de ses passe-montagnes et lainages, ressemble à un tronc d'arbre ambulant : une découpure en carré présente une face jaune, en haut de l'épaisse et massive écorce du bloc qu'il forme, fourchu de deux jambes.

— Allons du côté de la 10e. Ils ont toujours ce qu'il faut. C'est sur la route des Pylônes, plus loin que le Boyau-Neuf.

Les quatre magots effrayants se mettent en marche, tel un nuage, dans la tranchée qui se déploie sinueusement devant eux comme une ruelle borgne, peu sûre, pas éclairée et pas pavée. Elle est d'ailleurs inhabitée en cet endroit, constituant un passage entre les secondes et les premières lignes.

Les cuisiniers partis à la recherche du feu rencontrent deux Marocains dans la poussière crépusculaire. L'un a un teint de botte noire, l'autre un teint de soulier jaune. Une lueur d'espoir brille au fond du cœur des cuisiniers.

— Allumettes, les gars ?

— Macache ! répond le noir, et son rire exhibe ses longues dents de faïence dans la maroquinerie havane de sa bouche.

Le jaune s'avance et demande à son tour :

— Tabac ? Un chouia de tabac ?

Et il tend sa manche réséda et son battoir de chêne frotté d'un brou de noix qui s'est déposé dans les plis de la paume – et terminé par des ongles violâtres.

Pépin grommelle, se fouille, et tire de sa poche une pincée de tabac mêlée de poussière qu'il donne au tirailleur.

Un peu plus loin, on rencontre une sentinelle qui dort à moitié au milieu du soir, dans des éboulis de terre. Ce soldat à moitié éveillé dit :

— C'est à droite, puis encore à droite, et alors tout droit. Ne vous gourez pas.

Ils marchent. Ils marchent longtemps.

— On doit être loin, dit Volpatte au bout d'une demi-heure de pas inutiles, et de solitude encaissée.

— Dis donc, ça descend bougrement, vous ne trouvez pas ? fait Blaire.

— T'en fais pas, vieux panneau, raille Pépin. Mais si t'as les grelots, tu peux nous laisser tomber.

On marche encore dans la nuit qui tombe… La tranchée toujours déserte – un terrible désert en longueur – a pris un aspect délabré et bizarre. Les parapets sont en ruines ; des éboulements font onduler le sol comme des montagnes russes.

Une appréhension vague s'empare des quatre énormes chasseurs de feu, à mesure qu'ils s'enfoncent avec la nuit dans cette sorte de chemin monstrueux.

Pépin, qui est à présent en tête, s'arrête, et tend la main pour qu'on s'arrête.

— Un bruit de pas… disent-ils à voix contenue, dans l'ombre.

Alors, au fond d'eux, ils ont peur. Ils ont eu tort de quitter tous leur abri depuis si longtemps. Ils sont en faute. Et on ne sait jamais.

— Entrons là, vite, dit Pépin, vite !

Il désigne une fente rectangulaire, à niveau du sol.

Tâtée avec la main, cette ombre rectangulaire s'avère pour être l'entrée d'un abri. Ils s'y introduisent l'un après l'autre : le dernier, impatient, pousse les autres, et ils se tapissent, à force, dans l'ombre massive du trou.

Un bruir de pas et de voix se précise et se rapproche.

Du bloc des quatre hommes qui bouche étroitement le terrier, sortent et se hasardent des mains tâtonnantes. Tout à coup, voici Pépin qui murmure d'une voix étouffée :

— Qu'est-ce que c'est que ça ?

— Quoi ? demandent les autres, serrés et calés contre lui.

— Des chargeurs ! dit à voix basse Pépin… Des chargeurs boches sur la planchette ! Nous sommes dans le boyau boche !

— Mettons-les.

Il y a un élan des trois hommes pour sortir.

— Attention, bon Dieu ! Bougez pas !… Les pas…

On entend marcher. C'est le pas assez rapide d'un homme seul.

Ils ne bougent pas, retiennent leur souffle. Leurs yeux braqués à ras de terre voient la nuit remuer, à droite, puis une ombre avec des jambes, se détache, approche, passe… Cette ombre se silhouette. Elle est surmontée d'un casque recouvert d'une housse sous laquelle on devine la pointe. Aucun autre bruit que celui de la marche de ce passant.

À peine l'Allemand est-il passé que les quatre cuisiniers, d'un seul mouvement, sans s'être concertés, s'élancent, se bousculent, courent comme des fous, et se jettent sur lui.

— Kamerad, messieurs ! dit-il.

Mais on voit briller et disparaître la lame d'un couteau. L'homme s'affaisse comme s'il s'enfonçait par terre. Pépin saisit le casque tandis qu'il tombe et le garde dans sa main.

— Foutons le camp, gronde la voix de Poupardin.

— Faut l'fouiller, quoi !

On le soulève, on le tourne, on relève ce corps mou, humide et tiède. Tout à coup, il tousse.

— Il n'est pas mort.

— Si, il est mort. C'est l'air.

On le secoue par les poches. On entend les souffles précipités des quatre hommes noirs penchés sur leur besogne.

— À moi l'casque, dit Pépin. C'est moi qui l'ai saigné. J'veux l'casque.

On arrache au corps son portefeuille avec des papiers encore chauds, ses jumelles, son porte-monnaie et ses guêtres.

— Des allumettes ! s'écrie Blaire en secouant une boîte. Il en a !

— Ah ! la rosse ! crie Volpatte, tout bas.

— Maintenant, donnons-nous de l'air en vitesse.

Ils tassent le cadavre dans un coin, et s'élancent au galop, en proie à une espèce de panique, sans se préoccuper du vacarme que fait leur course désordonnée.

— C'est par ici !... Par ici !... Eh ! les gars, faites vinaigre !

On se précipite, sans parler, à travers le dédale du boyau extraordinairement vide, et qui n'en finit plus.

— J'ai pus d'vent, dit Blaire, j'suis foutu...

Il titube et s'arrête.

— Allons ! mets-en un coup, vieux machin, grince Pépin d'une voix rauque et essoufflée.

Il le prend par la manche et le tire en avant, comme un limonier rétif.

— Nous y v'là ! dit tout d'un coup Poupardin.

— Oui, je r'connais c't'arbre.

— C'est la route des Pylônes !

— Ah ! gémit Blaire que sa respiration secoue comme un moteur. Et il se jette en avant d'un dernier élan, et vient s'asseoir par terre.

— Halte-là ! crie une sentinelle.

— Ben quoi ! balbutie ensuite cet homme en voyant les quatre poilus. D'où c'est-i' que vous venez, par là ?

Ils rient, sautent comme des pantins, ruisselants de sueur et pleins de sang, ce qui dans le soir les fait paraître encore plus noirs ; le casque de l'officier allemand brille dans les mains de Pépin.

— Ah ! merde alors ! marmonne la sentinelle, béante. Mais quoi ?...

Une réaction d'exubérance les agite et les affole.

Tous parlent à la fois. On reconstitue confusément, à la hâte, le drame dont ils s'éveillent sans bien savoir encore. En quittant la sentinelle à moitié endormie, ils se sont trompés et ont pris le Boyau International, dont une partie est à nous et une partie aux Allemands. Entre le tronçon français et le tronçon allemand, pas de barricade, de séparation. Il y a seulement une sorte de zone neutre aux deux extrémités de laquelle veillent perpétuellement deux guetteurs. Sans doute le guetteur allemand n'était pas à son poste, ou bien il s'est caché en voyant quatre ombres, ou bien s'est replié et n'a pas eu le temps de ramener du renfort. Ou bien encore l'officier allemand s'est fourvoyé trop en avant dans la zone neutre… Enfin, bref, on comprend ce qui s'est passé sans bien comprendre.

— Le plus rigolo, dit Pépin, c'est qu'on savait tout ça et qu'on n'a pas songé à s'en méfier quand on est parti.

— On cherchait du feu ! dit Volpatte.

— Et on en a ! crie Pépin. T'as pas perdu les flambantes, vieux manche ?

— Y a pas d'pet ! dit Blaire. Les allumettes boches c'est d'meilleure qualité qu'les nôtres. Et pis c'est tout c'qu'on a pour allumer ! Perd' ma boîte ! Faudrait un qui vienne m'en amputer !

— On est en r'tard. L'eau d'la croûte est en train d'g'ler. Mettons-en un coup jusque-là. Après, on ira raconter c'te bonne blague qu'on a faite aux Boches dans l'égout où sont les copains.

Extrait du *Feu*, 1916.

KATHERINE MANSFIELD

(1888-1923)

Une alerte à Paris en 1915

Les lettres de Katherine Mansfield sont écrites, *calculées, flatteuses et sincères, comme celles de Voltaire. Et autant de drôlerie, quoique plus tendre. Se plaignant dans l'une d'elles du compassé qu'elle rencontre en Suisse, elle ajoute : « Quant à la* purée de pommes de terre[1], *on a envie de l'appeler "ma tante". »*

Se trouvant à Paris au moment de cette lettre de 1915, elle logeait chez son ami Francis Carco, 13, quai aux Fleurs, sur la Seine. Carco était un jeune poète, n'ayant pas encore publié son premier et excellent roman, Jésus-la-Caille *(1916) ; elle-même n'avait donné que* Pension allemande *; Carco préfacerait la traduction française de* La Garden Party *en 1922. Dans ses* Souvenirs sur Katherine Mansfield *(1934), il raconte qu'il l'amenait, « en camarade », au bal musette ou dans les cafés-concerts. Un mois avant la lettre, le 19 février 1915, Carco étant mobilisé, Mansfield s'est rendue en train dans l'Est de la France, pour une visite de cinq jours à son ami, caporal-vaguemestre à Gray, près de Vesoul. Elle en a tiré la nouvelle « Le voyage indiscret » (*Quelque chose d'enfantin, *1924) : « À tous les ponts, les embranchements, les gares, il y avait un* petit soldat[1], *dont l'équipement essentiel paraissait être les godillots et la baïonnette. Il avait l'air abandonné et désolé, ressemblait à une image comique attendant que la légende soit écrite en dessous. Existe-t-il une chose telle que la guerre ?*

---

1. En français dans le texte.

Toutes ces voix qui rient vont elle est vraiment à la guerre ? [...] Mais vraiment, ma France adorée[1], *cet uniforme est ridicule. »*

Paris, lundi soir, 22 mars 1915

Je vous écris à la lueur d'une chandelle, pendant que la maison est silencieuse et bouclée : tout le monde est dans les caves. La trompette d'alarme a sonné il y a une heure. Toutes les lumières sont éteintes, à l'exception d'une seule sur le pont, très loin d'ici, et d'une autre au poste de police, au coin de la rue. J'ai regardé par la fenêtre ouverte. Les projecteurs balaient le ciel ; c'est très beau quand ils éclairent, l'un après l'autre, les nuages blancs. De temps à autre, quelqu'un passe, ou une carriole toute noire s'enfuit. Quand on a sonné l'alarme, les sirènes, les sifflets et les autos ont répondu. J'étais dehors ; en un instant, tout a été plongé dans l'obscurité – rien qu'une lueur par-ci par-là, quand un passant allumait une cigarette. Lorsque je suis arrivée au quai aux Fleurs, que j'ai vu tout le monde rassemblé aux portes, et que j'ai entendu les gens crier : « N'ALLEZ PAS COMME ÇA DANS LA RUE ! », j'ai été prise d'une sorte d'excitation. La concierge, les voisins, et un étrange petit vieux qui se met toujours en avant en toute occasion, tous m'ont demandé si je voulais descendre ; mais cette idée me répugnait ; je suis montée ici – bien entendu, le gaz était éteint – et je me suis mise à la fenêtre. Tout à coup, cela a été vraiment terrifiant. En vérité, j'ai failli en avoir mal au cœur ! Mais après cela, les choses extraordinaires qui avaient lieu, en particulier une conversation entre un homme à la fenêtre d'un cinquième et un maigriot sur le quai, m'ont fait passer mon mal d'estomac. Le colloque de ces deux hommes, leurs voix dans l'obscurité et ce qu'ils disaient, tout est inoubliable. De même qu'un idiot qui, les mains dans les poches, s'en vint le long du quai en sifflant et en criant dans un éclat de rire, comme de grosses gouttes de pluie commençaient à tomber : « MAIS ILS SERONT MOUILLÉS, CES CANAILLES D'OISEAUX ! » La pluie, les ténèbres, le silence, la voix des deux hommes, la beauté du fleuve et celle des maisons qui semblaient flotter sur l'eau… Ah ! Jack !

À l'instant, pendant que je vous écrivais cela, d'autres trompettes viennent de sonner. J'ai couru de nouveau avec la lampe dans la chambre et j'ai de nouveau ouvert la fenêtre. De tous côtés, on entendait des voix : « C'EST FINI ? » « FINI, ALORS ? » Les rares personnes qui étaient dans la rue ont couru follement après l'auto, puis se sont arrêtées.

J'ai été sur le palier avec ma grosse clé rouillée pour rouvrir le compteur, car il fait froid et je voulais du feu. Le petit vieux montait l'escalier ; naturellement je ne pouvais retrouver ni la lettre ni le numéro, et naturellement il savait tout cela. « ATTENDEZ ! ATTENDEZ ! VOULEZ-VOUS ALLER VOIR SI LE GAZ PREND ? » Il était encore bien plus sot que moi, mais je l'ai remercié et je me suis tirée d'affaire toute seule.

Ces alertes, en somme, ne sont pas drôles. Elles sont même très effrayantes ; et puis on éprouve une telle horreur à la pensée de ces choses ! C'est si cruel, si insensé ! Glisser ainsi dans le ciel en jetant une bombe n'importe où, c'est vraiment diabolique et révoltant.

(Là, voici encore les trompettes et les sifflets. Une nouvelle alerte ! Tout à recommencer encore une fois !...)

Extrait des *Lettres*, trad. Madeleine T. Guéritte, 1940.

MAURICE GARÇON

(1889-1967)

Le retour des permissionnaires

(Rouen 1915 et Paris 1916)

Des noms s'effacent, s'effacent, à juste titre si, sans génie particulier, les désignés ont obtenu les honneurs de leur vivant : il faut laisser la place à leurs semblables d'après. Et puis, des surprises posthumes. L'avocat Maurice Garçon, qui avait été élu en 1946 à l'Académie française après dix-sept ouvrages à sujet ésotérique ou judiciaire, dix-neuf ensuite, total trente-six livres remplaçables et remplacés par des équivalents ultérieurs, et mort en 1967, n'avait sans doute pas eu son nom imprimé depuis quarante-quatre ans quand, en 2015, a été publié son journal intime. On y découvre une personnalité curieuse, estimable, et des sur-le-vif d'un intérêt certain, en particulier sur les deux guerres mondiales. Pour la seconde, on voit qu'il n'était pas si difficile de se désillusionner de Pétain : il n'a fallu à Garçon, avocat de droite de cinquante ans, que huit jours après l'armistice. Il montre les policiers de Paris communiquant obligeamment aux Allemands les adresses des bordels de la ville. La précédente a été assassine, mais de meilleure tenue.

[Rouen, 8 août 1915]

Les permissionnaires reviennent du front depuis un mois. On leur accorde tantôt huit jours, tantôt quatre, ils ne sont point revenus depuis un an et ils se sont bien transformés.

Tout d'abord, ils sont devenus intransigeants dans leurs opinions et ils ont acquis je ne sais quel mépris immense du civil qu'ils étaient et qu'ils redeviendront. Ils croient être les seuls capables de raisonner et de penser. Ils sont catégoriques et absolus et n'admettent plus la réplique. Tout ce qui n'est pas eux a disparu de leur entendement et hors d'eux il ne saurait y avoir de salut. Ils sont d'autant plus orgueilleux qu'il se mêle dans leur sentiment je ne sais quelle jalousie cachée qui leur fait mépriser ceux qui sont demeurés et qu'ils envient un peu. Contrairement à ce que j'aurais cru, peu de ceux qui se sont réellement bien conduits racontent des histoires. Ils parlent assez peu de leurs exploits mais ils ne comprennent pas qu'on ne leur en parle pas. Quelques-uns sont bavards mais leurs histoires sont devenues banales parce que tous racontent les mêmes. Le mieux avec ceux-là est de se taire, ils n'exposent pas leur opinion, ils l'imposent ; il vaut mieux, sous peine de se voir insulter, conserver pour soi-même toute réplique.

Les uns et les autres se sont fixé un devoir. On leur a tant dit qu'ils étaient l'espoir de la race et qu'eux seuls étaient régénérés que, dans leur esprit, des légendes se sont formées par un singulier phénomène de psychologie collective.

Eux seuls servent à quelque chose et les civils de l'arrière sont de pauvres malheureux qui ont grand besoin de réconfort et de bons conseils. Ils ne les ménagent pas. Ils enseignent aux non-combattants qu'il faut avoir du courage dans l'adversité, et c'est comme un devoir pour eux d'expliquer que la fermeté d'âme est un grand bien. Ils sont si persuadés qu'on en a besoin qu'ils sont comiquement naïfs dans leurs conseils et leurs réflexions.

Les habitudes des tranchées les ont rendus inaptes à comprendre ce qui autrefois faisait le poli de leurs manières. Leur langage est grossier et cambronnien, ils s'expriment haut dans les lieux publics, ils mangent malproprement, ils écrasent les pieds des autres sous leurs grosses chaussures cloutées et, ce qui est le plus curieux, c'est qu'ils sont fiers de leur grossièreté. Plus ils sont mufles ou goujats, plus ils croient se montrer excellents guerriers ; et comme ils sont prêts à se disputer, voire même à se battre, avec n'importe qui à propos de n'importe quoi, ils estiment qu'ils sont supérieurs au reste de l'humanité qui, craintif, les regarde avec une stupeur mélangée de crainte.

Ils fument au nez des femmes, ils crachent sur les tapis, ils sont mal élevés. On dit que c'est le propre du bon soldat.

*

[Paris, janvier 1916]

Hier je voyais sortir de la gare de l'Est des hommes qui viennent en permission. Ils reviennent directement de la ligne de feu. Ils sont boueux d'une boue crayeuse et blanche qui est répandue sur leurs habits. Leur capote sale et maculée a pris des reflets de terre, ils ont à la main un bâton et sur la tête un casque à la bourguignotte.

Je les regardais passer de loin et leur allure me semblait familière. Je reconnaissais en eux je ne sais quelle forme déjà vue et je me suis représenté les soldats de Callot et tous ceux d'autrefois. Ce sont les mêmes. Ils ont la même forme, la même apparence, la même démarche. Le temps a passé et les guerriers sont demeurés semblables. Ce sont les identiques militaires. Ils ont d'ailleurs pris les mêmes pensées. Nos soldats d'occasion sont devenus des soldats de métier. Ils ne désirent plus qu'à peine leurs permissions. Ils ont perdu beaucoup de l'esprit de famille. Ils songent moins à leurs femmes. Ils sont devenus indifférents, en grande partie paresseux, bavards, ils parlent comme des enfants et les femmes elles-mêmes s'habituent à l'éloignement. Lors des premières permissions, les gares étaient emplies de pleurs et de gémissements. Maintenant le mot habituel est :

— Ne t'en fais pas.

Et ils partent.

Extrait du *Journal 1912-1939*, posth., 2022.

BLAISE CENDRARS

(1887-1961)

« Tout le front ne parlait que de Charlot »

Dans les Mémoires d'un esthète *(1948), Harold Acton parle des D'Annunzio et autres Kipling juste avant la guerre de 14-18 : « Un seul artiste se distinguait dans cette foule encombrée de démagogues et de médiocrités, un petit homme avec une moustache mobile, des pantalons bouffants, un chapeau rond et une canne. Charlie Chaplin illuminait nos jours les plus sombres. » Cendrars témoigne de cette séduction extraordinaire jusque dans les tranchées. Le personnage de Charlot (« The Tramp », le vagabond, en langue anglaise, Charlot en plusieurs autres langues que le français, notamment en espagnol et en italien) a été une sorte d'ange consolateur des soldats dans les tranchées françaises et anglaises.*

Charlot est né au front. Jamais je n'oublierai la première fois que j'ai entendu parler de lui. C'était au bois de la Vache, par une soirée d'automne, pluvieuse et détrempée. Nous pataugions dans la boue, en sentinelles perdues, dans un entonnoir de mine, qui se remplissait d'eau, quand Garnier, dit Chaude-Pisse, vint nous rejoindre, retour de permission. C'était en 1915. Garnier était le premier permissionnaire de notre demi-section de hardis patrouilleurs. Il radinait tout droit de Paris. Toute la nuit il ne nous parla que de Charlot. Qui ça, Charlot ? Garnier était plein comme une bourrique. Je crois que Charlot était une espèce de frangin à lui. Et il nous fit bien rigoler avec ses histoires.

À partir de ce soir-là et de huit en quinze jours, chaque fournée de permissionnaires nous ramenait de nouvelles histoires de Charlot et, nous autres, pauvres bougres, qui attendions notre tour d'aller en permission (on nous avait oubliés, nous sommes restés quatre-vingt-douze jours sans décoller de ce petit poste du bois de la Vache), nous nous faisions salement engueuler quand nous posions des questions pour savoir ce qu'il y avait de neuf à Paris.

« Non mais des fois, t'as besoin de savoir Paname ? R'gardez-le donc, c'salé, qui n'a pas vu Charlot ! La ferme, hein ! »

Nous nous taisions.

Tout le front ne parlait que de Charlot. À la roulante, au ravitaillement, à la corvée d'eau ou de pinard, le téléphoniste au bout du fil, la liaison dans le PC, le vaguemestre qui apportait les babillardes et, jusqu'à ces babillardes elles-mêmes, d'un copain à l'hosteau ou d'une marraine distinguée, jusqu'à ces babillardes elles-mêmes qui ne nous parlaient que de Charlot.

Un matin que je descendais au rapport du capiston, sale, dégueulasse, avec une barbe de soixante jours, les pantalons déchirés par les barbelés, je tombais en plein sur un groupe de joyeux artilleurs qui mettaient une pièce en batterie et qui m'accueillirent au cri de : « Tiens, v'là Charlot ! » Et tous d'éclater de rire.

Qui ça Charlot ? J'en restais rêveur. J'aurais bien voulu connaître ce nouveau poilu qui faisait se gondoler le front.

Charlot, Charlot, Charlot. Charlot dans toutes les cagnas et, la nuit, l'on entendait rire jusqu'au fond des sapes. À gauche et à droite, et toute la ligne des poilus derrière nous, on se trémoussait. Charlot, Charlot, Charlot.

La ligne d'en face, par contre, restait dure, et en dressant l'oreille, nous entendions de notre petit poste avancé le « *Wer da ?* » des sentinelles allemandes. Charlot était français.

Un jour, ce fut enfin mon tour d'aller en perme. J'arrivai à Paris. Quelle émotion en sortant de la gare du Nord, en sentant le bon pavé de bois sous mes godillots et en voyant, pour la première fois depuis le début de la guerre, des maisons pas trop chahutées. Après avoir salué la tour Eiffel ; je me précipitai dans un petit ciné de la place Pigalle. Je vis Charlot.

C'était Lui. Lui, le petit étudiant pauvre dont je partageais la misérable chambre, à Londres, vers 1909, ce pauvre petit étudiant en médecine qui lisait Schopenhauer toute la journée et qui, le soir, encaissait des coups de pied au cul dans un brillant music-hall où Lucien Kra, aujourd'hui éditeur, triomphait comme champion du monde de diabolo et où je jonglais moi-même des deux mains, car, alors, j'avais encore mes deux mains…

Charlot ! Quelle bosse je me suis payé !

— Hé, soldat, on ne rit pas comme ça. C'est la guerre ! me dit un digne monsieur de l'arrière.

— Merde, je viens voir Charlot !

Il ne pouvait pas comprendre. Je riais aux larmes…

Extrait de « Charlot », 1931, repris dans *Aujourd'hui*, 1957.

JEAN COCTEAU

(1889-1963)

Le défilé de la victoire

Cocteau crépite. Après la guerre, il était très jeune, un directeur de journal a eu la bonne idée de lui confier des articles de reportage. Du haut du clocher de la France, avec son profil de girouette (ceci est une simple observation physique), Cocteau a ressenti les vents qui caresseraient les Français, cette sensibilité prémonitoire étant un de ses nombreux talents. En rien d'avant-garde : celle-ci est trop en avance pour que la troupe capte en même temps qu'elle ; juste quelques minutes. Le premier défilé du 14 juillet après l'armistice du 11 novembre a eu lieu le 14 juillet 1919, sous le nom « défilé de la victoire » ; idée nouvelle, car celle d'un défilé militaire en temps de paix, si peu libérale, avait été inventée par un pays vaincu ; le premier avait eu lieu en 1880, alors que, neuf ans auparavant, nous avions perdu la guerre contre la Prusse.

---

14 juillet 1919

Cette nuit, l'Arc de Triomphe est le milieu du monde. Son gros aimant attire la foule que nous voyons d'en haut comme une ferraille. Pleine lune.

L'obscurité arrange le décor d'une Babylone de cinéma italien. Grâce aux projecteurs, aux feux de Bengale, au magnésium des photographes, l'Arc de Triomphe se couvre d'ombres. Il bouge, il penche, il grouille, il est habité, tatoué de fantômes ; il en passe dessus qui prennent la forme de ses bas-reliefs. Dessous, ne dirait-on pas que les morts se bousculent ? Car leur fête est dessous. Il y en a de toutes les tailles ; ils n'arrêtent pas de gesticuler, de tourner en silence contre les voûtes.

Si j'étais enfant, ce spectacle me remplirait de crainte. La dame de carton-pâte éclairée comme une actrice mange-t-elle des hommes ? Ou bien je croirais qu'on brûle les morts de la guerre.

Des échelles rouges conduisent à l'urne qui termine le cénotaphe.

Demain matin, l'Arc de Triomphe redeviendra la selle d'un éléphant bleu. Cette nuit, il est la maison d'une idole qui fume, qui réclame des offrandes, qui marchera toute seule pour livrer passage au cortège.

14 juillet, de 7 à 11 heures

Comme le sang d'une personne émue se porte à la figure, les maisons vides ont tout leur monde à la façade ; l'idole jaune a bougé. L'Arc de Triomphe est libre.

Au cirque, pendant l'entracte, les enfants s'amusent sur la piste. Depuis deux jours, la foule s'amuse sur la piste du défilé ; la foule *défile* et met ses pieds où le cheval de Foch posera ses sabots.

Ce matin, la foule s'exerce aux acclamations. Elle acclame un cycliste, un chien qui traverse, un monsieur en redingote qui se renseigne auprès du chef de la police.

Mutilés que des dames de la Croix-Rouge poussent dans des chaises roulantes pleines de roses.

Régates.

En arrivant, on voyait le port au bout des rues, on entendait même la mer ; on voyait des mâtures blanches, des oriflammes, des voiles.

Des familles habitent les arbres, marchent sur les toits en pente. La tour Eiffel nickelée au soleil. Le passage du poème de Cendrars se réalise : *Le soleil ouvrira de bonne heure comme un marchand de nougat un jour de fête*.

Tous les immeubles sont des paquebots qui partent. Mouchoirs agités. L'*Astoria*, paquebot anglais. Les soldats laissent pendre leurs jambes au bord du bastingage. Nos lanciers préparent le lit du fleuve, car à huit heures on verra ce prodige d'un fleuve bleu qui rentre chez lui, qui remonte à sa source et passe sous le pont de l'Étoile.

Des coups de canon, des fusées, un militaire qui agite un drapeau sur l'Arc de Triomphe annoncent que le cortège approche.

On ne détaille pas un fleuve. Je note vite les épisodes principaux.

Le maréchal Foch et le maréchal Joffre. Le maréchal Foch très pâle. Le maréchal Joffre tient son bâton sous le bras, son cheval s'obstine à l'emporter vers la gauche. Le public l'aime, il est un fétiche. Voici le général Pershing raide sur un cheval rose. Ses troupes s'arrêtent, piétinent et repartent comme les girls de music-hall.

Les marins, enroulés dans les cors d'argent, jouent le fox-trot à la mode.

Les Belges : leurs petits clairons de cuivre rouge, leur couleur de dune, leurs étendards sur l'épaule, leurs décorations violettes.

Un vide précède les Anglais. Une grande foire s'approche derrière les arbres. Ils débouchent, musique en tête. Tambour-major. Grosse caisse. L'homme drapé de léopard jongle avec ses baguettes. Les marins aux larges chapeaux de paille. Douglas Haig et ses lanciers sur des chevaux semblables à des favoris de course. Fanions rouge et or.

Calme. Équilibre. Élégance. Les étendards multicolores, pliés comme les mouchoirs dans les manches. Hindous. Highlanders. Les jupes, les figures rouges, les cornemuses. Les Italiens aux ordres bleu Sainte Vierge. Le mystérieux état-major japonais. Les Grecs aux jambes de laine blanche, des pompons noirs au bout de leurs sabots. Les Polonais qui ressemblent à nos gendarmes ; les Serbes, les Tchéco-Slovaques à béret bleu de roi.

Sambre-et-Meuse. Le soleil cassé en miettes dans mille miroirs des périscopes allume les clairons que nos troupiers embouchent après un coup de poignet inimitable. Pétain passe sur un cheval blanc. Les flaques d'hommes bleus reflètent le ciel. Bleu, bleu, bleu. Le bleu beau temps, le bleu Cézanne. Le général de Castelnau, son crêpe au bras. Les ombres de trois fils l'escortent.

Gendarmes. Braves pompiers aux épaulettes de laine. Chez nous les rangs se relâchent, on profite des haltes. On bavarde, on arrange ses bandes, on cligne de l'œil aux spectatrices. L'aumônier en soutane. Il passe à grandes enjambées. Les drapeaux, sales dentelles faites par les victoires. Les charmeurs de fourragères, leur petit serpent rouge autour du bras.

Le général Gouraud. Il salue de la main gauche. Un jeune homme lui offre une fleur. Il ne peut la prendre. Il la repousse avec un geste d'une grâce extraordinaire.

Le soleil arrive au centre de l'avenue. Les soldats traînent leur ombre. Le général Mangin, habitué aux pompes de Bayreuth, répond à la foule par des saluts de théâtre.

Les nègres. La Légion. Le soleil monte. L'ombre des hommes s'écourte. Catalans. Tirailleurs. Voici la « Nouba » que j'entendis à Nieuport sous la neige. On dirait la musique sur laquelle David dansait devant l'arche. Voici les zouaves, les fusiliers marins qui ont le plus charmant uniforme du monde, les chefs goumiers de laine blanche et d'ocre. Ils vécurent tous côte à côte près de la mer du Nord.

Le soleil disparaît.

Après la cavalerie aux trompettes grêles et l'artillerie dont les caissons manquent de fleurs, de feuillages, les autocanons et les tanks ferment la marche.

Le peuple se déverse et cherche M. Clemenceau dans toutes les automobiles.

La lumière d'une étoile est si longue à venir sur terre que nous la voyons parfois après que l'étoile est éteinte. Ainsi, le quartier de la République est en train d'attendre la grande image d'Épinal qui s'éloigne de nous pour toujours.

Extrait de *Carte blanche*, 1920.

HEURES TRISTES

Un peuple glorieux est souvent un peuple qui a embêté les autres. L'examen montre que certains se tiennent plus ou moins bien. Avec tous leurs défauts, les Français n'ont pas tenté des reichs de mille ans, ni organisé des goulags ou des laogai, ni enfermé des femmes de pays conquis dans des bordels forcés pour leurs soldats, ni pratiqué une politique d'eugénisme, ni théorisé leur supériorité, sauf en matière de langage, où nous sommes arrivés à des délires, somme toute inoffensifs, sur l'universalité du français. Rivarol, Discours sur l'universalité de la langue française, *1784. (La langue française, rationnelle. Le verbe vêler. « Nous vêlons. » Quelles vaches parlent ? « Tu vêles » : à laquelle s'adresse-t-on ?) Qu'on ne croie pas que l'universalisme, ce chantage aux minorités, ait été inventé par la Révolution française. C'est plus ou moins au nom de cet idéal d'uniformité que des Français ont toujours massacré des Français d'autres croyances, d'autres opinions politiques, d'autres* mœurs.

Les Français n'aiment pas la liberté, ils aiment la contestation. Une manifestation, puis ils rentrent chez eux tranquilles, persuadés d'avoir embêté le gouvernement. De là que nous nous sommes créé ce pays si coutumier et si raide qu'il nous a toujours été impossible de changer de régime sans une révolution ou une guerre. Le compromis est inconnu des Français, à cause de leur principal vice : vouloir avoir raison. Un Français se tuerait, non, tuerait son contradicteur plutôt que de reconnaître qu'il s'est trompé. De là bien de nos défaites. Et puis, des malheurs, ceux-là universels, les épidémies. La plus grande tristesse est que l'égalité des humains ne se fasse pas dans les plaisirs.

GUILHEM DE TUDÈLA

(v. 11..-12..)

Les massacres de Béziers

Mark Twain aimait dire que les Français formaient un peuple de massacreurs. Il oubliait ce qui était arrivé aux indigènes de son pays, sans doute. La croisade des Albigeois a laissé dans le Sud-Ouest des traces séculaires. J'ai connu un très vieux métayer audois qui jurait entre ses dents d'un mot que l'on m'avait expliqué : ce qu'il disait, en accentuant fortement sur la deuxième syllabe, était « Amaury ! », du probable nom d'Amaury de Montfort, participant à ladite croisade. Savait-il même d'où venait son juron, Évariste ? Natif de Navarre, Guilhem de Tudèla – qu'il n'y a pas plus de raison de langue-d'oïlliser en Guillaume de Tudèle que d'appeler le peintre Véronèse Boniface Véronais, moins même, car cela reviendrait à entériner jusque par son nom la défaite des Occitans contre lesquels des Français du Nord s'étaient croisés, comme contre les mahométans, aurait composé son chant entre 1212 et 1214 (complété anonymement vers 1218). L'Église, une, sainte, catholique et apostolique a inventé l'Inquisition en faveur de ces Français vaincus, grâce au concile de Toulouse en 1229. Nos frères espagnols n'ont bénéficié de ces bontés que deux siècles plus tard.

Les bourgeois de la ville, les jeunes et les chenus, les petits et les grands savent qu'il *[Raymond-Roger de Trencavel, vicomte de*

Béziers] est arrivé. Aussitôt et en hâte ils sont venus à lui. Il leur dit de se défendre vigoureusement, que sous peu ils seront bien secourus. « Je m'en irai, dit-il, par le chemin battu là-bas vers Carcassonne où je suis attendu. » Sur ce, il sort promptement. Les Juifs de la ville le suivirent ; les autres restent dolents et attristés. L'évêque de la ville, qui était un excellent homme, entra dans Béziers ; et quand il fut descendu à l'église cathédrale, où il y a mainte relique, il leur dit comment les croisés se sont mis en route ; qu'avant d'être vaincus, faits prisonniers, tués, avant d'avoir perdu leurs biens et leurs meubles, *[il leur conseillait de rendre la ville aux croisés, les assurant*[1]*]* qu'on leur rendra aussitôt ce qu'ils auront perdu. Sinon ils seront dépouillés de tout, massacrés au glaive d'acier émoulu, sans plus de retard.

Quand l'évêque eut terminé son discours, leur ayant dit et exposé ce qu'il avait à dire, il les prie de s'accorder avec le clergé avec la croisade plutôt que d'être passés au fil de l'épée. Mais à la majorité du peuple sachez que ce projet n'agrée point ; loin de là, ils disent qu'ils se laisseraient noyer dans la mer, plutôt que de consentir à ces propositions, et que les croisés n'auront dû leur un denier vaillant pour qu'ensuite leur seigneur soit remplacé par un autre. Ils n'imaginent pas que l'ost puisse durer, *[ils croient]* qu'avant quinze jours elle se sera dispersée, car ils *[les croisés]* occupent bien une grande lieue de long ; à peine tiennent-ils en chemin ni en route. Ceux de Béziers croient leur cité si fortement fermée, et *[si bien]* close et garnie de murs tout à l'entour, que d'un mois tout entier *[les croisés]* ne la sauraient forcer. Salomon dit à la reine de Saba la sage, que de ce que fol pense bien souvent peu de chose se réalise. Quand l'évêque connut que la croisade était engagée, que *[les habitants]* ne prisaient son exhortation une pomme pelée, il remonta sur la mule qu'il avait emmenée, et s'en alla vers l'ost qui s'est mise en route. Ceux qui sortirent de la ville avec lui sauvèrent leur vie, et ceux qui restèrent le payèrent cher. Aussitôt qu'il le put, sans plus tarder, l'évêque a fait son récit à l'abbé de Cîteaux ainsi qu'aux autres barons qui l'ont bien écouté, qui les tiennent *[les habitants]* pour gent sotte et insensée. Ils savent bien que la mort les attend, et le tourment et la peine.

Ce fut à la fête de la Madeleine que l'abbé de Cîteaux amena sa grande ost ; tout à l'entour de Béziers elle campe par la plaine.

1. Passage proposé par Paul Meyer pour suppléer à une possible lacune.

Maintenant je crois que pour les habitants se préparent les tourments et la peine, l'ost de Ménélas, à qui Paris enleva Hélène, ne dressa des tentes aussi nombreuses au port, sous Mycènes, ni autant de riches pavillons, la nuit, en plein air, que l'ost des Français. À part le comte de Brienne, il n'y eut baron en France qui n'y fit sa quarantaine[1]. Pour les barons de la ville ce fut alors une mauvaise étrenne lorsqu'on leur conseilla[2]... Ils passèrent toute la semaine à escarmoucher. Or entendez ce que faisaient ces vilains qui sont plus fous et simples que la baleine : avec leurs bannières blanches de grosse toile ils vont courant par l'ost criant à haut voix ; ils croient les épouvanter, comme on chasse des oiseaux d'un champ d'avoine, en criant, huant, en agitant leurs drapeaux, au matin quand il fait grand jour.

Quand le roi des ribauds les vit escarmoucher contre l'ost des Français, et brailler et crier, et tuer et mettre en pièces un croisé français après l'avoir précipité en bas d'un pont, il appelle tous ses truands et les rassemble. À haute voix ils s'écrient : « Allons les assaillir ! » Aussitôt dit, ils vont s'armer chacun d'une massue : ils n'ont rien de plus, je crois ; ils sont plus de quinze mille sans chaussure. En chemise et en braies ils se mettent à aller tout à l'entour de la ville pour abattre les murs ; dans les fossés ils se jettent et se mettent à saper, tandis que d'autres brisent les portes et les font voler en éclats. Les bourgeois, à cette vue, s'épouvantent ; et ceux de l'ost crient : « Allons tous nous armer ! » Alors vous verriez une telle presse pour entrer dans la ville ! De vive force ils font quitter les murs à ceux de dedans ; *[ceux-ci]* prennent leurs femmes et leurs enfants et s'en vont à l'église et font sonner les cloches : ils n'ont pas d'autre refuge.

Les bourgeois de la ville virent venir les croisés et le roi des ribauds qui va les envahir, et les truands sauter de toutes parts dans les fossés, et briser les murs et ouvrir les portes, et les Français de l'ost s'armer en grande bâte. Ils savent bien en leur cœur qu'ils ne pourront tenir : ils se réfugient au plus vite dans le grand moutier[3] ; les prêtres et les clercs s'allèrent revêtir et font sonner les cloches, comme s'ils allaient dire une messe des morts, pour un enterrement. À la fin ils ne purent empêcher les truands d'entrer, qui

1. Qui n'y servit les quarante jours imposés pour gagner l'indulgence attachée à cette expédition.
2. Passage corrompu.
3. L'église de la Madeleine.

saisissent les maisons à leur plaisir, car ils pouvaient bien choisir chacun dix maisons s'il lui plut. Les ribauds étaient échauffés ; la mort ne les effrayait pas. Ils tuèrent et massacrèrent tout ce qu'ils purent trouver, et prirent et saisirent les grandes richesses. Ils en seront riches à tout jamais, s'ils les peuvent garder : mais avant peu il les leur faudra lâcher, car les barons de France voudront s'en mettre en possession quoiqu'elles aient été prises par les ribauds.

Les barons de France et ceux du côté de Paris, les clercs et les lais, les princes et les marquis, les uns et les autres sont convenus entre eux qu'en toute ville où l'ost se présenterait et qui ne voudrait pas se rendre avant d'être prise, ils passeraient *[les habitants]* au fil de l'épée et les tueraient ; ensuite ils ne trouveraient personne qui tint contre eux, pour la peur qu'on aurait, et à cause de ce qu'on aurait vu. Montréal, Fanjaux[1] et les autres se laissèrent ainsi prendre ; et sans cela, je vous jure ma foi que les croisés ne les auraient pas encore conquis de vive force. Voilà pourquoi *[les habitants]* furent à Béziers détruits et mis à mal : tous ils *[les croisés]* les occirent : ils ne peuvent leur faire pis. Ils massacraient tous ceux qui s'étaient réfugiés dans le moutier ; rien ne put les sauver, ni croix, ni autel, ni crucifix ; et ces fous ribauds mendiants massacraient les clercs, et femmes et enfants, tellement que je ne crois pas qu'un seul en soit échappé. Dieu reçoive les âmes, s'il lui plaît, en paradis ! car je ne pense pas que jamais, depuis le temps des Sarrazins, si sauvage massacre ait été résolu ni accompli. Les goujats se sont installés dans les maisons qu'ils ont prises, qu'ils trouvent toutes garnies et bourrées de richesses. Mais les Français, quand ils le virent, peu s'en faut qu'ils n'enragent : dehors ils les jettent à coup de triques, comme des mâtins, et mettent dans les maisons les chevaux et les roncins[2], car les forces passent le pré[3].

Les ribauds et leur roi pensèrent jouir de l'avoir qu'ils avaient pris, et en être riches à tout jamais. Quand on le leur eut enlevé, ils s'écrient tous d'une voix : « Au feu, au feu ! » les misérables truands punais[4]. Alors qu'ils apportent des torches aussi grandes qu'un[5]… La cité s'enflamme et l'effroi se répand. La ville tout entière brûle, en long et en travers. Ainsi Raoul de Cambrai brûla et

1. Montréal et Fanjaux furent pris après Carcassonne.
2. Mauvais chevaux.
3. Bon gré mal gré, les grands ciseaux tondent le pré (proverbe).
4. Qui sentent mauvais.
5. Passage non élucidé.

ruina une riche cité qui est près de Douai[1]. Ensuite sa mère Alazais l'en blâma fort, et pour cela il la pensa frapper au visage. Quand ils sentirent le feu, chacun se retira en arrière ; alors brûlent les maisons et toutes les grandes salles. Bien des casaques y brûlent, bien des heaumes et des gambaisons[2] qui furent faits à Chartres, à Blaye ou à Édesse, et nombre de bonnes robes qu'il fallut laisser. Et tout le moutier brûla, qu'avait fait maître Gervais ; par le milieu il se fendit par l'effet de la chaleur, et deux pans en tombèrent.

Extrait de *La Chanson de la croisade des Albigeois*,
trad. et notes Paul Meyer, 1879.

1. Le moutier d'Origny, dans la chanson de Raoul de Cambrai.
2. Vêtements rembourrés.

CHARLES D'ORLÉANS
(1394-1465)

« En regardant vers le pays de France »

Je ne sais plus quel écrivain remarquait que si tel personnage de théâtre était un général, c'est que son auteur avait voulu que ses pensées soient prises au sérieux par les spectateurs. Fait prisonnier à Azincourt où il commandait l'armée française, il avait vingt ans, Charles d'Orléans n'est libéré qu'un quart de siècle plus tard, en 1440. Il avait longtemps regardé vers le pays de France, pour reprendre le titre de son poème, probablement écrit en 1433. Un prince qui a des malheurs, et voilà un poème qui tient six siècles. Il faut avoir été un voyou, comme Villon, pour durer aussi longtemps.

En regardant vers le païs de France,
Un jour m'avint, a Dovre sur la mer,
Qu'il me souvint de la doulce plaisance
Que souloye oudit pays trouver ;
Si commençay de cueur a souspirer,
Combien certes que grant bien me faisoit
De voir France que mon cueur amer doit.

Je m'avisay que c'estoit non savance
De telz souspirs dedens mon cueur garder,
Veu que je voy que la voye commence
De bonne paix, qui tous biens peut donner ;

Pour ce, tournay en confort mon penser.
ais non pourtant mon cueur ne se lassoit
De voir France que mon cueur amer doit.

Alors chargay en la nef d'Esperance
Tous mes souhaitz, en leur priant d'aler
Oultre la mer, sans faire demourance,
Et a France de me recommander.
Or nous doint Dieu bonne paix sans tarder !
Adonc auray loisir, mais qu'ainsi soit,
De voir France que mon cueur amer doit.

ENVOI

Paix est tresor qu'on ne peut trop loer.
Je hé guerre, point ne la doy prisier ;
Destourbé m'a longtemps, soit tort ou droit,
De voir France que mon cueur amer doit.

*

En regardant vers le pays de France,
Un jour m'advint, à Douvres sur la mer,
Qu'il me souvint de la douce plaisance,
Que je soulais[1] au dit pays trouver ;
Et commençai de cœur à soupirer,
Combien certes que[2] grand bien me faisait
De voir France que mon cœur aimer doit.

Je m'avisai que c'était non savance[3]
De tels soupirs dedans mon cœur garder ;
Vu que je vois que la voie commence
De bonne paix, qui tous biens peut donner ;
Pour ce, tournai en confort mon penser,
Mais non pourtant mon cœur ne se lassait
De voir France que mon cœur aimer doit.

Alors chargeai en la nef d'Espérance
Tous mes souhaits, en leur priant d'aller

1. Avais pour habitude.
2. Bien que.
3. Une erreur.

Outre la mer, sans faire demeurance,
Et à France de me recommander,
Or nous donne Dieu bonne paix sans tarder !
Adonc aurai loisir, mais qu'ainsi soit,
De voir France que mon cœur aimer doit.

ENVOI

Paix est trésor qu'on ne peut trop louer
Je hais guerre, point ne la doit priser ;
Destourbé[1] m'a longtemps, soit tort ou droit,
De voir France que mon cœur aimer doit.

Vers 1433 ; graphie modernisée par Charles Dantzig.

1. Destourber : empêcher, contrecarrer.

MARGUERITE DE VALOIS
(1553-1615)

La nuit de la Saint-Barthélemy

Le massacre de la Saint-Barthélemy a eu un mariage pour cause. C'est parce que les seigneurs protestants de province viendraient à Paris pour célébrer la noce du parpaillot Henri de Navarre avec la catholique Marguerite de France (ou Marguerite de Valois[1]*) que les catholiques fanatiques ont décidé de frapper ce jour-là. Les La Force, protestants du Languedoc, y ont survécu à un enfant près. Un ami les prévient qu'un attentat se prépare, qu'ils fuient ! « Impossible, répond le père, mon fils est malade, nous restons à Paris. » Le jour de la Saint-Barthélemy, il est assassiné, son fils aîné de quinze ans aussi, et le cadet de treize passe pour l'être, sous les cadavres de son père et de son frère. Quelques heures plus tard arrivent des vide-goussets qui, remarquant des bagues à cette petite main, tentent de les arracher. « Chut ! dit l'enfant. Je ne suis pas mort. » On dirait du Victor Hugo ; et d'ailleurs l'histoire a peut-être été arrangée par des générations de raconteurs. L'enfant est devenu le maréchal de La Force qui a gagné tant de batailles et en a été récompensé avec un duché par Louis XIII.*

Une chose poétique à imaginer est que Marguerite de France, sœur des trois derniers rois Valois et première femme du premier roi Bourbon, avant d'habiter dans un hôtel qu'elle s'est fait construire sur la Seine, rive gauche, du côté de la rue des Saints-Pères (il a disparu) après l'annulation de son mariage (qui

---

1. Voir son portrait par Brantôme *infra*, p. 771.

l'avait laissée vague reine de France pendant dix ans), a un temps habité dans le ravissant hôtel de Sens (lui tout à fait debout), sur l'autre rive, près du quai des Célestins. Quel goût exquis avaient les Français à la fin du XV*e siècle !*

[1572] Quelques jours après il se parla du mariage du prince de Navarre, qui maintenant est notre brave et magnanime roi, et de moi. La reine ma mère, étant un jour à table, en parla fort longtemps avec M. de Méru, parce que la maison de Montmorency étaient ceux qui en avaient porté les premières paroles. Sortant de table, il me dit qu'elle lui avait dit de m'en parler. Je lui dis que c'était chose superflue, n'ayant volonté que la sienne qu'à la vérité, je la supplierais d'avoir égard combien j'étais catholique, et qu'il me fâcherait fort d'épouser personne qui ne fut de ma religion. Après, la reine, allant en son cabinet, m'appela et me dit que MM. de Montmorency lui avaient proposé ce mariage, et qu'elle en voulait bien savoir ma volonté ; à quoi je répondis n'avoir ni volonté ni élection que la sienne je la suppliais de se souvenir que j'étais fort catholique. Au bout de quelque temps, les propos s'en continuant toujours, la reine de Navarre, sa mère, vint à la cour, où le mariage fut du tout accordé avant sa mort, à laquelle il se passa un trait si plaisant qu'il mérite non d'être mis en l'histoire, mais de ne le passer sous silence entre vous et moi.

Mme de Nevers, de qui vous connaissez l'humeur, étant venue avec M. le cardinal de Bourbon, Mme de Guise, Mme la princesse de Condé, ses sœurs, et moi, au logis de la feue reine de Navarre à Paris, pour nous acquitter du dernier devoir dû à sa dignité et à la proximité que nous lui avions, non avec les pompes et cérémonies de notre religion, mais avec le petit appareil que permettait la huguenoterie, à savoir, elle dans son lit ordinaire, les rideaux ouverts sans luminaire, sans prêtres, sans croix et sans eau bénite ; et nous, nous tenant à cinq ou six pas de son lit avec le reste de la compagnie, la regardant seulement. Mme de Nevers, qu'en son vivant elle avait haïe plus que toutes les personnes du monde, et elle lui ayant bien rendu et de volonté et de parole, comme vous savez qu'elle en savait bien user à ceux qu'elle bayait, part de notre troupe, et avec plusieurs belles, humbles et grandes révérences, s'approche de son lit, et lui prenant la main la lui baise puis avec une grande révérence pleine de respect, se met auprès de nous. Nous, qui savions leur haine, estimant cela…

Quelques mois après, ledit prince de Navarre, qui lors s'appelait roi de Navarre, portant le deuil de la reine sa mère, y vint accompagné de bien huit cents gentilshommes tous en deuil, qui fut reçu du roi et de toute la cour avec beaucoup d'honneur ; et nos noces se firent peu de jours après avec autant de triomphe et de magnificence que de nul autre de ma qualité ; le roi de Navarre et sa troupe y ayant laissé et changé le deuil en habits très riches et beaux, et toute la cour parée comme vous savez, et le saurez trop mieux représenter ; moi habillée à la royale avec la couronne et couët d'hermine mouchetée, qui se met au-devant du corps, toute brillante de pierreries de la couronne, et le grand manteau bleu à quatre aunes de queue portée par trois princesses ; les échafauds dressés à la coutume des noces des filles de France, depuis l'évêché jusques à Notre-Dame, tendus et parés de drap d'or, nous vînmes à la porte de l'église ; le peuple s'étouffant en bas à regarder passer sur cet échafaud les noces et toute la cour, nous vînmes à la porte de l'église, où M. le cardinal de Bourbon y faisait l'office de ce jour-là, où nous ayant reçu pour dire les paroles accoutumées en tel cas, nous passâmes sur le même échafaud jusques à la tribune qui sépare la nef d'avec le chœur, où il se trouva deux degrés, l'un pour descendre audit chœur, l'autre pour sortir par la nef hors l'église. Le roi de Navarre s'en allant par celui de la nef hors de l'église…

Nous étant ainsi, la fortune, qui ne laisse jamais une félicité entière aux humains, changea bientôt cet heureux état de noces et triomphe en un tout contraire, par cette blessure de l'amiral, qui offensa tellement tous ceux de la religion, que cela les mit en un dernier désespoir. De sorte que l'aîné Pardaillan et quelques autres des chefs des huguenots en parlèrent si haut à la reine ma mère, qu'ils lui firent penser qu'ils avaient quelque mauvaise intention. Par l'avis de M. de Guise et de mon frère le roi de Pologne, qui depuis a été roi de France, il fut pris résolution de les prévenir ; conseil de quoi le roi Charles ne fut nullement, lequel affectionnait fort M. l'amiral, M. de La Rochefoucauld, Téligny, La Noue, et quelques autres des chefs de la religion, desquels il se pensait servir en Flandre. Et, à ce que je lui ai depuis ouï dire à lui-même, il y eut beaucoup de peine à l'y faire consentir ; et sans ce qu'on lui fit entendre qu'il y allait de sa vie et de son État, il ne l'eût jamais fait. Et ayant su l'attentat que Maurevert avait fait à M. l'amiral du coup de pistolet qu'il lui avait tiré par une fenêtre, d'où le pensant tuer il resta seulement blessé à l'épaule, le roi Charles se doutant bien que ledit Maurevert avait fait ce coup à la suscitation de M. de Guise, pour la vengeance de la mort de feu M. de Guise, son père, que ledit amiral avait fait tuer de même façon par Poltrot, il en fut en si grande colère contre M. de Guise, qu'il jura qu'il en ferait justice. Et si M. de Guise ne se fût tenu caché tout ce jour-là, le roi l'eût fait prendre. Et la reine ma mère ne se trouva jamais plus empêchée qu'à faire entendre audit roi Charles que cela avait été fait pour le bien de son État, à cause de ce que j'ai dit ci-dessus de l'affection qu'il avait à M. l'amiral, à La Noue et à Téligny, desquels il goûtait l'esprit et la valeur, étant prince si généreux qu'il ne s'affectionnait qu'à ceux en qui il reconnaissait telles qualités. Et bien qu'ils eussent été très pernicieux à son État, les renards avaient su si bien feindre qu'ils avaient gagné le cœur de ce brave prince, pour l'espérance de se rendre utiles à l'accroissement de son État, et en lui proposant de belles et glorieuses entreprises en Flandre, seul attrait de cette âme grande et royale. De sorte que, bien que la reine ma mère lui représentât en cet accident que l'assassinat que l'amiral avait fait à M. de Guise rendait excusable son fils, si n'ayant pu avoir justice, il en avait voulu prendre même vengeance ; qu'aussi l'assassinat qu'avait fait ledit amiral de Charry, mestre de camp de la garde du roi, personne si valeureuse, et qui l'avait si fidèlement assistée durant sa régence et la puérilité dudit roi Charles le rendrait bien digne de tel traitement ; bien que telles paroles pussent bien faire juger au roi Charles que la vengeance de la mort dudit Charry n'était pas sortie du cœur de la reine ma mère, son âme passionnée de douleur de la perte des personnes qui, comme j'ai dit, il pensait lui être un jour utiles, offusqua tellement son jugement, qu'il ne put modérer ni changer ce passionné désir d'en faire justice, et commanda toujours qu'on cherchât M. de Guise, que l'on le prît, qu'il ne voulait point qu'un tel acte demeurât impuni.

Enfin comme Pardaillan découvrit par ses menaces au souper de la reine ma mère la mauvaise intention des huguenots, et que la reine vit que cet accident avait mis les affaires en tels termes, que si l'on ne prévenait leur dessein la nuit même ils attenteraient contre le roi et elle, elle prit résolution de faire ouvertement entendre audit roi Charles la vérité de tout et le danger où il était, par M. le maréchal de Raiz, de qui elle savait qu'il le prendrait mieux que de tout autre, comme celui qui lui était plus confident et plus favorisé de lui. Lequel le vint trouver en son cabinet le soir, sur les neuf ou dix heures, et lui dit que comme son serviteur très fidèle il ne lui pouvait celer le danger où il était, s'il continuait en la résolution qu'il avait de faire justice de M. de Guise, pour ce qu'il fallait qu'il sût que le coup de l'amiral n'avait point été fait par M. de Guise seul, mais que mon frère le roi de Pologne, depuis roi de France, et la reine ma mère avaient été de la partie qu'il savait l'extrême déplaisir que la reine ma mère reçut à l'assassinat de Charry, comme elle en avait très grande raison, ayant lors peu de tels serviteurs qui ne dépendissent que d'elle, étant, comme il savait, du temps de sa puérilité, toute la France partie, les catholiques pour M. de Guise, et les huguenots pour le prince de Condé, tendant et les uns et les autres à lui ôter sa couronne, qui ne lui avait été conservée, après Dieu, que par la prudence et vigilance de la reine sa mère, qui en cette extrémité ne s'était trouvée plus fidèlement assistée que dudit Charry ; que dès lors il savait qu'elle avait juré se venger dudit assassinat ; qu'aussi voyait-il que ledit amiral ne serait jamais que très pernicieux en cet État, et que, quelque apparence qu'il fît de lui avoir de l'affection et de vouloir servir sa majesté en Flandre, il n'avait autre dessein que de troubler la France que son dessein d'elle n'avait été en cet effet que d'ôter cette peste de ce royaume, l'amiral seul ; mais que le malheur avait voulu que Maurevert avait failli son coup et que les huguenots en étaient entrés en tel désespoir, que ne s'en prenant pas seulement à M. de Guise, mais à la reine sa mère et au roi de Pologne son frère, ils croyaient aussi que le roi Charles même en fût consentant, et avaient résolu de recourir aux armes la nuit même. De sorte qu'il voyait sa majesté en un très grand danger, fût ou des catholiques, à cause de M. de Guise, ou des huguenots, pour les raisons susdites.

Le roi Charles, qui était très prudent, et qui avait été toujours très obéissant à la reine ma mère, et prince très catholique, voyant aussi de quoi il y allait, prit soudain résolution de se joindre à la reine sa mère, et se conformer à sa volonté, et garantir sa personne des huguenots par les catholiques ; non sans toutefois extrême regret de ne pouvoir sauver Téligny, La Noue, et M. de La Rochefoucauld. Et lors allant trouver la reine sa mère, envoya quérir M. de Guise et tous les autres princes et capitaines catholiques, où fut pris résolution de faire, la nuit même, le massacre de la Saint-Barthélemy. Et mettant soudain la main à l'œuvre, toutes les chaînes tendues, le tocsin sonnant, chacun courut sus en son quartier, selon l'ordre donné, tant à l'amiral qu'à tous les huguenots. M. de Guise donna au logis de l'amiral, à la chambre duquel Besme, gentilhomme allemand, étant monté, après l'avoir dagué, le jeta par les fenêtres à son maître M. de Guise.

Pour moi, l'on ne me disait rien de tout ceci. Je voyais tout le monde en action ; les huguenots désespérés de cette blessure ; MM. de Guise craignant qu'on n'en voulut faire justice, se suchetant tous à l'oreille. Les huguenots me tenaient suspecte parce que j'étais catholique ; et les catholiques parce que j'avais épousé le roi de Navarre, qui était huguenot. De sorte que personne ne m'en disait rien, jusques au soir qu'étant au coucher de la reine ma mère, assise sur un coffre auprès de ma sœur de Lorraine, que je voyais fort triste, la reine ma mère parlant à quelques-uns m'aperçut, et me dit que je m'en allasse coucher. Comme je lui faisais la révérence, ma sœur me prend par le bras, et m'arrête en se prenant fort à pleurer, et me dit : « Mon Dieu, ma sœur, n'y allez pas. » Ce qui m'effraya extrêmement. La reine ma mère s'en aperçut, et appela ma sœur, et s'en courrouça fort à elle, lui défendant de me rien dire. Ma sœur lui dit qu'il n'y avait point d'apparence de m'envoyer sacrifier comme cela, et que sans doute, s'ils découvraient quelque chose, ils se vengeraient sur moi. La reine ma mère répond que s'il plaisait à Dieu, je n'aurais point de mal ; mais quoi que ce fût, il fallait que j'allasse, de peur de leur faire soupçonner quelque chose.

Je voyais bien qu'ils se contestaient et n'entendais pas leurs paroles. Elle me commanda encore rudement que je m'en allasse coucher. Ma sœur fondant en larmes me dit bon soir, sans m'oser dire autre chose ; et moi je m'en vais toute transie, éperdue, sans me pouvoir imaginer ce que j'avais à craindre. Soudain que je fus en mon cabinet, je me mets à prier Dieu qu'il lui plût me prendre en sa protection, et qu'il me gardât, sans savoir de quoi ni de qui.

Sur cela le roi mon mari qui s'était mis au lit, me mande que je m'en allasse coucher ; ce que je fis, et trouvai son lit entouré de trente ou quarante huguenots que je ne connaissais point encore, car il y avait fort peu de jours que j'étais mariée. Toute la nuit ils ne firent que parler de l'accident qui était advenu à M. l'amiral, se résolvant, dès qu'il serait jour, de demander justice au roi de M. de Guise, et que si on ne la leur faisait, qu'ils se la feraient eux-mêmes. Moi j'avais toujours dans le cœur les larmes de ma sœur, et ne pouvais dormir pour l'appréhension en quoi elle m'avait mise sans savoir de quoi. La nuit se passa de cette façon sans fermer l'œil. Au point du jour, le roi mon mari dit qu'il voulait aller jouer à la paume, attendant que le roi Charles serait éveillé, se résolvant soudain de lui demander justice. Il sort de ma chambre, et tous ses gentilshommes aussi. Moi voyant qu'il était jour, estimant que le danger que ma sœur m'avait dit fut passé, vaincue du sommeil, je dis à ma nourrice qu'elle fermât la porte pour pouvoir dormir à mon aise.

Une heure après, comme j'étais plus endormie, voici un homme frappant des pieds et des mains à la porte, criant : « Navarre ! Navarre ! » Ma nourrice pensant que ce fût le roi mon mari court vitement à la porte et lui ouvre. Ce fut un gentilhomme nommé M. de Léran, qui avait un coup d'épée dans le coude, et un coup de hallebarde dans le bras, et était encore poursuivi de quatre archers, qui entrèrent juste après lui en ma chambre. Lui se voulant garantir se jeta sur mon lit. Moi sentant cet homme qui me tenait, je me jette à la ruelle, et lui après moi, me tenant toujours au travers du corps. Je ne connaissais point cet homme, et ne savais s'il venait là pour m'offenser, ou si les archers en voulaient à lui ou à moi. Nous criions tous deux et étions aussi effrayés l'un que l'autre. Enfin Dieu voulut que M. de Nançay, capitaine des gardes, y vint, qui me trouvant en cet état-là, encore qu'il y eût de la compassion, ne se put tenir de rire ; et se courrouçant fort aux archers de cette indiscrétion, il les fit sortir, et me donna la vie de ce pauvre homme qui me tenait, lequel je fis coucher et panser dans mon cabinet jusques à temps qu'il fut du tout guéri. Et changeant de chemise, parce qu'il m'avait toute couverte de sang, M. de Nançay me conta ce qui se passait, et m'assura que le roi mon mari était dans la chambre du roi, et qu'il n'aurait point de mal. Me faisant jeter un manteau de lit sur moi, il m'emmena dans la chambre de ma sœur, Mme de Lorraine, où j'arrivai plus morte que vive, où entrant dans l'antichambre, de laquelle les portes étaient toutes ouvertes, un gentilhomme nommé Bourse, se sauvant des archers qui le poursuivaient, fut percé d'un coup de hallebarde à trois pas de moi. Je tombai de l'autre côté presque évanouie entre les bras de M. de Nançay, et pensais que ce coup nous eût percés tous deux. En étant quelque peu remise, j'entrai en la petite chambre où couchait ma sœur. Comme j'étais là, M. de Miossans, premier gentilhomme du roi mon mari, et Armagnac, son premier valet de chambre, m'y vinrent trouver pour me prier de leur sauver la vie. Je m'allai jeter à genoux devant le roi et la reine ma mère pour les leur demander ; ce qu'enfin ils m'accordèrent.

Cinq ou six jours après, ceux qui avaient commencé cette partie, connaissant qu'ils avaient failli à leur principal dessein, n'en voulant point tant aux huguenots qu'aux princes du sang, portaient impatiemment que le roi mon mari et le prince de Condé fussent demeurés. Et connaissant qu'étant mon mari, que nul ne voudrait attenter contre lui, ils ourdissent une autre trame. Ils vont persuader à la reine ma mère qu'il me fallait démarier. En cette résolution étant allée un jour de fête à son lever, que nous devions faire nos pâques, elle me prend à serment de lui dire vérité, et me demande si le roi mon mari était homme, me disant que si cela n'était, elle aurait moyen de me démarier. Je la suppliai de croire que je ne me connaissais pas en ce qu'elle me demandait (aussi pouvais-je dire lors à la vérité comme cette Romaine, à qui son mari se courrouçant de ce qu'elle ne l'avait averti qu'il avait l'haleine mauvaise, lui répondit qu'elle croyait que tous les hommes l'eussent semblable, ne s'étant jamais approchée d'autre homme que de lui) ; mais quoi que ce fût, puisqu'elle m'y avait mise, j'y voulais demeurer ; me doutant bien que ce qu'on voulait m'en séparer était pour lui faire un mauvais tour…

Extrait des *Mémoires*, 1re éd. posth., 1628 ;
graphie modernisée par Charles Dantzig.

VOLTAIRE

(1694-1778)

La mort du chevalier de La Barre
(1766)

La justice en France est moins bien rendue par les juges que par les écrivains. Si certains n'avaient pas exprimé leur indignation, Calas et Dreyfus seraient restés infâmes. L'indignation est cette vertu que les inhumains condamnent avec indignation.

On voit dans les correspondances du temps de Voltaire que ces plaquettes ou ces livres qui retentissent aujourd'hui dans les têtes de millions de lecteurs n'étaient lues que par quelque deux mille personnes. Comme elles avaient le pouvoir ou en étaient proches, cela suffisait parfois à avoir de l'effet. Les injustices étaient de plus mieux protégées.

Il y avait dans Abbeville, petite cité de Picardie, une abbesse, fille d'un conseiller d'État très estimé ; c'est une dame aimable, de mœurs très régulières, d'une humeur douce et enjouée, bienfaisante, et sage sans superstition.

Un habitant d'Abbeville, nommé Belleval, âgé de soixante ans, vivait avec elle dans une grande intimité, parce qu'il était chargé de quelques affaires du couvent : il est lieutenant d'une espèce de petit tribunal qu'on appelle l'*élection*, si on peut donner le nom de tribunal à une compagnie de bourgeois uniquement préposés pour régler l'assise de l'impôt appelé la *taille*. Cet homme devint amoureux de l'abbesse, qui ne le repoussa d'abord qu'avec sa douceur ordinaire, mais qui fut ensuite obligée de marquer son aversion et son mépris pour ses importunités trop redoublées.

Elle fit venir chez elle dans ce temps-là, en 1764, le chevalier de La Barre, son neveu, petit-fils d'un lieutenant général des armées, mais dont le père avait dissipé une fortune de plus de quarante mille livres de rentes : elle prit soin de ce jeune homme comme de son fils, et elle était prête de lui faire obtenir une compagnie de cavalerie ; il fut logé dans l'extérieur du couvent, et madame sa tante lui donnait souvent à souper, ainsi qu'à quelques jeunes gens de ses amis. Le sieur Belleval, exclu de ces soupers, se vengea en suscitant à l'abbesse quelques affaires d'intérêt.

Le jeune La Barre prit vivement le parti de sa tante, et parla à cet homme avec une hauteur qui le révolta entièrement. Belleval résolut de se venger ; il sut que le chevalier de La Barre et le jeune d'Étallonde, fils du président de l'élection, avaient passé depuis peu devant une procession sans ôter leur chapeau : c'était au mois de juillet 1765. Il chercha dès ce moment à faire regarder cet oubli momentané des bienséances comme une insulte préméditée faite à la religion. Tandis qu'il ourdissait secrètement cette trame, il arriva malheureusement que, le 9 août de la même année, on s'aperçut que le crucifix de bois posé sur le pont neuf d'Abbeville était endommagé, et l'on soupçonna que des soldats ivres avaient commis cette insolence impie.

Je ne puis m'empêcher, monsieur, de remarquer ici qu'il est peut-être indécent et dangereux d'exposer sur un pont ce qui doit être révéré dans un temple catholique ; les voitures publiques peuvent aisément le briser ou le renverser par terre. Des ivrognes peuvent l'insulter au sortir d'un cabaret, sans savoir même quel excès ils commettent. Il faut remarquer encore que ces ouvrages grossiers, ces crucifix de grand chemin, ces images de la vierge Marie, ces enfants Jésus qu'on voit dans des niches de plâtre au coin des rues de plusieurs villes, ne sont pas un objet d'adoration tels qu'ils le sont dans nos églises : cela est si vrai qu'il est permis de passer devant ces images sans les saluer. Ce sont des monuments d'une piété mal éclairée ; et, au jugement de tous les hommes sensés, ce qui est saint ne doit être que dans le lieu saint.

Malheureusement l'évêque d'Amiens, étant aussi évêque d'Abbeville, donna à cette aventure une célébrité et une importance qu'elle ne méritait pas. Il fit lancer des monitoires ; il vint faire une procession solennelle auprès de ce crucifix, et on ne parla dans Abbeville que de sacrilèges pendant une année entière. On disait qu'il se formait une nouvelle secte qui brisait tous les crucifix, qui jetait par terre toutes les hosties et les perçait à coups de couteau. On assurait qu'elles avaient répandu beaucoup de sang. Il y eut des femmes qui crurent en avoir été témoins. On renouvela tous les contes calomnieux répandus contre les Juifs dans tant de villes de l'Europe. Vous connaissez, monsieur, à quel excès la populace porte la crédulité et le fanatisme, toujours encouragé par les moines.

Le sieur Belleval, voyant les esprits échauffés, confondit malicieusement ensemble l'aventure du crucifix et celle de la procession, qui n'avaient aucune connexité. Il rechercha toute la vie du chevalier de La Barre : il fit venir chez lui valets, servantes, manœuvres ; il leur dit d'un ton d'inspiré qu'ils étaient obligés, en vertu des monitoires, de révéler tout ce qu'ils avaient pu apprendre à la charge de ce jeune homme : ils répondirent tous qu'ils n'avaient jamais entendu dire que le chevalier de La Barre eût la moindre part à l'endommagement du crucifix.

On ne découvrit aucun indice touchant cette mutilation, et même alors il parut fort douteux que le crucifix eût été mutilé exprès. On commença à croire (ce qui était assez vraisemblable) que quelque charrette chargée de bois avait causé cet accident.

« Mais, dit Belleval à ceux qu'il voulait faire parler, si vous n'êtes pas sûrs que le chevalier de La Barre ait mutilé un crucifix en passant sur le pont, vous savez au moins que cette année, au mois de juillet, il a passé dans une rue avec deux de ses amis à trente pas d'une procession sans ôter son chapeau. Vous avez ouï dire qu'il a chanté une fois des chansons libertines ; vous êtes obligés de l'accuser sous peine de péché mortel. »

Après les avoir ainsi intimidés, il alla lui-même chez le premier juge de la sénéchaussée d'Abbeville. Il y déposa contre son ennemi, il força ce juge à entendre les dénonciateurs.

La procédure une fois commencée, il y eut une foule de délations. Chacun disait ce qu'il avait vu ou cru voir, ce qu'il avait entendu ou cru entendre. Mais quel fut, monsieur, l'étonnement de Belleval, lorsque les témoins qu'il avait suscités lui-même contre le chevalier de La Barre dénoncèrent son propre fils comme un des principaux complices des impiétés secrètes qu'on cherchait à mettre au grand jour ! Belleval fut frappé comme d'un coup de foudre : il fit incontinent évader son fils ; mais, ce que vous croirez à peine, il n'en poursuivit pas avec moins de chaleur cet affreux procès.

Voici, monsieur, quelles sont les charges.

Le 13 août 1765, six témoins déposent qu'ils ont vu passer trois jeunes gens à trente pas d'une procession, que les sieurs de La Barre et d'Étallonde avaient leur chapeau sur la tête, et le sieur Moinel le chapeau sous le bras.

Dans une addition d'information, une Élisabeth Lacrivel dépose avoir entendu dire à un de ses cousins que ce cousin avait entendu dire au chevalier de La Barre qu'il n'avait pas ôté son chapeau.

Le 26 septembre, une femme du peuple, nommée Ursule Gondalier, dépose qu'elle a entendu dire que le chevalier de La Barre, voyant une image de saint Nicolas en plâtre chez la sœur Marie, tourière du couvent, il demanda à cette tourière si elle avait acheté cette image pour avoir celle d'un homme chez elle.

Le nommé Bauvalet dépose que le chevalier de La Barre a proféré un mot impie en parlant de la vierge Marie.

Claude, dit Sélincourt, témoin unique, dépose que l'accusé lui a dit que les commandements de Dieu ont été faits par des prêtres ; mais à la confrontation, l'accusé soutient que Sélincourt est un calomniateur, et qu'il n'a été question que des commandements de l'Église.

Le nommé Héquet, témoin unique, dépose que l'accusé lui a dit ne pouvoir comprendre comment on avait adoré un dieu de pâte. L'accusé, dans la confrontation, soutient qu'il a parlé des Égyptiens.

Nicolas Lavallée dépose qu'il a entendu chanter au chevalier de La Barre deux chansons libertines de corps de garde. L'accusé avoue qu'un jour, étant ivre, il les a chantées avec le sieur d'Étallonde sans savoir ce qu'il disait ; que dans cette chanson on appelle, à la vérité, sainte Marie-Magdeleine putain, mais qu'avant sa conversion elle avait mené une vie débordée : il est convenu d'avoir récité l'*Ode à Priape* du sieur Piron.

Le nommé Héquet dépose encore, dans une addition, qu'il a vu le chevalier de La Barre faire une petite génuflexion devant les livres intitulés *Thérèse philosophe*, *La Tourière des carmélites*, et *Le Portier des chartreux*. Il ne désigne aucun autre livre, mais au récolement et à la confrontation il dit qu'il n'est pas sûr que ce fût le chevalier de La Barre qui fit ces génuflexions.

Le nommé Lacour dépose qu'il a entendu dire à l'accusé *au nom du c..*, au lieu de dire *au nom du Père*, etc. Le chevalier, dans son interrogatoire sur la sellette, a nié ce fait.

Le nommé Pétignot dépose qu'il a entendu l'accusé réciter les litanies du *c*, telles à peu près qu'on les trouve dans Rabelais, et que je n'ose rapporter ici. L'accusé le nie dans son interrogatoire sur la sellette : il avoue qu'il a en effet prononcé *c..*, mais il nie tout le reste.

Voilà, monsieur, toutes les accusations portées contre le chevalier de La Barre, le sieur Moinel, le sieur d'Étallonde, Jean-François Douville de Maillefeu, et le fils du nommé Belleval, auteur de toute cette tragédie.

Il est constaté qu'il n'y avait eu aucun scandale public, puisque La Barre et Moinel ne furent arrêtés que sur des monitoires lancés à l'occasion de la mutilation du crucifix, mutilation scandaleuse et publique, dont ils ne furent chargés par aucun témoin. On rechercha toutes les actions de leur vie, leurs conversations secrètes, des paroles échappées un an auparavant ; on accumula des choses qui n'avaient aucun rapport ensemble, et en cela même la procédure fut très vicieuse. Sans ces monitoires et sans les mouvements violents que se donna Belleval, il n'y aurait jamais eu de la part de ces enfants infortunés ni scandale ni procès criminel : le scandale public n'a été que dans le procès même.

Le monitoire d'Abbeville fit précisément le même effet que celui de Toulouse contre les Calas ; il troubla les cervelles et les consciences. Les témoins, excités par Belleval comme ceux de Toulouse, l'avaient été par le capitoul David, rappelèrent, dans leur mémoire, des faits, des discours vagues, dont il n'était guère possible qu'on put se rappeler exactement les circonstances, ou favorables ou aggravantes.

Il faut avouer, monsieur, que s'il y a quelques cas où un monitoire est nécessaire, il y en a beaucoup d'autres où il est très dangereux. Il invite les gens de la lie du peuple à porter des accusations contre les personnes élevées au-dessus d'eux, dont ils sont toujours jaloux. C'est alors un ordre intimé par l'Église de faire le métier infâme de délateur. Vous êtes menacés de l'enfer si vous ne mettez pas votre prochain en péril de sa vie.

Il n'y a peut-être rien de plus illégal dans les tribunaux de l'Inquisition ; et une grande preuve de l'illégalité de ces monitoires, c'est qu'ils n'émanent point directement des magistrats, c'est le pouvoir ecclésiastique qui les décerne. Chose étrange qu'un ecclésiastique, qui ne peut juger à mort, mette ainsi dans la main des juges le glaive qu'il lui est défendu de porter !

Il n'y eut d'interrogés que le chevalier et le sieur Moinel, enfant d'environ quinze ans. Moinel, tout intimidé et entendant prononcer au juge le mot d'attentat contre la religion, fut si hors de lui qu'il se jeta à genoux et fit une confession générale comme s'il eût été devant un prêtre. Le chevalier de La Barre, plus instruit et d'un esprit plus ferme, répondit toujours avec beaucoup de raison, et disculpa Moinel, dont il avait pitié. Cette conduite, qu'il eut jusqu'au dernier moment, prouve qu'il avait une belle âme. Cette preuve aurait dû être comptée pour beaucoup aux yeux de juges intelligents, et ne lui servit de rien.

Dans ce procès, monsieur, qui a eu des suites si affreuses, vous ne voyez que des indécences, et pas une action noire ; vous n'y trouvez pas un seul de ces délits qui sont des crimes chez toutes les nations, point de meurtre, point de brigandage, point de violence, point de lâcheté : rien de ce qu'on reproche à ces enfants ne serait même un délit dans les autres communions chrétiennes. Je suppose que le chevalier de La Barre et M. d'Étallonde aient dit que l'on ne doit pas adorer un dieu de pâte, c'est précisément et mot à mot ce que disent tous ceux de la religion réformée.

Le chancelier d'Angleterre prononcerait ces mots en plein parlement sans qu'ils fussent relevés par personne. Lorsque milord Lockhart était ambassadeur à Paris, un habitué de paroisse porta furtivement l'eucharistie dans son hôtel à un domestique malade qui était catholique ; milord Lockhart, qui le sut, chassa l'habitué de sa maison ; il dit au cardinal Mazarin qu'il ne souffrirait pas cette insulte. Il traita en propres termes l'eucharistie de dieu de pâte et d'idolâtrie. Le cardinal Mazarin lui fit des excuses.

Le grand archevêque Tillotson, le meilleur prédicateur de l'Europe, et presque le seul qui n'ait point déshonoré l'éloquence par de fades lieux communs ou par de vaines phrases fleuries comme Cheminais, ou par de faux raisonnements comme Bourdaloue, l'archevêque Tillotson, dis-je, parle précisément de notre eucharistie comme le chevalier de La Barre. Les mêmes paroles respectées dans milord Lockhart à Paris, et dans la bouche de milord Tillotson à Londres, ne peuvent donc être en France qu'un délit local, un délit de lieu et de temps, un mépris de l'opinion vulgaire, un discours échappé au hasard devant une ou deux personnes. N'est-ce pas le comble de la cruauté de punir ces discours secrets du même supplice dont on punirait celui qui aurait empoisonné son père et sa mère, et qui aurait mis le feu aux quatre coins de sa ville ?

Remarquez, monsieur, je vous en supplie, combien on a deux poids et deux mesures. Vous trouverez dans la vingt-quatrième Lettre persane de M. de Montesquieu, président à mortier du parlement de Bordeaux, de l'Académie française, ces propres paroles : « Ce magicien s'appelle pape ; tantôt il fait croire que trois ne font qu'un, que le pain qu'on mange n'est pas du pain, ou que le vin qu'on boit n'est pas du vin, et mille autres choses de cette espèce. »

M. de Fontenelle s'était exprimé de la même manière dans sa relation de Rome et de Genève sous le nom de *Méro* et d'*Énegu*. Il y avait dix mille fois plus de scandale dans ces paroles de MM. de Fontenelle et de Montesquieu, exposées, par la lecture, aux yeux de dix mille personnes, qu'il n'y en avait dans deux ou trois mots échappés au chevalier de La Barre devant un seul témoin, paroles perdues dont il ne restait aucune trace. Les discours secrets doivent être regardés comme des pensées ; c'est un axiome dont la plus détestable barbarie doit convenir.

Je vous dirai plus, monsieur ; il n'y a point en France de loi expresse qui condamne à mort pour des blasphèmes. L'ordonnance de 1666 prescrit une amende pour la première fois, le double pour la seconde, etc., et le pilori pour la sixième récidive.

Cependant les juges d'Abbeville, par une ignorance et une cruauté inconcevables, condamnèrent le jeune d'Étallonde, âgé de dix-huit ans :

1° À souffrir le supplice de l'amputation de la langue jusqu'à la racine, ce qui s'exécute de manière que si le patient ne présente pas la langue lui-même, on la lui tire avec des tenailles de fer, et on la lui arrache.

2° On devait lui couper la main droite à la porte de la principale église.

3° Ensuite il devait être conduit dans un tombereau à la place du marché, être attaché à un poteau avec une chaîne de fer, et être brûlé à petit feu. Le sieur d'Étallonde avait heureusement épargné, par la fuite, à ses juges l'horreur de cette exécution.

Le chevalier de La Barre étant entre leurs mains, ils eurent l'humanité d'adoucir la sentence, en ordonnant qu'il serait décapité avant d'être jeté dans les flammes ; mais s'ils diminuèrent le supplice d'un côté, ils l'augmentèrent de l'autre, en le condamnant à subir la question ordinaire et extraordinaire, pour lui faire déclarer ses complices ; comme si des extravagances de jeune homme, des paroles emportées dont il ne reste pas le moindre vestige, étaient un crime d'État, une conspiration. Cette étonnante sentence fut rendue le 28 février de cette année 1766.

La jurisprudence de France est dans un si grand chaos, et conséquemment l'ignorance des juges est si grande, que ceux qui portèrent cette sentence se fondèrent sur une déclaration de Louis XIV, émanée en 1682, à l'occasion des prétendus sortilèges et des empoisonnements réels commis par la Voisin, la Vigoureux, et les deux prêtres nommés Vigoureux et Le Sage. Cette ordonnance de 1682 prescrit à la vérité la peine de mort pour *le sacrilège joint à la superstition* ; mais il n'est question, dans cette loi, que de magie et de sortilège, c'est-à-dire de ceux qui, en abusant de la crédulité du peuple et en se disant magiciens, sont à la fois profanateurs et empoisonneurs : voilà la lettre et l'esprit de la loi ; il s'agit, dans cette loi, de faits criminels pernicieux à la société, et non pas de vaines paroles, d'imprudences, de légèretés, de sottises commises sans aucun dessein prémédité, sans aucun complot, sans même aucun scandale public.

Les juges de la ville d'Abbeville péchaient donc visiblement contre la loi autant que contre l'humanité, en condamnant à des supplices aussi épouvantables que recherchés un gentilhomme et un fils d'une très honnête famille, tous deux dans un âge où l'on ne pouvait regarder leur étourderie que comme un égarement qu'une année de prison aurait corrigé. Il y avait même si peu de corps de délit que les juges, dans leur sentence, se servent de ces termes vagues et ridicules employés par le petit peuple : « pour avoir chanté des chansons abominables et exécrables contre la vierge Marie, les saints et saintes ». Remarquez, monsieur, qu'ils n'avaient chanté ces « chansons abominables et exécrables contre les saints et saintes » que devant un seul témoin, qu'ils pouvaient récuser légalement. Ces épithètes sont-elles de la dignité de la magistrature ? Une ancienne chanson de table n'est, après tout, qu'une chanson. C'est le sang humain légèrement répandu, c'est la torture, c'est le supplice de la langue arrachée, de la main coupée, du corps jeté dans les flammes, qui est *abominable et exécrable*.

La sénéchaussée d'Abbeville ressortit au parlement de Paris. Le chevalier de La Barre y fut transféré, son procès y fut instruit. Dix des plus célèbres avocats de Paris signèrent une consultation par laquelle ils démontrèrent l'illégalité des procédures, et l'indulgence qu'on doit à des enfants mineurs, qui ne sont accusés ni d'un complot, ni d'un crime réfléchi ; le procureur général versé dans la jurisprudence conclut à casser la sentence d'Abbeville : il y avait vingt-cinq juges, dix acquiescèrent aux conclusions du procureur général ; mais des circonstances singulières, que je ne puis mettre par écrit, obligèrent les quinze autres à confirmer cette sentence étonnante, le 4 juin 1766.

Est-il possible, monsieur, que, dans une société qui n'est pas sauvage, cinq voix de plus sur vingt-cinq suffisent pour arracher la vie à un accusé, et très souvent à un innocent ? Il faudrait dans un tel cas de l'unanimité ; il faudrait au moins que les trois quarts des voix fussent pour la mort ; encore, en ce dernier cas, le quart des juges qui mitigerait l'arrêt devrait, dans l'opinion des cœurs bien faits, l'emporter sur les trois quarts de ces bourgeois cruels, qui se jouent impunément de la vie de leurs concitoyens sans que la société en retire le moindre avantage.

La France entière regarda ce jugement avec horreur. Le chevalier de La Barre fut renvoyé à Abbeville pour y être exécuté. On fit prendre aux archers qui le conduisaient des chemins détournés : on craignait que le chevalier de La Barre ne fût délivré sur la route par ses amis ; mais c'était ce qu'on devait souhaiter plutôt que craindre.

Enfin, le 1er juillet de cette année, se fit dans Abbeville cette exécution trop mémorable : cet enfant fut d'abord appliqué à la torture. Voici quel est ce genre de tourment.

Les jambes du patient sont serrées entre des ais ; on enfonce des coins de fer ou de bois entre les ais et les genoux, les os en sont brisés. Le chevalier s'évanouit, mais il revint bientôt à lui, à l'aide de quelques liqueurs spiritueuses, et déclara, sans se plaindre, qu'il n'avait point de complices.

On lui donna pour confesseur et pour assistant un dominicain ami de sa tante l'abbesse, avec lequel il avait souvent soupé dans le couvent. Ce bon homme pleurait, et le chevalier le consolait. On leur servit à dîner. Le dominicain ne pouvait manger. « Prenons un peu de nourriture, lui dit le chevalier ; vous aurez besoin de force autant que moi pour soutenir le spectacle que je vais donner. »

Le spectacle en effet était terrible : on avait envoyé de Paris cinq bourreaux pour cette exécution. Je ne puis dire en effet si on lui coupa la langue et la main. Tout ce que je sais par les lettres d'Abbeville, c'est qu'il monta sur l'échafaud avec un courage tranquille, sans plainte, sans colère, et sans ostentation : tout ce qu'il dit au religieux qui l'assistait se réduit à ces paroles : « Je ne croyais pas qu'on pût faire mourir un gentilhomme pour si peu de chose. »

Il serait devenu certainement un excellent officier : il étudiait la guerre par principes ; il avait fait des remarques sur quelques ouvrages du roi de Prusse et du maréchal de Saxe, les deux plus grands généraux de l'Europe.

Lorsque la nouvelle de sa mort fut reçue à Paris, le nonce dit publiquement qu'il n'aurait point été traité ainsi à Rome, et que s'il avait avoué ses fautes à l'Inquisition d'Espagne ou de Portugal, il n'eût été condamné qu'à une pénitence de quelques années.

Je laisse, monsieur, à votre humanité et à votre sagesse le soin de faire des réflexions sur un événement si affreux, si étrange, et devant lequel tout ce qu'on nous conte des prétendus supplices des premiers chrétiens doit disparaître. Dites-moi quel est le plus coupable, ou un enfant qui chante deux chansons réputées impies dans sa seule secte, et innocentes dans tout le reste de la terre, ou un juge qui ameute ses confrères pour faire périr cet enfant indiscret par une mort affreuse.

Le sage et éloquent marquis de Vauvenargues a dit : « Ce qui n'offense pas la société n'est pas du ressort de la justice. » Cette vérité doit être la base de tous les codes criminels : or certainement le chevalier de La Barre n'avait pas nui à la société en disant une parole imprudente à un valet, à une tourière, en chantant une chanson. C'étaient des imprudences secrètes dont on ne se souvenait plus ; c'étaient des légèretés d'enfant oubliées depuis plus d'une année, et qui ne furent tirées de leur obscurité que par le moyen d'un monitoire qui les fit révéler, monitoire fulminé pour un autre objet, monitoire qui forma des délateurs, monitoire tyrannique, fait pour troubler la paix de toutes les familles.

Il est si vrai qu'il ne faut pas traiter un jeune homme imprudent comme un scélérat consommé dans le crime que le jeune M. d'Étallonde, condamné par les mêmes juges à une mort encore plus horrible, a été accueilli par le roi de Prusse et mis au nombre de ses officiers ; il est regardé par tout le régiment comme un excellent sujet : qui sait si un jour il ne viendra pas se venger de l'affront qu'on lui a fait dans sa patrie ?

L'exécution du chevalier de La Barre consterna tellement tout Abbeville, et jeta dans les esprits une telle horreur, que l'on n'osa pas poursuivre le procès des autres accusés.

Vous vous étonnez sans doute, monsieur, qu'il se passe tant de scènes si tragiques dans un pays qui se vante de la douceur de ses mœurs, et où les étrangers mêmes venaient en foule chercher les agréments de la société. Mais je ne vous cacherai point que s'il y a toujours un certain nombre d'esprits indulgents et aimables, il reste encore dans plusieurs autres un ancien caractère de barbarie que rien n'a pu effacer. Vous retrouverez encore ce même esprit qui fit mettre à prix la tête d'un cardinal premier ministre, et qui conduisait l'archevêque de Paris, un poignard à la main, dans le sanctuaire de la justice. Certainement la religion était plus outragée par ces deux actions que par les étourderies du chevalier de La Barre ; mais voilà comme va le monde :

Ille crucem sceleris pretium tulit, hic diadema[1].

Juvénal, *Satires*

Quelques juges ont dit que, dans les circonstances présentes, la religion avait besoin de ce funeste exemple. Ils se sont bien trompés ; rien ne lui a fait plus de tort. On ne subjugue pas ainsi les esprits ; on les indigne et on les révolte.

J'ai entendu dire malheureusement à plusieurs personnes qu'elles ne pouvaient s'empêcher de détester une secte qui ne se soutenait que par des bourreaux. Ces discours publics et répétés m'ont fait frémir plus d'une fois.

On a voulu faire périr, par un supplice réservé aux empoisonneurs et aux parricides, des enfants accusés d'avoir chanté d'anciennes chansons blasphématoires, et cela même a fait prononcer plus de cent mille blasphèmes. Vous ne sauriez croire, monsieur, combien cet événement rend notre religion catholique romaine exécrable à tous les étrangers. Les juges disent que la politique les a forcés à en user ainsi. Quelle politique imbécile et barbare ! Ah ! monsieur, quel crime horrible contre la justice de prononcer un jugement par politique, surtout un jugement de mort ! et encore de quelle mort !

L'attendrissement et l'horreur qui me saisissent ne me permettent pas d'en dire davantage.

Publié sous pseudonyme à Amsterdam en 1768.

---

1. Celui-ci paye de la croix, celui-là du diadème (satire XIII).

ÉMILE ZOLA

(1840-1902)

Oh ! ce canon !
(Napoléon III à Sedan)

Ce que la France doit aux inconséquences des empereurs Bonaparte. Traité de Paris, 1815 : indemnités de guerre, 700 millions de francs ; troupes d'occupation de la France, 150 000 hommes (Anglais, Autrichiens, Prussiens, Russes), postés dans le Nord, dans l'Est et à Paris. Traité de Francfort, 1871 : perte de l'Alsace et d'une partie de la Lorraine, c'est-à-dire de 1,6 million d'habitants ; indemnité de guerre, 5 milliards avec intérêt. Dans La Débâcle, *Zola montre un Napoléon III dont il a réussi à imposer l'image morne, se traînant malade et lamentable d'un endroit bombardé à un autre. Il l'avait montré affable et traînant la jambe dans* Son Excellence Eugène Rougon. *Louis-Napoléon, dont un test d'ADN sur un descendant a montré qu'il n'avait aucun sang Bonaparte, sa mère la reine Hortense l'ayant eu d'on ne sait qui, ce qui importe peu car on est qui l'on veut être, n'a jamais cessé d'être l'agité qui lançait des tracts à dix-huit ans à Rome d'où sa famille exilée a été chassée, de même que son oncle n'avait jamais cessé d'être ce chat sautant de rideau en rideau : l'un et l'autre ont pris un masque physique de passivité, qui n'a trompé que ceux qui désiraient l'être.*

Au dernier moment, on venait de s'apercevoir que trente mille pièces de rechange manquaient, indispensables au service des fusils ; et il avait fallu envoyer à Paris un officier, qui en avait rapporté cinq mille, arrachées avec peine. D'autre part, ce qui l'angoissait, c'était l'inaction. Depuis deux semaines qu'on se trouvait là, pourquoi ne marchait-on pas en avant ? Il sentait bien que chaque jour de retard était une irréparable faute, une chance perdue de victoire. Et, devant le plan rêvé, se dressait la réalité de l'exécution, ce qu'il devait savoir plus tard, dont il n'avait alors que l'anxieuse et obscure conscience : les sept corps d'armée échelonnés, disséminés le long de la frontière, de Metz à Bitche et de Bitche à Belfort ; les effectifs partout incomplets, les quatre cent trente mille hommes se réduisant à deux cent trente mille au plus ; les généraux se jalousant, bien décidés chacun à gagner son bâton de maréchal, sans porter aide au voisin ; la plus effroyable imprévoyance, la mobilisation et la concentration faites d'un seul coup pour gagner du temps, aboutissant à un gâchis inextricable ; la paralysie lente enfin, partie de haut, de l'empereur malade, incapable d'une résolution prompte, et qui allait envahir l'armée entière, la désorganiser, l'annihiler, la jeter aux pires désastres, sans qu'elle pût se défendre. […]

*

[…] Maurice, comme séparé du monde, apprit seulement alors les événements de Paris : le coup de foudre de la défaite sur tout un peuple certain de la victoire, l'émotion terrible des rues, la convocation des chambres, la chute du ministère libéral qui avait fait le plébiscite, l'empereur déchu de son titre de général en chef, forcé de passer le commandement suprême au maréchal Bazaine. Depuis le 16, l'empereur était au camp de Châlons, et tous les journaux parlaient d'un grand conseil, tenu le 17, où avaient assisté le prince Napoléon et des généraux ; mais ils ne s'accordaient guère entre eux sur les véritables décisions prises, en dehors des faits qui en résultaient : le général Trochu nommé gouverneur de Paris, le maréchal de Mac-Mahon mis à la tête de l'armée de Châlons, ce qui impliquait le complet effacement de l'empereur. On sentait un effarement, une irrésolution immenses, des plans opposés, qui se combattaient, qui se succédaient d'heure en heure. Et toujours cette question : où donc étaient les armées allemandes ? Qui avait raison, de ceux qui prétendaient Bazaine libre, en train d'opérer sa retraite par les places du Nord, ou de ceux qui le disaient déjà bloqué sous Metz ? Un bruit persistant courait de gigantesques batailles, de luttes héroïques soutenues du 14 au 20, pendant toute une semaine, sans qu'il s'en dégageât autre chose qu'un formidable retentissement d'armes, lointain et perdu.

Alors, Maurice, les jambes cassées de fatigue, s'assit sur un banc. La ville, autour de lui, semblait vivre de sa vie quotidienne, et des bonnes, sous les beaux arbres, surveillaient des enfants, tandis que les petits rentiers faisaient d'un pas ralenti leur habituelle promenade. Il avait repris ses journaux, lorsqu'il tomba sur un article qui lui avait échappé, l'article d'une feuille ardente de l'opposition républicaine. Brusquement, tout s'éclaira. Le journal affirmait que, dans le conseil du 17, tenu au camp de Châlons, la retraite de l'armée sur Paris avait été décidée, et que la nomination du général Trochu n'était faite que pour préparer la rentrée de l'empereur. Mais il ajoutait que ces résolutions venaient de se briser devant l'attitude de l'impératrice-régente et du nouveau ministère. Pour l'impératrice, une révolution était certaine, si l'empereur reparaissait. On lui prêtait ce mot : « Il n'arriverait pas vivant aux Tuileries. » Aussi voulait-elle, de toute son entêtée volonté, la marche en avant, la jonction quand même avec l'armée de Metz, soutenue d'ailleurs par le général de Palikao, le nouveau ministre de la Guerre, qui avait un plan de marche foudroyante et victorieuse, pour donner la main à Bazaine. Et, le journal glissé sur les genoux, Maurice maintenant, les regards perdus, croyait tout comprendre : les deux plans qui se combattaient, les hésitations du maréchal de Mac-Mahon à entreprendre cette marche de flanc si dangereuse avec des troupes peu solides, les ordres impatients, de plus en plus irrités, qui lui arrivaient de Paris, qui le poussaient à la témérité folle de cette aventure. Puis, au milieu de cette lutte tragique, il eut tout d'un coup la vision nette de l'empereur, démis de son autorité impériale qu'il avait confiée aux mains de l'impératrice-régente, dépouillé de son commandement de général en chef dont il venait d'investir le maréchal Bazaine, n'étant plus absolument rien, une ombre d'empereur, indéfinie et vague, une inutilité sans nom et encombrante, dont on ne savait quoi faire, que Paris repoussait et qui n'avait plus de place dans l'armée, depuis qu'il s'était engagé à ne pas même donner un ordre.

Cependant, le lendemain matin, après une nuit orageuse, qu'il dormit hors de la tente, roulé dans sa couverture, ce fut un soulagement pour Maurice, d'apprendre que, décidément, la retraite sur

Paris l'emportait. On parlait d'un nouveau conseil, tenu la veille au soir, auquel assistait l'ancien vice-empereur, M. Rouher, envoyé par l'impératrice pour hâter la marche sur Verdun, et que le maréchal semblait avoir convaincu du danger d'un pareil mouvement. Avait-on reçu de mauvaises nouvelles de Bazaine ? On n'osait l'affirmer. Mais l'absence de nouvelles même était significative, tous les officiers de quelque bon sens se prononçaient pour l'attente sous Paris, dont on allait être ainsi l'armée de secours. Et, convaincu qu'on se replierait dès le lendemain, puisqu'on disait les ordres donnés, Maurice, heureux, voulut satisfaire une envie d'enfant qui le tourmentait : celle d'échapper pour une fois à la gamelle, de déjeuner quelque part sur une nappe, d'avoir devant lui une bouteille, un verre, une assiette, toutes ces choses dont il lui semblait être privé depuis des mois. Il avait de l'argent, il fila le cœur battant, comme pour une fredaine, cherchant une auberge.

Ce fut, au-delà du canal, à l'entrée du village de Courcelles, qu'il trouva le déjeuner rêvé. La veille, on lui avait dit que l'empereur était descendu dans une maison bourgeoise de ce village ; et il y était venu flâner par curiosité, il se souvenait d'avoir vu, à l'angle de deux routes, ce cabaret avec sa tonnelle, d'où pendaient de belles grappes de raisin, déjà dorées et mûres. Sous la vigne grimpante, il y avait des tables peintes en vert, tandis que, dans la vaste cuisine, par la porte grande ouverte, on apercevait l'horloge sonore, les images d'Épinal collées parmi les faïences, l'hôtesse énorme activant le tournebroche. Derrière s'étendait un jeu de boules. Et c'était bon enfant, gai et joli, toute la vieille guinguette française.

Une belle fille, de poitrine solide, vint lui demander, en montrant ses dents blanches :

— Est-ce que monsieur déjeune ?

— Mais oui, je déjeune !... Donnez-moi des œufs, une côtelette, du fromage !... Et du vin blanc !

Il la rappela.

— Dites, n'est-ce pas dans une de ces maisons que l'empereur est descendu ?

— Tenez ! monsieur, dans celle qui est là devant nous... Vous ne voyez pas la maison, elle est derrière ce grand mur que des arbres dépassent.

Alors, il s'installa sous la tonnelle, déboucla son ceinturon pour être plus à l'aise, choisit sa table, sur laquelle le soleil, filant à travers les pampres, jetait des palets d'or. Et il revenait toujours à ce grand mur jaune, qui abritait l'empereur. C'était en effet une maison cachée, mystérieuse, dont on ne voyait pas même les tuiles du dehors. L'entrée donnait de l'autre côté, sur la rue du village, une rue étroite, sans une boutique, ni même une fenêtre, qui tournait entre des murailles mornes. Derrière, le petit parc faisait comme un îlot d'épaisse verdure, parmi les quelques constructions voisines. Et là, il remarqua, à l'autre bord de la route, encombrant une large cour, entourée de remises et d'écuries, tout un matériel de voitures et de fourgons, au milieu d'un va-et-vient continu d'hommes et de chevaux.

— Est-ce que c'est pour l'empereur, tout ça ? demanda-t-il, croyant plaisanter, à la servante, qui étalait sur la table une nappe très blanche.

— Pour l'empereur tout seul, justement ! répondit-elle de son bel air de gaieté, heureuse de montrer ses dents fraîches.

Et, renseignée sans doute par les palefreniers, qui, depuis la veille, venaient boire, elle énuméra : l'état-major composé de vingt-cinq officiers, les soixante cent-gardes et le peloton de guides du service d'escorte, les six gendarmes du service de la prévôté ; puis, la maison, comprenant soixante-treize personnes, des chambellans, des valets de chambre et de bouche, des cuisiniers, des marmitons ; puis, quatre chevaux de selle et deux voitures pour l'empereur, dix chevaux pour les écuyers, huit pour les piqueurs et les grooms, sans compter quarante-sept chevaux de poste ; puis, un char à bancs, douze fourgons à bagages, dont deux, réservés aux cuisiniers, avaient fait son admiration par la quantité d'ustensiles, d'assiettes et de bouteilles qu'on y apercevait, en bel ordre.

— Oh ! Monsieur, on n'a pas idée de ces casseroles ! Ça luit comme des soleils… Et toutes sortes de plats, de vases, de machines qui servent je ne peux pas même vous dire à quoi !… Et une cave, oui ! du bordeaux, du bourgogne, du champagne, de quoi donner une fameuse noce !

[…]

Prosper était revenu, pris d'impatience.

— Je vas manger, moi, si mon chef ne sort pas de cette baraque… C'est fichu, l'empereur est capable de ne pas rentrer avant ce soir.

— Dites donc, demanda Maurice, dont la curiosité se réveillait, c'est peut-être bien des nouvelles de Bazaine que vous apportez ?

— Possible ! on en causait là-bas, à Monthois.

Mais il y eut un brusque mouvement. Et Jean, qui était resté à une des portes de la tonnelle, se retourna, en disant :

— L'empereur !

Tous furent aussitôt debout. Entre les peupliers, par la grande route blanche, un peloton de cent-gardes apparaissait, d'un luxe d'uniformes correct encore et resplendissant, avec le grand soleil doré de leur cuirasse. Puis, tout de suite, venait l'empereur à cheval, dans un large espace libre, accompagné de son état-major, que suivait un second peloton de cent-gardes.

Les fronts s'étaient découverts, quelques acclamations retentirent. Et l'empereur, au passage, leva la tête, très pâle, la face déjà tirée, les yeux vacillants, comme troubles et pleins d'eau. Il parut s'éveiller d'une somnolence, il eut un faible sourire à la vue de ce cabaret ensoleillé, et salua.

Alors, Jean et Maurice entendirent distinctement, derrière eux, Bouroche qui grognait, après avoir sondé à fond l'empereur de son coup d'œil de praticien :

— Décidément, il a une sale pierre dans son sac. Puis, d'un mot, il arrêta son diagnostic :

— Foutu !

Jean, dans son étroit bon sens, avait eu un hochement de tête : une sacrée malechance pour une armée, un pareil chef ! Et, dix minutes plus tard, après avoir serré la main de Prosper, lorsque Maurice, heureux de son fin déjeuner, s'en alla fumer en flânant d'autres cigarettes, il emporta cette image de l'empereur, si blême et si vague, passant au petit trot de son cheval. C'était le conspirateur, le rêveur à qui l'énergie manque au moment de l'action. On le disait très bon, très capable d'une grande et généreuse pensée, très tenace d'ailleurs en son vouloir d'homme silencieux ; et il était aussi très brave, méprisant le danger en fataliste prêt toujours à subir le destin. Mais il semblait frappé de stupeur dans les grandes crises, comme paralysé devant l'accomplissement des faits, impuissant dès lors à réagir contre la fortune, si elle lui devenait adverse. Et Maurice se demandait s'il n'y avait pas là un état physiologique spécial, aggravé par la souffrance, si la maladie dont l'empereur souffrait visiblement n'était pas la cause de cette indécision, de cette incapacité grandissantes qu'il montrait depuis le commencement de la campagne. Cela aurait tout expliqué. Un gravier dans la chair d'un homme, et les empires s'écroulent.

Le soir, dans le camp, après l’appel, il y eut une soudaine agitation, des officiers courant, transmettant des ordres, réglant le départ du lendemain matin, à cinq heures. Et ce fut, pour Maurice, un sursaut de surprise et d’inquiétude, quand il comprit que tout, une fois encore, était changé : on ne se repliait plus sur Paris, on allait marcher sur Verdun, à la rencontre de Bazaine. Le bruit circulait d’une dépêche de ce dernier, arrivée dans la journée, annonçant qu’il opérait son mouvement de retraite ; et le jeune homme se rappela Prosper, avec l’officier de chasseurs, venus de Monthois, peut-être bien pour apporter une copie de cette dépêche. C’était donc l’impératrice-régente et le Conseil des ministres qui triomphaient, grâce à la continuelle incertitude du maréchal de Mac-Mahon, dans leur épouvante de voir l’empereur rentrer à Paris, dans leur volonté têtue de pousser malgré tout l’armée en avant, pour tenter le suprême sauvetage de la dynastie. Et cet empereur misérable, ce pauvre homme qui n’avait plus de place dans son empire, allait être emporté comme un paquet inutile et encombrant, parmi les bagages de ses troupes, condamné à traîner derrière lui l’ironie de sa maison impériale, ses cent-gardes, ses voitures, ses chevaux, ses cuisiniers, ses fourgons de casseroles d’argent et de vin de Champagne, toute la pompe de son manteau de cour, semé d’abeilles, balayant le sang et la boue des grandes routes de la défaite.

[…]

*

— Vous ne savez donc pas, mon cher garçon, que l’empereur est descendu chez les Desroches… On a réquisitionné la maison pour lui, et ils ne sont guère satisfaits du grand honneur, je vous assure. Quand on pense qu’on a forcé la pauvre vieille maman, une femme de soixante-dix ans passés, à donner sa chambre et à monter se coucher sous les toits, dans un lit de bonne !… Tenez, tout ce que vous voyez là, sur la place, c’est à l’empereur, ce sont ses malles enfin, vous comprenez !

En effet, Maurice se les rappela alors, ces voitures et ces fourgons, tout ce train superbe de la maison impériale, qu’il avait vu à Reims.

— Ah ! mon cher garçon, si vous saviez ce qu’on a tiré de là-dedans, et de la vaisselle d’argent, et des bouteilles de vin, et des paniers de provisions et du beau linge, et de tout ! Pendant deux heures, ça n'a pas arrêté. Je me demande où ils ont pu fourrer tant de choses, car la maison n'est pas grande… Regardez, regardez ! en ont-ils allumé, un feu, dans la cuisine !

Il regardait la petite maison blanche, à deux étages, qui faisait l'angle de la place et de la rue de Vouziers, une maison d'aspect bourgeois et calme, dont il évoquait l'intérieur, l'allée centrale en bas, les quatre pièces de chaque étage, comme s'il y était entré la veille encore. En haut, vers l'angle, la fenêtre du premier, ouvrant sur la place, se trouvait éclairée déjà ; et la femme du pharmacien lui expliquait que cette chambre était celle de l'empereur. Mais, comme elle l'avait dit, ce qui flambait surtout, c'était la cuisine, dont la fenêtre, au rez-de-chaussée, donnait sur la rue de Vouziers. Jamais les habitants du Chêne n'avaient eu un pareil spectacle. Un flot de curieux, sans cesse renouvelé, barrait la rue, béant devant cette fournaise, où rôtissait et bouillait le dîner d'un empereur. Pour avoir un peu d'air, les cuisiniers avaient ouvert les vitres toutes grandes. Ils étaient trois, en vestes blanches éblouissantes, s'agitant devant des poulets enfilés dans une immense broche, remuant des sauces au fond d'énormes casseroles, dont le cuivre luisait comme de l'or. Et les vieillards ne se souvenaient pas d'avoir vu, au *Lion d'Argent*, même pour les plus grandes noces, autant de feu brûlant et autant de nourriture cuisant à la fois.

[…] Au premier étage, il s'arrêta quelques secondes, le cœur battant, devant la porte de la pièce où il savait que se trouvait l'empereur ; mais, là, dans cette pièce, pas un bruit, un silence de mort. Et, en haut, au seuil de la chambre de bonne où elle avait dû se réfugier, la vieille Mme Desroches eut d'abord peur de lui. Ensuite, quand elle l'eut reconnu :

— Ah ! mon enfant, dans quel affreux moment faut-il qu'on se retrouve !… Je la lui aurais donnée bien volontiers, ma maison, à l'empereur ; mais il a, avec lui, des gens trop mal élevés ! Si vous saviez comme ils ont tout pris, et ils vont tout brûler, tant ils font du feu !… Lui, le pauvre homme, a la mine d'un déterré et l'air si triste…

Puis, lorsque le jeune homme s'en alla, en la rassurant, elle l'accompagna, se pencha au-dessus de la rampe.

— Tenez ! murmura-t-elle, on le voit d'ici… Ah ! nous sommes bien tous perdus. Adieu, mon enfant !

Et Maurice resta planté sur une marche, dans les ténèbres de l'escalier. Le cou tordu, il apercevait, par une imposte vitrée, un spectacle dont il emporta l'inoubliable souvenir.

L'empereur était là, au fond de la pièce bourgeoise et froide, assis devant une petite table, sur laquelle son couvert était mis, éclairée à chaque bout d'un flambeau. Dans le fond, deux aides de camp se tenaient silencieux. Un maître d'hôtel, debout près de la table, attendait. Et le verre n'avait pas servi, le pain n'avait pas été touché, un blanc de poulet refroidissait au milieu de l'assiette. L'empereur, immobile, regardait la nappe, de ces yeux vacillants, troubles et pleins d'eau, qu'il avait déjà à Reims. Mais il semblait plus las, et, lorsque, se décidant, d'un air d'immense effort, il eut porté à ses lèvres deux bouchées, il repoussa tout le reste de la main. Il avait dîné. Une expression de souffrance, endurée secrètement, blêmit encore son pâle visage.

[…]

Maurice écoutait toujours le roulement des canons, en bas, dans la petite ville noire, ce trot ininterrompu, ce flot d'hommes qui s'écoulait vers la Meuse, à l'inconnu terrible du lendemain. Et, sur les minces rideaux bourgeois de la fenêtre, il revoyait passer régulièrement l'ombre de l'empereur, le va-et-vient de ce malade que l'insomnie tenait debout, pris d'un besoin de mouvement, malgré sa souffrance, l'oreille emplie du bruit de ces chevaux et de ces soldats qu'il laissait envoyer à la mort. Ainsi, quelques heures avaient suffi, c'était maintenant le désastre décidé, accepté. Qu'avaient-ils pu se dire, en effet, cet empereur et ce maréchal, tous les deux avertis du malheur auquel on marchait, convaincus le soir de la défaite, dans les effroyables conditions où l'armée allait se trouver, ne pouvant le matin avoir changé d'avis, lorsque le péril grandissait à chaque heure ? Le plan du général De Palikao, la marche foudroyante sur Montmédy, déjà téméraire le 23, possible peut-être encore le 25, avec des soldats solides et un capitaine de génie, devenait, le 27, un acte de pure démence, au milieu des hésitations continuelles du commandement et de la démoralisation croissante des troupes. Si tous deux le savaient, pourquoi cédaient-ils aux impitoyables voix fouettant leur indécision ? Le maréchal, peut-être, n'était qu'une âme bornée et obéissante de soldat, grande dans son abnégation. Et l'empereur, qui ne commandait plus, attendait le destin. On leur demandait leur vie et la vie de l'armée : ils les donnaient. Ce fut la nuit du crime, la nuit abominable d'un assassinat de nation ; car l'armée dès lors se trouvait en détresse, cent mille hommes étaient envoyés au massacre.

[...]

*

On déjeuna, et tout de suite Delaherche revint à sa promenade de la veille, ne pouvant résister à la démangeaison d'en faire de nouveau le récit.

— Vous savez que j'ai vu l'empereur à Baybel.

Il partit, rien dès lors ne put l'arrêter. Ce fut d'abord une description de la ferme, un grand bâtiment carré, avec une cour intérieure, fermée par une grille, le tout sur un monticule qui domine Mouzon, à gauche de la route de Carignan. Ensuite, il revint au 12e corps qu'il avait traversé, campé parmi les vignes des coteaux, des troupes superbes, luisantes au soleil, dont la vue l'avait empli d'une grande joie patriotique.

— J'étais donc là, monsieur, lorsque l'empereur, tout d'un coup, est sorti de la ferme, où il était monté faire halte, pour se reposer et déjeuner. Il avait un paletot jeté sur son uniforme de général, bien que le soleil fût très chaud. Derrière lui, un serviteur portait un pliant... Je ne lui ai pas trouvé bonne mine, ah ! non, voûté, la marche pénible, la figure jaune, enfin un homme malade... Et ça ne m'a pas surpris, parce que le pharmacien de Mouzon, en me conseillant de pousser jusqu'à Baybel, venait de me raconter qu'un aide de camp était accouru lui acheter des remèdes... oui, vous savez bien, des remèdes pour...

La présence de sa mère et de sa femme l'empêchait de désigner plus clairement la dysenterie dont l'empereur souffrait depuis le Chêne et qui le forçait à s'arrêter ainsi dans les fermes, le long de la route.

— Bref, voilà le serviteur qui installe le pliant, au bout d'un champ de blé, à la corne d'un taillis, et voilà l'empereur qui s'assied... Il restait immobile, affaissé, de l'air d'un petit rentier chauffant ses douleurs au soleil. Il regardait de son œil morne le vaste horizon, en bas la Meuse coulant dans la vallée, en face les coteaux boisés dont les sommets se perdent au loin, les cimes des bois de Dieulet à gauche, le mamelon verdoyant de Sommauthe à droite... Des aides de camp, des officiers supérieurs l'entouraient, et un colonel de dragons, qui m'avait déjà demandé des renseignements sur le pays, venait de me faire signe de ne pas m'éloigner, lorsque, tout d'un coup...

Delaherche se leva, car il arrivait à la péripétie poignante du récit, il voulait joindre la mimique à la parole.

— Tout d'un coup, des détonations éclatent, et l'on voit, juste en face, en avant des bois de Dieulet, des obus décrire des courbes dans le ciel… Ça m'a fait, parole d'honneur ! l'effet d'un feu d'artifice qu'on aurait tiré en plein jour… Autour de l'empereur, naturellement, on s'exclame, on s'inquiète. Mon colonel de dragons revient en courant me demander si je puis préciser où l'on se bat. Tout de suite, je dis : « C'est à Beaumont, il n'y a pas le moindre doute. » Il retourne près de l'empereur, sur les genoux duquel un aide de camp dépliait une carte. L'empereur ne voulait pas croire qu'on se battît à Beaumont. Moi, n'est-ce pas ? Je ne pouvais que m'obstiner, d'autant plus que les obus marchaient dans le ciel, se rapprochant, suivant la route de Mouzon… Et alors, comme je vous vois, monsieur, j'ai vu l'empereur tourner vers moi son visage blême. Oui, il m'a regardé un instant de ses yeux troubles, pleins de défiance et de tristesse. Et puis, sa tête est retombée au-dessus de la carte, il n'a plus bougé.

[…]

Quelques groupes seulement stationnaient, en chuchotant, sur la place de la sous-préfecture ; tandis que, de temps à autre, des officiers se précipitaient, effarés. Une ombre mélancolique décolorait déjà les arbres, on entendait le gros bruit de la Meuse, coulant à droite, au pied des maisons. Et, dans la foule, on racontait comment l'empereur, qui s'était décidé avec peine à quitter Carignan, la veille, vers onze heures du soir, avait absolument refusé de pousser jusqu'à Mézières, pour rester au danger et ne pas démoraliser les troupes. D'autres disaient qu'il n'était plus là, qu'il avait fui, laissant, en guise de mannequin, un de ses lieutenants, vêtu de son uniforme, et dont une ressemblance frappante abusait l'armée. D'autres donnaient leur parole d'honneur qu'ils avaient vu entrer, dans le jardin de la sous-préfecture, des voitures chargées du trésor impérial, cent millions en or, en pièces de vingt francs neuves. Ce n'était, à la vérité, que le matériel de la maison de l'empereur, le char à bancs, les deux calèches, les douze fourgons, dont le passage avait révolutionné les villages, Courcelles, le Chêne, Raucourt, grandissant dans les imaginations, devenant une queue immense dont l'encombrement arrêtait l'armée, et qui venaient enfin d'échouer là, maudits et honteux, cachés à tous les regards derrière les lilas du sous-préfet.

Près de Delaherche, qui se haussait, examinant les fenêtres du rez-de-chaussée, une vieille femme, quelque pauvre journalière du voisinage, à la taille déviée, aux mains tordues, mangées par le travail, mâchonnait entre ses dents :

— Un empereur… je voudrais pourtant bien en voir un… oui, pour voir…

Brusquement, Delaherche s'exclama, en saisissant le bras de Maurice.

— Tenez ! c'est lui… Là, regardez, à la fenêtre de gauche… Oh ! je ne me trompe pas, je l'ai vu hier de très près, je le reconnais bien… Il a soulevé le rideau, oui, cette figure pâle, contre la vitre.

La vieille femme, qui avait entendu, restait béante. C'était, en effet, contre la vitre, une apparition de face cadavéreuse, les yeux éteints, les traits décomposés, les moustaches blêmies, dans cette angoisse dernière. Et la vieille, stupéfaite, tourna tout de suite le dos, s'en alla, avec un geste d'immense dédain.

— Ça, un empereur ! En voilà une bête !

Un zouave était là, un de ces soldats débandés qui ne se pressaient pas de rallier leurs corps. Il agitait son chassepot, jurant, crachant des menaces ; et il dit à un camarade :

— Attends que je lui foute une balle dans la tête !

[…]

*

N'était-ce point l'empereur, avec tout un état-major ? Il hésitait, bien qu'il se vantât de le connaître, depuis qu'il avait failli lui parler, à Baybel ; puis, il resta béant. C'était bien Napoléon III, qui lui apparaissait plus grand, à cheval, et les moustaches si fortement cirées, les joues si colorées, qu'il le jugea tout de suite rajeuni, fardé comme un acteur. Sûrement, il s'était fait peindre, pour ne pas promener, parmi son armée, l'effroi de son masque blême, décomposé par la souffrance, au nez aminci, aux yeux troubles. Et, averti dès cinq heures qu'on se battait à Bazeilles, il était venu, de son air silencieux et morne de fantôme, aux chairs ravivées de vermillon.

Une briqueterie était là, offrant un refuge. De l'autre côté, une pluie de balles en criblait les murs, et des obus, à chaque seconde, s'abattaient sur la route. Toute l'escorte s'était arrêtée.

— Sire, murmura une voix, il y a vraiment danger…

Mais l'empereur se tourna, commanda du geste à son état-major de se ranger dans l'étroite ruelle qui longeait la briqueterie. Là, hommes et bêtes seraient cachés complètement.

— En vérité, sire, c'est de la folie… Sire, nous vous en supplions…

Il répéta simplement son geste, comme pour dire que l'apparition d'un groupe d'uniformes, sur cette route nue, attirerait certainement l'attention des batteries de la rive gauche. Et, tout seul, il s'avança, au milieu des balles et des obus, sans hâte, de sa même allure morne et indifférente, allant à son destin. Sans doute, il entendait derrière lui la voix implacable qui le jetait en avant, la voix criant de Paris : « Marche ! Marche ! Meurs en héros sur les cadavres entassés de ton peuple, frappe le monde entier d'une admiration émue, pour que ton fils règne ! » Il marchait, il poussait son cheval à petits pas. Pendant une centaine de mètres, il marcha encore. Puis, il s'arrêta, attendant la fin qu'il était venu chercher. Les balles sifflaient comme un vent d'équinoxe, un obus avait éclaté, en le couvrant de terre. Il continua d'attendre. Les crins de son cheval se hérissaient, toute sa peau tremblait, dans un instinctif recul, devant la mort qui, à chaque seconde, passait, sans vouloir de la bête ni de l'homme. Alors, après cette attente infinie, l'empereur, avec son fatalisme résigné, comprenant que son destin n'était pas là, revint tranquillement, comme s'il n'avait désiré que reconnaître l'exacte position des batteries allemandes.

— Sire, que de courage !… De grâce, ne vous exposez plus…

Mais, d'un geste encore, il invita son état-major à le suivre, sans l'épargner cette fois, pas plus qu'il ne s'épargnait lui-même ; et il monta vers la Moncelle, à travers champs, par les terrains nus de la Rapaille. Un capitaine fut tué, deux chevaux s'abattirent. Les régiments su 12e corps, devant lesquels il passait, le regardaient venir et disparaître comme un spectre, sans un salut, sans une acclamation.

[…]

*

Puis, Delaherche poussa jusqu'à la sous-préfecture, pour savoir si l'empereur n'avait pas reparu. On ne put lui donner que des nouvelles du maréchal de Mac-Mahon, dont un chirurgien avait pansé la blessure peu dangereuse, et qui était tranquillement dans son lit. Mais, vers onze heures, comme il battait de nouveau le pavé, il fut arrêté un instant, dans la Grande-Rue, devant l'hôtel de l'*Europe*, par un lent cortège, des cavaliers couverts de poussière, dont les mornes chevaux marchaient au pas. Et, à la tête, il reconnut l'empereur, qui rentrait après avoir passé quatre heures sur le champ de bataille. La mort n'avait pas voulu de lui, décidément. Sous la sueur d'angoisse de cette marche au travers de la défaite, le fard s'en était allé des joues, les moustaches cirées s'étaient amollies, pendantes, la face terreuse avait pris l'hébétement douloureux d'une agonie.

[…]

*

— Maintenant, reprit Rose, l'empereur est rentré dans son cabinet, où il est en conférence avec deux généraux qui viennent d'arriver du champ de bataille…

Elle s'interrompit, jeta un coup d'œil vers le perron.

— Tenez ! en voici un, de ces généraux… Et, tenez ! voici l'autre.

Vivement, il sortit, reconnut le général Douay et le général Ducrot, dont les chevaux attendaient. Il les regarda se remettre en selle, puis galoper. Après l'abandon du plateau d'Illy, ils étaient accourus, chacun de son côté, pour avertir l'empereur que la bataille était perdue. Ils donnaient des détails précis sur la situation, l'armée et Sedan se trouvaient dès lors enveloppés de toutes parts, le désastre allait être effroyable.

Dans son cabinet, l'empereur se promena quelques minutes en silence, de son pas vacillant de malade. Il n'y avait plus là qu'un aide de camp, debout et muet, près d'une porte. Et lui marchait toujours, de la cheminée à la fenêtre, la face ravagée, tiraillée à présent par un tic nerveux. Le dos semblait se courber davantage, comme sous l'écroulement d'un monde ; tandis que l'œil mort, voilé des paupières lourdes, disait la résignation du fataliste qui avait joué et perdu contre le destin la partie dernière. Chaque fois, pourtant, qu'il revenait devant la fenêtre entr'ouverte, un tressaillement l'y arrêtait une seconde.

À une de ces stations si courtes, il eut un geste tremblant, il murmura :

— Oh ! ce canon, ce canon qu'on entend depuis ce matin !

De là, en effet, le grondement des batteries de la Marfée et de Frénois arrivait avec une violence extraordinaire. C'était un roulement de foudre dont tremblaient les vitres et les murs eux-mêmes, un fracas obstiné, incessant, exaspérant. Et il devait songer que la lutte, désormais, était sans espoir, que toute résistance devenait criminelle. À quoi bon du sang versé encore, des membres broyés, des têtes emportées, des morts toujours, ajoutés aux morts épars dans la campagne ? Puisqu'on était vaincu, que c'était fini, pourquoi se massacrer davantage ? Assez d'abomination et de douleur criait sous le soleil.

L'empereur, revenu devant la fenêtre, se remit à trembler, en levant les mains.

— Oh ! ce canon, ce canon qui ne cesse pas !

Peut-être la pensée terrible des responsabilités se levait-elle en lui, avec la vision des cadavres sanglants que ses fautes avaient couchés là-bas, par milliers ; et peut-être n'était-ce que l'attendrissement de son cœur pitoyable de rêveur, de bon homme hanté de songeries humanitaires. Dans cet effrayant coup du sort qui brisait et emportait sa fortune, ainsi qu'un brin de paille, il trouvait des larmes pour les autres, éperdu de la boucherie inutile qui continuait, sans force pour la supporter davantage. Maintenant, cette canonnade scélérate lui cassait la poitrine, redoublait son mal.

— Oh ! ce canon, ce canon, faites-le taire tout de suite, tout de suite !

Et cet empereur qui n'avait plus de trône, ayant confié ses pouvoirs à l'impératrice-régente, ce chef d'armée qui ne commandait plus, depuis qu'il avait remis au maréchal Bazaine le commandement suprême, eut alors un réveil de sa puissance, l'irrésistible besoin d'être le maître une dernière fois. Depuis Châlons, il s'était effacé, n'avait pas donné un ordre, résigné à n'être qu'une inutilité sans nom et encombrante, un paquet gênant, emporté parmi les bagages des troupes. Et il ne se réveillait empereur que pour la défaite ; le premier, le seul ordre qu'il devait donner encore, dans la pitié effarée de son cœur, allait être de hisser le drapeau blanc sur la citadelle, afin de demander un armistice.

— Oh ! ce canon, ce canon !… Prenez un drap, une nappe, n'importe quoi ! Courez vite, dites qu'on le fasse taire !

L'aide de camp se hâta de sortir, et l'empereur continua sa marche vacillante, de la cheminée à la fenêtre, pendant que les batteries tonnaient toujours, secouant la maison entière.

[…]

*

— Oh ! monsieur Delaherche, ça se gâte… tenez ! regardez vite, si vous voulez voir l'empereur.

En effet, à gauche, une porte, mal fermée, bâillait ; et, par cette fente, on apercevait l'empereur, qui avait repris sa marche chancelante, de la cheminée à la fenêtre. Il piétinait, ne s'arrêtait pas, malgré d'intolérables souffrances.

Un aide de camp venait d'entrer, celui qui avait si mal refermé la porte, et l'on entendit l'empereur qui lui demandait, d'une voix énervée de désolation :

— Mais enfin, monsieur, pourquoi tire-t-on toujours, puisque j'ai fait hisser le drapeau blanc ?

C'était son tourment devenu insupportable, ce canon qui ne cessait pas, qui augmentait de violence, à chaque minute. Il ne pouvait s'approcher de la fenêtre, sans en être frappé au cœur. Encore du sang, encore des vies humaines fauchées par sa faute ! Chaque minute entassait d'autres morts, inutilement. Et, dans sa révolte de rêveur attendri, il avait déjà, à plus de dix reprises, adressé sa question désespérée aux personnes qui entraient.

— Mais enfin, pourquoi tire-t-on toujours, puisque j'ai fait hisser le drapeau blanc ?

L'aide de camp murmura une réponse, que Delaherche ne put saisir. Du reste, l'empereur ne s'était pas arrêté, cédant quand même à son besoin de retourner devant cette fenêtre, où il défaillait, dans le tonnerre continu de la canonnade. Sa pâleur avait grandi encore, sa longue face, morne et tirée, mal essuyée du fard du matin, disait son agonie.

[…]

*

Puis, le lendemain, les jours suivants, ce furent les autres étapes abominables : le château de Bellevue, ce riant castel bourgeois, dominant le fleuve, où il coucha, où il pleura, à la suite de son entrevue avec le roi Guillaume ; le cruel départ, Sedan évité par crainte de la colère des vaincus et des affamés, le pont de bateaux que les Prussiens avaient jeté à Iges, le long détour au nord de la ville, les chemins de traverse, les routes écartées de Floing, de Fleigneux, d'Illy, toute cette lamentable fuite en calèche découverte ;

et là, sur ce tragique plateau d'Illy, encombré de cadavres, la légendaire rencontre, le misérable empereur, qui, ne pouvant plus même supporter le trot du cheval, s'était affaissé sous la violence de quelque crise, fumant peut-être machinalement son éternelle cigarette, tandis qu'un troupeau de prisonniers, hâves, couverts de sang et de poussière, ramenés de Fleigneux à Sedan, se rangeaient au bord du chemin pour laisser passer la voiture, les premiers silencieux, les autres grondant, les autres peu à peu exaspérés, éclatant en huées, les poings tendus, dans un geste d'insulte et de malédiction. Ensuite, il y eut encore la traversée interminable du champ de bataille, il y eut une lieue de chemins défoncés, parmi les débris, parmi les morts, aux yeux grands ouverts et menaçants, il y eut la campagne nue, les vastes bois muets, la frontière en haut d'une montée, puis la fin de tout qui dévalait au-delà, avec la route bordée de sapins, au fond de la vallée étroite.

Et quelle première nuit d'exil, à Bouillon, dans une auberge, l'hôtel de la *Poste*, entouré d'une telle foule de Français réfugiés et de simples curieux, que l'empereur avait cru devoir se montrer, au milieu de murmures et de coups de sifflet ! La chambre, dont les trois fenêtres donnaient sur la place et sur la Semoy, était la banale chambre aux chaises recouvertes de damas rouge, à l'armoire à glace d'acajou, à la cheminée garnie d'une pendule de zinc, que flanquaient des coquillages et des vases de fleurs artificielles sous globe. À droite et à gauche de la porte, il y avait deux petits lits jumeaux. Dans l'un, coucha un aide de camp, que la fatigue fit dormir dès neuf heures, à poings fermés. Dans l'autre, l'empereur dut se retourner longuement, sans trouver le sommeil ; et, s'il se releva, pour promener son mal, il n'eut que la distraction de regarder contre le mur, aux deux côtés de la cheminée, des gravures qui se trouvaient là, l'une représentant Rouget de l'Isle chantant *La Marseillaise*, l'autre, le Jugement dernier, un appel furieux des trompettes des Archanges qui faisaient sortir de la terre tous les morts, la résurrection du charnier des batailles montant témoigner devant Dieu.

À Sedan, le train de la maison impériale, les bagages encombrants et maudits étaient restés en détresse, derrière les lilas du sous-préfet. On ne savait plus comment les faire disparaître, les ôter des yeux du pauvre monde qui crevait de misère, tellement l'insolence agressive qu'ils avaient prise, l'ironie affreuse qu'ils devaient à la défaite, devenaient intolérables. Il fallut attendre une nuit très noire. Les chevaux, les voitures, les fourgons, avec leurs casseroles d'argent, leurs tournebroches, leurs paniers de vins fins, sortirent en grand mystère de Sedan, s'en allèrent eux aussi en Belgique, par les routes sombres, à petit bruit, dans un frisson inquiet de vol.

Extrait de *La Débâcle*, 1892.

THÉOPHILE GAUTIER

(1811-1872)

L'idéal et les bombes

En 1871, les membres du gouvernement de Versailles ont voulu punir Paris en tentant de lui ôter son statut de capitale. Théophile Gautier, loin d'être communard et réfugié à Versailles, a protesté. Qui sait si ce n'est pas la meilleure solution pour un pays que sa capitale administrative soit différente de sa capitale culturelle ?

Mai 1871

Il arrive souvent qu'un motif d'opéra, une ritournelle d'orgue, une phrase de chant entendue par hasard se loge dans votre tête sans qu'on en ait conscience. On pensait même en ce moment-là, à toute autre chose, mais une fibrille du cerveau n'étant pas surveillée par la volonté s'est emparée du thème et le garde avec obstination. Un souffle le murmure tout bas à votre oreille, et cela devient bientôt une obsession insupportable. Quelquefois des mots se substituent aux notes et la parole remplace la mélodie – le cas est plus rare cependant – mais l'autre jour il nous advint de la façon la plus inopinée.

Comme nous nous promenions de la cour de Maroc à l'hôtel des *Réservoirs*, sur le boulevard Italien en pente où se réunit le « tout Paris » de Versailles, écoutant les nouvelles, faisant des conjectures sur les événements, il s'ouvrit tout à coup dans le cabinet de nos souvenirs un tiroir fermé depuis longtemps, et il en roula, pareils aux perles d'un collier qui se défile, ces six mots : – Sur trois marches de marbre rose. – C'est, comme on sait, le titre d'une pièce de vers d'Alfred de Musset[1]. Ils s'emparèrent aussitôt de nous et se mirent à voltiger sur nos lèvres comme un refrain monotone, nous ennuyant à la fois et nous charmant ; mais il nous était impossible de les chasser ou d'en distraire notre esprit.

On nous disait : La barricade du pont de Neuilly a été enlevée par nos troupes, et nous répondions intérieurement : Sur trois marches de marbre rose. – La nuit même, pendant notre sommeil, des rêves vagues nous chuchotaient cette phrase d'un air moqueur, comme pour nous empêcher de l'oublier en dormant. Au réveil, les six mois se dessinaient sur le mur dans un rayon d'aurore, et nous recommencions notre inéluctable litanie. Pour tout poète, par son étrangeté, son harmonie et sa couleur, ce titre contient un *charme* dans le sens magique du terme, et il agit comme une sorte d'incantation ; mais son effet doit être passager et s'éteindre avec la vibration des syllabes sonores, au lieu de se prolonger en reprises infinies, comme l'écho de Simonetta. Il n'en fut pas ainsi pour nous, et le bourdonnement recommençait toujours.

Ce qu'il y avait de singulier, c'est que pas un seul vers de cette délicieuse pièce, que nous savons par cœur, ne nous revenait au bout de la langue ; idées et rimes nous échappaient ; nous en pressentions obscurément la présence comme derrière une gaze noire, mais il nous était impossible de déchirer le voile ; le titre seul flamboyait, et nous l'épelions machinalement, répétant la cantilène obligée : – Sur trois marches de marbre rose !...

Qui pouvait avoir éveillé cette idée en nous ? Idée si éloignée de la situation présente ! Dans les cas d'obsession musicale, la phrase qui vous hante a été exprimée par un orchestre, un instrument, une voix. On connaît le point de départ de la *possession* – car c'en est une véritable – mais ici rien d'analogue. Personne n'avait prononcé près de nous les mots sacramentels ; nous ne les avions pas vus écrits ou imprimés ; nous n'avions pas rencontré sur une table un volume dépareillé de Musset, traîné à travers les exodes et les pérégrinations de la campagne. Peut-être par une *correspondance* occulte, pour employer la mystique expression de Swedenborg « les trois marches de marbre rose » s'étaient-elles

1. Voir *infra*, p. 638.

mises en *rapport* avec nous à notre insu. Elles se trouvent dans le parc de Versailles et le voisinage augmentait leur force d'influence. Nous avons d'ailleurs le goût ou plutôt la passion du marbre, cette noble matière qui sait garder la forme, cette chair étincelante des héros et des divinités, même quand il n'est qu'à l'état de bloc où sommeille la possibilité d'un chef-d'œuvre, et il doit exister des affinités secrètes entre lui et nous.

Ce charmant poète mort qui, de l'extra-monde, nous envoya, à propos de *Spirite*, des stances si ravissantes, n'ayant pas de médium sous la main, se servait sans doute de ce moyen pour susciter, par une légère vibration, son souvenir dans notre mémoire et détachait, à notre adresse, une imperceptible parcelle de marbre rose. Vivant, il s'inquiétait de la blancheur du Paros, au grand scandale des utilitaires, et partageait avec nous cet amour du marbre. Dans ce sentiment commun, non loin des marches sur lesquelles s'étaient fixés ses yeux rêveurs, nos esprits, quoique habitant des sphères différentes, avaient pu se rencontrer et les mots résumant la poésie et le poète avaient jailli comme un appel se répétant avec une opiniâtreté fatidique jusqu'à ce que nous ayons compris ce que demandait l'âme flottant autour de nous.

Pendant quelques jours, avide de nouvelles, arrachant les journaux aux vendeurs, ne songeant qu'à l'immense drame où se joue le sort de la France, nous essayâmes vainement de chasser ce refrain intérieur importun comme le bruit d'ailes d'une mouche obstinée. À la fin, nous sentîmes que l'esprit voulait un pieux pèlerinage et comme une libation de souvenirs sur ce marbre baigné de ses regards, pénétré de sa pensée, attiédi de son amour qui voyait dans cette neige, veinée d'azur et de rose, le sein virginal d'une Diane chasseresse. Il fallait qu'un grain d'encens fût brûlé sur cet autel à la pure beauté.

Nous commençâmes aussitôt notre excursion. Diverses consignes nous barrant le chemin le plus court, nous prîmes le plus long, sans grand regret. Les poètes ne sont guère pressés d'arriver ; les incidents de la route les amusent et leur font parfois oublier le but.

À peine avions-nous franchi la grille que nous nous trouvâmes en pleine solitude. Un calme solennel succédait à la passagère agitation. On sortait du présent pour rentrer dans le passé et toutes les rumeurs s'éteignaient au seuil de ce jardin majestueux et tranquille.

Rien de plus beau et d'un dessin plus noble que ce cirque entouré de grands arbres dont le centre est occupé par le bassin de Neptune. Toute l'architecture de la pièce d'eau est ancienne et date de Louis XIV ; la décoration en a été faite sous Louis XV par Bouchardon et Lemoyne. Le rococo flamboyant n'a jamais tordu les formes, chiffonné les plis et contourné les rinceaux d'une main plus hardie et plus leste.

Le Neptune au milieu de sa cour de néréides et de monstres marins brandit son trident d'un air furieux. Plus loin, se faisant pendant, des Tritons maîtrisent des Hippocampes, et, sur les branches du fer à cheval, de petits génies qui ont 8 pieds de haut comme les enfants du bénitier de Saint-Pierre lutinent des orques chimériques, à nageoires onglées. On dirait un décor d'opéra du temps réalisé. Malgré la dépravation du goût, il y a dans l'agencement de ces figures une facilité pompeuse et grandiose d'un bel effet. La teinte mate de ces groupes, coulés en plomb, se marie heureusement aux tons gris de la pierre vermiculée et effrangée de stalactites, et le ruissellement de l'eau leur donne, aux jours de fête, les luisants et le poli qui leur manquent aux temps de sécheresse.

Le retour du refrain nous avertit que nous tardions trop longtemps et nous continuâmes à marcher. Au bout des allées qui s'ouvrent en éventail autour du bassin du côté de Trianon comme dans ces fuites bleuâtres des parcs de Watteau flottaient de légères fumées dont la vapeur allongeait la perspective aérienne. Le printemps, comme un paysagiste timide qui procède à petits coups dans son feuillé, plaçait sur les branches, d'un pinceau sobre et un peu maigre, quelques touches d'un vert tendre. C'est le moment où les arbres ont tout leur jet et toute leur élégance. Leur structure si fine et si délicate ne disparaît pas encore sous l'épaisseur des frondaisons et ils ne portent plus cependant la sombre livrée de l'hiver.

Sur le rebord du bassin de Cérès dont l'eau était opalisée par des nuages de savon, des soldats lavaient leur linge et le suspendaient pour sécher aux murailles des charmilles. Qu'eût dit de ce spectacle l'ombre du grand roi, si elle erre encore dans le jardin où il se promenait avec la Vallière, Fontange ou Montespan ? Elle eût fait sans doute une moue dédaigneuse et, cependant, au point de vue purement pittoresque, la tache garance des pantalons réchauffait le vert un peu froid du paysage comme ces points rouges dont le coloriste Decamps piquait ses gazons.

Tout en continuant à gravir vers la terrasse sur laquelle le château déploie sa belle ordonnance, nous regardions à travers les mailles, légèrement festonnées de jeunes feuilles, d'un treillage détruit un peu par le temps et beaucoup par les hommes, cette portion réservée du parc, nommée le « bain d'Apollon », et nous découvrions entre les fûts des arbres, un rocher factice d'où tombent les nappes de la cascade quand jouent les grandes eaux.

L'abandon, la solitude, les végétations pariétaires lui ont prêté un air naturel que contrarient un peu, il est vrai, les groupes de marbre placés dans les grottes pratiquées au ciseau. Mais ce rappel de l'art n'est pas désagréable au milieu de cette nature composée. Sous cette voûte que soutiennent de lourds piliers à peine dégrossis se détache d'un fond obscur le Roi-Soleil, le jeune Apollon de Versailles, ayant accompli sa carrière lumineuse et venant se reposer dans le sein de Thétis. Les Néréides s'empressent autour de lui ; l'une, agenouillée, lui délace ses cothurnes, l'autre lui présente une buire de parfums, une troisième le débarrasse d'une partie de ses vêtements, et si la quatrième ne lui présente pas la chemise, c'est que les dieux grecs n'en avaient pas. Ce petit coucher mythologique est fort galant, et Girardon y a mis sa grâce toute française. Les deux cavernes, où des Tritons remisent les chevaux du Soleil, accompagnent bien la grotte centrale, et ces trois taches blanches dans le rocher sombre sont d'un effet heureux.

Il faisait ce jour-là un de ces ciels fouettés de blanc et de bleu, qui versait la lumière avec de jolis hasards d'ombre et de clair. Des paillettes de soleil scintillaient çà et là, à travers le fourré et sur les pointes des herbes. Les oiseaux chantaient et l'imperturbable sérénité de la nature ne se troublait pas pour quelques coups de canon lointains. Malgré les querelles et les fureurs des hommes, le printemps continuait paisiblement son ouvrage. Les éternelles fonctions s'accomplissaient en silence. Et nous restions là dans une contemplation rêveuse et pleine d'oubli, quand la phrase : « Sur trois marches de marbre rose », qui ne s'était pas fait entendre depuis longtemps, se mit à murmurer tout bas à notre oreille intérieure avec un ton de reproche amical.

Abandonnant la grotte d'Apollon, nous longeâmes la rangée d'ifs taillés en boule, en pyramides et autres formes bizarres, ne jetant qu'un regard distrait aux quatre saisons, aux quatre parties du monde, passant moins vite devant la jolie Diane chasseresse, debout à l'angle du bassin des lions, et nous arrivâmes sur la grande terrasse.

À mesure que nous approchions la mémoire nous revenait et il nous semblait entendre la voix du poète nous dire, avec son timbre *connu* et sa grâce négligente :

Mais vous souvient-il, mon ami,
De ces marches de marbre rose ?
En allant à la pièce d'eau,
Du côté de l'Orangerie,
À gauche, en sortant du château.

Nous étions sur la bonne voie. La copie de la Cléopâtre antique dont la répétition en bronze est aux Tuileries dormait toujours, à la même place, le bras replié au-dessus de la tête, dans cette tranquille et gracieuse pose où la mort ressemble au sommeil, et sur la balustrade de la terrasse s'alignaient comme autrefois ces charmants vases de bronze d'un caprice si varié sous leur apparente symétrie, avec leurs anses faites de chimères, de satyres et de petits génies ailés. Les marches n'étaient pas loin ; elles se trouvent près d'un vase blanc « proprement fait et fort galant » auquel de Musset reconnaît le mérite de n'être pas gothique. Il a, en effet, un très beau galbe et ses flancs s'évasent comme la coupe d'un grand lis. À son ombre s'abritent les trois marches célébrées par le poète avec leurs tons de rose pâlie, leurs transparences azurées, d'un marbre si frais, si vivant, si pareil à de la chair, qu'on ose à peine y poser le pied de peur de froisser le sein d'une déesse. L'on sent alors combien est vraie l'image du poète s'adressant à ce bloc qui eût dû être scellé dans le fronton d'un temple attique.

Quand sur toi leur scie a grincé,
Ces tailleurs de pierre ont blessé
Quelque Vénus dormant encore,
Et la pourpre qui te colore
Te vient du sang qu'elle a versé.

Nous restâmes là quelque temps comme à un endroit sacré où le pèlerin dit sa prière, et le calme descendait sur nous ; le sentiment de l'art oublié nous reprenait ; des idées de poésie voltigeaient autour de nous en palpitant les ailes comme des bouffées de colombe.

Nous songions à la forme idéale, au rythme divin, à l'immortelle beauté, aux nymphes et aux vierges de Grèce qui courent les pieds nus dans la rosée, couronnées de smilax et de violettes, à tous ces beaux mensonges flottant comme un voile d'or sur la nudité de la vie.

C'était là sans doute la leçon que voulait donner le poète disparu dans la sérénité éternelle au poète resté parmi les agitations terrestres, car depuis ce jour nous sommes délivré de l'obsession à laquelle nous étions en proie. Nous pouvons nous abstraire, penser, écrire, sans entendre la petite voix nous souffler tout bas. – Sur trois marches de marbre rose.

Extrait des *Tableaux de siège*, 1871.

CHARLES-LOUIS PHILIPPE

(1874-1909)

La syphilis

*Quand le roman est devenu sérieux, la maladie l'est devenue aussi. Le roman picaresque, ce persiflage sur les malheurs, la traitait comme une déformation bouffonne. La tuberculose a été la première maladie considérée avec sérieux par les écrivains, avant tout pour dire qu'elle était la conséquence physique d'un vice moral (*La Dame aux camélias*, Alexandre Dumas fils, 1848) ; la première à être prise comme un objet d'étude transformable en objet esthétique a été la syphilis, dans l'excellent Bubu-de-Montparnasse de Charles-Louis Philippe.*

Philippe, mort à trente-cinq ans, avait eu le temps de concourir au prix Goncourt pour un autre roman, écarté par les jurés dans la saine tradition de ne pas donner le prix aux meilleurs livres (comme encore, à cette période, le Fermina Márquez *de Valery Larbaud) ; si le talent obtenait, en plus, des récompenses, il y aurait des suicides de masse chez les romanciers moyens.*

Elle dit :

— Tu sais, Maurice, ça doit être ce que je pensais. J'en ai parlé hier à ma sœur Blanche. Elle m'a tout expliqué comment ça l'avait prise et c'est la même chose.

Il ne répondit pas un mot.

Elle remontait de jour en jour jusqu'à l'origine du mal, par besoin d'en connaître l'auteur. Il faut quarante jours, lui avait-on dit. Alors elle remontait d'homme en homme, suivant les circonstances, et de cuvette en cuvette. Tout le défilé d'amour avec ses mots et ses gestes parcourait les chambres d'hôtels, mais elle eût voulu, se plongeant dans le passé, l'arrêter de ses deux mains et reconnaître un homme et supprimer le jour où elle l'avait connu. Elle crut avoir trouvé, puis elle se dit que cela maintenant était inutile et que tout était inutile. Alors elle se plia et se laissa couler dans ses tristes sentiments.

Maurice rompit le silence.

— Je voudrais connaître celui qui t'a passé ça pour pouvoir lui casser la tête.

Rapidement elle s'habilla, ensuite elle descendit acheter un litre et de la charcuterie. Ils mangèrent en face l'un de l'autre sur la table humide. La carafe sale des locataires qui boivent l'eau gluante des hôtels meublés. Maurice, la tête baissée, mangeait avec force de grosses bouchées qui grossissaient ses mâchoires.

Il prit en même temps que sa casquette une pièce de cent sous posée sur la table de nuit et sortit.

L'après-midi d'août s'étendant au ciel bleu tombait sur nos épaules comme un manteau lourd.

[…]

Le grand mot sortit, qu'il promenait à grands pas, et comme un tonnerre éclata, pendant qu'il marchait, et puis roula, battant sa marche comme un noir tambour. La vérole, Berthe et la vérole ! Il la sentait à ses côtés comme un compagnon rouge et sanglant, comme un hôte incroyable et féroce. Il prit la rue Bonaparte comme on se jette à l'eau quand des flammes nous mangent, et monta vers Plaisance. La vérole, Berthe et la vérole ! Il connaissait ses ennemis et les regardait face à face comme un homme qui n'a pas peur. Puis il savait combattre, puis il allait dans la vie sans regrets et sans honte, puis il acceptait le hasard tel qu'on le rencontre aux chemins de Paris avec le vol, le crime et les prisons. Mais la vérole, Berthe et la vérole ! Il aurait voulu la prendre et la secouer, les yeux dans les yeux, jusqu'à la mort et jusqu'à la victoire. Il pensait à des drames, à *Roger la Honte*, à des hurlements et à des défaites. Il se rappela son nom savant : la syphilis. La science implacable et tranchante qui nomme les maux et les connaît, il en eut peur parce qu'elle nous renverse dans les hôpitaux, parce qu'elle nous regarde et nous voit, parce qu'elle plonge dans notre vie ses mots et ses instruments comme si nous n'étions rien que de la chair, de la maladie et de la mort.

Mais ce mot, la vérole, était plus terrible encore. Certes Maurice n'avait pas peur des mots. Les mots sont les fantômes des imaginations malades, au-dessus desquels il y a la vie qu'il faut vivre sans penser aux mots. Il était un « souteneur », un « individu sans aveu », et bien des fois cela le faisait rire. « La fille publique Berthe Méténier », aussi. Et qu'importaient les mots, pourvu que l'on vécût à sa guise ! Mais la vérole ! Il se rappela une histoire de son enfance. Il avait quatorze ans, lorsqu'un de ses voisins mourut à vingt-deux ans. Les voisines disaient : « Il est mort comme un vrai fumier. On dit qu'il était complètement pourri. » Être complètement pourri… Il lui venait d'autres souvenirs d'enfance et des idées de pureté. Jamais il n'avait été malade. Sa mère, qui venait de la province, eût dit : « Ce sont des maladies que l'on n'a jamais vues dans nos familles. » Être complètement pourri… Il imaginait des plaies rouges et suintantes, des bandages et de la charpie, et se voyait étendu dans un lit d'hôpital avec un corps vert et complètement pourri. Du temps où il était ébéniste, un de ses camarades disait : « Si jamais il m'arrivait d'attraper la vérole, je me logerais deux balles dans la tête. »

[…]

Alors, dans ce quartier de Plaisance, il pensa à son ami le Grand Jules et se sentit renaître à l'espérance. On ne sait pas comment renaît l'espérance. On marche dans la rue de Vanves, une après-midi d'août, on se souvient que le Grand Jules a eu la vérole, on se rappelle que Charlot, Paul et d'autres l'ont encore, et l'on pense qu'à ceux-là jamais la vérole n'a fait de mal. Ensuite on se dit : Mais rien ne prouve que j'aie moi-même la vérole. Et l'on essaie de se démontrer qu'on ne peut pas l'avoir, puisque Berthe a parlé dès le premier symptôme et qu'alors on s'est abstenu.

C'est ainsi qu'il arriva dans l'avenue du Maine, en pays connu. Il y a par là des bars où sont les amis. Déjà Maurice pensait à les chercher lorsque, regardant une terrasse, il aperçut le Grand Jules.

— Je pensais à toi. Te voilà.

[…]

À la fin, Maurice n'y tint plus.

— La vérole, toi qui as eu la vérole, est-ce que ça met sur le flanc ?

— Tu as la vérole ?

— Non, mais ça me pend au nez.

— Ha, ha, ha !… fit le Grand Jules, ça n'est pas au nez que ça pend. Bah ! La vérole ne fait pas de mal. Moi, il y a deux ans que je l'ai. On m'a fait prendre des pilules quand j'étais à la Santé. Je n'ai jamais rien eu. Au fait, tu la connais, c'est Francine qui m'avait passé ça. J'aurais pu ne pas y revenir, on m'avait prévenu d'avance, mais on ne lâche pas une femme parce qu'elle a la vérole.

Il expliqua ensuite qu'on avait des taches sur la peau et des plaques dans la bouche et que ça passait tout seul. Assis sur sa chaise, il expliquait la vérole avec des mots égaux, puis, quand il eut parlé, il pensa à autre chose. Ni la prison ni la vérole jamais ne l'avaient gêné parce que sa volonté était plus forte que tous les maux. Il cheminait d'un pas adroit au milieu des dangers et luttait sans colère et sans fièvre quand il avait résolu de lutter. J'ai dit qu'il était plus fort que la vérole.

Il fut étonné d'ailleurs que Maurice ne l'eût pas encore : Nous l'avons tous, répétait-il. Maurice commanda deux verres de marc et vida le sien d'un seul trait. S'il n'avait pas son mal, il était temps de quitter Berthe. […]

Alors toute sa foi lui revint : Je suis Maurice qu'on appelle aussi Bubu-de-Montparnasse. Il se redressait, bombait la poitrine en tapant des talons, et depuis la tête jusqu'aux pieds sentait qu'il était Bubu-de-Montparnasse. Le Grand Jules, à son côté, suivait sa route, silencieux et plein de gloire comme une armée en marche. Il savait maintenant que la vérole fait partie de la vie des hommes. Depuis longtemps il le savait, mais il est des connaissances qui ne sont pas gravées profondément dans nos cœurs. Comme tous les hommes, Maurice arrivait à la science pleine après avoir beaucoup souffert. Être complètement pourri… Ces mots l'amusaient maintenant lorsqu'il pensait à Jules et à tous ceux qui n'étaient pas complètement pourris. La syphilis et la science qui nous fouille pour chercher des maladies, ah ! la syphilis et la science se buttent contre nos volontés comme des médecins qu'on peut attaquer et piller au coin des rues. Et sa mère et l'épicerie étaient des occupations misérables qui se baissent et se cassent en deux pour ramasser un sou. On appelle cela des accidents. Les accidents de la vérole ressemblent à la prison que l'on peut éviter, ou de laquelle on sort implacable et fortifié.

[…]

Lorsque Maurice eut quitté Jules, il prit la rue de Rennes et pensait à rentrer chez lui. L'air plus frais de sept heures circulait entre les maisons et, rafraîchissant les fronts, adoucissait les idées après le travail quotidien. Les passants, un peu lourds, sentaient leurs épaules dégagées des besognes et montaient vers leurs maisons et vers leurs femmes avec de clairs sentiments d'été. Maurice valait bien mieux qu'à l'ordinaire. Un sang alcoolisé coulait dans ses membres avec des moments d'entrain, puis avec des moments de bonté. Pourquoi le cœur des hommes est-il si grand ? « Je suis tout drôle, ce soir », se disait-il. Il passa devant un grand magasin d'épicerie et, regardant l'étalage, il vit des boîtes de mandarines. Petites mandarines, petits riens avec du jus, vous n'êtes pas faites pour les gueules des marlous. Il passa devant un autre magasin d'épicerie et cette fois-ci regarda s'il y avait encore des boîtes de mandarines. On croit la chose difficile. Il faut d'abord que le coup d'œil soit décisif. Personne ne voit. Il faut alors que le geste soit rapide et dégagé. Maurice mit la boîte de mandarines sous sa veste sans arrêter sa marche. Faire plaisir à Berthe, avoir des mains ouvertes pour donner un souvenir, un peu de son travail, un peu de son amour, quelques mandarines pour une bouche fine.

Il eut ensuite une idée de vérole. Eh ! s'il n'avait pas la vérole ! s'il n'avait pas la vérole ! Alors il lui sembla que ce serait retrancher quelque chose à sa gloire. Il marchait avec tant de passion que ses jambes semblaient soulevées. S'il n'avait pas la vérole, il était grand temps de l'avoir. Il allait à son but, ses mandarines sous le bras, l'âme élargie, avec une voix si forte qu'il ne pensait même pas à jeter un regard en arrière.

Lorsqu'il entra dans sa chambre, Berthe faisait une petite cuisine pour le repas. Il dit :

— Vois donc. Je t'apporte une botte de mandarines.

Elle sourit d'étonnement :

— Oh ! Maurice ! mais il y a quelque chose pour que tu sois si aimable.

— Viens m'embrasser.

Elle s'approcha, et comme elle lui donnait son baiser franc sur les lèvres, il lui passa les deux bras autour des épaules et la retint. Il la baisa sur la bouche à son tour. Puis il continua : une fois très fort, une fois légèrement, puis très fort, puis moins légèrement…

Pendant ce temps il l'approchait de lui, se la collait au ventre. Elle dit :

— Lâche-moi, tu vas me faire brûler mon fricot.

Il rit :

— Ça m'est égal.

Il la prenait à tour de bras, la soulevait un peu, la pliait en arrière, se l'attachait à la peau. D'habitude il n'était pas si pressé. Il l'entraîna, tout habillée, vers le lit. Berthe le regardait dans les yeux, avec son air triste :

— Il ne faut pas, Maurice. Tu sais que…

Il répondit :

— Je m'en fous.

Lorsqu'il la pénétra, il sentit son cœur fondre, se fit très doux et dit :

— Est-ce que je te fais mal, ma petite femme ?

*

Louis Buisson habitait au cinquième étage, quai du Louvre, une petite chambre carrée. On y voyait un lit de fer avec quatre boules de cuivre, une bibliothèque en bois léger, une commode-toilette, une table recouverte d'un tapis rouge, une chaise et deux « fauteuils arméniens » qui avaient coûté douze francs au bazar de l'Hôtel de Ville. Un tapis de linoléum recouvrait le plancher, deux affiches et quelques gravures ornaient les murs. C'était la vie bien rangée d'un garçon qui fait sa chambre lui-même et la revêt simplement, à l'image de son esprit. La fenêtre ouvrait sur un grand bras de fleuve, à côté du Pont-Neuf et de son petit square où l'air, la lumière et l'eau formaient un spectacle mobile et rafraîchissant. Sommes-nous à Paris ? Nous sommes en haut des airs, dans un pays d'eau, mais dont l'air gronde comme des voitures qui roulent.

Ce soir-là, Louis Buisson faisait son café. Il pensait : Ce sont ces besognes simples, faire sa chambre ou préparer son café, qui calment notre esprit et qui ordonnent nos idées comme des meubles bien en place… D'ailleurs il avait ses principes pour la préparation du café. Il n'utilisait pas le marc et versait l'eau bouillante goutte à goutte sur le café fraîchement moulu. L'opération est un peu plus longue, mais pour avoir de bonnes choses il faut prendre beaucoup de peine.

Quand Pierre Hardy frappa à la porte, on n'attendait plus que lui pour verser le café. Louis Buisson disait :

— Je suis désorienté. Je t'avais parlé d'une petite bonne avec laquelle j'entretenais une correspondance et j'espérais en elle arrêter mes désirs. Les femmes du peuple sont simples et toutes les femmes sont malléables. Je lui prêtais quelques livres pour la façonner à mon gré. Elle aimait lire. Je me disais : « Elle saura comprendre les choses délicates qui sont l'ordre et le bonheur d'une maison. Le soir, je travaillerai chez nous. Elle coudra en se reposant et je la sentirai à mon côté comme une petite flamme qui brûle. » Voici ce qui est arrivé : avant-hier et hier nous sommes sortis ensemble, sa patronne étant en voyage. Ma petite bonne aime tous les plaisirs et souffre parce qu'elle ne va pas s'amuser au café-concert, danser au bal ou voir les lumières des rues. Il a fallu que je la mène un peu partout et ensuite elle voulait aller au bal *Bullier*. Alors j'ai compris, moi qui voulais être un homme du peuple, que le peuple aimait trop les plaisirs mauvais. Je ne dois pas être du même peuple que les autres, c'est pourquoi personne ne saurait me comprendre et goûter du plaisir en vivant ma vie. J'ai rompu. Moi qui croyais avoir trouvé la femme, je suis tout seul à présent.

Louis Buisson était un peu dogmatique et causait longuement. On lui disait au bureau : « Oh ! vous, vous voulez toujours avoir raison. Vous faites des discours. »

Ils buvaient leur café en fumant un mauvais cigare et chacun d'eux, assis dans un « fauteuil arménien », semblait un jeune bureaucrate timide et maladroit. Ils n'étaient heureux ni l'un ni l'autre à cause de l'amour qui remue les hommes à vingt ans, et à cause de Paris, qui est dur aux pauvres. Pierre Hardy disait :

— Je commençais à m'habituer à ma petite amie Berthe et à ses cent sous. Voici qu'elle est malade à l'hôpital.

Louis Buisson dit :

— J'ai connu des filles publiques quand j'habitais en hôtel meublé. Leur gaieté a des éclats comme des enfants qui crient pour ne pas avoir peur.

Pierre Hardy chez son ami avait beaucoup à apprendre. Ils vivaient d'une vie commune dont Louis Buisson était l'interprète. Il analysait avec force les événements et parfois, s'il découvrait quelque erreur ancienne ou quelque vérité nouvelle, il était désorienté lorsqu'il voulait mettre sa conduite d'accord avec ses idées.

L'analyse n'est pas une science froide, elle qui passe par nos cœurs et les trouble. Les émotions de Louis éveillaient des émotions chez Pierre parce que leur vie était commune et parce que leurs âmes étaient sincères. Pierre se disait : C'est drôle comme il a toujours raison. Il pensait comme son ami, mais il pensait beaucoup plus bas.

Pierre Hardy ajouta :

— Je l'aime bien plus depuis qu'elle est malade. Elle m'écrit des lettres malhabiles mais où l'on devine qu'elle souffre et qu'elle devient délicate. Elle dit : « Je t'embrasse de tout mon petit cœur d'enfant malade. » Je lui envoie un peu d'argent. Il me semble, lorsqu'elle sera guérie, que nous nous serons rapprochés l'un de l'autre.

Louis Buisson partait dans ses grandes histoires. Il souriait en pensant : Je vais faire un discours. Puis il dit :

— Il faut aimer les filles qui souffrent. J'ai toujours cru que si nous ne pouvions pas les sauver, c'est parce que nous ne savions pas assez les aimer. J'ai connu autrefois une débutante. À quatorze ans, chez sa mère, qui était remariée, et dont le second mari tenait un commerce de marchand de vins, elle fit connaissance d'un grand garçon aux yeux violents. Son regard la dominait comme une force puissante. Elle le suivit un jour à l'hôtel meublé où, docilement, elle devint sa femme. Elle m'a raconté que, toute nue, il l'avait prise ensuite dans ses bras et l'avait posée au milieu de l'édredon. Elle était si petite que l'édredon la débordait, elle ne bougea plus et, toute lasse, s'endormit là avec sa virginité perdue. J'ignore pourquoi ses parents ne la firent pas rechercher. Ils vécurent quatre mois sans qu'elle travaillât, mais peu à peu il la détournait de l'honnêteté. Il la mena lui-même sur les Grands Boulevards et lui choisit son client. Elle fit quinze francs et elle en éprouva une sorte de bonheur naïf.

Quand je la connus, elle n'avait pas seize ans. Je n'ai jamais vu de femme aussi courageuse. Elle avait fini par trouver du travail et cousait des paillettes. Mon cher ami, elle en cousait le jour, puis elle en cousait la nuit. Elle n'avait pas seize ans. Elle ne put jamais gagner cinquante sous par jour. Et l'Autre était là, derrière elle, avec ses deux poings et avec ses mâchoires. Il fallait bien parfois qu'elle descendît dans la rue, lorsqu'elle devait payer sa chambre. Je la connus. Il y avait des matins où elle venait me demander deux sous.

Le temps passa pour elle en lui apportant d'autres misères. Sa mère finit par s'inquiéter, la découvrit et la fit enfermer pendant un an au couvent des Dames-Saint-Michel, où l'on met des jeunes filles ayant de mauvaises dispositions. Quand elle en sortit, son amant la demanda en mariage et sa mère donna son consentement. C'est la folie qui règne sur le monde. Alors le passé recommença. Et puis il la trompait, il s'amusait à la tromper. Un jour de Carnaval, ils se promenaient ensemble dans la foule, lorsque passa une femme à suivre. Il la suivit et resta trois jours sans rentrer.

Plus tard ils se séparèrent, mais il venait de temps à autre la voir et il avait besoin d'argent. C'est alors qu'elle eut pour ami un jeune homme de dix-neuf ans : « Quand je devrais devenir bien vieille, me disait-elle, jamais je n'oublierai ce garçon-là. Ce n'est pas parce qu'il était riche, mais c'est à cause de ce qu'il faisait pour moi. » Il l'aimait avec un bon cœur d'adolescent. Une nuit qu'elle était fatiguée, il la porta dans ses bras depuis la place de la Bastille jusqu'au bout de l'avenue Daumesnil. Il aimait aller chez elle lorsqu'elle était absente parce qu'il mettait sur la table quelque jolie surprise et qu'il pouvait entendre son cri de joie quand elle rentrait. Mon cher ami, ce garçon servi chez lui par des domestiques, et dont la mère avait une femme de chambre, allait voir sa petite amie, et lorsqu'elle n'était pas là, faisait sa chambre et cirait ses souliers. Leur histoire eut une triste fin parce que le mari battit le jeune homme qui dut garder le lit pendant six semaines.

Il n'y a pas longtemps que je connais ces choses, mais chaque jour je les comprends davantage. Il y eut un jeune homme de tant d'amour qu'il entra dans le cœur d'une pauvre fille. Et moi aussi, j'aurais dû entrer dans ce cœur. Quand vint le jeune homme, il était bien trop tard, mais moi il eût été temps. Il y a trois ans déjà. Elle n'était pas mariée et j'aurais pu la sortir des bras d'un souteneur. J'aurais dû la prendre et la mettre chez moi et combattre. J'aurais dû la sauver. Comprends-tu cela : J'aurais pu la sauver ! Ah ! pourquoi ne l'ai-je pas assez aimée ? J'aurais dû faire sa chambre et cirer ses souliers, j'aurais dû consentir à garder le lit pendant trois semaines. Une femme existe, au monde, que j'aurais pu sauver !

Quand Louis Buisson eut fini son histoire, il mit sa tête entre ses mains et il y eut un silence pendant lequel chacun s'aperçut qu'il n'y avait plus de café dans sa tasse. On entendit rouler les voitures en bas du cinquième. Louis Buisson revint à la conversation :

— Tu me parlais de ton amie Berthe, mais tu ne m'as pas dit dans quel hôpital…

Pierre répondit :

— C'est à l'hôpital Broca.

Louis Buisson eut un mouvement.

— Mais, mon cher ami, tu ne connais pas l'hôpital Broca. J'ai vu tout cela et je te dis qu'à l'hôpital Broca l'on voit des filles. Elles sont bien malades, elles ont la syphilis.

Alors Pierre Hardy sentit l'histoire de Louis Buisson comme un feu dans son cœur. Véritablement il sentit des choses, mille choses le frapper ensemble, monter et noyer sa voix comme un débordement de maux. Puis il eut la sensation du bonheur dans la paix, parce qu'il avait fait un pas d'amour, une pauvre danse, un soir, qui, maintenant, avait des airs de syphilis et d'hôpital Broca. Il eut cette sensation du bonheur dans la paix, revit la façade de sa petite maison de province et la syphilis à son seuil. Il comprit que la vie lui avait semblé jusqu'ici trop facile.

Louis Buisson faisait ses discours :

— J'allais autrefois à l'hôpital Broca où l'un de mes anciens camarades de lycée était externe en médecine. J'ai vu passer au spéculum toutes les filles, avec leurs maladies. J'ai vu passer les petites femmes du Quartier qui ont un chancre et qui rient parce qu'on leur a dit : « La vérole n'est rien. Pendant trois ans on prend des pilules. » J'ai vu passer les femmes qui ont dix-huit mois de vérole et qui pleurent. Elles mettent leur tête sous leur bras et pleurent en disant : « Jamais je ne guérirai. » Les médecins les consolent en éclatant de rire. J'ai vu passer les vieilles. Comme des bêtes elles écartent les jambes. Elles sont un pauvre gibier que l'on blesse et qui se laisse faire sans une plainte, ayant l'habitude des blessures.

C'est ainsi que parlait Louis Buisson, ne pensant pas à Pierre. Puis il lui vint comme un éclair : mais Berthe, Pierre et Berthe !… Il regarda son ami qui, les deux mains jointes sur ses genoux, ne pensait pas, lui, à faire des discours. Cette pauvre fille à la vérole, il la voyait toute en larmes, avec les larmes des vérolés, et c'était si triste qu'il ne pouvait pas lui adresser un reproche. Le caractère des hommes, à vingt ans, se compose des paroles de leurs amis autant que des mouvements de leur cœur. Pierre pensait à toutes les idées d'amour qu'exprimait Louis et, sa générosité naturelle s'y mêlant, avait pitié de la vérole de Berthe en même temps qu'il avait peur de la sienne. Mais il avait bien peur. Il ne la connaissait pas assez pour oser la regarder en face, il savait qu'on en cause comme de la Honte et du Mal.

Alors Louis Buisson se leva, s'approcha de Pierre et, lui prenant les deux mains, il les pressait. D'ordinaire il était discret dans sa tendresse. Mais j'ai fait mal, Seigneur, avec mes discours. Il se révoltait contre lui-même, contre ses paroles, contre la vérité, contre l'hôpital Broca. Cela ne peut pas être, puisque cela fait mal et que mon cœur est bon. Il se leva, vint à Pierre et dit :

— Mais non, Pierre. Mais non, mais non…

Il criait et il avait envie de crier par-dessus les toits :

— Mais non, mais non, mais non…

Rentré chez lui, Pierre écrivit à Berthe :

Ma chère petite amie,

J'ai bien de la peine en t'écrivant cette lettre parce que tu auras bien de la peine quand tu la liras. Tu es malade, ma petite Berthe, moi je voudrais être à ton côté pour te consoler et te montrer que je souffre à cause de tes souffrances. Pourtant il y a des choses que je dois te dire.

Avant ce soir je ne connaissais pas l'hôpital Broca. Je sais maintenant pour quelle maladie l'on t'y soigne. Tu dois être bien triste, mais ne va pas croire que je t'abandonne. Je n'abandonne jamais les miens et tu fais partie des miens puisqu'il y a déjà trois mois que nous nous connaissons. Je t'envoie un mandat-poste de trois francs.

Voici ce que je voulais te dire : nos relations doivent changer parce que je ne veux pas attraper ton mol. Je n'hésite jamais à faire le sacrifice de moi-même, mais ici ce sacrifice me ferait du mal sans te faire du bien. Nous continuerons à nous voir, n'est-ce pas ? Nous nous promènerons ensemble quand tu le voudras et nous serons deux amis, l'ami Pierre et l'amie Berthe.

Tu comprends bien que je ne puis pas courir après ta maladie. Je crois y avoir échappé, puisque je n'en vois pas les signes, mais je ne suis pas encore hors de danger. Un de mes amis, qui est médecin, me l'a dit. Il faut attendre une quinzaine de jours.

Berthe, si j'étais malade, je te pardonnerais. Je suis d'une famille où l'on n'a jamais eu ces maladies-là. Je ne voudrais pas la donner à d'autres. D'ailleurs nous allons nous écrire comme par le passé. J'espère bien ne jamais me repentir de t'avoir connue.

Je te quitte, ma chère petite amie, en pensant bien à toi. J'attends ta réponse avec une grande impatience pour savoir si tu n'es pas trop triste à cause de ce que je t'écris. Je t'aime toujours et je t'aime davantage parce que tu es malade.

Ton ami qui t'embrasse,

Pierre.

Deux jours après il reçut la lettre suivante :

Pierre,

J'ai reçu ta lettre qui ma rendu malade il fallait que je m'y attende à cette audace que tu ferais passé cela sur mon dos mais tu croyais peut être que ça se passerai comme cela mais tu te trompe je n'ai jamais sesser de croire que c'était toi qui m'avait donné cette affreuse maladie. Mais tu as raison je n'ai jamais rien dis parce que tu m'aidais mais maintenant tu trouve que j'en ai assez comme cela mais je souffre et j'ai un chagrin a mourir et toi tu es heureux de se que tu as fait et bien d'autres encore des jeunes filles a qui tu donne quelques francs et que pour la peine quelle se sont donné a toi tu les pourris. Peut être ses filles se sont-elles tué car moi si je n'avait pas songé a ma famille et j'ai penssé que mon père avait bien assez souffert avec la mort de ma mère sans apprendre ma mort suivante. Puis je ne croyait pas qu'un jour je rencontrerai mon bourreau boulevard Sébastopol le 15 juillet. Que j'ai pleurer depuis ce jour pourtant il est trop tard il faut bien que je m'y résigne aussi je te cause comme cela parce que je suis sûr que c'est toi quil me l'a donné et qui aura fait mon malheur pour la vie. Puis des jours de souffransse vont sécoulés encore pour moi et encore pour d'autre qui souffriront que je les plains ses gens doivent souffrir a cause de toi car moi les gens qui savent que tu mas causer ce mal t'en veulent plus que moi encore mais je nécoute le conseil de pers-sonne et c'est pourquoi je souffre en sillence. Tu dois savoir que je ne suis pas une salle fille car si je voulait je pourrai aussi moi a mon tour pourrir d'autres hommes mais je préfère me faire soigner puis quand je serai guéri je verrai ce que j'ai à faire mais je ne te pardonnerai jamais. Tu ne le mérite pas un homme qui ma fait tant de mal que je ne méritai pas non plus et je ne matendai pas un jour de passer au suplice car tu sais pour l'instant je souffre beaucoup de la gorge de se moment. Je sais bien que tu ten moque mais cela me soulage puis tu dois le savoir mieux que moi ce que l'on ressent pour avoir la tête en cette état et puis la charpie que j'ai ramasser un jour par terre tu ne te lave pas les pieds avec et puis l'onguent qui est sur la table toilette eh dessous la cuvette tu te fais des frixtions avec pour la vérole ça fait du bien pas pour autre chose aussi mais c'est la maladie qui l'exsige ou tu aurais plus d'accident que tu as et alors la femme qui irais avec toi le chaufferai tout de suite mais ce qui est embêtant c'est que quand on excite un accident vient et on le donne aux autres alors on la plaque et puis au tour a une autre puis tu es jaloux de savoir que les autres n'en ai pas autant que toi. Mais Pierre je t'en prie soingne toi comme moi et comme cela tu ne la donneras plus ou quelque fois tu pourrais tombé pire et te faire du mal c'est un petit conseil. Tant qua ton ami médecin ce n'est qu'une pure blague car tu en as assez de moi et pas davantage.

J'espère que tu ne m'en voudra pas de trop mais remarque que je ne suis pas trop méchante je ne désire qune seule chose c'est de ne jamais te rencontré car tu n'est pas un ami comme tu le dis tu es pour moi moin que rien ou le trotoir ou je marche tous les jours mais tu garderas mon souvenir dans ta mémoire comme je garderai le tien mais en homme pas digne davoir eu une fille comme moi car je suis ententu la meilleure fille que l'on puisse trouvé à Paris et c'est toujours comme ça. Enfin je daigne te répondre a ta lettre et te dire ce que je pensse de toi malgré la haine que j'ai pour toi.

Mademoiselle Berthe, la fille et pauvre malheureuse
qui na que de la haine pour celui quil la pourri.

Quinze jours plus tard, le médecin reconnut que Pierre avait la syphilis.

Extrait de *Bubu-de-Montparnasse*, 1901.

JEAN MALAQUAIS

(1908-1998)

Paris occupé

Jean Malaquais, qui avait à peine eu le temps de remporter le prix Renaudot pour son premier roman, en 1939, a réussi étant juif à échapper aux Allemands et aux mauvais Français pour se rendre aux États-Unis où il a publié son Journal de guerre *en 1943. On y regarde le léthargique moment de la drôle de guerre avec le triste mépris de ceux qui savent ce qui va arriver.*

---

22 juillet 1940

Beauté de ce Paris vide de gens, de voitures, de fracas mécanique. Tout au long du jour, où que l'on regarde, et malgré la lueur du ciel, c'est l'aube. C'est l'heure paisible où la ville s'appartient, où la pierre est à la pierre. Émerveillement d'apercevoir un cycliste au loin, une charrette à bras, présences insolites, qui soulignent la précarité de l'homme. Bâtir des villes, mettre des siècles à en patiner le visage, puis s'en aller. Et qu'importe que brève soit la vie, puisque long est le travail et impérissable sa trace.

Extrait du *Journal de guerre*, 1943.

WINSTON CHURCHILL

(1874-1965)

Vive la France !

Churchill, qui n'était pas moins patriote qu'un autre, y ajoutait de sa classe sociale un internationalisme très humain. Une des preuves les plus flagrantes de la dépravation du gouvernement de la collaboration est que c'est le chef d'un gouvernement étranger qui a adressé aux Français, et en français, des paroles exaltantes. (Je parle d'autorités légales. De Gaulle était alors un irrégulier.) On venait d'abandonner le poétique et médiéval projet de la fusion de la France et de l'Angleterre, imaginé par Jean Monnet et accepté par Churchill en partie resté l'enfant qui jouait à défendre notre pays dans la cour de son école.

Français,

C'est moi, Churchill, qui vous parle. Pendant plus de trente ans, dans la paix comme dans la guerre, j'ai marché avec vous et je marche encore avec vous aujourd'hui sur la vieille route. Cette nuit, je m'adresse à vous dans tous vos foyers, partout où le sort vous a conduits. Et je répète la prière qui entourait vos louis d'or : « Dieu protège la France. » Ici, chez nous, en Angleterre, sous le feu du Boche, nous n'oublions jamais quel lien et quelle attache nous unissent à la France. Nous continuons à lutter de pied ferme et d'un cœur solide pour que la liberté soit rétablie en Europe, pour que les braves gens de tous les pays soient traités décemment et pour amener ainsi le triomphe de la cause qui nous a fait ensemble tirer l'épée. Quand des années des gens se trouvent bousculés par les attaques et assommés par les coups que leur portent des coquins et de vils malfaiteurs, ils doivent prendre bien garde de ne pas se laisser aller à se dresser les uns contre les autres. Les Allemands essaient toujours de provoquer des querelles, et naturellement, dans le malheur, dans la guigne, bien des choses arrivent qui font le jeu de l'ennemi. Il nous faut simplement faire de notre mieux et prendre les choses comme elles viennent. Ici, dans cette ville de Londres que Herr Hitler prétend réduire en cendres, et que ses avions bombardent en ce moment, nos gens tiennent bon ; notre Royal Air Force a fait plus que de tenir tête à l'ennemi. Nous attendons l'invasion promise tout bon et de longue date ; les poissons aussi. Mais bien sûr, nous n'en sommes encore qu'au début. Aujourd'hui, en 1940, comme toujours, et malgré quelques pertes, nous avons la maîtrise des mers. En 1941, nous aurons la maîtrise de l'air. N'oubliez pas ce que ça veut dire ; c'est beaucoup. Herr Hitler, avec ses chars d'assaut et ses autres armes mécaniques, et aussi, n'oubliez pas, grâce aux intrigues de sa 5e colonne, avec des traîtres et des sots, a réussi pour le moment à conquérir la plupart des races les plus belles de l'Europe ; et son petit complice Mussolini, plein d'espoir et d'appétit, continue à traquer craintivement à son côté. Tous deux veulent découper la France et son empire comme une poularde. L'un veut la cuisse, l'autre l'aile, ou peut-être une partie du blanc. Non seulement l'empire français sera dévoré par ces deux vilains messieurs, mais l'Alsace-Lorraine va une fois encore repasser sous le joug allemand ; et Nice, la Savoie et la Corse, la Corse de Napoléon, seront arrachés du beau domaine de la France. Mais Herr Hitler ne songe pas seulement à voler le territoire des autres peuples et à en distraire quelques morceaux pour les lancer à son petit camarade. Je vous dis la vérité et il faut que vous me croyiez : cet homme de malheur, ce monstrueux avorton de la haine et de la défaite n'est résolu à rien moins qu'à faire entièrement disparaître la nation française, qu'à broyer sa vie même et son avenir. Il se prépare, par toutes sortes de moyens sournois et féroces, à tarir pour toujours les sources de la culture et de l'inspiration françaises dans le monde. S'il est libre d'agir à sa guise, toute l'Europe ne sera plus qu'une « Bochie » uniforme offerte à l'exploitation, au pillage et à la brutalité des gangsters nazis. Si je vous parle aussi carrément, excusez-moi, mais ça n'est pas le moment de mâcher les mots. Ce ne sont pas les conséquences de la défaite que la France va aujourd'hui avoir à subir de la main des Allemands. Elle va parcourir toutes les étapes d'un anéantissement complet : armée, marine, aviation, religion, loi, langage, culture, institutions, littérature, histoire, traditions, tout va être passé par la force brutale d'une armée triomphante et par les ruses scientifiques et basses d'une police secrète impitoyable.

Français, armez vos cœurs à neuf avant qu'il ne soit trop tard. Rappelez-vous de quelle façon Napoléon disait avant une de ses batailles : « Soldats, à Iéna, contre ces mêmes Prussiens aujourd'hui si arrogants, vous étiez un contre trois, à Montmirail un contre six. » Je refuse de croire que l'âme de la France soit morte et que sa place parmi les grandes nations du monde puisse être perdue pour jamais. Tous les complots et tous les crimes de Herr Hitler sont en train d'attirer sur sa tête et sur son régime un châtiment que beaucoup d'entre nous verront de leur vivant. Il n'y aura pas si longtemps à attendre. L'aventure suit son cours. Nous sommes sur sa piste ; et nos amis de l'autre côté de l'Atlantique y sont aussi ; et vos amis de l'autre côté de l'Atlantique y sont aussi. Si lui ne peut pas nous détruire, nous, nous sommes sûrs de le détruire avec toute sa clique et tous leurs travaux. Ayez donc espoir et confiance. Rira bien qui rira le dernier. Maintenant, nous autres Britanniques, qu'avons-nous à vous demander aujourd'hui, dans ce moment si dur ? Ce que nous vous demandons, au milieu de nos efforts pour remporter la victoire que nous partagerons avec vous, c'est que : si vous ne pouvez pas nous aider, au moins vous ne nous fassiez pas obstacle. Le jour viendra où vous pourrez et où vous devrez renforcer le bras qui frappe pour vous. Cependant, nous comptons que les Français, où qu'ils soient, se sentiront le cœur réchauffé et que la fierté de leur sang tressaillira dans leurs veines chaque fois que nous remporterons un succès dans les airs, sur mer ou plus tard – et ça viendra – sur terre. N'oubliez pas que nous ne nous arrêterons jamais, que nous ne nous lasserons jamais, que jamais nous ne céderons et que notre peuple et notre empire tout entier se sont voués à la tâche de curer l'Europe de la pestilence nazie et de sauver le monde d'une nouvelle barbarie. Ne vous imaginez pas, comme la radio contrôlée par l'Allemagne essaie de vous le faire croire, que nous autres Anglais cherchions à saisir vos navires et vos colonies. Ce que nous voulons, c'est frapper jusqu'à ce qu'Hitler et l'hitlérisme passent de vie à trépas. Nous ne voulons que ça, mais nous le voulons sans cesse ; nous le voudrons jusqu'au bout. Nous ne désirons rien de quelque nation que ce soit, si ce n'est le respect. Parmi les Français, ceux qui se trouvent dans l'empire colonial et ceux qui habitent la France soi-disant inoccupée peuvent sans doute, de temps à autre, trouver l'occasion d'agir utilement. Je n'entre pas dans les détails : les oreilles ennemies nous écoutent. Les autres Français, vers qui l'affection anglaise se porte d'un seul mouvement parce qu'ils vivent sous la stricte discipline l'oppression et l'espionnage des Boches, je leur dis : quand vous pensez à l'avenir, rappelez-vous les mots de ce grand Français que fut Gambetta. Il les prononça après 1870, à propos de l'avenir : « Pensons-y toujours, n'en parlons jamais. » Allons, bonne nuit. Dormez bien, rassemblez vos forces pour l'aube, car l'aube viendra ; elle se lèvera brillante pour les braves, douce pour les fidèles qui auront souffert, glorieuse sur les tombeaux des héros.

Vive la France ! Et vive aussi le soulèvement des braves gens de tous les pays qui cherchent leur patrimoine perdu et marchent vers les temps meilleurs !

Discours aux Français et en français, BBC,
21 octobre 1940.

CHARLOTTE DELBO

(1913-1985)

Vincentella, dite Danielle, Casanova, née Périni

Les noms sur les plaques des monuments aux morts datent sauf erreur de la guerre de 14-18. Jusque-là les morts dans les guerres, excepté leurs principaux commandants, se fondaient dans un brouillard de fantômes. Je ne passe pas devant une de ces plaques de quelque guerre que ce soit, ou de mémorial de la Shoah, sans lire les noms. Le nom de famille avant le prénom, comme à l'école. C'est l'appel de l'anéantissement.

Charlotte Delbo, communiste, résistante, a été déportée à Auschwitz en janvier 1943 puis, de là, en janvier 1944, à Ravensbrück d'où elle a été libérée en avril 1945. Dans Le Convoi du 24 janvier *(1965), elle a consigné les noms et les brèves biographies des deux cent vingt-neuf femmes qui ont été déportées avec elle à Auschwitz.*

Née le 9 février 1909 à Ajaccio dans une famille de cinq enfants. Son père était instituteur et a fini sa carrière comme directeur d'école.

Elle vient à Paris finir ses études en 1927, adhère à la Jeunesse communiste et commence sa carrière politique. Élue au comité central de la Jeunesse communiste en 1934, mariée à Laurent Casanova, elle mène de front son activité professionnelle (elle est chirurgien-dentiste) et son activité politique. En 1936, le Parti communiste lui confie la tâche de créer une organisation distincte pour les jeunes filles ; ce sera l'Union des jeunes filles de France, dont elle est secrétaire générale.

En septembre 1939, le parti communiste est interdit. Elle fait partie de la direction clandestine. Elle rédige *La Voix des femmes*, dirige l'action des femmes contre l'occupant et forme les premiers noyaux qui donneront naissance à l'Union des femmes françaises. Elle joue aussi un rôle important au Front national universitaire et dans la Jeunesse communiste. Son mari est prisonnier de guerre. Elle vit à Paris sous une fausse identité.

Le 14 février 1942 – il faisait très froid –, sachant que Georges et Maï Politzer n'ont pas de chauffage, elle décide de leur porter du charbon. Quand elle frappe au domicile illégal des Politzer, son cabas de charbon au bras, elle se trouve en présence des inspecteurs des brigades spéciales qui viennent d'arrêter Georges et Maï. Elle est bientôt identifiée aux Renseignements généraux, d'où elle est envoyée au dépôt jusqu'au 23 mars 1942, puis à la Santé, où elle est au secret, dans une cellule qu'elle partage avec deux camarades. Punie d'une semaine de cachot parce qu'elle transmet les nouvelles et parle aux hommes (Politzer est dans une aile située en face) par le vasistas, elle en remonte très maigrie. De la Santé, elle passe le 24 août 1942 au fort de Romainville où elle maintient animation et discussions politiques.

Auschwitz N° 31 655

À Birkenau, pendant que nous attendions d'être déshabillées, tondues et tatouées, un SS demande s'il y a une dentiste parmi nous. Danielle se désigne. On la fait passer immédiatement à l'immatriculation. On la tatoue mais on ne lui coupe pas les cheveux, et, vêtue d'une tenue rayée propre, on l'installe au cabinet dentaire, une baraque située dans l'enceinte du revier. Cette baraque est divisée en trois pièces : une salle d'attente que chauffe un poêle rond, une chambre meublée de trois lits bas (pour la dentiste et chacune de ses deux assistantes) et le cabinet proprement dit, très bien équipé aux dires de Danielle elle-même. Pourquoi un cabinet dentaire ? Pour qui une dentiste ? Il faut beaucoup de chance et de ruse à une prisonnière ordinaire pour y avoir accès. Seules peuvent se faire soigner les kapos, les *colonne-führerines* (chefs de travail, presque toutes des Allemandes de droit commun), les prisonnières privilégiées. On sait comment les nazis avaient organisé les camps.

En y créant une petite couche de privilégiés qui mangeaient à leur faim, avaient droit de mort sur les autres, ils obtenaient le résultat qu'ils voulaient : discipline féroce, rivalité entre les détenus. Pour notre groupe, leur calcul n'a pas joué : Danielle nous est restée proche.

Ainsi, sans avoir aucunement brigué la place, simplement parce que la dentiste en fonction venait de mourir du typhus, Danielle se trouve dans une situation exceptionnelle : pas d'appel, pas de travail au dehors, pas de corvées, pas de coups. Elle passe ses journées au chaud. Elle couche dans un lit garni de matelas, de draps propres, de couvertures confortables. Elle a de l'eau chaude pour se laver et aussi des vêtements (lainages, lingerie, qu'elle porte sous l'uniforme), des bas de soie, de bonnes grosses chaussures de ski qu'elle chausse pour sortir de sa baraque, car dans son cabinet elle met de petites chaussures de ville. Tout cela lui est apporté par ses malades, les prisonnières gradées, les kapos, les Allemandes, qui ont quantité de choses du Canada et qui veulent obtenir de meilleurs soins en payant de cette manière, car d'après son règlement, la dentiste ne doit qu'arracher les dents, non les traiter. De plus, Danielle est reconnue presque tout de suite par les communistes allemands qui, selon la tactique adoptée dès le début du système concentrationnaire, occupent des postes dans l'administration du camp, jouissent d'une certaine marge d'initiative. Sa place offre à Danielle des possibilités dont elle tire profit : par les kapos des différents commandos, par celle qui est chargée de l'administration du revier, elle cherche à placer dans des conditions moins atroces les camarades de son convoi. Elle réussit à faire admettre comme médecin, tout au début, Maï Politzer, puis comme infirmières une douzaine d'entre nous, comme couturières Alida Delasalle et Marilou Colombain.

Souvent le soir, après l'appel, elle vient nous voir au block 26 et distribue à tour de rôle ce qu'elle a pu se procurer par ses relations : du pain, un lainage, quelques cachets de charbon pour les dysentériques, trop peu, mais c'est sans prix. Qu'elle soit à l'abri réconforte les autres. « Nous mourrons toutes ici, pense chacune, mais Danielle reviendra. » « Danielle dira ce que c'était. » Et les malades qu'elle va voir au revier lui confient l'alliance qu'elles ont gardée au creux de leur main à l'arrivée, une parole pour leurs proches. Danielle reviendra, elle.

Non, elle ne reviendra pas. En avril, le typhus, endémique à Birkenau, repart d'un mouvement épidémique effrayant. La mortalité normale du camp est de trois cents par jour. En avril, le chiffre monte à cinq cents. Le médecin-chef SS aime bien Danielle : elle travaille beaucoup. Il a déjà perdu la précédente dentiste, il veut garder celle-là. Il lui propose de la vacciner. Elle accepte et reçoit deux piqûres. Sans doute était-il trop tard, l'incubation avait-elle commencé, Danielle est tombée malade le 1er mai 1943. Soignée dans une petite infirmerie réservée aux kapos (neuf lits individuels, des draps blancs, une descente de lit, des pantoufles, des couvertures piquées brillantes, du thé avec du citron – ces rondelles de citron dans une petite assiette, elles m'ont fascinée quand je suis allée voir Danielle qui ne me reconnaissait pas. J'ai été tentée de les voler. Je ne l'ai pas fait. Je ne sais pas ce qui m'a retenue), suivie personnellement par le docteur Rôder (étrange personnage de SS ; on dit qu'il s'est suicidé en novembre 1944) qui lui faisait des piqûres pour le cœur, Danielle a succombé le 9 mai 1943. La maladie semble avoir été d'autant plus violente que la malade était moins affaiblie. Dans un verre, sur un tabouret recouvert d'un napperon, à la tête de son lit, une grappe de lilas apportée par quelqu'un du jardinage.

Des camarades ont porté son corps sur la civière et l'ont déposé près de la morgue, le petit hangar où s'entassaient les cadavres, derrière le block 25. Elle reposait, belle parce qu'elle n'était pas maigre, le visage encadré de tous ses cheveux noirs, le col d'une chemise de nuit blanche fermé sur son cou, les mains sur le drap blanc, deux petites branches de feuillage près de ses mains. Le seul beau cadavre qu'on ait vu à Birkenau.

Mme Périni, en Corse, a su la mort de sa fille en novembre 1943. Quelqu'un est venu d'Ajaccio lui apporter la nouvelle qui venait de Laurent Casanova (il s'était évadé de son stalag en 1942 et était dans la résistance en France), lequel l'avait apprise par une lettre de Marie-Claude Vaillant-Couturier, écrite d'Auschwitz en juillet 1943.

Danielle Casanova a été décorée de la Légion d'honneur à titre posthume. Toutes les municipalités ouvrières de la banlieue parisienne ont donné son nom à une rue et à Paris une partie de la rue des Petits-Champs a été baptisée rue Danielle-Casanova.

Extrait du *Convoi du 24 janvier*, 1965.

VICTOR HUGO
(1802-1885)

« Depuis six mille ans la guerre »

Disons depuis le premier jour de l'humanité.

Depuis six mille ans la guerre
Plaît aux peuples querelleurs,
Et Dieu perd son temps à faire
Les étoiles et les fleurs.

Les conseils du ciel immense,
Du lys pur, du nid doré,
N'ôtent aucune démence
Du cœur de l'homme effaré.

Les carnages, les victoires,
Voilà notre grand amour ;
Et les multitudes noires
Ont pour grelot le tambour.

La gloire, sous ses chimères
Et sous ses chars triomphants,
Met toutes les pauvres mères
Et tous les petits enfants.

Notre bonheur est farouche ;
C'est de dire : Allons ! mourons !

Et c'est d'avoir à la bouche
La salive des clairons.

L'acier luit, les bivouacs fument ;
Pâles, nous nous déchaînons ;
Les sombres âmes s'allument
Aux lumières des canons.

Et cela pour des altesses
Qui, vous à peine enterrés,
Se feront des politesses
Pendant que vous pourrirez,

Et que, dans le champ funeste,
Les chacals et les oiseaux,
Hideux, iront voir s'il reste
De la chair après vos os !

Aucun peuple ne tolère
Qu'un autre vive à côté ;
Et l'on souffle la colère
Dans notre imbécillité.

C'est un Russe ! Égorge, assomme.
Un Croate ! Feu roulant.
C'est juste. Pourquoi cet homme
Avait-il un habit blanc ?

Celui-ci, je le supprime
Et m'en vais, le cœur serein,
Puisqu'il a commis le crime
De naître à droite du Rhin.

Rosbach ! Waterloo ! Vengeance !
L'homme, ivre d'un affreux bruit,
N'a plus d'autre intelligence
Que le massacre et la nuit.

On pourrait boire aux fontaines,
Prier dans l'ombre à genoux,
Aimer, songer sous les chênes ;
Tuer son frère est plus doux.

On se hache, on se harponne,
On court par monts et par vaux ;
L'épouvante se cramponne
Du poing aux crins des chevaux.

Et l'aube est là sur la plaine !
Oh ! j'admire, en vérité,
Qu'on puisse avoir de la haine
Quand l'alouette a chanté.

Extrait des *Chansons des rues et des bois*, 1866.

CHRISTOPHE BOURDIN

(1964-1997)

Vous ne trouvez pas qu'on en parle trop ?
(Le sida)

Christophe Bourdin, né à Épinal le 5 avril 1964, est mort des suites du sida le 27 mars 1997, à l'hôpital Paul-Brousse à Villejuif. Cette phrase condense tant de drames que l'épidémie a stéréotypés ! Il a fallu des livres pour les réindividualiser. Le roman autobiographique Le Fil *(1994) est l'unique œuvre de Bourdin. Lagarce a beaucoup écrit. Guibert a beaucoup écrit. Copi a beaucoup écrit. Koltès a beaucoup écrit. Mais ceux de trente, de vingt-cinq, de vingt ans, ceux d'un ou deux livres, de quelques poèmes, d'une promesse ? Cette guerre de 14-18 qu'a été le sida pour la décimation des écrivains et des artistes en devenir a vu disparaître bien des Bourdin qui n'ont pas eu l'occasion de s'épanouir.*

La maladie était un thème. Qui avait envahi toutes les conversations, toutes les activités humaines. Elle était médiatique. On disait qu'elle était planétaire. On en suivait, comme pour une guerre, la progression de tous les avatars. La presse s'en était emparée. Elle rapportait des faits divers, on relatait des anecdotes, terribles ou cocasses ; c'étaient des drames intimes ou de la vie publique, des peurs irraisonnées ; un enfant était ici exclu de son école, on privait là un salarié de son emploi, on incendiait, ailleurs, des maisons, on en chassait des gens, on brisait des vitres en y jetant des pierres ; et puis on expliquait aussi qu'on pouvait devenir le victimaire de ses propres amants ; certains préconisaient qu'on marquât discrètement, à l'épaule, au pubis, à la hanche, d'un petit sceau, d'un tatouage, d'un signe distinctif qui pût servir à les identifier pendant l'amour, la peau des personnes qui étaient infectées ; des procès étaient intentés, on évoquait des cas de contamination par négligence ou volontaire, on invoquait l'empoisonnement, l'assassinat virien, on a parlé d'une criminalité moderne, on dénonçait des culpabilités ; des églises, des partis s'en mêlaient, des avocats s'affrontaient ; des hebdomadaires, des mensuels constituaient des dossiers exhaustifs, des revues paraissaient où s'exprimaient des spécialistes : on ouvrait des colloques, des journées mondiales, des conférences internationales, des scientifiques intervenaient, on lisait des communications, on rendait compte des découvertes, des avancées et des lenteurs de la recherche, des prévisions et des limites de la médecine ; on attendait qu'un vaccin fût trouvé, et l'annonce de nouvelles thérapies, de soins meilleurs et d'un remède, de procédés virulicides : on insistait sur les difficultés qu'on rencontrait, dans les laboratoires, pour circonscrire correctement un agent pathogène aussi original, aussi mobile, qui mutait sans arrêt ; on étudiait les moyens, sinon de le détruire, du moins d'en ralentir l'action, de le neutraliser, de lui fermer des pores, et des astuces pour empêcher qu'il ne s'introduisît dans les cellules, qu'il s'éveillât, qu'il se multipliât ; on expérimentait des biais pour renforcer l'immunité ; des guérisseurs proposaient des panacées, des traitements imaginaires ; on éditait des hors-séries, des premières pages qui effrayaient, des numéros spéciaux (on en parlait comme d'un mal polymorphe et mégalomane, qui s'estompait là où on l'avait soigné, mais pour reprendre ailleurs, comme affecté d'un accroissement exponentiel ; on disait qu'il réapparaissait toujours, comme les têtes innombrables d'un dragon fabuleux repoussent quand on pensait les avoir tranchées toutes et être parvenu à terrasser la bête ; c'était une maladie très riche, ambitieuse, idéale, exemplaire, laquelle pouvait atteindre le cerveau, le système nerveux, l'appareil digestif, les yeux, les poumons, le cœur, la peau, les muqueuses, tous les organes, les muscles, occasionner une variété infinie d'infections, la tuberculose, la toxoplasmose, la pneumocystose, des cancers, des lymphomes, toutes les septicémies, toutes les infirmités, qui libéraient tous des microbes, des parasites, des champignons, qui imposaient, avant la mort, la cécité, la cachexie, l'anorexie, l'incontinence, paralysies et asphyxies : on apprenait qu'il s'agissait d'une pathologie qui n'en finissait pas d'amener toutes les autres) ; on publiait des interviews, des exclusivités, des témoignages ; des reportages passaient à la télévision, des chaînes programmaient des soirées, des émissions exceptionnelles ; des mères surtout, des pères, moins fréquemment, embarqués malgré eux dans des histoires qui la plupart du temps les dépassaient, des sœurs, des frères, des amis, des amants, des maris, des épouses apparaissaient devant les caméras, parlaient de leur enfant, d'un parent, d'un proche, d'un compagnon, racontaient les débuts, les doutes, les étapes, les glissements successifs, insensibles ou brutaux, la pente douce ou abrupte vers plus de maladie, les longs répits qui entraînaient l'espoir, les mensonges qu'on se fait, les vérités qu'on s'avoue, le refus, la colère et la résignation devant ce qui paraît inéluctable, et puis les défaillances, le changement physique, cette défaite, certes déconstruction du corps, croissante comme une gangrène, invisible au départ, flagrante un jour, et l'agonie, la mort de celle ou de celui qu'on avait chéri, embrassé, caressé, dont on avait aimé la chaleur contre soi, et puis qu'on a serré dans l'espace de ses bras pour le sauver d'un peu de désespoir, à qui on a servi de canne pour qu'il ne tombât pas, et qu'on a épaulé pour qu'il pût se lever, pour qu'il marchât un peu, qu'on a aidé, tout à la fin, à s'habiller, qu'on a soigné soi-même, essuyé, qu'on a nourri, changé, bercé comme un petit ; on pénétrait dans des hôpitaux, la porte d'une chambre était poussée, des moribonds montraient leur corps et leur visage, tu découvrais des apparences, tu retenais des images, tu as vu des vieillesses à des âges où d'ordinaire elles ne se produisent pas, des larmes brillaient aux yeux des infirmières, aux commissures de leurs paupières ; des feuilletons, des séries, des fictions en tous genres, des films étaient diffusés, on suivait des destins, une femme, un homme, un gosse souffrait, des héros déclinaient : des amateurs fixaient leurs derniers jours, avec un caméscope, sur des bandes vidéo ; des initiatives étaient prises, publiques ou privées, collectives ou individuelles ; on élaborait des projets pour assister les malades, les familles des victimes ; on organisait des galas, des œuvres caritatives et des ventes aux enchères ; des solidarités se nouaient, des associations se créaient pour soutenir, pour financer ; des chanteurs, des groupes de rock se produisaient ensemble qui recueillaient des fonds, des ballets se formaient, pour un soir, dans des opéras : il y a eu des commémorations et des rétrospectives ; on exposait les œuvres d'artistes décédés ; on appelait à des rassemblements, des manifestations avaient lieu, des militants mimaient la mort en se couchant sur la chaussée, des dates et des prénoms étaient écrits sur des panneaux, sur des tissus qu'on avait assemblés et puis qu'on déployait comme des drapeaux funèbres, un récitant énumérait des noms, des bougies étaient allumées sur des parvis, sur des trottoirs, pour qu'on n'oubliât pas les disparus ; on donnait des conseils pour l'amour, on parlait de la conduite, de la prophylaxie du sexe, de la pratique, possible ou impossible, des caresses, du baiser, des rapports oro-génitaux, de la pénétration vaginale et anale, on disputait du danger, réel ou imaginaire, des exsudats, des sécrétions, de nos fluides corporels, des larmes, de la sueur, de la salive, de l'urine, du sperme et puis du sang ; on réunissait, pour informer, dans les lycées, dans les mairies ; on distribuait des tracts ; on placardait des affiches dans la rue, le métro ; des campagnes pour la prévention étaient lancées ; il était expliqué comment se prémunir ; un nouvel art d'aimer, moins spontané, mais plus prudent, hanté par des menaces, semblait devoir naître ; on sondait l'opinion, on faisait des enquêtes, auprès de tout le monde, et des adolescents et des moins jeunes, auprès de ceux qu'on rangeait parmi les marginaux, des groupes qu'on appelait à risques ; des questionnaires étaient soumis : des questions étaient posées, générales ou intimes : *Vous vous sentez concerné par cette épidémie ? Depuis l'apparition du virus, vous avez peur de la sexualité ? Rien n'a changé pour vous ? Vous faites autant, plus, ou moins l'amour aujourd'hui ? Vous avez modifié vos habitudes ? diminué le nombre de vos partenaires ? Vous pratiquez la fellation ? et le cunnilingus ? la sodomie ? en vous protégeant ? sans protection ? Et les préservatifs, vous les utilisez ? Ça vous gêne ? Vous les trouvez comment ? commodes ou malcommodes ? trop fragiles ? trop épais ? esthétiques ou bien laids ? trop larges ou trop étroits ? et parfumés à la vanille ? au goût de fraise ? Vous êtes pour ou contre la présence de distributeurs automatiques dans les lieux publics ? dans des gares ? les cafés ? les établissements scolaires ? pour ou contre la vente libre des seringues en pharmacie ? pour ou contre un dépistage obligatoire ? avant le mariage ? des femmes enceintes ? et de certaines populations plus exposées ? des prisonniers dans les prisons ? des gays ? des drogués ? des prostituées ? des hémophiles ? des transfusés ? et des tuberculeux ? ou plutôt pour ou contre un dépistage anonyme et gratuit ? Le mariage, selon vous, est-il une sauvegarde ? Et la fidélité, est-ce un rempart ? Et l'abstinence, une solution ? Vous vous sentez appartenir à une génération perdue ? Vous regrettez les années 1960 ? 1970 ? Être jeune et se savoir mortel, c'est nouveau ? angoissant ? Cette intrusion de le mort dans la vie, vous la supportez ? vous la maudissez ? vous arrivez à oublier ? jamais ? rarement ? de temps en temps ? tout le temps ? Un porteur asymptomatique, c'est quoi pour vous ? Vous pourriez serrer la main d'un séropositif ? le toucher ? l'embrasser ? sur la bouche ? et sur la joue ? et partager vos toilettes avec lui ? votre repas ? vos couverts alors ? une assiette ? pas même un verre ? Faut-il craindre les moustiques ? le chat d'une personne infectée ? Que pensez-vous du continent, du problème africain ? Vous habitez la ville ou la campagne ? Vous êtes un homme ? une femme ? Et si vous étiez contaminé ? vous le diriez ? à qui ? Estimez-vous qu'on n'en parle pas suffisamment ? ou qu'on en parle trop ?*

Extrait du *Fil*, 1994.

POP-CORN

Admettant possible de généraliser un trait de caractère à toute une population, Rabelais ne se trompe probablement pas quand il écrit : « Ce n'est un léger péché que de mentir en connaissance de cause et d'abuser le pauvre monde curieux de savoir choses nouvelles. Comme de tout temps ont été singulièrement les Français, ainsi qu'écrit César en ses Commentaires *et Jean de Gravot dans* Mythologies gauloises. *Ce que nous voyons encore de jour en jour en France, où le premier propos qu'on tient aux gens fraîchement arrivés sont : Quelles nouvelles ? Savez-vous rien de nouveau ? Que dit-on ? Quels bruits dans le monde ? Et y sont tellement attentifs, que souvent ils se courroucent contre ceux qui viennent des pays étrangers sans apporter pleines valises de nouvelles, les appelant veaux et idiots » (*Pantagruéline pronostication, *1532 ou 1533). Et c'est ce goût de la nouveauté qui renverse les vieilles marmites.*

Jean de Gravot est un auteur inventé par Rabelais. Je connais quelqu'un qui a fait ce genre de chose dans un essai sur un château français et dont les inventions ont été prises pour des faits ; les Français croient que Pie VII a dit à Napoléon : « Commediante ! tragediante ! *» quand c'est une invention d'Alfred de Vigny dans* Servitude et grandeur militaires *(1835). Le premier Occidental à avoir écrit de l'histoire est Hérodote, et ce n'est pas sans discernement qu'il a intitulé son livre* Histoires, *au pluriel.*

À part la Grande Jacquerie de 1358, 1848 (tentative de prise du pouvoir des ouvriers) et la Commune de Paris, les révoltes françaises sont rarement politiques : leur premier motif est la vexation sociale. Il me semble que l'acte fondateur de 1789 s'est produit le soir où le jeune Barnave a vu sa mère chassée de la loge des aristocrates à l'opéra de Grenoble où elle s'était pourtant très légitimement assise, la loge étant vide et elle femme d'un avocat au parlement de la ville. La Fronde, mai 68, tous ces mouvements participaient aussi du désir de s'amuser : rien n'est plus plaisant que de voir un « chef » le cul en l'air.

CHAMFORT

(1740-1794)

Le serment du Jeu de paume

Cet écrit, que je n'ai jamais vu reproduit, a d'abord paru dans les Tableaux historiques de la Révolution française, *étant le premier de cette série de cent quarante-quatre récits d'événements marquants de la Révolution publiée entre 1791 et 1796 (en volume en 1798). Chamfort se trouvait sur place, avec son ami Mirabeau. C'est l'unique relation de première main de la réunion des états à Versailles par un écrivain, et par celui-ci, un désabusé délicat qui a trouvé une exaltation dans ce moment politique. Jacobin puis Girondin, il a été dénoncé par un employé de la Bibliothèque nationale où il travaillait pour s'être supposément réjoui de la mort de Marat. Prison, libération, nouvelle menace de prison, pénible suicide.*

Dès la première séance des états, au moment de leur ouverture, le seul spectacle de ces trois ordres divisés d'intérêts, d'opinions, même de costumes, mais réunis par une nécessité impérieuse, la seule vue du maintien et des mouvements de ces hommes si différents, oppresseurs et opprimés, mêlés et confondus sous le nom général de Français, auraient suffi pour faire pressentir à un observateur instruit et attentif qu'une telle assemblée, composée d'éléments si dissemblables, se dissoudrait, ou se constituerait sous une autre forme, qui, sans établir une véritable unité d'intérêts, forcerait tous ces intérêts opposés à marcher quelque temps ensemble.

Il était facile dès lors de prévoir quels seraient les embarras du trône, entre les privilèges qui l'entouraient, et les représentants d'un peuple éclairé connaissant ses droits et sa force, disposé également à repousser la violence ou le mépris.

Dans cette première séance, la noblesse s'était signalée par l'expression d'un orgueil offensant, puisé sans doute dans son costume et dans sa parure, plus que dans ses droits, dans ses talents et dans ses moyens de puissance. Ses refus et ceux du clergé de vérifier en commun les pouvoirs des trois ordres respectifs avaient occasionné des débats, dans lesquels les députés du peuple avaient vu à la fois et l'arrogance et la faiblesse de leurs adversaires. Un temps précieux se consumait dans ces discussions. La cour, dans une neutralité apparente, feignait de tenir la balance égale entre les concurrents, pour attirer à elle la décision de tous les points contestés. Elle n'avait voulu, en doublant la représentation du peuple, que forcer les privilégiés au sacrifice de leurs exemptions pécuniaires ; et elle commençait à redouter cette nouvelle puissance du peuple, près de se diriger contre d'autres avantages des privilégiés qu'elle voulait maintenir. Dans cette lutte de la noblesse et de la nation, le clergé semblait s'offrir comme médiateur ; et bien qu'opposé à la vérification des pouvoirs en commun, il ne s'était point constitué en chambre séparée, comme les nobles s'étaient hâtés de le faire. Les Communes, réduites à l'inaction par l'absence de leurs collaborateurs, s'apercevaient tous les jours que leur force d'inertie devenait une puissance formidable ; et, secondées par quelques prêtres vertueux, par quelques nobles éclairés, qui ne virent le salut de la patrie que dans une prompte réunion au parti populaire, elles osèrent enfin, après une mûre délibération, se constituer en Assemblée nationale : c'était déclarer ce qu'elles étaient, la nation. Cette grande et sublime mesure remplit le peuple d'un nouvel enthousiasme pour ses représentants, et fit trembler la cour, les ministres, les nobles et les prêtres, avertis alors de leur faiblesse. Ce fut en vain qu'ils se liguèrent, ou plutôt que leur ligue, jusqu'alors secrète, se manifesta par des signes évidents. Mais il est trop tard : le colosse national s'était élevé à sa véritable hauteur, et tout devait dès lors fléchir ou se briser devant lui.

Une autre délibération, plus subite et non moins hardie, avait, en conservant provisoirement les impositions, déclaré qu'elles étaient toutes illégales, et qu'elles ne seraient perçues dans les formes existantes que jusqu'à la première séparation de l'Assemblée nationale, quelle que fût la cause de cette séparation. C'était couper à la fois tous les nerfs du despotisme, dans un temps où le peuple, surchargé d'impôts, accablé de toutes les calamités réunies, était affligé d'une disette de grains, qu'il imputait au gouvernement encore plus qu'à la nature.

Un autre article de cet arrêté mémorable mettait la dette publique sous la protection de la loyauté française. On attachait ainsi, on dévouait à la cause nationale la classe immense des créanciers de l'État, que leurs préjugés, leurs habitudes et leurs intérêts mal conçus avaient rendus jusqu'alors partisans et soutiens du despotisme.

Qu'on se représente, s'il est possible, à la nouvelle de cet arrêté, la surprise et la terreur de tous ceux qui jusqu'alors n'avaient vu dans le peuple français qu'un assemblage d'hommes nés pour la servitude. Ce fut en ce moment que les ennemis du peuple eurent recours aux mesures les plus violentes. Maîtres de la personne du roi, ils le reléguèrent en quelque sorte à Marly, et l'entourèrent suivant leurs convenances ; ils le rendirent invisible, inaccessible comme un sultan d'Asie ; ils mirent entre lui et la nation une barrière que ni la nation ni la vérité ne pouvaient franchir, et que lui-même n'aurait pu renverser. Enfin, en l'environnant d'illusions, ils le forcèrent d'appuyer de son autorité la division des trois ordres en trois chambres ; ils amenèrent le roi de France à se déclarer le roi des privilégiés : et sans doute on résolut alors la tenue de cette séance royale, dans laquelle on allait dicter des lois arbitraires à ce peuple qui devait se régénérer ; violence du despotisme connue sous le nom de lit de justice, détestée des Français même au temps de l'esclavage, et qui, en 1789, devait révolter des hommes appelés pour être législateurs d'un grand empire.

On la proclame donc cette séance royale, qui devait se tenir quelques jours après. Dans l'intervalle, la porte de l'hôtel de l'Assemblée est fermée et gardée par des soldats. Les députés de la nation sont repoussés du lieu de la séance. Le président, M. Bailly, paraît, demande l'officier de garde. Celui-ci a l'audace de lui intimer l'ordre de ne laisser entrer personne dans la salle des états généraux. « Je proteste contre de pareils ordres, répond le président, et j'en rendrai compte à l'Assemblée. » Les députés arrivent en foule, se partagent en divers groupes dans l'avenue, s'irritent et se communiquent leur indignation. Le peuple la partageait. On s'étonne encore aujourd'hui, deux ans après la Révolution, que les habitants de Versailles, ces hommes nourris et enrichis ou du faste ou des bienfaits du despotisme, aient montré contre lui une si violente aversion. C'est pourtant ce qu'on vit alors. On vit même plusieurs des soldats exécuteurs de cet ordre barbare, dire tout bas à quelques représentants du peuple : « Courage, braves députés ! » Le courage remplissait toutes les âmes, il brillait dans tous les yeux. Les uns voulaient que l'Assemblée se tînt sur la place même, au milieu d'un peuple innombrable ; d'autres proposaient d'aller tenir la séance sur la terrasse de Marly, et d'éclairer le prince, qu'on emprisonnait pour l'aveugler. Au milieu de ces cris et de ce tumulte, le président avait cherché un local où l'on pût délibérer avec ordre et sagesse. Un jeu de paume est indiqué. La circonstance rendait auguste tout lieu qui pouvait servir d'asile à l'Assemblée nationale. On s'invite mutuellement à s'y rendre. L'ordre est donné, tous y accourent. Un des députés, malade, et qu'on instruisait d'heure en heure des mouvements de l'Assemblée, s'élance de son lit, s'y fait porter ; il assiste à l'appel que suivait le serment national ; il demande que, par indulgence pour son état, l'ordre de l'appel soit interverti, et qu'on lui permette d'être un des premiers à prononcer ce serment : sa demande est agréée ; il le prononce à voix haute : « Grâce au ciel, dit-il en se retirant, si je meurs, mon dernier serment sera pour ma patrie ! »

Le voici ce décret qui décida des hautes destinées de la France : « L'Assemblée nationale, considérant qu'appelée à fixer la constitution du royaume, opérer la régénération de l'ordre public et maintenir les vrais principes de la monarchie, rien ne peut empêcher qu'elle ne continue ses délibérations et ne consomme l'œuvre importante pour laquelle elle s'est réunie, dans quelque lieu qu'elle soit forcée de s'établir ; et qu'enfin partout où ses membres se réunissent, là est l'Assemblée nationale, a arrêté que tous les membres de cette Assemblée prêteront à l'instant le serment de ne jamais se séparer, que la constitution du royaume et la régénération publique ne soient établies et affermies ; et que, le serment étant prêté, tous les membres et chacun d'eux confirmeront par leur signature cette résolution inébranlable. »

Le président prêta le premier ce serment à l'Assemblée et le signa. L'Assemblée le prêta entre les mains de son président, et chacun apposa sa signature à ce grand acte. Qui le croirait, que, dans ce jour de gloire, un homme ait pu vouloir assurer l'éternité de sa honte en refusant de signer ? Il fut le seul. Qu'il jouisse du fruit de sa lâcheté ! Que le nom de Martin de Castelnaudari obtienne l'immortalité de l'opprobre !

Pendant cette grande scène, la capitale, instruite de moment en moment, se livrait aux transports de la joie, de l'admiration et de l'espérance. La majorité du clergé se décidait à la réunion, qui s'opéra le lundi 22, dans l'église de Saint-Louis, où l'Assemblée nationale tint sa séance avec un recueillement plein de majesté, malgré le concours des spectateurs qui remplissaient les bas-côtés du temple. Les cent quarante-neuf pasteurs citoyens qui avaient signé la délibération du 19 pour la vérification des pouvoirs en commun sortirent du sanctuaire après un appel nominal, et s'avancèrent en ordre dans la nef, cessant ainsi d'être les représentants d'un ordre et devenus les représentants de la nation. Le vénérable archevêque de Vienne mêla, dans un discours touchant, les conseils de la concorde et le vœu de la liberté. Ses cheveux blancs, son éloquence paisible, le profond silence de l'Assemblée et de tout le peuple qui remplissait l'enceinte, la réponse du président pleine d'un sentiment doux et d'une dignité tranquille, les larmes de joie de dix mille assistants, les accents unanimes d'une sensibilité tout ensemble patriotique et religieuse, le retentissement des voûtes sacrées, le saisissement de tous les cœurs, le mélange de toutes les passions nobles et fières, peintes et rayonnantes sur tous les fronts et dans tous les regards, formaient un spectacle d'enchantement, nouveau sur la terre. Le souvenir de ces pures et délicieuses sensations est demeuré ineffaçable dans l'âme de ceux qui les éprouvèrent : il n'a pu être étouffé sous la multitude des sensations successives, récentes et accumulées, qu'ont fait naître tous les grands événements de la Révolution.

Quel contraste entre ce jour de concorde, de fraternité sociale, et cet autre jour qui suivit bientôt après, où le roi vint parler en maître moins à ses propres esclaves qu'aux esclaves des privilégiés ! Une garde nombreuse entoure la salle des états ; des barrières en écartent le public. Le roi commande qu'on délibère par ordres et en chambres séparées ; il dicte ses lois, et sort. La noblesse, une partie du clergé, le suivent : les Communes restent. Un appariteur royal se présente, intime l'ordre de sortir. L'étonnement et l'indignation remplissaient toutes les âmes. Un citoyen se lève, et prononce ces paroles, gravées depuis sur sa statue et dans le cœur de tous les Français : « Allez dire à ceux qui vous envoient que nous sommes les représentants de la nation française, et que nous ne sortirons d'ici que par la puissance des baïonnettes. Tel est le vœu de l'Assemblée. » Ce fut le cri de tous, la réponse unanime. Un nouveau serment confirme le premier ; et cette journée, d'abord si menaçante pour la liberté publique, ne fit que l'affermir sur ses bases désormais inébranlables.

Si les petites circonstances ne servaient quelquefois à réveiller de grandes idées ou du moins à y ajouter un nouvel intérêt, nous nous abstiendrions de rappeler une anecdote oubliée et comme perdue dans les grands mouvements de la Révolution. Croira-t-on qu'un prince français ait, le soir même du jour où fut prononcé le serment patriotique, retenu et loué pour le lendemain ce même jeu de paume consacré depuis comme un temple élevé à la liberté ?

Il pensait (et ses conseillers le pensaient comme lui) qu'un tel obstacle empêcherait une seconde séance de l'Assemblée. Tel était l'aveuglement des nobles et leur mépris pour la nation. Osons le dire, elle l'avait mérité par sa patience ; et la Révolution même peut bien la faire absoudre et non la justifier.

« Le serment de l'Assemblée nationale dans le Jeu de paume, à Versailles, le 20 juin 1789 », posth., 1798, dans les *Tableaux historiques de la Révolution française.*

ALEXANDRE DUMAS

(1802-1870)

Ma révolution de 1830

Tout Dumas est dans le pronom personnel. « Mes » mémoires. Rien n'arrêtait son jovial égocentrisme, sa bavardise infernale, son ambition jouisseuse. 1830 a été un mai 68 réussi. Qu'il a dû être si amusant de renverser un vieux pincé environné de pincés ! C'est Charles X qui a dû être vexé, tenant comme un dément à son rang et à son sacre. La vexation était si bien retournée des bourgeois aux monarchistes que son petit-fils le comte de Chambord a refusé le trône en 1871 offusqué de ce qu'on tente de lui imposer le drapeau bleu, blanc, rouge.

---

27 juillet [1830]

En ce moment, deux jeunes gens passèrent rapidement près de nous.

— Un drapeau tricolore ? disait l'un. Ce n'est pas possible !

— Je te dis que je l'ai vu ! répondait l'autre.

— Mais où cela ?

— Quai de l'École.

— Quand ?

— Il y a une demi-heure.

— Et qu'a-t-on fait à l'homme qui le portait ?

— Rien… On l'a laissé passer.

— Allons de ce côté, alors.

— Allons.

Et ils s'enfoncèrent en courant dans la rue Notre-Dame-des-Victoires.

— Vous voyez, mon cher, dis-je à Thibaut, ça chauffe ! Allez à votre ministère, mon ami, allez !

— J'y vais !

Et il prit le chemin du boulevard des Capucines.

Thibaut ne m'avait pas menti. Il était réellement en train de faire un ministère ; seulement, son ministère n'était pas destiné à mourir de longévité. C'était le ministère Gérard et Mortemart, qui devait avoir son pendant, à la révolution de 1848, dans le ministère Thiers et Odilon Barrot.

Mais, demandera-t-on, comment le docteur Thibaut pouvait-il faire un ministère ?

Eh ! mon Dieu, je vais le dire en deux mots.

[…]

Huit heures sonnaient à l'horloge de la Bourse ; je voulus regagner mon faubourg Saint-Germain ; mais, en entrant par un bout dans la rue Vivienne, je vis, à l'autre bout, apparaître des baïonnettes.

J'aurais pu m'en aller par la rue des Filles-Saint-Thomas, la curiosité me retint. Je battis en retraite jusqu'au café du théâtre des Nouveautés. Autant que je puis me le rappeler, il était tenu par un nommé Gobillard, excellent garçon, notre camarade à tous.

La troupe avançait d'un pas régulier, tenant toute la largeur de la rue, et poussant devant elles hommes, femmes, enfants.

Les gens refoulés par les soldats marchaient à reculons en criant :

— Vive la ligne !

Par les fenêtres ouvertes, les femmes agitaient leur mouchoir en criant :

— Ne tirez pas sur le peuple !

Parmi les hommes que la troupe chassait ainsi, il y avait de ces types qu'on ne voit apparaître au jour qu'à certaines heures, de ces hommes qui mettent en branle les émeutes et les révolutions, et que l'on pourrait appeler les hommes du commencement.

En arrivant sur la place de la Bourse, le front des troupes se développa ; cependant, comme il ne put embrasser toute la largeur de la place, une portion de ceux qui poussaient les soldats déborda sur les deux ailes, et reflua derrière eux.

Il y avait auprès du bâtiment de la Bourse une mauvaise baraque en planches qui servait de corps de garde. Le régiment y laissa une douzaine d'hommes, comme dans un blockhaus, et disparut à l'extrémité de la rue Vivienne, en tournant du côté de la Bastille.

À peine le régiment eut-il disparu, que quelques gamins s'approchèrent des soldats restés dans le corps de garde, en criant :

— Vive la Charte !

Tant que les gamins ne firent que crier, les soldats eurent patience ; mais, après les cris, vinrent les pierres.

Un soldat atteint d'une pierre fit feu ; une femme tomba. C'était une femme d'une trentaine d'années.

Les cris « Au meurtre » retentirent ; en un instant, la place fut évacuée, les lumières furent éteintes, les boutiques fermées.

Le théâtre des Nouveautés seul était resté éclairé et ouvert, on y jouait *La Chatte blanche* ; ceux qui étaient dedans ne savaient pas ce qui se passait dehors.

Une petite troupe d'une douzaine d'hommes déboucha en ce moment de la rue Filles-Saint-Thomas. Elle était conduite par Étienne Arago, et criait :

— Pas de spectacle ! fermez les théâtres ! on égorge dans les rues de Paris !...

Elle vint se heurter contre le cadavre de la femme tuée.

— Portez ce cadavre sur les marches du péristyle, afin que tout le monde le voie, dit Étienne ; je vais faire évacuer la salle...

Un instant après, en effet, la salle était évacuée, et le flot des spectateurs s'ouvrait comme fait un torrent devant un rocher, pour ne pas fouler aux pieds le cadavre.

Je courus à Arago.

— Que fait-on, lui demandai-je, qu'y a-t-il de décidé ?

— Rien encore... On fait des barricades... On tue des femmes, et on ferme les théâtres comme tu vois.

— Où se retrouve-t-on ?

— Demain matin, chez moi, rue de Grammont, 10.

Puis, se retournant vers les hommes qui l'accompagnaient :

— Aux Variétés, mes amis ! dit-il ; les théâtres fermés, c'est le drapeau noir sur Paris !

Et toute la petite troupe disparut avec lui dans la rue de Montmorency.

Elle avait passé devant la sentinelle et le corps de garde, sans que la sentinelle et le corps de garde eussent donné signe de vie.

Voici comment le mouvement avait commencé, et d'où venaient les coups de fusil que j'avais entendus avec Carrel.

Étienne Arago – qu'on me pardonne de citer toujours le même nom, mais je m'engage à donner la preuve irrécusable qu'Étienne Arago fut la cheville ouvrière du mouvement insurrectionnel –, Étienne Arago, dis-je venait de dîner avec Desvergers et Varin, et s'en retournait avec eux au théâtre du Vaudeville, situé alors rue de Chartres, lorsqu'un attroupement lui barra le chemin, rue Saint-Honoré, en face de la galerie Delorme.

On y annonçait qu'un homme venait d'être tué rue du Lycée.

Une charrette de moellons attendait, pour passer, que l'attroupement fût dissipé ; quatre ou cinq voitures arrêtées comme elle par le même obstacle attendaient à la file.

— Pardon, mon ami, dit Étienne au conducteur en dételant le timonier, nous avons besoin de votre voiture.

— Pour quoi faire ?

— Mais pour faire une barricade, donc !

— Oui, oui des barricades ! des barricades ! crièrent plusieurs voix.

En un clin d'œil, les chevaux furent dételés, la voiture jetée sur le côté, les moellons dressés en travers de la rue.

— Bon ! dit Arago ; vous n'avez plus besoin de moi ici, et moi j'ai besoin ailleurs.

Et, laissant la barricade à la garde de ceux qui avaient aidé à la construire, il traversa le passage Delorme, longea la rue de Rivoli, et arriva au Vaudeville.

On commençait à entrer au spectacle.

— Pas de spectacle quand on se bat ! dit-il. Rendez l'argent à ceux qui ont payé !

Puis, à ceux qui persistaient à vouloir entrer :

— Pardon, messieurs, dit-il ; mais on ne rira pas au Vaudeville, tandis qu'on pleure dans Paris.

Et il se mit en devoir de pousser la grille.

[…]

Nous étions au beau milieu de la discussion, quand un coup de feu retentit et nous fit tressaillir. Il était tiré sur la place.

Presque en même temps, on entendit le cri « Aux armes ! » suivi d'un bruit pareil à celui d'un combat corps à corps.

— Vous voyez, dis-je, voilà le vrai drame qui commence !

Il était neuf heures quarante minutes à la pendule du café.

Nous montâmes rapidement à l'entresol, et regardâmes par les fenêtres.

Le corps de garde venait d'être surpris, enveloppé, attaqué par une vingtaine d'hommes. Une lutte s'accomplissait dans l'obscurité, lutte dont on ne distinguait que l'informe ensemble, et dont tous les détails échappaient.

Les soldats furent vaincus et désarmés. On leur prit leurs fusils, leurs gibernes et leurs sabres, et on les renvoya par la rue Joquelet ; puis une quinzaine d'hommes se détachèrent, vinrent enlever le cadavre de la femme, toujours gisant sur les marches du théâtre, le placèrent sur un brancard, et s'éloignèrent par la rue des Filles-Saint-Thomas en criant :

— Vengeance !

Trois ou quatre, armés d'une torche, restèrent derrière les autres ; avec cette torche, ils allumèrent au milieu du corps de garde un feu de paille ; puis, à coups de pied, ils enfoncèrent les planches du corps de garde de façon à ce qu'elles tombassent dans le feu. Les planches s'enflammèrent froidement ; en un instant, toute la baraque ne forma plus qu'un immense brasier qu'abandonnèrent, pour rejoindre leurs compagnons, les trois ou quatre retardataires, et qui, en jetant de sinistres lueurs sur la place, brûla une partie de la nuit sans que personne songeât à l'éteindre.

[…]

Dans la rue de l'Échelle, des espèces d'ombres s'agitaient au milieu de l'obscurité. Je m'approchai ; on me cria : « Qui vive ? » Je répondis : « Ami ! » et je continuai de marcher en avant.

C'était une barricade qui s'élevait silencieusement, et comme si elle eût été bâtie par les esprits de la nuit. J'échangeai des poignées de main avec les ouvriers nocturnes et je gagnai le Carrousel.

Derrière la grille du château, on apercevait deux ou trois cents hommes campés dans la cour des Tuileries. Je pensai que cela devait être à peu près ainsi pendant la nuit du 9 au 10 août 1792. Je voulus regarder à travers la grille ; une sentinelle me cria :

— Au large !

Je poursuivis mon chemin.

Sur les quais, tout reprenait sa physionomie ordinaire.

J'atteignis la rue de l'Université sans avoir rencontré une seule personne ni sur le pont Royal, ni dans la rue du Bac. […]

*

[…] J'étais à moitié de ma toilette quand j'entendis une grande rumeur dans la rue du Bac ; je me mis à la fenêtre : C'étaient Étienne Arago et Gauja qui appelaient la population aux armes.

On se souvient que je demeurais au-dessus du café *Desmares*. Mais ce que j'ai oublié de dire, c'est que trois de mes fenêtres donnaient sur la rue du Bac.

En ce moment, du côté du pont, à l'entrée de la rue, parurent deux gendarmes. Que venaient-ils faire là ? Quel hasard les y conduisait ? Nous n'en sûmes rien.

En les apercevant, la foule qui encombrait la rue poussa de grands cris.

Les gendarmes parurent se consulter ; mais, s'ils avaient hésité un instant, leur hésitation ne fut pas longue. Ils mirent la bride aux dents, tirèrent d'une main leur sabre, et de l'autre un pistolet.

La foule était sans armes ; elle rentra dans les allées, dans les boutiques ouvertes, ou s'esquiva par la rue de Lille.

Arago et Gauja s'embusquèrent aux deux coins de cette rue ; l'un d'eux, je ne sais lequel, cria à l'autre :

— Allons ! il est temps de commencer !

Au même moment, les deux gendarmes fondirent sur eux au grand galop.

Les deux coups de feu d'Étienne et de Gauja partirent en même temps.

Tous deux avaient visé le même homme ; celui qu'ils avaient visé tomba percé de deux balles.

L'autre gendarme rebroussa chemin. Le cheval qui avait perdu son cavalier continua sa course, et s'enfonça dans la rue du Bac.

On se précipita vers le gendarme gisant à terre ; il était mourant. On lui prit son sabre, son pistolet et sa giberne, et on le porta à la Charité.

Lorsqu'ils virent entrer un gendarme blessé dans la salle, et qu'ils apprirent qu'il avait été blessé en chargeant sur le peuple, les malades voulaient l'achever.

L'esprit de révolution était entré jusque dans les hôpitaux !

J'avais passé ma veste, pris mon fusil, ma carnassière, ma poire à poudre ; j'avais bourré mes poches de balles, et j'étais descendu.

Arago et Gauja avaient disparu tous les deux.

On me connaissait dans le quartier, on se groupa autour de moi.

— Que faut-il faire ? me demanda-t-on.

— Des barricades ! répondis-je.

— Où cela ?

— Une de chaque côté de la rue de l'Université ; l'autre en travers de la rue du Bac.

On m'apporta une pince ; je me mis à la besogne, et commençai à dépaver la rue. Tout le monde réclamait des armes.

Pendant ce temps, le tambour battait dans le jardin des Tuileries. Trois soldats de la garde royale apparurent en haut de la rue du Bac, du côté de la rue Saint-Thomas-d'Aquin.

[…]

Nous nous remîmes aux barricades.

Une petite troupe d'étudiants arrivait par le haut de la rue de l'Université ; à sa tête marchait un grand jeune homme blond, vêtu d'une redingote vert pomme.

Le grand jeune homme blond seul avait un fusil de munition.

On fraternisa, et l'on se réunit pour travailler aux barricades. Le voisinage de la caserne des gardes du corps, qui était située quai d'Orsay, faisait craindre une attaque.

Il était impossible que la sentinelle n'eût pas entendu les deux coups de feu, n'eût pas vu fuir le gendarme, et n'eût pas donné l'alarme.

J'étais fatigué de retourner des pavés. Je cédai ma pince au grand jeune homme blond. Il se mit à piquer les entre-deux à son tour ; mais la pince était lourde, elle lui échappa des mains, et vint me frapper à la jambe.

— Ah ! monsieur, s'écria-t-il, je vous demande bien pardon, car je dois vous avoir fait grand mal !

C'était vrai ; mais il y a des moments où la douleur n'existe pas.

— Ne faites pas attention, lui dis-je, c'est sur l'os.

[…]

Les barricades achevées, nous en confiâmes la garde à ceux qui nous avaient aidés à les faire.

— Maintenant, dis-je à Bixio, où allez-vous ?

— Je vais du côté du Gros-Caillou.

— En ce cas, je vous accompagne jusqu'à la Chambre… Je veux aller voir ce qui se passe au *National*.

— Comment ! me dit Bixio, vous allez comme cela par les rues avec votre fusil ?

— Mais, lui répondis-je, vous y allez bien, vous, ce me semble ?

— Oui, de ce côté-ci de la Seine.

— Bah ! je suis en chasseur, et non en combattant.

— Seulement, la chasse n'est pas ouverte.

— Eh bien, je l'ouvre, voilà tout.

Cependant, comme on le voit, je ne me hasardais pas à traverser les Tuileries avec mon accoutrement : je faisais le tour par la place de la Révolution. Je la traversai sans obstacle, et suivis toute la rue Saint-Honoré. Les barricades de la rue de l'Échelle et de la rue des Pyramides étaient dispersées.

Comme j'arrivais à la rue de Richelieu, j'aperçus un régiment à la hauteur de la place Louvois. De l'autre côté du Palais-Royal apparaissait une épaisse ligne de troupes. Sur la place du Palais-Royal stationnait un escadron de lanciers.

À moins de revenir sur mes pas, je n'avais donc le passage libre d'aucun côté.

Je me trouvais presque en face de mon ancien bureau, du n° 216. J'entrai et je montai au premier étage.

[…]

En ce moment, les tambours battaient au coin de la rue de Richelieu, tournant par la rue Saint-Honoré, et s'avançant vers le Palais-Royal.

Derrière les tambours venait un général au milieu de son état-major. On pouvait le voir à travers les ouvertures des persiennes. […]

Et je regardai passer les militaires depuis le premier jusqu'au dernier.

Ils allaient à l'Hôtel de Ville, où l'on commençait à se battre chaudement. Le général qui les commandait et que j'avais mis en joue, à la grande terreur d'Oudard, était le général de Wall.

Derrière les derniers rangs, je sortis, mon fusil sur l'épaule, et, aussi tranquillement que si j'allais faire une ouverture dans la plaine Saint-Denis, je remontai la rue de Richelieu.

28 juillet

Cette agitation était produite par une nouvelle qui venait de se répandre, et qui exaspérait les esprits. On disait que le duc de Raguse[1] s'était offert au roi pour prendre le commandement de la force armée de Paris.

La nouvelle, étrange pour tout le monde, l'était encore davantage pour moi. La surveille, n'avais-je pas entendu, à l'Académie, le duc

1. Marmont.

de Raguse déplorer les ordonnances, et inviter François Arago à ne point parler ?

Et, en effet, loin qu'il se fût offert, le maréchal Marmont avait été au désespoir quand, le matin même, il avait reçu chez le prince de Polignac l'ordonnance qui le chargeait du commandement de la première division militaire.

Il avait été sur le point de refuser, mais sa mauvaise étoile l'avait emporté. – Il y a des hommes prédestinés aux choses fatales !

Cette nouvelle jeta peut-être cinq cents combattants de plus dans la rue.

En arrivant au pont de la Révolution, je m'arrêtai tout étourdi, croyant avoir mal vu et me frottant les yeux : le drapeau tricolore flottait sur Notre-Dame !

J'avoue qu'à la vue de ce drapeau que je n'avais pas revu depuis 1815, et qui rappelait tant de nobles souvenirs de l'époque révolutionnaire, tant de souvenirs glorieux de l'époque impériale, je sentis une étrange émotion s'emparer de moi.

Je m'appuyai contre le parapet, les bras tendus, les yeux fixes et mouillés de larmes.

Du côté de la Grève éclatait une vive fusillade, et la fumée s'élevait en épais nuages.

La vue de mon fusil rallia autour de moi une douzaine de personnes. Deux ou trois étaient armées de fusils : les autres avaient des pistolets et des sabres.

— Voulez-vous nous conduire ? voulez-vous être notre chef ? dirent ces hommes.

— Je le veux bien, répondis-je. Venez !

Nous traversâmes le pont de la Révolution, et nous prîmes la rue de Lille, pour éviter la caserne d'Orsay, qui commandait le quai.

Les tambours de la garde nationale commençaient à battre le rappel. Notre petite troupe faisant noyau : à la rue du Bac, j'avais cinquante hommes, deux tambours et un drapeau.

[…]

— Nous nous remîmes en route, suivant la rue de l'Université. À ce moment, j'avais à peu près une trentaine d'hommes armés de fusils. À la hauteur de la rue Jacob, j'eus l'idée de leur demander s'ils avaient des munitions. Ils n'avaient pas dix cartouches entre eux tous, ce qui ne les empêchait pas de marcher au feu avec cette naïve et sublime confiance qui caractérise le peuple de Paris dans les jours d'insurrection.

Nous entrâmes chez un armurier dont les armes avaient été prises pour lui demander s'il pouvait nous dire où nous trouverions des cartouches. Il nous dit qu'à la petite porte de l'Institut, rue Mazarine, nous trouverions un monsieur qui distribuait de la poudre. – Quoiqu'il fût assez peu probable qu'il y eût, à la petite porte de l'Institut, un monsieur qui distribuât de la poudre, nous nous rendîmes à l'endroit indiqué.

Le renseignement était parfaitement exact : nous trouvâmes, à la petite porte de l'Institut, un monsieur qui distribuait de la poudre.

[…]

Chaque homme armé d'un fusil recevait douze charges de poudre ; tout homme armé d'un pistolet en recevait six.

Quant aux balles, le monsieur n'en tenait pas. J'espérais m'en procurer chez Joubert, au passage Dauphine.

Pour ne pas effrayer les gens du passage, je laissai mes hommes dans la rue, et j'allai seul chez Joubert.

Joubert était parti avec Godefroy Cavaignac et Guinard.

Cavaignac et Guinard étaient brouillés ; en se rencontrant par hasard chez Joubert, le fusil à la main, ils s'étaient jetés dans les bras l'un de l'autre.

Malgré l'absence du maître de la maison, on me donna une cinquantaine de balles que je rapportai à mes hommes.

Cela ne faisait pas deux balles par fusil.

Nous n'en continuâmes pas moins notre chemin, en nous confiant à la Providence.

Comme nous allions à la place de Grève, nous prîmes la rue Guénégaud, le pont Neuf et le quai de l'Horloge.

Rien ne paraissait devoir s'opposer à notre marche, que hâtaient le bruit de la fusillade et celui du canon, quand, en arrivant au quai aux Fleurs, nous nous trouvâmes en face d'un régiment tout entier. C'était le 15e léger.

Il n'y avait guère moyen, avec trente fusils et cinquante coups à tirer, d'attaquer quinze cents hommes.

Nous nous arrêtâmes.

Cependant, comme la troupe ne prenait pas vis-à-vis de nous une attitude agressive, tout en faisant faire halte à mes hommes, je m'avançai vers le régiment, le fusil haut, et indiquant par mes signes que je voulais parler à un officier…

*

À cinq heures, Lethière fils arriva ; il apportait des nouvelles.

Sur tous les points de Paris l'on se battait ou l'on s'était battu. Les boulevards étaient en feu, depuis la Madeleine jusqu'à la Bastille ; la moitié de leurs arbres étaient abattus, et avaient servi à élever plus de quarante barricades. La mairie des Petits-Pères avait été emportée par trois patriotes dont on connaissait déjà les noms : c'était MM. Degousée, Higonnet et Laperche.

Du côté du faubourg et de la rue Saint-Antoine, l'élan était merveilleux : on avait écrasé les soldats venant de Vincennes avec des meubles jetés par les fenêtres. Tout avait été bon comme armes : bois de lit, armoires, commodes, marbres, chaises, chenets, contrevents, fontaines, bouteilles ; – on avait été jusqu'à un piano ! Les troupes étaient complètement coupées.

L'attaque, du côté du Louvre, s'était avancée jusque sur la place Saint-Germain-l'Auxerrois. Une colonne d'une vingtaine d'hommes avait marché au feu, conduite par un violon qui jouait *Ran tan plan tire lire* !

Il y avait plus : messieurs de la Chambre commençaient à s'émouvoir. On s'était réuni chez Audry de Puyraveau ; on avait peu agi, mais beaucoup parlé.

C'était toujours quelque chose.

Enfin, on avait décidé que cinq députés se rendraient près du duc de Raguse pour lui faire des représentations, et, au besoin, négocier avec lui.

— Quatre millions, avait dit Casimir Perier, seraient, à mon avis, bien employés là !

Les cinq députés s'étaient rendus à l'état-major de la place, où se tenait le maréchal : C'étaient MM. Laffitte, Casimir Perier, Mauguin, Lobau et Gérard.

Ils avaient été introduits chez Marmont, y avaient trouvé François Arago, qui les y avait précédés dans le même but ; mais ils n'avaient rien obtenu, ni les uns ni les autres.

Pendant qu'ils étaient chez le maréchal, on avait apporté, dans le salon voisin de celui où se tenait la conférence, un lancier dont la poitrine était horriblement déchirée d'un coup de feu. On ignorait d'abord avec quel projectile la blessure avait pu être faite ; le chirurgien croyait que c'était avec du plomb à lièvre. C'était avec des caractères d'imprimerie !

Les hommes dont on brisait les presses se vengeaient.

C'est là un détail ; mais ce détail indique comment chacun,

à défaut des armes ordinaires, se faisait une arme de ce qu'il trouvait sous sa main.

Les nouvelles, comme on le voit, n'étaient pas mauvaises, mais n'offraient encore rien de décisif.

Oui, le peuple, la bourgeoisie, la jeunesse s'étaient jetés ardemment dans l'insurrection ; mais la finance, mais les hauts grades de l'armée, mais l'aristocratie restaient en arrière.

On avait bien vu M. Dumoulin, avec son grand sabre et son chapeau à plumes, haranguant dans la rue Montmartre, on avait bien vu le colonel Dufays, habillé en homme du peuple, un mouchoir autour de la tête, poussant à l'insurrection ; – mais M. de Rémusat avait toujours la fièvre dans les bureaux du *Globe* ; mais M. Thiers et M. Mignet étaient à Montmorency, chez Mme de Courchamp ; mais M. Cousin parlait du drapeau blanc comme du seul drapeau qui pût sauver la France ; mais M. Charles Dupin, rencontrant Étienne Arago sous un des pavillons de l'Institut, s'était écrié les larmes aux yeux, en le voyant un fusil à la main : « Oh ! monsieur, est-ce donc là votre place ? » ; mais M. Dubois, rédacteur en chef du *Globe*, avait abandonné sa rédaction ; mais M. Sébastiani s'écriait qu'il fallait rester dans l'ordre légal ; mais M. Alexandre de Girardin proclamait que ce qui convenait le mieux à la France, c'étaient les Bourbons sans les ultras ; mais Carrel condamnait tout haut la folie de ces bourgeois qui s'attaquaient à des militaires ; mais, enfin, quand le peuple, quand la bourgeoisie, quand la jeunesse des écoles versait son sang à flots, et sans le mesurer, M. Laffitte, M. Mauguin, M. Casimir Perier, M. Lobau et M. Gérard se contentaient de faire, près de l'homme qui mitraillait Paris, une démarche de conciliation !

Si, le lendemain, la chose ne se décidait pas en bien, elle se déciderait certainement en mal. Il n'y avait, à la vérité, que douze ou treize mille hommes dans Paris ; mais il y en avait cinquante mille dans un rayon de vingt-cinq à trente lieues, et les télégraphes, qui faisaient aller, aux yeux de tous, leurs grands bras incompréhensibles, prouvaient que le gouvernement avait à dire à la province mille choses qu'il avait fort à cœur que Paris ignorât.

Il résultait de tout cela qu'il n'y avait rien d'impossible à ce que, le lendemain 29, les héros du 27 et du 28 fussent obligés de quitter la capitale et même la France.

[…]

Une demi-heure après, Lethière rentra avec tous les objets demandés. Non seulement il n'avait éprouvé aucune difficulté de la part du concierge, mais, en voyant, sans doute, la tournure que prenaient les affaires, le propriétaire s'était adouci ; il autorisait ma rentrée, à la condition que je donnerais ma parole d'honneur de ne pas tirer par les fenêtres. C'était une grande victoire morale que remportait l'insurrection.

À neuf heures, je quittai mon bon et excellent Lethière, et je rentrai chez moi, après avoir donné à mon concierge la parole d'honneur exigée.

Il avait couru tout le faubourg Saint-Germain, et le résultat de son exploration, dans ces courses commandées par le propriétaire lui-même, avait été celui-ci : que tout le faubourg Saint-Germain était en insurrection.

On parlait d'un grand rassemblement qui devait avoir lieu le lendemain matin, sur la place de l'Odéon, comme point central, et d'où l'on partirait pour opérer les attaques des diverses casernes, qui jouaient, au milieu de l'insurrection, le rôle que jouent dans une invasion les places fortifiées.

Je rentrais, non pour me coucher, mais pour déposer mon fusil, ma poudre et mes balles ; je comptais passer une partie de la nuit à aller aux informations. Il me paraissait urgent de compromettre, d'une façon ou d'autre, les grands meneurs de l'opposition de quinze ans, et je désirais savoir si nos amis s'occupaient de ce petit travail.

Je fis donc une espèce de toilette de circonstance, et j'essayai de traverser les ponts.

Il était expressément défendu aux sentinelles des guichets du Carrousel et des Tuileries de laisser passer qui que ce fût sans le mot d'ordre.

À travers l'arcade de pierre, on apercevait la cour des Tuileries, et la place du Carrousel, transformées en un bivouac immense mais sombre, mais triste, mais sans bruit et presque sans mouvement. On eût dit non pas des soldats, mais des fantômes de soldats.

Je longeai le quai ; je repris, comme j'avais fait le matin, la place de la Révolution et la rue Saint-Honoré. Toutes les boutiques étaient fermées, mais il y avait des lampions sur la plupart des fenêtres. Les passants étaient rares, et, comme le bruit des voitures avait à peu près cessé à cause de l'obstacle que leur opposaient les barricades, on entendait passer dans les airs, comme des volées d'oiseaux de bronze, le mugissement lugubre et incessant du bourdon de Notre-Dame.

Je me rappelai, en suivant le quai, Paul Fouché et sa pièce ; j'étais curieux de savoir s'il avait lu au comité, et si son drame était reçu ou refusé.

J'ai déjà dit que je connaissais le général La Fayette. Je tentai ce qu'avaient inutilement essayé Charras et les élèves de l'École – de lui faire une visite.

J'allai chez lui. On me répondit qu'il était sorti ; j'en doutai d'abord. J'entrai dans la loge du concierge ; je me fis reconnaître. Mais l'honnête portier me répéta ce qu'il m'avait déjà dit à travers son petit carreau.

Je m'en allais fort désappointé, lorsque je vis venir, au milieu de l'obscurité, trois ou quatre hommes à pied. Dans celui du milieu, je crus reconnaître le général.

Je m'avançai. C'était lui. Il rentrait appuyé au bras de M. Carbonnel. M. de Lasteyrie, je crois, venait derrière, causant avec un domestique.

— Ah ! général, m'écriai-je, c'est vous !

Il me reconnut.

[…]

Le général s'appuya sur mon bras, et fit quelques pas en avant, comme pour échapper à la surveillance de ses deux compagnons.

— Je quitte les députés, dit-il ; il n'y a rien à faire avec eux…

— Alors, pourquoi ne faites-vous pas tout seul ?

— Qu'on me fasse faire, dit le général, et je suis prêt.

— Puis-je répéter cela à mes amis ?

— Vous le pouvez.

— Adieu, général ! Il me retint par le bras.

— Ne vous faites pas tuer…

— Je tâcherai.

— En tout cas, que les choses tournent d'une façon ou de l'autre, faites en sorte que je vous revoie.

— Vous pouvez en être sûr, général, à moins que…

— Allons, allons, dit le général, au revoir !

Et il rentra chez lui.

Je courus chez Étienne Arago, rue de Grammont, n° 10. Toute la révolution était chez lui.

La journée avait été rude ; mais, grâce à la librairie de Joubert, grâce à la *Petite-Jacobinière* de Charles Teste, grâce à Coste, qui avait peut-être dépensé trois ou quatre mille francs en achat de pain et de vin distribués aux combattants, l'insurrection était lancée sur tous les points de la ville.

Je dis à Étienne que j'avais vu le général ; je lui rapportai textuellement ses paroles.

— Allons au *National* ! dit-il.

Nous allâmes au *National*.

Taschereau était en train d'y faire un faux sublime ; il créait, avec Charles Teste et Béranger, un gouvernement provisoire composé de La Fayette, de Gérard et du duc de Choiseul.

Il faisait plus : il rédigeait une proclamation qu'il signait de leurs trois noms. Il avait d'abord choisi, comme troisième membre du gouvernement, Labbey de Pompières ; mais Béranger avait fait effacer ce dernier nom pour y substituer celui du duc de Choiseul.

Ainsi, Béranger, après avoir préparé la révolution par ses chansons, y prenait une part active de sa personne. On verra bientôt que c'était surtout par lui qu'elle allait arriver à son dénouement.

Le lendemain, la liste du gouvernement provisoire devait être affichée sur tous les murs de Paris, et la première proclamation de ce gouvernement devait paraître dans *Le Constitutionnel*.

Il va sans dire que le brave *Constitutionnel* était de bonne foi, et qu'il tenait pour de réelles et valables signatures les trois essais calligraphiques de Taschereau.

Là-dessus, je rentrai chez moi plus tranquille ; et, comme j'étais éreinté de la journée, je m'endormis sur les deux oreilles, au bruit du bourdon de Notre-Dame, et au pétillement irrégulier de quelques coups de fusil attardés et perdus.

29 juillet

Le lendemain, je fus éveillé par mon domestique Joseph.

Il se tenait debout près de mon lit, et, avec une progression chromatique de la voix, il répétait :

— Monsieur !... monsieur !!... monsieur !!!...

Au troisième *monsieur*, je grognai, je me frottai les yeux, et me mis sur mon séant.

— Eh bien, demandai-je, qu'y a-t-il ?

— Ah ! par exemple, monsieur n'entend pas ? fit Joseph en joignant ses mains au-dessus de sa tête.

— Comment veux-tu que j'entende, imbécile, puisque je dors ?

— Mais on se bat tout autour d'ici, monsieur !

— Vraiment ?

Il ouvrit la fenêtre.

— Écoutez, c'est comme si c'était dans la cour.

En effet, des coups de fusil me paraissaient partir d'un point très rapproché.

— Diable ! dis-je, et d'où vient cette fusillade ?

— De Saint-Thomas-d'Aquin, monsieur.

— Comment ! de l'église ?

— Eh non ! du musée d'artillerie… Monsieur sait bien qu'il y a là un corps de garde.

— Ah ! c'est vrai, m'écriai-je, le musée d'artillerie !… J'y vais.

— Quoi ! monsieur y va ?

— Sans doute.

— Ah ! mon Dieu !

— Vite, aide-moi… Un verre de vin de Madère ou d'Alicante… Oh ! les malheureux ! ils vont tout piller !

En effet, c'était là ma grande préoccupation ; c'était là ce qui me faisait courir au feu. Je me rappelais ces trésors archéologiques que j'avais vus, tenus, touchés un à un dans les études que j'avais faites sur Henri III, Henri IV et Louis XIII, et je voyais tout cela dispersé aux mains de gens qui, n'en connaissant pas la valeur, donneraient au premier venu des merveilles d'art et de richesse pour une livre de tabac ou un baquet de cartouches.

En cinq minutes, je fus prêt, et je m'élançai du côté de Saint-Thomas-d'Aquin.

Pour la troisième fois, les assaillants venaient d'être repoussés.

C'était tout simple : ils s'acharnaient à attaquer le musée par les deux ouvertures de la rue du Bac et de la rue Saint-Dominique.

Le feu des soldats enfilait les deux rues, et les balayait avec une déplorable facilité.

J'avisai les maisons de la rue du Bac faisant de chaque côté l'angle de la rue Gribeauval ; je jugeai que leur façade opposée devait donner sur la place Saint-Thomas-d'Aquin, et que, des étages supérieurs, on dominait facilement le poste du musée d'artillerie.

Je fis part aux combattants du plan que venait de m'inspirer la vue des localités ; ce plan fut adopté à l'instant même. Je frappai à la porte de l'une des deux maisons, celle de la rue du Bac, 35 ; la porte fut lente à s'ouvrir, mais enfin elle s'ouvrit ; huit ou dix hommes armés de fusils entrèrent avec moi, et nous nous élançâmes aux étages supérieurs.

J'arrivai, moi, troisième ou quatrième, à une mansarde arrondie par le haut où je m'établis avec autant de sécurité que je l'eusse fait derrière le parapet d'un bastion.

Alors, le feu commença, mais avec une chance tout opposée.

Au bout de dix minutes, le poste avait perdu cinq ou six hommes.

Tout à coup, le reste des soldats disparut, et le feu s'éteignit.

Ce pouvait être une espèce d'embuscade ; aussi hésitâmes-nous à quitter nos retranchements.

Mais bientôt le concierge du musée parut sur la porte en faisant des gestes à la signification pacifique desquels il n'y avait pas à se tromper.

Nous descendîmes. Les soldats, en escaladant les murs, s'étaient sauvés par les cours et par les jardins.

Une partie des insurgés encombrait déjà les corridors lorsque j'arrivai.

— Pour Dieu, mes amis, m'écriai-je, respectez les armes !

— Comment, que nous respections les armes ? Il est bon, celui-là ! répondit un des hommes auxquels je m'adressais ; mais nous ne sommes ici que pour les prendre, les armes !

Je réfléchis alors qu'effectivement ce devait être là le seul but de l'attaque, et qu'il n'y avait pas moyen de sauver du pillage ce magnifique établissement. Je ne pensai donc plus qu'à prendre ma part des armes les plus précieuses.

De deux choses l'une : ou on garderait ces armes, ou on les rapporterait au musée. Dans l'un ou l'autre cas, mieux valait que je fusse, moi, plutôt que tout autre, détenteur de choses précieuses. Si on devait les garder, elles étaient entre les mains d'un homme qui saurait les apprécier. Si on devait les restituer, elles étaient entre les mains d'un homme qui saurait les rendre.

Je courus au bon endroit ; il y avait là un trophée équestre de la Renaissance.

[…]

Un homme emportait un fusil de rempart pesant au moins cent cinquante livres ; quatre hommes traînaient une pièce de canon en fer avec laquelle ils comptaient attaquer le Louvre.

Je retrouvai, deux heures après, l'homme au fusil de rempart étendu sur le quai, sans connaissance.

Il avait fourré dans son fusil deux poignées de poudre et douze ou quinze balles ; puis, d'un côté à l'autre de la Seine, en s'appuyant au parapet, il avait tiré sur un régiment de cuirassiers qui défilait le long du Louvre.

Il avait fait une cruelle trouée dans le régiment ; mais le recul du fusil l'avait jeté à dix pas en arrière en lui luxant l'épaule et en lui démantibulant la mâchoire.

Avant que je le retrouvasse, je devais assister à quelques scènes assez caractéristiques pour qu'elles méritent de prendre place ici.

L'enivrement du vin, de l'eau-de-vie, du rhum n'est rien près de celui de l'odeur de la poudre, du bruit de la fusillade, de la vue du sang.

Je comprends les hommes qui fuient au premier coup de fusil ou au premier coup de canon ; mais je ne comprends pas ceux qui, ayant une fois goûté du feu, quittent la table avant la fin du repas.

Du moins, c'était l'effet que je commençais à ressentir.

Delanoue, que je rencontrai, et qui cherchait un fusil de tous les côtés, m'annonça que l'on se réunissait place de l'Odéon.

J'avais déjà, la veille, entendu parler de cette réunion.

Je n'avais malheureusement que mon fusil, et je ne voulais pas m'en dessaisir. J'indiquai à Delanoue le musée d'artillerie comme un endroit où il pourrait peut-être trouver ce qu'il cherchait, et je partis tout courant par la rue de Grenelle.

La place de l'Odéon était encombrée ; il pouvait bien y avoir cinq ou six cents hommes.

Deux ou trois élèves de l'École polytechnique commandaient des détachements. Sous un de ces uniformes, je reconnus Charras, que j'avais vu la veille en bourgeois.

Il n'était donc ni tué ni blessé.

[…]

Par bonheur, au contraire, il était sain et sauf, et, comme il n'en était pas bien assuré lui-même, il s'en était donné la preuve en gagnant l'autre côté du quai, et en enfilant une petite rue à l'abri de laquelle il avait pu se tâter tout à son aise.

Quant au gamin, et, par conséquent, au fusil, il fallait en faire son deuil : il avait disparu, comme Romulus dans la tempête, comme Curtius dans le gouffre, comme Empédocle dans le volcan !

Charras se demanda alors à quelle chose peut être utile un homme qui n'a pas de fusil, et qui ne sait où s'en procurer un.

Une bande de patriotes désarmés comme lui sembla passer là tout exprès pour répondre à sa question.

— Eh ! citoyen, dit un des hommes de la bande, viens-tu sonner le tocsin à Saint-Séverin avec nous ?

— Soit ! dit Charras, à qui il était égal d'aller à droite ou à gauche, pourvu qu'il allât quelque part où il pût être utile à la cause.

Et il alla à Saint-Séverin.

Les portes étaient fermées ; on frappa à toutes, depuis les grandes jusqu'aux petites, depuis la porte des mariages et des baptêmes jusqu'à la porte des derniers sacrements.

En pareil cas, les décisions sont promptes ; on décida d'enfoncer les portes, puisque les portes ne voulaient pas s'ouvrir ; on arracha une poutre d'une maison en construction, et douze hommes portant cette poutre la transformèrent en bélier.

Au troisième coup de tête que la gigantesque machine donna dans la porte, serrures et verrous sautèrent.

Le sacristain accourut et acheva d'ouvrir la porte, qu'un quatrième coup allait enfoncer.

La porte ouverte, la cloche mise en branle, Charras n'avait plus rien à faire à Saint-Séverin. Il était alors allé rejoindre, dans le quartier Latin, quelques amis avec lesquels il avait passé la soirée et la nuit.

Pendant la nuit, on avait fait un projet. Les habits de l'École polytechnique, fort en baisse la veille, c'est-à-dire avant que l'insurrection fût déclarée, étaient, au contraire, fort considérés depuis que l'insurrection avait grandi.

Ce projet qu'on avait fait pendant la nuit, c'était d'aller, au point du jour, chercher des habits à l'École polytechnique.

En conséquence, Charras, vers quatre heures du matin, sonnait à la grille avec un de ses amis nommé Lebeuf.

La hausse se faisait sentir même à l'École : concierge et professeurs reçurent à merveille les deux réfractaires, on les embrassa, et, selon leur désir, on leur donna des habits.

Je me rappelle un détail : c'est qu'ayant trouvé un habit, Charras ne put probablement pas trouver un pantalon ; avec son habit bleu d'uniforme, il portait un pantalon gris, ce qui était bien faible comme tenue.

Les deux amis habillés et surtout coiffés – le chapeau joue toujours un grand rôle dans les insurrections –, ils s'acheminèrent vers la place de l'Odéon.

En route, on leur annonça une distribution de fusils qui se faisait dans la rue de Tournon.

En effet, on venait de prendre la caserne de gendarmerie, et l'on avait, avec un certain ordre, organisé une distribution de mousquetons, de pistolets, de sabres et d'épées.

Charras et Lebeuf se mirent à la queue ; mais, lorsqu'ils arrivèrent aux bureaux, on ne voulut leur donner que des épées, attendu, disait-on, que les élèves de l'École polytechnique, étant tous officiers de droit, et, en leur qualité d'officiers, étant destinés à commander des détachements, devaient recevoir des épées, et non des fusils.

Les instances de ces deux jeunes gens, si vives qu'elles fussent, ne purent rien changer au programme ; on leur donna des épées, et pas autre chose.

Un élève d'une taille colossale et d'une force herculéenne n'accepta pas aussi facilement que Lebeuf et Charras cette législation improvisée ; il saisit le distributeur au cou, et commença à l'étrangler en disant qu'il ne le lâcherait que contre un fusil.

Le distributeur parut trouver la raison bonne ; il s'empressa de donner un fusil au gaillard qui faisait sur lui une application si sensible de cette branche de la philosophie qu'on appelle la logique.

L'élève s'éloigna armé comme il désirait l'être.

C'était Millotte, qui fut depuis représentant du peuple, et qui siégeait, à l'Assemblée législative, près de Lamartine et de notre ami Noël Parfait.

Millotte est aujourd'hui l'un de nos plus honorables exilés.

Donc, en vertu de son uniforme en vertu de son épée, en vertu, enfin, du droit qu'avaient les élèves de l'École d'être officiers, Charras avait pris le commandement d'une troupe de cent cinquante hommes.

Un tambour et un drapeau s'étaient joints à cette troupe et l'avaient portée au grand complet.

Alors, on s'était demandé où il fallait aller. Une voix avait crié :

— À la prison Montaigu, place du Panthéon !

Et Charras et sa troupe étaient partis pour la prison Montaigu, place du Panthéon.

Les révolutions ont leurs vents inconnus qui poussent sans raison apparente les hommes sur un point ou sur un autre ; ce sont les trombes qui soufflent sur les océans ; elles vont au sud ou au septentrion, à l'est ou à l'ouest, sans qu'on sache ni comment ni pourquoi.

C'est le souffle de Dieu qui les conduit.

À la prison Montaigu, on avait trouvé cent cinquante hommes l'arme au pied, et prêts à se défendre.

Un brasseur de la rue Saint-Antoine, nommé Maes, était là, nouveau Santerre, avec une soixantaine d'insurgés. Il était à cheval et portait l'ancien uniforme de la garde nationale.

La lutte menaçait d'être chaude ; on essaya de parlementer.

— Holà ! capitaine, cria Charras, voulez-vous venir à moi, ou préférez-vous que j'aille à vous ?

— Venez, monsieur, dit le capitaine.

— J'ai votre parole ?

— Oui.

Charras s'approcha.

Alors, il s'établit un de ces dialogues qui naissent de la situation et qu'on ne retrouve plus en dehors de la situation, dialogue dans lequel Charras essayait de prouver au capitaine que ce qu'il y avait de plus avantageux, de plus honorable et surtout de plus patriotique pour lui, c'était de passer du côté du peuple, ou tout au moins de lui prêter des fusils.

Le capitaine ne semblait pas comprendre la logique de Charras aussi bien que le distributeur de mousquetons de la rue de Tournon avait compris celle de Millotte.

Charras redoublait d'éloquence, mais n'avançait pas ; il est vrai que, s'il n'avançait pas, lui, ses hommes avançaient peu à peu.

[…]

Fut-ce cette promiscuité, fut-ce les noms d'Iéna, d'Austerlitz, de Marengo, dont Charras évoquait le souvenir ; fut-ce les rubans tricolores aux émouvantes nuances qu'il faisait flotter à ses yeux ; fut-ce l'embrassement fraternel dont il l'enveloppa, qui décidèrent l'officier à capituler, Charras n'en savait rien ; mais, ce qu'il savait, c'est qu'il y avait eu capitulation, sa troupe avait obtenu cinquante fusils, et la parole d'honneur du capitaine que lui et ses soldats resteraient neutres.

Il est vrai que le capitaine avait été inabordable sur l'article des cartouches.

Mais la Providence ne s'arrêterait pas ainsi à mi-chemin : elle avait donné des fusils, elle donnerait des cartouches.

Les cinquante fusils furent répartis entre ceux des hommes de Charras qui manquaient d'armes à feu, et ceux d'une nouvelle troupe arrivée sur ces entrefaites qui se trouvaient dans le même cas.

Cette nouvelle troupe était commandée par un autre élève de l'École polytechnique nommé d'Hostel.

La répartition faite, on se demanda de nouveau où l'on allait.

— À l'Estrapade ! cria une voix.

— À l'Estrapade ! répétèrent toutes les voix.

Et l'on se précipita vers l'Estrapade.

Nos lecteurs de Paris connaissent la situation de la caserne de l'Estrapade ; on y arrive par une rue étroite et facile à défendre.

On était quatre cents, à peu près. C'était assez, en pareille circonstance, pour attaquer Metz, Valenciennes ou le Mont-Saint-Michel ; mais on s'était si bien trouvé de la négociation de la place du Panthéon, que l'on résolut d'essayer du même moyen rue de l'Estrapade.

Cette fois, ce fut d'Hostel qui se proposa pour négociateur ; il avait, disait-il, des intelligences dans la place. Il s'avança avec un mouchoir à la main, laissant son fusil à l'un de ses hommes.

On parlementait de la rue au premier étage ; c'était bien haut pour s'entendre. D'Hostel résolut de franchir la distance qui le séparait de ses interlocuteurs ; tout à coup, on le vit grimper contre la muraille… Comment ?… C'était un miracle pour ceux qui l'avaient vu opérer cette ascension ! D'Hostel était, au reste, un homme très adroit, et très renommé à l'École pour sa gymnastique. En un instant, il eut atteint une des fenêtres du premier ; on l'enleva par-dessous les bras, et il se trouva dans la caserne, où il s'engouffra comme ces diables qui passent au théâtre à travers des trappes anglaises.

Dix minutes après, il reparut, vêtu de l'habit et coiffé du bonnet à poil de l'officier, tandis que l'officier, en élève de l'École polytechnique, et le chapeau à trois cornes à la main, saluait le peuple.

Le tour était fait !

La place éclata en vivats et en applaudissements.

Les soldats abandonnaient la caserne et donnaient cent fusils.

C'était à faire, de Charras et de d'Hostel, deux ambassadeurs, l'un à Londres, l'autre à Saint-Pétersbourg !

Malheureusement, le fait ne fut pas connu du gouvernement, ou fut mal apprécié par lui, et il envoya dans ces deux villes M. le prince de Talleyrand et M. le maréchal Maison, qui n'y firent que des sottises.

C'était tout orgueilleux de ce double triomphe que Charras et d'Hostel arrivaient sur la place de l'Odéon.

Une chose que je remarquai, c'est la facilité avec laquelle, en temps de révolution, les tambours se multiplient ; ils suintent des murs, ils sortent des pavés ; Charras et d'Hostel avaient une quinzaine de tambours à eux deux.

En même temps que nous, arrivaient sur la place de l'Odéon, d'abord une pièce de canon prise sur la garde, et qu'on amenait par la rue des Fossés-Monsieur-le-Prince ; elle était traînée par cinq hommes, dont trois sapeurs-pompiers ; ensuite, une voiture contenant trois tonneaux de poudre, et venant de la poudrière du Jardin des Plantes ; c'était, je crois, Liédot, devenu depuis capitaine d'artillerie, qui la conduisait.

Les tonneaux défoncés, la distribution commença : tout le monde en eut sa part : l'un dans la poche de son habit, l'autre dans son mouchoir ; celui-ci dans sa casquette, celui-là dans sa blague à tabac.

On fumait au milieu de tout cela que c'était une bénédiction ! Jean Bart en eût frémi des pieds à la tête !

Mais bientôt on avisa que toute cette poudre était de la poudre perdue, et que mieux valait faire des cartouches.

La chose était d'autant plus praticable qu'on venait de recevoir, du passage Dauphine, deux ou trois milliers de balles.

Quatre hommes étaient, en outre, occupés à en fondre avec des plombs de gouttière, dans un cabaret situé à gauche de la place en arrivant par la rue de l'Odéon.

Seulement, on manquait de papier.

Mais toutes les fenêtres de la place étaient ouvertes, et l'on n'eut qu'à crier : « Du papier ! du papier ! » Aussitôt l'air fut rayé de projectiles de toutes formes, quoique de la même essence ; le papier tomba en cahiers, en rames, en volumes. Je faillis être assommé par un *Gradus ad Parnassum* !

Il y avait, dans toute cette multitude, une centaine d'anciens militaires qui se mirent à l'œuvre ; en moins d'une heure, trois mille cartouches furent faites et distribuées.

Il faut avoir vu ce spectacle pour se figurer ce que c'était comme animation, comme entrain, comme gaieté.

Chacun criait quelque chose : l'un : « Vive la République ! », l'autre : « Vive la Charte ! »

Un homme de la bande à Charras s'égosillait à crier : « Vive Napoléon II ! »

Ce cri, trop répété, finit par échauffer les oreilles de Charras, déjà fort républicain à cette époque.

Il alla au bonapartiste.

— Ah çà ! est-ce que vous croyez que c'est pour Napoléon II que nous nous battons ? lui dit-il.

— Battez-vous pour qui vous voudrez, répondit l'homme : mais c'est pour lui que je me bats, moi !

— Vous en avez le droit… Seulement, si c'est pour lui que vous vous battez, enrôlez-vous dans une autre bande.

— Oh ! je ne demande pas mieux ! dit l'homme ; on ne manque pas d'engagements aujourd'hui !

Et il sortit des rangs commandés par Charras, et alla prendre du service dans une troupe conduite par un chef moins absolu dans ses opinions.

[…]

Une grave discussion me tira de ma rêverie.

On voulait absolument faire Charras général en chef, et Charras ne voulait pas être général en chef. Il désignait Lothon – grand et beau garçon tenant à la fois de l'Hercule et de l'Antinoüs – au suffrage de ses concitoyens.

La raison sur laquelle il s'appuyait surtout, c'est que lui était à pied et que Lothon était à cheval ; Lothon, à son avis, avait donc bien plus de droits que lui à être général en chef.

En effet, on n'a jamais vu un général en chef à pied.

Lothon se défendait comme un diable pour ne pas être investi de cette haute dignité.

Il n'allait pas moins être obligé de céder, lorsqu'un monsieur s'approcha de lui, et lui dit tout bas :

— Oh ! monsieur, si vous ne tenez pas à être général en chef, laissez-moi l'être à votre place… Je suis un ancien capitaine, et je crois avoir des droits à cette faveur.

Jamais ambition ne s'était présentée plus à propos.

— Ah ! monsieur, dit à son tour Lothon, quel service vous me rendez !

Puis, s'adressant à la foule :

— Vous voulez un général en chef ? demanda-t-il.

— Oui, oui ! répéta-t-on de toute part.

— Eh bien, Je vous présente monsieur… un ancien capitaine couvert de blessures, et qui ne demande pas mieux que d'être général en chef, lui.

— Bravo ! crièrent cinq cents voix.

— Pardon de vous avoir couvert de blessures, mon cher monsieur, dit Lothon en mettant pied à terre et en présentant son cheval au nouvel élu ; mais j'ai cru que c'était le moyen le plus sûr de vous faire sauter par-dessus les grades intermédiaires.

— Oh ! monsieur, dit le capitaine enchanté, il n'y a pas de mal ! Puis, à son tour, s'adressant à la foule :

— Eh bien, demanda-t-il, sommes-nous prêts ?

— Oui ! oui ! oui !

— Alors, en avant marche !... Battez, tambours !

Les tambours battirent, et l'on descendit par la rue de l'Odéon en chantant *La Marseillaise.*

Au carrefour Bussy, en vertu de je ne sais quelle manœuvre stratégique, la troupe se trouva partagée en trois.

Une partie se dirigea vers la rue Sainte-Marguerite, l'autre vers la rue Dauphine, le reste suivit tout droit.

J'étais de ceux qui suivirent tout droit.

Il s'agissait, pour cette troupe-là, d'aborder le Louvre par le pont des Arts.

C'était, comme on dit, attaquer le taureau par les cornes.

Ce fut en débouchant sur le quai que je retrouvai mon homme au fusil de rempart adossé à la muraille, et criant, son épaule démise et sa mâchoire disloquée.

Ah ! n'oublions pas de dire qu'à tous les angles de rue, j'avais vu affichée la nomination du gouvernement provisoire, et la proclamation de MM. La Fayette, Gérard et de Choiseul appelant le peuple aux armes.

Quel singulier effet cela eût produit à ces trois messieurs, s'ils eussent été à ma place, et s'ils eussent lu ce que je lisais !

*

Il était dix heures trente-cinq minutes du matin à l'horloge de l'Institut.

Le Louvre présentait un aspect formidable.

Toutes les fenêtres de la grande galerie des tableaux étaient ouvertes ; il y avait deux suisses, le fusil à la main, à chaque fenêtre.

Le balcon de Charles IX était défendu par des Suisses qui s'étaient fait un rempart avec des matelas.

Enfin, on voyait une double ligne de suisses derrière les grilles de ces deux jardins qu'on appelle, je crois, l'un le jardin de l'Infante, et l'autre le jardin de la Reine.

Au premier plan, le long du parapet, défilait un régiment de cuirassiers pareil à un grand serpent aux écailles d'acier et d'or, dont la tête était déjà entrée sous le guichet des Tuileries, tandis que la queue traînait encore sur le quai de l'École.

Au fond, dans le lointain, la colonnade du Louvre, attaquée par les petites rues qui environnent l'église Saint-Germain-l'Auxerrois, disparaissait au milieu d'un nuage de fumée.

À droite, le drapeau tricolore flottait sur Notre-Dame et sur l'Hôtel de Ville.

Dans les airs, passaient frémissantes les vibrations du tocsin.

Au milieu d'un ciel blanc de chaleur nageait un soleil de feu.

Sur toute la ligne du quai, on tiraillait, mais particulièrement des fenêtres et de la porte d'un petit corps de garde situé au bord de la rivière, en face de l'endroit où la rue des Saints-Pères débouche sur le quai Malaquais.

Cependant, l'attaque comme la défense était flasque ; chacun semblait être là pour l'acquit de sa conscience, et peloter en attendant la partie.

Notre arrivée réchauffa la scène juste au moment où l'intérêt languissait.

Nous étions cent vingt, à peu près.

Nous nous égaillâmes sur le quai, comme on dit en style vendéen, les uns remontant du côté du pont Neuf, les autres s'allongeant du palais Mazarin, tout le long du parapet, jusqu'au petit corps de garde dont j'ai parlé.

Je m'établis d'abord sous un des pavillons à tourniquets ; mais je vis bientôt que je serais constamment dérangé par les allants et venants.

Je gagnai donc la fontaine, et m'installai derrière le lion de bronze le plus rapproché de la rue Mazarine.

J'avais ainsi, à ma droite, la grande porte du palais, que, comme la porte du Jubilé, à Saint-Pierre de Rome, on n'ouvre guère que tous les cinquante ans.

J'avais, à ma gauche, la petite porte qui conduit aux appartements des personnes logées à l'Institut.

Enfin, devant moi, j'avais le pont des Arts, me présentant en perspective un objet qui ne laissait pas que de m'inspirer quelque inquiétude, cet objet ressemblant fort à une pièce de canon en batterie.

Au reste, la cible était magnifique : tout un régiment de cuirassiers présentait le flanc ! derrière les cuirassiers, les Suisses en habit rouge, avec des brandebourgs blancs. Le tout à deux cents pas à peine.

C'était à faire venir l'eau à la bouche rien que d'y penser ; il est vrai que c'était à faire venir la sueur sur le front en y pensant.

J'ai dit quelles étaient mes impressions en face du danger. Je l'affronte avec hésitation d'abord, mais je me familiarise vite avec lui.

Or, mon apprentissage de la veille au quai Notre-Dame et du matin au musée d'artillerie m'avait enlevé ma première émotion.

D'ailleurs, je dois dire que ma place était bonne, et qu'il fallait un bien grand hasard ou un bien joli tireur, pour qu'une balle vînt me chercher derrière mon lion.

J'assistai donc avec beaucoup de sang-froid à la scène qui allait se passer et que je vais essayer de décrire.

La plupart des hommes qui composaient le rassemblement au milieu duquel je me trouvais étaient des gens du peuple.

Les autres étaient des commis de magasin, des étudiants et des gamins.

Sur les cent ou cent vingt combattants, à peine deux habits de gardes nationaux attiraient-ils les regards à eux.

Les hommes du peuple, les commis de magasin et les étudiants étaient armés de fusils de munition ou de chasse ; les fusils de chasse étaient dans la proportion d'un à quinze.

Les gamins n'étaient armés que de pistolets, de sabres ou d'épées ; un des plus ardents n'avait qu'une baïonnette.

En général, c'étaient les gamins qui marchaient en tête, les premiers à tout. Était-ce mépris ou ignorance du danger ? Non, c'était l'influence de ce sang jeune et chaud qui, jusqu'à dix-huit ans, bat dans les veines de l'homme de soixante et quinze à quatre-vingt-cinq fois à la minute ; puis qui se calme peu à peu, et qui, en se calmant, dépose au fond du cœur, à chaque pulsation qui s'y éteint, soit un vice honteux, soit une mauvaise pensée.

Tant que passa le régiment de cuirassiers, la fusillade, très active de notre côté – sans grands résultats, il faut le dire –, fut molle du côté des troupes royales.

Elles étaient gênées par cette ligne de cavaliers qui passait entre elles et nous.

Mais la grille du second jardin dépassée par le dernier cuirassier, la véritable musique commença.

Il faisait une chaleur insupportable et sans le moindre souffle d'air. La fumée des fusils des Suisses ne s'élevait que lentement.

Bientôt tout le Louvre fut enveloppé d'une ceinture de fumée qui déroba les troupes royales à nos yeux d'une façon aussi complète que ces nuages peints qui, s'élevant des sablières, à l'épilogue des drames, dérobent aux yeux des spectateurs l'apothéose que l'on prépare au fond du théâtre.

C'étaient des coups de fusil perdus, que ceux dont les balles s'amusaient à aller percer ce rideau.

Cependant, de temps en temps, une trouée se faisait, et l'on apercevait, à travers l'éclaircie, les brandebourgs blancs, les habits rouges et les plaques dorées des bonnets à poil suisses. C'était le moment que les vrais tireurs attendaient, et il était bien rare, alors, que l'on ne vît pas, au milieu de ces éclaircies, deux ou trois hommes chanceler et disparaître derrière leurs camarades. De notre côté, pendant cette première période du combat, nous eûmes un seul homme tué et deux blessés.

L'homme tué fut atteint au sommet du front, tandis qu'agenouillé derrière le parapet il mettait en joue.

Il se releva comme poussé par un ressort, fit quelques pas en arrière, laissa tomber son fusil, tourna une ou deux fois en battant l'air de ses bras, et s'abattit sur le visage.

[…]

Enfin, au bout d'une demi-heure à peu près, on se lassa de cette fusillade sans résultat.

Deux ou trois hommes crièrent : « Au Louvre ! au Louvre ! »

C'était insensé, car il était évident qu'on n'était qu'une centaine d'hommes, et qu'on allait avoir affaire à deux ou trois cents Suisses.

Mais, dans ces circonstances, on ne s'arrête pas seulement aux choses raisonnables, et, comme le fait que l'on accomplit est lui-même presque insensé, c'est aux déterminations impossibles que l'on s'arrête presque toujours.

Un tambour battit la charge et s'élança le premier sur le pont. Tous les gamins l'accompagnèrent en criant : « Vive la Charte ! »

Le corps d'armée les suivit.

Je dois avouer que je ne fis point partie du corps d'armée.

De la position un peu élevée où je me trouvais, j'avais, comme je l'ai dit, cru distinguer une pièce en batterie. Tant que cette pièce n'avait eu que de la mitraille à éparpiller au hasard, elle s'était tenue parfaitement muette et tranquille ; mais, du moment où les assaillants s'engagèrent sur le pont, elle se démasqua… Je vis la lance fumante s'approcher de la lumière ; je m'effaçai derrière mon lion, et, au même instant, j'entendis le bruit de l'explosion et le sifflement des biscaïens qui venaient mutiler la façade de l'Institut.

La pierre, écrasée par les projectiles, tomba tout autour de moi comme une pluie.

Ce qui s'était passé sur le pont suspendu se passa alors avec des détails parfaitement identiques sur le pont des Arts.

Tous les hommes engagés dans l'étroit espace tourbillonnèrent sur eux-mêmes, trois ou quatre continuèrent d'aller en avant ; cinq ou six tombèrent ; vingt-cinq ou trente restèrent immobiles ; le reste lâcha pied.

Un feu de peloton succéda au coup de canon ; les balles cliquetèrent à mes côtés : mon blessé poussa un soupir ; une seconde balle venait de l'achever.

Presque immédiatement le canon retentit pour la deuxième fois, et l'ouragan de fer passa de nouveau sur ma tête.

À ce second coup de canon, il ne fut plus question d'aller en avant. Deux hommes, jugeant l'eau plus sûre que le parquet du pont, sautèrent dans la Seine, et gagnèrent à la nage le quai de l'Institut. Le reste, comme une volée d'oiseaux effarouchés, revint à tire-d'aile et s'enfonça dans la rue des Petits-Augustins et dans cette espèce d'impasse qui longe la Monnaie.

En un instant, le quai devint parfaitement désert.

Un troisième coup de canon fut tiré, et, si peu vaniteux que je sois, je puis dire que ce troisième coup de canon fut tiré pour moi seul.

J'avais, depuis longtemps, fait mon plan de retraite, et je le basais sur la petite porte de l'Institut qui était à ma gauche.

À peine le coup de canon était-il tiré, qu'avant que la fumée fût dissipée et permît de voir ma manœuvre je m'élançai et frappai à la porte à grands coups de crosse de fusil.

La porte s'ouvrit, et même sans trop se faire attendre, ce qui est une justice à rendre au concierge ; d'habitude, aux heures de révolution, les concierges ne sont pas si alertes.

Je me glissai dans l'entrebâillement. J'étais à l'abri.

Comme le concierge refermait la porte, une balle la traversa, mais sans le blesser.

Une fois là, je n'avais que le choix des amis ; je montai chez Mme Guyet-Desfontaines.

Je dois dire que ma première apparition ne produisit pas tout l'effet que j'en attendais. D'abord, on ne me reconnut pas : puis, quand on m'eut reconnu, on me trouva assez mal vêtu ; le lecteur se rappelle mon costume.

J'allai chercher mon fusil, que j'avais laissé à la porte pour ne pas effrayer Mme Guyet et sa fille. Mon fusil expliqua tout.

À partir de cette reconnaissance, Mme Guyet, malgré la gravité de la situation, fut charmante de verve, d'esprit et d'entrain ; c'est, sous ce rapport, une femme incorrigible.

Je mourais de faim et surtout de soif. J'exposai naïvement mes besoins.

On alla me chercher une bouteille de vin de Bordeaux, que j'avalai presque d'un seul coup.

On m'apporta une immense jatte de chocolat, que je dévorai.

[…] Mais je n'avais pas eu le temps de mettre ma veste bas, que j'entendis de grands cris dans la rue.

C'était Charras et sa troupe qui revenaient de la caserne de la rue de Babylone. Il y avait eu là une tuerie effroyable : après une demi-heure de siège, on avait été obligé de mettre le feu à la caserne pour en déloger les Suisses.

On portait au bout des baïonnettes les habits rouges des vaincus en signe de victoire. Charras – il doit s'en souvenir encore aujourd'hui, car lui n'est pas de ceux qui ont oublié –, Charras avait, au lieu de cocarde, la manche de l'habit d'un Suisse, laquelle, attachée au haut de son chapeau à trois cornes, retombait coquettement sur son épaule.

Tout cela, tambour en tête, marchait sur les Tuileries.

Au même instant, les cris redoublèrent venant du château. Je tournai les yeux du côté d'où partaient ces cris, et, de ma fenêtre donnant sur la rue du Bac, je vis des milliers de lettres et de papiers qui voltigeaient dans le jardin des Tuileries.

On eût dit qu'on donnait la volée à tous les pigeons ramiers du jardin.

C'étaient les correspondances de Napoléon, de Louis XVIII, de Charles X, qui s'en allaient au vent.

Les Tuileries étaient emportées.

Quoique je ne fusse pas Crillon, il me prit une certaine envie de me pendre.

On comprend qu'un homme qui a envie de se pendre ne songe plus à changer de chemise.

Je remis ma veste et me précipitai par les escaliers.

Je rejoignis la queue de la colonne au moment où elle entrait aux Tuileries par le guichet du bord de l'eau.

Le drapeau tricolore avait remplacé le drapeau blanc sur le pavillon du milieu.

C'était Joubert, le patriote du passage Dauphine, qui venait de le planter sur la plate-forme, et qui s'évanouissait en le plantant, soit de fatigue, soit de joie – des deux probablement.

Les grilles du Carrousel étaient forcées ; on se ruait par toutes les portes ; il y avait des centaines de femmes : d'où sortaient-elles ?

Qui a vu ce spectacle ne l'oubliera jamais.

Un élève de l'École polytechnique, nommé Baduel, était traîné en triomphe sur un canon.

Il avait, comme Achille, été blessé au talon ; seulement, lui, ce n'était pas d'une flèche empoisonnée, c'était d'un coup de mitraille.

Aussi n'en mourut-il pas, quoiqu'il pensât bien en mourir. Il est vrai que, s'il eût perdu la vie en cette occasion, ce n'eût point été de la blessure qu'il fût mort, mais d'une fièvre cérébrale, suite de la fatigue, de la chaleur et de l'épuisement qu'il avait ressentis pendant le triomphe auquel le condamnait, malgré lui, le courage dont il avait fait preuve.

Un autre élève, la poitrine trouée d'une balle, était gisant sur les escaliers ; on le prit à bras, on le porta au premier étage, et on le déposa sur le trône fleurdelisé, où plus de dix mille hommes du peuple s'assirent ce jour-là, chacun à son tour, ou même plusieurs ensemble.

Par les fenêtres donnant sur le jardin, on pouvait voir la queue d'un régiment de lanciers se perdant sous les grands arbres.

Un cabriolet essayait de le rejoindre au grand galop du cheval qui le conduisait, sans doute pour se mettre sous sa protection.

Les Tuileries étaient encombrées. On se retrouvait au milieu de cette foule ; on se reconnaissait, on s'embrassait, on s'interrogeait. « Un tel ? — Il est là ! — Où ? — Là ! — Un tel ? — Blessé ! — Un tel ? — Mort ! » Et l'on faisait pour toute oraison funèbre un geste qui voulait dire : « C'est malheureux ! mais, ma foi, il est mort dans un beau jour ! »

Et l'on allait droit devant soi, de la salle du trône au cabinet du roi, du cabinet du roi à la chambre à coucher du roi. – Ah ! par exemple, le lit du roi était une chose curieuse à voir ! Ce qui s'y passait, je ne l'ai jamais bien su ; mais, s'il faut en juger le nombre de spectateurs qui l'entouraient, et par leurs éclats de rire, il devait s'y passer quelque chose d'exorbitant…

Peut-être les noces du peuple avec la liberté !

Et l'on allait toujours, mêlant sa voix à cette grande voix, son geste à ce geste immense.

On allait suivant ceux qui marchaient devant, poussé par ceux qui venaient derrière.

On arriva à la salle des Maréchaux.

C'était la première fois que je voyais tout cela, et je ne l'ai revu qu'à la chute du roi Louis-Philippe, en 1848.

[…]

Maintenant, comment ce Louvre, comment ces Tuileries, comment ce Carrousel, avec leurs cuirassiers, leurs lanciers, leurs Suisses, leur garde royale, leur artillerie, avec trois ou quatre mille hommes de garnison, enfin, avaient-ils été pris par quatre ou cinq cents insurgés ?

Le voici :

Quatre attaques avaient été dirigées sur le Louvre : la première par le Palais-Royal ; la seconde par la rue des Poulies, par la rue des Prêtres-Saint-Germain-l'Auxerrois et par le quai de l'École ; la troisième par le pont des Arts ; et la quatrième par le pont Royal.

La première était conduite par Lothon, que nous avons, on s'en souvient, quitté à la hauteur de la rue Guénégaud. Frappé d'une balle à la tête, il était tombé évanoui sur la place du Palais-Royal.

La seconde était conduite par Godefroy Cavaignac, Joubert, Thomas, Bastide, Degousée, Grouvelle, les frères Lebon, etc.

Ce fut elle qui prit le Louvre, comme on le verra tout à l'heure.

La troisième était celle qui avait eu lieu par le pont des Arts ; on connaît son résultat.

La quatrième, celle de la rue du Bac, ne traversa le pont, en réalité, que lorsque les Tuileries furent prises.

Nous avons dit que ce fut la seconde attaque qui enleva le Louvre. Ce succès fut dû d'abord à l'admirable courage des assaillants, mais ensuite, il faut le dire, au hasard, à une fausse manœuvre – nous appellerons cela ainsi pour ceux qui ne veulent pas voir l'intervention de la Providence au milieu des choses humaines.

Au reste, un fait suffira pour donner une idée du courage des assaillants. Un enfant de douze ans était monté, comme un ramoneur, par un de ces tuyaux de bois qui, dressés contre la colonnade, servaient à la décharge des gravats, et il avait, aux moustaches des Suisses, planté sur le Louvre un drapeau tricolore.

Cinquante coups de fusil lui avaient été tirés, et il avait été assez heureux pour que pas un ne l'atteignit ; pas un ne l'avait préoccupé !

Juste en ce moment, et comme des cris d'enthousiasme saluaient la folle réussite de l'enfant, le duc de Raguse, qui concentrait ses forces autour du Carrousel pour un dernier combat, apprit que les soldats stationnant sur la place Vendôme commençaient à entrer en communication avec le peuple.

La place Vendôme prise, c'était la rue de Rivoli occupée, c'était la place Louis-XV conquise, c'était, enfin, la retraite coupée sur Saint-Cloud et sur Versailles.

Le Louvre était particulièrement défendu par deux bataillons de Suisses. Un seul suffisait à sa défense.

Le maréchal eut l'idée de remplacer les troupes de la place Vendôme – qui, ainsi que nous venons de le dire, menaçaient de défection – par un des deux bataillons suisses.

Il expédia à M. de Salis, qui commandait les deux bataillons, son aide de camp, M. de Guise.

M. de Guise avait ordre de ramener un des deux bataillons.

M. de Salis reçut cet ordre et ne vit aucun inconvénient à l'accomplir. Il était d'autant plus de cet avis qu'un seul bataillon suffisait à la défense du Louvre, et qu'un seul, en réalité, le défendait depuis le matin.

L'autre se tenait dans la cour l'arme au pied.

Alors, M. de Salis eut cette idée, idée toute naturelle d'ailleurs, d'envoyer au duc de Raguse, non pas le bataillon de réserve qui stationnait dans la cour, mais celui qui, placé sur la colonnade du Louvre, au balcon de Charles IX et aux fenêtres de la galerie de tableaux, combattait depuis le matin.

Il commanda donc au bataillon frais de prendre la place du bataillon fatigué.

Seulement, il commit cette méprise : au lieu de commencer par faire monter le bataillon frais, il commença par faire descendre le bataillon fatigué.

Cette manœuvre s'exécutait juste au moment du plus grand enthousiasme et du plus grand effort des assaillants. Ils virent les Suisses se retirer ; ils virent le feu s'éteindre peu à peu, puis cesser tout à fait ; ils crurent que leurs adversaires battaient en retraite, et ils s'élancèrent.

Le mouvement fut si impétueux, qu'avant que le second bataillon eût pris la place de celui qui se retirait, le peuple était entré dans les guichets et par les grilles, s'était répandu dans les salles abandonnées du rez-de-chaussée, et faisait par les fenêtres feu sur la cour.

Il sembla aux Suisses voir apparaître, au milieu de la flamme et de la fumée, le spectre gigantesque et sanglant du 10 août.

Inquiets, étonnés, pris à l'improviste, ignorant si leurs camarades se retiraient par ordre supérieur ou battaient en retraite, ils reculent, se précipitent les uns sur les autres, ne songeant pas même à répondre au feu qui les décime, s'encombrent à la porte donnant sur la place du Carrousel, s'étouffent, s'écrasent, et débordent de l'autre côté du guichet, en pleine déroute.

Le duc de Raguse se jette vainement au milieu d'eux, essayant de les rallier. La plupart n'entendent pas le français et ne comprennent pas ce qu'on leur dit ; d'ailleurs, la crainte tourne à l'épouvante, la frayeur à la panique. On sait ce que peut l'ange de la peur secouant ses ailes au-dessus de la multitude ; les fuyards écartent tout ce qui se trouve devant eux, cuirassiers, lanciers, gendarmes, traversent cette vaste place du Carrousel sans s'arrêter, franchissent la grille des Tuileries, et vont se répandre et s'éparpiller dans le jardin.

Pendant ce temps, les assaillants montent au premier étage, enfilent la galerie de tableaux, qu'ils trouvent sans défenseurs, et vont enfoncer à son extrémité la porte qui sert de communication entre le Louvre et les Tuileries.

Dès lors, plus de résistance possible : les défenseurs du château fuient comme ils peuvent ; le jardin et les deux terrasses s'encombrent ; le duc de Raguse se retire un des derniers, et sort du guichet de l'Horloge au moment où Joubert plante le drapeau tricolore au-dessus de sa tête, et où le peuple fait pleuvoir par les fenêtres les papiers du cabinet du roi.

À la hauteur du jardin d'Hippomène et d'Atalante, le maréchal trouve une pièce de canon qui se retire. Sur son ordre, la pièce de canon est remise en batterie, et une dernière volée tirée par elle sur les Tuileries, qui ont cessé d'être la demeure des rois pour devenir la conquête du peuple, va, de son boulet, présent posthume de la monarchie, couper en deux une des charmantes petites colonnes cannelées du premier étage.

Ce dernier coup de canon, qui ne fit de mal à personne qu'au chef-d'œuvre de Philibert Delorme, sembla tiré pour saluer le drapeau tricolore qui se déployait sur le pavillon de l'Horloge.

La révolution de 1830 était faite.

Extrait de *Mes mémoires*, 1851.

ALEXIS DE TOCQUEVILLE

(1805-1859)

La moins sanglante des révolutions
(1848)

La phrase la plus spirituelle des Souvenirs *de Tocqueville, qui ne cherche aucunement à l'être, porte sur la révolution de 1848 : « C'était le moment où l'on cherchait à tirer parti de tous les mauvais sujets qu'on possédait dans sa famille. » Cela le montre lui, autant que la révolution. Il y a eu dans la bourgeoisie la peur que les rustres ne prennent le bâton. Les Français veulent bien des révolutions, mais avec des gens qui ont des manières. Danton moins français que Pétain pour cela. C'est peut-être une différence avec l'Italie où il suffisait à un officier de monter sur une estrade et de haranguer trois mille légionnaires pour se faire proclamer empereur, ou à un syndicaliste comme Mussolini, qui avait été payé par la France pour préconiser l'entrée en guerre à son côté, d'aboyer son nationalisme pour devenir duce. Ainsi pourrait s'expliquer son incompréhensible alliance avec les Allemands : un concours d'aboiements dans un chenil d'assassins. L'histoire des attraits de genres pourrait servir à l'histoire des guerres.*

Les orateurs de l'opposition modérée furent conduits dans la chaleur de la lutte à établir que le droit de s'assembler dans les banquets était un de nos droits les plus incontestables et les plus nécessaires ; que le contester, c'était fouler aux pieds la liberté même et violer la Charte, sans voir qu'ils faisaient ainsi, sans s'en douter, un appel non à la discussion mais aux armes. De son côté, M. Duchâtel qui, d'ordinaire, était fort adroit se montra, dans cette circonstance, d'une maladresse consommée. Il nia d'une manière absolue le droit de s'assembler et, cependant, il ne dit pas clairement que le gouvernement était décidé à empêcher désormais toute manifestation semblable ; au contraire, il semblait inviter l'opposition à tenter de nouveau l'aventure, afin que les tribunaux pussent être saisis de la question. Son collègue, le ministre de la Justice, M. Hébert, fut plus maladroit encore, mais c'était sa coutume. J'ai toujours remarqué que les magistrats ne devenaient jamais des hommes politiques ; mais je n'en ai jamais rencontré aucun qui le fût moins que M. Hébert. Il était resté procureur général jusque dans la moelle des os ; il avait le caractère et la figure de cet emploi. Imaginez-vous une petite face grippée, chafouine, comprimée vers les tempes, un front, un nez et un menton pointus, des yeux secs et vifs, des lèvres retirées et sans rebords ; ajoutez à cela une longue plume placée d'ordinaire en travers de la bouche et qui, de loin, paraissait la barbe hérissée d'un chat et vous aurez le portrait de l'un des hommes que j'aie jamais vu ressembler le plus à un animal carnassier. Il n'était, cependant, ni bête ni même méchant, mais il avait un esprit naturellement emporté et sans jointures qui dépassait toujours le but pour ne pas savoir se détourner ou s'arrêter à temps et qui tombait dans la violence sans le vouloir par ignorance des nuances. Il fallait que M. Guizot attachât bien peu de prix à la conciliation pour envoyer un pareil orateur à la tribune dans de telles circonstances ; son langage y fut tellement exagéré et provocateur que Barrot, hors de lui, s'écria presque à son insu et d'une voix à moitié suffoquée par la colère, que les ministres de Charles X, Polignac et Peyronnet, n'avaient jamais osé parler de la sorte. Je me rappelle que je frémis malgré moi, sur mon banc, en entendant cet homme naturellement modéré, mais alors poussé à bout, évoquer pour la première fois les terribles souvenirs de la révolution de 1830, la donner en quelque sorte pour exemple et suggérer involontairement l'idée de l'imiter.

On sait que le résultat de cette discussion enflammée fut une sorte de cartel échangé entre le gouvernement et l'opposition ; on se donna de part et d'autre rendez-vous à la barre de la justice ;

il fut tacitement convenu que les opposants se réuniraient dans un dernier banquet ; que le pouvoir, sans empêcher cette réunion, en poursuivrait les auteurs et que les tribunaux prononceraient.

Les débats de l'adresse furent clos, s'il m'en souvient bien, le 12 février ; c'est vraiment à partir de ce moment que le mouvement révolutionnaire se précipita ; l'opposition constitutionnelle, qui n'avait cessé depuis plusieurs mois d'être poussée par le parti radical, fut dirigée et conduite de ce jour-là moins par les hommes de ce parti qui occupaient des sièges dans la Chambre des députés (la plupart de ceux-là s'étaient attiédis et comme énervés dans l'atmosphère parlementaire) que par les hommes plus jeunes, plus hardis et moins pourvus, qui écrivaient dans la presse démagogique. Cette substitution apparut surtout dans deux grands faits, qui eurent une influence prépondérante sur les événements : le programme du banquet et la mise en accusation des ministres.

Le 20 février parut dans presque tous les journaux de l'opposition, sous le nom de programme du prochain banquet, une véritable proclamation, qui appelait la population entière à former une manifestation politique immense, qui convoquait les écoles et invitait la garde nationale elle-même à se rendre en corps à la cérémonie. On eût déjà dit un décret émané du gouvernement provisoire, qui, trois jours après, devait se fonder. Le ministère, qui était déjà blâmé par une partie des siens d'avoir tacitement permis le banquet, se crut autorisé à se rétracter. Il annonça officiellement qu'il le défendrait et qu'il l'empêcherait par la force.

Ce fut cette déclaration du pouvoir qui fournit le champ à la lutte. Je puis affirmer, quoique la chose soit à peine croyable, que le programme qui fit ainsi tourner sur-le-champ le banquet en insurrection fut composé, arrêté, publié, sans la participation et à l'insu des hommes parlementaires qui croyaient encore conduire le mouvement qu'ils avaient fait naître. Ce programme fut l'œuvre nocturne et précipitée d'une réunion de journalistes et de radicaux, et les chefs de l'opposition dynastique le connurent comme le public par la lecture qu'ils en firent en se réveillant.

Et voyez par quels contre-coups sont poussées les choses humaines ! M. Odilon Barrot, qui blâmait ce programme autant que personne, n'osa le désavouer, de peur de blesser les hommes qui, jusque-là, avaient paru marcher avec lui ; puis, lorsque le gouvernement, effrayé de la publication de cette pièce, eut défendu le banquet, M. Barrot, se trouvant en face de la guerre civile, recula.

Il renonça lui-même à cette manifestation dangereuse ; mais, en même temps qu'il faisait cette concession aux opinions modérées, il concédait aux extrêmes la mise en jugement des ministres. Il accusait ceux-ci d'avoir violé la constitution en défendant le banquet, fournissant ainsi une excuse à ceux qui allaient prendre les armes au nom de la constitution violée.

Ainsi, les principaux chefs du parti radical, qui croyaient qu'une révolution était prématurée et qui ne la voulaient point encore, s'étaient crus obligés dans les banquets, pour se différencier de leurs alliés de l'opposition dynastique, de tenir des discours très révolutionnaires et de souffler le feu des passions insurrectionnelles. L'opposition dynastique, de son côté, qui ne voulait plus de banquets, avait été forcée de persévérer dans cette mauvaise voie pour ne pas paraître reculer devant les défis du pouvoir ; et enfin, la masse des conservateurs, qui croyaient de grandes concessions nécessaires et désiraient les faire, fut entraînée par les violences de ses adversaires et les passions de quelques-uns de ses chefs à nier jusqu'au droit de se réunir dans des banquets privés et à refuser au pays l'espérance même d'une réforme quelconque.

Il faut avoir vécu longtemps au milieu des partis et dans le tourbillon même où ils se meuvent pour comprendre à quel point les hommes s'y poussent mutuellement hors de leurs propres desseins et comme la destinée de ce monde marche par l'effet, mais souvent au rebours des volontés qui la produisent, semblable au cerf-volant qui chemine par l'action opposée du vent et de la corde.

*

Le lendemain, 23 février, j'appris, en m'éveillant, que l'agitation de Paris, au lieu de se calmer, s'accroissait. Je me rendis de bonne heure à la Chambre ; le silence régnait autour de cette Assemblée ; des bataillons d'infanterie en occupaient et en fermaient les abords, tandis que des escadrons de cuirassiers étaient rangés le long des murs de son palais. Au dedans, les passions s'agitaient sans savoir encore précisément à quoi se prendre.

La séance avait été ouverte à l'heure ordinaire ; mais l'Assemblée, ne s'étant pas trouvé le courage de jouer la même comédie parlementaire que la veille, avait suspendu ses travaux ; elle recueillait les bruits de la ville, attendait les événements et comptait les heures dans une oisiveté fébrile. À un certain moment, un grand bruit de clairons se fit entendre au dehors. On apprit bientôt que les cuirassiers, qui gardaient le palais, s'amusaient, pour passer le temps, à sonner des fanfares. Les sons triomphants et joyeux de cet instrument contrastaient d'une manière si douloureuse avec la pensée secrète qui agitait tous les esprits, qu'on se hâta de faire cesser cette musique incommode et indiscrète, qui mettait si péniblement chacun en face de lui-même.

On venait enfin de se décider à parler à haute voix de ce dont tout le monde s'entretenait à voix basse depuis plusieurs heures. Un député de Paris, M. Vavin, commençait à interpeller le cabinet sur l'état de la ville ; il était trois heures, lorsque M. Guizot parut à la porte de la salle. Il entre de son pas le plus ferme et de son air le plus altier ; il traverse silencieusement le couloir et monte à la tribune en renversant presque la tête en arrière de peur de paraître la baisser ; il annonce en deux mots que le roi vient d'appeler M. Molé pour former un nouveau ministère. Jamais je ne vis un tel coup de théâtre.

L'opposition demeure à ses bancs, la foule de ses membres pousse des cris de victoire et de vengeance satisfaite ; ses chefs seuls restent silencieux, occupés à contempler intérieurement l'usage qu'ils vont faire du triomphe, et se gardant déjà d'insulter une majorité dont ils allaient bientôt peut-être avoir à se servir. Celle-ci, frappée d'un coup si imprévu, s'agite un instant sur elle-même comme une masse qui oscille, sans qu'on sache de quel côté elle va tomber ; puis, ses membres descendent tumultueusement dans l'hémicycle, les uns entourent les ministres pour leur demander des explications ou leur apporter de derniers hommages, la plupart s'élevant contre eux en bruyantes et injurieuses clameurs. « Quitter le ministère, abandonner ses amis politiques dans de telles circonstances, disent-ils, c'est une insigne lâcheté » ; d'autres s'écrient qu'il faut se rendre en corps aux Tuileries et forcer le roi de revenir sur une résolution si funeste. Ce désespoir ne surprendra personne, si l'on songe que le plus grand nombre de ces hommes se sentaient atteints non seulement dans leurs opinions politiques, mais dans le plus sensible de leur intérêt privé. L'événement qui renversait le ministère compromettait la fortune entière de celui-ci, pour celui-là la dot de sa fille, pour cet autre la carrière de son fils. C'est par là qu'on les tenait presque tous. La plupart d'entre eux ne s'étaient pas seulement élevés à l'aide de leurs complaisances, on peut dire qu'ils en avaient vécu ; ils en vivaient encore, ils espéraient bien continuer à en vivre, car, le ministère ayant duré huit ans, on s'était accoutumé à l'idée qu'il durerait toujours ; on s'y était attaché comme par le goût honnête et tranquille qu'on porte à son champ. Je voyais de mon banc cette foule ondulante ; j'apercevais la surprise, la colère, la peur, la cupidité, troublées avant d'être repues, mêler leurs différents traits sur ces physionomies effarées ; je comparais à part moi tous ces législateurs à une meute de chiens qu'on arrache, la gueule encore à moitié pleine, à la curée.

Il faut, du reste, reconnaître que, pour un grand nombre de membres de l'opposition, il n'avait manqué, pour donner un tel spectacle, que d'être mis à une telle épreuve. Si beaucoup de conservateurs ne défendaient le ministère qu'en vue de garder des émoluments et des places, je dois dire que beaucoup d'opposants ne me paraissaient l'attaquer que pour les conquérir. La vérité est, vérité déplorable, que le goût des fonctions publiques et le désir de vivre de l'impôt ne sont point chez nous une maladie particulière à un parti, c'est la grande et permanente infirmité de la nation elle-même ; c'est le produit combiné de la constitution démocratique de notre société civile et de la centralisation excessive de notre gouvernement ; c'est ce mal secret, qui a rongé tous les anciens pouvoirs et qui rongera de même tous les nouveaux.

Le tumulte finit par s'apaiser : on connut mieux la nature de l'événement : on sut que les dispositions insurrectionnelles d'un bataillon de la cinquième légion, et une démarche directe faite auprès du roi par plusieurs officiers de cette même garde l'avaient amené.

Dès qu'il avait appris ce qui se passait, le roi Louis-Philippe, qui changeait le moins d'idée mais le plus volontiers de conduite qu'homme que je vis jamais, avait, sur-le-champ, pris son parti ; et le ministère, après huit ans de complaisances, s'était trouvé congédié par lui, sans phrases et en deux minutes.

La Chambre ne tarda pas à se séparer, chacun songeant au changement de ministère et oubliant la révolution.

Je sortis avec M. Dufaure ; je ne tardai pas à m'apercevoir que celui-ci était non seulement préoccupé, mais contraint ; je compris tout aussitôt qu'il se sentait dans la situation critique et compliquée d'un chef de l'opposition près de se transformer en ministre et qui, après avoir tenté l'utilité dont lui étaient ses amis, commence à penser aux embarras que leurs prétentions pourraient bien lui causer.

M. Dufaure avait un esprit un peu sournois, qui donnait volontiers entrée à de pareilles pensées et une sorte de rusticité naturelle qui, entremêlée d'une grande honnêteté, ne lui permettait guère de les cacher. C'était, du reste, le plus sincère et de beaucoup le plus homme de bien de tous ceux qui, à ce moment, avaient la chance de devenir ministre. Il croyait toucher au pouvoir et il aspirait avec une passion d'autant plus entraînante qu'elle était combattue et discrète. À sa place, M. Molé eût senti bien plus d'égoïsme et d'ingratitude encore, mais il n'en eût été que plus ouvert et plus aimable.

Je le quittai bientôt et me rendis chez M. de Beaumont, là, je trouvai tous les cœurs réjouis. J'étais loin de partager cette joie et, me trouvant avec des gens devant qui je pouvais parler en liberté, j'en donnai les raisons. La garde nationale de Paris, disais-je, vient de détruire un cabinet ; c'est donc sous son bon plaisir que les nouveaux ministres vont diriger les affaires. Vous vous réjouissez de ce que le ministère est renversé ; mais n'apercevez-vous pas que c'est le pouvoir lui-même qui est à terre ? Beaumont goûtait peu cette politique chagrine ; la rancune et l'ambition l'emportaient. « Vous voyez toujours tout en noir, me disait-il ; jouissons d'abord de la victoire ; nous nous inquiéterons plus tard de ses suites. »

Mme de Beaumont, présente à cet entretien, me parut partager elle-même les ardeurs de son mari, et rien ne me montra jamais davantage l'entraînement irrésistible de l'esprit de parti, l'intérêt et la haine étant naturellement très étrangers au cœur de cette femme distinguée et attachante, l'une des plus véritablement et constamment vertueuses que j'aie rencontrées dans ma vie, et celle qui a jamais su le mieux rendre la vertu touchante et aimable. À la noblesse de cœur des La Fayette, elle ajoutait de l'esprit, un esprit fin, délicat, bienveillant et juste.

Je n'en maintins pas moins ma thèse, et contre elle et contre lui, soutenant qu'à tout prendre, l'incident était malheureux, ou plutôt qu'il fallait y voir plus qu'un incident, mais un grand événement qui allait changer la face de toutes choses. J'étais, il est vrai, fort à l'aise pour philosopher ainsi, car je ne partageais pas les illusions de mon ami Dufaure. Le mouvement imprimé à la machine politique me paraissait trop violent pour que le pouvoir dût s'arrêter dans les partis intermédiaires auxquels j'appartenais, et je prévoyais qu'il allait tomber bientôt dans des mains qui m'étaient alors presque aussi hostiles que celles mêmes auxquelles il échappait.

[…]

*

Le lendemain, 24 février, comme je sortais de ma chambre à coucher, je rencontrai la cuisinière qui revenait de la ville ; cette bonne femme était tout hors d'elle-même et me fit je ne sais quel galimatias larmoyant où je ne compris rien, sinon que le gouvernement faisait massacrer le pauvre peuple. Je descendis aussitôt et n'eus pas plutôt mis le pied dans la rue que je respirai pour la première fois l'atmosphère des révolutions : le milieu de la rue était vide ; les boutiques n'étaient point ouvertes ; on ne voyait point de voitures ni de promeneurs ; on n'entendait point les cris ordinaires des marchands ambulants ; devant les portes, les voisins causant entre eux, à demi-voix, par petits groupes, avec une mine effarée ; toutes les figures bouleversées par l'inquiétude ou par la colère. Je croisai un garde national, qui, le fusil à la main, marchait d'un pas pressé avec un port tragique ; je l'accostai, mais ne pus rien apprendre de lui, sinon que le gouvernement faisait massacrer le peuple (à quoi il ajoutait que la garde nationale saurait bien y mettre ordre) ; c'était toujours le même refrain ; on comprend que cette explication ne m'expliquait rien. Je connaissais trop les vices du gouvernement de Juillet pour ne pas savoir que la cruauté ne s'y rencontrait pas. Je le tenais pour un des plus corrupteurs, mais aussi un des moins sanguinaires qui eût jamais existé, et je ne rapporte ce propos que pour montrer à l'aide de quelles rumeurs les révolutions cheminent.

Je courus chez M. de Beaumont, qui logeait dans la rue voisine ; là, j'appris que, dans la nuit, le roi avait fait appeler près de lui celui-ci. La même réponse me fut faite chez M. de Rémusat, où j'allai ensuite. M. de Corcelles, que je rencontrai, me rendit compte de ce qui se passait ; mais d'une manière encore très confuse, car dans une ville en révolution, comme sur un champ de bataille, chacun prend volontiers l'incident dont il est le témoin pour l'événement de la journée. J'appris par lui la fusillade du boulevard des Capucines, le développement rapide de l'insurrection dont cet acte de violence inutile avait été la cause ou le prétexte : le refus de M. Molé de prendre les affaires dans de telles circonstances et, enfin, l'appel au château de MM. Thiers, Barrot et de leurs amis chargés définitivement de former un cabinet, faits trop connus pour que j'aie besoin de m'y arrêter. Je demandai à M. de Corcelles comment les ministres comptaient s'y prendre pour apaiser les esprits. « Je tiens de M. de Rémusat, me dit-il, que le plan adopté est de faire replier toutes les troupes et d'inonder Paris de gardes nationales. » Ce sont ses propres expressions. J'ai toujours remarqué qu'en politique, on périssait souvent pour avoir eu trop de mémoire.

Les hommes qui étaient chargés alors d'arrêter la révolution de 1848 étaient précisément les mêmes qui avaient fait la révolution de 1830. Ils se souvenaient que, dans ce temps, la résistance de l'armée ne les avait pas arrêtés et, qu'au contraire, la présence de la garde nationale, si imprudemment dissoute par Charles X, aurait pu les embarrasser beaucoup et les empêcher de réussir. Ils prirent le contrepied de ce qu'avait fait le gouvernement de la branche aînée et arrivèrent au même résultat que lui. Tant il est vrai que, si l'humanité est toujours la même, tous les incidents de l'histoire sont différents, que le passé n'apprend pas grand'chose sur le présent et que ces anciens tableaux qu'on veut faire entrer de force dans de nouveaux cadres font toujours un mauvais effet.

Après avoir devisé quelques moments sur la situation périlleuse des affaires, nous fûmes, M. de Corcelles et moi, chercher M. Lanjuinais et, tous les trois ensemble, nous nous rendîmes chez M. Dufaure, qui habitait dans la rue Le Peletier ; le boulevard que nous suivîmes pour y arriver présentait alors un étrange spectacle. On n'y apercevait presque personne, quoiqu'il fût près de neuf heures du matin ; et l'on n'y entendait pas le moindre bruit de voix humaine ; mais toutes les petites guérites, qui s'élèvent le long de cette vaste avenue, semblaient s'agiter, chanceler sur leurs bases et, de temps en temps, il en tombait quelqu'une avec fracas, tandis que les grands arbres des bas-côtés s'abattaient sur la chaussée comme d'eux-mêmes. Ces actes de destruction étaient le fait d'hommes isolés, qui les opéraient silencieusement, régulièrement et à la hâte, préparant ainsi les matériaux de barricades que d'autres allaient élever. Rien ne m'a jamais paru mieux ressembler à l'exercice d'une industrie et, pour la plupart de ces hommes, c'en était une, en effet, dont l'instinct du désordre leur avait donné le goût et l'expérience de tant d'insurrections précédentes la théorie. Je ne sais si dans tout le cours de la journée, je fus aussi vivement ému qu'en traversant cette solitude, où l'on voyait, pour ainsi dire, s'agiter les plus mauvaises passions humaines sans que les bonnes parussent. J'aurais mieux aimé rencontrer dans les mêmes lieux une foule en fureur ; et je me rappelle que, montrant à Lanjuinais ces colonnes croulantes et ces arbres tombant, et laissant échapper le mot qui était depuis longtemps sur mes lèvres, je lui dis : « Croyez que, pour cette fois, que ce n'est plus une émeute : c'est une révolution. »

M. Dufaure nous raconta ce qui le concernait dans les incidents de la soirée précédente et de la nuit. M. Molé s'était d'abord adressé à lui pour l'aider à former le nouveau cabinet ; la gravité croissante de la situation leur avait bientôt fait comprendre à l'un et à l'autre que le moment de leur intervention était passé. M. Molé l'avait déclaré au roi vers minuit, et celui-ci avait envoyé chercher M. Thiers, lequel lui-même n'avait point voulu prendre le pouvoir sans qu'on lui eût adjoint M. Barrot. À partir de là, M. Dufaure n'en savait pas plus que nous. Nous nous quittâmes sans avoir pu rien décider sur la conduite qui nous restait à suivre et sans avoir pris d'autres résolutions que celle de nous rendre à la Chambre dès l'ouverture.

M. Dufaure n'y vint pas et je n'ai jamais su en détail pourquoi. Ce ne fut pas assurément par faiblesse ; car je le vis depuis très calme et très simplement ferme dans des circonstances bien plus périlleuses. Je crois qu'alarmé pour sa famille, il voulut d'abord aller mettre celle-ci en sûreté hors de Paris. Ses vertus privées et ses vertus publiques, car il avait des unes et des autres et de fort grandes, ne marchaient point du même pas, les premières précédaient toujours les secondes ; nous les verrons plus d'une fois prendre la même allure. Je ne saurais, du reste, lui en faire un grand crime. Les vertus de toute nature sont assez rares pour qu'il ne faille pas chagriner ceux qui les possèdent sur leur espèce et sur leur rang.

Le temps que nous avions passé chez M. Dufaure avait suffi aux émeutiers pour élever un grand nombre de barricades le long du chemin que nous venions de parcourir ; on y mettait la dernière main lorsque nous repassâmes. Ces barricades étaient construites avec art par un petit nombre d'hommes, qui travaillaient très diligemment, non comme des coupables pressés par la crainte d'être pris en flagrant délit, mais comme de bons ouvriers qui veulent expédier vite et bien leur besogne. Le public les regardait placidement, sans désapprouver et sans aider. Je ne trouvais nulle part cette espèce de bouillonnement universel que j'avais vu en 1830 et qui, à cette époque, m'avait fait comparer la ville entière à une vaste chaudière en ébullition. Cette fois, on ne renversait pas le gouvernement, on le laissait tomber.

Nous rencontrâmes sur le boulevard une colonne d'infanterie qui se repliait vers la Madeleine ; personne ne lui disait rien ; cependant, sa retraite semblait une déroute. Les rangs étaient rompus, les soldats marchaient en désordre, la tête basse, d'un air à la fois honteux et craintif ; dès que l'un d'entre eux se détachait un moment de la masse, il était aussitôt entouré, saisi, embrassé, désarmé et renvoyé ; tout cela se faisait en un clin d'œil.

En traversant la place du Havre, je rencontrai, pour la première fois, un bataillon de cette garde nationale, dont on devait inonder tout Paris. Ces hommes marchaient d'un air étonné et d'un pas incertain, entourés de gamins qui criaient : « Vive la réforme ! » et auxquels ils répondaient par le même cri, mais avec une voix voilée et un peu contrainte ; ce bataillon appartenait à mon quartier, et la plupart de ceux qui le composaient me connaissaient de vue, quoique moi-même je n'en connusse presque aucun. Ils m'entourèrent et me demandèrent avidement des nouvelles ; je leur dis que nous avions obtenu tout ce que nous pouvions désirer, que le ministère était changé, que tous les abus dont on se plaignait allaient être réformés ; que le seul danger qu'on courût maintenant était qu'on allât trop loin et que c'était à eux de l'empêcher. Je vis bien qu'ils n'entendaient guère de cette oreille-là. « Ah bien oui ! monsieur, me dirent-ils, le gouvernement s'est mis dans l'embarras par sa faute, qu'il s'en tire comme il pourra… » J'eus beau leur représenter qu'il s'agissait à présent bien moins de gouvernement que d'eux-mêmes. « Si Paris est livré à l'anarchie, leur disais-je, et tout le royaume en confusion, pensez-vous qu'il n'y ait que le roi qui en souffre ? » Je n'en obtenais rien et ne pus jamais en tirer autre chose que cette étonnante niaiserie : au gouvernement la faute, à lui le péril ; nous ne voulons pas nous faire tuer pour des gens qui ont si mal mené les affaires. C'était cependant là cette classe moyenne dont on caressait toutes les convoitises depuis dix-huit ans : le courant de l'opinion publique avait fini par l'entraîner elle-même ; il la poussait contre ceux qui l'avaient flattée jusqu'à la corrompre.

[…]

Je partis bientôt pour me rendre à la Chambre, quoique l'heure indiquée pour l'ouverture de la séance ne fût point arrivée ; il était, je crois, environ onze heures. Je trouvai la place Louis-XV encore vide de peuple, mais occupée par plusieurs régiments de cavalerie. Lorsque je vis ces troupes si nombreuses et en si belle ordonnance, je crus qu'on n'avait abandonné les rues que pour se réunir en grande masse autour des Tuileries et s'y défendre ; au pied de l'obélisque se trouvait l'état-major dans lequel je reconnus, en approchant, Bedeau que son mauvais destin avait fait revenir depuis peu d'Afrique pour enterrer la monarchie. J'avais passé quelques jours avec lui à Constantine, l'année d'avant, et il en était résulté, entre nous, une sorte d'intimité qui a continué depuis. Bedeau ne m'eut pas plutôt aperçu, qu'il sauta à bas de son cheval, vint à moi et me serra la main d'une façon qui m'indiqua sur-le-champ l'agitation de son esprit. Sa conversation me le témoigna mieux encore ; je ne m'en étonnai pas, car j'ai toujours remarqué que les hommes qui perdent le plus aisément la tête et qui se montrent d'ordinaire les plus faibles dans les jours de révolution sont les gens de guerre ; habitués à trouver devant eux une force organisée et dans leurs mains une force obéissante, ils se troublent aisément devant les cris tumultueux de la multitude et à la vue de l'hésitation et quelquefois de la connivence de leurs propres soldats. Il est incontestable que Bedeau était troublé ; personne n'ignore quelles furent les conséquences de ce trouble, comment la Chambre fut envahie par une poignée d'hommes à une portée de pistolet des escadrons qui la gardaient, comment, par suite, la déchéance fut proclamée et le gouvernement provisoire élu. Le rôle que joua Bedeau dans cette fatale journée fut, malheureusement pour lui, si prépondérant que je veux m'arrêter un moment ici pour considérer cet homme et les motifs qui le firent agir. Nous avons été assez liés avant et après cet événement pour que je puisse parler de lui en connaissance de cause. Il est certain qu'on lui avait transmis l'ordre de ne pas combattre, mais pourquoi a-t-il suivi un ordre si extraordinaire et que les circonstances rendaient si inexécutable ?

Bedeau n'était pas timide assurément, ni même, à proprement parler, indécis ; car, son parti une fois pris, on le voyait marcher vers son but avec beaucoup de fermeté, de calme et de hardiesse ; mais il avait l'esprit le plus méthodique, le plus défiant de soi, le moins aventurier et le moins fait pour les impromptus qu'on se puisse imaginer. Il était habitué à considérer l'acte qu'il allait entreprendre sous toutes ses faces avant de se mettre à l'œuvre, commençait d'abord cette revue par les plus mauvaises et perdait un temps précieux à détremper une même pensée dans beaucoup de paroles. C'était, du reste, un homme juste, modéré, libéral, humain, comme s'il n'avait pas fait pendant dix-huit ans la guerre d'Afrique, modeste, moral, délicat même et religieux ; de l'espèce d'homme de bien qu'on rencontre le plus rarement sous le harnais et même partout ailleurs. Ce ne fut certes pas un manque de cœur qui lui fit faire des actes qui pouvaient paraître en montrer, car il était d'un courage à toute épreuve ; ce fut encore moins la trahison qui lui servit de mobile ; quoiqu'il ne fût pas attaché aux d'Orléans, il était aussi incapable de trahir ces princes que leurs meilleurs amis pouvaient l'être et bien plus que leurs créatures ne l'ont été. Son seul malheur fut d'être mêlé à des événements plus grands que lui, de n'avoir que du mérite là où il fallait avoir du génie et surtout de ce génie particulier des révolutions, qui consiste principalement à ne régler ses actions que sur les faits et à savoir désobéir à propos ; les souvenirs de Février ont empoisonné la vie du général Bedeau et laissé au fond de son âme une blessure cruelle, dont la douleur se trahissait sans cesse par des narrations et des explications éternelles sur les événements de cette époque.

Comme il était en train de me faire part de ses perplexités et de me remontrer que le devoir de l'opposition était de descendre en corps dans la rue pour y calmer l'émotion populaire par ses discours, une foule de peuple se glissant entre les arbres des Champs-Élysées s'avançait vers la place Louis-XV par la grande avenue. Bedeau aperçut ces hommes, m'entraîna vers eux à pied à plus de cent pas de ses escadrons et se mit à les haranguer ; car il avait plus le goût de la harangue que je ne l'ai jamais vu à aucun homme portant épée.

Pendant qu'il discourait ainsi, je m'aperçus que le cercle de ses auditeurs s'allongeant peu à peu autour de nous allait bientôt nous enfermer et, à travers une première ligne de badauds, je vis très clairement se glisser des hommes à figure d'émeute, tandis que j'entendais sourdement murmurer dans les profondeurs de la foule ces mots dangereux : « C'est Bugeaud. » Je me penchai alors à l'oreille du général et je lui dis tout bas : « J'ai plus que vous l'expérience des mouvements populaires ; croyez-moi, regagnez à l'instant votre cheval, car, si vous restez ici, vous serez tué ou pris avant qu'il soit cinq minutes. » Il me crut et fit bien. Ces mêmes hommes qu'il avait entrepris de convertir massacrèrent, peu de moments après, le poste de la rue des Champs-Élysées ; j'eus moi-même quelque peine à me frayer un chemin parmi eux. L'un d'eux, petit, trapu, qui semblait appartenir aux rangs secondaires de l'industrie, me demanda où j'allais ; je répondis : à la Chambre et j'ajoutai, pour lui montrer que j'étais de l'opposition : « Vive la Réforme ! vous savez que le ministère Guizot est chassé ? — Oui, monsieur, je le sais, me répondit cet homme d'un air goguenard, en me montrant les Tuileries, mais nous voulons mieux que cela. »

*

Comme je traversais la place du Palais-Bourbon, [...] j'aperçus une foule fort mélangée qui accompagnait avec de grands vivats deux hommes que je reconnus aussitôt pour Barrot et Beaumont ; ceux-ci avaient le chapeau enfoncé jusque sur les yeux, les habits souillés de poussière, la joue creuse, l'œil fatigué ; jamais triomphateurs ne ressemblèrent mieux à des gens qu'on va pendre. Je courus à Beaumont et lui demandai ce qui se passait ; il me dit à l'oreille que le roi avait abdiqué en sa présence, que ce prince était en fuite, que Lamoricière, suivant toute apparence, venait d'être tué en allant annoncer l'abdication aux insurgés (un aide de camp était revenu dire, en effet, qu'il l'avait vu, de loin, tomber de cheval), que tout allait à la dérive et qu'enfin lui, Beaumont, ainsi que Barrot se rendaient au ministère de l'Intérieur pour en prendre possession et tâcher d'établir un centre d'autorité et de résistance quelque part. « Et la Chambre ! dis-je ; avez-vous pris quelques précautions pour sa défense ? » Beaumont reçut cette observation avec humeur, comme si je lui eusse parlé de ma propre maison. « Qui pense à la Chambre ? me répondit-il brusquement. À quoi peut-elle servir et à quoi peut-elle nuire dans l'état des affaires ? » Je trouvai qu'il avait tort de penser ainsi, et il l'avait en effet. La Chambre, il est vrai, était, en ce moment, réduite à une singulière impuissance, sa majorité étant méprisée et sa minorité dépassée par l'opinion du jour. Mais M. de Beaumont oubliait que c'est surtout en temps de révolution que les moindres organes du droit, bien plus, les objets extérieurs eux-mêmes, qui rappellent à l'esprit du peuple l'idée de la loi, prennent le plus d'importance ; car, c'est principalement au milieu de cette anarchie et de cet ébranlement universel, qu'on sent le besoin de recourir à quelque simulacre de tradition et d'autorité pour sauver ce qui reste d'une constitution à moitié détruite, ou pour achever de la faire disparaître. Si les députés avaient pu proclamer la régence, peut-être celle-ci aurait-elle fini par prévaloir, malgré leur impopularité ; et, d'une autre part, on ne saurait nier que le gouvernement provisoire n'ait dû beaucoup au hasard qui le fit naître entre les quatre murs que la représentation nationale avait si longtemps habités.

Je suivis mes amis jusqu'au ministère de l'Intérieur où ils se rendaient. La foule, qui nous accompagna, y entra ou plutôt y roula tumultueusement et pénétra avec nous jusque dans l'enceinte étroite du cabinet que venait de quitter M. Duchâtel. Barrot chercha aussitôt à se dégager en congédiant cette cohue, mais il ne put y parvenir.

Ces hommes, qui appartenaient à deux opinions très opposées, ainsi que je m'en aperçus alors, les uns étant républicains et les autres constitutionnels, se mirent à discuter d'une façon véhémente avec nous et entre eux sur les partis qu'il y avait à prendre, et, comme on était serrés les uns contre les autres dans un fort petit espace, la chaleur, la poussière, la confusion et le vacarme devinrent bientôt effroyables. Barrot qui trouvait toujours de longues phrases pompeuses dans les moments les plus critiques, et gardait un air digne et presque mystérieux même dans les situations les plus ridicules, pérorait de son mieux *in angustiis*. Sa voix dominait quelquefois le tumulte, mais sans parvenir à le faire cesser. Désespéré et dégoûté à la vue d'une scène si violente et si burlesque, je quittai ce lieu, où l'on échangeait presque autant de gourmades que de raisonnements, et je retournai à la Chambre.

Je touchais déjà à la porte de cette assemblée sans me douter encore de ce qui se passait dans l'intérieur quand je vis des gens qui couraient en criant que Madame la duchesse d'Orléans, le comte de Paris et le duc de Nemours venaient d'arriver ; à cette nouvelle, j'escaladai quatre à quatre les escaliers du Palais et je me précipitai dans la salle.

Au pied de la tribune et adossés contre elle, je vis, en effet, les trois princes qu'on m'avait nommés. La duchesse d'Orléans était assise, vêtue de deuil, pâle et calme ; je vis bien qu'elle était fort émue ; mais son émotion me parut de celles que ressentent les âmes courageuses plus prêtes à se tourner en héroïsme qu'en frayeur.

Le comte de Paris avait l'insouciance de son âge et l'impassibilité précoce des princes. Debout, à côté d'eux, se tenait le duc de Nemours, serré dans son uniforme, droit, raide, froid ; ce fut, à mon avis, le seul homme qui, dans cette journée, courut un véritable péril ; pendant tout le temps que je l'y vis exposé, je remarquai toujours en lui le même courage, ferme et taciturne.

Autour de ces princes malheureux se pressaient des gardes nationaux arrivés avec eux, des députés et quelques gens du peuple, ceux-ci en petit nombre. Les tribunes étaient vides et fermées, à l'exception de celle des journalistes, dans laquelle avait pénétré une foule désarmée, mais déjà bruyante. Je fus plus frappé par les cris qui s'échappaient de là de temps à autre que par tout le reste de la séance.

Il y avait cinquante ans qu'on n'avait vu un spectacle de ce genre. Depuis la Convention, les tribunes étaient muettes et le silence des tribunes était entré dans nos mœurs parlementaires. Toutefois, si au moment dont je parle, la Chambre se sentait déjà gênée dans ses mouvements, elle n'était pas encore comprimée ; les députés étaient assez nombreux ; les principaux chefs de parti manquaient toujours. J'entendis demander de toutes parts où étaient M. Thiers et M. Barrot ; j'ignorais ce qu'était devenu M. Thiers, mais je ne savais que trop ce que faisait M. Barrot. Je lui envoyai à la hâte un de nos amis pour le prévenir de ce qui se passait, et il accourut en toute hâte, car, pour celui-là, je puis répondre que son âme n'a jamais connu la crainte.

Après avoir considéré un instant cette séance extraordinaire, j'avais regagné à la hâte ma place accoutumée sur les bancs relevés du centre gauche ; j'ai toujours eu pour maxime que, dans les moments de crise, il faut non seulement être présent à l'assemblée dont on fait partie, mais s'y tenir à l'endroit où on a l'habitude de vous voir.

On avait commencé une espèce de délibération confuse et tumultueuse ; j'entendis M. Lacrosse, qui fut depuis mon collègue au ministère, s'écrier au milieu du bruit : « M. Dupin demande la parole. — Non pas ! — Non pas ! répliquait celui-ci, je ne l'ai pas demandée ! — N'importe, répondait-on de toutes parts ; parlez ! parlez ! » Ainsi poussé, M. Dupin monta à la tribune et y proposa en deux mots de revenir sur la loi de 1842 et de proclamer la duchesse d'Orléans régente ; il y eut des applaudissements dans l'Assemblée, des cris dans la tribune et des murmures dans les couloirs ; ceux-ci, d'abord assez libres, commençaient à s'engorger d'une manière inquiétante ; le peuple n'entrait pas encore dans la Chambre par flots, il s'y introduisait peu à peu, homme par homme ; à chaque instant apparaissait une figure nouvelle ; c'était une inondation par infiltration. La plupart de ces nouveaux venus appartenaient aux dernières classes ; plusieurs étaient armés.

Je voyais de loin cet envahissement croissant et sentais le péril augmenter de minute en minute avec lui ; je cherchais des yeux dans toute la Chambre quel était l'homme qui pouvait le mieux s'opposer au torrent ; je ne vis que Lamartine qui eût la position voulue et la capacité requise pour le tenter ; je me rappelais qu'en 1842 il avait été le seul à proposer la régence de la duchesse d'Orléans. D'une autre part, ses derniers discours et surtout ses derniers écrits lui avaient obtenu la faveur populaire. Son genre de talent allait, d'ailleurs, au goût du peuple. J'ignorais qu'une demi-heure auparavant, il avait préconisé la république au milieu d'une assemblée de journalistes et de députés réunis dans un des bureaux de la Chambre. Je l'aperçus debout à son banc, je fendis la foule et, arrivé jusqu'à lui : « Nous périssons, lui dis-je à voix basse et à la hâte ; vous seul en ce moment suprême pouvez vous faire écouter ; montez à la tribune et parlez. » Je crois encore le voir à l'instant où j'écris ces lignes, tant sa figure me frappa. Je vois sa longue taille droite et mince, son œil tourné vers l'hémicycle, son regard fixe et vacant, absorbé dans une contemplation intérieure plus que dans la vue de ce qui se passait autour de lui. Au bruit de mes paroles, il ne se retourna pas vers moi, mais se borna à étendre le bras vers la place où se tenaient les princes, et répondant à sa pensée plus qu'à la mienne : « Je ne parlerai point, me répliqua-t-il, tant que cette femme et cet enfant seront là. » Je ne lui demandai rien de plus ; j'en savais assez ; je regagnai mon banc, et, passant au centre droit près du siège où étaient assis Lanjuinais et Billault : « Est-ce que vous ne voyez pas quelque chose que nous puissions faire ? » leur dis-je. Ils firent tristement le signe que non ; et je continuai ma route.

Pendant ce temps la foule s'était tellement entassée dans l'hémicycle que les princes risquaient à tout moment d'y être écrasés ou étouffés.

Le président voulut en vain dégager la salle ; ne pouvant y parvenir, il pria la duchesse d'Orléans de se retirer ; cette courageuse princesse s'y refusa ; ses amis l'arrachèrent alors à grand'peine du milieu de la presse et la firent monter sur le sommet du centre gauche, où elle s'assit avec son fils et le duc de Nemours.

Marie et Crémieux venaient de proposer, au milieu du silence des députés et des acclamations du peuple, l'établissement d'un gouvernement provisoire, lorsque enfin Barrot parut ; il était essoufflé, mais non effrayé ; il escalada les degrés de la tribune : « Notre devoir est tout tracé, dit-il, la couronne de Juillet repose sur la tête d'un enfant et d'une femme. » La Chambre, reprenant courage, se redresse alors et éclate en acclamations, le peuple à son tour se tait. La duchesse d'Orléans se lève de son banc, semble vouloir parler, elle hésite, écoute de timides conseils et se rassied ; la dernière lueur de sa fortune venait de s'éteindre. Barrot achève son discours, sans retrouver l'effet des premières paroles ; cependant la Chambre est un peu raffermie et le peuple hésite.

Dans ce moment, la foule, qui remplissait l'hémicycle, est refoulée par un flot du dehors vers les bancs du centre déjà mal garnis ; elle déborde et s'y répand. Des députés qui les occupaient encore, les uns s'esquivent et quittent la salle, tandis que les autres reculent de banc en banc, comme ces malheureux qui surpris par la marée montante se retirent de rocher en rocher toujours poursuivis par la mer qui s'élève. Tout ce mouvement était produit par deux troupes d'hommes, la plupart armés, qui s'avançaient dans les deux couloirs, ayant chacun à leur tête des officiers de la garde nationale et des drapeaux. Les deux officiers, qui portaient les drapeaux, dont l'un à mine de sacripant était, à ce qu'on m'a dit depuis, le colonel en retraite Dumoulin, montent à la tribune d'un pas théâtral, y agitent leurs étendards et y braillent avec beaucoup de haut-le-corps et de grands gestes de mélodrame je ne sais quel galimatias révolutionnaire. Le président déclare que la séance est suspendue et veut, suivant l'usage, se couvrir ; et, comme il avait le don de rencontrer le ridicule au milieu des situations les plus tragiques, il prend dans sa précipitation le chapeau d'un secrétaire pour le sien et se l'enfonce jusqu'au-dessous des yeux.

De pareilles séances ne se suspendent point, comme on peut croire, et la tentative du président ne fit que rendre celle-ci plus désordonnée.

À partir de cet instant, ce ne fut plus qu'un tumulte continu traversé de quelques moments de silence ; dès lors, les orateurs n'apparaissent à la tribune que par groupes ; Crémieux, Ledru-Rollin, Lamartine enfin s'y élancent en même temps. Ledru-Rollin en chasse Crémieux et s'y attache de ses deux larges mains, tandis que Lamartine, sans la quitter et sans lutter, attend que son collègue ait parlé ; Ledru-Rollin commence et divague, interrompu à chaque instant par l'impatience de ses propres amis : « Concluez ! concluez ! » lui crie Berryer plus expérimenté que lui et plus avisé dans sa rancune dynastique que l'autre dans ses passions républicaines. Ledru-Rollin demande enfin la nomination d'un gouvernement provisoire et descend.

Lamartine s'avance alors, et il obtient le silence : il commence par un magnifique éloge du courage de la duchesse d'Orléans, et le peuple lui-même, qui n'est jamais insensible à des sentiments généreux renfermés dans de grands mots, applaudit. Les députés respiraient. « Attendez, disais-je à mes voisins, ce n'est que l'exorde. » En effet, bientôt Lamartine tourne court et marche droit au même but que venait d'indiquer Ledru-Rollin.

Jusque-là, ainsi que je l'ai dit, toutes les tribunes excepté celle des journalistes étaient restées vides et closes ; mais, au moment où Lamartine parlait, de grands coups retentissent à la porte de l'une d'elles ; la porte, cédant sous l'effort, vole en éclats. La tribune est aussitôt envahie par une cohue armée, qui l'occupe tumultueusement, et bientôt après toutes les autres. Un homme du peuple, mettant le pied sur la corniche intérieure, dirige son fusil vers le président et l'orateur ; d'autres font mine de baisser les leurs sur l'Assemblée. Des amis dévoués entraînent la duchesse d'Orléans et son fils hors de la salle dans le corridor du fond, le président marmotte quelques mots qui voulaient dire que la séance est levée ; il descend ou plutôt il coule en bas de l'estrade sur laquelle son siège était placé. Je le vis passer devant mes yeux comme un objet sans forme ; je n'aurais jamais cru que la peur pût inspirer une telle vitesse ou plutôt réduire soudainement à une sorte de fluidité un si gros corps. Tout ce qui restait de députés conservateurs se disperse alors, et la populace se vautre sur les bancs du centre en s'écriant : « Prenons la place des vendus ! »

[…]

Malgré la présence des sabres nus, des baïonnettes et des mousquets, je ne pus me persuader un seul moment non seulement que je fusse en danger de mort, mais que personne le fût, et je crois sincèrement que personne ne l'était en effet. Les haines sanguinaires ne vinrent que plus tard ; elles n'avaient pas eu le temps de naître ; l'esprit particulier qui devait caractériser la révolution de Février ne se montrait point encore. On cherchait, en attendant, à se réchauffer aux passions de nos pères, sans pouvoir y parvenir ; on imitait leurs gestes et leurs poses tels qu'on les avait vus sur le théâtre, ne pouvant imiter leur enthousiasme ou ressentir leur fureur. C'était la tradition d'actes violents suivie, sans être bien comprise, par des cœurs refroidis. Quoique je visse bien que le dénouement de la pièce serait terrible, je ne pus jamais prendre très au sérieux les acteurs ; et le tout me parut une mauvaise tragédie jouée par des histrions de province.

Je confesse que ce qui m'émut le plus dans toute cette journée, ce fut la vue de cette femme et de cet enfant sur lesquels retombait tout le poids de fautes qu'ils n'avaient pas commises. Je considérais souvent avec compassion cette princesse étrangère jetée au milieu de nos discordes civiles ; et, quand elle eut fui, le souvenir des regards tristes, doux et fermes que je lui avais vu promener durant cette longue agonie sur l'Assemblée, revint si vivement à ma mémoire ; je me sentis si touché de pitié en pensant au péril qui allait accompagner sa fuite, que, me levant tout à coup, je m'élançai vers l'endroit où ma connaissance des lieux me faisait croire qu'elle avait dû chercher, ainsi que son fils, un asile ; je perçai, en un instant, la foule, franchis la salle des conférences, parcourus le vestiaire et parvins ainsi jusqu'à l'escalier dérobé qui conduit du guichet de la rue de Bourgogne dans les combles du palais. Un huissier, que j'interrogeai en courant, m'apprit que j'étais sur la trace des princes, et, en effet, j'entendis plusieurs personnes qui montaient précipitamment dans la partie supérieure de l'escalier. Je continue donc ma course, j'arrive à un palier ; les bruits de pas qui me précédaient avaient cessé depuis un moment de se faire entendre. Je me trouve en face d'une porte fermée, je frappe, on n'ouvre pas. Si les princes étaient comme Dieu qui lit dans les cœurs et accepte l'intention comme l'acte, assurément ceux-ci me sauraient gré de ce que j'ai voulu faire en ce jour ; mais ils ne le sauront jamais, car personne ne me vit et je ne l'ai dit à personne.

Je revins dans la salle et fus reprendre ma place ; presque tous les députés s'étaient retirés. Les bancs étaient occupés par des hommes du peuple ; Lamartine, toujours à la tribune entre les deux drapeaux, continuait à haranguer la foule ou plutôt conversait avec elle ; car il me parut qu'il y avait presque autant d'orateurs que d'assistants. La confusion était au comble ; dans un moment de demi-silence, Lamartine se mit à lire une liste qui contenait les noms des différentes personnes proposées par je ne sais qui pour faire partie du gouvernement provisoire qui venait d'être décrété on ne sait comment. La plupart de ces noms furent acclamés, quelques-uns repoussés par des murmures, d'autres accueillis par des plaisanteries, car, dans les scènes populaires, comme dans les drames de Shakespeare, le burlesque coudoie volontiers le terrible, les quolibets se mêlaient donc parfois aux ardeurs révolutionnaires. Lorsqu'on vint à proposer le nom de Garnier-Pagès, j'entendis une voix crier : « Vous vous trompez, Lamartine, c'est le mort qui est le bon. » On sait que Garnier-Pagès avait eu un frère célèbre, auquel il ne ressemblait guère que par le nom. M. de Lamartine commençait, je crois, à être fort embarrassé de sa position, car, dans une émeute comme dans un roman, ce qu'il y a de plus difficile à inventer, c'est la fin ; quand quelqu'un s'avisa de dire : « À l'Hôtel de Ville ! — Oui, à l'Hôtel de Ville », répondit Lamartine, et il sortit presque aussitôt, entraînant avec lui la moitié de la foule ; l'autre resta avec Ledru-Rollin, qui, pour se conserver, j'imagine, un premier rôle, crut devoir recommencer à son tour le même simulacre d'élection ; après quoi, il partit de son côté pour l'Hôtel de Ville. Là, la même parade électorale fut renouvelée, et, à ce propos, je ne puis m'empêcher de rapporter une anecdote que me raconta, quelques mois après, M. Marrast. Elle coupe un peu le fil de mon récit, mais elle peint à merveille deux hommes qui jouaient à ce moment un grand rôle, et montre la différence, sinon de leurs sentiments, au moins de leur éducation et de leurs mœurs. On avait formé à la hâte, me dit Marrast, une liste de candidats pour le gouvernement provisoire ; il s'agissait de la faire connaître au peuple ; je la donnai à Lamartine en le priant de la lire à haute voix du haut du perron. « Je ne puis, me répondit Lamartine après en avoir pris connaissance, mon nom s'y trouve. » Je la passai alors à Crémieux, qui, après l'avoir lue : « Vous moquez-vous de moi, me dit-il, de me proposer de lire au peuple une liste sur laquelle mon nom ne se trouve pas ! »

Quand je vis Ledru-Rollin quitter la salle, où il ne resta plus que la pure canaille de l'insurrection, je compris qu'il n'y avait plus rien à faire là ; je sortis donc, mais, comme je ne voulais pas me trouver au milieu de la cohue qui marchait vers l'Hôtel de Ville, je pris l'opposé du chemin qu'elle suivait et me mis à descendre cet escalier droit et rapide, comme un escalier de cave, qui conduit à la cour intérieure du palais ; j'y vis alors venir à moi une colonne de gardes nationaux armés, qui remontaient le même escalier en courant, la baïonnette au bout du fusil. Devant eux étaient deux hommes habillés en bourgeois, qui paraissaient les conduire et qui criaient à tue-tête : « Vive la duchesse d'Orléans et la régence ! » Dans l'un d'eux je reconnus le général Oudinot et dans l'autre Andryane, celui qui a été renfermé au Spielberg et qui a écrit des Mémoires en imitation de ceux de Silvio Pellico ; je n'en vis pas d'autre, et rien ne me montre mieux combien il est difficile que le public sache jamais le vrai sur les événements qui se passent au milieu du tumulte d'une révolution. Je sais qu'il existe une lettre du maréchal Bugeaud, dans laquelle celui-ci raconte qu'il parvint à rassembler quelques compagnies de la dixième légion, les anima en faveur de la duchesse d'Orléans et les conduisit au pas de course, par la cour du Palais Bourbon, jusqu'aux portes de la Chambre qu'il trouva vide. Le récit est vrai, sauf la présence du maréchal, que j'aurais assurément fort remarqué, s'il avait été là ; il ne s'y trouvait, je le répète, que le général Oudinot et M. Andryane. Celui-ci, voyant que je restais immobile et ne disais rien, me prit assez vivement par le bras en s'écriant : « Monsieur, il faut se joindre à nous pour dégager Madame la duchesse d'Orléans et sauver la monarchie. — Monsieur, lui répondis-je, l'intention est bonne, mais vous venez trop tard : la duchesse d'Orléans a disparu et la Chambre est dispersée. » Or, où était le même soir ce fougueux défenseur de la monarchie ? Le trait mérite d'être raconté et remarqué parmi tous les traits de versatilité dont l'histoire des révolutions fourmille. M. Andryane était dans le cabinet de M. Ledru-Rollin, administrant au nom de la République comme secrétaire général du ministère de l'Intérieur.

Pour en revenir à la colonne qu'il conduisait, je me joignis à elle, quoique je n'espérasse plus rien de ses efforts. Obéissant machinalement au mouvement qui lui avait été imprimé, elle s'avança jusqu'aux portes de la Chambre ; là, les hommes qui la composaient apprirent ce qui venait d'avoir lieu ; ils tournoyèrent un moment sur eux-mêmes, puis se débandèrent de tous côtés. Une demi-heure plus tôt, cette poignée de gardes nationaux eût pu, comme au 15 mai suivant, changer les destinées de la France.

Je laissai écouler cette nouvelle foule et repris ensuite, seul et fort pensif, le chemin de ma maison, non sans avoir jeté un dernier regard sur cette salle maintenant déserte et muette, où j'avais entendu retentir, durant neuf ans, tant de paroles éloquentes et vaines.

M. Billault, qui avait quitté la Chambre, quelques moments avant moi, par le guichet de la rue de Bourgogne, me raconta avoir rencontré dans cette dernière rue M. Barrot. « Celui-ci, me dit-il, marchait précipitamment sans s'apercevoir qu'il n'avait plus son chapeau sur sa tête, et que ses cheveux gris, qu'il ramenait d'ordinaire avec soin le long des tempes, tombaient des deux côtés et voltigeaient en désordre sur ses épaules ; il semblait hors de lui. » Cet homme avait fait toute la journée des efforts héroïques pour soutenir la monarchie sur la pente où il l'avait poussée lui-même, et il restait comme écrasé sous sa chute. J'appris de Beaumont, qui ne le quitta point de tout le jour, que le matin, M. Barrot avait affronté et surmonté vingt barricades, s'avançant vers chacune d'elles, sans arme, essuyant quelquefois des injures, souvent des coups de feu, parvenant toujours enfin à conquérir ceux qui les gardaient par sa parole.

Sa parole, en effet, était puissante sur la multitude ; il avait tout ce qu'il faut pour agir, à un moment donné, sur elle : une voix forte, une éloquence boursouflée et un cœur intrépide.

Dans le même moment où M. Barrot quittait ainsi en désordre la Chambre, M. Thiers plus éperdu encore errait autour de Paris, n'osant regagner sa demeure. On l'avait aperçu un instant à l'Assemblée avant l'arrivée de la duchesse d'Orléans, et il avait disparu aussitôt, donnant le signal de la retraite à beaucoup d'autres. J'appris, dès le lendemain, les détails de sa fuite par M. Talabot, celui même qui l'avait aidé à l'exécuter. J'étais lié avec M. Talabot par des relations assez intimes de parti, et M. Thiers, je crois, l'était avec lui par d'anciennes relations d'affaires. M. Talabot était un homme plein de vigueur d'esprit et de résolution, très propre à servir dans une occasion pareille. Voici ce qu'il me raconta, je crois n'en rien omettre et n'y rien ajouter : « Il paraît, me dit-il, que M. Thiers en traversant la place Louis-XV avait été injurié et menacé par quelques hommes du peuple ; il était très troublé et très ému quand je le vis arriver dans la salle des conférences ; il vint à moi, me prit à l'écart et me dit qu'il allait être massacré par la populace si je ne l'aidais à fuir ; je le pris aussitôt sous le bras et le priai de m'accompagner sans rien craindre. M. Thiers voulut éviter le pont Louis-XVI de peur de se trouver dans la foule ; nous allâmes au pont des Invalides, mais arrivé là, il crut apercevoir un attroupement de l'autre côté de la rivière et refusa encore de passer. Nous gagnâmes le pont d'Iéna qui était libre, nous le traversâmes sans difficulté ; arrivé de l'autre côté, M. Thiers, découvrant sur les gradins en amphithéâtre, où devait être bâti le palais du roi de Rome, quelques gamins qui criaient, se jeta aussitôt dans la rue d'Auteuil, et entra dans le bois de Boulogne ; là, nous eûmes le bonheur de trouver un cabriolet qui consentit à nous conduire par les boulevards extérieurs, jusqu'aux environs de la barrière de Clichy, par où nous regagnâmes sa maison. Pendant tout ce trajet, ajoutait M. Talabot, et surtout au début, M. Thiers me parut presque hors de son bon sens ; il gesticulait, il sanglotait, il prononçait des paroles incohérentes ; la catastrophe dont il venait d'être témoin, l'avenir du pays, ses propres périls, formaient un chaos au milieu duquel sa pensée s'agitait et s'égarait à tous moments. »

*

[…]

Je raisonne aujourd'hui fort à mon aise, sur les causes qui ont amené la journée du 24 février, mais dans l'après-midi de ce jour-là, j'avais bien d'autres choses en tête ; je songeais à l'événement lui-même et je cherchais moins ce qui l'avait produit que ce qui allait le suivre.

Je revins lentement chez moi. J'expliquai, en peu de mots, à Mme de Tocqueville ce que je venais de voir, et me mis dans un coin à rêver. Je crois que jamais je ne me sentis l'esprit plus plein de tristesse. C'était la seconde révolution que je voyais s'accomplir, depuis dix-sept ans, sous mes yeux !

Le 30 juillet 1830, au lever du jour, j'avais rencontré, sur les boulevards extérieurs de Versailles, les voitures du roi Charles X, portant leurs écussons déjà grattés, marchant, à pas lents, à la file, avec un air de funérailles ; à ce spectacle, je n'avais pu retenir des larmes. Cette fois, mon impression était d'une autre nature, mais plus vive encore. Ces deux révolutions m'avaient affligé ; mais combien les impressions causées par la dernière étaient plus amères ! J'avais ressenti, jusqu'à la fin, pour Charles X un reste d'affection héréditaire, mais ce roi tombait pour avoir violé des droits qui m'étaient chers, et j'espérais encore que la liberté de mon pays serait plutôt ravivée qu'éteinte par sa chute. Aujourd'hui, cette liberté me paraissait morte ; ces princes qui fuyaient ne m'étaient rien, mais je sentais que ma propre cause était perdue.

[…]

La monarchie constitutionnelle avait succédé à l'Ancien Régime ; la république, à la monarchie ; à la république, l'Empire ; à l'Empire, la Restauration ; puis était venue la monarchie de Juillet. Après chacune de ces mutations successives, on avait dit que la Révolution française, ayant achevé ce qu'on appelait présomptueusement son œuvre, était finie : on l'avait dit et on l'avait cru. Hélas ! je l'avais espéré moi-même sous la Restauration, et encore après que le gouvernement de la Restauration fut tombé ; et voici la Révolution française qui recommence, car c'est toujours la même. À mesure que nous allons, son terme s'éloigne et s'obscurcit. Arriverons-nous, comme nous l'assurent d'autres prophètes, peut-être aussi vains que leurs devanciers, à une transformation sociale plus complète et plus profonde que ne l'avaient prévue et voulue nos pères, et que nous ne pouvons la prévoir nous-mêmes ; ou ne devons-nous aboutir simplement qu'à cette anarchie intermittente, chronique et incurable maladie bien connue des vieux peuples ? Quant à moi, je ne puis le dire, j'ignore quand finira ce long voyage ; je suis fatigué de prendre successivement pour le rivage des vapeurs trompeuses, et je me demande souvent si cette terre ferme que nous cherchons depuis si longtemps existe en effet, ou si notre destinée n'est pas plutôt de battre éternellement la mer !

Je passai le reste de cette journée avec Ampère, mon confrère à l'Institut et l'un de mes meilleurs amis. Il venait savoir ce que j'étais devenu dans la bagarre, et me demander à dîner. Je voulus d'abord me soulager en lui faisant partager mon chagrin ; mais j'aperçus presque aussitôt que son impression n'était pas semblable à la mienne, et qu'il voyait d'un autre œil la révolution qui s'opérait. Ampère était un homme d'esprit et, ce qui vaut mieux, un homme plein de cœur, d'un commerce doux et sûr. Sa bienveillance le faisait aimer ; il plaisait par une conversation variée, spirituelle, amusante, sans méchanceté, dans laquelle il lançait une foule de traits, dont aucun, à la vérité, n'allait bien haut, mais qui tous étaient très agréables à voir passer. Malheureusement il était fort enclin à transporter dans la littérature l'esprit des salons, et dans la politique l'esprit littéraire. Ce que j'appelle l'esprit littéraire en politique consiste à rechercher ce qui est ingénieux et neuf plus que ce qui est vrai, à aimer ce qui fait tableau plus que ce qui sert, à se montrer très sensible au bien jouer et au bien dire des acteurs, indépendamment des conséquences de la pièce, et à se décider enfin par des impressions plutôt que par des raisons. Je n'ai pas besoin de dire que ce travers se rencontre ailleurs que dans les académiciens. À vrai dire, toute la nation en tient un peu, et le peuple français, pris en masse, juge très souvent en politique comme un homme de lettres. Ampère méprisait fort le gouvernement qui tombait, et les derniers actes de ce gouvernement l'avaient beaucoup irrité. Il venait d'ailleurs d'être témoin, parmi les insurgés, de traits de désintéressement, de générosité même et de courage : l'émotion populaire l'avait gagné.

Je vis que non seulement il n'entrait pas dans mon sentiment, mais qu'il était disposé à en prendre un tout contraire ; cette vue fit tourner, tout à coup, contre Ampère tous les sentiments d'indignation, de douleur et de colère qui s'accumulaient depuis le matin dans mon cœur ; et je lui parlai avec une violence de langage, que je me suis rappelée souvent depuis avec un peu de honte, et qu'une amitié aussi sincère que la sienne pouvait seule excuser. Je me souviens, entre autres, que je lui dis : « Vous ne comprenez rien à ce qui ce passe ; vous en jugez en badaud de Paris ou en poète. Vous appelez cela le triomphe de la liberté ; c'est sa dernière défaite. Je vous dis que ce peuple, que vous admirez si naïvement, vient d'achever de montrer qu'il était incapable et indigne de vivre libre. Montrez-moi ce que l'expérience lui a appris ? Quelles sont les vertus nouvelles qu'elle lui a données ; les anciens vices qu'elle lui a ôtés ? Non, vous dis-je, il est toujours le même ; aussi impatient, aussi irréfléchi, aussi contempteur de la loi, aussi faible devant l'exemple et téméraire devant le péril que l'ont été ses pères. Le temps n'a rien changé en lui et l'a laissé aussi léger dans les choses sérieuses, qu'il l'était jadis dans les futiles. » Après avoir beaucoup crié, nous finîmes par en appeler tous les deux à l'avenir, juge éclairé et intègre, mais qui arrive, hélas ! toujours trop tard.

*

La nuit se passa sans accidents, bien que les rues ne cessassent de retentir, jusqu'au matin[1], de cris et de coups de fusil, mais c'étaient des bruits de triomphe et non de combat. Dès qu'il fit jour, je sortis pour aller voir l'aspect de la ville et pour savoir ce qu'étaient devenus mes deux jeunes neveux qu'on élevait alors au petit séminaire. Le petit séminaire était situé rue de Madame, derrière le Luxembourg, j'eus donc à traverser une grande partie de la ville pour y parvenir.

Je trouvai les rues paisibles et même à moitié désertes, ainsi qu'on les trouve d'ordinaire à Paris le dimanche matin, lorsque les riches dorment encore et que les pauvres se reposent. On rencontrait bien de temps en temps, le long des murs, des vainqueurs de la veille, mais ils étaient plus remplis de vin que de passions politiques, et la plupart cherchaient à regagner leur demeure sans s'occuper des passants. Dans le petit nombre de boutiques qui étaient ouvertes, on apercevait des bourgeois effrayés, mais surtout étonnés, comme des spectateurs qui, parvenus au dénouement, n'ont pas encore bien compris la pièce. Ce qui se voyait le plus, dans ces rues abandonnées du peuple, c'étaient des soldats ; les uns isolés, les autres en petits groupes, tous sans armes, qui traversaient la ville pour regagner leurs foyers. La défaite que ces hommes venaient de subir avait laissé dans leur âme une impression fort vive et très durable de honte et de colère ; on s'en est bien aperçu depuis, mais il n'en paraissait rien alors ; le plaisir de se retrouver libres paraissait absorber tous les autres sentiments chez ces jeunes gens ; ils marchaient d'un air insouciant, d'un pas dégagé et léger.

Le petit séminaire n'avait été ni attaqué ni même insulté. Mes neveux, d'ailleurs, n'y étaient plus ; dès la veille au soir, on les avait renvoyés chez leur grand'mère maternelle. Je revins donc chez moi, en prenant par la rue du Bac, afin de savoir ce qu'était devenu Lamoricière qui demeurait alors dans cette rue ; ce ne fut qu'après m'avoir reconnu que les domestiques m'avouèrent que leur maître était au logis et consentirent à m'introduire près de lui.

Je trouvai cet homme singulier, dont j'aurai plus d'une fois à parler dans la suite, étendu sur son lit et réduit à une immobilité bien contraire à sa nature et à son goût. Sa tête était à moitié rompue ; ses bras, percés de coups de baïonnettes ; tous ses membres meurtris et perclus ; du reste, toujours le même, l'esprit allumé et

1. 24 février.

le cœur indomptable. Il me raconta ce qui lui était arrivé la veille et les mille périls auxquels il n'avait échappé que par miracle. Je lui conseillai fort de se tenir en repos jusqu'à ce qu'il fût guéri et longtemps encore après afin de ne pas compromettre inutilement sa personne et sa réputation au milieu du chaos qui allait suivre ; conseils bons à donner sans doute à un homme si amoureux de l'action et si habitué à agir, qu'après avoir fait les choses nécessaires et utiles, il est toujours prêt à entreprendre les nuisibles et les dangereuses plutôt que de ne rien faire du tout, mais conseils bien peu efficaces comme la plupart de ceux qui prennent à rebours le naturel.

Je passai tout l'après-midi à me promener dans Paris. Deux choses me frappèrent surtout : la première, ce fut le caractère, je ne dirai pas principalement, mais uniquement et exclusivement populaire de la révolution qui venait de s'accomplir ; la toute-puissance qu'elle avait donnée au peuple proprement dit, c'est-à-dire aux classes qui travaillent de leurs mains, sur toutes les autres. La seconde, ce fut le peu de passion haineuse et même, à dire vrai, de passions vives quelconques que faisait voir dans ce premier moment le bas peuple devenu tout à coup seul maître de Paris.

Quoique les classes ouvrières eussent souvent joué le principal rôle dans les événements de la Ire République, elles n'avaient jamais été les conductrices et les seules maîtresses de l'État, ni en fait ni en droit ; la Convention ne contenait peut-être pas un seul homme du peuple ; elle était remplie de bourgeois et de lettrés. La guerre entre la Montagne et la Gironde fut conduite, de part et d'autre, par des membres de la bourgeoisie, et le triomphe de la première ne fit jamais descendre la puissance dans les seules mains du peuple. La révolution de Juillet avait été faite par le peuple, mais la classe moyenne l'avait suscitée et conduite, en avait recueilli les principaux fruits. La révolution de Février, au contraire, semblait être faite entièrement en dehors de la bourgeoisie et contre elle.

Dans ce grand choc, les deux parties qui composaient principalement en France le corps social avaient en quelque sorte achevé de se disjoindre, et le peuple, resté à part, demeurait seul en possession du pouvoir. Rien n'était plus nouveau dans nos annales ; des révolutions analogues avaient eu lieu, il est vrai, dans d'autres pays et en d'autre temps, car l'histoire même de nos jours, quelque nouvelle et imprévue qu'elle paraisse, appartient toujours par le fond à la vieille histoire de l'humanité, et ce que nous appelons des faits nouveaux ne sont le plus souvent que des faits oubliés. Florence, notamment, vers la fin du Moyen Âge avait présenté en petit un spectacle semblable au nôtre ; à la classe noble avait d'abord succédé la classe bourgeoise, puis, un jour, celle-ci avait été chassée à son tour du gouvernement, et l'on avait vu un gonfalonier marcher pieds nus à la tête du peuple et conduire ainsi la république. Mais, à Florence, cette révolution populaire avait été produite par des causes passagères et particulières, tandis qu'ici elle était amenée par des causes fort permanentes et si générales qu'après avoir agité la France, il était à croire qu'elle remuerait tout le reste de l'Europe. Cette fois, il ne s'agissait pas seulement de faire triompher un parti ; on aspirait à fonder une science sociale, une philosophie, je pourrais presque dire une religion propre à être apprise et suivie par tous les hommes. C'était là la partie réellement nouvelle de l'ancien tableau.

Durant cette journée, je n'aperçus pas dans Paris un seul des anciens agents de la force publique, pas un soldat, pas un gendarme, pas un agent de la police ; la garde nationale elle-même avait disparu. Le peuple seul portait les armes, gardait les lieux publics, veillait, commandait, punissait ; c'était une chose extraordinaire et terrible de voir dans les seules mains de ceux qui ne possédaient rien toute cette immense ville, pleine de tant de richesses ou plutôt cette grande nation ; car, grâce à la centralisation, qui règne à Paris commande à la France. Aussi, la terreur de toutes les autres classes fut-elle profonde ; je ne crois pas qu'à aucune époque de la révolution, elle ait été aussi grande, et je pense qu'on ne saurait la comparer qu'à celle que devaient éprouver les cités civilisées du monde romain, quand elles se voyaient tout à coup au pouvoir des Vandales et des Goths. Comme rien de semblable ne s'était vu jusque-là, bien des gens s'attendaient à des actes de violence inouïs. Pour mon compte, je ne partageai jamais ces craintes. Ce que je voyais me faisait présager, dans un avenir prochain, des perturbations étranges, des crises singulières. Je ne crus jamais au pillage des riches ; je connaissais trop les hommes du peuple de Paris pour ne pas savoir que leurs premiers mouvements, en temps de révolution, sont ordinairement généreux, qu'ils passent volontiers les jours qui suivent immédiatement le triomphe à se vanter de leur victoire, à faire acte de leur autorité et à jouer aux grands hommes ; pendant ce temps-là, il arrive d'ordinaire qu'un pouvoir quelconque s'institue, la police revient à son poste et le juge à son siège ; et quand nos grands hommes veulent enfin descendre sur le terrain plus connu et plus vulgaire des petites et mauvaises passions humaines ils ne sont plus libres de le faire et ils doivent se réduire à vivre simplement en gens honnêtes. Nous avons passé, d'ailleurs, tant d'années en insurrections, qu'il s'est formé parmi nous une espèce de moralité particulière au désordre, et un code spécial pour les jours d'émeute. D'après ces lois exceptionnelles le meurtre est toléré, la dévastation est permise, mais le vol est sévèrement défendu, ce qui n'empêche pas, quoi qu'on en dise, qu'on ne vole beaucoup ces jours-là, par la raison qu'une société d'émeutiers ne saurait faire exception à toutes les autres, dans le sein desquelles il se trouve toujours des coquins, qui se moquent, en leur particulier, de la morale du corps, et qui méprisent fort son point d'honneur quand personne ne les voit. Ce qui me rassurait d'ailleurs, était de penser que les vainqueurs avaient été pris à l'improviste par le succès, aussi bien que leurs adversaires par le revers ; leurs passions n'avaient pas eu le temps de s'allumer et de s'aigrir dans la lutte ; le gouvernement était tombé sans être défendu et sans se défendre lui-même. Il avait été soit combattu, soit au moins vivement censuré depuis longtemps par ceux-là mêmes qui, au fond de leur cœur, regrettaient le plus sa chute.

Depuis un an, l'opposition dynastique et l'opposition républicaine avaient vécu dans une intimité trompeuse, faisant les mêmes actes dans des pensées contraires. Le malentendu qui avait facilité la révolution la rendait aujourd'hui plus douce. La monarchie disparue, le champ de bataille paraissait vide ; le peuple n'y voyait plus distinctement, quels étaient les ennemis qui lui restaient à poursuivre et à abattre ; les vieux objets de sa colère, eux-mêmes, lui manquaient ; le clergé ne s'était jamais complètement réconcilié avec la nouvelle dynastie, et il voyait sans peine sa ruine ; l'ancienne noblesse y applaudissait, quelle que dût en être la conséquence : le premier avait souffert du système intolérant de la bourgeoisie, l'autre de son orgueil ; tous les deux méprisaient ou craignaient son gouvernement.

C'était pour la première fois, depuis soixante ans, que les prêtres, l'ancienne aristocratie et le peuple se rencontraient dans un sentiment commun, sentiment de rancune, il est vrai, et non d'affection ; mais c'est déjà beaucoup en politique où la communauté des haines fait presque toujours le fond des amitiés.

Les véritables et les seuls vaincus du jour étaient les bourgeois, mais ceux-là mêmes avaient peu à craindre. Leur gouvernement avait été plutôt exclusif qu'oppresseur, corrupteur, mais non pas violent, il était plus méprisé que haï ; la classe moyenne d'ailleurs ne forme jamais, au sein de la nation, un corps compact et une partie bien distincte dans le tout ; elle participe toujours un peu de toutes les autres, et se confond en quelques endroits avec celles-ci. Ce manque d'homogénéité et de limites précises rend le gouvernement de la bourgeoisie faible et incertain, mais il la rend elle-même insaisissable et comme invisible à ceux qui veulent la frapper quand elle ne gouverne plus.

De toutes ces causes réunies provenait, je pense, cette langueur du peuple qui m'avait frappé, en même que sa toute-puissance, langueur d'autant plus visible, qu'elle contrastait singulièrement avec l'énergie ampoulée du langage, et les souvenirs terribles que celui-ci évoquait. On faisait parler, dans la langue enflammée de 93, les passions tièdes du temps, et l'on citait à tout moment l'exemple et le nom d'illustres scélérats, auxquels on n'avait ni l'énergie ni même le désir sincère de ressembler.

Ce furent les théories socialistes, ce que j'ai déjà appelé précédemment la philosophie de la révolution de Février, qui allumèrent plus tard des passions véritables, aigrirent les jalousies et suscitèrent enfin la guerre entre les classes. Si les actes au début furent moins désordonnés qu'on aurait pu le craindre, il se manifesta, en effet, le lendemain même de la révolution, dans les idées du peuple une agitation extraordinaire et un désordre inouï.

Dès le 25 février, mille systèmes étranges sortirent impétueusement de l'esprit des novateurs, et se répandirent dans l'esprit troublé de la foule. Tout était encore debout sauf la royauté et le Parlement, et il semblait que du choc de la révolution, la société elle-même eût été réduite en poussière, et qu'on eût mis au concours la forme nouvelle qu'il fallait donner à l'édifice qu'on allait élever à sa place ; chacun proposait son plan ; celui-ci le produisait dans les journaux ; celui-là dans des placards, qui couvrirent bientôt les murs ; cet autre en plein vent par la parole. L'un prétendait détruire l'inégalité des fortunes, l'autre l'inégalité des lumières, le troisième entreprenait de niveler la plus ancienne des inégalités, celle de l'homme et de la femme ; on indiquait des spécifiques contre la pauvreté et des remèdes à ce mal du travail, qui tourmente l'humanité depuis qu'elle existe.

Ces théories étaient fort diverses entre elles, souvent contraires, quelquefois ennemies ; mais toutes, visant plus bas que le gouvernement et s'efforçant d'atteindre la société même, qui lui sert d'assiette, prirent le nom commun de socialisme.

Le socialisme restera le caractère essentiel et le souvenir le plus redoutable de la révolution de Février. La république n'y apparaîtra de loin que comme un moyen mais non un but.

[…]

Le socialisme restera-t-il enseveli dans le mépris qui couvre si justement les socialistes de 1848 ? Je fais cette question sans y répondre. Je ne doute pas que les lois constitutives de notre société moderne ne soient fort modifiées à la longue ; elles l'ont déjà été dans beaucoup de leurs parties principales, mais arrivera-t-on jamais à les détruire et à en mettre d'autres à la place ? Cela me paraît impraticable. Je ne dis rien de plus, car, à mesure que j'étudie davantage l'état ancien du monde, et que je vois plus en détail le monde même de nos jours ; quand je considère la diversité prodigieuse, qui s'y rencontre, non seulement parmi les lois, mais parmi les principes des lois, et les différentes formes qu'a prises et que retient, même aujourd'hui, quoi qu'on en dise, le droit de propriété sur la terre, je suis tenté de croire que ce qu'on appelle les institutions nécessaires ne sont souvent que les institutions auxquelles on est accoutumé, et qu'en matière de constitution sociale, le champ du possible est bien plus vaste que les hommes qui vivent dans chaque société ne se l'imaginent.

*

Pendant les premiers jours qui suivirent le 24 février, je ne recherchai et ne vis aucun des hommes politiques dont les événements de ce jour m'avaient séparé, je n'en sentis point le besoin et, pour dire la vérité, je n'en éprouvai pas le goût. J'avais une sorte de répugnance instinctive à me rappeler ce misérable monde parlementaire que j'avais habité pendant dix ans, et au sein duquel j'avais vu germer la révolution.

Je trouvais d'ailleurs, en ce moment, une grande vanité dans toute sorte de conversations ou de combinaisons politiques. Quelque faibles qu'eussent été les raisons qui avaient imprimé d'abord le mouvement à la foule, ce mouvement était devenu irrésistible. Je sentais que nous étions tous au milieu d'une de ces grandes inondations démocratiques, où les digues que veulent opposer les individus, et même les partis, ne servent qu'à noyer ceux qui les élèvent, et où il ne reste, pendant quelque temps, rien à faire qu'à étudier les caractères généraux du phénomène. Je passais donc tout mon temps dans la rue avec les vainqueurs comme si j'eusse été un adorateur de la fortune. Il est vrai que je ne rendis pas hommage au nouveau souverain, et ne lui demandai rien. Je ne lui parlai même pas ; je me bornai à l'écouter et à le regarder.

Au bout de quelques jours pourtant, je rentrai en commerce avec les vaincus ; je revis d'anciens députés, d'anciens pairs, des gens de lettres, des hommes d'affaires et de négoce ; des propriétaires, ce qu'on commençait à appeler des oisifs dans le langage du moment. Je trouvais que l'aspect de la révolution n'était pas moins extraordinaire vu ainsi par en haut qu'il ne m'avait semblé en le considérant d'abord par en bas. Je rencontrai là beaucoup de peur, mais aussi peu de véritable passion que j'en avais vu ailleurs ; une résignation singulière, surtout nulle espérance et, je dirais presque, nulle idée de retour vers le gouvernement qu'on ne venait pourtant que de quitter. Quoique la révolution de Février ait été la plus courte et la moins sanglante de toutes nos révolutions, elle avait rempli les esprits et les cœurs de l'idée et du sentiment de sa toute-puissance beaucoup plus qu'aucune autre. Je crois que cela tint surtout à ce que ces esprits et ces cœurs étaient vides de croyance et d'ardeurs politiques et qu'il n'y restait plus guère, après tant de mécomptes et d'agitations vaines, que le goût du bien-être, sentiment très tenace et très exclusif, mais très doux, qui s'accorde aisément de tous les régimes de gouvernement, pourvu qu'on lui permette de se satisfaire.

J'apercevais donc un effort universel pour s'accommoder de l'événement que la fortune venait d'improviser, et pour apprivoiser le nouveau maître. Les grands propriétaires aimaient à rappeler qu'ils avaient toujours été ennemis de la classe bourgeoise et toujours favorables à la classe populaire ; les bourgeois eux-mêmes se souvenaient avec un certain orgueil que leurs pères avaient été ouvriers, et, quand ils ne pouvaient pas remonter, à cause de l'obscurité inévitable des généalogies, jusqu'à un ouvrier qui eût travaillé de ses mains, ils tâchaient du moins de dater d'un malotru qui eût fait sa fortune par lui-même. On prenait autant de soin à mettre en évidence celui-là qu'on en eût mis, quelque temps auparavant, à le cacher, tant il est vrai que la vanité des hommes, sans changer de nature, peut donner les spectacles les plus divers. Elle a une face et un revers, mais c'est toujours la même médaille.

Comme il n'y avait plus alors d'autres passions vraies que celle de la crainte, loin de rompre avec ceux de ses parents qui s'étaient jetés dans la révolution, on cherchait à s'en rapprocher. C'était le moment où on tâchait de tirer parti de tout mauvais sujet qu'on possédait dans sa famille. Si par bonheur il se trouvait qu'on eût un cousin, un frère ou un fils qui se fût ruiné par ses désordres, celui-ci était en belle passe de réussir, et, s'il s'était fait connaître par quelque théorie extravagante, il pouvait espérer d'arriver à tout. La plupart des commissaires et sous-commissaires du gouvernement furent gens de cette espèce.

Quant au roi Louis-Philippe, il n'en était pas plus question que s'il eût appartenu à la dynastie des Mérovingiens.

Extrait des *Souvenirs* (1848), posth., 1893.

PROSPER MÉRIMÉE

(1803-1870)

Attentats contre Napoléon III

Mérimée était un proche ami de la comtesse de Montijo, mère de l'impératrice Eugénie. Orléaniste, il est devenu impérialiste par proximité. Eugénie a imposé sa nomination comme sénateur. Il allait s'ennuyer à Compiègne à faire des bouts-rimés et des dictées. Se pardonnant à lui-même son engagement par un flegme ironique égalisant tout, il donnait des nouvelles de la cour à Mme de Montijo, qui n'était pas volontiers accueillie par son gendre, ce qui fait de cette correspondance un document de première main sur la sociabilité sous le Second Empire.

Paris, 29 avril 1855

Chère Comtesse,

Nous l'avons échappé belle. Je sors des Tuileries où il y avait beaucoup de monde. Il nous a remerciés et nous a dit « de ne rien craindre, que la Providence veillerait sur lui tant que sa mission ne serait pas achevée ». Il avait la voix parfaitement calme et plus claire qu'à l'ordinaire, l'air plus souriant et plus gai. L'impératrice était très émue et très pâle. En passant devant moi, elle m'a serré la main fortement et j'ai lu mille choses dans ses yeux. Nul découragement. Je crois qu'elle est devenue fataliste aussi. La Providence est une très belle chose, mais elle n'a pas empêché que Ravaillac n'assassinât Henri IV avant qu'il eût achevé sa mission. Lorsque le devoir oblige de s'exposer, il n'y a pas de danger qui doive arrêter un homme de cœur : mais je ne trouve rien de plus absurde que de chercher les périls sans gloire et sans profit. Pourquoi avoir choisi les cent plus beaux soldats du monde, leur avoir donné des cuirasses impénétrables, si on ne les emploie qu'à annoncer l'approche de l'empereur et à le désigner aux assassins ? Hier il allait, à ce qu'il paraît, au tout petit pas. L'homme qui a tiré était sur le trottoir à moins de six pas. Les deux coups partis, l'empereur s'est mis à sourire et à saluer comme si on lui avait fait une salve d'honneur. Il y a eu sur-le-champ grand enthousiasme et tous les gens à cheval qui étaient aux Champs-Élysées lui ont fait cortège avec de grandes acclamations. On m'a dit que M. Delessert était du nombre, criant plus fort que personne. L'assassin est un Italien qui montre, à ce qu'on dit, une grande terreur. Son chapeau et son pistolet à deux coups viennent de Londres. L'opinion générale est qu'il est envoyé par Mazzini et les sociétés secrètes. On ne sait rien encore de précis. Le duc de Mortemart qui commande une division dans le Centre me disait aujourd'hui que les socialistes étaient toujours complètement organisés et prêts à tout. Seulement, ils n'ont plus d'armes et de munitions. C'est une raison de plus pour craindre des assassinats. […]

*

Paris, 16 janvier 1858

Chère Comtesse,

J'espère que le télégraphe vous aura rassurée. Je sors des Tuileries où nous avons été en corps faire nos compliments. Notre président et celui du Corps législatif ont parlé à l'empereur *vertement* : 1° qu'il fallait en finir avec des gens incorrigibles, pour qui sa clémence n'était qu'un encouragement au crime ; 2° qu'il était monstrueux que des pays voisins et alliés tolérassent chez eux une réunion d'assassins qui s'attaquaient à l'empereur sachant bien qu'il était la clef de voûte de l'ordre en Europe. Tout cela a été dit en bons termes, mesurés par M. Troplong, et très vifs par M. de Morny. L'empereur a répondu avec son calme habituel qu'il ne changerait rien à son système de gouvernement et qu'il se fiait à la Providence. J'ai pu dire quelques mots à l'impératrice qui m'a chargé de vous dire qu'elle *était bien intacte*. J'ajouterai qu'elle avait l'air parfaitement bien portant et que depuis longtemps je ne l'avais vue si bien, avec le teint très clair et les yeux heureux.

Il paraît qu'on a arrêté tous ceux qui ont jeté des grenades et bon nombre d'autres. Les principaux sont trois Italiens, dont un, dit-on, a déjà été gracié par l'empereur. Un d'eux, nommé Pierri, est parti de Londres mardi ou mercredi, suivi par un agent, et est arrivé à Bruxelles jeudi 14, où il a eu dans la matinée une longue conversation avec Charras. On l'a perdu à Lille le même jour et M. Hébert, un des commissaires de police attachés à l'empereur, l'a retrouvé rue Rossini et l'a arrêté quelques minutes avant l'arrivée de l'empereur. Il avait un revolver, un poignard et dans son cache-nez une grenade comme celles qui ont été lancées. C'est une grosse boule de fonte pleine de poudre et de balles avec une vingtaine de capsules disposées de telle façon que de quelque côté que tombe la grenade le choc fasse partir une de ces capsules. M. Hébert a couru aussitôt au-devant de l'empereur et est arrivé juste à temps pour recevoir trois blessures. Le timon de la voiture a été brisé très près de l'avant-train et, si l'empereur était resté dans la voiture à la troisième explosion, il est probable qu'il aurait été tué car la voiture a été percée comme un crible. On a arrêté encore un comte Orsini d'une bonne famille de Rome. Il a jeté une des grenades. Rien n'égale le sang-froid de l'empereur. L'impératrice a été admirable. En descendant de voiture elle a dit : « Ne vous occupez pas de nous. C'est notre métier. Prenez soin des blessés. » Sa robe était couverte de sang et le chapeau de l'empereur avait un trou à passer la main. À l'Opéra, ils ont été d'un calme parfait. L'empereur s'est promené au foyer et a fait ouvrir le balcon pour se montrer à la foule. Il y avait dans tout le peuple un enthousiasme extraordinaire et hier, lorsqu'il est sorti en calèche découverte, sans escorte, c'étaient des cris frénétiques de joie et d'admiration. Les ouvriers disent que si l'Angleterre ne nous livre pas les gredins qui dirigent tous ces assassinats, il faut aller les chercher. C'est à peu de choses près ce que dit tout le monde. Pendant le temps que j'ai passé à Compiègne, le soir après la fête de l'impératrice, nous étions une douzaine à fumer chez M. de Hatzfeldt. Le duc de Manchester nous dit qu'il venait de recevoir une lettre de Londres dans laquelle on lui annonçait qu'il y avait eu une junte de tous les rouges et qu'on y avait résolu à l'unanimité l'assassinat de l'empereur. Je ne comprends pas trop ce que pourra dire lord Palmerston quand on lui demandera compte de l'hospitalité qu'il donne à Mazzini, à Ledru-Rollin et consorts. Adieu ! chère Comtesse, je vous écris à la hâte. Tenez pour certain que cet affreux attentat a rendu l'empereur plus populaire que jamais et que l'impératrice y a grandi encore. Elle se porte admirablement, elle est gaie, elle semble aussi calme qu'un vieux soldat quand la bataille est finie. Comme dans ce pays-ci il y a toujours le côté ridicule à côté du tragique, le peuple qui se précipitait autour d'elle pour la tirer de la voiture faisait éclater son enthousiasme de cent façons et un ouvrier lui a baisé l'épaule dans la confusion. Adieu encore, j'espère que vous n'aurez appris cette affaire que de bonne source sans passer par les angoisses d'un récit incomplet. Mille tendres et respectueux hommages. J'ai reçu votre lettre le 14. Je suis à Paris depuis quatre jours.

Extrait des *Lettres à la comtesse de Montijo*, posth., 1936.

PROSPER-OLIVIER LISSAGARAY

(1838-1901)

Paris avant la chute

Quel talent persuasif a Lissagaray (et quel beau nom basque) ! Je sors de sa relation de la Commune comme de La Moisson rouge *de Dashiell Hammett, communiste. Son indignation est splendide, sa sévérité résonne comme un appel de cor. Ce beau Toulousain, un temps fiancé avec la fille cadette de Marx (elle a traduit en anglais son livre sur la Commune), est franchement d'opposition sous l'Empire, où il fonde un journal avec Rochefort, est emprisonné pour offense à l'Empereur, s'exile à Bruxelles, rentre à Paris au moment de la proclamation du gouvernement de la Défense nationale. Gambetta le charge de lever des troupes à Toulouse. Exilé volontaire comme tant de communards à Londres, il rentre à Paris lors de l'amnistie de 1880. Il meurt en 1901, première année de l'atroce* XX*e siècle.*

Le Paris de la Commune n'a plus que trois jours à vivre. Gravons dans l'histoire sa lumineuse physionomie.

Celui qui a respiré de ta vie qui est la fièvre des autres, qui a palpité sur tes boulevards et pleuré dans tes faubourgs, qui a chanté aux aurores de tes révolutions et, quelques semaines après, lavé ses mains de poudre derrière les barricades ; celui qui peut entendre sous tes pavés la voix des martyrs de l'idée et saluer tes rues d'une date humaine ; pour qui chacune de tes artères est un rameau nerveux, celui-là ne te rend pas justice encore, grand Paris de la révolte, s'il ne t'a pas vu du dehors. Les Philistins étrangers, d'une moue dédaigneuse, disent : « Voyez ce fou ! » Mais ils guettent leur prolétaire qui a suspendu son marteau, regarde, ils tremblent que ton geste ne lui apprenne comment il décrochera le grand ressort de leur souveraineté. L'attraction de Paris rebelle fut si forte qu'on vint de l'Amérique pour ce spectacle inconnu à l'histoire : la plus grande ville du continent européen aux mains des prolétaires. Les pusillanimes furent attirés.

Dans les premiers jours de mai, il nous vint un ami des timides de la timide province. Les siens l'avaient escorté au départ, les larmes aux yeux, comme s'il descendait aux Enfers. Il nous dit : « Qu'y a-t-il de vrai ? — Eh bien ! venez fouiller tous les recoins de la caverne. »

Partons de la Bastille. Les camelots assourdissants crient *Le Mot d'ordre* ! de Rochefort, *Le Père Duchesne* ! *Le Cri du peuple* ! de Jules Vallès ; *Le Vengeur* ! de Félix Pyat ; *La Commune* ! *Le Tribun du peuple* ! *L'Affranchi* ! *L'Avant-garde* ! *Le Pilori des mouchards* ! *L'Officiel* est peu demandé, les membres de la Commune l'étouffent sous leur concurrence ; l'un d'eux, Vésinier, va jusqu'à publier dans *Paris-libre* une séance secrète. *Le Cri du peuple* tire à 100 000 exemplaires. C'est le premier levé ; il chante avec le coq. Si nous avons du Vallès ce matin, bonne aubaine ; mais il passe trop souvent la parole à Pierre Denis qui nous autonomise à outrance. N'achetez qu'une fois *Le Père Duchesne*, quoiqu'il tire à 60 000. Il n'a rien de celui d'Hébert qui ne fut pas un grand sire. Prenez dans *Le Vengeur* l'article de Félix Pyat comme un bel échantillon d'ivrognerie littéraire. *La Commune* est le journal doctrinaire où Millière écrit quelquefois, où Georges Duchène secoue les jeunes et les vieux de l'Hôtel de Ville avec une sévérité qui exigerait un autre caractère.

Aux kiosques voici les caricatures : Thiers, Picard, Jules Favre sous la figure des trois Grâces enlaçant leur ventripotence. Ce poisson aux écailles vert bleu qui dessert un lit à couronne impériale, c'est le marquis de Galliffet. *L'Avenir*, moniteur de la *Ligue*, *Le Siècle* devenu très hostile depuis l'arrestation de Chaudey, *La Vérité* du yankee Portalis s'empilent, mélancoliques et intacts. Une trentaine de journaux versaillais ont été supprimés par la préfecture de police ; ils n'en sont pas morts, un camelot très peu mystérieux nous les offre.

Cherchez, trouvez un appel au meurtre, au pillage, une ligne cruelle dans ces journaux communeux, chauffés par la bataille, et comparez maintenant avec les feuilles versaillaises qui demandent les fusillades en masse dès que les troupes auront vaincu Paris.

Suivons ces catafalques qui remontent la rue de la Roquette. Entrons avec eux au Père-Lachaise. Tous ceux qui meurent pour Paris sont ensevelis dans la grande famille et la Commune revendique l'honneur de payer leurs funérailles. Son drapeau rouge flamboie aux coins du corbillard suivi des camarades du bataillon auxquels se joignent toujours quelques passants. Une femme accompagne le corps de son mari. Un membre de la Commune est aussi derrière le cercueil. Au bord de la tombe, il parle non de regrets, mais d'espoir, de vengeance. La veuve serre ses enfants contre elle, leur dit : « Souvenez-vous et criez avec moi : Vive la République ! Vive la Commune ! » — « C'est la femme du lieutenant Châtelet », nous dit un assistant.

Revenant sur nos pas, nous longeons la mairie du XIe, tendue de noir, deuil du plébiscite impérial dont le peuple de Paris est innocent et devient la victime. La place de la Bastille est joyeuse, animée par la foire au pain d'épice. Paris ne veut rien céder au canon ; il a même prolongé sa foire d'une semaine. Les balançoires s'élancent, les tourniquets grincent, les boutiquiers crient le bibelot à treize, les acrobates font le boniment et promettent la moitié de la recette aux blessés. Quelque garde qui revient des tranchées regarde, appuyé sur son fusil, le panorama du siège, l'entrée de Garibaldi à Dijon.

Descendons les grands boulevards. Au cirque Napoléon, cinq mille personnes s'étagent depuis l'arène jusqu'au faîte. De petits drapeaux invitent les *pays* à se grouper par département. La réunion a été provoquée par quelques négociants qui proposent aux citoyens des départements d'envoyer des délégués à leurs députés respectifs ; ils croient qu'on pourra les ramener, conquérir la paix par des explications. Un citoyen demande la parole, monte sur l'estrade. La foule applaudit Millière. « La paix ! nous la cherchons tous. Mais qui donc a commencé la guerre, qui donc a refusé toute conciliation ? Qui a attaqué Paris le 18 mars ? — M. Thiers. Qui l'a attaqué le 2 avril ? — M. Thiers. Qui a parlé de conciliation, multiplié les tentatives de paix ? — Paris. Qui les a toujours repoussées ? — M. Thiers. *La conciliation !* a dit M. Dufaure, *mais l'insurrection est moins criminelle*... Et ce que n'ont pu faire ni les francs-maçons, ni les Ligues, ni les adresses, ni les conseillers municipaux de province, vous l'attendez d'une députation prise parmi les Parisiens ! Tenez, sans le savoir, vous énervez la défense. Non, plus de députations ; des correspondances actives avec la province ; là est le salut ! » — « Voilà donc cet énergumène de Millière dont on nous épouvante en province, s'écriait mon ami. — Oui, et ces milliers d'hommes de toutes les conditions qui cherchent la paix en commun, s'écoutent, se répondent avec courtoisie, voilà le peuple en démence, la poignée de bandits qui tient la capitale. »

À la caserne du prince Eugène, paressent les quinze cents soldats restés à Paris le 18 mars et que la Commune héberge sans en obtenir aucun service, ces fainéants ne voulant être, disent-ils, ni avec Paris ni avec Versailles. Boulevard Magenta, voici les nombreux squelettes de l'église Saint-Laurent, rangés dans le même ordre où ils ont été trouvés, sans trace de cercueil ni de suaire. Est-ce que les sépultures dans les églises ne sont pas formellement interdites ? Quelques-unes cependant, Notre-Dame-des-Victoires surtout, foisonnent de squelettes. La Commune n'a-t-elle pas le devoir de mettre au jour ces illégalités qui sont peut-être des crimes ?

Sur les boulevards, depuis Bonne-Nouvelle jusqu'à l'Opéra, le même Paris flâne aux magasins, attablé devant les cafés. Les voitures sont rares, le second siège a coupé court au ravitaillement des chevaux. Par la rue du 4-Septembre, nous gagnons la Bourse surmontée du drapeau rouge et la Bibliothèque nationale qui ne chôme pas de lecteurs. À travers le Palais-Royal, nous arrivons au musée du Louvre. Les salles, garnies de toutes les toiles que l'administration du 4 Septembre a laissées, sont ouvertes au public. Jules Favre et ses journaux n'en disent pas moins que la Commune vend à l'étranger les collections nationales.

Descendons la rue de Rivoli. Rue Castiglione, une énorme barricade masque l'entrée de la place Vendôme. Le débouché de la Concorde est barré par la redoute Saint-Florentin qui va du ministère de la Marine au jardin des Tuileries, épaisse de huit mètres, avec trois embrasures assez mal dirigées. Un large fossé qui découvre le système artériel de la vie souterraine sépare la place de la redoute. Des ouvriers lui font sa dernière toilette et couvrent de gazon les épaulements. Beaucoup de curieux regardent et plus d'une figure se rembrunit. Un corridor habilement ménagé même sur la place de la Concorde. La statue de Strasbourg détache sa fière allure sur les drapeaux rouges. Ces communeux qu'on ose accuser d'ignorer la France ont pieusement remplacé les couronnes mortes du premier siège par les jeunes fleurs du printemps.

Nous entrons maintenant dans la zone de bataille. L'avenue des Champs-Élysées déroule sa longue ligne déserte coupée de sillons sinistres par les obus du Mont-Valérien et de Courbevoie. Ils atteignent jusqu'au palais de l'Industrie dont les employés de la Commune dirigés par Cavalier, le fameux *Pipe-en-Bois*, un homme de talent, protègent courageusement les richesses. Dans le lointain, l'Arc de Triomphe profile son puissant massif. Les amateurs des premiers jours ont disparu de cette place de l'Étoile devenue presque aussi meurtrière que le rempart. Les obus ricochent sur la façade, écornent ces bas-reliefs que M. Jules Simon avait fait blinder contre les Prussiens. Les boîtes à mitraille répandent tout autour leur mortelle rosée. L'arche principale est bouchée pour arrêter les projectiles qui enfilaient l'avenue. Derrière cette barricade, des apparaux se montent pour hisser des canons sur la plate-forme qui gouverne les avenues convergentes.

Par le faubourg Saint-Honoré, nous longeons les Champs-Élysées. Dans le rectangle compris entre l'avenue de la Grande-Armée, celle des Ternes, les remparts et l'avenue Wagram, il n'y a pas de maison intacte. Vous le voyez, *M. Thiers ne bombarde pas Paris, comme les gens de la Commune ne manqueront pas de le dire*. Quelque lambeau d'affiche pend d'un mur à demi écroulé, discours de M. Thiers contre le roi Bomba, qu'un groupe de conciliateurs a eu l'à-propos de reproduire. « *Vous savez, Messieurs*, disait-il aux bourgeois de 1848, *ce qui se passe à Palerme. Vous avez tous tressailli d'horreur en apprenant que pendant quarante-huit heures une grande ville a été bombardée. Par qui ? Était-ce par un ennemi étranger exerçant les droits de la guerre ? Non, messieurs, par son propre Gouvernement. Et pourquoi ? Parce que cette ville infortunée demandait des droits. Eh bien ! pour la demande de ces droits, il y a eu quarante-huit heures de bombardement !...* » Heureuse Palerme. Paris est bombardé depuis quarante jours « par son propre Gouvernement ».

Nous avons quelque chance d'arriver au boulevard Pereire en rasant le côté gauche de l'avenue des Ternes. De là jusqu'à la porte Maillot, tout le monde a le même âge. Guettant une minute d'accalmie, nous gagnons la porte ou plutôt l'amas de décombres qui en marque la place. La gare n'existe plus ; le tunnel est comblé ; les remparts coulent dans les fossés. Des salamandres humaines s'agitent dans ces débris. En avant de la porte, presque à découvert, il y a trois pièces que commande le capitaine La Marseillaise ; à droite, le capitaine Rochat avec cinq pièces ; à gauche, le capitaine Martin avec quatre. Monteret, depuis cinq semaines, tient cette avancée dans un ouragan d'obus. Le Mont-Valérien, Courbevoie et Bécon en ont lancé plus de huit mille. Dix hommes suffisent à ces douze pièces, nus jusqu'à la ceinture, le torse et les bras noirs de poudre ; Craon, mort à son poste, manœuvrait à lui seul deux pièces de 7 ; un tire-feu de chaque main, il faisait partir en même temps les deux coups. Le seul qui ait survécu de la première équipe, le matelot Bonaventure, a vu ses camarades s'envoler en morceaux. Et cependant on tient, et ces pièces souvent démontées se renouvellent. Les Versaillais ont bien souvent tenté et peuvent tenter des surprises. Nuit et jour Monteret veille ; il peut, sans se vanter, écrire au Comité de salut public que, tant qu'il y sera, les Versaillais n'entreront point par la porte Maillot.

Chaque pas vers la Muette est un défi à la mort. Sur le rempart, près de la porte de la Muette, un officier agite son képi vers le bois de Boulogne ; les balles sifflent autour de lui. C'est Dombrowski qui s'amuse à engueuler les Versaillais des tranchées. Le général nous mène au château de la Muette, un de ses quartiers généraux. Toutes les chambres sont percées à jour par les obus. Il s'y tient cependant, y fait tenir les siens. On a calculé que ses aides de camp vivaient en moyenne huit jours. À ce moment, accourt la vigie du belvédère qu'un obus a traversé. « Restez, lui dit Dombrowski. Si vous ne devez pas mourir là, vous n'avez rien à craindre. » Sa bravoure est de fatalisme. Il ne reçoit aucun renfort, malgré ses dépêches à la Guerre, croit la partie perdue et le dit trop souvent. C'est là mon seul reproche ; vous n'attendez pas que je justifie la Commune d'avoir accepté le concours des démocrates étrangers. Est-ce que celle-ci n'est pas la révolution de tous les prolétaires ? Est-ce que dans toutes leurs guerres les Français n'ont pas ouvert les rangs aux grands cœurs de toutes les nations qui voulaient combattre avec eux ?

Dombrowski nous accompagne à travers Passy jusqu'à la Seine et montre d'un geste triste les remparts à peu près abandonnés. Les obus broient ou fauchent les abords du chemin de fer. Le grand viaduc s'écroule en plusieurs endroits. Les locomotives blindées ont été faussées, culbutées. La batterie versaillaise de l'île Billancourt tire au ras de nos canonnières, en coule une à ce moment même, *L'Estoc*. Une vedette recueille l'équipage et remonte la Seine sous le feu qui la poursuit jusqu'au pont d'Iéna.

Une atmosphère tendre, un soleil de vie, un silence de paix, enveloppent ce fleuve, ce naufrage, ces obus qui volent dans la solitude. La mort paraît plus cruelle jetée dans cet épanouissement de la nature. Allons saluer les blessés de Passy. Vous savez que M. Thiers fait tirer sur les ambulances de la Commune. Il a répondu aux protestations de la *Société internationale de secours aux blessés* : « La Commune n'ayant pas adhéré à la convention de Genève, le gouvernement de Versailles n'a pas à l'observer. » La Commune a adhéré à la convention ; elle a mieux fait, elle a respecté les lois de l'humanité en présence des actes les plus sauvages. M. Thiers continue de faire achever ses blessés. Voyez-les. Justement, un membre de la Commune, Lefrançais, visite l'ambulance du docteur Demarquay, l'interroge sur l'état des blessés. « Je ne partage pas vos idées, répond le docteur, et je ne puis désirer le triomphe de votre cause ; mais je n'ai jamais vu des blessés conserver plus de calme et de sang-froid pendant les opérations. J'attribue ce courage à l'énergie de leur conviction. » La plupart des malades demandent anxieusement quand ils pourront reprendre leur service. Un jeune homme de dix-huit ans, amputé de la main droite, lève l'autre et s'écrie : « J'ai encore celle-là au service de la Commune ! » On dit à un officier mortellement blessé que la Commune vient de faire remettre sa solde à sa femme et à ses enfants. « Je n'y avais pas droit », répond-il. Voilà, mon ami, les brutes alcoolisées qui, d'après Versailles, forment l'armée de la Commune.

Rentrons par le Champ-de-Mars. Ses vastes baraquements sont assez mal garnis. Il faudrait d'autres cadres, une autre discipline pour y retenir les bataillons.

Devant l'École, cent bouches à feu restent inertes, encrassées, à quinze cents mètres des remparts, à deux pas de la Guerre. Laissons à droite ce foyer de discordes et entrons au Corps législatif transformé en atelier. Quinze cents femmes cousent les sacs de terre qui fermeront les brèches. Une grande et belle fille, Marthe, distribue l'ouvrage, parée de l'écharpe rouge à franges d'argent que ses camarades lui ont donnée. Les chansons joyeuses abrègent la besogne. Chaque soir on fait la paye et les ouvrières reçoivent l'intégralité de leur travail, huit centimes par sac ; l'entrepreneur d'autrefois leur en laissait deux à peine.

Remontons les quais somnolents dans leur calme inaltérable. L'Académie des sciences tient toujours ses séances du lundi. Ce ne sont pas les ouvriers qui ont dit : « La République n'a pas besoin de savants. » M. Delaunay est au fauteuil. M. Élie de Beaumont dépouille la correspondance et lit une note de son collègue, M. J. Bertrand, qui s'est enfui à Saint-Germain ; ce mathématicien stérile n'est pas pour les audaces créatrices n'ayant jamais pu avoir un théorème naturel. Nous trouverons demain le compte rendu dans l'*Officiel* de la Commune.

Ne quittons pas la rive gauche sans visiter la prison militaire. Demandez aux prisonniers versaillais s'ils ont trouvé à Paris une menace, une injure, s'ils ne sont pas traités en camarades, soumis au régime de tous, rendus à la liberté quand ils veulent aider leurs frères de Paris.

Voici la soirée de la grande ville. Les théâtres s'ouvrent. Le Lyrique donne une grande représentation musicale au profit des blessés, et l'Opéra-Comique en prépare une autre. L'Opéra que Michot, le grand chanteur n'a pas abandonné, annonce pour lundi 22 une solennité exceptionnelle où Raoul Pugno nous donnera l'hymne de Gossec. Les artistes de la Gaîté, abandonnés par le directeur, dirigent eux-mêmes leur théâtre. Le Gymnase, le Châtelet, le Théâtre-Français, l'Ambigu-Comique, les Délassements, trouvent la foule tous les soirs. Allons aux spectacles que Paris n'a pas vus depuis 1793.

Dix églises s'ouvrent et la révolution monte en chaire. Au vieux Gravilliers, Saint-Nicolas-des-Champs s'emplit d'un puissant murmure. Quelques becs de gaz tremblotent dans le fourmillement de la foule, et, là-bas, noyé dans l'ombre des arceaux, le Christ est décoré de l'écharpe communeuse. Le seul foyer lumineux, le bureau en face de la chaire, est aussi drapé de rouge. L'orgue et la foule mugissent *La Marseillaise*. La pensée de l'orateur, surchauffée par ce milieu fantastique, s'échappe en invocations que l'écho répète comme une menace. Il traite de l'événement du jour, des moyens de défense. Les membres de la Commune sont fort malmenés. Les votes de la réunion seront portés demain à l'Hôtel de Ville. Les femmes quelquefois demandent la parole ; elles ont aux Batignolles un club spécial où s'élèvent des paroles de guerre et de paix. S'il sort peu d'idées précises de ces réunions enfiévrées, combien y trouvent provision de flamme et de courage.

Neuf heures ; nous pouvons atteindre au concert des Tuileries. À l'entrée, des citoyennes accompagnées de commissaires quêtent pour les veuves et les orphelins de la Commune. Pour la première fois, des femmes honnêtement vêtues sont assises sur les banquettes de la cour. Trois orchestres jouent dans les galeries. Le cœur de la fête est à la salle des Maréchaux. À cette place où, dix mois auparavant, trônaient Bonaparte et sa bande, Mlle Agar déclame les *Châtiments*, *L'Idole*, malgré les journaux versaillais qui l'insultent. Mozart, Meyerbeer, les grandes œuvres de l'art ont chassé les obscénités musicales de l'Empire. Par la grande fenêtre du centre, l'harmonie tombe dans le jardin. Les lanternes, les lampions joyeux constellent le gazon, dansent aux arbres, colorent les jets d'eau. Le peuple rit dans les massifs. Les Champs-Élysées, tout noirs, semblent protester contre ces maîtres populaires qu'ils n'ont jamais reconnus. Versailles aussi proteste par ses fusées d'obus éclairant d'un blafard reflet l'Arc de Triomphe qui voûte sa masse sombre sur la grande guerre civile. À onze heures, nous entendons un bruit du côté de la chapelle : M. Schœlcher vient d'être arrêté. Il a quitté un moment Versailles pour voir les fêtes de ce Paris qu'il aide à livrer à Versailles. On l'emmène à la préfecture, où Raoul Rigault lui rend la liberté en se moquant de lui.

Les boulevards s'encombrent de la foule qui sort des théâtres. Au café *Peters* – (l'Américain) – affluence scandaleuse de filles et d'officiers d'état-major aux bottes molles à retroussis rouges, aux sabres vierges. Un détachement de gardes nationaux arrive et les enlève. Nous suivons jusqu'à l'Hôtel de Ville, où Ranvier, qui est de permanence, les reçoit. Le procès n'est pas long : les filles à Saint-Lazare, les officiers aux tranchées avec des pelles et des pioches.

Une heure du matin. Paris dort de son souffle régulier. Voilà, mon ami, le Paris des brigands. Vous l'avez vu penser, pleurer, combattre, travailler ; enthousiaste, fraternel, sévère au vice. Ses rues, libres pendant le jour, sont-elles moins sûres dans le silence de la nuit ? Depuis que Paris fait lui-même sa police, les crimes ont diminué[1]. Où voyez-vous la débauche victorieuse ? Ces ouvriers qui pourraient puiser dans des milliards vivent d'une paye ridicule en comparaison de leurs salaires habituels. Les riches hôtels de ceux qui les bombardent sont à leur merci : où sont les pillards ?

1. Claude, chef de la Sûreté sous l'Empire. *Enquête sur le 18 Mars.*

Reconnaissez-vous ce Paris sept fois mitraillé depuis 1789, plus éprouvé aujourd'hui que l'Alsace et que la Lorraine qu'il a défendues ; ce Paris d'incapitulables, toujours debout pour le salut de la France ? Où est son programme, avez-vous dit ? Eh ! cherchez-le devant vous, non dans cet Hôtel de Ville qui bégaie. Ces remparts fumants, ces explosions d'héroïsme, ces femmes, ces hommes de toutes les professions confondues, tous les ouvriers de la terre applaudissant à notre combat, toutes les bourgeoisies coalisées contre nous, ne disent-ils pas la pensée commune et qu'on lutte ici pour la République et l'avènement d'une société sociale. Repartez vite pour raconter ce Paris. Dites à la province républicaine : « Ces prolétaires parisiens combattent pour vous qui serez les persécutés de demain. S'ils succombent vous serez, vous, pendant de longues années ensevelis sous leurs funérailles. »

Extrait de l'*Histoire de la Commune de 1871*, 1871 et 1896.

MARC BERNARD

(1900-1983)

Les manifestations ouvrières de février 1934

Les dates symboliques nous aveuglent. À force de répéter « le 6 février 1934 », nous voyons la période comme uniquement secouée par les fascistes. La gauche manifestait aussi, en vain. À l'exception du Front populaire, elle n'est d'ailleurs arrivée au pouvoir que quand elle était gauche de droite.

La grève générale du lundi 12 février – qui réalisa ce prodige de rétablir, ne fût-ce que d'une façon passagère, l'unité du prolétariat français, brisée depuis 1920, en le groupant autour de ce mot d'ordre central : *lutte contre le fascisme* – fut préparée par les événements qui eurent lieu au début du mois et, plus particulièrement, dans la nuit du 6 février.

Certaines gens de bonne foi qui avaient participé le 6 février, d'une façon plus ou moins directe, aux combats de la place de la Concorde, ou qui les approuvaient dans leur cœur, se sont étonnés de l'ampleur, de la vigueur de la réaction des masses ouvrières, dans la journée du 12, appuyées sur une large couche de la population rurale et de la petite bourgeoisie de province.

« Pourquoi, alors que nous manifestions uniquement contre certains parlementaires corrompus et leurs complices, cette levée de boucliers ? Ces gens-là ont-ils partie liée avec les voleurs ? »

Car il y avait, en effet, parmi ceux qui se sont battus dans la nuit du 6 février, des hommes, des femmes qui, sans mesurer à sa valeur politique exacte le sens de l'émeute, pensaient manifester surtout contre les responsables, complices, profiteurs de l'affaire Stavisky[1], se rangeant dans une sorte d'élan instinctif derrière ceux qui prenaient l'initiative de donner une forme et un but à cette colère populaire. Qu'il faille quelque naïveté pour prendre comme modèles de désintéressement les tripoteurs de l'Hôtel de Ville, véritable caverne d'Ali Baba, qui se trouvaient dans le cortège, ce n'est guère à démontrer, mais ainsi va le monde.

Ce que beaucoup de ces gens de bonne foi n'avaient pas vu, c'est l'usage que l'on entendait faire de leur indignation, les intérêts politiques au service desquels on entendait la mettre.

Mais tout ce que la France compte d'hommes attachés à un certain idéal démocratique, d'ouvriers attachés à leurs organisations politiques ou syndicales, et qui savent par une longue et douloureuse expérience quelle sorte de gens se sont toujours dressés contre eux avec une haine de classe qui ne désarme jamais, toujours prêts à leur reprendre les quelques avantages, les quelques libertés conquises de haute lutte – ces hommes virent, en apprenant les émeutes de la nuit du 6 février, se préciser une menace qui, ne visant plus le scandale Stavisky lui-même, cherchait à canaliser cette colère pour essayer d'atteindre des buts politiques bien nets.

L'exemple de l'Italie, celui de l'Allemagne plus frais encore et plus amèrement ressenti par cette masse ouvrière française qui avait placé une large part de ses espoirs dans la lutte et le triomphe du prolétariat allemand sur son propre capitalisme, lui furent brutalement rappelés.

Ils virent le danger menaçant au cœur même de leur pays et, le premier affolement passé, l'insigne faiblesse du gouvernement Daladier apparue en pleine lumière – qui n'avait su ni châtier immédiatement les coupables de l'affaire Stavisky, ni rallier autour de lui l'opinion publique en prenant des mesures foudroyantes contre les parlementaires compromis dans le scandale, ni maintenir l'ordre dans la rue, trahi qu'il était par sa police –, ces masses d'hommes comprirent que leur unique moyen de défense ne pouvait venir que d'elles-mêmes, de leur propre force, de leurs seules organisations.

1. Scandale qui avait compromis diverses personnalités politiques.

Fébrilement la résistance s'organisa. La province qui avait échappé, parce qu'elle n'était pas directement sous le coup de la sensation physique terrible que donna aux Parisiens la vision directe des batailles de rue de la nuit du 6 février avec ses flammes romantiques, ses chevaux éventrés, les hommes tués ou blessés, et cette espèce de fureur aveugle que donne le spectacle du sang fraîchement répandu – la province, dis-je, réagit plus violemment encore que le prolétariat parisien.

[…]

*

Nous disions plus haut : erreur de tactique. En effet si les deux partis ouvriers – et particulièrement le Parti communiste – avaient le moindre instinct de conservation, si celui-ci ne se livrait pas pieds et poings liés *perinde ac cadaver* aux hommes aveugles qui lui donnent des ordres de Moscou, le 6 février aurait sonné le glas des insurrectionnels de droite. Partis trop tôt dans la lutte ils auraient payé chèrement cet excès de présomption.

Les forces ouvrières, en effet, et même simplement démocratiques – ce qu'on appelle le « radical bon teint » –, alertées par ce coup de tonnerre qui a brusquement retenti au-dessus d'elles dans la nuit du 6 février et qui, dépassant aussitôt les frontières de Paris, a résonné dans toute la province française, cherchèrent avec une sorte d'ardeur désespérée à se joindre, à s'unir. Par-delà certains chefs aveugles, traîtres ou timorés, elles rejetèrent d'un seul élan ce qui les divise pour ne plus songer qu'à ce qui les rapproche.

Spontanément à Lille, Lyon, Nice, Marseille, Nancy, Nantes, Nevers, Saint-Nazaire, Lorient, Grenoble, Nîmes, Toulouse, Cherbourg, Valence, Nevers, Rouen, etc., etc., des masses se groupent d'elles-mêmes, mues par un seul réflexe de conservation autour du mot d'ordre : *à bas le fascisme.*

[…]

*

Depuis plusieurs années le centre de Paris, la ville proprement dite, est devenu réactionnaire. Le 6 février on vit ce phénomène curieux se manifester avec une force d'une puissance inouïe, d'un Paris entièrement soumis aux organisations de droite. Cette brusque volte-face d'une capitale que l'on avait toujours connue à l'avant-garde des révolutions, de cette ville qui avait fait celles de 1793, de 1848, de la Commune, a étonné certains, qui n'ont pas très bien vu les causes de ce changement d'orientation politique. Les réactionnaires ont triomphé, prétendant avoir conquis Paris à leurs méthodes ; les gens de gauche et d'extrême gauche ont été navrés et inquiétés par ce reniement de tout un passé de lutte.

La vérité, c'est que Paris, peu à peu, et plus particulièrement au cours de ces vingt dernières années, a vu émigrer vers la banlieue sa population ouvrière. Ce qu'on appelle la « ceinture rouge » s'est formée au détriment des forces révolutionnaires de la capitale, de jour en jour envahie par l'élément bourgeois qui, débordant certains quartiers du centre de la ville, s'est répandu bien au-delà de ses premières frontières, et par la foule de petits-bourgeois : employés, boutiquiers, etc., dont le nombre n'a cessé de croître.

La population ouvrière, artisanale, des faubourgs Saint-Antoine et même dans une certaine mesure de Belleville, Ménilmontant, etc., est allée se grouper dans la banlieue autour des usines ; une autre partie de cette population, quoique travaillant aux portes de Paris, s'est exilée dans les innombrables lotissements qui entourent la ville, fort éloignés parfois du lieu de leur travail, les moyens de communication rapides ne faisant plus de cet éloignement un obstacle insurmontable.

Cette émigration, sans cesse croissante, explique le changement d'orientation politique de la capitale. Paris tend, de jour en jour davantage, à devenir une ville d'intellectuels, de bourgeois, de commerçants et d'employés ; et l'on sait bien que ce n'est jamais parmi ces gens-là que le socialisme a recruté de nombreux adeptes.

Il est remarquable que, malgré l'énorme avance du socialisme, qui dura jusqu'à ces dernières années dans le monde entier, et particulièrement en France où le nombre d'élus socialistes au Parlement, au Sénat, dans les conseils municipaux de la presque totalité des villes, Paris à peu près seul ait vu le nombre de ses conseillers municipaux réactionnaires augmenter avec une constante régularité.

En dehors même de la répartition des sièges – monstrueuse iniquité qui exige plus de dix mille votants dans certaines circonscriptions, alors que moins d'un millier suffisent dans d'autres pour élire un conseiller –, il n'en reste pas moins vrai que cette émigration ouvrière a énormément contribué à renforcer la réaction dans Paris, avec le glissement vers la droite des étudiants, coupés entièrement aujourd'hui du prolétariat.

Les combats du 6 février furent menés par une foule où – en dehors des quelques éléments communistes qui furent rapidement absorbés – dominait une écrasante majorité bourgeoise. Il suffisait de jeter un regard sur elle pour s'en apercevoir.

[…]

*

Mais soudain, un vaste remous agite l'avant-garde de la manifestation. Voici que, venant de la place de la Nation, une foule imposante monte le cours de Vincennes en chantant *L'Internationale*, précédée de drapeaux rouges. Et à mesure que les arrivants s'avancent on peut distinguer la faucille et le marteau entrecroisés, d'un métal étincelant, qui surmontent la hampe de leurs emblèmes.

Les chants peu à peu s'éteignent pour cesser tout à fait en arrivant à hauteur du groupe socialiste. Il y a un instant de silence, dominé faiblement par des voix lointaines qui viennent du milieu et de la fin du cortège, où les uns et les autres paraissent s'observer.

Les passions vont-elles l'emporter une fois de plus ? Les Guelfes et les Gibelins du prolétariat, oubliant la gravité de l'heure, le péril commun, vont-ils reprendre aujourd'hui encore leur lutte fratricide ?

Allons-nous voir, dans des circonstances d'une pareille importance pour notre avenir, des ouvriers socialistes et communistes s'aborder en s'injuriant et en venir aux mains, ainsi que cela s'est produit si fréquemment, hélas ! durant ces dernières années ?

Je songe à cette manifestation au mur des Fédérés, en l'honneur de la Commune, des 30 000 fusillés par les Versaillais, où les frères rivaux, animés d'une haine sans nom, s'étaient poursuivis jusqu'à travers les tombes du Père-Lachaise, à ces innombrables réunions où les pires adversaires étaient écoutés en silence mais où il suffisait de l'apparition à la tribune d'un orateur de l'un ou de l'autre parti pour déchaîner les altercations les plus violentes.

Va-t-on ne se souvenir de part et d'autre que des erreurs commises ? Pour si graves qu'elles soient, ne comprendra-t-on pas enfin que la meilleure façon de les racheter, c'est de s'unir en une heure pareille où il n'y a plus une seconde à perdre si l'on veut tout sauver – car rien n'est encore perdu, tous les espoirs sont permis si nous réalisons cette unité d'action.

Il me semble que dans le grand, le tragique silence qui vient de s'établir dans les groupes, qu'autour de ces hommes, l'Europe ouvrière regarde, regarde et attend.

Les plus clairvoyants, les plus charnellement attachés à leur classe, des militants qui sont là songent que l'occasion est magnifique pour regrouper des forces qu'épuisent les luttes intestines.

Chez la plupart des ouvriers, intellectuels, écrivains – car ils sont en grand nombre mêlés à cette masse –, je lis cette intense interrogation.

Aucun de ceux-là ne sous-estime l'importance de cet instant pour l'avenir du mouvement révolutionnaire français et international, en cette journée qui pourrait être le point de départ d'un magnifique et décisif bond en avant.

Mais voici que, rompant enfin cette angoisse, un poing se dresse, non pas pour frapper mais pour saluer par ce geste de volonté de lutte contre l'ennemi commun ; en voici aussitôt dix, cent, mille, des milliers, une forêt de bras qui s'élève, rapide, touffue ; entre le vide qui sépare encore les deux groupes – et qui garde encore une valeur de symbole – une formidable clameur monte, monte sans arrêt, arrachée aux entrailles même de ceux qui scandent avec une sorte de foi sauvage, farouche :

— Unité ! unité d'action !

Elle gronde dans l'avenue qu'elle remplit jusqu'au ciel d'une rumeur d'océan ; elle remonte de rang en rang jusqu'à la fin du cortège, elle s'étend et gagne avec une rapidité de flamme la porte de Vincennes.

C'est fini. Les uns et les autres se précipitent dans l'espace resté vide, roulent en avalanche, se mêlent, et bientôt il n'y a plus là qu'une seule masse confondue.

*

L'immense cortège s'est ébranlé.

Des abords de la place de la Nation jusqu'à la porte de Vincennes, la foule immense avance par rangs de 80 à 100 manifestants.

Des opérateurs de cinéma, juchés sur la carrosserie de leurs voitures, tournent sans arrêt, dirigeant en tous sens de pacifiques mitrailleuses qui captent les images.

Il n'y a plus qu'un trottoir de libre, tout le reste de l'avenue est submergé par ces dizaines de milliers d'hommes et de femmes qui avancent en chantant. On a donné le chiffre de 150 000 et il n'est, en effet, inférieur en rien à la réalité.

Extrait de *Faire front*, posth., 2018.

MAI 68

Slogans

Mai 68 a été un auteur. Ses livres étaient des murs dont les slogans étaient des phrases. La France est un pays si littéraire que tout le monde y est un écrivain en action. Depuis que les humains marchent tête baissée sur leurs téléphones portables comme des séminaristes, les trottoirs remplissent cette fonction littéraro-politique.

« Mur baignant infiniment dans sa propre gloire. »

« J'ai quelque chose à dire, mais je ne sais pas quoi. »

« Les murs ont des oreilles. Vos oreilles ont des murs. »

« L'anarchie, c'est je. »

« Millionnaires de tous les pays, unissez-vous, le vent tourne. »

« Pépé, pépègre. »

« La pègre, c'est nous. »

« Nous sommes tous des indésirables. »

« Exagérer, c'est commencer d'inventer. »

« Laissons l'inoubliable ! »

« Assez d'églises. »

« Plus jamais Claudel. »

« Le sacré, voilà l'ennemi. »

« Staliniens, vos fils sont avec nous. »

« Refusons le dialogue avec nos matraqueurs. »

« Le conservatisme est synonyme de pourriture et de laideur. »

« Je décrète l'état de bonheur permanent. »

« Merde au bonheur. »

« Dans les cavernes de l'ordre, nos mains forgeront des bombes. »

« Tout pouvoir abuse. »

« La politique se passe dans la rue. »

« Concours du prof le plus bête. Osez donc signer les sujets d'examen. »

« Comité civique demande bonnes consciences pour délation. »

« Ne me libère pas, je m'en charge. »

« La ville dont le prince est étudiant[1]. »

« Le mandarin est en vous. »

« La révolution n'est pas un spectacle pour anglicistes. »

« La forêt précède l'homme, le désert le suit. »

« Regarde ton travail, le néant et la torture y participent. »

« Un flic dort en chacun de nous, il faut le tuer. »

« La bourgeoisie n'a pas d'autre plaisir que celui de les dégrader tous. »

« L'économie est blessée, qu'elle crève. »

« Le discours est contre-révolutionnaire. »

« Soyez salés, pas sucrés ! »

« La révolution, c'est une initiative. »

« Soyez réalistes, demandez l'impossible. »

« Le respect se perd, n'allez pas le rechercher. »

1. Montherlant, *La ville dont le prince est un enfant*, 1951.

« Faites la somme de vos rancœurs et ayez honte. »
« Cache-toi, objet. »
« Ici on pense. »
« L'ennemi du mouvement, c'est le scepticisme. »
« Céder un peu, c'est capituler beaucoup. »
« Non à la révolution en cravate. »
« L'aboutissement de toute pensée, c'est le pavé. »
« La révolution doit cesser d'être pour exister. »
« Faites l'amour et recommencez. »
« Vivre au présent. »
« Nous manquons de vitamine C. »
« L'art, c'est de la merde. »
« CRS, vous pouvez résilier votre engagement ici. »
« Cours, camarade, le vieux monde est derrière toi. »
« À la table du ministre :

Poulet truffé.
Cervelles d'anar fumées.
Foie de grenades.
Pavés sur barricades.
Grillade de provos.
Soufflé d'enragés.
Eau gazeuse à discrétion. »

« Le bonheur est une idée neuve à Sciences Po. »
« Récréation permanente. »
« Civisme rime avec fascisme. »
« Pas de liberté aux ennemis de la liberté. »
« Nous avons une gauche préhistorique. »
« Salaires légers. Chars lourds. »
« La mort est nécessairement une contre-révolution. »
« La volonté générale contre la volonté du Général. »

« Les royalistes nous amusent, les fascistes nous emmerdent ! »
« Il faut du rouge pour sortir du noir. »
« Exagérer, voilà l'arme. »
« Bientôt de charmantes ruines. »
« Il n'y a pas de romantisme de l'action. Il ne peut y avoir de clichés lyriques. Sers-toi de ton cortex. »
« L'imagination prend le pouvoir. »
« Parlez à vos voisins. »
« Les frontières on s'en fout. »
« Je jouis dans les pavés. »
« À tel père, telle pègre. »
« Ni maître ni Dieu. Dieu, c'est moi. »
« La honte est contre. »
« N'allez pas en Grèce, cet été, restez à la Sorbonne. »
« Au cœur de la souffrance. »
« Vous aussi vous pouvez voler. »
« La négociation, c'est la ruse. »
« Regardez-vous, vous êtes tristes. »
« Vous avez voté : vivotez. »
« Ne vous laissez pas chatouiller par les démagogues. »
« Vive les mômes et les voyous ! »

Murs, tracts, manifestations ; relevé par divers témoins.

NUIT DEBOUT

(printemps 2016)

Slogans sur le sol de la place de la République, Paris

Ils m'amusaient, ces adolescents. Ils rendaient fous les grincheux, délice supplémentaire. Je suis allé place de la République pour lire par terre le kilim de leurs protestations. Il y avait de jolies phrases, parfois sentimentales, moins rieuses qu'en 68. Ils étaient des romantiques, les soixante-huitards avaient été des voltairiens. Leurs opposants rappelaient la haute posture morale de Mgr Dupanloup et ses admonestations sur les femmes studieuses, ou le pessimisme narcissique de Michel Debré, le Premier ministre de De Gaulle. Les grincheux sont immuables.

« Il fait beau, on est plein. »

« La jeunesse emmerde la loi du travail. »

« Le pouvoir que vous avez pris au peuple va retourner au peuple. »

« Je ne veux pas perdre ma vie à la gagner. »

« Les banques se cachent, nous on est à découvert. »

« La crise, c'est pour nous ; Panama, c'est pour eux. »

« Mais comment attendre quand le monde tombe ? »

« J'ai oublié le futur. »

« Préavis de rêve. »

« L'amour vaincra. »

« Fais ta B.A., mange un banquier. »

« *Ave César.* »

« Ne travaillez jamais ! »

« Insurrection populaire
Vive les ours polaires
Poil aux molaires ! »

« Nos nuits sont plus belles que vos jours[1]. »

« Tapez révolte sur votre clavier et sortez dans la rue ! »

« Abolissons la publicité ! »

« Démocratie, t'es où ? »

« Maintenant que nous sommes ensemble ça va mieux. »

« On ne rentre pas chez nous ce soir. »

Relevé par Charles Dantzig.

1. « Enfin, lorsque la nuit a déployé ses voiles, / La Lune, au visage changeant, / Paraît sur un trône d'argent, / Et tient cercle avec les étoiles, / Le ciel est toujours clair tant que dure son cours, / Et nous avons des nuits plus belles que vos jours » (Jean Racine, lettre à son cousin Vitart, 24 janvier 1662 ; il a vingt-deux ans).

LA VIE DURE

Paysan, c'est dur, on le sait depuis toujours. La littérature a éternellement pris parti en faveur de cette classe flatteuse pour elle (parallélisme du labeur), surtout celle qui sert les régimes en place (les paysans sont le plus souvent conservateurs) : Virgile, bon serviteur d'Auguste, a écrit des églogues. Les ouvriers sont parvenus bien plus tard dans la fiction, dans l'Angleterre victorienne, sauf erreur grâce à Dickens. Le plus dur de tout, c'est d'être un enfant.

FRANCIS JAMMES

(1868-1938)

Le paysan

Francis Jammes était de Tournay (« tournail », on est dans le Sud, ça rime avec ail), professait son humilité, était donc suprêmement vaniteux, ce qui ne l'empêchait pas d'être un bon poète. De l'angélus de l'aube à l'angélus du soir *reste et le mérite.*

Le paysan, le soir, vient de la foire et toutes
ses brebis marchent avec lui le long des routes.
Il y a des veaux qui ne veulent pas marcher
et il est obligé, pour les faire avancer,
de les tirer par le cou avec une corde.
Mais les veaux aux museaux blancs et morveux la mordent.
Les brebis se mettent à courir fort parfois
et le chien de l'homme, qui a l'air d'être en bois,
qui est jaune, les poursuit, aboie en arrière,
et sur la route cela fait de la poussière.
Il y a la haie après la route – et les champs
après la haie et après des prés – on entend
le gave de là ; plus loin les coteaux paraissent
avec de grands carrés verts, jaunes, roux. Où cessent
les coteaux, par-dessus eux, mais bien plus loin,
des montagnes, puis, après elles, l'air sans fin.

Extrait de *De l'angélus de l'aube à l'angélus du soir*, 1898.

VICTOR HUGO

(1802-1885)

Mortelles rêveries d'un apprenti poète à Paris

Paris est un combat. Victor Hugo, fils de général et frayant avec aise dans les salons dès l'âge de quinze ans, n'a pas eu à le mener, ou disons l'a emporté déjà pourvu d'armes sociales (il avait le génie en plus, mais je ne parle pas de ça). Sa vaste imagination comprenait la cruauté de Paris envers ceux qui n'ont pour eux que leur désir, comme cet Ymbert Gallois venu de Suisse pensant que Paris l'attendait. Paris n'attend personne.

Ymbert Galloix (ou Jacques-Imbert Galloix) était un pauvre jeune homme de Genève, fils ou petit-fils, si notre mémoire est bonne, d'un vieux maître d'écriture du pays ; un pauvre Genevois, disons-nous, bien élevé et bien lettré d'ailleurs, qui vint à Paris, il y a six ans, n'ayant pas devant lui de quoi vivre plus d'un mois, mais avec cette pensée, qui en a leurré tant d'autres, que Paris est une ville de chance et de loterie, où quiconque joue bien le jeu de sa destinée finit par gagner ; une métropole bénie où il y a des avenirs tout faits et à choisir, que chacun peut ajuster à son existence ; une terre de promission qui ouvre des horizons magnifiques à toutes les intelligences dans toutes les directions ; un vaste atelier de civilisation où toute capacité trouve du travail et fait fortune ; un océan où se fait chaque jour la pêche miraculeuse ; une cité prodigieuse, en un mot, une cité de prompt succès et d'activité excellente, d'où en moins d'un an l'homme de talent qui y est entré sans souliers ressort en carrosse.

Il y est arrivé au mois d'octobre 1827, il y est mort de misère au mois d'octobre 1828.

Il n'y a en ceci aucune hyperbole, ce jeune homme est mort de misère à Paris. Ce n'est pas que quelques hommes de ces classes intelligentes et humaines qu'on est convenu de désigner sous le nom vague d'*artistes*, ce n'est pas que quelques jeunes gens de la bonne jeunesse qui pense et qui étudie, au milieu desquels il tomba à son arrivée à Paris, inconnu de tous, ne lui aient serré la main, ne lui aient donné conseil et secours, ne lui aient, dans l'occasion, ouvert leur bourse quand il avait faim et leur cœur quand il pleurait. Il va sans dire que plusieurs d'entre eux se sont tout naturellement cotisés pour payer son dernier loyer et son dernier médecin, et que ce n'est pas au charpentier qu'il doit sa bière. Mais qu'est-ce que tout cela, si ce n'est mourir de misère ?

À son arrivée à Paris, il se présenta de lui-même, avec quelque assurance, dans trois ou quatre maisons. Voici à ce sujet ce que nous disait encore, il y a peu de jours, un de ceux qui l'ont accueilli dans ses premières illusions et assisté dans ses dernières angoisses.

— C'était en octobre 1827, un matin qu'il faisait déjà froid, je déjeunais ; la porte s'ouvre, un jeune homme entre. Un grand jeune homme un peu courbé, l'œil brillant, des cheveux noirs, les pommettes rouges, une redingote blanche assez neuve, un vieux chapeau. Je me lève et je le fais asseoir. Il balbutie une phrase embarrassée d'où je ne vis saillir distinctement que trois mots : Ymbert Galloix, Genève, Paris. Je compris que c'était son nom, le lieu où il avait été enfant, et le lieu où il voulait être homme. Il me parla poésie. Il avait un rouleau de papiers sous le bras. Je l'accueillis bien ; je remarquai seulement qu'il cachait ses pieds sous sa chaise avec un air gauche et presque honteux. Il toussait un peu. Le lendemain, il pleuvait à verse, le jeune homme revint. Il resta trois heures. Il était d'une belle humeur et tout rayonnant. Il me parla des poètes anglais, sur lesquels je suis peu lettré, Shakespeare et Byron exceptés. Il toussait beaucoup. Il cachait toujours ses pieds sous sa chaise. Au bout de trois heures, je m'aperçus qu'il avait des souliers percés et qui prenaient l'eau. Je n'osai lui en rien dire. Il s'en alla sans m'avoir parlé d'autre chose que des poètes anglais…

Il se présenta à peu près de cette façon partout où il alla, c'est-à-dire chez trois ou quatre hommes spécialement voués aux études d'art et de poésie. Il fut bien reçu partout, toujours encouragé, souvent aidé. Cela ne l'a pas empêché de mourir de misère, à la lettre, comme il a été dit plus haut.

Ce qui le caractérisait dans les premiers mois de son séjour à Paris, c'était une ardente et fiévreuse curiosité. Il voulait voir Paris, entendre Paris, respirer Paris, toucher Paris. Non le Paris qui parle politique et lit le Constitutionnel et monte la garde à la mairie ; non le Paris que viennent admirer les provinciaux désœuvrés, le Paris-monument, le Paris-Saint-Sulpice, le Paris-Panthéon, pas même le Paris des bibliothèques et des musées. Non, ce qui l'occupait avant tout, ce qui éveillait sans relâche sa curiosité, ce qu'il examinait, ce qu'il questionnait sans cesse, c'est la pensée de Paris, c'est la mission littéraire de Paris, c'est la mission civilisatrice de Paris, c'est le progrès que contient Paris. C'est surtout sous le point de vue des développements nouveaux de l'art que ce jeune homme étudiait Paris. Partout où il entendait résonner une enclume littéraire, il arrivait. Il y mettait ses idées, il les laissait marteler à plaisir par la discussion, et souvent, à force de les reforger ainsi sans cesse, il les déformait. Ymbert Galloix est un des plus frappants exemples du péril de la controverse pour les esprits de second ordre. Quand il est mort, il n'avait plus une seule idée droite dans le cerveau.

Ce qui le caractérisa dans les derniers mois de son séjour, qui furent les derniers mois de sa vie, c'est un profond découragement. Il ne voulait plus rien voir, plus rien entendre, plus rien dire. En quelques mois, par une transition dont nous laissons le lecteur rêver les nuances, le pauvre jeune homme était arrivé de la curiosité au dégoût. Ici il se présente plusieurs questions, que nous posons sans les résoudre. De quel côté ses illusions étaient-elles ruinées ? Était-ce à l'intérieur ou à l'extérieur ? Avait-il cessé de croire en lui ou au monde ? Paris, après examen, lui avait-il semblé chose trop grande ou chose trop petite ? S'était-il jugé trop faible ou trop fort pour prendre joyeusement de l'ouvrage dans cet immense atelier de civilisation ? La mesure idéale de lui-même qu'il portait en lui s'était-elle trouvée trop courte ou trop haute quand il l'avait superposée aux réalités d'une existence à faire et d'une carrière à parcourir ? En un mot, la cause de l'inaction volontaire qui hâta sa mort, était-ce effroi ou dédain ? Nous ne savons. Ce qu'il y a de certain, c'est qu'après avoir bien regardé Paris, il croisa tristement les bras et refusa de rien faire. Était-ce paresse ? était-ce fatigue ? était-ce stupeur ? Selon nous, c'étaient les trois choses à la fois. Il n'avait trouvé ni dans Paris ni en lui-même ce qu'il cherchait. La ville qu'il avait cru voir dans Paris n'existait pas. L'homme qu'il avait cru voir en lui ne se réalisait pas. Son double rêve évanoui, il se laissa mourir.

Nous disons qu'il se laissa mourir. C'est qu'en effet, au physique comme au moral, sa mort fut une espèce de suicide. On nous permettra de ne pas éclairer davantage un des côtés de notre pensée. Le fait est qu'il refusa de travailler. On lui avait trouvé des besognes à faire (misérables besognes, il est vrai, où s'usent tant de jeunes gens capables peut-être de grandes choses), des dictionnaires, des compilations, des biographies de contemporains à vingt francs la colonne. Il s'essaya pendant un temps d'écrire quelques lignes pour ces divers labeurs. Puis le cœur lui manqua ; il refusa tout. Il fut invinciblement pris d'oisiveté comme un voyageur est pris de sommeil dans la neige. Une maladie lente qu'il avait depuis l'enfance s'aggrava. La fièvre survint. Il traîna deux ou trois mois, et mourut. Il avait vingt-deux ans.

À proprement parler, le pays de son choix, ce n'était pas la France, c'était l'Angleterre. Son rêve, ce n'était pas Paris, c'était Londres. On le va voir dans les lignes qu'il a laissées. Vers les derniers temps de sa vie, quand la souffrance commençait à déranger sa raison, quand ses idées à demi éteintes ne jetaient plus que quelques lueurs dans son cerveau épuisé, il disait, bizarre chimère, que la principale condition pour être heureux, c'était d'être né anglais. Il voulait aller en Angleterre pour y devenir lord, grand poète, et y faire fortune. Il apprenait l'anglais ardemment. C'était le seul travail auquel il fût resté fidèle. Le jour de sa mort, sachant qu'il allait mourir, il avait une grammaire sur son lit et il étudiait l'anglais. Qu'en voulait-il faire ?

Ymbert Galloix est mort triste, anéanti, désespéré, sans une seule vision de gloire à son chevet. Il avait enfoui quelques colonnes de prose fort vulgaire, disait-il, dans le recoin le plus obscur d'une de ces tours de Babel littéraires que la librairie appelle dictionnaires biographiques. Il espérait bien que personne ne viendrait jamais déterrer cette prose de là. Quant aux rares essais de poésie qu'il avait tentés, sur les derniers temps, découragé comme il l'était, il en parlait d'un ton morose et fort sévèrement. Sa poésie, en effet, ne se produisait jamais guère qu'à l'état d'ébauche. Dans l'ode, son vers était trop haletant et avait trop courte haleine pour courir fermement jusqu'au bout de la strophe. Sa pensée, toujours déchirée par de laborieux enfantements, n'emplissait qu'à grand-peine les sinuosités du rythme et y laissait souvent des lacunes partout. Il avait des curiosités de rime et de forme qui peuvent être, dans des talents complets, une qualité de plus, précieuse sans doute, mais secondaire après tout, et qui ne supplée à aucune qualité essentielle. Qu'un vers ait une bonne forme, cela n'est pas tout ; il faut absolument, pour qu'il y ait parfum, couleur et saveur, qu'il contienne une idée, une image ou un sentiment. L'abeille construit artistement les six pans de son alvéole de cire, et puis elle l'emplit de miel. L'alvéole, c'est le vers ; le miel, c'est la poésie.

Galloix était plus à l'aise dans l'élégie. Là, sa poésie était parfois aussi palpitante que son cœur, mais là aussi la faculté d'exprimer tout lui manquait souvent. En général son cerveau résistait à la production littéraire proprement dite. Quelquefois, à force de souffrir, le poète devenait un homme, son élégie devenait une confidence, son chant devenait un cri ; alors c'était beau.

Comme il croyait peu à la valeur essentielle et durable de sa prose ou de ses vers, comme il n'avait eu le temps de réaliser aucun de ses rêves d'artiste, il est mort avec la conviction désolante que rien de lui ne resterait après lui. Il se trompait.

Il restera de lui une lettre.

Une lettre admirable, selon nous, une lettre éloquente, profonde, maladive, fébrile, douloureuse, folle, unique ; une lettre qui raconte toute une âme, toute une vie, toute une mort ; une lettre étrange, vraie lettre de poète, pleine de vision et de vérité.

Cette lettre, l'ami auquel Ymbert Galloix l'adressait a bien voulu nous la confier. La voici. Elle fera mieux connaître Ymbert Galloix que tout ce que nous pourrions dire. Nous la publions telle qu'elle est, avec les répétitions, les néologismes, les fautes de français (il y en a), et tous ces embarras d'expression propres au style genevois. Les deux ou trois suppressions qu'on y remarquera étaient imposées à celui qui écrit ceci par des convenances rigoureuses qui seraient approuvées de tout le monde. On a tâché que cette publication, toute dans l'intérêt de l'art, fût aussi impersonnelle que possible. Ainsi les noms propres qui sont écrits en toutes lettres dans l'original ne sont ici désignés que par des initiales, afin de ménager les vanités et surtout les modesties.

Cela posé, nous devons redire que l'essence même de la lettre est religieusement respectée. Pas un mot n'a été changé, pas un détail n'a été déformé. Nous croyons qu'on lira avec le même intérêt que nous cette confession mystérieuse d'une âme qui ressemble fort peu aux autres âmes, et qui nous peint presque tous cependant. Voilà, à notre sens, ce qui caractérise cette singulière lettre. C'est une exception, et c'est tout le monde.

Paris, 11 décembre 1827

Mon pauvre D–,

Il y a bien des jours que je me propose de vous écrire. Mais la douleur, la maladie que vous me connaissez, les distances de Paris, qui mangent la moitié des journées, tout m'en a empêché. Oh ! que je souffre et que j'ai souffert ! Il m'est impossible de songer à mettre de l'ordre dans ma lettre, à vous dépeindre même l'état de mon âme, à matérialiser par des mots glacés ces navrantes et perpétuellement successives impressions, sensations, terreurs, abîmes de mélancolie, de désespoir, etc. Nous sommes aujourd'hui le 11 décembre. Il est trois heures. J'ai marché, j'ai lu, le ciel est beau, et je souffre horriblement. Arrivé ici le 27 octobre, voici donc un mois que je languis et végète sans espoir. J'ai eu des heures, des journées entières où mon désespoir approchait de la folie. Fatigué, crispé physiquement et moralement, crispé à l'âme, j'errais sans cesse dans ces rues boueuses et enfumées, inconnu, solitaire au milieu d'une immense foule d'êtres, les uns pour les autres inconnus aussi.

Un soir, je m'appuyai contre les murs d'un pont sur la Seine. Des milliers de lumières se prolongeaient à l'infini, le fleuve coulait. J'étais si fatigué, que je ne pouvais plus marcher, et là, regardé par quelques passants comme un fou probablement, là, je souffrais tellement, que je ne pouvais pleurer. Vous me plaisantiez quelquefois à Genève sur mes sensations. Eh bien, ici je les dévore solitaire. Elles me tourmentent, m'agitent sans cesse, et tout se réunit pour me déchirer l'âme, ce sentiment immense et continuel du néant de nos vanités, de nos joies, de nos douleurs, de nos pensées ; l'incertitude de ma situation, la peur de la misère, ma maladie nerveuse, mon obscurité, l'inutilité des démarches, l'isolement, l'indifférence, l'égoïsme, la solitude du cœur, le besoin du ciel, des champs, des montagnes, les pensées philosophiques même, et par-dessus tout cela, oh ! oui, par-dessus tout cela, les regrets lacérants[1] *du pays*

1. Le mot est souligné dans la lettre que nous avons sous les yeux. (*Notes de Victor Hugo*.)

de ses aïeux. Il est des moments où je rêve à tout ce que j'aimais, où je me promène encore sur Saint-Antoine, où je me rappelle toutes mes douleurs de Genève, et les joies que j'y ai connues, bien rarement, il est vrai.

Il est des moments où les traits de mes amis, de mes parents, un lieu consacré par un souvenir, un arbre, un rocher, un coin de rue, sont là devant mes yeux, et les cris d'un porteur d'eau de Paris me réveillent. Oh ! que je souffre alors ! Souvent, rentré dans ma chambre solitaire, harassé de corps et d'esprit, là je m'assieds, je rêve, mais d'une rêverie amère, sombre, délirante. Tout me rappelle ces pauvres parents que je n'ai pas rendus heureux ; les soins de blanchisseuse, etc., etc., tout cela m'étouffe. Les heures des repas changées ! Oh ! que je regrette et ma chambre de Genève, où j'ai tant souffert, et la classe, et mon oncle, et votre coin de feu, et les visages connus, et les rues accoutumées ! Souvent un rien, la vue de l'objet le plus trivial, d'un bas, d'une jarretière, tout cela me rend le passé vivant, et m'accable de toute la douleur du présent. Misère de l'homme qui regrette ce qu'il maudirait bientôt quand il le retrouverait ! Je ne puis même jouir de ma douleur, l'esprit d'analyse est toujours là qui désenchante tout.

Ennui d'une âme flétrie à vingt et un ans, doutes arides, vagues regrets d'un bonheur entrevu plus vaguement encore comme ces gloires du couchant sur la cime de nos montagnes, douleurs positives, douleurs idéales, persuasion du malheur enracinée dans l'âme, certitude que la fortune, quoique un grand bien, ne nous rendrait pas parfaitement heureux : voilà ce qui tourmente ma pauvre âme. Oh ! mon unique ami, qu'ils sont malheureux, ceux qui sont nés malheureux !

Et quelquefois pourtant, il semble qu'une musique aérienne résonne à mes oreilles, qu'une harmonie mélancolique et étrangère au tourbillon des hommes vibre de sphère en sphère jusqu'à moi ; il semble qu'une possibilité de douleurs tranquilles et majestueuses s'offre à l'horizon de ma pensée comme les fleuves des pays lointains à l'horizon de l'imagination. Mais tout s'évanouit par un cruel retour sur la vie positive, tout !

Que de fois j'ai dit avec Rousseau : Ô ville de boue et de fumée ! Que cette âme tendre a dû souffrir ici ! Isolé, errant, tourmenté comme moi, mais moins malheureux de soixante ans d'un siècle sérieux et de grands événements, il gémirait à Paris ; j'y gémis, d'autres y viendront gémir. Ô néant ! néant !

J'ai pourtant eu deux ou trois moments d'extase. Un jour, à l'Opéra, la musique enchantée du Siège de Corinthe *m'avait fait oublier mes peines. Vous savez combien j'aime l'élégance, la somptuosité, les titres, tout enfin, tout ce qui nous place dans un monde aussi beau que possible ici-bas, du moins à l'extérieur. Eh bien, ces impressions que m'apportaient à Genève tant de physionomies étrangères et distinguées, tant de belles âmes, de grands personnages, tant de livrées, d'équipages, enfin ce spectacle ravissant des pompes de la civilisation au milieu des pompes de la nature, spectacle qui fait de Genève une ville peut-être unique en Europe relativement à sa grandeur ; ces impressions, je ne les ai retrouvées à Paris qu'à l'Opéra, et en relisant avec passion la* Vie *d'Alfieri, écrite par lui-même, que je n'avais pas lue depuis quatre ans. Que de choses pour moi et pour chaque âme dans ces quatre ans ! J'étais donc à l'Opéra. Les prestiges de la musique, la magnificence du théâtre, les toilettes et les physionomies qui garnissaient les loges, je respirais tout cela, je me croyais prince, riche, honoré ; les portiques d'un monde qui n'est beau pour moi que parce que je l'ignore se dessinaient à ma vue entourés d'une auréole d'élégance et de recherche. J'avais oublié ma situation, ou plutôt je cherchais à me convaincre qu'elle allait cesser. Quoique entouré des simples mises du parterre, c'était bien aux loges que j'étais. Je ne voyais qu'au-dessus de moi. J'étais plongé dans un océan d'illusions, d'espérances démesurées, d'harmonie, de splendeurs, de vanités, etc. Cet état dura une demi-heure. Oh ! qu'ils furent tristes, les moments qui suivirent ! qu'ils furent amers ! Il en est de même de la vie errante de ce riche, noble et malheureux Alfieri. On n'y voit que des ambassadeurs nobles, des voyages en poste continuels, des valets de chambre, etc. Oh ! qu'il fait bon être malheureux avec trente mille francs de rente ! Non, non ; excusez cette phrase. Vous savez combien je sais dépouiller le malheur de son entourage positif et le contempler dans son affreuse nudité, qui est la même pour toutes les conditions lorsqu'on a dans l'âme quelque chose qui bat plus fortement pour nous que pour la foule. Les sensations m'accablent. Je quitte la plume ; je vais rêver. Riez, car là vous me reconnaissez tout entier, n'est-ce pas ?*

Je reprends la plume aujourd'hui 27 décembre. Je souffre, et toujours. J'ai eu des moments horribles ; mais je ne veux pas vous lasser encore de mes plaintes. Il est minuit et quelques minutes. Nous sommes donc le 28. Qu'importe ! Quelques voitures roulent encore de loin en loin ; mais on est sorti de l'Odéon. La tristesse, l'hiver, la solitude et la nuit règnent. Je veille au coin d'un feu au quatrième étage de la rue des Fossés-Saint-Germain-des-Prés. Ma chambre, assez élégante, est seule, et je suis face à face avec ma tristesse et mon ennui. Croiriez-vous que je n'aime plus les femmes ? Pas le moindre désir physique. Il faut que la douleur m'absorbe entièrement. Mais je me laisserai facilement aller à de nouvelles rêveries. Venons au fait. Depuis longtemps je suis très lié avec –.

Je suis encore lié intimement avec Ch. N–. Celui-là est encore plus expansif que – ; il vous plairait davantage, surtout les premières fois. N– a souvent les larmes sur le bord des paupières, tout en vous parlant. Il a ce que vous nommez de l'humectant dans toute sa personne. Il me témoigne une affection toute paternelle. On pourrait lui reprocher peut-être d'avoir trop d'indulgence pour les médiocrités, mais cela tient à sa grande bonté. – tomberait dans l'excès contraire ; il ne verrait pas avec plaisir, je crois, un homme qu'il jugerait ordinaire. Vous me direz qu'il y a de l'amour-propre là ; mais si j'étais obligé de me gêner avec vous, autant vaudrait ne pas vous écrire.

Je passe tous les dimanches soirs chez N–. Là se réunissent plusieurs hommes de lettres. J'y ai vu Mme T–, j'y ai causé avec E– D–, P–, le baron T–, M. de C–, savant célèbre qui s'intéresse beaucoup à moi ; M. de R–, antiquaire et historien. Enfin M. J–, que j'ai connu là, est un ami que j'espère avoir acquis. Il est colossal par la pensée. S'il avait un peu plus de poésie dans l'âme, je n'hésiterais pas à le regarder comme un homme étonnant ! Vous avez lu ses articles sur Walter Scott et d'autres. Ce n'est pas un médiocre dédommagement à ma douleur que d'être apprécié par un tel homme, d'autant plus qu'il est froid, sec, au premier abord, et surtout désespérant pour les médiocrités, qu'il méprise, lors même qu'il les voit célèbres. M. J– ressemble à L–, il est beau de visage. Dessous sa sécheresse, il y a aussi beaucoup d'humectant, et dans tout lui, dans son accent, dans ses manières, une couleur montagnarde et anglaise. Il est né dans le Jura. Il a été souvent à Genève. Nous sympathisons par la pensée, par les inductions, et par la difficulté de rendre ce que nous éprouvons.

Je reviens à N–. Pour en finir sur lui, il a l'air et les goûts d'un gentilhomme de campagne. Je lui ai prêté vos poésies ; il en est enchanté. P. L– va publier ses Voyages en Grèce*, en vers. Je lui en ai entendu lire un fragment, c'est ravissant, c'est poétique comme Byron ; mais il n'y a ni cette pensée féconde, ni ce génie vaste et souffrant qui nous prennent à la gorge dans le barde anglais et dans son rival de Florence. M. L– ressemble à Goethe (vous reconnaissez là ma manie de ressemblance). Il lit ses vers d'une manière tout à fait particulière et pleine de charme ; il est simple, tranquille, réservé ; il a quelque chose de protestant dans sa personne. Il a beaucoup voyagé. Il a un recueil de poésies en portefeuille, mais il a de la répugnance à les publier toutes, parce qu'il les trouve trop individuelles. Il a beaucoup goûté* ma vie*. Je vous dis en passant que – et N– font de mes poésies plus de cas peut-être qu'elles ne méritent. J'en ai plusieurs nouvelles, faites soit à Genève, soit ici. Je suis très lié avec de B–, le fils du poète, homme d'un esprit* *élevé. F– fait jouer son P– dans un mois. C'est un drame tout à fait romantique. F– a été au Cap et à la Martinique ; du reste, c'est un homme d'un ton de cabaret. Il a un poème en portefeuille. On ne peut lui refuser un talent frais et gracieux ; mais il ne faut pas le connaître pour aimer ses poésies. Quel désenchantement ! Je me rappelle que son* Pêcheur, *avant que V– allât en Russie, nous émut jusqu'aux larmes, et je prêtais à l'auteur quelque chose d'idéal, n'ayant jamais vu ce nom, et le lisant au bas d'un morceau tout rêveur, tout maritime ; j'en faisais un jeune ondin, etc. ; et c'est un mélange de commun et de soldat. V– (que j'ai vu une heure chez –) est un homme de sept pieds. Quand il parle à un honnête homme, son estomac dessine une arcade et ses genoux un triangle. S'il est assis, il se divise en deux pièces qui forment l'angle aigu. Ajoutez qu'il ne dit pas six mots sans un* comme ça, *qu'il est homme de bon ton de l'ancien régime, et maigre comme un lézard. Il fait peur à contempler. Vous savez qu'il a fait la charmante bluette intitulée* Sainte-P–. *Il connaît L–. A–, l'historien duelliste, a l'air d'un boucher civilisé. Quelque chose d'âpre, et pourtant d'imposant, le caractérise. Il ne me reste pas de place pour vous parler d'Al-, des V– père et fils, de D– et M–, rédacteurs du G–, et de plusieurs autres littérateurs que je connais. Un mot sur S– : c'est un homme qui me paraît tenir du charlatan, de l'illuminé, du Durand, du Swedenborg, et aussi du vrai poète. Il a un talent descriptif remarquable. Je n'ai eu qu'une entrevue avec lui ; j'en ai assez. Il est vrai que le tête-à-tête a duré trois heures. Mais il y a trop de crème fouettée dans ce cerveau-là pour que je m'amuse à le faire mousser encore davantage. Je dois être présenté à Benjamin Constant par C–, bon garçon (le rédacteur de la* Rev– prot *–). Je m'attendais à trouver en C– un grave pasteur, et c'est un étourdi que j'ai trouvé, mais du moins un étourdi d'esprit et de mérite, quoique sans génie. J'aurais encore mille choses intéressantes à vous dire, mais il faut clore ma lettre.*

Vos Mélodies *ont paru. Jolie édition. Je les ai lues et relues avec charme. Elles ont eu un article dans la R. J'en fais un pour le F. ; je les ai recommandées au G. On en parlera dans la N. Mais il faudrait, pour le succès, des prôneurs que vous n'avez pas. Il s'en vendra peu, je le crains. La poésie est dans un discrédit si complet, qu'il faut être sur les lieux pour en avoir une idée. C'est cent fois pis qu'à Genève, personne ne lit de vers. On en achète encore moins. L., D. et – font seuls exception à la règle. D'ailleurs tout le monde fait bien les vers à Paris. On en lit tant de manuscrits, qu'un auteur étranger, qui n'a d'autre protection que son talent, ne peut percer que par un heureux hasard. Votre éloignement de Paris est nuisible aussi au succès de votre livre ; mais il est favorable à votre bonheur. La grande Babylone vous saturerait de dégoût, de boue, de fatigue et de tristesse. J'ignore l'état de votre âme à Florence ; mais à coup sûr il serait pire à Paris ; sans parler de l'extrême difficulté d'y vivre. Jusqu'à présent je ne gagne rien, et j'ai pourtant de vrais amis qui font leurs efforts pour me trouver quelque chose. On m'a écrit que vous étiez lié avec L–. Décrivez-le-moi de la cravate à la pantoufle. Est-ce bien ce que j'ai rêvé, un lord Byron français, de l'insouciance, de la vanité, de l'affectation, du malheur, une pensée dévorante, du génie à flots, du bon ton, de l'élégance ; enfin une atmosphère poétique étrangère qui n'a rien de commun avec la sale atmosphère de nos hommes de lettres parisiens ? L– n'est-il pas cet idéal de mon âme, où j'aime à retrouver jusqu'à ces petits défauts de vanité, de puérile affectation, qu'anciennement vous détestiez, et que vous avez finalement découverts en vous, comme on les découvrira toujours chez la plupart des poètes qui auront l'esprit d'analyse et la bonne foi de l'homme supérieur ? Il est une heure et demie, j'interromps ma lettre. Je compte vous mettre encore quelques mots derrière la copie de deux élégies que vous trouverez ci-incluses.*

Mon ami, je continue ma lettre bien après l'avoir commencée et reprise. Il est huit heures du soir, et nous sommes le 31 mars. Je suis fou de douleur, mon désespoir surpasse mes forces. J'ai souffert aujourd'hui ce qu'il est à peine possible à un homme de se figurer. Enfin, un accès de fièvre m'a pris ce soir, c'était l'excès de la peine morale. Écoutez. Si du moins je pouvais me persuader qu'un jour je serai heureux ! mais l'avenir rembrunit encore le présent. Vous me connaissez ; vous savez les bizarreries de mon caractère. J'ai fait une découverte en moi, c'est que je ne suis réellement point malheureux pour telle ou telle chose, mais j'ai en moi une douleur permanente qui prend différentes formes. Vous savez pour combien de choses jusqu'ici j'ai été malheureux, ou plutôt sous combien de formes le foie, la bile, ou enfin le principe qui me tourmente s'est reproduit. Tantôt, vous le savez, c'était de n'être pas né anglais qui m'affligeait, tantôt de n'être pas propre aux sciences ; plus habituellement encore de n'être pas riche, de lutter avec la misère et les préjugés, d'être inconnu. Vous savez encore que depuis Genève il me semblait que si jamais je parvenais à percer à Paris je serais enfin heureux. Eh bien, mon ami, je suis lié avec presque tous les littérateurs les plus distingués. Quelques-uns, tels que –, Ch. N–, etc., sont d'illustres amis avec qui je suis presque aussi familier qu'avec vous. Eh bien, ma vanité est satisfaite ; souvent dans les salons j'ai des moments de satisfaction mondaine ; enfin quelquefois je suis enivré de ces petits triomphes d'une soirée, d'un instant ; et avec cela, le fond, la presque totalité de ma vie, c'est je ne dirais pas le malheur, mais un chancre aride ; un plomb liquide me coule dans les veines ; si l'on voyait mon âme, je ferais pitié, j'ai peur de devenir fou. Depuis que je suis ici, ma douleur a pris cinq à six formes : d'abord ç'a été le regret de ma patrie, et mon incertitude de l'avenir ; ensuite le sentiment de mon isolement, de mon néant *; puis un vide occupé par cet affreux tumulte de sensations dont je vous ai tant parlé ; enfin, depuis deux mois, toutes mes facultés de douleur se sont réunies sur un point. J'ose à peine vous le dire, tant il est fou ; mais, je vous en supplie, ne voyez là-dedans qu'une forme de douleur, qu'une des apparences de l'ulcère qui me ronge ; ne me jugez pas d'après les règles ordinaires, et voyez le mal et non pas son objet. Eh bien, ce point central de mes maux, c'est de n'être pas né anglais. Ne riez pas, je vous en supplie ; je souffre tant ! Les gens vraiment amoureux sont des monomanes comme moi, qui ont une seule idée, laquelle absorbe toutes leurs sensations. Moi, dont l'âme a été en butte si longtemps à un tumulte si varié, je suis monomane aussi maintenant.*

Je lisais dernièrement Valérie *de Mme de Krudener ; je ne puis vous exprimer les sensations que j'en ai reçues. Ce livre étonnant m'avait ennuyé jadis ; maintenant il m'a déchiré. C'est que Gustave est comme moi victime d'une passion dévorante, ou plutôt d'une énergie de sensations qui le dévore, et qui s'est portée sur un aliment naturel, l'amour, tandis que cette même énergie, luttant dans mon âme avec le vide, y enfante des fantômes. Je lisais ce roman, aux premiers rayons du soleil du printemps, dans les vastes et tristes allées du Luxembourg. À chaque instant, je m'arrêtais anéanti.*

Maintenant, voici l'origine de ma passion pour l'Angleterre. D'abord vous savez que j'aime à revivre avec les morts, à connaître leur vie d'autrefois, à habiter avec eux, à les suivre dans les circonstances de leur existence, à me créer enfin des sympathies que pare l'illusion du temps et que la présence des individus ne puisse plus détruire. Eh bien, là, en Angleterre, j'aurais au moins cinquante poètes d'une vie aventureuse, et dont les livres sont pleins d'imagination, de pensée, etc. ; en France, je n'en ai pas trois. Outre cela, j'aurais eu une patrie dont j'aurais aimé jusqu'aux préjugés ; il y a tant de poésie dans les vieilles mœurs de l'Angleterre, et tant d'imagination dans tout ce qui est de ce pays-là ! D'abord, au lieu d'une littérature, il y en a quatre : l'américaine, l'anglaise, l'écossaise, l'irlandaise ; et elles ont toutes avec la même langue un caractère différent. Quelles richesses littéraires ! la vie du maniaque Cowper, si grand poète, a été écrite en trois volumes in-octavo ; celle de Johnson en quatre. C'est de celle-là que Walter Scott dit qu'on la trouve dans toutes les maisons de campagne, etc. Et encore, qu'au seul nom de Johnson un Anglais a devant les yeux une individualité, un personnage qui a le privilège d'être encore vivant, agissant, au physique comme au moral. Il y a trente poètes vivants, tous originaux, tous individuels, ne marchant point sur les traces les uns des autres, et très féconds. Que de richesses ! Enfin quelles aventures que celles de ce malheureux Savage, de Shelley ! quel colosse qu'un Byron ! Que de trésors pour une âme qui aime à fuir le monde, et à chercher ses amis dans son cabinet ! Quels soins ont les Anglais de leurs auteurs ! ils les réimpriment sous tous les formats. Quel goût dans leurs éditions ! quelle imagination dans leurs vignettes ! Voyez la nation elle-même ; les hommes qui ont un air ignoble sont aussi rares en Angleterre que le sont en France ceux qui ont l'air distingué ! Tout est excentric *dans cette nation ; j'aime jusqu'à leur originalité, leurs vêtements bizarres. Ce n'est que là que l'enthousiasme règne sous mille formes ; que là, qu'à côté des idées positives les plus sévères, on trouve les billevesées les plus pittoresques. Ce pays réunit tout, le positif et l'idéal, la France et l'Allemagne. C'est le seul qui soit assez fort pour tout comprendre, assez grand pour ne rien rejeter.*

Quelle individualité ! on reconnaît un Anglais entre mille, un Français ressemble à tout le monde.

L'abondance des sectes religieuses en Angleterre prouve au moins de la bonne foi des âmes qui ont besoin d'espoir, que la matière n'a pas desséchées. Les extravagances individuelles des jeunes Anglais prouvent des âmes agitées. Oh ! si vous voyiez la France, que vous en seriez dégoûté ! Pour tout homme au monde, c'est un chagrin de se sentir déplacé. Cela vous faisait souffrir à Genève. Eh bien, je suis cruellement déplacé, moi qui ne me sens aucune sympathie avec la France, et qui m'en trouve sur tous les points avec l'Angleterre ; je me trouve cruellement déplacé, au milieu d'une nation frivole, bavarde, impie, aride, et vaine et froide, quand je songe qu'il en est une religieuse ou terriblement sceptique, mais au moins pas indifférente ; une où l'on trouve des amis fidèles ; des âmes exaltées, et où la frivolité même, extravagante et bizarre, n'a pas ce ton railleur et fadement insipide qu'elle a en France. Chez le restaurateur où je dîne, il y a des Français et des Anglais. Quelle différence ! Presque tous les Français y sont gascons, braillards et communs ; tous les Anglais, nobles et décents. Enfin, mon ami, je sens qu'un amant peut entretenir un ami de son amour, parce que cette passion trouve un écho dans toutes les âmes, il n'y a rien là de ridicule ; mais tel est le surcroît de mes douleurs, que je n'ose les confier, parce qu'elles sont trop individuelles, et doivent paraître trop ridicules à qui ne les a pas naturellement éprouvées. Et cependant (je vous en conjure, soyez assez exempt de préjugés pour me croire), cette folie me fait souffrir des douleurs épouvantables. *Tout la réveille, la vue d'un Anglais, d'un livre anglais en vente chez Baudry, les moqueries mêmes dont ils sont l'objet, tout cela me dévore ; ce sont autant de coups de poignard qui ravivent ma douleur, comme, sans doute, tout ce qui rappelle une maîtresse morte à un amant passionné. Enfin, ma manie me dégoûte même de la gloire. Je voudrais être célèbre en Angleterre, et, par conséquent, écrire en anglais. D'ailleurs, mes douleurs m'agitent trop pour que je puisse écrire autre chose et ne sont malheureusement pas des sujets poétiques. Je sais que, si (supposition absurde, comme toutes les suppositions) j'étais anglais, je ne souffrirais pas moins avec mon tempérament maladif, mais cela me fait un effet tout différent. C'est ma raison seule qui me donne cette persuasion ; car, si je n'écoutais que la sensation, il me semble que, né anglais, je pourrais supporter tous mes maux. Je me représente ce que je suis d'organisation et d'âme ; mais né lord anglais et riche. Tous mes goûts, toutes mes vanités, tout serait satisfait ! Lorsque je compare ce sort au mien je deviens presque fou.*

Une réflexion pourtant m'est souvent venue ; mais que peuvent les réflexions contre les passions ? C'est celle-ci : si je n'étais pas exactement ce que je suis, je n'existerais pas ; ce serait un autre que moi ; mon moi homogène, identique et individuel serait détruit ; j'aurais d'autres idées ! Nul ne voudrait se changer contre un autre, et nul n'est content de ce qu'il est. Quelle contradiction ! Acceptons-nous ce que nous sommes. Je souffre tant, qu'il me semble que je changerais volontiers ; degré de douleur où je n'étais pas arrivé jusqu'ici. Dans le fait, accepter le sort d'un autre, si c'était possible, ce serait mourir. La mort n'est que la destruction du moi. Mais que fais-je ? quelle irrésistible manie m'entraîne ? Ah ! mon ami, plus je sonde notre nature, et plus je me persuade que, pièces nécessaires d'un ensemble que nous ne voyons pas, nous jouons un rôle qui nous sera révélé un jour. Si l'on me demandait : Croyez-vous à l'existence de Dieu, à l'immortalité de l'âme ? je dirais : Absurdes questions ! Dieu est parce qu'il est nécessaire ; et je crois que nous sommes ici-bas dans un état faux, transitoire, intermédiaire. Avons-nous existé ailleurs ? devons-nous revivre ? Comment, avec nos langues bornées, et nos idées tourmentées, aborder le grand inconnu ? Oh ! Dieu ! Dieu ! je le vois partout. Ce désir ardent de le connaître et de deviner notre nature, ces pressentiments de l'infini et ce mur d'airain, ce mur de l'impossible, du défendu, contre lequel viennent se briser non-seulement nos systèmes, mais jusqu'à nos élancements d'idées, tout cela me prouve un être. Non, la terre n'aurait pas, avec de la boue, produit des êtres si complexes et si bizarres. Ensuite, aller plus loin me paraît impossible. J'espère et je me tais. Je sais seulement qu'ici-bas je me débats sous la douleur comme un torturé. Ces douleurs seront-elles compensées en ce monde ou ailleurs ? Je n'en sais rien.

Mes maux ont été si vifs aujourd'hui que ce qui m'effraye le plus ordinairement, je le regardais presque sans peur. À force de souffrir, la gloire, le bonheur, l'avenir, tout me semblait impossible, indifférent. Oh ! si vous saviez les suggestions infernales qui se mêlent à tout cela ! les idées affreuses qui me passent par la tête, les tourments du doute ! Malheureux ! je sais que je le suis. C'est là tout...

Ce qui me tourmente le plus, c'est que je vois des hommes que leur caractère pousse au bonheur. Je me dis alors : Si tous souffraient, une compensation générale, un paradis après la vie, me semblerait de rigueur. Mais il en est, quoi qu'on en dise, il en est d'heureux (par le caractère). Ceux-là souvent s'embarrassent peu de l'avenir, ils vivent imprévoyants et satisfaits ; ici-bas tout est pour eux. Le malheur ne serait-il donc qu'une cruelle maladie ? les malheureux, des pestiférés atteints d'une plaie incurable que leur organisation fait souffrir comme celle des heureux les fait jouir ? Avec tout cela, j'espère, et j'avoue que Dieu me paraît tellement mêlé à toutes les choses d'ici-bas, qu'au résumé je me confie en lui. Courbons la tête, amis. Que sert de se rebiffer contre l'impossible ? Souvent j'anatomise mes douleurs, je les contemple froidement. L'idée qui prédomine chez moi, c'est que je n'y peux rien.

Depuis deux mois j'ai repris l'étude de l'anglais avec une telle énergie que je lis facilement la poésie. Rasselas, *que je lis dans ce moment, voilà un livre prodigieux. Mon idée est d'aller en Angleterre, et, après quelques années, d'écrire en anglais. J. L–, avec lequel je suis très lié, me prête les poètes lakistes modernes de l'Angleterre ; ils sont ravissants. J'ai changé votre Gérando contre un Byron en un volume. J'en ai lu un petit poème, « Le Rêve », qui m'a fait une impression foudroyante. Une dame anglaise, qui me donne des leçons, m'a dit qu'au bout de deux ans de séjour en Angleterre j'écrirai très bien en anglais, parce que, dit-elle, j'écris déjà comme très peu de français. En effet, j'ai traduit du L– presque sans faute. Il est vrai que je travaille à l'anglais la moitié du jour.*

Mes manies sont toujours cruelles. Quel ennui ! Enfin, partout où je tourne les yeux, je vois des douleurs. Mes moyens d'existence sont encore un tourment. Je travaille maintenant à une biographie ; mais j'ai besoin d'argent, je suis même dans un grand embarras.

Y. G.

Quand on songe que l'homme qui a écrit ceci est mort là-dessus, des réflexions de toutes sortes débordent autour de chacune des lignes de cette longue lettre.

Quel roman, quelle histoire, quelle biographie que cette lettre ! Certes, ce n'est pas nous qui répéterons les banalités convenues ; ce n'est pas nous qui exigerons que toutes souffrances peintes par l'artiste soient constamment éprouvées par l'artiste ; ce n'est pas nous qui trouverons mauvais que Byron pleure dans une élégie et rie à son billard ; ce n'est pas nous qui poserons des limites à la création littéraire et qui blâmerons le poète de se donner artificiellement telle ou telle douleur pour l'analyser dans ses convulsions comme le médecin s'inocule telle ou telle fièvre pour l'épier dans ses paroxysmes. Nous reconnaissons plus que personne tout ce qu'il y a de réel, de vrai, de beau et de profond dans certaines études psychologiques faites sur des souffrances d'exception et sur des états singuliers du cœur par d'éminents poètes contemporains qui n'en sont pas morts. Mais nous ne pouvons nous empêcher d'observer que ce qu'il y a de particulièrement poignant dans la lettre que nous venons de citer, c'est que celui qui l'a écrite en est mort. Ce n'est pas un homme qui dit : Je souffre, c'est un homme qui souffre ; ce n'est pas un homme qui dit : Je meurs ; c'est un homme qui meurt. Ce n'est pas l'anatomie étudiée sur la cire, ni même sur la chair morte ; c'est l'anatomie étudiée nerf à nerf, fibre à fibre, veine à veine, sur la chair qui vit, sur la chair qui saigne, sur la chair qui hurle. Vous voyez la plaie, vous entendez le cri. Cette lettre, ce n'est pas chose littéraire, chose philosophique, chose poétique, œuvre de profond artiste, fantaisie du génie, vision d'Hoffmann, cauchemar de Jean-Paul ; non, c'est une chose réelle, c'est un homme dans un bouge qui écrit. Le voilà avec sa table chargée de livres anglais, avec sa plume, avec son encre, avec son papier, pressant les lignes sur les lignes, souffrant et disant qu'il souffre, pleurant et disant qu'il pleure, cherchant la date au calendrier, l'heure à l'horloge, quittant sa lettre, la reprenant, la quittant, allumant sa chandelle pour la continuer ; puis il va dîner à vingt sous, il rentre, il a froid, il se remet à écrire, parfois même sans trop savoir ce qu'il écrit ; car son cerveau est tellement secoué par la douleur, qu'il laisse ses idées tomber pêle-mêle sur le papier et s'éparpiller et courir en désordre, comme un arbre ses feuilles dans un grand vent.

Et s'il était permis de remarquer dans quel style un homme agonise, il y aurait plus d'une observation à faire sur le style de cette lettre. En général, les lettres qu'on publie tous les jours, lettres de grands hommes et de gens célèbres, manquent de naïveté, d'insouciance et de simplicité. On sent toujours, en les lisant, qu'elles ont été écrites pour être imprimées un jour. M. Paul-Louis Courier faisait jusqu'à dix-sept brouillons d'un billet de quinze lignes. Chose étrange, certes, et que nous n'avons jamais pu comprendre ! Mais la lettre d'Ymbert Galloix, c'est bien, selon nous, une vraie lettre, bien écrite comme doit être écrite une lettre, bien flottante, bien décousue, bien lâchée, bien ignorante de la publicité qu'elle peut avoir un jour, bien certaine d'être perdue. C'est l'idée qui se fait jour comme elle peut, qui vient à vous toute naïve dans l'état où elle se trouve, et qui pose le pied au hasard dans la phrase sans craindre d'en déranger le pli. Quelquefois, ce que celui qui l'a écrite voulait dire s'en va dans un *et cœtera*, et vous laisse rêver. C'est un homme qui souffre et qui le dit à un autre homme. Voilà tout. Remarquez ceci, à un autre homme, pas à vingt, pas à dix, pas à deux, car, au lieu d'un ami, s'il avait deux auditeurs seulement, ce poète, ce qu'il fait là, ce serait une élégie, ce serait un chapitre, ce ne serait plus une lettre. Adieu la nature, l'abandon, le laisser-aller, la réalité, la vérité ; la prétention viendrait. Il se draperait avec son haillon. Pour écrire une lettre pareille, aussi négligée, aussi poignante, aussi belle, sans être malheureux comme l'était Ymbert Galloix, par le seul effort de la création littéraire, il faudrait du génie. Ymbert Galloix qui souffre vaut Byron.

Toutes les qualités pénétrantes, métaphysiques, intimes, ce style les a ; il a aussi, ce qui est remarquable, toutes les qualités mordantes, incisives, pittoresques. La lettre contient quelques portraits. Plusieurs ont été crayonnés trop à la hâte, et l'on sent que les modèles ont à peine posé un instant devant le peintre ; mais comme ceux qui sont vrais sont vrais ! comme tous sont en général bien touchés et détachés sur le fond d'une manière qui n'est pas commune ! métamorphose frappante, et qui prouve, pour la millième fois, qu'il n'y a que deux choses qui fassent un homme poète, le génie ou la passion ! Cet homme qui n'avait pour les biographies qu'une prose assez incolore et pour ses élégies qu'une poésie assez languissante, le voilà tout à coup admirable écrivain dans une lettre. Du moment où il ne songe plus à être prosateur ni poète, il est grand poète et grand prosateur.

Nous le redisons, cette lettre restera. C'est l'amalgame d'idées le plus extraordinaire peut-être qu'ait encore produit dans un cerveau humain la double action combinée de la douleur physique et de la douleur morale. Pour ceux qui ont connu Galloix, c'est une autopsie effrayante, l'autopsie d'une âme. Voilà donc ce qu'il y avait au fond de cette âme. Il y avait cette lettre. Lettre fatale, convulsive, interminable, où la douleur a suinté goutte à goutte durant des semaines, durant des mois, où un homme qui saigne se regarde saigner, où un homme qui crie s'écoute crier, où il y a une larme dans chaque mot.

Quand on raconte une histoire comme celle d'Ymbert Galloix, ce n'est pas la biographie des faits qu'il faut écrire, c'est la biographie des idées. Cet homme, en effet, n'a pas agi, n'a pas aimé, n'a pas vécu ; il a pensé ; il n'a fait que penser, et, à force de penser, il a rêvé ; et, à force de rêver, il s'est évanoui de douleur. Ymbert Galloix est un des chiffres qui serviront un jour à la solution de ce lugubre et singulier problème : – Combien la pensée qui ne peut se faire jour et qui reste emprisonnée sous le crâne met-elle de temps à ronger un cerveau ? – Nous le répétons, dans une vie pareille il n'y a pas d'événements, il n'y a que des idées. Analysez les idées, vous avez raconté l'homme. Un grand fait pourtant domine cette morne histoire ; *c'est un penseur qui meurt de misère !* Voilà ce que Paris, la cité intelligente, a fait d'une intelligence. Ceci est à méditer. En général, la société a parfois d'étranges façons de traiter les poètes. Le rôle qu'elle joue dans leur vie est tantôt passif, tantôt actif, mais toujours triste. En temps de paix, elle les laisse mourir comme Malfilâtre ; en temps de révolution, elle les fait mourir comme André Chénier.

Ymbert Galloix, pour nous, n'est pas seulement Ymbert Galloix, il est un symbole. Il représente à nos yeux une notable portion de la généreuse jeunesse d'à présent. Au dedans d'elle, un génie mal compris qui la dévore ; au dehors, une société mal posée qui l'étouffe. Pas d'issue pour le génie pris dans le cerveau ; pas d'issue pour l'homme pris sous la société.

En général, gens qui pensent et gens qui gouvernent ne s'occupent pas assez de nos jours du sort de cette jeunesse pleine d'instincts de toutes sortes qui se précipite avec une ardeur si intelligente et une patience si résignée dans toutes les directions de l'art. Cette foule de jeunes esprits qui fermentent dans l'ombre a besoin de portes ouvertes, d'air, de jour, de travail, d'espace, d'horizon. Que de grandes choses on ferait, si l'on voulait, avec cette légion d'intelligences ! que de canaux à creuser, que de chemins à frayer dans la science ! que de provinces à conquérir, que de mondes à découvrir dans l'art ! Mais non, toutes les carrières sont fermées ou obstruées. On laisse toutes ces activités si diverses, et qui pourraient être si utiles, s'entasser, s'engorger, s'étouffer dans des culs-de-sac. Ce pourrait être une armée, ce n'est qu'une cohue. La société est mal faite pour les nouveaux venus. Tout esprit a pourtant droit à un avenir. N'est-il pas triste de voir toutes ces jeunes intelligences en peine, l'œil fixé sur la rive lumineuse où il y a tant de choses resplendissantes, gloire, puissance, renommée, fortune, se presser, sur la rive obscure, comme les ombres de Virgile.

Palus inamabilis unda
Alligat, et novies Styx interfusa coercet[1].

Le Styx, pour le pauvre jeune artiste inconnu, c'est le libraire qui dit, en lui rendant son manuscrit : Faites-vous une réputation. C'est le théâtre qui dit : Faites-vous une réputation. C'est le musée qui dit : Faites-vous une réputation. Eh mais ! laissez-les commencer ! aidez-les ! Ceux qui sont célèbres n'ont-ils pas d'abord été obscurs ? Et comment se faire une réputation, quel que soit leur génie, sans musée pour leur tableau, sans théâtre pour leur pièce, sans libraire pour leur livre ? Pour que l'oiseau vole, des ailes ne lui suffisent pas, il lui faut de l'air.

Pour nous, nous pensons que, dans l'art surtout, où un but désintéressé doit passionner tous les génies, il est du devoir de ceux qui sont arrivés d'aplanir la route à ceux qui arrivent. Vous êtes sur le plateau, tant mieux, tendez la main à ceux qui gravissent. Disons-le à l'honneur des lettres, en général cela a toujours été ainsi. Nous ne pouvons pas croire à l'existence réelle de ces espèces d'araignées littéraires qui tendent leur toile, dit-on, à la porte des théâtres, par exemple, et qui se jettent sans pitié sur tout pauvre jeune homme obscur qui passe là avec un manuscrit. Qu'on arrache ainsi les ailes à la mouche, la renommée, l'œuvre, et jusqu'à l'argent au malheureux poète inconnu et impuissant, pour l'honneur de quiconque écrit, nous voulons l'ignorer, si cela est, et nous ne croyons

1. « Le déplaisant marais enserré par l'onde, et le Styx qui neuf fois les enferme » (*Géorgiques*).

pas que cela soit. Quant à celui qui écrit ces lignes, tout poète qui commence lui est sacré. Si peu de place qu'il tienne personnellement en littérature, il se rangera toujours pour laisser passer le début d'un jeune homme. Qui sait si ce pauvre étudiant que vous coudoyez ne sera pas Schiller un jour ? Pour nous, tout écolier qui fait des ronds et des barres sur le mur, c'est peut-être Pascal ; tout enfant qui ébauche un profil sur le sable, c'est peut-être Giotto.

Et puis, dans notre opinion, les générations présentes sont appelées à de hautes destinées. Ce siècle a fait de grandes choses par l'épée, il fera de grandes choses par la plume. Il lui reste à nous donner un grand homme littéraire de la taille de son grand homme politique. Préparons donc les voies. Ouvrons les rangs.

Toute grande ère a deux faces ; tout siècle est un binôme, a + b, l'homme d'action plus l'homme de pensée, qui se multiplient l'un par l'autre et expriment la valeur de leur temps. L'homme d'action, plus l'homme de pensée ; l'homme de la civilisation, plus l'homme de l'art ; Luther, plus Shakespeare ; Richelieu, plus Corneille ; Cromwell, plus Milton ; Napoléon, plus l'*inconnu*. Laissez donc se dégager l'inconnu ! Jusqu'ici vous n'avez qu'un profil de ce siècle, Napoléon ; laissez se dessiner l'autre. Après l'empereur, le poète. La physionomie de cette époque ne sera fixée que lorsque la Révolution française, qui s'est faite homme dans la société sous la forme de Bonaparte, se sera faite homme dans l'art. Et cela sera. Notre siècle tout entier s'encadrera et se mettra de lui-même en perspective entre ces deux grandes vies parallèles, l'une du soldat, l'autre de l'écrivain, l'une toute d'action, l'autre toute de pensée, qui s'expliqueront et se commenteront sans cesse l'une par l'autre. Marengo, les Pyramides, Austerlitz, la Moskowa, Montereau, Waterloo, quelles épopées ! Napoléon a ses poèmes ; le poète aura ses batailles. Laissons-le donc venir, le poète ! et répétons ce cri sans nous lasser ! Laissons-le sortir des rangs de cette jeunesse, où son front plonge encore dans l'ombre, ce prédestiné qui doit, en se combinant un jour avec Napoléon selon la mystérieuse algèbre de la providence, donner complète à l'avenir la formule générale du XIXe siècle.

Extrait de *Littérature et philosophie mêlées*, 1834.

EUGÈNE SUE

(1804-1857)

Histoire de la goualeuse

« Goualeuse », c'est comme dans « goualante », mot qui s'est transmis jusqu'à la seconde moitié du XXe siècle grâce à « La goualante du pauvre Jean », d'Édith Piaf. Une chanteuse des rues, donc. C'est dans Les Mystères de Paris *de Sue (1843) que peut-être pour la première fois dans un roman non parodique était employé l'argot de Paris.*

— Commençons d'abord par le commencement, dit le Chourineur.

— Oui… tes parents ? reprit Rodolphe.

— Je ne les connais pas, dit Fleur-de-Marie.

— Ah ! bah ! fit le Chourineur.

— Ni vus ni connus ; née sous un chou, comme on dit aux enfants.

— Tiens, c'est drôle, la Goualeuse !… nous sommes de la même famille…

— Toi aussi, Chourineur ?

— Orphelin du pavé de Paris, tout comme toi, ma fille.

— Et qu'est-ce qui t'a élevée, la Goualeuse ? demanda Rodolphe.

— Je ne sais pas… Du plus loin qu'il m'en souvient, je crois, sept à huit ans, j'étais avec une vieille borgnesse qu'on appelait la Chouette… parce qu'elle avait un nez crochu, un œil vert tout rond, et qu'elle ressemblait à une chouette qui aurait un œil crevé.

— Ah !… ah !… Ah !… Je la vois d'ici, la Chouette ! s'écria le Chourineur en riant.

— La borgnesse, reprit Fleur-de-Marie, me faisait vendre, le soir, du sucre d'orge sur le Pont-Neuf ; manière de demander l'aumône… Quand je n'apportais pas au moins dix sous en rentrant, la Chouette me battait au lieu de me donner à souper.

— Je comprends, ma fille, dit le Chourineur, un coup de pied en guise de pain, avec des calottes pour mettre dessus.

— Oh ! mon Dieu, oui…

— Et tu es sûre que cette femme n'était pas ta mère ? demanda Rodolphe.

— J'en suis sûre, la Chouette me l'a assez reproché, d'être sans père et mère ; elle me disait toujours qu'elle m'avait ramassée dans la rue.

— Ainsi, reprit le Chourineur, tu avais une danse pour fricot, quand tu ne faisais pas une recette de dix sous ?

— Un verre d'eau par là-dessus, et j'allais grelotter toute la nuit dans une paillasse étendue par terre et où la borgnesse avait fait un trou pour me fourrer… Tenez, on croit comme ça que la paille est chaude ; eh bien ! on se trompe.

— La *plume de Beauce*[1] ! s'écria le Chourineur, tu as raison, ma fille, c'est une vraie gelée ; le fumier vaudrait cent fois mieux ! Mais on fait sa tête, on dit : C'est canaille… ç'a été porté !

Cette plaisanterie fit sourire Fleur-de-Marie qui continua :

— Le lendemain matin la borgnesse me donnait la même ration pour déjeuner que pour souper, et je m'en allais à Montfaucon chercher des vers de terre pour amorcer le poisson ; car dans le jour la Chouette tenait sa boutique de lignes à pêcher sous le pont Notre-Dame… Pour un enfant de sept ans qui meurt de faim et de froid, il y a loin, allez… de la rue de la Mortellerie à Montfaucon.

— L'exercice t'a fait pousser droite comme un jonc, ma fille ; faut pas te plaindre de ça, dit le Chourineur battant le briquet pour allumer sa pipe.

— Enfin, je revenais éreintée avec un plein panier de vers. Alors, sur le midi, la Chouette me donnait un bon morceau de pain, et je ne laissais pas la mie, je t'en réponds.

1. La paille. *(Les notes de ce chapitre sont d'Eugène Sue.)*

— De ne pas manger, ça t'a rendu la taille fine comme une guêpe, ma fille : faut pas te plaindre de ça, dit le Chourineur en aspirant bruyamment quelques bouffées de tabac. Mais qu'est-ce que vous avez donc, camarade ? Non, je veux dire maître Rodolphe ? Vous avez l'air tout chose… Est-ce parce que c'te jeunesse a eu de la misère ? Tiens… nous en avons tous eu de la misère !

— Oh ! je te défie bien d'avoir été aussi malheureux que moi, Chourineur, dit Fleur-de-Marie.

— Moi, la Goualeuse !… Mais figure-toi donc, ma fille, que t'étais comme une reine auprès de moi ! Au moins, quand tu étais petite, tu couchais sur de la paille et tu mangeais du pain… Moi, je couchais les bonnes nuits dans les fours à plâtre de Clichy, en vrai *gouépeur* (vagabond), et je me restaurais avec des feuilles de chou que je ramassais au coin des bornes ; mais, le plus souvent, comme il y avait trop loin pour aller aux fours à plâtre de Clichy, vu que la fringale me cassait les jambes, je me couchais sous les grosses pierres du Louvre… et l'hiver j'avais des draps blancs… quand il tombait de la neige.

— Tiens, un homme, c'est bien plus dur ; mais une pauvre petite fille, dit Fleur-de-Marie ; avec ça, j'étais grosse comme une mauviette.

— Tu te rappelles ça, toi ?

— Je crois bien : quand la Chouette me battait, je tombais toujours du premier coup ; alors elle se mettait à trépigner sur moi en criant : « Cette petite gueuse-là ! elle n'a pas pour deux liards de force : ça ne peut pas seulement supporter deux calottes. » Et puis elle m'appelait la Pégriotte ; j'ai pas eu d'autre nom, ç'a été mon baptême.

— C'est comme moi, j'ai eu le baptême des chiens perdus : on m'appelait chose… machin… ou l'Albinos. C'est étonnant, comme nous nous ressemblons, ma fille, dit le Chourineur.

— C'est vrai, dit Fleur-de-Marie, qui s'adressait presque toujours à cet homme ; ressentant malgré elle une sorte de honte en présence de Rodolphe, elle osait à peine lever les yeux, quoiqu'il parût appartenir à l'espèce de gens avec lesquels elle vivait habituellement.

— Et quand tu avais été chercher des vers pour la Chouette, qu'est-ce que tu faisais ? demanda le Chourineur.

— La borgnesse m'envoyait mendier autour d'elle jusqu'à la nuit ; car le soir elle allait faire de la friture sur le Pont-Neuf.

Dame ! à cette heure-là, mon morceau de pain était bien loin : mais si j'avais le malheur de demander à manger à la Chouette, elle me battait en me disant : « Fais dix sous d'aumône, Pégriotte, et tu auras à souper ! » Alors, moi, comme j'avais bien faim, et qu'elle me faisait mal, je pleurais toutes les larmes de mon corps. La borgnesse me passait mon petit éventaire de sucre d'orge au cou, et elle me plantait sur le Pont-Neuf. Comme je sanglotais ! et que je grelottais de froid et de faim !...

— Toujours comme toi, ma fille, dit le Chourineur en interrompant la Goualeuse ; on ne croirait pas ça... mais la faim fait grelotter autant que le froid.

— Enfin, je restais sur le Pont-Neuf jusqu'à onze heures du soir, ma boutique de sucre d'orge au cou et pleurant bien fort. De me voir pleurer... souvent ça touchait les passants, et quelquefois on me donnait jusqu'à dix, jusqu'à quinze sous, que je rendais à la Chouette.

— Fameuse soirée pour une mauviette !

— Mais voilà-t-il pas que la borgnesse, qui voyait ça...

— D'un œil, dit le Chourineur en riant.

— D'un œil, si tu veux, puisqu'elle n'en avait qu'un ; ne voilà-t-il pas que la borgnesse prend le pli de me donner toujours des coups avant de me mettre en faction sur le Pont-Neuf, afin de me faire pleurer devant les passants et d'augmenter ainsi ma recette.

— Ce n'était pas déjà si bête !

— Oui, tu crois ça, toi, Chourineur ? J'ai fini par m'endurcir aux coups ; je voyais que la Chouette rageait quand je ne pleurais pas : alors, pour me venger d'elle, plus elle me faisait de mal, plus je riais ; et le soir, au lieu de sangloter en vendant mes sucres d'orge, je chantais comme une alouette, quoique je n'en eusse guère envie... de chanter.

— Dis donc... des sucres d'orge... c'est ça qui devait te faire envie, ma pauvre Goualeuse !

— Oh ! je crois bien, Chourineur ; mais je n'en avais jamais goûté ; c'était mon ambition... et c'est cette ambition qui m'a perdue, tu vas voir comment. Un jour, en revenant de mes vers, des gamins m'avaient battue et volé mon panier. Je rentre, je savais ce qui m'attendait, je reçois ma paye et pas de pain. Le soir, avant d'aller au pont, la borgnesse, furieuse de ce que je n'avais pas étrenné la veille, au lieu de me donner des coups comme d'habitude pour me mettre en train de pleurer, me martyrise jusqu'au sang en m'arrachant des cheveux du côté des tempes, où c'est le plus sensible.

— Tonnerre ! ça c'est trop fort ! s'écria le bandit en frappant du poing sur la table et en fronçant les sourcils. Battre un enfant, bon… mais le martyriser, c'est trop fort !

Rodolphe avait attentivement écouté le récit de Fleur-de-Marie ; il regarda le Chourineur avec étonnement. Cet éclair de sensibilité le surprenait.

— Qu'as-tu donc, Chourineur ? lui dit-il.

— Ce que j'ai ! Comment ! ça ne vous fait rien, à vous ? Ce monstre de Chouette qui martyrise cet enfant ! Vous êtes donc aussi dur que vos poings !

— Continue, ma fille, dit Rodolphe à Fleur-de-Marie, sans répondre à l'interpellation du Chourineur.

— Je vous disais donc que la Chouette me martyrisait pour me faire pleurer : moi, ça me butte ; pour la faire endêver, je me mets à rire, et je m'en vas au pont avec mes sucres d'orge. La borgnesse était à sa poêle… De temps en temps, elle me montrait le poing. Alors, au lieu de pleurer, je chantais plus fort : avec tout ça, j'avais une faim, une faim ! Depuis six mois que je portais des sucres d'orge, je n'en avais jamais goûté un… Ma foi ! ce jour-là, je n'y tiens pas… Autant par faim que pour faire enrager la Chouette, je prends un sucre d'orge et je le mange.

— Bravo, ma fille !

— J'en mange deux.

— Bravo ! Vive la charte !

— Dame ! je trouvais ça bon, mais ne voilà-t-il pas une marchande d'oranges qui se met à crier à la borgnesse : « Dis donc, la Chouette… Pégriotte mange ton fonds ! »

— Oh ! tonnerre ! ça va chauffer… ça va chauffer, dit le Chourineur singulièrement intéressé. Pauvre petit rat ! quel tremblement quand la Chouette s'est aperçue de ça, hein !

— Comment t'es-tu tirée de là, ma pauvre Goualeuse ? dit Rodolphe aussi intéressé que le Chourineur.

— Ah ! dame ! ç'a été dur ; seulement, ce qu'il y avait de drôle, ajouta Fleur-de-Marie en riant, c'est que la borgnesse, tout en enrageant de me voir manger ses sucres d'orge, ne pouvait pas quitter sa poêle, car sa friture était bouillante.

— Ah !… ah !… ah !… c'est vrai. En voilà une position difficile ! s'écria le Chourineur en riant aux éclats.

Après avoir partagé l'hilarité du bandit, Fleur-de-Marie reprit :

— Ma foi ! moi, en pensant aux coups qui m'attendaient, je me dis : Tant pis ! je ne serai pas plus battue pour trois que pour un. Je prends un troisième bâton, et avant de le manger, comme la Chouette me menaçait encore de loin avec sa grande fourchette de fer… aussi vrai que voilà une assiette, je lui montre le sucre d'orge et je le croque à son nez.

— Bravo ! ma fille !… Ça m'explique ton coup de ciseaux de tout à l'heure… Allons… allons, je te l'ai dit, tu as de l'*atout* (du courage). Mais la Chouette a dû t'écorcher vive après ce coup-là ?

— Sa friture finie, elle vient à moi… On m'avait donné trois sous d'aumône et j'avais mangé pour six… Quand la borgnesse m'a prise par la main pour m'emmener, j'ai cru que j'allais tomber sur la place, tant j'avais peur… je me rappelle ça comme si j'y étais… car justement c'était dans le temps du jour de l'an. Tu sais, il y a toujours des boutiques de joujoux sur le Pont-Neuf : toute la soirée j'en avais eu des éblouissements… rien qu'à regarder toutes ces belles poupées, tous ces beaux petits ménages… tu penses, pour un enfant…

— Et tu n'avais jamais eu de joujoux, Goualeuse ? dit le Chourineur.

— Moi ! es-tu bête, va… Qui est-ce qui m'en aurait donné ? Enfin, la soirée finit : quoiqu'en plein hiver, je n'avais qu'une mauvaise guenille de robe de toile, ni bas ni chemise, et des sabots aux pieds ! il n'y avait pas de quoi étouffer, n'est-ce pas ? Eh bien, quand la borgnesse m'a pris la main, je suis devenue tout en nage. Ce qui m'effrayait le plus, c'est qu'au lieu de jurer, de tempêter, la Chouette ne faisait que marronner tout le long du chemin entre ses dents… Seulement, elle ne me lâchait pas, et me faisait marcher si vite, si vite, qu'avec mes petites jambes j'étais obligée de courir pour la suivre. En courant, j'avais perdu un de mes sabots : je n'osais pas le lui dire ; je l'ai suivie tout de même avec un pied nu… En arrivant, je l'avais tout en sang.

— La mauvaise chienne de borgnesse ! s'écria le Chourineur en frappant de nouveau sur la table avec colère ; ça me fait un drôle d'effet de penser à cette enfant qui trotte après cette vieille voleuse, avec son pauvre petit pied tout saignant.

— Nous perchions dans un grenier de la rue de la Mortellerie : à côté de la porte de l'allée, il y avait un rogomiste : la Chouette y entra en me tenant toujours par la main. Là, elle but une demi-chopine d'eau-de-vie sur le comptoir.

— Morbleu ! je ne la boirais pas, moi, sans être soûl comme une grive.

— C'était la ration de la borgnesse ; aussi elle se couchait toujours dans les bringues-zingues. C'est peut-être pour cela qu'elle me battait tant. Enfin, nous montons chez nous ; je n'étais pas à la noce, je t'en réponds. Nous arrivons : la Chouette ferme la porte à double tour ; je me jette à ses genoux en lui demandant bien pardon d'avoir mangé ses sucres d'orge. Elle ne répond pas, et je l'entends marmotter en marchant dans la chambre : « Qu'est-ce donc que je vas lui faire ce soir, à cette Pégriotte, à cette voleuse de sucre d'orge ?… Voyons, qu'est-ce donc que je vas lui faire ? » Et elle s'arrêtait pour me regarder en roulant son œil vert. Moi, j'étais toujours à genoux. Tout d'un coup, la borgnesse va à une planche et y prend une paire de tenailles.

— Des tenailles ! s'écria le Chourineur.

— Oui, des tenailles.

— Et pour quoi faire ?

— Pour te frapper ? dit Rodolphe.

— Pour te pincer ? dit le Chourineur.

— Ah bien, oui !

— Pour t'arracher les cheveux ?

— Vous n'y êtes pas : donnez-vous votre langue aux chiens ?

— Je la donne.

— Nous la donnons.

— Eh bien, c'était pour m'arracher une dent[1] !

Le Chourineur poussa un tel blasphème, et l'accompagna d'imprécations si furieuses, que tous les hôtes du tapis-franc se retournèrent avec étonnement.

— Eh bien, qu'est-ce qu'il a donc ? dit la Goualeuse.

— Ce que j'ai ?… Mais je l'*escarperais*[2] si je la tenais, la borgnesse !… Où est-elle ? dis-le moi. Où est-elle ? Si je la trouve, je la *refroidis*[3] !

---

1. Nous prions les lecteurs qui trouveraient cette cruauté exagérée de se rappeler les condamnations presque quotidiennes rendues contre des êtres féroces qui battent et blessent des enfants ; des pères, des mères n'ont pas été étrangers à ces abominables traitements.

2. Je l'assassinerais.

3. Je la tue.

Et le regard du bandit s'injecta de sang.

Rodolphe avait partagé l'horreur du Chourineur pour la cruauté de la borgnesse ; mais il se demandait par quel phénomène un assassin entrait en fureur en entendant raconter qu'une méchante vieille femme avait voulu, par méchanceté, arracher une dent à un enfant.

Nous croyons ce sentiment de pitié possible, même probable, chez une nature pourtant féroce.

— Et elle te l'a arrachée ta dent, ma pauvre petite, cette vieille misérable ? demanda Rodolphe.

— Je crois bien qu'elle me l'a arrachée !... et pas du premier coup encore ! Mon Dieu ! y a-t-elle travaillé ! Elle me tenait la tête entre les genoux comme dans un étau. Enfin, moitié avec les tenailles, moitié avec ses doigts, elle m'a tiré cette dent : et puis elle m'a dit, pour m'effrayer, bien sûr : « Maintenant, je t'en arracherai une comme ça tous les jours, Pégriotte ; et, quand tu n'auras plus de dents, je te ficherai à l'eau : tu seras mangée par les poissons ; y se revengeront sur toi de ce que tu as été chercher des vers pour les prendre. » Je me souviens de ça, parce que ça me paraissait injuste... Tiens, comme si c'était pour mon plaisir que j'allais aux vers !

— Ah ! la gueuse ! casser, arracher les dents à une pauvre petite enfant ! s'écria le Chourineur avec un redoublement de fureur.

— Eh bien, après ? Est-ce qu'il y paraît maintenant, voyons ? dit Fleur-de-Marie.

Et elle entrouvrit en souriant une de ses lèvres roses, en montrant deux rangées de petites dents blanches comme des perles.

Était-ce insouciance, oubli, générosité instinctive de la part de cette malheureuse créature ? Rodolphe remarqua qu'il n'y eut pas dans son récit un seul mot de haine contre la femme atroce qui l'avait martyrisée.

— Eh bien, après, qu'as-tu fait ? reprit le Chourineur.

— Ma foi, j'en ai eu assez comme ça. Le lendemain, au lieu d'aller aux vers, je me suis sauvée du côté du Panthéon. J'ai marché toute la journée de ce côté-là, tant j'avais peur de la Chouette. J'aurais été au bout du monde plutôt que de retomber dans ses griffes.

« Comme je me trouvais dans des quartiers perdus, je n'avais rencontré personne à qui demander l'aumône, et puis je n'aurais pas osé. Pendant la nuit, j'avais couché dans un chantier, sous des piles de bois. J'étais grosse comme un rat ; en me glissant sous une vieille porte, je m'étais nichée au milieu d'un tas d'écorces. La faim me dévorait : j'essayai de mâcher un peu de pelure de bois pour tromper ma fringale, mais je ne pouvais pas : je n'ai pu mordre un peu que sur l'écorce de bouleau : c'était plus tendre. Par là-dessus je me suis endormie. Au jour, entendant du bruit, je me suis encore plus enfoncée sous la pile de bois. Il y faisait presque chaud, comme dans une cave. Si j'avais eu à manger, je n'aurais jamais mieux été de l'hiver. […]

— C'était comme moi dans un four à plâtre.

— Je n'osais pas sortir du chantier, je me figurais que la Chouette me cherchait partout pour m'arracher les dents et me jeter aux poissons, et qu'elle saurait bien me rattraper si je bougeais de là.

— Tiens, ne m'en parle plus de cette vieille gueuse-là, tu me fais monter le sang aux yeux !

— Enfin, le deuxième jour, […] j'avais encore mâché un peu d'écorce de bouleau et je commençais à m'endormir, lorsque j'entends aboyer un gros chien. Ça me réveille en sursaut. J'écoute… Le chien aboyait toujours en se rapprochant de la pile de bois. Voilà une autre frayeur qui me galope : heureusement le chien, je ne sais pourquoi, n'osait pas avancer… mais tu vas rire, Chourineur.

— Avec toi, il y a toujours à rire… tu es une brave fille, tout de même. Tiens, vois-tu, maintenant, foi d'homme, je suis fâché de t'avoir battue.

— Pourquoi ne m'aurais-tu pas battue ? je n'ai personne pour me défendre…

— Et moi ? dit Rodolphe.

— Vous êtes bien bon, monsieur Rodolphe, mais le Chourineur ne savait pas que vous seriez là… ni moi non plus…

— C'est égal, j'en suis pour ce que j'ai dit… je suis fâché de t'avoir battue, reprit le Chourineur.

— Continue ton histoire, mon enfant, reprit Rodolphe.

— J'étais blottie sous la pile de bois, lorsque j'entends un chien aboyer. Pendant que le chien jappait, une grosse voix se met à dire : « Mon chien aboie ! il y a quelqu'un de caché dans le chantier. » « C'est des voleurs », reprend une autre voix… Et « kiss ! kiss ! » les voilà à agacer leur chien en lui criant : « Pille ! pille ! »

« Le chien accourt sur moi, j'ai peur d'être mordue, et je me mets à crier de toutes mes forces. « Tiens ! dit la voix, on dirait les cris d'un enfant… » On rappelle le chien, on va chercher une lanterne ; je sors de mon trou, je me trouve en face d'un gros homme et d'un garçon en blouse. « Qu'est-ce que tu fais dans mon chantier, petite voleuse ? » me dit ce gros homme d'un air méchant. « Mon bon monsieur, je n'ai pas mangé depuis deux jours ; je me suis sauvée de chez la Chouette, qui m'a arraché une dent et voulait me jeter aux poissons ; ne sachant où coucher, j'ai passé par-dessous votre porte, j'ai dormi la nuit dans vos écorces, sous vos piles de bois, ne croyant faire de mal à personne. »

« Voilà-t-il pas le marchand qui se met à dire à son garçon :

« — Je ne suis pas dupe de ça, c'est une petite voleuse, elle vient me voler mes bûches. »

— Ah ! le vieux panné ! le vieux plâtras ! s'écria le Chourineur. Voler ses bûches ; et t'avais huit ans !

— C'était une bêtise… car son garçon lui répondit : « Voler vos bûches, bourgeois ? Et comment donc qu'elle ferait ? Elle n'est pas tant si grosse que la plus petite de vos bûches.

— T'as raison, dit le marchand de bois ; mais si elle ne vient pas pour son compte, c'est tout de même. Les voleurs ont comme ça des enfants qu'ils envoient espionner et se cacher, pour ouvrir la porte aux autres. Il faut la mener chez le commissaire. »

— Ah ! la fichue bête de marchand de bois…

— On me mène chez le commissaire. Je défile mon chapelet ; je m'accuse d'être vagabonde ; on m'envoie en prison ; je suis citée à la correctionnelle ; condamnée, toujours comme vagabonde, à rester jusqu'à seize ans dans une maison de correction. Je remercie bien les juges de leur bonté… Dame !… tu penses, dans la prison… j'avais à manger ; on ne me battait pas, c'était pour moi un paradis auprès du grenier de la Chouette. De plus, en prison, j'ai appris à coudre. Mais voilà le malheur ! j'étais paresseuse et flâneuse ; j'aimais mieux chanter que travailler, surtout quand je voyais le soleil… Oh ! quand il faisait bien beau dans la cour de la geôle, je ne pouvais pas me retenir de chanter… et alors… comme c'est drôle !… à force de chanter, il me semblait que je n'étais plus prisonnière.

— C'est-à-dire, ma fille, que tu es un vrai rossignol de naissance, dit Rodolphe en souriant.

— Vous êtes bien honnête, monsieur Rodolphe ; c'est depuis ce temps-là qu'on m'a appelée la Goualeuse au lieu de la Pégriotte. Enfin j'attrape mes seize ans, je sors de prison… Voilà qu'à la porte je trouve l'ogresse d'ici et deux ou trois vieilles femmes qui étaient quelquefois venues voir mes camarades prisonnières, et qui m'avaient toujours dit que, le jour de ma sortie, elles auraient de l'ouvrage à me donner.

— Ah ! bon ! bon ! j'y suis, dit le Chourineur.

— « Mon dauphin, mon bel ange, ma belle petite, me dirent l'ogresse et les vieilles… voulez-vous venir loger chez nous ? Nous vous donnerons de belles robes, et vous n'aurez qu'à vous amuser. »

— Tu sens bien, Chourineur, qu'on n'a pas été huit ans en prison sans savoir ce que parler veut dire. Je les envoie promener, ces vieilles embaucheuses. Je me dis : « Je sais bien coudre, j'ai trois cents francs devant moi, de la jeunesse… »

— Et de la jolie jeunesse… ma fille ! dit le Chourineur.

— Voilà huit ans que je suis en prison, je vas jouir un peu de la vie, ça ne fait de mal à personne ; l'ouvrage viendra quand l'argent me manquera… Et je me mets à faire danser mes trois cents francs. Ç'a été mon grand tort, ajouta Fleur-de-Marie avec un soupir ; j'aurais dû, avant tout, m'assurer de l'ouvrage… mais je n'avais personne pour me conseiller… Enfin, ce qui est fait est fait… Je me mets donc à dépenser mon argent. D'abord j'achète des fleurs pour mettre tout plein ma chambre ; j'aime tant les fleurs ! et puis j'achète une robe, un beau châle, et je vais me promener au bois de Boulogne à âne, à Saint-Germain aussi à âne.

— Avec un amoureux, ma fille ? dit le Chourineur.

— Ma foi, non : je voulais être ma maîtresse. Je faisais mes parties avec une de mes camarades de prison qui avait été aux Enfants-Trouvés, une bien bonne fille ; on l'appelait Rigolette, parce qu'elle riait toujours.

— Rigolette ! Rigolette ! je ne connais pas ça, dit le Chourineur, en ayant l'air d'interroger ses souvenirs.

— Je crois bien que tu ne la connais pas ! Elle est bien honnête, Rigolette ; c'est une très bonne ouvrière ; maintenant elle gagne au moins vingt-cinq sous par jour ; elle a un petit ménage à elle… Aussi je n'ai jamais osé la revoir. Enfin, à force de faire danser mon argent, il ne me restait plus que quarante-trois francs.

— Il fallait acheter un fonds de bijouterie avec ça, dit le Chourineur.

— Ma foi ! j'ai mieux fait que ça… J'avais pour blanchisseuse une femme appelée la Lorraine, la brebis du bon Dieu ; elle était alors grosse à pleine ceinture, avec ça toujours les pieds et les mains dans l'eau à son bateau ! Tu juges ! Ne pouvant plus travailler, elle avait demandé à entrer à la Bourbe ; il n'y avait plus de place, on l'avait refusée, elle ne gagnait plus rien. La voilà près d'accoucher, n'ayant pas seulement de quoi payer un lit dans un garni ! Heureusement elle rencontra par hasard, un soir, au coin du pont Notre-Dame, la femme à Goubin, qui se cachait depuis quatre jours dans la cave d'une maison qu'on démolissait derrière l'Hôtel-Dieu.

— Eh ! pourquoi donc qu'elle se cachait dans le jour, la femme à Goubin ?

— Pour se sauver de son homme, qui voulait la tuer ! Elle ne sortait qu'à la nuit pour aller acheter son pain. C'est comme ça qu'elle avait rencontré la pauvre Lorraine, qui ne savait plus où donner de la tête, car elle s'attendait à accoucher d'un moment à l'autre… Voyant ça, la femme Goubin l'avait emmenée dans la cave où elle se cachait. C'était toujours un asile.

— Attends donc, attends donc, la femme à Goubin, c'est Helmina ? dit le Chourineur.

— Oui, une brave fille, répondit la Goualeuse… […] une couturière qui avait travaillé pour moi et pour Rigolette… Dame, elle a fait ce qu'elle a pu en donnant la moitié de sa cave, de sa paille et de son pain à la Lorraine, qui est accouchée d'un pauvre petit enfant ; et pas seulement une couverture, rien que de la paille !… Voyant ça, la femme à Goubin n'y tient pas ; au risque de se faire assassiner par son homme qui la cherchait partout, elle sort en plein jour de sa cave et elle vient me trouver. Elle savait que j'avais encore un petit peu d'argent, et que je n'étais pas méchante ; justement j'allais monter en *milord*[1] avec Rigolette ; nous voulions finir mes quarante-trois francs, nous faire mener à la campagne, dans les champs… j'aime tant les champs, les arbres… les prés…

« Mais, bah ! quand Helmina me raconte le malheur de la Lorraine, je renvoie le *milord*, je cours à ma chambre prendre ce que j'avais de linge, mon matelas, ma couverture, je fais mettre ça sur le dos d'un commissionnaire, et je trotte à la cave avec la femme

1. Cabriolet de place à quatre roues.

à Goubin… Ah ! fallait voir comme elle était contente, la pauvre Lorraine ! Nous l'avions veillée nous deux, Helmina ; quand elle a pu se lever, je l'ai aidée du reste de mon argent jusqu'à ce qu'elle ait pu se remettre à son bateau. Maintenant elle gagne sa vie ; mais je ne puis pas venir à bout de lui faire donner ma note de blanchissage ! Je vois bien qu'elle veut s'acquitter comme ça ! D'abord… si ça continue, je lui ôterai ma pratique…, dit la Goualeuse d'un air important. […]

— Et la femme à Goubin ? demanda le Chourineur.

— Comment ! tu ne sais pas ? dit la Goualeuse.

— Non, quoi donc ?

— Ah ! la malheureuse !… Goubin ne l'a pas manquée ! Trois coups de couteau entre les deux épaules ! On lui avait dit qu'elle rôdait du côté de l'Hôtel-Dieu ; et un soir, comme elle sortait de sa cave pour aller chercher du lait pour la Lorraine, il l'a tuée.

— C'est donc pour ça qu'il a *une fièvre cérébrale*[1], et qu'il sera, dit-on, *fauché*[2] dans huit jours ? dit le Chourineur.

— Justement, dit la Goualeuse.

— Et quand tu as eu donné ton argent à la Lorraine, qu'as-tu fait, ma fille ? dit Rodolphe.

— Dame, alors j'ai cherché de l'ouvrage. Je savais très bien coudre ; j'avais bon courage, je n'étais pas embarrassée ; j'entre dans une boutique de lingère de la rue Saint-Martin. Pour ne tromper personne, je dis que je sors de prison depuis deux mois, et que j'ai bonne envie de travailler : on me montre la porte. Je demande de l'ouvrage à emporter ; on me dit que je me moque du monde en demandant qu'on me confie seulement une chemise. Comme je m'en retournais bien triste… j'ai rencontré l'ogresse et une des vieilles qui étaient toujours après moi depuis ma sortie de prison… Je ne savais plus comment vivre… Elles m'ont emmenée… elles m'ont fait boire de l'eau-de-vie !… Et voilà…

— Je comprends, dit le Chourineur : je te connais maintenant comme si j'étais tes père et mère et que tu n'aurais jamais quitté mon giron. Eh bien ! voilà, j'espère, une confession.

— On dirait que ça t'attriste, ma fille, d'avoir raconté ta vie, dit Rodolphe.

— Le fait est que ça me chagrine de regarder ainsi derrière moi ; depuis mon enfance, c'est la première fois qu'il m'arrive de

1. Qu'il est condamné à mort.
2. Et qu'il sera exécuté.

me rappeler toutes ces choses-là à la fois… et ça n'est pas gai… n'est-ce pas, Chourineur ?

— C'est ça, dit celui-ci avec ironie, tu regrettes peut-être d'avoir pas été fille de cuisine dans une gargote, ou domestique chez de vieilles bêtes à soigner les leurs ?

— C'est égal… ça doit être bon d'être honnête…, dit Fleur-de-Marie avec un soupir.

— Honnête ! oh !… c'te bête !…, s'écria le bandit avec un bruyant éclat de rire. Honnête !… Et pourquoi pas rosière tout de suite, pour honorer tes père et mère que tu ne connais pas ?

Extrait des *Mystères de Paris*, 1843.

ALPHONSE DAUDET

(1840-1897)

Les nourrices

Daudet faisait partie de ces réalistes qui ont enchanté la fin du XIX*e siècle. Il a l'explication volontiers condescendante, qui révèle son goût du pittoresque. On trouve dans ses souvenirs un chapitre sur un métier si répandu, celui des nourrices, qui je crois n'a pas été raconté dans la fiction sérieuse.*

Rien de joli au Luxembourg, aux Tuileries, par ces premiers joyeux soleils, par ces premiers frissons de verdure, comme la sortie des bébés et des nounous de une à deux heures de l'après-midi.

En ces coins abrités où elles se donnent toutes rendez-vous, les nourrices se promènent par groupes aux rubans flottants ou s'alignent sur des chaises, protégeant le bébé sous le large parasol de doublure rose ou bleue au reflet favorable ; et tandis que le poupon, endormi dans son voile transparent et la dentelle mousseuse de ses petits bonnets, aspire de tout son être mignon la sève du printemps, Nounou radieuse, reposée, ayant aux lèvres un sourire de perpétuelles relevailles, promène tout autour un regard vainqueur, dresse la tête, rit et jase avec les camarades.

Elles sont là cinquante, ces nourrices, toutes en costume de pays, mais le costume affiné, transformé et donnant à la solennité du jardin royal une vieillotte poésie d'opéra-comique. Des coiffures variées et superbes : madras éclatant des Gasconnes et des mulâtresses, coiffes conventuelles des Bretonnes, énorme et léger papillon noir des Alsaciennes, aristocratique hennin des filles d'Arles, et les hauts bonnets du pays de Caux, ajourés comme des flèches de cathédrales, et, fichées dans des chignons sauvages, les grandes épingles à boules d'or des Béarnaises.

L'air est doux, les parterres embaument, une odeur de résine et de miel tombe des bourgeons de marronniers. Là-bas, près du bassin, la musique militaire attaque une valse. Nounou s'agite, Bébé piaille, tandis que le petit soldat en promenade devient rouge comme son pompon devant cette haie de payses qu'il trouve considérablement embellies.

Cela, c'est la nourrice de promenade et de parade, costumée et métamorphosée par l'orgueil des parents et six mois de séjour à Paris. Mais pour voir la vraie nounou, pour bien la connaître, il faut la surprendre à l'arrivée, dans un de ces établissements étranges qu'on nomme bureaux de placement et où se fait, à l'usage des bébés parisiens affamés d'un lait quelconque, le commerce des femmes-mères. C'est du côté du Jardin des Plantes, au bout d'une de ces rues paisibles, demeurées provinciales en plein Paris, avec des pensions, des tables d'hôte, des maisonnettes à jardinet, peuplées de vieux savants, de petits rentiers et de poules ; sur la façade d'un antique logis à grand porche, une enseigne à lettres roses étale ce simple mot : Nourrices.

Devant la porte, par groupes ennuyés, flânent des femmes en guenilles, avec des enfants sur les bras. On entre : un pupitre, un guichet grillé, le dos de cuivre d'un grand-livre, du monde qui attend sur des banquettes, l'éternel bureau, le même toujours, également correct et froid, aux halles comme à la Morgue, qu'il s'agisse d'expédier des pruneaux ou d'enregistrer des cadavres. Ici c'est de la chair vivante qu'on trafique.

Comme on reconnaît en vous des personnes « bien », on vous épargne la banquette d'attente, et vous voici dans le salon.

Du papier à fleurs sur les murs, le carreau rouge et ciré comme dans un parloir de couvent, et, de chaque côté de la cheminée, au-dessus de deux cylindres de verre recouvrant des roses en papier, les portraits à l'huile et cerclés d'or de Monsieur le Directeur et de Madame la Directrice.

Monsieur est quelconque : tête d'ancien agent d'affaires ou de pédicure qui a réussi ; Madame, bien en chair, sourit de ses trois mentons dans l'engraissement d'un métier facile, avec ce je ne sais quoi de dur que donne au visage et au regard le maniement d'un troupeau humain. Quelquefois, c'est une sage-femme ambitieuse ; le plus souvent une ancienne nourrice douée du génie des affaires.

Un jour, il y a longtemps, elle est venue dans une maison pareille à celle-ci, peut-être dans la même, vendre, pauvre fille de campagne, un an de sa jeunesse avec son lait. Elle a rôdé devant la porte comme les autres, affamée, son enfant au bras ; comme les autres elle a usé la bure de ses jupes sur le banc de pierre.

Aujourd'hui les temps ont changé : elle est riche, célèbre. Son village, qui la vit partir en loques, ne parle d'elle qu'avec respect. Elle est une autorité là-bas, presque une providence.

La récolte a manqué, le propriétaire presse. Le soir, sous la cheminée, l'homme dit en présentant la large paume de sa main à la flamme : « Phrasie, écoute voir… ton lait est bon, l'argent se fait cher : si t'allais à Paris faire une nourriture ? On n'en meurt pas ; et la patronne du bureau, qu'est d'ici et qui nous connaît ben, t'aurait une bonne place tout de suite. »

Elle s'en va, puis une autre. Peu à peu l'habitude se prend, l'amour du lucre continuant ce qu'avait commencé la misère. Maintenant, chaque fois qu'un enfant naît, son affaire est claire, et son destin réglé d'avance. Il restera au pays à téter la chèvre ; et le lait de la mère, bien vendu, servira à acquérir un champ, à arrondir un bout de pré.

Toute célébrité nourrisseuse, toute directrice de bureau de placement exploite ainsi spécialement sa province d'origine. L'une a l'Auvergne, l'autre la Savoie, celle-ci les landes bretonnes ou les côtes boisées du Morvan. Chose à remarquer, le marché aux nounous, à Paris, suit les fluctuations de la vie rustique. Rare les années de récolte, la nourrice afflue en temps de disette ; mais que l'année soit mauvaise ou bonne, elle devient presque introuvable pendant la moisson et la vendange, au moment des grands travaux des champs.

Aujourd'hui le bureau de placement semble bien fourni. Sans compter les nourrices que nous avons vues à l'entrée traînant leurs sabots devant la porte, en voici vingt, trente, sous la fenêtre, dans un petit jardin transformé en cour, lugubre à voir avec ses bordures de buis piétinées, ses plates-bandes effacées, et les couches d'enfant qui sèchent sur une ficelle tendue au travers entre un figuier malade et un lilas mort. Tout autour un alignement de logettes sans étage, dont la nudité sordide fait songer à la fois aux *payotes* des nègres esclaves et aux cabanons des forçats. C'est là que logent les nourrices avec leurs enfants, en attendant d'être placées.

Elles campent sur des lits de sangle, dans un aigre relent de malpropreté rustique, au milieu du perpétuel tintamarre des marmots en tas qui s'éveillent tous dès que l'un crie, et se mettent à brailler ensemble, bouche tendue, vers le sein défait. Aussi aiment-elles mieux l'air libre du jardinet, où elles traînent d'un coin à l'autre, toute la journée, avec des allures ennuyées de démentes, ne s'asseyant que pour coudre un peu, mettre une pièce de plus à quelque jupe déjà cent fois rapiécée, loque de couleur spéciale, terreuse et grise, ou bien affectant ces tons jaunes et éteints, bleus expirants, que la mode parisienne emprunte, par raffinement, à la misère campagnarde.

Mais voici Madame qui entre, avec la tenue de l'emploi, à la fois coquette et sérieuse, une avalanche de nœuds flamme de punch sur un corsage d'un noir janséniste, regard sévère et parler doux.

« Vous désirez une nourrice ?… Soixante-dix francs par mois ?… Bien… Nous avons un assortiment dans ces prix-là… »

Elle donne un ordre : la porte s'ouvre, les nourrices arrivent par fournée de huit ou dix, piétinent et s'alignent, soumises, leur enfant au bras, avec un bruit d'*esclots*, de souliers à clous, des poussées gauches de bétail… Celles-ci ne conviennent pas ? Vite, dix autres… Et ce sont toujours les mêmes yeux baissés, les mêmes timidités misérables, les mêmes joues séchées et tannées, couleur d'écorce et couleur de terre. Madame présente et fait l'article.

« … Saine comme l'œil… une vraie laitière… regardez le poupon ! » Le poupon est beau en effet, toujours beau. On en garde deux ou trois dans l'établissement pour figurer à la place de ceux qui seraient trop malingres.

— De combien votre lait, nourrice ?

— De trois mois, M'sieu.

Leur lait est toujours de trois mois. Voyez plutôt : du corsage entr'ouvert un long filet blanc a jailli, riche de sève campagnarde. Mais ne vous y fiez pas : ceci est le sein de réserve que jamais l'enfant ne tette. C'est l'autre côté qu'il faudrait voir, celui qui se cache honteux et flasque. Sans compter qu'avec quelques jours d'absolu repos, toujours un peu de lait s'emmagasine.

Et Madame étale, Madame déballe avec l'autorité de la possession et l'impudence de l'habitude ces pauvres créatures effarouchées.

Enfin le choix est fait, la nourrice est retenue ; il faut régler. La directrice passe derrière son grillage et fait le compte. Effrayant, ce compte. D'abord le tant pour cent de la maison, puis l'arriéré de la nourrice en logement et en nourriture, quoi encore ? Les frais de route. Est-ce fini ? Non, il y a la « meneuse » qui va prendre l'enfant à la mère pour le reconduire au pays.

Triste voyage, celui-là ! On attend qu'il y ait cinq ou six poupons ; et la « meneuse » les emporte ficelés dans de grands paniers, la tête en dehors comme des poules. Plus d'un meurt dans ce trimballement à travers des salles d'attente glaciales, sur les dures banquettes des wagons de troisième classe, avec le lait du biberon et un peu d'eau sucrée au bout d'un chiffon pour nourriture. Et ce sont des recommandations pour la tante, pour la grand'mère. L'enfant, brutalement arraché du sein, s'agite et piaille ; la mère l'embrasse une dernière fois, elle pleure. On sait bien que ces larmes ne sont qu'à demi sincères, et que l'argent les séchera bientôt, ce terrible argent qui tient si fort aux entrailles paysannes. Malgré tout, la scène est navrante et fait songer douloureusement aux séparations de familles d'esclaves.

La nourrice a pris son paquet, quelques guenilles dans un mouchoir.

— Comment ! C'est votre trousseau ?

— Oh ! mon bon M'sieu, j'sommes si pauvres par chez nous… J'n'avons censément ren que c'que j'portions sur la piau.

Et le fait est que ce n'est guère. Avant toute chose, il va falloir la renipper, la vêtir. C'était prévu. La première tradition, chez les nourrices, comme chez les flibustiers allant au pillage, est d'arriver les mains vides, sans bagages encombrants ; la seconde est de se procurer une grande malle, la malle à serrer la *denraie*. Car vous aurez beau la choyer et la soigner, cette sauvagesse ainsi introduite chez vous, et qui détonne d'abord si étrangement parmi les élégances d'un intérieur parisien avec sa voix rauque, son patois incompréhensible, sa forte odeur d'étable et d'herbe ; vous aurez beau laver son hâle, lui apprendre un peu de français, de propreté et de toilette ; toujours chez la nounou la plus friande et la mieux dégrossie, à tous les instants, en toute chose, la brute bourguignonne ou morvandiaute reparaîtra. Sous votre toit, à votre foyer, elle reste la paysanne, l'ennemie, transportée ainsi de son triste pays, de sa noire misère, en plein milieu de luxe et de féerie.

Tout ce qui l'entoure lui fait envie, elle voudrait tout emporter là-bas, dans son trou, dans son gîte, où sont les bestiaux et l'homme. Au fond elle n'est venue que pour cela, son idée fixe est la *denraie*. La denrée, mot surprenant, qui, dans le vocabulaire des nourrices, prend des élasticités inattendues de gueule de serpent boa. La denrée, ce sont les cadeaux et les gages, ce qu'on vous paye, ce qu'on vous donne, ce qui se ramasse et se vole, le bric-à-brac et le pécule qu'aux yeux des voisins pleins d'envie on compte déballer au retour. Pour engraisser et pour enfler cette denrée sainte, votre bourse et votre bon cœur vont être mis en coupe réglée. Et vous n'avez pas affaire à la seule nourrice ; l'homme, la grand'mère, la tante sont complices, et du fond d'un hameau perdu dont vous ignorez même le nom, toute une famille, toute une tribu ourdit contre vous des ruses de peau-rouge. Chaque semaine une lettre arrive, d'une écriture matoise et lourde, et cachetée d'un dé sur du pain bis.

Elles vous attendrissent d'abord ces lettres comiques et naïves, avec leur orthographe compliquée, les endimanchements de style, des phrases tortillées et retortillées comme le bonnet d'un paysan qui ne veut pas avoir l'air timide, et ces suscriptions minutieuses ainsi qu'en imaginait Durandeau dans ses fantaisies militaires :

À madame, madame Phrasie Darnet,
*nourrice chez M^r^ ****
rue des Vosges 18. 3e arrondissement,
Paris, Seine, France, Europe, etc.

Patience. Ces fleurs de naïveté campagnarde ne vous attendriront pas longtemps. Toutes visent à votre bourse, toutes respirent le même parfum de carotte rurale et d'idyllique escroquerie. « *C'est pour te faire savoir, ma chère et digne compagne – mais tu n'as pas besoin d'en parler à nos respectés maîtres et bienfaiteurs parce qu'ils voudraient peut-être encore te donner de l'argent et que ce n'est jamais bien d'abuser...* » Là-dessus, l'annonce circonstanciée d'un épouvantable orage qui vient de tout ravager au pays. Plus de récolte, les blés hachés, les prairies perdues. Il pleut dans la maison comme en pleins champs, vu que les grêlons ont crevé les tuiles ; et le porc, une si belle bête, qu'on devait saigner pour Pâques, dépérit du saisissement qu'il a eu d'entendre le tonnerre.

D'autres fois, c'est la vache qui est morte, l'aîné des petiots qui s'est cassé le bras, la volaille atteinte d'épilepsie. Sur le même bout de toit, le même coin de champ, c'est un invraisemblable amoncellement de catastrophes pareilles aux plaies d'Égypte. Cela est grossier, stupide, cousu d'un fil blanc à crever les yeux. N'importe, il faut faire semblant d'être pris à ces inventions, payer encore et toujours, sans quoi gare à Nounou ! Elle ne se plaindra pas, elle ne demandera rien, oh ! non, certes, mais elle boudera, pleurnichera dans les coins, bien sûre d'être vue. Et quand Nounou pleure, Bébé crie, parce que le gros chagrin *tourne les sangs* et les sangs tournés font le lait aigre. Vite un mandat de poste et que Nounou rie.

Ces grands coups hebdomadaires n'empêchent pas la nourrice de travailler quotidiennement à sa petite *denraie* personnelle. Ce sont des chemises pour le petit, le malheureux déshérité, tout seul là-bas à téter la chèvre ; un jupon pour elle, un paletot pour son homme, et la permission de ramasser ce qui traîne, les menus riens qui vont aux balayures. La permission d'ailleurs n'est pas toujours demandée, Nounou ayant rapporté de son village des idées particulières sur la propriété des bons Parisiens. La même femme qui, chez elle, ne ramasserait pas la pomme du voisin par le trou d'une haie, mettra paisiblement, et sans que sa conscience en soit troublée, toute votre maison au pillage. Pour le zouave, dépouiller l'Arabe ou le colon n'est pas voler, c'est *chaparder*, *faire son fourbi*. Différence énorme ! De même pour Nounou, voler le bourgeois, c'est *faire sa denraie*.

Chez moi, il y a quelques années, car c'est par expérience que je puis faire ainsi un cours de nourrices, des couverts d'argent disparurent. Plusieurs domestiques pouvaient être soupçonnés ; il fallut ordonner une perquisition, ouvrir des malles. J'avais déjà mes convictions sur la *denraie*, et je commençai par la malle de Nounou. Non, jamais le trou de clocher de la pie voleuse, jamais creux d'arbre où un corbeau collectionneur entasse le fruit de ses rapines, n'offrit si disparate assemblage d'objets brillants et inutiles ; des bouchons de carafe et des boutons de porte, des agrafes, des fragments de glace, des bobines sans fil, des clous, des chiffons de soie, des rognures, du papier à chocolat, des coloriages de magasins de nouveautés, et, tout au fond, sous la denrée, les deux couverts devenus denrée eux-mêmes.

Jusqu'au dernier moment, Nounou refusa d'avouer ; elle protestait de son innocence, déclarant qu'elle avait pris les couverts sans penser à mal, pour s'en servir de *corne à souliers*. Pourtant elle ne voulut pas remettre son départ au lendemain. Elle avait peur qu'on ne se ravisât, qu'on n'envoyât « quérir les gendarmes ». Il faisait nuit, il pleuvait. Nous la vîmes, silencieuse, louche, redevenue sauvagesse pour de bon, disparaître à pas de fauve sous la voûte de l'escalier, ne voulant pas même qu'on l'aidât et traînant à deux mains sa malle, lourde de la précieuse denrée.

Vous figurez-vous votre enfant aux soins de pareilles brutes… Aussi n'est-ce pas trop d'une surveillance de tous les instants. Si vous laissiez faire la nourrice, elle ne sortirait jamais Bébé pour le mener boire le soleil, respirer l'air de verdure des squares. Paris, au fond, l'excède ; et elle préférerait rester près du feu, sans lumière, l'enfant aux genoux, le nez dans les cendres comme à la campagne, dormant, des quatre heures durant, de son lourd sommeil de paysanne. C'est le diable encore de l'empêcher de coucher le nourrisson avec elle dans son propre lit. Pourquoi faire, un berceau ? Ces bourgeois vraiment ont des idées, des exigences ! Ne vaudrait-il pas mieux l'avoir là, tout près, et lui donner le sein sans se réveiller ni avoir froid, quand il crie ? Il est vrai que parfois en se retournant on l'étouffe ; mais ces sortes d'accidents sont rares.

Et puis des traditions de campagne assurent qu'un enfant de lait ça mange de tout, qu'on peut impunément le bourrer de poires acides et de prunes vertes. Arrive une inflammation, on court au médecin et l'enfant meurt. D'autres fois encore pour une chute, pour un coup non avoués, ce sont les convulsions ou la méningite… Ah ! comme nos Parisiennes feraient mieux de suivre les conseils de Jean-Jacques et de nourrir leurs enfants elles-mêmes ! Il est vrai que ce n'est pas facile toujours ni pour toutes, dans cet air anémiant des grandes villes qui fait tant de mères sans lait.

Mais que penser des bourgeoises provinciales qui, sans nécessité, par pure habitude d'insouciance et de paresse, envoient leurs enfants en nourrice pour deux ou trois ans chez des paysans qu'elles n'ont jamais vus ? La plupart meurent. Ceux qui survivent reviennent à l'état d'affreux monstres que leurs parents ne reconnaissent pas, aux allures rustiques de petits hommes à grosse voix et parlant des patois barbares.

Je me rappelle qu'un jour, me trouvant en province, dans le Midi, des amis me proposèrent une excursion au pont du Gard. Il s'agissait d'un déjeuner champêtre sur les galets de la rivière, à l'ombre des ruines. Justement « le petit » était en nourrice de ces côtés, et nous devions le voir en passant. Grande partie, on invite des voisins, on loue un omnibus, et fouette dans le vent, le soleil, la poussière aveuglante et brûlante. Au bout d'une heure, en haut d'une côte, nous apercevons de loin, au milieu du chemin blanc comme la neige, une tache brune. La tache grandit, se rapproche. C'était la nourrice, prévenue, qui nous guettait. L'omnibus s'arrêta, on passa par la portière le petit qui piaulait.

« Comme il est beau !… Comme il vous ressemble !… Et autrement, il va bien, nourrice, votre petit ? » Tout l'omnibus l'embrasse, s'attendrit, puis on repasse par la portière le petit paquet braillant, et nous filons au galop, laissant l'enfant et la nourrice plantés au soleil dans la cendre embrasée et craquante de cette route du Midi.

C'est ainsi qu'on fait les gars solides…, direz-vous.

Je crois bien ; ceux qui résistent sont à l'épreuve.

Extrait des *Souvenirs d'un homme de lettres*, 1889.

JULIEN BLANC

(1908-1951)

Au collège Saint-Joseph

Confusion des peines *est un des plus attristants récits d'éducation qui soient. Toute éducation est une domestication que l'on endure avec plus ou moins de docilité, de ruse, d'habileté, de révolte, mais certaines sont franchement odieuses, comme celle qu'a subie Blanc. Il l'a racontée dans ce récit publié pendant la guerre. Pendant la guerre paraît le premier livre d'un autre enfant brutalisé, et* Notre-Dames-des-Fleurs, *la même année 1943, a d'une certaine façon rendu* Confusion des peines *caduc, car la forme gagne toujours. Julien Blanc a plus de volonté que d'art. Sa blessure, plus forte que son caractère, n'avait que faire de la mélodie.*

L'été, le réveil avait lieu à six heures ; l'hiver à sept. Une sonnerie de clairon (je sus plus tard que c'était la *Diane*) tirait les colons de leur lit. La surveillante du dortoir était déjà sur pied ; elle venait assister à notre lever en claquant dans ses mains à son entrée. Ce claquement de mains était plus autoritaire que la sonnerie de clairon. Nous nous empressions d'obéir, car les sœurs de Saint-Joseph avaient deux auxiliaires, d'abord le prévôt, toujours plus grand que ceux de la division où il régnait, et la trique. Elles étaient habiles à s'en servir.

Le lendemain de mon arrivée, alors que je faisais des efforts pour ouvrir les yeux, puis, y étant parvenu, pour comprendre ce qui m'arrivait, pour situer le lieu étrange où je me trouvais, la surveillante fit pleuvoir sur mon dos quelques coups qui me mirent au pas. Derrière elle, le prévôt se tenait prêt à réprimer par sa propre trique toute velléité de rébellion de ma part.

Nous enfilions notre pantalon, nos chaussettes et nos chaussons. Un autre claquement de mains de la surveillante nous faisait tenir immobiles au pied de notre lit ; un nouveau signal : à genoux. La prière du matin, interminable, commençait. Quand c'était fini, toujours aux commandements de la surveillante, nous nous mettions en file, le prévôt en tête. Nous montions au premier étage où se trouvaient les lavabos et les waters. Nous allions faire nos besoins à tour de rôle, la porte des cabinets restait ouverte, la religieuse ni le prévôt ne nous quittaient des yeux. Il n'y avait que deux cabines. L'été, une odeur écœurante s'en dégageait, malgré le désinfectant, une chose blanche, molle, une sorte de bouillie, que, étant militaire, je reconnus pour être du chlorure de chaux ; l'hiver, l'odeur était moins forte, mais nous grelottions en attendant notre tour. Il fallait une bonne demi-heure pour que chacun de nous fût passé par les waters. Nous nous remettions en file. Trique en main, la sœur nous surveillait, un œil à droite, un œil à gauche. Le prévôt nous faisait aligner devant le double lavabo, dix d'un côté, dix de l'autre. « La douche ! » disait la sœur. Comme des automates, nous rentrions le col de notre chemise, nous ouvrions légèrement notre robinet (toujours le même, nous n'en changions qu'en passant à un autre dortoir), nous nous savonnions, la bouche d'abord, les oreilles, le cou, puis les mains en dernier lieu. Nos doigts faisaient office de brosse à dents et de cure-oreilles. L'hiver, l'eau gelait souvent dans les canalisations : nous ne nous lavions pas et nous en étions contents. Nous nous essuyions. Nous redescendions en file au dortoir où nous achevions de nous habiller. Une fois par mois, la cérémonie du lavabo était remplacée par la douche, une vraie douche, individuelle. C'était jour de fête pour moi : pendant les trois minutes accordées pour le bain, j'étais enfin seul, tout seul. Ce que c'était bon ! Dès que nous étions vêtus, la religieuse faisait un nouveau signal. Nous sortions en ordre et en silence du dortoir ; nos sabots étaient alignés de chaque côté de la porte. L'été, ça allait, mais, les jours de pluie ou de neige, il fallait d'abord retourner les sabots pour en faire sortir l'eau ou la neige. Il arrivait que l'eau fût prise en glace. On nous donnait un petit marteau pour la casser. Nous arrivions transis à la chapelle. Il était prudent de ne point claquer des dents : cela était considéré comme un bavardage. La trique ne chômait guère.

À la chapelle, nous nous retrouvions tous, les libres à droite, les condamnés à gauche. Sermon quotidien, prière pour la brebis égarée, pour notre saint-père le pape, pour notre révérende mère supérieure, pour les hérétiques. La communion. Notre surveillante, sœur Marie-Céleste, ressemblait à une figure de vitrail en revenant de la sainte table. Elle avait les yeux fermés, l'air prodigieusement heureux, détaché des choses de ce monde. Mais un jour, avant d'entrer au réfectoire, elle me réprimanda : j'avais bavardé pendant la communion, elle m'avait vu. Quelques coups de trique. Je ne fus plus dupe de ses simagrées.

Au réfectoire, nous prenions place à nos tables respectives, chaque dortoir ayant sa table. Elles étaient en sapin, et lavées chaque jour à la brosse par la corvée de jour. J'étais toujours volontaire pour cette corvée, mais elle se faisait par roulement. Les religieuses déjeunaient ailleurs, certaines d'entre elles, doublées de leurs prévôts, nous surveillaient. Les ouvriers conducteurs de la ferme mangeaient à une table à part. Il y avait de tout sur leur table. Un jour, nous y vîmes deux gendarmes qui venaient de ramener un évadé au bercail ; la tourière, sœur Saint-Saturnin, une brave femme, leur versait du vin… Le silence était aussi absolu ici qu'à la chapelle, au dortoir ou en classe. Il était interdit de se retourner. Quand l'un d'entre nous enfreignait la consigne, il était giflé par-derrière par quelque surveillante ou par un prévôt. C'était le bruit des gifles qui m'avait intrigué le premier jour. Contre l'un des murs, il y avait une estrade où pouvaient se tenir deux personnes. Le matin, la surveillante générale, bras croisés dans ses manches, y présidait ; au repas de midi et à celui du soir, une religieuse nous faisait des lectures pieuses. Chez les libres, les gifles ou les coups de trique n'étaient jamais suivis de rébellion : nous étions trop petits ; chez les condamnés, par contre, il y avait parfois de véritables batailles. Un colon avait reçu une gifle. Il sortait de son banc, et levait la main sur la religieuse. Aussitôt, la surveillante générale que l'on aurait pu croire endormie décroisait vivement ses bras, sifflait ; tous les prévôts se ruaient sur le délinquant qui était emporté au cachot. Le calme revenait. J'avais le cœur battant ; souvent des larmes amères, des larmes de rage impuissante tombaient dans mon manger, qui était maigre : malgré l'apport de la ferme, la nourriture n'était pas meilleure ni plus abondante qu'à l'orphelinat.

Un signal retentissait. Nous nous levions. À droite, droite, en avant, marche, une, deux, une, deux…

Chaque catégorie entrait dans son enceinte barbelée. Un *no man's land* de dix mètres, sorte de couloir neutre, séparait les divisions des libres de celles des condamnés. La récréation commençait. C'était le moment de se défiler, d'être volontaire pour n'importe quoi, corvée de table, corvée de nettoyage des dortoirs, corvée de bois, etc. La corvée de bois était épuisante, il fallait porter une brassée de rondins – une vraie brassée – de la remise à la buanderie ou aux cuisines, soit près de deux cents mètres. Il ne fallait pas tricher ! Mon Dieu que vous étiez lourds, rondins, que d'attentions, que de suées pour ne pas vous perdre en route ! Car si l'on vous faisait tomber, cela était considéré comme une faute. Toute maladresse était faute, et toute faute punie de coups et de privation de manger… Pourtant, il était préférable de coltiner les rondins…

La première « récréation » du matin durait environ une demi-heure. Qu'il est difficile d'en parler ! S'amusait-on durant ces récréations ? Voilà… nous étions, libres ou condamnés, des coupables. Ici, la solidarité dans le châtiment était absolue. Il y avait chaque jour des écarts de conduite individuels réprimés sur-le-champ par la trique, le pain sec ou le cachot, selon le degré de la faute commise. Nous étions tous solidaires de ces manquements à la discipline. Nous ne pouvions être battus tous ; alors, un châtiment corporel collectif, dû à la sagesse de la mère supérieure, avait été inventé. Il prenait place pendant les récréations, de façon que les heures de classe ou de travail n'en souffrissent point. Sous l'œil vigilant des religieuses, les prévôts nous faisaient rompre les rangs. Nos rangs se disloquaient comme à regret, car nous savions… Nous savions que, quelques secondes plus tard, les mêmes prévôts, de la même voix hurlante, nous ordonneraient de nous rassembler. Cela se faisait en hâte, dans un silence de mort. Je pense à des robots, ou à des animaux savants.

— Premier rang, un pas en avant, deuxième rang, un pas en arrière ! criaient les prévôts.

Les mouvements étaient accomplis rapidement.

— Bras écartés, en position !

Nous obéissions avec la même rapidité, le même ensemble.

— Flexion des jarrets, en position !

Pour les bras en croix, cela allait encore, j'avais été entraîné à cet exercice autrefois à l'orphelinat (combien je le regrettais !) ; mais la flexion sur les jarrets ! Pendant dix minutes, il fallait rester accroupi, sur la pointe des pieds, les cuisses ne touchant pas les mollets, les bras fixes, le torse et la tête droits. Les religieuses et les prévôts se promenaient derrière nous. Malheur à nous si nos fesses s'approchaient trop près de nos sabots… Coup de trique, ou gifle si violente, si inattendue, encore que nous la pressentions, que nous allions mordre la poussière ou la boue ou la neige… J'en ai reçu ma part. On nous accordait une minute de repos, puis l'horrible exercice reprenait. Le clairon annonçait enfin la fin de la récréation. Nous nous détendions. Nous ne pensions pas que cela recommencerait dans quelques heures. Les condamnés, en rang, allaient à leur travail, buanderie, cuisine, ateliers où l'on fabriquait je n'ai jamais su quoi, champs ; les « cultivateurs » sous la conduite des ouvriers agricoles conducteurs, ou de sœurs fermières.

Nous, les libres, nous entrions dans nos classes respectives. Chaque dortoir constituait une classe, une division, comme on disait. Dans le mien, sœur Marie-Céleste nous préparait au certificat d'études. La mère supérieure venait, une heure par jour, nous faire répéter l'examen. Comme je redoublais la classe, je n'avais aucun effort à faire pour être premier.

Sœur Marie-Céleste avait des yeux bizarres. Je pensais à des boutons de faïence bleue que l'on aurait posés de chaque côté de son nez, à même la peau. Cette couleur m'horrifiait. Bien que je fusse le premier de ma division, sœur Marie-Céleste ne perdait pas une occasion de me battre, elle disait que la justice doit être égale pour tous. Elle savait, alors que je me croyais en sécurité, trouver quelque faute commise sans même m'en rendre compte – faute qui était châtiée par x coups de trique sur le bout des doigts.

La classe prenait fin vers onze heures et demie. Une séance de couture et de tricot suivait ; les colons, à Saint-Joseph, devaient entretenir leurs effets en état et tricoter leurs chaussettes. J'eus du mal à m'y mettre, mais les coups de trique font des miracles. Un jour, toutefois, je dis que les travaux de couture et de tricot étaient affaire de femmes. Je reçus une telle raclée qu'il me fallut revenir sur ma pensée absurde.

Après la séance de tricot qui finissait quand le clairon sonnait la soupe, nous sortions de la classe, en rang, et revenions au réfectoire. Prière avant et après le repas aussi insuffisant que le petit-déjeuner. Lecture pieuse, gifles, silence de mort.

Une nouvelle récréation ensuite… La classe de nouveau, une autre récréation vers cinq heures.

Vers cinq heures et demie, cours de patriotisme. Une religieuse étrangère à notre classe venait nous parler de la France, des atrocités commises par les Allemands en Alsace sur les petits enfants. Nous écoutions, bouche bée, remplis de frayeur. Nul, je suppose, ne faisait de rapprochement entre les cruautés signalées par la sœur orateur et celles dont nous étions victimes, nous… Nous avions de la peine à songer que nous étions dans un bagne, un bagne d'autant plus odieux qu'il était privé, placé sous le couvert d'une religion désuète, qui ne m'a jamais rien apporté quand j'étais enfant, si ce n'est une terreur sans nom. Les sœurs, malgré la crainte qu'elles nous inspiraient, étaient des créatures du bon Dieu. L'aumônier nous le rappelait souvent. Je me demande ce qui se passait dans les colonies pénitentiaires officielles…

Mais l'orateur en finissait avec son exposé sur les atrocités. Une autre sœur, la *musicienne*, la remplaçait sur l'estrade, cependant que sœur Marie-Céleste se promenait dans le fond de la classe de façon à nous contraindre à l'attention. C'était enfin la détente, la vraie, la seule détente de la journée. Nous chantions, et nous chantions assez juste. La musicienne était jeune et jolie, elle ne portait pas de trique, mais un violon ; elle en jouait gentiment. Elle nous apprenait des chansons patriotiques, avec une foi qui me paraît, avec le recul, naïve, de bon métal en tout cas. Tout en chantant *La Marche lorraine*, j'évoquais les soirées chez les Irlandais, le piano magique, maman…

Tout à coup, un ordre de sœur Marie-Céleste nous imposait silence. Rang, cour barbelée, chapelle : prières, salut du saint sacrement. Réfectoire. Dortoir…

Le prévôt se déshabillait le dernier. Sœur Marie-Céleste s'assurait que chaque colon dormait les bras le long du corps, hors du lit. Je pensais à ce moment à Mlle Daise…

*

Telle était notre vie.

*

Et il n'y avait pas que ça… Peu à peu, j'apprenais des choses ; peu à peu, je perdais de mon innocence. Et j'apprenais à dissimuler.

*

La vengeance

En sortant de la classe, le 32 s'arrangea pour être à côté du 68.

— Vise la Marie-Céleste qui fait du plat au prévôt !

Le prévôt, n° 428, avait l'air satisfait. Son front bas se plissait ; la main de Marie-Céleste courait sur sa nuque, ça le chatouillait, il était content.

— Je voudrais voir son falzar, ajouta le 32.

Le 68 ne pipait mot. *Qu'est-ce qu'il veut dire ?* Cela se passait quelques semaines après son arrivée au pénitencier de Saint-Joseph.

— Tiens, ils sont restés dans la classe. Il va la mettre.

— Tu crois ?

— J'en suis sûr pardi ! Il bande bien.

Mais qu'est-ce qu'il veut dire ?

— Attention !

Le 32 sortit son mouchoir de la poche de sa blouse, les poches des pantalons étant cousues, il se moucha avec bruit. Marie-Céleste et le prévôt sortaient de la classe. La femme était sûre d'elle-même, elle jouait avec son gourdin de noisetier ; le 428 était maintenant tout rouge. Le 68 le regarda à la dérobée, craintivement, car le 428 l'avait déjà battu avec sa trique, de noisetier comme celle de la surveillante. Son air satisfait l'avait quitté. Il était rouge et il leva les yeux au ciel pour prendre une contenance. Vingt paires d'yeux craintifs le regardaient. Il y avait peut-être des lueurs de haine sous la crainte.

— Il a pas eu le temps de la mettre, fit le 32. Mais je voudrais bien voir son falzar. T'en fais une tête ? Tu piges pas ?

— Si, fit le 68 qui n'avait rien compris.

— Fais pas le mariolle, fit le 32, t'as rien pigé. Je t'apprendrai !

Il remit son mouchoir en place. Marie-Céleste fit un léger signe, que le 68 intercepta, au 428.

— Rassemblement ! cria celui-ci.

Ils étaient une vingtaine de gosses de douze à treize ans. Ils se rassemblèrent. Le prévôt les inspecta. Il n'était plus rouge. Puis son regard se porta, une seconde, sur la croupe de la femme. Quelque chose de luisant passa dans ses prunelles ordinairement inexpressives.

— Premier rang, un pas en avant…

Deuxième rang, un pas en arrière ! se dit le 68.

— Bras écartés, en position !

Bras écartés, cela voulait dire bras en croix. Comme il continuait de regarder la croupe rebondie de Marie-Céleste, les gosses en profitèrent pour baisser les bras. Le prévôt s'en aperçut. Il fit tournoyer sa trique. La branche de noisetier s'abattit sur le 68 qui se mit à crier.

— Vous allez vous taire ? fit doucement Marie-Céleste.

Ses yeux de faïence bleue étaient horribles à voir. Le 68 se tut. Il compta les coups de trique sur son dos : cinq.

Habituellement, c'est le double ! pensa le 32. *Il est tellement amoureux qu'il a plus de force pour taper !*

— Flexion des jarrets, en position !

Je dirais flexion sur les jarrets, se dit le 68. Son dos lui faisait mal. De l'autre côté de la démarcation barbelée, par-delà le *no man's land*, des centaines de *condamnés* avaient les bras en croix. Des triques s'abaissaient parfois sur quelque dos. Des femmes en noir se promenaient lentement entre les rangs, indifférentes.

— La récréation est terminée, fit Marie-Céleste.

— Rassemblement ! hurla le 428.

Les vingt rentrèrent dans leur classe.

— Au nom du Père, du Fils et du Saint-Esprit, fit Marie-Céleste.

— Ainsi soit-il, répondirent les vingt.

— Je vous salue, Marie, pleine de grâce…

Le 68 remuait les lèvres, car sa place de premier de la classe était à côté de la chaire.

Si la supérieure ne faisait pas faire elle-même la composition du mois, le 68 ne serait pas le premier, ce serait le prévôt... Mais il est le dernier ! se disait le 32.

Qu'est-ce qu'il a voulu dire ? se demandait le 68. Il se perdait en conjectures.

— 68, debout !

Il se leva. Il se savait le point de mire des dix-neuf.

— Blanche de Castille et Saint Louis, roi de France.

Le 68 récita le passage de son histoire de France de mémoire, sans une erreur.

— Très bien, asseyez-vous !

Les autres récitèrent aussi, sauf le 428.

— Ouvrez vos géographies à la page 54. À apprendre toute la page 54, la page 55, et la page 56 jusqu'à « … le massif armoricain ». Vous ferez la carte du bassin de la Loire en couleurs pour la prochaine fois, c'est-à-dire pour mercredi. 32, approchez !

Dix coups de noisetier sur le bout des doigts. Le 32 était un dur à cuire : il n'éclata en sanglots que rassis à son pupitre.

— Silence ! On est bien dissipé, il me semble ! 428, surveillez !

Le prévôt vint s'asseoir à côté de la chaire, juste devant le 68 ; sa trique posée sur ses genoux, il avait un œil goguenard et trouble. Le 68 évita de le regarder, car les mots du 32 dansaient dans sa tête. Il cherchait encore la solution de l'énigme. *Il m'a promis de m'apprendre*. Puis il pensa qu'il avait faim et besoin d'uriner. Il leva la main. La permission lui fut accordée. Il reprit sa place tranquillement. Marie-Céleste l'attendait. *Elle va nous raconter une histoire !* pensa le 32. Il était ancien et connaissait les habitudes de la femme. Elle avait croisé ses mains après avoir fermé ses livres.

— Prenez vos tricots ! Il ne faut pas perdre de temps, la vie est courte !

Ils prirent leur ouvrage. Le 428 avait un œil de plus en plus goguenard.

— Commencez ! Et écoutez ! J'interrogerai après… On peut travailler manuellement et écouter ce que je dis.

Elle toussota. Le 68 s'appliquait. *Je voudrais bien être le dernier, je suis trop près d'elle*. Il avait peur de manquer une maille. Il avait reçu des coups sur les doigts pour apprendre à tricoter correctement. Le silence était lourd. Les gosses s'appliquaient. Le 428 étouffa un bâillement et regarda le plafond. Marie-Céleste toussota encore.

— Un jour, un de vos camarades que j'ai eu comme élève a gravement désobéi. Il en a été puni légèrement, eu égard à la bonne conduite qu'il avait tenue jusqu'à sa faute, sa première faute. Le soir, au dortoir, il n'a pas voulu faire sa prière. Il était trop tard pour le faire enfermer au cachot…

Il est jamais trop tard, c'est des menteries ! se dit le 32.

— … Je n'ai donc pas insisté. Le lendemain, au réveil, votre camarade était fiévreux. Notre infirmière lui a pris sa température. Le médecin est venu, et M. l'aumônier… Le coupable m'a fait demander. Il avait quelque chose de grave à me dire : le démon lui était apparu pendant la nuit sous la forme d'un gros chien noir, aux yeux luisants, avec une queue toute rouge. Il prit peur en voyant l'apparition. M. l'aumônier a retrouvé des fientes du chien. Votre camarade est mort en demandant pardon à Dieu de sa désobéissance.

Le 68 s'appliquait, sa chaussette prenait forme. Il avait fait dix rangs. Il se souvenait d'histoires semblables qu'on lui avait racontées, dans un orphelinat, quand son ami Jean était mort, puis l'année passée, dans une école libre. Les désobéissants meurent toujours. *Maman n'a jamais désobéi, et elle est morte !* se dit-il.

Marie-Céleste fit claquer ses mains.

— Vous avez été sages. Il n'y aura pas de punition tout à l'heure.

Les vingt sortirent. Tous les *libres* avaient dû faire preuve d'application, car les autres classes jouèrent dans leur enceinte. Les *condamnés*, de l'autre côté du barbelé, étaient en pénitence. Bras en croix, coups de trique. Les *libres* les regardèrent un instant. Leur condition, comparée à celle de ceux d'en face, leur apparut merveilleuse. Ils se mirent à courir en tous sens, jeunes animaux longtemps captifs auxquels on ouvre la cage.

Le 32 prit le 68 à l'écart. Le 428 se promenait avec Marie-Céleste. Leur conversation était animée. *On peut y aller !* pensa le 32.

— Viens derrière les cabinets, fit-il.

Il avait de tout petits yeux, de toutes petites mains. Ses pieds, par contre, étaient disproportionnés. Il chaussait du 39. Le 68 avait le front de plus que lui.

Derrière les cabinets, le 32 déboutonna sa braguette et invita le 68 à en faire autant.

— Quand le prévôt me met, c'est bon… Tout seul, c'est pas fameux !

Le 68 se reboutonna et se sauva. L'image de la grotesque petite figure plissée du 32 le poursuivit jusqu'au salut.

Au salut, il fut, pour la première fois, admis dans le corps des chantres. Il avait une jolie voix. Tout en chantant, il pouvait voir route la colonie pénitentiaire au-dessous de lui. Il tenait son livre de chants liturgiques sans trembler, paraissait chanter de tout son cœur. Il y avait une *brebis égarée*, ramenée le matin même à Saint-Joseph par les gendarmes, que le 68 reconnaissait à un détail de chevelure. Le triple zéro était obligatoire en arrivant à la colonie. Ensuite, le règlement tolérait un centimètre. Les *brebis égarées*, que l'on sortait du cachot pour les saints offices, étaient l'objet d'une mesure capillaire spéciale. On leur rasait, au rasoir, sans savonnage préalable, sur une largeur de dix centimètres, une bande de cheveux partant du front et allant jusqu'à la nuque. Ce n'était pas beau à voir. C'était, au dire des fugitifs ramenés par les gendarmes, une punition infamante. Le 68 releva un peu son regard. Les colons paraissaient d'une piété exemplaire. Quelques années plus tard, se souvenant de cette scène du salut, il devait écrire sur un carnet : « La piété des fidèles était superficielle. Il passait entre eux comme des courants d'électricité. Les dos ondulaient comme si quelque main invisible les eût caressés. Je pense à des chats qui font le gros dos, soudain, parce qu'un effluve a passé – qu'ils ont capté. Un colon s'inclinait un instant plus que les autres, il faisait tomber son livre de cantiques. Son voisin, plus prompt, ramassait le recueil. Puis faisait tomber le sien à son tour. C'est ainsi que le billet doux de quelque amoureux arrivait à destination. »

Il découvrit certains indices, mais il ne s'y arrêta pas. Il lui tardait d'être seul dans les cabinets, pour voir s'il pourrait faire comme le 32.

Il s'y essaya en vain. Il était en retard, il faut croire.

Il regarda fixement le 32 au réfectoire, puis le prévôt qui, au lieu de le battre, lui sourit. Il sourit aussi, sans trop savoir. Le 32 lui tira la langue.

Il s'endormit très calme, les bras le long du corps, hors des draps. Il faisait froid dans le dortoir qui n'était chauffé qu'une heure par jour. Dès que la surveillante se fut retirée derrière ses rideaux, il se réveilla. Le 32 sautait de son lit. Le 68 le vit se diriger sur la pointe des pieds vers le lit du 428, puis revenir presque aussitôt se coucher. Le 68, à cause du froid, rentra ses bras dans le lit, il ramena ses genoux sous son menton et se rendormit.

Il ne put jamais dire combien de temps il avait dormi, quand il sentit une main qui caressait son visage. Il reconnut le 428.

— Pousse-toi un peu.

Il se poussa.

L'autre lui souleva la chemise.

— Non, fit le 68.

— Ça fait pas mal… Commence si tu veux, je crierai pas, moi !

— Non, redit le 68.

— Puisque ça fait pas mal !

— Non.

Il en avait assez de sentir les mains du prévôt lui triturer les fesses. Il se dressa un peu et d'une détente brusque envoya rouler le 428 sur le parquet. La chute déchira le silence. La surveillante fit de la lumière. Le prévôt se releva. Le 68 était tout pâle.

— Qu'y a-t-il, 428 ? demanda la surveillante.

— Le 68 avait les bras dans son lit. Il soupirait, j'ai été voir. Il m'a fichu un coup de poing.

— Recouchez-vous, dormez ! Nous verrons cela demain.

Après la messe, le 68 fut traduit en justice. La cour se composait de la supérieure, de l'aumônier, de l'infirmière et de Marie-Céleste. Le 428 fut cité comme témoin à charge ; ensuite, la surveillante du dortoir fit un rapport circonstancié. Elle conclut par une phrase qui amena un sourire fugitif sur les lèvres du 68 :

— Le 68 est un vicieux… Je n'en veux plus dans mon dortoir.

Marie-Céleste prit la parole :

— Rien ne m'étonne du 68, il est intelligent, donc responsable. Qu'il ait donné un coup de poing au 428 (elle coula un drôle de regard vers le prévôt), cela prouve qu'il était en faute.

Le tribunal délibéra dix secondes.

— Quinze coups sur les doigts, huit jours de cachot, crâne tondu, dit la supérieure, comme à regret, car elle essuya une larme.

Marie-Céleste donna sur-le-champ les quinze coups de trique. Le 68 pleura beaucoup ; il était douillet. À chaque *ouïlouïlouïl* du 68, le 428 frémissait de plaisir. L'aumônier lisait son bréviaire. L'infirmière tapotait sur la table. Elle avait de gros doigts spatulés.

La surveillante des punis de cachot fut introduite. Elle prit avec rudesse le bras du 68 et le mena vers le bâtiment de la *section spéciale*. Le coiffeur de la colonie fut mandé. Il fit une belle raie à la tondeuse d'abord, au rasoir ensuite, sur le crâne curieusement fabriqué du 68. Le coiffeur rangea ses outils et s'en fut. La surveillante des punis fit déshabiller le 68.

— Et quel âge que t'as donc ?

— Douze ans.

— Sainte Vierge Marie, c'est-y Dieu possible ? Entre là-dedans !

Le cachot était situé sous les combles. Le froid était vif, pénétrant. Le puni n'avait droit qu'à sa chemise et à ses chaussons. Sur le bat-flanc, il y avait une couverture. Il s'en enroula. Les pas de la surveillante décrurent, moururent tout à fait. Il entendit des voix, qui semblaient sortir des murs, puis des coups sourds. Il faisait noir dans le cachot. La lucarne en était occultée par un abat-jour plein. Il s'approcha de la porte. Elle était épaisse. Elle n'était pas fermée. Il l'ouvrit. Il passa devant de nombreuses portes semblables, mais verrouillées. Des voix caverneuses se faisaient entendre derrière ces portes, puis des coups. Il entendit interpeller :

— T'es sorti ?

— Ma porte était ouverte.

— Mince alors !

Il fit une grande causette. Il apprit le *télégraphe* : un coup : a ; deux coups : b, etc. Il prit congé du muré en prétextant le froid. Le couloir était fermé par une porte. Il l'ouvrit. Il se trouva dans un grenier. Un capharnaüm. Il avisa une grande malle. Elle contenait des livres neufs, non coupés. Il en prit deux, les mit sous sa couverture. Il colla à nouveau sa bouche contre la porte du muré :

— Quand vient-on nous surveiller ?

— Pas avant ce soir. On mange le soir, ici.

Il entendit un éclat de rire. *Ce doit être un grand !* pensa-t-il. Il retourna dans le grenier, pour lire les livres. Il ne comprenait pas grand-chose, mais c'était bouleversant. N'ayant pas de canif, il coupait les pages avec son index.

Il avait terminé à quatre heures. Il ne sentait de la faim qu'une crampe douloureuse dans le bas-ventre et une migraine dans les yeux. Il remit les livres dans la malle et voulut regagner sa cellule. La surveillante était devant lui quand il se retourna. Elle avait le mauvais œil, remarqua-t-il en reculant un peu. Les mains osseuses de la femme s'abattirent sur sa tête. Il se retrouva longtemps après dans le cachot. Son crâne était mouillé. Il passa sa main dessus et la porta à sa bouche : c'était du sang. Il s'évanouit pour de bon. C'est pour ça qu'il n'eut pas froid cette première nuit.

L'aumônier vint le confesser. Il lui parla des mauvais livres que lui, aumônier de Saint-Joseph, avait achetés à l'unique librairie du canton pour que de telles turpitudes ne tombassent pas (malgré sa faiblesse, le 68 admira l'imparfait du subjonctif) sous les regards des fidèles de la sainte Église. Il regrettait de ne pas les avoir brûlés comme le conseillait l'abbé-censeur de la chrétienté française.

Le 68 se confessa dans l'espoir que, absous par l'aumônier, on le tirerait de son cachot. Il le demanda naïvement au prêtre qui lui dit de faire sa pénitence en entier et l'offrir au bon Dieu en signe de repentir. Alors, le 68 dit un gros mot au prêtre qui s'en alla.

— Je voulais te donner un bout de pain ; mais puisque tu ne veux rien entendre je vais le donner à un autre puni qui se repent…

Le 68 recevait une ration de pain le soir et une autre le matin, avec un verre d'eau à chaque fois. Le quatrième jour, vers midi, la surveillante lui apporta une assiette de soupe, puis un bout de viande dure entouré de quelques haricots. Il dévora le tout en un éclair et eut des coliques toute la nuit. Quand elles sont violentes, les coliques font tellement mal qu'on ne sent pas autre chose. Il n'eut donc pas froid cette nuit-là non plus. Il gelait pourtant à pierre fendre. Il sut plus tard que le thermomètre était descendu à moins vingt.

Puis il sortit de son cachot. Il reprit sa place dans sa classe, et dans son dortoir il eut le même lit, malgré l'opposition de la surveillante qui le talocha souvent sous divers prétextes… Quelques-uns étaient d'ailleurs justifiés.

Il fut encore premier en classe, sans effort. Il chanta à la chapelle, avec foi ; durant la leçon de la violoniste, avec ardeur. On oublia qu'il avait été puni. Sa raie se confondit avec le reste de ses cheveux. Il fuyait le 32 que le 428 ne frappait jamais.

Le 428 avait déclaré, au cours d'une vraie récréation, qu'il passerait son certificat d'études cette année avec la mention *très bien*. Mais il était toujours le dernier à chaque composition présidée par la vieille supérieure en fin de mois.

Alors, le 428 se rapprocha insensiblement du 68, le *savant* de la section. Cela commença par des sourires, par des billets doux où il était question d'amour passionné. Le 428 savait que le 68 ne le trahirait pas – qui avait une mentalité de *condamné*. La vie devint ainsi pour le 68 un peu moins dure. Il ne fut plus jamais battu par le 428. Celui-ci eut sa récompense : le 68 lui fit tous ses devoirs. Il ne se fit jamais prendre à les lui glisser quand, sur l'ordre de Marie-Céleste, le prévôt se promenait derrière les pupitres, pour voir si personne ne trichait.

Le 32 souriait tristement. Le 68 voyait bien qu'il souffrait. Un jour, son camarade lui dit :

— C'est avec toi, maintenant ?

— Idiot !

Le 68 vit que le 32 n'en croyait pas un mot. Cela jeta beaucoup de trouble dans sa tête.

La session du certificat d'études primaires arriva. Ils partirent, les vingt, en plusieurs voitures à cheval, au canton. Le 68 s'arrangea pour faire passer ses brouillons au 428. Ils furent reçus tous deux, avec quatre ou cinq autres.

Dès le lendemain, le 428 battit le 68. Le 32 respira.

Les grandes vacances commencèrent, particulièrement pénibles. Le 68 adorait la solitude, et il ne pouvait jamais être seul. Il y avait toujours quelqu'un auprès de lui, ou devant, ou derrière. Il prenait son mal en patience. Il avait échafaudé plusieurs plans d'évasion. Mais une lettre de sa correspondante de Paris, celle-là même qui, sous un mauvais prétexte, l'avait mis dans cette maison de redressement, lui apporta une grande joie. On viendrait le chercher quinze jours avant la rentrée. Il avait fait de grands efforts. La supérieure était certaine qu'il était corrigé à jamais de ses défauts, qu'il était maintenant un jeune homme capable d'affronter la vie.

— Et j'ai treize ans ! s'exclama le 68 en relisant sa lettre.

— Silence ! cria Marie-Céleste. Approchez, 68, vous n'êtes pas encore sorti ! Approchez… cinq coups !

Le 68 encaissa sans broncher. Il était trop heureux pour souffrir.

Un autre jour, la supérieure le fit appeler. C'était pour demain, il ferait encore nuit, il partirait de Saint-Joseph. La supérieure le fit agenouiller, ils prièrent tous deux le divin Sauveur qui avait régénéré l'âme du 68. Ensuite, elle l'accompagna elle-même au salon de coiffure où on lui arrangea si bien les cheveux qu'il put se faire une raie. Puis, bras dessous, bras dessus, on alla au magasin d'habillement. Les vêtements avec lesquels il était arrivé à la colonie l'attendaient, lavés, repassés. Il se déshabilla devant la supérieure et devant la magasinière, une vieille femme ridée comme une pomme, et passa ses vêtements. Ils le gênaient à peine aux entournures.

Comme il était quatre heures, la supérieure le fit goûter avec elle. Chocolat, beurre, confitures, pain à discrétion. Il raconta, mis en confidence, qu'en arrivant à Paris il irait prier sur la tombe de sa mère. Il y avait tellement pensé ! Il n'ajouta pas qu'il avait aussi pensé à la petite Arlette, par pudeur. Il regardait la vieille supérieure avec des yeux limpides et il se savait corrompu. *Je la tuerais volontiers !* se disait-il en redemandant du chocolat.

— Votre maman vous protège du haut du ciel ! affirma la supérieure en le congédiant.

Il partit tout seul. Dans l'enceinte des *condamnés*, il croisa plusieurs *grands* qui sifflèrent d'admiration en le voyant passer dans ses habits de *bourgeois*. Il leur fit des gestes obscènes. Ils répondirent par des gestes obscènes plus significatifs encore auxquels il ne prêta qu'une attention relative. Il avait un grand projet en tête.

Il fit sensation dans sa classe. Même la Marie-Céleste lui sourit. Le prévôt aussi. Le 32 avait une mine renfrognée : il aurait bien voulu partir. Mais ses parents venaient d'être condamnés en correctionnelle pour avoir battu leur plus jeune enfant, avait dit Marie-Céleste la veille. Alors...

La classe tricotait. Marie-Céleste continua l'histoire d'un autre enfant qui avait désobéi et que le bon Dieu avait puni en le faisant mourir. *C'est la punition du bon Dieu de faire mourir ceux qui ne sont pas dignes de rester sur terre*, pensa le 68. Il tricota n'importe comment. Plus que quelques heures à rester dans cette infernale maison de correction particulière. Son projet s'ordonnait. Il en réglait les derniers détails. *Et puis, tant pis !* se dit-il en chassant l'idée qu'il pourrait être surpris. Il demanda la permission de sortir.

— Oui, 68, mais pas pour longtemps !

Il courut sous le hangar à bois. Il y avait caché un tasseau en chêne, long d'un demi-mètre, solide, aux arêtes vives, qu'il avait trouvé devant les latrines. Il jeta un regard calme sur une pile de sacs, et retourna en classe.

Salut. Réfectoire. Dortoir. Il s'endormit les bras sous le drap, malgré la chaleur. La surveillante ne lui fit aucune observation, non plus que le prévôt.

Il se réveilla à l'heure qu'il voulait. Il arrangea son traversin dans son lit de façon qu'on ne s'aperçût pas de son absence, il sortit du dortoir, ses effets sous le bras, si doucement que nul ne l'entendit. Il s'habilla à la hâte, courut sous le hangar. Il prit le tasseau de chêne. La pile de sacs dormait. Il choisit un coin d'ombre et attendit.

Le 428 se réveilla à son tour. Il alla réveiller le 32. La porte des *libres* n'était jamais fermée à clé. Le 428 sortit le premier. Le 68 le vit venir de loin. Il affermit son tasseau dans sa main. Doucement, il longea le hangar et courut vers le dortoir. Il vit la porte s'entrouvrir. Il poussa un cri, comme un hululement. Le 32 prit peur et se recoucha. Alors, le 68 s'avança de nouveau, délibérément, vers le hangar à bois, le tasseau derrière le dos. Le 428 était allongé sur la pile de sacs, en chemise.

— Dépêche-toi ! fit-il.

Le 68 attendit quelques instants avant de répondre.

— J'arrive ! dit-il enfin.

— Ah, c'est toi ?

— Oui.

— Alors, tu veux bien qu'on s'amuse ensemble ?

— Oui.

— Ben alors !

— Fais-moi un peu de place.

Sans défiance, le 428 se recula sur la pile de sacs. La main gauche du 68 serra le tasseau à le briser, l'autre main saisit un rondin de bois.

— Ben alors ! refit le 428.

Il releva sa chemise.

— Regarde ! fit-il.

— Fais voir !

— Approche…

Il releva un peu plus sa chemise, tendit les bras.

C'est à ce moment que le 68 lui assena un violent coup de rondin sur la tête. La bûche tomba de la pile. Le 428 se mit à crier, à se débattre. De son tasseau de chêne, le 68 se mit à le frapper de toutes ses forces, sur tout le corps. Le 428 criait moins fort, il se débattait moins. Le 68 tapa encore, sur la tête. Le tasseau se brisa. Le 428 ne bougeait plus. Il était couvert de sang. Le 68 ramassa les deux morceaux du tasseau qu'il alla jeter dans les cabinets où il urina. Il revint vers la pile de sacs. Le prévôt ne donnait pas signe de vie. Le 68 lui mit la main sur le cœur. Le cœur battait. *J'aurais dû taper encore !* La cour était silencieuse. Le 428 avait crié moins fort que ne l'avait cru le 68. Il épousseta ses effets avec soin. Il rentra dans le dortoir sans faire le moindre bruit. Le 32 s'était rendormi. La surveillante ronflait. Il se déshabilla, ôta la poussière de ses chaussures avec la couverture de coton brune et ferma les yeux. Il paraissait dormir profondément quand la surveillante le toucha à l'épaule.

— C'est l'heure, mon enfant, c'est l'heure.

Pourquoi m'appelle-t-elle son enfant ? Il faillit céder à la tentation de l'insulter. Mais il se rappela qu'il n'était pas encore sorti. Puis il y avait le 428 sur la pile de sacs, ensanglanté. Il fallait être prudent. Toute vengeance n'est parfaite que si l'on échappe au châtiment des hommes. Quant à celui de Dieu… Mais il pensa à sa mère et il eut envie de pleurer.

— Dépêchez-vous, mon enfant. Voulez-vous que j'allume ?

— Oh ! non, il ne faut pas les réveiller ! fit-il d'une voix pleine de candeur.

Il alla se passer de l'eau sur le visage au lavabo, suivi de la surveillante. Il se brossa énergiquement les mains. Aucune trace de son crime ne subsistait maintenant. Il tourna un visage souriant vers la femme. Elle l'embrassa.

— Venez, mon enfant.

Elle éteignit. Il prétexta qu'il avait oublié son mouchoir pour retourner une dernière fois dans le dortoir. Les colons dormaient. Le 428 avait mis son traversin dans son lit.

Il y avait des étoiles dans le ciel, et la lune aussi.

Le 68 baisa la main de la supérieure et monta prestement en voiture. Il se retourna une dernière fois vers l'école Saint-Joseph. Puis il pensa à la tête que ferait celle qui découvrirait le 428. Et il *ne pourra rien dire* !

Mais, dans le train, il se mit à pleurer pour de bon. Il était auprès d'un curé qui lui prit la tête dans ses bras.

Le 68 s'endormit.

Extrait de *Confusion des peines*, 1943.

RENÉ GIRIER
dit RENÉ LA CANNE
(1919-2000)

Les débuts d'un truand

René Girier a été un truand à la mode, tellement qu'il a écrit, ou qu'on lui a écrit, et bien, trois livres, Chienne de vie *(1952)* Je tire ma révérence *(1977) et* Tu peux pas savoir *(1988, c'est là que j'ai appris l'expression « aller aux asperges » pour « se prostituer », tandis que ma mère m'avait appris celle des étudiantes à Toulouse dans les années 1950 désignant l'incessante promenade, bras dessus bras dessous avec des camarades, rue Alsace : « faire les huîtres »), et qu'un de ces anciens inspecteurs de police reconvertis dans la gloriole de relater leurs exploits parfois aussi arrangés que ceux qu'ils poursuivaient a publié sa biographie, d'où le film à succès* René la Canne, *1977. Ayant changé de profession, René Girier, qui avait débuté avec Pierrot le Fou, est devenu le chauffeur-compagnon de la princesse Charlotte de Monaco, la petite-fille légitimée du prince Albert Ier qui vivait séparée de son mari et avait fait sa connaissance comme visiteuse de prison. Ils se sont rendus ensemble au mariage de son fils Rainier III et de Grace Kelly. On pourrait filmer cela.*

Si l'année 1938 marque dans l'histoire de France (vu surtout les manœuvres du citoyen Adolf) elle marque également dans la mienne ! J'avais acquis alors une certaine expérience et j'étais « gonflé ».

J'ai dix-neuf ans et j'arrive à Lyon, chez mon père, aussi sain d'esprit que vous. Je m'empresse de mettre en pratique les conseils de mes amis de Casablanca qui m'ont donné des recommandations pour le milieu marseillais.

Je trouve (si on peut appeler ça « trouver ») une femme qui veut bien « travailler » pour moi et qui me suit à Marseille où un ami la fait entrer dans une maison de passe. Je ne sais pourquoi, c'était un truc qui ne me plaisait qu'à moitié. J'avais l'impression d'être diminué. Seulement ça faisait bien dans le milieu. D'ailleurs je cassai rapidement le bail, trois semaines après. La fille avait un dentier et je me souviens qu'on se disputa *because* le dentier.

Cela m'amena toutefois à un bref examen de conscience : je constatai que je n'avais rien d'un souteneur. Je veux être indépendant et voler de mes propres ailes. Je retournai donc à Lyon où je retrouvai Marinette que je connaissais déjà. (C'était mon premier amour, ce sera certainement mon dernier.) Je la demande en mariage et le mariage a lieu.

Deux mois après (nous sommes en 1939) avec un de mes beaux-frères, j'effectue mon premier cambriolage de nuit. Mais nous devions être mal rodés car nous fûmes arrêtés aussi sec et me voilà au Car : cette atmosphère ne devait pas me convenir car je m'évade aussitôt et trouve asile chez une amie de ma femme. Celle-ci ne mourra certainement pas par excès de prudence. En effet, elle eut tôt fait de ramener les poulets en même temps que les provisions et cela me donne l'occasion de faire connaissance avec la police de Lyon, et la prison de Lyon qui manque vraiment de charme. C'est d'ailleurs idiot ce que je dis car je voudrais bien voir une prison agréable…

Mon beau-frère s'est mis « à table » très rapidement, moi pas. Je me rappelle les conseils de mes amis de Casa.

Les poulets d'ailleurs ne sont pas le bon Dieu – à eux de savoir, à toi de cacher ! Mon père, ce brave homme, intervient avec ses relations. Moi je me remets à jouer « les dingues » comme pour ma réforme.

Ce truc doit être imbattable et pour ma part, je dois être très bon comédien, car après trois mois de séjour à St-Paul, je suis reconnu irresponsable. Et pourtant je vous jure que je ne suis pas fou ! Quant à mon beau-frère, son bavardage amical avec les poulets ne lui porta pas bonheur, car il écopa de cinq ans de réclusion, et mourut en prison, « de la caisse ».

Moi, on me confia à l'asile de fous. Vous parlez d'un cirque ! Il fallait bien que je fasse un peu de grimaces sinon on aurait pu tout d'un coup me trouver à nouveau responsable – et malgré tout j'aime mieux être avec les fous qu'au « gnouf ». Il me fallut six mois pour m'évader et cela me prit subitement, comme une rage de dents, ma femme m'ayant laissé quatre jours sans nouvelles.

Mon évasion ne fit pas trop de bruit, le « coup s'arrangea » et je fus rendu à ma famille et surtout… à la liberté.

Seulement, j'avais compris, car ce n'est pas le temps qui m'avait manqué chez les fous pour réfléchir et réfléchir bien. Pas de petites affaires, pas de « mégotages » : on trinque autant pour 10 000 francs que pour 2 millions. J'étais bien décidé à frapper fort d'une part et surtout à frapper seul.

Et vite. Seul, car je commence à me méfier un peu du milieu, j'excursionne et visite, avec succès, un château des environs de Lyon. Résultat : me voilà presque châtelain à mon tour : j'achète une superbe villa. C'était très bien, mais je me retrouve vite sans argent. J'embauche alors mon deuxième beau-frère (sans doute ai-je un faible pour la famille). Il a dix-huit ans, semble apte et prend bien note de mes directives.

Malheureusement, nous sommes repérés et c'est la chasse à l'homme qui commence dans la banlieue. S'agissait de pas se faire épingler ; aller au gnouf m'aurait une fois de plus obligé à jouer René le Fou et cette combine avait assez fait ses preuves pour être un peu usée et ne plus offrir que des chances relatives.

Mon beau-frère et moi étions à bicyclette et je vous jure que Coppi n'aurait pas été à la fête pour nous suivre. Pour ma part, je passe au travers de la barrière des Pandores en montant sur le trottoir, mais mon beau-frère se fait piquer. Manque de chance pour lui. Il encaisse cinq ans. Le pauvre mec avait pris sa dose et la mienne. La justice, grande dame, ne fait pas de détail !

Inutile de vous dire que pour ma part, je pris la fuite et à une vitesse « grand V » après que ma femme m'eut fait une petite teinture de cheveux, question de changer un peu ma présentation. Mais tout me porte à croire que je devais être vachement photographié car deux heures après, je me fais ramasser par deux gendarmes, dans une auberge. Je sors aussitôt mon baratin des grands jours et je parviens à me « tirer », Marinette restant malheureusement entre leurs mains. Y devaient pas être contents, les pandores, car ils firent parler leur artillerie tant et plus. Mais zéro sur vingt pour le tir à ces messieurs de la maréchaussée. Je passe au travers et me réfugie aussitôt chez un camarade à Lyon.

Je retrouvai Marinette chez sa sœur avec sa fille dans les bras (j'avais eu cette gosse pendant mon internement chez les « marteaux »). C'est alors que je pose à ma femme la question :

— Ou bien tu restes avec la gosse chez tes parents ou tu me suis, ce qui ne sera pas de la tarte aux pommes. Marinette n'hésite pas une seconde et nous voilà tous deux à nouveau sur la route.

C'est un peu la route de l'exil, mais c'est aussi, pour moi, celle de la liberté. Fallait passer la ligne de démarcation. On essaye, mais les chleuhs me refoulent. Ce fut mon premier contact avec eux. Ils eurent le don de ne pas me plaire et c'est certainement pourquoi, par la suite, ils n'ont jamais eu l'occasion de rigoler avec moi, comme vous le verrez.

J'estimai qu'une journée de réflexion était nécessaire et je cherchai refuge chez une vieille grand-mère qui me mit en cheville avec un douanier. Dès que celui-ci vit la couleur de mon argent, il trouva spontanément plus d'un moyen pour me faire passer la ligne sans danger. Réussite complète. Mais pour le passage seulement, car très rapidement nous fûmes repères à nouveau. Ma parole, si les flics français ne pouvaient pas me voir, je commençai à croire sérieusement que les fritz, eux, ne pouvaient pas, mais alors pas du tout, me sentir. Voilà en effet qu'un grand con de chleu se met à m'envoyer des coups de flingue. Il n'y avait rien à faire, sinon on se faisait fusiller et je ne voulais pas laisser ma femme entre leurs mains.

On joue donc les étonnés et les enfants sages tout disposés à suivre ce crétin de mes fesses. Chemin faisant, j'étudie mon gardien et j'estime qu'il est à ma main. Je fais un petit signe à Marinette et demande du feu. Le fritz me fait face et aussitôt je lui file ma tête dans le nez. Il tombe aussi sec, K.-O., mais par mesure de précaution, et sans doute de rage aussi, nous le dérouillons à zéro et je dois dire que Marinette y met du sien, à coups de talons. Nous poursuivons rapidement notre route pour arriver dans un village où nous prenons un car. Hélas il passe dans le bled où quelques jours auparavant j'ai déjà eu des démêlés et, comme de bien entendu, ces tordus de la Feldgendarmerie me font descendre avec Marinette *because* contrôle *papieren*. Nouvel interrogatoire et je sens de suite qu'il faut jouer serré et pas faire l'idiot car ces macaques n'ont pas beaucoup le sens de la rigolade. Alors, je rentre dans leur jeu et annonce froidement que ce que je veux, c'est aller travailler en Allemagne. Ce jour-là, j'ai appris le mot *Arbeit*. C'est un mot de prédilection pour les fridolins.

Je prouve séance tenante à ces messieurs les pacificateurs que j'ai fait mes études de dessinateur industriel et que je connais le métier à fond. Ils nous emmènent à Cinay, dans de vastes bureaux où pullulent les souris grises. Je n'en avais jamais tant vues. Je contracte un engagement avec ma femme. Quand je dis « je contracte », il faut comprendre que j'y étais bien obligé. C'était à prendre ou à laisser : sinon j'encaisse un an de tôle chez les fritz avec comme cadeau de sortie la remise aux poulets français.

Croyez-moi, nos contrats furent rapidement signés et vingt-quatre heures plus tard, nous débarquons à Paris. Cette ville me plaît tellement que pendant huit jours nous manquons le train des travailleurs. Première infraction au contrat. J'ai l'impression qu'à Paris, je pourrais bien me cacher, très bien même, s'il n'y avait pas tant de rafles. À cause de Marinette, je décide de partir. Mon petit séjour à Paris m'avait permis de remonter ma garde-robe, suite à quelques petits cambriolages et nous voilà dans le train, mélangés à toutes ces pauvres cloches, qui croyaient trouver le Paradis à Berlin. Nous y arrivâmes après huit jours d'un voyage qui n'était pas une rigolade.

Premier parquage à Berlin où de mignons petits Français me fauchent tous nos bagages. Je suis dans une rage pâle qui augmente encore lorsque les mecs de la Todt veulent me séparer de ma femme. Alors là je ne marche plus et exhibe mon contrat qui stipule que je dois travailler avec elle et habiter avec elle. Les esclaves d'Adolf me rient au nez.

Eh bien, c'est ce qu'on va voir. Aussi sec je déniche le capitaine du camp qui, ça tombe bien, parle français. Je lui présente Marinette qui est gentille et n'a rien à voir avec ces frangines du travail volontaire. Le capitaine est touché (ça devait encore être un sensible) par l'histoire du vol de mes valises et je profite sur le champ de celte émotion pour lui demander que mon contrat soit respecté. Il est d'accord et téléphone même à Berlin pour nous avoir une chambre particulière. Tu parles d'une sollicitude…

Le lendemain je me présente à mon usine, l'AEG et ma femme à la sienne, d'ailleurs toute proche. Et voilà : je suis au « *Arbeit* ».

Pas pour longtemps, car en fait d'*Arbeit*, je commence surtout à embrouiller mon chef pour avoir une permission et retourner à

Lyon chercher mes vêtements. Je lui sors un papelard certifiant que mes valises ont été volées. J'ai droit, après pas mal de difficultés, au passeport officiel. Ma femme aussi devrait en avoir un. Seulement ces salauds-là me font ça au chantage. Ils veulent bien que je m'en aille, mais entendent garder Marinette comme otage. Otage, voilà encore un de leurs trucs favoris !

J'ai droit à dix jours et comme je compte revenir encore à Berlin, je pars seul à Paris.

Extrait de *Chienne de vie*, 1952.

HÉLÈNE BESSETTE
(1918-2000)

La femme de ménage

À la fin des années 2010, quarante ans après qu'Hélène Bessette avait cessé de publier, sa façon d'écrire a été imitée par des romanciers qui ne l'ont jamais mentionnée. La malheureuse Bessette, qui n'avait eu aucun succès, mais tout de même bénéficiait d'éditeurs tenaces qui, aussi longtemps qu'ils l'ont pu, l'ont publiée (tout particulièrement Raymond Queneau, chez Gallimard), doit se défendre morte. Sa forme de prose morcelée, qui n'est pas de la prose poétique, a marqué Duras, laquelle a au moins écrit un article sur elle en 1964. Il a fallu, comme toujours pour les écrivains de grand talent et sans aucun succès même d'estime, la combativité d'un tout petit nombre d'écrivains et de libraires pour la rééditer et refaire parler d'elle.

Je lui disais toujours

Ida. Regardez pas vos pieds comme ça. Levez un peu la tête. Pourquoi baissez-vous toujours la tête comme ça ? Vos pieds… vous les connaissez. Ils ont grandi avec vous. Vous les avez toujours vus vos pieds. Vos pieds. Pas vrai. Ida. Ce que je vous dis. C'est la pure vérité. Votre vie bornée par vos énormes pieds. Du combien chaussez-vous ? Votre pointure ? Du combien que c'est que vous

pouvez chausser ? Ida. Vous ne me l'avez pas encore dit. 44 ? Du 44. Ne vous fâchez pas si je vous dis 42. 42 fillette. C'est pour rire. Du 37 et demi. Un pied mignon. Du 39 américain. Ne faites pas cette tête-là. Si je vous parle de vos pieds. Des pieds… ça vaut bien la tête. Est-ce qu'on se passe mieux des pieds que de la tête ? Justement je vous demande Ida pour l'amour du ciel (*for the God'sake*). Levez la tête. Je vous en prie. Vos pieds n'ont pas besoin de vous pour avancer. Il y a soixante-sept ans, pardon, soixante-six qu'ils avancent seuls.
Levez la tête. Levez la tête.
Non. Pas trop haut. Idiote. Complètement idiote. Juste bien. À cette hauteur. Ni trop haut. Ni trop bas. Et, voyez le monde autour de vous. Le beau monde. Le grand monde. Vous n'avez pas envie de voir. Vous préférez regarder vos pieds. Vos orteils tordus.
À oignons.
À cors.
À déformations.
Vous préférez le paysage de vos pieds.
Au panorama développé.
De l'Univers.
Tourisme singulier.
C'est le moment. De parler. De l'Univers.
Quand vous passez votre vie les yeux fixés sur votre 44 léger.
Comment peut-on parler avec quelqu'un comme vous ?
Ida…
On ne peut rien dire. On ne peut pas vous sortir. Vous n'êtes pas sortable. Vous foncez tête baissée.
Tête baissée sur vos sacrés pieds.
Sans rien voir de ce qui est autour
de vous.
Et qui mérite d'être vu.
Qui mérite d'être vu… *(forte)*
Bon Dieu. Le spectacle. C'est pas ce qui manque.
Tout ce qu'on peut voir.
Là. Ici. Partout. Ailleurs. Plus près. Devant. À droite.
Là-bas. Derrière. À gauche. Ou bien par là
(quand on ne regarde pas ses pieds).
Mais regardez donc devant vous.
Quand vous marchez.
Espèce de buse.
Que voit-elle ?

(Je me le demande.)
Que voit-elle ?
Quand vous marchez. Qu'est-ce que vous voyez ? (que voyez-vous ?)
Je lui disais (toujours)
Ou bien, c'est que vous êtes préoccupée ?
Vous avez des soucis ?
Quelqu'un vous a fait de la peine ?
Je le crois. Plus d'une fois j'ai pensé :
« Ida (elle) doit avoir des soucis
qu'elle ne nous dit pas. »
Être comme ça. Toute chose. Distraite. Rêveuse. Ce n'est pas normal.
Il me semble qu'à la maison vous êtes plus causante.
Elle était plus causante à la maison Madame Besson. Ne dites pas le contraire.
À la maison on ne la voyait pas de la même façon.
La rue peut-être l'effrayait. Lui faisait peur.
La rue pleine de fenêtres et de visages.
Dans la rue. Dans les autres. Les bruits. Les voix. Les conversations.
(À faire frémir ou pleurer.)
Les bribes de vie. À la volée.
Que l'on perçoit au passage. Au passage.
Noyées d'indifférence. Parler. Vivre. Rire. Par morceaux.
Par miettes. Entremêlés. Ceux dans lesquels on se cogne et qu'on n'avait pas vus.
Quand on regarde ses pieds.
Attention.

ATTENTION

Je lui disais
Faites donc attention.

ATTENTION.

Ida…
(Un jour j'ai failli crier. Et pourtant il ne se passait rien.)

Ida

IDA

IDA…

Vous avez failli renverser un enfant. Vous ne le voyiez pas ?…
Vous étiez distraite ? Et si vous étiez distraite, à quoi pensiez-vous ? Sur quel problème absorbant se penchait votre front bas étroit légèrement bombé ?
Pensiez-vous seulement à quelque chose ?

Lancinante question.

Mais on ne savait pas.
Si elle pensait. Comment elle pensait. Si elle aurait pu penser.
À quoi elle pouvait penser. Le mot « penser » avait-il pour elle un sens ? une signification ?
À la question posée. Aux lancinantes questions que l'on posait, elle se taisait, ou riait.
Se taire. Et rire.
Inquiétante Ida.
Et les mots pourquoi sont-ils faits ?
Ida Ida les mots vous effrayaient-ils à ce point ?
Rire… RIRE…
Agaçante. Finalement.
À cause du rire.
Je savais qu'il arriverait quelque chose.
Souvenez-vous. Je l'avais dit.
Ça ne pouvait durer.
Je vous avais parlé.
Car
J'étais inquiète.

Horriblement inquiète.

Je vous avais dit.
Je me souviens très exactement de ce que je vous avais dit.
Je vous avais dit :
« Avec cette façon qu'elle a de marcher en regardant ses pieds il arrivera quelque chose »
ou :
« Il lui arrivera quelque chose. »

Extrait d'*Ida*, 1973.

CHRISTIANE ROCHEFORT

(1917-1998)

La cité

*Hélène Bessette, fille d'une parfumeuse et d'un chauffeur de taxi, Christiane Rochefort, fille d'un téléphoniste et d'une employée des Postes, ont perpétué dans la seconde moitié du XXe siècle la lignée des autrices venues de la petite-bourgeoisie, comme Séverine, fille d'un inspecteur des nourrices, dans les années 1890 et 1900 (*Notes d'une frondeuse*, 1894, préfacé par Jules Vallès, lui-même fils d'un professeur, chose tout à fait différente : il est né dans l'accès à la culture), et Marguerite Audoux, fille d'un charpentier et d'une journalière (*Marie-Claire*, 1910). Il a fallu bien des décennies pour que cette conquête de la littérature se fasse : la fiction des bas quartiers avait été inventée par le fils d'un professeur de médecine ; Eugène Sue avait conquis un territoire à la littérature. De penser qu'il faille être de quelque part pour en parler est une idée nativiste. La littérature n'est pas dépendante des origines, des racines, ces notions agricoles. Elle est liée à l'imagination. Christiane Rochefort a écrit des romans parmi les plus irrespectueux qui soient. À mon avis, Stendhal l'aurait bien aimée.*

Je suis née des Allocations et d'un jour férié dont la matinée s'étirait, bienheureuse, au son de « Je t'aime Tu m'aimes » joué à la trompette douce. C'était le début de l'hiver, il faisait bon dans le lit, rien ne pressait.

À la mi-juillet, mes parents se présentèrent à l'hôpital. Ma mère avait les douleurs. On l'examina, et on lui dit que ce n'était pas encore le moment. Ma mère insista qu'elle avait les douleurs. Il s'en fallait de quinze bons jours, dit l'infirmière ; qu'elle resserre sa gaine.

Mais est-ce qu'on ne pourrait pas déclarer tout de même la naissance maintenant ? demanda mon père. Et on déclarerait quoi ? dit l'infirmière : une fille, un garçon, ou un veau ? Nous fûmes renvoyés sèchement.

Zut, dit mon père c'est pas de veine, à quinze jours on loupe la prime. Il regarda le ventre de sa femme avec rancœur. On n'y pouvait rien. On rentra en métro. Il y avait des bals, mais on ne pouvait pas danser.

Je naquis le 2 août. C'était ma date correcte, puisque je résultais du pont de la Toussaint. Mais l'impression demeura, que j'étais lambine. En plus j'avais fait louper les vacances, en retenant mes parents à Paris pendant la fermeture de l'usine. Je ne faisais pas les choses comme il faut.

J'étais pourtant, dans l'ensemble, en avance : Patrick avait à peine pris ma place dans mon berceau que je me montrais capable, en m'accrochant, de quitter la pièce dès qu'il se mettait à brailler. Au fond je peux bien dire que c'est Patrick qui m'a appris à marcher.

Quand les jumeaux, après avoir été longtemps égarés dans divers hôpitaux, nous furent finalement rendus – du moins on pouvait supposer que c'était bien eux, en tout cas c'était des jumeaux – je m'habillais déjà toute seule et je savais hisser sur la table les couverts, le sel, le pain et le tube de moutarde, reconnaître les serviettes dans les ronds.

— et vivement que tu grandisses, disait ma mère, que tu puisses m'aider un peu.

Elle était déjà patraque quand je la connus ; elle avait une descente d'organes ; elle ne pouvait pas aller à l'usine plus d'une semaine de suite, car elle travaillait debout ; après la naissance de Chantal elle s'arrêta complètement, d'ailleurs on n'avait plus avantage, avec le salaire unique, et surtout pour ce qu'elle gagnait, sans parler des complications avec la Sécurité à chaque Arrêt de Travail, et ce qu'elle allait avoir sur le dos à la maison avec cinq tout petits enfants à s'occuper, ils calculèrent qu'en fin de compte ça ne valait pas la peine, du moins si le bébé vivait.

À ce moment-là je pouvais déjà rendre pas mal de services, aller au pain, pousser les jumeaux dans leur double landau, le long des blocs, pour qu'ils prennent l'air, et avoir l'œil sur Patrick, qui était en avance lui aussi, malheureusement. Il n'avait pas trois ans quand il mit un chaton dans la machine à laver ; cette fois-là tout de même papa lui en fila une bonne : la machine n'était même pas finie de payer.

Chantal finalement survécut, grâce à des soins si extraordinaires que la mère en demeura à jamais émerveillée, et ne se lassait pas de raconter l'histoire aux autres bonnes femmes, et comment elle avait poussé un cri en voyant sa petite fille toute nue au milieu des blocs de glace, et que le médecin lui avait dit qu'il n'y avait pas d'autre moyen de la sauver, et en effet. À cause de cela, elle avait une sorte de préférence pour Chantal, autant qu'on pouvait parler de préférence avec elle ; mais enfin elle s'en occupait complètement, tandis que les autres étaient pour moi, y compris par la suite Catherine, même lorsqu'elle était encore un tout petit bébé.

Je commençais à aller à l'école. Le matin je faisais déjeuner les garçons, je les emmenais à la maternelle, et j'allais à mon école. Le midi, on restait à la cantine. J'aimais la cantine, on s'assoit et les assiettes arrivent toutes remplies ; c'est toujours bon ce qu'il y a dans des assiettes qui arrivent toutes remplies ; les autres filles en général n'aimaient pas la cantine, elles trouvaient que c'était mauvais ; je me demande ce qu'elles avaient à la maison ; quand je les questionnais, c'était pourtant la même chose que chez nous, de la même marque, et venant des mêmes boutiques, sauf la moutarde, que papa rapportait directement de l'usine ; nous on mettait de la moutarde dans tout.

Le soir, je ramenais les garçons et je les laissais dans la cour, à jouer avec les autres. Je montais prendre les sous et je redescendais aux commissions. Maman faisait le dîner, papa rentrait et ouvrait la télé, on mangeait, papa et les garçons regardaient la télé, maman et moi on faisait la vaisselle, et ils allaient se coucher. Moi, je restais dans la cuisine, à faire mes devoirs.

Maintenant, notre appartement était bien. Avant, on habitait dans le treizième, une sale chambre avec l'eau sur le palier. Quand le coin avait été démoli, on nous avait mis ici ; on était prioritaires ; dans cette Cité, les Familles Nombreuses étaient prioritaires.

On avait reçu le nombre de pièces auquel nous avions droit selon le nombre d'enfants. Les parents avaient une chambre, les garçons une autre, je couchais avec les bébés dans la troisième ; on avait une salle d'eau, la machine à laver était arrivée quand les jumeaux étaient nés, et une cuisine-séjour où on mangeait ; c'est dans la cuisine, où était la table, que je faisais mes devoirs. C'était mon bon moment : quel bonheur quand ils étaient tous garés, et que je me retrouvais seule dans la nuit et le silence ! Le jour je n'entendais pas le bruit, je ne faisais pas attention ; mais le soir j'entendais le silence. Le silence commençait à dix heures : les radios se taisaient, les piaillements, les voix, les tintements de vaisselles ; une à une, les fenêtres s'éteignaient. À dix heures et demie c'était fini. Plus rien. Le désert. J'étais seule. Ah, comme c'était calme et paisible autour, les gens endormis, les fenêtres noires, sauf une ou deux derrière lesquelles quelqu'un veillait comme moi, seul, tranquille, jouissant de sa paix ! Je me suis mise à aimer mes devoirs peu à peu. À travers le mur, le grand ronflement du père, signifiant qu'il n'y avait rien à craindre pour un bon bout de temps ; parfois un bruit du côté des bébés : Chantal qui étouffait, couchée sur le ventre ; Catherine qui avait un cauchemar ; je n'avais qu'à les bouger un peu et c'était fini, tout rentrait dans l'ordre, je pouvais retourner.

Tout le monde disait que j'aimais beaucoup mes frères et sœurs, que j'étais une vraie petite maman. Les bonnes femmes me voyaient passer, poussant Catherine, tirant Chantal, battant le rappel des garçons, et elles disaient à ma mère que j'étais « une vraie petite maman ». En disant ça elles se penchaient vers moi avec une figure molle comme si elles allaient se mettre à couler, et je me reculais pour me garer. Les bonnes femmes étaient pleines de maladies, dont elles n'arrêtaient pas de parler avec les détails, spécialement dans le ventre, et tous les gens qu'elles connaissaient étaient également malades.

La plupart avaient des tumeurs, et on se demandait toujours si c'était cancéreux ou pas, quand c'était cancéreux ils mouraient, et on donnait pour la couronne. Maman n'avait pas de tumeur, elle avait de l'albumine et avec sa grossesse il fallait qu'elle mange absolument sans sel, ce qui compliquait encore tout, parce qu'on faisait deux cuisines.

Quand le bébé mourut en naissant, je crois que je n'eus pas de véritable chagrin. Cela nous fit seulement tout drôle de la voir revenir à la maison sans rien cette fois-là. Elle non plus ne s'y habituait pas, elle tournait sans savoir quoi faire, pendant que le travail autour s'accumulait. Puis elle s'y remit petit à petit, et nous avons tous fini par oublier le pauvre bébé.

Chantal alors marchait et commençait à parler, elle tirait sur la robe de ma mère et n'arrêtait pas de répéter : où ti fère, où ti fère ? On le lui avait promis. Ah, laisse-moi donc tranquille, répondait la mère comme toujours, tu me fatigues ! Donne ton nez que je te mouche. Souffle. Chantal était enrhumée : l'hiver, elle n'était qu'un rhume, d'un bout à l'autre, avec de temps en temps pour varier une bronchite ou une sinusite. Cette année-là les jumeaux avaient la coqueluche.

Pour faire tenir Chantal tranquille, je lui dis que le Petit Frère n'avait pas pu venir, il n'y avait pas assez de choux, mais il viendrait sûrement la prochaine.

— Parle pas de malheur, dit ma mère, j'ai assez de tracas avec vous autres !

Le vendeur vint reprendre la télé, parce qu'on n'avait pas pu payer les traites. Maman eut beau expliquer que c'est parce que le bébé était mort, et que ce n'était tout de même pas sa faute s'il n'avait pas vécu, et avec la santé qu'elle avait ce n'était déjà pas si drôle, et si en plus elle ne pouvait même pas avoir la télé, le truc fut bel et bien embarqué, et par-dessus le marché quand papa rentra il se mit à gueuler qu'elle se soit laissé faire, ces salauds-là dit-il viennent vous supplier de prendre leur bazar, ils disent qu'ils vous en font cadeau pour ainsi dire et au moindre retard ils rappliquent le récupérer ; s'il avait été là lui le père, le truc y serait encore.

— Tiens avec ça que t'es plus malin que les autres, lui dit-elle, y a qu'à voir la vie qu'on a, et là-dessus ils partirent à se reprocher tout depuis le début.

C'était une mauvaise passe. Ils comptaient le moindre sou.

Je sais pas comment tu t'arranges disait le père, je sais vraiment pas comment tu t'arranges, et la mère disait que s'il n'y avait pas le PMU elle s'arrangerait sûrement mieux. Le père disait que le PMU ne coûtait rien l'un dans l'autre avec les gains et les pertes qui s'équilibraient et d'ailleurs il jouait seulement de temps en temps et s'il n'avait pas ce petit plaisir alors qu'est-ce qu'il aurait, la vie n'est pas déjà si drôle. Et moi qu'est-ce que j'ai disait la mère, moi j'ai rien du tout, pas la plus petite distraction dans cette vacherie d'existence toujours à travailler du matin au soir pour que Monsieur trouve tout prêt en rentrant se mettre les pieds sous la table, Merde, disait Monsieur, c'est bien le moins après avoir fait le con toute la journée à remplir des tubes d'une cochonnerie de moutarde et arriver crevé après une heure et demie de transport si encore il avait une bagnole, ça le détendrait un peu, Ah c'est bien le moment de penser à une bagnole, partait la mère, ah c'est bien le moment oui ! quand on n'arrive même pas à ravoir la télé et Patrick qui n'a plus de chaussures avec ses pieds qui n'arrêtent pas de grandir, C'est pas de ma faute dit Patrick, Toi tais-toi dit le père ça ne te regarde pas, Mais j'ai mal aux pieds dit Patrick, Tu vas te taire, oui ? Le soir on ne savait pas quoi foutre sans télé, toutes les occasions étaient bonnes pour des prises de bec. Le père prolongeait l'apéro, la mère l'engueulait, il répondait que pour ce que c'était marrant de rentrer pour entendre que des récriminations il n'était pas pressé et ça recommençait. Les petits braillaient, on attrapait des baffes perdues.

J'ai horreur des scènes. Le bruit que ça fait, le temps que ça prend. Je bouillais intérieurement, attendant qu'ils se fatiguent, qu'ils se rentrent dans leurs draps, et que je reste seule dans ma cuisine, en paix.

Extrait des *Petits Enfants du siècle*, 1975.

LES CONDAMNÉS À MORT

Grâce à l'abolition de la peine de mort nous avons perdu un moralisme mélodramatique. Il datait du romantisme. Les Lumières et Diderot nous avaient permis de concevoir que cette condamnation était cruelle. Les écrivains imaginent. Les autres sont des techniciens.

PIERRE DE L'ESTOILE

(1546-1611)

Décapitation du comte de Montgommery sur la place de Grève le 16 juin 1574

Montgommery, protestant, est condamné à la torture et à la mort pour crime de lèse-majesté. Le frappant est que Catherine de Médicis a assisté à la décapitation de cet homme d'une fenêtre de l'Hôtel de Ville. Succulente vengeance ! Le 10 juillet 1559, à un quart d'heure à pied, rue Saint-Antoine, Montgommery avait mortellement blessé son mari le roi Henri II dans le tournoi que l'on connaît.

Le samedi 26 juin, le comte de Montgommery, par arrêt de la cour, fut tiré de la Conciergerie du Palais, mis en un tombereau, les mains liées derrière le dos, avec un prêtre et le bourreau, après avoir souffert la question extraordinaire, et de là mené à la place de Grève, où il fut décapité et son corps mis en quatre quartiers. Par ledit arrêt, il fut condamné, comme atteint et convaincu de crime de lèse-majesté, à souffrir en son corps les peines susdites, ainsi que l'exécution en ensuivit. Il laissa neuf garçons et deux filles qui, par l'arrêt, furent dégradés de noblesse et déclarés vilains, intestables et incapables d'offices, tous ces biens confisqués au roi, et autres auxquels la confiscation en pourrait appartenir. Son arrêt lui fut prononcé, et en le menant au supplice, il disait à haute voix qu'il mourait pour sa religion et n'avait oncques fait trahison, ni autre faute à son prince ; bien que la vérité fût qu'ayant sa vie, ses moyens et sa religion assurés en Angleterre, où il était bienvenu, même près de la reine, il avait passé la mer exprès pour venir troubler son pays et l'État de son maître, dont il s'excusait sur le commandement que lui en avait fait un grand qu'il ne voulut jamais nommer, même à la question, et qu'il disait lui avoir donné ordre de venir d'Angleterre faire la guerre en France, sinon qu'on le tenait pour la seconde personne de France[1].

Il dit aussi qu'il n'avait fait mal ou offense à personne, qu'il était prisonnier de guerre et qu'on ne lui gardait pas les promesses qu'on lui avait faites à Domfront, quand il s'y rendit entre les mains du seigneur de Vassé, à charge expresse qu'il aurait vie et bagues sauves.

Il ne voulut pas se confesser à notre maître Vigor, archevêque de Narbonne, qui s'alla présenter à lui quand la chapelle pour l'admonester, ni prendre ou baiser la croix, qu'on a accoutumé de présenter à tous ceux qu'on mène au dernier supplice, ni aucunement écouter le prêtre qu'on avait mis auprès de lui, même à un cordelier, qui le pensant divertir de son erreur, lui commença à parler et dire qu'il avait été abusé : le regardant fermement, lui répondit : « Si je l'ai été, ça a été par ceux de votre ordre, car ce fut un cordelier qui me bailla le premier une bible en français, dans laquelle j'ai appris la religion que je tiens qui seule est la vraie, et en laquelle ayant depuis vécu, je veux, par la grâce de Dieu, y mourir aujourd'hui. »

Étant venu sur l'échafaud, il pria le peuple de prier Dieu pour lui, récita tout haut le symbole, à la confession duquel il protesta de mourir ; puis ayant fait sa prière à la mode de ceux de la religion, il eut la tête tranchée, laquelle le lundi en suivant 28 juin fut mise sur un poteau en la place de Grève et en fut ôtée la nuit par le commandement de la reine qui assista à l'exécution, et fut à la fin vengée, comme dès longtemps elle désirait, de la mort du roi Henri son mari, encore que le pauvre comte n'en pût mais, par le moyen du seigneur de Vassé, qui, usant de la foi du temps, lui mit entre les mains

1. La seconde personne de France ; le duc d'Alençon, frère de Henri III, qui s'était rapproché des protestants.

ce pauvre gentilhomme, auquel la justice n'eût su faire plaisir quand elle eût voulu.

Extrait du *Journal du règne de Henri III*, posth., 1621 ;
graphie modernisée par Charles Dantzig.

VICTOR HUGO
(1802-1885)

La toilette du condamné

Hugo a politiquement évolué vers la gauche, mais il a gardé une constante : l'opposition à la peine de mort. Même ultra, il était contre, et il était plus difficile de la réprouver publiquement en 1830 qu'en 2024.

Trois heures sonnaient, on est venu m'avertir qu'il était temps. J'ai tremblé, comme si j'eusse pensé à autre chose depuis six heures, depuis six semaines, depuis six mois. Cela m'a fait l'effet de quelque chose d'inattendu.

Ils m'ont fait traverser leurs corridors et descendre leurs escaliers. Ils m'ont poussé entre deux guichets du rez-de-chaussée, salle sombre, étroite, voûtée, à peine éclairée d'un jour de pluie et de brouillard. Une chaise était au milieu. Ils m'ont dit de m'asseoir ; je me suis assis.

Il y avait près de la porte et le long des murs quelques personnes debout, outre le prêtre et les gendarmes, et il y avait aussi trois hommes.

Le premier, le plus grand, le plus vieux, était gras et avait la face rouge. Il portait une redingote et un chapeau à trois cornes déformé. C'était lui.

C'était le bourreau, le valet de la guillotine. Les deux autres étaient ses valets, à lui.

À peine assis, les deux autres se sont approchés de moi, par derrière, comme des chats ; puis tout à coup j'ai senti un froid d'acier dans mes cheveux, et les ciseaux ont grincé à mes oreilles.

Mes cheveux, coupés au hasard, tombaient par mèches sur mes épaules, et l'homme au chapeau à trois cornes les époussetait doucement avec sa grosse main.

Autour, on parlait à voix basse.

Il y avait un grand bruit au dehors, comme un frémissement qui ondulait dans l'air. J'ai cru d'abord que c'était la rivière ; mais, à des rires qui éclataient, j'ai reconnu que c'était la foule.

Un jeune homme, près de la fenêtre, qui écrivait, avec un crayon, sur un portefeuille, a demandé à un des guichetiers comment s'appelait ce qu'on faisait là.

— La toilette du condamné, a répondu l'autre.

J'ai compris que cela serait demain dans le journal.

Tout à coup l'un des valets m'a enlevé ma veste, et l'autre a pris mes deux mains qui pendaient, les a ramenées derrière mon dos, et j'ai senti les nœuds d'une corde se rouler lentement autour de mes poignets rapprochés. En même temps, l'autre détachait ma cravate. Ma chemise de batiste, seul lambeau qui me restât du moi d'autrefois, l'a fait en quelque sorte hésiter un moment ; puis il s'est mis à en couper le col.

À cette précaution horrible, au saisissement de l'acier qui touchait mon cou, mes coudes ont tressailli, et j'ai laissé échapper un rugissement étouffé. La main de l'exécuteur a tremblé.

— Monsieur, m'a-t-il dit, pardon ! Est-ce que je vous ai fait mal ?

Ces bourreaux sont des hommes très doux.

La foule hurlait plus haut au dehors.

Le gros homme au visage bourgeonné m'a offert à respirer un mouchoir imbibé de vinaigre.

— Merci, lui ai-je dit de la voix la plus forte que j'ai pu, c'est inutile ; je me trouve bien.

Alors l'un d'eux s'est baissé et m'a lié les deux pieds, au moyen d'une corde fine et lâche, qui ne me laissait à faire que de petits pas. Cette corde est venue se rattacher à celle de mes mains.

Puis le gros homme a jeté la veste sur mon dos, et a noué les manches ensemble sous mon menton. Ce qu'il y avait à faire là était fait.

Alors le prêtre s'est approché avec son crucifix.

— Allons, mon fils, m'a-t-il dit.

Les valets m'ont pris sous les aisselles. Je me suis levé, j'ai marché. Mes pas étaient mous et fléchissaient comme si j'avais eu deux genoux à chaque jambe.

En ce moment la porte extérieure s'est ouverte à deux battants. Une clameur furieuse et l'air froid et la lumière blanche ont fait irruption jusqu'à moi dans l'ombre. Du fond du sombre guichet, j'ai vu brusquement tout à la fois, à travers la pluie, les mille têtes hurlantes du peuple entassées pêle-mêle sur la rampe du grand escalier du Palais ; à droite, de plain-pied avec le seuil, un rang de chevaux de gendarmes, dont la porte basse ne me découvrait que les pieds de devant et les poitrails ; en face, un détachement de soldats en bataille ; à gauche, l'arrière d'une charrette, auquel s'appuyait une roide échelle. Tableau hideux, bien encadré dans une porte de prison.

C'est pour ce moment redouté que j'avais gardé mon courage. J'ai fait trois pas, et j'ai paru sur le seuil du guichet.

— Le voilà ! le voilà ! a crié la foule. Il sort ! enfin !

Et les plus près de moi battaient des mains. Si fort qu'on aime un roi, ce serait moins de fête.

C'était une charrette ordinaire, avec un cheval étique, et un charretier en sarrau bleu à dessins rouges, comme ceux des maraîchers des environs de Bicêtre.

Le gros homme en chapeau à trois cornes est monté le premier.

— Bonjour, monsieur Samson ! criaient des enfants pendus à des grilles.

Un valet l'a suivi.

— Bravo, Mardi ! ont crié de nouveau les enfants.

Ils se sont assis tous deux sur la banquette de devant.

C'était mon tour. J'ai monté d'une allure assez ferme.

— Il va bien ! a dit une femme à côté des gendarmes.

Cet atroce éloge m'a donné du courage. Le prêtre est venu se placer auprès de moi. On m'avait assis sur la banquette de derrière, le dos tourné au cheval. J'ai frémi de cette dernière attention.

Ils mettent de l'humanité là-dedans.

J'ai voulu regarder autour de moi. Gendarmes devant, gendarmes derrière ; puis de la foule, de la foule, et de la foule ; une mer de têtes sur la place.

Un piquet de gendarmerie à cheval m'attendait à la porte de la grille du Palais.

L'officier a donné l'ordre. La charrette et son cortège se sont mis en mouvement, comme poussés en avant par un hurlement de la populace.

On a franchi la grille. Au moment où la charrette a tourné vers le Pont-au-Change, la place a éclaté en bruit, du pavé aux toits, et les ponts et les quais ont répondu à faire un tremblement de terre.

C'est là que le piquet qui attendait s'est rallié à l'escorte.

— Chapeaux bas ! chapeaux bas ! criaient mille bouches ensemble. – Comme pour le roi.

Alors j'ai ri horriblement aussi, moi, et j'ai dit au prêtre :

— Eux les chapeaux, moi la tête.

On allait au pas.

Le quai aux Fleurs embaumait ; c'est jour de marché. Les marchandes ont quitté leurs bouquets pour moi.

Vis-à-vis, un peu avant la tour carrée qui fait le coin du Palais, il y a des cabarets, dont les entresols étaient pleins de spectateurs heureux de leurs belles places. Surtout des femmes. La journée doit être bonne pour les cabaretiers.

On louait des tables, des chaises, des échafaudages, des charrettes. Tout pliait de spectateurs. Des marchands de sang humain criaient à tue-tête :

— Qui veut des places ?

Une rage m'a pris contre ce peuple. J'ai eu envie de leur crier :

— Qui veut la mienne ?

Cependant la charrette avançait. À chaque pas qu'elle faisait, la foule se démolissait derrière elle, et je la voyais de mes yeux égarés qui s'allait reformer plus loin sur d'autres points de mon passage.

En entrant sur le Pont-au-Change, j'ai par hasard jeté les yeux à ma droite en arrière. Mon regard s'est arrêté sur l'autre quai, au-dessus des maisons, à une tour noire, isolée, hérissée de sculptures, au sommet de laquelle je voyais deux monstres de pierre assis de profil. Je ne sais pourquoi j'ai demandé au prêtre ce que c'était que cette tour.

— Saint-Jacques-la-Boucherie, a répondu le bourreau.

J'ignore comment cela se faisait ; dans la brume, et malgré la pluie fine et blanche qui rayait l'air comme un réseau de fils d'araignée, rien de ce qui se passait autour de moi ne m'a échappé. Chacun de ces détails m'apportait sa torture. Les mots manquent aux émotions.

Vers le milieu de ce Pont-au-Change, si large et si encombré que nous cheminions à grand'peine, l'horreur m'a pris violemment. J'ai craint de défaillir, dernière vanité ! Alors je me suis étourdi moi-même pour être aveugle et pour être sourd à tout, excepté au prêtre, dont j'entendais à peine les paroles, entrecoupées de rumeurs.

J'ai pris le crucifix et je l'ai baisé.

— Ayez pitié de moi, ai-je dit, ô mon Dieu ! – Et j'ai tâché de m'abîmer dans cette pensée.

Mais chaque cahot de la dure charrette me secouait. Puis tout à coup je me suis senti un grand froid. La pluie avait traversé mes vêtements, et mouillait la peau de ma tête à travers mes cheveux coupés et courts.

— Vous tremblez de froid, mon fils ? m'a demandé le prêtre.

— Oui, ai-je répondu.

Hélas ! pas seulement de froid.

Au détour du pont, des femmes m'ont plaint d'être si jeune.

Nous avons pris le fatal quai. Je commençais à ne plus voir, à ne plus entendre. Toutes ces voix, toutes ces têtes aux fenêtres, aux portes, aux grilles des boutiques, aux branches des lanternes ; ces spectateurs avides et cruels ; cette foule où tous me connaissent et où je ne connais personne ; cette route pavée et murée de visages humains… J'étais ivre, stupide, insensé. C'est une chose insupportable que le poids de tant de regards appuyés sur vous.

Je vacillais donc sur le banc, ne prêtant même plus d'attention au prêtre et au crucifix.

Dans le tumulte qui m'enveloppait, je ne distinguais plus les cris de pitié des cris de joie, les rires des plaintes, les voix du bruit ; tout cela était une rumeur qui résonnait dans ma tête comme dans un écho de cuivre.

Mes yeux lisaient machinalement les enseignes des boutiques.

Une fois, l'étrange curiosité me prit de tourner la tête et de regarder vers quoi j'avançais. C'était une dernière bravade de l'intelligence. Mais le corps ne voulut pas ; ma nuque resta paralysée et d'avance comme morte.

J'entrevis seulement de côté, à ma gauche, au-delà de la rivière, la tour de Notre-Dame, qui, vue de là, cache l'autre. C'est celle où est le drapeau. Il y avait beaucoup de monde, et qui devait bien voir.

Et la charrette allait, allait, et les boutiques passaient, et les enseignes se succédaient, écrites, peintes, dorées, et la populace riait et trépignait dans la boue, et je me laissais aller, comme à leurs rêves ceux qui sont endormis.

Tout à coup la série des boutiques qui occupait mes yeux s'est coupée à l'angle d'une place ; la voix de la foule est devenue plus vaste, plus glapissante, plus joyeuse encore ; la charrette s'est arrêtée subitement, et j'ai failli tomber la face sur les planches. Le prêtre m'a soutenu. — Courage ! a-t-il murmuré. Alors on a apporté une échelle à l'arrière de la charrette ; il m'a donné le bras, je suis descendu, puis j'ai fait un pas, puis je me suis retourné pour en faire un autre, et je n'ai pu. Entre les deux lanternes du quai, j'avais vu une chose sinistre.

Oh ! c'était la réalité !

Je me suis arrêté, comme chancelant déjà du coup.

— J'ai une dernière déclaration à faire ! ai-je crié faiblement.

On m'a monté ici.

J'ai demandé qu'on me laissât écrire mes dernières volontés. Ils m'ont délié les mains, mais la corde est ici, toute prête, et le reste est en bas.

*

Un juge, un commissaire, un magistrat, je ne sais de quelle espèce, vient de venir. Je lui ai demandé ma grâce en joignant les deux mains et en me traînant sur les deux genoux. Il m'a répondu, en souriant fatalement, si c'est là tout ce que j'avais à lui dire.

— Ma grâce ! ma grâce ! ai-je répété, ou, par pitié, cinq minutes encore !

Qui sait ? elle viendra peut-être ! Cela est si horrible, à mon âge, de mourir ainsi ! Des grâces qui arrivent au dernier moment, on l'a vu souvent. Et à qui fera-t-on grâce, monsieur, si ce n'est à moi ?

Cet exécrable bourreau ! il s'est approché du juge pour lui dire que l'exécution devait être faite à une certaine heure, que cette heure approchait, qu'il était responsable, que d'ailleurs il pleut, et que cela risque de se rouiller.

— Eh, par pitié ! une minute pour attendre ma grâce ! ou je me défends ! je mords !

Le juge et le bourreau sont sortis. Je suis seul. Seul avec deux gendarmes.

Oh ! l'horrible peuple avec ses cris d'hyène ! Qui sait si je ne lui échapperai pas ? si je ne serai pas sauvé ? si ma grâce ?… Il est impossible qu'on ne me fasse pas grâce !

Ah ! les misérables ! il me semble qu'on monte l'escalier…

QUATRE HEURES.

*

Note

Nous donnons ci-jointe, pour les personnes curieuses de cette sorte de littérature, la chanson d'argot avec l'explication en regard, d'après une copie que nous avons trouvée dans les papiers du condamné, et dont ce fac-similé reproduit tout, orthographe et écriture. La signification des mots était écrite de la main du condamné ; il y a aussi dans le dernier couplet deux vers intercalés qui semblent de son écriture ; le reste de la complainte est d'une autre main. Il est probable que, frappé de cette chanson, mais ne se la rappelant qu'imparfaitement, il avait cherché à se la procurer, et que copie lui en avait été donnée par quelque calligraphe de la geôle.

La seule chose que ce fac-similé ne reproduise pas, c'est l'aspect du papier de la copie, qui est jaune, sordide et rompu à ses plis.

C'est dans la rue du Mail
Où j'ai été coltigé *[empoigné]*,
Maluré,
Par trois coquins de railles *[archers, gendarmes]*,
Lirlonfa malurette,
Sur mes sique' ont foncé *[ils se sont jetés sur moi]*,
Lirlonfa maluré.
Sur mes sique' ont foncé,
Maluré.
Ils m'ont mis la tartouve *[les menottes]*,
Lirlonfa malurette,
Grand Meudon est aboulé *[le mouchard est arrivé]*,
Lirlonfa maluré.
Dans mon trimin *[chemin]* rencontre,
Lirlonfa malurette,
Un peigre *[voleur]* du quartier
Lirlonfa maluré.

Un peigre du quartier
Maluré.
— Va-t'en dire à ma largue *[ma femme]*,
Lirlonfa malurette,
Que je suis enfourraillé *[emprisonné]*,
Lirlonfa maluré.
Ma largue tout en colère,
Lirlonfa malurette,
M'dit : Qu'as-tu donc morfillé *[qu'as-tu donc fait]* ?
Lirlonfa maluré.
M'dit : Qu'as-tu donc morfillé ?
Maluré. — J'ai fait suer un chêne *[j'ai tué un homme]*,
Lirlonfa malurette,
Son auberg j'ai enganté *[j'ai pris son argent]*,
Lirlonfa maluré,
Son auberg et sa toquante *[sa montre]*,
Lirlonfa malurette,
Et ses attach's de cés,
Lirlonfa maluré.
Et ses attach's de cés *[ses boucles de soulier]*,
Maluré.
Ma largu' part pour Versailles,
Lirlonfa malurette,
Aux pieds d'sa majesté,
Lirlonfa maluré.
Elle lui fonce un babillard *[elle lui présente un placet]*,
Lirlonfa malurette,
Pour m'faire défourrailler
Lirlonfa maluré.
Pour m'faire défourrailler
Maluré.
— Ah ! si j'en défourraille,
Lirlonfa malurette,
Ma largue j'entiferai *[je parerai]*,
Lirlonfa maluré.
J'li ferai porter fontange,
Lirlonfa malurette,
Et souliers galuchés,
Lirlonfa maluré.
Et souliers galuchés *[à galocher]*,
Maluré.
Mais grand dabe *[le roi]* qui s'fâche,
Lirlonfa malurette,
Dit : — Par mon caloquet *[ma couronne, mon chapeau]*,

Lirlonfa maluré,
J'li ferai danser une danse,
Lirlonfa malurette,
Où il n'y a pas de plancher
Lirlonfa maluré.

Extrait du *Dernier Jour d'un condamné*, 1829.

RENÉ KERDYK
(1885-1945)

Complainte de la guillotine

René Kerdyk était journaliste (il a collaboré au Crapouillot *de Jean Galtier-Boissière, de qui il a été question plus haut*[1]*) et poète. Juif, il a échappé aux persécutions et est mort en novembre 1945, assez tard pour voir les exterminateurs vaincus. Il avait écrit des poèmes mélancoliques dans la tonalité de Tristan Derème. « Le lit m'appelle en robe blanche. / Je glisse aux mains des dieux obscurs. / Vienne le réveil, mon amour, / Que je retrouve ton absence » (« Sommeil », dans* Nuages cousus*, 1923).*

Sur la place de la Roquette
On guillotinait l'autre soir
Quand, d'un petit signe de tête,
Le condamné me dit bonsoir.
« Mais je connais cette binette »,
Dis-je en m'arrêtant plein d'émoi,
Lorsqu'un âne, un Iroquois,
Vint se placer devant moi.
Je lui dis : « Poussez-vous un peu,
Tra la la la la la la la ;
I'm'semble que j'connais ce monsieur,
Tra la la la la lalala ! »

1. Voir *supra*, p. 197.

À l'instant sur la bascule,
On ligote le malheureux ;
D'un coup de reins il bouscule
Les aides pourtant vigoureux ;
Raidissant ses membres d'Hercule
Contre la mort il se débat,
Quand soudain de haut en bas,
Crac ! le couperet s'abat.
Il sépare le corps-z-en-deux,
Tra la la la la la la la,
Tête et tronc, spectacle hideux,
Tra la la la la la la la !!!

« Complainte de la guillotine », v. 1930.

JEAN GENET

(1910-1986)

« J'ai dédié ce poème à la mémoire de mon ami Maurice Pilorge »

« Le condamné à mort » n'est pas le poème français le plus inconnu du XXe siècle, mais il a mis du temps à accéder à la notoriété : les romans puis le théâtre de Jean Genet l'ont tant soit peu laissé dans l'ombre. Il a fallu sa mise en musique par Hélène Martin qui l'a enregistré en 1968 pour qu'un plus grand public le connaisse. Il était assez beau qu'une femme chante cette exaltation homosexuelle ; homosexuelle elle était, ce qui lui a fait fermer les yeux sur la misogynie de Genet.

J'ai dédié ce poème à la mémoire de mon ami Maurice Pilorge dont le corps et le visage radieux hantent mes nuits sans sommeil. En esprit je revis avec lui les quarante derniers jours qu'il passa, les chaînes aux pieds et parfois aux poignets, dans la cellule des condamnés à mort de la prison de Saint-Brieuc. Les journaux manquent d'à-propos. Ils commirent d'imbéciles articles pour illustrer sa mort qui coïncidait avec l'entrée en fonction du bourreau Desfourneaux. Commentant l'attitude de Maurice devant la mort le journal *L'Œuvre* dit : « Que cet enfant eût été digne d'un autre destin. »

Bref on le ravala. Pour moi, qui l'ai connu et qui l'ai aimé, je veux ici, le plus doucement possible, tendrement, affirmer qu'il fut digne, par la double et unique splendeur de son âme et de son corps, d'avoir le bénéfice d'une telle mort. Chaque matin, quand j'allais, grâce à la complicité d'un gardien ensorcelé, par sa beauté, sa jeunesse et son agonie d'Apollon, de ma cellule à la sienne pour lui porter quelques cigarettes, levé tôt il fredonnait et me saluait ainsi, en souriant : « Salut, Jeannot-du-Matin ! »

Originaire du Puy-de-Dôme il avait un peu l'accent d'Auvergne. Les jurés, offensés par tant de grâce, stupides mais pourtant prestigieux dans leur rôle de Parques le condamnèrent à vingt ans de travaux forcés pour cambriolage de villas sur la côte, et le lendemain, parce qu'il avait tué son amant Escudero pour lui voler moins de mille francs, cette même cour d'assises condamnait mon ami Maurice Pilorge à avoir la tête tranchée. Il fut exécuté le 17 mars 1939 à Saint-Brieuc.

Extrait du *Condamné à mort*, 1942.

MARGUERITE DURAS

(1914-1996)

« Poubelle » et « La Planche » vont mourir

Marguerite Duras, si, si, s'intéressait parfois aux autres. C'était grâce à la pratique du journalisme, et elle s'en tirait avec art, du moins jusqu'à l'hilarant moment où, vers la fin de sa vie, elle rendit compte de la réception pour l'élection de Mitterrand à la maison de l'Amérique latine où un homme se serait masturbé contre elle. Il y a, dans L'Été 80 *(recueil d'articles pour* Libération, *1981), le leitmotiv d'un petit garçon triste en colonie de vacances à Trouville qui forme un excellent contraste avec Richard Nixon. En 1958, dans* France-Observateur, *elle s'en prend à l'« hygiène sociale » fondant le droit criminel.*

> Le 22 décembre 1956, on découvrait dans une allée du parc de Saint-Cloud, les corps de deux jeunes gens. Ils avaient été tués de plusieurs balles de revolver. Trois semaines après, Jean-Claude Vivier et Jacques Sermeus, âgés tous les deux de dix-neuf ans, étaient arrêtés pour escroquerie et détention d'armes.

« Poubelle », dit aussi « Citrouille », ainsi que son copain « La Planche », quatre ans après leur sortie de l'orphelinat de Sainte-Bernadette à Andaux, ont donc été condamnés à mort dans ce premier jour de printemps 1958, à vingt ans.

Voici de leurs nouvelles que vient de me donner le défenseur de Vivier, Me Planty :

Ils sont ensemble maintenant, à la Santé, dans la même cellule, comme à l'orphelinat. Sermeus a très peur de mourir. Vivier en est très agacé, mais le console. Vivier espère encore qu'il ne mourra pas. Ils ont signé hier leur pourvoi en cassation. Me Planty n'a pas beaucoup d'espoir en ce pourvoi. Eux, ils ne comprennent encore pas. Ils se plaignent de mal dormir depuis deux jours à cause de la lumière électrique qui reste toujours allumée dans les cellules des condamnés à mort. Ils ne savaient pas. Ils s'étonnent. Ils voudraient bien dormir. Ils restent dans cet état d'abrutissement qui a été dénoncé à l'unanimité par les journalistes et le public de Versailles. On peut donc être tranquille, et les journalistes, et les juges, et le public : la peur qu'ils auront sans doute bientôt de la mort, bientôt, au petit jour, restera très animale. Ce sera une peur qui, « c'est curieux, n'émeut pas », une peur qui « ne rime à rien de rien », une peur « absurde », pour reprendre les expressions de mes confrères, *et qui ne fera peur qu'à eux*. Une fois le moment venu de la vivre.

C'est donc fini. L'indifférence recouvrira bientôt toute cette histoire. Comme ce ne sont pas des chiens, le jour venu, la Société protectrice des animaux ne se déplacera pas. Pourtant il paraît que lorsque la fourrière embarque les chiens errants et sans maîtres pour la chambre à gaz, ceux-ci se doutent de quelque chose et qu'ils hurlent et qu'on tente de les rassurer. Mais la Société protectrice des animaux ne se déplacera pas du moment que ce ne sont pas des chiens, civilement des chiens. Personne n'ira donc voir leur peur, ni les chiens, ni les hommes. Excepté, dans cette dernière catégorie, peut-être, Me Floriot, dit « La Veuve », dans le beau monde, à cause de son souci constant de l'orphelin. Nous lui conseillons en tout cas de se déplacer pour voir tomber des têtes dans le son afin d'en pouvoir mimer plus tard – selon les besoins de ses causes – les phases diverses et cruelles, et animales.

Soixante-quinze journalistes ont reconnu que « Poubelle », nommé ainsi parce qu'à l'orphelinat il bouffait tout, les croûtes de fromage et les miettes de pain y compris et « La Planche », nommé ainsi cause de sa marqueur « native », soixante-quinze journalistes ont reconnu que Poubelle et La Planche s'étaient montrés au cours du procès étrangement privés de charme, du moindre attrait.

Tous ont déclaré ne pas avoir été émus par leur condamnation à mort.

Tous ont reconnu au contraire que l'indigence de leur langage, l'incohérence de leurs propos, leur méconnaissance grammaticale, leur maintien dans le box des accusés, leur mise, la suppression de leurs moustaches, leurs yeux, leurs larmes, leurs yeux secs, leurs pieds, etc., indisposaient l'esprit.

— Que vouliez-vous faire avec ces armes ? demande le président Chapar.

— Des *hold-up*, répond Vivier.

— Quand on veut des revolvers, ce n'est pas pour aller à la chasse, reprend M. le président Chapar.

Croyez-vous que l'un de ces deux « voyous » ait souligné d'un sourire cette allusion pourtant si judicieuse et qui s'imposait dans cette conjoncture judiciaire ? Non. Zéro.

— C'était pour des *hold-up*, s'entête sinistrement Sermeus. Au lieu de remarquer, par exemple, qu'on ne chasse pas avec un revolver !

Il y a cinquante jours de cela, qu'eût répondu Desnoyers, *alias* curé d'Uruffe ?

— Je ne sais pas. Je ne sais plus. Je ne suis plus le même homme.

Ceux-là, qu'ils aient changé – ils ne le savent même pas ! Desnoyers, lui, en avait hautement conscience, et ses juges également. Son *double crime*, il l'avait accompli à *lui seul*, et il l'avait accompli à un âge adulte et responsable. Ensuite son double alibi lui permettait, tandis qu'il triturait son crucifix dans les mains, de souffrir et pour l'homme qu'il était et son propre frère en religion, le curé qu'il était, et de façon si manifeste, qu'on a trouvé plus pratique, afin de le mieux punir, de le laisser continuer à souffrir encore, et sur terre, au lieu de lui octroyer la douceur d'une mort rédemptrice dans le paradis. Etc.

Ce qui vaudra, *et heureusement* d'ailleurs, à Desnoyers de trotter encore parmi nous d'ici une dizaine d'années et de faire l'objet des soins de la presse, des illustrés, et de l'église même, peut-être, dont il est un des martyrs les plus incontestables. Bravo Desnoyers ! Bravo ! Vivant ? Présent oui.

Ceux-là, ils sont à désespérer. Je trouve qu'à l'orphelinat d'Auteuil on aurait dû leur apprendre et la puissance du verbe et la césure dans la cadence oratoire au lieu de l'horticulture et de la cordonnerie. Évidemment, on me dira qu'ils ont été reconnus par les psychiatres comme étant *d'un âge mental allant de quinze à onze ans*. Qu'importe. On aurait dû tenter de rendre leur abrutissement émouvant, l'infléchir vers l'angélisme, et de la voix, et du geste, et du mot. Aux assises, ça peut toujours servir. Non, je trouve que Poubelle et La Planche ont de graves lacunes dans leur éducation.

— Vous portiez des gants. Pourquoi ?

— C'était l'hiver, répond Sermeus.

Des platitudes pareilles, effectivement, révoltent l'esprit, même de justice. Cent autres réponses étaient à faire plutôt que celle-là – même si elles ne me viennent pas à l'esprit immédiatement –, il me semble. « Et vous, monsieur le Président, l'hiver, en portez-vous, des gants ? » eût, je crois, soulagé l'auditoire et eût été préférable. Et, qui sait…

Non. Un être, et humain par-dessus le marché, dont le sens discursif est nul, dont l'argumentation ne dépasse pas le stade de la fonction alimentaire, est négligeable, jouit d'une humanité dérisoire. Ceux-là ont désespéré le bon public de Versailles. Qu'ils finissent donc leur croissance à la Santé. Du moment qu'ils n'ont pas eu la scarlatine entre neuf et dix ans, ils sont responsables du couperet qui va trancher à vif cette croissance absurde. Épiphénomènes d'une société qui tente de toutes ses forces d'être sans classes, Poubelle et La Planche illustraient de façon si manifeste, si éclatante, la volonté de « certaines couches sociales » de ne pas d'aligner sur nos efforts qu'il était bien normal que nous les supprimions… Ça y est.

— J'ai eu peur de dire « haut les mains », dit Sermeus.

— Mais vous n'avez pas eu peur de les tuer, rétorque le président Chapar.

Le fils du président Chapar eût dit « haut les mains ». Il n'aurait pas dit « piquer les poireaux », mais « repiquer les poireaux », et cela, même si le président Chapar l'avait placé à l'orphelinat Sainte-Bernadette afin de lui apprendre la cordonnerie. Non mais, où s'en va le langage ? Si les assassins ne charment plus, n'émeuvent plus, dans quel bourbier s'en va le crime ? Et les plaidoiries de « La Veuve », orgueil de nos salons, ses mimes feutrés (déclarés bouleversants à l'unanimité de la presse, bouleversants et nécessaires afin que pleurent et que s'effondrent encore plus les parents des victimes) des assassinats, ne risquent-ils pas de n'avoir qu'un public restreint au cadre judiciaire ?

Non. Que ces gens retournent d'où ils viennent, le vide, au vide. La société s'en félicite, au nom du nettoyage et de l'hygiène dite sociale.

Publié dans *France-Observateur*, 27 mars 1958,
recueilli dans *Outside*, 1984.

PARIS-PANAME

Paroxystique Paris, parasitaire Paris, pathologique Paris, pâle Paris, perfide Paris, phytocide Paris, pingre Paris, profane Paris, protocolaire Paris, pédantesque Paris, prétentieux Paris, pénible Paris, puant Paris, putride Paris, piètre Paris ! Il semblerait qu'on soit passé des chansons « Paris, reine de monde » (« Ça c'est Paris », chanté par Mistinguett, 1926) à « Paris, m, e, r, d, e » (« Paris », Taxi Girl, 1984). Ce serait oublier le rap, et puis ça n'est pas grave. Paris est ce rond dans la sorte de carré qu'est la France, et ce rond, attirant à lui comme une centrifugeuse les plus ambitieuses imaginations du pays, contredit et conteste, est contredit et contesté. Le pouvoir politique l'a toujours détesté. Louis XIV s'est établi à Versailles, de Gaulle a envisagé de déplacer la présidence de la République au fort de Vincennes. Paris n'est pas toujours Gavroche, il a aussi érigé des barricades en faveur de la Ligue en 1588 ? C'est quand même là que la contestation du pouvoir a toujours été la plus grande.

FRANÇOIS VILLON

(1431-v.1463)

Ballade des femmes de Paris

Paris concentre l'essentiel de la littérature française, mais très peu d'écrivains y sont nés. Villon est un de ces rares. A-t-il capté un genre ou l'a-t-il inventé avec la « Ballade des femmes de Paris » ?

Quoy qu'on tient belles langaigieres
Florentines, Veniciennes,
Assés pour estre messaigieres,
Et mesmement les ancïennes,
Mais, soient Lombardes, Roumaines,
Genevoyses, a mes perilz,
Pimontoises, Savoysïennes,
Il n'est bon bec que de Paris.

De beau parler tiennent chayeres,
Ce dit on, les Nappolitaines,
Et que bonnes sont cacquetieres
Allemandes et Prucïennes,
Soient Grecques, Egipcïennes,
De Hongrie ou d'autres pays,
Espaignolles ou Castellannes,
Il n'est bon bec que de Paris.

Brectes, Souyssez, ne scevent guerres,
Gasconnes ne Toulousïennes :
De Petit Pont deux harengieres
Les concluront, et les Lorraines,
Angleches et Callaisïennes
– Ai ge beaucoup de lieux compris ? –
Picardes de Valencïennes,
Il n'est bon bec que de Paris.

Prince, aux dames Parisïennes
De beau parler donnez le pris ;
Quoy qu'on die d'Italïennes,
Il n'est bon bec que de Paris.

*

Quoiqu'on tient belles langagières
Florentines, Vénitiennes,
Assez pour être messagères,
Et mêmement les anciennes,
Mais, soit Lombardes, Romaines,
Genevoises, à mes périls,
Piémontaises, savoisiennes,
Il n'est bon bec que de Paris.

De beau parler tiennent chaire,
Ce dit-on, les Napolitaines,
Et sont très bonnes caquetières
Allemandes et Prussiennes ;
Soit Grecques, Égyptiennes,
De Hongrie ou d'autres pays,
Espagnoles ou Catalennes[1],
Il n'est bon bec que de Paris.

Brettes, Suisses[2] n'y savent guère,
Gasconnes, n'aussi Toulousaines :
Du Petit Pont deux harengères
Les concluront[3], et les Lorraines,
Anglaises et Calaisiennes,
(Ai-je beaucoup de lieux compris[4] ?)

1. Catalanes.
2. Bretonnes, Suissesses.
3. Les feront taire, ainsi que les suivantes.
4. Inclus.

Picardes de Valenciennes ;
Il n'est bon bec que de Paris.

Prince, aux dames parisiennes
Du beau parler donnez le prix ;
Quoi qu'on dise des Italiennes,
Il n'est bon bec que de Paris.

Extrait du *Testament*, 1re éd. connue 1489 ;
graphie modernisée par Charles Dantzig.

PHILIP STANHOPE, LORD CHERSTERFIELD

(1694-1773)

Conseils d'un comte anglais à son fils allant à Paris en 1750

Lord Chesterfield, vice-roi d'Irlande, aimait tellement toute chose française qu'il a eu un fils illégitime d'une Française. Il a écrit à ce fils de nombreuses lettres de conseils, sans effet apparent : c'était un rustre. Il est vrai que les conseils sont le plus souvent des regrets sur soi-même, et les lettres, des écrits dont le destinataire est un miroir. On y met au point des faits que le public doit savoir, on y prend une posture, même si c'est celle du naturel. (Quand il s'agit d'écrivains, les éditeurs de lettres ou de journaux intimes posthumes sont naïfs quand ils assurent révéler la vérité. L'essence des écrivains réside dans ce qu'ils ont publié, de même que celle de tout être humain, dans ce qu'il a fait. Les secrets, c'est peu de chose.) Chesterfield était mécène et frivole. Cela lui a valu de recevoir, lui, une lettre du Dr Johnson dont il avait promis de financer le dictionnaire : Johnson lui trouve « la moralité d'une prostituée et les manières d'un maître de danse ».

Londres, le 26 avril 1750

Mon cher ami,

Comme votre voyage de Paris approche, et que cette période sera d'une importance infinie, ce sera dans la suite le principal sujet de mes lettres. Je vous laisserai là à votre discrétion, et plus à celle de M. Harte ; et vous me permettrez, je suis sûr, de me méfier un peu d'une discrétion de dix-huit ans. Vous trouverez à l'académie un nombre de jeunes gens bien moins discrets que vous. Ils seront tous vos connaissances ; mais soyez sur vos gardes d'abord, et regardez bien à leurs caractères avant de former aucune liaison parmi eux ; et, *cœteris paribus*, choisissez les plus recommandables encore par leur rang et leur famille. Montrez-leur des égards particuliers ; par ce moyen, vous serez introduit dans leurs maisons et verrez la meilleure compagnie. Tous ces jeunes Français sont extrêmement *étourdis* ; ayez soin d'éviter toute affaire fâcheuse ; n'ayez avec eux ni *jeux de main* ni *coups de chambrière*, qui font souvent naître des querelles. Soyez aussi éveillé qu'eux, si vous voulez ; mais en même temps soyez un peu plus sage.

Quant aux belles-lettres, vous trouverez qu'ils sont la plupart fort ignorants ; ne leur reprochez pas cette ignorance et ne leur faites pas sentir votre supériorité. Ce n'est pas leur faute ; ils sont tous élevés pour l'armée. Mais, d'un autre côté, ne permettez pas que leur ignorance et leur oisiveté rompent le matin vos études sérieuses. Ne déjeunez pas avec eux, ce qui prend beaucoup de temps. Dites-leur, non pas en pédant sentencieux, que vous vous proposez de lire deux ou trois heures le matin et que vous êtes fort à leur service le reste du jour, quoique j'espère bien que vous fréquenterez, le soir, plus sages compagnies.

J'insiste pour que vous n'alliez jamais à ce qu'on appelle le *Café Anglais* à Paris ; c'est le rendez-vous de tous les aventuriers anglais, et aussi des Irlandais et Écossais fugitifs et frappés de condamnation. Il y a là force disputes de parti et querelles d'ivrogne ; je ne connais pas dans tout Paris d'endroit qui soit en plus mauvais renom. Les cafés et les tavernes sont fort mal hantés à Paris. Soyez particulièrement sur vos gardes contre un nombre infini de *chevaliers d'industrie et d'aventuriers* très bien mis, qui pullulent à Paris, gens d'ailleurs qui brillent fort par l'habit et la parole. Soyez civil, mais à distance, avec ceux dont vous ne connaissez ni le caractère réel ni le rang. M. le comte, ou M. le chevalier, en bel habit galonné et *très bien mis*, vous accoste à la comédie ou à quelque autre endroit public ; il conçoit pour vous, au premier coup d'œil, une estime sans pareille. Il voit que vous êtes un étranger de la première distinction, il vous offre ses services, et ne souhaite rien plus ardemment que de contribuer, autant qu'il est en son petit pouvoir, à vous procurer les *agréments de Paris*. Il connaît quelques femmes de condition, *qui préfèrent une petite société agréables et les petits soupers aimables d'honnêtes gens au tumulte et à la dissipation de Paris* ; il aura l'honneur de vous introduire avec tout le plaisir imaginable chez ces femmes de qualité. Si vous acceptiez une offre si aimable et que vous suiviez notre homme, vous trouverez *au troisième* une belle dame, bien fardée, en robe d'étoffes d'or ou d'argent de seconde main, jouant aux cartes pour quelques *livres* avec trois au quatre filous, assez bien mis, et relevés par les titres de marquis, de comte, de chevalier. La dame vous reçoit de la manière la plus polie, la plus gracieuse, et avec tous ces *compliments de routine* que toute femme française sait si bien faire. Quoiqu'elle aime la retraite et fuie *le grand monde*, elle avoue qu'elle se croit très obligée au marquis de lui avoir procuré une connaissance si précieuse, si accomplie. Mais ce qui l'embarrasse, c'est qu'elle ne sait pas comment vous amuser, car elle ne souffre jamais qu'on joue chez elle au-dessus d'une *livre*. Si vous pouvez vous amuser à ce petit jeu jusqu'au souper, *à la bonne heure*. En conséquence, vous jouez à ce petit jeu, auquel la bonne compagnie a soin de vous laisser gagner quinze ou seize livres ; ce qui lui donne occasion de vanter votre bonheur et votre talent au jeu. Arrive le souper, qui est très bon, sûr que vous en paierez les frais. *La marquise en fait les honneurs au mieux*, parle sentiments, *mœurs* et *morale*, entrelardés *d'enjouement*, et accompagnés de quelques œillades qui vous laissent entendre de ne pas désespérer avec le temps. Après le souper, le pharaon, le lansquenet ou le quinze sont mis sur le tapis comme par hasard. Le chevalier propose de jouer à l'un de ces jeux pour passer une heure ; la marquise se récrie contre cette proposition, et jure qu'elle ne le souffrira pas ; mais elle cède à la fin sur l'assurance *que ce ne sera que pour des riens*. Alors le moment désiré arrive, l'opération commence. Le mieux qui puisse vous en arriver est de voir vos poches mises à sec, et pour peu que vous restiez, vous serez dévalisé probablement de votre montre ou de votre tabatière, si vous n'êtes pas assassiné pour plus parfaite sûreté. Ceci n'est pas exagéré, je vous assure ; c'est une description littérale de ce qui arrive tous les jours à des étrangers sans expérience à Paris.

Souvenez-vous de recevoir très froidement les civilités et les empressements de ces messieurs qui ont de tels caprices pour vous à la première vue, et ayez toujours soin d'être engagé d'avance, quelque partie qu'ils vous proposent. Il peut arriver quelquefois que vous vous trouviez dans de grandes et bonnes compagnies d'adroits compères de cette espèce, très empressés et aussi très sûrs de gagner votre argent, s'ils peuvent seulement vous décider à jouer avec eux. Ayez pour maxime invariable de ne jamais jouer avec des hommes, mais seulement avec des femmes de distinction, petit jeu, ou bien avec des femmes et des hommes mêlés. Mais en même temps, quand on vous engage à jouer plus gros jeu qu'il ne vous convient, ne refusez pas gravement en alléguant d'un ton sentencieux la folie de risquer ce qu'on ne pourrait perdre sans inconvénient contre ce que l'on n'a nul besoin de gagner ; mais esquivez ces invitations d'un ton léger en *badinant*. Dites que si vous étiez sûr de perdre vous pourriez peut-être jouer, mais que pouvant bien aussi gagner vous craignez *l'embarras des richesses*, depuis que vous avez vu de quels soucis elles accablaient Arlequin, et que pour cela vous vous êtes bien promis de ne vous exposer jamais à gagner plus de deux louis par jour. Cette façon légère et moqueuse de décliner les invitations du vice et de la folie convient mieux à votre âge, et est en même temps d'un plus sûr effet qu'un refus grave et philosophique. Un jeune homme qui paraît n'avoir point de volonté à soi, et qui fait tout ce qu'on lui demande, passe pour un bon diable ; mais on le tient en même temps pour un nigaud. Agissez sagement sur des principes solides et en vertu de véritables motifs ; mais ne les communiquez pas et ne parlez jamais d'un ton sentencieux. Quand on vous invite à boire, dites que vous souhaiteriez pouvoir faire raison à tous les convives, mais qu'il faut si peu pour vous griser et vous rendre malade, *que le jeu ne vaut pas la chandelle*.

Je vous prie de témoigner beaucoup d'attention et faire votre cour à M. de La Guérinière ; il est bien avec le prince Charles et avec d'autres gens de la première distinction à Paris ; sur sa parole, vous serez mieux venu, outre que sa faveur vous sera utile dans l'académie. Pour les raisons que je vous ai dites dans ma dernière, je souhaite que vous soyez *interne* dans l'académie six mois ; après cela, je vous promets que vous pourrez vous établir *dans un hôtel garni*, si j'apprends d'ici là que vous allez et réussissez dans la meilleure compagnie française. Rien ne vous manque, Dieu merci, que les avantages extérieurs, le dernier poli, *cette tournure du monde* et ces grâces si nécessaires pour orner et conduire au but le mérite solide. On ne peut les acquérir que dans la bonne compagnie, et mieux en France que partout ailleurs. Vous ne manquerez pas d'occasions, car je vous enverrai des lettres qui vous établiront dans les compagnies les plus distinguées, non seulement *du beau monde*, mais *des beaux esprits*. Consacrez donc cette année entière à votre éducation définitive ; que la dissipation oisive, la séduction basse ou le mauvais exemple ne vous fassent pas perdre de vue ces objets. Après cette année, vous ferez ce qu'il vous plaira ; je n'interviendrai plus dans votre conduite, car je suis sûr que vous et moi serons alors sauvés. Adieu.

*

Londres, le 30 avril 1750

Mon cher ami,

M. Harte, qui dans toutes ses lettres brûle pour vous quelques grains d'encens, me dit dans sa dernière une chose qui me plaît fort : c'est qu'à Rome vous avez préféré constamment les assemblées italiennes aux coteries anglaises, montées à l'encontre des autres par de belles récalcitrantes de notre nation. C'est montrer du bon sens et prouver que vous savez pourquoi vous voyagez. Il est toujours d'un plus grand mérite de connaître *mores multorum hominum quam urbes*[1]. Suivez cette conduite judicieuse partout où vous allez, surtout à Paris, où, au lieu de trente, vous trouverez plus de trois cents Anglais attroupés ensemble, sans un mot à dire à aucun Français.

Voici la vie régulière ou plutôt singulière des *milords anglais* à Paris. Sitôt qu'ils se lèvent, ce qui arrive fort tard, ils déjeunent ensemble, pour la plus grande perte de deux bonnes heures de la matinée. Ensuite il se font voiturer au Palais, aux Invalides et à Notre-Dame ; de là au *Café Anglais*, où ils arrêtent une partie de taverne pour le dîner. Du dîner, où ils boivent copieusement, ils vont en troupe à la comédie, où ils étalent de très beaux habits, mal faits par quelque tailleur écossais ou irlandais. De la comédie ils retournent au cabaret, où ils s'enivrent, se querellent ou commettent quelque tapage dans les rues et sont, enfin, ramassés par le guet. Ceux qui ne parlent pas français avant d'aller à Paris sont sûrs de ne jamais l'y apprendre. Ils adressent leurs tendres vœux à leur blanchisseuse irlandaise, ou, par aventure, à quelque Anglaise de contrebande, échappée des mains de son mari ou de ses créanciers. Ainsi ils

1. *Qui mores hominum multorum vidit et urbes* : « Qui a observé les mœurs de nombreux peuples et cités » (Horace, *Art poétique*).

retournent dans leur patrie plus pétulants, mais non mieux instruits qu'en partant, et étalent ce qu'ils pensent avoir acquis, affectant de s'habiller à la française et baragouinant cette langue indignement.

Hanc tu, Romane, caveto[1].

Liez-vous uniquement avec les Français lorsque vous serez en France ; instruisez-vous avec les vieux, et amusez-vous avec les jeunes ; conformez-vous de bonne grâce à leurs coutumes, même à leurs petites folies, mais non pas à leurs vices. Cependant gardez-vous de prendre le ton de censeur ou de prêcheur, qui n'est pas de votre âge. Vous ne trouverez pas en général dans les compagnies françaises beaucoup de savoir ; ayez donc soin de ne pas leur jeter le vôtre au visage : nous haïssons ceux qui nous font sentir notre infériorité. Cachez au contraire soigneusement votre fond, et réservez-le pour la compagnie des *gens d'Église* ou des *gens de robe*, et même laissez-les plutôt vous le dérober que de faire l'empressé vous-même à le produire. Vous passez alors pour avoir encore plus de science que vous n'en avez réellement, avec un mérite de plus, celui d'être modeste. Un homme qui proclame ou donne à entendre qu'il a des *bonnes fortunes* est rarement cru sur parole, ou, si on le croit, il encourt le blâme ; au contraire, un homme qui s'en cache passe pour en avoir plus qu'il n'en a, et l'opinion générale de sa discrétion lui en vaut de nouvelles. Il en est de même d'un homme savant : s'il affecte de montrer ce qu'il sait, on en doute, et il passe seulement pour superficiel ; s'il faut ensuite reconnaître qu'il sait en effet, on prononce le mot de pédant. Le vrai mérite en tout genre, *ubi est, non potest diù celari*[2], on le découvre tôt ou tard, et rien ne peut le discréditer, qu'un vain empressement à le montrer. Peut-être qu'il n'est pas toujours récompensé comme il devrait l'être ; mais il est toujours connu. Vous trouverez en général les femmes du *beau monde* à Paris plus instruites que les hommes, qui sont élevés pour l'armée, où on les jette à l'âge de douze ou treize ans ; mais cette sorte d'éducation, qui les rend ignorants des livres, leur donne le savoir du monde, une souplesse infinie, et les manières les plus accomplies.

---

1. *Hunc tu, Romane, caveto* : « Celui-là, Romain, garde-toi de lui » (Horace, *Satires*).
2. *Ubi ubi est, diu celari non potest* : « Là où il existe, il ne peut rester longtemps caché » (Térence, *L'Eunuque*).

La mode règne avec plus de tyrannie à Paris que dans aucune ville du monde ; elle y est plus absolue que le roi même : c'est dire beaucoup. Quiconque se révolte contre elle est proscrit. Il faut observer toutes ces *minuties* et vous y soumettre, si vous voulez vous-même être du bon ton, attendu que si vous n'en êtes pas, vous n'êtes rien. Poussez-vous, à tout événement, dans la compagnie des hommes et des femmes qui *donnent le ton* ; et quoique d'abord vous ne soyez admis sur ce brillant théâtre que comme *persona muta*, persistez, persévérez, et vous y aurez bientôt votre rôle. Ayez grand soin de ne jamais dire dans une compagnie ce que vous voyez ou entendez dans une autre, bien moins de divertir celle-ci aux dépens de celle-là ; mais que la discrétion et le secret soient les qualités reconnues de votre caractère. Elles vous mèneront plus loin et plus sûrement que des talents plus brillants. Gardez-vous d'avoir à Paris aucune querelle ; on y est fort chatouilleux sur le point d'honneur, quoique les lois soient sévères pour ceux qui l'établissent par voie de fait. Ainsi donc, *point de mauvaises plaisanteries, point de jeux de main et point de raillerie piquante*.

Paris est l'endroit du monde où, si vous voulez, vous pouvez unir *utile et dulce*. Vos plaisirs mêmes vous profiteront si vous les prenez dans le grand monde. J'ai sujet de croire, par la façon dont vous vous êtes comporté partout ailleurs, que vous ferez à Paris tout ce que vous devez faire. Souvenez-vous que c'est votre moment décisif ; tout ce que vous ferez là sera connu ici de mille personnes, et votre réputation, quelle qu'elle soit là-bas, vous devancera ; vous vous retrouverez à Londres face à face avec elle.

Je souhaite que vous et moi ayons sujet de nous applaudir de cette entrevue.

*

Londres, le 8 novembre, V.S. 1750

Mon cher ami,

Avant que vous arriviez à Paris, où vous serez bientôt livré à votre propre discrétion, si vous en avez, il est à propos que nous nous entendions l'un et l'autre ; c'est le moyen le plus propre à prévenir toute dispute. L'argent, la source de bien des maux en ce monde, est aussi la cause de la plupart des querelles entre les pères et les enfants. Les premiers pensent communément qu'ils n'en peuvent donner trop peu et les seconds qu'ils n'en peuvent jamais trop avoir. Les deux parties ont également tort. Vous me rendrez la justice de reconnaître que jusqu'ici je n'ai regretté ni épargné nulle dépense qui pouvait vous apporter profit ou plaisir. Je puis vous assurer, l'occasion s'offrant, que vous avez voyagé à plus grands frais que je n'ai fait moi-même ; mais je n'ai jamais pensé à cela tant que M. Harte a été à la tête de vos finances, bien sûr que les sommes accordées étaient appliquées scrupuleusement aux usages pour lesquels elles étaient destinées. Mais le cas changera bientôt, vous serez votre propre trésorier, votre receveur. Cependant je vous promets que nous ne querellerons pas sur le *quantum*, qui sera accordé librement et de bonne grâce ; le point est de savoir quelles maladies ; et votre constitution ne vous le pardonnerait pas plus que moi. Ces maladies, neuf fois sur dix, tombent sur les poumons. Cette raison doit avoir quelque force sur vous ; je vous proteste que si tel accident vous arrivait, je ne vous donnerais pas un an à vivre. Il y a une autre dépense que je ne vous permets pas, parce que c'est une sottise ; j'entends celle de dépenser follement votre argent à des bribes dans des boutiques de curiosités. Ayez une belle tabatière si vous prenez du tabac, et une belle épée ; mais point de ces choses moins utiles que jolies.

Par tout ce détail vous voyez que je vous accorde tout ce qu'il faut à un gentleman, non seulement pour faire figure mais aussi pour ses plaisirs, sans défrayer toutefois la profusion d'un libertin. Vous l'avouerez, ceci ne sent ni la parcimonie, ni la sévérité de la vieillesse. Je considère cet arrangement comme un traité de subsides de ma part sous condition de services de la vôtre. Je vous promets que je serais aussi exact à payer ces subsides que l'Angleterre l'a été pendant la dernière guerre ; mais en même temps je vous avertis que j'exige de votre part une exécution plus scrupuleuse du traité que nous ne l'avons éprouvé de la part de nos alliés ; autrement j'arrêterai la solde. J'espère que tout ce que j'ai dit est absolument superflu, et que des considérations plus nobles que celle du numéraire vous traceront la conduite à ternir ; mais, à tout événement, j'étais résolu de m'expliquer avec vous une fois pour toutes, afin que, mettant les choses au pire, vous n'ayez à argumenter de votre ignorance, et que vous n'ayez pas lieu de vous plaindre que je n'ai point expliqué mes intentions.

Ayant employé le mot *rake* (débauché), il faut que je vous dise un ou deux mots à ce sujet, parce que les jeunes gens, trop souvent et toujours, prennent malheureusement ce caractère pour celui d'homme de plaisir, quoiqu'il n'y en ait pas deux dans le monde qui soient plus opposés. Un débauché est le composé de tout ce qu'il y a de plus vil, de plus bas et de plus méprisable en fait de vices, qui tous conspirent à le déshonorer et à le ruiner, pendant que le vin et les maladies se disputent à l'envi à qui détruira le plus tôt sa constitution. Un laquais, un portefaix dissolu et vicieux a l'étoffe pour faire un débauché crapuleux tout autant qu'un homme de qualité. Laissez-moi vous dire qu'au moment le plus orageux de ma jeunesse je n'ai jamais été débauché ; c'est un caractère que j'ai toujours méprisé et détesté.

Quoiqu'un homme de plaisir ne soit pas toujours aussi scrupuleux qu'il devrait être, et qu'il souhaitera, avec l'âge, d'avoir été, il raffine au moins sur les plaisirs ; il y met de la décence et en jouit avec une sorte de dignité. Il y a peu de gens qui puissent être hommes de plaisir ; le premier venu peut être un débauché.

Souvenez-vous que je saurai tout ce que vous direz ou ferez à Paris, aussi exactement que si par une force magique je vous suivais partout, comme un sylphe ou un gnome, invisible moi-même. Sénèque dit fort joliment qu'on ne devrait rien demander à Dieu que ce que l'on souhaite que les autres sachent, et ne demander aux hommes que ce que nous souhaitons que Dieu connaisse. Je vous conseille de ne rien faire et de ne rien dire à Paris que ce que vous souhaitez que je sache ; j'espère et je crois qu'il en sera ainsi. J'ose dire que vous ne manquez pas de bon sens et vous n'avez jamais manqué d'instruction ; vous acquerrez tous les jours de l'expérience : tous ces avantages doivent, je pense, vous rendre *aimable et respectable* ; c'est là la perfection du caractère humain. Dans ce cas, rien ne manquera de ma part, et vous éprouverez effectivement toute l'étendue et la tendresse de mon affection pour vous ; mais craignez-en le revers. Adieu.

P.S. Quand vous serez à Paris, après avoir rendu visite à lord Albemarle, aller voir M. Yorke. J'ai des raisons particulières pour souhaiter que vous soyez bien avec lui ; je vous les expliquerai plus tard. Faites-lui savoir que mes ordres et votre inclination conspirent à vous faire désirer son amitié et sa protection.

Extrait des *Letters to His Son on the Art of Becoming a Man of the World and a Gentleman*, posth., 1774 ;
Lettres à son fils, trad. Amédée Renée, 1842.

LOUIS DE BACHAUMONT

(1690-1771)

Une momie égyptienne à la morgue de Paris en 1767

C'est dans les livres de pipelettes comme ceux de Bachaumont, fils du médecin du Dauphin, futur Louis XV, que les bons romanciers historiques piochent les détails caractéristiques de la période dont ils s'occupent. Toutes les truffes de son champ ne sont pas d'un égal intérêt. La quantité pouvant néanmoins être révélatrice, on voit dans les années 1750 et suivantes que ce qui faisait le plus parler Paris étaient le théâtre et les comédiens, pour le spectacle plus que pour la pensée. Tout était comme toujours réduit à l'anecdotique, et c'est ainsi que commençait la mode de l'Égypte, malgré ce que Voltaire avait pu écrire dans le Traité sur la tolérance *(1763) : « Quand aux pyramides et aux autres antiquités, elles ne prouvent autre chose que l'orgueil et le mauvais goût des princes d'Égypte, ainsi que l'esclavage d'un peuple imbécile, employant ses bras, qui étaient son seul bien, à satisfaire la grossière ostentation de ses maîtres. » En 1768, des amateurs importaient des momies à Paris, comme le montre cet extrait des* Mémoires secrets.

La femme de Bachaumont tenait un salon servant de collecteur à potins que les amateurs du tout petit rassemblaient dans des journaux à la main aussi nommés « gazetins », d'où a été tiré les Mémoires secrets. *L'époque 1900, raffolant du pittoresque, a donné une rue de Paris à Bachaumont.*

---

18 [octobre 1767]. Il vient de se passer une aventure très comique et très vraie. Un particulier, venant du Caire, a rapporté une momie comme objet de curiosité, pour orner un cabinet. Passant par Fontainebleau, il a pris le coche d'eau de la cour pour se rendre à Paris. Mais, par oubli, en faisant emporter ses bagages, il a laissé la boîte qui contenait la momie. Les commis l'ont ouverte, ont cru y voir un jeune homme étouffé à dessein, ont requis un commissaire qui s'est rendu sur les lieux, avec un chirurgien aussi ignorant que lui. Ils ont dressé un procès-verbal et ordonné que le cadavre serait porté à la morgue, pour y être exposé et reconnu par ses parents ou autres, et qu'on informerait contre les auteurs du meurtre. Cela a excité une grande rumeur dans le peuple indigné de l'atrocité du crime dont on l'a instruit, et sur lequel on a forgé cent conjectures plus criminelles les unes que les autres. Le propriétaire de la momie, s'étant aperçu de son étourderie, est retourné au coche réclamer sa boîte. On l'y a arrêté ; on l'a conduit chez le commissaire, qu'il a rendu bien honteux en lui démontrant sa bévue, son ignorance. Pour retirer de la morgue le cadavre prétendu, il a fallu se pourvoir par devant M. le lieutenant criminel ; ce qui a rendu très publique cette histoire, qui fait l'entretien de la cour et de la ville.

Mémoires secrets, posth., 1777-1789.

ARTHUR YOUNG

(1741-1820)

Bonnes affaires des marchands de brochures
(Paris en 1790)

La fin du XVIII*e siècle en Europe fut le moment où tous les gens qui cherchaient des idées les prenaient dans l'agriculture. En France, mode des physiocrates. En Angleterre, Arthur Young achète une ferme qui ne prospère pas, de là qu'il publie un traité sur l'agriculture. « Qui peut, fait, qui ne peut pas, enseigne » (attribué, sans doute abusivement, à G. B. Shaw).*

Il voyagea.

Il connut les froids réveils dans le pays de Galles, l'étourdissement d'assister à la Révolution française, l'amertume de voir surgir les basses classes (son étude An Enquiry Into the State of the Public Mind Amongst the Lower Classes*, sur l'état d'esprit des plus basses classes).*

Il revint.

Il publia des récits de voyages et supportait très bien d'être devenu contre-révolutionnaire.

Le 8 juin. Paris est à présent dans une telle fermentation, à propos des états généraux qui se tiennent à Versailles, que la conversation est totalement absorbée par eux. On ne peut parler d'autre chose. Tout est, à bon droit, considéré comme important, dans un tel épisode de la vie de vingt-cinq millions d'hommes.

Il y a, pour lors, une sérieuse discussion pour savoir si les représentants doivent être appelés *communes* ou *tiers état* ; eux-mêmes se donnent constamment la première dénomination, tandis que la cour et la noblesse la rejettent, avec crainte, comme si elle recouvrait d'obscurs desseins. Mais ce sujet est de peu d'importance, en regard d'un autre qui a maintenu les états, pendant quelque temps, dans l'inaction : à savoir si la vérification des pouvoirs se fera séparément ou en commun.

Dans ce dilemme, il est curieux d'examiner les *sentiments* du jour. Ce n'est pas mon affaire d'écrire des mémoires sur ce qui se passe, mais je me propose de saisir, autant que je le pourrai, les opinions qui prévalent au jour le jour. Pendant mon séjour à Paris, je verrai toutes sortes de gens, des politiciens de café aux meneurs des états, et le principal objet de notes rapides comme celles que je jette sur le papier sera de saisir les sentiments du moment.

Le fait le plus remarquable en ce moment, c'est que l'idée de la communauté des périls ou des dangers ne semble pas pouvoir unir ceux qui, divisés, se trouveront incapables de pallier le danger commun, lequel doit surgir du sentiment qu'aura le peuple, que sa force découle de la faiblesse de ses adversaires. Le roi, la cour, la noblesse, le clergé et le Parlement sont à peu près dans la même situation. Tous voient, avec une égale frayeur, les idées de liberté aujourd'hui si répandues, à l'exception pourtant du roi, qui, pour des raisons très simples pour qui connaît son caractère, se tourmente peu, même des circonstances qui touchent le plus intimement à son autorité. Les autres ont tous le sentiment du danger commun, et ils s'uniraient bien, afin de se passer complètement des états, s'ils avaient un chef qui facilite leur action. Que les communes elles-mêmes considèrent cette union comme la plus probable, on en aura pour preuve cette idée, qui se répand largement, que si les deux autres ordres continuent à se réunir dans une chambre, ceux du tiers état devront se poser fièrement eux-mêmes comme les représentants du royaume, en invitant la noblesse et le clergé à venir se joindre à eux, et, si ceux-ci refusaient, de délibérer sans eux des affaires. Toutes les conversations roulent sur cette question, mais les opinions sont plus divisées que je ne m'y serais attendu. Il semble que nombre de gens détestent le clergé si cordialement que, plutôt que de le laisser former une chambre à part, ils hasarderaient un nouveau système, si dangereux qu'il fût.

Le 9 juin. Actuellement, les affaires des marchands de brochures font, à Paris, des progrès extraordinaires. Je suis allé au Palais-Royal, pour voir les nouvelles publications et m'en procurer le catalogue ; chaque heure en produit une nouvelle ; il en a paru 13 aujourd'hui, 16 hier, et 12 la semaine dernière. Nous nous imaginons parfois que les magasins de Debrett ou de Stockdale à Londres sont encombrés, mais ce sont des déserts en comparaison de celui de Desein et de quelques autres ici, où l'on a grand-peine à se faufiler de la porte au comptoir. Le prix de l'impression était, il y a deux ans, de 27 à 30 livres la feuille ; maintenant, il est de 60 ou 80 livres. Cette faim de lire des brochures politiques s'est, dit-on, répandue dans les provinces au point que toutes les presses de France sont occupées à la même tâche. Les dix-neuf vingtièmes de cette production sont en faveur de la liberté, et généralement violentes contre le clergé et la noblesse ; on m'en a signalé aujourd'hui beaucoup de cette sorte qui ont de la réputation ; mais, m'enquérant de celles qui soutiennent l'opinion contraire, j'ai découvert, à mon grand étonnement, qu'il n'y en avait que deux ou trois qui méritent d'être connues. N'est-il pas étonnant que, tandis que la presse répand les principes les plus séditieux et les plus niveleurs, qui ruineraient la monarchie si on les appliquait, rien ne paraisse en réponse, et qu'aucune mesure ne soit prise par la cour contre la licence extrême de la presse ? Il est aisé de concevoir les sentiments que l'on éveille ainsi dans le peuple.

Les cafés du Palais-Royal présentent un autre spectacle, encore plus singulier et étonnant ; non seulement l'intérieur est comble, mais la foule se presse aux portes et aux fenêtres et écoute *à gorges déployées* certains orateurs qui, montés sur des tables ou des chaises, ont chacun leur petit auditoire. On ne peut aisément imaginer l'avidité avec laquelle on les écoute, ni le tonnerre d'applaudissements qu'ils reçoivent pour toute expression hardie ou violente, dépassant la mesure ordinaire, contre le gouvernement. Je suis ébahi que le ministère souffre de tels nids, de tels foyers de sédition et de révolte, propageant à toute heure dans le peuple des principes qu'il lui faudra bientôt combattre avec vigueur et dont, dès lors, il semble que ce soit une sorte de folie de permettre actuellement la propagation.

Le 10 juin. Tout conspire à rendre critique, pour la France, la période actuelle. La disette est terrible. À chaque instant il arrive des provinces des nouvelles d'émeutes et de troubles, et on doit recourir à la troupe pour maintenir l'ordre sur les marchés. Les prix que l'on cite sont les mêmes que ceux que j'ai trouvés à Abbeville et à Amiens : 5 sous (2 deniers et demi) la livre pour le pain blanc, et 3 sous et demi à 4 sous pour le pain bis, dont se nourrissent les pauvres. Ces prix dépassent de beaucoup leurs moyens, et occasionnent une grande misère. À Meudon, la police, c'est-à-dire l'intendant, a ordonné que nul ne puisse vendre du blé au marché, si l'acheteur ne prend pas une égale quantité d'orge. Quelle réglementation stupide et ridicule que de mettre des obstacles à l'approvisionnement, afin d'améliorer cet approvisionnement ; quelle folie de montrer au peuple les craintes et les appréhensions du gouvernement, ce qui donne naissance aux alarmes, et fait hausser les prix dans le moment qu'on les voudrait voir baisser. J'ai causé là-dessus avec des personnes compétentes, qui m'ont assuré que les prix, comme d'ordinaire, sont trop élevés par rapport à la demande, et qu'il n'y aurait pas eu de véritable disette si M. Necker avait laissé tranquille le commerce des grains ; ses édits de restriction, simples commentaires du livre qu'il a écrit en cette matière, ont plus fait monter les cours que toutes les autres causes réunies. Il me semble que les violents amis des communes ne sont pas mécontents de cette cherté qui seconde grandement leurs vues, rend plus aisé un appel aux sentiments passionnés du peuple, et facilite leurs projets bien mieux que si les prix étaient bas. […]

Le 11 juin. Hier, l'abbé Sieyes a fait aux communes une motion déclarant fièrement aux ordres privilégiés que, s'ils ne veulent pas se joindre au tiers état, celui-ci expédiera sans leur assistance les affaires nationales, et les communes l'ont votée, au prix d'un amendement sans importance. On parle beaucoup des conséquences d'une telle mesure, et aussi en outre de ce qui pourrait arriver si la noblesse et le clergé refusaient de siéger avec les communes, s'ils protestaient contre tous les décrets de cette assemblée, et s'ils faisaient appel au roi pour obtenir la dissolution des états et une convocation nouvelle sous une forme plus propice à la solution des difficultés. Dans ces discussions extrêmement intéressantes, je constate une ignorance générale des principes du gouvernement ;

d'un côté, on invoque déraisonnablement et bizarrement des droits naturels purement idéaux et chimériques ; de l'autre, on ne manifeste aucune velléité de donner au peuple l'assurance qu'à l'avenir il sera mieux traité que par le passé, ce qui, cependant, serait absolument nécessaire. Mais la noblesse, entichée des principes des grands seigneurs avec lesquels je m'entretiens, s'en tient avec une ténacité répugnante à ses anciens droits, si accablants qu'ils soient pour le peuple ; elle ne veut pas entendre parler de céder à l'esprit de liberté, sauf pour l'égalité dans le paiement des impôts fonciers, qu'elle tient pour tout ce que l'on peut raisonnablement demander. Le parti populaire d'autre part semble faire dépendre toutes libertés de la fusion des classes privilégiées avec l'ordre des communes, au moins pour faire la Constitution ; et quand j'observe que, la fusion une fois opérée, il est très probable qu'on ne pourra ensuite jamais les séparer, et qu'en pareil cas la Constitution sera médiocre, sinon même mauvaise, on me répond toujours que le premier objectif, pour le peuple, est d'avoir le pouvoir de faire le bien, et que ce n'est pas un argument valable contre cette politique que de prétendre qu'il pourra en faire un mauvais usage. Chez ces gens règne l'idée que toutes tentative de créer un ordre séparé, comme notre Chambre des lords, est absolument incompatible avec la liberté, ce qui me semble parfaitement extravagant et sans fondements.

Le 12 juin. Je suis allé à la réunion de la Société royale d'agriculture, à l'Hôtel de Ville, en qualité de membre associé ; j'ai pris part au vote, et j'ai reçu un jeton. Je n'assiste jamais à une société d'agriculture, aussi bien en France qu'en Angleterre, sans me demander si le bien que l'agriculture en retire n'est pas plus que contrebalancé par le mal qu'elles produisent en détournant l'attention publique d'objets importants, au profit de questions frivoles, ou bien en revêtant ces questions importantes d'un vêtement qui en fait des frivolités. La seule société réellement utile serait celle qui, dans l'exploitation d'une grande ferme, offrirait un exemple parfait à l'usage de ceux qui voudraient y recourir, qui se composerait, par conséquent, uniquement de praticiens ; reste à savoir, encore, si tant de bons cuisiniers ne gâteraient pas la sauce. [...]

Le 19 juin. Accompagné M. de Broussonnet à un dîner, chez M. de Parmentier, à l'Hôtel des Invalides. Il y avait là un président de parlement, M. Mailly, beau-frère du chancelier, l'abbé Commerel, etc. Il y a deux ans, j'avais déjà noté que M. Parmentier est le meilleur homme du monde ; toute autre question mise à part, il s'entend mieux que n'importe qui en ce qui touche à la *boulangerie*, comme ses écrits le montrent clairement. Après le dîner, nous fîmes une promenade à la plaine des Sablons, pour voir les pommes de terre que la Société y cultive, et les préparations du sol pour la culture des navets ; j'en dirai simplement ceci, que je souhaite que mes confrères s'en tiennent à l'agriculture scientifique, et laissent la pratique à ceux qui s'y entendent. Qu'il est dommage, pour des agriculteurs savants, que le Tout-Puissant ait créé un fléau comme le chiendent (*triticum repens*) !

(Le 20 juin, dans la salle du jeu de paume, à Versailles, le tiers état s'est proclamé Assemblée nationale.)

Le 21 juin. Dans un moment si critique, il est impossible de s'occuper à autre chose que d'aller de maison en maison pour demander des nouvelles et noter les idées et les opinions qui ont le plus cours. Le moment actuel est sans doute entre tous celui qui doit décider le plus fortement des destinées futures de la France. La décision qu'ont prise les communes de se déclarer Assemblée nationale, indépendamment des deux autres ordres, équivaut à mettre la main sur tout pouvoir dans le royaume. Subitement, elles se sont transformées en un Long Parlement de Charles Ier. Il n'est pas nécessaire d'être très perspicace pour voir que, si leur déclaration et leurs prétentions ne sont pas réduites à néant, le roi, la noblesse et le clergé seront privés, en France, de toute autorité législative. Les parlements et l'armée ne permettront jamais une démarche si audacieuse et si extrême, contraire à tous les intérêts du royaume et destructrice de l'autorité royale. Pourtant, si l'on ne s'oppose pas à l'action des communes, tous les autres pouvoirs s'effondreront devant le leur. Dans quelle anxiété ne doit-on pas attendre pour voir si la couronne aura une attitude de fermeté, tout en adoptant un système perfectionné de liberté, comme c'est absolument nécessaire en ce moment. Tout bien considéré, c'est-à-dire connaissant le caractère des gens qui sont au pouvoir, il ne faut espérer ni un plan bien étudié, ni une ferme exécution. […]

Le 22 juin. (Young est allé à Versailles, dans l'espoir d'assister, aux états généraux, à une séance royale qui est annoncée.) Nous sortîmes du château pour aller à la recherche des députés ; il courait plusieurs versions sur le lieu de leur réunion. Nous allâmes d'abord aux Récollets, où ils avaient été. Mais, trouvant l'endroit peu commode, ils s'étaient rendus à l'église Saint-Louis, où nous les suivîmes ; nous arrivâmes à temps pour voir M. Bailly s'installer à la présidence et lire la lettre du roi ajournant à demain la séance royale.

Le spectacle de cette assemblée était extraordinaire. Une foule énorme y assistait, à l'intérieur et à l'extérieur de l'église. L'anxiété et l'incertitude de tous les regards, la variété d'expression qui découlait des différentes opinions et des différentes conditions, donnaient au comportement de tout ce monde un caractère comme je n'en avais jamais vu auparavant.

Dîné avec le duc de Liancourt, au palais ; on y trouvait beaucoup de nobles et de députés des communes, entre autres le duc d'Orléans, l'évêque de Rodez, l'abbé Sieyes, et M. Rabaud Saint-Étienne. Voilà un des exemples les plus frappants de l'impression faite par les grands événements sur des hommes de conditions sociales différentes. Dans les rues et dans l'église Saint-Louis, il y avait une telle anxiété sur chaque visage, que l'importance du moment se lisait sur les physionomies ; toutes les formes ordinaires et les salutations qu'exige la politesse étaient abolies. Parmi les personnes d'un rang aussi élevé que celles avec lesquelles je dînais, la différence me sauta aux yeux. Sur trente convives, il n'y en avait pas cinq dont le comportement pût faire soupçonner que quelque chose d'extraordinaire allait se produire ; la conversation fut plus indifférente que je ne l'aurais cru. Si elle l'avait été complètement, il n'y aurait pas eu à s'étonner ; mais on faisait, avec la plus grande liberté, des observations qui étaient reçues de façon à prouver qu'en les faisant, on ne commettait pas la moindre inconvenance. En pareille situation, ne se serait-on pas attendu à une plus grande énergie de sentiment, et, dans la conversation, à une plus grande part pour la crise qui, naturellement, devait remplir toutes les pensées ? Cependant ils mangeaient et buvaient, s'asseyaient et se promenaient, flânaient, souriaient et bavardaient avec une aisance et une indifférence dont la fadeur me confondait. Peut-être y a-t-il une certaine nonchalance, naturelle aux gens de haute condition par suite d'une longue habitude, et qui les distingue du vulgaire ; celui-ci a, dans l'expression de ses sentiments, mille aspérités que l'on ne peut trouver sur la surface polie de ceux dont les manières sont adoucies, sinon usées, par le frottement avec la bonne société. […]

Le 27 juin. Je quitterai Paris heureux à l'idée que les représentants du peuple ont, sans conteste, le pouvoir d'améliorer la constitution du pays, de sorte que, désormais, tous les grands abus y soient, sinon impossibles, du moins très difficiles ; par conséquent, ils établiront, à toutes fins utiles, une liberté politique inébranlable, et s'ils y parviennent, il n'est pas douteux qu'ils auront mille occasions d'assurer à leurs compatriotes les bienfaits inappréciables de la liberté civile. L'état des finances est tel que le gouvernement sera maintenu sous la dépendance des états, dont la périodicité sera assurée à coup sûr. De tels bienfaits répandront le bonheur chez vingt-cinq millions d'âmes, idée noble et généreuse, qui doit animer tout citoyen du monde, quels que soient son pays, sa religion ou son état. Je ne me permettrais pas un instant de croire que les représentants du peuple pourraient oublier jamais leurs devoirs envers la nation française, l'humanité et leur propre réputation, jusqu'à se perdre dans des vues extraordinaires et impraticables, des systèmes chimériques ou utopiques, des idées frivoles d'une perfection inimaginable. Je suppose encore bien moins qu'ils seraient capables de céder à des ambitions particulières qui mettraient obstacle à leurs progrès, qui détourneraient leurs efforts de la voie assurée où ils se trouvent, pour engager dans les hasards et les risques des troubles populaires et de la guerre civile les bienfaits sans prix dont ils sont assurés d'être en possession.

Le duc de Liancourt ayant une immense collection de brochures, car il achète tout ce qui se publie sur les affaires du moment, et entre autres les cahiers [*de doléances*] de tous les districts et villes de France pour les trois ordres, j'avais un grand intérêt à les lire. J'étais sûr d'y trouver l'expression des doléances des trois ordres et celle de leurs vœux Sur les questions gouvernementales et administratives, car les cahiers sont les instructions données par les électeurs à leurs députés. Les ayant parcourus tous, la plume à la main pour en faire des extraits, je quitterai Paris demain.

Extrait des *Travels During the Years 1787, 1788, and 1789*, 1re trad. fr. 1931 ; *Voyages en France*, trad. Philippe Bernard, 1970. D.R.

HEINRICH VON KLEIST

(1777-1811)

Cafés et autres commerces à Paris sous l'Empire

Si Kleist a tenté de s'engager dans l'armée française en 1803, c'était dans l'idée mélodramatique d'y mourir après un chagrin d'amour : il était tout à fait anti-bonapartiste et a d'ailleurs été arrêté après la rafale de victoires Ulm-Austerlitz-Iéna-Auerstaedt puis emprisonné en France quatre mois durant. Sa pièce Le Prince de Hombourg *(qui n'a eu qu'une représentation privée de son vivant), en partie destinée à exalter les Hohenzollern, a été écrite en 1810, l'année même où il créait le quotidien de brève existence (six mois)* Berliner Abendblätter*, d'où est tiré ce petit reportage sur Paris ; il y a aussi publié son essai sur les marionnettes. « Le journalisme français est l'art de faire croire au peuple ce que le gouvernement considère comme bon » (*Traité du journalisme français*, 1809). Je ne suis pas sûr que le gouvernement prussien ait été un modèle du contraire.*

Comme S.M. l'Empereur entrait dans Paris le 4 à 7 heures du matin afin de visiter la place Vendôme, le hasard voulut que la promenade matinale que j'ai l'habitude de faire, pour mon plaisir ou mon instruction, m'avait ce jour-là mené sur cette place. Le monarque passa si près de moi que je pus abaisser mon chapeau en son honneur ; il a bonne mine et semble serein, même si, comme plusieurs l'ont fait remarquer, il n'a pas l'air aussi vigoureux et corpulent qu'au printemps dernier. Au cours de la matinée, il a passé en revue d'autres monuments et des chantiers en cours d'achèvement ; les plus remarquables de ces derniers se trouvent rue de Seine et à l'Hôtel-Dieu, où l'on a démoli une grande quantité de maisons ; j'aurai peut-être l'occasion, dans une prochaine lettre, de t'entretenir de cela en détail.

Quand on observe dans les rues de Paris l'animation créée par les commerçants, les artisans, les cabaretiers et leurs semblables, on remarque une caractéristique qui tranche de manière extraordinaire avec celle, paisible, de la multitude allemande. Il faut d'abord savoir que, au contraire de chez nous, les commerçants n'exposent pas d'échantillons de leur marchandise : la marchandise elle-même, la meilleure et la plus précieuse, est exposée de la plus flatteuse façon, soit suspendue à des crochets et à des tringles, soit étalée sur des tables, des chaises et des bancs. De part et d'autre des rues sont suspendus des panonceaux tarifaires vantant la modicité des prix et la qualité des marchandises ; rien de plus amusant que de voir cette surenchère pareille à un jeu, quand on pense à la propension de cette nation à se laisser tromper. On se croirait ni plus ni moins au théâtre, en train d'assister à une satire y révélant de la plus fine manière le tempérament d'une nation. C'est, je dois dire, exprimé le plus véridiquement possible, grâce à un trait forcé et malicieux. Ainsi, le cabaretier qui fait commerce à l'entrée d'une rue indique en lettres blanches sur un tableau noir : *Café*[1] ; il propose un petit nombre d'articles avec leur prix, ayant l'atout d'être le premier. Le deuxième, pour lui faire concurrence, ajoute à cette énumération d'attraits : *les plus exquis*, *de la meilleure qualité*, *le tout au prix le plus modique* ; pour attirer l'attention, il a peint son étalage de couleurs vives, jaune, rouge ou bleu, et le met en avant dans la rue. Le troisième mentionne : *Café des connaisseurs* ou *café des Turcs* ; il tire avantage de ce qu'il fait déborder son étalage de 2 ou 3 pieds de plus sur la rue et ajoute de fantastiques caractères de couleurs vives sur son tableau noir ou blanc. Le quatrième semble sans espoir, mais, rendu habile par ce désespoir, il surpasse ses prédécesseurs. *Café non plus ultra*, écrit-il ; ses lettres sont de la taille d'un homme, si bien qu'on ne peut les lire de près ; son enseigne, représentant

1. Les mentions en italique sont en français dans le texte original.

un arc-en-ciel entier, déborde jusqu'au milieu de la rue. Que doit faire le cinquième ? Sans aucun espoir, que ce soit au moyen de la charlatanerie, de la hâblerie ou de l'exagération, il tombe dans l'antique simplicité du premier patriarche. *Café*, écrit-il en lettres banales (et même peu soignées), et en-dessous : *Entrez puis jugez*.

Lors des festivités pour les noces impériales, l'aubergiste de Chantilly suspendit l'écriteau suivant : *Comme les plaisirs (du 15 avril) rendront un délassement nécessaire, l'hôte du hameau de Chantilly s'offre*, etc.

Plus amusantes encore, les formules des savants, des artistes et des libraires. J'ai récemment trouvé au Louvre une offre de méthode d'apprentissage des mathématiques. L'auteur avait fait rimer formules d'algèbre et équations, tel :

> Donc le quarré de cinq est égal, à la fois,
> À la somme de quatre et trois.

Un autre, du nom de *François Renaud et compagnie*, proposait une grammaire-panorama aux étrangers voulant apprendre le français en un minimum de temps. Les parois internes étaient recouvertes de haut en bas par des règles grammaticales ; par une lucarne, on ne pouvait voir que règles de syntaxe et de prosodie ; il certifiait que quiconque, contre une modique somme, y passerait trois jours et trois nuits, en sortirait le quatrième jour pourvu de connaissances suffisantes pour en user utilement. Je ne doute pas qu'il ait trouvé des Allemands pour lui rendre visite.

Berliner Abendblätter, Berlin, 6 septembre 1810,
trad. de l'allemand par Charles Dantzig.

ALEXANDRE PRIVAT D'ANGLEMONT

(1815-1859)

Les métiers du père Chapellier

Un des plus curieux livres sur Paris a été écrit par d'Anglemont, né à la Guadeloupe d'une mère d'ascendance africaine. Comme tant d'écrivains, il est en réalité né à Paris, j'allais écrire par Paris, mais lui-même n'était pas pour rien dans son éclosion littéraire. À Paris, la terre est bonne. Il faut de bons bras. On naît où l'on décide de naître.

Si vous voulez me suivre, je vais vous présenter au Rothschild du quartier, au millionnaire qui fait la hausse et la baisse dans sa partie. Vous allez voir le père Chapellier, *Boulanger en vieux* comme Mme Eaillard est *Traiteur en vieux*.

Le père Chapellier est un homme d'une soixantaine d'années environ. Son établissement est sans contredit le Creusot du microcosme industriel de ces quartiers si ingénieux. De tous les inventeurs que nous avons visités, le père Chapellier est celui qui fait preuve de la plus grande imagination. Il faut être presque un homme de génie pour tirer des croûtes de pain tant de choses extraordinaires et leur faire produire les choses qu'elles produisent.

En 1815, le père Chapellier revint à Paris, car il a été soldat, comme tous les Français de son âge. La réquisition était venue le prendre à dix-huit ans pour en faire un guerrier. À l'armée, il avait appris à tirer des coups de fusil, à échanger proprement un coup de sabre, à tuer avec élégance les ennemis ; mais on ne lui avait rien enseigné qui pût le faire vivre. Il n'avait pas d'état, et à Paris le meilleur ouvrier, l'homme le plus habile, s'il n'a pas deux ou trois cordes à son arc pour les circonstances difficiles, risque fort de mourir de faim pendant une grande partie de l'année. Enfin, ne sachant que faire, le brave soldat de l'armée d'Espagne se fit *Ravageur*.

Encore une industrie qu'on ne connaîtra bientôt plus.

On donnait ce nom à des hommes qui, lorsque les rues avaient un seul ruisseau au milieu, y fouillaient avec un morceau de bois pour en retirer les clous de chevaux, les morceaux de fer ou de cuivre ; quelquefois, mais rarement, ils y trouvaient des pièces de monnaie. Leur récolte se vendait à la livre chez les marchands de ferraille. Les journées, d'un *ravageur*, même des plus actifs, étaient fort minimes ; mais, en y joignant des commissions, l'ouverture des portières de voitures le soir, et la planche faisant pont les jours de grandes averses, on pouvait en vivre très mal. L'administration municipale, sous prétexte qu'ils déchaussaient les pavés, a défendu l'industrie du ravageur, qui, d'ailleurs, devait être tuée par le système des rues à dos d'âne, avec deux ruisseaux sous les trottoirs. Aujourd'hui, il n'y a plus que les vieux Parisiens qui se souviennent de ce métier, et même de la planche sur laquelle ils passaient pour ne pas se mouiller les pieds.

Chapellier rencontra quelques anciens camarades revenant de l'armée ; il eut honte de son état, quoiqu'il n'eût aucun préjugé et qu'il se fût souvent répété le fameux proverbe parisien : *Il n'y a pas de sot métier, il n'y a que de sottes gens*. Il renonça au *ravage* pour entrer chez un chiffonnier en gros de la Montagne-Sainte-Geneviève. Il devint *Trilleur*.

Lorsque vous voyez un de ces braves philosophes des faubourgs portant crânement son *cabriolet* sur le dos, ou une pauvre femme pliée sous son *cachemire d'osier*, vous ne pouvez vous figurer tout ce que renferment ces hottes pleines. Là se voient tous les débris de la création et de l'industrie : vieux os, tessons de verres, peaux d'animaux, chiffons de laine, de linge, de coton et de papier, loques de parures de fêtes et débris de festins, rogatons de toutes sortes, épaves recueillies sur toutes les côtes de la civilisation.

Le chiffonnier insouciant, gagnant sa vie au jour le jour, dormant sur le coin d'une table de cabaret, n'ayant le plus souvent ni feu ni lieu, vend sa récolte journalière aux hauts commerçants de la partie. Ceux-ci se chargent de la diviser, de mettre tous les objets de même nature ensemble, de les garder en magasin, jusqu'à ce qu'une occasion favorable de vente se présente. Ils emploient pour cette besogne des hommes et des femmes que l'on nomme trilleurs. Ces malheureux vivent douze heures de la journée dans une atmosphère empestée, à laquelle les exhalaisons des amphithéâtres d'anatomie ne sont pas comparables. Le salaire du *trillage*[1] n'était guère plus élevé que le gain du ravageur ; mais, du moins, Chapellier travaillait à couvert ; il n'était plus exposé à rougir en rencontrant ses anciens camarades. à ceux qui lui demandaient ce qu'il faisait, il pouvait répondre : « Je travaille chez un négociant », et, s'ils lui proposaient de l'aller voir, il disait : « Le patron nous défend de recevoir des visites à l'atelier. » Bref, il fit ce métier six mois ; mais, habitué à vivre au grand air et à prendre beaucoup d'exercice, il dépérissait ; le mauvais air le rendit malade. Il fut obligé de demander à la charité publique un lit pour se faire traiter.

À l'hôpital, il fit connaissance avec un *gaveur de pigeons*, qui lui proposa de le présenter à son patron, riche marchand de volaille de la vallée. Il fut admis. Son nouveau métier consistait à se remplir la bouche de graines ou de pois, à ouvrir le bec des jeunes pigeons et à leur ingurgiter le tout dans l'œsophage. « La chose vous paraît simple, nous dit-il, mais vous ne pouvez vous figurer combien il est fatigant de *gaver* ainsi deux ou trois cents pigeons en une heure. »

Le père Chapellier gagnait quarante sous par jour à ce métier. Son ambition n'était pas satisfaite. En regardant autour de lui, il vit que les marchandes de volaille qui ne vendaient pas leur provision tout de suite étaient obligées d'en baisser le prix d'un quart par chaque jour de retard, de telle sorte qu'elles arrivaient même à la vendre à perte, quoique la marchandise eût la même apparence de fraicheur que si elle venait d'être tuée. Et pourtant aucune cuisinière ne s'y trompait. Il s'inquiéta de ce prodige ; on lui répondit que c'était uniquement parce que les pattes des dindes, qui étaient noires et brillantes le jour de leur mort, prenaient des tons de plus en plus grisâtres à mesure qu'on s'éloignait de ce moment.

Il n'en fallait pas plus à un homme de génie. Chapellier rentra chez lui et se mit à composer un vernis qui pût conserver aux gallinacés, bien des jours après leur trépas, ce lustre brillant qui orne

1. La véritable orthographe serait *triage*.

leurs pattes et constate leur valeur auprès des gourmets. Deux jours après la révélation qui lui avait été faite, il revint triomphalement au marché ; il pouvait s'écrier : *Eurêka*. il expliqua et expérimenta sa découverte : toutes les commères s'y trompaient elles-mêmes. On fit des essais ; on présenta de la volaille à pattes vernies aux plus fines cuisinières : elles se laissèrent prendre aux apparences. L'invention fut adoptée. Le père Chapellier reçut des marchandes, sur toute volaille peinte, la moitié du quart qu'elles auraient perdu à la vendre avec ses pattes ternies.

Le métier de *peintre de pieds de dindons* était assez lucratif, mais il fallait trop de surveillance pour se faire payer. Et puis l'ambition du père Chapellier n'était pas encore satisfaite : il n'avait pas, ce qui était le but de sa vie, un établissement à lui, *son* petit *dada*, traînant sa petite carriole. Vous voyez qu'il y a déjà loin du modeste ravageur, demandant simplement à gagner sa vie, au *brillant coloriste* devenu la Providence des dames de tout le marché. Aussi vendit-il son secret et sa clientèle à un ami moyennant mille francs. Ce successeur est aujourd'hui retiré avec de belles rentes, ce qui ne fait l'éloge ni de la sincérité des marchandes de volaille, ni de la perspicacité des cordons bleus, ni de la délicatesse du palais des Parisiens.

« Je voulais *m'établir*, me dit le père Chapellier. Mille professions se présentaient. Je ne pouvais passer devant une boutique sans envier le sort de celui que j'y voyais installé. J'interrogeais tout le monde ; chacun me donnait un conseil ; chaque soir j'arrêtais un plan, qui était abandonné le lendemain. Je me croyais né tantôt pour être fruitier, tantôt pour être traiteur, tantôt pour être marchand de vin. Mais je connaissais mes capacités absorbantes, et j'avais peur de manger et de boire mon fonds. Et puis j'avais trop d'amis, et les crédits m'effrayaient. Il me fallait donc quelque chose qui ne fût pas de consommation immédiate. Enfin j'allai voir mon premier patron, dans l'intention de m'associer avec lui. Savez-vous combien il me demanda pour m'intéresser à ses affaires ?

— Non ; vos mille francs, peut-être ?

— Vous n'en approchez pas ; il me demanda cinquante mille francs comptant.

— Diantre ! cinquante mille francs pour être chiffonnier en gros !

— Aujourd'hui cela ne m'étonne plus, je connais le métier : on peut y devenir facilement millionnaire, et mon patron l'est devenu deux fois. C’est néanmoins à lui que je dois le *petit bien-être* dont je jouis. J’étais arrivé dans ses magasins au moment de la vente du matin, c’est-à-dire lorsque les chiffonniers errants viennent débiter leur hottée. On les paye toujours au comptant ; il n’y a pas de crédit dans ce métier-là : ces pauvres gens ont besoin du prix de leur journée pour vivre. Une chose me frappa : ce fut la grande quantité de morceaux de pain qu’ils avaient en leur possession. Je les questionnai ; je sus comment tous ces rogatons leur arrivaient et comment ils s’en défaisaient. J’eus l’idée de m’établir *boulanger en vieux* et de vendre en gros ce que les autres vendaient en détail. »

Le père Chapellier venait, en effet, de trouver la route qui devait le mener à la fortune. Il ne perdit pas de temps. Le jour même, il fit acquisition d’un petit bidet et d’une charrette ; il loua une grande pièce dans un des anciens collèges si nombreux dans ces vieux quartiers, et il alla voir tous les garçons de cuisine des grands établissements scolaires du douzième arrondissement. Ceux-ci étaient habitués depuis de longues années à donner leurs morceaux de pain aux chiffonniers : ils crurent avoir affaire à un fou ; ils acceptèrent toutefois ses propositions.

Le succès que notre homme obtint auprès des cuistres de collège ne fit que l’encourager : il résolut d’accaparer toutes les croûtes de pain de la ville, de façon à ne pas laisser de place à un concurrent. il vit tous les laveurs de vaisselle des restaurants grands et petits, il s’entendit avec les chiffonniers, et fit à chacun des avantages qu’il ne pouvait rencontrer nulle autre part. Lorsque toutes ses précautions furent bien prises, un matin il s’établit à la halle avec des bourriches vides et de gros sacs pleins autour de lui. Au-dessus de sa tête on lisait cet écriteau : *Croûtes de pain à vendre.* Le spéculateur connaissait son Paris ; il savait que la population parisienne qui fréquente les barrières a pour la gibelotte de lapin un goût tout particulier. Or, pour élever des lapins, même sans avoir la bizarre ambition de M. Maldant de s’en faire trois mille francs de rentes, il faut, outre les choux, beaucoup de pain. Les poules qu’on engraisse pour la consommation sont aussi presque exclusivement nourries avec les miettes de la desserte parisienne. Les chiens et tous les animaux domestiques en absorbent également des quantités prodigieuses.

Le père Chapellier, qui vendait sa bourriche pleine 6 sous, c’est-à-dire beaucoup meilleur marché que le pain de munition, eut bientôt attiré à lui tous les éleveurs de la grande et de la petite banlieue. Au bout d'un mois, il put, en comptant son bénéfice, constater qu'il avait eu une idée extrêmement fructueuse.

Il avait presque doublé son fonds, et cependant il n'avait pas encore donné à son commerce toute l'extension possible : il était seul ; il ne pouvait faire sa récolte aux quatre coins de Paris avec la promptitude dont elle avait besoin pour être réellement productive. Il ne pouvait paraître sur le marché que tous les deux jours, et il fallait absolument y prendre place tous les matins. Il aurait bien pris un aide, mais sa maison n'était pas encore suffisamment établie, et, en divulguant son secret, il pouvait se susciter un concurrent dangereux. Enfin il se souvint d'un proverbe qu'il avait souvent entendu répéter par les Italiens enrôlés dans son régiment, et que nous avons arrangé ainsi : « Qui *va piano* va *sano*. » Il se dit : « Puisque tout un peuple se conduit d'après cet axiome, il doit être bon. »

« Que vous dirai-je ? continua le père Chapellier : chaque jour je passais de nouveaux marchés avec les tables d'hôte, les cafés, les chefs de grandes maisons, les cuisiniers, et même les sœurs de communautés religieuses ; tous les matins je voyais augmenter ma clientèle. Quatre mois après ma première apparition à la halle, j'avais trois chevaux et trois voitures continuellement occupés ; nous étions en 1820. Je voyais venir le moment où je pourrais me retirer à la campagne et jouir en paix de mes épargnes. Vous savez que c'est là la *toquade* de tous les Parisiens ; ils se figurent, eux qui sont nés dans des rues où le ruisseau tient plus de place que le pavé, qu'ils ne pourront être heureux que sur le bord des claires fontaines, dans des prés émaillés de fleurs. Tous ceux qui l'ont essayé se sont ennuyés à périr, et ils se sont hâtés de revenir ici contempler la belle nature dans la rue Saint-Jacques ou dans la rue de la Harpe. J'ai eu cette folie-là aussi. J'en suis guéri. Mais je lui rends grâces, car c'est elle qui m'a poussé à donner de l'extension à mes affaires. »

Dans son commerce, le père Chapellier se trouvait nécessairement en rapport avec les cuisinières, les bouchers et les charcutiers, tous grands amateurs de chiens. Peu à peu il s'initia aux secrets de ces diverses professions ; il apprit que tous ces hommes usaient des quantités considérables de chapelure pour les côtelettes, les gratins, etc. La chapelure, qui se fait avec du pain sec pilé ou râpé, se vendait 8 sous la mesure. Cette mesure était d'une capacité un peu moindre que le litre. Il s'établit *fabricant de chapelure*. Il en livra le litre, mesure légale, pour 6 sous. Cette baisse de prix lui attira tous les consommateurs. En moins de six mois, il dut encore se procurer des chevaux et prendre des ouvriers.

« Monsieur Chapellier, lui dis-je, vous êtes comme les ambitieux, insatiable.

— Que voulez-vous ? je ne suis pas meilleur que les autres. Je commandais une escouade ; je voulus une armée. Quand je l'eus, cette armée, eh bien ! elle m'ennuya ; je désirai avoir autre chose. »

En effet, à son commerce de *boulanger en vieux*, à sa fabrique de chapelure, cet homme de génie joignit bientôt une fabrique de *croûtes pour la soupe*.

Dans les morceaux que lui livraient ses vendeurs, il avait vu des croûtes de deux espèces : de bonnes et de gâtées. Il avait bien eu la pensée de les diviser et d'en faire des lots séparés ; mais le gain ne lui parut pas assez réel pour s'y arrêter. il aima mieux inventer une nouvelle industrie. Il fit des *croûtes au pot*.

Vous avez vu chez les épiciers de ces morceaux de pain croustillants que les ménagères achètent avec empressement les jours de pot-au-feu. Eh bien ! défiez-vous de ces choses si appétissantes dans les potages gras ; défiez-vous des soupes au pain des petits restaurants ; défiez-vous surtout des purées aux croûtons. Tout cela sort de la fabrique du père Chapellier ; tout cela est le reliquat du pain distribué aux enfants dans les collèges, les pensionnats et les séminaires ; tout cela provient de morceaux que vous avez laissés, il y a quinze jours, sur le coin de votre table. Heureusement, dit-on, le feu purifie tout.

Ces espèces d'éponges noircies se vendent moins cher que le pain ordinaire. Aussi la consommation qu'on en fait dans les petits ménages, chez les petits gargotiers des halles, pour la soupe et le café au lait, est-elle prodigieuse. Cette fabrication forme la meilleure part du revenu de M. Chapellier. Il a établi aux environs de la barrière Saint-Jacques des fours qui ne refroidissent jamais, et où sont empilés des milliers de livres de pain, qui servent tant à la *chapelure* qu'aux *croûtes au pot*. Une multitude d'ouvriers, hommes, femmes et enfants, sont occupés à piler et à râper la marchandise à la sortie du four. On met de côté les parties carbonisées, dont on fait du *noir de pain* pour blanchir les dents. Cette poudre est ensuite passée au tamis de soie et vendue aux parfumeurs comme poudre dentifrice.

Rien n'est plus curieux que les magasins du père Chapellier. Ce sont d'immenses pièces où il arrive à chaque instant des montagnes de pain. On *trille* toutes ces croûtes. À droite sont les mannes destinées aux hommes ; à gauche, celles qu'on destine aux lapins. Tout cela se fait avec un ordre et une propreté extrêmes. De jeunes filles font les paquets de *croûtes au pot*, après les avoir pesées, et des enfants tout noirs, semblables aux jeunes nègres des colonies, emplissent de grandes boîtes de poudre. Le propriétaire est parmi ses travailleurs, commandant, causant, riant, plaisantant.

Je sortais émerveillé de ma conversation avec ce modeste homme de génie.

« Le père Chapellier est donc bien riche ? demandai-je à mon introducteur. — Malgré tout ce que lui ont mangé les femmes, il ne connaît pas sa fortune. — Ce qui veut dire sans doute qu'il a trois ou quatre mille francs de rente ? — Allons donc ! le chevalier Langlois, dont vous voyez les belles voitures dorées porter dans tout Paris des allumettes et du cirage, a quatre-vingt mille francs de rentes. Il a donné cent mille francs à chacune de ses filles en les mariant. Le père Chapellier n'a pas d'enfants, et son métier est bien meilleur que celui de M. Langlois. »

Je me rendis à cette raison, mais en n'admettant que la première moitié du proverbe de M. Chapellier : « Il n'y a pas de sot métier », et je ne pus m'empêcher d'ajouter : « Si ce n'est tous ceux qui s'adressent à l'intelligence, au lieu de s'adresser à l'estomac. »

Extrait de *Paris anecdote*, 1845.

FRÉHEL

(1891-1951)

« Y en a qui vous parlent de l'Amérique »

L'appellation « chanson réaliste » est la plus fausse qui se puisse concevoir. Réalistes, ces meuglements de malheur, ces amours désespérées, cette cocaïne prise par chagrin d'avoir été quittée, ces beignes farceuses données par des mâles (on dirait que l'accent circonflexe de ce mot a été inventée pour ces chanteuses), ces cigarettes mendiées, ces vipères du trottoir ? C'est un monde poétique.

Y en a qui vous parlent de l'Amérique,
Ils ont des visions de cinéma ;
Ils vous disent « Quel pays magnifique
Notre Paris n'est rien auprès de ça. »
Ces boniments-là rendent moins timide,
Bref, l'on y part, un jour de cafard…
Ça fera un de plus qui, le ventre vide,
L'soir à New York cherchera un dollar
Au milieu des gueuses, des proscrits,
Des émigrants aux cœurs meurtris ;
Il pensera, regrettant Paris :

Où est-il mon Moulin de la place Blanche ?
Mon tabac et mon bistro du coin ?
Tous les jours étaient pour moi dimanche !

Où sont-ils les amis, les copains ?
Où sont-ils tous mes vieux bals musette ?
Leur javas au son de l'accordéon ?
Où sont-ils tous mes repas sans galette ?
Avec un cornet de frites à dix ronds
Où sont-ils donc ?

D'autres croyant gagner davantage.
Font des rêves d'or encore plus beaux
Pourquoi risquer un si long voyage
Puisque Paris est plein de gogos ?
On monte une affaire colossale,
Avec l'argent du bon populo,
Mais un jour, crac… c'est le gros scandale :
Monsieur couchera ce soir au Dépôt !
Et demain on le conduira
Pour dix années à Nouméa.
Encore un de plus qui dira :

Où est-il mon Moulin de la place Blanche ?
Mon tabac et mon bistro du coin ?
Tous les jours étaient pour moi dimanche !
Où sont-ils les amis, les copains ?
Où sont-ils tous mes vieux bals musette ?
Leur javas au son de l'accordéon ?
Où sont-ils tous mes repas sans galette ?
Avec un cornet de frites à dix ronds
Où sont-ils donc ?

Mais Montmartre semble disparaître
Car hélas, de saison en saison,
Des Abbesses à la place du Tertre,
On démolit nos vieilles maisons.
Sur les terrains vagues de la Butte
De grandes banques naîtront bientôt,
Où ferez-vous alors vos culbutes,
Vous, les pauvres gosses à Poulbot ?
En regrettant le temps jadis
Nous chanterons, songeant à Salis,
Montmartre, ton *De profundis*.

« Où est-il donc ? », paroles d'André Decaye (1891-1930) et de Lucien Carol (1892-1951), musique de Vincent Scotto (1874-1952).

ARISTIDE BRUANT

(1851-1925)

Belleville-Ménilmontant

suivi de

Crâneuse

Aristide Bruant est né dans le Loiret. Encore un provincial qui a inventé Paris. Est-il le premier chanteur à qui un éditeur ait pensé à commander des livres autres que des recueils de chansons ou des mémoires (le premier étant probablement Béranger, Ma biographie*, 1857) ? Il semble le premier à avoir tenté le roman (*Les Bas-Fonds de Paris*, 1892).*

Belleville-Ménilmontant

Papa, c'était un lapin
Qui s'app'lait J.-B. Chopin
Et qu'avait son domicile,
   À Bell'ville ;
L'soir, avec sa p'tit' famille,
I' s'baladait, en chantant,
Des hauteurs de la Courtille,
   À Ménilmontant.

I' buvait si peu qu'un soir
On l'a r'trouvé su'l' trottoir,

Il' tait crevé bien tranquille,
  À Bell'ville ;
On l'a mis dans d' la terr' glaise,
Pour un prix exorbitant,
Tout en haut du Pèr'-Lachaise,
  À Ménilmontant.

Depuis c'est moi qu'est l' souteneur
Naturel à ma p'tit' sœur,
Qu'est l'ami' d' la p'tit' Cécile,
  À Bell'ville ;
Qu'est sout'nu' par son grand frère,
Qui s'appelle Éloi Constant,
Qui n'a jamais connu son père
  À Ménilmontant.

Ma sœur est avec Éloi,
Dont la sœur est avec moi,
L'soir, su'l' boul'vard, ej' la r'file,
  À Bell'ville ;
Comm' ça j'gagn' pas mal de braise,
Mon beau-frère en gagne autant,
Pisqu'i r'fil' ma sœur Thérèse,
  À Ménilmontant.

L' dimanche, au lieu d'travailler,
J'mont' les môm' au poulailler,
Voir jouer l'drame ou l'vaud'ville,
  À Belle'ville ;
Le soir, on fait ses épates,
On étal' son culbutant
Minc' des g'noux et larg' des pattes,
  À Ménilmontant.

C'est comm' ça qu' c'est l' vrai moyen
D'dev'nir un bon citoyen :
On grandit, sans s' fair' de bile,
  À Bell'ville ;
On crie : « Vive l'indépendance ! »
On a l' cœur bath et content,
Et l'on nag' dans l'abondance,
  À Ménilmontant.

Extrait de *Dans la rue, chansons & monologues*, 1889

~

Crâneuse

J' viens d'rencontrer la femme à Pierre,
C' qu'à fait d' l'harmone ! ah ! nom d' là !
C'en est flaquant ! ben merde ! en v' là
Un' marmit' qui fait sa soupière !
A rouspète, a fait du chichi,
A r'naude, a crâne, a rogne, a gueule,
A tient l' boul'vard à ell' tout' seule,
Dedpuis Montmart' jusqu'à Clichy.

Et c'est du schpromme… et d' la jactance…
Et du chambard… et du potin…
Ah ! la salope ! Ah ! la putain !
J' y en foutrai, moi d' la rouspétance.
Ah ! charogne ! Ah ! vache d' métier !…
Faut-i' qu' nous soyons été gnolles
D' laisser marcher aux Batignolles
Un' féboss' qu'est pas du quartier.

Un' crâneuse, un' marchand' d'épates…
Malheur ! si ça fait pas rêver :
On dirait qu' ça va tout crever
Et ça tient pas su' ses deux pattes !…
Et ça vaut pas l'coup… c'est d' la peau !…
Moi j' suis gonzesse d' loucherbéme,
Un soir qu' à m' f'ra trop lierchéme
J'y fous mon vingt-deux dans la peau.

Ibid.

EUGÈNE DABIT
(1898-1936)

La promenade du dimanche aux Buttes-Chaumont

Dabit reste connu pour une sorte de fait divers : sa mort de maladie, à l'âge de trente-sept ans, lors du voyage en URSS d'André Gide qu'il accompagnait. Chose triste pour un homme qui avait publié une dizaine de livres. La célébrité du film Hôtel du Nord *(1938) n'a aidé en rien son roman (1929), d'où il est tiré. Là où Dabit est à son meilleur, ce sont dans les souvenirs, comme ces* Faubourgs de Paris *où il parle de son Belleville.*

C'était une joie, le dimanche, lorsque mes parents m'annonçaient que nous irions à Belleville, chez la tante Tollard. Elle tenait, en haut de la rue de Ménilmontant, un fonds de mercerie-papeterie où maman et ses frères, orphelins, avaient passé leur jeunesse. Pour s'y rendre, à cette époque, on prenait le chemin de fer de ceinture.

Ce voyage m'emplissait de trouble. Moi qui ne pénétrais jamais dans une gare, pas même lors des grandes vacances, j'entrais joyeusement dans celle du boulevard Ornano. Une machine soufflante arrivait, tirant de vieux wagons que je jugeais splendides, même ceux des troisièmes, où nous montions. Je mettais le nez à la portière. Hélas, la locomotive couvrait de brouillard le paysage, maman me commandait de m'asseoir. « Tu vas être noir comme le charbonnier. » Bientôt, je lui demandais : « Dis, on approche ? »

Elle me répondait : « Allons, ne fais pas la bête, tu sais qu'on traverse d'abord le tunnel des Buttes-Chaumont. »

On passait près de la porte de la Villette. « Nous voilà dans le dix-neuvième », expliquait mon père. J'ouvrais les yeux ; nous entrions en pays étranger. Au bord d'un canal se dressaient des usines ; des chalands glissaient, beaucoup arboraient un drapeau belge. Brusquement, après la station de Belleville-Villette, le train s'engageait dans une tranchée en lançant un coup de sifflet, comme un adieu à la lumière. Je ne bougeais plus jusqu'au moment où la clarté du jour réapparaissait. Quand nous débouchions du souterrain il fallait se lever, nous arrivions à la station de Ménilmontant.

Une gare de province, avec des lumignons, des disques, une cour déserte ; et, alentour, des ruelles silencieuses que dominait la flèche de Notre-Dame-de-la-Croix. Une impression de dépaysement m'angoissait, puis m'exaltait. Nous montions la rue de Ménilmontant, moi marchant à reculons pour découvrir Paris que je connaissais mal. Le 104 était un immeuble du siècle dernier, à deux étages ; au rez-de-chaussée, une petite boutique étalait des bimbelots et des rubans.

La tante Tollard, ridée, moustachue, ratatinée, toujours vêtue de noir, était encore active, fort bavarde. Sous le Second Empire elle habitait déjà ce quartier – tandis que son mari dormait depuis longtemps au cimetière de Belleville. Elle me jugeait assez grand garçon pour me confier ses souvenirs. Lorsque nous avions déjeuné – le voyage me mettait en appétit, ma tante s'écriait : « Eh ! tu vas te faire des boyaux comme des manches de chemise » – après le café, elle me parlait de la Commune.

Sa voix grêle s'affermissait, son visage terne se colorait. « On se battait à Belleville, disait-elle, au Père-Lachaise, partout, jusque devant ma porte ! Les Versaillais arrivaient, pan ! pan ! les fusillades. Eux ne faisaient pas grâce, s'ils te trouvaient avec des mains noires – elle étendait les siennes, sèches et usées –, si tu sentais la poudre – elle reniflait –, ils te jetaient contre un mur, et douze balles dans le corps, mon petit, comme à un traître. Pire que les soldats de Bismarck ! Moi, j'ai sauvé un communard en le cachant dans notre puits, tandis qu'on perquisitionnait ; je lui ai donné des vêtements de mon mari. Je l'ai revu plus tard, c'était un brave ouvrier. »

Un dimanche, elle me conduisit rue Haxo, où l'on avait fusillé « les otages » ; au Père-Lachaise, devant le mur des Fédérés d'où se détachaient des fantômes. « Douze balles, mon petit, voilà ce qui m'attendait, ça ne m'a pas empêché de faire mon devoir. »

Ses récits chaleureux me changeaient de ceux que faisait à l'école un maître indifférent. Ils prenaient dans mon cœur la place que tiennent les histoires des aventuriers, des martyrs, des héros ; ce sont eux qui m'ont appris à aimer, à haïr, qui me poussent encore dans les rues de Ménilmontant ou de Belleville.

Par de beaux soirs d'été nous rentrions à pied aux Grandes-Carrières.

Ma mère me confiait : « La tante, elle radote, mais c'est vrai qu'en 71 elle a eu un courage que n'ont pas tous les hommes. Il lui en a fallu ensuite pour nous élever tous, et venir en aide aux voisins. Ce n'est pas elle qui a cherché la fortune ! » Était-elle de bonne humeur, maman évoquait aussi ses souvenirs. « J'allais au vieux lavoir de la rue Boyer : le petit Palais-Royal ; tu penses, je n'osais pas m'installer au grand avec les blanchisseuses ! Souvent, je me levais à quatre heures pour aller aux messageries prendre les paquets de journaux. » Elle soupirait. « Oh, j'ai vadrouillé dans le quartier. Maintenant, je ne pourrais plus y vivre. On ne se croit pas à Paris. »

Mon père proposait de traverser le parc des Buttes-Chaumont. « Il n'y en a pas deux pareils ! s'écriait-il. Toto, ouvre la bouche pour bien respirer, c'est de l'air pur. » Après la place d'Allemagne, sur les boulevards extérieurs, nous entrions en pays connu. Je songeais encore à celui que nous venions de quitter et souhaitais y entraîner un jeudi mes camarades. Toujours ils s'y refusèrent. Dans ce quartier lointain, ils n'avaient pas une tante qui cachait au fond d'un puits des soldats de la Commune et leur prêtait un déguisement.

Je suis resté de longues années sans connaître mieux le dix-neuvième.

Ma tante, retirée du commerce, vivait pauvrement dans une chambre, rue de la Mare. Le dimanche, elle venait nous voir et nous donnait des nouvelles de Belleville. Elle se disait heureuse de sortir enfin, après un demi-siècle d'esclavage ! Mais un regret perçait dans ses paroles ; et les transformations auxquelles elle assistait la bouleversaient. Un temps arriva où son esprit battit la campagne. Elle ne bougea presque plus et nous retournâmes rue de la Mare.

En 1914, on ne prenait plus le chemin de fer de ceinture, mais une nouvelle ligne de métro. J'avais grandi, je savais quelles aventures on peut rencontrer dans les rues, quels drames on y frôle. Nous descendions à la station Botzaris. Face à la sortie s'étendait un terrain vague où l'on avait découvert autrefois une femme coupée en morceaux : Nana. Quelques bicoques, à l'angle de la rue de Crimée. Derrière le réservoir des Buttes-Chaumont, des ateliers mystérieux où se fabriquaient les films qui m'émerveillaient chaque semaine.

Dans une chambre qui sentait le pipi de chat, le pétrole, le marc de café, je retrouvais ma tante. Elle n'y voyait plus beaucoup, entendait mal, perdait la mémoire, et j'étais devenu le dépositaire du souvenir dont elle s'était nourrie et qui avait conquis mon enfance. À Paris, nous avons tous notre village. Ma tante se lamentait. « Je me plaisais mieux à Ménilmontant. Ici, jamais je ne pourrai m'habituer. » Cependant, l'après-midi, avec quelques vieilles de l'Assistance, elle se risquait rue des Pyrénées et gagnait les Buttes-Chaumont, s'arrêtant devant des immeubles neufs – de vraies casernes ! recherchant partout des traces de son passé. Elle nous racontait ses découvertes, en posant sur nous un regard égaré.

Mon oncle Louis, qui habitait rue Fessart, répondait : « Que veux-tu, faut que Belleville marche avec le progrès. D'ici dix ans, on sera comme dans le centre ; mais nous aurons toujours plus d'air. » Il faisait de la politique, prédisait pour le dix-neuvième la prospérité, conseillait à maman d'y revenir s'installer. « Toi, une Bellevilloise ? » Ma tante sommeillait…

Depuis, vingt ans bientôt se sont écoulés. Mon oncle peut se réjouir. Il n'y a plus guère de terrains vagues, les maisons qu'aimait la tante sont en ruines. Belleville est pourtant resté un faubourg qui ne connaît pas encore l'opulence.

Ma tante y est morte en 1923.

[…]

Un soir, dans ce logement que nous occupions depuis quinze ans, mon père arriva, porteur d'une bonne nouvelle. En faisant à Belleville sa tournée, il m'avait déniché un atelier où enfin je pourrais peindre.

Bientôt, je m'y installai. Comme pour aller chez mon oncle Louis, il fallait descendre à Botzaris. Mais remonter la rue de Crimée qu'un pont traversait : la rue des Mignottes. Là où naguère s'étendaient des jardins, un entrepreneur de menuiserie avait édifié hâtivement une cité industrielle. Trois groupes de bâtiments construits en planches, verres, briques, avec eau et force motrice, compartimentés judicieusement, chaque artisan dans sa case. Où chantaient autrefois des oiseaux, dix heures par jour retentissait le vacarme.

[…]

Au crépuscule, la rumeur me paraissait grandir et bourdonnait à mes oreilles comme la mer ; ouvrais-je le vasistas, elle envahissait l'atelier, et des odeurs d'huile, de colle, d'acide, entraient. Partout s'allumaient les lampes aux auréoles vertes, bleues, les globes où du métal semblait entrer en fusion. Derrière les vitres étincelantes des bâtiments s'agitaient des ombres. Hommes courbés sur leurs étaux, serrant avec des gestes précis, dans leurs mains transparentes, des objets mystérieux, les polissant jusqu'à ce qu'ils eussent l'éclat du diamant. Des femmes se penchaient sur des machines agiles qui tissaient autour d'elles un voile soyeux, des bobines multicolores déroulaient leurs fils ; et parfois, au milieu de ce décor, le visage d'une jeune « lunévilleuse » était celui d'une fée.

Soudain, éclataient des coups de sifflet. Les longues courroies de transmission s'immobilisaient ; les métiers cessaient de tourner ; les lampes s'éteignaient ; l'ombre, le froid, le silence, gagnaient la cité. Ouvriers et ouvrières la quittaient. Ils s'enfonçaient dans la nuit, déchus, inutiles, et las. Quelques artisans s'acharnaient au travail, leurs lampes brilleraient jusqu'à minuit. Ensuite la cité était un cimetière où la vie n'entrait plus avant l'aurore…

Un jour vint où je ne pus en supporter davantage l'atmosphère. Et mon camarade trouva, boulevard Sérurier, un logement avec atelier.

C'était dans un groupe de maisons ouvrières que nous avions vu bâtir lorsque nous allions flâner sur les pentes de la Butte-Rouge et manger des frites dans les guinguettes du Pré-Saint-Gervais. Une façade donnait sur la zone, l'autre sur la rue de l'Orme. L'immeuble était silencieux ; nous allions y travailler en paix.

Mais, un mois plus tard, quand les locataires eurent tous emménagé, les cris, les discussions, les galopades du matin au soir, ne laissaient plus aucune tranquillité. Nous faisions partie d'un milieu où la vie apparaissait sans horizon. Entre les toits pointus des bâtiments nous contemplions tous le même ciel.

Mon camarade et moi n'avions pas à regarder l'heure ni à écouter notre fatigue pour cesser le travail. Les gosses revenaient de l'école, dans chaque escalier les galoches tapaient sur les marches ; puis des hommes rentraient en jurant, en claquant les portes. De bonnes et de mauvaises odeurs flottaient : celles de la soupe ou celles des « waters ». Sept heures, le moment de dîner, bientôt celui de se coucher.

Aux fenêtres innombrables de la cité les lumières, une à une, s'éteignaient. Un air épais semblait descendre. Le portier, coudes sur la table, ronflait dans sa loge où l'on ne mettait les pieds que pour payer son terme et parfois prendre une lettre dans un haut casier numéroté. Devant la grande porte, un alignement de boîtes dans lesquelles on entassait à coups de talon les ordures ; mais la pourriture d'une journée montait, débordait, s'étalait sur le sol, et des matous galeux s'en faisaient un lit.

Deux trimestres ne s'étaient pas écoulés que la cité avait perdu sa fraîcheur. Les murs des escaliers étaient éraflés par les meubles ; des tracts révolutionnaires, des inscriptions grossières, des traces de doigts, les souillaient ; des traînées de couleur y dessinaient des paysages. Les marches aux carreaux de faïence blanche se couvraient de crasse. À chaque étage, sur la galerie desservant les logements, le vert joyeux de la rampe s'éteignait, les portes se tachaient de boue et de graisse, et aux fenêtres, çà et là, du papier remplaçait une vitre.

Le matin, sitôt partis leurs hommes, les ménagères poussaient dehors leurs ordures qu'elles projetaient dans la cour d'un coup de balai, malgré le règlement. Les locataires du dessous protestaient. Elles se réunissaient sur la galerie pour cancaner, rire, disputer, se plaindre. Une cité mal construite, toute de pierre et d'acier, une vraie prison ! Comme si l'on était des sauvages ! Quand les gosses glissaient sur ces marches dont une cornière de fer garnissait l'angle il y avait de quoi se fendre le crâne ! Le lavoir, au sous-sol, ne fonctionnerait jamais ! La garderie resterait en plan ; du reste, autant que les enfants bataillent dans la cour, malgré les menaces du gardien. Bref, on avait tout juste le nécessaire. « Et merde ! ils nous doivent bien ça. »

Cependant, le matin, la grande cour était balayée, les boîtes à ordures remisées ; aux fenêtres, comme des pavillons bariolés sur un navire, flottaient des linges. Quelquefois, le soleil réussissait à percer ; les murs de briques roses brillaient. Hélas, plus souvent tombait la pluie ; un nuage de suie fanait les rideaux à fleurs, une lumière morne tuait l'espérance.

Et il fallait se remuer, courir aux provisions, cuisiner, coudre, torcher les marmots ! C'était la vie de la tribu, tracassière et collective. Chacun calomnié, jalousé, méprisé. Ou des camaraderies folles : « amis comme cochons », les femmes passant ensemble leurs journées, les hommes se rejoignant au bistrot, jusqu'au soir de brouille où dans l'escalier éclatait l'engueulade, tandis que les locataires riaient.

Impossible de s'isoler. Des murs de carton, des portes mal jointes, des fenêtres ouvrant sur la galerie, des cabinets communs. Comment résister au désir d'épier son voisin ? Ah ! la vie est pour tous semblable. Du travail, du sommeil, de la mangeaille.

L'amour, la maladie, la naissance, la mort, les bonnes et les mauvaises nouvelles, une rumeur ou des confidences qui volaient de bouche en bouche, de porte en porte, les annonçaient.

[…]

Au Quatorze-Juillet, au jour anniversaire de l'Armistice, le portier posait de chaque côté de la grande porte un faisceau de drapeaux que les enfants bombardaient d'ordures dès qu'il avait regagné sa loge. Il en ressortait brusquement, un fouet à la main, maudissant cette vermine avec des injures d'ancien rempilé. Les mères criaient mollement aux gosses de se tenir tranquilles. Pour elles, ces drapeaux rappelaient quatre années de misère, sans leurs hommes. Lorsque ceux-ci rentraient : « On n'est pas des rempilés, nous ! C'est une bannière rouge qu'il nous faudrait. » De saison en saison, personne ne prêtait plus attention aux drapeaux ; ils pendaient, comme des loques déteintes aux fenêtres des galeries.

Mais on célébrait fidèlement le premier Mai.

Sur la Butte-Rouge des fortifs se déroulait la cérémonie qui amenait la grosse foule et ses orateurs. Des militants, des vendeuses d'insignes, des crieurs de journaux, circulaient. À l'écart, un bataillon de flics. Pour les gosses, c'était le branle-bas et la galopade ; pour les femmes, l'inquiétude, à cause des hommes qui manifestaient. Soudain retentissait *L'Internationale*. On la chantait aussi le dimanche, des enfants hurlaient la *Jeune Garde*, mais des rengaines couvraient alors leurs voix. Le premier mai, une cité sans Dieu ni maître, enfin avait son chant et un avenir.

Le lendemain reprenait l'existence monotone, ployée sous le poids de servitudes, d'efforts, de révoltes avortées. Chaque jour retrouver des visages ternes, entendre une rumeur qui trahissait des souffrances, une clameur qui avouait des désespoirs, un bruit qui ne cessait pas. Jamais le silence, si ce n'est celui du sommeil ; jamais la solitude, la liberté.

Chaque mois, de nouvelles bâtisses cachaient l'horizon. Je ne découvrais partout que laideur ; j'écoutais des cris qui n'avaient plus ni drôlerie ni imprévu. Ces gosses au teint blême, au corps chétif, n'annonçaient pas un meilleur avenir. Déjà accoutumés aux promiscuités et aux chicanes, plus mûrs pour le vice que pour une délivrance, et ne connaissant de la campagne que la plaine pouilleuse du Bourget.

Habitations à bon marché ! « H. B. M. » On y faisait bon marché des vies !

[…]

Ensuite, je vécus au Hameau des Bois.

C'était, entre la rue de Romainville et la rue des Bois, un lotissement où de petits bourgeois, des artisans, des rentiers soucieux de bons placements, faisaient construire des villas et des immeubles de rapport. Je demeurai dans l'un d'eux.

Auparavant, ce terrain était un parc. On n'y trouvait plus maintenant ni arbre, ni verdure. De laides maisons prétentieuses s'y élevaient, dans le goût des lotissements riches au bord de la mer. Deux rues étroites étaient défendues par des écriteaux : « Voie privée interdite ».

J'avais vu construire le hameau ; abattre des acacias ; raser, niveler, bâtir. Peu à peu, en désordre, avaient poussé sur du sable les cages à hommes, modernes ou rustiques, décorées ou nues. Matériel de série, revêtements de ciment imitant la pierre de taille, deux épaisseurs de briques creuses. Grilles, balcons, volets, partout un mauvais souci d'art, les signes de la propriété. Du beau parc restaient des terrains vagues où les entrepreneurs versaient leurs déblais, où des vieilles cherchaient du bois. De semaine en semaine, s'y ouvraient de nouveaux chantiers.

[…]

*

Il faut un peu d'habitude et d'instinct pour prendre plaisir à ce voyage. J'aime le sous-sol de Paris, ses égouts autant que ses monuments ! On traverse les Buttes-Chaumont sans entendre de bruit de source. La rue de Crimée monte raide, on approche.

De station en station, le train s'est allégé. On reconnaît les usagers à leurs manies. Pour la place des Fêtes, ils se réunissent dans la voiture de tête. À peine le convoi arrêté, la foule se précipite vers l'ascenseur.

Une cage rectangulaire où quarante personnes s'entassent. Un dernier bain de sueurs et d'haleines, un dernier instant à contempler les hommes. Je me reconnais dans ces faces ternes ; je me retrouve dans ces êtres qui finissent une longue journée, qui sont encore prisonniers, et ardemment souhaitent la solitude. La montée est rapide, une bouffée d'air pur entre dans l'ascenseur. Je songe à un monde où nous vivrions sous la voûte des cieux. Un brusque arrêt, le grincement d'une porte d'acier. Vite, je regarde ces voyageurs dont s'empare le sommeil : femmes dont se fane le maquillage, hommes au linge sans fraîcheur. Ils bâillent, ils soupirent, ils s'enfuient, comme pris de panique. La femme renonce à plaire, l'homme à conquérir.

Dans la rue, je vais seul, mes compagnons ont déjà gagné leurs tanières. À un comptoir gesticulent des ivrognes, derniers combattants du jour. Le froid, les ténèbres, me saisissent. Je me surprends à regretter le métro, son haleine, sa lumière, ses couloirs bariolés où les amoureux se donnent rendez-vous. […]

Pour me remettre le cœur en place, m'apprendre la joie, la tristesse, la haine, je fais un tour rue de Belleville. De nom, qui ne la connaît ? même ceux des lointains quartiers qui se la représentent comme une jungle.

Elle va du Faubourg-du-Temple à la porte des Lilas. Les rues de deux arrondissements y viennent jeter leurs eaux boueuses, leurs eaux de pauvreté. Numéros pairs, le vingtième ; impairs, le dix-neuvième. Divisions administratives qui tiennent aussi peu de place dans la réalité que dans mon esprit. Il y a ici une Internationale de la misère. Belleville et Ménilmontant, autrefois villages où émigrèrent des ouvriers ; vieilles maisons paysannes serrées entre des immeubles couleur de suie ; ruelles fangeuses, boutiques provinciales, assommoirs, restaurants, salles de spectacle ; foules du matin et du soir, promeneurs las des dimanches ; Belleville ! Ménilmontant ! dont la vie reflue dans l'ancienne rue de Paris. Aucun chemin qu'ait marqué davantage le malheur des hommes, où l'air soit plus lourd, plus grisante la pensée de la révolte. Les herbes ne poussent pas entre les pavés ; derrière les barreaux des balcons, dans des pots, les fleurs végètent. Pas de monuments.

Des parfums douceâtres, des relents aigres, une odeur vineuse. Sur les murs, sur les trottoirs, sur les visages, partout les signes du besoin et de l'effort, ceux de la fatigue et ceux du désespoir.

Je marche. Dame, il faut ouvrir les yeux, et avoir un cœur accroché solidement. Impossible de flâner comme sur les boulevards, en ruminant un projet agréable. De cette rue de Belleville, je connais le climat, les courants, les aspects, autrement qu'en touriste. Elle naît au carrefour des Quatre-Arrondissements : 10ᵉ, 11ᵉ, 19ᵉ, 20ᵉ. Un coin moins grandiose que la place de l'Étoile ! Jamais de visiteurs officiels, mais plusieurs fois l'an les forains y montent leurs baraques. On y admire un magasin de province, un tailleur-confection, le cinéma Cocorico, des cafés : le *Point-du-Jour*, la *Vieilleuse* où s'alignent dix billards qu'entourent dès six heures les joueurs en bras de chemise. Des camelots déballent leur pacotille, des misérables crient des journaux ; quelquefois un colosse au corps tatoué jongle avec des poids de vingt kilos. On débarque à ce carrefour comme dans un port ; on y rencontre les Juifs du Faubourg-du-Temple, les sidis du boulevard de la Villette, des Polonais, des Français. Nulle part on n'entendra pareils jargons, semblable tintamarre.

Quelques pas encore et voici la Bellevilloise, coopérative communiste ; les Folies-Belleville, paradis des opérettes ; le ciné Floréal que fréquentent les youpins. Boutiques, étalages, lumières ; fracas des autobus, rumeurs ; enseignes, réclames étincelantes. Comme en province la rue commerçante d'une préfecture. Ici, l'apparence du plaisir et de la richesse. Les trottoirs ne sont pas assez larges, on marche sur la chaussée. Des courants se contrarient, se fondent, coulent vers les bistrots ou les magasins, selon les heures.

Pâtisseries, horlogeries-bijouteries, friteries, bazars, chemisiers, chapeliers, bal musette. On y pénètre, tout est à portée de la main ; avec un peu d'argent on cède à ses désirs ; comme partout, on chaparde ! Des couleurs vives tachent les devantures, bariolage joyeux ; des affiches font naître de nouveaux désirs.

La rue monte raide, je m'arrête pour respirer un peu. Quelques années plus tôt le funiculaire passait là, deux wagons exigus réunis par une plate-forme sur laquelle, derrière un appareil à sonnerie, se tenait le receveur. Le « funi » descendait sagement de l'église Saint-Jean-Baptiste à la place de la République, remontait lentement, stationnait sur une voie de garage, et, branlant, grinçant, pour dix centimes vous faisait parcourir le Faubourg-du-Temple et la rue de Belleville. Il rappelait l'âge d'or des expositions universelles. Son matériel rouille dans quelque dépôt ; dans l'esprit des vieux Bellevillois, il est devenu un appareil fabuleux. Des autobus le remplacent. Ils montent vivement, ronflent comme des avions. Mais pourquoi ce besoin de vitesse ? Pourquoi imaginer que le temps est de l'argent ? À pied, on fait tant de découvertes !

Au-delà de la rue de Tourtille cesse le Belleville qu'on pourrait prendre pour un pays de cocagne. On trouve encore un cinéma et un théâtre. Mais moins de cris, moins de badauds, des boutiques minables, des façades qui s'écaillent. À la hauteur de la rue Rébeval, des impasses, des mastroquets, de pauvres échoppes.

On arrive rue des Pyrénées. Sous Charles VI, paraît-il, il y avait là un village : Poitronville, qu'on surnommait déjà Belleville. Belleville ! cri que l'on poussait quand on apercevait Paris de ce point, pour la première fois. Aujourd'hui, entre les deux rangées de maisons de la rue, on aperçoit au loin des édifices, des immeubles, et jusqu'à l'horizon s'étend la capitale que surveille la tour Eiffel – en même temps que le funi, les hommes ont détruit la Grande Roue. Je traverse la rue des Pyrénées, je pénètre dans un trou de province.

[…]

À Belleville, de puissantes entreprises fabriquent la chaussure. Beaucoup de femmes y travaillent. Jeunes ou vieilles, les voici chez le boulanger, chez la crémière, chez le charcutier ; les commerçants font des affaires fructueuses. Les marchands de frites s'installent à la terrasse d'un café, à un carrefour, sous une porte cochère. On ne songe pas aux « midinettes », blondes héroïnes des romans d'amour. Les femmes, ici, portent des blouses, des fichus, de pauvres bottines ; elles ont les mains tachées de teinture, les ongles cassés, les cheveux flottants ; mais elles se sont fardées, leurs lèvres rouges lancent des injures salées aux hommes qui veulent les accoster. Et ainsi se nouent les intrigues qui conduiront un soir au cinématographe ou dans une chambre d'hôtel.

Dans les restaurants, des gaillards se hâtent de manger pour courir à un rendez-vous, au comptoir d'un bar. Le temps c'est de l'argent – de l'or !, puisqu'on n'a qu'une trentaine de minutes à consacrer à l'amour, au rêve, entre des heures de servitude.

Le béguin n'ôte pas l'appétit à tout le monde. On va au restaurant pour se retaper ! se refaire la cerise ! Le ventre crie famine.

Une heure de repos, devant une assiette pleine. Le cul colle à la chaise de paille, les mains sont heureuses de reposer sur la table de marbre, les pieds de frotter la sciure. On vide lentement sa chopine de pinard, et l'espoir revient, la fatigue coule. On étale un journal : *L'Humanité*, *L'Auto*, *Le Matin*. Un violoneux entre, qui joue des airs à la mode ; puis un camelot, parisien ou chinois, qui offre les merveilles du monde. On oublie l'odeur de hachis, d'eaux grasses, de sauces rances.

[…]

De deux à six, un silence presque provincial. Les ménagères ont terminé leurs achats ; les petites voitures sont recouvertes d'une bâche, les étalages n'arrêtent personne. Alors, des vieilles sortent pour traîner dans la rue, et, de numéro en numéro, ruminer des souvenirs. Des représentants de commerce se hâtent, porteurs d'une valise ou d'une serviette de cuir ; des marlous ont quitté les boulevards extérieurs pour revoir ces rues où enfants ils usaient leurs galoches. Chacun est enfermé dans sa cage : usine, magasin, fabrique ; confectionne des chaussures, tricote, martèle, lime, ajuste. À peine rencontre-t-on, de-ci de-là, détaché et flâneur, un apprenti. Rien ne rappelle l'activité des quartiers du centre ; pas de promeneurs non plus.

Soudain retentissent sifflets et coups de sirène.

Bruyamment, comme un jour d'émeute, les ouvriers descendent la rue, délivrés de leurs bourgerons, revêtus de costumes confection. Des femmes les accompagnent, fraîchement maquillées, les mains à peu près blanches, piqués dans leurs cheveux des peignes dont étincellent les faux diamants. Il y a de violents courants, des tourbillons, de noirs sillages dans la foule. Les autobus se suivent, tous bondés ; entre les voitures, des cyclistes se faufilent.

On oublie son étau, sa machine, les observations et la vacherie du contremaître ! Qui songe à son labeur ? À six heures, d'un seul coup, on fiche à bas sa fatigue. Devant soi, la nuit, des surprises, des joies, des parties de manille. Les cinémas s'allument, les devantures brillent, les couleurs vibrent. Tout ça pour nous ! À midi, on n'a pas le cœur à la rigolade, on se sait prisonniers. Maintenant, ouf ! on est libre.

On va vers le métro, les tramways, d'un autre pas que le matin ; on entre dans les hôtels ; on s'installe au comptoir d'un bistrot, au tabac on achète un paquet de « bleues » ; chez le « merlan », on se fait rafraîchir les cheveux. On s'imagine qu'on est délivré de la fatigue ; elle réapparaît sournoisement. Ceux qui chaque matin vont travailler dans le centre remontent piane-piane. Des jeunes gens musardent. Les femmes font leurs achats pour le repas du soir, les hommes boivent le coup de l'étrier ; les couples qui échangèrent à midi des promesses se donnent leurs premiers baisers.

Et les veilles de fête, quel tohu-bohu ! En semaine, malgré tout, à l'horizon pointe la menace du travail. Le samedi, on a devant soi la journée du dimanche avec la partie de campagne et l'amour, le ciné et l'aventure, les cartes et la saoulerie, sait-on jamais ! Ceux dont la vie n'est que loisirs ne savent pas ce que peuvent contenir vingt-quatre heures, quelles possibilités ! Nous autres, dont la tâche est dure, ingrate, monotone, conservons l'enthousiasme de l'écolier au jour de vacances.

Quelques loisirs, du soleil, un peu d'argent, suffisent pour que nous soyons heureux. À Belleville, sombre de la suie de ses usines, triste de ses révolutions assassinées, les samedis font moins silencieuses les rues, l'air moins pesant ; éloignent les soucis, rendent la jeunesse ; et posent sur toutes choses cette lumière blonde dont le ciel parisien se montre avare.

Le samedi soir, à six heures, commence la fête – aux employés la semaine anglaise, aux bourgeois le week-end ! –, le dimanche, elle bat son plein au-delà de l'église Saint-Jean-Baptiste.

La place des Fêtes pourrait être celle d'un bourg, avec ses maisons basses, ses pelouses, ses arbres, malgré l'hôtel *Mexico*, l'hôtel du *Zénith*, et la station du métro qui exhale une haleine puante.

La rue des Solitaires, la rue des Lilas, la rue du Pré-Saint-Gervais, petites rues calmes, aboutissent ici. On y rencontre des vendeurs ambulants ; des femmes qui traînent des marmots, crient : « Fleurissez-vous, mesdames, c'est vingt sous ! » ou « Lacets, beaux lacets, mes lacets ! » Un Japonais offre des étoffes de soie, des fleurs de papier, des vases de porcelaine. Des camions de fruits et de légumes arrivent des Halles. Des couleurs vives et des bouquets égaient les rues ; une rumeur grandit. La place des Fêtes ! Les marchands, abrités, costauds, sont contents des affaires. On a touché la paie et les ménagères achètent pour leur homme un extra !

Elles arrivent tard, après une grasse matinée, pour une fois on n'a pas pensé à la sonnerie du réveil. Et ça ne s'avoue guère, mais on a fait l'amour, on avait le temps de prendre ses précautions. Il semble qu'on dispose d'une semaine. On flâne d'étalage en étalage, on hésite, on bavarde entre femmes. Chacune a son ménage, son gosse, son bonheur, ses tracas. On est joyeuse, ça n'empêche pas de calculer et d'aller au moins cher ; et cependant on se laisse tenter par une étoffe, une paire de bas, des bijoux qu'offre un camelot. Des cris, des rires, des couleurs, tant de choses douces au regard, une animation enchantée, une fraîche odeur de campagne. La vie a du bon !

On a terminé ses achats, on s'arrête au coin de la rue Compans, on se faufile au premier rang d'un groupe de badauds. Des musiciens ambulants chantent. Mon Dieu, est-on bête ! leurs romances vous mettent la larme à l'œil, on les fredonne en poursuivant le rêve d'une existence rose ; et leurs chansons salées vous font sourire. Allons, le filet pèse ; si l'on s'attarde, l'homme aura fini de se raser et sera parti rejoindre au bistrot ses copains. On regarde les jeunesses qui ne connaissent pas leur bonheur, puis avec un soupir on se perd dans la foule, en ruminant ses souvenirs de jeune fille. Autrefois, le dimanche, on n'avait pas le souci d'un ménage, mais celui de sa toilette et des amoureux ! La glace d'une devanture brille, on s'arrête devant une seconde : les cheveux en désordre entourent un visage morne, avec une peau transparente, usée. On va « en négligé », aux pieds de vieilles pantoufles. Le désir de plaire a disparu, comme une fleur se fane. Fini la beauté, fini l'amour…

Les cafés de la place sont envahis. Des hommes mariés sirotent l'apéritif et laissent à leurs bourgeoises les ennuis de la vie quotidienne. À la terrasse, des jeunes gars, fringants dans leur costume neuf, reluquent les belles filles, lisent *L'Auto* et se donnent rendez-vous pour assister l'après-midi à un match. Les phonos à pavillon font du vacarme, comme au café-concert ! C'est dimanche midi, on a de quoi boire et manger, ne pas souffrir, on oublie son destin de travailleur. Des sourires éclairent les visages.

Lentement le marché se vide et les commerçants plient bagages. […] Sur les bancs, des vieux chauffent au soleil leurs douleurs. Heureusement, vous n'en êtes pas là. À défaut de partie de campagne, on va aux Buttes-Chaumont.

On est fier de ce parc, les autres arrondissements n'en ont pas de pareil. Il est vaste, accidenté, captivant, avec des coins – dramatiques ou alpestres. Il ne date que d'hier, mais cependant les arbres ont eu le temps de pousser, les sources de ronger les pierres des grottes artificielles, l'eau du lac de creuser ses rives, les chemins de s'approfondir sous les pas des promeneurs ; les yeux se sont habitués à ces barrières de ciment, à ce décor romantique ; et on ne s'épouvante plus d'entendre annoncer : « Voici le pont des Suicidés », celui qui joint une butte au Belvédère.

Un lac dont le vent brouille les eaux, des cygnes, des canards, des oiseaux, des feuilles mortes, des branches qui frissonnent, une herbe véritable. Quand on a vécu une semaine à son étau, à la forge, entre les murs d'une fabrique, brusquement on entre dans un monde où l'homme n'est pas seul Dieu. Le Bellevillois retrouve en lui l'homme primitif. Il voit le ciel, des plantes, des fleurs, des eaux libres, un paysage silencieux, tout autrement reposant que le décor mécanique de l'usine ! Ici, tant de charme, de tendresse, d'innocence. Cette beauté se reflète sur son visage, ses traits se détendent.

[…]

Dans le parc, il y a des statues, des barrières, des kiosques, un obélisque devant lequel on s'arrête. Les gosses considèrent la girouette qui le surmonte ; les grandes personnes en déchiffrent les inscriptions.

Elles expliquent la situation géographique, administrative, religieuse, économique, du dix-neuvième, à la date du 14 juillet 1883. L'arrondissement couvre toujours 566 hectares, j'imagine, mais les 3 162 maisons, les 117 885 habitants sont chiffres à corriger. Depuis, que de bâtisses neuves, et que de familles les ont remplies. Si le parc reste à 10 500 mètres O.-S.-O. de la porte d'Auteuil, combien de lieues séparent les habitants de ces deux arrondissements ! Autour des églises, des temples, des commissariats, des perceptions, des postes, enracinés dans le sol, le flot des hommes a coulé.

Cet obélisque, qui rappelle le passé, fait mieux sentir la ligne de partage des eaux de la vie. Ceux qui s'attardent, repartent la face soucieuse, comme après un voyage dans le cimetière du temps.

La terrasse d'un café-restaurant domine la tranchée du chemin de fer de ceinture. Joie de s'y arrêter, d'observer les promeneurs et les gosses, de siroter des apéritifs dont vos grands-parents n'avaient aucune idée. De leur temps, ces Buttes étaient des terrains pelés, des monticules de glaise, couverts d'arbres chétifs, refuges des rôdeurs et des filles ; aux alentours, de sales bicoques. Sur l'emplacement d'un stade s'élèvent aujourd'hui des villas bourgeoises.

Beaux jours d'été ! Dans une vedette au drapeau tricolore on traverse le lac, en répondant aux saluts des promeneurs du pont suspendu ; on s'engage dans un labyrinthe de grottes et d'escaliers, on atteint le belvédère d'où l'on voit les eaux peu profondes du lac, limpides, vertes, avec les fleurs mouvantes, des cygnes et des canards. On entend la musique d'un manège, les rires des amoureux, les sifflements d'une locomotive, les battements fous de son cœur, le tumulte qui monte de Paris. Et si le vent souffle, on boit un fameux bol d'air !

[…]

Dans des coins solitaires, des couples échangent des serments ou des caresses, font des projets d'union. Ailleurs, au passage d'une noce, des ménages rêvent. Pour eux, maintenant, il y a les gosses, le souci de la vie quotidienne. C'est le sort de chacun. Bah ! n'y songeons point. Les feuillages ont des mouvements caressants, les eaux du lac murmurent. On se sent loin des faubourgs, entouré de fraîcheur, bercé d'illusions, les pieds touchant à la terre ; on se croit presque paysan.

Ce n'est pas chaque jour fête ! et les Buttes-Chaumont ne sont pas tout le dix-neuvième !

La rue de Crimée longe le parc ; elle traverse en diagonale l'arrondissement et joint la place des Fêtes à la porte d'Aubervilliers. Elle coupe la plaine du Pont-de-Flandre, puis grimpe raide vers le quartier des Carrières-d'Amérique.

De temps à autre, je pars de la rue d'Aubervilliers, là où sur le plan une ligne rouge sépare le dix-huitième du dix-neuvième. Je ne vois que le mur sombre du matériel roulant et des entrepôts du chemin de fer de l'Est.

Vers quatre heures, au milieu de la chaussée grossièrement pavée, défilent au petit trot les voitures des pompes funèbres. La journée finie, elles rentrent, avec les « pompes » enfermées dans des caisses. Les cochers fument la pipe, s'interpellent, et quelquefois s'arrêtent au bistrot. La grande porte du dépôt est ornée des armes de la Ville ; on y lit des affiches officielles : « Adjudication bois empilé de chêne, sapin et peuplier… » Des hommes à l'allure débonnaire montent la garde. J'aperçois de vastes halls où sont remisés les corbillards à pompons, à panaches, et ceux des pauvres, grisâtres et nus. Un courant d'air apporte des odeurs d'écurie, de moisissure. L'après-midi, tout est calme ; mais matin et soir les allées et venues sont nombreuses, des voitures entrent, sortent, des employés galonnés comme des suisses circulent, on devine une affaire importante, une des plus sûres de Paris.

[…]

Le boulevard traverse le canal de Saint-Denis que flanquent, à sa sortie de Paris, deux postes en ruines où des vagabonds remplacent les gabelous. L'été, on s'arrête à la terrasse de la « Maison des Gaziers » ; en vidant une canette on voit des camions, des péniches, on écoute parler les ouvriers. Malgré tout, ce coin garde un air champêtre ; les fortifs ne sont pas encore démolies, dans les fossés des amateurs font du jardinage. Le canal, entre des rives bordées d'arbres, file droit vers Saint-Denis. C'est un arrêt reposant avant de gagner, par le quai de la Charente ou celui de la Gironde, la région des Abattoirs.

Boutiques avec un étal où s'alignent des poumons, des cervelles, des quartiers de viande, où pendent des bœufs, des moutons sanguinolents. Rouges les gueules et les mains des bouchers, rouges les murs et les trottoirs. Ce n'est plus le personnel silencieux, distingué, des « Pompes ».

Des gaillards solides passent, vêtus de blouses, armés d'une canne, la poche bourrée, des hommes qui n'ont pas le dégoût d'un jet de sang tiède et qui savent vider plusieurs verres de tord-boyaux. Ne les fréquente pas qui veut. Pour être maquignon, il faut avoir des doigts comme des boudins, une encolure de taureau, la marche d'un bœuf. Ils sont chez eux aux Abattoirs ; beaucoup y arrivent dans leur auto, comme les richards ! On voudrait entrer aussi, mais on doit demander une autorisation municipale. Sur ces lieux, l'après-midi, règne enfin le silence, que trouble parfois un mugissement.

Tout près de là se mêlent les eaux du canal de Saint-Denis et du canal de l'Ourcq. Sur le quai, on voit des pêcheurs, des chemineaux, une cardeuse de matelas au travail ; des vieux promènent leur tristesse et leur chien. On se penche sur une écluse profonde comme une fosse. L'eau gicle, écume, reste captive ; et les péniches apparaissent, s'enfoncent silencieusement. Plus loin, sur les eaux calmes, flottent des ordures qui vont s'accumuler dans le bassin du quai de Metz où l'on répare les chalands. À l'horizon, on aperçoit les usines d'Aubervilliers et les grands moulins de Pantin.

Quai de la Loire, les grosses entreprises de charbon, de plâtre, de ciment, ont leurs dépôts.

Le dos courbé sous le sac de cinquante kilos, les mains qui s'y agrippent, des débardeurs marchent lentement sur la planche, entre le quai et la péniche ; dans leur visage noir de charbon, gris de ciment ou blanc de plâtre, leurs yeux brillent, leur bouche paraît saigner. Des machines déchargent les chalands ; des grues ouvrent, referment leurs mains voraces ; des hommes chargent de sacs les trottoirs roulants. Neige de plâtre, pluie de poussier, qui tombent, tenaces, pénétrantes. Un coup de sifflet. Une équipe lâche le travail, se dirige vers le bar de la *Marine*, le café des *Travailleurs*, le *Château Tremblant*. Les gosses, vite, emplissent un panier de morceaux de charbon tombés à terre.

On renifle une odeur de vase et de sueur. Dans des chantiers abandonnés, rue de Thionville, rue des Ardennes, pourrissent des machines. On avait projeté de faire de ces lieux un port moderne. Les projets sont allés à vau-l'eau. On continue à travailler dur, au petit bonheur. L'habitude qu'a l'ouvrier de sa besogne est si vieille que ses gestes sont devenus mécaniques ; il ne pense plus à rien ; il marche, le sac sur le dos, de la péniche à la voiture, revient, reprend un sac ; n'est qu'un maillon dans la chaîne des débardeurs.

L'hiver, à la tombée du jour, le travail cesse. Les quais redeviennent déserts. Ceux qui les animaient s'en vont par groupes vers des cafés. Une longue station avant le retour dans un hôtel de l'*Europe*, du *Languedoc*, de la *Fraternité*, de l'*Espérance*, lieux de repos, aux chambres glaciales et nues. Chaque hôtel a sa clientèle de manœuvres, débardeurs, charretiers, venus des quatre coins du monde ; hommes pour lesquels le décor de l'usine vaut celui du garni ; qui respirent avec indifférence l'huile, l'acide, ou la poussière ; qui sont partout sans racines, révoltés, résignés. Entre le travail et le sommeil, dans ces rues mornes où seuls les feux des bistrots brillent, il y a un moment de vie presque heureuse.

[…]

*

À Belleville, on trouve peu de fonctionnaires, peu d'employés. Dès qu'ils le peuvent, singeant leurs chefs, ils vont s'installer à l'ouest de Paris. Dans le quartier des Carrières-d'Amérique, de petits bourgeois habitent des villas. Ailleurs végète une population qui vote rouge ; ni les prêches des « équipes sociales », ni les promesses officielles ne la détourneront de son vrai destin.

On émigre chaque matin pour gagner son pain. On ne connaît pas la joie des départs, les longues vacances, les provinces lointaines, encore moins les pays étrangers. C'est ici qu'on naît, vit, et meurt ; qu'on travaille et qu'on aime, sur sa terre natale. Rares sont les attaches avec un village. Dans les faubourgs du sud-ouest on trouve des Bretons ; dans ceux du centre, des provinciaux forment des associations amicales. À Belleville, on n'a de racines que parisiennes, des souvenirs qui remontent au temps de la Commune, et des camarades ouvriers. Certes, depuis 1914, des étrangers sont venus s'y fixer, pas campagnards, mais juifs, polonais, algériens, et leurs bandes achèvent de donner à ce lieu son caractère sinistre.

Une malédiction pèse sur ces faubourgs du nord-est, les noms en sont prononcés avec crainte. La légende de la révolution les enveloppe. Les couleurs de la misère ne sont pas riantes pour qui roule en auto aux Champs-Élysées. Il faut avoir habité Belleville pour ne plus se griser de symboles, d'idées, d'art ; comprendre que les malheureux ne connaissent aucun de ces mirages.

En attendant l'heure désespérée qui les poussera vers d'autres territoires, comme des vengeurs ou des barbares, ils ont construit un monde où ils ont leurs joies, leurs amours, leurs biens.

Le premier bistrot venu aide à s'accommoder de cette vie de chien. Des inconnus vous saluent comme un frère ; on respire une bonne odeur de tabac, de bière, d'apéritifs. La menthe a la couleur des prairies, l'absinthe la couleur des rêves, et les hommes plus légers imaginent des départs, pensent saisir un jour la fortune.

Arrivent des copains qui fuient leur famille, ou leurs chefs, ou une maîtresse, ensemble on fabrique une société meilleure. Affalé sur la banquette de moleskine ou sur la chaise à clous dorés, les bras sur le marbre graisseux d'une table, une main serrant le verre, on regarde les flacons scintillants, les murs ornés de glaces, tandis que dans la rue les passants se hâtent, les voitures roulent. Les usages, les lois, le bien, le mal, ne comptent plus ; le vieux besoin qu'a l'homme du merveilleux s'épanouit.

L'heure de la soupe, celle du sommeil, peuvent sonner ! On a quitté terre. Jusqu'au moment, hélas ! fatal aux songes, où le patron crie : « On ferme ! » On s'enfonce alors dans la nuit, en marmonnant : une journée, une dure journée encore, avant de pouvoir goûter le même bonheur. On reprend vite ses pensées moutonnières, on retombe dans son trou, à son poste…

Comme le bistrot, comme le sommeil et l'amour, le cinéma fait partie de notre existence. Rue de Belleville, sur les boulevards extérieurs, les salles se suivent, qui ont toutes un public fervent. Pour nos pères, n'existaient que l'assommoir et le théâtre.

Au ciné, on se perd dans les ténèbres, on rêve comme dans son enfance. Avec quelle passion on regarde ces images lumineuses. On leur fait don de ses yeux, de son cœur, de sa liberté. Enfin, on est ce que le sort ne vous a pas laissé être : amant, vainqueur, criminel. Tous les désirs flottent, dans une griserie collective ; des murmures, des bruits de baisers, les sons vifs ou langoureux d'un orchestre, montent dans l'air chargé de parfums.

Et puis, nous sommes tirés de nos songes.

Les « Actualités » nous arrachent au sommeil. Impossible de farder la cruauté d'un visage, d'une scène de guerre ou de répression. Quel souci d'intimidation, d'information, de propagande, de profit, pousse à nous en rendre spectateurs ? À Belleville, ces actualités sont mal reçues, on proteste dès qu'apparaissent des financiers, des prêtres, des ministres, des généraux. Lorsqu'il s'agit de défilés, de cette grimace de guerre que sont des grandes manœuvres s'élève le même cri que nous poussions en 1917. Les visages se durcissent. Combien sommes-nous qui déterrons nos souvenirs de la guerre ? À bas ! Les images ont disparu ; nous demeurons bouleversés d'être entrés dans les secrets du monde. Impossible de rêver plus longtemps, unissons-nous devant la souffrance et la mort !

Tous ne sombrent pas dans le désespoir. Ces couples d'amants, peu leur importe le désordre ! Des lèvres sur leurs lèvres, un sein dans la main. La joie est là…

[…]

Des masures sont abattues, des rues percées, mais qui habite les immeubles neufs ? On n'a d'argent que pour manger, se vêtir, se mal loger. Et de tant de soumissions, de souffrances, de privations, ne naît pas encore le bonheur.

Vieillards, vous le savez, épaves, preuves vivantes de nos échecs ; vous qui êtes nos héros inconnus, martyrs d'une foi morte, d'une pauvreté qui n'a pas changé.

Vieillards aux visages usés comme les trottoirs, souillés comme les rues, aux mains maladroites, si vous ne demandez pas la charité, vous faites de petits métiers !

Sur la place des Fêtes, un marchand de lacets, au visage rongé, semble porter un masque avec une fausse barbe, des lèvres de drap rouge. Au marché de la rue du Télégraphe, une vendeuse de thym répète d'une voix aiguë : « Faites travailler l'aveugle. » D'autres traînent de chantier en chantier, ramassent du bois ; de rue en rue, chiffonnent ; d'autres sont commissionnaires, veilleurs de nuit. Quand ils ont leur jour de sortie, des bonshommes des asiles, vêtus d'un grossier uniforme bleu, tendent craintivement la main pour récolter de quoi se payer un paquet de tabac fin.

Sur le quai de la gare de l'Est, chaque soir, je vois une vieille aussi ridée, aussi blême que ma tante Tollard. Un sac de journaux la tient courbée, l'encre d'imprimerie noircit ses mains. Elle va, toussote, s'assied, respire péniblement. À une heure du matin, elle n'a pas vendu toute sa marchandise. Elle monte dans le dernier métro : le balai. Elle descend à la place des Fêtes, et gagne péniblement son logement de la rue du Jourdain.

Au coin de la rue Lemière et de la rue des Bois, contre un mur, s'installe un infirme ; il vend des brochures graisseuses, des livres dépareillés, alignés sur le trottoir. Dès qu'il a quelques sous, il s'en va, tout doux, à cause de ses pieds gelés, son bras droit tenu par une ficelle, sa musette au dos. Il rentre à sa bicoque, au Pré-Saint-Gervais. Il y retrouve un fils tuberculeux, le soigne, et durant des heures il songe au Belleville de sa jeunesse. Il fréquentait Biribi, un assommoir où le garçon traînait au pied un boulet de bois ; on venait souvent l'y chercher pour tenir un rôle de figurant au théâtre de Belleville. Parfois l'accompagne un bonhomme aux jambes cagneuses, au visage plissé comme une pomme : le père Bertrand, jardinier, qui cherche aussi à retrouver son vieux quartier où fleurissaient les lilas, où l'on cueillait par paniers les groseilles et les poires.

Tous iront bientôt au cimetière rejoindre ma tante, et je serai seul, peut-être, à garder leur souvenir.

Une génération nouvelle les chasse : des ouvriers, leurs fils, groupés, les poings serrés, qui veulent sortir de l'esclavage. Des hommes violents et faibles, inquiets et sûrs. L'usine les tient, la misère les poursuit dans les mêmes taudis ; mais ils entendent monter du monde entier des appels. Le ciel de plomb qui les accable, des lueurs le traversent.

Extrait des *Faubourgs de Paris*, 1933.

LÉON-PAUL FARGUE

(1876-1947)

Montparnasse. 1910-1935

suivi de

« Sur le trottoir tout gras… »

*Fargue écrit une poésie dense, violette avec des éclats, tout à fait comme un lampadaire dans une nuit pluvieuse. Sa fantaisie pourrait rappeler Max Jacob : « Plusieurs aimaient la même femme. Ils étaient tous très beaux, sauf un laideron (*sic*) » (*Tancrède*, 1911), sauf qu'il est alourdi par une tristesse lente. (Belle lourdeur.) Fargue est une péniche sur un canal. Pour que l'on n'oublie pas son génie poétique, j'ajoute un poème en prose à ses souvenirs de Montparnasse.*

Vingt-cinq ans de Montparno

Montparnasse est un quartier qui a ceci de particulier, de charmant – d'unique au monde, diraient les Américains – qu'il demeure Montparnasse tout en n'étant plus Montparnasse. Il y a là quelque mystère olympien qui n'est pas sans avoir exercé une secrète et profonde influence sur les artistes de tous les pays. Les historiens futurs noteront que Montparnasse date en réalité de 1910.

C'est en effet vers 1910 que les peintres de Montmartre, après avoir décidé une mobilisation générale des palettes, empli les bidons, graissé les armes, descendirent sur la rive gauche et s'installèrent autour du *Café du Dôme*, qui existait, lui, depuis quelques années, mais inconnu, mais réservé presque exclusivement aux élèves allemands de Matisse, qui tenait académie non loin de là. Mais ceci est de la préhistoire. Le quartier de cette époque glaciaire était encore sans pouvoir sur les âmes. On traversait Montparnasse, on n'y séjournait pas encore. Et les habitants de ce lieu peu connu de la masse allaient alors jusqu'à se déranger pour « monter », comme on disait, à Montmartre, où régnaient Picasso, Braque, Utrillo, van Dongen ou Max Jacob. Montmartre ne devait pas tarder à faiblir en accouchant du cubisme. Une ruée de bourgeois, de peintres en complet veston, de faiseurs d'affiches entretenus par l'Industrie et de petits propriétaires ennemis de l'Art s'abattit un beau matin sur la Butte. Le rapin, cette fleur des champs de la flore artistique, disparut peu à peu.

Montparnasse fut offert aux imaginations. Le quartier jouissait d'ailleurs d'un renom qu'on n'aurait pas osé discuter : Baudelaire avait fréquenté la *Grande Chaumière* ; Apollinaire allait au restaurant *Baty*, dont le vouvray n'avait pas son pareil à Paris. On signalait, sur les banquettes de *La Closerie des Lilas*, des silhouettes de qualité et des buveurs de haute volée : les Moréas, les Derain, les Jarry, les Paul Fort, les Salmon, les Cremnitz. On pouvait donc se mettre en route. Les fauves, les cubistes, les représentants les plus abondants et les plus stériles de la bohème galante, les journalistes qui n'étaient pas enchaînés à leur métier, les amateurs, les marchands, les antiquaires, les poètes, les romanciers, les esthètes et les révolutionnaires, tous les inscrits de cette année de partisans, qui devait résister aux secousses de la Grande Guerre, vinrent brusquement former leurs faisceaux sur le bitume de la Terre promise.

Et quand Picasso arriva en 1911, précédé du Douanier, suivi de Modigliani, de Vlaminck et de Pascin, Montparnasse devint aussitôt une grande gare internationale, une Mecque, une Rome, un nombril du monde, un de ces ports pour toutes embarcations, une cité-paradis, un enfer, un point névralgique, une île flottante. Cafés et restaurants bondissent de terre comme des geysers. Ateliers s'emboîtent. Académies se chevauchent. Hôtels et chambres garnies se défient. Des châteaux de cartes de marchands de couleurs, de jambons, de bretelles, des fleuristes dont les camions roulent dès le petit jour, porteurs des gigots d'amour pour Bourg-la-Reine ou pour Barbezieux, papillonnent brusquement sur ce sol parisien, sur ce minuscule coin de planète dont la destinée éclate et mûrit comme un abcès versicolore.

J'étais jeune encore lorsque je me hasardai pour la première fois dans Montparnasse, au bras de mon vieux Charles-Louis Philippe. Et il me souvient aujourd'hui que l'impression que devait produire sur moi ce quartier à la fois crapuleux, illuminé, grouillant, cultivé et agité comme un cerveau fut celle d'une ville comprimée qui parlait. Oui, qui parlait par toutes ses fenêtres et ses fissures, par toutes ses terrasses et ses devantures, par toutes les lèvres de ses passants, par toutes les façades de ses maisons, par toutes les raisons de sa substance. Montparnasse fut pour moi une bouche énorme, un gosier de féerie où mes sens exaltés se repaissaient de poésie et de pittoresque. J'admirais les cafés célèbres : *La Rotonde*, *Le Dôme*, *Bretelle*, *Baty*. Je recherchais les ateliers fameux, les maisons de danses, les théâtres et les cabarets de la rue de la Gaîté où débuta Antoine ; le restaurant *La-venue*, où fréquentaient Georges Hugo[1] et Barlett[2] : les libraires, le casse-croûte des *Îles-Marquises*, les marchands de frites et de marrons, les passages d'où les filles sortaient comme de ravissants fantômes.

Mais il était écrit, dans la destinée de cette république de la Fantaisie, que Montparnasse devait être envahi deux fois. Lorsque le monde eut appris que le meilleur de l'art, que l'élite de la poésie obscure, géométrique, nuancée, farcie, hermaphrodite et même banale ; que l'état-major de la bohème, de la noce, du prégangstérisme, de l'avant-jazz, du terrorisme russe, du marxisme international, de la chanson populaire, de la science amusante et du laisser-aller, se trouvaient sur un bande de terre allant de la gare Montparnasse au carrefour Raspail-Montparnasse, le monde afflua, le monde envoyé ses carènes, ses yachts et ses autochenilles à l'assaut de cette forteresse parisienne où les insurgés, les combattants, les indigènes et les explorateurs communiaient dans la même joie.

Car Montparnasse a été tout cela : une sorte de Vatican de l'imagination où sifflaient des sirènes. Montparnasse a eu des odeurs, des lois et des légendes. Montparnasse avait aussi une capitale dans le creux de sa main. Ce centre possédait un centre, cette perle avait un noyau, et ce noyau était *La Rotonde*. De 1910 à 1930, on peut dire de *La Rotonde* qu'elle fut un des endroits les plus connus de la planète. Tout le monde y passa. La mémoire de ce lieu

1. Petit-fils de Victor Hugo, fils de Charles Hugo.
2. Charles W. Barlett (1860-1940), peintre britannique vivant à Paris.

aujourd'hui noblement mort, telle la bibliothèque d'Alexandrie, pourrait déclarer à la postérité qu'elle a porté trop d'Histoire en trop peu de temps, trop de clients connus, trop de dames révoltées, amoureuses, puissantes ; trop de génies et trop de policiers, trop de dictateurs et trop d'économistes, trop de peintres et trop de poètes, trop de Danois et trop de Russes, trop de vie et trop de mort, trop d'amour et trop de haine pour s'être risquée à durer.

Je ne suis pas seul à avoir observé que les deux invasions ont été nécessaires à Montparnasse : l'étrangère et l'artistique. Seuls, les étrangers ne se seraient pas plu dans l'atmosphère assez froide de ce carrefour. Seuls, les artistes n'auraient pas été fouettés par le démon. Il a fallu le mélange de deux hordes pour amener Montparnasse à l'explosion de ces chances suprêmes, à son paroxysme de fantaisie, de bourgeoisie curieuse et de pittoresque. Ce sont sans doute ces considérations qui ont poussé quelques capitaines à fonder, en face de *La Rotonde*, et sous le nom de *Coupole*, la gigantesque foire vitrée qui s'allonge comme un train sur le trottoir opposé ; ce Leipzig, ce Nijni-Novgorod en raccourci. Personne ne nous a légué l'histoire de ce quartier où tant de civilisations et tant d'hérésies se sont accumulées en quelques années. Il n'y reste que des cafés, des banquettes, des maisons qui devraient être couvertes d'inscriptions et de signes, tant elles ont vu naître et créer, et qui sont plates et sans souvenirs. Il n'y reste, en réalité, que des passants et des fantômes. Mais le jardin se survit. Il est impossible au passant de fouler ce sol sans émotion. Les machines à faire le café, les mitrailleuses en vitrine, les fleurs électriques, les cinémas avaleurs d'âmes, les coupe-cigares, les klaxons, les fixe-chaussettes et les briquets n'ont rien enterré si bas qu'on ne puisse le deviner sous le hâle bleu de la guerre. Le charme de Montparnasse restera, je crois, intact. Si les recouseuses de peau, les marchandes à la toilette et les fakirs, les carrossiers et les dentistes avaient remplacé, dans les cafés, Lénine, Trotsky, Moréas, Apollinaire, Picasso, Derain et Vlaminck, le petit vent de l'endroit tournaille encore, dans le malheur, entre les kiosques, entre les bancs, réveille les spectres, ébranle le passé et précipite l'imagination du rôdeur actuel dans un abîme de souvenirs. Et rien ne serre plus le cœur de celui qui passe, le soir, le long des cafés de Montparnasse que de penser brusquement que ce décor fut un jour celui de la joie de vivre, au sens le plus vif, le plus étendu et le plus éternel du terme…

Extrait de *Refuges*, 1942.

~

« Sur le trottoir tout gras… »

Sur le trottoir tout gras de bouges aux carreaux brouillés, des filles qui semblent de garde contre un terrible mur de réclames se signent lorsqu'il fait des éclairs. Quelqu'un d'invisible siffle et se hâte…

La bande éclatante d'un bar à musique éclaire des spectres qui attendent…

L'ennui s'endort dans ses palais qui soufflent leur haleine chaude…

Des pensées incomprises, des amours pauvres et des idylles depuis longtemps en marche frôlent les boutiques fermées et sombres.

Du côté des remparts souffre une seule lumière.

Une ruelle délaissée dans les terrains vagues reste obscure

Où l'amour blessé chante et se traîne

Et regarde de toutes ses forces l'image déchirée du soir…

Sous des hangars, de puissants moteurs font de grands gestes sur les murs. Des hommes obscurs allument leur fête derrière la baie vitrée qui tremble…

Une branche de canal fuit sous les lampes. Les arcs voltaïques y bercent par instants de grêles escaliers d'argent… L'arche d'un pont semble monter comme une trombe… L'écluse embouche, par ses hautes portes grinçantes et criblées de blessures, les longs clairons de l'eau stridente. Elle tord et cambre au vent sa crinière…

J'aime entendre encore longtemps sa grande chanson crevée et fraîche…

Extrait des *Poèmes*, 1912.

JEAN-PAUL SARTRE

(1905-1980)

Un promeneur dans Paris insurgé

On voit dans La Victoire en pleurant *de Daniel Cordier (posth., 2021) les tentatives maladroites et assez dangereuses de Sartre d'entrer dans la Résistance. Il parlait trop fort au* Café de Flore. *C'est le genre d'endroit où, encore aujourd'hui, avant de dire certaines choses, on jette un coup d'œil. Dans « Paris sous l'Occupation », autre écrit recueilli dans les* Situations, *Sartre dit des Allemands : « Au début, leur vue nous faisait mal et puis, peu à peu, on avait désappris de les voir [...]. » Tels les Parisiens d'aujourd'hui avec les touristes entrant dans ce café.*

Samedi matin

Il y a une géographie de l'insurrection : dans certains quartiers, la bataille fait rage depuis quatre jours sans désemparer ; dans d'autres, le calme se maintient avec une sorte de fixité presque inquiétante (à Montparnasse, dans le XIVe, dans le XVe).

Mais la carte de Paris combattant serait difficile à dresser : en beaucoup d'endroits la bataille s'est étendue d'abord comme une inondation et puis s'est retirée, laissant les rues à sec, désertes et tranquilles, avec quelques chicanes et des cadavres de camions, tandis que d'autres quartiers passaient lentement de la paix à la guerre. C'est un de ces derniers que je veux vous décrire aujourd'hui. Je voudrais vous montrer la naissance de l'esprit insurrectionnel.

Le quartier qui s'étend entre la Seine, la rue Dauphine, le boulevard Saint-Germain et la rue Bonaparte est tout à fait calme. La rue de Seine et la rue de Buci grouillent de ménagères en quête de vivres et de flâneurs en quête de nouvelles. On s'aborde en riant, on se dit : « Ils sont tous partis cette nuit. » Une sorte d'inertie pèse encore sur cette foule, elle souhaite que Paris soit évacué sans effusion de sang, elle attend les Alliés comme un cadeau. Quelques personnes poussent jusqu'au boulevard Saint-Germain et reviennent déçues : le drapeau à croix gammée flotte encore au Sénat : « ils » sont encore là.

Mais il ne peut s'agir que d'un léger retard, encore quelques heures de patience, et plus d'un se dispose à traverser Paris pour aller attendre les Alliés aux portes de la ville. Des cyclistes qui viennent de la Concorde rapportent les premières nouvelles de l'insurrection.

Vers midi, elles sont encore confuses : « Tout est barré là-bas, on nous a détournés par des petites rues ; on tire sur l'esplanade des Invalides. » Les femmes qui font la queue devant la boulangerie de la rue de Buci entourent les cyclistes : « Qui tire ? — Les Allemands. — Sur qui tirent-ils ? » La réponse est invariable : « Nous ne savons pas. » Peu après une patrouille allemande sort à pas lents du Sénat, l'arme à la main, tourne sur le boulevard Saint-Germain et s'éloigne dans la direction de la Chambre des députés.

On suit des yeux les uniformes vert foncé sous les arbres vert clair : le boulevard Saint-Germain se vide devant eux. Déjà, avec la chaleur de midi, quelque chose de sinistre pèse sur la joie du matin. Le Sénat énorme et noir, tout au bout de sa rue vide, paraît vénéneux avec cet insupportable drapeau qu'on regarde malgré soi. Mais on a peine à croire malgré tout que les balles sifflent à moins d'un kilomètre.

Vers trois heures, première rafale. Au carrefour de l'Odéon, le combat a commencé. Des FFI viennent de s'emparer d'une camionnette allemande. Mais pour les habitants du quartier, les visages de leurs défenseurs sont encore inconnus. Les Forces de la Résistance sont presque un mythe : on y croit de toutes ses forces mais on ne les connaît pas. S'agit-il de quelques escarmouches locales comme certains l'espèrent encore ou l'insurrection va-t-elle se généraliser ? Les concierges mettent le nez à leur porte, les gens qui rêvaient dans leur salle à manger devant les restes de leur maigre repas descendent dans la rue, en manches de chemise. Des groupes se forment. On regarde le Sénat, on regarde vers le carrefour de l'Odéon. Une vingtaine de soldats allemands sortent du Sénat et descendent la rue de Seine. La foule les regarde venir, placide.

Mais à peine sont-ils parvenus sur le boulevard Saint-Germain qu'ils arrosent tout à coup la chaussée et le trottoir d'une rafale de mitraillette, sans même regarder ce qu'ils font. Par principe, dirait-on. C'est ce qu'ils appellent élégamment un nettoyage. La foule surprise n'a pas eu le temps de se mettre à l'abri. Deux femmes tombent, un vieillard a l'épaule traversée. En un clin d'œil la rue se vide : ils vont tirer encore une fois.

*

Seul, un homme âgé, qui ne peut courir, reste sur le boulevard. Les Allemands le visent. Il se rue sur la porte close d'un immeuble voisin, il frappe de toutes ses forces, il suffit qu'on lui ouvre. La porte demeure fermée, les Allemands tirent et l'homme tombe, frappé dans le dos par cinq balles.

À présent les Allemands sont passés, les gens sortent prudemment puis s'enhardissent. Des brancardiers ont transporté les corps. Devant l'immeuble, une flaque de sang demeure, comme une accusation. La porte s'ouvre tout à coup et une tête veule et flasque apparaît. C'est le concierge qui a refusé d'ouvrir. Il regarde la flaque d'un air de blâme, disparaît, puis revient avec un seau et un balai, et il se met à laver le sang, indifférent et minutieux comme si c'était une tache de cambouis. Alors tout à coup la fureur de la foule se déchaîne. C'est sa première manifestation collective : c'est la première fois depuis le matin qu'elle prend conscience d'elle-même. Elle entoure le concierge, elle le malmène : « Ah ! tu peux bien le laver, ce sang, c'est à cause de toi qu'il a coulé », et l'autre les regarde, blême et stupide. Je me suis promené dans tout Paris depuis quatre jours, et c'est la seule fois que j'ai lu la peur, la vraie peur dans les yeux d'un Parisien.

*

Il a suffi de cet événement : les gens sont transformés. Leurs petits rêves douillets d'évacuation pacifique sont morts. Ils ne sont pas encore des combattants, puisqu'ils n'ont ni armes ni consignes, mais déjà ils ne sont plus tout à fait des civils. Ils ont pris parti. Ils restent aux fenêtres, dans la rue, un peu pâles, durs, aux aguets. La guerre est là, sous le soleil. Mais l'escarmouche a pris fin, le soir tombe, on n'entend que les crépitements secs qui viennent des quais, les grands coups sourds et lointains qu'on tire sur la place de la Préfecture, le timbre argentin des voitures d'ambulance, qui rappelle celui des tramways d'avant-guerre, le seul bruit pacifique de ces journées sanglantes.

[…]

*

Les journées du mardi et du mercredi ont offert des visages changeants. Espoir, camaraderie, inquiétude. Aux environs du Théâtre-Français, où j'étais appelé assez souvent, s'étendaient de grands espaces de calme, le Palais-Royal, la partie est de la rue de Rivoli, et de grands espaces mortels, le Carrousel, où un groupe franc de comédiens se battait aux côtés des FFI du Ier, abrités derrière des tas de sable, contre un ennemi invisible et lointain, dissimulé dans les buissons du jardin. Partout les Allemands étaient contenus, enfermés derrière leurs barbelés et leurs chicanes. Seuls quelques-uns de leurs tanks circulaient à travers la ville, tirant au hasard, faisant le vide sur leur passage.

Pourtant l'angoisse grandissait : les munitions prises aux Allemands la veille et l'avant-veille s'épuisaient ; il était difficile d'en récupérer d'autres puisque l'ennemi ne s'aventurait plus guère dans les rues. Des postes FFI venaient les nouvelles les plus inquiétantes : des groupes ennemis s'infiltraient un peu partout. N'allaient-ils pas tenter de reconquérir la ville ? Ils avaient réagi avec violence à la parution des journaux et fusillé certains crieurs : n'allaient-ils pas tenter de prendre l'immeuble de *Paris-Soir* d'assaut ? Encore y avait-il des armes à *Paris-Soir*. Mais d'autres journaux étaient entièrement désarmés : les journalistes y seraient pris comme dans une nasse.

Trois heures du matin

Les barricades qui hérissèrent la ville avaient certes un but offensif : il s'agissait d'arrêter les voitures allemandes qui risquaient de refluer du front, en désordre. Mais avant tout elles étaient une défense. Une défense bien fragile contre un ennemi encore redoutable. Des bruits circulaient : « Nous n'avons que pour trois heures de munitions ! », « Il reste assez de divisions allemandes autour de Paris pour le reconquérir en quatre heures ». Les rues avaient changé de physionomie. Tous ces arbres abattus, toutes ces feuilles vertes qui barraient la chaussée rétrécissaient encore la vie du quartier. On aurait dit mille petits clubs populaires à ciel ouvert. Les drapeaux aux fenêtres, la foule dans la rue rappelaient les anciens 14 Juillet. Et pourtant les traits étaient tirés, les visages résolus mais sombres. Une catastrophe finale n'était pas exclue. J'ai vu les deux jeunes officiers qui partirent retrouver les armées alliées pour prier les chefs de hâter leur entrée dans la ville. Cette entrée n'était prévue que pour le samedi et le dimanche. Tiendrions-nous jusque-là ? Le mercredi on annonçait toutes les heures les Américains à Versailles ; et chaque fois un démenti dissipait notre joie : quelqu'un avait téléphoné à Versailles, ils n'étaient pas là.

Tout à coup, le mercredi, la radio anglaise annonça que Paris était libéré. Nous l'écoutions à plat ventre, un ami et moi, parce qu'une fusillade nourrie venait d'éclater autour de l'immeuble et nous ne pouvions nous défendre de trouver cette annonce faite aux Parisiens assez surprenante et un peu inopportune. Paris était libéré MAIS il était impossible de sortir de l'immeuble ; MAIS la rue de Seine où j'habitais était entièrement barrée ; MAIS un tank allemand, immobile sur le pont des Tuileries, pointait son canon vers la rive gauche. Peu après, pourtant, nous avons réfléchi : si l'on annonce que Paris est libéré, c'est que le commandement allié a décidé d'y faire son entrée. Demain ils seront là.

Extrait de *Situations I*, 1947.

AILLEURS EN FRANCE

La France est donc une sorte de carré et ce carré engendre notre angoisse. Il ne faudrait pas croire, sur la foi de notre indifférence aux autres qui passe pour de la fatuité, que nous ne nous rongions pas les ongles. D'abord, il a fallu qu'il se forme, ce carré, et l'histoire de notre nation nous a été racontée comme une harassante épopée destinée à atteindre ses frontières « naturelles ». L'habitude du carré nous a rendus si casaniers que, sans les graves défaites dues aux deux Napoléon, nous ne serions sans doute jamais allés coloniser des pays dont nous n'avions rien à faire. L'Algérie est le pansement de Waterloo, l'Indochine, de Sedan. (L'Empire, qui était la paix, avait accaparé des territoires dans le delta du Mékong.) Les Espagnols ont une angoisse du carré moins vive, ayant l'habitude du manque du rectangle nommé Portugal, et de cultures régionales plus vivaces qu'en France, où tous les régimes ont travaillé à mettre les habitants au pas. Entre Louis XIV et Jules Ferry, entre Napoléon et de Gaulle, pas de différence de fond. L'angoisse du carré rogné a été doublée en 1871, décuplée en 1940, centuplée en 1942. Carré entièrement occupé ! Disparu ! Est-il jamais revenu ? La IIIe République a été particulièrement autoritaire en matière d'uniformisation, et je ne vois aucun motif d'admirer les « hussards noirs de la République ». Les hussards, ça va dans les régiments.

STENDHAL

(1783-1842)

Lyon

Tout ce qui n'était pas Paris où il revenait pourtant et comptait réussir, puisqu'il y publiait des livres, plaisait à Stendhal, surtout à mesure qu'il descendait vers le Sud : il y trouvait des passions à son sens pures et sans pose. Il ne raconte pas dans cet écrit sur Lyon que, quelques années auparavant, fin 1833, il y avait croisé sur un quai Alfred de Musset et George Sand en route pour Venise ; excursion à trois, souper, Musset ravi, Sand non. Avec son fond scoute, elle pouvait dompter un sentimental comme Musset, pas un moqueur comme Stendhal.

Lyon, le 15 mai 1837

[…] Enfin j'entre à Lyon à pied, et je m'aperçois que je n'ai pu éviter le mépris même du petit garçon que je paye pour porter mon manteau et mon Shakspeare. J'offense le dieu du pays, l'argent : j'ai l'air pauvre.

Quand je dis au petit garçon que je vais loger à l'*Hôtel de Jouvence*, à côté de la poste aux lettres :

— Mais, monsieur, reprend-il avec son accent traînant, c'est un hôtel bien cher ! Je crois que, sans mon regard étonné, il aurait achevé sa pensée : *bien cher pour vous*.

J'y suis dans cet hôtel, et j'écris ceci dans une belle chambre tapissée en damas cramoisi avec baguettes dorées ; la moitié du pourtour de cette chambre est revêtue d'une boiserie peinte en blanc tirant sur le bleu, et vernissée, ce qui est à la fois triste et d'un aspect sale. Je marche sur un parquet bien ciré, à feuilles carrées et compliquées dont j'ai oublié le nom, et qui crie quand on marche. La tenture de ma chambre est environnée de baguettes dorées (ébréchées, il est vrai, et ternies en vingt endroits) : mais, quand je demande qu'on jette sur mon lit une cousinière pour me garantir des cousins qui m'empêchent de dormir, le valet de chambre sourit d'un air de satisfaction intérieure, et me répond, avec toute la hauteur lyonnaise, qu'on ne tient point de telles choses à l'hôtel, et que personne n'en a jamais demandé. Tout ce luxe est faux, toute cette civilisation manquant son but me serre le cœur à force de petitesse et de bêtise inoffensives. Il me semble assister à une discussion de la chambre de Hollande sur les chemins de fer ou sur les douanes.

Il est impossible qu'une ville de cent soixante-six mille âmes, comme Lyon, ne renferme pas plusieurs hommes d'un vrai mérite ; mais je ne les ai jamais rencontrés, et je leur demande pardon de tout ce qui suit.

Je suis venu cinq ou six fois à Lyon, toujours en malle-poste ; j'étais excessivement occupé d'affaires, je n'avais pas même le temps de monter au musée de la place des Terreaux.

À chaque fois j'ai été reçu, à la descente de la voiture, par M. C…, cousin de mon beau-père : c'est absolument la physionomie de Barème et de Barème mécontent, parce qu'il vient de faire une perte de 20 francs. Il fallait voir avec quelle anxiété ce cousin lyonnais se précipitait au-devant de moi, et m'ôtait la parole au moment où je disais à un homme de la poste de prendre ma valise et de la porter chez lui. Il avait peur de me voir payer trop cher ce petit service.

— Et pour cela vous aurez la pièce de douze sous, disait-il à l'homme avec une inquiétude marquée. Sa physionomie devenait plus acariâtre ; l'homme réclamait et lui disait presque des insolences, etc. J'avouerai ma faiblesse : dès cet instant, mon cœur devenait incapable de goûter aucun plaisir à Lyon, et je n'aspirais qu'au bonheur d'en sortir.

M. C… m'a dit de prime abord aujourd'hui que les lois somptuaires qui, depuis 1830, ont interdit aux Tunisiens tout luxe dans leurs vêtements, ont porté un coup fatal à son commerce Et là-dessus il a fait une mine incroyable. M. C… est un homme fort estimable, fort honnête, excellent père de famille, payant bien ses impositions ; mais, grand Dieu, quelle physionomie ! Ainsi que les négociants ses collègues, il emploie des ouvriers tisseurs en soie qui travaillent chacun dans sa chambre, et qu'on appelle *canuts*. Moi j'étends ce nom aux négociants eux-mêmes. Tout ce que le petit commerce, qui exige surtout de la patience, une attention continue aux détails, l'habitude de dépenser moins qu'on ne gagne et la crainte de tout ce qui est extraordinaire, peut produire de niaiserie égoïste, de petitesse et d'aigreur dissimulée par la crainte de ne pas gagner, me semble résumé par le mot *canut* ; les Lyonnais eux-mêmes l'appliquent aux basses classes de leur ville. Or le caractère du bas peuple, dans les pays où la vanité ne pose pas une barrière infranchissable, comme à Paris, forme bien vite le caractère des classes élevées. Cet ensemble d'habitudes et de manières de voir qui vous émerveille dans votre enfant, et que vous appelez son caractère, lui est donné d'abord par sa nourrice et ensuite par la société des domestiques. Daignez remarquer que votre enfant est toujours esclave en votre présence ; avec les domestiques, il reconquiert l'égalité, que dis-je ? il est supérieur. Or nul être au monde n'aime la supériorité comme un enfant. Aussi, voyez avec quel épanouissement de cœur un gamin de sept ans court à l'antichambre ou à l'écurie dès qu'il a un moment de liberté. Les parents les plus subjugués sont obligés d'en venir à une défense formelle.

La Révolution française a élevé le caractère des domestiques ; beaucoup ont été soldats ou estiment ce noble métier : depuis peu, les caisses d'épargne leur donnent des habitudes de raison ; aussi les enfants ne sont-ils plus exposés à entendre toutes les platitudes qui gâtèrent notre enfance il y a vingt-cinq ans. Il m'arrive parfois de retrouver dans ma tête une phrase toute faite représentant une idée bien absurde ; en cherchant, je découvre que cette phrase provient de Barbier, le domestique favori de mon père.

Pour prendre une idée du caractère lyonnais, il faut entendre les négociants jaser entre eux au café. Trouvez quelqu'un de Lyon qui aille faire une partie de domino avec vous.

Les demoiselles de la dernière classe, à Lyon, sont grandes et bien faites ; à Paris, elles ont quatre pieds de haut.

Lyon, le 10 mai

[…] Les rues de Lyon ne sont point encombrées de malheureux qui chantent, comme je le craignais : on a renvoyé tous ceux qui n'étaient pas nés dans la ville.

Rappelez-vous les malheurs financiers des États-Unis. En 1837, la France avait envoyé à l'Amérique une valeur de 159 millions, dont je ne sais plus combien de millions fournis par Lyon.

M. N… (assez nigaud) disait hier en ma présence : « Vous savez qu'à Paris je ne vais point à pied ; eh bien, à Lyon, je n'oserais me montrer dans ma voiture. » De quoi a-t-il peur ?

En général, les Lyonnais ont de grands traits assez nobles, un Lyonnais, qui s'est retiré du commerce avec six mille livres de rente, affecte en marchant des mouvements majestueux ; il porte sa tête avec respect, et jette le regard d'une certaine *façon noble*. Je reconnais les portraits du temps de Louis XV. Avec tout cela, la physionomie est celle d'un homme qui est de mauvaise humeur le soir parce qu'il a manqué de gagner douze sous le matin. Je rencontre quelquefois des figures de ce genre dans la rue à Paris ; je gagerais qu'elles arrivent de Lyon.

Le *genre simple*, qui est l'idéal du Parisien, et que toute sa vie il se donne tant de peine à attraper, semblerait bas et peu digne au Lyonnais.

Mais, ici comme ailleurs, *noblesse oblige*. La garde nationale de Lyon s'est fait tuer douze cents hommes dans l'admirable défense de cette ville, en 1795 (à Lyon on dit quinze mille). Il est vrai que ces messieurs étaient dirigés par une foule d'officiers émigrés et par le brave Précy ; les chefs savaient se battre et les soldats avaient de l'enthousiasme. Voilà le beau côté du caractère lyonnais : être susceptible d'un enthousiasme qui peut durer jusqu'à deux mois. Celui de Paris dure six heures, comme on le vit lorsque Napoléon présenta son fils à la garde nationale, dans le grand salon des Tuileries.

La garde nationale de Lyon me semble digne de soutenir la comparaison avec celle de Vienne, en Autriche, qui deux fois, en 1797 et en 1809, a fourni des corps de volontaires que les armées françaises ont été obligées de *tuer en entier*, six semaines après qu'ils avaient été formés. Dans la campagne de 1809, sur les bords de la *Traun*, les volontaires de Vienne, en mourant sous la mitraille du maréchal Masséna, étaient tombés les uns en avant, les autres en arrière ; mais la ligne ondoyante formée par leurs chaussures d'uniforme et fort remarquable n'avait pas plus de huit pieds de largeur. Un homme qui avait un crachat y était caporal, et, qui plus est, s'était fait tuer.

Mes affaires m'ont souvent appelé à Lyon ; dès que je suis en cette ville, j'ai envie de bâiller, et les plus belles choses ne font plus d'effet sur moi. Il est vrai que j'ai toujours logé chez le fatal cousin, dans la rue Bât-d'Argent. C'est pour la première fois que j'ose m'établir à l'auberge.

[…]

Lyon est pavé de petites pierres pointues qui ont la forme d'une poire : il m'est absolument impossible de marcher là-dessus ; j'ai l'air d'un goutteux.

Cette grande ville, la seconde de France, est bâtie au confluent de la Saône et du Rhône, dont le cours forme comme un Y majuscule.

Les Allobroges ayant chassé de Vienne une partie des citoyens romains qui l'habillaient, le Sénat ordonna au proconsul Munatius Plancus de leur bâtir une ville ; celui-ci les établit au village de Lugdunum, situé près du confluent du Rhône et de la Saône, sur le penchant d'une colline qui borde la Saône au couchant. C'est sur cette belle colline de Fourvières qu'était bâti le palais d'Auguste, qui fit Lyon colonie militaire.

Lorsque la peur a cessé de régner exclusivement dans le monde, Lyon, comme toutes les villes, est descendue dans la plaine, mais voici le mal : les Lyonnais modernes, au lieu de bâtir leur ville sur le penchant de la colline de la Croix-Rousse qui sépare les deux rivières au milieu de l'Y, l'ont bâtie trois cents toises plus bas, dans la petite plaine marécageuse qui se rencontre presque toujours au confluent de deux grandes rivières. De là vient que Lyon est le pays de la *boue noire* et des brouillards épais, cent fois plus que Paris, dont le centre pourtant est bâti dans une île, et qui se trouve plus avancé vers le nord de quatre degrés. […]

Lyon, le 18 mai

L'étranger, s'il peut vaincre le serrement de cœur et l'envie de fermer la fenêtre et d'ouvrir un livre, doit monter à Fourvières, superbe coteau au bas duquel coule la Saône. Là, aux environs du lieu nommé l'Antiquaille, se trouvent quelques ruines romaines. De Fourvières on peut aller au Jardin des Plantes, du Jardin des

Plantes au musée ou palais Saint-Pierre, place des Terreaux : il faut ensuite traverser le lourd hôtel de ville, et remonter le Rhône jusqu'à une demi-lieue de Lyon. De là, jouissant d'une vue magnifique, on revient à la cathédrale, à Saint-Irénée et à l'église d'Ainay où l'on voit quatre colonnes antiques. Ce soir, en sortant de la bourse, j'ai fait tout cela.

L'ancien nom *Lugdunum* contient la syllabe *Lug*, qui, suivant les prétendus savants, voulait dire, parmi les Gaulois, montagne ou rivière ; Leyde et Laon s'appelaient aussi Lugdunum.

Strabon, qui vivait sous Tibère, dit que Lugdunum ne le cédait qu'à Narbonne, pour l'importance et la richesse ; Lutèce n'était encore qu'une bourgade ignorée. Auguste, cet homme adroit, séjourna trois ans à Lyon, et en fit la métropole de la Gaule celtique ; Claude y naquit. Elle fut réduite en cendres, sous le règne de Néron, par un grand incendie sur lequel Sénèque a fait une phrase : *Entre une ville considérable, et point de ville, il n'y eut que l'espace d'une nuit.*

Néron se hâta d'envoyer beaucoup d'argent. Trajan, le seul homme de l'antiquité, après Alexandre et César, qui fasse songer à Napoléon, y fit bâtir plusieurs édifices.

Lyon fut dans les Gaules le berceau de la religion chrétienne, et elle est encore, ce me semble, la ville la plus croyante. Ce n'est pas du fanatisme vif, comme à Toulouse, c'est une abnégation de soi-même, et une confiance complète dans le prêtre, qui m'étonne toujours. Je connais vingt particuliers riches qui donnent dix pour cent de leur revenu à la bonne cause.

Sous Henri IV et Louis XIV, Lyon formait comme un État à part ; la famille régnante s'appelait Villeroy, et souvent l'archevêque du nom de Villeroy fut en même temps gouverneur. On sait le conte de ce Villeroy, lieutenant général, qui succédait comme gouverneur de Lyon à son oncle, lequel avait été, à la fois, gouverneur et archevêque. Le nouveau gouverneur, en montant en carrosse le jour de son entrée, se mit à distribuer des bénédictions à droite et à gauche, et comme l'on hasardait quelques représentations : « Je l'ai vu faire à mon oncle », répondit-il fièrement, et il continua.

Les Lyonnais, comme toutes les populations dévotes, sont fort charitables, leur pays a besoin de cette vertu. Je ne trouve rien de plus imprudent que d'établir la prospérité d'une ville sur les manufactures. Un gouvernement qui aurait le temps de songer à ses devoirs devrait faire en sorte que le nombre des ouvriers de manufactures n'excédât jamais le vingtième de la population. [...]

Lyon, le 20 mai

[...] Enfin, je suis arrivé aux aqueducs romains, au-dessus de la porte Saint-Irenée. On voit d'abord six arcades ; il y avait l'aqueduc Pila et l'aqueduc du Mont-d'Or.

La longueur de l'aqueduc *Pila* était d'environ treize lieues, quoique, à vol d'oiseau, le point de réunion des eaux près de Saint-Chamond ne soit qu'à huit lieues de Lyon. La contrée depuis Saint-Chamond étant coupée par plusieurs vallées profondes, l'architecture romaine, dépourvue de tant de découvertes modernes, a eu lieu de montrer tout son génie. Maintenant, avec quelques machines à vapeur et quelques ponts suspendus, l'architecte résoudrait facilement le problème ; mais personne ne serait tenté de l'admirer : le vulgaire s'étonnerait tout au plus de la *grosse somme* qu'on a dépensée.

Les Romains furent obligés de faire remonter l'eau trois fois ; ils se servirent de tuyaux de plomb, en forme de siphon renversé. L'aqueduc suivait la pente d'une colline, jusqu'à ce qu'il fût parvenu assez bas pour qu'on pût bâtir commodément un pont. Arrivée au côté opposé, l'eau remontait. Les Romains ont passé ainsi trois vallons, ceux de Garon, qui est très profond, de Baunan et de Saint-Irenée ; il y avait quatorze ponts-aqueducs. On voit encore soixante-deux arcades d'un de ces ponts qui en avait quatre-vingt-dix.

La maçonnerie est faite avec de petits morceaux de pierres, jetés dans un bain de mortier où la chaux n'était point épargnée. Ainsi que dans la campagne de Rome, ces aqueducs, qui sont cependant une chose bien simple, produisent sur l'âme un effet prodigieux. À Rome leurs longues files s'étendent dans une plaine parfaitement nue ; ici ils sont accompagnés de coteaux tapissés de la plus fraîche verdure : voir le chemin vers Chaponost. Si l'on s'avance de quelques centaines de pas, on a, d'une de ces hauteurs, une vue admirable des montagnes de la Suisse. Les paysans des villages voisins, s'étant aperçus que la pierre de ces arcades résiste au feu, viennent y charger leurs chars lorsqu'ils ont des fours à construire.

Le torrent de l'Iseron a renversé une pile, mais elle est tombée tout d'une pièce et ne s'est point brisée ; on voit près de là huit arcades.

Cette course est agréable, mais très fatigante. À Rome on peut suivre en calèche les longues files d'arcades, sur la route de Frascati. Si l'on a une âme pour les arts, cette course est la plus belle de toutes celles que présente la ville éternelle.

Lyon, le 22 mai

Je traverse tous les jours ce triste hôtel de ville de Lyon, bâti en 1650, qui a l'air si sot, si lourd, tellement insignifiant, et n'en est pas moins fort estimé dans le pays. Ne serait-ce pas que cet édifice est vraiment *romantique* ? N'est-ce pas là, à peu près, la physionomie que doit porter un maire de province, pour être respecté de ses administrés, et ne pas leur sembler une mauvaise tête ?

Jules Hardouin-Mansart rétablit la façade de cet hôtel de ville brûlé en 1674 : je voudrais la rétablir de nouveau en copiant la façade d'un des beaux palais de Venise.

Venise est si malheureuse et Lyon si riche, qu'il serait possible d'acheter un palais de Venise, par exemple le palais Vendramin. On numéroterait les pierres de la façade et la navigation les amènerait à Lyon.

Sous le vestibule de cet hôtel de ville, et contre le mur à gauche, on voit le Rhône, statue colossale qui s'appuie sur un lion rugissant et sur une rame. Il a l'air furieux : à ses côtés est un énorme saumon. Il n'y a rien à désirer ; cela est parfait.

Vis-à-vis la grosse statue du Rhône, est une grosse statue de la Saône, également appuyée sur un lion. Ces deux statues, de Guillaume Coustou, décoraient la place Bellecour et feraient bien d'y retourner. Il faut au sculpteur une science profonde et surtout un caractère hardi, pour faire des statues colossales. Faute de quoi, elles ont l'air d'une miniature vue avec une loupe.

Ce qui fait mon désespoir à Lyon, ce sont ces allées obscures et humides qui servent de passage d'une rue à l'autre. Et quelles rues ! Jamais les maisons à six étages ne permettent au soleil d'arriver jusqu'au pavé. Essayez de suivre la rue Mercière d'un bout à l'autre.

Pour classer par les yeux tous mes souvenirs de Lyon, dès que mes affaires ont été terminées, je suis monté sur la tour de l'église de Fourvières. C'est de ce point que fut dessiné le premier panorama. La vue est admirable. La Saône paresseuse coule, avec lenteur, sur des rochers au pied de la colline ; au-delà de la ville, du côté du Dauphiné, on aperçoit le Rhône impétueux qui vient se joindre à la Saône *paresseuse* à l'extrémité de la presqu'île de Perrache (au pont de la Mulatière), et l'entraîne avec lui. Les places, les rues, les quais, les ponts, sont couverts de petits hommes qui se pressent et paraissent dans une grande activité ; au-delà du Rhône, et d'une plaine de huit ou dix lieues, on aperçoit tout près de terre les sommets les plus élevés des montagnes du Dauphiné, et enfin, beaucoup sur la gauche, quand le temps est serein, et surtout après une pluie d'été, on a la vue du vénérable mont Blanc, dont le trapèze blanc s'élève bien au-dessus des nuages.

Lyon, le 25 mai

Je ne veux pas entrer dans le sérieux du commerce ; cependant je ne crois pas trop ennuyer le lecteur en montrant, en deux mots, comment Lyon déchoit depuis quelques années. Les négociants de cette ville avaient un moyen de prêter sur gages à dix et douze pour cent l'argent que les particuliers leur confient (car on ne place pas dans la vente en province), et qui ne leur coûte à eux que quatre ou cinq pour cent. Ce moyen s'en va. Après la récolte des cocons à Turin, à Milan, à Parme, etc., ceux des négociants d'Italie qui manquaient de fonds envoyaient leurs soies non travaillées à Lyon, et les y mettaient en dépôt comme gage des sommes qu'ils recevaient en retour. L'intérêt qu'ils payaient, augmenté des droits de magasinage, de la provision, et enfin de tout ce que doit supporter celui qui emprunte dans le commerce, s'élevait à onze ou douze pour cent.

Lorsque les négociants italiens virent l'émeute à Lyon, ils eurent peur pour leurs soies et demandèrent de l'argent à Londres ; bientôt ils en trouvèrent même en Italie. On établit des *Monti* qui reçoivent les soies en gages, et prêtent de l'argent à six pour cent à qui apporte de la soie.

Tous les négociants du Midi savent que le roi de Sardaigne, Charles-Albert, a ouvert deux emprunts depuis son avènement au trône. Le montant du second, dit *emprunt de sainte Hélène*, est en entier dans ses coffres, et servirait en cas d'exil. Un ministre des Finances, qui se donne la peine de penser, a proposé au roi de prêter cet argent aux négociants ses sujets, qui donneraient des soies en nantissement.

Les Suisses, dont le bon sens rêve sans cesse au moyen de gagner des *écus neufs*, se sont imposé des droits de douane fort modérés. Les Allemands, moins éclairés, et d'ailleurs encore infatués de leurs chaînes, ont pourtant un certain instinct de nationalité qui les a conduits à l'association pour les douanes ; c'est encore un malheur pour les produits de Lyon.

Il faut que cette grande ville renonce peu à peu à fournir des étoffes de soie à l'étranger. La fausse direction commerciale essayera-t-elle de lutter contre la nécessité ? Non, par paresse elle ne fera rien. Le gouvernement doit se borner à donner de l'occupation aux vieux ouvriers en soie qui manquent d'ouvrage, et à décourager les jeunes gens de seize ans, qui à Lyon voudraient se faire ouvriers en soie.

Le journal de Lyon devrait expliquer tous les quinze jours comme quoi, dans tous les coins de l'Europe, on a l'insolence de fabriquer des soieries. Le *très beau* seul restera à Lyon, et encore à la condition de placer les ouvriers dans les villages environnants, hors de la portée de l'octroi, que l'Europe ne veut plus rembourser.

Quand je sens que l'ennui me gagne à Lyon, je prends un cabriolet et m'en vais à Chaponost voir les montagnes de la Suisse et les arcades romaines. Ces ruines si insignifiantes élèvent l'âme et la consolent.

Lyon, le 27 mai

Mon cousin C… m'a mené à la maison commune. J'ai remarqué, sur sept à huit grandes tables, une foule de dessins fort bien exécutés, et représentant des coupes de pierre, des voûtes, des ponts, etc., etc. : tout cela est presque aussi bien que les dessins de l'École polytechnique. Je demande d'où viennent ces dessins étonnants, on m'apprend qu'ils sortent de l'école des frères ignorantins.

J'ai supposé d'abord qu'il y avait ici quelque ruse, mais le triomphe de ces messieurs est bien plus réel. Un négociant de Lyon, qui avait le même soupçon que moi, a demandé la copie d'un beau dessin représentant un des ponts suspendus que les frères Séguin viennent de construire sur le Rhône. Un enfant de quatorze ans, élève des frères, a rendu, huit jours après, une copie magnifique, et le dessin original n'a été ni piqué ni calqué. Le fait est qu'il y a ici un frère ignorantin qui enseigne la géométrie descriptive comme on peut le faire dans les meilleurs collèges de Paris.

Pour six mille six cents francs, on a onze frères, qui enseignent onze cents enfants, par conséquent chaque enfant coûte six francs à la ville, et encore souvent les frères fournissent l'encre, le papier, les plumes et les livres aux plus pauvres de ces enfants. (Il doit y avoir des frais énormes.)

L'école d'enseignement mutuel ne saurait lutter contre la passion qui anime les frères, ni à plus forte raison contre les ressources financières qui les soutiennent. Je crois que chaque enfant de l'école mutuelle coûte vingt-cinq francs à la ville. Au reste, il est fort difficile de savoir la vérité sur ces choses-là, et ce n'est point un voyageur, qui passe huit jours dans un pays et qui n'a pas la mine grave, qui peut se flatter d'arriver à ces profonds mystères. Tout ce qui est noble, tout ce qui est dévot, tout ce qui est enthousiaste des journées de juillet, tout ce qui en a peur, ne parle des *frères* qu'avec passion.

J'ai trouvé toutes les femmes de Lyon, même celles des négociants les plus libéraux, ennemies passionnées des écoles d'enseignement mutuel. Rien de plus simple, ces dames vont à confesse.

Remarquez que depuis 1850 toutes les jeunes filles de France, à l'exception des environs de Paris, sont élevées dans des couvents de religieuses. Ici je voudrais bien trouver une expression qui pût rendre ma pensée et ne fût pas odieuse et peu polie ; mais enfin ces couvents sont animés du plus violent fanatisme contre *la liberté de la presse*. Sans doute leur chef invisible voit que c'est l'ancre unique à laquelle tiennent toutes nos libertés. La première question que l'on fait à une femme dans un *certain tribunal* est celle-ci : « Quelles sont les opinions de votre mari ? » On ajoute : « Il faut pourtant bien qu'il se convertisse, et votre devoir est de tout employer pour hâter cet heureux moment. Avez-vous des gravures chez vous ? Que représentent-elles ? Avez-vous le portrait du roi ?… Songez aux droits sacrés des princes… » (Je supprime deux pages.) À Marseille, les questions sont bien autrement incisives.

Une simple religieuse, Mme Per…, qui depuis 1806 s'occupait de l'éducation des jeunes filles, et qui possédait pour toute fortune un mobilier dont la valeur pouvait bien s'élever à vingt louis, a dépensé, depuis 1815, quatre cent mille francs.

Mme Per… a étonné la ville qu'elle habite par la construction d'un couvent fort considérable destiné à l'éducation des jeunes filles. Lorsqu'elle commença à creuser les fondations, elle avait en caisse soixante mille francs. Ses amis furent effrayés, les conseils prudents lui arrivaient de toutes parts ; en effet les fondations ne furent pas arrivées à la hauteur du sol, que les soixante mille francs étaient dépensés. Mme Per… calcula qu'elle avait eu mille élèves. Elle écrivit une circulaire touchante par laquelle elle demandait cinquante francs au mari de chacune de ses élèves. En fort peu de jours cette circulaire lui valut trente-cinq mille francs. Je n'ai pas besoin de dire que le couvent est achevé et magnifique. On m'assure que plusieurs départements du Midi possèdent un grand nombre de couvents payés par la même bourse, et qui font l'éducation des mères de famille de 1850.

[…]

Il me semble que la révolution de 1830, en permettant à la religion de se parer des couleurs du martyre, lui a été fort utile. Elle n'a plus du moins pour ennemis passionnés tous les libéraux, elle peut faire en paix le bonheur ou du moins l'occupation de toutes les pauvres vieilles filles non mariées.

Quant aux femmes, pour lesquelles cette éducation religieuse de 1837 réussit complètement, et qu'elle envoie dans la société *régner d'un pouvoir absolu et sans appel*, les intérêts du couvent deviennent leur unique occupation, leur seule pensée. Les sentiments tendres ne paraissent, quand ils paraissent, qu'après vingt-cinq ans, lorsque ces âmes soupçonneuses sont lasses du despotisme, et souvent à cette soif inextinguible du *pouvoir* on sacrifie ce sentiment étiolé que par amour-propre, et pour se croire une femme complète, on appelait amour. Un croyait aimer un jeune homme courageux, simple, d'un noble caractère ; mais il est lieutenant, et, pour avoir la chance de devenir capitaine, il brûle d'aller en Afrique et de planter là sa noble maîtresse.

Lyon, le 2 juin

Le voisinage de l'Italie, avec laquelle les Lyonnais ont depuis si longtemps des relations fréquentes à cause de la soie (voir les *Mémoires* de Cellini), n'a point ouvert leur esprit aux choses des beaux-arts. Un accident heureux, un incendie, je crois, les avait débarrassés de leur grand théâtre, énorme et lourd édifice du siècle de Louis XV ; il est placé tout contre leur hôtel de ville, qu'il étouffe. C'est un lieu où l'on n'y voit pas clair en plein midi, témoin le cabinet littéraire où je lisais les journaux il n'y a pas une heure. Il fut question de bâtir une autre salle de spectacle. On propose des emplacements fort raisonnables, par exemple celui des

Boucheries, vers la Saône. Point : on préfère l'ancienne place, et la ville est à jamais enlaidie.

L'Italie, à deux pas de Lyon, offre quatre cents modèles de théâtres tout faits et de toutes grandeurs, depuis le théâtre de Côme jusqu'à celui de Gênes. Cette sorte d'*épure* est préférable à un plan. Mais les bourgeois de Lyon se gardèrent bien d'aller voir le théâtre de la Fenice, à Venise, ou le théâtre neuf de Brescia ou le théâtre de la Scala. Pour comble de ridicule, un homme grave prétendait hier, dans une maison où j'ai passé la soirée, que certaines gens ont beaucoup gagné dans la reconstruction de la salle de spectacle ; mais, dans le Midi, on lance cette accusation à propos de toutes les grosses sommes dépensées par le gouvernement ou les villes : c'est encore de l'envie. On a dit ce soir que de 1814 à 1830 les jésuites ont régné à Lyon ; ils faisaient rapidement la conquête de tous les fonctionnaires publics, et si quelque imprudent leur résistait, il était bien vite renvoyé.

Je ne connais qu'une chose que l'on fasse très bien à Lyon, on y mange admirablement, et, selon moi, mieux qu'à Paris. Les légumes surtout y sont divinement apprêtés. À Londres, j'ai appris que l'on cultive vingt-deux espèces de pommes de terre : à Lyon, j'ai vu vingt-deux manières différentes de les apprêter, et douze au moins de ces manières sont inconnues à Paris.

À l'un de mes voyages, M. Robert, de Milan, négociant, ancien officier, homme de cœur et d'esprit, acquit des droits éternels à ma reconnaissance, en me présentant aune société de gens qui savaient dîner. Ces messieurs, au nombre de dix ou douze, se donnaient à dîner quatre fois la semaine, chacun à son tour. Celui qui manquait un dîner, payait une amende de douze bouteilles de vin de Bourgogne. Ces messieurs avaient des cuisinières et non des cuisiniers. À ces dîners, point de politique passionnée, point de littérature, aucune prétention à montrer de l'esprit ; l'unique affaire était de bien manger. Un plat était-il excellent, on gardait un silence religieux en s'en occupant. Du reste, chaque plat était jugé sévèrement, et sans complaisance aucune pour le maître de la maison. Dans les grandes occasions, on faisait venir la cuisinière pour recevoir les compliments, qui souvent n'étaient pas unanimes. J'ai vu, spectacle touchant, une de ces filles, grosse Maritorne de quarante ans, pleurer de joie à l'occasion d'un canard aux olives ; soyez convaincu qu'à Paris nous ne connaissons que la copie de ce plat-là.

Un tel dîner, où tout doit être parfait, n'est pas une petite affaire pour celui qui le donne ; il faut être en course dès l'avant-veille : mais aussi rien ne peut donner l'idée d'un pareil repas. Ces messieurs, la plupart riches négociants, font très bien une promenade de quatre-vingts lieues pour aller acheter sur les lieux tel vin célèbre. J'ai appris les noms de trente sortes de vins de Bourgogne, le *vin aristocratique par excellence*, comme disait l'excellent Jacquemont. Ce qu'il y a d'admirable dans ces dîners, c'est qu'une heure après on a la tête aussi fraîche que le matin, après avoir pris une tasse de chocolat.

Lyon abonde en poissons, en gibier de toute espèce, en vins de Bourgogne : avec de l'argent, comme partout, on y a des vins de Bordeaux excellents, et enfin Lyon possède des légumes qui réellement n'ont que le nom de commun avec ces herbes insipides que l'on ose nous servir à Paris.

[…]

Plusieurs fois j'eus l'honneur d'être invité. Je dois à ces messieurs de pouvoir louer quelque chose en ce pays, sans restriction.

En général, après dîner on allait voir jouer à la boule aux Brotteaux ; nous longions le quai Saint-Clair. Puisque je nomme de nouveau ce quai, il faut pourtant que je le loue. Le Rhône, fier, rapide, majestueux, peut être large comme deux fois la Seine au pont Neuf, mais il a une tout autre tournure. Une ligue de belles maisons à cinq ou six étages, exposées au levant, mais par malheur bâties sous Louis XV, borde la rive droite du fleuve, en laissant toutefois un quai magnifique et garni en beaucoup d'endroits de deux rangées d'arbres ; l'autre rive, du côté du Dauphiné, n'a jusqu'ici que quelques petites maisons fort basses, et dont les jardins sont bordés par de grands peupliers d'Italie, arbres sans physionomie. Ces maisons et ces arbres ne gâtent point trop la vue. Au-delà on aperçoit une plaine peu fertile, plus loin les sommets des montagnes du Dauphiné, et à quarante lieues, sur la gauche, au milieu des nues, un petit *trapèze* couvert de neige, c'est le mont Blanc. On peut juger de la pureté de l'air qu'on respire dans ces maisons, qui ont la vue du mont Blanc ! On est tout à fait à la campagne, et pourtant au centre de Lyon.

Cette vue du quai Saint-Clair est assurément vaste et imposante. Les trottoirs garnis d'arbres, qui courent le long du Rhône, ont une lieue d'étendue. Pour trouver quelque chose à comparer à ceci, il faut songer à la vue que l'on a des maisons situées, à Bordeaux, sur le quai de la Garonne et dans les environs des allées d'arbres qui ont succédé au château Trompette. Le Rhône est un fleuve trop sauvage pour avoir des bateaux. La Garonne a des vaisseaux arrivant tous les jours de Chine ou d'Amérique avec la marée ; et d'ailleurs, à une lieue par-delà la rivière, la vue s'arrête sur une colline admirable et couverte d'arbres, dont plusieurs sont fort grands. Nous avons passé en nous promenant devant un petit hôtel situé sur les bords du Rhône, près de la barrière par laquelle on sort pour aller à Genève. […]

Lyon, le 4 juin

Une chose m'attriste toujours dans les rues de Lyon, c'est la vue de ces malheureux ouvriers en soie ; ils se marient en comptant sur des salaires qui tous les cinq ou six ans manquent tout à coup. Alors ils chantent dans les rues : c'est une manière honnête de demander l'aumône. Ce genre de pauvres dont j'ai pitié me gâte absolument *la tombée de la nuit*, le moment le plus poétique de la journée ; c'est l'heure à laquelle leur nombre redouble dans les rues. En 1828 et 1829, je vis les ouvriers de Lyon aussi bien vêtus que nous, ils ne travaillaient que trois jours par semaine, et passaient gaiement leur temps dans les jeux de boules et les cafés des Brotteaux.

Un gouvernement courageux pourrait exiger du clergé de Lyon de ne pas pousser les ouvriers pauvres au mariage. On agit dans le sens contraire, on ne prêche autre chose au tribunal de la pénitence.

Ces ouvriers de Lyon fabriquent des étoffes admirables d'éclat et de fraîcheur, dans la chambre qu'ils habitent entourés de toute leur pauvre famille. Toute la journée, le plus jeune associé des maisons de soieries de Lyon court de chambre en chambre (on compte quinze mille de ces ateliers), et paye ces ouvriers selon le degré d'avancement de leur ouvrage ; ce faisant, cet associé gagne six mille francs par an. Lui, sa femme et ses enfants en mangent cinq mille, et ils mettent de côté mille francs, qui, après quarante ans de travail, deviennent cent mille. Alors le père de famille se retire dans quelque maison de campagne, à quatre ou cinq lieues de sa patrie. Mais si au milieu de cette vie si tranquille il survient une émeute, le Lyonnais se bat comme un lion. Cette vie douce, prudente, égale, sans nouveauté aucune, qui me ferait mourir infailliblement au bout *d'une couple d'années*, enchante le Lyonnais. Il est amoureux de sa ville. Il parle avec enthousiasme de tout ce qu'on y voit. C'est ainsi que l'on vient de me conduire à une merveille, c'est une salle située quai Saint-Clair, et où six cents personnes boivent de la bière ensemble tous les dimanches.

[…]

Le malheur de cette ville, le voici : on se marie beaucoup trop à la légère. Le mariage, au XIXe siècle, est un luxe, et un grand luxe ; il faut être fort riche pour se le permettre. Et puis, quelle manie de créer des misérables ! Car enfin le fils d'un bourgeois, d'un *monsieur*, comme on dit à Lyon, ne se fera jamais menuisier ou bottier. Tant que l'empereur a fait la guerre, on a pu se livrer sans grands inconvénients à ce goût patriarcal d'avoir des enfants ; mais, depuis 1815, donner un état à un jeune homme de seize ans n'est pas une petite affaire, et cet embarras des pères de famille peut fort bien devenir un embarras sérieux pour le gouvernement.

Le plus simple serait d'avoir des prêtres qui fissent un péché de cette manie d'appeler à l'existence des êtres auxquels on ne peut pas donner de pain ; mais ces messieurs travaillent dans un sens absolument opposé.

[…]

Je viens d'entendre ce soir, en me promenant sur les bords de la Saône, un chant provençal, doux, gai, admirable d'originalité. C'étaient deux matelots marseillais qui chantaient en partie, avec une femme de leur pays. Rien ne montre mieux la distance qu'il y a de Paris à Marseille. L'esprit du Français *comprend tout admirablement*, et en musique le porte à exécuter des difficultés ; mais, comme il manque absolument du sentiment musical qui consiste à avoir *horreur de tout ce qui est dur*, et à suivre le rythme, il se délecte à entendre la musique atroce que je vois applaudir à Lyon.

Un peuple qui peut entendre de telles choses avec plaisir peut se vanter d'occuper une position tout à fait distinguée ; non seulement il ne goûte pas le bon, mais *il aime le mauvais*. En musique le Français n'a d'instinct que pour les contredanses, les valses et les airs militaires. De plus, son esprit le porte à applaudir la difficulté vaincue. Depuis quelques années, il a jugé convenable à sa vanité d'avoir de l'enthousiasme pour Rossini, et ensuite pour Beethoven. J'en conviens, les combinaisons de cette harmonie savante et presque mathématique donnent quelque prise à la *faculté de comprendre*, qui distingue si éminemment le génie français. Il est résulté de là que, deux ou trois ans après avoir affiché un enthousiasme inexprimable pour Beethoven, ce grand compositeur commence réellement à faire quelque plaisir. […]

Lyon, le 7 juin

[…] Voici vingt-cinq jours que je viens de passer à Lyon, et je n'ai pas osé me présenter tout seul à la société des *Dîneurs*, c'eût été trop évidemment solliciter une invitation ; car, à des connaisseurs de ce mérite, il ne peut pas être question d'offrir un ignoble dîner à une auberge quelconque.

Ce qui manque surtout au caractère lyonnais, c'est ce qui aurait pu faire excuser ma démarche gastronomique, c'est l'esprit *osé*, l'imprudence aventureuse, la présence d'esprit, la gaieté du gamin de Paris.

Ce n'est pas que le caractère du gamin de Paris me plaise : cet être, quoique si jeune, a déjà perdu la gentillesse, et surtout la naïveté de l'enfance ; il calcule jusqu'à quel point il peut profiter du privilège de sa jeunesse pour se permettre des impertinences. C'est déjà le Parisien de vingt-cinq ans. Il tire parti de sa position avec adresse et sang-froid pour se donner la supériorité sur la personne avec laquelle il traite, et son assurance décroît pour peu qu'il trouve de résistance.

Ce n'est point ma vanité froissée qui abhorre le gamin de Paris, c'est l'amour que j'ai pour les grâces de l'enfance qui souffre en la voyant dégradée.

Hazlitt, homme d'esprit, Anglais et misanthrope, prétendait qu'à Paris le naturel n'existe plus même chez l'enfant de huit ans.

À Lyon, on voit encore le gamin ; à Marseille, nous sommes en plein *naturel*, l'enfant y est déjà grossier, emporté et bien comme son père, et de plus il a toutes les grâces de l'enfance. Le Dauphiné en entier est le pays du naturel chez les enfants.

À Lyon, j'écris ces phrases trop sérieuses devant une fenêtre qui domine la place de Bellecour et la statue de Louis XIV, qu'il faut faire garder par une sentinelle. Je l'avoue, Lyon m'a rendu triste. Des affaires fort essentielles m'y occupent trop peu.

Cette statue de Louis XIV est fort plate, moralement parlant, mais elle est parfaitement ressemblante. C'est bien là le Louis XIV de Voltaire ; c'est tout ce qu'il y a au monde de plus éloigné de la majesté tranquille et naturelle du Marc Aurèle du Capitole. La chevalerie a passé par là.

[…]

Le Louis XIV de la place de Bellecour est un écuyer qui monte fort bien à cheval. Peut-être qu'un ministre de l'Intérieur a posé devant le statuaire.

Cette place de Bellecour, si renommée à Lyon, est plutôt dépeuplée que grande. Les *façades* de Bellecour, comme on dit avec emphase dans le pays, sont surtout habitées par la noblesse, qui est fort dévote ici et peu gaie. Rien de plus triste que la place de Bellecour.

Mes amis aimables *soupent le samedi*, et se voient entre eux sur le soir, mais le jour ils sont invisibles. Quand par malheur je n'ai pas affaire, et que je me sens près de me donner au diable, par ennui, s'il fait beau, je vais prendre une *brêche* au quai de la *Feuillée*, sur la Saône.

Le quai de la Saône, bien situé, environné de collines et d'édifices à physionomie, représente l'été à Lyon ; pour le quai du Rhône, c'est l'insignifiance moderne et l'hiver.

Entraîné par ma phrase, j'oubliais de dire qu'on appelle brêche, à Lyon, une petite barque couverte d'un cerceau et d'une toile, et menée à deux rames par une jeune fille, dont la grâce, l'élégance de propreté et la force presque virile rappellent les fraîches batelières des lacs de la Suisse. On va se promener sur la Saône vers l'île Barbe.

Les jours de dimanche et de fête surtout, toutes ces batelières sont assises sur le parapet du quai, rangées en ordre d'arrivée ; mais les plus jolies savent bien qu'elles seront choisies les premières par les étrangers.

Extrait des *Mémoires d'un touriste*, 1838.

GUSTAVE FLAUBERT

(1821-1880)

Le Midi en 1847
(Carcassonne, le pont du Gard, Nîmes, Arles, Toulon, Marseille)

Dans Par les champs et par les grèves, *récit d'un voyage de Flaubert et Du Camp (publié posthume en 1881), Flaubert croit se distinguer par un petit ton supérieurement blasé qu'on a parfois à vingt-cinq ans. Un de ses premiers mots pour qualifier les autres est « sots ». Il rapporte volontiers des platitudes qu'on lui dit. Qu'est-ce que ça peut lui faire, les sots ? Quel intérêt ont-elles, les platitudes ? Il avait besoin de ça pour se sentir supérieur. Je crois que Flaubert était un timide qui avait peur des autres.*

C'est à Toulouse qu'on s'aperçoit vraiment que l'on a quitté la montagne et qu'on entre en plein Midi. On se gorge de fruits rouges, de figues à la chair grasse. Le Languedoc est un pays de soulas, de vie douce et facile ; à Carcassonne, à Narbonne, sur toute la ligne de Toulouse à Marseille, ce sont de grandes prairies couvertes de raisins qui jonchent la terre. Çà et là des masses grises d'oliviers, comme des pompons de soie ; au fond, les montagnes de l'Hérault. L'air est chaud, et le vent du Sud fait sourire de bien-être. Les gens sont doux et polis. Pays ouvert et qui reçoit grassement l'étranger, le Languedoc n'offre point de saillies bien tranchées ni dans les types, ni dans le costume, ni dans l'idiome. Tout le Midi en effet y a passé et y a laissé quelque chose : Romains, Goths, Francs du Nord aussi, dans la guerre des Albigeois, Espagnols à leur tour, tous y sont venus et y ont chassé sans doute tout élément national et primitif ; la nationalité s'est retirée plus haute et plus sombre dans les montagnes, ou plus acariâtre et violente dans la Provence. Quoique je n'aie rien retrouvé du Midi du Moyen Âge (à l'exception peut-être de quelques sculptures albigeoises à en juger par leur ressemblance avec les monuments persans à cause de la reproduction du cheval ailé et d'autres symboles ultra-caucasiques que n'a point employés le Nord), la différence n'en reste pas moins sensible entre les deux provinces. En arrivant à Nîmes, par exemple, qui est pourtant encore du Languedoc, tout est changé, et la population y est criarde et avide ; elle ressemble un peu, je crois, à ce que devait être le bas peuple à Rome, les affranchis, les barbiers, les souteneurs, tous les valets de Plaute. Cela tient sans doute à ce que je les ai vus à l'ombre des arènes et dans un pays tout romain.

Le lendemain matin de mon arrivée à Carcassonne, j'ai été sur la grande place. C'est là une vraie place du Midi, où il fait bon dormir à l'ombre pour faire la sieste. Elle est plantée de platanes qui y jettent de l'ombre, et la grande fontaine au milieu, ornée de Naïades tenant entre leurs cuisses des dauphins, répand tout alentour cette suave fraîcheur des eaux que les pores hument si bien. On y tenait le marché : dans des corbeilles de jonc étaient dressées des pyramides de fruits, raisins, figues, poires ; le ciel était bleu, tout souriait, je sortais de table, j'étais heureux.

En face de la ville moderne il y a la vieille, dont les pans de murs s'étendent en grandes lignes grises de l'autre côté du fleuve, comme une rue romaine. On y monte par une rampe qui suit la colline ; on passe les tours d'entrée et l'on se trouve dans les rues. Elles sont droites et petites, pleines de tas de fumier, resserrées entre de vieilles maisons la plupart abandonnées ; de temps en temps un petit jardin avec une vigne et un olivier s'élève entre des toits plats. Sur une place il y a un grand puits roman dont le dedans est tout tapissé d'herbes ; personne n'y puise plus de l'eau, les plantes poussent au fond dans la source à moitié comblée. La ville est entourée d'un réseau de murs, romains par la base, gothiques par la tête ; on les répare, on les soutient du moins. Les portes aux mâchicoulis sont encore debout, mais je n'y ai trouvé ni soldat romain, ni archer latin, disparus également sous l'herbe des fossés. Si on regarde du côté de la campagne, tout est radieux et illuminé de soleil et flambe de vie. La vieille ville est là, assise sur la colline, et regarde les champs étendus à ses pieds depuis longtemps, comme un vieux terme dans un jardin.

L'église est gothique d'extérieur, romane à l'intérieur. Quand nous y sommes entrés, on moulait une vieille sculpture illisible où l'on ne voyait que confusément des cavaliers, une tour, un assaut. Qu'est maintenant devenu le déblaiement de la chapelle latérale ?

Dans la cathédrale de la ville neuve, chapelle très remarquable par deux statues, l'une de saint Benoist et l'autre de saint Jean.

C'était vendanges tout le long de la route jusqu'à Nîmes, aussi avons-nous vu des charrettes couvertes de baquets rougis ; partout on cueillait la vigne dans les champs.

Il était environ midi quand nous entrâmes à Narbonne. Le soleil dorait toute la campagne et la cathédrale se détachait sur l'azur du ciel, je n'avais pas l'idée de ce que c'était qu'un horizon. Pendant deux jours, c'est bien mieux, j'ai vécu en pleine antiquité, à Nîmes et à Arles.

Rien ne se rattache au pont du Gard que le vague souvenir qu'évoquent ces grands débris de grandeur romaine ; il ne coule plus rien dans l'aqueduc comblé en partie dans son long tuyau de pierre par les stalactites que les cours des eaux ont formées et qui font comme une double enceinte intérieure. Trois rangs d'arcades superposés les uns sur les autres supportent la rivière aérienne dans le lit de laquelle on se promène maintenant à pied sec. En bas et tout petit, coule le Gard qui ne passait alors que sous deux arches, tant le pont est grand et s'étend sur la campagne ; une partie s'est cachée et enfouie, des deux côtés du fleuve, dans les deux coteaux où l'édifice est appuyé, de sorte que ça fait comme un grand corps de pierre dont la tête et les pieds sont enfoncés dans le sable. En regardant d'en bas la hauteur du jet de ces voûtes, si fortes et si élégantes à la fois, il m'est venu à l'idée qu'on n'avait pas élevé de monument à l'ingénieur qui les avait élevées comme on l'a fait à M. Lebas pour le Luxor, et que les hommes qui ont fait tout cela ne sortaient pas de l'École polytechnique !

Le soleil était presque couché quand nous fûmes de retour à Nîmes ; la grande ombre des arènes se projetait tout alentour ; le vent de la nuit s'élevant faisait battre au haut des arcades les figuiers sauvages poussés sous les assises des mâts du vélarium. C'était à cette heure-là que souvent le spectacle devait finir, quand il s'était bien prolongé et que lions et gladiateurs s'étaient longuement tués. Le gardien vint nous ouvrir la grille de fer et nous entrâmes seuls sous les galeries abandonnées où se croisèrent et allèrent tant de pas dont les pieds sont ailleurs.

L'arène était vide et on eût dit qu'on venait de la quitter, car les gradins sont là tout autour et dressés en amphithéâtre pour que tout le monde puisse voir. Voici la loge de l'empereur, voici celle des chevaliers un peu plus bas, les vestales étaient en face ; voici les trois portes par où s'élançaient à la fois les gladiateurs et les bêtes fauves, si bien que si les morts revenaient, ils retrouveraient intactes leurs places laissées vides depuis deux mille ans, et pourraient s'y rasseoir encore, car personne ne la leur a prise, et le cirque a l'air d'attendre les vieux hôtes évanouis. Qui dira tout ce que savent ces pierres nues, tout ce qu'elles ont entendu, les jours qu'elles étaient neuves et quand la terre ne leur était pas montée jusqu'au cou ? cris féroces, trépignements d'impatience, tout ce qui s'est dit, sur ce seul coin de pierre, de triste, de gai, d'atroce et de folâtre, tous ceux qui ont ri, tous ceux qui sont venus, qui s'y sont assis et qui se sont levés ; il fut un temps où tout cela était retentissant de voix sonores, du bas jusqu'en haut, ce n'étaient que laticlaves bordés de rouge, manteaux de pourpre, sur l'épaule des sénateurs ; le vélarium flottait et le safran mouillait le sable avant que la rosée de sang n'en ait fait une boue. Que disait-on en attendant la venue de César ou du préteur, quand sous ses pieds dans les caveaux qui sont là rugissaient les panthères et que tout le monde se penchait en avant pour voir de quel air elles allaient sortir ? Qu'y disait Dave à Formion, Libertinus à Posthumus ? Quelle histoire racontait Hippia au consul ? de quel air riaient les sénateurs quand la place des chevaliers se trouvait prise ? Et là-haut, suspendus au plus haut, pourquoi les affranchis crient-ils si fort que tout le monde se tourne vers eux ? Et à cette heure-là, au crépuscule, quand tout était fini, que l'empereur se levait de sa loge, quand la vapeur grasse du théâtre montait au ciel toute chaude de sang et d'haleines, le soleil se couchait comme aujourd'hui dans son ciel bleu, le bruit s'écoulait peu à peu ; on venait enlever les morts, la courtisane remontait dans sa litière pour aller aux thermes avant souper, et Gito courait bien vite chez le barbier se faire nettoyer les ongles et épiler les joues, car la nuit va venir et on l'aime tant !

Ce qu'on appelle la Fontaine à Nîmes est un grand jardin plein d'ombrage et de murmures. Il n'y avait pas tant d'eau du temps qu'on se baignait sous les colonnes de marbre qui se trouvent suspendre une grande allée de jardin dans laquelle vous marchez. Au milieu il y a une île avec des Amours et des Naïades du temps de Louis XIV qui a fait construire le canal qui conduit l'eau jusqu'à la ville. Au fond du jardin et à côté de la fontaine, à gauche, est le temple de Diane dont la voûte est écroulée ; on marche sur les frises et les corniches, les acanthes de marbre sont couvertes de mousse, les statues sont brisées et on n'en voit que des tronçons, morceaux de draperies qui semblent déchirés et qui se tiennent debout seuls comme des loques de marbre ; on se demande où est le reste.

Du haut de la tour Magne on voit toute la plaine de Nîmes, ses maisonnettes éparses dans la campagne, à mi-côte, toutes entourées de jardins d'oliviers et de vignes, et chacune assise à son aise dans la verdure grise de ses touffes d'oliviers. De longues rues qui descendent vers la ville, encaissées dans deux couloirs de murs faits avec de la poussière et des cailloux, ressemblent à des lignes de craie serpentant sur un tapis vert.

Je n'ai pas eu le temps de voir complètement la Maison Carrée.

À Arles également j'aurais voulu rester plus longtemps et y savourer longuement toutes les délicatesses sans nombre du cloître Saint-Trophime, qu'il faut avoir vu pour aimer et pour désirer encore Arles. Souvenir romain, un souvenir triste et grave, surtout sur le soir. Son amphithéâtre n'est pas, comme celui de Nîmes, presque intact et retrouvé tout entier comme une statue déterrée, il est enfoui jusqu'au milieu dans la terre et les loges supérieures sont démantelées ; on dirait que les gradins qui s'écroulent veulent descendre dans l'arène. Malgré les tours de Charles Martel on ne pense guère aux Francs, et malgré la chaumière laissée comme spécimen de toutes celles qui emplissaient naguère le cirque, on ne pense guère non plus au Moyen Âge.

Ces monuments romains sont comme un squelette dont les os çà et là passent à travers la terre ; aux ondulations du gazon on devine la forme du mort. Le théâtre est encore enfoui sous les maisons voisines et il n'y a qu'un coin qui se montre ; sur une plate-forme qui faisait face aux bancs de pierre et que j'ai jugée la scène, deux colonnes de marbre blanc sont encore debout, hautes toutes deux, décorées d'une collerette de feuilles d'acanthe, tandis que toutes les autres sont étendues, mutilées, à leurs pieds. C'est par là qu'on a joué Plaute et Térence et que les Mascarilles du monde latin ont fait rire le peuple ; l'ombre de la comédie latine palpite encore là. Au coin de la rue une fille sur sa porte attendait l'aventure (*carnem homini tenentem*), mais les bougies du lupanar qui devaient brûler jour et nuit étaient éteintes, tant toute splendeur se perd ; pauvre ruine d'amour, à côté de la ruine de l'art et qui vivait dans son ombre. Les Arlésiennes sont jolies. On en voit peu, on m'a dit qu'on n'en voyait plus. On ne voit donc plus rien maintenant ! C'est là ce qu'on appelle le type gréco-romain ; leur taille est forte et svelte à la fois comme un fût de marbre, leur profil exquis est entouré d'une large bande de velours rouge qui leur passe sur le haut de la tête, se rattache sous leur cou et rehausse ainsi la couleur noire de leurs cheveux et fait nuance avec l'éclat de leur peau, toute chauffée de reflets de soleil.

C'est le lendemain, en me réveillant, que j'ai aperçu la Méditerranée, toute couverte encore des vapeurs du matin qui montaient pompées par le soleil ; ses eaux azurées étaient étendues entre les parois grises des rochers de la baie avec un calme et une solennité antique. Toute la côte qui descend jusqu'au rivage est couverte de bastides éparses dans la campagne, leurs volets étaient fermés et le jour les surprenait tout endormies entre les oliviers et les figuiers qui les entourent.

J'aime bien la Méditerranée, elle a quelque chose de grave et de tendre qui fait penser à la Grèce, quelque chose d'immense et de voluptueux qui fait penser à l'Orient. À la baie aux Oursins, où j'ai été pour voir pêcher le thon, je me serais cru volontiers sur un rivage d'Asie Mineure. Il faisait si beau soleil, toute la nature en fête vous entrait si bien dans la peau et dans le cœur ! C'est la fille du patron Scard qui nous a reçus ; elle nous a fait monter dans sa maison, des filets étaient étendus par terre, et le jour qui entrait par la fenêtre faisait éclater de blancheur la peinture à la colle qui décorait la muraille. Mlle Scard n'est pas jolie, mais elle avait des mouvements de tête et de taille les plus gracieux du monde ; tout en causant, elle se tenait sur sa chaise d'une façon mignarde et naïve. J'ai pensé aux belles demoiselles de ville qui se lissent, qui se sanglent, qui jeûnent et qui, après tout, ne valent pas en esprit et en beauté le sans-façon cordial de la fille du bord de la mer. Elle est venue avec nous dans la barque et elle a causé tout le temps avec nous comme une bonne créature. Ses yeux sont du même azur que la mer. Pas un souffle d'air ne ridait les flots, et nous avancions à la rame doucement et tout en suivant la direction du filet ; l'eau est si transparente que je m'amusais à regarder la madrague qui filait sous notre barque et les petits poissons se jouer dans les mailles avec toutes les couleurs chatoyantes que leur donnait le soleil qui, passant à travers les flots, les colorait de mille nuances d'azur, d'or et d'émeraude ; ils frétillaient, passaient et revenaient avec mille petits mouvements les plus gentils du monde. À mesure qu'on s'avance, le filet se resserre et s'étrangle de plus en plus vers les trois barques placées au large, qui forment comme un cul-de-sac où doit se rendre tout le poisson pris dans le filet antérieur. Les nattes de jonc accrochées aux barques, plongées dans l'eau et sur les bords se relevant en coquille, avaient l'air du berceau d'une Naïade.

Un dimanche soir j'ai vu le peuple se réjouir. Ce qui chagrine le plus les gens vertueux c'est de voir le peuple s'amuser. Il y a de quoi les chagriner fort à Marseille, car il s'y amuse tout à son aise, et boit le plaisir par tous les pores, sous toutes les formes, tant qu'il peut. J'en suis rentré le soir tout édifié et plein d'estime pour ces bonnes gens qui dînent sans causer politique et qui s'enivrent sans philosophie. La rue de la Darse était pleine de marins de toutes les nations, juifs, arméniens, grecs, tous en costume national, encombrant les cabarets, riant avec des filles, renversant des pots de vin, chantant, dansant, faisant l'amour à leur aise. Aux portes des guinguettes, c'était une foule mouvante, chaude et gaie, qui se dressait sur la pointe des pieds pour voir ceux qui étaient attablés, qui jouaient et qui fumaient. Nous nous y sommes mêlés et à travers les vitres obscurcies nous avons vu, tout au fond d'une grande pièce, la représentation d'un mystère provençal. Sur une estrade au fond se tenaient quatre à cinq personnages richement vêtus ; il y avait le roi avec sa couronne, la reine, le paysan à qui on avait enlevé sa fille et qui se disputait avec le ravisseur pendant que la mère désolée et s'arrachant les cheveux chantait une espèce de complainte avec des exclamations nombreuses, comme dans les tragédies d'Eschyle. Le dialogue était vif et animé, improvisé sans doute, plein de saillies à coup sûr à en juger par les éclats de rire et les applaudissements qui survenaient de temps à autre dans l'auditoire. Tous ces braves gens écoutaient et goûtaient l'air avec respect et recueillement d'une manière à réjouir un poète s'il fût passé là. J'ai remarqué que les tables étaient presque toutes vides ou à peu près, on se pressait pour entrer, et la foule s'introduisait flot à flot comme elle pouvait, mais sans troubler le spectacle. Des joueurs de mandoline ou des chanteurs étaient aussi dans la rue, il y avait des cercles autour d'eux. On n'entendait aucun chant d'ivrogne ; les tavernes du rez-de-chaussée, toutes ouvertes, fermaient la vue de ce qui se passait au dedans par un grand rideau blanc qui tombait depuis le haut jusqu'en bas ; lorsque quelqu'un allait ou venait, on l'entr'ouvrait, on voyait assis, sur des tabourets séparés, trois ou quatre hommes du peuple, les bras nus, tenant des femmes sur leurs genoux.

À Toulon, j'ai revu, au coin d'une rue, encore un de ces drames, mais cette fois en français ; la scène était plus simple : un nain fort laid causait avec une grande fille assez jolie et exerçait sa verve sur les riches et les gens d'esprit, ce qui faisait rire les pauvres et les sots. Pour un homme intelligent qui saurait le provençal ou qui voudrait l'apprendre, ce serait une chose à étudier que ces derniers restes du théâtre roman, où l'on retrouverait peut-être tout à la fois des romanceros espagnols, des *canzone* des troubadours, des atellanes latines et de la farce italienne du temps de Scaramouche, quand Molière y prit son *Médecin barbouillé*.

Marseille est une jolie ville, bâtie de grandes maisons qui ont l'air de palais. Le soleil, le grand air du Midi entrent librement dans ses longues rues ; on y sent je ne sais quoi d'oriental, on y marche à l'aise, on respire content, la peau se dilate et hume le soleil comme un grand bain de lumière. Marseille est maintenant ce que devait être la Perse dans l'antiquité, Alexandrie au Moyen Âge : un capharnaüm, une Babel de toutes les nations, où l'on voit des cheveux blonds, ras, de grandes barbes noires, la peau blanche rayée de veines bleues, le teint olivâtre de l'Asie, des yeux bleus, des regards noirs, tous les costumes, la veste, le manteau, le drap, la toile, la collerette rabattue des Anglais, le turban et les larges pantalons des Turcs. Vous entendez parler cent langues inconnues, le slave, le sanscrit, le persan, le scythe, l'égyptien, tous les idiomes, ceux qu'on parle au pays des neiges, ceux qu'on soupire dans les terres du Sud. Combien sont venus là sur ce quai où il fait maintenant si beau, et qui sont retournés auprès de leur cheminée de charbon de terre, ou dans leurs huttes au bord des grands fleuves, sous les palmiers de cent coudées, ou dans leur maison de jonc au bord du Gange ? Nous avons pris une de ces petites barques couvertes de tentes carrées, avec des franges blanches et rouges, et nous nous sommes fait descendre de l'autre côté du port où il y a des marchands, des voiliers, des vendeurs de toute espèce. Nous sommes entrés dans une de ces boutiques pour y acheter des pipes turques, des sandales, des cannes d'agavé, toutes ces babioles étalées sous des vitres, venues de Smyrne, d'Alexandrie, de Constantinople, qui exhalent pour l'homme à l'imagination complaisante tous les parfums d'Orient, les images de la vie du sérail, les caravanes cheminant au désert, les grandes cités ensevelies dans le sable, les clairs de lune sur le Bosphore. J'y suis resté longtemps ; il y avait toutes sortes d'oiseaux venus de pays divers, enfermés dans des cages devant la boutique, qui battaient leurs ailes au soleil. Pauvres bêtes, qui regrettaient leur pays, leur nid resté vide à 2 000 lieues d'ici dans de grands arbres, bien hauts. Si j'ai maudit les bains de Bordeaux, je bénis ceux de Marseille. Quand j'y fus, c'était le soir, au soleil couchant ; il y avait peu de monde, j'avais toute la mer pour moi. Le grand calme qu'il faisait est des plus agréables pour nager, et le flot vous berce tout doucement avec un grand charme. Quelquefois j'écartais les quatre membres et je restais suspendu sur l'eau sans rien faire, regardant le fond de la mer tout tapissé de varechs, d'herbes vertes qui se remuent lentement, suivant le roulis qui les agite lentement comme une brise. Le soleil n'avait plus de rayons, et son grand disque rouge s'enfonçait sous l'horizon des flots, leur donnant des teintes roses et rouge pourpre ; quand il s'est couché, tout est devenu noir, et le vent du soir a fait faire du bruit aux flots en les poussant un peu sur les rochers qui se trouvaient sur le rivage.

J'ai eu le même spectacle le lendemain en allant dîner au Prado. Nous nous sommes promenés en barque dans une petite rivière qui se jette là ; des touffes d'arbres retombent au milieu, mes rames s'engageaient dans les feuilles restées sur le courant… qui ne coule pas, exercice qui m'a préparé à recevoir l'excellent dîner que nous avons fait chez *Courty*, grâce aux ordres et à la bourse de M. Cauvierre.

À Toulon, il va sans dire que j'ai visité un vaisseau de ligne. C'est certainement beau, grand, inspirant. J'ai vu des marins qui mangeaient dans de la porcelaine, j'ai assisté au salut du pavillon, etc., j'ai pu, comme tous les badauds, être étonné de voir des tapis et des fauteuils élastiques dans la chambre du capitaine ; mais en vue de marine j'aime mieux celle d'un petit port de mer comme Lansac, comme Trouville, où toutes les barques sont noires, usées, retapées, où tout sent le goudron, où la poulie rouillée crie au haut du mât, où les marteaux résonnent sur les vieilles carcasses qu'on calfeutre. De même, les fortifications de Toulon peuvent être une belle chose pour les troupiers, mais je n'aime point l'art militaire dans ce qu'il a de boutonné, de propre ; les remparts ne me plaisent qu'à moitié détruits. Il y a plus de poésie dans la casaque trouée d'un vieux troupier que sur l'uniforme le plus doré d'un général ; les drapeaux ne sont beaux que lorsqu'ils sont à moitié déchirés et noirs de poudre. Les canons du *Marengo* étaient tous en bon état et cirés comme des bottes ; est-ce qu'un canon n'est pas plus beau à voir avec quelques longues taches de sang qui coule et la gueule encore fumante ? À bord, au contraire, tout était propre, ciré, frotté, fait pour plaire aux dames quand elles viennent. Ces messieurs sont d'une politesse exquise et ont fait exécuter je ne sais quelle manœuvre pour nous faire honneur quand nous avions remis le pied sur notre embarcation. Nous revenions de Saint-Mandrier, que nous avons visité, guidés par un de ses médecins, M. Raynaud fils ; on m'y a fait admirer une église toute neuve bâtie par les forçats, j'ai admiré le coup de génie qui a fait construire un temple à Dieu par la main des assassins et des voleurs. Il est vrai *que ça n'a* rien coûté, *mais il est vrai aussi qu'il est impossible*, sinon absurde, d'y dire la messe : la forme ronde de cette bâtisse a contraint à placer l'autel sur un des points de la circonférence, de sorte qu'il est impossible que les fidèles puissent voir le prêtre. Je crois, au reste, que les fidèles qui viennent là y sont peu sensibles ; s'ils trempent les mains dans le bénitier placé à l'entrée, ce n'est uniquement que pour se les laver. Il faut voir la citerne de l'hôpital dont l'écho répète tous les sons avec un vacarme épouvantable ; on y tire des coups de fusil, on y joue du cornet à piston, on crie, on chante, on miaule, on fait toutes sortes de bruits absurdes pour avoir le plaisir de se les entendre répéter plus nombreux et plus forts.

La rade de Toulon est belle à voir, surtout quand, sorti des gorges d'Ollioules, on la voit qui s'étend tout au loin dans son rayon de trois lieues de circuit, avec les mâts de tous ses vaisseaux, ses bricks, ses frégates, toutes ces voiles blanches qu'on hisse et qu'on abaisse. À droite, on a le fort Napoléon, au fond le fort Pharon. C'est par ce dernier que les républicains ont d'abord tenté le siège de la ville, qu'ils n'auraient jamais pu prendre sans le conseil de Bonaparte, qui affirma que tant que l'on ne serait pas maître de la rade, tous les efforts seraient inutiles, et qu'une fois la rade prise Toulon n'offrirait plus aucune défense. L'attaque commença donc sur le point appelé le petit Gibraltar, qui domine toute la mer et la ville elle-même qu'elle protège de ce côté. Tous les détails du siège sont d'ailleurs curieusement relatés dans l'*Histoire de la Révolution française dans le département du Var*, par M. Lauvergne, un de mes amis, que j'ai fait en voyage, un homme à moitié poète et à moitié médecin, offrant un bon mélange de sentiments et d'idées ; il m'a dit de ses vers, un soir que nous sommes revenus au bord de la rade jusqu'à Toulon ; nous avons déjeuné à une bastide voisine, dans un grand jardin plein d'ombre, où il y avait de hautes cannes de Provence, des avenues fraîches ; on a joué à la balançoire, on a fumé des cigarettes de Havane. Passé une journée à ne rien faire ; c'est toujours une de bonne, une journée tranquille, douce, où l'on a vécu avec des amis, sous un beau ciel, l'estomac plein, le cœur heureux ; elle s'est terminée par un beau crépuscule sur les flots, par une promenade pleine de causerie divaguante, de ces causeries où l'on mêle de tout, et qui tiennent à la fois de la rêverie solitaire au fond des bois et de l'intimité babillarde du coin du feu.

Extrait de *Par les champs et par les grèves*, posth., 1881.

ALFRED DE MUSSET

(1810-1857)

L'ennuyeux parc de Versailles

La postérité des châteaux, comme celle des œuvres d'art, fluctue. Versailles n'est redevenu à la mode qu'après le traité de Versailles en 1919 et l'argent envoyé par les riches Américains. Du temps de Musset, c'était une vieillerie délaissée, que même la galerie des Victoires décidée par Louis-Philippe n'avait pas ravivée.

Depuis qu'Adam, ce cruel homme,
A perdu son fameux jardin,
Où sa femme, autour d'une pomme,
Gambadait sans vertugadin,
Je ne crois pas que sur la terre
Il soit un lieu d'arbres planté
Plus célébré, plus visité,
Mieux fait, plus joli, mieux hanté,
Mieux exercé dans l'art de plaire,
Plus examiné, plus vanté,
Plus décrit, plus lu, plus chanté,
Que l'ennuyeux parc de Versailles.
Ô dieux ! ô bergers ! ô rocailles !
Vieux Satyres, Termes grognons,
Vieux petits ifs en rangs d'oignons,
Ô bassins, quinconces, charmilles !
Boulingrins pleins de majesté,

Où les dimanches, tout l'été,
Bâillent tant d'honnêtes familles !
Fantômes d'empereurs romains,
Pâles nymphes inanimées
Qui tendez aux passants les mains,
Par des jets d'eau tout enrhumées !
Tourniquets d'aimables buissons,
Bosquets tondus où les fauvettes
Cherchent en pleurant leurs chansons,
Où les dieux font tant de façons
Pour vivre à sec dans leurs cuvettes !
Ô marronniers ! n'ayez pas peur ;
Que votre feuillage immobile,
Me sachant versificateur,
N'en demeure pas moins tranquille.
Non, j'en jure par Apollon
Et par tout le sacré vallon,
Par vous, Naïades ébréchées,
Sur trois cailloux si mal couchées,
Par vous, vieux maîtres de ballets,
Faunes dansant sur la verdure,
Par toi-même, auguste palais,
Qu'on n'habite plus qu'en peinture,
Par Neptune, sa fourche au poing,
Non, je ne vous décrirai point.
Je sais trop ce qui vous chagrine ;
De Phoebus je vois les effets :
Ce sont les vers qu'on vous a faits
Qui vous donnent si triste mine.
Tant de sonnets, de madrigaux,
Tant de ballades, de rondeaux,
Où l'on célébrait vos merveilles,
Vous ont assourdi les oreilles,
Et l'on voit bien que vous dormez
Pour avoir été trop rimés.

En ces lieux où l'ennui repose,
Par respect aussi j'ai dormi.
Ce n'était, je crois, qu'à demi :
Je rêvais à quelque autre chose.
Mais vous souvient-il, mon ami,
De ces marches de marbre rose,
En allant à la pièce d'eau
Du côté de l'Orangerie,

À gauche, en sortant du château ?
C'était par là, je le parie,
Que venait le roi sans pareil,
Le soir, au coucher du soleil,
Voir dans la forêt, en silence,
Le jour s'enfuir et se cacher
(Si toutefois en sa présence
Le soleil osait se coucher).
Que ces trois marches sont jolies !
Combien ce marbre est noble et doux !
Maudit soit du ciel, disions-nous,
Le pied qui les aurait salies !
N'est-il pas vrai ? Souvenez-vous.
– Avec quel charme est nuancée
Cette dalle à moitié cassée !
Voyez-vous ces veines d'azur,
Légères, fines et polies,
Courant, sous les roses pâlies,
Dans la blancheur d'un marbre pur ?
Tel, dans le sein robuste et dur
De la Diane chasseresse,
Devait courir un sang divin ;
Telle, et plus froide, est une main
Qui me menait naguère en laisse.
N'allez pas, du reste, oublier
Que ces marches dont j'ai mémoire
Ne sont pas dans cet escalier
Toujours désert et plein de gloire,
Où ce roi, qui n'attendait pas,
Attendit un jour, pas à pas,
Condé, lassé par la victoire.
Elles sont près d'un vase blanc,
Proprement fait et fort galant.
Est-il moderne ? est-il antique ?
D'autres que moi savent cela ;
Mais j'aime assez à le voir là,
Étant sûr qu'il n'est point gothique.
C'est un bon vase, un bon voisin ;
Je le crois volontiers cousin
De mes marches couleur de rose ;
Il les abrite avec fierté.
Ô mon Dieu ! dans si peu de chose
Que de grâce et que de beauté !

Dites-nous, marches gracieuses,
Les rois, les princes, les prélats,
Et les marquis à grands fracas,
Et les belles ambitieuses,
Dont vous avez compté les pas ;
Celles-là surtout, j'imagine,
En vous touchant ne pesaient pas.
Lorsque le velours ou l'hermine
Frôlaient vos contours délicats,
Laquelle était la plus légère ?
Est-ce la reine Montespan ?
Est-ce Hortense avec un roman,
Maintenon avec son bréviaire,
Ou Fontange avec son ruban ?
Beau marbre, as-tu vu la Vallière ?
De Parabère ou de Sabran
Laquelle savait mieux te plaire ?
Entre Sabran et Parabère
Le Régent même, après souper,
Chavirait jusqu'à s'y tromper.
As-tu vu le puissant Voltaire,
Ce grand frondeur des préjugés,
Avocat des gens mal jugés,
Du Christ ce terrible adversaire,
Bedeau du temple de Cythère,
Présentant à la Pompadour
Sa vieille eau bénite de cour ?
As-tu vu, comme à l'ermitage,
La rondelette Dubarry
Courir, en buvant du laitage,
Pieds nus, sur le gazon fleuri ?
Marches qui savez notre histoire,
Aux jours pompeux de votre gloire,
Quel heureux monde en ces bosquets !
Que de grands seigneurs, de laquais,
Que de duchesses, de caillettes,
De talons rouges, de paillettes,
Que de soupirs et de caquets,
Que de plumets et de calottes,
De falbalas et de culottes,
Que de poudre sous ces berceaux,
Que de gens, sans compter les sots !
Règne auguste de la perruque,
Le bourgeois qui te méconnaît

Mérite sur sa plate nuque
D'avoir un éternel bonnet.
Et toi, siècle à l'humeur badine,
Siècle tout couvert d'amidon,
Ceux qui méprisent ta farine
Sont en horreur à Cupidon !…
Est-ce ton avis, marbre rose ?
Malgré moi, pourtant, je suppose
Que le hasard qui t'a mis là
Ne t'avait pas fait pour cela.
Aux pays où le soleil brille,
Près d'un temple grec ou latin,
Les beaux pieds d'une jeune fille,
Sentant la bruyère et le thym,
En te frappant de leurs sandales,
Auraient mieux réjoui tes dalles
Qu'une pantoufle de satin.
Est-ce d'ailleurs pour cet usage
Que la nature avait formé
Ton bloc jadis vierge et sauvage
Que le génie eût animé ?
Lorsque la pioche et la truelle
T'ont scellé dans ce parc boueux,
En t'y plantant malgré les dieux,
Mansard insultait Praxitèle.
Oui, si tes flancs devaient s'ouvrir,
Il fallait en faire sortir
Quelque divinité nouvelle.
Quand sur toi leur scie a grincé,
Les tailleurs de pierre ont blessé
Quelque Vénus dormant encore,
Et la pourpre qui te colore
Te vient du sang qu'elle a versé.

Est-il donc vrai que toute chose
Puisse être ainsi foulée aux pieds,
Le rocher où l'aigle se pose,
Comme la feuille de la rose
Qui tombe et meurt dans nos sentiers ?
Est-ce que la commune mère,
Une fois son œuvre accompli,
Au hasard livre la matière,
Comme la pensée à l'oubli ?
Est-ce que la tourmente amère

Jette la perle au lapidaire
Pour qu'il l'écrase sans façon ?
Est-ce que l'absurde vulgaire
Peut tout déshonorer sur terre
Au gré d'un cuistre ou d'un maçon ?

Extrait de *Poésies nouvelles*, 1850.

FRANÇOIS RENÉ DE CHATEAUBRIAND

(1768-1848)

Saint-Malo

Un ami se trouvant à Saint-Malo m'envoie une photo de la tombe de Chateaubriand, vous savez, au bord de la mer, avec la plaque en capitales : « UN GRAND ÉCRIVAIN FRANÇAIS A VOULU REPOSER ICI POUR N'Y ENTENDRE QUE LA MER ET LE VENT. PASSANT, RESPECTE SA DERNIÈRE VOLONTÉ. » Se faire enterrer de la sorte me semble de la dernière grossièreté. C'était une habitude chez cet homme. Dès qu'il faisait quelque chose de bien, il ajoutait son nom en gros pour qu'on le sache, avec un penchant pour le funèbre. Rome où j'écris ceci montre bien ce vampirisme. À Saint-Louis-des-Français, la tombe de Pauline de Beaumont porte la mention finale : « F. A. DE CHATEAUBRIAND A ÉLEVÉ CE MONUMENT À SA MÉMOIRE » et, mieux encore, à San Lorenzo in Lucina, il se place en premier sur la tombe de Poussin : « F. A. DE CHATEAUBRIAND À NICOLAS POUSSIN. » Modeste, somme toute, il poussait de l'épaule pour se mettre sur la photo.

Saint-Malo n'est qu'un rocher. S'élevant autrefois au milieu d'un marais salant, il devint une île par l'irruption de la mer qui, en 709, creusa le golfe et mit le mont Saint-Michel au milieu des flots. Aujourd'hui, le rocher de Saint-Malo ne tient à la terre ferme que par une chaussée appelée poétiquement le « Sillon ». Le Sillon est assailli d'un côté par la pleine mer, de l'autre est lavé par le flux qui tourne pour entrer dans le port. Une tempête le détruisit presque entièrement en 1730. Pendant les heures de reflux, le port reste à sec, et, à la bordure est et nord de la mer, se découvre une grève du plus beau sable. On peut faire alors le tour de mon nid paternel. Auprès et au loin, sont semés des rochers, des forts, des îlots inhabités : le Fort-Royal, la Conchée, Césembre et le Grand-Bé, où sera mon tombeau ; j'avais bien choisi sans le savoir : *bé*, en breton, signifie *tombe*.

Au bout du Sillon, planté d'un calvaire, on trouve une butte de sable au bord de la grande mer. Cette butte s'appelle la Hoguette ; elle est surmontée d'un vieux gibet : les piliers nous servaient à jouer aux quatre coins ; nous les disputions aux oiseaux de rivage. Ce n'était pourtant pas sans une sorte de terreur que nous nous arrêtions dans ce lieu.

Là se rencontrent aussi les *Miels*, dunes où pâturaient les moutons ; à droite sont des prairies au bas du Paramé, le chemin de poste de Saint-Servan, le cimetière neuf, un calvaire et des moulins sur des buttes, comme ceux qui s'élèvent sur le tombeau d'Achille à l'entrée de l'Hellespont.

[…]

Malo, en latin *Maclovius, Macutus, Machutes*, devenu en 541 évêque d'Aleth, attiré qu'il fut par la renommée d'Aaron, le visita. Chapelain de l'oratoire de cet ermite, après la mort du saint il éleva une église cénobiale, *in praedio Machutis*. Ce nom de Malo se communiqua à l'île, et ensuite à la ville, *Maclovium, Maclopolis*.

De saint Malo, premier évêque d'Aleth, au bienheureux Jean surnommé *de la Grille*, sacré en 1140 et qui fit élever la cathédrale, on compte quarante-cinq évêques. Aleth étant déjà presque entièrement abandonnée, Jean de la Grille transféra le siège épiscopal de la ville romaine dans la ville bretonne qui croissait sur le rocher d'Aaron.

Saint-Malo eut beaucoup à souffrir dans les guerres qui survinrent entre les rois de France et d'Angleterre.

Le comte de Richemont, depuis Henri VII d'Angleterre, en qui se terminèrent les démêlés de la Rose blanche et de la Rose rouge, fut conduit à Saint-Malo. Livré par le duc de Bretagne aux ambassadeurs de Richard, ceux-ci l'emmenaient à Londres pour le faire mourir. Échappé à ses gardes, il se réfugia dans la cathédrale, *asylum quod in eâ urbe est inviolatissimum* : ce droit d'asile remontait aux Druides, premiers prêtres de l'île d'Aaron.

Un évêque de Saint-Malo fut l'un des trois favoris (les deux autres étaient Arthur de Montauban et Jean Hingant) qui perdirent l'infortuné Gilles de Bretagne : c'est ce que l'on voit dans l'*Histoire lamentable de Gilles, seigneur de Chateaubriand et de Chantocé, prince du sang de France et de Bretagne, étranglé en prison par les ministres du favori, le 24 avril 1450*.

Il y a une belle capitulation entre Henri IV et Saint-Malo : la ville traite de puissance à puissance, protège ceux qui se sont réfugiés dans ses murs, et demeure libre, par une ordonnance de Philibert de La Guiche, grand maître de l'artillerie de France, de faire fondre cent pièces de canon. Rien ne ressemblait davantage à Venise (au soleil et aux arts près) que cette petite république malouine par sa religion, sa richesse et sa chevalerie de mer. Elle appuya l'expédition de Charles Quint en Afrique et secourut Louis XIII devant La Rochelle. Elle promenait son pavillon sur tous les flots, entretenait des relations avec Moka, Surate, Pondichéry, et une compagnie formée dans son sein explorait la mer du Sud.

À compter du règne de Henri IV, ma ville natale se distingua par son dévouement et sa fidélité à la France. Les Anglais la bombardèrent en 1693 ; ils y lancèrent, le 29 novembre de cette année, une machine infernale, dans les débris de laquelle j'ai souvent joué avec mes camarades. Ils la bombardèrent de nouveau en 1758.

Les Malouins prêtèrent des sommes considérables à Louis XIV pendant la guerre de 1701 : en reconnaissance de ce service, il leur confirma le privilège de se garder eux-mêmes ; il voulut que l'équipage du premier vaisseau de la marine royale fût exclusivement composé de matelots de Saint-Malo et de son territoire.

En 1771, les Malouins renouvelèrent leur sacrifice et prêtèrent trente millions à Louis XV. Le fameux amiral Anson descendit à Cancale, en 1758, et brûla Saint-Servan. Dans le château de Saint-Malo, La Chalotais écrivit sur du linge, avec un cure-dent, de l'eau et de la suie, les mémoires qui firent tant de bruit et dont personne ne se souvient. Les événements effacent les événements ; inscriptions gravées sur d'autres inscriptions, ils font des pages de l'histoire des palimpsestes.

Saint-Malo fournissait les meilleurs matelots de notre marine ; on peut en voir le rôle général dans le volume in-folio publié en 1682 sous ce titre : *Rôle général des officiers, mariniers et matelots de Saint-Malo*. Il y a une *Coutume de Saint-Malo*, imprimée dans le recueil du Coutumier général. Les archives de la ville sont assez riches en chartes utiles à l'histoire et au droit maritime.

Saint-Malo est la patrie de Jacques Cartier, le Christophe Colomb de la France, qui découvrit le Canada. Les Malouins ont encore signalé à l'autre extrémité de l'Amérique les îles qui portent leur nom : *Îles Malouines*.

Saint-Malo est la ville natale de Duguay-Trouin, l'un des plus grands hommes de mer qui aient paru, et, de nos jours, elle a donné à la France Surcouf. Le célèbre Mahé de La Bourdonnais, gouverneur de l'Île de France, naquit à Saint-Malo, de même que La Mettrie, Maupertuis, l'abbé Trublet dont Voltaire a ri : tout cela n'est pas trop mal pour une enceinte qui n'égale pas celle du jardin des Tuileries.

L'abbé de Lamennais a laissé loin derrière lui ces petites illustrations littéraires de ma patrie.

Broussais est également né à Saint-Malo, ainsi que mon noble ami, le comte de La Ferronnays.

Enfin, pour ne rien omettre, je rappellerai les dogues qui formaient la garnison de Saint-Malo : ils descendaient de ces chiens fameux, enfants de régiment dans les Gaules, et qui, selon Strabon, livraient avec leurs maîtres des batailles rangées aux Romains. Albert le Grand, religieux de l'ordre de Saint-Dominique, auteur aussi grave que le géographe grec, déclare qu'à Saint-Malo « la garde d'une place si importante était commise toutes les nuits à la fidélité de certains dogues qui faisaient bonne et sûre patrouille ». Ils furent condamnés à la peine capitale pour avoir eu le malheur de manger inconsidérément les jambes d'un gentilhomme ; ce qui a donné lieu de nos jours à la chanson : *Bon voyage*. On se moque de tout. On emprisonna les criminels ; l'un d'eux refusa de prendre la nourriture des mains de son gardien qui pleurait ; le noble animal se laissa mourir de faim : les chiens, comme les hommes, sont punis de leur fidélité. Au surplus, le Capitole était, de même que ma Délos, gardé par des chiens, lesquels n'aboyaient pas lorsque Scipion l'Africain venait à l'aube faire sa prière.

Enclos de murs de diverses époques qui se divisent en *grands* et *petits*, et sur lesquels on se promène, Saint-Malo est encore défendu par le château dont j'ai parlé, et qu'augmenta de tours, de bastions et de fossés, la duchesse Anne. Vue du dehors, la cité insulaire ressemble à une citadelle de granit.

C'est sur la grève de la pleine mer, entre le château et le Fort-Royal, que se rassemblent les enfants ; c'est là que j'ai été élevé, compagnon des flots et des vents. Un des premiers plaisirs que j'aie goûtés était de lutter contre les orages, de me jouer avec les vagues qui se retiraient devant moi, ou couraient après moi sur la rive. Un autre divertissement était de construire, avec l'arène de la plage, des monuments que mes camarades appelaient des *fours*. Depuis cette époque, j'ai souvent vu bâtir pour l'éternité des châteaux plus vite écroulés que mes palais de sable.

[…]

Mes compatriotes avaient quelque chose d'étranger, qui rappelait l'Espagne. Des familles malouines étaient établies à Cadix ; des familles de Cadix résidaient à Saint-Malo. La position insulaire, la chaussée, l'architecture, les maisons, les citernes, les murailles de granit de Saint-Malo, lui donnent un air de ressemblance avec Cadix : quand j'ai vu la dernière ville, je me suis souvenu de la première.

Enfermés le soir sous la même clé dans leur cité, les Malouins ne composaient qu'une famille. Les mœurs étaient si candides que de jeunes femmes qui faisaient venir des rubans et des gazes de Paris, passaient pour des mondaines dont leurs compagnes effarouchées se séparaient. Une faiblesse était une chose inouïe : une comtesse d'Abbeville ayant été soupçonnée, il en résulta une complainte que l'on chantait en se signant. Cependant le poète, fidèle malgré lui aux traditions des troubadours, prenait parti contre le mari qu'il appelait *un monstre barbare*.

Certains jours de l'année, les habitants de la ville et de la campagne se rencontraient à des foires appelées *assemblées*, qui se tenaient dans les îles et sur des forts autour de Saint-Malo ; ils s'y rendaint à pied quand la mer était basse, en bateau lorsqu'elle était haute. La multitude de matelots et de paysans ; les charrettes entoilées ; les caravanes de chevaux, d'ânes et de mulets ; le concours des marchands ; les tentes plantées sur le rivage ; les processions de moines et de confréries qui serpentaient avec leurs bannières et leurs croix au milieu de la foule ; les chaloupes allant et venant à la rame ou à la voile ; les vaisseaux entrant au port, ou mouillant en rade ; les salves d'artillerie, le branle des cloches, tout contribuait à répandre dans ces réunions le bruit, le mouvement et la variété.

[…]

Rien de plus charmant que les environs de Saint-Malo, dans un rayon de cinq à six lieues. Les bords de la Rance, en remontant cette rivière depuis son embouchure jusqu'à Dinan, mériteraient seuls d'attirer les voyageurs ; mélange continuel de rochers et de verdure, de grèves et de forêts, de criques et de hameaux, d'antiques manoirs de la Bretagne féodale et d'habitations modernes de la Bretagne commerçante. Celles-ci ont été construites en un temps où les négociants de Saint-Malo étaient si riches que, dans leurs jours de goguette, ils fricassaient des piastres, et les jetaient toutes bouillantes au peuple par les fenêtres. Ces habitations sont d'un grand luxe. Bonnaban, château de MM. de la Saudre, est en partie de marbre apporté de Gênes, magnificence dont nous n'avons pas même l'idée à Paris. La Briantais, Le Bosq, le Montmarin, La Balue, le Colombier, sont ou étaient ornés d'orangeries, d'eaux jaillissantes et de statues. Quelquefois les jardins descendent en pente au rivage derrière les arcades d'un portique de tilleuls, à travers une colonnade de pins, au bout d'une pelouse ; par-dessus les tulipes d'un parterre, la mer présente ses vaisseaux, son calme et ses tempêtes.

Chaque paysan, matelot et laboureur, est propriétaire d'une petite bastide blanche avec un jardin ; parmi les herbes potagères, les groseilliers, les rosiers, les iris, les soucis de ce jardin, on trouve un plant de thé de Cayenne, un pied de tabac de Virginie, une fleur de la Chine, enfin quelque souvenir d'une autre rive et d'un autre soleil : c'est l'itinéraire et la carte du maître du lieu. Les tenanciers de la côte sont d'une belle race normande ; les femmes grandes, minces, agiles, portent des corsets de laine grise, des jupons courts de callemandre et de soie rayée, des bas blancs à coins de couleur. Leur front est ombragé d'une large coiffe de basin ou de batiste, dont les pattes se relèvent en forme de béret, ou flottent en manière de voile. Une chaîne d'argent à plusieurs branches pend à leur côté gauche. Tous les matins, au printemps, ces filles du Nord, descendant de leurs barques, comme si elles venaient encore envahir la contrée, apportent au marché des fruits dans des corbeilles, et des caillebottes dans des coquilles : lorsqu'elles soutiennent d'une main sur leur tête des vases noirs remplis de lait ou de fleurs, que les barbes de leurs cornettes blanches accompagnent leurs yeux bleus, leur visage rose, leurs cheveux blonds emperlés de rosée, les Valkyries de l'Edda dont la plus jeune est l'*Avenir*, ou les Canéphores d'Athènes, n'avaient rien d'aussi gracieux. Ce tableau ressemble-t-il encore ? Ces femmes, sans doute, ne sont plus ; il n'en reste que mon souvenir.

Extrait des *Mémoires d'outre-tombe*, 1re éd. (partielle) 1849.

GUY DE MAUPASSANT

(1850-1893)

La légende du mont Saint-Michel

Très normand, Maupassant. Il ne s'est que peu occupé de Paris, dans son roman Bel-Ami *(1885) et pour signer, en 1887, une pétition contre l'érection de la tour Eiffel. Au même titre que les touristes de masse, les lieux où on les mène faire des selfies, tour Eiffel, place du Tertre, Arc de Triomphe, Sacré-Cœur, pyramide du Louvre, restent invisibles aux Parisiens. Maupassant était surtout intéressé par la campagne grasse et les endroits aquatiques. (Il pratiquait le canotage. Faut-il aimer le désœuvrement !) Dans cette nouvelle, il invente de toute évidence la légende qu'il feint de rapporter.*

Je l'avais vu d'abord de Cancale ce château de fées planté dans la mer. Je l'avais vu confusément, ombre grise dressée sur le ciel brumeux.

Je le revis d'Avranches, au soleil couchant. L'immensité des sables était rouge, l'horizon était rouge, toute la baie démesurée était rouge ; seule, l'abbaye escarpée, poussée là-bas, loin de la terre, comme un manoir fantastique, stupéfiante comme un palais de rêve, invraisemblablement étrange et belle, restait presque noire dans les pourpres du jour mourant.

J'allai vers elle le lendemain dès l'aube, à travers les sables, l'œil tendu sur ce bijou monstrueux, grand comme une montagne, ciselé comme un camée et vaporeux comme une mousseline. Plus j'approchais, plus je me sentais soulevé d'admiration, car rien au monde peut-être n'est plus étonnant et plus parfait.

Et j'errai, surpris comme si j'avais découvert l'habitation d'un dieu à travers ces salles portées par des colonnes légères ou pesantes, à travers ces couloirs percés à jour, levant mes yeux émerveillés sur ces clochetons qui semblent des fusées parties vers le ciel et sur tout cet emmêlement incroyable de tourelles, de gargouilles, d'ornements sveltes et charmants, feu d'artifice de pierre, dentelle de granit, chef-d'œuvre d'architecture colossale et délicate.

Comme je restais en extase, un paysan bas-normand m'aborda et me raconta l'histoire de la grande querelle de saint Michel avec le diable.

Un sceptique de génie a dit : « Dieu a fait l'homme à son image, mais l'homme le lui a bien rendu. »

Ce mot est d'une éternelle vérité et il serait fort curieux de faire dans chaque continent l'histoire de la divinité locale, ainsi que l'histoire des saints patrons dans chacune de nos provinces. Le nègre a des idoles féroces, mangeuses d'hommes ; le mahométan polygame peuple son paradis de femmes ; les Grecs, en gens pratiques, avaient divinisé toutes les passions.

Chaque village de France est placé sous l'invocation d'un saint protecteur, modifié à l'image des habitants.

Or, saint Michel veille sur la Basse-Normandie, saint Michel, l'ange radieux et victorieux, le porte-glaive, le héros du ciel, le triomphant, le dominateur de Satan.

Mais voici comment le Bas-Normand, rusé, cauteleux, sournois et chicanier, comprend et raconte la lutte du grand saint avec le diable.

Pour se mettre à l'abri des méchancetés du démon, son voisin, saint Michel construisit lui-même, en plein océan, cette habitation digne d'un archange ; et, seul, en effet, un pareil saint pouvait se créer une semblable résidence.

Mais, comme il redoutait encore les approches du Malin, il entoura son domaine de sables mouvants plus perfides que la mer.

Le diable habitait une humble chaumière sur la côte ; mais il possédait les prairies baignées d'eau salée, les belles terres grasses où poussent les récoltes lourdes, les riches vallées et les coteaux féconds de tout le pays ; tandis que le saint ne régnait que sur les sables. De sorte que Satan était riche, et saint Michel était pauvre comme un gueux.

Après quelques années de jeûne, le saint s'ennuya de cet état de choses et pensa à passer un compromis avec le diable ; mais la chose n'était guère facile, Satan tenant à ses moissons.

Il réfléchit pendant six mois ; puis, un matin, il s'achemina vers la terre. Le démon mangeait la soupe devant sa porte quand il aperçut le saint ; aussitôt il se précipita à sa rencontre, baisa le bas de sa manche, le fit entrer et lui offrit de se rafraîchir.

Après avoir bu une jatte de lait, saint Michel prit la parole :

— Je suis venu pour te proposer une bonne affaire.

Le diable, candide et sans défiance, répondit :

— Ça me va.

— Voici. Tu me céderas toutes tes terres.

Satan, inquiet, voulut parler :

— Mais…

Le saint reprit :

— Écoute d'abord. Tu me céderas toutes tes terres. Je me chargerai de l'entretien, du travail, des labourages, des semences, du fumage, de tout enfin, et nous partagerons la récolte par moitié. Est-ce dit ?

Le diable, naturellement paresseux, accepta.

Il demanda seulement en plus quelques-uns de ces délicieux surmulets qu'on pêche autour du mont solitaire. Saint Michel promit les poissons.

Ils se tapèrent dans la main, crachèrent de côté pour indiquer que l'affaire était faite, et le saint reprit :

— Tiens, je ne veux pas que tu aies à te plaindre de moi. Choisis ce que tu préfères : la partie des récoltes qui sera sur terre ou celle qui restera dans la terre.

Satan s'écria :

— Je prends celle qui sera sur terre.

— C'est entendu, dit le saint.

Et il s'en alla.

Or, six mois après, dans l'immense domaine du diable, on ne voyait que des carottes, des navets, des oignons, des salsifis, toutes les plantes dont les racines grasses sont bonnes et savoureuses, et dont la feuille inutile sert tout au plus à nourrir les bêtes.

Satan n'eut rien et voulut rompre le contrat, traitant saint Michel de « malicieux ».

Mais le saint avait pris goût à la culture ; il retourna retrouver le diable :

— Je t'assure que je n'y ai point pensé du tout ; ça s'est trouvé comme ça ; il n'y a point de ma faute. Et, pour te dédommager, je t'offre de prendre, cette année, tout ce qui se trouvera sous terre.

— Ça me va, dit Satan.

Au printemps suivant, toute l'étendue des terres de l'Esprit du Mal était couverte de blés épais, d'avoines grosses comme des clochetons, de lins, de colzas magnifiques, de trèfles rouges, de pois, de choux, d'artichauts, de tout ce qui s'épanouit au soleil en graines ou en fruits.

Satan n'eut encore rien et se fâcha tout à fait.

Il reprit ses prés et ses labours et resta sourd à toutes les ouvertures nouvelles de son voisin.

Une année entière s'écoula. Du haut de son manoir isolé, saint Michel regardait la terre lointaine et féconde, et voyait le diable dirigeant les travaux, rentrant les récoltes, battant ses grains. Et il rageait, s'exaspérant de son impuissance. Ne pouvant plus duper Satan, il résolut de s'en venger, et il alla le prier à dîner pour le lundi suivant.

— Tu n'as pas été heureux dans tes affaires avec moi, disait-il, je le sais ; mais je ne veux pas qu'il reste de rancune entre nous, et je compte que tu viendras dîner avec moi. Je te ferai manger de bonnes choses.

Satan, aussi gourmand que paresseux, accepta bien vite. Au jour dit, il revêtit ses plus beaux habits et prit le chemin du Mont.

Saint Michel le fit asseoir à une table magnifique. On servit d'abord un vol-au-vent plein de crêtes et de rognons de coq, avec des boulettes de chair à saucisse, puis deux gros surmulets à la crème, puis une dinde blanche pleine de marrons confits dans du vin, puis un gigot de pré-salé, tendre comme du gâteau ; puis des légumes qui fondaient dans la bouche et de la bonne galette chaude, qui fumait en répandant un parfum de beurre.

On but du cidre pur, mousseux et sucré, et du vin rouge et capiteux, et, après chaque plat, on faisait un trou avec de la vieille eau-de-vie de pommes.

Le diable but et mangea comme un coffre, tant et si bien qu'il se trouva gêné.

Alors saint Michel, se levant formidable, s'écria d'une voix de tonnerre :

— Devant moi ! devant moi, canaille ! Tu oses… devant moi…

Satan éperdu s'enfuit, et le saint, saisissant un bâton, le poursuivit.

Ils couraient par les salles basses, tournant autour des piliers, montaient les escaliers aériens, galopaient le long des corniches, sautaient de gargouille en gargouille. Le pauvre démon, malade à fendre l'âme, fuyait, souillant la demeure du saint. Il se trouva enfin sur la dernière terrasse, tout en haut, d'où l'on découvre la baie immense avec ses villes lointaines, ses sables et ses pâturages. Il ne pouvait échapper plus longtemps ; et le saint, lui jetant dans le dos un coup de pied furieux, le lança comme une balle à travers l'espace.

Il fila dans le ciel ainsi qu'un javelot, et s'en vint tomber lourdement devant la ville de Mortain. Les cornes de son front et les griffes de ses membres entrèrent profondément dans le rocher, qui garde pour l'éternité les traces de cette chute de Satan.

Il se releva boiteux, estropié jusqu'à la fin des siècles ; et, regardant au loin le Mont fatal, dressé comme un pic dans le soleil couchant, il comprit bien qu'il serait toujours vaincu dans cette lutte inégale, et il partit en traînant la jambe, se dirigeant vers des pays éloignés, abandonnant à son ennemi, ses champs, ses plaines, ses coteaux, ses vallées et ses prés.

Et voilà comment saint Michel, patron des Normands, vainquit le diable.

Un autre peuple avait rêvé autrement cette bataille.

Extrait de *Clair de lune*, 1884.

JULES RENARD
(1864-1910)

« Les murs de province »

Rien à changer. Rien n'a changé.

Les murs de province suintent l'envie.

Extrait du *Journal*, posth., 1925-1927.

TRISTAN CORBIÈRE

(1845-1875)

Saint Tupetu de Tu-pe-tu

Encore un qui doit beaucoup à Verlaine, qui l'a classé dans ses Poètes maudits *de 1894. Corbière était mort depuis près de vingt ans, à l'âge de vingt-neuf ans, laissant un unique recueil,* Les Amours jaunes. *Long et fluet comme une flamme de chandelle, il écrivait des vers crissants. On pourrait dire qu'il est l'inventeur de la musique atonale, avant le* Pierrot lunaire *de Schönberg (1912).*

C'est au pays de Léon. – Est une petite chapelle à saint Tupetu. (En breton : D'un côté ou de l'autre.)

Une fois l'an, les croyants – fatalistes chrétiens – s'y rendent en pèlerinage, afin d'obtenir, par l'entremise du Saint, le dénoûment fatal de toute affaire nouée : la délivrance d'un malade tenace ou d'une vache pleine ; ou, tout au moins, quelque signe de l'avenir : tel que c'est écrit là-haut. – Puisque cela doit être, autant que cela soit de suite… d'un côté ou de l'autre – Tu-pe-tu.

L'oracle fonctionne pendant la grand'messe : l'officiant fait faire, pour chacun, un tour à la Roulette-de-chance, grand cercle en bois fixé à la voûte et manœuvré par une longue corde que Tupetu tient lui-même dans sa main de granit. La roue, garnie de clochettes, tourne en carillonnant ; son point d'arrêt présage l'arrêt du destin : – D'un côté ou de l'autre.

Et chacun s'en va comme il est venu, quitte à revenir l'an prochain… Tu-pe-tu finit fatalement par avoir son effet.

Il est, dans la vieille Armorique,
Un saint – des saints le plus pointu –
Pointu comme un clocher gothique
Et comme son nom : TUPETU.

Son petit clocheton de pierre
Semble prêt à changer de bout…
Il lui faut, pour tenir debout,
Beaucoup de foi… beaucoup de lierre…

Et, dans sa chapelle ouverte, entre
– Tête ou pieds – tout franc Breton
Pour lui tâter l'œuf dans le ventre,
L'œuf du destin : C'est oui ? – c'est non ?

– Plus fort que sainte Cunégonde
Ou Cucugnan de Quilbignon…
Petit prophète au pauvre monde,
Saint de la veine ou du guignon,

Il tient sa Roulette-de-chance
Qu'il vous fait aller pour cinq sous ;
Ça dit bien, mieux qu'une balance,
Si l'on est dessus ou dessous.

C'est la roulette sans pareille,
Et les grelots qui sont parmi
Vont, là-haut, chatouiller l'oreille
Du coquin de Sort endormi.

Sonnette de la Providence,
Et serinette du Destin ;
Carillon faux, mais argentin ;
Grelottière de l'Espérance…

Tu-pe-tu – D'un bord ou de l'autre !
Tu-pe-tu – Banco – Quitte-ou-tout !
Juge-de-paix sans patenôtre…
TUPETU, saint valet d'atout !

Tu-pe-tu – Pas de milieu !…
Tupetu, sorcier à musique,
Croupier du tourniquet mystique
Pour les macarons du Bon-Dieu !…

Médecin héroïque, il pousse
Le mourant à sauter le pas :
Soit dans la vie à la rescousse…
Soit, à pieds joints, en plein trépas :

– *Tu-pe-tu !* cheval couronné !
– *Tu-pe-tu !* qu'on saute ou qu'on butte !
– *Tu-pe-tu !* vieillard obstiné !…
Au bout du fossé la culbute !

TUPETU, saint tout juste honnête,
Petit Janus chair et poisson !
Saint confesseur à double tête,
Saint confesseur à double fond !…

– Pile-ou-face de la vertu,
Ambigu patron des pucelles
Qui viennent t'offrir des chandelles.
Jésuite ! tu dis : – *Tu-pe-tu !*…

Extrait des *Amours jaunes*, 1873.

BERNARD MANCIET
(1923-2005)

Le pin des Landes

Bernard Manciet, nom que, suivant son origine landaise, on devrait prononcer avec un « é » très fermé et un « t » sonore, Manciétt, est un des très bons écrivains bilingues de la France. Dans L'Enterrement à Sabres, *titre français de* L'Enterrament a Sabres *(1989), il crée une épopée villageoise en langue d'Oc résonnant des grands drames des cancans et des délices des souvenirs anciens, grande œuvre. Comme il écrivait un français altier et splendide, la prose française du* Triangle des Landes *n'est pas moins enthousiasmante.*

Ce que nous trouvons dans les témoignages anciens, ce sont les pins. Qu'il s'agisse du Médoc ou du Bazadais, tout y devient rose pour Ausone, c'est-à-dire pommes de pin. Pour répondre à sa voix, les roseaux des rives ont leur mélodie, et la chevelure des pins converse d'une voix tremblante avec ses vents.

Cumque suis loquitur tremulum coma pinea ventis.

La Gascogne, à ses yeux, ne fait qu'une vaste forêt, une forêt ancienne, renouvelée de siècle en siècle s'il faut en croire son petit-fils saint Paulin de Nole : « *annosae sylvae* ». Deux siècles plus tard le Médoc se retrouve dans les testaments avec ses pinèdes et ses récoltes de résine. En 812, le duc d'Aquitaine cède à l'abbaye Sainte-Croix de Bordeaux le territoire de Soulac, « entre l'océan et le fleuve », avec ses « montagnes », en d'autres termes ses forêts anciennes, sa pinède et la donation est renouvelée telle quelle, en 1026. Vers 1200, la charte de Belin mentionne boscqs et forêts. Les récoltes de résine ne paraissent nullement se ralentir pendant les siècles suivants, puisque les navires de Bayonne chargent jusqu'à « 14 miles de geme et de rosine », au XVe siècle, et que Bordeaux ne cesse de réglementer les apports de résine des « cousiots », terme dédaigneux qui s'applique aux Landais, et les lieux d'entrepôts, sources de graves incendies : « Advint […] un grand incendie sur les fossés des Palières, à l'endroit où se débitent les rezines et trebantines […]. Il n'y avait aucun remède que d'abattre et mettre par terre les maisons voisines ; car tant plus on jetait d'eau dans les boutiques et caves pleines de poix et rezine, tant plus le feu s'enflammait. On eût dit proprement que c'estoit un goufre de feu ou une montagne de Etna. » En fin de compte, avec des avancées, des retraits, comme ceux de nos plages, notre forêt semble se maintenir au cours des siècles. Le Médoc tout entier, Castelnau, Lespare, Soulac gardent leurs pinèdes ; la côte tout entière, du Buch au Born, au Marensin et au Maremne, « jusqu'à la rive droite de l'ancien lit de l'Adour », maintient son chapelet de « montagnes » boisées. De Langon à Roquefort, ce n'est au XVIIe siècle qu'une même forêt de pins, sans cultures. Les villes et les villages de l'intérieur sont entourés de grands bois : Belin, Labouheyre, Castets et Dax, où les genêts fleuris composent une demi-lieue de printemps. Labrit s'est rendu légendaire par son immense bois de lièvres, et c'est du lièvre, la « lebra », que viendrait le nom d'Albret, d'après les linguistes d'autrefois, qui ne valaient pas beaucoup mieux que ceux-ci. En somme, sous Louis XIV, la pinède couvrait de cinq cent mille à six cent mille hectares.

Bien mieux : rien n'a changé dans la répartition de la forêt, à condition de la considérer non pas comme une *silva* profonde, dans le goût de Virgile et de Heidegger, une futaie d'un seul tenant, mais comme un *saltus*, enchevêtrement de bois et de pâturages, selon les grammairiens d'entre César et Charlemagne, un laisser-aller de pinèdes capricieuses, que viennent interrompre des dunes blanches, sur le littoral, des chênes verts et des chênes-lièges sur la route de Saint-Justin à Captieux. Sur l'axe Bordeaux-Dax, ce sont tantôt broussailles, tantôt sables, tantôt bois de « pins sauvages », et peu de pâtures pour les moutons. Bref, les voyageurs du XVIIe siècle voyaient à peu près les mêmes paysages que n'importe quel automobiliste d'aujourd'hui lorsqu'il ne s'endort pas au volant sur les interminables routes droites de nos ancêtres. Rien de plus varié pourtant que la monotonie du saltus. Il renferme, au IXe siècle, du côté de Soulac, des pins, des pêcheries, des prés, des saulaies. Il mêle la chasse aux cerfs – nos panneaux routiers ne nous signalent-ils pas encore des biches bondissantes ? –, la pêche dans les marais, qui dure toujours, les troupeaux de porcs – du côté du Barp ne voit-on pas de nos jours de belles truies mi-rose mi-fange avec leur progéniture ? –, des vaches – elles continuent de tintinnabuler encore, en 1960, sur les landes de Morcenx –, et même, accidentellement, quelque berger dans la banlieue bordelaise. On nous dit bien que la population des forêts se distingue chez nous en ce qu'elle se plaît à la dispersion, à telle enseigne qu'en 1840 des agglomérations pouvaient ne compter que 15 % de la population, le reste relevant de la rubrique « population éparse ». Et il arrive encore que se rencontrent, entre lande et forêt, de vrais bourgs composés d'une église et d'une ou deux maisons. Mais ce n'est là, en somme, que se conformer aux structures du XVIe et du XVIIe siècle : les groupes d'habitation « sont fort écartés les uns des autres » et les habitations elles-mêmes « sont éloignées ». Voilà bien qui ressemble aux beaux jours de la guerre de Cent Ans : « L'habitation [...] tantôt fait corps avec le village ou le hameau, tantôt en est isolée, avec ses terres dont les unes sont groupées autour de la maison, et les autres, en plus grand nombre, égrenées sur le terroir. » Étrange stabilité peut-être, lorsqu'on voit tous ces éléments vivants, forêt et pacage, champ et lande, bourgade et métairie, empiéter au long des siècles les uns sur les autres, rétrécis, étendus, par droit de vacant et droit de perprise, eux-mêmes étirés ou restreints par la jurisprudence, le bourgeois échappant au percepteur, le laboureur au bourgeois, le chasseur aux autres chasseurs et au seigneur, le pasteur à tous. Mais il naît de ces bousculades obscures, parfois, comme des équilibres qui se renouvellent à travers les siècles. Les propriétés d'Ausone, fils d'Ausone, comportaient deux tiers de forêt boisée, tout comme celles de Dubruilhot, fils de Dubruil, en 1875, domaine modèle de la région de Pissos. Exactement les mêmes proportions que l'intendant de Bordeaux, en 1707, indique pour l'ensemble des Landes : « Le plus grand produit venait des pins […]. [Les] pignadas, on nomme ainsi les plans de pins […], occupent plus des deux tiers du pays. »

En 1698, l'intendant Louis de Besons, fin connaisseur en impôts, n'hésite pas dans ses conclusions : dans l'élection des Lannes, peu de pâturages pour les moutons. Or, cent vingt ans plus tard, les Landes de Gascogne, distribuées entre trois départements, prétendent totaliser un million deux cent mille têtes d'ovins, soit trente gigots par habitant. Triomphe assurément de Mme Deshoulières : « Hélas ! petits moutons que vous êtes heureux ! » Écœurement aussi des métairies, lorsqu'on voit défiler huit jours de suite sur la table le gigot, l'épaule, la côte, l'œil, mets de prédilection des jeunes filles, la tripe, le pied, cuits à la broche, au four, à la « coquela », en persillade, en vinaigrette, en ragoût, en « panturon » et réchauffés devant l'âtre jusqu'à épuisement du mouton. En revanche, les forêts qui en 1700 couvraient, selon l'intendant Lamoignon le Jeune, six cent mille hectares au moins, ne dépassent pas les cent mille hectares quatre-vingts ans plus tard. Le désert landais, enfin, est né. Nous profitions nous aussi de notre siècle des Lumières.

Il commença mal. Les vieux chroniqueurs nous avaient bien parlé, dans les siècles précédents, de ces rudes hivers où, la Garonne gelée, toute navigation devenait impossible. En 1709, ce fut bien autre chose. Le mois de janvier débuta cette année-là comme avait fini décembre, « par de la chaleur ». Mais du 4 au 13, par brusques accès, la température s'abaissa jusqu'à peut-être –23°, ce qui dura bien dix jours. Les étangs furent glace et l'on dit que la mer, par places, gela. Quant au sang, « il retint beaucoup de parties séreuses et lymphatiques qui demeurent enveloppées dans ses parties sulfureuses […] dont il ne peut se débarrasser que par une fonte générale […] par le dégel […] », de sorte qu'il produisit un rhume épidémique. Précisons que les voyageurs mouraient en route et que le bétail fut éprouvé. « Mais ce sont surtout les végétaux qui eurent à souffrir. » Les noyers et les chênes éclataient avec des bruits impétueux pareils à du tonnerre ou à de l'artillerie. Une recrudescence du froid acheva le désastre. Les « bourgeons » des pins « devinrent noirs » et « les sommets des branches entièrement roux ». On en composa des poèmes dignes du Livre de Job : « Brillante Occitanie, hélas ! etc. » En bref, presque tous les pins ont péri. « Les jeunes plants, déplore l'intendant Lamoignon, ne donneront de cinquante ans d'ici aucun revenu, et il n'y a que ceux qui sont au bord de la mer, à deux lieues dans les terres, qui se soient conservés. » Bien qu'on ne puisse jamais se fier à un Lamoignon, au moins le peut-on aux industriels de Moustey – qui demandent une exemption d'impôts – et à la flambée des cours. En 1742, une pièce de quarante pins se vend à raison de quinze sols l'un, au lieu d'un prix courant de trois sols. Il faut attendre 1780 pour que le prix retombe, à Seignosse, à onze sols. De huit livres huit sols en 1675, la barrique de résine passe, en 1714, à cinquante-quatre livres.

Que les pins n'ont-ils donc vite repoussé ! Mais tout empira. Aux glaces succéda le feu. Et le feu au feu. En vain Louis XIV avait-il puni de mort les incendiaires. Volontaires ou non, de grands incendies ravagèrent le pignada, en 1713 à La Teste, en 1735 à Pissos, en 1742 à Messanges, en 1753 à Magescq et Rion, et enfin se fit un « prodigieux embrasement », en 1755, entre Castets, Linxe, Taller, Lesperon. Le prix de la résine augmenta d'un tiers. À Escource, sur l'emplacement d'une vieille commanderie, le ciel lui-même se chargea de mettre le feu, et allez donc le poursuivre en justice. Un berger de Sabres avait joué d'imprudence non en allumant une flamme récalcitrante pour un brûlis, mais en invoquant – oh ! bien à la légère ! – le diable en cette affaire. L'incendie se propagea, par vent d'est, sur cinquante kilomètres, jusqu'aux rivages épargnés par le gel. Seule resta intacte la chapelle de la commanderie, où se trouvait exposé le Saint-Sacrement. Vendu à un maître des postes, ce bien d'Église fut en somme volé à Dieu, et toutes les plantations brûlèrent au fur et à mesure. Il fallut recourir à une procession du Saint-Sacrement pour y mettre fin.

Tous ces brûlis firent l'affaire des pasteurs de vaches et des maquignons. Car leur troupeau a l'« instinc » d'aller « de contrée en contrée » [...], « les vaches ont un taureau qui marche devant elles » (en vieux landais, un « menéu ») et qui les conduit dans ces endroits, quand bien même les valets du berger, non plus que leurs gros mâtins, qu'ils ont quelquefois au nombre de sept ou huit. Encore est-ce oublier les vaches des transhumants béarnais, qui occupent régulièrement Licaugas, Labouheyre, Salles, le Lanegran... au nombre de quarante mille peut-être, sous l'intendant de Tourny. Encore convient-il d'y ajouter les vaches sauvages, ou semi-sauvages, que les vachers savent pourtant reconnaître pour les leurs, dans les dunes de Biscarrosse. Les foires de Labouheyre, en juin, de Saint-Justin, en juillet, ne font qu'un beuglement.

En cas d'attaque d'une des leurs dans la lande, on voit accourir de tous bords, et sauter, et se dandiner, des escadrons entiers de vaches qui chargent. Au moment de mettre bas, les pauvres bêtes s'enfuient à travers lande, et leur propriétaire peut chausser ses sabots pour aller les retrouver. Aussi bien ces troupeaux rassemblés dans les parcs fournissent-ils aux champs sablonneux le fumier indispensable à la survie des métairies. Or voici qu'en 1775, sur les bords de l'Adour, puis à Saint-Justin, puis dans le Médoc, se répand une épizootie qui détruit environ 80 % des bovins. La Lande résista d'abord. Peut-être la dispersion des bêtes les protégeait-elle de l'épidémie. Peut-être aussi nos bœufs et nos vaches, de race différente, plus petite, plus vive et mieux aguerrie, plus méchante, réagirent-ils mieux à l'offensive pyrénéenne. Peut-être encore, souvent propriété des collectivités paroissiales, furent-ils mieux surveillés par des fabriciens toujours accusés du pire. Mais il fallut bien céder au fléau, et promettre un peu partout à saint Roch des statues, des tableaux, des autels, des chapelles. L'épidémie était sa spécialité. Son culte concurrença celui de saint Michel. À voir sa tête, à Retjons, lui seul pouvait fasciner en effet le mal, de son regard farouche. Les fabriciens de Belin ne possédaient plus à la Révolution que des moutons et des brebis. La peste bovine s'était abattue sur cette misérable paroisse dont le curé osait s'adonner à la lecture de l'« Histoire curieuse et galante ».

Le gel, le feu, la peste, et voici le désert. Certes, elle le symbolisait à merveille, cette Dacquoise à la mode, la Guimard, lorsqu'elle dansait les bergères avec des rondeurs de salière et un teint brûlé comme nos pins… Le désert amène les grands troupeaux de bovins, et les bovins l'épizootie. Voici donc les moutons, puisqu'il faut bien fumer nos champs. Ajoutons les tentatives de Samuel Falka, en 1770, dans le domaine des stéréotypes, et voici le paysage landais fixé pour toujours : « Le tableau des Pyrénées, vu des Landes de Bordeaux, présente un contraste d'autant plus frappant que si l'on excepte quelques dunes ambulantes au gré des vents le spectateur n'aperçoit pas la plus petite inégalité du sol, dans la vaste étendue de pays dont il est environné de toutes parts… Il n'aperçoit que quelques bouquets de pignadas, jetés éperdus çà et là, dans la vaste étendue de l'horizon. » Il n'y manque que le berger : « Immense quantité de moutons et de chèvres […], bergers montés sur des échasses de quatre à cinq pieds de haut […]. » Nous voilà bons à tirer.

*

Le drame ne faisait que commencer. Aux fléaux du Ciel allait s'ajouter celui de la bourgeoisie, c'est-à-dire des étrangers, qu'ils fussent de Bordeaux ou de Bazas, de Tartas ou de Dax. Ne parlons pas des Suisses. Avec les meilleures intentions du monde, ils s'intéressèrent à nous. Ils se ruèrent sur le berger, qui fut en trente ans décrit sur toutes ses coutures, dessiné, aquarellé, lithographié, colorié. Interviewé, plaint, magnifié. On pouvait à deux pas de Bordeaux trouver des Polynésiens sur des échasses. Ils lancèrent leur *nitchevo* sur le désert, et leur esprit de spéculation sur des étendues américaines situées à un jet de pierre. On nous conseilla, on nous déconseilla, étonné de rencontrer des naturels qui se défient « de tout ce qu'on leur propose ». Le Landais « ose à peine se fier à lui-même ». Rares, ceux qui admettaient que « les brebis ne sont que l'accessoire » d'une société qui touchait à peine à un équilibre fragile. Les spécialistes le nommaient « économie sylvopastorale ». On n'a parlé que de cela.

Mais l'assassinat fut plus discret. C'est seulement à la fin du roman que l'on trouva non pas le criminel, mais le mort.

Décidément, technocratisait le XVIIe siècle, il convenait d'appliquer des méthodes souples à ce pays insaisissable. On avait bien à la longue circonvenu Bordeaux à propos de la gabelle, mais Bayonne résistait, et, quant aux Landes, « la gabelle n'a jamais pu y réussir ». Les vieux privilèges tenaient bon. Depuis Charles VII, les habitants de la sénéchaussée des Lannes se trouvaient exemptés de tous impôts et subsides. Les sujets des Albret ne devaient payer ni taille, ni gabelle, ni fouage. Contrairement aux Bordelais, les Landais gardaient le droit de porter des armes. On vit bien Louis le Grand essayer, en 1671, de récupérer dans la province des terres qui lui auraient appartenu. Les jurats de Bordeaux en profitèrent pour exiger de tous propriétaires, et du roi en particulier, qu'ils « représentent les titres de leur prétendue possession », s'arrogeant le droit de décider eux-mêmes de leur validité. Colbert décide alors que les terres vacantes ressemblent beaucoup à des possessions royales. Mais on eut tôt fait d'exhiber les vieilles coutumes, à Gabarret notamment, où il est consigné : « Item les vacants et les bourbiers de la paroisse de Gabarret appartiennent aux bourgeois. » Et, pour employer un mot récent, « nul ne se trouva des terres en trop ». Il fallut donc s'y prendre différemment, et créer de nouveaux droits, inconnus des anciens textes. Nul n'avait pensé, par exemple, à imposer les gemmes et résines. Cette fois, on se trouva à Bordeaux au bord de l'émeute. On n'insista pas. On s'y prit encore autrement. Seules des productions nouvelles, favorisées par le roi tout d'abord, feraient ensuite rentrer l'impôt. Avec le don du raccourci qui leur est propre, les ministres de Louis XIV décidèrent : « Ce pays est fait pour les pins et les troupeaux. »

Va pour les pins. Colbert nous instruira dans l'art de leur faire produire du goudron et des impôts sur le goudron. Il fit venir en particulier de la lointaine Suède un maître dans cette industrie, un certain Elias Ahl, qui nous forma trois goudronniers, entre ses rasades d'eau-de-vie pimentée de poudre à pistolet. Il avait la charge des achats, des salaires, et des ventes, toutes imposables. Mais non seulement il partagea avec nous le produit des ventes – l'usage voulait que les résines de Bordeaux ne fussent pas soumises à la pesée et que nous vendîmes aux caboteurs ce qui pouvait l'être –, il poussa encore l'impudence jusqu'à partir avec la caisse, ce qui mit le roi de France dans l'obligation morale de nous indemniser. Nous n'eûmes qu'à majorer un peu les factures que ce cher Ahl n'avait pas payées, ou si peu.

Va donc pour les troupeaux, puisque la forêt n'a rien donné de bon. On fera peut-être venir des moutons d'Angleterre, ou d'Espagne, on asséchera les marais pour y organiser des prairies. Mais que les commis du roi aillent donc compter les moutons dans les grands espaces des Landes. À Bordeaux même, messieurs les jurats rendent une ordonnance pour qu'il soit levé cinq sols sur les agneaux, moutons et chevreaux des boucheries, mais à condition qu'ils y soient abattus. Tartas procède de même manière. Mais la taxe ne s'applique pas si l'abattage se fait dans la lande…

Il ne reste qu'une solution, devant l'étendue des « fraudes » ; il sera décidé que les marchands seuls, plus facilement contrôlables, pourront vendre de la résine, des brais et des goudrons ; décidé encore que toute terre défrichée sera exempte pendant quinze ans de toutes dîmes et impositions. Les citadins poussés à acquérir des terres ne passeront pas par maille et ne pourront se réclamer des coutumes locales. On assiste dès lors à une lente infiltration des bourgeois dans les Landes.

Et la vieille manie des marchands, qu'attiraient nos terres sans valeur, recommença à les tourmenter. Il en venait de Tartas, sur les traces du fameux Baffoigne, qui avait iniquement dépouillé les petits seigneurs d'Arjuzanx, d'Arengosse et de Sabres. Il en vint de Bordeaux, sur la lancée de messieurs les Pères jésuites, qui avaient imaginé une méthode d'ensemencement dans le voisinage de la ville. De Bayonne, des armateurs un brin pirates viennent prospecter le Marsan. Un robin de Nérac achète, entre Labrit et Brocas, trois moulins et peut-être plus d'un millier d'hectares. Des financiers s'en mêlent, la Compagnie Moriencourt-Salignac, à Arcachon ; la banque suisse Nézer, au Teich. Des officiers de santé s'installent à Belin et à Mimizan, des colporteurs et des marchands ambulants à Pissos, Labouheyre et Sabres.

Ils ont de l'argent. Quant aux indigènes, dépourvus de pins et de résine, dépourvus de bœufs ensuite, ils le sont aussi d'écus. Ils font alors jouer contre les bourgeois leurs vieux privilèges, qui leur permettent d'acquérir, sans bourse délier et sans payer de rente, de belles étendues dans les vacants, au moins dans la Grande-Lande et le Maremne, en vertu du droit de « perprise ». Voici les termes de ces revendications :

Supplie ht. Pre Taris, hant. de la paroisse de Sabres [...] païs de quette – [ses] différents biens se trouvent fort resserrés, manquant de bois nécessaire pour l'entretient des Battisses, et le chauffage des colons, de meme se trouvent depourvus [...] pour faire pacager et nourir les Bestiaux et pour avoir le soustrage necessaire [...] et faire du fumier de sa terre labourable [...].

Or d'apres les status Enciennement confirmés par nos souverains Et la coutume locale art 11. titre des présentations qui accordent aux hants. de Sabres [...] la faculté de prendre et perprendre des terres landes incultes tant qu'ils en auront besoin pour agencer et augmenter ses heritages et En faire de nouveaux, Cette faculté a toujours subsisté, par un usage constament observé Dans cette paroisse par les habatans qui payent quette [...].

[...] joint a la necessité [...] et d'ailleurs le désir de fertiliser [...] des fonds incultes, conformément au Desir de Sa Majesté suivant ses Déclarations du 14 juin 1764 et 13 août 1766 Encore par sa lettre patente du 29 avril 1768 [...].

> *[...] a l'honneur de vous donner sa reqtte. aux fins que [...] permetre au supt. de faire proclamer par trois jours de fette au devant de la porte de l'eglise [...] jours de messe paroissiale [...] l'intention du susdit de perprendre les fonds ceux designés pour que personne ne l'ignore, Et ce par votre Bayle ou huissier...*

Ces « fonds » si humblement réclamés s'étendaient à plusieurs centaines d'hectares. À ce procédé, les seigneurs de nos terres incultes ajoutaient celui du bail à fief. Étrange complicité, qui permettait à un laboureur d'obtenir la cession à tout jamais, sans payer un liard – moyennant toutefois une rente perpétuelle – des maisons, des champs, des prés, des landes, des vacants. Terres du seigneur, l'impôt n'avait pas prise sur elles.

Les bourgeois s'en émurent. Non seulement l'acquisition se faisait gratuitement, mais « ces métairies ne paient presque rien en impôts, se trouvent aujourd'hui beaucoup plus de revenu que les anciennes – les leurs – qui sont chargées de taille ». Ils s'indignèrent d'un bien plus grand mal. Voici que de simples laboureurs allaient devenir eux-mêmes bourgeois. Déjà, ces gens des chaumières, forts de leurs terres, se mettaient à commercer, qui du vin, qui des laines, et certains allaient jusqu'à monter des fours à goudron à côté de leur demeure. Déjà, ces Tartares ne disaient-ils pas : « Mes enfants se mangeront avec de petits souliers ce que nous avons gagné avec de petits sabots. » N'est-il pas contraire à l'ordre établi qu'un Jean Hameau, fils d'illettrés, puisse devenir médecin, élève de Corvisart, en 1798, et affirmer que « les maladies infectieuses étaient dues à des micro-organismes pathogènes » que personne de la bonne société n'avait jamais vus ? La Science elle-même appartiendrait-elle à ces barbares ? Et les marchands se mirent à implanter, dans les villages de bois et torchis, de belles maisons de pierre, qui conquièrent tout d'abord le Tarusate et Villenave, le Marsan et la région de Lencouacq, les Landes de Bordeaux et Belin. De tous côtés nous arrivent des linteaux de pierre que l'on date pompeusement.

Les naturels du pays, piqués au vif, se mirent aussi à bâtir, mais à leur mode. Non en pierre, mais en bois, comme de tout temps. Ils haussèrent leurs maisons, en affinèrent la silhouette, et firent montre d'immenses toitures. Ils assemblèrent, sur leurs façades, des portiques en bois, élaborés, à deux étages, des portiques royaux, d'autant plus hauts que leur étroitesse ne cessait de les surélever. Défi suprême, les maisons se tournaient vers le désert. Les parcs à moutons se haussaient eux-mêmes sur des piles de pierre, et affichaient un porche triomphal. Jamais il ne fut bâti avec autant de fièvre. En 1796, Mios dénombre quatorze charpentiers pour mille quatre cents habitants, et l'ensemble des Landes de Gascogne un charpentier pour trois bergers. Il arrive, au voisinage d'Hourtin, qu'une seule exploitation agricole édifie en quinze ans trois ou quatre bergeries plus vastes que la maison.

Du moins la bourgeoisie peut-elle affecter certaine élégance, telle cette belle de Belin qui possédait en 1761 quelque vingt-six jupes et robes en « taffetas blanc, vert, brun, orange, bleu, couleur feuille morte, citron », en « damas jaune et rose, vert et rose, rose et blanc », en coton rayé, uni, à fleurs, en callemande, en bazin… Elle rencontrait à la messe un tout autre chic, celui de la vieille « dauna », qui vêtue de noir en toute occasion, sauf en bleu le jour de ses noces, le chignon serré dans une coiffe plate, ne possédait et n'entendait posséder que « sept serviettes de tête ». Sa coquetterie à elle consistait dans le nombre de ses draps, linceuls et nappes, tant de chanvre que de « brin de lin », qui pouvait aller jusqu'à une centaine, nombre d'autant plus important que la plupart des hommes couchaient dans la paille, comme les gendres du roi d'Ithaque.

On lutta de vitesse pour acquérir les Lumières. Les messieurs ne furent pas longtemps les seuls à savoir signer les actes notariés. Dès 1740, les bergers de Lüe s'enorgueillissaient de vrais paraphes ; d'autres achetaient de « grands livres », des livres subversifs. Le fils d'un berger de Commensacq devient greffier et procureur, possède un cours de chirurgie, un livre d'arithmétique, une histoire des empereurs romains, une *Instruction pour la maladie du bétail*, un *Almanach du laboureur*, une *Imitation de Jésus-Christ*, une *Vie dévote*, une copie « des privilèges de la ville de Labouheyre » de 1427. Le plus souvent, les femmes des riches bergers restent illettrées, justement par orgueil. Il n'appartient qu'aux écrivaillons et tabellions de se livrer à la science d'Aliboron. Mais elles se targuent de savoir compter et d'en remontrer à ces messieurs.

Lesquels dits messieurs, amateurs de nos végétations résineuses, vont jusqu'à orner leurs jardins comme des jardins des plantes. D'arbres coquettement curieux : pins de Riga, acacias de Virginie, magnolias de Floride, tout récents, platanes « orientales », rosiers de Bourgogne, et scabieuses d'Allemagne. Mais le Landais cultive déjà, « en grand », le tabac, dont vingt-cinq grains en poudre, délayés dans du vin – les bourgeois le disent, il faut les croire – suffisent à « emporter [leurs] fièvres quartes » ; dont la fumée administrée en lavements sauve les noyés, « lorsqu'on est appelé à temps ». Déjà la pomme de terre, qui dès 1769, dans les Landes de Bordeaux, s'annonce comme « notre planche de naufrage [...]. Elle s'accroît et se multiplie, quelque chose qu'on fasse pour la détruire [...]. Ô Providence, combien nous savons peu reconnaître les services que Tu nous rends » ! Les messieurs agencent savamment des parcs à la Delille. Mais les indigènes transforment l'aire à battre le seigle en plus vaste pelouse, tondue par les moutons, sorte d'oasis à l'ombre des chênes et des chênes-lièges, « airial » de fraîcheur et de brises.

Extrait du *Triangle des Landes*, 1981.

FRANCIS SCOTT FITZGERALD

(1896-1940)

La Côte d'Azur

Il a fallu des plages vides pour que les Américains que l'on a réunis sous l'appellation « Lost Generation *» se supportent en France. Ils étaient généralement francophobes, Fitzgerald le premier, et vivaient dans notre pays comme si ses habitants n'existaient pas. Ce comportement, identique à celui des voyageurs organisés, ces coloniaux sans colonisation, ne se rencontrait pas chez une Néo-Zélandaise ayant épousé un Anglais, Katherine Mansfield, qui séjournait en France au même moment et se mêlait aux Français, notamment à Menton où elle se reposa ; en 1920, elle y emploie encore le mot « Riviera ». La supposée poétique dénomination « Côte d'Azur », inventée par un écrivain de peu d'intérêt en 1887, n'avait pas encore pris.*

C'est, à mi-chemin de Marseille et de la frontière italienne, un grand hôtel au crépi rose, qui se dresse orgueilleusement sur les bords charmants de la Riviera. Une rangée de palmiers éventent avec déférence sa façade congestionnée, tandis qu'une plage aveuglante s'étend à ses pieds. Un petit clan de gens élégants et célèbres l'ont choisi récemment pour y passer l'été, mais il se trouvait pratiquement vide, il y a dix ans, quand sa clientèle d'Anglais remontait vers le Nord, en avril. Et si les bungalows pullulent aujourd'hui, au temps où cette histoire commence, lorsqu'on quittait cet hôtel, dit « des Étrangers », tenu par le ménage Gausse, pour se rendre à Cannes distante de huit kilomètres environ, on n'apercevait qu'une douzaine de villas vétustes, dont les dômes verdis s'ouvraient, dans la touffeur des pins, comme des nénuphars.

L'hôtel et le tapis de prières de sa plage forment un tout. Au petit jour, l'image de Cannes à l'horizon, l'ocre rose de ses vieux remparts, la dent mauve des Alpes qui ferme l'Italie se réfléchissent dans la mer, et le clapotis insensible des algues, qui en tapissent les fonds, agite ces reflets de petits cercles paresseux. Vers huit heures, un homme en peignoir de bain bleu apparaît sur la plage. Après force préliminaires, pour que son corps se fasse à la fraîcheur de l'eau, il barbote une courte minute, à grand renfort de grognements et de halètements sonores. Puis il rentre à l'hôtel et tout redevient calme, la plage et la baie, pendant près d'une heure. À l'horizon, de grands cargos glissent lentement vers l'ouest. Les conducteurs de cars appellent leurs clients dans la cour de l'hôtel. La rosée sèche sur les pins. Une heure encore, et le tumulte des klaxons se déverse soudain de l'étroite corniche en lacet, qui longe la chaîne des Maures, et sépare le littoral de la vraie Provence.

Moins de deux kilomètres à l'intérieur des terres, là où les pins cèdent la place à des peupliers poussiéreux, se trouve une gare isolée. Un matin de juin 1925, un coupé Victoria vint y chercher une mère et sa fille, pour les conduire à l'hôtel *Gausse*. Le visage de la mère avait une beauté un peu fanée, que menaçaient déjà les griffures de la couperose. Elle paraissait détendue et pourtant aux aguets, ce qui lui donnait un grand charme. Mais le regard se tournait vite vers sa fille, car ses mains étaient ravissantes, ses joues d'un rose surprenant, qui semblait le reflet d'une excitation passionnée, comme celle qui vient aux enfants, quand ils ont pris un bain froid, le soir. Son front remontait délicatement jusqu'à l'endroit où ses cheveux, qui l'encadraient comme un heaume héraldique, jaillissaient en cascades de boucles folles, de mèches et d'ondulations, d'un jaune cendré mêlé d'or. Elle avait des yeux très grands et très clairs, humides et brillants, lumineux et limpides, et son teint avouait cet éclat naturel que faisait naître à fleur de peau le jeune et vigoureux battement de son cœur. Son corps se tenait délicatement sur le dernier fil de l'adolescence – elle allait avoir dix-huit ans, et atteindre sa plénitude, mais on voyait encore sur elle des traces de rosée.

En apercevant le ciel et la baie, comme un ruban de feu à l'horizon, la mère dit :

— Je ne suis pas sûre que cet endroit nous plaise.

— De toute façon, j'ai envie de rentrer, répondit sa fille.

Elles se parlaient en souriant, mais n'avaient manifestement aucun projet précis, ce qui paraissait les ennuyer. Qu'auraient-elles pu prévoir, du reste ? Elles ne cherchaient qu'à se distraire, non pas comme deux femmes surmenées, dont les nerfs ont besoin d'un sérieux stimulant, mais comme deux écolières impatientes, qui ont obtenu tous les prix et bien mérité leurs vacances.

— On reste trois jours, et on rentre. Je vais télégraphier, pour qu'on réserve nos cabines.

La jeune fille demanda deux chambres à la réception de l'hôtel. Elle parlait un français correct et courant, qu'elle semblait retrouver de mémoire. Une fois installée, elle s'approcha de la porte-fenêtre, brûlante de soleil, et fit quelques pas sur la véranda qui longeait l'hôtel. Elle marchait comme une danseuse, en reposant à peine sur les hanches et en cambrant légèrement les reins. La lumière était si violente qu'elle crut se heurter à son ombre, et recula – elle était éblouie. À cinquante mètres en contrebas, la Méditerranée perdait par instants ses couleurs devant les assauts d'un soleil implacable. Une vieille Buick, abandonnée dans une allée, rôtissait contre la balustrade.

En fait, il n'y avait d'animation que sur la plage. Trois gouvernantes anglaises étaient assises à tricoter, rejoignant, à travers pull-overs et chaussettes, l'inaltérable image de l'Angleterre victorienne, celle des années [18]60, 70, 80, et papotaient à l'infini, sur un ton monocorde de mélopée. Une douzaine de personnes s'étaient installées au bord de l'eau, sous des parasols à rayures, tandis que leur douzaine d'enfants poursuivaient dans les hauts-fonds quelques poissons imperturbables, ou gisaient tout nus au soleil, frottés d'huile de noix de coco, et brillants comme des miroirs.

Rosemary venait d'atteindre la plage, quand un garçon d'une dizaine d'années la dépassa en courant et se jeta dans l'eau avec un hurlement de joie. Se sentant observée par tous ces inconnus, elle enleva son peignoir et le suivit. Elle nagea quelques mètres, s'aperçut qu'il y avait très peu de fond, reprit pied et continua d'avancer vers le large, luttant de toute la force de ses jambes minces contre la résistance de l'eau. Lorsqu'elle en eut jusqu'à la poitrine, elle se tourna pour regarder la plage. Un homme chauve, en short, qui bombait le torse et rentrait le ventre, l'observait attentivement derrière son monocle. Voyant que Rosemary l'observait à son tour, il lâcha son monocle, qui se perdit dans la toison comiquement frisottée de son torse, et remplit son verre avec une bouteille de quelque chose qu'il tenait à la main.

Rosemary enfonça le visage dans l'eau et, d'un crawl assez peu orthodoxe, se dirigea vers le plongeoir. La fraîcheur de l'eau montait vers elle peu à peu, dissipait la trop grande chaleur, lui caressait tendrement les cheveux, s'insinuait jusqu'au plus secret de son corps. Elle s'y tournait, s'y retournait, l'étreignait, s'y abandonnait. Elle atteignit le plongeoir hors d'haleine, mais, comme une femme très bronzée et aux dents très blanches la regardait venir, elle prit soudain conscience de l'agressive blancheur de son propre corps, se tourna sur le dos et revint vers la plage. Au moment où elle sortait de l'eau, l'homme au torse frisotté, qui tenait toujours sa bouteille, s'approcha d'elle.

[…]

Elle sortait d'une pharmacie, où elle venait d'acheter de l'huile solaire, lorsqu'une femme, qu'elle reconnut comme étant Mrs. Diver, passa devant elle, les bras chargés de coussins. Elle se dirigeait vers une voiture, stationnée le long du trottoir. Un basset noir se mit à aboyer en l'apercevant, ce qui réveilla le chauffeur en sursaut. Elle monta dans la voiture. Son superbe visage était impassible. Ses grands yeux, sérieux et attentifs, regardaient devant eux sans se fixer sur rien. Elle portait une robe rouge vif, et ses jambes bronzées étaient nues. Son épaisse chevelure dorée, traversée de reflets plus sombres, évoquait la crinière d'un chow-chow.

Ayant une demi-heure à attendre, avant de reprendre son train, Rosemary s'assit, sur la Croisette, à la terrasse du café des *Alliés*, que les arbres plongeaient dans une ombre verte. Un orchestre essayait d'attirer une improbable clientèle étrangère, en jouant les refrains du Carnaval de Nice, et quelques mélodies américaines, qui dataient de l'hiver précédent. Elle avait acheté, pour sa mère. *Le Temps* et le *Saturday Evening Post*. Elle commanda une citronnade et se plongea dans les Mémoires d'une princesse russe, que publiait le *Post*. L'évocation de cette société du XIXe siècle, avec ses fastes révolus, lui parut plus vivante et plus proche d'elle-même que les gros titres du journal français. Le sentiment éprouvé à l'hôtel l'avait envahie de nouveau. Habituée à voir les événements les plus inattendus classés, par les journaux de son pays, en tragédies ou comédies, avec une précision maniaque, incapable de démêler d'elle-même l'essentiel de l'accessoire, elle avait de nouveau l'impression que la vie, en France, s'était arrêtée. Impression renforcée par la musique de l'orchestre, une musique nostalgique et désolée, comme celle qui accompagne, au music-hall, les numéros d'acrobates. Elle fut contente de retrouver l'hôtel *Gausse*.

Le lendemain, elle avait les épaules trop à vif encore pour pouvoir se baigner. Elles louèrent donc une voiture, sa mère et elle – après un sévère marchandage, car Rosemary avait appris en France la valeur de l'argent –, et flânèrent le long des petits fleuves côtiers de la Riviera. Le chauffeur, une sorte de tsar russe, genre Ivan le Terrible, leur servait en même temps de guide, et les noms de villes resplendissantes – Cannes, Nice, Monte-Carlo – s'éveillaient lentement de leur somnolence engourdie, évoquaient à voix basse les rois d'autrefois, qui étaient venus là, pour dîner un soir, ou mourir ; les maharadjahs fabuleux, qui jetaient au pied des danseuses anglaises des poignées de pierres précieuses, effilées comme des yeux de bouddha, les princes russes, qui réinventaient pendant des semaines les crépuscules sur la Baltique, dans les anciens temps du caviar. Ce qui surnageait, tout le long de la côte, c'était l'odeur des Russes d'autrefois – avec leurs librairies et leurs confiseries désertes. Dix ans plus tôt, lorsque la saison s'achevait en avril, on avait refermé le portail de l'église orthodoxe, mis au frais dans les caves, en prévision de leur retour, le champagne qu'ils préféraient. « Nous reviendrons, avaient-ils dit. Nous reviendrons l'année prochaine. » C'était une promesse prématurée. Ils ne sont jamais revenus.

Ce fut très charmant de regagner l'hôtel en fin d'après-midi, avec la mer en contrebas, qui prenait des couleurs aussi mystérieuses que celles de l'agate et de la cornaline, dans les rêves d'enfance, plus verte que le lait verdi, plus bleue que l'eau des lessiveuses, d'un rouge plus sombre que le vin. Ce fut très charmant de voir les gens dîner sur le pas de leur porte, d'entendre le grincement fiévreux des pianos mécaniques, assourdi par la vigne vierge des pergolas, au fond des petits cafés de campagne. Lorsqu'elles quittèrent la corniche d'Or, pour descendre vers l'hôtel *Gausse*, les arbres, gagnés par la nuit, glissaient les uns derrière les autres, en prenant tous les tons possibles de vert, tandis que la lune montait lentement au-dessus des ruines de l'aqueduc.

Quelque part, au milieu des collines, on dansait. Allongée sous sa moustiquaire, qui, dans le clair de lune, avait des allures de fantôme, Rosemary écoutait cette musique lointaine, et finissait par reconnaître qu'il s'en dégageait une certaine gaieté. Elle pensait à ces gens charmants, découverts sur la plage. Elle pensait que ce serait bon de les retrouver, le lendemain matin, mais sans doute vivaient-ils en petit clan, repliés sur eux-mêmes, et, quand ils avaient disposé autour d'eux leurs parasols, leurs claies de roseaux, leurs enfants et leurs chiens, le coin de plage qu'ils occupaient devenait une vraie forteresse. Mais elle se promit, quoi qu'il arrive, qu'elle ne passerait pas ses deux dernières matinées avec les gens de l'autre groupe.

Extrait de *Tender is The Night*, 1934 ;
Tendre est la nuit, trad. fr. Jacques Tournier, 1951.

FRANÇAIS AILLEURS

Les Français n'ont jamais été très parteurs. Le carré, peut-être. Toutes les lignes semblent se concentrer sur l'intérieur. Par sa conformation, et peut-être pour autre chose, la France semble faite pour qu'on y arrive plutôt que l'on en parte. Les Italiens, les Grecs, les Libanais, les Haïtiens ont des relations dans le monde entier ; « diaspora » et « français » restent à ce jour des termes antinomiques. Il a vraiment fallu la cupidité, la colonisation, des lois d'exil ou des révocations d'édits de Nantes pour que des Français partent en groupe.

PIERRE LOTI

(1850-1923)

La prise de Hué

Membre de l'expédition du Tonkin destinée à anéantir la résistance indigène en Indochine, Pierre Loti, alors lieutenant de vaisseau et déjà romancier à succès, envoie trois comptes rendus de la prise du fort de Thuan-an et du bombardement de Hué au Figaro, *ici reproduits. La droite peste (la droite peste, la gauche maugrée) et l'accuse de bafouer la Marine, il est rappelé en France. En 1897, il réédite ses trois articles dans* Figures et choses qui passaient *en supprimant les détails qui avaient choqué. Ce n'était pas la première fois que Pierre Loti usait de maquillage.*

À BORD

17 août 1883

L'escadre se réunit dans la baie de Tourane. L'attaque des forts et de la ville de Hué sera pour demain.

Aucune communication avec la terre. La journée se passe en préparatifs. Le thermomètre marque 33,5° au vent et à l'ombre. De hautes montagnes entourent la baie, rappelant les Alpes, moins leurs neiges. Dans le lointain, sur une langue de sable, on aperçoit la ville de Tourane : un assemblage de huttes basses, en bois et en roseaux.

On s'occupe à bord d'équiper les hommes des compagnies de débarquement, de leur délivrer à chacun vivres, munitions, sac, bretelle de fusil, etc., même de leur faire essayer leurs souliers. Les matelots sont gais comme de grands enfants, à cette idée de débarquer demain, et ces préparatifs semblent absolument joyeux.

Pourtant, les insolations et les fièvres ont déjà fait parmi eux bien des ravages ; de braves garçons, qui tout dernièrement étaient alertes et forts, se promènent tête basse, la figure tirée et jaunie.

Dans l'après-midi, on voit arriver de terre un canot portant des mandarins vêtus de noir, l'un d'eux abrité sous un immense parasol blanc. Ils vont conférer à bord de l'amiral et s'en retournent comme ils étaient venus.

À cinq heures, réunion et conseil des capitaines, à bord du *Bayard*. Orage et pluie torrentielle.

Les matelots passent la soirée à chanter, plus gaîment que de coutume. On entend même les vieux sons aigres d'un biniou, que des Bretons ont apporté.

*

Samedi, 18 août

À neuf heures du matin, l'escadre (*Bayard*, *Atalante*, *Annamite*, *Château-Renaud*, *Drac*, *Lynx*, *Vipère*) sort en ligne de file de la baie de Tourane, par un temps lumineux et splendide, traverse une légion de jonques de pêcheurs voilées en ailes de papillon et fait route vers Hué, la capitale de l'Annam.

À deux heures vingt, l'escadre arrive devant l'entrée de la rivière de Hué. Au premier plan, une côte de sable, étincelante dans le soleil, quelques cocotiers aux panaches verts, quelques maisons aux toits arqués dans le goût chinois. Un seul grand fort apparent, gardant l'entrée de la rivière, où la mer brise.

L'escadre s'approche avec précaution, en sondant, mouille le plus près possible et s'embosse, en hissant les pavillons français, pour commencer le bombardement.

Le fort répond bravement, en hissant le pavillon jaune d'Annam. On dirait un fort moderne, bien construit et casematé, mais on n'y aperçoit pas de canons. Quelques personnages apparaissent aux embrasures, ayant l'air de flâner et de nous regarder fort tranquillement ; leur résistance sans doute ne sera pas sérieuse, et on s'attend à les voir fuir au premier coup de nos canons.

Au-dessus de la ligne brillante des sables, les montagnes forment un fond obscur qui monte très haut dans le ciel et se découpe en sombre sur la grande lumière bleue.

Cinq heures et demie du soir

Un premier obus lancé par le *Bayard* donne le signal du feu. Il tombe en plein sur le fort annamite, soulevant une trombe rougeâtre de sable et de gravier. De tous les bâtiments de l'escadre, le bombardement commence, régulier et méthodique, chacun tirant sur le point précis qui lui a été indiqué hier. Quelques minutes se passent, et, à terre, rien ne bouge ; vraisemblablement les Annamites se sont sauvés.

Mais voici tout à coup de petites lueurs rapides, qui éclatent aux embrasures du fort, accompagnées de fumées blanches ; c'est la riposte, on tire sur nous.

Il y a même, ailleurs, des canons en quantité, de petites batteries qu'on ne voyait pas, qui étaient échelonnées tout le long de la côte dans le sable, et qui font feu tant qu'elles peuvent.

Mais ce sont des boulets ronds, qui ne portent pas jusqu'à nous. Ils tombent à moitié route, en laissant des remous dans l'eau. Les avisos seuls, qui se sont approchés davantage, peuvent en recevoir par raccroc quelques-uns ; les cuirassés, trop éloignés, les regardent venir sans crainte ; on les voit sautiller sur l'eau, en faisant des ricochets, comme des paumes d'enfant, et puis disparaître en chemin.

Bientôt de grandes flammes rouges commencent à monter, derrière le fort de Thouane-An ; c'est un incendie que nos obus ont allumé là-bas, ce sont des villages qui flambent ; cela gagne vite, et cela monte très haut, avec une épaisse fumée.

Le bombardement continue. Malgré le roulis qui gêne notre tir, les obus pleuvent sur les Annamites, chavirant tout ; mais eux tiennent toujours et précipitent leur feu. Assurément, ils sont braves.

Sept heures du soir

La nuit est presque venue ; c'est la lueur du village brûlé qui nous guide pour notre tir. Des nuages très épais se sont amoncelés sur les montagnes de l'Annam ; cela forme un immense fond noir, avec des éclairs qui se promènent dessus ; en bas, au ras de la mer, toujours les petites lueurs rapides des canons tirant sur nous. Une grosse lune jaune, qui se lève très embrouillée de nuages, éclaire mal la situation ; on commence à ne plus rien voir. L'amiral signale de cesser le feu, et tout se tait.

Mais les Annamites ont riposté jusqu'à la fin, avec une force de résistance inattendue, et les pavillons du roi Tu-Duc flottent toujours sur la plage.

C'est demain matin, dimanche, au petit jour, que nous devons tenter le débarquement de vive force ; on a préparé, avec des bambous, les ponts, les radeaux, tout le matériel nécessaire. Les matelots ont toujours leur entrain insouciant ; mais les gens raisonnables se préoccupent un peu de ce coup de main, avec si peu de monde, au milieu des brisants, sur une plage garnie de canons et de soldats. Vu de près, cela semble moins facile qu'hier, quand on en causait à Tourane.

*

Dimanche 19 août

Branle-bas à quatre heures du matin. Les compagnies de débarquement prennent à la hâte les armes, les munitions, les vivres. On embarque dans les canots les pièces de campagne et les canons-revolvers.

Cinq heures et demie

Contre-ordre de l'amiral, débarquement ajourné. Des baleinières de l'escadre sont allées dans la nuit à la plage examiner les brisants qui sont trop dangereux aujourd'hui. Avant le soleil levé, les hommes sont désarmés, le matériel ramassé, et l'on commence à bord des navires, comme si de rien n'était, le grand lavage traditionnel du dimanche.

Au petit jour, l'air est si pur qu'on distingue à terre, jusque dans les lointains, les moindres détails des choses.

Les longues-vues sondent le fond de la rivière de Hué : de grands arbres, des palmiers verts, et, de distance en distance, des pavillons d'Annam, indiquant des forts et des batteries. On n'aperçoit rien de la ville, où, prétend-on, la tête du pauvre commandant Rivière[1] serait encore exposée en place publique, au bout d'une perche.

Voici un mouvement de troupes sur le sable de la plage. Des gens sortent du fort de Thouane-An, que nous avons bombardé hier ; ils sont habillés de noir et coiffés de grands chapeaux chinois blancs, en forme de champignon : on voit leurs armes briller au soleil : ce sont des soldats de l'armée régulière du roi Tu-Duc. Ils commencent à traverser la rivière sur un bac, pour se concentrer en face dans un fort de la rive sud. Le *Bayard* leur envoie des obus ; il en résulte des paniques, des chutes dans l'eau ; on les voit courir comme des fous sur le sable. Mais le mouvement continue toujours, et les forts annamites se mettent à nous riposter.

Ce matin, à notre surprise, leurs projectiles arrivent jusqu'à nous et sifflent en l'air avec un bruit pareil à celui des nôtres. Évidemment, ce sont des pièces rayées qui nous les envoient. Ils n'en avaient pas hier, ils ont dû les établir pendant la nuit.

Un projectile traverse la hune de la *Vipère*, un autre enfonce les tôles du *Bayard* et frappe un matelot dans la poitrine. Alors, au signal de l'amiral, le bombardement général recommence.

Pas de roulis aujourd'hui ; les pièces de l'escadre, parfaitement pointées, portent toutes en plein sur les batteries annamites, qui doivent être écrasées. À chacun de nos coups, on voit voler des tourbillons de sable et de pierres. Leur feu ne tient pas dix minutes. Au bout d'une demi-heure, nous cessons aussi le nôtre, la terre ne ripostant plus.

Il est onze heures. Ce sera une journée de repos pour les matelots, qui en ont besoin ; on donne à bord le coup de sifflet bien connu : « L'équipage aux sacs, les jeux sont permis ! » Les batteries de l'escadre, salies par la poudre, la fumée, l'eau boueuse des écouvillons, n'ont pas leur aspect habituel, leur réjouissante propreté du dimanche ; mais il y passe aujourd'hui une bonne brise de mer, pas trop chaude, très respirable. Au lieu de prendre leurs sacs, les matelots, fatigués par quelques journées de travail excessif et de veilles, se couchent à plat pont et s'endorment. Les bâtiments deviennent silencieux comme de grands dortoirs.

À huit heures du soir, conseil de guerre à bord du *Bayard*. Les brisants se sont beaucoup calmés ; les forts annamites, deux fois bombardés, ne doivent plus être en état d'opposer une résistance

1. Le commandant Rivière est tué le 19 mai 1883 à Hanoï, investie par les troupes chinoises. Jules Ferry décide l'envoi en Annam et au Tonkin d'un corps expéditionnaire, dont Pierre Loti fait partie.

très longue ; le débarquement est décidé pour demain matin, et les marins se couchent bien vite, afin d'avoir un peu le temps de dormir avant le branle-bas qu'on doit leur faire à quatre heures.

Les officiers du corps de débarquement sont désignés d'avance d'après certaines règles fixes, d'après leur ancienneté et leurs fonctions à bord ; ceux qui doivent rester pour la manœuvre et le service des batteries sont donc préparés depuis longtemps à cette privation et l'acceptent sans murmures.

Pour les matelots, il y a plus d'arbitraire ; bien des gabiers, qui n'avaient pas été désignés d'abord, ont réussi aujourd'hui à se substituer à d'autres moins dégourdis qu'eux, et partiront à leur place. Il s'agit demain matin de s'emparer de toute la rive gauche de la rivière de Hué, qui est la partie la plus sérieusement fortifiée de la côte. Indépendamment des petites batteries disposées çà et là dans le sable, il y a le grand fort circulaire du Sud, qui garde l'entrée de cette rivière avec une quarantaine d'embrasures à canons ; puis, la batterie du Magasin-au-Riz, et enfin, en remontant toujours vers le nord-ouest, le fort extrême du Nord. Tous, plus ou moins abîmés par les obus, mais sans doute réparés pendant la nuit et capables encore de recommencer le feu.

Nuit splendide. Les bâtiments de l'escadre promènent sur la terre de grands jets de lumière électrique, qui doivent effrayer beaucoup les Annamites. Pendant ce temps-là, les baleinières françaises sondent l'entrée de la rivière et explorent les brisants de la plage.

Lundi 20 août, quatre heures du matin

Branle-bas. Nuit close. Le corps de débarquement déjeune à la hâte, s'arme, prend ses munitions et deux jours de vivres. Quelques poignées de main, quelques petites recommandations échangées entre ceux qui partent et ceux qui restent ; puis, on s'embarque dans les canots. Toutes les pièces de l'escadre sont pointées sur la côte, prêtes à faire feu.

Cinq heures trente

Au petit jour, les pavillons français sont hissés en tête de chaque mât ; le vacarme du bombardement recommence. La terre ne répond pas. Les dunes font tout le long de l'horizon une ligne blanche ; les montagnes d'Annam dessinent au-dessus, dans le ciel qui s'éclaire, de hautes découpures violettes.

Cinq heures cinquante

Toute la flottille des canots se met en marche. Temps très pur, absolument calme. Le soleil se lève sous de petits nuages couleur d'or. Le jour est venu tout d'un coup, comme il est de règle dans les pays des tropiques. Tous les détails des montagnes s'accentuent en rose et en bleu. On voit, au-dessus des dunes, les cocotiers verts, les batteries, les villages, les pagodes, les maisons aux toits ornés de découpures. Dans tout cela rien ne bouge, et nos obus semblent tomber sur un pays abandonné.

Six heures vingt

Les compagnies de débarquement du *Bayard* et de l'*Atalante* arrivent à la plage, commencent à mettre pied à terre par les brisants, en se mouillant beaucoup. Un instant d'anxiété : des navires de l'escadre, on distingue nettement des rangées de têtes annamites qui apparaissent au-dessus des dunes et que les marins débarqués ne peuvent pas voir ; ces gens les attendent là, dans des tranchées. Le *Lynx*, le plus rapproché, leur envoie un feu de salve qui semble en abattre une vingtaine ; les autres se baissent.

C'est près du fort du Nord, en face d'un village, qu'a lieu ce débarquement. Tout à coup, de derrière les dunes, part une pluie de bombettes enflammées, avec quelques projectiles et des morceaux de ferraille. Personne n'est blessé. Les bombettes sont presque inoffensives, elles retombent tout doucement sur le sable comme de petits météores. Les matelots montent en courant sur les dunes, rencontrent les Annamites dans la tranchée, font feu sur eux, puis les chargent à la baïonnette. Instantanément, toute cette première bande jaune est en fuite. Un millier d'hommes, peut-être, se sauvent devant cette poignée de matelots. La compagnie de débarquement de l'*Atalante* court sur le fort du Nord. Des Annamites en sortent brusquement, s'avancent, font feu sans tuer personne, puis reculent et se sauvent.

Six heures quarante

La compagnie de l'*Atalante* est dans le fort du Nord. Le pavillon annamite est amené et le premier pavillon français hissé à sa place par le lieutenant de vaisseau Poidloüe, commandant la compagnie. Les marins poursuivent les Annamites dans la direction du nord-ouest.

Sept heures

L'artillerie de débarquement et le premier groupe d'infanterie de marine mettent pied à terre. Les canots reviennent pour faire un second transport. Une nouvelle batterie annamite, établie dans le sable, ouvre le feu contre la *Vipère*, qui lui répond. Les obus ont mis le feu au village nord, qui commence à flamber.

Sept heures trente

La batterie annamite du Magasin-au-Riz ouvre le feu. Les obus ont allumé un second incendie, celui-ci magnifique : village, pagode, tout brûle avec d'immenses flammes rouges et des tourbillons de fumée.

Sept heures quarante

Le second convoi d'infanterie de marine met pied à terre ; toute l'artillerie est débarquée et hissée sur la crête des dunes. Les troupes françaises se massent, perpendiculairement à la plage, face au sud, se disposant à marcher sur les grands forts.

Sept heures cinquante

Un incendie est allumé par les obus de l'escadre dans le fort circulaire du Sud. Toutes les troupes françaises sont massées ; l'artillerie de débarquement ouvre le feu contre les forts. Au nord, toutes les maisons brûlent.

Huit heures

Les troupes françaises se divisent et se portent en avant vers le sud.

Huit heures trente-cinq

Les premiers groupes français arrivent, peu nombreux, à la batterie du Magasin-au-Riz, et font un feu précipité.

Huit heures quarante

Ils reculent de quelques pas et s'abritent : le fort circulaire tire sur eux. L'escadre accélère le bombardement

Huit heures quarante-cinq

Le corps de débarquement signale de terre au vaisseau amiral (au moyen de pavillons de timonerie hissés à une perche) : « Demande de cesser le feu sur les forts. » Le vaisseau amiral répond en signalant à l'escadre : « Cessez le feu ! »

Huit heures cinquante

Un moment de serrement de cœur pour ceux qui regardent du bord : les Annamites sortent en masse du Magasin-au-Riz et font un feu assez rapide contre les premiers groupes français, qui reculent et se jettent tous à terre, dans le sable.

Huit heures cinquante-cinq

On recommence à respirer. Tous les Français se sont relevés. Pas un n'est blessé sans doute, car ils courent tous ; ils courent sur les Annamites sans leur laisser le temps de recharger leurs armes. D'ailleurs, des renforts de matelots et de soldats d'infanterie de marine leur arrivent par-derrière. Les Annamites se sauvent à toutes jambes, toujours vers le sud, et ils se réfugient dans un pâté de maisons sur lequel leur pavillon flotte. Les Français courent après eux.

Neuf heures

De l'escadre, on ne voit pas bien ce qui se passe, au milieu de ces maisons et de ces arbres. On y entend une fusillade très vive, et le pavillon d'Annam tombe. Les Français continuent de courir en avant, vers le fort circulaire du Sud. Le soleil commence à beaucoup monter et la chaleur devient terrible.

Neuf heures cinq

On entend l'artillerie française, qui est arrivée à Thouane-An (le dernier village au sud), faire feu, tout près du fort circulaire. Le village de Thouane-An s'allume brusquement d'un seul coup et se met à flamber comme un immense feu de paille.

Neuf heures dix

Les Français sont entrés par deux côtés à la fois dans le grand fort circulaire que les obus de l'escadre ont déjà rempli de morts. Les derniers Annamites qui s'y étaient réfugiés se sauvent, dégringolent des murs, absolument affolés : quelques-uns se jettent à la nage, d'autres essayent de passer la rivière dans des barques, ou à gué, pour se réfugier sur la rive du sud. Ceux qui sont dans l'eau essaient de se couvrir naïvement avec des nattes, des boucliers d'osier, des morceaux de tôle. Les marins cessent de tirer, par pitié, et les laissent fuir ; il y aura bien assez de cadavres dans le fort, à déblayer ce soir avant l'heure de se coucher.

Le grand pavillon jaune d'Annam, qui flottait depuis deux jours, est amené, et le pavillon français monte à sa place. C'est fini ; toute la rive nord est prise, balayée, brûlée. En somme, une matinée, heureuse et glorieuse, admirablement conduite.

Du côté des Annamites, environ six cents morts jonchent les chemins et les villages.

De notre côté, une dizaine de blessés à peine, pas un mort, pas même une blessure désespérée.

Neuf heures quinze

Le *Bayard*, vaisseau amiral, fait monter ses hommes dans les haubans et crier : « Hurrah ! » Tous les bâtiments de l'escadre imitent l'amiral.

Et puis, partout, le calme se fait. On va se reposer, du moins jusqu'à ce soir.

Les troupes débarquées demandent à l'escadre du vin et de l'eau qu'on leur envoie, et puis s'installent à l'ombre.

On était admirablement placé à bord pour suivre de haut et comme sur un plan tous les mouvements de l'attaque. Maintenant, avec les longues-vues, on distingue les détails, les costumes, les attitudes, les épisodes.

Un gabier se promène gravement, le long de la plage, sous un grand parasol de mandarin.

Un Annamite, qui jouait le mort sur le sable, est rencontré par un matelot porteur d'un baril, qui le menace du doigt comme on menace les gamins. L'Annamite lui fait humblement *tchin-tchin* et lui embrasse les pieds, demandant grâce.

Le matelot a bon cœur et se laisse toucher :

— Seulement, par exemple, tu vas porter mon baril.

Il lui place l'objet sur les épaules et s'en fait accompagner comme d'un groom.

Plus un souffle dans l'air. L'accablement de midi commence à régner partout. La mer immobile brille et chauffe par en dessous comme un miroir. La ligne des dunes est sous le soleil d'une blancheur fatigante ; deux ou trois cadavres annamites se dessinent sur le sable ; des moutons et des porcs, chassés par les incendies, passent sur eux en courant ; un pauvre chien qui, sans doute, n'a plus de maître, galope de droite et de gauche, ayant l'air d'avoir perdu la tête. Derrière les sables, les montagnes d'Annam pâlissent sous une espèce de buée chaude, et le bleu du ciel est comme terni de chaleur.

On n'entend plus rien. Seulement les villages brûlent toujours avec de longues flammes très rouges ; leurs fumées montent tout droit, à d'étonnantes hauteurs, tant l'air est calme ; au milieu de tout cet éblouissement de bleu, elles ressemblent à de gigantesques colonnes noires.

Encore une petite canonnade vers trois heures du soir. L'escadre a changé de mouillage et est venue se poster en face de l'embouchure de la rivière. Les forts annamites de la rive sud tirent sur la *Vipère* et le *Lynx* qui sont allés mouiller tout près de la barre pour être en position de la franchir demain matin. L'escadre riposte, et le feu cesse.

La nuit est absolument calme. On voit, tout le long de la côte, la lueur des villages annamites, qui flambent au clair de lune jusqu'au matin.

Autour de ces feux, il doit se passer de curieuses choses. Mais ils sont très lointains, et du bord on ne peut plus rien voir…

*

À terre, dans le campement des marins de l'*Atalante*, nuit du 20 août

Sept heures du soir

Déjà la nuit. Près d'un petit feu qui brûle par terre, deux officiers de l'escadre sont assis dans des fauteuils dorés, d'une forme asiatique ; c'est dans l'enceinte d'un fort, sur le sable, au milieu de débris, de tessons, de lambeaux quelconques.

Derrière eux, une tente qu'on a faite à la hâte avec les premières choses trouvées sous la main : vieilles voiles, lambeaux de pavillons jaunes ou de draperies de soie brodée ; le tout soutenu par des lances, des avirons cassés, des bambous, ou des hampes d'étendard bariolées d'or.

Des matelots vont et viennent dans l'obscurité, en maraude pour se composer un souper ; leurs pas ne font pas de bruit sur ce sable, et ils ne causent guère non plus ; c'est une espèce de calme un peu lourd qui s'est fait partout, en eux-mêmes comme ailleurs, à la tombée de cette nuit.

Ces choses presque somptueuses, cette tente et ces lances, ces dorures au milieu de ce désarroi, tout cela prend, avec le soir, un faux air de grandeur. Vaguement tout cela fait songer à des scènes du passé, à des pillages, à des invasions de l'Asie ancienne…

Et les deux officiers qui sont là, dans leurs fauteuils de cour, se communiquent cette impression qui leur est venue ; ils se le disent, en riant d'eux-mêmes, naturellement, en tournant en plaisanterie leur idée, par habitude de toutes les situations et par esprit moderne de tout gouailler. Au fond, ils éprouvent bien ce sentiment-là, qui les charme un peu : veillée dans quelque camp d'Attila ou de Tchengiz… Et le rapprochement est juste, car, si l'époque est changée, les mots aussi, les faits en eux-mêmes sont restés pareils.

Impossible cependant de continuer gaîment la causerie. On ne sait pourquoi, le silence revient. On pense à toute cette région déjà noire, qui entoure les murs bas du fort, et où sont éparpillés des morts à longs cheveux… Vraiment, ces grandes chevelures rudes donnent à ces cadavres de soldats des physionomies très particulières.

Dans ce silence et ce repos, mille détails vous reviennent en tête ; on a la conception plus nette des choses, on est obsédé maintenant par l'horrible de ce qu'il a fallu faire.

La journée a été rude. On repasse lentement, heure par heure, cette succession de souvenirs.

D'abord, ce débarquement plein d'incertitudes, au petit jour, au milieu des brisants de la plage : les matelots, dans l'eau jusqu'à la ceinture, secoués par les lames, trébuchant, mouillant leurs munitions et leurs armes. Mauvais début. Et puis, tout le monde était arrivé au complet sur le sable, malgré les balles et la pluie de bombettes que des gens invisibles, cachés derrière les dunes, lançaient d'en haut. Vite, on avait commencé à monter et à courir en gardant un silence de mort. Et puis, tout à coup, dans une ligne de tranchée, merveilleusement établie, qui semblait entourer toute la presqu'île, on avait trouvé des gens qui guettaient, tapis comme des rats sournois dans leurs trous de sable : des hommes jaunes, d'une grande laideur, étiques, dépenaillés, misérables, à peine armés de lances, de vieux fusils rouillés, et coiffés d'abat-jour blancs. Ils n'avaient pas l'air d'ennemis bien sérieux ; on les avait délogés à coups de crosses ou de baïonnettes.

Quelques-uns s'étaient enfuis, vers le nord, laissant tomber leurs provisions, leurs petits paniers de riz, leurs chiques de bétel. Et tout cela, qui s'était passé très vite, très vite, en quelques secondes, défilait maintenant, en souvenir, avec une lenteur et une précision de détails qui étaient étranges…

Ensuite le commandant supérieur du corps de débarquement avait donné l'ordre à cette compagnie de l'*Atalante* de monter tout au bout de la dune et de s'emparer du fort de droite sur lequel flottait le pavillon jaune d'Annam.

On était monté à la course toujours, un peu en désordre ; les matelots lancés y allaient comme des enfants. Puis brusquement ils s'étaient arrêtés, reculant de deux pas… Une nouvelle tranchée remplie de têtes humaines !… Toutes ces figures venaient de surgir à la fois, sous une rangée de chapeaux chinois de forme abat-jour ; leurs petits yeux à coins retroussés regardaient avec une expression fausse et féroce, dilatés par une vie intense, par un paroxysme de rage et de terreur.

C'étaient ceux-ci qu'on avait aperçus de l'escadre, et qu'on avait suivis anxieusement de là-bas, au bout des longues-vues.

Ils ne ressemblaient plus du tout aux pauvres hères de la tranchée basse ; c'étaient des hommes très beaux, vigoureux, trapus ; des têtes carrées, militaires, vraies têtes de Huns, avec des cheveux longs et de petites barbiches pointues à la mongole.

Correctement équipés, portant leur provision de balles dans des petits paniers de jonc passés au bras, comme des ménagères qui vont au marché, ils restaient là, barrant le passage, attendant, ne disant rien, et ne bougeant pas : c'étaient les soldats réguliers d'Annam – et ils devaient être braves, pour avoir tenu depuis hier sous le feu terrible des obus.

Mal armés, il est vrai ; mais on ne pouvait guère juger cela à première vue : des lances ornées de touffes de poils rouges, des grands coutelas affreux, emmanchés sur des hampes, et des fusils à pierre, la baïonnette au bout.

Un instant d'hésitation et de peur chez ces grands enfants étourdis – les matelots –, la surprise, sans doute, la surprise de ces têtes jaunes, de ces physionomies jamais vues, et rencontrées là face à face, émergeant de leur fossé de sable.

C'est grave quand cela prend, ces peurs-là. Les hommes d'Annam s'étaient redressés davantage, comme prêts à sortir de leurs trous. L'instant devenait suprême. Ils étaient à peine trente, eux, les premiers montés, en présence de tout ce monde jaune ; les autres restaient encore à mi-côte, trop loin pour les soutenir.

Et précisément, malgré leurs airs de grands garçons et leurs tournures carrées, ces matelots de la section de tête étaient des très jeunes, presque tous des enfants d'une vingtaine d'années, pêcheurs bretons qui avaient quitté leur village au printemps dernier et n'avaient jamais vu pareille fête. On leur avait parlé des chausse-trappes, des trous garnis de pointes que les Chinois dissimulent sous les pas ; on leur avait même donné des cordes à nœuds, en leur expliquant le jeu de ces pièges et la manière d'en sortir. Et ces choses leur revenaient à l'esprit, avec la tête du commandant Rivière plantée au bout d'une pique, et la mort des prisonniers suppliciés… Oui, ils avaient bien vraiment un peu peur.

Le lieutenant de vaisseau qui commandait cette compagnie de l'*Atalante* s'était mis à leur crier : « En avant ! », à leur dire très vite une foule de choses pour les entraîner. Il avait avec lui un brave second maître de manœuvre, appelé Jean-Louis Balcon, qui avait déjà guerroyé en Chine, et qui, lui, cherchait à entraîner l'aile gauche par une rapide et bizarre harangue de matelot. Et les têtes qui regardaient derrière la tranchée écarquillaient leurs petits yeux obliques, hésitant encore, se demandant si le moment était bien venu de se ruer sur ces Français…

Tout cela, qui est très long à dire, n'avait pas duré deux minutes. Mais, de l'escadre, on avait vu aussi ce mouvement d'hésitation, et on l'avait suivi avec une poignante inquiétude.

Enfin, tout d'un coup, les matelots avaient été enlevés par je ne sais quelle parole meilleure, quel sentiment de rage ou de devoir. Ils s'étaient jetés en avant, tête baissée, avec des cris, contre les gens d'Annam.

Ceux-ci s'étaient attendus à une attaque à l'arme blanche, ayant vu briller les baïonnettes des Français. Mais non, les « magasins » des fusils étaient chargés, et ce fut un « feu à répétition », un de ces feux rapides, foudroyants, des « kropatschek », qui s'abattit sur eux comme une grêle. Ils tombaient en faisant voler du sable, et maintenant ils avaient trouvé eux aussi des voix aiguës pour crier ; ils s'affolaient, ne savaient plus se servir de leurs lances ; cette rapidité de nos armes leur jetait une immense stupeur. Non, ils n'avaient rien imaginé de pareil – des fusils encore plus effrayants et d'un jeu plus mystérieux que les canons d'hier !… Alors ils avaient été pris de cette terreur sans nom des choses incompréhensibles, fatales, contre lesquelles on sent qu'il n'y a rien à faire, et la panique des déroutes avait commencé à les gagner tous comme le feu gagne une traînée de poudre.

Ils fuyaient en criant, se renversant les uns les autres dans leur tranchée étroite. Et les matelots, la petite poignée d'hommes, tout à fait enfiévrés à présent par la fumée, par le soleil, par le sang, couraient après eux, et montaient toujours.

En quelques secondes on était arrivé tout en haut des dunes, devant le fort. Des soldats à têtes de Huns, qui le gardaient, cachés derrière les talus, en étaient sortis par un mouvement brusque, comme des diables qui sortent d'une boîte, et avaient fait feu à bout portant. Par une de ces chances extraordinaires, comme nous en avions ce matin-là, ils n'avaient blessé personne, et tout de suite ils s'étaient sauvés en désordre, gagnés eux aussi par la contagion de la peur.

Alors le lieutenant de vaisseau commandant, aidé toujours du second maître Jean-Louis Balcon, avait arraché le pavillon jaune d'Annam, le pavillon noir du mandarin, et hissé à leur place celui de France. Ce fort était le point culminant de la presqu'île ; on l'avait immédiatement aperçu de partout, ce petit pavillon français ; de la plage et de l'escadre, les matelots, qui étaient à ce moment très expansifs, l'avaient salué par des cris de joie. C'était le premier, flottant sur cette terre de Tu-Duc ; ce n'était rien et c'était beaucoup : un signe d'espoir, visible là pour toute la petite troupe française, et, pour les autres, le présage de la déroute.

Du haut de ce fort, où les hommes de l'*Atalante* venaient en courant se grouper, on voyait de loin tout le corps de débarquement, la compagnie du *Bayard*, l'artillerie, l'infanterie de marine, les *matas* indigènes se masser sur les dunes pour commencer leur grand mouvement d'ensemble vers les forts du sud. On suivait cela du coin de l'œil ; mais on avait surtout à s'occuper des fuyards de la tranchée, qui redescendaient tous sur l'autre versant de sable, du côté de l'intérieur, de la grande lagune, et qui, à un moment donné, pourraient se grouper pour revenir.

Ils s'étaient réfugiés à gauche, dans un village qui était là, au pied du fort. Un village très riant sous le soleil, avec des maisonnettes blanches bariolées à la chinoise ; avec de beaux arbres exotiques et des jardins fleuris ; avec des pagodes anciennes, aux murs ornés de faïences de mille couleurs, aux toits tout hérissés de monstres.

Oh ! Les malheureux fuyards !... L'instant d'après, ce village flambait. Un obus de l'escadre était tombé au milieu, justement dans des cases de paille... Murailles de planches peintes, fines charpentes de bambous, cloisons de rotins à jour, tout cela s'était allumé presque à la fois ; les flammes passaient d'une maison à l'autre, si vite, qu'on n'avait pas le temps de les voir courir.

Au milieu de la lumière matinale, qui était fraîche et bleue, ces flammes étaient d'un rouge extraordinaire ; elles n'éclairaient pas, elles étaient sombres comme du sang. On les regardait se tordre, se mêler, se dépêcher de tout consumer ; les fumées, d'un noir intense, répandaient une puanteur âcre et musquée. Sur les toits des pagodes, au milieu des diableries, parmi toutes les griffes ouvertes, toutes les queues fourchues, tous les dards, cela semblait d'abord assez naturel de voir courir les langues rouges de feu. Mais tous les petits monstres de plâtre s'étaient mis à crépiter, à éclater, lançant de droite et de gauche leurs écailles en porcelaine bleue, leurs yeux méchants en boules de cristal, et ils s'étaient effondrés, avec les solives, dans les trous béants des sanctuaires.

Les matelots devenaient difficiles à retenir ; ils voulaient descendre dans ce village, fouiller sous les arbres, en finir avec les gens de Tu-Duc. Un danger inutile, car évidemment les pauvres fuyards allaient être obligés d'en sortir et de se sauver ailleurs, à moitié roussis, dans une plus complète déroute.

Pendant ce temps-là, vers le sud, s'accélérait le mouvement combiné des autres troupes françaises ; là-bas comme ici les ennemis fuyaient, et l'un après l'autre, tombaient les pavillons jaunes d'Annam. La grande batterie du Magasin-au-Riz était prise, les villages de derrière brûlaient avec des flammes rouges et des fumées noires… Et on s'étonnait de voir tous ces incendies, de voir comme tout allait vite et bien, comme tout ce pays flambait. On n'avait plus conscience de rien, et tous les sentiments s'absorbaient dans cette étonnante fièvre de détruire.

Après tout, en Extrême-Orient, détruire, c'est la première loi de la guerre. Et puis, quand on arrive avec une petite poignée d'hommes pour imposer sa loi à tout un pays immense, l'entreprise est si aventureuse qu'il faut jeter beaucoup de terreur, sous peine de succomber soi-même.

Maintenant, au milieu de ces matelots de l'*Atalante*, qui s'étaient arrêtés en haut des dunes n'ayant plus rien à faire, un fort annamite venait d'envoyer trois boulets, parfaitement pointés, qui, par une rare chance, avaient traversé les groupes sans toucher personne – et ils y avaient à peine pris garde, les matelots, tant ils étaient occupés à regarder le grand spectacle de la déroute s'achever presque tout seul, à leurs pieds, sur l'étendue chaude des sables…

En effet, l'exode des soldats de Tu-Duc s'échappant du village en feu, ne s'était guère fait attendre. Soudainement on les avait vus paraître, se masser, à la sortie des maisons, hésitant encore, se retroussant très haut pour mieux courir, se couvrant la tête, en prévision des balles, avec des bouts de planches, des nattes, des boucliers d'osier – précautions enfantines, comme on en prendrait contre une ondée. Et puis, ils étaient partis à toutes jambes. On en voyait d'absolument fous, pris d'un vertige de courir, comme des bêtes blessées ; ils faisaient en zigzags, et tout de travers, cette course de la terreur, se retroussant jusqu'aux reins d'une manière comique ; leurs chignons dénoués, leurs longs cheveux leur donnaient des airs de femme. D'autres se jetaient à la nage dans la lagune, se couvrant la tête toujours avec des débris d'osier et de paille, cherchant à gagner les jonques.

Et, dans le village en feu, on en voyait de brûlés, à terre, par petits tas. Quelques-uns n'avaient pas fini de remuer : un bras, une jambe se raidissait tout droit, dans une crispation, ou bien on entendait un grand cri horrible.

À peine neuf heures du matin, et déjà tout semblait fini ; la compagnie du *Bayard* et l'infanterie venaient d'enlever là-bas le fort circulaire du Sud, armé de plus de cent canons ; son grand pavillon jaune, le dernier, était par terre, et de ce côté encore les fuyards affolés se jetaient en masse dans l'eau des lagunes. En moins de trois heures, le mouvement français s'était opéré avec une précision et un bonheur surprenants ; la défaite du roi d'Annam était achevée.

Le bruit de l'artillerie, les coups secs des gros canons avaient cessé partout ; les bâtiments de l'escadre ne tiraient plus, ils se tenaient tranquilles sur l'eau très bleue.

Et puis, une foule d'hommes vêtus de toile blanche s'était répandue en courant dans les mâtures ; tous les matelots restés à bord étaient montés dans les haubans, face à la terre et criaient ensemble : « Hurrah ! » en agitant leurs chapeaux. C'était la fin.

À l'approche de midi, tous les gens de l'*Atalante* avaient peu à peu rallié ce petit fort qu'ils devaient occuper jusqu'au lendemain, par ordre du commandant supérieur. Ils étaient très épuisés de fatigue, de surexcitation nerveuse et de soif. Les dunes roses miroitaient d'une manière insoutenable sous ce soleil, qui était au zénith ; la lumière tombait d'aplomb, éblouissante, et les hommes debout ne projetaient sur le sable que des ombres toutes courtes, qui s'arrêtaient entre leurs pieds.

Et cette grande terre d'Annam, qu'on apercevait de l'autre côté de la lagune, semblait un éden, avec ses hautes montagnes bleues, ses vallées fraîches et boisées. On songeait à cette ville immense de Hué, qui était là derrière ces rideaux de verdure, à peine défendue maintenant, et pleine de mystérieux trésors. Sans doute, on irait demain, et ce serait la vraie fête.

L'heure de dîner était venue, et on avait commencé à s'installer pour faire le plus commodément possible un maigre repas de campagne avec des vivres de bord. Par bonheur, il y avait là, à petite distance, la case portative d'un mandarin militaire en fuite depuis la veille ; une case très vaste toute en bambous et en roseaux, en treillages fins, élégants, d'une légèreté extrême. On l'avait rapprochée, avec ses bancs de rotin, ses fauteuils, et on s'y était assis bien à l'abri contre l'ardent soleil.

Mauvaise surprise : le vin se trouvait court, malgré les ordres formels de l'amiral et du commandant de l'*Atalante*. C'était à n'y rien comprendre… Tant pis ! On avait mis un peu plus d'eau dans les bidons, et dîné très gaîment quand même.

Ils avaient tous ramassé des lances, des hardes, des chapelets de sapèques, et portaient, enroulées autour des reins, de belles bandes d'étoffes de différentes couleurs chinoises. (Les matelots aiment toujours beaucoup les ceintures.) Ils prenaient des airs de triomphateurs, sous des parasols magnifiques ; ou bien jouaient négligemment de l'éventail et agitaient des chasse-mouches de plumes.

Avec ce peu d'ombre et de repos, le calme s'était fait dans ces têtes très jeunes ; l'excitation passée, ils s'étonnaient naïvement en eux-mêmes d'avoir pu être tout à l'heure des gens qui faisaient la guerre, des gens qui tuaient…

L'un d'eux, entendant un blessé crier dehors, s'était levé pour aller lui faire boire, à son propre bidon, sa réserve de vin et d'eau.

L'incendie du village s'éteignait doucement ; on ne voyait plus que, çà et là, quelques flammèches rouges au milieu des décombres noirs. Trois ou quatre maisons n'avaient pas brûlé. Deux pagodes aussi restaient debout ; la plus rapprochée du fort, en achevant de se consumer, avait tout à coup répandu un parfum suave de baume et d'encens.

Les matelots maintenant avaient tous quitté leur toit de bambous ; un peu fatigués pourtant, et aveuglés de lumière, ils erraient sous ce dangereux soleil de deux heures, cherchant les blessés pour les faire boire, leur porter du riz ; les arranger mieux sur le sable ; les coucher, la tête plus haute. Ils ramassaient des chapeaux chinois pour les coiffer, des nattes pour leur faire de petits abris contre la chaleur. Et eux, les hommes jaunes qui inventent pour leurs prisonniers des raffinements de supplices, les regardaient avec des yeux dilatés de surprise et de reconnaissance ; ils leur faisaient : « Merci », avec de pauvres mains tremblantes ; surtout ils osaient maintenant exhaler tout haut les râles qui soulagent, pousser les lugubres : « Han !… Han !… » qu'ils retenaient depuis le matin pour avoir l'air d'être morts.

Il y avait des cadavres déjà bien affreux. Et de grosses mouches à bœufs les mangeaient.

L'apaisement s'était fait partout.

Là-bas, du côté de ce grand fort du Sud où la partie finale avait été jouée ce matin par la compagnie du *Bayard*, on n'entendait rien non plus. C'était le campement du capitaine de vaisseau commandant supérieur et, les coups de feu ayant cessé là aussi, c'est que la journée d'action était bien officiellement terminée.

Quelques têtes humaines sortaient maintenant de la lagune, de dessous les vieilles jonques chavirées, regardant, avant de se risquer, si c'était bien vrai qu'on ne se battait plus ; pauvres effarés, derniers des fuyards qui étaient cachés dans l'eau depuis le matin, et qui suffoquaient.

La chaleur était lourde, orageuse. Les villages éloignés continuaient de brûler sans bruit. Il n'y avait plus que, de temps en temps, quelque agonie d'Annamite, quelque épisode isolé pour rompre la tranquillité de cette soirée, la monotonie de ce soleil chauffant ce sable et ces morts.

Un jeune soldat ennemi, dont la poitrine était percée d'un trou profond, avait osé le premier se traîner jusqu'au campement de l'*Atalante*. Ayant ouï dire comment on traitait les autres, il était venu pour demander un peu de riz.

Ensuite, il s'était étendu là, aux pieds du lieutenant de vaisseau commandant, devinant une protection, ne voulant plus s'en aller.

Avec beaucoup d'égards et de précautions, on l'avait emporté quand même, et couché ailleurs, parce que sa blessure était bien repoussante : à chaque mouvement de sa respiration, l'air sortait par ce trou, en faisant bouillonner un liquide affreux qui était à l'ouverture.

Pas d'ambulance, pas de « Croix de Genève » en Annam. C'était tout ce qu'on pouvait faire pour eux : un peu de riz, un peu d'eau fraîche, un peu d'ombre – et puis les laisser mourir, en détournant la tête pour ne pas voir.

Cinq heures

Un blessé s'était relevé tout à coup, parlant très fort d'un ton prophétique, ayant l'air de dire aux Français des choses qui voulaient être entendues. Alors on lui avait envoyé l'interprète.

C'était une malédiction suprême contre les mandarins militaires qui avaient pris la fuite après les avoir poussés au combat, contre les Esprits des pagodes qui n'avaient pas su les protéger. Il avait dit ensuite que les Esprits des Français étaient supérieurs à ceux d'Annam, et terminé en demandant un peu de vin et de sucre.

Le verre vidé, sa mâchoire était tombée avec un bruit de boîte qui s'ouvre et il était mort, en agitant ses mains comme pour faire par politesse un dernier *tchin-tchin*.

On avait faim, malgré tout, et il avait fallu s'occuper de dîner, avant la nuit qui arrive tout d'un coup dans ces pays-là.

Alors on avait mandé les *boys* de Saïgon, qui s'étaient mis tout de suite à fureter dans le village, comme de mauvais petits renards voleurs. En un clin d'œil, ils avaient trouvé du riz, des assiettes, des marmites, puisé de l'eau fraîche, attrapé et plumé des poulets… Tout ce qu'on leur demandait sortait comme par enchantement de leurs mains. Merveilleux petits domestiques, ils avaient même apporté, pour les deux officiers du fort, de beaux hamacs bleus, en filets soyeux, et ces grands fauteuils dorés dans lesquels ils venaient de s'asseoir, à la tombée du soleil, comme des souverains, commençant l'un et l'autre à repasser, dans leur tête calmée, toute la série des scènes du jour…

*

[…]

Huit heures du soir

Il est temps de descendre faire une première ronde de nuit dans le village ; les sections d'artillerie et d'infanterie qui y sont campées relèvent de l'autorité du fort.

On se met en route, les armes chargées. Le fanal de ronde, qui ouvre la marche porté par un matelot, est une exquise petite lanterne chinoise d'un travail ancien, qu'on a prise dans une pagode.

La ronde descend, les pieds glissant dans le sable. On sent des odeurs de brûlé, voici le village : des brasiers rouges exhalant des fumées puantes ; des porcs qui grognent, en furetant de la tête parmi les décombres et les morts ; des poules et des pintades effarées, qui cherchent où se percher pour dormir. Malgré soi on évite les fouillis obscurs, on passe au large de peur des cadavres.

Voici l'horrible : « Han !… Han !… » qu'on avait commencé à oublier – le son d'une voix creuse qui râle ; et des mains se tendent, suppliantes, essayant de faire *tchin-tchin*. Ils sont même beaucoup là, par terre, qui appellent ; il faut s'arrêter pour les faire boire, et les bidons des braves rondiers y passent entièrement.

Une grande construction restée debout, dans laquelle des ombres paraissent s'agiter auprès d'un feu ; au-dedans, des murailles dorées, une voûte dorée, une profondeur d'église, et une magnificence de sérail. C'était une pagode du roi. Elle est pleine de soldats d'infanterie de marine, qui causent, vont et viennent en fumant ; ils brûlent, pour cuire leur soupe, des fauteuils d'une élégance très recherchée, recouverts d'une fine couche de laque et d'or.

Nuit épaisse et lourde. Encore des maisons brûlées, des cadavres. Des tas informes, des moitiés de têtes roussies essayant de se soulever, des mains qui remuent. La petite lanterne chinoise éclaire ces choses au passage…

Et puis, encore une pagode, moins grande celle-ci, semblant très antique ; une vieillerie curieuse, avec des diables qui s'enchevêtrent sur le toit, des monstres de porcelaine qui grimacent à l'entrée.

Des bouddhas de jaspe, des dieux et des déesses en bois doré gisent près de la porte, cassés, les jambes en l'air, sans tête ; on en a sans doute emporté beaucoup, et ceci semble le rebut d'un rapide triage. Un feu est au fond, brûlant assez mal, faisant danser des lueurs sur les dorures anciennes, sur les inscriptions de nacre, sur les faïences ; c'est la cuisine de quatre soldats qui se sont installés pour faire bouillir un porc. Plusieurs éditions du groupe mystique du Héron et de la Tortue traînent par terre ; et même un de ces grands hérons brûle sous la marmite, avec d'autres débris de sculpture, couché en travers du feu, tenant raides ses longues pattes laquées de rouge et son dos doré.

Ces quatre hommes qui sont là rient très fort, échangent des plaisanteries faubouriennes, avec un mauvais accent parisien ; on devine des rouleurs de barrière, que le hasard s'est chargé de réunir autour de ce souper.

Un peu plus loin, d'autres ont ramassé une toute petite fille, bébé de quatre ou cinq ans, légèrement blessée à la jambe. Ils l'ont pansée, couchée le plus douillettement possible, ils la soignent avec une sollicitude extrême. Elle dort, confiante, au milieu d'eux ; ses yeux tirés vers les tempes lui donnent la figure d'un petit chat jaune très gentil et très câlin.

Ils l'avaient d'abord couchée toute nue pour qu'elle fût plus à l'aise par cette grande chaleur ; mais ils viennent de décider en conseil qu'il faut lui couvrir le ventre, de peur qu'elle ne prenne la colique, avec la mauvaise humidité de la nuit ; et l'un d'entre eux donne sa ceinture.

Pauvre petite abandonnée, qu'est-ce qu'ils vont pouvoir en faire ? On ne leur permettra pas de l'emmener : et alors, qu'est-ce qu'elle deviendra, toute seule, quand ils seront partis ?

Maintenant il faut remonter au fort ; s'asseoir dans le grand fauteuil doré, ou se coucher dans le hamac bleu que les *boys* ont suspendu ? Plutôt le fauteuil, pour mieux voir autour de soi.

Nuit de plus en plus obscure. On sent qu'on est dans un endroit élevé, à cause des étendues de noir qui se déploient partout, avec des feux lointains d'incendies ou de campements.

Les matelots ont été sages. Plusieurs se sont déjà couchés tranquillement dans la maison du mandarin militaire. D'autres restent assis, très silencieux et songeurs, écœurés maintenant d'avoir dû charger à la baïonnette, de se voir du sang sur leurs habits de toile, et attendant le jour avec impatience pour aller laver cela « à l'eau douce ».

Il y en a qui veulent déjà souper, par enfantillage, à peine remis de leur grand dîner ; ils ont encore été faire razzia du côté de certaine flaque d'eau où tous les poulets et les canards échappés du feu se sont réunis comme pour un dernier conciliabule d'oiseaux. Ils en ont mis une douzaine à bouillir, avec un petit porc, dans une marmite énorme, sur un feu de bambous.

Une détonation, et tout s'éparpille ! La marmite saute en l'air, vole en éclats ; la sauce retombe en pluie. Pour s'expliquer la chose ils visitent le reste de ces bambous, pris tout à l'heure chez le mandarin : ce sont des étuis à poudre, pleins jusqu'au bord. Cela les fait rire, et ils vont se coucher.

Le silence augmente, et les brisants de la grande plage commencent à faire entendre leur bruit.

De temps à autre, « pan pan pan pan », comme disent les *boys* de Saïgon : une sentinelle qui s'est figuré entendre marcher, et qui, effarée, dans un demi-sommeil, a tiré à coups précipités sur quelque fantôme de son rêve.

Ou bien un râle caverneux, qui monte d'en dessous des murs ; toujours le « Han ! Han !... » prolongé en plainte déchirante : quelqu'un qui meurt. On se bouche les oreilles pour ne plus entendre.

La houle du large doit être forte ce soir, car les brisants font un bruit qui augmente. Ce matin déjà, les canots avaient peine à accoster la plage ; ils ne le pourraient plus du tout ce soir, et, en cas de surprise, de déroute, le rembarquement serait impossible.

On écoute avec un peu de mélancolie le grondement sourd de ces lames, qui coupent maintenant toute communication avec l'escadre, avec le monde européen ; on songe qu'on n'est qu'un tout petit nombre d'hommes, ne tenant là que par toute l'épouvante qu'on a jetée. Et cela semble bizarre, à la réflexion, d'être venu ainsi impudemment se camper au milieu d'un pays immense, en s'entourant de morts pour faire peur.

Huit heures et demie

Une lueur rapide, un grand bruit qui fait tressauter : un coup de canon à mitraille, parti d'en bas, du village. Alerte ! On crie : « Aux armes ! »

Ce sont les tirailleurs qui ont cru voir au milieu de la lagune, sur les luisants noirs de l'eau, de grandes jonques apparaître en silhouettes. Après tout, peut-être venaient-elles parlementer.

On ne les voit plus. Encore le silence.

Neuf heures

Au même point plusieurs jonques apparaissent à la file, illuminées tout à coup par un feu clair, à long jet de flamme, qui brille à l'avant de l'une d'elles.

Encore alerte et aux armes ! Ces jonques viennent de la grande terre, de la direction de Hué.

Et puis on s'arrête. Il y a le pavillon parlementaire blanc au-dessus de ce feu, allumé là sans doute pour le faire bien voir. Il faut descendre sur la plage avec l'interprète, pour recevoir cette ambassade et donner l'ordre aux sentinelles de la laisser aborder.

Elles s'approchent lentement, les jonques, comme hésitantes, ayant peur : elles arrivent, avec leur tournure de gondole vénitienne, portant haut leur dôme central et leurs pointes arquées. Elles marchent sans bruit, à la godille, avec ce petit trémoussement qui est particulier à ce genre d'allure. Une voix, qui semble bien française, interroge :

— Voulez-vous recevoir les parlementaires de la cour de Hué, qui viennent demander la paix ?

On répond :

— Oui !

Et elles accostent. Des torches improvisées, des morceaux de bois qu'on brûle, éclairent ce débarquement de gens étranges.

D'abord des gardes de la cour d'Annam, vêtus de bleu sombre, avec de larges cols bordés de rouge. On les trouve bien un peu nombreux pour une simple ambassade, mais c'est probablement une question d'étiquette, et d'ailleurs ils sont sans armes.

Et puis on voit sortir de grands brancards d'or, somptueux, terminés en figures de monstres ; et des parasols d'or, ouverts en pleine nuit, et des baldaquins, et des hamacs… Cela semble un déballage de féerie.

Toutes ces choses s'organisent méthodiquement sur le sable. Les gardes mettent sur leurs épaules les brancards d'or, y suspendent les hamacs bleus, puis les recouvrent de baldaquins et de rideaux – en tout, quatre palanquins complets –, dans lesquels montent, avec des airs de mystère, des personnages qu'on ne peut apercevoir. Quatre porteurs de parasols se précipitent, comme pour les abriter contre des rayons imaginaires, et enfin le cortège s'ébranle. Avec toute une suite silencieuse, il se dirige vers l'homme qui représente à ses yeux la guerre, l'invasion, l'extrême terreur : le lieutenant de vaisseau commandant le fort.

Celui-ci attend, à quelque cent pas, debout, près d'un feu de branches attisé pour le mettre en lumière ; en tenue de campagne, lui, poudreux et déchiré, sali de terre et de fumée, incorrect et un peu moqueur, devant une si cérémonieuse ambassade.

À deux pas de lui, le premier parasol s'abaisse, le premier palanquin s'arrête, et les rideaux s'ouvrent…

*

On s'attendait à en voir descendre quelque grand personnage asiatique. Mais non, c'est une tête européenne, très pâle, qui se soulève sur le hamac à franges bleues ; la voix, absolument française, a cette lenteur douce, un peu onctueuse, des gens d'église ; l'homme est vêtu d'une soutane violette ; l'anneau pastoral brille à son doigt, et il tend d'abord sa main, pour recevoir un baiser qu'on ne lui donne pas.

— Monsieur, je suis l'évêque missionnaire de Hué. J'accompagne les parlementaires. Voulez-vous recevoir le ministre du roi ?

En même temps, le bras d'un des invisibles personnages entr'ouvre les rideaux du second palanquin et présente une lettre dont l'adresse est mise en français d'une écriture très courante (celle de l'évêque sans doute) :

« À Monsieur le Commissaire général civil, ou, en son absence, à Monsieur le Contre-Amiral commandant en chef. »

Assurance est donnée à monseigneur qu'il sera traité avec les plus grands égards, lui et les personnes qu'il accompagne. Mais il est prévenu, en même temps, que les lois de la guerre, et celles aussi de la plus simple prudence, obligent à le conduire au fort sous escorte armée ; il y sera gardé courtoisement jusqu'au retour du sous-officier qui va aller là-bas, au quartier général (fort du Sud), porter la lettre parlementaire et prendre les ordres supérieurs.

Alors une bande de matelots vient, sur un signe, envelopper l'ambassade entière, et le cortège, reprenant sa marche à la lueur des torches, se met à gravir, dans un silence de mort, la pente raide des sables.

Ces torches, de temps en temps, éclairent quelques cadavres effondrés, les mains en l'air, en travers du chemin, ou bien quelque mourant qui se met à pousser son râle horrible, à tue-tête, en tendant ses bras vers les gens de cour. Mais ceux-ci passent sans oser se retourner, tremblants et hébétés par la peur.

On s'arrête en haut dans le petit campement de l'*Atalante*. Alors tous les parasols dorés s'abaissent et les porteurs s'accroupissent. Les rideaux des palanquins s'agitent comme pour s'ouvrir ; les invisibles personnages vont paraître ; et les matelots, curieux de leurs figures, font cercle, attisent les bambous pour mieux voir.

D'abord, monseigneur, qui met pied à terre péniblement, l'attitude affaissée. Son vicaire descend après lui. Et enfin, les deux personnages d'Annam, ministre et secrétaire d'État.

Ils tremblent très visiblement, ceux-ci, et se serrent contre l'évêque.

Ils sont vêtus, avec une extrême simplicité, de tuniques à la chinoise, uniment noires, fermées par des brandebourgs et des boutons de jaspe rose ; ils portent petite barbiche rare et pointue, comme Attila ; et leurs longs cheveux de femme sont relevés négligemment sur la nuque en un chignon à l'antique. L'un et l'autre parfaitement distingués d'ailleurs, dans toute leur personne ; des figures fines et des mains petites de patricien, avec des ongles invraisemblables, effilés en griffes.

Le ministre s'appuie sur l'épaule d'un courtisan étrange, de sexe ambigu, qui s'est précipité pour l'aider à descendre : vêtu de noir comme son maître, les cheveux partagés au milieu en deux nattes très longues, la taille mince et svelte, la figure efféminée et jolie. On dirait d'abord une jeune fille en costume d'homme. Mais c'est un jeune garçon, paraît-il.

Alors on songe à ces « enfants asiatiques » que les raffinés du Bas-Empire latin faisaient venir à grands frais et attachaient à leur personne comme choses de mode et de luxe. Sans doute cet Extrême-Orient immobilisé, si vieux avant notre ère, n'a pas changé depuis l'époque romaine.

[…]

Maintenant les deux prêtres, les deux officiers français et les deux grands d'Annam, ayant à leurs pieds l'« enfant asiatique », sont assis fort tranquillement, comme des amis, sur les bancs légers du mandarin militaire.

La conversation commence, un peu lente, embarrassée. C'est monseigneur qui traduit, et sa voix traînante dénote une fatigue excessive. Il dit la consternation qui règne dans Hué, la stupeur, la contagieuse épouvante, causées par nos canons énormes, par nos fusils à longue portée, par nos feux rapides.

Et puis il ajoute, plus bas, que son rôle, à lui évêque, est naturellement tout à fait officieux. En venant ce soir, il n'a fait que céder aux sollicitations de la cour d'Annam ; la terreur était telle que, sans lui, les parlementaires n'auraient pas osé se présenter au camp des Français.

Au milieu de l'enceinte du fort, se tient la suite silencieuse de l'ambassade ; gens de cour ou simples gardes accroupis pêle-mêle dans le sable, serrés les uns contre les autres, accablés, comme à l'approche de leur dernière heure. Et les brancards magnifiques qui gisent par terre, les dorures des grands parasols, jettent leur note d'Asie sur ces groupes muets.

La nuit est moins épaisse ; les nuages obscurs qui, au coucher du soleil, s'étaient tendus comme un velum, commencent à se déchirer, laissant paraître des trouées claires pleines d'étoiles.

Les matelots, qui se sont réveillés tous pour voir entrer ces palanquins et ce cortège, sont assis maintenant alentour sur les murs bas du fort ; ils fument et ils causent en sourdine. Par-dessus leurs têtes on voit les étendues noires, redevenues si tranquilles avec la nuit. Du côté de l'ouest, il y a toujours, dans les lointains, des brasiers rouges qui sont les restes des villages. À l'est, cette grande plaine unie qui semble de marbre bleuâtre, c'est la mer de Chine ; elle commence à luire par places, reflétant les trouées et les étoiles d'en haut.

… Voici une fois de plus le « Han !… Han !… » qui monte de la plage, horriblement prolongé. Encore un qui meurt ! Malgré soi on fait silence tant que dure ce râle, et les gens d'Annam frissonnent.

Et puis on voit, tout au ras de l'horizon, monter le gros disque rouge de la lune, qui étend sa traînée lumineuse sur l'immensité des eaux. Dans un moment il va faire très clair.

Peu à peu, dans le petit groupe parlementaire, la conversation devient plus animée, plus cordiale. Le ministre offre ses longues cigarettes d'Annamite, roulées en cornets minces, qu'il a apportées toutes faites dans un coffret ; il paraît prendre confiance en les voyant acceptées.

Le langage de ce pays semble toujours une suite de consonances incertaines, nasillardes, entrecoupées en monosyllabes un peu haletants, et où revient à courts intervalles quelque chose comme le miaou des chats. Tout cela pourtant a une signification, paraît-il, car monseigneur traduit une foule de choses fort gracieuses que les pauvres vaincus se croient obligés de dire.

Vers dix heures et demie, arrive du fort du Sud le capitaine de frégate L…, accusant réception de la lettre de paix et apportant les ordres supérieurs : on mande tout de suite au quartier général l'ambassadeur et l'évêque, qui pourront amener leurs secrétaires ; quant aux gens de leur suite, ils devront rester au fort de l'*Atalante*, sous la surveillance du lieutenant de vaisseau commandant, qui est prié de les faire coucher au milieu de ses matelots.

Très vite, les beaux brancards se remontent, les hamacs, les rideaux s'arrangent ; les quatre personnages prennent congé, et leurs palanquins s'éloignent, au pas rapide et cadencé des porteurs. La lune, encore très basse, les éclaire d'une lumière chaude ; on les regarde se perdre dans le lointain, sur les sables roses, toujours avec leurs parasols dorés, leur air de personnages de féerie.

Au campement on s'agite, on s'organise définitivement pour dormir.

Mais les hommes jaunes ont peur, à présent que l'évêque et leur chef sont partis. Avant de se coucher parmi les marins, ils éprouvent le besoin de cimenter leur amitié avec eux, de l'affirmer par mille témoignages aimables. Alors ils leur font à tous de longues politesses, des révérences annamites à ressort, de cérémonieux *tchin-tchin* à mains jointes, des *shake-hands* à n'en plus finir. Et les matelots, très saisis en présence de tant de belles manières, rendent les saluts et les poignées de main, en étouffant des envies de rire ; ils s'étonnent beaucoup de rencontrer des gens de cour si obséquieux et de leur sentir les ongles si longs.

Avant minuit, tout le monde est à peu près casé, couché, endormi – les sentinelles exceptées.

Les deux officiers, restés sur leurs fauteuils de mandarins, ne dorment pas encore, eux non plus.

La lune a beau répandre sa belle lumière nette ; les nuages ont beau s'en aller ; le ciel, redevenir pur et splendide, rien de tout cela n'égaye cette nuit de veille. On recommence à distinguer comme en plein jour les fumées des villages qui brûlent ; sur les sables clairs on voit les morts qui dessinent des taches noires – des croix, quand leurs bras sont étendus. Et les brisants font toujours leur bruit, qui donne cette même impression d'isolement, de séparation du reste du monde, sur cette terre d'Annam.

Alors tout à coup l'affreux « Han !... Han !... » s'exhale encore, et cette fois on l'entend venir de tout près, de par terre, presque de dessous les fauteuils, en même temps que de vrais bras se tendent pour tout de bon, cherchent à vous enlacer les genoux... C'est le blessé de ce soir, le pauvre garçon à la poitrine percée, qui est encore revenu, qui s'est traîné et introduit là, Dieu sait comment !

On n'ose plus le faire emporter ; on lui donne une couverture, du vin à boire, tout ce qu'il veut ; mais il est bien ennuyeux de s'obstiner ainsi à reparaître ; puisque l'on ne peut rien pour le sauver, il devrait bien mourir.

L'air, le vent sont chauds, lourds ; il y a une senteur douceâtre et énervante de plantes tropicales, de fleurs de dunes. Et puis autre chose encore, un mélange à la fois fétide et musqué, qui est particulier aux villages, aux gens, aux objets de ce pays. Les matelots disent : « Ça sent le Chinois », et c'est tout ce qu'on peut dire de mieux. Voilà : « Ça sent le Chinois » ; c'est caractéristique et indéfinissable.

… Tout à coup une première bouffée de cimetière vient se mêler à toutes ces étrangetés d'odeurs… Les cadavres, qui commencent à se faire sentir !… En effet, il aurait fallu les éloigner avant la nuit ; on aurait dû y songer, en voyant, au coucher du soleil, les premiers oiseaux noirs s'assembler. Mais on comptait faire faire demain cette besogne par les prisonniers, on ne pensait pas que la décomposition viendrait si vite.

… Une seconde bouffée monte, écœurante, horrible… et jusqu'au matin cela va certainement augmenter très vite, devenir intolérable. Que faire ? Réveiller les matelots, déjà si fatigués ? On hésite entre l'horreur d'aller remuer ces corps la nuit, et le malaise sombre que cause leur voisinage. Une lassitude vous cloue sur place ; une espèce de mauvais sommeil finit par arriver, plein de rêves, hanté par des contorsions, des grimaces, de vilaines singeries de morts…

*

Journée du 21 août

À six heures, le soleil est là, jetant d'un seul coup, à son lever rapide, sa grande lumière magnifique et son extrême chaleur. Alors les visions de la nuit s'en vont ; les choses reprennent leurs proportions vraies.

La tente où l'on a dormi est remplie de rayons. On voit briller les hampes dorées, les lances de pagode qui soutiennent les toiles tendues ; mais ces toiles sont souillées et sordides.

Dehors, tout le campement s'éveille. Les Annamites, en s'étirant, soupirent à la pensée qui leur revient de leur défaite et de leurs terreurs d'hier. Ils secouent leurs robes bleues – qui sont fanées –, tordent leurs longues chevelures, rajustent leurs chignons comme des femmes. Et il y a déjà plusieurs feux allumés sur le sable ; ce sont les matelots qui ont voulu dès l'aube recommencer leurs grandes cuisines de poulets.

Là-bas, la terre d'Annam paraît très belle et un peu étrange à cette heure matinale. Les hautes montagnes dessinent en l'air leurs cimes violettes ; elles paraissent plus dentelées que nature, comme dans un paysage que des Chinois auraient peint. Les plaines boisées sont de cette teinte fraîche et éclatante qui est particulière aux tropiques. Et on aperçoit le mirador de Hué, celui du palais royal, qui domine ces lointains verts…

Le blessé à la poitrine crevée est mort pendant la nuit ; il est allongé tout raide, bouche béante au soleil. Autour du fort, naturellement, les cadavres sont toujours là, dans leurs poses de la veille. Et, comme si on en manquait, la mer a même rapporté tous ceux qu'on lui avait jetés hier ; ils sont le long de la plage, baignés dans l'écume blanche des lames, avec leurs mains en l'air toujours, et tous ballonnés, ressemblant à de gros magots ventrus. Il va falloir décidément creuser de grands trous pour y mettre tout ce monde.

Est-ce qu'on marchera aujourd'hui sur Hué, est-ce qu'on franchira les grands murs mystérieux ? Sans doute non ; cette ambassade arrivée cette nuit aura signé n'importe quoi, par peur de nous voir venir dans la ville, dans les palais – et le vieux proverbe d'Annam aura raison encore une fois.

Auprès, autour du campement, ce sont toujours les sables étincelants et chauds, contrastant avec la rive verte de l'intérieur ; et puis les ruines, les débris de tout ce que le feu a détruit hier. Deux pagodes restées debout montrent, avec des aspects méchants, leurs cornes, leurs griffes, toutes leurs diableries de faïence. Et les cocotiers du village, qui étaient si frais, ont passé au noir ; ils sont plantés au milieu de ce désarroi comme de vieux plumeaux roussis.

Vers sept heures, le bruit très éloigné d'une fusillade. Ce sont les troupes françaises campées au fort circulaire qui viennent de traverser la rivière de Hué dans les canots de l'escadre et s'avancent sur les sables de la rive Sud. À la longue-vue on suit dans le lointain les mouvements de ces rangées de petits pygmées noirs qui sont des matelots et des soldats ; on les voit s'emparer sans coup férir de deux ou trois forts que les ennemis ont abandonnés dans la grande panique d'hier, et le pavillon aux trois couleurs est hissé partout.

Ce doit être la fin des fins, et sans doute on ne se battra plus.

Journée lourde, longue, monotone, accablée de chaleur, pénible à passer.

On enterre les morts. Il y en a encore plus qu'on ne croyait. Le rapport officiel annamite en accuse douze cents, et ce doit être le compte. On les jette en bloc dans de grands trous. Les prisonniers font cette besogne, surveillés, baïonnette aux reins, par les sergents des troupes indigènes de Saïgon.

Les matelots, qui sont très altérés aujourd'hui, puisent de l'eau aux citernes ; mais c'est de l'eau boueuse, et de plus elle est musquée comme toutes les choses de ce pays. Les prisonniers expliquent qu'on l'a apportée de la grande terre dans des outres de bique où elle a pris cette odeur, et qu'elle n'en a pas moins un fort bon goût.

Tout de même, en cas de poison, les matelots qui se méfient imaginent de la filtrer. Et voilà les grands chapeaux chinois, qui faisaient déjà de merveilleux entonnoirs pour vider le vin dans les bidons, requis pour ce nouvel emploi. (Le sable en est semé, de ces grands chapeaux coniques en forme d'abat-jour, tombés dans la déroute.) On met dedans, au fond, un peu de charbon pilé, puis on les remplit d'eau, et bientôt, par la pointe, coule un petit filet clair qui n'est pas trop mauvais à boire.

Trois heures de l'après-midi

L'ambassade traverse de nouveau le campement, revenant du quartier général. Elle passe sans s'arrêter, ramasse son escorte, descend, au pas gymnastique, vers la lagune, puis s'embarque dans ses jonques. Et pendant tout ce défilé rapide, les grands parasols asiatiques bariolés d'or se tournent, s'élèvent ou s'abaissent suivant les rayons du soleil, manœuvrés avec une rare précision par leurs porteurs.

Cette fois les palanquins sont restés fermés. Monseigneur seul a entr'ouvert ses petits rideaux, pour saluer de la main et annoncer que le traité de paix est accepté avec ses clauses les plus dures : on se dépêche le plus possible, pour le porter ce soir même à la signature du roi d'Annam…

Allons, le vieux proverbe a dit vrai, et les grands murs de Hué vont garder leur mystère…

Le vent est à la paix décidément. Au coucher du soleil, deux mandarins arrivent au fort, un peu tremblants, mais empressés et obséquieux, avec des airs d'humilité sournoise ; faisant de beaux *tchin-tchin*, distribuant à tout le monde des poignées de main qui s'embarrassent dans les plis de leurs manches-pagodes, dans la longueur de leurs ongles.

Leurs robes sont en gaze de soie bleu marine, à grandes rosaces brochées, avec des devants d'un bleu plus pâle, comme ces gilets qui ont été de mode pour les femmes en France.

Ils sont venus nous amener un convoi de bœufs, de porcs, de bananes, d'eau fraîche, de toutes sortes de choses fort bonnes, qui vont être les bienvenues.

Ils apportent aussi des nouvelles à sensation : il paraîtrait que le roi en personne, l'invisible, l'inconnaissable, est monté hier dans son grand mirador, qu'on aperçoit là-bas, pour regarder le bombardement et l'escadre. Il est vrai, on avait répandu dans la ville de rigoureuses menaces de mort contre qui oserait lever les yeux vers cette tour, et toutes les maisons, toutes les fenêtres s'étaient fermées avec terreur. Mais, dans les grands faubourgs habités par les Européens et les marchands, on aurait pu avec des lunettes l'apercevoir, et ce fait est vraiment un signe des temps, une chose sans précédent dans l'histoire de l'Annam.

Neuf heures du soir

L'ordre arrive du quartier général de faire rembarquer les marins demain matin à la première heure…

C'est fini, ce petit rêve de conquête. On laissera les forts sous la garde de l'infanterie de marine et de la *Vipère*.

Les matelots, très désappointés, se répandent dans le village incendié pour ramasser dans les décombres mille petits souvenirs qu'ils désirent emporter ; avec des lanternes, ils font parmi les débris des choix très extraordinaires, se lamentant beaucoup de n'avoir pas été prévenus plus tôt, de n'avoir pas pu trier tout cela au jour. Ils ne s'endorment que fort tard, quand ils ont préparé tous leurs petits paquets et chanté plusieurs chansons.

*

Le 22 août

Vers huit heures, par une matinée splendide, sur une mer étincelante, les canots très chargés qui ramènent les matelots, leurs armes, leur bagage, accostent les bâtiments de l'escadre.

Les autres, les moins heureux, ceux qui ont gardé le bord, attendent près des coupées pour voir ce retour : ils rentrent avec des airs de conquérants, étalant de belles ceintures, portant des chapeaux de Chinois, des lances, des pavillons jaunes ou noirs au bout de hampes dorées ; ayant des coups de soleil, tous ; très noirs et mourant de soif.

Et puis, les uns ont ramassé des théières en vieux Chine, des assiettes à fleurs, des bouddhas, ou bien encore des hérons mystiques, oiseaux de pagodes qui perchent sur des tortues.

Et d'autres, les pratiques, les gourmets, rapportent des poules dans des cages pour les faire cuire à bord, même de petits porcs vivants, passés en bandoulière sur leur dos, attachés par les pattes et poussant des cris affreux.

On est tout à la joie de ce grand succès rapide ; les nouvelles des journées douteuses du nord – au bord du fleuve Rouge – ne sont pas encore connues, et on se figure la paix immédiate, suivie bientôt du départ, du retour en France. Au souper, différents plats non prévus par le règlement circulent aux tables de l'équipage, avec des vins qui viennent de chez les officiers. Il y a même ensuite, au coup de neuf heures, un certain cortège qui s'organise et défile en se courbant sous les hamacs. Alors ceux qui dorment déjà s'éveillent en sursaut, et se penchent effarés pour voir ce qui passe au-dessous d'eux : des grands chapeaux pointus, un défilé de Chinois !… Les uns dans des robes mandarine, de coupe officielle, en soie noire, étriquées, trop étroites, ayant craqué aux épaules ; d'autres tout nus, portant simplement – pour se donner l'air qu'il faut – une lance, un héron mystique, ou bien un bouddha.

Pas un mort à regretter, personne de moins à l'appel, pas la plus petite place vide ; alors, la chose finit d'une manière absolument joyeuse.

Et demain, l'escadre doit se séparer, pour assurer différents services de ravitaillement et de blocus…

Le Figaro, 28 septembre, 13 octobre et 17 octobre 1883.

JEAN LORRAIN

(1855-1906)

Printemps de Tunis

Jean Lorrain avait du talent et un vice. Le talent était littéraire, le vice, celui de la malveillance. Elle était sincère. Il était persuadé qu'il était de son devoir de révéler les turpitudes des autres, moyen possible de banaliser les siennes. Éthéromane, ragoteur, insinuant, il reste comme un objet de brocante 1900. Un roman sur un personnage homosexuel, M. de Bougrelon *(1897), un autre sur une maison de passe,* La Maison Philibert *(1904), il n'est pas sans ressemblances avec son camarade d'enfance à Fécamp, Maupassant, qu'il haïssait. (Maupassant avait une bien plus grande compréhension de la douleur.) Il le caricature sous un autre nom dans un roman : « C'est une demi-gloire, qui en vaut bien d'autres […]. Il roucoule et paonne, frise ses moustaches, joue avec ses bagues, croise ses jambes, qu'il a fortes, et tend son pied, qu'il a petit ; il raconte des faits divers, éructe des anas, des mensonges et des infamies, assaisonne le tout d'esprit et de mots à vingt-cinq centimes la ligne, abîme ses ennemis, vilipende ses amis, compromet les autres, parle sa chronique, vit son article et, ravi de sa personne, sourit aux anges et à lui-même » (*Très russe, *1886). Il y a des gens qui font leur portrait en faisant celui des autres.*

Tout le ciel est en feu !
Vois, tu meurs d'une mort de prince et de poète,

Entre les bras rêvés ayant posé ta tête,
D'une mort qui n'a rien ni de laid ni d'amer,
Et devant un coucher de soleil sur la mer[1] *!*

Était-ce le charme irrésistible de la comédienne qui les disait, ces vers ? l'eurythmie de ses altitudes ou la langueur savante de ses gestes, le métal de cette voix à la fois délicate et vibrante, ou tout simplement, l'art de cette mise en scène inoubliable, la splendeur de ce soleil couchant, tout de braise et de roses incandescentes à travers ces agrès et ces voilures ? mais cette poésie, assez médiocre en somme, venait de m'ouvrir tout un autre horizon, et derrière tes fumées bleues des encensoirs, aux sons des flûtes et des violes, la toile de fond représentant la lointaine Tripoli venait de s'évanouir, et c'est Tunis, Tunis *l'argentée*, comme on l'appelle là-bas, qui surgissait lentement devant moi, ville de féerie et de rêve, Tunis demeurée la cité légendaire qui hantait le sommeil des anciens croisés,

Une de ces cités d'ombre, d'or et d'azur

dont Victor Hugo excellait à ressusciter toute la gloire dans une rime :

Césarée, Antioche, Héliopolis, Assur

Tunis combien déjà lointaine, hélas ! et pourtant si présente encore. Il y a deux ans ; non point la Tunis des touristes, la ville européenne de la porte de France, le bruyant et coloré caravansérail des souks, ou la ville arabe et puante du quartier Halfaouine, mais la Tunis moins connue et bien autrement savoureuse de la porte Bab-Sidi-Abdallah, non loin du quartier de la brocante, auprès du château d'eau nouvellement construit, au sommet de la ville pour y distribuer les eaux du Zaghouan ; car il existe encore, le fameux aqueduc qui apportait l'eau de la montagne des sources à Carthage, l'aqueduc immortalisé dans la *Salammbô* de Gustave Flaubert par l'équipée de Mathô et Spendius, l'aqueduc qui, une fois entamé par la hache du Lybien, vouait toute la ville et le peuple d'Hamilcar aux affres de la soif et à Moloch dévorateur.

1. Edmond Rostand, *La Princesse lointaine.*

Ces ruines courent encore à travers toute la campagne, et c'est, entre Tunis et l'emplacement de l'ancienne Carthage, une longue file d'arcades dressant à l'horizon des piliers de briques roses, et cela sur des longueurs de deux cents et de trois cents mètres, pour se briser tout à coup, quitte à se relever plus loin comme les tronçons d'un serpent qui, tout coupé, vivrait et remuerait. Oh la tristesse et la mélancolique leçon de ces inutiles arceaux s'effritant à travers la plaine et racontant, durant des lieues, la grandeur à jamais disparue d'une civilisation qui n'est plus. Une partie de cet aqueduc subsiste, encore intacte, et c'est elle qui apporte du Zaghouan et jusqu'au château d'eau, tout à l'heure cite, le trésor des sources qui alimentent Tunis ; mais les ingénieurs français l'ont absolument enterré, enfoui, sous des remblais, dérobant l'ancien travail romain à la malveillance des indigènes et aux intempéries des saisons, et c'est l'aqueduc qui fertilisait jadis les jardins d'Hamilcar qui alimente aujourd'hui les jets d'eau des palais des beys ; et Tunis a confisqué pour ses patios et pour ses places les sources nourricières de l'antique Carthage, comme elle a volé les mosaïques et les piliers polychromes de ses temples pour en orner les portes de ses mosquées et les angles de ses minarets.

Selon l'inéluctable loi de nature, la ville moderne a dévoré la ville morte, empruntant ses plus riches parures aux ruines mêmes de la défunte ; elle a secoué ses cendres au vent dans un crible pour y mieux trouver les amulettes rares et les joyaux précieux, et c'est avec les ossements de Carthage qu'est édifiée la séduction de Tunis.

Nous revenions de visiter le Bardo, le Bardo des anciens beys que vient d'entamer la pioche des démolisseurs et dont il ne reste plus à l'heure actuelle que la fameuse cour des Lions ; nous avions traversé des lieues et des lieues de trèfle et de luzerne en fleur et, les narines encore emplies d'une odeur de miel, nous venions de nous engager par la porte de Bab-Sidi-Abdallah, dans l'enceinte des murs, les murs flanqués à cet endroit d'une ancienne forteresse, dont l'incurie orientale laisse depuis des siècles envahir la base par des amoncellements d'ordures.

Elle sert aujourd'hui de poste ou de caserne ; le sommet de ses grosses tours rondes s'effrite dans l'herbe rase de hautes pentes gazonnées, car non seulement les fossés ont disparu, insensiblement comblés, mais des entassements de détritus et de boue ont submergé peu à peu l'ancien fort ; et c'est maintenant, l'ombre des hautes murailles, des pelouses mamelonnées où toute une vermine populaire s'ébat gesticulante, bruyante et colorée autour de psylles, charmeurs de vipères, et de bateleurs, faiseurs de tours.

Toute la lie du faubourg est là, hommes et enfants accroupis et couchés dans ces pittoresques poses comme en possèdent seules les races de l'Orient, et c'est dans l'herbe verte la bigarrure et le chatoiement de toutes les nuances et de toutes les couleurs, gandouras mauves et roses, vestes turquoise, turbans brodés de jaune, chéchias et burnous coiffant les faces rases de toute la gamme des rouges et drapant les épaules de toute la gamme des blancs, une incroyable palette grouillante, remuante, avec çà et là des trous noirs de bouches grandes ouvertes et le mouvement de deux bras levés et jetés en avant. Toute cette joie populaire applaudit à deux énormes portefaix qui luttent, car il y a des lutteurs aujourd'hui à la porte Bab-Sidi-Abdalah et, le torse nu, moiré de sueur, les deux hommes, pantalonnés de caleçons de cuir, essaient avec des mouvements lents et cauteleux de félins de saisir chacun le cou de son adversaire ; ils ont tous deux d'effrayantes carrures, des faces de brutes à longues moustaches et le crâne en pointe des Barbares qui ont brûlé le Parthénon ; ce sont deux Turcs de Constantinople.

Voilà déjà une demi-heure qu'ils se malaxent les chairs sans parvenir à se tomber ; la populace bat des mains à chaque reprise. Trois élégants aux yeux gouachés de khôl dominent de toute leur hauteur l'assistance assise en cercle ; des rires d'enfants s'égrènent dans la foule, derrière nous, car nous nous sommes arrêtés à les regarder. Ce sont, coupées de minarets et de coupoles de mosquées, les terrasses du faubourg d'Al-Djazira descendant jusqu'à la mer, toute une dégringolade de cubes blanchis à la chaux, échelonnant jusqu'aux lacs les degrés inégaux d'un escalier géant. Chaque moellon d'une de ces marches est une demeure arabe, et nous dominons tout le panorama comme du haut d'une invraisemblable pyramide, dont la première marche baignerait dans la mer. Vis-à-vis nous, de l'autre côté du golfe, ce sont les silhouettes épiques des montagnes célèbres, le Bou-Kœrnin, le Djebel-Ressas et le Zaghouan, la fameuse montagne des sources, toutes les trois déjà vaporeuses dans le crépuscule, trois arabesques couleur d'iris que le mirage de l'heure fait étonnamment proches et hautes (on croirait qu'on va les toucher du doigt). Dans quelques minutes, elles se profileront en noir sur un ciel de soufre, un horizon en ce moment d'or rose, qui s'altère et verdit déjà.

Des rumeurs confuses montent de la ville européenne, des âniers passent, poussant devant eux leurs petits ânes gris et blancs chargés de couffes ; ils descendent eux aussi vers la porte de France, et nous les suivons.

Le Rou-Kœrnin, le Djebel-Ressas et le Zaghouan diminuent à mesure que nous descendons tout est mirage dans ces pays de lumière, illusion et déception. C'est l'heure de la sortie des ateliers, l'heure où l'artisan tunisien clôt les volets de son échoppe la vie et le mouvement affluent dans les rues avec une frénésie inconnue en Europe ; les cafés arabes regorgent d'une clientèle affairée, bavarde, gazouillante, et ce ne sont autour de nous que mélopées étrangement chantantes ; ces gens-là ont comme une caresse dans la voix.

*

C'est, à Tunis, ce qu'est la place du Gouvernement à Alger, le centre du mouvement de la ville, mais du mouvement européen, la place des cochers, le rendez-vous indiqué des touristes. C'est là que sont groupés les grands magasins, les cafés, les libraires, tous les fournisseurs à l'instar de Paris et de Londres, dont peut avoir besoin Cosmopolis en déplacement. L'air d'une fausse rue de Rivoli avec son côté de maisons à arcades, c'est l'avenue de France avec, à l'horizon, les palmiers de la Résidence et la steppe encore à peine bâtie de l'avenue de la Marine. L'aspect en est médiocre et rappellerait à la fois la place Masséna de Nice et celle de la Liberté de Toulon, sans sa foule grouillante et déjà colorée d'Arabes en burnous, de Maltais, de Siciliens, de nègres vendeurs de macarons et de pâtisseries arabes, crieurs de bouquets de violettes et, pêle-mêle avec les Tunisiens vêtus à l'européenne, mais coiffés de chéchia à long gland de soie bleue, des ordonnances et des soldats de la place.

C'est une foule peuple, bavarde, affairée, stationnant en groupes haillonneux et querelleurs, des faces lourdes et moustachues de Maltais à côté des profils ciselés et des yeux aigus des têtes siciliennes ; les complets jaunâtres, les sombreros déteints, les bonnets de fourrure et les bottes à hautes tiges chères à toute la racaille latine ; et cela joue dans les buvettes, attablé le long des journées autour de cartes graisseuses et ce sont des jurons et ce sont des menaces et des offres de service à l'étranger qui passe, mais proférés sur un ton chanteur et caressant dont la douceur zézayante étonne ; et puis, sur ce fond roux de loques européennes, des faces camuses de nègre, taches noires rehaussées de la blancheur d'un burnous et du rouge vif d'un turban, l'envolement écarlate d'un manteau de spahi, le drap bleu soutaché de noir d'un costume de juif, l'éclat tapageur d'une couffe de piments frais qu'un Arabe emporte, la grotesque silhouette blanche d'une femme Indigène, coiffée du hennin et trébuchant sur d'énormes hanches empaquetées de voiles, la joliesse claire et comme nickelée d'un dolman d'officier de chasseurs, et, dans des odeurs de jonquille, des relents de poisson frit et de beignets arabes, le caquetage assourdissant, la rumeur incessante et les voix enfantines des vendeurs et des camelots, dont la porte de France semble être, de l'aube au soir, le perpétuel et bruyant rendez-vous.

Après la porte de France, deux rues tortueuses, commerçantes et étroites bifurquent et montent vers la ville arabe. Parties d'une petite placette, on dirait réservée à l'industrie des cireurs et des pâtissiers arabes, elles s'enfoncent, odorantes et malpropres, entre des étals de bouchers, de marchands de légumes et de brocanteurs, dans un pullulement d'indigènes de tout âge et de toutes classes ; marée arabe dont le flot qui monte et le flot qui descend emplissent de jambes nues, de gandouras, de burnous et de turbans les étroites travées, obstruées déjà de petits bourricots chargés de légumes, de provisions, et même de gravats de démolitions empilés dans des couffes ; *Arroua, arroua*. Ce sont et la rue de l'Église et celle de la Kasbah toutes les deux conduisent dans les souks…

Les souks, sont le charme, la séduction et le danger de Tunis. Ils sont le charme des yeux, ta séduction des sens attirés et pris par les couleurs, les nuances et les senteurs, ils sont aussi le danger pour les bourses, ils sont la dette embusquée derrière les colonnes rouges et vertes dont s'encadre chaque échoppe marchande. Les souks, c'est le piège tendu par l'Orient à l'Europe, l'inévitable nasse aux fines mailles de soie, mailles ténues, chatoyantes, mais dont, toutes se resserreront sur vous et vous prendront à la gorge, pour peu que vous ne sachiez point vous défendre contre la caresse enfantine du parler des vendeurs, l'enveloppement de leurs gestes et leur offre de *kaoua* (le café qu'ils vous invitent, implorants presque, à venir prendre chez eux, au milieu de leurs coussins et leurs tapis d'Asie). Les souks, c'est votre budget grevé pour des années, si vous ne savez pas éventer les ruses et les travaux d'approche des courtiers fripons et harceleurs, toute cette nuée de guides et de pisteurs que les souks envoient chaque matin guetter l'étranger riche à la porte des hôtels, juifs et musulmans rapaces, juifs surtout dont le commerce arabe a fait des rabatteurs, affiliés et affidés aussi des Vieux de la Montagne contre la bourse des roumis, pisteurs et guides qu'une trouvaille heureuse d'un journaliste tunisien a baptisés du nom de Vautours, Constantine a ses charognards, Tunis a ses vautours. Les vautours des souks ! et sous leurs voûtes blanchies à la chaux et leurs toitures de planches disjointes, voici, baignés d'ombre et de lumière, les mille et un dédales du souk aux parfums, du souk des tailleurs, du souk des femmes et du souk aux étoffes, la cité même de la couleur, de la richesse et du clair-obscur. Mystérieuse pénombre trouée çà et là d'un filet de soleil, une foule gesticulante et, diaprée s'y démène, Arabes et Juifs, les Arabes en gandoura rosé, bleu turquoise, vert d'eau, mauve, orange ou gris de fer, les Juifs en veste et culotte bouffante, la plupart en drap bleu pâle, reconnaissables à leurs mollets énormes et aux larges yeux noirs de leurs faces encore plus pâles et plus bouffies que celles des marchands maures ; et c'est le souk des fruits secs avec ses jattes de bois et ses couffins d'alfa débordant de caroubes, de pois chiches, de pistaches et d'amandes, ses sacs de *beller* et des régimes entiers de bananes et de dattes ! Que de marches longtemps débattus autour d'une livre de fèves grillées, que de conciliabules pour une poignée de raisins secs ! La rue des Tamis le traverse, mais c'est auprès de la grande Mosquée de la Zitouna que l'émerveillement commence.

À peine a-t-on dépassé la haute colonnade interdite, aux roumis (le temps d'une halte devant le grand escalier incessamment monté et descendu par des fidèles), vous êtes dans le souk aux parfums.

Odeurs à la fois écœurantes et violentes d'essences de rose et de jasmin, c'est, dans un long couloir-voûte soutenu par des piliers au coloriage brutal, une double rangée de boutiques aux boiseries peinturlurées avec un goût barbare, une galerie de véritables niches auréolées de cierges de toutes grandeurs, quelques-uns à cinq branches : cierges aux extrémités rouges, vertes et dorées, longs flacons de verre peints d'arabesques d'or, de verre bleu pour le khôl, de verre blanc pour les essences, toute une enfilade d'étroites petites chapelles d'une ornementation criarde où s'encadre, tel un bouddha dans la pénombre de son temple, un parfumeur indolent et blafard. Avec des langueurs de captifs derrière leurs comptoirs encombrés de flacons et de boîtes, ils se tiennent là le long des jours, les aristocratiques et pâles vendeurs du souk.

Une corde pendante à la portée de leurs mains pour les aider à se hisser dehors, ils demeurent là au milieu des vastes corbeilles remplies de henné et de souak, vous hélant nonchalamment au passage et sans autre mouvement que celui du fumeur faisant tomber les cendres de sa cigarette ; pas d'autre appel au client. Un peu dédaigneux, efféminés et blêmes dans leurs longues gandouras de drap fin et de nuances mourantes, ils forment dans les souks une classe à part.

C'est la noblesse même de Tunis commerçante ; fils de grandes familles pour la plupart, ils s'étiolent durant l'hiver au milieu de leurs parfums d'ambre et de benjoin et de leurs cornes remplies de *ched*, mais vont passer, pour la plupart, la saison chaude à Djerba, où leurs parents ont des villas et où ils pêchent et ils chassent, chasses au faucon, chasses au sloughi, comme des fils d'émir ; puis reviennent à la saison des pluies reprendre leur longue immobilité d'idoles dans leur niche odorante et peinte et de nouveau s'étioler et pâlir en attendant les visiteurs. À l'entrée des boutiques, des Arabes, clients ou amis (tout un cénacle), se tiennent assis sur des petits bancs et causent.

C'est Souk-el-Attarine, ou le souk aux parfums. Aussitôt après, s'ouvre en long couloir le souk des tailleurs.

Mêmes colonnettes peintes en vert et en vermillon, même jour de mystère tamisé par des planches en toiture, même rangée d'échoppes, mais ici en estrade, assez larges et profondes. Dans chacune d'elles, sept ou huit indigènes, presque tous Juifs, se tiennent accroupis en cercle et travaillent silencieusement. Coiffés de chéchias et vêtus de drap de couleur claire, leurs grosses jambes croisées dans l'attitude classique, ils taillent, ils cousent, très actifs, bien plus acharnés à leur tâche que les tailleurs d'Alger, ne lâchant leur travail que pour vous appeler et vous offrir, à des prix naturellement doubles et quadruples de leur valeur : « Une gandoura, sidi ! » ou « Sidi, un burnous ! ». Et quels burnous ! Depuis le vert amande jusqu'au violet pâle des violettes de Parme. Derrière eux, suspendue à des clous, c'est toute la défroque de l'Orient, gilets de moire, vestes brodées, gandouras aux nuances de fleurs.

Plus loin, c'est le souk aux étoffes, aux logettes petites et sombres, avec leurs marchands d'écharpes, de ceintures, de foutas et de haïcks. Puis voici des étoffes à turbans, brodées de soie jaune, des soieries d'Orient, de frêles tabourets incrustés de nacre et des gros chapelets d'ambre posés parmi les fusils damasquinés et les cimeterres de Damas ; là aussi dorment, entassés l'un sur l'autre, les moelleux tapis de Kairouan à côté des tapis de Perse, et les portières de Stamboul, bossuées d'arabesques d'or.

C'est ici que le roumi doit redoubler de vigilance, car c'est dans le souk aux étoffes qu'il est le plus guetté par les courriers pisteurs. Ils sont là confondus dans la foule arabe, épiant vos gestes, votre physionomie, et, à la moindre velléité d'achat par vous manifestée, ils sont sur vous, sollicitant pour vous conduire ailleurs.

C'est à qui vous indiquera un magasin où vous trouverez à meilleur compte le même objet beaucoup plus beau et beaucoup moins cher. « Viens par ici, sidi, viens ! » Et l'un vous prend par le bras, et l'autre vous tire par la manche ; un troisième, insidieux, a osé glisser sa main dans la vôtre. Songez ! voilà peut-être une heure qu'ils vous suivent, une heure qu'ils vous étudient, attendent, avec quelle patience ! le moment de la curée. Si vous ne savez vous en défaire, dix minutes après vous serez installé, devant une tasse de café, chez Djemal ou Barbouchi, les deux grosses fortunes de Tunis, Barbouchi et Djemal, dont les rabatteurs, entretenus à l'année, ont mission d'amorcer et d'amener tout étranger de passage dans les deux anciens caravansérails dont ils ont fait leurs cavernes, car c'est dans deux anciens marchés d'esclaves que les deux rusés Tunisiens ont empilé les objets les plus tentants, les armes les plus rares et les plus fastueux tapis de Turquie et d'Asie que puisse trouver un chrétien à Tunis.

D'ailleurs, dans la rue, la séduction continue. Après le souk des brodeurs, voici le souk des selliers et la féerie de leurs harnachements de velours plaqués d'or et d'argent, le luxe barbare de leurs hautes celles brodées de soie, puis le souk des tisseurs, celui du cuivre, le souk El-Bey et le souk des teinturiers, le plus ancien de tous, dans la rue du même nom le souk des teinturiers avec sa bordure d'amphores gigantesques et son vaste puits, dont l'eau servit peut-être à teindre les robes des suffètes de Carthage.

Il y a aussi le souk des libraires, le souk des orfèvres, mais c'est au souk des femmes que l'Européen s'arrêtera surtout charmé.

Là règnent en maîtres les vendeurs de costumes, de coiffures et d'oripeaux à l'usage des Tunisiennes ; là s'épanouit, comme une flore, la gamme des nuances infiniment tendres, pantalons de soie mauve écrasés de broderies, brochés rose turc et bleu turquoise filigranés d'argent et c'est dans un désordre qu'on croirait voulu, tant l'ensemble en chatoie et miroite, les coiffures pointues en argent et en or fin, les damas d'Orient à côté des brocarts de Lyon, des tons de fleurs et de métaux, des vestes de velours et des voiles de gazes, des tulles lamés, des caftans de drap rouge bossués de lourdes broderies d'or de princesses beylicales, des chaussures de toutes couleurs, depuis les clotclot en bois verni, incrustés de nacre, jusqu'aux minuscules babouches de sultane, en argent repoussé et martelé comme de véritables bijoux ; et là, dans une foule de plus en plus affairée, plus gesticulante et plus dense, gandouras et burnous se coudoient et s'agitent dans la fièvre et le brouhaha de la vente à la criée des indigènes circulent à travers les groupes, criant à tue-tête en arabe, en mauvais français s'ils vous voient, le prix de l'objet qu'ils tiennent à la main. « Trois douros (quinze francs) une veste de velours mandarine treillagée d'argent. » Un hennin de juive, tout brodé d'or fin à rubans de soie vert pistache, m'est laissé à deux douros (dix francs) ; des vendeurs promènent des perles, la plupart mal montées et presque toutes baroques, et, sur tout ce bruit, toutes ces couleurs et sur tout ce mouvement, la Zitouna, interdite aux chrétiens, répand son ombre sainte, dressée au milieu des souks ou plutôt les tenant groupés autour d'elle, si bien que de sa boutique, pour s'encourager à tromper et spolier le client d'Europe, le marchand musulman peut longuement fixer la mosquée et son fin minaret revêtu de tuiles vertes pointant vers le ciel, dont le dieu de Mahomet a exclu le roumi.

Extrait d'*Heures d'Afrique*, 1899.

OCTAVE MIRBEAU

(1848-1917)

L'automobilisme

Le roman, c'est ce qu'on veut à partir du moment où il y a du fictif. La 628-E8, *un des premiers livres sur ou plutôt avec l'automobile (1907) est le récit imaginé d'un voyage de Mirbeau qui n'est pas l'exaltation de l'automobile qu'il semble au départ. C'était un doucheur d'exaltations, Mirbeau ; et il note que sa* 628-E8 *vient d'écraser une enfant, que la vitesse est une « névropathie », que les pneus sont d'un caoutchouc fabriqué par des esclaves du roi des Belges. « Au Congo, c'est la pire des exploitations humaines. On a commencé par inciser les arbres, comme en Amérique et en Asie, et puis, à mesure que les marchands d'Europe et l'industrie aggravaient leurs exigences, et qu'il fallait plus de revenus aux compagnies qui font la fortune du roi Léopold, on a fini par arracher les arbres et les lianes. Jamais les villages ne fournissent assez de la précieuse matière. On fouaille les nègres qu'on s'impatiente de regarder travailler si mollement. Les dos se zèbrent de tatouages sanglants. Ce sont des fainéants, ou bien ils cachent leurs trésors. » Le présent croit qu'il est le premier à révéler les horreurs du passé, il ne fait que réveiller des oublis ; le passé, quand il était le présent, était parfaitement au courant des horreurs qu'il commettait. En 1907 où le livre a paru, et pour autant qu'on puisse le savoir très exactement, il y avait 31 200 véhicules automobiles en circulation en France, dont 6 100 à Paris ; en 2023, il y en avait 38 900 000 dans tout le pays.*

L'automobile, c'est aussi la déformation de la vitesse, le continuel rebondissement sur soi-même, c'est le vertige.

Quand, après une course de douze heures, on descend de l'auto, on est comme le malade tombé en syncope et qui, lentement, reprend contact avec le monde extérieur. Les objets vous paraissent encore animés d'étranges grimaces et de mouvements désordonnés… Ce n'est que peu à peu qu'ils reprennent leur forme, leur place, leur équilibre. Vos oreilles bourdonnent, comme envahies par des milliers d'insectes aux élytres sonores. Il semble que vos paupières se lèvent avec effort sur la vie, comme un rideau de théâtre sur la scène qui s'illumine… Que s'est-il donc passé ?… On n'a que le souvenir, ou plutôt la sensation très vague, d'avoir traversé des espaces vides, des blancheurs infinies, où dansaient, se tordaient des multitudes de petites langues de feu… Il faut se secouer, se tâter, taper du pied sur le sol, pour s'apercevoir que votre talon pose sur quelque chose de dur, de solide, et qu'il y a autour de vous, devant vous, des maisons, des boutiques, des gens qui passent, qui parlent, qui s'empressent… On ne se ressaisit bien que le soir, tard, après dîner. Encore vous reste-t-il une sorte d'agitation nerveuse qui décuplera et grossira vos rêves de la nuit.

— Alors, me direz-vous, c'est le journal d'un malade, d'un fou, que vous allez nous donner ?

[…]

La vitesse

Il faut bien le dire – et ce n'est pas la moindre de ses curiosités – l'automobilisme est une maladie, une maladie mentale. Et cette maladie s'appelle d'un nom très joli : la vitesse. Avez-vous remarqué comme les maladies ont presque toujours des noms charmants ? La scarlatine, l'angine, la rougeole, le béribéri, l'adénite, etc. Avez-vous remarqué aussi que, plus les noms sont charmants, plus méchantes sont les maladies ?… Je m'extasie à répéter que la nôtre se nomme : la vitesse… Non pas la vitesse mécanique qui emporte la machine sur les routes, à travers pays et pays, mais la vitesse, en quelque sorte névropathique, qui emporte l'homme à travers toutes ses actions et ses distractions… Il ne peut plus tenir en place, trépidant, les nerfs tendus comme des ressorts, impatient de repartir dès qu'il est arrivé quelque part, en mal d'être ailleurs, sans cesse ailleurs, plus loin qu'ailleurs… Son cerveau est une piste sans fin où pensées, images, sensations ronflent et roulent, à raison de cent kilomètres à l'heure. Cent kilomètres, c'est l'étalon de son activité. Il passe en trombe, pense en trombe, sent en trombe, aime en trombe, vit en trombe. La vie de partout se précipite, se bouscule, animée d'un mouvement fou, d'un mouvement de charge de cavalerie, et disparaît cinématographiquement, comme les arbres, les haies, les murs, les silhouettes qui bordent la route… Tout, autour de lui, et en lui, saute, danse, galope, est en mouvement, en mouvement inverse de son propre mouvement. Sensation douloureuse, parfois, mais forte, fantastique et grisante, comme le vertige et comme la fièvre.

Par exemple, je vais à Amsterdam… Quand j'ai un ennui, un dégoût, simplement, pour ne plus entendre parler de M. Willy et de M. Bernstein, je vais à Amsterdam. Je décide que j'y resterai huit jours, huit jours d'oubli, huit jours de joie… Il me faut huit jours, bien pleins, pour revoir, un peu superficiellement, mais avec calme, cette admirable ville. Si huit jours ne me suffisent pas, j'en prendrai quinze… Je suis libre de moi, de mon temps… Rien ne me retient ici ; rien ne me presse là-bas.

Et je pars.

J'arrive à Amsterdam… Malgré la douceur de ma C.-G.-V., et l'élasticité moelleuse, berceuse, de ses uniques ressorts, j'arrive, un peu moulu d'avoir traversé les infâmes pavés, les offensants et barbares pavés de la Belgique, où succombèrent tant de pauvres châssis, mal préparés à affronter ces obstacles de pierre qui font, des routes flamandes, quelque chose comme d'interminables moraines… Donc, j'arrive, un matin, car je suis allé coucher à La Haye, où j'ai revu le Vivier et ses Cygnes, où j'ai respiré ce calme doux, ce calme doré qui doit me guérir de toute vaine agitation… Enfin… enfin… me revoici à Amsterdam… Je suis content… Décidément, huit jours, quinze jours… ce n'est pas assez… Je resterai trois semaines.

Je dis à mon mécanicien :

— Brossette, mon ami… nous resterons un mois ici… Peut-être plus.

Brossette sourit et répond :

— Entendu, monsieur… Alors, faut descendre les bagages ?… Tous ?

— Tous, tous, tous… Je crois bien…

— Entendu, monsieur…

— Et vous, mon bon Brossette… congé… Je n'ai pas besoin de la voiture ici…

Le sourire de Brossette s'accentue…

— Bon !… bon !… fait-il… En tout cas, j'attendrai monsieur, ce soir, pour les ordres.

— Mais non, mais non… Couchez-vous… Amusez-vous…

Et il se rend au garage.

À peine sorti de la voiture, la douche prise, le corps, des pieds à la tête, frotté à l'essence de sauge et de romarin, souple, gai, le jarret solide, je vais par la ville… Lentement, d'abord… en bon promeneur qui veut jouir des choses qu'il retrouve, qu'il aime… Ah ! quelle ville !… Quelle joie !… Quelle tranquillité en moi !… Pour la cent-millième fois, avec des phrases que je connais et que vous connaissez si bien, je bénis l'invention de l'automobile et ses incomparables bienfaits… Je me dis :

— Quelle merveille ! On part quand on veut. On s'arrête où l'on veut. Plus de ces horaires tyranniques, qui vous arrachent du lit trop tôt, qui vous font arriver à des heures stupides de la nuit, dans des gares boueuses et compliquées. Plus de ces promiscuités, en d'étroites cellules, avec des gens intolérables, avec les chiens, les valises, les odeurs, les manies de ces gens… Viendrais-je si souvent à Amsterdam, s'il me fallait subir, toute une nuit, en un wagon, l'horreur de ces voisinages et le danger de ces haleines, quand on a l'air vivifiant de la prairie, de la forêt ? Oh non !… Et les flâneries libres, les belles, les délicieuses flâneries !… Le polder, le polder !…

Et, en me disant cela, sans m'apercevoir de rien, à chaque pas qui me pousse et qui m'entraîne, je vais plus vite… encore plus vite… Mes reins ont des élasticités de caoutchouc neuf ; mes semelles, sur les pavés, les trottoirs, rebondissent, devant moi, derrière moi, comme des balles de tennis… Je cours pour les rattraper… Je cours… je cours…

Je commence par les musées, n'est-ce pas ?… par ces musées magnifiques où, devant le génie de Rembrandt et de Vermeer, je suis venu oublier les Expositions parisiennes, les pauvres esthétiques, essoufflées et démentes, de nos esthéticiens… Des salles, des salles, des salles, dans lesquelles il me semble que je suis immobile, et où ce sont les tableaux qui passent avec une telle rapidité que c'est à peine si je puis entrevoir leurs images brouillées et mêlées… Et l'instant d'après, sans trop savoir ce qui m'est arrivé, je me trouve longeant les canaux, les canaux aux eaux mortes, bronzées et fiévreuses, où glissent, pareilles aux jonques chinoises, ces massives et belles barques néerlandaises qui laissent tomber, sur la surface noire, le reflet vert, acide et mouvant de leurs proues renflées.

Maintenant, me voici sur des places, dans des rues, dans des ruelles, qui se croisent et s'entrecroisent, ces rues si prodigieusement colorées, où défilent, défilent des maisons en porte-à-faux, d'un dessin si souple, de hautes façades, étroites et pointues, qui se penchent les unes sur les autres, s'étranglent les unes entre les autres, s'écrasent les unes contre les autres. Deux fois, trois fois, j'ai traversé le Dam… Je vais toujours, et, devant les glaces des magasins, je me surprends à regarder passer une image forcenée, une image de vertige et de vitesse : la mienne.

Et ce sont des jardins, avec des massifs de tulipes… d'énormes monuments de brique… des banques comme des citadelles, la Bourse, toute rouge, encore des canaux, des canaux, des ponts, des ponts, et encore des maisons qui dansent et croulent, et, à deux enjambées de la *Kalverstraat*, c'est le petit béguinage catholique, invisible, silencieux, tout à fait perdu au milieu des boutiques vivantes et trafiquantes, avec sa minuscule église, ses étroits jardins triangulaires, si tristes d'être sans verdure et sans fleurs, ses petites maisons à pignon vert, au seuil desquelles, accroupies et tassées sous leurs coiffes plates, l'on voit prier, et dodeliner de la tête, des vieilles très anciennes, qui ne vous regardent pas, qui ne regardent jamais rien, qui n'ont jamais rien regardé…

Je vais toujours… Ah ! c'est le port…

Le soir est venu… Il souffle un vent humide et très froid. Je n'aperçois dans la brume que des feux rouges, jaunes, verts, qui clignotent, très pâles, sur le canal… Les sirènes ne discontinuent pas de crier, comme des chiens perdus dans la nuit. Alors, je m'enfonce dans les quartiers presque inconnus de ce port, où se cachent d'affreux bouges, des musicos hurlants, toute une Inde étrange, boueuse et glacée, un carnaval mi-septentrional, mi-javanais, qui vous racle les nerfs de ses musiques aigres et traînantes, vous prend à la gorge, par ses odeurs de salure marine, de goudron, d'alcool, d'opium, de pétrole, d'oripeaux fétides, de chairs noires ou cuivrées, où, ici et là, autour d'un bras levé, d'une cheville en l'air, reluit un cercle d'or… Que sais-je ?…

Car tout est nouveau, à Amsterdam, tout vous arrête, à ses aspects multiples, tragiques et lointains… Mais je ne m'arrête pas… je ne m'arrête nulle part… Je bouscule une négresse qui s'est accrochée à moi, et, de ses grosses lèvres rougies de bétel, me souffle au visage, avec des paroles de luxure, une odeur de mort… Et je vais… je vais sans savoir où je vais… Je garde le souvenir vague de brasseries obscures et profondes, en voûte de chapelle, où des visages d'ombre et de silence regardent des foules qui passent, sans cesse, en cortèges noirs, sous des lumières aveuglantes, comme des projections de lanterne magique… Et puis rien… rien que des choses qui glissent… qui fuient… qui tournoient comme des ondes… et se balancent comme des vagues…

Rentré à l'hôtel, exténué, fourbu, la tête éclatant sous la pression de tout ce que j'y ai entassé d'images tronquées, qui cherchent vainement à se rejoindre, je n'ai plus qu'une obsession : m'en aller, m'en aller… Oh ! m'en aller…

Brossette est là qui m'attend… Il cause avec le portier. Il fait le héros… Avec des gestes imitatifs, il décrit des virages, des vitesses extravagantes, raconte des voyages admirables qu'il n'a jamais accomplis, et où son sang-froid, son audace, sa science de mécanicien m'ont sauvé de la mort… Je suis si heureux de le voir là que j'ai envie de l'embrasser.

— Eh bien, mon bon Brossette… La voiture est prête ?

— Oui, monsieur.

— Alors… demain matin… sept heures précises, Brossette… Nous partons… nous partons…

Brossette ne s'étonne pas… Il a l'habitude de ces brusques sautes dans mes résolutions… Pourtant, il ne peut s'empêcher – mais avec discrétion – de manifester son contentement… Je sais qu'il n'aime pas Amsterdam. Il m'a dit, un jour de spleen :

— Ça n'est pas une ville pour un chauffeur…

Il préfère Trouville, Dieppe, Monte-Carlo, Ostende… Ça, c'est des garages… Il préfère surtout l'avenue de la Grande-Armée, la vraie patrie du chauffeur.

Il me demande :

— Alors, monsieur rentre à Paris ?

— Oui, oui… Et d'un trait, Brossette… d'un trait…

— Monsieur a raison.

En se retirant, il hausse les épaules :

— Que monsieur ne me parle pas d'un pays où on tire l'essence à même un tonneau.

Et puis, lui aussi, sans doute, a le vertige, quand il n'est plus sur sa machine, la main au volant… C'est là que le calme rentre dans son âme, et dans la mienne…

Il savait si bien à quoi s'en tenir, ce malin de Brossette, qu'en dépit de mes ordres, il n'a descendu de l'auto que ma valise…

Ah ! comment faire pour attendre à demain ? Car je sens que je ne dormirai pas… Malgré le calme de cet hôtel, tous mes nerfs vibrent et trépident… Je suis comme la machine qu'on a mise au point mort, sans l'éteindre, et qui gronde…

Le garage

Charles Brossette ? Il vaut la peine d'une digression…

Mais avant que de parler de lui, je dois dire un mot du milieu où naquit et se développa cette nouvelle forme zoologique : le mécanicien.

L'automobilisme est un commerce en marge des autres, un commerce qui ressemble encore un peu à celui des tripots et des restaurants de nuit. À son début, il ne s'adressait exclusivement qu'au monde du plaisir et du luxe. Il groupa donc, fatalement, automatiquement, autour de lui, le même personnel, à peu près : fêtards décavés, gentilshommes tire-sous, pantins sportifs, échappés des albums de Sem, cocottes allumeuses et proxénètes, toute cette apacherie brillante, toute cette pègre en gilets à fleurs, qui vit des mille métiers obscurs, inavouables, que produisent la galanterie et le jeu, et dont les cabinets de toilette, les cercles, sont les ordinaires bureaux. Les « grands noms de France », soutiens des religions mortes et des monarchies disparues, qui rougiraient de pratiquer des commerces licites, s'adonnent le plus volontiers du monde aux pires commerces clandestins, pourvu que leur élégance n'en souffre pas trop, publiquement, et que s'y rassurent leurs principes traditionnels. Car il est faux de dire qu'ils déchoient, ces gentilshommes ; ils continuent. Ils se ruèrent donc sur l'automobilisme avec frénésie. Tel duc, tel vicomte, qui gagnait péniblement sa vie, en procurant à des Américains, à des banquiers enrichis, de vieux meubles truqués, d'antiques bibelots maquillés, des tableaux contestables, et, à l'occasion, des demoiselles à coucher ou à marier, se mirent à brocanter des automobiles, à décorer, de leur présence rétribuée, des garages qui se constituèrent, un peu partout, pour l'exploitation – que dis-je ? –, pour le détroussement du client nouveau.

Ces garages formèrent des équipes de mécaniciens. Ils leur inculquèrent d'assez vagues connaissances sur la conduite et l'entretien des moteurs ; ils leur apprirent, surtout, à les détraquer, adroitement, comme le cocher de grande maison détraque un attelage, pour avoir à le remplacer et réaliser aussi de forts bénéfices sur la vente de l'un et l'achat de l'autre. Ils leur enseignèrent d'admirables méthodes, les trucs les plus variés, qui permissent de centupler la fourniture de l'outillage, des accessoires, de voler sur l'huile et sur l'essence, d'exploiter la fragilité des pneumatiques, comme le cocher dont je parle vole sur l'avoine, le fourrage, la paille… Ce fut une école de démoralisation, où, s'entraînant l'un l'autre, le vieux lascar stimulant le néophyte timide, chacun perdit, peu à peu, le sens proportionnel de l'argent, la plus élémentaire notion de la valeur réelle de la camelote brute ou travaillée. Et ce fut si fou que ce qui coûtait, ailleurs, deux sous valut, ici, sans qu'on s'étonnât trop, vingt francs. J'ai le souvenir d'une note où un lanternier d'automobile me comptait cent francs une simple soudure de phare qui en valait bien trois… Tel accessoire, coté, en ces temps héroïques, quatre-vingts francs, est coté sept francs aujourd'hui dans les catalogues – illustrés par Helleu – des maisons les plus chères. Le reste, à l'avenant.

Ils ne risquaient rien, ni le mécanicien, ni le garage, car ils tablaient, à coup sûr, sur l'ignorance du client, à qui il suffisait, pour qu'il se tût, qu'on lui lançât à propos une belle expression technique :

— Mais, monsieur, c'est le train baladeur. C'est l'arbre de came… C'est le cône d'embrayage… C'est le différentiel… Le différentiel, monsieur… pensez donc !

Contre de si terribles mots, que vouliez-vous qu'il fît ?… Qu'il payât… Et il payait… Il se montrait même assez fier d'avoir acquis le droit de dire à ses amis :

— Je suis ravi de ma machine… Elle va très bien… Hier, j'ai eu une panne de différentiel…

Aujourd'hui que le commerce de l'automobilisme se développe de tous côtés, amène une concurrence formidable, tend à rentrer dans les conditions normales des autres commerces, les garages voudraient bien refréner le mal qu'ils ont déchaîné… Ainsi les escrocs arrivés, les cocottes vieillies aspirent à l'honorabilité d'une existence décente et régulière. Dans l'espoir de faire disparaître une partie de ces abus qui finissaient par les discréditer, eux aussi, la chambre syndicale des constructeurs d'automobiles a décidé de refuser impitoyablement, aux mécaniciens, des commissions sur les réparations des voitures qu'ils mènent. On commence, un peu partout, à prendre des précautions, pour ramener à des pourcentages avouables le taux de ces bénéfices usuraires. On voit, dans les garages, ceux qui furent les plus acharnés, hier, à inculquer aux mécaniciens les meilleurs procédés de brigandage, leur prêcher, aujourd'hui, d'un ton convaincu, les beautés de la modération et du désintéressement, le respect enthousiaste de la morale. Les garages leur crient :

— Il n'est que d'être honnête, mes amis, et d'avoir une conscience pure.

Reste à savoir si des gens habitués à des gains qui, pour être immoraux, n'en ont pas moins augmenté leur vie, élargi leur bien-être, fondé une caste, enviée des autres travailleurs, y renonceront facilement.

Un jour, Brossette, avec qui je discutais de ces choses, me dit :

— Eh bien, quoi, monsieur ?… Quoi donc ?… Tout ça c'est des histoires de riches… Alors ?

Extrait de *La 628-E8*, 1907.

JOSÉPHINE BAKER

(1906-1975)

Ma petite Tonkinoise

Les Français croient volontiers que Joséphine Baker s'est fait connaître dans la « Revue nègre » de 1925 par un régime de bananes autour de la taille et des grimaces : elle y portait une tenue clownesque. Ce n'est que deux ans plus tard, dans la revue « Folie du jour », qu'elle a porté ce régime de bananes presque nue ; ce qui n'était pas moins de la clownerie. Elle se moquait, cette fantaisiste, cette Américaine, des clichés coloniaux des Français. Dans une interview de 1953, comme on lui demandait pourquoi elle s'était exilée, elle a répondu : « Je savais que, en France, j'aurais la liberté d'esprit et de corps. » La liberté d'esprit et de corps, c'était donc cela, pour certains étrangers, notre pays. Cela donnerait une belle devise.

C'est moi qui suis sa petite
Son Anana, son Anana, son Anammite
Je suis vive, je suis charmante
Comme un p'tit z'oiseau qui chante
Il m'appelle sa p'tite bourgeoise
Sa Tonkiki, sa Tonkiki, sa Tonkinoise
D'autres lui font les doux yeux
Mais c'est moi qu'il aime le mieux
L'soir on cause d'un tas d'choses
Avant de se mettre au pieu

J'apprends la géographie
D'la Chine et d'la Mandchourie
Les frontières, les rivières
Le Fleuve Jaune et le Fleuve Bleu
Y a même l'Amour c'est curieux
Qu'arrose l'Empire du Milieu
C'est moi qui suis sa petite
Son Anana, son Anana, son Anammite
Je suis vive, je suis charmante
Comme un p'tit oiseau qui chante
Il m'appelle sa p'tite bourgeoise
Sa Tonkiki, sa Tonkiki, sa Tonkinoise
D'autres lui font les doux yeux
Mais c'est moi qu'il aime le mieux.

Chanson créée par Polin en 1906,
reprise par Joséphine Baker en 1930,
paroles d'Henri Christiné, musique de Vincent Scotto.

HENRY JEAN-MARIE LEVET

(1874-1906)

Afrique occidentale

Quelques années après la mort de Levet, qui avait laissé dix poèmes, Valery Larbaud et Léon-Paul Fargue ont eu la romanesque idée d'en préfacer un recueil sous la forme d'une conversation en voiture. Dans une bibliothèque, ce volume signale le lettré. Levet, qui avait occupé de petits postes dans la diplomatie aux Philippines et aux Canaries, était mort de la tuberculose à l'âge de trente-trois ans. Les poèmes de Levet sont pareils à des fanions aux mâts de petits bateaux de régate.

À Léon-Paul Fargue

Dans la vérandah de sa case, à Brazzaville,
Par un torride clair de lune congolais
Un sous-administrateur des colonies
Feuillette les « Poésies » d'Alfred de Musset…

Car il pense encore à cette jolie Chilienne
Qu'il dut quitter en débarquant, à Loango…
— C'est pourtant vrai qu'elle lui dit « Paul je vous aime »,
À bord de la « *Ville de Pernambuco* ».

Sous le panka qui chasse les nombreux moustiques
Il maudit « ce rivage où l'attache sa grandeur »,

Donne un soupir à ses amours transatlantiques,
Se plaint de la brusquerie de M. le Gouverneur,
Et réprouve d'une façon très énergique
La barbarie des officiers envers les noirs…

Et le jeune et sensitif fonctionnaire
Tâche d'oublier et ferme les yeux…

« *Regrettez-vous le temps où le ciel sur la terre*
Marchait et respirait dans un peuple de dieux,
Où Vénus Astarté, fille de l'onde amère… ? »

Paru dans *La Vogue*, 1905, puis en volume
dans *Cartes postales*, 1921.

ANDRÉ GIDE

(1869-1951)

Les saigneurs de caoutchouc

L'écrivain de l'intime, quand il n'est pas fou, épuise à un moment ou l'autre ce qu'il avait à dire. C'est alors qu'il s'assèche ou passe à la politique. Gide est devenu « le contemporain capital », piètre état par rapport à grand artiste, mais plus accessible au public. L'appellation vient d'André Rouveyre, dans un article de 1924 qui ajoute que de Gide émane « le ricanement déchirant de Méphistophélès », ce qui est faux ; Gide pouffait comme un enfant de chœur qui a entendu un gros mot. C'est au Congo qu'il s'extériorise. Trop avisé pour faire un compte rendu civilisateur et trop fin pour chercher le pittoresque, il raconte ce qu'il voit, tout en se méfiant des manipulations possibles de ses guides. Et voici un grand bourgeois qui, sans aller jusqu'à contester la colonisation, révèle sa mesquinerie, la malhonnêteté des concessionnaires et leurs arrangements avec les administrateurs de l'État, l'injustice perpétuelle envers les natifs, vingt ans après, notons-le, Anatole France et Octave Mirbeau.

---

17 octobre [1926]

L'on ne peut en dire autant du régime abominable imposé aux indigènes par les Grandes Compagnies Concessionnaires. Au cours de notre voyage, nous aurons l'occasion de voir que la situation faite aux indigènes, aux « Saigneurs de caoutchouc », comme on les appelle, par telle ou telle de ces Compagnies, n'est pas beaucoup meilleure que celle que l'on nous peignait ci-dessus ; et ceci pour le seul profit, pour le seul enrichissement de quelques actionnaires.

Qu'est-ce que ces Grandes Compagnies, en échange, ont fait pour le pays ?

Rien. Les concessions furent accordées dans l'espoir que les Compagnies « feraient valoir » le pays. Elles l'ont exploité, ce qui n'est pas la même chose ; saigné, pressuré comme une orange dont on va bientôt rejeter la peau vide.

« Ils traitent ce pays comme si nous ne devions pas le garder », me disait un Père missionnaire.

Il n'y a plus ici d'il le fallait qui tienne. Ce mal est inutile et il ne le faut pas.

Par ses plantations de céaras qui permettent aux indigènes de se soustraire aux exigences des Compagnies (puisque celles-ci n'ont pas droit au caoutchouc de culture, mais seulement à celui de brousse), le Gouverneur Lamblin a rendu aux indigènes, et, partant, à la colonie, un aussi grand service que par l'établissement de son réseau routier.

29 octobre

Ce matin, j'étais allé voir l'un des chefs indigènes venus hier à notre rencontre. Ce soir, il me rend ma visite. Longue conversation. Adoum sert d'interprète, assis à terre, entre le chef et moi.

Les récits du chef de Bambio confirment tout ce que Samba N'Goto m'avait appris. Il me raconte en particulier le « bal » du dernier marché de Boda. J'en transcris ici le récit, tel que je l'ai copié d'un carnet intime de Garron.

> *À Bambio, le 8 septembre, dix récolteurs de caoutchouc (vingt, disent les renseignements complémentaires[1]) de l'équipe de Goundi, travaillant pour la Compagnie Forestière – pour n'avoir pas apporté de caoutchouc le mois précédent (mais, ce mois-ci, ils apportaient double récolte, de 40 à 50 kilogrammes) –, furent condamnés à*

1. Ils ont tous été frappés d'une amende égale au prix de leur travail. Par conséquent, ils ont travaillé deux mois pour rien. L'un d'eux, qui a voulu « causer » a été en outre frappé d'un mois de prison. *(Les notes sont d'André Gide.)*

tourner autour de la factorerie sous un soleil de plomb et porteurs de poutres de bois très pesantes. Des gardes, s'ils tombaient, les relevaient à coups de chicotte.

Le « bal » commencé dès huit heures, dura tout le long du jour sous les yeux de MM. Pacha et Maudurier, agent de la Forestière. Vers onze heures, le nommé Malingué, de Bagouma, tomba pour ne plus se relever. On en avertit M. Pacha, qui dit simplement : « Je m'en f... » et fit continuer le « bal ». Tout ceci se passait en présence des habitants de Bambio rassemblés, et de tous les chefs des villages voisins venus pour le marché[1].

---

1. J'arrêtai ici ma citation du *Journal* de Garron, désireux, je l'ai dit, de n'avancer rien dont je n'aie pu contrôler l'exactitude, sinon de visu, du moins par recoupements divers ; et l'enquête administrative que motiva ma lettre au Gouverneur, apporte confirmation de tous les faits relatés plus haut.

Mais d'autre part je pus apprendre, par la suite, que M. Pacha lui-même, dans un rapport officiel, n'hésitait point à citer Garron, à s'abriter derrière son témoignage. La confiance qu'il accorde à celui-ci, confiance parfaitement motivée sans doute, (et je reconnais pour exacts les propos de moi qu'il rapporte) m'invite à copier encore cette page de son journal :

« M. Pacha annonce qu'il a terminé ses répressions chez les "Bayas" des environs de Boda. Il estime (de son aveu) le nombre des tués à un millier de tout âge et des deux sexes. Les gardes et les partisans étaient obligés, pour justifier leurs faits de guerre, d'apporter au "Commandant" les oreilles et parties génitales des victimes ; les villages étaient brûlés, les plantations arrachées. L'origine de l'affaire remonte au mois de juillet 1924.

« Les indigènes de la région ne voulaient plus faire de caoutchouc. L'administrateur de l'époque, M. Bouquet, envoie quatre miliciens, accompagnés d'un sergent indigène, pour contraindre les gens au travail. D'où bagarre. Un milicien tire. À ce moment les miliciens sont enveloppés par les indigènes qui les ligotent. Ils sont tués vingt-quatre heures plus tard par quelques exaltés, peu nombreux, et qu'il aurait suffi d'arrêter pour liquider l'affaire. Au lieu de quoi on attendit l'arrivée de Pacha, au début de 25, qui commença les répressions avec une sauvagerie terrible.

« La cause de tout cela, c'est la CFSO (Compagnie Forestière Sanga-Oubangui) qui, avec son monopole du caoutchouc et avec la complicité de l'administration locale, réduit tous les indigènes à un dur esclavage. Tous les villages, sans exception aucune, sont forcés de fournir caoutchouc et manioc pour la CFSO, le caoutchouc au prix d'un franc le kilo, et le manioc à un franc le panier de dix kilos. Il est à remarquer que dans la colonie de l'Oubangui-Chari, le caoutchouc est payé de 10 à 12 francs le kilo aux indigènes et le manioc 2,50 francs le panier. Un indigène, pour récolter 10 kilos de caoutchouc, est obligé de passer un mois en forêt, souvent environ à cinq ou six jours de marche de tout village ; par conséquent ils n'ont pas beaucoup d'enthousiasme pour cette récolte, qui leur assure une maigre rétribution mensuelle ; ils préfèrent travailler à la récolte des noix palmistes, beaucoup plus facile, à proximité de leur village, et qui leur sont payées vu la concurrence (ce produit n'étant pas concédé à la CFSO) jusqu'à un franc le kilo, et souvent davantage. Un indigène peut, sans fatigue, et en retournant coucher chaque nuit dans son village, en fournir 30 kilos mensuellement. »

Et ceci encore :

Le chef nous parle encore du régime de la prison de Boda, de la détresse des indigènes, de leur exode vers une moins maudite contrée…

Et certes je m'indigne contre Pacha, mais le rôle de la Compagnie Forestière, plus secret, m'apparaît ici bien autrement grave. Car enfin, elle n'ignorait rien (Je veux dire les représentants de ladite). C'est elle (ou ses agents) qui profitait de cet état de choses. Ses agents approuvaient Pacha, l'encourageaient, avaient avec lui partie liée. C'est sur leur demande que Pacha jetait arbitrairement en prison les indigènes de rendement insuffisant ; etc.[1].

Désireux de mener à bien ma lettre au Gouverneur, je décide de remettre au surlendemain notre départ. Le peu de mois que j'ai passés en AEF, m'a déjà mis en garde contre les « récits authentiques », les exagérations et les déformations des moindres faits. Hélas ! cette scène de « bal » n'eut, je le crains, rien d'exceptionnel, s'il faut en croire divers témoins directs que j'interroge tour à tour. La terreur que leur inspire Pacha les fait me supplier de ne les point nommer. Sans doute, ils se « défileront » par la suite, nieront avoir rien vu. Lorsqu'un Gouverneur parcourt le pays, ses subordonnés se présentent, et présentent dans leurs rapports, de préférence, les faits qu'ils jugent les mieux capables de contenter. Ceux que je dois rapporter au Gouverneur risquent d'échapper à son investigation, je le crains, et l'on étouffera soigneusement les voix qui pourraient les lui faire connaître. Voyageant en simple touriste, je me persuade qu'il peut m'arriver parfois de voir et d'entendre ce qui est trop bas pour l'atteindre.

« Les prestations et portages sont faits par les femmes, malgré l'arrêté du Gouverneur Général.

« Les routes de la région sont tracées sur un terrain sablonneux où n'existe pas de cailloux. Toutes les femmes des villages travaillent toute l'année du matin au soir pour apporter de la terre sur la chaussée ; cette terre, elles vont la chercher assez loin la plupart du temps ; elles n'ont pas d'outils pour l'extraire, et transportent cette terre sur la tête dans des paniers. La plupart de ces femmes ont des enfants au sein. D'où mortalité infantile et dépeuplement.

« Ce travail, considéré comme prestation, n'est pas payé, et ces travailleuses ne sont pas nourries. »

1. Qu'est devenue cette « affaire Pacha » ? C'est ce qu'il serait intéressant de savoir. Est-il vrai que mon… indiscrétion ait valu à M. Garron maintes brimades et le retrait ruineux de son permis de chasse ?

Combien « la vérité coûte cher en brousse », ainsi que le disait un chef indigène, c'est ce que nous n'aurons que trop d'occasions de constater.

En acceptant la mission qui me fut confiée, je ne savais trop tout d'abord à quoi je m'engageais, quel pourrait être mon rôle, et en quoi je serais utile.

À présent, je le sais, et je commence à croire que je ne serai pas venu en vain.

Depuis que me voici dans la colonie, j'ai pu me rendre compte du terrible enchevêtrement de problèmes qu'il ne m'appartient pas de résoudre. Loin de moi la pensée d'élever la voix sur des points qui échappent à ma compétence et nécessitent une étude suivie. Mais il s'agit ici de certains faits précis, complètement indépendants des difficultés d'ordre général. Peut-être le chef de circonscription en est-il avisé d'autre part. D'après ce que me disent les indigènes, il semblerait qu'il les ignore. La circonscription est trop vaste ; un seul homme, et sans moyens de transport rapide, ne peut suffire à tout surveiller. L'on se heurte ici, comme partout en AEF à ces deux constatations angoissantes : insuffisance de personnel ; insuffisance d'argent.

Deux hommes, venus de N'Goto (environ 48 kilomètres), me rapportent mon écorçoir que j'avais égaré là-bas. Ils paraissent stupéfaits quand je leur donne un « matabiche[1] ».

Au clair de lune, sur la vaste arène qui s'étend derrière le gîte d'étape, grande revue des porteurs. Marc les dénombre ; les range par groupes de 10 ; leur apprend à se compter. Grands éclats de rire de ceux qui comprennent, devant l'incompréhension de certains autres. Nous distribuons à chaque homme une cuillerée de sel ; d'où reconnaissance lyrique et protestations enthousiastes.

30 octobre

Impossible de dormir. Le « bal » de Bambio hante ma nuit. Il ne me suffit pas de me dire, comme l'on fait souvent, que les indigènes étaient plus malheureux encore avant l'occupation des Français. Nous avons assumé des responsabilités envers eux auxquelles nous n'avons pas le droit de nous soustraire. Désormais, une immense plainte m'habite ; je sais des choses dont je ne puis pas prendre mon parti. Quel démon m'a poussé en Afrique ?

1. Pourboire.

Qu'allais-je donc chercher dans ce pays ? J'étais tranquille. À présent je sais ; je dois parler.

Mais comment se faire écouter ? Jusqu'à présent, j'ai toujours parlé sans aucun souci qu'on m'entende ; toujours écrit pour ceux de demain, avec le seul désir de durer. J'envie ces journalistes dont la voix porte aussitôt, quitte à s'éteindre sitôt ensuite. Circulais-je jusqu'à présent entre des panneaux de mensonges ? Je veux passer dans la coulisse, de l'autre côté du décor, connaître enfin ce qui se cache, cela fût-il affreux. C'est cet « affreux » que je soupçonne, que je veux voir.

Journée toute occupée à la rédaction de ma lettre.

31 octobre

Levés avant cinq heures. Thé sommaire. On plie bagages. Sur l'arène, derrière la maison, sont groupés nos porteurs (60 hommes, plus un milicien, un guide indigène, nos deux boys et le cuisinier ; plus encore trois femmes, accompagnant le milicien et le guide). Le chef est venu nous dire adieu. Clair de lune brumeux. Nous partons dans la douteuse clarté d'avant l'aube, précédant le gros de la troupe, avec nos boys, nos tipoyeurs, le guide, le garde, et les porteurs de nos sacs.

L'interminable forêt met à l'épreuve notre inépuisable patience. Je n'ai pu achever hier ma lettre au Gouverneur. Hélas ! impossible d'écrire, ni même de prendre des notes ou de lire en tipoye. Je ne me résigne à y monter qu'après cinq heures de marche assez fatigante, car le terrain, sablonneux d'abord, devient, durant les derniers kilomètres, argileux et glissant. Après un court repos en tipoye, cinq kilomètres de marche encore. Pas de poste intermédiaire. Si longue que soit l'étape, il faut la fournir, car on ne peut passer la nuit en forêt, sans gîte, sans nourriture pour les porteurs. Forêt des plus monotones, et très peu exotique d'aspect. Elle ressemblerait à telle forêt italienne, celle d'Albano par exemple, ou de Némi, n'était parfois quelque arbre gigantesque, deux fois plus haut qu'aucun de nos arbres d'Europe, dont la cime s'étale loin au-dessus des autres arbres, qui, près de lui paraissent réduits en taillis. Les troncs de ces derniers, à demi couverts de mousse, semblent des troncs de chênes verts, ou de lauriers. Les petites plantes vertes qui bordent la route rappellent nos myrtilles ; d'autres, les « herbes à Circé » ; tout comme, dans le marigot d'avant-hier, des plantes d'eau rappelaient nos épilobes et nos balsamines du Nord. Nos châtaignes ne sont pas moins bizarres, pas moins belles que ces graines dont on ne voit à terre que les cosses velues. Pas de fleurs. Pourquoi nous signalait-on cette partie de la forêt comme particulièrement intéressante et belle ?

À l'extrémité du parcours, le terrain, jusqu'alors parfaitement plan, dévale faiblement jusqu'à une petite rivière peu profonde, ombragée ; l'eau claire coule sur un lit de sable blanc. Nos porteurs se baignent.

Les bains, dit-on, sont dangereux dans ce pays. Je ne parviens pas à le croire, lorsqu'il n'y a lieu de redouter ni crocodiles, ni insolations. Il ne s'agit pas de cela, disent certains docteurs (et Marc me le répète après eux), mais bien de congestion du foie, de fièvre, de filariose… Hier, déjà je me suis baigné. Qu'en est-il résulté ? Un grand bien-être. Aujourd'hui, je ne résiste pas davantage à l'appel de l'eau et me plonge délicieusement dans sa transparente fraîcheur. Je n'ai jamais pris de bain plus exquis.

Des chefs viennent à notre rencontre, avec deux tam-tams portés par des enfants. Deux importants villages de « Bakongos » (l'on appelle indifféremment ainsi les indigènes qui travaillent pour la Forestière). Un tout petit village à côté, N'Délé, habité seulement aujourd'hui par cinq hommes valides (qui sont dans la forêt à récolter le caoutchouc) et cinq impotents qui s'occupent des plantations. Inutile de dire que ces hommes dans la forêt, non surveillés, ne se livrent que le moins possible à un travail qui leur est si mal rétribué. De là les châtiments par lesquels le représentant de la Forestière s'efforce de les rappeler au sentiment du devoir.

Longue conversation avec les deux chefs du village bakongo. Mais celui qui parlait d'abord, lorsqu'il était seul avec nous, se tait aussitôt qu'approche l'autre. Il ne dira plus rien ; et rien n'est plus émouvant que ce silence et cette crainte de se compromettre lorsque nous l'interrogeons sur les atrocités qui se commettent dans la prison de Boda où il a été lui-même enfermé. Il nous dira plus tard, de nouveau seul avec nous, qu'il y a vu mourir par suite de sévices, dix hommes en un seul jour. Lui-même garde des traces de coups de chicotte, des cicatrices, qu'il nous montre. Il confirme, ce que l'on nous disait déjà[1], que les prisonniers ne reçoivent pour

1. Et ce que va confirmer à son tour l'enquête administrative.

toute nourriture, une seule fois par jour, qu'une boule de manioc, grosse comme (il montre son poing).

Il parle des amendes que la Compagnie forestière a coutume d'infliger aux indigènes (j'allais dire : de prélever sur ceux-ci), qui n'apportent pas de caoutchouc en quantité suffisante – amendes de quarante francs ; c'est-à-dire tout ce qu'ils peuvent espérer toucher en un mois. Il ajoute que, lorsque le malheureux n'a pas de quoi payer l'amende, il ne peut éviter la prison qu'en empruntant à un plus fortuné que lui, s'il en trouve – et encore est-il parfois jeté en prison « par-dessus le marché ». La terreur règne et les villages des environs sont désertés. Plus tard, nous parlerons à d'autres chefs. Quand on leur demande : « Combien y a-t-il d'hommes dans ton village ? » ils font le dénombrement en les nommant et pliant un doigt pour chacun. Il y en a rarement plus de dix. Adoum sert d'interprète.

Adoum est intelligent, mais ne sait pas très bien le français. Lorsque nous nous arrêtons en forêt, c'est, dit-il, que nous avons trouvé « un palace » (pour : une place). Il dit : « un nomme » et quand, à travers lui, nous demandons à quelque chef : « Combien y en a-t-il de ton village qui se sont enfuis, ou qui ont été mis en prison ? » Adoum répond : « Ici, dix nommes ; là-bas, six nommes, et huit nommes un peu plus loin. »

Beaucoup de gens viennent nous trouver. Tel demande un papier attestant qu'il est grand sorcier de beaucoup de villages ; tel, un papier l'autorisant à aller plus loin « faire petit village tout seul ». Quand on s'informe sur le nombre de prisonniers qu'enferme la prison de Boda, la seule réponse que j'obtiens, quel que soit celui qui me la donne : « Beaucoup ; beaucoup ; trop ; peux pas compter. » Il y aurait parmi les incarcérés nombre de femmes et d'enfants.

Bossa, 18 décembre

Étape de vingt-cinq kilomètres (comme celle d'hier) mais, partis à 5 h 30, nous n'y arrivons que vers une heure, par suite d'un arrêt prolongé sur la route. Depuis Bosoum les tipoyeurs ne chantent plus. Les arbres de la savane s'espacent ; et même cèdent complètement à de grands espaces découverts. Et ce ne sont plus alors des arbustes de la taille de nos arbres fruitiers, mais de beaux arbres aussi hauts que les plus hauts d'Europe, sans atteindre la taille des géants de la grande forêt. Je voudrais voir ces vastes prés au printemps, quand les herbes sont peu hautes et d'un vert tendre ; mais je doute si, peut-être, au-dessus de l'herbe nouvelle ne subsiste pas l'encombrement affreux des chaumes que n'a pu que noircir sans les consumer l'incendie. D'immenses espaces brûlés ; désolation plus atroce peut-être que celle d'aucun hiver. Les arbres ne sont pas dépouillés ; mais toutes les feuilles ont pris une monotone couleur bronzée qui forme avec le noir du sol, sous le soleil ardent, une implacable et morne harmonie. Il semble que sur ce sol calciné aucune vie ne pourra jamais reparaître, et le vert très tendre du gazon qui surgit entre les chaumes noirs, déjà trois jours après l'incendie, semble presque une fausse note. On dirait un confident indiscret qui compromet l'effet du drame en livrant trop vite un secret susceptible de rassurer le spectateur alarmé.

Ce qui nous a retardés, c'est la rencontre, une heure après le lever du soleil, d'une troupe de prisonniers emmenés par le capita d'un village voisin. Ils étaient onze, la corde au cou – une corde, qui n'était en vérité qu'une ficelle, qui les tenait tous reliés, leur aspect était si misérable que le cœur se serrait de pitié à les voir. Chacun d'eux portait une charge de manioc sur la tête, lourde assurément, mais non excessive pour un homme en bonne santé ; mais ils semblaient à peine en état de se porter eux-mêmes. Un seul d'entre eux ne portait rien ; un petit de dix à douze ans, affreusement maigre, excédé de misère, de jeûne et de fatigue ; par instants il tremblait de tous ses membres, et la peau de son ventre était agitée de frémissements spasmodiques. Le dessus de sa tête était comme râpé, le cuir chevelu remplacé, par zones, par cette sorte de peau qui se forme sur les blessures ou sur les surfaces du corps échaudées. Il semblait incapable à tout jamais de sourire. Et tous ses compagnons de misère, du reste, étaient si lamentables qu'à peine retrouvait-on une lueur d'intelligence en leurs yeux. Tout en interrogeant le capita, nous vidons dans les mains de l'enfant le contenu de notre musette, où ne se trouvent, par mauvaise chance, que trois morceaux de pain très sec. Dans la certitude d'arriver tôt à l'étape, nous avons laissé partir de l'avant nos porteurs, sans nous être munis de provisions de route. L'enfant dévore ces croûtons comme une bête, sans un mot, sans même un regard de reconnaissance. Ses compagnons, pour être moins faibles, ne semblent pas moins affamés que lui. D'après les interrogatoires que nous leur faisons subir, il semblerait qu'ils n'ont pas mangé depuis cinq jours. Ce sont, au dire du capita, des fuyards qui vivaient depuis trois mois dans la brousse, où je les imagine comme des animaux traqués. Mais les récits sont contradictoires et quand, ensuite, nous interrogeons Koté, le chef du village voisin qui donna l'ordre de s'emparer d'eux, puis, le soir, ceux du village d'où ils viennent et où nous campons pour la nuit, on doute s'ils étaient partis dans la brousse pour garder des chèvres qui, dans le village, tombaient malades, ou pour fuir le mauvais sort qui avait fait périr plusieurs de leurs enfants, ou pour « faire des sacs » à arachides, commandés par le chef, pour l'administration, ou tout simplement par insubordination et refus de travailler aux cultures. (À noter que celles-ci, dans le village voisin, sont importantes et comme nous n'en avions point vu depuis longtemps.) Nous entendons dire qu'ils s'étaient fixés depuis un an dans la brousse où ils avaient formé un village. D'après leur propre déposition, ils auraient été maltraités violemment par le chef Koté, et par les gens de son village, qui, après les avoir attachés à des pieux, les auraient couverts d'ordures. Qu'il est difficile de rien savoir, de rien comprendre. Et même, il faut bien l'avouer, la maigreur de ces gens, leur apparente détresse, ne nous paraissent pas très différentes de celles des habitants des villages que nous traversons. Rien de plus misérable que les cahutes où ils vivent, entassés pêle-mêle (telle hutte en contient onze et telle autre treize). Pas un sourire, pas un salut, lorsque l'on passe. Ah ! que nous sommes loin des entrées triomphales dans la région de Nola !… – Et j'aurais dû parler déjà, pour préparer cette rencontre, de l'« opération » conjuguée dont nous parlait Morel, qui commençait la veille de notre départ de Bosoum – pour laquelle Morel envoyait cinq miliciens, (chacun avec vingt-cinq cartouches, et ordre de ne tirer qu'en cas de besoin) lesquels devaient retrouver en un point nommé d'autres miliciens dirigés par trois administrateurs. Les quatre colonnes, en marchant l'une vers l'autre, ne pouvaient laisser échapper certains insoumis irréductibles qui, vivant aux confins de quatre subdivisions limitrophes, passaient de l'une dans l'autre chaque fois que l'administrateur de l'une les poursuivait – ceci depuis longtemps, et jusqu'à ce jour où le Gouverneur Lamblin avait décidé de mettre fin à cette résistance. Fallait-il voir dans le convoi de ce matin un résultat indirect des ordres donnés ?

20 décembre

Lever beaucoup trop tôt. Lecture à la lueur insuffisante du photophore en attendant l'aube. Il fait froid. On a l'onglée. Les porteurs avaient allumé de grands feux, qu'ils quittent à regret ; chacun emporte avec lui un tison qu'il tient devant lui, presque contre lui. Traversée de l'Ouham ; au-dessus du courant des eaux, un fleuve de vapeurs, au cours plus lent, se déroule et s'écoule en se déchirant ; le jour naissant faiblement les colore.

Quantité d'insignifiants petits villages – si l'on peut appeler ainsi des groupements de quelques cases très misérables dont les habitants, devant un maigre feu, ou sur le pas des portes, ne nous saluent pas, se détournent à peine pour nous regarder passer. Les huttes rappellent les abris précaires de nos charbonniers dans les bois. Un peu moins, ce serait la tanière. Et cette absence d'accueil, à notre arrivée, de sourires et de saluts à notre passage ne semble point marquer de l'hostilité, mais la plus profonde apathie, l'engourdissement de la bêtise. Quand on s'approche d'eux, ils ne bougent guère plus que les animaux des Galapagos ; quand on tend à quelque enfant un sou neuf, il s'effare et ne comprend pas ce qu'on lui veut. L'idée qu'on puisse lui donner quelque chose ne saurait l'atteindre, et si quelque aîné, ou l'un de nos porteurs cherche à lui expliquer notre bon vouloir, il prend un air surpris, puis tend les deux mains jointes en écuelle.

Le village où nous campons ne le cède en rien à ceux que nous avons traversés, en misère, en saleté, en dénuement de toute sorte, en sordidité. À l'intérieur des cases, une indicible puanteur. Je doute si les enfants ont jamais été lavés. L'eau sert sans doute aux besoins de la cuisine, après quoi il n'en reste plus pour la propreté. Elle vient d'un maigre marigot, qui sort d'un marécage à plus de deux cents mètres du village, puis se perd dans une fondrière.

Et pourtant, depuis ce matin, sur la route, d'assez importantes cultures : mil (qui tend à remplacer le manioc), sésame, et surtout des céaras, de véritables vergers de céaras. Encore trop jeunes pour être exploités. Quelques champs de coton.

Les récoltes de mil et de sésame sont enfermées dans de grands paniers oblongs suspendus aux branches des arbres, à l'entour du village.

Fort-Lamy, 16 février

Hier Adoum dormait tranquillement dans une case indigène. Deux blancs arrivent : un sergent et un caporal. Ils veulent une femme, qu'ils pensent qu'on leur cache ou qu'on refuse de leur livrer. Adoum, qui s'était tu d'abord et faisait semblant de dormir, s'interpose quand il voit ces sous-offs allumer de la paille et mettre le feu à la case – « De quoi se mêle ce sale noir ? Si tu dis un mot on va te foutre au bloc. — Oui, dit Adoum ; c'est vous qui foutez le feu à la case ; et c'est moi qui vais aller au bloc. » Sur ce, le sergent se saisit de lui et lui administre un violent coup de chicotte, dont il porte encore la marque en travers du dos, ce matin. L'incendie qui se déclare attire du monde, dont Zara la procureuse et Alfa, le boy de Coppet, qui conjure Adoum de ne pas protester.

J'apprends ce soir que l'affaire a des suites. Un long rapport est communiqué à Coppet, où l'administrateur-maire réclame énergétiquement une sanction, auprès de l'autorité militaire.

Extrait de *Voyage au Congo*, Gallimard, 1927.

ALBERT CAMUS

(1913-1960)

Les rues d'Oran

L'Été, *premier livre de Camus, a des tonalités Montherlant. Ce n'est pas excessivement étonnant quand on connaît le goût pour l'Algérie du second, ni quand on lit les appréciations du premier sur Louis XVI dans* L'Homme révolté *: « le meurtre du roi-prêtre » (même si Montherlant qui avait d'autres défauts n'aurait pas écrit des sentimentalités pareilles). Le commun, c'est la sensation égoïste du soleil, la jouissance matérialiste du moment, toutes choses qui formeront l'arrière-plan de* L'Étranger.

J'ai souvent entendu des Oranais se plaindre de leur ville : « Il n'y a pas de milieu intéressant. » Eh ! parbleu, vous ne le voudriez pas ! Quelques bons esprits ont essayé d'acclimater dans ce désert les mœurs d'un autre monde, fidèles à ce principe qu'on ne saurait bien servir l'art ou les idées sans se mettre à plusieurs[1]. Le résultat est tel que les seuls milieux instructifs restent ceux des joueurs de poker, des amateurs de boxe, des boulomanes et des sociétés régionales. Là, du moins, règne le naturel. Après tout, il existe une certaine grandeur qui ne prête pas à l'élévation. Elle est inféconde

1. On rencontre à Oran le Klestakoff de Gogol. Il bâille et puis : « Je sens qu'il va falloir s'occuper de quelque chose d'élevé. » *(Les notes sont d'Albert Camus.)*

par état. Et ceux qui désirent la trouver, ils laissent les milieux » pour descendre dans la rue.

Les rues d'Oran sont vouées à la poussière, aux cailloux et à la chaleur. S'il y pleut, c'est le déluge et une mer de boue. Mais pluie ou soleil, les boutiques ont le même air extravagant et absurde. Tout le mauvais goût de l'Europe et de l'Orient s'y est donné rendez-vous. On y trouve, pêle-mêle, des lévriers de marbre, des danseuses au cygne, des Dianes chasseresses en galalithe verte, des lanceurs de disque et des moissonneurs, tout ce qui sert aux cadeaux d'anniversaire ou de mariage, tout le peuple affligeant qu'un génie commercial et farceur ne cesse de susciter sur les dessus de nos cheminées. Mais cette application dans le mauvais goût prend ici une allure baroque qui fait tout pardonner. Voici, offert dans un écrin de poussière, le contenu d'une vitrine : d'affreux modèles en plâtre de pieds torturés, un lot de dessins de Rembrandt « sacrifiés à 150 francs l'un », des « farces-attrapes », des porte-billets tricolores, un pastel du XVIIIe siècle, un bourricot mécanique en peluche, des bouteilles d'eau de Provence pour conserver les olives vertes, et une ignoble Vierge en bois, au sourire indécent. (Pour que nul n'en ignore, la « direction » a placé à ses pieds un écriteau : « Vierge en bois ».)

On peut trouver à Oran :

1. Des cafés au comptoir verni de crasse, saupoudré de pattes et d'ailes de mouches, le patron toujours souriant, malgré la salle toujours déserte. Le « petit noir » y coûtait douze sous et le grand, dix-huit.

2. Des boutiques de photographes où la technique n'a pas progressé depuis l'invention du papier sensible. Elles exposent une faune singulière, impossible à rencontrer dans les rues, depuis le pseudo-marin qui s'appuie du coude sur une console, jusqu'à la jeune fille à marier, taille fagotée, bras ballants devant un fond sylvestre. On peut supposer qu'il ne s'agit pas de portraits d'après nature : ce sont des créations.

3. Une édifiante abondance de magasins funéraires. Ce n'est pas qu'à Oran on meure plus qu'ailleurs, mais j'imagine seulement qu'on en fait plus d'histoires.

La sympathique naïveté de ce peuple marchand s'étale jusque dans la publicité. Je lis, sur le prospectus d'un cinéma oranais, l'annonce d'un film de troisième qualité. J'y relève les adjectifs « fastueux », « splendide », « extraordinaire », « prestigieux »,

« bouleversant » et « formidable ». Pour finir, la direction informe le public des sacrifices considérables qu'elle s'est imposés, afin de pouvoir lui présenter cette étonnante « réalisation ». Cependant, le prix des places ne sera pas augmenté.

On aurait tort de croire que s'exerce seulement ici le goût de l'exagération propre au Midi. Exactement, les auteurs de ce merveilleux prospectus donnent la preuve de leur sens psychologique. Il s'agit de vaincre l'indifférence et l'apathie profonde qu'on ressent dans ce pays dès qu'il s'agit de choisir entre deux spectacles, deux métiers et, souvent même, deux femmes. On ne se décide que forcé. Et la publicité le sait bien. Elle prendra des proportions américaines, ayant les mêmes raisons, ici et là-bas, de s'exaspérer.

Les rues d'Oran nous renseignent enfin sur les deux plaisirs essentiels de la jeunesse locale : se faire cirer les souliers et promener ces mêmes souliers sur le boulevard. Pour avoir une idée juste de la première de ces voluptés, il faut confier ses chaussures, à 10 heures, un dimanche matin, aux cireurs du boulevard Gallieni. Juché sur de hauts fauteuils, on pourra goûter alors cette satisfaction particulière que donne, même a un profane, le spectacle d'hommes amoureux de leur métier comme le sont visiblement les cireurs oranais. Tout est travaillé dans le détail. Plusieurs brosses, trois variétés de chiffons, le cirage combiné à l'essence : on peut croire que l'opération est terminée devant le parfait éclat qui naît sous la brosse douce. Mais la même main acharnée repasse du cirage sur la surface brillante, la frotte, la ternit, conduit la crème jusqu'au cœur des peaux et fait alors jaillir, sous la même brosse, un double et vraiment définitif éclat sorti des profondeurs du cuir.

Les merveilles ainsi obtenues sont ensuite exhibées devant les connaisseurs. Il convient, pour apprécier ces plaisirs tirés du boulevard, d'assister aux bals masqués de la jeunesse qui ont lieu tous les soirs sur les grandes artères de la ville. Entre seize et vingt ans, en effet, les jeunes Oranais de la « Société empruntent leurs modèles d'élégance au cinéma américain et se travestissent avant d'aller dîner. Chevelure ondulée et gominée, débordant d'un feutre penché sur l'oreille gauche et cassé sur l'œil droit, le cou serré dans un col assez considérable pour prendre le relais des cheveux, le nœud de cravate microscopique soutenu par une épingle rigoureuse, le veston à mi-cuisse et la taille tout près des hanches, le pantalon clair et court, les souliers éclatants sur leur triple semelle, cette jeunesse, tous les soirs, fait sonner sur les trottoirs son imperturbable aplomb et le bout ferré de ses chaussures. Elle s'applique en toutes choses à imiter l'allure, la rondeur et la supériorité de M. Clark Gable. À ce titre, les esprits critiques de la ville surnomment communément ces jeunes gens, par la grâce d'une insouciante prononciation, les « Clarque ».

Dans tous les cas, les grands boulevards d'Oran sont envahis, à la fin des après-midi, par une armée de sympathiques adolescents qui se donnent le plus grand mal pour paraître de mauvais garçons. Comme les jeunes Oranaises se sentent promises de tout temps à ces gangsters au cœur tendre, elles affichent également le maquillage et l'élégance des grandes actrices américaines. Les mêmes mauvais esprits les appellent en conséquence des « Marlène ». Ainsi, lorsque sur les boulevards du soir un bruit d'oiseaux monte des palmiers vers le ciel, des dizaines de Clarque et de Marlène se rencontrent, se toisent et s'évaluent, heureux de vivre et de paraître, livrés pour une heure au vertige des existences parfaites. On assiste alors, disent les jaloux, aux réunions de la commission américaine. Mais on sent à ces mots l'amertume des plus de trente ans qui n'ont rien à faire dans ces jeux. Ils méconnaissent ces congrès quotidiens de la jeunesse et du romanesque. Ce sont, en vérité, les parlements d'oiseaux qu'on rencontre dans la littérature hindoue. Mais on n'agite pas sur les boulevards d'Oran le problème de l'être et l'on ne s'inquiète pas du chemin de la perfection. Il ne reste que des battements d'ailes, des roues empanachées, des grâces coquettes et victorieuses, tout l'éclat d'un chant insouciant qui disparaît avec la nuit.

J'entends d'ici Klestakoff : « Il faudra s'occuper de quelque chose d'élevé. » Hélas ! il en est bien capable. Qu'on le pousse et il peuplera ce désert avant quelques années. Mais, pour le moment, une âme un peu secrète doit se délivrer dans cette ville facile, avec son défilé de jeunes filles fardées, et cependant incapables d'apprêter l'émotion, simulant si mal la coquetterie que la ruse est tout de suite éventée. S'occuper de quelque chose d'élevé ! Voyez plutôt : Santa-Cruz ciselée dans le roc, les montagnes, la mer plate, le vent violent et le soleil, les grandes grues du port, les trains, les hangars, les quais et les rampes gigantesques qui gravissent le rocher de la ville, et dans la ville elle-même ces jeux et cet ennui, ce tumulte et cette solitude. Peut-être, en effet, tout cela n'est-il pas assez élevé. Mais le grand prix de ces îles surpeuplées, c'est que le cœur s'y dénude. Le silence n'est plus possible que dans les villes bruyantes. D'Amsterdam, Descartes écrit au vieux Balzac : « Je vais me promener tous les jours parmi la confusion d'un grand peuple, avec autant de liberté et de repos que vous sauriez faire dans vos allées[1]. »

Extrait de *L'Été*, 1954.

1. En souvenir sans doute de ces bonnes paroles, une Société oranaise de conférences et de discussion s'est organisée à l'enseigne du *Cogito-Club*.

LÉON-GONTRAN DAMAS

(1912-1978)

Solde

Né à Cayenne d'un père guyanais et d'une mère martiniquaise, Damas a une brillante formation française à la Césaire. Si celui-ci est élève de l'École normale supérieure, Damas étudie le droit et les langues orientales. L'un et l'autre, avec Senghor, inventent le concept de négritude. Damas fera lui aussi de la politique, quoique plus brièvement (député de Guyane en 1948). Pigments *(1937) est son premier livre de poèmes.*

Pour Aimé Césaire

J'ai l'impression d'être ridicule
dans leurs souliers
dans leurs smoking
dans leur plastron
dans leur faux-col
dans leur monocle
dans leur melon

J'ai l'impression d'être ridicule
avec mes orteils qui ne sont pas faits
pour transpirer du matin jusqu'au soir qui déshabille
avec l'emmaillotage qui m'affaiblit les membres
et enlève à mon corps sa beauté de cache-sexe

J'ai l'impression d'être ridicule
avec mon cou en cheminée d'usine
avec ces maux de tête qui cessent
chaque fois que je salue quelqu'un
J'ai l'impression d'être ridicule
dans leurs salons
dans leurs manières
dans leurs courbettes
dans leur multiple besoin de singeries
J'ai l'impression d'être ridicule
avec tout ce qu'ils racontent
jusqu'à ce qu'ils vous servent l'après-midi
un peu d'eau chaude
et des gâteaux enrhumés
J'ai l'impression d'être ridicule
avec les théories qu'ils assaisonnent
au goût de leurs besoins
de leurs passions
de leurs instincts ouverts la nuit
en forme de paillasson

J'ai l'impression d'être ridicule
parmi eux complice
parmi eux souteneur
parmi eux égorgeur
les mains effroyablement rouges
du sang de leur ci-vi-li-sa-tion

Extrait de *Pigments-Névralgies*, 1937.

JEAN SÉNAC
(1926-1973)

Les massacres de Juillet

Toute une culture française à l'étranger sera bientôt éteinte sans avoir laissé d'œuvres de littérature notables. De l'Algérie française ont émané des romans, des poèmes, des récits d'Arabes musulmans et de Juifs, mais les pieds-noirs ? Jean Sénac l'était, et son évolution explique en partie cette absence. Son journal de jeunesse montre qu'il était pétainiste avec passion, et c'est avec la même passion qu'il est devenu pro-indépendance. Le pétainisme venait d'une intoxication de tant de Français d'Algérie et de la métropole, l'indépendantisme est venu de la connaissance des Algériens par leurs corps ; l'homosexualité peut être un révélateur politique. Sénac n'a écrit que pour les autres, voulant devenir eux. « Mon peuple » : les Algériens arabes et kabyles. Il a été assassiné à l'âge de quarante-six ans, sans que la cause exacte en soit connue. Il rejoint ainsi les écrivains mystérieusement morts, Émile Zola, Paul-Louis Courier, tiens, des dérangeurs. Il est vrai que, Français ex-colon (même si légalement l'Algérie était française), chrétien et surtout gay, c'étaient bien des vices dans un pays musulman aussitôt devenu militariste, autoritaire et rigoriste. Le nouveau code pénal algérien interdisait l'homosexualité, ce que n'avait pas fait la France, qui avait pourtant conservé après la guerre les restrictions vichyssoises.

Pour la fête des hommes libres
ils ont massacré mes amis
peau brune sur les pavés gris
ô Paris comme tu es triste
triste et sévère pour ma race

Voici l'arbre sans racine
voici l'écorce frappée
la fleur fermée le fruit brûlé
et ton grand soleil humide
liberté

Fallait-il fuir l'injustice
la plaie ouverte dans le douar
le soleil et la faim d'Alger et de Tunis
pour la liberté de Rochechouart

Ô mon peuple trompé
frustré jeté dans l'ombre
mon peuple saccagé dans son tranquille espoir
violent naïf mon peuple d'hommes
qui perds le cœur la mer et qui trouves le noir

Il faut rester debout tandis qu'on te déchire
droit dans les néons puisque l'on t'avilit
ce goût de laurier-rose et ce sang qui sourit
c'est la liberté froide de Paris

Tu la ramèneras comme une pure abeille
elle fera le jour dans la chaux des maisons
elle écrira pour tous la paix sur les saisons
ô fraîche ô compagne joyeuse

Cet été la mort est notre salaire
notre pain notre dignité
camarades la mort et sous vos paupières
le matin juste de Juillet

Ils ont massacré mes amis
ils ont relevé leur Bastille
ils ont fusillé la flamme et le cri

Ô Paris comme tu es triste
le sang cacté couvre la Seine

Paris de la Beauté de la Justice de la Peine
comme tu es triste et sévère pour les exilés !

Alger, 14 juillet 1953

Extrait de « Matinale de mon peuple », in *Œuvres poétiques*, 1999.

GUY HOCQUENGHEM

(1946-1988)

« Je ne connais pas de villes, je ne connais que des ghettos »

Les gauchistes étaient très moraux en ce qui concerne l'homosexualité. Déviation bourgeoise. Pas parler ouvriers. Interdit Hocquenghem. (Non que communistes plus aérés, ni gaullistes, ni aucun autre parti.) Alors Hocquenghem adhère FHAR. Front homosexuel d'action révolutionnaire, inspiré du Gay Liberation Front, New York, 1969, après émeutes de Stonewall. Idée : mal se tenir, puisque de bien se tenir n'avait mené à rien. Et donc on interrompt les réunions des sérieux, des pompeux, des concernés, des psychanalystes réactionnaires et des catholiques anti-avortement, puisqu'on revendique « le droit à l'homosexualité et à toutes les sexualités » (dans le mensuel Tout !, *dont Sartre avait accepté d'être le directeur de publication). Dans cet essai, Hocquenghem témoigne d'un certain type de voyage, le voyage sexuel. Cela ne devait pas l'empêcher d'aller dans les librairies.*

Je ne connais pas de villes, je ne connais que des ghettos. Des ghettos qui se succèdent, à peine interrompus de gares ou d'aéroports. Cité de la nuit, disait le grand écrivain américain John Rechy : le Lungotevere s'achève à West Street, le Tibre se jette dans Hudson River, la porte du fond de ce sauna d'Amsterdam s'ouvre sur la salle obscure d'un cinéma de Pigalle. Les Tuileries et Central Park ont le même lion de bronze, et les mêmes ombres courraient au petit matin dans les allées. Marcher, la nuit, dans une ville inconnue – et toute ville est inconnue après minuit –, c'est là ce qu'on appelle draguer. Draguer les monstres des profondeurs, les coquillages et les étoiles de mer des amours hétéroclites. *Casual encounters*, disent les Américains.

À Amsterdam, la vapeur du sauna continue les brumes de la ville. À Rome, une affiche déchirée pleurant Aldo Moro flotte sur une pissotière déserte. Dans Manhattan, en remontant vingt rues, je passe du ghetto pédé « cuir » postmoderne au classicisme pigallien des gigolos de Times Square. Un plan de ville, c'est un territoire de chasse. Et draguer, une manière de le lire, ce plan, qui bientôt le recouvre, le rature, le rend illisible à tout autre qu'à moi-même, jusqu'à ce qu'il s'échappe, chiffonné et moite d'avoir été si longtemps tenu, par la fenêtre d'un tram pop ou d'un taxi jaune. Car mon ghetto n'est pas une portion, une fraction, un membre de la ville. Il est épandu partout, autre sens – mineur – donné par les habitudes instantanées, par les premières rencontres, par la géographie, fumeuse et terriblement précise dans le détail, des soirs où l'alcool et la drogue fixent les repères.

Il est des choses que je sais d'instinct : bords de rivières, alentours de gares, jardins publics me sont favorables.

Ce livre est celui d'un piéton de la nuit. On y marche à travers les villes, sur des trottoirs qu'éclaire une lune complice. Car les pédés vivent beaucoup la nuit, et marchent sans arrêt. Infatigables arpenteurs des cités endormies, ils ne peuvent prendre leur plaisir qu'au terme d'explorations interminables, de va-et-vient souples et mystérieux. Les pédés sont des chats, avant d'être des hommes, et ils ont besoin de parcourir leur territoire avant d'y élire leur place, leur amour.

Ce livre est un compagnon de voyage. Lisez-le, le soir, à votre hôtel, avant de vous mettre en chasse. Lisez mon itinéraire avant d'accomplir le vôtre, qui sera si différent. Pour les sept villes qu'il parcourt, choix arbitraire du plaisir de voyager, une brève série d'adresses vous permettra d'accéder aux lieux que je vis moi-même. Choix délicat, où ne figure pas la grosse cavalerie du voyageur pressé[1], mais des lieux que signale quelque extravagance, quelque spécialité, quelque parfum d'exploration.

1. On trouvera une liste complète (parfois orthographiée phonétiquement) des lieux « gays » européens dans *Spartacus*. *(Note de Guy Hocquenghem ;* Spartacus *était un guide mondial des lieux de rencontre gays.)*

Ce livre est un guide, mais un guide personnel ; avant d'entrer dans la nuit des ghettos, je vous propose ma vision, comme un compagnon de route vous conte ses souvenirs. Ai-je dit deux fois « ghetto » ? Nous transportons chacun notre ghetto avec nous. Je n'ai pas voulu que ce « guide homosexuel » fût simplement le recensement des lieux pédés des grandes métropoles. En chaque ville, il est une voie d'accès propre aux minoritaires, une sensibilité qui leur est particulière, dans la manière de ressentir ce qui fait le climat d'une cité. Mais cette sensibilité ne se limite pas au « ghetto », elle donne forme et sens à toute la ville. Pour moi, le carnaval de Rio, ou le « Jour de la reine » à Amsterdam, sont aussi, et même plus, dignes d'attention que l'inévitable *disco gay* partout reproduite.

Une église catholique « gay » à New York, un cinéma à Rio ou à Paris, m'ont souvent paru plus amusants, plus émouvants qu'une discothèque ou un bain de vapeur.

Pour les capitales du monde gay américain, j'ai fait suivre ma visite de la ville d'un certain nombre de portraits : interviews de personnalités gays locales, qui m'ont paru éclairer utilement l'histoire de la libération homosexuelle contemporaine aux U.S.A. Ma huitième et dernière ville, Alexandrie, est imaginaire, ou du moins reconstituée : je vous offre, pour conclure, d'ajouter au voyage dans l'espace un voyage dans le temps, vers le New York hellénistique du Ier siècle.

La fatigue du voyage s'estompe déjà. À côté, dans la salle de bains de votre chambre d'hôtel, l'eau gargouille dans les tuyaux. Le soir est tombé. Vous refermez ces pages et vous disposez à sortir. Derrière vous, dans votre errance, mon ombre vous suivra, pour vous inciter à l'extrême, vous pousser dans les bouges, vous jeter dans les bras de l'amant d'un soir qui, d'un coup, incarnera pour vous la ville maléfique et merveilleuse.

Extrait du *Gay Voyage*, 1980.

CLAIRE BRETÉCHER

(1940-2020)

Plouc Tour

Claire Bretécher a fait en dessin de la satire sociale comme le théâtre cent ans avant, et je la préfère à Labiche. Elle rend la mauvaise foi comme personne, par des personnages aussi réjouissants qu'Agrippine. Sa parodie de la vie de sainte Thérèse d'Avila, publiée dans Le Nouvel Observateur *(*La Vie passionnée de sainte Thérèse d'Avila*, 1980), n'y serait pas plus publiable de nos jours que Copi, sinon sous peine d'une campagne d'indignation des anti-indignations redoublée par une campagne d'émotion des anti-émotions et triplée par une campagne sur la nécessité du gramscisme par les descendants de ceux qui avaient emprisonné Gramsci. Bretécher avait ce penchant caractéristique de la gauche libérale, qu'elle se moquait de la gauche libérale ; on le constate aussi dans les films de Moretti.*

PLOUC TOUR

Bangkok, Chiangmai Kuala-Lampur, Singapour, Bali... quatre semaines je suis folle de joie
ça ne m'étonne pas
oui Alex est un rat mais j'en tire le maximum en usant de doux artifices féminins
par contre connaissant votre pingrerie légendaire je suis stupéfaite
tu n'es pas encore partie maman?
rassure-toi je me hâte... je suis en train de compléter ma trousse de survie
trousse de survie pour aller au Pouliguen!
tu veux rire? je fais Lima Huancayo Cuzco à dos de lama avec Agathe
mais maman as-tu les moyens? après tout tu n'as que l'usufruit
tout est prévu au sol près
et les deux seules erreurs de calcul que j'aie jamais faites c'est toi et ton frère
qu'est ce que j'ai fait au ciel?

Extrait de *Tourista*, 1989.

FEMMES HAUTS ET BAS

Les femmes se sont toujours moquées des prétentions des hommes à régir la vie entière. Au XV*e siècle, Christine de Pizan n'a cessé de le faire. Quand, dans* La Cité des dames, *elle illustre certaines femmes en disant qu'elles sont aussi fortes que les hommes, on pourrait dire qu'elle a perdu : qui se compare se dévalorise. (Sans même dire qu'elle trouve des compliments à faire à Frédégonde.) On dit que la bourgeoisie a éteint les femmes françaises après la Révolution : c'est idéaliser celles qui étaient libres sous l'Ancien Régime, quelques milliers de l'aristocratie peut-être, encore sait-on bien que, après la Fronde, pour beaucoup une affaire de femmes, Louis XIV et Louis XV ont traité celles-ci comme des courtisanes à disposition. Faites marquises, peut-être, mais prises puis chassées avec une désinvolture de lion choisissant une lionne dans la troupe.*

BRANTÔME
(v. 1537-1614)

Les malheurs d'une reine
(Marguerite de Navarre)

Pierre de Bourdeille, seigneur de Brantôme, a été soldat pour les Valois sans grand éclat, ce qui peut aider la littérature. Retiré dans ses terres, il a dicté des livres (publiés bien longtemps après sa mort), exagérés, intéressants, avec une attention à l'habillement comme peuvent l'avoir les militaires, ces coquets. La reine Marguerite dont il parle dans ses Vies des dames illustres *est bien sûr la même que celle dont les souvenirs sur la Saint-Barthélemy sont reproduits plus haut*[1].

Quand je considère les misères et males aventures de cette belle reine d'Écosse, de laquelle j'ai parlé précédemment[2], et d'autres princesses et dames que je ne nommerai, de peur, par telle digression, de gâter mon discours avec celui de la reine de Navarre de qui je parle maintenant, n'étant pour lors encore reine de France, je ne puis croire autrement que la Fortune, déesse absolue de l'heure et malheur des personnes, ne soit du tout ennemie contraire des beautés humaines ; car s'il y en eut jamais une au monde parfaite en beauté, c'est la reine de Navarre, et pourtant peu favorisée de

1. Voir *supra*, p. 243.
2. Marie Stuart.

la bonne fortune jusque-là ; si bien que l'on dirait qu'elle a été envieuse de la nature, d'avoir fait cette princesse si belle, que, par dépit, elle lui a voulu courir à sus. Mais, soit que soit, sa beauté est telle que les coups de ladite Fortune n'ont nulle apparition sur elle, d'autant que le courage généreux qu'elle a extrait par sa naissance de tant braves et valeureux rois ses père, grand père, aïeux, bisaïeux et ancêtres, lui a fait toujours jusqu'ici une audacieuse résistance.

Pour parler donc de la beauté de cette rare princesse, je crois que toutes celles qui sont, qui seront et jamais ont été, près de la sienne sont laides, et ne sont point beautés ; car la clarté de la sienne brûle tellement les ailes de toutes celles du monde, qu'elles n'osent ni ne peuvent voler, ni comparaître à l'entour de la sienne. Que s'il se trouve quelque mécréant qui, par une foi escarse[1], ne veuille donner créance aux miracles de Dieu et de Nature, qu'il la contemple seulement son beau visage, si bien formé, en fait la foi ; et dirait-on que la mère Nature, ouvrière très parfaite, mit tous ses plus rares et subtils esprits pour le façonner. Car, soit qu'elle veuille montrer sa douceur ou sa grâce, que tous demeurèrent perdus d'une telle beauté. Et entre autres, il y eut le Lasqui, l'un des principaux de l'ambassade, à qui je vis dire en se retirant, perdu de cette beauté : « Non, je ne veux rien plus voir après telle beauté. Volontiers je ferais comme font certains Turcs, pèlerins de la Mecque, où est la sépulture de leur prophète Mahomet, qui demeurent si aises, si éperdus, si ravis et si transis d'avoir vu une aussi belle et aussi superbe mosquée, qu'ils ne veulent rien plus voir après, et se font brûler les yeux par des bassins d'airain ardents, qu'ils en perdent la vue, tant subtilement le savent-ils faire ; disant qu'après cela rien ne se peut voir de plus beau, ni ne veulent plus rien voir après. » Ainsi disait ce Polonais de la beauté admirable de cette princesse. Et certes, si les Polonais ont été ravis de telle admiration, il y en a eu bien d'autres. J'allègue don Juan d'Autriche, lequel (comme j'ai précédemment dit de lui), passant subtilement par la France, étant arrivé à Paris sachant que ce soir-là se faisait un bal solennel au Louvre, le vint voir déguisé, plus pour le sujet de la reine de Navarre que pour tout autre. Il eut moyen et loisir de la voir à son aise danser, menée par le roi son frère, comme d'ordinaire il le faisait ; il la contempla

1. Étriquée.

fort, l'admira, et puis l'exalta par-dessus les beautés d'Espagne et d'Italie (deux régions pourtant qui en sont très fertiles), et dit ces mots en espagnol : *Aunque tal hermosura de reyna sea mas divina que humana, es mas para perder y damnar los hombres que salvarlos* ; c'est-à-dire : « Combien que cette beauté de reine soit plus divine que humaine, elle est plus pour perdre et damner les hommes que pour les sauver. »

[...]

J'ai vu souvent contention entre plusieurs de nous autres courtisans : quel habillement lui était plus propre et mieux séant, et qui l'embellissait le plus ; enfin chacun en disait son avis. Quant à moi, pour la parure la mieux séante que je lui ai jamais vue, selon mon avis, et selon d'autres aussi, ce fut le jour que la reine mère fit un festin aux Tuileries aux Polonais. Elle était vêtue d'une robe de velours incarnadin d'Espagne, fort chargée de clinquant, et d'un bonnet de même velours, tant bien dressé de plumes et pierreries que rien plus. Elle parut si belle ainsi, comme lui fut dit aussi, que depuis elle le porta assez souvent, et s'y fit peindre : de sorte qu'entre Ioules ses diverses peintures celle-là emporte sur toutes les autres, ainsi que l'œil des mieux voyants en peut voir encore la peinture, car il s'en trouve assez de telles, et sur icelles en juger.

Lorsqu'elle parut ainsi parée en ses Tuileries, je dis à M. de Ronsard, qui était près de moi : « Dites le vrai, monsieur, ne vous semble-il pas voir cette belle reine en tel appareil paraître comme la belle Aurore quand elle vient à naître avant le jour avec sa belle face blanche, et entourée de sa vermeille et incarnate couleur car leur face et leur accoutrement ont beaucoup de sympathie et ressemblance. » M. de Ronsard me l'avoua ; et sur cette comparaison qu'il trouva fort belle, il en fit un beau sonnet qu'il me donna, que je voudrais avoir donné beaucoup, et l'avoir pour l'insérer ici.

Je vis aussi notre grande reine aux premiers états à Blois, le jour que le roi son frère[1] fit sa harangue, vêtue d'une robe d'orangé et noir, mais le champ était noir avec force clinquant, et son grand voile de majesté, qu'étant assise en son rang elle se montra si belle et si admirable, que j'ouïs dire à plus de trois cents personnes de l'assemblée qu'ils s'étaient plus avises et ravis à la contemplation d'une aussi divine beauté qu'à l'ouïe des graves et beaux propos

1. Henri III.

du roi son frère, encore qu'il eut dit et harangué des mieux. Je l'ai vue aussi s'habiller quelquefois avec ses cheveux naturels, sans y ajouter aucun artifice de perruque ; et encore qu'ils fussent fort noirs, les ayant empruntés du roi Henri son père, elle les savait si bien tortiller, frisonner et accommoder, en imitation de la reine d'Espagne sa sœur, qui ne s'accommodait guère jamais que des siens, et noirs à l'espagnole, que telle coiffure et parure lui allait aussi bien ou mieux que toute autre. Voilà ce que c'est d'être d'un naturel beau, qui surpasse tout artifice ! Et pourtant elle ne s'y plaisait guère, et peu souvent s'en accommodait, sinon de perruques bien gentiment façonnées.

[…]

Lorsque la reine sa mère l'emmena de la cour pour aller trouver son mari[1] en Gascogne, je vis quasi tous les courtisans regretter son départ, comme si une grande calamité leur fut tout à coup tombée sur la teste. Les uns disaient : « La cour est veuve de sa beauté » ; les autres : « La cour est fort obscure, elle a perdu son soleil » ; d'autres : « Qu'il fait noir à la cour ! il n'y a plus de flambeau » ; d'autres repartaient : « Nous avions bien à faire que la Gascogne nous vint gasconner et ravir notre beauté, destinée pour embellir la France et la cour, et l'hôtel du Louvre, Fontainebleau, Saint-Germain et autres belles places de nos rois, pour la loger à Pau et à Nérac, demeures bien dissemblables les unes des autres » ; d'autres disaient : « Cela est fait, la cour et la France ont perdu la plus belle fleur de leur guirlande. »

[…]

Elle fit son entrée à Bordeaux, comme de raison, étant fille et sœur de roi, et femme du roi de Navarre, et premier prince du sang, et gouverneur de Guyenne : la reine sa mère le voulut ainsi, car elle l'aimait infiniment et l'estimait fort. Son entrée fut belle, non tant pour les magnificences et somptuosités qu'on lui fit et dressa, mais pour voir entrer en triomphe la plus belle et accomplie reine du monde, montée sur une belle haquenée blanche, harnachée fort superbement, et elle vêtue toute d'orangé et de clinquant, si somptueusement que rien plus ; laquelle le monde ne se pouvait assez saouler de voir, la regarder, l'admirer et l'exalter jusques au ciel.

Avant qu'entrer, les états de la ville lui vinrent faire la révérence et lui offrir leurs moyens et puissances, et la haranguer aux

1. Henri de Navarre, futur Henri IV.

Chartreux, comme est la coutume. M. de Bordeaux[1] porta la parole pour le clergé ; M. le maréchal de Biron, comme maire, et avec la robe de maire, pour le corps de la ville, et comme lieutenant général, fit la sienne après ; et M. Largebaston, premier président, pour la cour. Elle leur répondit à tous les uns après les autres (car je l'ouïs, étant près d'elle sur l'échafaud par son commandement), si éloquemment, si sagement et si promptement, et avec telle grâce et majesté, même à un chacun, par un tel changement de paroles, sans réitérer les premières ni les secondes, sur un même sujet pourtant, qui est chose à remarquer, que je vis le soir ledit sieur président, qui me vint dire, et à d'autres, en la chambre de la reine qu'il n'avait jamais ouï mieux dire en sa vie quiconque fut, car il s'entendait en telles merceries, et que bien souvent il avait eu cet honneur d'avoir ouï parler les reines Marguerite et Jeanne, ses prédécesseuses, et en telles cérémonies que celle-là, et que pour avoir esté de leur temps deux bouches d'or des plus disertes de la France (ainsi m'usa-t-il de ces mots), mais n'approchaient rien de l'éloquence de cette dernière reine Marguerite, et qu'elles n'étaient que novices et apprenties auprès d'elle, et que vraiment elle était fille de mère.

Je redis à la reine sa mère par après ce que m'avait dit ledit président, qui en fut si aise que rien plus : et elle me dit qu'il avait raison de le croire et le dire ; car, encore qu'elle fut sa fille, elle pouvait dire sans mentir que c'était la plus accomplie princesse du monde, et qui disait ce qu'elle voulait et des mieux. De même je l'ai vu dire à force ambassadeurs, et à grands seigneurs étrangers, quand ils avoient parlé à elle, ils s'en partaient d'elle tous confondus d'un si beau dire.

Je lui ai vu souvent faire de si beaux discours, si graves et si sentencieux, que si je les pouvais bien mettre au net et au vrai ici par écrit, j'en ferais ravir et émerveiller le monde ; mais il ne me serait pas possible, ni à quiconque soit, de pouvoir les réduire, tant ils sont inimitables.

[…]

De plus, si elle sait bien parler, elle sait autant bien écrire. Ses belles lettres, que l'on peut voir d'elle, le manifestent assez ; car ce sont les plus belles, les mieux couchées, soit pour être graves que pour être familières, qu'il faut que tous les grands écrivains

1. L'évêque de Bordeaux.

du passé et de notre temps se cachent, et ne produisent les leurs quand les siennes comparaîtront, qui ne sont que chansons auprès des siennes. Il n'y a nul qui, les voyant, ne se moque du pauvre Cicéron avec les siennes familières. Et, qui en pourrait faire un recueil, et d'elles et de ses discours, ce serait autant d'école et d'apprentissage pour tout le monde : dont ne s'en faut s'ébahir ; car, de soi, elle a l'esprit bon et prompt, un grand entendement, sage et solide. Bref, elle est vraie reine en tout, qui mériterait de régir un grand royaume, voire un empire : sur quoi je ferai cette digression. D'autant qu'elle fait à notre sujet.

Lorsque le mariage d'elle fut accordé à Blois, et du roi de Navarre, il y eut assez de difficultés que la reine Jeanne faisait, bien différente d'alors qu'elle écrivit à ma mère, qui était sa dame d'honneur, malade en sa maison. J'ai vu ladite lettre, écrite de sa main, au trésor de notre maison, et dit ainsi : « Je vous fais cette-ci, ma grande amie, pour vous réjouir et prendre santé des bonnes nouvelles que le roi mon mari m'a mandées, qu'est comme ayant pris la hardiesse de demander au roi madame sa jeune fille pour mon fils, lui a fait cet honneur de la lui accorder, dont je ne vous en veux celer l'aise que j'en ai. »

Il y a bien à discourir là dessus. Il y eut donc, lors de cet accord, une dame de la cour, que je ne nommerai point, aussi sotte qu'il en fut de sa portée. Étant la reine mère le soir retirée à son coucher, elle s'enquit à ses dames si elles avaient vu sa fille, et quelle joie elle montrait de l'accord de ce mariage. Cette dame sotte, qui n'avait encore guère vu sa cour, s'avança la première et dit : « Comment, madame, ne serait-elle joyeuse d'un tel mariage, puisqu'elle en vient à la couronne, et est en terme d'être possible un jour reine de France, si elle échoit au roi son mari prétendu, comme il se peut faire un jour ? » La reine, oyant un si fort mot, lui dit : « Mon amie, vous êtes une grande sotte. J'aimerais mieux que vous fussiez crevée de cent mille morts que si votre sotte prophétie était jamais véritable et accomplie, pour la longue vie et bonne prospérité que je souhaite au roi et à tout le reste de mes enfants. » Sur quoi il y eut une grande dame, assez sa privée, qui lui répliqua : « Mais, madame, si ce malheur arrivait, que Dieu nous en garde ! ne seriez-vous pas bien aise de voir votre fille reine de France, puisque la couronne lui échouerait de bon droit par celui de son mari ? » La reine fit réponse : « Encore que j'aime bien cette fille, je pense, lorsque cela arriverait, nous verrions la

France fort troublée de maux et de malheurs. Et aimerais mieux cent fois mourir (comme elle a fait) que de la voir en cet état ; car je crois qu'on ne voudrait pas obéir absolument au roi de Navarre comme à mes enfants, pour beaucoup de raisons que je ne dis point. »

Voilà deux prophéties accomplies, l'une d'une sotte dame, et l'autre d'une habile princesse, et ce pour quelques années. Mais la prophétie a failli aujourd'hui par la grâce que Dieu lui a donnée et par la force de sa bonne épée et la valeur de son brave cœur, qui l'ont rendu si grand, si victorieux, si redouté et si absolu roi comme il est aujourd'hui, après tant de traverses et travaux. Dieu le maintienne par sa sainte grâce en cette grande prospérité, ainsi qu'il nous est de besoin à tous nous autres ses pauvres sujets !

« Or, si par abolition de la loi salique, dit encore la reine, le royaume venait à ma fille par son juste droit, comme aussi d'autres royaumes tombent en quenouille, certes ma fille est bien aussi capable de régner, ou plus, que beaucoup d'hommes et rois que je sais, et qui ont été : et crois-je que son règne serait beau ; et le rendrait pareil à celui du roi son grand-père, et du roi son père, car elle a un grand esprit et de grandes vertus pour ce faire. » Là dessus elle alla dire que c'était un grand abus que cette loi salique, et qu'elle avait ouï dire à M. le cardinal de Lorraine que lorsqu'il arrêta, avec les autres députés à l'abbaye de Cercan, la paix entre les deux rois, venant à soudre quelque dispute sur quelque point de cette loi salique, qui touchait la succession des femmes au royaume de France, il y eut M. le cardinal de Grandvelle, autrement dit d'Arras, qui en rabroua fort M. le cardinal de Lorraine, lui disant que c'étaient de vrais abus que votre loi salique, et qu'il lui en crevât l'œil, et que c'étaient de vieux rêveurs et chroniqueurs qui l'avoient ainsi écrite, sans savoir pourquoi, et l'ont fait ainsi accroire, et qu'elle ne fut jamais faite ni portée en France, mais que c'était une coutume que les Français, de main en main, s'étaient entredonnée, et avoient introduite, qui n'est nullement juste, et par conséquent violable. Voilà ce qu'en dit la reine mère. Et, quand tout est dit, ce fut Pharamond, comme la plupart tiennent, qui l'apporta de son pays, et l'introduisit : ce que nous ne devrions observer puisque c'était un païen ; et d'aller si étroitement garder, parmi nous autres chrétiens, les lois d'un païen, c'est offenser grandement Dieu. Il est vrai que la plupart de celles que nous avons, nous les tenons des empereurs païens, mais aussi celles qui sont saintes, justes et équitables, nous nous y réglons, comme de vrai il y en a force, et la plupart sont telles ; mais cette-ci salique de Pharamond, elle est injuste et contre la loi de Dieu, car il est dit au Vieux Testament, et au XXVe chapitre des Nombres : « Les enfants mâles succéderont premièrement, puis, en leur défaut, les filles. » Cette sainte loi donc veut les filles hériter après les mâles. Encore, quand on prendrait bien au pied de l'écriture cette loi salique, il n'y aurait pas si grand mal comme on le prend, ainsi que j'ai ouï discourir à de grands personnages ; car elle parle ainsi : « Que tant qu'il y aura des mâles, les filles n'héritent ni ne règnent point. » Conséquemment, en défaut des mâles, les filles y viendront. Et puisqu'il est juste qu'en Espagne, Navarre, Angleterre, Écosse, Hongrie, Naples et Sicile, les filles règnent, pourquoi ne l'est-il juste tout de mêmes en France ? Car ce qui est juste, il est juste partout et en tous lieux, et le lieu ne fait point que la loi soit juste.

Tant de fiefs que nous avons en France, duchés, comtés, baronnies et autres honorables seigneuries, qui sont quasi, mais beaucoup, royales en leurs droits et privilèges, viennent bien aux femmes et filles, comme nous avons Bourbon, Vendôme, Montpensier, Nevers, Rhetel, Eu, Flandres, Bourgogne, Artois, Zellande, Bretagne ; et même comme Mathilde, qui fut duchesse de Normandie ; Éléonor, duchesse de Guyenne, qui enrichirent Henri II roi d'Angleterre ; Béatrix, comtesse de Provence, qui l'apporta au roi Louis son mari ; la fille unique de Raimond, comtesse de Toulouse, qui l'apporta à Alfonse, frère de saint Louis ; puis Anne, duchesse de Bretagne, de frais, et autres : pourquoi le royaume le France n'appelle à soi aussi bien les filles de France ?

La belle Galatée, lors qu'Hercule l'épousa après sa conquête d'Espagne, ne dominait-elle pas en la Gaule ? du mariage desquels deux sont issus nos braves, vaillants et généreux Gaulois, qui d'autrefois se sont tant fait vanter.

Et pourquoi sont les filles des ducs en ce royaume plus capables de gouverner un duché ou un comté, et y faire justice, qui approchent de l'autorité du roi, plutôt que les filles des rois de gouverner le royaume de France ? et comme si les filles de France ne fussent aussi capables et propres à commander et régner, comme aux autres royaumes et grandes seigneuries que j'ai nommées !

Pour plus grande preuve de l'abus de la loi salique, il n'en faut d'autre que celle de tant de chroniqueurs, écrivains et bavards, qui en ont écrit, qui ne se peuvent.

[…]

Certes, si les femmes savaient manier les armes aussi bien que les hommes, elles s'en feraient accroire, mais, en récompense, elles ont leur beau visage, qu'on ne reconnaît pas comme on devrait ; car, certes, il vaut mieux d'être commandé de belles, gentilles et honnêtes femmes, que des hommes fâcheux, fats, laids et maussades, comme jadis il y en a eu en cette France.

Je voudrais bien savoir si ce royaume s'est mieux trouvé d'une infinité de rois fats, sots, tirants, simples, fainéants, idiots, fols, qui ont été (ne voulant pourtant taxer nos braves Pharamond, nos Clodion, nos Clovis, nos Pépin, nos Martel, nos Charles, nos Louis, nos Philippe, nos Jean, nos François, nos Henri, car ceux-là ont été trop braves et magnanimes : et bienheureux était le peuple qui était sous eux), qu'il n'eut fait d'une infinité de filles de France qui ont été très habiles, fort prudentes et bien dignes de commander. Je m'en rapporte aux régences des mères des rois comment on s'en est bien trouvé.

[…]

On dit que la pique d'elle et du roi son mari a procédé plus de la diversité de leur religion que d'autre chose, car chacun aime et soutient fort la sienne ; si que la reine étant allée à Pau, ville principale de Béarn, ainsi qu'elle y eut fait dire la messe, il y eut un secrétaire du roi son mari, nommé le Pin, qui avait esté autres fois à feu M. l'amiral, qui s'en estomaqua si bien qu'il fit mettre en prison quelques-uns de la ville qui y avoient esté. La reine en fut très mal contente ; et lui pensant remontrer, il lui parla plus haut qu'il ne devait, et fort indiscrètement, même devant le roi, qui lui en fit une bonne réprimande et le chassa ; car il sait bien aimer et respecter ce qu'il doit, tant il est brave et généreux, ainsi que ses belles et nobles actions l'ont manifesté tel toujours, dont j'en parlerai au long dans sa belle vie.

Ledit du Pin se fondait sur l'édit qui est là fait et observé, sur la vie, ni dire ni ouïr messe. La reine s'en sentant piquée, Dieu sait comment, jura et protesta qu'elle ne mettrait jamais le pied en ce pays-là, d'autant qu'elle voulait être libre en l'exercice de sa religion ; et par ainsi elle en partit ; et depuis elle garde très bien son serment.

J'ai ouï dire que jamais elle n'eut chose tant sur le cœur que telle indignité d'être privée de l'exercice de sa religion, laquelle, pour la passer de sa fantaisie, elle pria la reine sa bonne mère de la venir quérir pour la voir, et aller jusques en France voir le roi et Monsieur, son frère, qu'elle honorait et aimait beaucoup ; où étant, elle ne fut vue et reçue du roi son frère comme il devait : et voyant un grand changement depuis qu'elle était partie, et plusieurs personnes élevées en des grandeurs qu'elle n'avait vu ni pensé, cela lui fâchait fort de les rechercher et leur faire la cour, comme les autres, nullement ses pareilles, faisaient ; tant s'en faut, qu'elle les méprisait grandement, comme j'ai vu, tant avait-elle le courage grand ! Hélas ! trop grand certes, s'il en fut jamais, mais pourtant cause de tout son malheur ; car, si elle l'eût voulu un peu contraindre et rabaisser le moins du monde, elle n'eût esté traversée comme elle l'a esté.

[...]

Une autre fois, lorsque M. d'Épernon alla en Gascogne après la mort de Monsieur (voyage fondé sur divers sujets, à ce que l'on disait), alors il vit le roi de Navarre à Pamiers ; et s'entrefirent de grandes chères et caresses. Je parle ainsi ; car lors M. d'Épernon était demi-roi en France, pour la débordée faveur qu'il avait avec le roi son maître[1]. Après donc s'être bien caressés et fait bonne chère ensemble, le roi de Navarre le pria de le venir voir à Nérac, après qu'il aurait été à Toulouse, et s'en voudrait retourner, ce qu'il lui promit et étant acheminé devant pour faire ses préparatifs à le bien festiner, la reine de Navarre qui était là, et qui voulait mal mortel à M. d'Épernon pour beaucoup de grands sujets, dit au roi son mari qu'elle se voulait ôter de là pour ne perturber et empêcher la fête, ne pouvant nullement supporter la vue de M. d'Épernon sans quelque scandale et venin de colère qu'elle pourrait vomir, qui pourrait donner fâcherie aucunement au roi son mari. Par quoi, étant sur son appartement, le roi la pria, sur tous les plaisirs qu'elle lui saurait faire, de ne bouger, et lui aider à recevoir M. d'Épernon, et mettre toute sa rancune qu'elle lui portait sous les pieds pour l'amour de lui, d'autant que cela leur importait grandement à tous deux, et à leur grandeur.

« Eh bien, monsieur, lui dit la reine, puisqu'il vous plaît de me le commander, je demeurerai et lui ferai bonne chère, pour votre respect et l'obédience que je vous dois. » Et puis dit à aucunes de ces dames : « Mais je vous réponds bien que, lorsqu'il demeurera, ces jours-là je m'habillerai d'un habillement dont je ne m'habillai

1. Henri III.

jamais, qui est de dissimulation et hypocrisie ; car je masquerai si bien mon visage de feintise, qu'il n'y verra que tout bon et honnête recueil et toute douceur, et pareillement je poserai à ma bouche toute discrétion : si bien que je me rendrai par l'extérieur telle que l'on pensera l'intérieur de mon cœur bon, duquel autrement je n'en puis répondre ; n'étant nullement à mon pouvoir, étant du tout à lui, tant il est haut, plein de franchise, et ne saurait porter d'eau punaise, ni le venin d'aucune hypocrisie, ni moins le faire abaisser, puisqu'il n'y a rien que Dieu et le ciel qui le puissent amollir et le rendre tendre, en le refaisant ou le refondant. »

Pour rendre donc content le roi son mari, car elle l'honorait fort, aussi lui rendait-il de même, elle se déguisa de telle façon, que, M. d'Épernon venant arriver en sa chambre, elle le recueillit de la même forme que le roi l'en avait priée et elle lui avait promis : si bien que toute la chambre qui était pleine d'une infinité d'assistants, qui se pressaient pour voir cette entrée et entrevue, en furent fort émerveillés ; et le roi et M. d'Épernon en demeurèrent contenus ; mais les plus clairvoyants, et qui connaissaient le naturel de la reine, se doutaient bien de quelque garde dedans ; aussi disait-elle qu'elle avait joué un rôle en cette comédie mal volontiers. Je tiens de bon lieu tout ceci.

Voilà deux contes par lesquels on peut bien connaître la hauteur du courage de cette reine, lequel était tel que j'ai ouï dire à la reine sa mère, sur ce discours et sujet, qu'elle en était fort semblable au roi son père[1], et qu'elle n'avait aucun de ses enfants qui le semblât mieux qu'elle, tant en façons, humeurs, linéaments et traits du visage, qu'en courage et générosité ; d'autant qu'elle avait vu le roi Henri, durant le roi François son père, qui, pour son royaume, n'eut pas recherché ni nacqueté[2] le cardinal de Tournon, ni l'amiral d'Annebault, grands favoris du roi ; même qu'il eût eu la paix ou les trêves souvent de l'empereur Charles, s'il lui eût voulu requérir et rechercher ; mais sa générosité ne se pouvait soumettre à telles recherches. Aussi, tel était le père, telle est la fille. Mais pourtant tout cela lui a beaucoup nui. Je m'en rapporte à une infinité de traverses et indignités qu'elle a reçues à la cour, que je ne dirai point, car elles sont trop odieuses, jusqu'à en avoir esté renvoyée, avec certes un grand affront, et pourtant innocente de ce qu'on lui mettait à sus, ainsi que la preuve en fit foi à plusieurs, car je le

1. Henri II.
2. Fait attendre à sa porte.

sais : et comme le roi son mari en fut assuré, il en demanda raison au roi, dont il en fut très bon en cela, et si en cuida sourdre entre les deux frères quelque contention sourde et haine.

La guerre de la Ligue après arriva ; et, d'autant que la reine de Navarre se craignait de quelques-uns, à cause qu'elle était fort catholique, elle se retira à Agen, qui lui avait été donné, et le pays, par les rois ses frères, en apanage et don pour sa vie durant : et puisqu'il y allait de la religion catholique, et qu'il la fallait maintenir, et exterminer l'autre, elle voulut fortifier la sienne de son côté de tout ce qu'elle peut, et faire la guerre contre l'autre ; mais elle y fut très mal servie, par le moyen de Mme de Duras, disait-on, qui la gouvernait fort, et qui sous son nom faisait de grandes exactions et concussions. Le peuple de la ville s'en aigrit, et sous mains en couva une liberté et moyen de chasser et leur dame et ses garnisons. Sur lequel mécontentement M. le maréchal de Matignon prit occasion de faire entreprise à la ville, ainsi que le roi, en ayant su les moyens, lui commanda avec une grande joie, pour aggraver sa sœur, qu'il n'aimait, de plus en plus de déplaisir. Par quoi l'entreprise, qui pour la première fois avait été faillie, fut menée pour la seconde fois si dextrement par M. le maréchal et les habitants, que la ville fut prise et forcée de telle sorte et en telle prestesse et alarme, que la pauvre reine, tout ce qu'elle peut faire, fut de monter en trousse derrière un gentilhomme, et Mme de Duras derrière un autre, et se sauver de vitesse, et faire douze grandes lieues d'une traite, et le lendemain autant, et se sauver dans la plus forte forteresse de la France, qui est Carlat où étant, et pensant être en sureté, elle fut, par les menées du roi son frère (qui était un très habile et très subtil roi s'il en fut oncques), vendue par ceux du pays et de la place ; et, en étant sortie, s'en défiant, ainsi qu'elle se sauvait fut prisonnière entre les mains du marquis de Canillac, gouverneur de l'Auvergne, et menée dans le château d'Usson, bien forte place aussi, voire imprenable, que le bon et fin renard Louis Xl avait rendue en partie telle pour y loger ses prisonniers, les tenant là plus en sureté cent fois qu'à Loches, Bois de Vincennes et Lusignan.

Voilà donc cette pauvre princesse prisonnière, et traitée non en fille de France certes, ni en princesse aussi grande que celle-là. Toutefois, si son corps était captif, son brave cœur ne l'était point, et ne lui manqua point, et lui assista très bien pour ne se laisser point aller en son affliction. Que c'est que peut un grand cœur conduit d'une grande beauté ! Car celui qui la tenait prisonnière en devint prisonnier dans peu de temps, encore qu'il fût brave et vaillant. Pauvre homme ! que pensait-il faire ? Vouloir tenir prisonnière, sujette et captive en sa prison, celle qui, de ses yeux et de son beau visage, peut assujettir en ses liens et chaînes tout le reste du monde comme un forçat !

Le voilà donc ce marquis ravi et pris de cette beauté ; mais elle, qui ne songe en aucunes délices d'amour, ainsi en son honneur et en sa liberté, joue son jeu si accortement qu'elle se rend la plus forte, et s'empare de la place et en chasse le marquis, bien ébahi d'une telle surprise et ruse militaire. Elle l'a gardé déjà il y a six à sept ans[1] non pourtant en tous les souhaits et plaisirs du monde, dépouillée de la comté d'Auvergne, détenue par M. le grand prieur de France, que le roi fit instituer comte et héritier par la reine mère en son testament, avec son regret de quoi elle ne pouvait laisser à la reine sa bonne fille au moins quelque chose du sien propre, tant était la haine grande que le roi lui portait : Hélas ! quelle mutation au prix de ce que j'ai vu qu'ils s'entr'aimaient tant, et n'étaient que un corps, une âme et une même volonté ! Ah ! que d'autres fois j'ai vu qu'il les faisait beau voir discourir ensemble ; car, que ce fût sérieusement ou en gaieté, rien n'était plus beau à voir ni à ouïr, car tous deux disaient ce qu'ils voulaient. Ah ! que le temps est bien changé à celui quand on les voyait danser tous deux dans la grande salle du bal, d'une belle accordance et de volonté et de danse ! Le roi la menait ordinairement danser le grand bal. Si l'un avait belle majesté, l'autre ne l'avait pas moindre. J'ai vu assez souvent la mener danser la pavane d'Espagne, danse où la belle grâce et majesté font une belle représentation ; mais les yeux de toute la salle ne se pouvaient saouler, ni assez se ravir par une si agréable vue ; car les passages y étaient si bien dansés, les pas si sagement conduits, et les arrêts faits de si belle sorte, qu'on ne savait que plus admirer, ou la belle façon de danser, ou la majesté de s'arrêter ; représentant maintenant une gaieté, et maintenant un beau et grave dédain ; car il n'y a nul qui les ait vus en cette danse qui ne dise ne l'avoir vue danser jamais si bien, et de si belle grâce et majesté, qu'à ce roi frère et à cette reine sœur ; et, quant à moi, je suis de telle opinion, et si l'ai vue danser aux reines d'Espagne et d'Écosse très bien.

---

1. Marguerite de Valois est restée au château d'Usson, de 1587 à 1605.

Je leur ai vu pareillement fort bien danser le *pazzemeno*[1] d'Italie, ores en marchant avec un port et geste grave, et conduisant si bien et si gravement leurs pas, ores les coulant seulement, et ores en y faisant de fort beaux, gentils et graves passages, que nul autre, ou prince ou autre, n'y pouvait approcher, ni dame, car la majesté n'y était point épargnée : aussi cette reine prenait grand plaisir à danser ces danses graves, pour sa belle grâce, apparence et grave majesté, qu'elle faisait apparoir mieux qu'aux autres danses, comme branles, voltes et courantes. Elle ne les aimait guère, encore qu'elle s'en acquittât très bien, parce qu'elles n'étaient pas dignes de sa majesté, mais ouï bien propres pour les grâces communes des autres dames.

Je lui ai vu aussi aimer quelquefois le branle de la torche ou du flambeau, et pour ce même sujet. Sur quoi je me souviens qu'une fois étant à Lyon, au retour du roi de Pologne, aux noces de Besne, l'une de ses filles, elle dansa ce branle devant force étrangers de Savoie, de Piémont, d'Italie et autres, qui dirent n'avoir rien vu de si beau que cette reine, si belle et grave dame, comme certes elle est : dont il y en eut un qui alla rencontrer là dessus, disant que cette reine n'avait point de besoin, comme les autres dames, du flambeau qu'elle tenait dans la main ; car celui qui sortait de ses beaux yeux, qui ne mourait point comme l'autre, pouvait suffire, ayant autre vertu que de mener danser les hommes, puisqu'il pouvait embraser tous ceux de la salle, sans se pouvoir jamais éteindre comme l'autre qu'elle avait en la main, et qu'il était pour éclairer de nuit parmi les ténèbres, et de jour parmi le soleil même.
[…]

Bref, cette reine est en tout royale et libérale, honorable et magnifique ; et, ne déplaise aux impératrices du temps passé, leurs magnificences décrites par Suétone, Pline et autres, n'en ont rien approché, tant pour être à sa cour et aux villes, que pour aller aux champs et par pays, fût en ses litières tant dorées, tant superbement couvertes et peintes de tant belles devises, ses coches et carrosses de mêmes, et ses haquenées si richement enharnachées.

Ceux qui comme moi ont vu d'aussi superbes appareils savent qu'en dire. Et qu'il faille maintenant qu'elle soit frustrée de tout cela ! que depuis sept ans elle n'a bougé, recluse, de ce château austère et mal plaisant, où pourtant elle prend sa patience, tant

1. Le menu pas, le menuet.

elle a de vertu de savoir se commander, qui est une des grandes, à ce qu'ont dit plusieurs philosophes !

Pour parler encore de sa bonté, elle est telle, et si noble et si franche, que je crois qu'elle lui a fort nui ; car encore qu'elle eut de grands sujets et moyens pour se venger de ses ennemis et leur nuire, elle s'est retenue bien souvent les mains, lesquelles, si elle eut voulu employer ou faire employer, et commander à d'autres qui étaient assez prompts, possible, par exemple, d'aucuns châtier bien à bon escient, les autres se fussent faits sages et discrets ; mais elle remettait les vengeances à Dieu.

[...]

Je me souviens que, lorsque M. le maréchal de Biron fut lieutenant du roi en Guyenne, la guerre s'étant émue son chemin s'adressa un jour (ou qu'il le fit à escient) près de Nerac, où étaient pour lors le roi et la reine de Navarre ; il débanda son arquebuserie pour y attaquer, venant à une escarmouche. Le roi de Navarre lui-même en personne sortit la sienne ; et, tout en pourpoint, comme un simple capitaine aventurier, la soutint, et si bien, qu'ayant de meilleurs arquebusiers, il n'y alla rien du sien. Et, pour plus de bravade, M. le maréchal fit lâcher quelques volées de canon contre la ville ; de sorte que la reine, qui y était accourue et mise sur les murailles pour en voir le passe-temps, faillit en avoir sa part ; car une balle vint droit donner auprès d'elle, ce qui l'irrita beaucoup, tant pour le peu de respect que M. le maréchal lui avait porté de la venir braver en sa place, que parce qu'il avait eu commandement du roi de ne s'approcher, quoique fut, pour faire la guerre, de plus près de cinq lieues à la ronde du lieu où serait la reine de Navarre ; ce qu'il n'observa pour ce coup, dont elle en conçut une telle colère contre le maréchal, qu'elle songea fort de s'en ressentir et de s'en venger.

Au bout d'un an et demi, elle s'en vint à la cour, où était le maréchal, que le roi avait appelé à soi de la Guyenne, de peur de nouveau remuement ; car le roi de Navarre menaçait de remuer s'il ne l'ôtait de là. La reine de Navarre, se ressentant dudit maréchal, n'en fit cas en façon du monde, mais le dédaigna fort, parlant partout fort mal de lui, et de l'injure qu'il lui avait faite. Enfin M. le maréchal, redoutant la fureur et la haine de la fille et sœur des rois ses maîtres, et connaissant le naturel de cette princesse, songea de la faire rechercher et sa grâce, et y faire ses excuses et s'y humilier ; à quoi, comme généreuse, elle n'y contredit aucunement, et le prit en grâce et amitié, et oublia le passé. Sur quoi je sais un gentilhomme de par le monde, qui, venant d'arriver à la cour, et voyant la chère que faisait ladite reine à M. le maréchal, en fut fort étonné ; et d'autant qu'il avait cet honneur d'être ouï quelquefois de la reine en ses paroles, il lui dit qu'il s'étonnait fort de ce changement et de cette bonne chère, et qu'il ne l'eut jamais cru, vu l'offense et injure reçues : mais elle fit réponse que, d'autant qu'il avait reconnu sa faute et fait ses excuses, et recherché sa grâce par humilité, qu'elle lui avait octroyé de cette façon, non pas s'il se fût mis et continué sur sa bravade de Nerac. Voilà comme cette bonne princesse est peu vindicative, n'ayant pas en cela imité son aïeule la reine Anne envers le maréchal de Gié, comme j'ai dit ci-devant.

J'alléguerais force autres pareils exemples de sa bonté en ses réconciliations et pardons. Une de ses filles, qui mourut à Chenonceaux, lui avait fait quelque grand déplaisir : elle ne lui en fit plus cruel traitement ; et, venant à être fort malade, la visita ; et ainsi qu'elle voulut rendre l'âme, elle l'admonesta, et puis dit : « Cette pauvre fille endure beaucoup, mais aussi elle a fait bien du mal. Dieu lui pardonne comme je lui pardonne ! » Voilà la vengeance et le mal qu'elle lui fit. Voilà aussi comme cette grande reine a été, par sa générosité, fort lente en ses vengeances, et a été toute bonne.

[…]

Elle est fort curieuse de recouvrer tous les beaux livres nouveaux qui se composent, tant en lettres saintes qu'humaines ; et, quand elle a entrepris à lire un livre, tant grand et long soit-il, elle ne laisse ni s'arrête jamais, jusqu'à ce qu'elle en ait vu la fin, et bien souvent en perd le manger et le dormir. Elle-même compose, tant en prose qu'en vers. Sur quoi ne faut penser autrement que ses compositions ne soient très belles, doctes et plaisantes, car elle en sait bien l'art ; et si on les pouvait voir en lumière, le monde en tirerait un grand plaisir et profit.

Elle fait souvent quelques vers et stances très belles, qu'elle fait chanter (et même qu'elle chante, car elle a la voix belle et agréable, l'entremêlant avec le luth qu'elle touche gentiment) à de petits enfants chantres qu'elle a ; et par ainsi elle passe son temps, et coule ses infortunées journées, sans offenser personne, vivant en la vie tranquille qu'elle a choisie pour la meilleure.

Elle m'a fait cet honneur de m'écrire en son adversité assez souvent, ayant esté si présomptueux d'avoir envoyé savoir de ses nouvelles. Mais quoi ! elle était fille et sœur de mes rois, et pour ce je voulais savoir de sa santé, dont j'en étais bien aise et heureux quand je la savais bonne. En la première elle m'écrit ainsi :

« Par la souvenance que vous avez de moi, qui m'a été non moins nouvelle qu'agréable, je connais que vous avez bien conservé l'affection qu'avez toujours eue à notre maison, à ce peu qui reste d'un misérable naufrage, qui, en quelque état qu'il puisse être, sera toujours disposé de vous servir, me sentant bien heureuse que la fortune n'ait pu effacer mon nom de la mémoire de mes plus anciens amis, comme vous êtes. J'ai su que, comme moi, vous avez choisi la vie tranquille, à laquelle j'estime heureux qui s'y peut maintenir, comme Dieu m'en a fait la grâce depuis cinq ans, m'ayant logée en une arche de salut où les orages de ces troubles ne peuvent, Dieu merci ! me nuire ; à laquelle, s'il me reste quelque moyen de pouvoir servir à mes amis, et à vous particulièrement, vous m'y trouverez entièrement disposée et accompagnée d'une bonne volonté. »

Voilà de beaux mots, et voilà aussi l'état et la belle résolution de cette belle princesse. Que c'est que d'être extraite d'une aussi noble maison, et de la plus grande du monde, d'où elle a tiré ce grand courage par succession et héritage de tant de braves et vaillants rois ses père, grand-père, aïeuls et ancêtres ! Et qu'il faille, comme elle dit, que d'un si grand naufrage elle soit seule restée, et non pourtant reconnue et révérée comme elle devrait de son peuple ! dont je crois que le peuple de France en pâtit beaucoup en ses misères pour ce seul sujet, et en pâtira de cette guerre de la Ligue. Mais ceci manque aujourd'hui : car, par la valeur et sagesse et beau règlement de notre roi, jamais la France ne fut plus fleurissante, ni plus pacifique, ni mieux réglée ; qui est le plus grand miracle qu'on vit jamais, étant sortie d'un si grand abîme de maux et corruptions ; en quoi paraît bien que Dieu aime notre reine : aussi est-il tout bon et miséricordieux.

Oh ! qu'il est mal conseillé, qui se fie en l'amour du peuple d'aujourd'hui ! Oh ! que les Romains reconnurent bien autrement la postérité d'Auguste, de qui ils avaient reçu tant de biens et de grandeurs, que le peuple français, qui en a tant reçu de ses derniers rois depuis cent ans, et même du roi François Ier et Henri II, que sans eux il y a longtemps que la France serait bouleversée sens dessus dessous par ses ennemis qui la guettaient pour lors, et même l'empereur Charles, cet affamé et ambitieux. Et qu'il faille qu'ils soient si ingrats, ces peuples, à l'endroit de leur fille Marguerite, seule et unique princesse de France ! Il est aisé d'en prévoir une ire de Dieu sur eux, puisque rien ne lui est aussi odieux que l'ingratitude, et même à l'endroit des rois et reines, qui tiennent ici-bas la place et représentation de Dieu. Et toi, déloyale fortune, que tu montres bien qu'il n'y a personne tant aimée du ciel, et favorisée de nature, qui se puisse promettre assurance de toi et de ton état pour un seul jour ! Si n'as-tu pas grand honneur d'offenser ainsi cruellement celle qui est en tout parfaite de beauté, douceur, vertu, magnanimité, et de bonté en ce monde ?

[…]

Cependant, vivez, princesse, vivez en dépit de la fortune ! Vous ne serez jamais autre qu'immortelle et en la terre et au ciel, où vos belles vertus vous porteront sur leurs têtes. Si la voix ou renommée publique n'eut fait un bandon général de vos louanges et grands mérites, ou que je fusse de ces bien-disants, je me mettrais à en dire davantage ; car, si jamais fut vue du monde personne en figure céleste, certes vous l'êtes.

Extrait des *Vies des dames illustres*, 1593-1594 ;
mis en français moderne par Charles Dantzig.

MARIE DE GOURNAY

(1565-1645)

« Je me contente de les égaler aux hommes »

Pour présenter Marie de Gournay, on le fait généralement de la façon la moins gournayenne qui soit : « la fille d'alliance de Montaigne », suivant une expression qu'il emploie lui-même dans les Essais*, comme si elle n'existait que par comparaison. Leur lecture a illuminé cette jeune femme éduquée hors de toute culture ; elle rencontre Montaigne, ils s'écrivent, elle publie une édition posthume des* Essais *en 1588. Célibataire, préfacière, traductrice, autrice de plaquettes en faveur des femmes, elle est volontiers moquée comme parasite. Le célibat y était pour beaucoup, qui paraît à bien des humains une aberration plus grave que la curiosité intellectuelle.*

La plupart de ceux qui prennent la cause, des femmes, contre cette orgueilleuse préférence que les hommes s'attribuent, leur rendent le change entier : renvoyant la préférence vers elles. Moi qui fuis toutes les extrémités, je me contente de les égaler aux hommes : la nature s'opposant pour ce regard autant à la supériorité qu'à l'infériorité. Que dis-je ? il ne suffit pas à quelques gens de leur préférer le sexe masculin, s'ils ne les confinaient encore d'un arrêt irréfragable et nécessaire à la quenouille, oui même, à la quenouille seule. Mais ce qui les peut consoler de ce mépris, c'est qu'il ne se fait que par ceux d'entre les hommes auxquels elles voudraient le moins ressembler : personnes à donner vraisemblance aux reproches qu'on pourrait vomir sur le sexe féminin, s'ils en étaient, et qui sentent en leur cœur ne se pouvoir recommander que par le crédit de l'autre. D'autant qu'ils ont ouï trompeter par les rues que les femmes manquent de dignité, manquent aussi de suffisance, voire du tempérament et des organes pour arriver à celle-ci, leur éloquence triomphe à prêcher ces maximes : et d'autant plus opulemment, de ce que dignité, suffisance, organes et tempérament sont de beaux mots : n'ayant pas appris d'autre part que la première qualité d'un homme mal habile, c'est de cautionner les choses sous la foi populaire et par ouï-dire. Voyez de tels esprits comparer ces deux sexes : la plus haute suffisance à leur avis où les femmes puissent arriver, c'est de ressembler au commun des hommes : autant éloignés d'imaginer qu'une grande femme se peut dire grand homme, le sexe changé, que de consentir qu'un homme se peut élever à l'étage d'un Dieu. Gens plus braves qu'Hercule, vraiment, qui ne défit que douze monstres en douze combats ; tandis que d'une seule parole ils défont la moitié du monde. Qui croira cependant que ceux qui veulent s'élever et se fortifier de la faiblesse d'autrui puissent s'élever ou se fortifier de leur propre force ? Et le bon est qu'ils pensent être quittes de leur effronterie à vilipender ce sexe, usant d'une effronterie pareille à se louer et se dorer eux-mêmes, je dis parfois en particulier comme en général, voire à quelque tort que ce soit : comme si la vérité de leur vanterie recevait mesure et qualité de son impudence. Et Dieu sait si je connais de ces joyeux vanteurs, et dont les vanteries sont tantôt passées en proverbe, parmi les plus échauffés dans le mépris des femmes. Mais quoi ? s'ils prennent droit d'être galants et suffisants hommes, de ce qu'ils se déclarent tels comme par un édit ; pourquoi n'abêtiront-ils les femmes par le contrepied d'un autre édit ? Et si je juge bien, soit de la dignité, soit de la capacité des dames, je ne prétends pas à cette heure de le prouver par des raisons, puisque les opiniâtres pourraient les débattre, ni par des exemples, d'autant qu'ils sont trop communs ; plutôt seulement par l'autorité de Dieu même, des arcs-boutants de son Église et de ces grands hommes qui ont servi de lumière à l'Univers. Rangeons ces glorieux témoins en tête, et réservons Dieu, puis les saints pères de son Église, au fond, comme le trésor.

[…]

Au surplus l'animal humain n'est homme ni femme, à le bien prendre, les sexes n'étant pas faits simplement, mais *secundum quid*[1], comme disent les scolastiques : c'est-à-dire pour la seule propagation. L'unique forme et différence de cet animal ne consiste qu'en l'âme humaine. Et s'il est permis de rire en passant, le quolibet ne sera pas hors de saison, nous apprenant qu'il n'est rien plus semblable à un chat sur une fenêtre qu'une chatte. L'homme et la femme sont tellement uns que si l'homme est plus que la femme, la femme est plus que l'homme. L'homme fut créé mâle et femelle, dit l'Écriture, ne comptant ces deux que pour un. De là Jésus-Christ est appelé fils de l'homme bien qu'il ne le soit que de la femme. Ainsi parle après le grand saint Basile : « La vertu de l'homme et de la femme est une même chose, puisque Dieu leur a décerné même création et même honneur : *masculum et foemininam fecit eos*. Or, en ceux de qui la nature est une et même, il faut que les actions le soient aussi, et que l'estime et le loyer ensuite soient pareils, là où les œuvres sont pareilles. » Voilà donc la déposition de ce puissant pilier, et vénérable témoin de l'Église. Il n'est pas mauvais de se souvenir que, sur ce point, certains ergotistes anciens ont passé jusqu'à cette niaise arrogance de contester au sexe féminin l'image de Dieu, par opposition à l'homme : laquelle image ils auraient dû, selon ce calcul, attacher à la barbe. Il fallait de plus et par conséquent dénier aux femmes l'image de l'homme, ne pouvant lui ressembler, sans qu'elles ressemblassent à celui auquel il ressemble. Dieu même leur a départi les dons de prophétie autant qu'aux hommes, les ayant établies aussi comme juges, instructrices et conductrices de son peuple fidèle en paix et en guerre : et, qui plus est, rendues triomphantes avec lui des hautes victoires qu'elles ont aussi maintes fois emportées et arborées en divers lieux du monde : mais sur quelles gens, à votre avis ? Cyrus et Thésée : à ces deux on ajoute Hercule, qu'elles ont, sinon vaincu, du moins bien battu.

Extrait de l'*Égalité des hommes et des femmes*, 1622 ;
mis en français moderne par Charles Dantzig.

---

1. « Il n'y a analogie que lorsqu'il y a, entre plusieurs choses, ressemblances et dissemblance dans leur unité elle-même, lorsque la ressemblance elle-même implique dissemblance, lorsqu'on a affaire à une ressemblance dissemblables. Une telle unité est ce qu'on appelle une unité analogue, une unité *secundum quid*, un *analogon* » (Antoine van Leeuwen, *L'Analogie de l'être*, 1936).

MARIE DE SÉVIGNÉ

(1626-1696)

Splendeur de la Montespan

Mme de Sévigné était si coquette que, si elle déclare qu'une autre femme était splendide, elle l'était sans doute. De même, le duc de Saint-Simon était si furieusement partial que, quand il confirme la séduction de Mme de Montespan, on peut tenir celle-ci pour certaine. Dans l'année 1707 de ses mémoires, alors qu'elle venait de mourir après plus de vingt ans de disgrâce, il écrit : « Il n'était pas possible d'avoir plus d'esprit, de fine politesse, des expressions singulières, une éloquence, une justesse naturelle qui lui formait comme un langage particulier, mais qui était délicieux, et qu'elle communiquait si bien par l'habitude, que ses nièces et les personnes assidues auprès d'elle, ses femmes, celles que sans l'avoir été, elle avait élevées chez elle, le prenaient toutes, et qu'on le sent et on le reconnaît encore aujourd'hui dans le peu de personnes qui en restent. C'était le langage naturel de la famille, de son frère et de ses sœurs. » Le fameux « esprit des Mortemart » dont parle aussi Voltaire et qui a inspiré quelques écrivains ultérieurs.

Cette occasion de la mort de Mme de Montespan en est une parmi tant d'autres d'admirer le cœur de glace de Louis XIV. Comme la duchesse de Bourgogne ne peut s'empêcher de constater sa « parfaite insensibilité » à son annonce, « il lui répondit tranquillement que, depuis qu'il l'avait congédiée, il avait compté de la revoir jamais, qu'elle était dès lors morte pour lui ».

À Mme de Grignan, 29 juillet 1676

Voici, ma bonne, un changement de scène qui vous paraîtra aussi agréable qu'à tout le monde. Je fus samedi à Versailles avec les Villars : voici comme cela va. Vous connaissez la toilette de la reine, la messe, le dîner ; mais il n'est plus besoin de se faire étouffer, pendant que Leurs Majestés sont à table ; car, à trois heures, le roi, la reine, Monsieur, Madame, Mademoiselle, tout ce qu'il y a de princes et princesses, Mme de Montespan, toute sa suite, tous les courtisans, toutes les dames, enfin ce qui s'appelle la cour de France, se trouve dans ce bel appartement du roi que vous connaissez. Tout est meublé divinement, tout est magnifique. On ne sait ce que c'est que d'y avoir chaud ; on passe d'un lieu à l'autre sans faire la presse en nul lieu. Un jeu de reversi donne la forme, et fixe tout. C'est le roi (Mme de Montespan tient la carte), Monsieur, la reine et Mme de Soubise ; Dangeau et compagnie ; Langlée et compagnie. Mille louis sont répandus sur le tapis, il n'y a point d'autres jetons. Je voyais jouer Dangeau ; et j'admirais combien nous sommes sots auprès de lui. Il ne songe qu'à son affaire, et gagne où les autres perdent ; il ne néglige rien, il profite de tout, il n'est point distrait : en un mot, sa bonne conduite défie la fortune ; aussi les deux cent mille francs en dix jours, les cent mille écus en un mois, tout cela se met sur le livre de sa recette. Il dit que je prenais part à son jeu, de sorte que je fus assise très agréablement et très commodément. Je saluai le roi, comme vous me l'avez appris ; il me rendit mon salut, comme si j'avois été jeune et belle. La reine me parla aussi longtemps de ma maladie que si c'eût été une couche. Elle me parla aussi de vous. M. le duc me fit mille de ces caresses à quoi il ne pense pas. Le maréchal de Lorges m'attaqua sous le nom du chevalier de Grignan, enfin tutti quanti : vous savez ce que c'est que de recevoir un mot de tout ce qu'on trouve en chemin. Mme de Montespan me parla de Bourbon, et me pria de lui conter Vichy, et comme je m'en étais trouvée ; elle dit que Bourbon, au lieu de lui guérir un genou, lui a fait mal aux deux. Je lui trouvai le dos bien plat, comme disait la maréchale de la Meilleraye ; mais sérieusement, c'est une chose surprenante que sa beauté ; et sa taille qui n'est pas de la moitié si grosse qu'elle était, sans que son teint, ni ses yeux, ni ses lèvres, en soient moins bien. Elle était tout habillée de point de France ; coiffée de mille boucles ; les deux des tempes lui tombaient fort bas sur les deux joues ; des rubans noirs sur la tête, des perles de la maréchale de l'Hospital, embellies de boucles et de pendeloques de diamant de la dernière beauté, trois ou quatre poinçons, une boîte, point de coiffe, en un mot, une triomphante beauté à faire admirer à tous les ambassadeurs. Elle a su qu'on se plaignait qu'elle empêchait toute la France de voir le roi ; elle l'a redonné, comme vous voyez ; et vous ne sauriez croire la joie que tout le monde en a, ni de quelle beauté cela rend la cour. Cette agréable confusion, sans confusion, de tout ce qu'il y a de plus choisi, dure jusqu'à six heures depuis trois. S'il vient des courriers, le roi se retire pour lire ses lettres, et puis revient. Il y a toujours quelque musique qu'il écoute, et qui fait un très bon effet. Il cause avec celles qui ont accoutumé d'avoir cet honneur. Enfin on quitte le jeu à l'heure que je vous ai dit ; on n'a du tout point de peine à faire les comptes ; il n'y a point de jetons ni de marques ; les poules sont au moins de cinq, six ou sept cents louis, les grosses de mille, de douze cents. On en met d'abord vingt chacun, c'est cent ; et puis celui qui fait en met dix. On donne chacun quatre louis à celui qui a le quinola ; on passe ; et quand on fait jouer, et qu'on ne prend pas la poule, on en met seize à la poule, pour apprendre à jouer mal à propos. On parle sans cesse, et rien ne demeure sur le cœur. « Combien avez-vous de cœurs ? — J'en ai deux, j'en ai trois, j'en ai un, j'en ai quatre. » Il n'en a donc que trois, que quatre, et de tout ce caquet Dangeau est ravi : il découvre le jeu, il tire ses conséquences, il voit ce qu'il y a à faire ; enfin j'étais ravie de voir cet excès d'habileté : vraiment c'est bien lui qui sait le dessous des cartes, car il sait toutes les autres couleurs. À six heures donc on monte en calèche, le roi, Mme de Montespan, Monsieur, Mme de Thianges, et la bonne d'Heudicourt sur le strapontin, c'est-à-dire comme en paradis, ou dans la gloire de Niquée. Vous savez comme ces calèches sont faites : on ne se regarde point, on est tourné du même côté. La reine était dans une autre avec les princesses, et ensuite tout le monde attroupé selon sa fantaisie. On va sur le canal dans des gondoles, on y trouve de la musique, on revient à dix heures, on trouve la comédie, minuit sonne, on fait médianoche : voilà comme se passa le samedi. Nous revînmes quand on monta en calèche.

Extrait des *Lettres*, 1re éd., posth., 1734 et 1737.

MARCEL PROUST

(1871-1922)

La princesse Mathilde

La princesse Mathilde était la cousine germaine de Napoléon III et son ministre officieux de la Culture. Elle tenait un salon que les écrivains et les artistes qui suivaient prudemment le régime fréquentaient en pensant ne pas se compromettre. Brusque, spirituelle, elle faisait des bons mots reproduits par Edmond de Goncourt dans son Journal.

« Je vais vous présenter à Son Altesse Impériale », me dit Mme Swann. Swann m'attira un moment à l'écart pendant que Mme Swann causait du beau temps et des animaux nouvellement arrivés au jardin d'Acclimatation, avec l'altesse. « C'est la princesse Mathilde, me dit-il, vous savez, l'amie de Flaubert, de Sainte-Beuve, de Dumas. Songez, c'est la nièce de Napoléon Ier ! Elle a été demandée en mariage par Napoléon III et par l'empereur de Russie. Ce n'est pas intéressant ? Parlez-lui un peu. Mais je voudrais qu'elle ne nous fît pas rester une heure sur nos jambes. » « J'ai rencontré Taine qui m'a dit que la princesse était brouillée avec lui, dit Swann. — Il s'est conduit comme un cauchon », dit-elle d'une voix rude et en prononçant le mot comme si ç'avait été le nom de l'évêque contemporain de Jeanne d'Arc. « Après l'article qu'il a écrit sur l'Empereur je lui ai laissé une carte avec PPC. » J'éprouvais la surprise qu'on a en ouvrant la correspondance de la duchesse d'Orléans, née princesse palatine. Et, en effet, la princesse Mathilde, animée de sentiments si français, les éprouvait avec une honnête rudesse comme en avait l'Allemagne d'autrefois et qu'elle avait héritée sans doute de sa mère wurtembergeoise. Sa franchise un peu fruste et presque masculine, elle l'adoucissait, dès qu'elle souriait, de langueur italienne. Et le tout était enveloppé dans une toilette tellement Second Empire que bien que la princesse la portât seulement sans doute par attachement aux modes qu'elle avait aimées, elle semblait avoir eu l'intention de ne pas commettre une faute de couleur historique et de répondre à l'attente de ceux qui attendaient d'elle l'évocation d'une autre époque. Je soufflai à Swann de lui demander si elle avait connu Musset. « Très peu, monsieur », répondit-elle d'un air qui faisait semblant d'être fâché, et, en effet, c'était par plaisanterie qu'elle disait monsieur à Swann, étant fort intime avec lui. « Je l'ai eu une fois à dîner. Je l'avais invité pour sept heures. À sept heures et demie, comme il n'était pas là, nous nous mîmes à table. Il arrive à huit heures, me salue, s'assied, ne desserre pas les dents, part après le dîner sans que j'aie entendu le son de sa voix. Il était ivre mort. Cela ne m'a pas beaucoup encouragée à recommencer. » Nous étions un peu à l'écart, Swann et moi. « J'espère que cette petite séance ne va pas se prolonger, me dit-il, j'ai mal à la plante des pieds. Aussi je ne sais pas pourquoi ma femme alimente la conversation. Après cela c'est elle qui se plaindra d'être fatiguée et moi je ne peux plus supporter ces stations debout. » Mme Swann, en effet, qui tenait le renseignement de Mme Bontemps, était en train de dire à la princesse que le gouvernement comprenant enfin sa goujaterie, avait décidé de lui envoyer une invitation pour assister dans les tribunes à la visite que le tsar Nicolas devait faire le surlendemain aux Invalides. Mais la princesse qui malgré les apparences, malgré le genre de son entourage composé surtout d'artistes et d'hommes de lettres était restée au fond et chaque fois qu'elle avait à agir, nièce de Napoléon : « Oui, madame, je l'ai reçue ce matin et je l'ai renvoyée au ministre qui doit l'avoir à l'heure qu'il est. Je lui ai dit que je n'avais pas besoin d'invitation pour aller aux Invalides. Si le gouvernement désire que j'y aille, ce ne sera pas dans une tribune, mais dans notre caveau, où est le tombeau de l'Empereur. Je n'ai pas besoin de cartes pour cela. J'ai mes clefs. J'entre comme je veux. Le gouvernement n'a qu'à me faire savoir s'il désire que je vienne ou non. Mais si j'y vais, ce sera là ou pas du tout. » À ce moment nous fûmes salués, Mme Swann et moi, par un jeune homme qui lui dit bonjour sans s'arrêter et que je ne savais pas qu'elle connût : Bloch. Sur une question que je lui posai, Mme Swann me dit qu'il lui avait été présenté par Mme Bontemps, qu'il était attaché au Cabinet du ministre, ce que j'ignorais. Du reste, elle ne devait pas l'avoir vu souvent – ou bien elle n'avait pas voulu citer le nom, trouvé peut-être par elle peu « chic », de Bloch – car elle dit qu'il s'appelait M. Moreul. Je lui assurai qu'elle confondait, qu'il s'appelait Bloch. La princesse redressa une traîne qui se déroulait derrière elle et que Mme Swann regardait avec admiration. « C'est justement une fourrure que l'empereur de Russie m'avait envoyée, dit la princesse et comme j'ai été le voir tantôt, je l'ai mise pour lui montrer que cela avait pu s'arranger en manteau. — Il paraît que le prince Louis s'est engagé dans l'armée russe, la princesse va être désolée de ne plus l'avoir près d'elle, dit Mme Swann qui ne voyait pas les signes d'impatience de son mari. — Il avait bien besoin de cela ! Comme je lui ai dit : Ce n'est pas une raison parce que tu as eu un militaire dans ta famille », répondit la princesse, faisant avec cette brusque simplicité allusion à Napoléon Ier. Swann ne tenait plus en place. « Madame, c'est moi qui vais faire l'altesse et vous demander la permission de prendre congé, mais ma femme a été très souffrante et je ne veux pas qu'elle reste davantage immobile. » Mme Swann refit la révérence et la princesse eut pour nous tous un divin sourire qu'elle sembla amener du passé, des grâces de sa jeunesse, des soirées de Compiègne et qui coula intact et doux sur le visage tout à l'heure grognon, puis elle s'éloigna suivie des deux dames d'honneur qui n'avaient fait, à la façon d'interprètes, de bonnes d'enfants, ou de gardes-malades que ponctuer notre conversation de phrases insignifiantes et d'explications inutiles.

Extrait d'*À l'ombre des jeunes filles en fleurs*, 1919.

GERMAINE TILLION

(1907-2008)

Science carcérale

L'ethnographe Germaine Tillion, après avoir passé de nombreuses années de recherche en Algérie, revient en France en 1940. Résistante dès le discours de Pétain du 17 juin 1940, elle est capturée et envoyée à Ravensbrück en 1943. Libérée en avril 1945, elle consacre une partie de sa carrière scientifique à l'étude de ce camp.

« Science carcérale » est un grand mot pour qualifier les bribes d'informations que tous les détenus arrachent miette par miette à leur environnement, mais ces miettes, ils les accumulent, ils les confrontent, ils essaient de les contrôler et ils y réfléchissent sans cesse. C'est donc bien près d'être une science.

Pour explorer les rouages de l'incroyable mécanique nazie, je n'ai d'abord disposé que de ce que peuvent savoir des captifs, mais ces informations sont nombreuses et sûres, et, lorsque nos gardiens durent répondre à leurs juges, rares furent les faits importants qu'ils nous apprirent. Il y en eut cependant. Et c'est une des raisons qui m'obligèrent à réviser l'étude que l'on va lire.

Mes camarades de résistance avaient été vendus, en décembre 1940 et février 1941, par des traîtres appointés mensuellement par la police militaire allemande (Abwehr) ; tel était également le cas de résistants assez nombreux que je connaissais dans d'autres réseaux[1]. Je l'avais su dès 1941, mais le fait de l'avoir su ne m'épargna nullement d'être arrêtée aussi, et à peu près dans les mêmes conditions, c'est-à-dire vendue par un traître appointé. La connaissance préalable de maints détails sur l'intérieur des prisons allemandes ne m'épargna pas davantage la cruauté des premiers jours, mais les jours passent, et le captif finit toujours par explorer méticuleusement les murs qui l'enferment.

Pour garder le contact avec le temps, pour « exister », dès que j'avais pu réagir, je m'étais mise à inscrire des repères chronologiques sur le plâtre du mur de ma cellule à la Santé, en utilisant pour cela la cuillère de métal que l'on m'avait donnée.

J'étais au secret – ni livre, ni colis, ni promenade hebdomadaire –, mais tous les carreaux de ma fenêtre ayant été cassés avec soin par des occupants précédents, et comme je ne pouvais rien manger les premiers jours, avec la ficelle que tous les prisonniers de la terre fabriquent avec un morceau de leur drap, j'appris très vite à envoyer mon pain à l'occupante de la cellule qui se trouvait immédiatement au-dessous de la mienne. Vint le jour où, heureuse de me faire plaisir, elle me fit parvenir, par le même moyen, un crayon qu'elle avait trouvé dans sa paillasse.

Avec ce précieux crayon, très court mais gros comme mon pouce, j'ai reporté ces mêmes repères sur les pages d'un livre de piété donné par l'aumônier allemand de Fresnes.

Mes repères furent d'abord n'importe quoi : par exemple, le 18 août, « je mange un peu » ; le 22 août, « je tue une centaine de punaises » ; le 3 septembre, « je dors un peu pour la première fois[2] »… (À la Santé, en effet, une pendule sonnait tous les quarts d'heure – elle sonne peut-être encore – et, entre le 13 août et le 3 septembre, je peux jurer que j'ai *attendu* et entendu les quatre-vingt-seize sonneries quotidiennes.)

1. Voir mon étude (« Du côté du musée de l'Homme ») ; elle permet de constater combien les réseaux étaient alors jointifs. *(Les notes sont de Germaine Tillion.)*

2. Trente ans plus tard, en apprenant la mort de quelqu'un qui avait survécu quelques heures à une paralysie totale, j'ai été, pendant des semaines, glacée d'horreur et d'angoisse, et c'est en lisant le commentaire d'une nouvelle de Dostoïevski (*Bobok*) que j'ai compris pourquoi : *être muré vivant dans son corps*, cette pensée m'avait faire revivre les premiers jours qui suivirent mon arrestation. Dans *Bobok*, les morts qui se parlent d'une tombe à l'autre sont d'ailleurs aussi des prisonniers, mais des prisonniers déjà émergés du choc premier qui suit l'arrestation.

Le 20 septembre, dans le bâtiment en face du nôtre, dix-sept jeunes hommes condamnés à mort nous annoncent qu'on vient de leur permettre de revoir leur famille et de recevoir un colis. L'un d'eux s'appelle Dédé, il a trente ans et cinq enfants…

Le lundi 5 octobre, à 11 heures, après la soupe quotidienne, j'entends des adieux, et je crois d'abord à une libération, mais ce sont quatorze condamnés que l'on a changés de cellule avant l'exécution. Ils étaient d'Angers, et, à 3 heures, ils partirent… J'ose à peine dire aujourd'hui qu'ils chantèrent *La Marseillaise* tant cela semble désuet. Pourtant, ce fut ainsi.

*

Au bout de deux mois exactement, donc le 13 octobre 1942, toutes les prisonnières détenues à la prison de la Santé dans la partie sous contrôle allemand furent transférées dans la troisième division de Fresnes. Il n'y eut pas de fouilles, et j'aurais bien pu emporter ma précieuse cuillère (car à Fresnes on ne nous en donna pas, non par brimade, mais parce que la prison en manquait). En revanche, Fresnes était sans punaises, et, dès le premier jour, je m'aperçus qu'une vis, plus brillante que les autres, se retirait et se remettait sans difficulté dans les ferrures de la porte, délicat et patient travail d'un de mes prédécesseurs. Dans une cellule proche, une voisine, également au secret, hérita ainsi d'une vitre qui, invisiblement, coulissait entièrement.

Qu'on m'excuse de consacrer maintenant quelques pages à des détails humbles et insignifiants, mais c'est par eux que débute la « science carcérale ». Même la prison ne s'apprend pas en un jour.

L'ère qui nous avait précédées nous avait laissé de nombreuses inscriptions à déchiffrer. Pas anonymes ni modestes, les voyous avaient partout inscrit leurs sigles – sur les murs, dans le bois de la porte et de la fenêtre, dans l'émail des W.-C. Le plus acharné à affirmer ainsi son passage terrestre se nommait Armand le Balafré, mais autour de son nom apparaissaient les signatures plus modestes de Jean le Lyonnais, Mimile de la Chapelle et Petit Pierre des Deux-Moulins… (Nous ne les avons pas copiés, et cependant, quand des anciens « résistants » ou « résistantes » se retrouvent, comme les enfants, les voyous et les familles royales, ils s'appellent entre eux Dédé la Finance, Bébé de Morlaix, Chonchon,

Zaza.) Petit Pierre ou Armand avait en outre profondément gravé dans le métal de l'armature rabattable servant de lit : « *Ici a dormi un ganstère*... » Hélas, depuis ce jour mémorable, on n'avait apparemment pas changé les draps...

La vis d'Armand le Balafré me permit d'abord de reprendre un calendrier sur le plâtre de mon mur. Plus tard, les notes que j'y enregistrais furent reportées sur la petite *Imitation*, dont les 390 pages correspondirent aux 390 premiers jours de ma détention. Les deux années suivantes, je n'ai plus noté que ce qui me semblait important : les noms des mortes.

La petite table, comme le lit, était rabattable et solidement scellée dans la muraille, non moins solidement ma fenêtre était clouée, mais une vraie chaise à dossier pouvait être placée au-dessous d'une bouche de chaleur située au ras du plafond, non loin d'un rayon fixé un peu plus bas à angle droit. En montant sur le dossier de la chaise et en étreignant fermement la bouche de chaleur, je me retrouvais en une seconde assise sur le rayon, et par conséquent en communication non seulement avec la cellule qui se trouvait au-dessus de la mienne, mais aussi avec les trois cellules du dessous. Parmi les nombreuses inconnues avec lesquelles j'ai ainsi correspondu, il y eut Evelyne Arhel (au-dessus) et Micheline (au-dessous). Micheline portait un *vrai* corset à baleines, où l'on récupéra et aiguisa à tous les étages de minces lames d'acier qui, bien affûtées, permirent de couper le pain de Fresnes, puis celui de Ravensbrück... Au rez-de-chaussée, il y eut d'abord une occupante silencieuse, puis « Jeannette ». C'est Jeannette qui me fit faire la connaissance de « Danielle », enfermée au premier étage. Son tuyau de chauffage ne correspondait pas avec le mien.

Jeannette était très jeune, tchèque, juive, communiste, et elle avait été arrêtée en portant une bombe[1]. Plusieurs fois battue et – bien sûr – au secret, la nuit elle déclouait sa fenêtre et bavardait avec Danielle qui avait le même âge qu'elle, vingt ans, et qui, grimpant pieds nus sur la partie de sa fenêtre que les menuisiers appellent « traverse de base du châssis dormant », avait alors la bouche au niveau du vasistas. Elle avait pris l'habitude de crier de là les nouvelles de la BBC, dès qu'elle les recevait.

Au bout de six mois environ, n'étant plus au secret, je reçus, deux fois par mois, un colis qui (outre de précieuses denrées)

1. Jeannette, grâce à sa bombe, fut déportée à Ravensbrück au lieu d'être déportée à Auschwitz. Elle m'a téléphoné il y a deux ans, et elle allait bien.

contenait, dans la doublure d'un sac de linge sale, un carré de crêpe de Chine que notre amie Taddée cousait sur une feuille de papier pour pouvoir y taper à la machine toutes les nouvelles de Londres. Dans le tuyau acoustique, je murmurais les nouvelles à Jeannette, elle les répétait le soir à Danielle qui les criait par le vasistas à toute la prison.

Ces conversations ne doivent pas faire penser que la prison c'était facile, car il y avait la mort au bout, et tout le monde le savait, même les gardiens. Mais il est très difficile de haïr des gens que l'on voit tous les jours, qui ne sont pas haïssables et qui risquent la mort. Les gardiens allemands de Fresnes ne nous haïssaient pas.

Extrait de *Ravensbrück*, 1988.

VIRGINIE DESPENTES

(née en 1969)

« J'écris de chez les moches »

« Je ne m'excuse de rien, je ne viens pas pleurer. » Virginie Despentes incarne une combativité face à la bienséance qui fait d'elle la meneuse d'une génération. Elle aide sa sincérité d'une comédie, dans le meilleur sens du terme (je n'en connais pas d'autre) : elle fait déraper par l'humour ce qu'il pourrait y avoir de démonstratif dans certaines assertions. Et puis surtout, si l'on veut bien suivre mon idée que la fiction consiste à montrer à la vie ce qu'elle ne veut pas voir, Virginie Despentes a annexé à la littérature un territoire que la vie se cachait avec l'hypocrisie la plus consommée : la femme qui ne se définit pas par rapport aux hommes.

J'écris de chez les moches, pour les moches, les vieilles, les camionneuses, les frigides, les mal baisées, les imbaisables, les hystériques, les tarées, toutes les exclues du grand marché à la bonne meuf. Et je commence par là pour que les choses soient claires : je ne m'excuse de rien, je ne viens pas me plaindre. Je n'échangerais ma place contre aucune autre, parce qu'être Virginie Despentes me semble être une affaire plus intéressante à mener que n'importe quelle autre affaire.

Je trouve ça formidable qu'il y ait aussi des femmes qui aiment séduire, qui sachent séduire, d'autres se faire épouser, des qui sentent le sexe et d'autres le gâteau du goûter des enfants qui sortent de l'école. Formidable qu'il y en ait de très douces, d'autres épanouies dans leur féminité, qu'il y en ait de jeunes, très belles, d'autres coquettes et rayonnantes. Franchement, je suis bien contente pour toutes celles à qui les choses telles qu'elles sont conviennent. C'est dit sans la moindre ironie. Il se trouve simplement que je ne fais pas partie de celles-là. Bien sûr que je n'écrirais pas ce que j'écris si j'étais belle, belle à changer l'attitude de tous les hommes que je croise. C'est en tant que prolotte de la féminité que je parle, que j'ai parlé hier et que je recommence aujourd'hui. Quand j'étais au RMI, je ne ressentais aucune honte d'être une exclue, juste de la colère. C'est la même en tant que femme : je ne ressens pas la moindre honte de ne pas être une super bonne meuf. En revanche, je suis verte de rage qu'en tant que fille qui intéresse peu les hommes, on cherche sans cesse à me faire savoir que je ne devrais même pas être là. On a toujours existé. Même s'il n'était pas question de nous dans les romans d'hommes, qui n'imaginent que des femmes avec qui ils voudraient coucher. On a toujours existé, on n'a jamais parlé. Même aujourd'hui que les femmes publient beaucoup de romans, on rencontre rarement de personnages féminins aux physiques ingrats ou médiocres, inaptes à aimer les hommes ou à s'en faire aimer. Au contraire, les héroïnes contemporaines aiment les hommes, les rencontrent facilement, couchent avec eux en deux chapitres, elles jouissent en quatre lignes et elles aiment toutes le sexe. La figure de la looseuse de la féminité m'est plus que sympathique, elle m'est essentielle. Exactement comme la figure du looser social, économique ou politique. Je préfère ceux qui n'y arrivent pas pour la bonne et simple raison que je n'y arrive pas très bien, moi-même. Et que dans l'ensemble l'humour et l'inventivité se situent plutôt de notre côté. Quand on n'a pas ce qu'il faut pour se la péter, on est souvent plus créatifs. Je suis plutôt King Kong que Kate Moss, comme fille. Je suis ce genre de femme qu'on n'épouse pas, avec qui on ne fait pas d'enfant, je parle de ma place de femme toujours trop tout ce qu'elle est, trop agressive, trop bruyante, trop grosse, trop brutale, trop hirsute, toujours trop virile, me dit-on. Ce sont pourtant mes qualités viriles qui font de moi autre chose qu'un cas social parmi les autres. Tout ce que j'aime de ma vie, tout ce qui m'a sauvée, je le dois à ma virilité. C'est donc ici en tant que femme inapte à attirer l'attention masculine, à satisfaire le désir masculin, et à me satisfaire d'une place à l'ombre que j'écris. C'est d'ici que j'écris, en tant que femme non séduisante, mais ambitieuse, attirée par l'argent que je gagne moi-même, attirée par le pouvoir, de faire et de refuser, attirée par la ville plutôt que par l'intérieur, toujours excitée par les expériences et incapable de me satisfaire du récit qu'on m'en fera. Je m'en tape de mettre la gaule à des hommes qui ne me font pas rêver. Il ne m'est jamais paru flagrant que les filles séduisantes s'éclataient tant que ça. Je me suis toujours sentie moche, je m'en accommode d'autant mieux que ça m'a sauvée d'une vie de merde à me coltiner des mecs gentils qui ne m'auraient jamais emmenée plus loin que la ligne bleue des Vosges. Je suis contente de moi, comme ça, plus désirante que désirable. J'écris donc d'ici, de chez les invendues, les tordues, celles qui ont le crâne rasé, celles qui ne savent pas s'habiller, celles qui ont peur de puer, celles qui ont les chicots pourris, celles qui ne savent pas s'y prendre, celles à qui les hommes ne font pas de cadeau, celles qui baiseraient avec n'importe qui voulant bien d'elles, les grosses putes, les petites salopes, les femmes à chatte toujours sèche, celles qui ont des gros bides, celles qui voudraient être des hommes, celles qui se prennent pour des hommes, celles qui rêvent de faire hardeuses, celles qui n'en ont rien à foutre des mecs mais que leurs copines intéressent, celles qui ont un gros cul, celles qui ont les poils drus et bien noirs et qui ne vont pas se faire épiler, les femmes brutales, bruyantes, celles qui cassent tout sur leur passage, celles qui n'aiment pas les parfumeries, celles qui se mettent du rouge trop rouge, celles qui sont trop mal foutues pour pouvoir se saper comme des chaudasses mais qui en crèvent d'envie, celles qui veulent porter des fringues d'hommes et la barbe dans la rue, celles qui veulent tout montrer, celles qui sont pudiques par complexe, celles qui ne savent pas dire non, celles qu'on enferme pour les mater, celles qui font peur, celles qui font pitié, celles qui ne font pas envie, celles qui ont la peau flasque, des rides plein la face, celles qui rêvent de se faire lifter, liposucer, péter le nez pour le refaire mais qui n'ont pas l'argent pour le faire, celles qui ne ressemblent plus à rien, celles qui ne comptent que sur elles-mêmes pour se protéger, celles qui ne savent pas être rassurantes, celles qui s'en foutent de leurs enfants, celles qui aiment boire jusqu'à se vautrer par terre dans les bars, celles qui ne savent pas se tenir ; aussi bien et dans la foulée que pour les hommes qui n'ont pas envie d'être protecteurs, ceux qui voudraient l'être mais ne savent pas s'y prendre, ceux qui ne savent pas se battre, ceux qui chialent volontiers, ceux qui ne sont pas ambitieux, ni compétitifs, ni bien membrés, ni agressifs, ceux qui sont craintifs, timides, vulnérables, ceux qui préféreraient s'occuper de la maison plutôt que d'aller travailler, ceux qui sont délicats, chauves, trop pauvres pour plaire, ceux qui ont envie de se faire mettre, ceux qui ne veulent pas qu'on compte sur eux, ceux qui ont peur tout seuls le soir.

Parce que l'idéal de la femme blanche, séduisante mais pas pute, bien mariée mais pas effacée, travaillant mais sans trop réussir, pour ne pas écraser son homme, mince mais pas névrosée par la nourriture, restant indéfiniment jeune sans se faire défigurer par les chirurgiens de l'esthétique, maman épanouie mais pas accaparée par les couches et les devoirs d'école, bonne maîtresse de maison mais pas bonniche traditionnelle, cultivée mais moins qu'un homme, cette femme blanche heureuse qu'on nous brandit tout le temps sous le nez, celle à laquelle on devrait faire l'effort de ressembler, à part qu'elle a l'air de beaucoup s'emmerder pour pas grand-chose, de toutes façons je ne l'ai jamais croisée, nulle part. Je crois bien qu'elle n'existe pas.

Extrait de *King Kong Théorie*, 2006.

ET ALORS ?

*Je ne cesserai de répéter l'immortelle phrase d'Hervé Guibert, « L'homosexualité dans ce monde, c'est possible tant qu'on n'en parle pas » (*À l'ami qui ne m'a pas sauvé la vie*, 1990). Plus maintenant ? Un écrivain en culotte courte quoiqu'il ait soixante ans a récemment écrit que j'en parlais trop. Si ce n'est pas une réflexion homophobe, je ne sais pas ce que c'est. D'une part, il ment, d'autre part, est-ce que je l'accuse de trop parler d'hétérosexualité, ce qu'il n'arrête de faire, jusqu'à utiliser le mot dans un titre ? Qu'est-ce que l'homosexualité peut faire à ces gens-là ? De quoi les prive-t-elle ? Quelle panique de quelle partie de leur corps remonte-t-elle à leur cervelet ? Ah bien sûr, ils* tolèrent *les gays et les lesbiennes discrets et cachés, c'est-à-dire faibles, ou papillonnants et cambrés, c'est-à-dire méprisables. Dans son journal, Sylvia Plath rapporte une visite de Truman Capote et, lui parti, les rugissements de Ted Hugues, son mari, et de ses amis : « Ted et les hommes ont haï ce qu'il a d'homosexuel avec une furie inhabituelle. Quelque chose en plus : la jalousie de son succès ? » (décembre 1958). Et voilà. Et alors ?*

PIERRE DE L'ESTOILE
(1546-1611)

Frisés, fraisés et batailleurs : les mignons

Juriste auprès du parlement de Paris, L'Estoile a laissé de passionnants mémoires sur la période 1574-1610. Au moment des guerres dites de religion, il a été du parti des Politiques, catholiques modérés estimant que le roi n'avait aucun clan à choisir et que la réconciliation avec les protestants était à réaliser.

Dans L'Invention de la culture hétérosexuelle *(2008), Louis-Georges Tin montre comment la culture courtoise, au* XIII*e siècle, a peu à peu suppléé à la littérature chevaleresque, beaucoup plus libérale sur les rapports entre les hommes. La seconde est devenue d'autant plus intransigeante qu'elle a servi à mettre la femme sur un trône où elle ne régnerait pas. Les Valois-Angoulême, descendants de François Ier, avaient un goût prononcé pour la vieille culture chevaleresque (voyez plus loin le tournoi décrit par Bassompierre[1]), en particulier Henri III, qui se préférait dans la compagnie des hommes. Pierre de L'Estoile participe de ce qui a été la première campagne politique homophobe de France. Jamais avant ce roi on n'en avait attaqué pour son goût sexuel. Évidemment c'était à cause du pouvoir. De mignons on les traitait, mais ils étaient connétables, ils étaient maréchaux, ils étaient ducs. Les haïsseurs des mignons enrageaient encore plus à cause de leur combativité : ils se défendaient, se battaient, duellaient, contredisant le préjugé de leur lâcheté. Ce sont les mêmes qui,*

1. Voir *infra*, p. 1031.

dans d'autres circonstances, sont devenus résistants pendant la Seconde Guerre mondiale, comme les écrivains et journalistes Pascal Copeau, Jean Desbordes, Jean-Pierre Giraudoux, Pierre Herbart, Roger Stéphane, tant d'autres.

1576

Le nom de mignons commença alors à trotter par la bouche du peuple, à qui ils étaient fort odieux, tant pour la façon de faire badine et hautaine que par leurs accoutrements efféminés et les dons immenses qu'ils recevaient du roi : ces beaux mignons portaient les cheveux longs et frisés et refrisés, remontant par-dessus leurs petits bonnets de velours, comme font les femmes, et leurs fraises de chemise de toile d'atour empesées et longues d'un demi-pied, de façon qu'à voir leur tête dessus leur fraise, il semblait que ce fût le chef de saint Jean sur un plat.

[…]

En ce même temps courut à Paris sous le nom du peuple, plus volage que les girouettes de leurs clochers et qu'on fait parler comme les orgues, un placard contenant les titres suivants, sous le nom du sot peuple de Paris, pour récompense de tant de biens qu'il leur avait faits :

> *Henri, par la grâce de sa mère, inerte roi de France et de Pologne imaginaire, concierge du Louvre, marguillier de Saint-Germain l'Auxerrois, bateleur des églises de Paris, gendre de Colin, godronneur des collets de sa femme et friseur de ses cheveux, mercier du Palais, visiteur des étuves, gardien des quatre mendiants, père conscrit des blancs battus et protecteur des capucins.*

1578

Le roi allait, pendant le carême, deux ou trois fois la semaine, faire collation aux bonnes maisons de Paris et y dansait jusqu'à minuit avec ses mignons, fraisés et frisés et avec les dames de la cour et les dames de la ville : entre autres chez la présidente Boullancourt où il passait souvent le temps avec Mlle d'Assy sa belle-fille.

[…]

Le dimanche 27 avril, pour démêler une légère querelle née du jour précédent en la cour du Louvre entre Caylus, l'un des mignons du roi, et le jeune Entragues, appelé Entraguet, favori de la maison de Guise ; ledit Caylus avec Maugiron, et Livarot et Entraguet avec Ribérac et le jeune Schomberg, se trouvèrent dès cinq heures du matin au marché aux chevaux, anciennement les Tournelles, près de la Bastille Saint-Antoine, et là combattirent si furieusement que le bon Maugiron et Schomberg demeurèrent morts sur place ; Ribérac mourut le lendemain ; Livarot, d'un grand coup qu'il eut sur la tête, fut six semaines malade et réchappa ; Entraguet n'eut qu'une égratignure ; Caylus, auteur de la noise, de dix-neuf coups qu'il reçut, languit trente-trois jours et mourut le 29 mai en l'hôtel de Boissy où il fut porté du champ du combat comme lieu plus ami et plus voisin, et ne lui profita la grande faveur du roi, qui l'allait voir tous les jours et ne bougeait du chevet de son lit, et lui avait promis 100 000 écus, et au chirurgien 100 000 francs, en cas qu'il vînt en convalescence ; il mourut, ayant toujours en la bouche ces mots mêmes, entre ses derniers soupirs, qu'il jetait avec grande force et grand regret : « Ah mon roi, mon roi ! » sans parler autrement de Dieu ni de sa mère.

Le roi, à la vérité, portait une merveilleuse amitié à Caylus et à Maugiron, il les baisa tous deux morts, fit tondre leurs têtes et ferrer leurs blondes chevelures, et ôta à Caylus les pendants de ses oreilles que lui-même auparavant lui avait donnés et attachés de sa propre main, et en fit ces deux vers :

Seigneur, reçoit en ton giron
Schomberg, Caylus et Maugiron.

Notre maître Poncet dit en la chaire qu'il fallait traîner à la voirie Maugiron, qui expira en reniant, et ses compagnons ; nonobstant de telles remontrances, le roi l'honora, lui et les autres, de superbes convois et sépulcres de princes.

Telles semblables façons de faire, indignes, à la vérité, d'un grand roi, et magnanime comme il était, causèrent peu à peu le mépris de ce prince et le mal qu'on voulait à ses mignons qui le possédaient donnèrent un grand avantage à ceux de Lorraine pour corrompre le peuple et créer et former peu à peu dans le tiers État leur parti, qui était la Ligue, de laquelle ils avaient jeté les fondements dès l'an précédent 1577.

[...]

Le lundi 21 juillet, Saint-Maigrin, gentilhomme bordelais, jeune, riche et de bonne part l'un des mignons fraisés du roi, sortant à onze heures du soir du Louvre, où était le roi, en la même rue du Louvre, vers la rue Saint-Honoré, fut chargé de coups d'épée et de pistolet par vingt ou trente hommes qui le laissèrent pour mort sur le pavé, comme aussi mourut-il le jour suivant, et fut merveille comment il pût tant vivre, étant atteint de trente-quatre ou trente-cinq coups mortels ; le roi fit porter son corps mort au logis de Boissy près la Bastille où était mort Caylus son compagnon : il fut enterré à Saint-Paul, avec pareille pompe que Caylus et Maugiron y avaient été inhumés auparavant.

De cet assassinat ne fut fait aucune poursuite, Sa Majesté étant bien avertie que le duc de Guise l'avait fait pour le bruit qu'avait ce mignon d'entretenir sa femme, et que celui qui avait fait le coup portait la barbe et la contenance du duc de Mayenne son frère.

Les nouvelles venues en Gascogne au roi de Navarre, il dit : « Je sais bon gré au duc de Guise mon cousin de n'avoir pu souffrir qu'un mignon de couchette le fît cocu. C'est ainsi qu'il faudrait accoutrer tous ces petits galants de la cour qui se mêlent d'approcher les princesses pour les mugueter et leur faire l'amour. » On dit de Saint-Maigrin qu'en mourant il donna son âme à Dieu, son corps à la terre et son vit à tous les diables.

1579

Le mercredi 4 février, le roi revenant de Chartres alla descendre à la foire de Saint-Germain, qu'il fit le samedi publier et continuer par autres huit jours, et fit constituer prisonniers quelques écoliers qui se promenaient dans la foire avec de longues fraises de papier en dérision de Sa Majesté et de ses mignons si bien fraisés et godronnés, et criaient en pleine foire : « À la fraise on connaît le veau ! »

1580

Le roi donna à Ronsard et Baïf, poètes, pour la belle musique par eux ordonnée, pour les vers qu'ils firent, à chacun deux mille écus et promit de payer au marié dans deux ans quatre cent mille écus pour la dot de la mariée, parce que tout le bien d'elle, qui lui pouvait être échu des successions de ses père et mère, ne pouvait valoir plus de vingt mille écus. Le roi fit intervenir au contrat de mariage[1] le duc de Mercœur, aîné de la maison de Vaudémont, pour faire valoir le bien de la mariée, sa sœur, cent mille écus, qu'il promit de payer au duc de Joyeuse en lui quittant ses droits successifs, et dont le roi déchargea ledit duc de Mercœur en s'obligeant de l'en acquitter ; et quand on remontrait au roi la grande dépense qu'il faisait, « Je serai sage et bon ménager, répondait-il, quand j'aurai marié mes trois enfants », entendant par-là d'Arques, La Valette et d'O, ses trois mignons.

1583

Le jour de carême-prenant, le roi avec ses mignons furent en masques par les rues de Paris où ils firent mille insolences, et la nuit allèrent rôder de maison en maison, faisant lascivetés et vilénies avec ses mignons frisés, bardachés[2] et fraisés jusqu'à six heures du matin du premier jour de carême, auquel jours la plupart des prêcheurs de Paris le blâmèrent ouvertement ; ce que le roi trouva fort mauvais, même de la bouche du Dr de Rose, l'un de ses prédicateurs ordinaires, lequel il manda, et qui après quelques difficultés, croyant qu'on le voulût maltraiter, se présenta à Sa Majesté. Le roi lui dit qui lui avait bien enduré de courir dix ans les rues jour et nuit sans lui avoir en avoir jamais dit ni fait aucune chose, et que pour les avoir seulement courues une, encore un jour de carême-prenant, il l'avait prêché en prenne chaire, qu'il n'y retournât plus et qu'il était temps qu'il fût sage ; Rose demanda pardon à Sa Majesté, qui non seulement lui pardonna, mais quelques jours après, l'ayant envoyé quérir, lui donna une assignation de 400 écus « pour acheter, lui dit le roi, du sucre et du miel, pour aider à passer le carême et adoucir vos trop aigres paroles ».

Extrait du *Journal du règne de Henri III*, posth., 1621.

1. D'Henri de Joyeuse, frère d'Anne de Joyeuse, un des « mignons ».
2. Bardache, mot alors récemment importé de l'italien : efféminé.

CYRANO DE BERGERAC

(1619-1665)

« Je fus très aise pour le plaisir que je recevais »

*Une des choses les plus ignobles consiste à mentir sur la sexualité d'un être humain. C'est ce qu'Edmond Rostand a fait sans aucune gêne en transformant Cyrano de Bergerac en amoureux des femmes. Bergerac appartenait à une bande de joyeux bougres, plus ou moins protégés par Condé (oui, oui, le Grand Condé) : lui, Dassoucy, Chapelle... Dans l'*Histoire comique contenant les États et Empires de la Lune, *Bergerac s'inspire de la délicieuse* Histoire véritable *de Lucien (IIe siècle de notre ère).*

Cet entretien n'empêchait pas que nous ne continuassions de marcher, c'est-à-dire mon porteur à quatre pattes sous moi, et moi à califourchon sur lui. Je ne particulariserai point davantage les aventures qui nous arrêtèrent sur le chemin, qu'enfin nous terminâmes à la ville où le roi fait sa résidence. Je n'y fus pas plutôt arrivé, qu'on me conduisit au palais, où les Grands me reçurent avec des admirations plus modérées que n'avait fait le peuple quand j'étais passé dans les rues. Mais la conclusion que j'étais sans doute la femelle du petit animal de la reine fut celle des Grands comme du peuple. Mon guide me l'interprétait ainsi ; et cependant lui-même n'entendait point cette énigme, et ne savait qui était ce petit animal de la reine ; mais nous en fûmes bientôt éclaircis, car le roi, quelque temps après m'avoir considéré, commanda qu'on l'amenât, et à une demi-heure de là je vis entrer au milieu d'une troupe de singes qui portaient la fraise et le haut-de-chausses un petit homme bâti presque tout comme moi, car il marchait à deux pieds, sitôt qu'il m'aperçut, il m'aborda par un « *criado de vou estra merced*[1] » ; je lui ripostai sa révérence à peu près en mêmes termes. Mais, hélas ! ils ne nous eurent pas plutôt vus parler ensemble, qu'ils crurent tous le préjugé véritable ; et cette conjecture n'avait garde de produire un autre succès, car celui des assistants qui opinait pour nous avec plus de faveur protestait que notre entretien était un grognement que la joie d'être rejoints par un instinct naturel nous faisait bourdonner. Ce petit homme me conta qu'il était Européen, natif de la Vieille Castille ; il avait trouvé moyen avec des oiseaux de se faire porter jusques au monde de la Lune où nous étions lors ; qu'étant tombé entre les mains de la reine elle l'avait pris pour un singe, à cause qu'ils habillent, par hasard, en ce pays-là les singes à l'espagnole, et que l'ayant à son arrivée trouvé vêtu de cette façon, elle n'avait point douté qu'il ne fût de l'espèce. « Il faut bien dire, lui répliquai-je, qu'après leur avoir essayé toutes sortes d'habits, ils n'en ont point rencontré de plus ridicules, et que ce n'est qu'à cause de cela qu'ils les équipent de la sorte, n'entretenant ces animaux que pour s'en donner du plaisir. — Ce n'est pas connaître, reprit-il, la dignité de notre nation en faveur de qui l'univers ne produit des hommes que pour nous donner des esclaves, et pour qui la Nature ne saurait engendrer que des matières de rire. » Il me supplia ensuite de lui apprendre comment je m'étais osé hasarder de gravir à la Lune avec la machine dont je lui avais parlé : je lui répondis que c'était à cause qu'il avait emmené les oiseaux sur lesquels j'y pensais aller. Il sourit de cette raillerie, et environ un quart d'heure après le roi commanda aux gardeurs de singes de nous ramener, avec ordre exprès de nous faire coucher ensemble l'Espagnol et moi, pour faire en son royaume multiplier notre espèce. On exécuta de point en point la volonté du prince, de quoi je fus très aise pour le plaisir que je recevais d'avoir quelqu'un qui m'entretînt pendant la solitude de ma brutificacion.

Extrait de l'*Histoire comique contenant les États et Empires de la Lune*, 1657.

1. Plus ou moins : serviteur de Votre Seigneurie.

VIOLETTE LEDUC

(1907-1972)

« La compagnie des homosexuels »

« Aimer les femmes intelligentes est un plaisir de pédéraste », disait Baudelaire qui avait l'intelligence butée. Défaut constitutif des réactionnaires, ces chevaux dressés au mors. Toute absence de rêne les affole. Ils ne veulent pas *être intelligents. Regardez comme, quand ils sont chrétiens, ils conspuent l'intelligence, Paul Claudel s'en flattait, et se complaisent à répéter «* credo quia absurdum *», « je crois parce que c'est absurde », phrase supposée de Tertullien qu'il n'a jamais écrite, ce qui ne l'a pas empêché d'être un des violents ayant fondé la doctrine de l'Église des premiers siècles, avec le tendre Origène. Violette Leduc s'est vouée aux amours impossibles, Maurice Sachs, Simone de Beauvoir, ce qui ne lui a pas nui littérairement, loin de là. Du sacré-cœur de son exquise blessure a jailli l'encre d'aussi bons livres que* La Bâtarde *(1964).*

La compagnie des homosexuels m'est agréable parce que j'oublie qu'ils sont des hommes, que je suis une femme. J'ai eu dans leur société des moments d'égalité parce que le sexe ne comptait plus. Je ne me sens pas négligée lorsque je vis une soirée, plusieurs jours avec eux. J'obtiens d'eux des moments de sécurité comme j'en obtiens, avec l'extase en plus, de l'être à qui je me suis vouée. Leur œil ne s'allume pas, mais il ne s'éteint pas non plus lorsqu'ils me regardent en représentante d'un sexe neutre. Nous avons des rapports honnêtes : mon comportement avec eux est plus franc, plus sain que celui que j'aurais avec un homme malade dans un lit et devant lequel je me voudrais supérieure, ou bien avec un vieillard que je saluerais avec condescendance pendant que je traverserais la cour d'un hospice. Quand j'enlevai *Corydon*, *Les Faux-monnayeurs*, aux casiers d'un cabinet de lecture, le libraire me confia que l'auteur des livres cités se plaisait dans la société de jeunes aventuriers et qu'il se faisait dévaliser par eux dans les chambres d'hôtel d'un port méditerranéen. Je coupai court. Je fus navrée pour cet auteur à qui j'avais donné enthousiasme, ferveur, pour *Les Nourritures terrestres*, lu à seize ans dans un dortoir, sous un drap, à la lueur capricieuse et clandestine d'une lampe de poche. Je ne le jugeai pas, mais je généralisai. J'ai cru que les homosexuels étaient des aventuriers qui se faisaient assassiner par des crapules. J'étais loin de la vérité. Les homosexuels n'ont pas toujours la possibilité de choisir, ni celle de se montrer difficiles. Ils ont la nostalgie de l'adolescent cultivé, cultivable, adoptable, la nostalgie du fils, car les homosexuels ont l'instinct de la paternité avec, en moins, la vanité dans le prolongement du nom. Maurice Sachs, qui lisait souvent *Le Banquet*, qui enviait sans petitesse, en silence, la puissance d'attraction de Socrate, rêvait avec tristesse à un éphèbe intelligent, beau, fervent dont le cœur eût été de grande lignée. Il rencontra ce qu'il désirait avant de quitter la France, mais ce qu'il rencontra n'avait que douze ans. Gérard, petit Juif au visage admirable de tristesse, de régularité, de romantisme, de sombre poésie dans les cheveux lisses, dans le timbre de voix, dans les yeux au fond desquels ne cessait pas la transhumance de sa race, Gérard, émouvant de détresse, de pauvreté, de décence dans les vêtements étriqués, les chaussures éculées, avait été mis à l'abri dans un village de l'Orne. Il crevait de faim et devait se lever la nuit pour voler un morceau de sucre, une cuillerée de confiture, un pruneau pour endormir ses entrailles. La mère de Gérard payait cher pour elle-même un hébergement sans carte d'identité dans un hôtel de Paris ; la mère dont le mari déporté avait disparu dans des mines de sel, entretenait un vieux journaliste étranger, incapable, laid, malin, aryen, choyait près d'elle son fils aîné épris de poèmes modernes, de bars de zazous.

La mère vampirisée par son amant, par son fils aîné, écrivait des lettres moralisatrices à Gérard parce que cet enfant de douze ans était sa conscience. Elle oubliait de payer la pension. La mère refusait de reprendre son fils, l'hôtesse menaçait Gérard d'une mise à la porte. L'enfant détestait son frère, sa mère, l'amant de sa mère, avait un culte pour son père en sachant qu'il ne le reverrait pas. Maurice Sachs apprit tout cela de la bouche de Gérard, réalisa les difficultés de l'enfant, se consacra à lui avant son départ pour Hambourg et il me faut ajouter avec répugnance mais avec probité envers sa mémoire qu'il ne s'isola pas une fois dans une chambre ni dans la campagne avec ce jeune éprouvé. Il lui donna des leçons de français, lui récita du Rimbaud, de l'Apollinaire, du Villon, lui prêta des livres, lui fit manger du gâteau Parmentier qu'il confectionnait lui-même, des pommes cuites arrosées de crème fraîche. Enfin, il le ressuscita. Cet enfant qu'on disait paresseux, hautain, sournois, sortit rayonnant, loquace et rajeuni de la coquille de ses malheurs et reporta son amour filial sur Maurice Sachs qui devint de plus en plus généreux avec lui. Mais Gérard eut surtout le coup de foudre pour la littérature, les poètes que j'ai cités. Il apprenait par cœur, jour et nuit, *La Chanson du mal-aimé*. Le père et le fils adoptif se surpassaient l'un pour l'autre dans la même dévotion des poètes. Maurice Sachs décida de quitter le village et nous raconta qu'il nous donnerait des nouvelles du Poitou quand il aurait trouvé à louer une petite maison. Je reçus de lui, huit jours après, une carte sur laquelle il me disait qu'il avait signé un engagement de travailleur libre à destination de Hambourg. Gérard ne réagit pas, mais la semaine suivante il eut la jaunisse. Je ne verrai pas une jaunisse plus intense dans ses yeux, à la racine des cheveux, sous les ongles. Il guérit, n'écrivit pas à Sachs, mais décida en homme qu'il rentrait à Paris par désespoir. J'appris plus tard que le fils aîné – seize ans – avait été ramassé dans un bar et qu'il avait entraîné dans la déportation sa mère, Gérard. Ils ne sont pas revenus. Maurice Sachs n'a pas su qu'il avait été aimé comme il avait désiré être aimé. La mort a encore parachevé un amour.

Les homosexuels qui ont l'instinct de la paternité, le désir d'adoption, témoignent de beaucoup de désintéressement dans cette procréation abstraite. Les homosexuels sont souvent les fils agacés et déroutés de la femme repliée dans un homme, de l'homme replié dans une femme. De cette inversion, dont le père et la mère n'avaient subi que le frottement de deux caractères, le mâle tout en souplesse, la femme toute en rudesse, est né le fils, inversion de chair et de sang. Le père dans ce fils a perdu sa pâle virilité, la mère dans ce fils a gagné en féminité contrariée. C'est une femme autoritaire qui a fait toute seule le fils, mais comme il lui manquait du sperme personnel, ce fils est encore elle-même exacerbée, écartelée entre le sexe faible et le sexe fort. Les « folles » sont la réincarnation de femmes qui n'avaient pas voulu plaire à l'homme, de femmes qui ne plaisaient pas et qui sont revenues vivre un enfer sur terre. Les « folles », plus grandioses que les coquettes, ne sont pas des Célimène dont l'âme est en calcaire. Les « folles » sont des petits enfants qui ont choisi la femme pour sainte patronne. Des prostituées, elles ont cet agglutinement de candeur et de rouerie. Les « folles » pèchent publiquement par excès de zèle. Elles jacassent parce qu'elles sont allées à la grande école des salons de thé avec la même bonne volonté que les élèves des écoles du soir. Leur vanité est née dans un salon de couturier. Elles sont possédées par le désir de l'absolu puisqu'elles désirent toutes les robes des mannequins, toutes les fourrures dans les vestiaires des théâtres, tous les dessous dépliés dans les catalogues. Elles se font frileuses en été, se drapent dans un drap de lit, décrochent une tenture, arrachent un rideau de percale à une fenêtre, font cela pour se donner l'illusion d'envelopper, de préserver, de réchauffer leur sexe exilé. Elles n'ont pas le sens du ridicule. Tant mieux. La peur du ridicule est mesquinerie, avarice de soi-même. C'est contraire à la sainteté. Nous avons appris par l'écrivain de génie Jean Genet que les « folles » ont des martyres, une sainte dont le nom est Divine. Les « folles » veulent être ce qu'elles ne seront pas jusqu'à la persécution. Les homosexuels qui fuient la femme et qui la cherchent en même temps, soit en eux-mêmes, soit dans un autre, qui confondent l'artifice avec le féminin, qui sont fascinés par ces artifices sont des masochistes satellites. Leur nostalgie est incommensurable. Un homosexuel n'est pas tout à fait généreux. Il a la nostalgie de la générosité. Un homosexuel n'est pas réellement avare. Il a la nostalgie de l'avance. Un homosexuel amoureux n'est pas vraiment malheureux. Il a la nostalgie du don, du sacrifice. Les homosexuels qui ont l'horreur des femmes sombres, découragées, évitent la société des lesbiennes parce que, disent-ils, elles sont tristes. De la femme, ils veulent une plaisante façade morale. Des masses d'homosexuels qui sont des errants ont ceci de commun avec les Juifs : l'entêtement dans la chasse aux distractions. Ne pas s'ennuyer, maxime des Juifs et des homosexuels. Quand une femme a pleuré devant eux, elle a perdu son prestige. Sa valeur a fondu dans ses larmes. Ce qui prouve que les homosexuels sont des désespérés écorchés. Ils sont friands d'histoires comme on est friand de primeurs au printemps. Ils préfèrent papoter plutôt que ruminer, ressasser. Ils sont plus astucieux que les ressasseuses. Ils parlent et ils s'oublient. Dans le monde dit « normal », ils ont une maîtresse pour laquelle ils se surpassent : leur mère. Amour platonique qui ne peut pas aller plus loin, réhabilitation et annulation de l'inceste. Pour leur mère, ils ont des intentions, des cadeaux de mari ou d'amant que les mères n'ont pas eus de leur mari ou de leurs amants. Je crois qu'ils ne savent pas qu'ils sont le conflit vivant de la femme qui les a enfantés ; même s'ils le savaient, ils auraient pour elle la même générosité de cœur.

Extrait de *Trésors à prendre*, 1960.

JEAN POIRET

(1926-1992)

Mariage chez les transformistes

Certains hétérosexuels se croient gay-friendly *parce qu'ils font des blagues sur les homosexuels en leur présence. Si l'on en fait le millième envers leur sexualité, ils deviennent des victimes. Quand* La Cage aux folles *a été représentée à Paris pour la première fois, des gays ont protesté contre les stéréotypes où cette pièce de l'acteur Jean Poiret infusait. Ils avaient raison. On leur a évidemment répondu qu'ils ne comprenaient rien à l'humour, l'humour est d'une grande commodité pour l'abus de pouvoir. Et puis les gays ont absorbé la pièce, la décontaminant en quelque sorte. À force d'absorption, on oublie ce qu'ont été* et restent *ces œuvres. Le* Satiricon, *première fiction homosexuelle ? C'est un livre homophobe, et de plus anti-intellectuel, qui passe son temps à railler un poète. Il n'aurait pas été sauvé de la destruction de littérature antique, de laquelle nous ne gardons qu'un millier d'œuvres, moins qu'il ne se publie de livres dans la France du XXIe siècle en six mois, et recopié par quelque moine, si celui-ci n'avait pas compris cette intention de l'auteur.*

ALBIN. – Au fait tu ne m'avais pas dit que Laurent rentrait !
GEORGES. – Je te l'ai dit.
ALBIN. – Menteur !

GEORGES. – Je te l'ai dit la semaine dernière. Mais tu ne m'écoutes jamais quand je parle. Tu lis le journal à table. Tu lis *Modes et travaux* en permanence…

ALBIN. – La vérité, c'est que tu ne supportes pas de partager ton fils. Mais de là à me gommer parce que Laurent arrive…

GEORGES. – Oh ! Je ne te gomme pas ! Il faudrait une grosse gomme à encre !

ALBIN. – Tu as vraiment les nerfs à fleur de peau, mon pauvre chéri !

GEORGES *(changeant de ton pour l'amadouer)*. – Oui, parce que je suis fatigué. Et je ne suis pas le seul ! Si, si. Depuis quelques jours je remarque des anomalies dans ton comportement. Je ne t'en parle pas parce que j'ai soin de ton confort moral… Mais tu ne vas pas bien Albin. Tu files un mauvais coton en ce moment. Je me demande si tu ne me fais pas un peu d'anémie. Tu me ferais bien une petite pointe d'anémie…

ALBIN. – Pourtant je me sens bien…

GEORGES. – Tu te sens bien ! Mais regarde ta mine ! Moi, je tire la sonnette d'alarme. Tu t'es vu, ce matin ? Tu es vert !

ALBIN. – Oh ! Je suis tout bronzé !

GEORGES. – Tu es vert bronze ! C'est ça le drame ! Mais c'est normal, Albin, nous sommes en fin de saison, tu n'as pas pris de vacances, c'est de la folie !

ALBIN. – Je ne prends jamais de vacances l'été !

GEORGES. – Tu ne prenais pas de vacances d'été jusqu'alors. Mais tu n'as plus vingt ans. Seulement, ça, tu ne l'admets pas. Alors on va. On va jusqu'à la limite de ses forces, et puis un beau jour on s'écroule !

ALBIN. – Je t'assure que je me sens très en forme.

GEORGES. – C'est curieux cet entêtement des gens à ne pas se rendre à l'évidence ! Ménage-toi Albin !

ALBIN. – Dis donc, il y a longtemps que tu ne t'es pas occupé de moi avec autant de sollicitude !

GEORGES. – Je veille sur toi en permanence, tu le sais très bien. Seulement je le fais avec infiniment de discrétion.

ALBIN. – Ça, c'est vrai. On ne s'en aperçoit pas !

GEORGES. – C'est ça la grandeur d'âme.

ALBIN. – Qu'est-ce que tu as ma Toutoune ?

GEORGES *(s'oublie un instant, puis reprend vite son travail en douceur)*. – Ah zut ! Quand ce n'est pas Trotty, c'est ma

Toutoune ! Je n'ai rien. J'ai simplement que je ne tiens pas à te voir finir dans une maison de santé, parce que, tu sais, mon petit Albin, je te mets en garde : tu vas craquer ! Tu es déjà plein de fissures, mais tu vas craquer !

ALBIN. – Pourquoi me dis-tu ça ? Tu me fais peur ! On t'a fait des réflexions ?

GEORGES *(qui intensifie son travail au corps)*. – Justement ! Et c'est pour ça que je te pose la question. On dirait que tu crains de me parler. Qu'est-ce qu'il y a ? Tu te sens fatigué ? Tu vois, je te tends la perche, je ne peux pas faire mieux. Tu veux te reposer ? Tu veux arrêter le spectacle pour te reposer, ne serait-ce que… trois jours ?

ALBIN. – En septembre nous verrons.

GEORGES. – Pourquoi attendre septembre ? Pourquoi accumuler de la fatigue supplémentaire ? Si tu dois te reposer, fais-le, mais fais-le tout de suite. (*Décidé.*) Allez ! Moi, je prends le taureau par les cornes ! Tu sais ce que tu vas faire ? Tu vas prendre ton petit baluchon et tu vas partir trois jours, pour le week-end.

ALBIN. – La vedette du spectacle ne va pas s'absenter pour le week-end.

GEORGES. – La santé avant tout !

ALBIN *(subitement affolé)*. – Georges tu as appris quelque chose. Le docteur Deslandes t'as dit quelque chose que tu me caches…

GEORGES. – Oh ! Ne va pas te mettre martel en tête ! Ça n'est pas la dame aux camélias non plus, il ne faut pas exagérer ! Mais il me semble que trois jours de repos en fin de saison te redonneraient une bouffée d'oxygène.

ALBIN. – Alors partons ensemble pour Dieppe !

GEORGES. – Pour Dieppe ?

ALBIN. – Trois jours à Dieppe.

GEORGES. – Ah ! Non ! Moi, je ne pars pas pour Dieppe. Le voyage me fatigue maintenant. Avec le décalage des fuseaux horaires. Et puis on ne va pas lâcher la boîte tous les deux en même temps.

ALBIN. – Tu vas rester seul ?

GEORGES. – Trois jours, je n'en mourrai pas. Je me ferai des pâtes, j'ouvrirai des boîtes. Et puis tu rentreras, tu seras bien reposé : ce sera mieux pour tout le monde.

ALBIN *(s'emportant)*. – J'ai dit non ! Je tiendrai le coup jusqu'en janvier, nous n'aurons qu'à rester un peu plus longtemps à la Bourboule.

GEORGES *(adoptant le même ton)*. – Je ne sais même pas pourquoi je discute. Il faut toujours que tu aies le dernier mot. Tu avoueras que tu as vraiment un caractère de cochon !

ALBIN. – Oh !

GEORGES. – Y'a trop longtemps que je me contiens ! C'est lâché ! Il fallait que ça sorte, sans ça j'aurais eu une éruption de boutons sur tout le corps.

ALBIN. – Dis donc mon petit Georges, je ne suis peut-être pas très fin, mais quand on me met les points sur les « i », je finis par avoir des lueurs.

GEORGES. – Qu'est-ce qui te prend ?

ALBIN. – Tu cherches à m'évincer !

GEORGES. – Oh ! Pourquoi dis-tu ça ?

ALBIN. – Tu cherches à m'évincer pour le week-end.

GEORGES *(le regard fuyant)*. – Pas du tout.

ALBIN. – Il y a un homme dans ta vie !

GEORGES. – Ah ! Voilà !

ALBIN. – Tu en es fou et tu pars avec lui pour le week-end.

GEORGES. – Oh !

ALBIN *(dramatique)*. – Tu veux m'éloigner avec Jacob hein ? Pas de témoin ! Eh bien non, je ne jouerai pas pour le week-end, mais tu ne pourras pas faire un pas, je ne te laisserai pas !

(Albin s'effondre en larmes.)

GEORGES. – Les écluses sont ouvertes !

ALBIN. – Quinze ans ! Quinze ans de vie commune pour en arriver là ! *(Il se jette sur le canapé.)*

GEORGES. – Ne te répands pas sur le canapé ; tu vas me mettre du rimmel partout.

ALBIN. – Tout ça parce que j'ai un peu épaissi…

GEORGES. – Mais ça n'a rien à voir !

ALBIN. – Parce que j'ai perdu mon galbe…

GEORGES. – Ce n'est pas parce que tu as pris dix-huit kilos en six semaines que tu as perdu ton galbe ! *(Albin prend un coussin et en menace Georges.)* Oh ! Albin !… C'est la première fois que tu oses lever le coussin sur moi. *(Georges prend sur la coiffeuse une houppette.)* Ne recommence pas ou je t'envoie la houppette ! Tu ne me connais pas quand je suis en fureur ! Je t'envoie la houppette à toute volée et je te brise un genou ! Tu n'as pas honte ? C'est monstrueux ce que tu fais là !

ALBIN. – Quel âge a-t-il ce bonhomme ? Tout jeune ? Mineur ?

GEORGES. – Zut !

ALBIN. – Tu as trop de tentations sur la côte, je ne veux plus rester ici. Je veux que nous vendions et que nous allions nous installer en Corrèze ou dans un bassin minier...

GEORGES. – Tu veux t'installer dans un bassin minier, et tu ne veux pas que je fréquente de mineurs ! Faut être logique !

ALBIN. – De toute façon, je saurai qui c'est, parce que à partir de cet instant, je ne te lâche plus ! Tu sors, je sors. Tu téléphones, je prends l'écouteur. Tu ne pourras même pas le prévenir, tu ne pourras même pas lui donner un autre rendez-vous. Je ne me laisserai pas déposséder. *(Il s'écroule à nouveau.)*

GEORGES. – C'est Sarah Bernhardt enfant ! La crise est passée ? On peut vous adresser la parole, Madame Bovary ? Bon, alors écoute-moi une seconde avec sérénité, si ça t'est possible. Tu aimes Laurent ? Tu as de l'affection pour lui ?

ALBIN. – Qu'est-ce que ça a à voir avec Laurent ? Ne noie pas le poisson !

GEORGES. – Écoute-moi. Pour le bonheur de Laurent, pour le bonheur de l'enfant, pour le bonheur du tout petit, il est absolument indispensable que tu t'absentes trois jours.

ALBIN. – Explique-toi !

GEORGES. – Parce que... Laurent va se marier.

ALBIN. – Pauvre petit bonhomme ! Et tu m'annonces ça comme ça !

GEORGES. – Je ne vais pas t'envoyer un faire part ?

ALBIN. – Mais c'est de la folie ! Il est beaucoup trop jeune ; il va gâcher sa vie !

GEORGES. – J'ai dit, j'ai dit tout ça. Tout ce qu'un père peut dire, je l'ai dit. Toujours est-il qu'il a l'intention de se marier, avec une fille...

ALBIN. – Quelle horreur !

GEORGES. – ... une fille que j'ai aperçue au début de la saison.

ALBIN. – Pourquoi ne m'en as-tu pas parlé ?

GEORGES. – Parce que Laurent sort avec des filles depuis qu'il a quinze ans et que je ne t'en parle pas à chaque fois.

ALBIN. – Tu le laisses trop libre.

GEORGES. – En tout cas, un fait est certain : c'est que les éventuels beaux-parents débarquent ici à la fin de la semaine...

ALBIN. – C'est pas vrai !

GEORGES. – Si ! Que le père se présente aux élections contre Barnier, et que son intention est de fermer les boîtes de bonshommes.

ALBIN. – Elle est folle celle-là !

GEORGES. – C'est te dire que ces gens ne me semblent pas doués d'une largeur de vue panoramique, et qu'en conséquence, il importe qu'ils aient de cette maison une impression irréprochable.

ALBIN. – Mais Georges, nous ferons tout pour.

GEORGES. – C'est vraiment le béret basque à la narine. Si nous devons faire tout pour, comme tu le dis très justement, il serait peut-être souhaitable que tu ne sois pas là lorsqu'ils viendront. Nous aurions peut-être plus de chances, toi absent ! Je ne sais pas si je me fais bien comprendre ?

ALBIN. – Georges tu réalises ce que tu me demandes ?

GEORGES. – Tout à fait !

ALBIN. – Tu me rejettes ! Tu m'exiles comme un lépreux, quand notre fils se marie !

GEORGES. – Oh ! Notre fils ! Puis quoi encore ? Tu ne veux pas une prime d'allaitement pendant que tu y es ?

ALBIN. – Tu me répudies, moi qui ai passé des nuits entières à veiller sur sa variole…

GEORGES. – C'était une varicelle !

ALBIN. – Et alors ? C'est aussi contagieux ! *(Albin éclate en sanglots.)*

GEORGES. – C'est reparti !

ALBIN. – Je suis donc un monstre, qu'on ne veuille pas me montrer ?

GEORGES. – Tu n'es pas un monstre, Albin, mais enfin…

ALBIN. – Quoi ?

GEORGES. – Tu as des manières…

ALBIN. – Quelles manières ?

GEORGES. – Regarde-toi dans une glace de temps à autre. Tu as des manières ! Des manières charmantes, mais qui peuvent surprendre des gens non avertis ! *(Il a ponctué sa période d'un geste particulièrement gracieux.)*

[…]

ALBIN. – C'est un affront que je ne supporterai pas.

GEORGES. – Oh ! La marquise est coincée !

ALBIN. – Je te le dis calmement, mais avec une résolution inébranlable.

(Ils se regardent en silence. Georges sent bien qu'Albin ne bluffe pas.)

GEORGES. – Merci ! On ne peut pas dire que tu me facilites la tache ! Ah ! J'en ai marre de cette tôle ! Un jour qu'il pleuvra, je me foutrai dans une flaque et vous ne me retrouverez pas. Mais qu'est-ce que tu veux que je fasse de toi ?

ALBIN. – Comment ça ?

GEORGES. – À ces gens qui vont venir, en tant que quoi veux-tu que je te présente ?

ALBIN. – Je pourrais très bien être son oncle !

GEORGES. – Tu n'as pas une tête d'oncle ! Si tu veux t'incruster, je te verrais mieux en précepteur.

ALBIN. – Laurent est gentil mais il n'a pas l'air d'avoir été élevé par un précepteur.

GEORGES. – Je dis un précepteur, ou un majordome ! Un vieux majordome, presque de la famille ; un vieux valet d'écurie…

ALBIN. – Tu veux vraiment me reléguer à l'office. Si tu avais épousé une femme qui boit, tu ne la ferais pas passer pour ta bonne.

GEORGES. – Oui, mais, ce serait une femme ! Et dans un foyer, vis-à-vis des gens, une ivrognesse est plus présentable qu'un pédéraste !

ALBIN. – Eh bien mon cher ami, il fallait vous apercevoir de cela avant !

(Georges regarde Albin beurrer ses toasts comme une vielle habituée des salons de thé.)

GEORGES. – Regardez-le ! Il est là, comme un gros matou, installé dans ses confitures et dans son beurre ; il en bave ! On mettrait des pommes de terre en dessous, tu ferais des frites ! Ah ! Tes enfants ne te posent pas de problèmes à toi !

ALBIN. – Oh ! Drame du père ! Saynète humoristique ! Tout ça parce que tu as eu un bébé par hasard, un soir de beuverie.

[…]

GEORGES. – Il va falloir t'y mettre !

ALBIN. – À quoi seigneur ?

GEORGES. – Parce que je te préviens, si Laurent rate son mariage par ta faute – tu les vois mes petits poings ? Ils sont prêts à partir –, je ne te le pardonnerai pas.

ALBIN. – Comme tu me regardes ! Tu me fais peur !

GEORGES. – Ah ! Tu ne veux pas céder la place ! Ah ! Tu veux jouer les oncles gâteaux ! Eh bien, il va falloir qu'ils se virilisent, les oncles ! Il va falloir qu'ils apprennent à tenir leur biscotte comme des mâles, à beurrer leur tartine comme des débardeurs et à boire leur thé comme des forts des halles, les oncles ! Allez on se tient droit, pour commencer, pas comme une chochotte ! *(Il fait voler les coussins sur lesquels Albin est avachi.)*

ALBIN *(pleurniche)*. – Mais qu'est-ce qui te prend ?

GEORGES. – Je vais t'apprendre, moi, à vivre les fesses sur le velours et sur le satin, comme une poule de luxe ! À la dure maintenant : les fesses sur le coton. On va te la faire ton éducation de bonhomme ! Prends ta biscotte *(Albin veut prendre la biscotte, de façon un peu virile et la casse. Georges en reçoit les éclats)* n'essaie pas de me blesser avec une biscotte ! Pour toucher l'assurance vie ! Tu crois que je ne le vois pas ton manège ? Le crime parfait, une biscotte en pleine tête, on n'en parle plus. Assassine ! Reprends-en une et tiens-la bien cette fois-ci.

ALBIN. – Oui !

GEORGES. – Ferme mais pas brutal ! La biscotte de l'homme ! Tartine la confiture, maintenant, avec la cuillère. Je vais te la donner, ta leçon, moi ! Pas comme ça, la cuillère, pas à deux doigts ! Ce n'est pas une clochette, la cuillère ! Tenue solidement ! *(Albin empoigne la cuillère.)* Ce n'est pas une cuillère à pot non plus !

(Albin essaie d'étendre la confiture comme Georges le lui indique. Il tremble, s'énerve et à nouveau casse sa biscotte.)

ALBIN *(voyant Georges courbé sous la douleur)*. – Qu'est-ce qu'il y a ?

GEORGES. – J'ai reçu la biscotte en pleine poitrine ! Tu n'es qu'une truie !

ALBIN *(en larmes)*. – Je n'y arriverai jamais !

GEORGES *(exaspéré)*. – Ne pleurniche pas. Cesse de pleurnicher !

ALBIN. – J'ai cassé ma biscotte !

GEORGES. – Ben oui tu as cassé ta biscotte ! C'est malheureux, d'accord, mais dans une circonstance comme celle-là, tu dois réagir en homme !

ALBIN. – Je le sais bien !

GEORGES. – Tu dois faire face à l'évènement. Te dire « Il vient de m'arriver un coup dur, je viens de casser ma biscotte, mais je suis encore jeune, je vais remonter la pente ». Ton thé maintenant. Montre-moi comment tu bois. Ça marque un homme, la façon dont il boit ! *(Albin prend sa tasse.)* Allez ! Avale-moi ça ! Bien viril ! *(Albin boit avec infiniment de grâce.)* Ça comme virilité, c'est Catherine Deneuve ! Fais-moi John Wayne ! Imite John Wayne, descendant de son cheval à Rio bravo, entrant au saloon et prenant le thé pour son quatre heures.

ALBIN. – Oh non !

GEORGES. – Essaie de me faire John Wayne !

ALBIN. – Non !

GEORGES *(menaçant)*. – Fais-moi John Wayne.

ALBIN *(affolé)*. – Oui, je vais le faire, John Wayne… Tu crois que c'est une tenue pour monter à cheval ?

GEORGES *(toujours menaçant)*. – Ça va mal se terminer nous deux.

(Albin fait semblant de tirer au pistolet, très dame.)

ALBIN. – Bang !!! Bang !!!

GEORGES *(lève sur lui une serviette vengeresse)*. – Albin ! *(Albin essayant d'alourdir sa démarche, se dirige vers la tasse de thé.)* C'est mieux ! Tu vois, quand tu veux te donner la peine !

ALBIN *(s'efforçant d'imiter John Wayne)*. – Dis donc, mon gars, est-ce que je pourrais avoir un petit coup de thé ?

(Albin prend la tasse.)

GEORGES. – Avale-moi ça comme un grand ! Bien viril ! *(Albin s'exécute, mais les gestes restent très féminins.)* Je vais te dire une chose que je n'ai jamais dite à personne : tu es désespérant !

ALBIN. – Alors fait moi John Wayne, toi, si tu es malin !

GEORGES. – Et alors ! C'est sorcier d'avoir l'air d'un bonhomme de temps à autre ? C'est difficile de marcher comme un vrai mâle ? *(Georges se déplace d'une manière guère plus virile qu'Albin)* C'est difficile de prendre son thé et de boire comme un homme ?

(Georges prend sa tasse et, d'un petit doigt détaché, la boit.)

ALBIN *(pouffant)*. – C'est John Wayne jeune fille !…

GEORGES. – Tu m'agaces. Va t'habiller. On en reparlera.

Extrait de *La Cage aux folles*, 1973.

COPI

(1939-1987)

Les comme ça

Il y a un livre à publier sur les Argentins de Paris. Dans les années 1960 et 1970, ceux qui n'en pouvaient plus du péronisme sont venus en France et y ont apporté une fantaisie intellectuelle comme nous n'en avions pas vu depuis les poètes de la Renaissance, mais aussi un génie bouffon, en l'espèce représenté par Copi. Le comique n'est pas la première caractéristique de la littérature argentine, il est vrai que le comique est rare dans toute littérature et tout pays. Copi était irrespectueux en tout, grande qualité, y compris envers le sida qui l'a tué. La première pièce de théâtre sur la question est sa Visite inopportune *(1988), où il ne fait pas l'hommage à la maladie de la trouver suprême. Une autre de ses grandes qualités consiste à se moquer de la crédulité populaire : ainsi, dans sa pièce* Eva Perón *(1970).*

J'AI DES DOUTES SUR MON AÎNÉ.
JE CROIS QU'IL EST UN PEU COMME ÇA.
À PRÉSENT ILS SONT TOUS COMME ÇA.
COMME ÇA COMMENT?
COMME VOUS DITES.
COMME ÇA!
JE N'AI PAS DIT QUE MON FILS ÉTAIT COMME ÇA!

« Les comme ça »,
dans *Le Monde fantastique des gays*, 2014.

CHARLES DANTZIG

(né en 1961)

Le député Furnesse
(un homophobe)

Au moment du dépôt du projet de loi sur le mariage homosexuel, un ami anglais me dit : « 1789, mai 68, vous allez décider ça en cinq minutes, et ici ce sera très compliqué. » La Chambre des communes a voté pour le même texte en cinq minutes et en France, ce que l'on sait. Mon ami avait oublié la Ligue, les congrégations, la Révolution nationale. La fiction consiste à montrer à la vie ce qu'elle ne veut pas voir. Je n'avais pas lu d'homophobe. J'en ai inventé un.

C'est un œil d'homme. il est plissé. L'homme regarde attentivement ce qui se passe sur la scène. On ordonne, on pleure, on trahit, on tue, on chante. L'homme enregistre avec intérêt ces histoires aux intrigues sommaires, à la violence vantée, aux conclusions morales. Il les comprend, il les aime. À la fin de la représentation, il se faufile vers le premier rang en bousculant plusieurs spectateurs, et salue la présidente du patronat en se penchant d'un mouvement sec qui le conduit très bas. Baisemain à la présidente d'un groupe de presse qui accompagne la présidente du patronat. « Nous comptons sur vous, monsieur le député, dit celle-ci. On n'ose pas dire aux Français qu'il faut faire des sacrifices. » Dans le taxi, il envoie un SMS la qualifiant de « gouine trapue » et assurant qu'elle couche avec la présidente du groupe de presse. Il demande au chauffeur de taxi des nouvelles de la politique. Parlant plus fort que la radio où un chroniqueur proteste contre le « politiquement correct », le chauffeur proteste contre le « politiquement correct ». Le député Furnesse approuve : le « politiquement correct » infeste le pays. Il remarque dans le rétroviseur la tranche d'yeux du chauffeur qui examine son propre visage gris, ses lunettes à monture invisible, ses yeux pâles, sa chemise blanche au col très serré, sa cravate beige, son costume noir, le ruban de la Légion d'honneur au revers. En se rendant à sa chambre, le député ne passe pas devant celle de Ferdinand, elle est à l'autre bout de l'appartement. Économisant la location d'un studio que son fils pourrait demander en tant qu'étudiant, il retient néanmoins cent euros par mois sur les quatre cent cinquante qu'il lui donne, « pour le principe » ; en utilisant au mieux les dispositions légales, il perçoit des allocations de l'état. Le député est élu d'une ville moyenne à une centaine de kilomètres de Paris. Ce matin, à la radio, avant de passer à son sujet principal, la guérilla contre le mariage gay, il a fait une déclaration contre les « élites » qui n'entendent pas la « souffrance des Français », elles qui vivent « sous les lambris de la République ». Quand l'autre invité l'a interrompu, il lui a coupé la parole à son tour et conseillé de venir avec lui dans sa circonscription « un week-end de son choix » pour visiter le marché et parler aux « paysans » des « problèmes créés par les bureaucrates fous de Bruxelles ». Aujourd'hui samedi, il n'a pas fait sa visite plus ou moins hebdomadaire dans la circonscription qui l'a élu (« ma circonscription », « mes administrés »), puisque avant d'aller à l'Opéra Bastille il avait des réunions avec des représentants du Mai charismatique français et d'autres associations aptes à mobiliser beaucoup de manifestants contre le mariage. « Ce petit con me fait chier », marmonne-t-il en refermant la porte de sa chambre. Un très grand lit y est observé par un très grand écran de télévision (consoles de jeu sur la banquette en bois et daim au pied du lit). Il hésite à regarder un film puis choisit une escorte sur un site de rencontre.

[…]

Le député Furnesse aurait voulu que son fils écoute du hard rock, baise une cousine et rentre saoul tous les soirs. Il arrivait à Ferdinand de rentrer saoul, mais son père était à des réunions politiques, des dîners d'obligation, des soirées échangistes, et même quand il était à la maison c'était à l'autre bout de l'appartement, occupé, toujours occupé. Ferdinand enfant se précipitait sur lui : « Je suis occupé ! » et il revenait, petit bélier réclamant caresses, se heurtant à : « Je suis occupé ! » quand (au début même de la discussion de la loi sur le mariage gay dont le député était le plus flamboyant opposant !) Ferdinand avait fait une allusion à ses goûts, le député avait répondu : « Je suis occupé ! » qu'il effectue ses dégueulasseries sans m'en parler. C'est à cause de sa salope de mère, elle l'a trop couvé. Bien fait pour elle, s'était-il dit en ricanant intérieurement. Elle m'a fait un pédé, cette pute !… Bien fait pour elle ! si j'avais eu le temps de m'en occuper et de le sortir de ses jupes !… Mais voilà, ma circonscription, mes électeurs !… J'aime les gens, moi !… Salope ! elle aura un bon petit pédé pour l'accompagner acheter des robes !… Un pédé, c'est un pékinois qui parle !… Et elle aura honte quand elle croisera ses amies avec des fils mariés, travaillant, pères de famille, normaux !… C'est à vous, cette tapette, madame ? oh non, c'est mon toutou qui parle !… Ne tire pas sur ta laisse, Ferdinand (il s'appelle Ferdinand) !… Tu verras, salope !… Enculé !… Dès les premiers roulements de tambour des médias contre le mariage, le député avait surgi, affable, souriant, plein de verve, prévisible, utile, accumulant les injures d'un ton suave. Ferdinand s'était senti boxé. Il aurait peut-être pu répondre si son père l'avait visé personnellement, mais une guerre contre tout un peuple ? Convoqué dans son bureau pour donner des nouvelles de ses études (ça n'arrivait qu'une ou deux fois par an, et c'était rapide), il éclata d'un rire un peu aigu (jet de blond). « Sois viril ! », ordonna le député. Deux ou trois considérations morales générales que Ferdinand connaissait et écouta comme on attend que la pluie cesse, puis, reposant d'un coup sec le verre de whisky qu'il avait fini, son père dit « Je suis occupé », se leva, sortit du bureau en poussant Ferdinand et marmonnant assez fort pour qu'il l'entende : « Enculé. » Des sites internet recommandaient des retraites religieuses, des cures de « re-hétérosexualisation sous la conduite d'un ex-gay ». Rah ! il alla dans un sauna de la gare de Lyon où il avait des habitudes avec une femme qui louchait et qu'il aimait battre.

[…]

Le dimanche matin, le député Furnesse hurlait dans le couloir. « Je veux que mon fils déjeune avec moi le dimanche ! la famille est sacrée ! Je n'ai pas eu de père, mon fils doit profiter de moi ! » il revenait de sa circonscription, où il avait reçu, écouté, questionné, conseillé, s'était montré au marché de neuf heures à midi et demi. Ferdinand devait assister à ce déjeuner de famille sans famille qui se composerait de députés, d'intermédiaires, de gens utiles, des hommes comme la plupart du temps et quand il y avait les épouses elles étaient, ou assommées d'antidépresseurs, ou plus hargneuses que leurs maris. Ils se flatteraient de ne pas faire partie de l'élite. Un chauffeur attendrait en bas le directeur général de l'entreprise de chauffage urbain qui subventionnait la section de son parti qu'avait fondée le député Furnesse, « LVG », « les vrais gens ». Quand Ferdinand était enfant, ils se moquaient du « sentier » (blagues sur les marchands de tissu avec accent pied-noir), depuis quelques mois c'était « le marais ». Le député Furnesse et ses amis aimaient résumer géographiquement leur mépris. On ferait des jeux de mots sur « la mare aux pédés », un cultivé rappellerait que le marais avait été le parti centriste sous la révolution (« Centriste, beuuuh ! », ferait une femme trapue et très décolorée qui aurait préalablement hurlé : « Les valeurs, merde ! »). Il y aurait des histoires drôles. le député Furnesse dirait : « Celle-là, les dames peuvent l'entendre ! C'est un pédé qui dit : "Moi, j'ai des couilles au cul… mais c'est pas toujours les mêmes !" » Ferdinand à qui l'on n'adresserait pas la parole, sauf pour des jovialités reçues par ses marmonnements (« Alors, Féfé ? on t'oblige à déjeuner avec les vieux pour t'empêcher d'aller voir ta copine ? »), essaierait de ne pas entendre les histoires drôles. Elles aboutissaient toujours à : « Les gens ont besoin d'un chef. » Arriverait le poulet rôti. Poulet rôti, ô sacré poulet rôti, se dirait encore une fois Ferdinand parmi ces trognes, paupières tirées par un coup de griffe de chirurgie esthétique, lèvres au collagène nouées comme un ballon de baudruche, iris flottant dans des boules d'ivoires veinées de rouge, ventres de mappemonde tendant des vestes croisées avec une tache de sauce qui serait devenu le nombril de la scène s'il n'y avait eu le nez du député Furnesse, long, blême, tombant, une chaussette. Poulet rôti, armes de la bourgeoisie française quand les aristocrates avaient des lions ou des léopards ! Poulet rôti qui résistes aux déflations, aux coups d'état, aux invasions allemandes ! Ô Poulet rôti, blason des sans blason sur champ de fourchettes croisées ! Héraldique plus durable qu'aigles à deux têtes ! Hohenzollern tombés, Poulet rôti resté ! reich de mille ans en dure dix, Poulet rôti reste éternel ! Poulet !

Poulet ! Poulet rôti ô mon Poulet rôti ! le déjeuner passerait et Ferdinand n'aurait pas laissé leurs phrases pénétrer son intelligence. Muet, le cou bas, un regard torve posé sur son père, il serait surpris de voir le bras de la cuisinière débarrasser l'assiette à laquelle il n'aurait pas touché. Ses amis partis, son père somnolent brancherait la télévision. Qu'elle est moche. Cette tête de cul. Les bons vieux films. Ah ! Napoléon ! ma première voiture. Je me suis fait tout seul. Ta pute de mère. La gouine du MEDEF. Encore deux mecs qui se roulent une pelle dans une série, c'est une invasion. Il s'endormirait en bavant sur le plastron de sa chemise.

[…]

Un journaliste interviewait le député Furnesse. Travaillant pour une chaîne qui, le jour de la marche en faveur du mariage, avait diffusé des images d'une régate en Bretagne, il était lui-même opposé à cette loi, mais devait à la comédie médiatique de taquiner le député, il l'en avait averti.

L'Intervieweur. – Jean Furnesse, on vous dit homophobe.

Le député Furnesse. – Hun ! Homophobe ! mais je n'ai que compassion pour la souffrance des homosexuels ! Je ne veux simplement pas que la haine de l'hétérosexualité, car c'est de cela qu'il s'agit, vienne nous priver d'une institution qui a été créée pour nous. Le mariage est entre-un-homme-et-une-femme. Si on traite d'homophobe quelqu'un qui défend le simple bon sens ! Hun !

L'Intervieweur. – Il ne…

Le député Furnesse. – Car enfin, Nicolas Martin, il y a une chose qu'on ne rappelle jamais dans cette affaire, hun, hun, où le gouvernement nous a précipités sans débat, c'est le courage, oui, j'ose le mot, le courage de l'Église (qu'on se rappelle les prières ordonnées dans tout le pays pour la protection des enfants), qui bien sûr ne lui a valu que dénigrement. Et, et, et ! Nicolas Martin, le courage de toutes les autres religions. Je me permets de rappeler hun, que, pour la première fois dans l'histoire de France, les chefs de tous, de tous les cultes ont publié une tribune commune dénonçant cette loi liberticide. Le cardinal-archevêque de Paris, le grand rabbin de France, le président de la Fédération protestante de France, un pasteur de l'église luthérienne, un prêtre orthodoxe grec, un ministre anglican, un évêque de l'église arménienne, tous vous dis-je nous ont rappelés aux vraies valeurs. Sans oublier l'union des organisations islamiques de France, qui n'a pas hésité à redire que, si le mariage entre deux personnes du même sexe devenait une norme, on pourrait légitimer un jour la polyandrie ou la zoophilie au nom du sacro-saint amour. Ce qui se passe, Nicolas Martin, hun, hun, c'est que les homosexuels veulent entrer dans la norme pour la subvertir.

L'INTERVIEWEUR. – Vous parlez des relations instables chez les homosexuels, mais ils cherchent la stabilité par le mariage.

LE DÉPUTÉ FURNESSE. – Oui, mais ils ont inventé les backrooms. Enfin, Nicolas Martin ! Ce qui est extraordinaire, c'est que, depuis six mois que cette loi est en discussion, hun, hun, il faut sans arrêt rappeler les choses les plus élémentaires. Il y a une nature. La nature veut que l'homme se marie avec la femme pour perpétuer l'espèce, hun.

L'INTERVIEWEUR. – Un activiste a déclaré, je cite : « Le député Furnesse disant qu'il n'est pas homophobe, c'est Mengele disant : "Je ne suis pas antisémite." » Que pensez-vous de cette observation pour le moins agressive ?

LE DÉPUTÉ FURNESSE. – Hun ! Hun ! mon père a été résistant, Nicolas Martin ! Cette basse attaque est une atteinte à la mémoire de ma famille, à tout ce que je suis et tout ce que j'ai toujours fait ! Je me réserve le droit d'agir en justice pour défendre mon honneur, Nicolas Martin. Je défends les traditions de mon pays. Nous n'allons pas nous laisser imposer sa loi par un lobby qui veut *contaminer* la société. Nous allons gagner et donner un exemple au monde. Je vous rappelle que nous sommes des millions, Nicolas Martin. Des millions de personnes dans les rues de Paris, et on ne les écoute pas ? Le peuple a parlé !

L'INTERVIEWEUR. – Il ne suffit peut-être pas de dire qu'on n'est pas une chose pour ne pas l'être. Si c'était le cas, on libérerait tous les voyous qui se proclament innocents, et les prisons seraient vides ! vous avez défilé dans chaque manifestation contre le mariage, jusqu'à celle où on a crié des slogans comme, je cite : « Mariage homo, mariage d'anormaux ! »

LE DÉPUTÉ FURNESSE. – Je ne suis pas responsable de ce que les autres disent, Nicolas Martin ! Puisque je vous dis !… Hun ! Hun ! Je-ne-suis-pas-ho-mo-phobe ! Je-ne-suis-pas-ho-mo-phobe ! JE-NE-SUIS-PAS-HO-MO-PHOBE !

L'INTERVIEWEUR. – Et quand le même activiste déclare que, je cite : « Si j'étais les ennemis du mariage gay, je serais gêné par mes témoins de moralité : une alcoolique qui danse sans culotte dans les bars ; un chroniqueur de télévision parlant sans arrêt de la protection de la famille française traditionnelle qui fréquente une boîte à partouzes où il couche avec des prostituées africaines ; un prêtre mondain qui fulmine à la télévision que “le mariage c’est entre un homme et une femme” et convoque de jeunes garçons pieux à des retraites dans sa luxueuse campagne où il les incite à coucher avec lui, humiliant ceux qui refusent devant ceux qui ont accepté ; ses camarades les archevêques de Paris et de Lyon couvrant les scandales pédophiles de leur église ; le grand rabbin de France *[que vous mentionniez il y a un instant, Jean Furnesse]*, auteur d’une plaquette d’une haute moralité contre l’homosexualité, obligé de démissionner pour avoir plagié un philosophe célèbre et menti sur ses diplômes ; l’obscur député Furnesse, qui a un taux de popularité de 12 %, tandis que celui du mariage gay est de 60 % ; il est jaloux ! »

LE DÉPUTÉ FURNESSE. – Eh bien voilà. Hun. Il y a chez ces gens une haine des plus hautes institutions de l’état et de la morale qui montre leur désir d’anarchie. Il faut protéger les familles de France contre cette menace, Nicolas Martin.

D’un air anodin, le journaliste sortit un papier de sous son pupitre :

L’INTERVIEWEUR. – Qu’avez-vous à dire, monsieur Furnesse, de cette information d’un site internet, mise en ligne il y a quelques minutes, au moment même où notre émission commençait, selon laquelle vous avez créé une société de conseil avec votre épouse, séparée de vous mais dont vous n’avez pas divorcé, société à laquelle vous avez fait passer des marchés par votre parti ? Les factures s’élèveraient à plusieurs centaines de milliers d’euros.

Le député Furnesse sourit, ferma les paupières un peu plus longuement qu’il ne les aurait normalement fermées, puis les rouvrit en même temps qu’il faisait un sourire hautain : « Restons sur les sujets sérieux. Je suis là pour la tâche qui m’incombe, protéger la France du rejet permanent des valeurs, même si c’est au prix des injures et de la calomnie. Je suis prêt à souffrir ces stigmates pour mon pays. » L’intervieweur insista, Furnesse devint sec : « J’oppose le démenti le plus formel. » Au démaquillage, il hurla : « Vous avez agi contre toute déontologie ! Vous auriez dû me prévenir ! Je vais vous casser ! Vous casser ! Vous m’entendez ? Vous casser ! Vous pensez que je ne sais pas tout sur vous ? Je vais vous écraser ! Vous êtes une merde ! Une merde ! »

Extrait de l’*Histoire de l’amour et de la haine*, 2015.

LA DENT DURE

Si on a la dent dure, c'est que la bête est féroce.

HENRI IV

(1553-1610)

« Si je n'avais été roi, j'eusse été pendu »

Dans la famille Bourbon régnante, un seul a eu de l'humour et même de l'esprit. Henri IV avait-il gardé de la liberté du Sud-Ouest ou jouait-il la comédie, peu importe, il a su sourire.

On lui dit que feu M. de Guise était amoureux de Mme de Verneuil ; il ne s'en tourmenta pas autrement, et dit : « Encore faut-il leur laisser le pain et les putes : on leur a ôté tant d'autres choses ! »

Quand il vint à donner le collier à M. de La Vieuville, père de celui que nous avons vu deux fois surintendant, et que La Vieuville lui dit, comme on a accoutumé : « *Domine, non sum dignus.* — Je le sais bien, je le sais bien, lui dit le roi, mais mon neveu m'en a prié. »

Une fois un gentilhomme servant, au lieu de boire l'essai qu'on met dans le couvercle du verre, but en rêvant ce qui était dans le verre même ; le roi ne lui dit autre chose sinon : « Un tel, au moins deviez-vous boire à ma santé, je vous eusse fait raison. »

Il faisait des banquets avec M. de Bellegarde, le maréchal de Roquelaure et autres, chez Zamet et autres. Quand ce vint au maréchal, il dit au roi qu'il ne savait où les traiter, si ce n'était *Aux Trois Mores.* Le roi y alla, ils menèrent un page à deux, et le roi un pour lui tout seul : « Car, dit-il, un page de ma chambre ne voudra servir que moi. » Ce page fut M. de Racan, dont nous avons de si belles poésies.

Un jour il alla chez Mme la princesse de Condé, veuve du prince de Condé le bossu[1] ; il y trouva un luth sur le dos duquel il y avait ces deux vers :

Absent de ma divinité,
Je ne vois rien qui me contente.

Il ajouta :

C'est fort mal connaître ma tante,
Elle aime trop l'humanité.

La bonne dame avait été fort galante. Elle était de Longueville.

Quand M. du Perron, alors évêque d'Évreux, en instruisant le roi, voulut lui parler du purgatoire : « Ne touchez point cela, dit-il, c'est le pain des moines. »

Arlequin et sa troupe vinrent à Paris en ce temps-là, et quand il alla saluer le roi, il prit si bien son temps, car il était fort dispos, que Sa Majesté s'étant levée de son siège, il s'en empara, et comme si le roi eût été Arlequin : « Eh bien ! Arlequin, lui dit-il, vous êtes venu ici avec votre troupe pour me divertir ; j'en suis bien aise, je vous promets de vous protéger et de vous donner tant de pension. » Le roi ne l'osa dédire de rien, mais il lui dit : « Holà ! il y a assez longtemps que vous faites mon personnage ; laissez-le-moi faire à cette heure. »

Henri IV conçut fort bien que détruire Paris c'était, comme on dit, se couper le nez pour faire dépit à son visage : en cela plus

1. Louis-Armand de Bourbon-Conti, neveu du Grand Condé, qui passe pour avoir dit à sa femme, un jour qu'il s'absentait : « Surtout, madame, ne me faites pas cocu pendant que vous ne me verrez pas », et elle, fille de Louis XIV et de Mme de La Vallière, de répondre : « Partez en paix, monsieur. Je n'ai jamais tant envie de vous le faire que quand je vous vois. »

sage que son prédécesseur, qui disait que Paris avait la tête trop grosse, et qu'il la lui fallait casser. Henri IV voulut pourtant, à telle fin que de raison, avoir une issue pour sortir hors de Paris sans être vu, et pour cela il fit faire la galerie du Louvre, qui n'est point du dessin de l'édifice, afin de gagner par-là les Tuileries, qui ne sont dans l'enceinte des murs que depuis vingt ou vingt-cinq ans[1]. M. de Nevers en ce temps-là faisait bâtir l'hôtel de Nevers. Henri IV le trouvait un peu trop magnifique, pour être à l'opposite du Louvre, et un jour en causant avec M. de Nevers, et lui montrant son bâtiment : « Mon neveu, lui dit-il, j'irai loger chez vous, quand votre maison sera achevée. » Cette parole du roi, et peut-être aussi le manque d'argent, firent arrêter l'ouvrage.

Un jour qu'il se trouva beaucoup de cheveux blancs : « En vérité, dit-il, ce sont les harangues que l'on m'a faites depuis mon avènement à la couronne, qui m'ont fait blanchir comme vous voyez. »

Elle *[sa sœur, Catherine de Bourbon]* fit danser une fois un ballet dont toutes les figures faisaient les lettres du nom du roi. « Eh bien ! Sire, lui dit-elle après, n'avez-vous pas remarqué comme ces figues composaient bien toutes les lettres du nom de Votre Majesté ? — Ah ! ma sœur, lui dit-il, ou vous n'écrivez guère bien, ou nous ne savons guère bien lire : personne ne s'est aperçu de ce que vous dites. »

Le jour que Henri IV entra dans Paris, il fut voir sa tante de Montpensier, et lui demanda des confitures. « Je crois, lui dit-elle, que vous faites cela pour vous moquer de moi. Vous pensez que nous n'en avons plus. — Non, répondit-il, c'est que j'ai faim. » Elle fit apporter un pot d'abricots et, en prenant, elle voulait faire l'essai ; il l'arrêta, et lui dit : « Ma tante, vous n'y pensez pas. — Comment, reprit-elle, n'en ai-je pas fait assez pour vous être suspecte ? — Vous ne me l'êtes point, ma tante. — Ah ! répliqua-t-elle, il faut être votre servante. » Et effectivement elle le servit depuis avec beaucoup d'affection.

Quelque brave qu'il fût, on dit que quand on lui venait dire : « Voilà les ennemis », il lui prenait toujours une espèce de dévoiement,

1. Écrit vers 1657.

et que, tournant cela en raillerie, il disait : « Je m'en vais faire bon pour eux. »

Il était larron naturellement, il ne pouvait s'empêcher de prendre ce qu'il trouvait ; mais il le renvoyait. Il disait que s'il n'eût été roi, il eût été pendu.

Il y a à Fontainebleau une grande marque de la bonté de ce prince. On voit dans un des jardins une maison qui avance dedans, et y fait un coude. C'est qu'un particulier ne voulut jamais la lui vendre, quoiqu'il lui en voulût donner beaucoup plus qu'elle ne valait. Il ne voulut point lui faire de violence.

Lorsqu'il voyait une maison délabrée, il disait : « Ceci est à moi, ou à l'Église. »

Extrait de Gédéon Tallemant des Réaux, *Historiettes*, posth., 1834.

GEORGES CLEMENCEAU

(1841-1929)

« Ce qui donne du courage, ce sont les idées. »

Georges Clemenceau écrivait bien et parlait mieux encore. Il faisait partie de ces êtres que l'on dit méchants parce qu'ils n'épargnent pas les hypocrites.

Sur Paul Claudel : « C'est des espèces de loufoqueries consciencieuses comme en feraient un Méridional qui voudrait avoir l'air profond. »

Sur Maurice Barrès : « Un beau jour il a découvert la Lorraine… En passant par-là, probablement, avec ses sabots. »

« Thiers était le type du bourgeois borné et féroce, qui s'enfonce dans le sang, sans broncher. »

« Je n'ai pas de chance avec les sculpteurs. Ou bien ils ont du génie et ça ne me ressemble pas. Ou bien ils n'ont pas de génie, et alors ça me ressemble. »

« Rien au-dessus d'Eschyle. Rien au-dessus de Platon. Rien au-dessus de Socrate. Tout ça s'est terminé dans le sang et la domesticité. Eh bien ! oui, c'est l'histoire de tous les peuples et tous les temps. »

« Les pyramides c'est exactement comme si vous regardiez un mur avec des espèces de marchands de bretelles qui circulent autour. »

« Ce qui donne du courage, ce sont les idées. »

« CLEMENCEAU. – Il y a de bons Juifs.
MARTET. – Ils n'ont pas tous sacrifié Jésus-Christ.
CLEMENCEAU. – Oh, tout le monde a plus ou moins crucifié Jésus-Christ. On le crucifie encore tous les jours. »

« Ne prenez donc pas ça au sérieux, l'âme, Martet. Vous croyez qu'il y a de l'âme dans les hommes ? Vous croyez qu'il y a plus d'âme dans Gustave Hervé que dans une touffe d'herbe ? »

« Je ne peux pas aimer quelqu'un sans l'engueuler. »

« Quand je suis fatigué, je vais cueillir une rose dans le jardin. Il y en a une, en ce moment, qui est d'une couleur extraordinaire ! On dirait une jeune fille à qui on vient de dire une chose un peu leste. »

« Pendant la guerre, j'ai rencontré de tout, des dreyfusards, des anti-dreyfusards, et parmi ceux-ci, des anti-dreyfusards enragés, qui voyaient rouge et menaçaient de tomber en attaque chaque fois qu'on ouvrait la bouche là-dessus… des imbéciles pour la plupart… et d'autres, c'est curieux, qui étaient des hommes ayant du sens, ayant une tête sur leurs épaules… Mais ils n'aimaient pas les Juifs. Alors ils pensaient que, par haine du Juif et par amour pour une sorte de patrie qu'ils s'étaient fabriquée arbitrairement, en dehors de tout, on pouvait piétiner la raison, la justice, l'humanité. C'est peut-être aller un peu loin. »

Sur les Allemands en 1918 : « Ils ont été battus. On les a priés de mettre leur signature en bas d'un traité ; ils l'ont mise et tout aussitôt ils se sont demandé comment ils pourraient bien faire pour violer leurs engagements. »

« Il y a des gens qui vous disent : "Napoléon a eu du génie." Si on leur répond : "Ah ? où donc ? Montrez-le-moi…", ils vous sortent de petits bouts de dessin desquels il semble effectivement résulter qu'à de certains moments, Napoléon prenait des décisions qu'on peut attribuer au génie. Bien que l'art de la guerre… Je vous dirai que je ne crois pas beaucoup à l'art de la guerre. »

« MARTET. – L'Allemagne est un beau pays.
CLEMENCEAU. – Elle m'ennuie. Ils n'ont même pas de laisser-aller dans les ruines. Tout est frotté, astiqué. On a l'impression d'un musée trop bien tenu. On cherche le plumeau. »

Toute ma vie j'ai été attaqué par des gens comme ça, qui ne se donnaient pas la peine de regarder ni de réfléchir […]. Ça n'est pas que ce soit dangereux, mais on perd un temps !

Extrait du *Silence de M. Clemenceau*
et de *M. Clemenceau peint par lui-même*, 1929.

ORIANE DE GUERMANTES

« Hesse-Darmstadt, Saint-Empire et gnan gnan »

Oriane de Guermantes n'est pas follement intelligente, mais elle a de la repartie. Elle finit par jouer la comédie d'Oriane, à la machette, puis, en vieillissant, s'attendrit. Prête pour la mort.

« Du reste, je ne sais pas si vous êtes très répandu dans la brillante société qui se trouve ici, mais je n'ai pas idée du nom de toutes ces étonnantes personnes. À quoi pensez-vous qu'ils passent leur vie en dehors des soirées de Mme de Saint-Euverte ? Elle a dû les faire venir avec les musiciens, les chaises et les rafraîchissements. »

« D'ailleurs je dois y retrouver Basin qui, pendant que j'étais ici, est allé voir ses amis que vous connaissez, je crois, qui ont un nom de pont, les Iéna. »

« D'ailleurs, voyons, sauf lorsqu'il s'agit de vieux amis comme vous qu'on connaît sans cela, je ne sais pas si l'héroïsme serait d'un format très portatif dans le monde. Ça m'ennuie déjà souvent de donner des dîners, mais s'il fallait offrir le bras à Spartacus pour aller à table… »

« Enfin ces Cambremer ont un nom bien étonnant. Il finit juste à temps, mais il finit mal ! »

« Je reconnais qu'elle n'a pas l'air d'une vache, car elle a l'air de plusieurs, s'écria Mme de Guermantes. Je vous jure que j'étais bien embarrassée voyant ce troupeau de vaches qui entrait en chapeau dans mon salon et qui me demandait comment j'allais. D'un côté j'avais envie de lui répondre : “Mais, troupeau de vaches, tu confonds, tu ne peux pas être en relations avec moi puisque tu es un troupeau de vaches.” »

« En tout cas, si ce Dreyfus est innocent, interrompit la duchesse, il ne le prouve guère. Quelles lettres idiotes, emphatiques, il écrit de son île ! Je ne sais pas si M. Esterhazy vaut mieux que lui, mais il a un autre chic dans la façon de tourner les phrases, une autre couleur. Cela ne doit pas faire plaisir aux partisans de M. Dreyfus. Quel malheur pour eux qu'ils ne puissent pas changer d'innocent. »

« Aussi en entendant ce mot de taquin appliqué à Charlus parce qu'il donnait un si beau château, Oriane n'a pu s'empêcher de s'écrier, involontairement, je dois le confesser, elle n'y a pas mis de méchanceté, car c'est venu vite comme l'éclair, “Taquin... taquin... Alors c'est Taquin le Superbe !” »

« Voyons, Oriane, interrompit le duc d'un ton plaintif en lançant autour de lui à droite et à gauche des regards amusés, vous entendez que la princesse vous dit que c'est une femme supérieure.
— Elle ne l'est pas ?
— Elle est au moins supérieurement grosse. »

« Enfin, pour finir, conclut le duc, Zénaïde insistait pour qu'Oriane vînt déjeuner, et comme ma femme n'aime pas beaucoup sortir de chez elle, elle résistait, s'informait si, sous prétexte de repas intime, on ne l'embarquait pas déloyalement dans un grand tralala, et tâchait vainement de savoir quels convives il y aurait à déjeuner. “Viens, viens, insistait Zénaïde en vantant les bonnes choses qu'il y aurait à déjeuner. Tu mangeras une purée de marrons, je ne te dis que ça, et il y aura sept petites bouchées à la reine. — Sept petites bouchées, s'écria Oriane. Alors c'est que nous serons au moins huit !” »

« Elle devient littéraire depuis qu'elle est abandonnée. »

« "Mais Zola n'est pas un réaliste, madame ! c'est un poète !" dit Mme de Guermantes, s'inspirant des études critiques qu'elle avait lues dans ces dernières années et les adaptant à son génie personnel. Agréablement bousculée jusqu'ici, au cours du bain d'esprit, un bain agité pour elle, qu'elle prenait ce soir, et qu'elle jugeait devoir lui être particulièrement salutaire, se laissant porter par les paradoxes qui déferlaient l'un après l'autre, devant celui-ci, plus énorme que les autres, la princesse de Parme sauta par peur d'être renversée. Et ce fut d'une voix entrecoupée, comme si elle perdait sa respiration, qu'elle dit :

— Zola un poète !

— Mais oui, répondit en riant la duchesse, ravie par cet effet de suffocation. Que Votre Altesse remarque comme il grandit tout ce qu'il touche. Vous me direz qu'il ne touche justement qu'à ce qui… porte bonheur ! Mais il en fait quelque chose d'immense ; il a le fumier épique ! C'est l'Homère de la vidange ! Il n'a pas assez de majuscules pour écrire le mot de Cambronne. »

« Enfin il lui a voué un vrai culte depuis sa mort. Il est vrai qu'on fait quelquefois pour les morts des choses qu'on n'aurait pas faites pour les vivants.

— D'abord, répondit Mme de Guermantes sur un ton rêveur qui contrastait avec son intention gouailleuse, on va à leur enterrement, ce qu'on ne fait jamais pour les vivants ! »

« Elle ne pleure pas la mort de sa sœur, elle la rit aux éclats. »

« Ce pauvre général, il a encore été battu aux élections, dit la princesse de Parme pour changer de conversation.

— Oh ! ce n'est pas grave, ce n'est que la septième fois, dit le duc qui, ayant dû lui-même renoncer à la politique, aimait assez les insuccès électoraux des autres.

— Il s'est consolé en voulant faire un nouvel enfant à sa femme.

— Comment ! Cette pauvre Mme de Monserfeuil est encore enceinte, s'écria la princesse.

— Mais parfaitement, répondit la duchesse, c'est le seul arrondissement où le pauvre général n'a jamais échoué. »

« Il est joli garçon, je crois ? demanda-t-elle.
— Non, car il a l'air d'un tapir. Les yeux sont un peu ceux d'une reine Hortense pour abat-jour. »

« D'ailleurs même dans le même pays, chaque fois que quelqu'un regarde les choses d'une façon un peu nouvelle, les quatre quarts des gens ne voient goutte à ce qu'il leur montre. Il faut au moins quarante ans pour qu'ils arrivent à distinguer. »

« Voyons, Oriane, qu'est-ce que vous dites, dit M. de Guermantes. Marie bête ? Elle a tout lu, elle est musicienne comme le violon.
— Mais, mon pauvre petit Basin, vous êtes un enfant qui vient de naître. Comme si on ne pouvait pas être tout ça et un peu idiote. Idiote est du reste exagéré, non elle est nébuleuse, elle est Hesse-Darmstadt, Saint-Empire et gnan gnan. »

« Avez-vous remarqué parmi les princes que les plus gentils ne le sont pas tout à fait ? Mais si, je vous assure ! Il faut toujours qu'ils aient une opinion sur tout. Alors comme ils n'en ont aucune, ils passent la première partie de leur vie à nous demander les nôtres, et la seconde à nous les resservir. »

« Ah ! mon petit Charles, reprit Mme de Guermantes, ce que ça peut être ennuyeux de dîner en ville ! Il y a des soirs où on aimerait mieux mourir ! Il est vrai que de mourir c'est peut-être tout aussi ennuyeux puisqu'on ne sait pas ce que c'est. »

Extrait de l'*À la recherche du temps perdu*, 1913-1927.

ÉTOILES FILANTES

Les artistes et écrivains étrangers ont été bien traités en France, à quelques exceptions près, explicables tantôt par le goût (Wagner), tantôt par la politique (Le Bernin).

PAUL DE CHANTELOU

(1609-1694)

Le Bernin en France

Le nationalisme français joint à l'humeur mordante du Bernin ont empêché la réussite de son voyage en France. La seule chose qu'il arrondissait était son marbre ; quant à Colbert, chargé de l'accueillir, il s'est comporté en bureaucrate borné. Pour la construction de la façade orientale du Louvre, on a préféré au tempêtueux Napolitain le Français Perrault et sa colonnade militaire. On avait confié Le Bernin à Paul de Chantelou, ingénieur militaire qui avait fait sa connaissance en Italie et a tenu le journal de son séjour ; en 2012 a été retrouvée en Italie une lettre où Le Bernin en rendait compte à un cardinal italien. « Le rêve de M. Perrault ? Quelque chose de constant, de fixe et d'arrêté. » Cela venait de la politique, au fait. Tout devait marcher pompeusement derrière le roi, à l'instar de la musique de Lulli. « Les Français sacrifient au culte du grand homme. Le roi, le roi... ce mot remplit leur bouche. » Au moins on l'avait fait venir. Une des gloires de l'art est que se le disputent les puissants : ils sont plus petits.

Le roi étant tout habillé, M. Colbert a fait entrer le Cavalier dans la chambre, et lui a fait saluer S.M., qui s'était mise à la croisée d'une fenêtre, avec le premier gentilhomme de sa chambre et le maître de la garde-robe. Le maréchal de Gramont y était aussi.

Le Cavalier a fait son compliment au roi avec une honnête hardiesse, et a dit à S.M., comme il avait fait à M. Colbert, les sujets qui l'avaient principalement engagé de venir en France. Après, venant au sujet du bâtiment du Louvre : « J'ai vu, Sire, a-t-il dit à S.M., les palais des empereurs et des papes, ceux des princes souverains qui se sont trouvés sur la route de Rome, à Paris, mais il faut faire pour un roi de France, un roi d'aujourd'hui, de plus grandes et magnifiques choses que tout cela. » Puis, se tournant vers ceux qui faisaient cercle autour du roi, il a ajouté : « Qu'on ne me parle de rien qui soit petit. »

[…]

Je vous dirai donc que le cavalier Bernin est un homme d'une taille médiocre, mais bien proportionnée, plus maigre que gras, d'un tempérament tout de feu. Son visage a du rapport à un aigle, particulièrement par les yeux. Il a le poil des sourcils fort long, le front grand, un peu cavé vers le milieu et relevé doucement au-dessus des yeux. Il est chauve et les cheveux qui lui restent sont crêpés et tous blancs ; aussi de sa propre confession, il a soixante-cinq ans. Il est pourtant vigoureux pour cet âge-là et marche délibérément à pied, comme s'il n'en avait que trente ou quarante. L'on peut dire que son esprit est des plus beaux que la nature ait jamais formés ; car, sans avoir étudié, il a presque tous les avantages que les sciences donnent à un homme. Au reste, il a une belle mémoire, l'imagination vive et prompte, et, pour son jugement, il paraît net et solide.

C'est un fort beau diseur, et il a un talent tout particulier d'exprimer les choses avec la parole, le visage et l'action, et de les faire voir aussi agréablement que les plus grands peintres ont su faire avec leurs pinceaux. C'est pourquoi sans doute, il a si bien réussi dans l'exécution des comédies qu'il a composées. Elles ont eu, dit-on, une approbation universelle, et elles ont fait un fort grand bruit à Rome, à cause des décorations et incidents surprenants qu'il y introduisait, lesquels trompaient même ceux qu'il avait avertis auparavant. Le pape Urbain VIII, de qui il a été aimé et considéré dès sa plus tendre jeunesse, est cité par lui à tout propos. Une des premières choses que je me souviens qu'il m'a dites est que ce pape, n'étant encore que cardinal, fut un jour chez son père, lequel était aussi sculpteur, et, considérant un ouvrage que le Cavalier finissait, âgé de huit ans seulement, le cardinal Berberin (c'est ainsi que s'appelait alors Urbain VIII) dit en riant à son père : « Seigneur Bernini, prenez-y garde. Cet enfant vous surpassera et sera sans doute plus habile que son maître. » Il dit que son père répondit à cela brusquement : *Non me ne curo niente. Sappi V.E. che in quel gioco chi perde vince.*

En parlant de la sculpture et de la difficulté qu'il y a de réussir, particulièrement dans les portraits de marbre et d'y mettre de la ressemblance, il m'a dit une chose remarquable et qu'il a depuis répétée à toute occasion : c'est que si quelqu'un se blanchissait les cheveux, la barbe, les sourcils et, si cela se pouvait, la prunelle des yeux, et les lèvres, et se présentait en cet état à ceux mêmes qui le voient tous les jours, qu'ils auraient peine à le reconnaître ; et pour preuve de cela, il a ajouté : Quand une personne tombe en pâmoison, la seule pâleur qui se répand sur son visage fait qu'on ne le connaît presque plus, et qu'on dit souvent : *Non parea più desso* ; qu'ainsi il est très difficile de faire ressembler un portrait de marbre, lequel est tout d'une couleur. Il a dit autre chose de plus extraordinaire encore : c'est que, quelquefois, dans un portrait de marbre, il faut, pour bien imiter le naturel, faire ce qui n'est pas dans le naturel. Il semble que ce soit un paradoxe, mais il s'en est expliqué ainsi : Pour représenter le livide que quelques-uns ont autour des yeux, il faut creuser dans le marbre l'endroit où est ce livide, pour représenter l'effet de cette couleur et suppléer par cet art, pour ainsi dire, au défaut de l'art de la sculpture, qui ne peut donner la couleur aux choses. Cependant le naturel n'est pas, a-t-il dit, de même que l'imitation. Il a, après, ajouté une observation à faire dans la sculpture, de laquelle je ne suis pas demeuré si bien convaincu que des précédentes : « Un sculpteur, a-t-il dit, fait une figure avec une main en haut et l'autre posée sur la poitrine. La pratique fait connaître que cette main qui est en l'air doit être plus grande et plus pleine que l'autre qui est posée sur l'estomac ; et cela à cause que l'air qui environne la première altère et en consomme quelque chose de la forme ou, pour mieux dire, de la quantité. »

[…]

Le dix-neuvième, M. Colbert est venu chez le Cavalier ; je n'y étais pas encore. Il lui a fait voir le plan du Louvre, lequel ne lui a pas agréé, à ce que m'a dit le seigneur Paule, quand je suis venu, à cause qu'il a fait le pavillon du roi au pavillon proche de Saint-Germain-l'Auxerrois, et qu'il serait, a-t-il dit, exposé au bruit qui se fait au port de l'École, et que de plus ayant fait des loges afin que le roi pût monter et descendre en carrosse à couvert, c'était des places où des gens qui voudraient faire un mauvais coup pourraient se cacher, et derrière les colonnes qu'il fait pour porter le vestibule. Le Cavalier ne m'a rien témoigné de cela, mais il en a été plus sombre.

Le vingtième, nous sommes allés à Saint-Germain-en-Laye avec M. Colbert. Le Cavalier a présenté au roi son plan du Louvre avec l'élévation de la façade. Le tout a tellement plu à S.M. qu'elle lui a dit qu'elle se savait bon gré d'avoir prié le Pape de lui permettre de venir. Ayant remarqué, entre autres, un écueil ou espèce de rocher, sur lequel il a fait l'assiette du Louvre, lequel il avait couvert d'un papier où était dessiné un rustique, fait pour avoir à choisir, à cause que cet écueil était de difficile exécution, le roi ayant considéré l'un et l'autre, a dit que cet écueil lui plaisait bien plus, et qu'il voulait qu'il fût exécuté de la sorte. Le Cavalier lui a dit qu'il l'avait changé, s'imaginant que, comme c'est une pensée toute nouvelle, que peut-être elle ne plairait pas, outre qu'il faudrait que cet écueil, pour réussir son intention, fût exécuté de sa main. Le roi a répété que cela lui plaisait extrêmement. Sur quoi le Cavalier lui a dit qu'il a la plus grande joie du monde de voir combien S.M. a le goût fin et délicat, y ayant peu de gens, même de la profession, qui eussent pu juger si bien. Le roi lui a dit de faire aussi un dessin pour la façade du côté de la cour des cuisines, à quoi il a dit qu'il travaillerait ; puis s'est retiré.

À la sortie, nous sommes allés à la chapelle où le Cavalier a demeuré longtemps en prière, et de temps en temps baisait la terre.

J'ai appris que le roi, quand le Cavalier a été sorti, a été chez la reine mère lui montrer les dessins qu'il avait retenus, et lui a dit qu'il en était extrêmement satisfait ; qu'il y avait trois ou quatre ans qu'il avait dans l'esprit de faire un logement digne des rois de France, et de lui ; que tous les dessins qu'il avait vus auparavant ne l'avaient point contenté ; ce qui l'avait obligé d'appeler d'Italie ici le cavalier Bernin ; qu'à présent il avait l'esprit en repos, ayant confié ce soin au plus habile homme de l'Europe ; qu'ainsi dorénavant il n'avait rien à se reprocher.

J'oubliais de dire que le roi l'a prié de faire son portrait. Il a répondu à S.M. que c'était une chose difficile, et qui lui donnerait de la peine à elle, parce qu'il aurait besoin de le voir vingt fois, et deux heures chaque fois. J'ai encore appris que le roi, le soir, avant que de souper, avait apporté à la reine le dessin du Cavalier, et avait dit qu'il en était très satisfait, mais qu'il ne l'expliquerait pas ; qu'il en avait déjà tant parlé, que sa bouche en était lasse.

[…]

M. Colbert m'a dit de le mener chez le roi, qu'il allait achever quelque chose de pressé ; que ce jour-là il y aurait deux conseils ; qu'il viendrait tout aussitôt, et de fait, incontinent après il est venu et a fait entrer le Cavalier, lequel a montré son dessin au roi, à qui il a encore plus plu que les autres. Le Cavalier a dit à Sa Majesté que le palais du Vatican à Rome surpasse en beauté de beaucoup le Louvre, mais que quand ce dessin sera exécuté, le Louvre surpassera d'autant le Vatican, et qu'il était si satisfait de son dessin que si Dieu lui donnait assez de vie, il reviendrait exprès pour en voir l'exécution.

Il dessina encore, d'après le roi, durant le Conseil, et à la sortie a été à la chapelle rendre grâces à Dieu comme les autres fois. Après je l'ai mené chez M. de Bellefonds, lequel a fait voir ses dessins à tous ceux qui étaient là pour dîner au Chambellan, et a dit au Cavalier que le roi lui avait donné ordre de les faire voir à la reine, durant qu'il reposerait ; et de fait, après dîner, il les est venu prendre, et les est allé montrer à Mlle de La Vallière. Quand il a été de retour, il a dit au Cavalier qu'elles les avaient trouvés admirables. Il a dit qu'il faut s'entendre à ces sortes de choses pour en bien juger. Il a reparti qu'elle avait beaucoup d'esprit ; que c'en était une bonne marque d'être dans la place où elle était. J'ai dit : « De s'y être conservée quatre années durant. »

[…]

Continuant, il a dit que les soirées étaient ici mélancoliques ; qu'à Rome, après avoir travaillé tout le jour, sa femme et ses enfants le divertissaient le soir. J'ai dit à cela qu'il fallait les faire venir. Cela ne se peut, m'a-t-il dit, et qu'il fallait qu'il retournât ; qu'il n'avait congé que pour six mois ; qu'il avait certains enfants qu'il ne pourrait faire venir : *la chaise de saint Pierre*, et l'ouvrage de la place ; que personne n'osait lui en écrire, et que lorsqu'il y pensait les larmes lui en venaient aux yeux ; qu'il avait de l'amour pour ses ouvrages ; que pourtant ce n'étaient pas choses qui le satisfissent entièrement, n'étant pas content de ses productions. Je dis cela que, comme l'idée est une chose qui vient du ciel, quand elle passe après dans la matière, elle tient du corps qui est imparfait, de sorte qu'elle dégoûte celui même qui en était amoureux auparavant comme une chose divine,

Au sujet des maisons de France, j'ai dit qu'il n'en avait vu aucune ; qu'il n'était pas venu pour voir, mais pour travailler. Il a répondu qu'il avait ouï dire qu'il s'y était fait de grandes dépenses ; que ce n'était pas cela qui faisait les belles maisons, mais bien cela, montrant le front.

[...]

L'après-dînée, étant retourné, j'ai trouvé le roi et le Cavalier, travaillant d'après Sa Majesté avec grande activité. M. le prince y était, MM. de Gêvres, de Noailles et de Charost, M. Colbert et M. de Bellefonds ; le maréchal de Gramont est venu après. Le roi lui a dit qu'il avait été sur le point avec Monsieur d'aller dîner chez lui, ayant trouvé que la reine avait dîné. Le maréchal a reparti que Sa Majesté n'aurait pas fait grande chère, mais qu'il lui eût donné de bon cœur ce qu'il avait. J'ai trouvé le roi d'abord appuyé sur le dossier d'un fauteuil. Ayant été quelques temps en cette action, le Cavalier a pris ce fauteuil et l'a porté de l'autre côté du buste, et a dit à Sa Majesté que c'était pour la voir de l'autre côté du visage. Le roi s'est mis comme le Cavalier a désiré, a demeuré là encore quelques temps, puis a dit qu'il fallait qu'il s'en allât, qu'il reviendrait toutes les fois que le Cavalier dirait, lequel a répondu à Sa Majesté qu'il demeurait toujours là, que toutes les fois qu'Elle aurait du temps à donner, Elle pourrait revenir. Comme le roi partait, le Cavalier l'a prié de venir voir le plan et la place qui sera au-devant du Louvre ; il a expliqué à Sa Majesté la profondeur, la largeur et celle de la rue, qui aurait à l'embouchure onze toises et huit à l'autre bout.

[…]

Le roi est venu sur les trois heures. L'abbé Butti a dit à Sa Majesté, à son arrivée, que diverses personnes avaient exercé leur génie poétique sur son portrait, et a montré en riant M. Étienne, manœuvre du Cavalier, et qui aiguise ses ferrements, lequel a lu de ses niaiseries, que le roi a eu la patience d'écouter. Le Cavalier s'étant mis à travailler, le roi a remarqué qu'il changeait une marque que Sa Majesté a proche de la bouche, et lui en a demandé la raison. Il a reparti que c'était pour la refaire mieux ; ayant ensuite marqué quelques poils au bas de la bouche, Sa Majesté a dit qu'Elle n'en avait pas en ce lieu-là la dernière fois, et qu'Elle se ferait raser, quand Elle reviendrait, et que ce poil ne se verrait point. J'ai pris la parole et lui ait dit que, quand on fait faire un portrait, il ne faut rien affecter, parce que l'art daigne d'imiter l'art, et ne se plaît qu'à représenter la nature. Le Cavalier a ajouté que, quand on s'est fait raser, cette fraîcheur ne dure que deux ou trois heures ; que la plupart du temps on paraît avec du poil ; qu'il faut chercher à représenter l'état auquel on est le plus souvent.

[…]

Le dix-septième, au matin, le Cavalier m'a prié de dire au roi ou lui faire dire que, quand Sa Majesté viendrait, il serait bon qu'elle eût un collet au lieu d'une cravate qu'elle avait les autres fois, et de faire, s'il se pouvait, qu'il pût voir deux ou trois collets du roi, afin de choisir celui qui conviendra mieux pour être exécuté en marbre. M'en étant allé au lever du roi, j'ai parlé pour les collets à M. Moreau, premier valet de garde-robe, et à M. Daniel à l'égard de la cravate.

[…]

Sur cela, le roi est venu, et comme le Cavalier était allé au-devant, sans s'en apercevoir, le roi entré, et moi ne voyant pas le Cavalier et le cherchant, Sa Majesté m'a dit : « Il est là, mais la presse l'empêche d'entrer », et de fait, il est entré tout aussitôt. Il y avait grand monde : M. d'Armagnac, MM. de Gêvres, de Noailles, de Saint-Aignan, de Bellefonds, de Villequier, de Nogent, le marquis de Lavardin et plusieurs autres. Le roi a été étonné de voir l'ouvrage si changé et la draperie toute finie. Il a fait considérer cela à M. le maréchal de Gramont qui, ayant vu le roi satisfait, s'est mis à exagérer la beauté de l'ouvrage partie par partie ; après cela, le roi s'étant mis en sa place ordinaire, le Cavalier a travaillé au nez du côté gauche, pour ôter ce qui le faisait paraître un peu de travers ; puis il a creusé avec le trépan les narines et a travaillé ensuite aux yeux et à la bouche. Il a changé la marque des prunelles, ce qui a rectifié la vue, qui ne concourait pas à un même point. J'oubliais à dire que le roi a trouvé le travail du collet fort beau. Je lui ait dit qu'il avait fait d'autres feuillages et d'autres fleurs de plus belle suite à sa fantaisie. Sa Majesté m'a demandé s'il demeurerait comme cela. J'ai dit qu'oui, et qu'il n'y aurait pas de poli, ni au visage.

[…]

Le treizième, M. le Cavalier a fait au matin porter son buste au Louvre, aussitôt après nous y sommes allés. La reine mère, qui n'est pas en état de se lever pour l'aller voir, avait bien envie qu'on le portât dans sa chambre avant qu'il fût posé dans son nouvel appartement, mais les portes se sont trouvées trop petites pour l'y faire entrer. Ainsi le Cavalier l'a fait mettre dans l'antichambre du lieu où le roi donne audience dans ce nouvel appartement, et comme il est exposé au levant, le Cavalier en a trouvé la lumière bien crue et a été en balance de le faire mettre dans le petit cabinet qui est derrière ; ce qu'il eût fait exécuter, sinon que les gens étaient allés quérir le petit Christ, qui est l'ouvrage du *signor* Paul. Cependant le soleil ayant un peu tourné, la lumière s'est adoucie, et il a mieux aimé le laisser là où il est, vu qu'il y est avec plus de dignité, et qu'il y a plus de distance pour le voir.

Extrait du « Journal du voyage du cavalier Bernin en France », 1665 ; édité à partir d'une copie du manuscrit original.

CHARLES BAUDELAIRE

(1821-1867)

Richard Wagner à Paris

Il n'est pas étonnant que Baudelaire, qui raisonnait par réaction, ait défendu Wagner : il était méprisé à Paris. C'était pour la mauvaise raison de lui préférer de la musiquette consommable, et non pour ses opinions de méchant homme, lesquelles n'auraient d'ailleurs pas déplu à l'amer Baudelaire. « Amer » a été le grand adjectif de poètes français de 1840 à 1870. Les romantiques l'ont inventé, les parnassiens nous en ont libérés. La différence entre les romantiques et Baudelaire est que les premiers l'utilisaient comme motif esthétique (on compte vingt-trois fois le mot ou ses dérivés dans le génial La Comédie de la mort *de Théophile Gautier) tandis que chez le second, amer, c'est un sentiment (même nombre dans* Les Fleurs du Mal *et les* Petits poèmes en prose*).*

Donc, il y a treize mois, ce fut une grande rumeur dans Paris. Un compositeur allemand, qui avait vécu longtemps chez nous, à notre insu, pauvre, inconnu, par de misérables besognes, mais que, depuis quinze ans déjà, le public allemand célébrait comme un homme de génie, revenait dans la ville, jadis témoin de ses jeunes misères, soumettre ses œuvres à notre jugement. Paris avait jusque-là peu entendu parler de Wagner ; on savait vaguement qu'au-delà du Rhin s'agitait la question d'une réforme dans le drame lyrique, et que Liszt avait adopté avec ardeur les opinions du réformateur. M. Fétis avait lancé contre lui une espèce de réquisitoire, et les personnes curieuses de feuilleter les numéros de la *Revue et Gazette musicale de Paris* pourront vérifier une fois de plus que les écrivains qui se vantent de professer les opinions les plus sages, les plus classiques, ne se piquent guère de sagesse ni de mesure, ni même de vulgaire politesse, dans la critique des opinions qui leur sont contraires. Les articles de M. Fétis ne sont guère qu'une diatribe affligeante ; mais l'exaspération du vieux dilettantiste servait seulement à prouver l'importance des œuvres qu'il vouait à l'anathème et au ridicule. D'ailleurs, depuis treize mois, pendant lesquels la curiosité publique ne s'est pas ralentie, Richard Wagner a essuyé bien d'autres injures. Il y a quelques années, au retour d'un voyage en Allemagne, Théophile Gautier, très ému par une représentation de *Tannhäuser*, avait cependant, dans *Le Moniteur*, traduit ses impressions avec cette certitude plastique qui donne un charme irrésistible à tous ses écrits. Mais ces documents divers, tombant à de lointains intervalles, avaient glissé sur l'esprit de la foule.

Aussitôt que les affiches annoncèrent que Richard Wagner ferait entendre dans la salle des Italiens des fragments de ses compositions, un fait amusant se produisit, que nous avons déjà vu, et qui prouve le besoin instinctif, précipité, des Français, de prendre sur toute chose leur parti avant d'avoir délibéré ou examiné. Les uns annoncèrent des merveilles, et les autres se mirent à dénigrer à outrance des œuvres qu'ils n'avaient pas encore entendues. Encore aujourd'hui dure cette situation bouffonne, et l'on peut dire que jamais sujet inconnu ne fut tant discuté. Bref, les concerts de Wagner s'annonçaient comme une véritable bataille de doctrines, comme une de ces solennelles crises de l'art, une de ces mêlées où critiques, artistes et public ont coutume de jeter confusément toutes leurs passions ; crises heureuses qui dénotent la santé et la richesse dans la vie intellectuelle d'une nation, et que nous avions, pour ainsi dire, désapprises depuis les grands jours de Victor Hugo. J'emprunte les lignes suivantes au feuilleton de M. Berlioz (9 février 1860). « Le foyer du Théâtre-Italien était curieux à observer le soir du premier concert. C'étaient des fureurs, des cris, des discussions qui semblaient toujours sur le point de dégénérer en voies de fait. » Sans la présence du souverain, le même scandale aurait pu se produire, il y a quelques jours, à l'Opéra, surtout avec un public *plus vrai*. Je me souviens d'avoir vu, à la fin d'une des répétitions générales, un des critiques parisiens accrédités, planté prétentieusement devant le bureau du contrôle, faisant face à la foule au point d'en gêner l'issue, et s'exerçant à rire comme un maniaque, comme un de ces infortunés qui, dans les maisons de santé, sont appelés des *agités*. Ce pauvre homme, croyant son visage connu de toute la foule, avait l'air de dire : « Voyez comme je ris, moi, le célèbre S… ! Ainsi ayez soin de conformer votre jugement au mien. » Dans le feuilleton auquel je faisais tout à l'heure allusion, M. Berlioz, qui montra cependant beaucoup moins de chaleur qu'on aurait pu en attendre de sa part, ajoutait : « Ce qui se débite alors de non-sens, d'absurdités et même de mensonges est vraiment prodigieux, et prouve avec évidence que, chez nous au moins, lorsqu'il s'agit d'apprécier une musique différente de celle qui court les rues, la passion, le parti pris prennent seuls la parole et empêchent le bon sens et le bon goût de parler. »

Wagner avait été audacieux : le programme de son concert ne comprenait ni solos d'instruments, ni chansons, ni aucune des exhibitions si chères à un public amoureux des virtuoses et de leurs tours de force. Rien que des morceaux d'ensemble, chœurs ou symphonies. La lutte fut violente, il est vrai ; mais le public, étant abandonné à lui-même, prit feu à quelques-uns de ces irrésistibles morceaux dont la pensée était pour lui plus nettement exprimée, et la musique de Wagner triompha par sa propre force. L'ouverture de *Tannhäuser*, la marche pompeuse du deuxième acte, l'ouverture de *Lohengrin* particulièrement, la *musique de noces* et l'*épithalame* furent magnifiquement acclamés. Beaucoup de choses restaient obscures sans doute, mais les esprits impartiaux se disaient : « Puisque ces compositions sont faites pour la scène, il faut attendre ; les choses non suffisamment définies seront expliquées par la plastique. » En attendant, il restait avéré que, comme symphoniste, comme artiste traduisant par les mille combinaisons du son les tumultes de l'âme humaine, Richard Wagner était à la hauteur de ce qu'il y a de plus élevé, aussi grand, certes, que les plus grands.

J'ai souvent entendu dire que la musique ne pouvait pas se vanter de traduire quoi que ce soit avec certitude, comme fait la parole ou la peinture. Cela est vrai dans une certaine proportion, mais n'est pas tout à fait vrai. Elle traduit à sa manière, et par les moyens qui lui sont propres. Dans la musique, comme dans la peinture et même dans la parole écrite, qui est cependant le plus positif des arts, il y a toujours une lacune complétée par l'imagination de l'auditeur.

Ce sont sans doute ces considérations qui ont poussé Wagner à considérer l'art dramatique, c'est-à-dire la réunion, la *coïncidence* de plusieurs arts, comme l'art par excellence, le plus synthétique et le plus parfait. Or, si nous écartons un instant le secours de la plastique, du décor, de l'incorporation des types rêvés dans des comédiens vivants, et même de la parole chantée, il reste encore incontestable que plus la musique est éloquente, plus la suggestion est rapide et juste, et plus il y a de chances pour que les hommes sensibles conçoivent des idées en rapport avec celles qui inspiraient l'artiste. Je prends tout de suite un exemple, la fameuse ouverture de *Lohengrin*, dont M. Berlioz a écrit un magnifique éloge en style technique ; mais je veux me contenter ici d'en vérifier la valeur par les suggestions qu'elle procure.

Je lis dans le programme distribué à cette époque au Théâtre-Italien : « Dès les premières mesures, l'âme du pieux solitaire qui attend le vase sacré *plonge dans les espaces infinis*. Il voit se former peu à peu une apparition étrange qui prend un corps, une figure. Cette apparition se précise davantage, et la *troupe miraculeuse des anges*, portant au milieu d'eux la coupe sacrée, passe devant lui. Le saint cortège approche ; le cœur de l'élu de Dieu s'exalte peu à peu ; il s'élargit, il se dilate ; d'ineffables aspirations s'éveillent en lui ; *il cède à une béatitude croissante*, en se trouvant toujours rapproché de *la lumineuse apparition*, et quand enfin le Saint-Graal lui-même apparaît au milieu du cortège sacré, *il s'abîme dans une adoration extatique, comme si le monde entier eût soudainement disparu.*

« Cependant le Saint-Graal répand ses bénédictions sur le saint en prière et le consacre son chevalier. Puis *les flammes brûlantes adoucissent progressivement leur éclat* ; dans sa sainte allégresse, la troupe des anges, souriant à la terre qu'elle abandonne, regagne les célestes hauteurs. Elle a laissé le Saint-Graal à la garde des hommes purs, *dans le cœur desquels la divine liqueur s'est répandue*, et l'auguste troupe s'évanouit *dans les profondeurs de l'espace*, de la même manière qu'elle en était sortie. »

Le lecteur comprendra tout à l'heure pourquoi je souligne ces passages. Je prends maintenant le livre de Liszt, et je l'ouvre à la page où l'imagination de l'illustre pianiste (qui est un artiste et un philosophe) traduit à sa manière le même morceau :

« Cette introduction renferme et révèle *l'élément mystique*, toujours présent et toujours caché dans la pièce… Pour nous apprendre l'inénarrable puissance de ce secret, Wagner nous montre d'abord *la beauté ineffable du sanctuaire*, habité par un Dieu qui venge les opprimés et ne demande qu'*amour et foi* à ses fidèles. Il nous initie au Saint-Graal ; il fait miroiter à nos yeux le temple de bois incorruptible, aux murs odorants, aux portes d'or, aux solives d'*asbeste*, aux colonnes d'*opale*, aux parois de *cymophane*, dont les splendides portiques ne sont approchés que de ceux qui ont le cœur élevé et les mains pures. Il ne nous le fait point apercevoir dans son imposante et réelle structure, mais, comme ménageant nos faibles sens, il nous le montre d'abord reflété dans *quelque onde azurée* ou reproduit par *quelque nuage irisé*.

« C'est au commencement une *large nappe dormante* de mélodie, un *éther vaporeux qui s'étend*, pour que le tableau sacré s'y dessine nos yeux profanes ; effet exclusivement confié aux violons, divisés en huit pupitres différents, qui, après plusieurs mesures de sons harmoniques, continuent dans les plus hautes notes de leurs registres. Le motif est ensuite repris par les instruments à vent les plus doux ; les cors et les bassons, en s'y joignant, préparent l'entrée des trompettes et des trombones, qui répètent la mélodie pour la quatrième fois, *avec un éclat éblouissant de coloris*, comme si dans cet instant unique l'édifice saint *avait brillé* devant nos *regards aveuglés, dans toute sa magnificence lumineuse et radiante*. Mais le *vif étincellement*, amené par degrés à *cette intensité de rayonnement solaire*, s'éteint avec rapidité, comme une *lueur céleste*. La *transparente vapeur* des nuées se referme, la vision disparaît peu à peu dans le même encens *diapré* au milieu duquel elle est apparue, et le morceau se termine par les premières six mesures, devenues *plus éthérées encore*. Son caractère d'*idéale mysticité* est surtout rendu sensible par le *pianissimo* toujours conservé dans l'orchestre, et qu'interrompt à peine le court moment où les *cuivres* font *resplendir* les merveilleuses lignes du seul motif de cette introduction. Telle est l'image qui, à l'audition de ce sublime *adagio*, se présente d'abord à nos sens émus. »

M'est-il permis à moi-même de raconter, de rendre avec des paroles la traduction inévitable que mon imagination fit du même morceau, lorsque je l'entendis pour la première fois, les yeux fermés, et que je me sentis pour ainsi dire enlevé de terre ? Je n'oserais certes pas parler avec complaisance de mes *rêveries*, s'il n'était pas utile de les joindre ici aux *rêveries* précédentes. Le lecteur sait quel but nous poursuivons : démontrer que la véritable musique suggère des idées analogues dans des cerveaux différents. D'ailleurs, il ne serait pas ridicule ici de raisonner *a priori*, sans analyse et sans comparaisons ; car ce qui serait vraiment surprenant, c'est que le son *ne pût pas* suggérer la couleur, que les couleurs *ne pussent pas* donner l'idée d'une mélodie, et que le son et la couleur fussent impropres à traduire des idées ; les choses s'étant toujours exprimées par une analogie réciproque, depuis le jour où Dieu a proféré le monde comme une complexe et indivisible totalité.

La nature est un temple où de vivants piliers
Laissent parfois sortir de confuses paroles ;
L'homme y passe à travers des forêts de symboles
Qui l'observent avec des regards familiers.

Comme de longs échos qui de loin se confondent
Dans une ténébreuse et profonde unité,
Vaste comme la nuit et comme la clarté,
Les parfums, les couleurs et les sons se répondent.

Je poursuis donc. Je me souviens que, dès les premières mesures, je subis une de ces impressions heureuses que presque tous les hommes imaginatifs ont connues, par le rêve, dans le sommeil. Je me sentis délivré *des liens de la pesanteur*, et je retrouvai par le souvenir l'extraordinaire *volupté* qui circule dans *les lieux hauts* (notons en passant que je ne connaissais pas le programme cité tout à l'heure). Ensuite je me peignis involontairement l'état délicieux d'un homme en proie à une grande rêverie dans une solitude absolue, mais une solitude avec *un immense horizon* et une *large lumière diffuse* ; l'immensité sans autre décor qu'elle-même. Bientôt j'éprouvai la sensation d'une *clarté* plus vive, *d'une intensité de lumière* croissant avec une telle rapidité, que les nuances fournies par le dictionnaire ne suffiraient pas à exprimer ce *surcroît toujours renaissant d'ardeur et de blancheur*. Alors je conçus pleinement l'idée d'une âme se mouvant dans un milieu lumineux, d'une extase *faite de volupté et de connaissance*, et planant au-dessus et bien loin du monde naturel.

De ces trois traductions, vous pourriez noter facilement les différences. Wagner indique *une troupe d'anges qui apportent un vase sacré* ; Liszt voit *un monument miraculeusement beau*, qui se reflète dans un mirage vaporeux. Ma rêverie est beaucoup moins illustrée d'objets matériels : elle est plus vague et plus abstraite. Mais l'important est ici de s'attacher aux ressemblances. Peu nombreuses, elles constitueraient encore une preuve suffisante ; mais, par bonheur, elles sont nombreuses et saisissantes jusqu'au superflu. Dans les trois traductions nous trouvons la sensation de la *béatitude spirituelle et physique* ; de l'*isolement* ; de la contemplation de *quelque chose infiniment grand et infiniment beau* ; d'*une lumière intense* qui réjouit *les yeux et l'âme jusqu'à la pâmoison* ; et enfin la sensation de l'*espace étendu jusqu'aux dernières limites concevables*.

Aucun musicien n'excelle, comme Wagner, à *peindre* l'espace et la profondeur, matériels et spirituels. C'est une remarque que plusieurs esprits, et des meilleurs, n'ont pu s'empêcher de faire en plusieurs occasions. Il possède l'art de traduire, par des gradations subtiles, tout ce qu'il y a d'excessif, d'immense, d'ambitieux, dans l'homme spirituel et naturel. Il semble parfois, en écoutant cette musique ardente et despotique, qu'on retrouve peintes sur le fond des ténèbres, déchiré par la rêverie, les vertigineuses conceptions de l'opium.

*

Les plaisanteries françaises allaient toujours leur train, et le journalisme vulgaire opérait sans trêve ses gamineries professionnelles. Comme Wagner n'avait jamais cessé de répéter que la musique (dramatique) devait *parler* le sentiment, s'adapter au sentiment avec la même exactitude que la parole, mais évidemment d'une autre manière, c'est-à-dire exprimer la partie indéfinie du sentiment que la parole, trop positive, ne peut pas rendre (en quoi il ne disait rien qui ne fût accepté par tous les esprits sensés), une foule de gens, persuadés par les plaisants du feuilleton, s'imaginèrent que le maître attribuait à la musique la puissance d'exprimer la forme positive des choses, c'est-à-dire qu'il intervertissait les rôles et les fonctions. Il serait aussi inutile qu'ennuyeux de dénombrer tous les quolibets fondés sur cette fausseté, qui venant, tantôt de la malveillance, tantôt de l'ignorance, avaient pour résultat d'égarer à l'avance l'opinion du public. Mais, à Paris plus qu'ailleurs, il est impossible d'arrêter une plume qui se croit amusante. La curiosité générale étant attirée vers Wagner, engendra des articles et des brochures qui nous initièrent à sa vie, à ses longs efforts et à tous ses tourments. Parmi ces documents fort connus aujourd'hui, je ne veux extraire que ceux qui me paraissent plus propres à éclairer et à définir la nature et le caractère du maître. Celui qui a écrit que *l'homme qui n'a pas été, dès son berceau, doté par une fée de l'esprit de mécontentement de tout ce qui existe, n'arrivera jamais à la découverte du nouveau* devait indubitablement trouver dans les conflits de la vie plus de douleurs que tout autre. C'est de cette facilité à souffrir, commune à tous les artistes et d'autant plus grande que leur instinct du juste et du beau est plus prononcé, que je tire l'explication des opinions révolutionnaires de Wagner. Aigri par tant de mécomptes, déçu par tant de rêves, il dut, à un certain moment, par suite d'une erreur excusable dans un esprit sensible et nerveux à l'excès, établir une complicité idéale entre la mauvaise musique et les mauvais gouvernements. Possédé du désir suprême de voir l'idéal dans l'art dominer définitivement la routine, il a pu (c'est une illusion essentiellement humaine) espérer que des révolutions dans l'ordre politique favoriseraient la cause de la révolution dans l'art. Le succès de Wagner lui-même a donné tort à ses prévisions et à ses espérances ; car il a fallu en France l'ordre d'un *despote* pour faire exécuter l'œuvre d'un révolutionnaire. Ainsi nous avons déjà vu à Paris l'évolution romantique favorisée par la monarchie, pendant que les libéraux et les républicains restaient opiniâtrement attachés aux routines de la littérature dite classique.

Je vois, par les notes que lui-même il a fournies sur sa jeunesse, que, tout enfant, il vivait au sein du théâtre, fréquentait les coulisses et composait des comédies. La musique de Weber et, plus tard, celle de Beethoven, agirent sur son esprit avec une force irrésistible, et bientôt, les années et les études s'accumulant, il lui fut impossible de ne pas penser d'une manière double, poétiquement et musicalement, de ne pas entrevoir toute idée sous deux formes simultanées, l'un des deux arts commençant sa fonction là où s'arrêtent les limites de l'autre. L'instinct dramatique, qui occupait une si grande place dans ses facultés, devait le pousser à se révolter contre toutes les frivolités, les platitudes et les absurdités des pièces faites pour la musique. Ainsi la Providence, qui préside aux révolutions de l'art, mûrissait dans un jeune cerveau allemand le problème qui avait tant agité le XVIIIe siècle. Quiconque a lu avec attention la *Lettre sur la musique*, qui sert de préface à *Quatre poèmes d'opéras traduits en prose française*, ne peut conserver à cet égard aucun doute. Les noms de Gluck et de Méhul y sont cités souvent avec une sympathie passionnée. N'en déplaise à M. Fétis, qui veut absolument établir pour l'éternité la prédominance de la musique dans le drame lyrique, l'opinion d'esprits tels que Gluck, Diderot, Voltaire et Goethe n'est pas à dédaigner. Si ces deux derniers ont démenti plus tard leurs théories de prédilection, ce n'a été chez eux qu'un acte de découragement et de désespoir. En feuilletant la *Lettre sur la musique*, je sentais revivre dans mon esprit, comme par un phénomène d'écho mnémonique différents passages de Diderot qui affirment que la vraie musique dramatique ne peut pas être autre chose que le cri ou le soupir de la passion noté et rythmé. Les mêmes problèmes scientifiques, poétiques, artistiques, se reproduisent sans cesse à travers les âges, et Wagner ne se donne pas pour un inventeur, mais simplement pour le confirmateur d'une ancienne idée qui sera sans doute, plus d'une fois encore, alternativement vaincue et victorieuse. Toutes ces questions sont en vérité extrêmement simples, et il n'est pas peu surprenant de voir se révolter contre les théories de *la musique de l'avenir* (pour me servir d'une locution aussi inexacte qu'accréditée) ceux-là mêmes que nous avons entendus si souvent se plaindre des tortures infligées à tout esprit raisonnable par la routine du livret ordinaire d'opéra.

Dans cette même *Lettre sur la musique*, où l'auteur donne une analyse très brève et très limpide de ses trois anciens ouvrages, *L'Art et la Révolution*, *L'Œuvre d'art de l'avenir* et *Opéra et Drame*, nous trouvons une préoccupation très vive du théâtre grec, tout à fait naturelle, inévitable même chez un dramaturge musicien qui devait chercher dans le passé la légitimation de son dégoût du présent et des conseils secourables pour l'établissement des conditions nouvelles du drame lyrique. Dans sa lettre à Berlioz, il disait déjà, il y a plus d'un an : Je me demandai quelles devaient être les conditions de l'art pour qu'il pût inspirer au public un inviolable respect, et, afin de ne point m'aventurer trop dans l'examen de cette question, je fus chercher mon point de départ dans la Grèce ancienne. J'y rencontrai tout d'abord l'œuvre artistique par excellence, le *drame*, dans lequel l'idée, quelque profonde qu'elle soit, peut se manifester avec le plus de clarté et de la manière la plus universellement intelligible. Nous nous étonnons à bon droit aujourd'hui que trente mille Grecs aient pu suivre avec un intérêt soutenu la représentation des tragédies d'Eschyle ; mais si nous recherchons le moyen par lequel on obtenait de pareils résultats, nous trouvons que c'est par l'alliance de tous les arts concourant ensemble au même but, c'est-à-dire à la production de l'œuvre artistique la plus parfaite et la seule vraie. Ceci me conduisit à étudier les rapports des diverses branches de l'art entre elles, et, après avoir saisi la relation qui existe entre la *plastique* et la *mimique*, j'examinai celle qui se trouve entre la musique et la poésie : de cet examen jaillirent soudain des clartés qui dissipèrent complètement l'obscurité qui m'avait jusqu'alors inquiété.

« Je reconnus, en effet, que précisément là où l'un de ces arts atteignait à des limites infranchissables, commençait aussitôt, avec la plus rigoureuse exactitude, la sphère d'action de l'autre ; que, conséquemment, par l'union intime de ces deux arts, on exprimerait avec la clarté la plus satisfaisante ce que ne pouvait exprimer chacun d'eux isolément ; que, par contraire, toute tentative de rendre avec les moyens de l'un d'eux ce qui ne saurait être rendu que par les deux ensemble devait fatalement conduire à l'obscurité, à la confusion d'abord, et ensuite, à la dégénérescence et à la corruption de chaque art en particulier. »

Et dans la préface de son dernier livre, il revient en ces termes sur le même sujet : « J'avais trouvé dans quelques rares créations d'artistes une base réelle où asseoir mon idéal dramatique et musical ; maintenant l'histoire m'offrait à son tour le modèle et le type des relations idéales du théâtre et de la vie publique telles que je les concevais. Je le trouvais, ce modèle, dans le théâtre de l'ancienne Athènes : là, le théâtre n'ouvrait son enceinte qu'à de certaines solennités où s'accomplissait une fête religieuse qu'accompagnaient les jouissances de l'art. Les hommes les plus distingués de l'État prenaient à ces solennités une part directe comme poètes ou directeurs ; ils paraissaient comme les prêtres aux yeux de la population assemblée de la cité et du pays, et cette population était remplie d'une si haute attente de la sublimité des œuvres qui allaient être représentées devant elle, que les poèmes les plus profonds, ceux d'un Eschyle et d'un Sophocle, pouvaient être proposés au peuple et assurés d'être parfaitement entendus. »

Ce goût absolu, despotique, d'un idéal dramatique, où tout, depuis une déclamation notée et soulignée par la musique avec tant de soin qu'il est impossible au chanteur de s'en écarter en aucune syllabe, véritable arabesque de sons dessinée par la passion, jusqu'aux soins les plus minutieux, relatifs aux décors et à la mise en scène, où tous les détails, dis-je, doivent sans cesse concourir à une totalité d'effet, a fait la destinée de Wagner. C'était en lui comme une postulation perpétuelle. Depuis le jour où il s'est dégagé des vieilles routines du livret et où il a courageusement renié son *Rienzi*, opéra de jeunesse qui avait été honoré d'un grand succès, il a marché, sans dévier d'une ligne, vers cet impérieux idéal. C'est donc sans étonnement que j'ai trouvé dans ceux de ses ouvrages qui sont traduits, particulièrement dans *Tannhäuser*, *Lohengrin* et *Le Vaisseau fantôme*, une méthode de construction excellente, un esprit d'ordre et de division qui rappelle l'architecture des tragédies antiques. Mais les phénomènes et les idées qui se produisent périodiquement à travers les âges empruntent toujours à chaque résurrection le caractère complémentaire de la variante et de la circonstance. La radieuse Vénus antique, l'Aphrodite née de la blanche écume, n'a pas impunément traversé les horrifiques ténèbres du Moyen Âge. Elle n'habite plus l'Olympe ni les rives d'un archipel parfumé. Elle est retirée au fond d'une caverne, magnifique, il est vrai, mais illuminée par des feux qui ne sont pas ceux du bienveillant Phoebus. En descendant sous terre, Vénus s'est rapprochée de l'enfer, et elle va sans doute, à de certaines solennités abominables, rendre régulièrement hommage à l'Archidémon, prince de la chair et seigneur du péché. De même, les poèmes de Wagner, bien qu'ils révèlent un goût sincère et une parfaite intelligence de la beauté classique, participent aussi, dans une forte dose, de l'esprit romantique. S'ils font rêver à la majesté de Sophocle et d'Eschyle, ils contraignent en même temps l'esprit à se souvenir des *Mystères* de l'époque la plus plastiquement catholique. Ils ressemblent à ces grandes visions que le Moyen Âge étalait sur les murs de ses églises ou tissait dans ses magnifiques tapisseries. Ils ont un aspect général décidément légendaire : le *Tannhäuser*, légende ; le *Lohengrin*, légende ; légende, *Le Vaisseau fantôme*. Et ce n'est pas seulement une propension naturelle à tout esprit poétique qui a conduit Wagner vers cette apparente spécialité ; c'est un parti pris formel puisé dans l'étude des conditions les plus favorables du drame lyrique.

Lui-même, il a pris soin d'élucider la question dans ses livres. Tous les sujets, en effet, ne sont pas également propres à fournir un vaste drame doué d'un caractère d'universalité. Il y aurait évidemment un immense danger à traduire en fresque le délicieux et le plus parfait tableau de genre. C'est surtout dans le cœur universel de l'homme et dans l'histoire de ce cœur que le poète dramatique trouvera des tableaux universellement intelligibles. Pour construire en pleine liberté le drame idéal, il sera prudent d'éliminer toutes les difficultés qui pourraient naître de détails techniques, politiques ou même trop positivement historiques. Je laisse la parole au maître lui-même : « Le seul tableau de la vie humaine qui soit appelé poétique est celui où les motifs qui n'ont de sens que pour l'intelligence abstraite font place aux mobiles purement humains qui gouvernent le cœur. Cette tendance (celle relative à l'invention du sujet poétique) est la loi souveraine qui préside à la forme et à la représentation poétique… L'arrangement rythmique et l'ornement (presque musical) de la rime sont pour le poète des moyens d'assurer au vers, à la phrase, une puissance qui captive comme par un charme et gouverne à son gré le sentiment. Essentielle au poète, cette tendance le conduit jusqu'à la limite de son art, limite que touche immédiatement la musique, et, par conséquent, l'œuvre la plus complète du poète devrait être celle qui, dans son dernier achèvement, serait une parfaite musique.

[…]

Comment Wagner ne comprendrait-il pas admirablement le caractère sacré, divin du mythe, lui qui est à la fois poète et critique ? J'ai entendu beaucoup de personnes tirer de l'étendue même de ses facultés et de sa haute intelligence critique une raison de défiance relativement à son génie musical, et je crois que l'occasion est ici propice pour réfuter une erreur très commune, dont la principale racine est peut-être le plus laid des sentiments humains, l'envie. « Un homme qui raisonne tant de son art ne peut pas produire naturellement de belles œuvres », disent quelques-uns qui dépouillent ainsi le génie de sa rationalité, et lui assignent une fonction purement instinctive et pour ainsi dire végétale. D'autres veulent considérer Wagner comme un théoricien qui n'aurait produit des opéras que pour vérifier *a posteriori* la valeur de ses propres théories. Non seulement ceci est parfaitement faux, puisque le maître a commencé tout jeune, comme on le sait, par produire des essais poétiques et musicaux d'une nature variée, et qu'il n'est arrivé que progressivement à se faire un idéal de drame lyrique, mais c'est même une chose absolument impossible. Ce serait un événement tout nouveau dans l'histoire des arts qu'un critique se faisant poète, un renversement de toutes les lois psychiques, une monstruosité ; au contraire, tous les grands poètes deviennent naturellement, fatalement, critiques. Je plains les poètes que guide le seul instinct ; je les crois incomplets. Dans la vie spirituelle des premiers, une crise se fait infailliblement, où ils veulent raisonner leur art, découvrir les lois obscures en vertu desquelles ils ont produit, et tirer de cette étude une série de préceptes dont le but divin est l'infaillibilité dans la production poétique. Il serait prodigieux qu'un critique devînt poète, et il est impossible qu'un poète ne contienne pas un critique. Le lecteur ne sera donc pas étonné que je considère le poète comme le meilleur de tous les critiques. Les gens qui reprochent au musicien Wagner d'avoir écrit des livres sur la philosophie de son art et qui en tirent le soupçon que sa musique n'est pas un produit naturel, spontané, devraient nier également que Vinci, Hogarth, Reynolds, aient pu faire de bonnes peintures, simplement parce qu'ils ont déduit et analysé les principes de leur art. Qui parle mieux de la peinture que notre grand Delacroix ? Diderot, Goethe, Shakespeare, autant de producteurs, autant d'admirables critiques. La poésie a existé, s'est affirmée la première, et elle a engendré l'étude des règles. Telle est l'histoire incontestée du travail humain. Or, comme chacun est le diminutif de tout le monde, comme l'histoire d'un cerveau individuel représente en petit l'histoire du cerveau universel, il serait juste et naturel de supposer (à défaut des preuves qui existent) que l'élaboration des pensées de Wagner a été analogue au travail de l'humanité.

[…]

*

Nous avons déjà, je crois, noté deux hommes dans Richard Wagner, l'homme d'ordre et l'homme passionné. C'est de l'homme passionné, de l'homme de sentiment qu'il est ici question. Dans le moindre de ses morceaux il inscrit si ardemment sa personnalité, que cette recherche de sa qualité principale ne sera pas très difficile à faire. Dès le principe, une considération m'avait vivement frappé : c'est que dans la partie voluptueuse et orgiaque de l'ouverture de *Tannhäuser*, l'artiste avait mis autant de force, développé autant d'énergie que dans la peinture de la mysticité qui caractérise l'ouverture de *Lohengrin*. Même ambition dans l'une que dans l'autre, même escalade titanique et aussi mêmes raffinements et même subtilité. Ce qui me paraît donc avant tout marquer d'une manière inoubliable la musique de ce maître, c'est l'intensité nerveuse, la violence dans la passion et dans la volonté. Cette musique-là exprime avec la voix la plus suave ou la plus stridente tout ce qu'il y a de plus caché dans le cœur de l'homme. Une ambition idéale préside, il est vrai, à toutes ses compositions ; mais si, par le choix de ses sujets et sa méthode dramatique, Wagner se rapproche de l'antiquité, par l'énergie passionnée de son expression il est actuellement le représentant le plus vrai de la nature moderne. Et toute la science, tous les efforts, toutes les combinaisons de ce riche esprit ne sont, à vrai dire, que les serviteurs très humbles et très zélés de cette irrésistible passion. Il en résulte, dans quelque sujet qu'il traite, une solennité d'accent superlative. Par cette passion il ajoute à chaque chose je ne sais quoi de surhumain ; par cette passion il comprend tout et fait tout comprendre. Tout ce qu'impliquent les mots : *volonté*, *désir*, *concentration*, *intensité nerveuse*, *explosion*, se sent et se fait deviner dans ses œuvres. Je ne crois pas me faire illusion ni tromper personne en affirmant que je vois là les principales caractéristiques du phénomène que nous appelons *génie* ; ou du moins, que dans l'analyse de tout ce que nous avons jusqu'ici légitimement appelé *génie* on retrouve lesdites caractéristiques. En matière d'art, j'avoue que je ne hais pas l'outrance ; la modération ne m'a jamais semblé le signe d'une nature artistique vigoureuse. J'aime ces excès de santé, ces débordements de volonté qui s'inscrivent dans les œuvres comme le bitume enflammé dans le sol d'un volcan, et qui, dans la vie ordinaire, marquent souvent la phase, pleine de délices, succédant à une grande crise morale ou physique.

Quant à la réforme que le maître veut introduire dans l'application de la musique au drame, qu'en arrivera-t-il ? Là-dessus, il est impossible de rien prophétiser de précis. D'une manière vague et générale, on peut dire, avec le Psalmiste, que, tôt ou tard, ceux qui ont été abaissés seront élevés, que ceux qui ont été élevés seront humiliés, mais rien de plus que ce qui est également applicable au train connu de toutes les affaires humaines. Nous avons vu bien des choses déclarées jadis absurdes, qui sont devenues plus tard des modèles adoptés par la foule. Tout le public actuel se souvient de l'énergique résistance où se heurtèrent, dans le commencement, les drames de Victor Hugo et les peintres d'Eugène Delacroix. D'ailleurs nous avons déjà fait observer que la querelle qui divise maintenant le public était une querelle oubliée et soudainement ravivée, et que Wagner lui-même avait trouvé dans le passé les premiers éléments de *la base pour asseoir son idéal*. Ce qui est bien certain, c'est que sa doctrine est faite pour rallier tous les gens d'esprit fatigués depuis longtemps des erreurs de l'Opéra, et il n'est pas étonnant que les hommes de lettres, en particulier, se soient montrés sympathiques pour un musicien qui se fait gloire d'être poète et dramaturge. De même les écrivains du XVIIIe siècle avaient acclamé les ouvrages de Gluck, et je ne puis m'empêcher de voir que les personnes qui manifestent le plus de répulsion pour les ouvrages de Wagner montrent aussi une antipathie décidée à l'égard de son précurseur.

Enfin le succès ou l'insuccès de *Tannhäuser* ne peut absolument rien prouver, ni même déterminer une quantité quelconque de chances favorables ou défavorables dans l'avenir. *Tannhäuser*, en supposant qu'il fût un ouvrage détestable, aurait pu *monter aux nues*. En le supposant parfait, il pourrait révolter. La question, dans le fait, la question de la réformation de l'opéra n'est pas vidée, et la bataille continuera ; apaisée, elle recommencera. J'entendais dire récemment que si Wagner obtenait par son drame un éclatant succès, ce serait un accident purement individuel, et que sa méthode n'aurait aucune influence ultérieure sur les destinées et les transformations du drame lyrique. Je me crois autorisé, par l'étude du passé, c'est-à-dire de l'éternel, à préjuger l'absolu contraire, à savoir qu'un échec complet ne détruit en aucune façon la possibilité de tentatives nouvelles dans le même sens, et que dans un avenir très rapproché on pourrait bien voir non pas seulement des auteurs nouveaux, mais même des hommes anciennement accrédités, profiter, dans une mesure quelconque, des idées émises par Wagner, et passer heureusement à travers la brèche ouverte par lui. Dans quelle histoire a-t-on jamais lu que les grandes causes se perdaient en une seule partie ?

18 mars 1861.

Encore quelques mots

« L'épreuve est faite ! La *musique de l'avenir* est enterrée ! » s'écrient avec joie tous les siffleurs et cabaleurs. « L'épreuve est faite ! » répètent tous les niais du feuilleton. Et tous les badauds leur répondent en chœur, et très innocemment : « L'épreuve est faite ! »

En effet, une épreuve a été faite, qui se renouvellera encore bien des milliers de fois avant la fin du monde ; c'est que, d'abord, toute œuvre grande et sérieuse ne peut pas se loger dans la mémoire humaine ni prendre sa place dans l'histoire sans de vives contestations ; ensuite, que dix personnes opiniâtres peuvent, à l'aide de sifflets aigus, dérouter des comédiens, vaincre la bienveillance du public, et pénétrer même de leurs protestations discordantes la voix immense d'un orchestre, cette voix fût-elle égale en puissance à celle de l'Océan. Enfin, un inconvénient des plus intéressants a été vérifié, c'est qu'un système de location qui permet de s'abonner à l'année crée une sorte d'aristocratie, laquelle peut, à un moment donné, pour un motif ou un intérêt quelconque, exclure le vaste public de toute participation au jugement d'une œuvre. Qu'on adopte dans d'autres théâtres, à la Comédie-Française, par exemple, ce même système de location, et nous verrons bientôt, là aussi, se produire les mêmes dangers et les mêmes scandales. Une société restreinte pourra enlever au public immense de Paris le droit d'apprécier un ouvrage dont le jugement appartient à tous.

Les gens qui se croient débarrassés de Wagner se sont réjouis beaucoup trop vite ; nous pouvons le leur affirmer. Je les engage vivement à célébrer moins haut un triomphe qui n'est pas des plus honorables d'ailleurs, et même à se munir de résignation pour l'avenir. En vérité, ils ne comprennent guère le jeu de bascule des affaires humaines, le flux et le reflux des passions. Ils ignorent aussi de quelle patience et de quelle opiniâtreté la Providence a toujours doué ceux qu'elle investit d'une fonction. Aujourd'hui la réaction est commencée ; elle a pris naissance le jour même où la malveillance, la sottise, la routine et l'envie coalisées ont essayé d'enterrer l'ouvrage. L'immensité de l'injustice a engendré mille sympathies, qui maintenant se montrent de tous côtés.

Aux personnes éloignées de Paris, que fascine et intimide cet amas monstrueux d'hommes et de pierres, l'aventure inattendue du drame de *Tannhäuser* doit apparaître comme une énigme. Il serait facile de l'expliquer par la coïncidence malheureuse de plusieurs causes, dont quelques-unes sont étrangères à l'art. Avouons tout de suite la raison principale, dominante : l'opéra de Wagner *est un ouvrage sérieux*, demandant une attention soutenue ; on conçoit tout ce que cette condition implique de chances défavorables dans un pays où l'ancienne tragédie réussissait surtout par les facilités qu'elle offrait à la distraction. En Italie, on prend des sorbets et l'on fait des cancans dans les intervalles du drame où la mode ne commande pas les applaudissements ; en France, on joue aux cartes. « Vous êtes un impertinent, vous qui voulez me contraindre à prêter à votre œuvre une attention continue », s'écrie l'abonné récalcitrant, « je veux que vous me fournissiez un plaisir digestif plutôt qu'une occasion d'exercer mon intelligence ». À cette cause principale, il faut en ajouter d'autres qui sont aujourd'hui connues de tout le monde, à Paris du moins. L'ordre impérial, qui fait tant d'honneur au prince, et dont on peut le remercier sincèrement, je crois, sans être accusé de courtisanerie, a ameuté contre l'artiste beaucoup d'envieux et beaucoup de ces badauds qui croient toujours faire acte d'indépendance en aboyant à l'unisson. Le décret qui venait de rendre quelques libertés au journal et à la parole ouvrait carrière à une turbulence naturelle, longtemps comprimée, qui s'est jetée, comme un animal fou, sur le premier passant venu. Ce passant, c'était le *Tannhäuser*, autorisé par le chef de l'État et protégé ouvertement par la femme d'un ambassadeur étranger. Quelle admirable occasion ! Toute une salle française s'est amusée pendant plusieurs heures de la douleur de cette femme, et, chose moins connue, Mme Wagner elle-même a été insultée pendant une des représentations. Prodigieux triomphe !

[…]

On espérait arracher à ces enragés leur victime en la présentant au public un dimanche, c'est-à-dire un jour où les abonnés et le Jockey-Club abandonnent volontiers la salle à une foule qui profite de la place libre et du loisir. Mais ils avaient fait ce raisonnement assez juste : « Si nous permettons que le succès ait lieu aujourd'hui, l'administration en tirera un prétexte suffisant pour nous imposer l'ouvrage pendant trente jours. » Et ils sont revenus à la charge, armés de toutes pièces, c'est-à-dire des instruments homicides confectionnés à l'avance. Le public, le public entier, a lutté pendant deux actes, et dans sa bienveillance, doublée par l'indignation, il applaudissait non seulement les beautés irrésistibles, mais même les passages qui l'étonnaient et le déroutaient, soit qu'ils fussent obscurcis par une exécution trouble, soit qu'ils eussent besoin, pour être appréciés, d'un impossible recueillement. Mais ces tempêtes de colère et d'enthousiasme amenaient immédiatement une réaction non moins violente et beaucoup moins fatigante pour les opposants. Alors ce même public, espérant que l'émeute lui saurait gré de sa mansuétude, se taisait, voulant avant toute chose connaître et juger. Mais les quelques sifflets ont *courageusement* persisté, *sans motif et sans interruption* ; l'admirable récit du voyage à Rome n'a pas été entendu (chanté même ? je n'en sais rien) et tout le troisième acte a été submergé dans le tumulte.

Dans la presse, aucune résistance, aucune protestation, excepté celle de M. Franck Marie, dans *La Patrie*. M. Berlioz a évité de dire son avis ; courage négatif. Remercions-le de n'avoir pas ajouté à l'injure universelle. Et puis alors, un immense tourbillon d'imitation a entraîné toutes les plumes, a fait délirer toutes les langues, semblable à ce singulier esprit qui fait dans les foules des miracles alternatifs de bravoure et de couardise ; le courage collectif et la lâcheté collective ; l'enthousiasme français et la panique gauloise.

Le *Tannhäuser* n'avait même pas été entendu.

Aussi, de tous côtés, abondent maintenant les plaintes ; chacun voudrait voir l'ouvrage de Wagner, et chacun crie à la tyrannie. Mais l'administration a baissé la tête devant quelques conspirateurs, et on rend l'argent déjà déposé pour les représentations suivantes. Ainsi, spectacle inouï, s'il en peut exister toutefois de plus scandaleux que celui auquel nous avons assisté, nous voyons aujourd'hui une direction vaincue, qui, malgré les encouragements du public, renonce à continuer des représentations des plus fructueuses.

Il paraît d'ailleurs que l'accident se propage ; et que le public n'est plus considéré comme le juge suprême en fait de représentations scéniques. Au moment même où j'écris ces lignes, j'apprends qu'un beau drame, admirablement construit et écrit dans un excellent style, va disparaître, au bout de quelques jours, d'une autre scène où il s'était produit avec éclat et malgré les efforts d'une certaine caste impuissante, qui s'appelait jadis la classe lettrée, et qui est aujourd'hui inférieure en esprit et en délicatesse à un public de port de mer. En vérité, l'auteur est bien fou qui a pu croire que ces gens prendraient feu pour une chose aussi impalpable, aussi gazéiforme que l'*honneur*. Tout au plus sont-ils bons à l'*enterrer*.

Quelles sont les raisons mystérieuses de cette expulsion ? Le succès gênerait-il les opérations futures du directeur ? D'inintelligibles considérations officielles auraient-elles forcé sa bonne volonté, violenté ses intérêts ? Ou bien faut-il supposer quelque chose de monstrueux, c'est-à-dire qu'un directeur peut feindre, pour se faire valoir, de désirer de bons drames, et, ayant enfin atteint son but, retourne bien vite à son véritable goût, qui est celui des imbéciles, évidemment le plus productif ? Ce qui est encore plus inexplicable, c'est la faiblesse des critiques (dont quelques-uns sont poètes), qui caressent leur principal ennemi, et qui, si parfois, dans un accès de bravoure passagère, ils blâment son mercantilisme, n'en persistent pas moins, en une foule de cas, à encourager son commerce par toutes les complaisances.

Pendant tout ce tumulte et devant les déplorables facéties du feuilleton, dont je rougissais, comme un homme délicat d'une saleté commise devant lui, une idée cruelle m'obsédait. Je me souviens que, malgré que j'aie toujours soigneusement étouffé dans mon cœur ce patriotisme exagéré dont les fumées peuvent obscurcir le cerveau, il m'est arrivé, sur des plages lointaines, à des tables d'hôte composées des éléments humains les plus divers, de souffrir horriblement quand j'entendais des voix (équitables ou injustes, qu'importe ?) ridiculiser la France. Tout le sentiment filial, philosophiquement comprimé, faisait alors explosion. Quand un déplorable académicien s'est avisé d'introduire, il y a quelques années, dans son discours de réception, une appréciation du génie de Shakespeare, qu'il appelait familièrement le vieux *Williams*, ou le bon *Williams* – appréciation digne en vérité d'un concierge de la Comédie-Française –, j'ai senti en frissonnant le dommage que ce pédant sans orthographe allait faire à mon pays. En effet, pendant plusieurs jours, tous les journaux anglais se sont amusés de nous, et de la manière la plus navrante. Les littérateurs français, à les entendre, ne savaient pas même l'orthographe du nom de Shakespeare ; ils ne comprenaient rien à son génie, et la France abêtie ne connaissait que deux auteurs, Ponsard et Alexandre Dumas fils, *les poètes favoris du nouvel Empire*, ajoutait l'*Illustrated London*

News. Notez que la haine politique combinait son élément avec le patriotisme littéraire outragé.

Or, pendant les scandales soulevés par l'ouvrage de Wagner, je me disais : « Qu'est-ce que l'Europe va penser de nous, et en Allemagne que dira-t-on de Paris ? Voilà une poignée de tapageurs qui nous déshonorent collectivement ! » Mais non, cela ne sera pas. Je crois, je sais, je jure que parmi les littérateurs, les artistes et même parmi les gens du monde, il y a encore bon nombre de personnes bien élevées, douées de justice, et dont l'esprit est toujours libéralement ouvert aux nouveautés qui leur sont offertes. L'Allemagne aurait tort de croire que Paris n'est peuplé que de polissons qui se mouchent avec les doigts, à cette fin de les essuyer sur le dos d'un grand homme qui passe. Une pareille supposition ne serait pas d'une totale impartialité. De tous les côtés, comme je l'ai dit, la réaction s'éveille ; des témoignages de sympathie des plus inattendus sont venus encourager l'auteur à persister dans sa destinée. Si les choses continuent ainsi, il est présumable que beaucoup de regrets pourront être prochainement consolés, et que *Tannhäuser* reparaîtra, mais dans un lieu où les abonnés de l'Opéra ne seront pas intéressés à le poursuivre.

Enfin l'idée est lancée, la trouée est faite, c'est l'important. Plus d'un compositeur français voudra profiter des idées salutaires émises par Wagner. Si peu de temps que l'ouvrage ait paru devant le public, l'ordre de l'Empereur, auquel nous devons de l'avoir entendu, a apporté un grand secours à l'esprit français, esprit logique, amoureux d'ordre, qui reprendra facilement la suite de ses évolutions. Sous la République et le Premier Empire, la musique s'était élevée à une hauteur qui en fit, à défaut de la littérature découragée, une des gloires de ces temps. Le chef du Second Empire n'a-t-il été que curieux d'entendre l'œuvre d'un homme dont on parlait chez nos voisins, ou une pensée plus patriotique et plus compréhensive l'excitait-elle ? En tout cas, sa simple curiosité nous aura été profitable à tous.

8 avril 1861.

Extrait de *L'Art romantique*, 1861.

ITALO CALVINO

(1929-1985)

Ermite à Paris

À propos de la notoriété internationale de Leonardo Sciascia, obscur instituteur sicilien jusqu'à sa traduction en français, un Français m'a dit : « C'était au temps où la France distribuait des miroirs. » Italo Calvino est né dans une Italie qui parlait le français, qui lisait le français, il voulait être aimé à Paris. « Paris a été le paysage intérieur d'une très grande partie de la littérature mondiale, de beaucoup de livres que nous avons tous lus, qui ont compté dans nos vies. Avant d'être une ville du monde réel, Paris, pour moi comme pour des millions d'autres personnes de tous les pays, a été une ville imaginée à travers les livres, une ville que l'on s'approprie par la lecture. » Il a vécu square de Châtillon, tout près de la porte d'Orléans.

Depuis quelques années j'ai une maison à Paris, et j'y passe une partie de l'année, mais cette ville, jusque-là, n'est jamais apparue dans ce que j'écris. Pour pouvoir écrire sur Paris, il faudrait peut-être que je m'en détache, que je m'en éloigne – s'il est vrai que l'on écrit toujours à partir d'un manque, d'une absence. Ou bien que je sois plus à l'intérieur, mais pour cela j'aurais dû y vivre depuis ma jeunesse – s'il est vrai que ce sont les décors des premières années de notre vie qui donnent une forme à notre monde imaginaire, et non les lieux de la maturité. Je dirais même plus :

il faut qu'un lieu devienne un paysage intérieur pour que l'imagination commence à hanter ce lieu, à en faire son théâtre. Et Paris a été le paysage intérieur d'une très grande partie de la littérature mondiale, de beaucoup de livres que nous avons tous lus, qui ont compté dans nos vies. Avant d'être une ville du monde réel, Paris, pour moi comme pour des millions d'autres personnes de tous les pays, a été une ville imaginée à travers les livres, une ville que l'on s'approprie par la lecture. On commence étant enfant, avec *Les Trois Mousquetaires*, on poursuit avec *Les Misérables* ; en même temps, ou tout de suite après, Paris devient la ville de l'histoire, de la Révolution française ; plus tard, dans la progression des lectures de jeunesse, il devient la ville de Baudelaire, de la grande poésie depuis plus de cent ans désormais, la ville de la peinture, la ville des grands cycles romanesques : Balzac, Zola, Proust…

Quand j'y venais en touriste, c'était encore ce Paris-là que je visitais, c'était une image déjà connue que je reconnaissais, une image à laquelle je ne pouvais rien ajouter. À présent, les hasards de la vie m'ont conduit à Paris avec une maison, une famille ; si l'on veut, je suis encore un touriste, parce que mon activité, mes intérêts de travail se trouvent toujours en Italie, mais, cependant, ma façon d'être dans la ville est différente, déterminée par les cent petits problèmes pratiques de la vie familiale. Peut-être, en s'identifiant avec mon histoire personnelle, avec la vie quotidienne, en perdant ce halo qui est le reflet culturel, littéraire, de son image, Paris pourrait-il redevenir une ville intérieure, et il me serait alors possible d'écrire sur lui. Ce ne serait plus la ville dont tout a déjà été dit, mais une ville quelconque dans laquelle je suis amené à vivre, une ville sans nom.

Parfois j'ai spontanément situé des récits tout à fait imaginaires à New York, ville où je n'ai vécu que quelques mois dans ma vie : qui sait ? peut-être parce que New York est la ville la plus simple, tout au moins pour moi, la plus synthétique, une sorte de prototype de ville – dans sa topographie, son aspect visuel, sa société. Alors que Paris a une grande épaisseur, avec tant de choses à l'arrière-plan, tant de significations. Peut-être m'en impose-t-il un peu : l'image de Paris, je veux dire, non la ville en elle-même, car c'est une ville que l'on sent tout de suite familière, dès qu'on y pose le pied.

À bien y songer, il ne m'est jamais non plus arrivé de situer aucun de mes récits à Rome, et je dois dire que j'ai vécu à Rome plus longtemps qu'à New York, peut-être même plus qu'à Paris. Rome, une autre ville dont je suis incapable de parler ; une ville encore sur laquelle on a trop écrit. Pourtant, rien de ce qui a été écrit sur Rome ne peut être comparé à ce qui a été écrit sur Paris : autant Rome que Paris sont des villes sur lesquelles il est difficile de dire des choses qui n'ont pas déjà été dites – c'est le seul aspect que ces deux villes ont en commun ; et, même pour les aspects nouveaux, chaque changement qui a lieu a tout un chœur de commentateurs prêt à en parler.

Mais je n'ai peut-être pas la capacité d'établir des rapports personnels avec les lieux : je reste toujours un peu en suspens dans les villes, comme si je me tenais sur un seul pied. Mon bureau est comme une île : il pourrait se trouver ici comme dans un autre pays. Et d'ailleurs les villes sont en train de se transformer en une seule ville, en une ville ininterrompue où l'on perd les différences qui autrefois caractérisaient chacune d'elles. Cette idée, qui parcourt tout mon livre *Les Villes invisibles*, me vient de la façon de vivre qui est désormais celle de beaucoup d'entre nous : un passage continu d'un aéroport à l'autre, pour mener une vie presque identique dans n'importe quelle ville où l'on se trouve. J'ai l'habitude de dire – et je l'ai répété tellement de fois que cela a fini par m'ennuyer – que j'ai à Paris ma maison de campagne, dans ce sens que, étant écrivain, je peux faire une partie de mon travail dans la solitude, peu importe où – dans une maison isolée au milieu de la campagne, ou sur une île ; et ma maison de campagne se trouve en plein centre de Paris. Ainsi, alors que toute ma vie de relations liées à mon travail se déroule entièrement en Italie, je viens ici quand je peux ou quand je dois rester seul, ce qui à Paris est plus facile pour moi.

L'Italie, ou du moins Turin et Milan, est à une heure d'ici ; j'habite un quartier d'où l'on rejoint facilement l'autoroute et donc l'aéroport d'Orly. On peut dire que, aux heures où les rues de la ville sont impraticables à cause du trafic, j'arrive plus vite en Italie que, par exemple, aux Champs-Élysées. Je pourrais presque être un « pendulaire[1] » ; nous sommes désormais proches de l'époque où l'on pourra vivre comme si l'Europe n'était qu'une seule ville.

En même temps, nous sommes proches de l'époque où aucune ville ne pourra plus être utilisée comme une ville : on perd plus

1. En Italie, travailleur qui, résidant dans une ville et travaillant dans une autre, fait quotidiennement le trajet entre les deux. [*NdT.*]

de temps dans les petits déplacements que dans les voyages. On peut dire que, quand je suis à Paris, je ne bouge jamais de mon bureau ; suivant une vieille habitude je vais tous les matins jusqu'à Saint-Germain-des-Prés acheter les journaux italiens ; j'y vais et j'en reviens en métro. Je ne suis donc pas un *flâneur*, un promeneur dans les rues de Paris, ce personnage traditionnel consacré par Baudelaire. Voilà : aussi bien les voyages internationaux que les parcours urbains ne sont plus une exploration à travers une série de lieux différents ; ce ne sont, plus simplement, que des déplacements d'un point à un autre entre lesquels il y a un intervalle vide, une discontinuité, une parenthèse au-dessus des nuages pour les voyages en avion et une parenthèse sous terre pour les parcours en ville.

Le métro m'a toujours été très familier, depuis que, dans ma jeunesse, je suis arrivé pour la première fois à Paris et que j'ai découvert que ce moyen de transport si simple à utiliser mettait la ville entière à ma disposition. Et peut-être que dans mon rapport avec le métro joue aussi ma fascination pour le monde souterrain : les romans de Jules Verne que je préfère sont *Les Indes noires* et *Voyage au centre de la Terre*. Ou alors, je suis attiré par l'anonymat : cette foule où j'ai la possibilité d'observer tout un chacun, successivement, et en même temps de disparaître complètement.

Il y avait hier dans le métro un homme pieds nus : ce n'était pas un bohémien ni un hippy, mais un monsieur avec des lunettes, comme moi et tant d'autres, en train de lire son journal, avec une allure de professeur, l'habituel professeur distrait qui a oublié de mettre ses chaussettes et ses chaussures. C'était un jour de pluie et il marchait pieds nus ; personne ne le regardait, personne ne semblait curieux. Le rêve d'être invisible… Quand je me trouve dans un lieu où je peux avoir l'illusion d'être invisible, je me sens très bien.

Tout l'opposé de ce que je ressens quand je dois parler à la télévision et que je perçois la caméra pointée sur moi, en train de me clouer à ma visibilité, à mon visage. Je crois que les écrivains, vus en direct, perdent beaucoup. Autrefois, personne ne savait qui étaient, en chair et en os, les écrivains vraiment populaires, ils n'étaient qu'un nom sur la couverture des livres, et cela leur conférait un pouvoir de séduction extraordinaire. Gaston Leroux, Maurice Leblanc (pour ne citer que ceux qui ont propagé le mythe de Paris parmi des millions de personnes) étaient des écrivains très populaires dont on ne savait rien ; il y a eu des écrivains encore plus populaires dont on ne connaissait même pas le prénom, rien qu'une initiale. Je crois que la condition idéale de l'écrivain est celle-ci, proche de l'anonymat ; c'est alors que l'autorité maximale de l'écrivain se développe, quand il n'a pas de visage, de présence, mais que le monde qu'il représente occupe tout le tableau – comme Shakespeare, dont il ne reste aucun portrait qui puisse nous servir à savoir comment il était, ni aucune information qui explique vraiment quelque chose sur lui. Aujourd'hui, au contraire, plus l'image de l'auteur envahit le terrain, plus le monde qu'il a représenté se vide ; puis l'auteur aussi se vide, et de tous les côtés il ne reste que le vide.

Il y a un point invisible, anonyme, qui est celui à partir duquel on écrit, et c'est pour cela qu'il m'est difficile de définir le rapport entre le lieu où j'écris et la ville qui l'entoure. Je peux très bien écrire dans les chambres d'hôtel, dans cette sorte d'espace abstrait, anonyme, que sont les chambres d'hôtel, où je retrouve devant moi la page blanche, sans alternative, sans issue. Ou peut-être est-ce là une condition idéale valable surtout quand j'étais plus jeune, et que le monde était là, juste au-delà de la porte, avec sa densité de signes ; il m'accompagnait partout, il avait tellement de consistance qu'il me suffisait de m'en écarter d'un pas pour pouvoir écrire sur lui. À présent quelque chose a dû changer, je n'écris bien que dans un endroit qui m'appartient, avec des livres à portée de la main, comme si j'avais besoin de consulter toujours on ne sait trop quoi. Ce n'est peut-être pas pour les livres en eux-mêmes, mais pour une sorte d'espace intérieur qu'ils forment, comme si je m'identifiais à ma bibliothèque idéale.

Et pourtant, je n'arrive pas à rassembler une bibliothèque qui serait la mienne : les livres sont toujours tantôt ici, tantôt là ; quand j'ai besoin de consulter un livre à Paris, c'est toujours un livre que j'ai en Italie, quand je dois consulter un livre en Italie, c'est toujours un livre que j'ai à Paris. Ce besoin de consulter des livres en écrivant est une habitude que j'ai prise, en gros, il y a une dizaine d'années ; auparavant cela ne se passait pas ainsi : tout devait venir de ma mémoire, tout, dans ce que j'écrivais, faisait partie de mon vécu. Toute référence culturelle devait être aussi quelque chose que je portais en moi, qui faisait partie de moi-même, sinon cela ne rentrait pas dans les règles du jeu, ce n'était pas un matériel que je pouvais mettre sur la page. À présent, c'est tout le contraire : le monde aussi est devenu quelque chose que je consulte de temps à autre, voilà qu'entre ce rayon de livres et le monde extérieur il n'y a plus l'abîme que l'on croit.

Je pourrais dire alors que Paris est une œuvre de consultation gigantesque, c'est une ville que l'on consulte comme une encyclopédie : dès la première page, elle donne toute une série d'informations, d'une richesse qu'aucune autre ville n'égale. Prenons les magasins, qui constituent le discours le plus ouvert, le plus communicatif qu'une ville puisse exprimer : nous lisons tous une ville, une rue, un bout de trottoir en suivant la rangée des magasins. Il y a des magasins qui sont comme les chapitres d'un traité, des magasins comme des articles d'une encyclopédie, des magasins comme des pages de journal. À Paris il y a des magasins de fromage où sont exposés des centaines de fromages tous différents, chacun étiqueté avec son nom, des fromages enveloppés dans la cendre, des fromages aux noix : une sorte de musée, de Louvre des fromages. Ce sont quelques aspects d'une civilisation qui a permis la survivance de formes différenciées sur une échelle assez vaste pour en rendre la production économiquement rentable, tout en leur gardant leur raison d'être, qui suppose un choix, un système dont elles font partie, un langage des fromages. Mais c'est aussi et surtout le triomphe de l'esprit de la classification, de la nomenclature. Si donc demain je commence à écrire sur les fromages, je peux sortir pour consulter Paris en tant que grande encyclopédie de fromages. Ou bien consulter certaines drogueries dans lesquelles on retrouve encore ce qu'était l'exotisme du siècle dernier, un exotisme mercantile lié au premier colonialisme, disons un certain esprit d'Exposition universelle.

Il y a un genre de magasin où l'on sent que cette ville a donné une forme à cette façon particulière de considérer la civilisation qui est le musée ; et le musée, à son tour, a donné forme aux activités les plus diverses de la vie quotidienne ; si bien qu'il n'y a pas de solution de continuité entre les salles du Louvre et les vitrines des magasins. Disons que dans les rues tout est prêt pour passer au musée, ou que le musée est prêt à englober les rues. Ce n'est pas un hasard si le musée que j'aime le plus est celui consacré à la vie et à l'histoire de Paris, le musée Carnavalet.

Cette idée de la ville comme discours encyclopédique, comme mémoire collective, a toute une tradition : il n'y a qu'à penser aux cathédrales gothiques, où chaque détail architectural et ornemental, chaque lieu et chaque élément renvoyaient à des connaissances d'un savoir global, constituaient des signes qui trouvaient des correspondances dans d'autres contextes. De la même façon, nous pouvons « lire » la ville comme une œuvre de consultation, comme nous « lisons » Notre-Dame (même à travers les restaurations de Viollet-le-Duc) : un chapiteau après l'autre, une gargouille après l'autre. Et nous pouvons aussi lire la ville comme un inconscient collectif : l'inconscient collectif est un grand catalogue, un grand bestiaire ; nous pouvons interpréter Paris comme un livre des rêves, comme un album de notre inconscient, comme un catalogue de monstres. Ainsi, dans mes itinéraires en qualité de père, d'accompagnateur de ma fille encore enfant, Paris s'ouvre à mes consultations avec les bestiaires du Jardin des plantes, les cages à serpents et à reptiles où se prélassent iguanes et caméléons, une faune d'ères préhistoriques, en même temps que la grotte des dragons que notre civilisation traîne derrière elle.

Les monstres et les fantômes de l'inconscient visibles hors de nous sont une vieille spécialité de cette ville qui n'a pas été par hasard la capitale du surréalisme. Parce que Paris, même avant Breton, contenait tout ce qui est devenu ensuite la matière première de la vision surréaliste ; et le surréalisme a ensuite laissé son empreinte, son sillage, que l'on reconnaît partout à travers la ville, ne serait-ce que par une certaine manière de valoriser la suggestion des images, comme dans les librairies au goût surréaliste, ou dans certains petits cinémas – tel Le Styx, spécialisé dans les films d'horreur.

Même le cinéma à Paris est un musée, ou une encyclopédie à consulter, non seulement en raison de la quantité de films de la Cinémathèque, mais grâce aussi à tout le réseau des *studios* du Quartier latin : ces salles très étroites, qui puent, où l'on peut voir le dernier film du nouveau metteur en scène brésilien ou polonais aussi bien que les vieux films de l'époque du cinéma muet ou de la Seconde Guerre mondiale. En faisant un peu attention et avec un peu de chance, tout spectateur peut reconstruire l'histoire du cinéma morceau par morceau : moi, par exemple, j'ai un faible pour les films des années trente, parce que ce sont les années où le cinéma était pour moi le monde entier, et dans ce domaine je peux avoir des satisfactions, disons, dans le sens de la recherche du temps perdu, et revoir les films de mon enfance ou récupérer les films que j'ai ratés dans mon enfance, que je croyais perdus à jamais, alors qu'à Paris on peut toujours espérer trouver ce que l'on croyait perdu – son propre passé ou celui d'autrui. Une autre manière donc de voir cette ville : comme un gigantesque bureau des objets perdus, un peu comme la Lune dans le *Roland furieux*, où est rassemblé tout ce qui a été perdu dans le monde.

Nous entrons alors dans l'immense Paris des collectionneurs, cette ville qui invite à faire collection de tout, parce qu'elle accumule, classe et redistribue, dans laquelle on peut chercher comme dans un terrain de fouilles archéologiques. L'aventure du collectionneur peut encore être une aventure existentielle, une recherche de soi à travers les objets, une exploration du monde qui est aussi réalisation de soi. Mais je ne peux pas dire que j'aie un esprit de collectionneur, c'est-à-dire que cet esprit ne s'éveille en moi qu'avec des choses impalpables comme les images des vieux films – collection de souvenirs, d'ombres blanches et noires.

Je dois en tirer la conclusion que mon Paris est la ville de mon âge mûr, dans le sens où je ne le vois plus avec l'esprit de découverte du monde qui est l'aventure de la jeunesse. Je suis passé, dans mes rapports avec le monde, de l'exploration à la consultation, c'est-à-dire que le monde est un ensemble de données qui se trouvent là, indépendamment de moi, des données que je peux confronter, combiner, transmettre, peut-être aussi dont je peux jouir, de temps en temps, avec modération, mais toujours un peu de l'extérieur. En bas de chez moi il y a un vieux chemin de fer de ceinture urbaine, le Paris-Ceinture, presque désaffecté, mais deux fois par jour passe encore un petit train, et alors je me souviens des vers de Laforgue, qui disent :

Je n'aurai jamais d'aventures ;
Qu'il est petit, dans la Nature,
Le chemin d'fer Paris-Ceinture !

Extrait d'*Ermite à Paris*, 1974,
trad. de l'italien par Jean-Paul Manganaro.

ENCRE, NOTES ET COULEURS

Il n'est pas négligeable de connaître la vie des écrivains et des artistes : leurs créations, si on peut employer ce mot peut-être trop marqué par la pensée divine, ne sont pas de pur esprit. La pensée désintéressée existe, la haute fantaisie aussi, mais les conditions matérielles font partie du combat.

FRANÇOIS RABELAIS

(v. 1494-1553)

La bibliothèque Saint-Victor

Peu d'écrivains me mettent d'aussi bonne humeur que Rabelais. Il a pour moi toujours raison, et de la manière la plus intrépide. Quand il est trop long, ne vous irritez pas : une chute inattendue se prépare. La bibliothèque Saint-Victor a été imaginée par lui ; et ce que cette imagination révèle, ce sont les vices des pédants du temps. La drôlerie de Rabelais n'a pas assez appris aux écrivains français que la pensée n'est pas obligée d'être triste.

Après que Pantagruel eut fort bien étudié en Orléans, il délibéra visiter la grande université de Paris ; mais, devant que partir, fut averti qu'une grosse et énorme cloche était à Saint-Aignan dudit Orléans, en terre, passés deux cents quatorze ans, car elle était tant grosse que, par engin aucun, ne la pouvait-on mettre seulement hors terre, combien que l'on y eût appliqué tous les moyens que mettent Vitruvius, *de Architectura*, Albertus *de Re edificatoria*, Euclides, Théon, Archimèdes et Héron, *de Ingeniis*, car tout n'y servit de rien. Dont volontiers incliné à l'humble requête des citoyens et habitants de ladite ville, délibéra la porter au clocher à ce destiné. De fait, vint au lieu où elle était, et la leva de terre avec le petit doigt, aussi facilement que feriez une sonnette d'épervier, et devant que la porter au clocher, Pantagruel en voulut donner une aubade par la ville et la faire sonner par toutes les rues, en la portant en sa main, dont tout le monde se réjouit fort ; mais il en advint un inconvénient bien grand, car, la portant ainsi et la faisant sonner par les rues, tout le bon vin d'Orléans poussa et se gâta. De quoi le monde ne s'avisa que la nuit ensuivant, car un chacun se sentit tant altéré d'avoir bu de ces vins poussés, qu'ils ne faisaient que cracher aussi blanc comme coton de Malte, disants : « Nous avons du Pantagruel et avons les gorges salées. »

Ce fait, vint à Paris avec ses gens, et à son entrée, tout le monde sortit hors pour le voir, comme vous savez bien que le peuple de Paris maillotinier est sot par nature, par bécarre et par bémol, et le regardaient en grand ébahissement et non sans grande peur qu'il n'emportât le Palais ailleurs, en quelque pays a *remotis*, comme son père avait emporté les campanes de Notre-Dame pour attacher au col de sa jument. Et après quelque espace de temps qu'il y eut demeuré et fort bien étudié en tous les sept arts libéraux, il disait que c'était une bonne ville pour vivre, mais non pour mourir, car les guenaux de Saint-Innocent se chauffaient le cul des ossements des morts.

Ce fait, vint à Paris avec ses gens. Et, à son entrée tout le monde sortit hors pour le voir, comme vous savez bien que le peuple de Paris est sot par nature, par bécarre et par bémol, et le regardaient en grand ébahissement, et non sans grande peur qu'il n'emportât le Palais ailleurs, en quelque pays a remotis, comme son père avait emporté les campanes de Notre Dame, pour attacher au col de sa jument. Et, après quelque espace de temps qu'il y eut demeuré, et fort bien étudié en tous les sept ars libéraux, il disait que c'était une bonne ville pour vivre, mais non pour mourir, car les guenaulx de Saint Innocent se chauffaient le cul des ossements des morts. Et trouva la librairie de Saint Victor fort magnifique, mêmement d'aucuns livres qu'il y trouva, desquels s'ensuit le répertoire, et primo :

Bigua Salutis[1]
Bragueta Juris[2]
Pantofla Decretorum[3]
Malogranatum Vitiorum[4]
Le Peloton de Théologie

1. *Le Bécot du salut.*
2. *La Braguette du droit.*
3. *La Pantoufle des décrets.*
4. *La Grenade des vices.*

Le Vistempenard des prêcheurs, composé par Turelupin[1]
Le Couille barine des preux[2]
Les Hanebanes des évêques[3]
Marmotretus de Baboinis et Cingis, cum commento d'Orbellis[4]
Decretum Universitatis Parisiensis super gorgiasitate muliercularum ad placitum[5]
L'Apparition de sainte Gertrude à une nonnain de Poissy étant en mal d'enfant
Ars honeste petandi in societate, per M. Ortuinum[6]
Le Moutardier de pénitence
Les Houseaux, alias *les Bottes de patience*[7]
Formicarium Artium[8]
De brodiorum usu et honestate chopinandi, per Silvestrem Prieratem, *Jacospinum*[9]
Le Beliné à la cour[10]
Le Cabas des notaires
Le Paquet de Mariage
Le Creuset de la contemplation
Les Fariboles du droit
L'Aguillon du vin
L'Éperon du fromage
Decrotatorium Scholarium[11]
Tartaretus, *De modo cacandi*[12]
Les Fanfares de Rome
Bricot, *De differentiis soupparum*[13]
Le Culot de la discipline
La Savate d'humilité
Le Tripier des bonnes pensées
Le Chaudron de la magnanimité

---

1. *Vistempenard, de vieux penard, vieux meuble solide qui sert à tout.*
2. De « barrus », l'éléphant, en latin.
3. Hanebane, herbe vénéneuse supposée faire braire comme un âne.
4. Marmotret, *Des babouins et des singes*, avec un commentaire de d'Orbellis.
5. Décret de l'Université de Paris contre le luxe des habits que portent les femmes de plaisir.
6. *L'Art de péter honnêtement en compagnie*, par Me Ortwin.
7. « Houseaux : sorte de chaussure de jambes contre la pluie et la crotte », Littré.
8. *La Fourmilière des arts.*
9. *De l'usage des jus de viandes et de l'honnêteté de chopiner*, par Silvestre Prieras, jacobin.
10. Béliner : cocufier.
11. *Le Décrottoir des écoles.*
12. Tartaret, *De la manière de faire caca.*
13. Bricot, *Des différences entre les soupes.*

Les Anicroches des confesseurs

La Croquignole des curés[1]

Reverendi Patris Fratris Lubini, Provincialis Bavardie, *De croquendis lardonibus*, libri tres[2]

Pasquili, Doctoris marmorei, *De capreolis cum chardoneta comedendis, tempore papali ab Ecclesia interdicto*[3]

L'Invention Sainte Croix, à six personnages, jouée par les clercs de Finesse

Les Lunettes des Romipètes[4]

Majoris, *De modo faciendi boudinos*[5]

La Cornemuse des prélats

Beda, *De optimitate triparum*[6]

La Complainte des avocats sur la réforme des dragées[7]

Le Chat fourré des procureurs[8]

Des Pois au lard, cum commento

La Profiterole des indulgences

Praeclarissimi Juris Utriusque Doctoris Maistre Pilloti Racquedenari, *De bobelinandis Glosse Accursiane baguenaudis Repetitio enucidiluculidissima*[9]

Stratagemata Francarchieri de Baignolet[10]

Franctopinus, *De re militari*, cum figuris Tevoti[11]

De usu et utilitate escorchandi equos et equas, autore M. nostro de Quebecu[12]

La Rusterie des Prestolans[13]

---

1. Croquignole dans le sens de coup donné sur les doigts serrés.

2. Du révérend père frère Lubin, provincial de Bavardage, *Des lardons à croquer*, trois livres.

3. Pasquin, docteur en marbre, *Des chevreaux à manger à la chardonnette, dans le temps pascal interdit par l'Église.*

4. Ceux qui vont à Rome.

5. Major, *De la manière de faire des boudins*.

6. Beda, *De l'excellence des tripes*.

7. Réforme de la taxation des dragées (les épices), d'où complainte des avocats pour des questions de procédure.

8. Chaffourer, gribouiller des paperasses.

9. Du très illustre docteur en l'un et l'autre droit, Me Pillot Raquedenare, *Des baguenaudes de la Glose d'Accurse à rapetasser*, nouvelle œuvre très élucidée.

10. *Les Stratagèmes du franc-archer de Bagnolet*. (Ce corps établi par Charles VII passait pour brutal et rapineur.)

11. Franc Taupin, *De l'art militaire*, avec portrait de Tevot.

12. *De l'usage et de l'utilité d'écorcher les chevaux et les cavales*, par notre maître de Québecu. (Pour se moquer d'un théologien nommé Quercu.)

13. Les rusteries étaient des têtes de mouton, les prestolans viseraient les juges ruraux.

M. n. Rostocostojambedanesse, *De moustarda post prandium servienda*, lib. quatuordecim, apostilati per M. Vaurrillonis[1]

Le Couillage des promoteurs

Questio subtillissima, utrum Chimera, in vacuo bombinans, possit comedere secundas intentiones, et fuit debatuta per decem hebdomadas in concilio Constantiensi[2]

Le Mâchefaim des avocats

Barbouilamenta Scoti[3]

La Chauve-souris des cardinaux

De calcaribus removendis decades undecim, per M. Albericum de Rosata[4]

Ejusdem, *De castrametandis crinibus*, lib. tres[5]

L'Entrée d'Antoine de Leive dans les terres du Bresil

Marforii Bacalarii cubantis Rome, *De pelendis mascarendisque Cardinalium mulis*[6]

Apologie du précédent, contre ceux qui disent que la mule du pape ne mange qu'à ses heures

Pronostication que incipit *Silvi Triquebille* balata per M. n. Songecrusyon[7]

Boudarini episcopi, *De emulgentiarum profectibus enneades novem*, cum privilegio Papali ad triennium, et postea non[8]

Le Chiabrena des Pucelles[9]

Le Cul pelé des veuves

La Coqueluche des Moines

Les Brimborions des pères Célestins

Le Barraige de manducité[10]

Le Clacquedent des Maroufles[11]

---

1. De notre maître Roticuitjambedanesse, *De la moutarde à servir après dîner*, quatorze livres apostillés par maître Vaurrillon.

2. Question très subtile, à savoir si la Chimère bourdonnant dans le vide peut manger les secondes intentions laquelle fut débattue pendant dix semaines dans le concile de Constance.

3. *Les Barbouillages de Scot* (Jean Scot).

4. *De la manière d'ôter les éperons*, onze décades, par Alberic de Rosata.

5. Du même, *Sur la castramétation des cheveux*, trois livres.

6. De Marforio, bachelier gisant à Rome, *De la manière de housser et de masquer les mules des cardinaux*.

7. Pronostication qui commence par : *Sylvii Triquebille*, mise en balade par notre maître Songecrusyon.

8. De Boudarin, évêque, *Sur les profits des émulgences*, avec privilège du pape pour trois ans et ensuite non.

9. *Les Simagrées des filles*.

10. La taxe des ordres mendiants, dont la rapacité paresseuse a choqué jusqu'à Voltaire.

11. Le claquement des dents des vauriens.

La Ratouère des théologiens[1]

L'Embouchoir des maîtres en Art

Les Marmitons d'Olcam à simple tonsure

Magistri n. Fripesaulcetis, *De grabellationibus horrarum canonicarum*, lib. quadraginta[2]

Cullebutatorium confratriarum, incerto autore[3]

La Cabourne des briffaux[4]

Le Faguenat des Espagnols, supercoquelicanticqué par Frère Inigo[5]

La Barbotine des Marmiteux

Poiltronismus rerum Italicarum, autore magistro Bruslefer[6]

R. Lullius, *De batisfolagiis Principium*[7]

Callibistratorium Caffardie, actore M. Jacobo Hocstratem, hereticometra[8]

Chaultcouillons, *De Magistro nostrandorum Magistro nostratorumque beuvetis*, lib. octo gualantissimi[9]

Les Pétarades des bullistes, copistes, scripteurs, abréviateurs, référendaires et dataires, compilées par Régis

Almanach perpétuel pour les goutteux et les vérolés

Maneries ramonandi fournellos, per M. Eccium[10]

Le Poulermart des marchands[11]

Les Aises de la vie monacale

La Galimafrée des bigots[12]

L'Histoire des farfadets

La Bellistrandie des millesouldiers[13]

Les Happelourdes des officiaux[14]

La Bauduffe des trésoriers[15]

---

1. Le piège à rats des théologiens.
2. De notre maître Frippe-Sauce, *Sur les grabelations des heures canoniales*, quarante livres.
3. *Le Culbutatoire des confréries*, par un auteur incertain.
4. Le capuchon des moines mendiants, qui passaient pour des bâfreurs.
5. La malpropre secte des Espagnols, entée sur toutes les sectes de moins possibles, par frère Ignace – de Loyola. Ceci serait la première mention écrite du fondateur des Jésuites.
6. *Du Poltronisme des affaires d'Italie*, par Me Brûlefer.
7. Raymond Lulle, *Des batifolages des princes*.
8. *Le Calibistratoire de cafardise*, Me Jacques Hochstraten, héréticomètre.
9. Chautcouillon, *Du Maître, maître de nos maîtres, et des buvettes desdits maîtres*, huit livres très galants.
10. *Les Manières de ramoner les fourneaux*, par Me Eckius.
11. La ficelle des marchands.
12. La ragougnasse des bigots.
13. L'avarice des coquins.
14. La médiocre apparence jouée des agents de l'État.
15. La toupie des trésoriers (qui passaient pour ne rien faire et se divertir).

Badinatorium Sophistarum[1]
Antipericatametanaparbeugedamphicribrationes merdicantium
Le Limaçon des rimasseurs
Le Boutavent des alchimistes
La Nicquenocque des questeurs, cababezacée par Frère Serratis
Les Entraves de la religion
La Raquette des brimbaleurs
L'Accoudoir de la vieillesse
La Muselière de la noblesse
La Patenôtre du Singe
Les Grézillons de dévotion[2]
La Marmite des quatre temps
Le Mortier de la vie politique
Le Mouchet des ermites
La Barbute des pénitenciers[3]
Le Tric-trac des Frères Fraparts
Lourdaudus, *De vita et honestate Braguardorum*[4]
Lyripipii Sorbonici moralisationes, per M. Lupoldum[5]
Les Brimbelettes des voyageurs
Les Potingues des évêques in partibus
Tarraballationes Doctorum Coloniensium adversus Reuchlin[6]
Les Cymbales des dames
La Martingale des fienteurs
Virevoustatorum Nacquettorum, per F. Pedebilletis[7]
Les Bobelins de franc courage
La Momerie des rebats et des lutins
Gerson, *De Auferibilitate Pape ab Ecclesia*[8]
La Ramasse des nommés et des diplômés
Jo. Dytebrodii, *De terribiliditate excommunicationum*, libellus acephalos.
Ingeniositas invocandi Diabolos et Diabolas, per M. Guinguolfum[9]
Le Pot-au-feu des moines
La Morisque des hérétiques

---

1. *Le Badinatoire des sophistes*.
2. Grézillons : menottes.
3. La capuche sous laquelle le prêtre peut se moquer de ceux qui se confessent.
4. Lourdaud, *De la vie et de l'honnêteté des braillards*.
5. *Du liripipion sorbonnique*, moralisations, par Me Lupolde.
6. *Les Tarrabalations des docteurs de Cologne contre Reuchlin*.
7. *Le Virevoutoire des laquais*, par F. de Piedbillettes.
8. Gerson, *De la déposition du pape par l'Église*.
9. Jehan Dytebrode, *Des terribles effets des excommunications*, opuscule sans titre ni préface.

Les Henilles de Gaëtan[1]
Moillegroin, doctoris cherubici, *De origine patepelutarum et torticollorum ritibus*, lib. septem[2]
Soixante-neuf Bréviaires de haute graisse
La Bedaine des cinq ordres mendiants
La Doctrine des turlupins, extraite de la botte fauve incornifistibulée dans la *Somme théologique*[3]
Le Rêvasseur des cas de conscience
La Bedondaine des présidents
Le Vietdazouer des abbés[4]
Sutoris, *Adversus quendam, qui vocaverat eum fripponnatorem, et quod Fripponnatores non sunt damnati ab Ecclesia*[5]
Cacatorium medicorum
Le Ramoneur de l'astrologie
Campi Clysteriorum, per S. C.[6]
Le Tire-pet des apothicaires
Le Baise-cul de la chirurgie
Justinianus, De Cagotis tollendis[7]
Antidotarium anime[8]
Merlinus Coccaius, De Patria Diabolorum[9]

Desquels certains sont déjà imprimés, pour les autres on les imprime maintenant dans la noble ville de Tübingen.

Extrait de *Pantagruel*, 1532 ;
transcrit par Henri Clouzot, 1913.

---

1. Probablement les contes de bonne femme de Gaëtan. Ce genre de menterie reste attaché à ce prénom.

2. Mouillegrouin, docteur chérubique, *De l'origine des pattes velues et de l'usage des torticolis*, sept livres.

3. La façon de faire avouer les hérétiques suivant Thomas d'Aquin, qui conseille le supplice des brodequins.

4. Probablement : la face d'âne des abbés.

5. Couturier, *Contre un quidam qui l'avait appelé fripon, et pour prouver que les fripons ne sont pas damnés par l'Église.*

6. *Le Champ des clystères*, par S.C. (supposément Symphorien Champier, médecin et humaniste contemporain de Rabelais.

7. Justinien, *De l'extermination des cagots.*

8. *Antidotaire de l'âme.*

9. Merlin Coccai, *De la patrie des diables*. (Merlin Coccai, contemporain de Rabelais, moine défroqué auteur de poèmes burlesques.)

CHARLES-JOSEPH DE LIGNE

(1735-1814)

Mon séjour chez M. de Voltaire

*Le prince de Ligne, wallon, a servi un peu tout le monde avant que le nationalisme ne s'empare du monde : le Hainaut, l'Autriche, la Russie. À la mort de son fils, il se retire à Vienne pour se consacrer à la littérature. La réussite de ses crépitants mémoires tient à son caractère, franc à la Stendhal (« J'aime assez à faire le beau, dans les rues de Vienne, à cheval, derrière la voiture de l'empereur [...] »), indulgent à la Chamfort (« Les gens qui rient pardonnent toujours ») et aimant l'esprit comme sous les Lumières (« Un évêque, en visite chez [*une tante*], tombe mort d'apoplexie sur sa chaise. Elle sonne et elle dit : "Ôtez-moi donc cet évêque" »), mais aussi à leur forme de brefs paragraphes sans lien, qui lui évitent la fatuité habituelle de ce genre qui consiste à se regarder au passé comme si on avait eu de l'importance.*

Ce que je pouvais faire de mieux chez M. de Voltaire, était de ne pas lui montrer de l'esprit. Je ne lui parlais que pour le faire parler. J'ai été huit jours dans sa maison, et je voudrais me rappeler les choses sublimes, simples, gaies, aimables qui parlaient sans cesse de lui ; mais, en vérité, c'est impossible. Je riais ou j'admirais, j'étais toujours dans l'ivresse. Jusqu'à ses torts, ses fausses connaissances, ses engouements, son manque de goût pour les beaux-arts, ses caprices, ses prétentions, ce qu'il ne pouvait pas être et ce qu'il était, tout était charmant, neuf, piquant et imprévu. Il souhaitait de passer pour un homme d'État profond, ou pour un savant, au point de désirer d'être ennuyeux. Il aimait alors la constitution Anglaise. Je me souviens que je lui dis : « M. de Voltaire, ajoutez-y comme son soutien l'Océan, sans lequel elle ne durerait pas. — L'Océan, me dit-il, vous allez me faire faire bien des réflexions là-dessus. » On lui annonça un homme de Genève qui l'ennuyait : « Vite vite, dit-il, du Tronchin » – c'est-à-dire qu'on le fit passer pour malade. Le Genevois s'en alla. « Que dites-vous de Genève, me dit-il un jour, sachant que j'y avais été le matin. Je savais que dans ce moment-là il détestait Genève. — Ville affreuse ! lui répondis-je, quoique cela ne fût pas vrai. » Je racontai à M. de Voltaire, devant Mme Denys, un trait qui lui était arrivé, croyant que c'était à Mme de Graffigny. M. de Ximénes l'avait défiée de lui dire un vers dont il ne lui nomma pas tout de suite l'auteur. Il n'en manqua pas un. Mme Denys, pour le prendre en défaut, lui en dit quatre, qu'elle fit sur-le-champ. « Eh bien ! M. le marquis, de qui cela est-il ? — De la chercheuse d'esprit, madame. — Ah ! Ah ! bravo ! bravo ! dit M. de Voltaire : pardi. Je crois qu'elle fut bien bête. — Riez-en donc, ma nièce. » Il était occupé alors à déchirer et paraphraser l'*Histoire de l'Église* par l'ennuyeux abbé de Fleury. « Ce n'est pas une histoire, me dit-il, en en parlant, ce sont des histoires. Il n'y a qu'à Bossuet et à Fléchier que je permette d'être bons chrétiens. — Ah ! M. de Voltaire, lui dis-je, et aussi à quelques révérends pères, dont les enfants vous ont assez joliment élevé. » Il me dit beaucoup de bien d'eux. « Vous venez de Venise ? Avez-vous vu le procurateur Pococurante ? — Non, lui dis-je, je ne me souviens pas de lui. — Vous n'avez donc pas lu *Candide* ? me dit-il en colère : car il y avait un temps où il aimait toujours le plus un de ses ouvrages. — Pardon, pardon, M. de Voltaire, j'étais en distraction ; je pensais à l'étonnement que j'éprouvai quand j'entendis chanter la *Jérusalem* du Tasse aux gondoliers vénitiens. — Comment donc ? expliquez-moi cela, je vous prie. — Tel que jadis Ménalque et Mœlibée, ils essaient la voix et la mémoire de leurs camarades, sur le Canal Grande, pendant les belles nuits de l'été. L'un commence en manière de récitatif, et un autre lui répond et continue. Je ne crois pas que les fiacres de Paris sachent *La Henriade* par cœur, et ils entonneraient bien mal ses beaux vers, avec leur ton grossier, leur accent ignoble et dur, et leur gosier et leur voix à l'eau-de-vie. — C'est que les Welches sont des barbares, des ennemis de l'harmonie, des gens à vous égorger, monsieur. Voilà le peuple, et nos gens d'esprit en ont tant, qu'ils en mettent jusque dans les titres de leurs ouvrages. Un livre de l'esprit ! c'est de l'esprit follet que celui-là. L'Esprit des lois, c'est de l'esprit sur des lois. Je n'ai pas l'honneur de le comprendre. Mais j'entends bien les *Lettres persanes* : bon ouvrage que celui-là. — Il y a quelques gens de lettres dont vous paraissez faire cas. — Vraiment, il le faut bien ; d'Alembert, par exemple, qui faute d'imagination se dit géomètre, Diderot qui, pour faire croire qu'il en a, est enflé et déclamateur ; et Marmontel, dont, entre nous, la poétique est inintelligible. Ces gens-là diraient que je suis jaloux. Qu'on s'arrange donc sur mon compte. On me croit frondeur et flatteur, à la cour, en ville, trop philosophe ; à l'Académie, ennemi des philosophes ; l'antéchrist à Rome, pour quelques plaisanteries sur ses abus, et quelques gaietés sur le style oriental ; précepteur de despotisme au Parlement ; mauvais Français pour avoir dit du bien des Anglais ; voleur et bienfaiteur des libraires ; libertin pour une Jeanne que mes ennemis ont rendue plus coupable ; curieux et complimenteur des gens d'esprit, et intolérant parce que je prêche la tolérance.

« Avez-vous jamais vu une épigramme ou une chanson de ma façon ? C'est là le cachet des méchants. Ces Rousseau m'ont fait donner au diable. J'ai bien commencé avec tous les deux. Je buvais du vin de Champagne avec le premier chez votre père, et votre parent le duc d'Aremberg, où il s'endormait à souper. J'ai été en coquetterie avec le second ; et pour avoir dit qu'il me donnait envie de marcher à quatre pattes, me voici chassé de Genève, où il est détesté. »

Il riait d'une bêtise imprévue, d'un misérable jeu de mots, et se permettait aussi quelque bêtise. Il était au comble de sa joie en me montrant une lettre du chevalier de Lille qui venait de lui écrire pour lui reprocher d'avoir mal fait une commission de montre. « Il faut que vous soyez bien bête. Monsieur, etc. » C'est, je crois, à moi qu'il dédia sa plaisanterie tant répétée depuis sur la Corneille ; et j'y donnai sujet lorsqu'il me demanda comment je la trouvais : « *Nigra*, répondis-je, sans être *formosa*. » Il ne me fit pas grâce de son Père Adam, et me remercia d'avoir donné asile au père Griffet, qu'il aimait beaucoup, ainsi que le père la Neufville, qu'il me recommanda.

Il me dit un jour : « On prétend que je crève des critiques. Tenez, connaissez-vous celle-ci ? Je ne sais où diable cet homme, qui ne sait pas l'orthographe et qui force quelquefois la poésie comme un camp, a si bien fait ces quatre vers sur moi.

Candide est un petit vaurien
Qui n'a ni pudeur ni cervelle.
Ah ! qu'on le reconnaît bien
Pour le cadet de la Pucelle.

— Vous me paraissez mal avec lui dans ce moment, lui dis-je. C'est querelle d'allemand, et d'amant à la fois. » La petite bêtise le fit sourire : il en disait souvent et aimait à en entendre. On aurait dit qu'il avait quelquefois des tracasseries avec les morts, comme on en a avec les vivants. Sa mobilité les lui faisait aimer, tantôt un peu plus, tantôt un peu moins. Par exemple alors, c'était Fénelon, La Fontaine et Molière qui étaient dans la plus grande faveur.

« Ma nièce, donnons-lui-en, du Molière, dit-il à Mme Denis. Allons dans le salon ; sans façon, *Les Femmes savantes* que nous venons de jouer. » – Il fit Trissotin on ne peut pas plus mal, mais s'amusa beaucoup de ce rôle. Mlle Dupuis, belle-sœur de la Corneille, qui jouait Martine, me plaisait infiniment, et me donnait quelquefois des distractions, lorsque ce grand homme parlait. Il n'aimait pas qu'on en eût. Je me souviens qu'un jour que ses belles servantes suisses, nues jusqu'aux épaules à cause de la chaleur, passaient à côté de moi, ou m'apportaient de la crème, il s'interrompit, et prenant, en colère, leurs beaux cous à pleines mains, il s'écria : « Gorge par-ci, gorge par-là, allez au diable. »

Il ne me prononça pas un mot contre le christianisme, ni contre Fréron. « Je n'aime pas, disait-il, les gens de mauvaise foi, et qui se contredisent. Écrire en forme pour ou contre toutes les religions est d'un fou. Qu'est-ce que c'est que cette *Profession de foi du vicaire savoyard* de Jean-Jacques, par exemple ? » C'était le moment où il lui en voulait le plus ; et dans ce moment même qu'il disait que c'était un monstre, qu'on n'exilait pas un homme comme lui, mais que le bannissement était le mot, on lui dit : « Je crois que le voilà qui entre dans votre cour. — Où est-il, le malheureux ? s'écria-t-il, qu'il vienne, voilà mes bras ouverts. Il est chassé peut-être de Neuchâtel, et des environs. Qu'on me le cherche. Amenez-le-moi ; tout ce que j'ai est à lui. » M. de Constant lui demanda, en ma présence, son histoire de Russie. « Vous êtes fou, dit-il : si vous voulez savoir quelque chose, prenez celle de La Combe. Il n'a reçu ni médaille, ni fourrures, celui-là. »

Il était mécontent alors du Parlement : et quand il rencontrait son âne à la porte du jardin : « Passez, je vous prie, monsieur le Président », disait-il. Ses méprises par vivacité étaient fréquentes et plaisantes. Il prit un accordeur de clavecin de sa nièce, pour son cordonnier, et après quantité de méprises, lorsque cela s'éclaircit : « Ah ! mon Dieu, monsieur, un homme à talents. Je vous mettais à mes pieds, c'est moi qui suis aux vôtres. »

Un marchand de chapeaux et de souliers gris entre tout d'un coup dans le salon ; M. de Voltaire (qui se méfiait tant des visites, qu'il m'avoua que, de peur que la mienne ne fût ennuyeuse, il avait pris médecine à tout hasard, afin de pouvoir se dire malade) se sauve dans son cabinet. Ce marchand le suivait, en lui disant : « Monsieur, monsieur, je suis le fils d'une femme pour qui vous avez fait des vers. — Oh ! je le crois, j'ai tant fait de vers pour tant de femmes ! Bonjour, monsieur. — C'est Mme de Fontaine Martel. — Ah ! ah ! Monsieur, elle était bien belle. Je suis votre serviteur. *(Et il était prêt à rentrer dans son cabinet.)* — Monsieur, où avez-vous pris ce bon goût qu'on remarque dans ce salon ? votre château, par exemple, est charmant. Est-il bien de vous ? — *(Alors Voltaire revint.)* Oh ! oui, de moi, monsieur, j'ai donné tous les dessins. Voyez ce dégagement et cet escalier. Eh bien ! — Monsieur, ce qui m'a attiré en Suisse, c'est le plaisir de voir M. de Haller. *(M. de Voltaire rentrait dans son cabinet.)* Monsieur, monsieur, cela doit vous avoir beaucoup coûté. Quel charmant jardin ! — Oh ! par exemple, disait M. de Voltaire *(en revenant)*, mon jardinier est une bête ; c'est moi, monsieur, qui ai tout fait. — Je le crois. Ce M. de Haller, monsieur, est un grand homme. *(M. de Voltaire rentrait.)* Combien de temps faut-il, monsieur, pour bâtir un château à peu près aussi beau que celui-ci ? *(M. de Voltaire revenait dans le salon.)* » Sans le faire exprès, ils me jouèrent la plus jolie scène du monde ; et M. de Voltaire m'en donna bien d'autres plus comiques encore par ses vivacités, ses humeurs, ses repentirs. Tantôt homme de lettres, et puis seigneur de la cour de Louis XIV, et puis l'homme de la meilleure compagnie.

Il était comique lorsqu'il faisait le seigneur de village ; il parlait à ses manants comme à des ambassadeurs de Rome, ou des princes de la guerre de Troie. Il ennoblissait tout. Voulant demander pourquoi on ne lui donnait jamais du civet à dîner, au lieu de s'en informer tout uniment, il dit à un vieux garde : « Mon ami, ne se fait-il donc plus d'émigration d'animaux de ma terre de Tourney à ma terre de Ferney ? »

Il était toujours en souliers gris, bas gris de fer, roulés, grande veste de basin, longue jusqu'aux genoux, grande et longue perruque, et petit bonnet de velours noir. Le dimanche il mettait quelquefois un bel habit mordoré uni, veste et culotte de même, mais la veste à grandes basques, et galonnée en or, à la bourgogne, galons festonnés et à lames, avec de grandes manchettes à dentelles jusqu'au bout des doigts, car avec cela, disait-il, on a l'air noble. M. de Voltaire était bon pour tous ses alentours et les faisait rire. Il embellissait tout ce qu'il voyait et tout ce qu'il entendait. Il fit des questions à un officier de mon régiment qu'il trouva sublime dans ses réponses. « De quelle religion êtes-vous, monsieur ? lui demanda-t-il. — Mes parents m'ont fait élever dans la religion catholique. — Grande réponse ! dit M. de Voltaire : il ne dit pas qu'il le soit. » Tout cela paraît ridicule à rapporter et fait pour le rendre ridicule ; mais il fallait le voir, animé par sa belle et brillante imagination, distribuant, jetant l'esprit, la saillie à pleines mains, en prêtant à tout le monde ; porté à voir et à croire le beau et le bien, abondant dans son sens, y faisant abonder les autres ; rapportant tout à ce qu'il écrivait, à ce qu'il pensait ; faisant parler et penser ceux qui en étaient capables ; donnant des secours à tous les malheureux, bâtissant pour de pauvres familles, et bon homme dans la sienne ; bon homme dans son village, bon homme et grand homme tout à la fois, réunion sans laquelle l'on n'est jamais complètement ni l'un ni l'autre : car le génie donne plus d'étendue à la bonté, et la bonté plus de naturel au génie.

Extrait des *Mémoires*, posth., 1827-1828.

JACQUES-HENRI BERNARDIN DE SAINT-PIERRE
(1737-1814)

Rousseau à Paris

Rousseau : « Je saigne, donc je suis. » Cet insupportable Narcisse pour qui la raison d'exister du monde n'est que l'effet qu'il produit sur lui (Mme du Deffand dans une lettre à Voltaire du 18 septembre 1766 : « C'est une plaisante ambition que de vouloir se rendre célèbre par les malheurs ») n'a pas énoncé que des aberrations, et son succès est légitimement venu de ce qu'il rapportait la sensibilité aux Français, ce Suisse. Ils l'avaient abandonné depuis longtemps pour des pastorales de cour (l'abbé Delille), de la lubricité de salon (François Boucher), des mièvreries pour riches (Greuze) approuvées par un moralisme de plus ou moins bonne foi (Diderot). Dans ces souvenirs posthumes, l'auteur de Paul et Virginie, *qu'il faut lire avec une grande équanimité si on veut éviter l'éruption du cynisme, rapporte une visite à Rousseau dans la petite rue près du Louvre qui porte aujourd'hui son nom, avec une remarque de celui-ci sur les enfants qu'on laisse désormais tout faire qui n'étonnera que ceux qui ont oublié le rigorisme d'*Émile ou De l'éducation *: « Tout dégénère entre les mains de l'homme. »*

Au mois de juin de 1772, un ami m'ayant proposé de me mener chez J.-J. Rousseau, il me conduisit dans une maison rue

Plâtrière[1], à peu près vis-à-vis l'hôtel de la *Poste*. Nous montâmes au quatrième étage. Nous frappâmes ; et Mme Rousseau vint nous ouvrir la porte. Elle nous dit : « Entrez messieurs, vous allez trouver mon mari. » Nous traversâmes une fort petite antichambre, où des ustensiles de ménage étaient proprement arrangés ; de là nous entrâmes dans une chambre où J.-J. Rousseau était assis en redingote et en bonnet blanc, occupé à copier de la musique. Il se leva d'un air riant, nous présenta des chaises, et se remit à son travail, en se livrant toutefois à la conversation.

Il était maigre, et d'une taille moyenne. Une de ses épaules paraissait un peu plus élevée que l'autre, soit que ce fût l'effet d'un défaut naturel, ou de l'attitude qu'il prenait dans son travail, ou de l'âge qui l'avait voûté, car il avait alors soixante ans ; d'ailleurs, il était fort bien proportionné. Il avait le teint brun, quelques couleurs aux pommettes des joues, la bouche belle, le nez très bien fait, le front rond et élevé, les yeux plein de feu. Les traits obliques qui tombent des narines vers les extrémités de la bouche, et qui caractérisent la physionomie, exprimaient dans la sienne une grande sensibilité, et quelque chose même de douloureux. On remarquait dans son visage trois ou quatre caractères de la mélancolie, par l'enfoncement des yeux et par l'affaissement des sourcils ; de la tristesse profonde par les rides du front ; une gaieté très vive et même un peu caustique, par mille petits plis aux angles extérieurs des yeux, dont les orbites disparaissaient quand il riait. Toutes ces passions se peignaient successivement sur son visage, suivant que les sujets de la conversation affectaient son âme ; mais dans une situation calme, sa figure conservait une empreinte de toutes ces affections, et offrait à la fois je ne sais quoi d'aimable, de fin, de touchant, de digne de pitié et de respect.

Près de lui était une épinette sur laquelle il essayait de temps en temps des airs. Deux petits lits, de cotonnade rayée de bleu et de blanc, comme la tenture de sa chambre, une commode, une table et quelques chaises faisaient tout son mobilier. Aux murs étaient attachés un plan de la forêt et du parc de Montmorency, où il avait demeuré, et une estampe du roi d'Angleterre, son ancien bienfaiteur. Sa femme était assise, occupée à coudre du linge ; un serin chantait dans sa cage suspendue au plafond ; des moineaux

1. À Paris. Actuelle rue Jean-Jacques-Rousseau.

venaient manger du pain sur ses fenêtres ouvertes du côté de la rue, et sur celle de l'antichambre on voyait des caisses et des pots remplis de plantes telles qu'il plaît à la nature de les semer. Il y avait dans l'ensemble de son petit ménage un air de propreté, de paix et de simplicité, qui faisait plaisir.

[...]

À quelques jours de là, il vint me rendre ma visite. Il était en perruque ronde bien poudrée et bien frisée, portant un chapeau sous le bras, et en habit complet de nankin. Il tenait une petite canne à la main. Tout son extérieur était modeste, mais fort propre, comme on le dit de celui de Socrate. Je lui offris une pièce de coco marin avec son fruit, pour augmenter sa collection de graines ; et il me fit le plaisir de l'accepter. Avant de sortir de chez moi, nous passâmes dans une chambre où je lui fis voir une belle immortelle du Cap, dont les fleurs ressemblent à des fraises, et les feuilles à des morceaux de drap gris. Il la trouva charmante ; mais je l'avais donnée, et elle n'était plus à ma disposition. Comme je le reconduisais à travers les Tuileries, il sentit l'odeur du café. *Voici*, me dit-il, *un parfum que j'aime beaucoup. Quand on en brûle dans mon escalier, j'ai des voisins qui ferment leur porte, et moi j'ouvre la mienne.* Vous prenez donc du café, lui dis-je, puisque vous en aimez l'odeur. *Oui*, me répondit-il ; *c'est presque tout ce que j'aime des choses de luxe, les glaces et le café.* J'avais apporté une balle de café de l'île de Bourbon, et j'en avais fait quelques paquets que je distribuais à mes amis. Je lui en envoyai un le lendemain, avec un billet où je lui mandais que sachant son goût pour les graines étrangères, je le priais d'accepter celles-là. Il me répondit par un billet fort poli, où il me remerciait de mon attention.

Mais le jour suivant j'en reçus un autre d'un ton bien différent. En voici la copie :

> *Hier, monsieur, j'avais du monde chez moi qui m'a empêché d'examiner ce que contenait le paquet que vous m'avez envoyé. À peine nous nous connaissons, et vous débutez par des cadeaux : c'est rendre notre société trop inégale ; ma fortune ne me permet point d'en faire. Choisissez de reprendre votre café ou de ne nous plus voir.*
>
> *Agréez mes très humbles salutations.*
>
> *J.-J. Rousseau.*

Je lui répondis, qu'ayant été dans le pays où croissait le café, la qualité et la quantité de ce présent le rendaient de peu d'importance ; qu'au reste je lui laissais le choix de l'alternative qu'il m'avait donnée. Cette petite altercation se termina aux conditions que j'accepterais de sa part une racine de Ginseng, et un ouvrage sur l'ichthyologie qu'on lui avait envoyé de Montpellier. Il m'invita à dîner pour le lendemain. Je me rendis chez lui à onze heures du matin. Nous conversâmes jusqu'à midi et demi. Alors son épouse mit la nappe. Il prit une bouteille de vin, et en la posant sur la table, il me demanda *si nous en aurions assez, et si j'aimais à boire*. Combien sommes-nous, lui dis-je ? *Trois*, dit-il, *vous, ma femme et moi*. Quand je bois du vin, lui répondis-je, et que je suis seul, j'en bois bien une demi-bouteille, et j'en bois un peu plus quand je suis avec mes amis. *Cela étant*, reprit-il, *nous n'en aurons pas assez, il faut que je descende à la cave*. Il en rapporta une seconde bouteille. Sa femme servit deux plats ; un de petits pâtés, et un autre qui était couvert. Il me dit, en me montrant le premier : *Voici votre plat, et l'autre est le mien. Je mange peu de pâtisserie, lui dis-je, mais j'espère bien goûter du vôtre.* Oh ! *me dit-il,* ils nous sont communs tous deux ; mais bien des gens ne se soucient pas de celui-là ; c'est un mets suisse ; un pot-pourri de lard, de mouton, de légumes et de châtaignes. *Il se trouva excellent. Ces deux plats furent relevés par des tranches de bœuf en salade, ensuite par des biscuits et du fromage ; après quoi sa femme servit le café.* Je ne vous offre point de liqueur, me dit-il, parce que je n'en ai point ; je suis comme le cordelier qui prêchait sur l'adultère, j'aime mieux boire une bouteille de vin qu'un verre de liqueur.

[…]

Son régime en santé l'a maintenu frais, vigoureux et gai jusqu'à la fin de sa vie. Il se levait à cinq heures du matin en été, se mettait à copier de la musique jusqu'à sept heures et demie ; alors il déjeunait, et pendant le déjeuner, il s'occupait à arranger sur des papiers les plantes qu'il avait cueillies l'après-midi de la veille ; après déjeuner, il se remettait à copier de la musique ; il dînait à midi et demi ; à une heure et demie il allait prendre du café, assez souvent au café des *Champs-Élysées* où nous nous donnions rendez-vous. Ensuite il allait herboriser dans les campagnes, le chapeau sous le bras en plein soleil, même dans la canicule. Il prétendait que l'action du soleil lui faisait du bien. Cependant je lui disais que tous les peuples méridionaux couvraient leurs têtes de coiffures d'autant plus élevées qu'ils approchent plus de la Ligne. Je lui citais les turbans des Turcs et des Persans, les longs bonnets pointus des Chinois et des Siamois, les mitres élevées des Arabes, qui cherchent tous à ménager entre leurs têtes et leurs coiffures un grand volume d'air, tandis que les peuples du Nord n'ont que des toques ; j'ajoutais que la nature fait croître dans les pays chauds les arbres à larges feuilles, qui semblent destinés à donner aux animaux et aux hommes des ombrages plus épais. Enfin, je lui rappelais l'instinct des troupeaux qui vont se mettre à l'ombre au fort de la chaleur ; mais ces raisons ne produisaient aucun effet, il me citait l'habitude et son expérience. Cependant j'attribue à ces promenades brûlantes une maladie qu'il éprouva dans l'été de 1777. C'était une révolution de bile, avec des vomissements et des crispations de nerfs si violentes, qu'il m'avoua n'avoir jamais tant souffert. Sa dernière maladie, arrivée l'année suivante dans la même saison, à la suite des mêmes exercices, pourrait bien avoir eu la même cause. Autant il aimait le soleil, autant il craignait la pluie ; quand il pleuvait il ne sortait point. *Je suis*, me disait-il en riant, *tout le contraire du petit bonhomme du baromètre suisse ; quand il rentre je sors, et quand il sort je rentre*. Il était de retour de la promenade un peu avant la fin du jour, il soupait et se couchait à neuf heures et demie.

[…]

Ses yeux n'étaient pas moins continents que son goût. Jamais il ne les fixait sur une femme, quelque jolie qu'elle fût. Son regard était assuré et même perçant lorsqu'il était ému ; mais jamais il ne l'arrêtait que sur celui de l'homme auquel il voulait se communiquer. Ce cas rare excepté, il ne s'occupait dans les rues qu'à en sortir sûrement et promptement. Je lui disais un jour, sur son indifférence pour les objets devant lesquels nous passions : Vous ressemblez à Xénocrate, qui pensait que de jeter les yeux dans la maison d'autrui, c'était autant que d'y mettre les pieds. *Oh ! c'est un peu trop fort* répondit-il. Le spectacle des hommes, loin de lui inspirer de la curiosité, la lui avait ôtée. J'ai souvent remarqué sur son front un nuage qui s'éclaircissait à mesure que nous sortions de Paris, et qui se reformait à mesure que nous nous en rapprochions. Quand il était une fois dans la campagne, son visage devenait gai et serein. *Enfin nous voilà*, disait-il, *hors des carrosses, du pavé et des hommes*. Il aimait surtout la verdure des champs. *J'ai dit à ma femme*, me disait-il, *quand tu me verras bien malade, et sans espérance d'en revenir, fais-moi porter au milieu d'une prairie, sa vue me guérira*. Il ne voyait pas de fort loin, et pour apercevoir les objets éloignés, il s'aidait d'une lorgnette ; mais de près, il distinguait dans le calice des plus petites fleurs, des parties que j'y voyais à peine avec une forte loupe.

[…]

Il avait la voix juste, et il disait que la musique lui était aussi nécessaire que le pain ; mais quand il voulait chanter en s'accompagnant de son épinette, pour me répéter quelques airs de sa composition, il se plaignait de sa mauvaise voix cassée. Nous nous arrêtions quelquefois avec délices pour entendre le rossignol : nos musiciens, me faisait-il observer, ont tous imité ses hauts et ses bas, ses roulades et ses caprices ; mais ce qui le caractérise, ces *piou piou* prolongés, ces sanglots, ces sons gémissants, qui vont à l'âme, et qui traversent tout son chant, c'est ce qu'aucun d'eux n'a pu encore exprimer. Il n'y avait point d'oiseau dont la musique ne le rendît attentif.

[…]

Un matin que j'étais chez lui, je voyais entrer à l'ordinaire des domestiques qui venaient chercher des rôles de musique, ou qui lui en apportaient à copier : il les recevait debout et tête nue ; il disait aux uns : *Il faut tant*, et il recevait leur argent ; aux autres : *Dans quel temps faut-il rendre ce papier ?* Ma maîtresse, répondait le domestique, voudrait bien l'avoir dans quinze jours. *Oh ! cela n'est pas possible, j'ai de l'ouvrage ; je ne peux le rendre que dans trois semaines*. Tantôt il s'en chargeait, tantôt il le refusait, en mettant dans les détails de ce commerce toute l'honnêteté d'un ouvrier de bonne foi. En le voyant agir avec cette simplicité, je me rappelais la réputation de ce grand homme. Quand nous fûmes seuls, je ne pus m'empêcher de lui dire :

Pourquoi ne tirez-vous pas un autre parti de vos talents ?

Oh ! reprit-il, *il y a deux Rousseaux dans le monde* : l'un riche, ou qui aurait pu l'être s'il l'avait voulu ; un homme capricieux, singulier, fantasque ; c'est celui du public : l'autre est obligé de travailler pour vivre, et c'est celui que vous voyez.

[…]

Pourquoi n'écrivez-vous plus ? – Plût à Dieu que je n'eusse jamais écrit ! c'est là l'époque de tous mes malheurs ; Fontenelle me l'avait bien prédit. Il me dit quand il vit mes essais : Je vois où vous irez ; mais, souvenez-vous de mes paroles : je suis un des hommes qui ont le plus joui de leur réputation ; la mienne m'a valu des pensions, des places, des honneurs et de la considération ; avec tout cela, jamais aucun de mes ouvrages ne m'a procuré autant de plaisir, qu'il m'a occasionné de chagrin. Dès que vous aurez pris la plume, vous perdrez le repos et le bonheur. Il avait bien raison. Je ne les ai retrouvés que depuis que je l'ai quittée ; il y a dix ans que je n'ai rien écrit. [...] Ne pouviez-vous pas prendre quelqu'autre état que celui de copiste de musique ? – Il n'y a point d'emploi qui n'ait ses charges ; il faut une occupation ; j'aurais cent mille livres de rente, que je copierais de la musique ; je l'aime, c'est pour moi à la fois un travail et un plaisir : d'ailleurs, je ne me suis ni élevé au-dessus, ni abaissé au-dessous de l'état où la fortune m'a fait naître : je suis fils d'un ouvrier, et ouvrier moi-même : je fais ce que j'ai fait dès l'âge de quatorze ans.

[...]

On sait combien Voltaire l'avait maltraité, et cependant il ne parlait jamais de lui qu'avec estime. Personne à son gré ne tournait mieux un compliment ; mais il ne le trouvait pathétique qu'en vers. Il disait de lui : Son premier mouvement est d'être bon ; c'est la réflexion qui le rend méchant. Il aimait d'ailleurs à parler de Voltaire, et à conter le trait de son père, qui assistait, en cachette, à la première représentation d'Œdipe, et qui, plein de joie, quoique janséniste, ne cessait de s'écrier : Ah le coquin ! Ah le coquin ! Rousseau me demanda un jour si je n'irais pas le voir, comme tous les gens de lettres. — Non, lui dis-je, je serais trop embarrassé pour aborder un homme qui, comme un consul romain, a des peuples pour clients, et des rois pour flatteurs ; je ne suis rien, je ne sais pas même tourner un compliment. — Oh ! me dit-il, vous n'avez pas une idée convenable de Voltaire ; il n'aime point tant à être loué. Un jour, un avocat du Bugey l'étant venu voir, s'écria en entrant dans son cabinet : Je viens saluer la lumière du monde. Voltaire se mit à crier aussitôt : Madame Denis, apportez les mouchettes.

[...]

Il était gai, confiant, ouvert, dès qu'il pouvait se livrer à son caractère naturel. Quand je le voyais sombre : À coup sûr, disais-je, il est dans son caractère social, ramenons-le à la nature. Je lui parlais alors de ses premières aventures. Un soir nous étions à la Muette, il était tard ; étourdiment, je lui proposai un chemin plus court à travers champs. Distrait autant que lui, je m'égarai ; le chemin nous ramena dans Passy, le long de ses longues rues, où quelques bourgeois prenaient alors le frais sur la porte. La nuit approchait ; je le vis changer de physionomie ; je lui dis : Voilà les Tuileries. — Oui, mais nous n'y sommes pas. Oh ! que ma femme va être inquiète, répéta-t-il plusieurs fois ! Il hâta le pas, fronça le sourcil ; je lui parlais, il ne me répondait plus. Je lui dis : Encore vaut-il mieux être ici que dans les solitudes de l'Arménie ; il s'arrêta et dit : J'aimerais mieux être au milieu des flèches des Parthes, qu'exposé aux regards des hommes. Je remis alors la conversation sur Plutarque : il revint à lui comme sortant d'un rêve.

[…]

L'homme vertueux, me disait-il, est forcé de vivre seul ; d'ailleurs, la solitude est une affaire de goût. On a beau faire dans le monde, on est presque toujours mécontent de soi ou des autres. Comme il composait son bonheur d'une bonne conscience, de la santé et de la liberté, il craignait tout ce qui peut altérer ces biens, sans lesquels les riches eux-mêmes ne goûtent aucune félicité. Dans le temps que Gluck donna son *Iphigénie*, il me proposa d'aller à une répétition : j'acceptai. Soyez exact, me dit-il ; s'il pleut nous nous joindrons sous le portique des Tuileries à cinq heures et demie ; le premier venu attendra l'autre, mais l'heure sonnée, il n'attendra plus. Je lui promis d'être exact ; mais le lendemain je reçus un billet ainsi conçu : Pour éviter, monsieur, la gène des rendez-vous, voici le billet d'entrée. À l'heure du spectacle, je m'acheminai tout seul ; la première personne que je rencontrai, ce fut Jean-Jacques. Nous allâmes nous mettre dans un coin, du côté de la loge de la reine. La foule et le bruit augmentant, nous étouffions. L'envie me prit de le nommer, dans l'espérance que ceux qui l'environnaient le protégeraient contre la foule. Cependant je balançai longtemps, dans la crainte de faire une chose qui lui déplût. Enfin, m'adressant au groupe qui était devant moi, je me hasardai de prononcer le nom de Rousseau, en recommandant le secret. À peine cette parole fut-elle dite, qu'il se fit un grand silence. On le considérait respectueusement, et c'était à qui nous garantirait de la foule, sans que personne répétât le nom que j'avais prononcé. J'admirai ce trait de discrétion rare dans le caractère national ; et ce sentiment de vénération me prouva le pouvoir de la présence d'un grand homme.

Extrait de l'*Essai sur Jean-Jacques Rousseau*,
1772 ; 1re éd. 1818.

MIGNOT DE DAMPIERRE D'HORNOY

(v. 1725-1791)

Le cadavre de Voltaire en carrosse

Mignot de Dampierre est le neveu de l'abbé lui-même neveu de Voltaire qui a célébré sa messe d'enterrement. Cette fin à la sauvette d'un des hommes les plus célèbres de France après le succès de son retour à Paris est une de ces foutraqueries dues à l'affolement qui semblent une spécialité française.

L'embaumement se fit légèrement, on l'emmaillota ensuite avec des bandes de deux doigts de largeur faites de trois draps que l'on sacrifia. On en serra étroitement les bras, les jambes et le tronc : on lui passa sa robe de chambre, on lui mit un bonnet de nuit et ses pantoufles et l'ayant ainsi arrangé on le plaça dans sa voiture ordinaire en l'assujettissant par une bande fortement attachée au dossier. Un valet de chambre se mit sur le devant et deux domestiques coururent à cheval, l'un devant la voiture et l'autre derrière. Ce fut dans ce singulier carrosse dont sa vanité avait imaginé la décoration pittoresque qu'il partit le 31 à onze heures du soir vingt-quatre heures après sa mort. Le fond de cette voiture est un ciel azuré parsemé d'étoiles d'or. Les tristes dépouilles de cet homme céleste furent traînées furtivement dans ce fastueux équipage, pour aller dans la province dérober six pieds de terre que lui refusait la capitale.

Mort d'Arroüet de Voltaire, manuscrit adressé à
l'évêque d'Annecy, le 1er décembre 1778.

PAUL VERLAINE

(1844-1896)

« Je trouvai, en rentrant à Paris, une lettre signée Arthur Rimbaud… »

Pauvre Lélian, en effet. Le surnom que Verlaine s'est donné à lui-même dans ses Poètes maudits*, premier livre à apporter la connaissance de Rimbaud à un assez large public (Verlaine était célèbre), montre que, masochiste, il savait l'être. Tout le moment Verlaine-Rimbaud est la soumission du premier au sadisme du second. « Des méchancetés de fille », disait Mallarmé. Je pense que Rimbaud était une allumeuse, qui a écrit à Verlaine pour le charmer, couché avec lui pour obtenir des avantages littéraires, s'en est d'autant plus voulu qu'il était sous un charme dont il savait de moins en moins comment se tirer, de là ses redoublements de sadisme. Il s'en voulait à lui-même.*

Ceci sera plutôt un peu plus biographique qu'autrement, et pour entrer vite dans le sujet et dans son vif, sachez que, à la fin des vacances 1871, vacances que j'avais passées à la campagne dans le Pas-de-Calais, chez de proches parents, je trouvai, en rentrant à Paris, une lettre signée Arthur Rimbaud et contenant *Les Effarés*, *Les Premières Communions*, d'autres poèmes encore, qui me frappèrent par, comment dirais-je, sinon bourgeoisement parlant, par leur extrême originalité ?

À cette lettre qui, en outre de l'envoi des pièces de vers en question, fourmillait sur son auteur, qui était celui des vers, de renseignements bizarres, tels que « petite crasse », « moins gênant qu'un Zanetto », et qui se recommandait de l'amitié d'un d'ailleurs très bon garçon, commis aux contributions indirectes, grand buveur de bière, poète (bachique) à ses heures, musicien, dessinateur et entomologiste, mort depuis, qui m'avait connu autrefois. Mais tout cela était bien vague, les vers étaient d'une beauté effrayante, vraiment. J'en conférai avec des camarades, Léon Valade, Charles Cros, Philippe Burty, chères ombres ! Et, d'accord avec ma belle-famille dans laquelle je demeurais alors, où pour mon malheur plus tard, il fut convenu aussi que le « jeune prodige » descendrait pour commencer, nous le fîmes venir. Le jour de son arrivée, Cros et moi, nous étions si pressés de le recevoir en gare de Strasbourg… ou du Nord que nous le manquâmes et que ce ne fut qu'après avoir pesté, Dieu sait comme ! Contre notre mauvaise chance, durant tout le trajet du boulevard Magenta au bas de la rue Ramey, que nous le trouvâmes, causant tranquillement avec ma belle-mère et ma femme dans le salon de la petite maison de mon beau-père, rue Nicolet, sous la Butte. Je m'étais, je ne sais pourquoi, figuré le poète tout autre. C'était, pour le moment, une vraie tête d'enfant, dodue et fraîche sur un grand corps osseux et comme maladroit d'adolescent qui grandissait encore et de qui la voix, très accentuée en ardennais, presque patoisante, avait ces hauts et ces bas de la mue.

On dîna. Notre hôte fit honneur surtout à la soupe et pendant le repas resta plutôt taciturne, ne répondant que peu à Cros qui peut-être ce premier soir-là se montrait un peu bien interrogant, aussi ! allant, en analyste sans pitié, jusqu'à s'enquérir comment telle idée lui était venue, pourquoi il avait employé plutôt ce mot que tel autre, lui demandant en quelque sorte compte de la « genèse » de ses poèmes. L'autre, que je n'ai jamais connu beau causeur, ni même très communicatif en général, ne répondait guère que par monosyllabes plutôt ennuyés. Je ne me souviens que d'un mot qu'il « eut » à propos des chiens (celui de la maison nommé Gastineau, pourquoi ? Un échappé à la Saint-Barthélemy du Siège gambadait autour de la table) : « Les chiens, dit Rimbaud, ce sont des libéraux. » Je ne donne pas le mot comme prodigieux, mais je puis attester qu'il a été prononcé. La soirée ne se prolongea pas tard, le nouveau venu témoignant que le voyage l'avait quelque peu fatigué…

Pendant une quinzaine de jours il vécut chez nous. Il logeait dans une chambre où il y avait, entre autres vieilleries, un portrait d'« ancêtre », pastel un peu défraîchi et que la moisissure avait marqué au front, parmi divers endommagements, d'une tache assez maussade en effet, mais qui frappa Rimbaud de façon tellement fantastique et même sinistre que je dus, sur sa demande réitérée, reléguer ailleurs le lépreux marquis. J'ai cru d'abord à de la farce macabre, à une fumisterie froide… Je pensai tôt et très tôt après, et je m'y tiens après vingt-quatre ans, plutôt à un détraquement partiel et passager, comme il arrive le plus souvent à ces exceptionnelles natures.

Une autre fois, je le trouvai couché au soleil (d'octobre !) le long du trottoir en bitume d'où s'élevait le perron de quelques marches qui conduisait à la maison.

Ce perron et ce trottoir étaient bien dans la cour et non dans la rue et séparés de celle-ci par un mur et une grille, mais on pouvait voir par celle-ci et l'œil des voisins d'en face directement plongeait sur ce spectacle pour le moins extraordinaire.

D'autres excentricités de ce genre, d'autres encore, ces dernières entachées, je le crains, de quelque malice sournoise et pince-sans-rire, donnèrent à réfléchir à ma belle-mère, la meilleure et la plus intelligemment tolérante des femmes pourtant, et il fut convenu qu'au moment de la rentrée de mon beau-père, en ce moment à la chasse, homme, lui, bourgeoisissime et qui ne supporterait pas un instant un tel *intrus* dans sa maison, « mossieu ! », on prierait quelques-uns de mes amis qui avaient adhéré et aidé à la venue de Rimbaud à Paris de le loger à leur tour et de l'héberger, sans pour cela, moi, me désintéresser de l'« œuvre », le moins du monde, bien entendu.

Une très forte amitié s'était formée entre nous deux durant les trois semaines environ qu'avait duré le passage chez moi de l'intéressant pèlerin.

De ses vers passés il m'en causa peu. Il les dédaignait et me parlait de ce qu'il voulait faire dans l'avenir, et ce qu'il me disait fut prophétique. Il commença par le Vers Libre (un vers libre toutefois qui ne courait pas encore le guilledou et ne faisait pas de galipètes, pardon, de galimatias comme d'aucuns plus « modernistes »), continua quelque temps par une prose à lui, belle il s'en fut, claire, celle-là, vivante et sursautante, calme aussi quand il faut. Il m'exposait tout cela dans de longues promenades autour de la

Butte, et plus tard, aux cafés du quartier Trudaine et du quartier Latin… puis il ne fit plus rien que de voyager terriblement et de mourir très jeune.

Extrait de *La Plume*, 15-30 novembre 1895.

ANTONIN PROUST
(1832-1905)

Édouard Manet

*On pourrait appliquer à Manet, en remplaçant le mot « lettres » par « peinture », l'observation de Vigny sur Benjamin Constant : « Il était homme du monde et homme de lettres, alliance rare, assemblage exquis » (*Journal d'un poète*). Manet est un de ces nombreux artistes français à ne pas avoir pris la posture du génie. Antonin Proust, un de ses amis de collège resté proche de lui toute sa vie qui l'a peint plusieurs fois (musée d'Orsay, musée d'art de Toledo), a été le premier ministre des Arts en France, dans le gouvernement Gambetta de 1881.*

À cette époque[1], Édouard Manet était de taille moyenne, fortement musclé. Il avait une allure rythmée à laquelle le déhanchement de sa démarche imprimait un caractère de particulière élégance. Quelque effort qu'il fît en exagérant ce déhanchement et en affectant le parler traînant du gamin de Paris, il ne pouvait parvenir à être vulgaire. On le sentait de race.

Sous un front large, le nez dessinait franchement sa ligne droite. La bouche, relevée aux extrémités, était railleuse. Il avait le regard clair. L'œil était petit, mais d'une grande mobilité. Très jeune, il

1. Ils avaient dix-huit ans.

rejetait en arrière une chevelure longue qui frisait naturellement. À dix-huit ans, le front s'était déjà dégarni, mais la barbe avait poussé. Par elle, le bas de la ligure s'était fait plus doux, tandis que les cheveux d'une finesse extrême harmonisaient le haut du visage. Peu d'hommes ont été aussi séduisants.

Malgré tout son esprit et sa tendance au scepticisme, il était demeuré naïf. Il s'étonnait de tout et s'amusait d'un rien. En revanche, tout ce qui touchait à l'art le rendait sérieux. Sur ce point, il était intraitable. Ses convictions étaient arrêtées, irréductibles. Il n'admettait ni la contradiction ni même la discussion. Le court séjour dans les pays ensoleillés lui avait suggéré une conception telle que tout lui apparaissait avec une simplicité que Couture ne comprenait pas. Pour un peu, il aurait supprimé les demi-teintes. Le passage immédiat de l'ombre à la lumière était sa constante recherche. Chez le Titien, les coulées lumineuses l'enthousiasmaient. Les primitifs l'affolaient. « J'ai horreur, me disait-il souvent, de ce qui est inutile, mais le chiendent est de ne voir que ce qui est utile. La cuisine de la peinture nous a pervertis. Comment s'en débarrasser ? qui nous rendra le simple et le clair ? qui nous délivrera du tarabiscotage ? Vois-tu, mon ami, la vérité est d'aller droit devant soi, sans s'inquiéter du qu'en-dira-t-on. »

[…]

Delacroix nous reçut, au contraire, dans son atelier de la rue Notre-Dame-de-Lorette avec une grâce parfaite, nous questionna sur nos préférences et nous indiqua les siennes. Il fallait voir Rubens, s'inspirer de Rubens, copier Rubens. Rubens était le Dieu.

Son élève Andrieu, qui travaillait avec lui, nous reconduisit jusqu'à la porte. Manet me dit : « Ce n'est pas Delacroix qui est froid : c'est sa doctrine qui est glaciale. Malgré tout, copions la *Barque*. » Après la *Barque*, nous allâmes au Louvre faire une esquisse des *Cavaliers* de Velasquez.

« Ah ! cela, dit Manet, en laissant échapper un soupir de soulagement, c'est net. Voilà qui vous dégoûte des ragoûts et des jus. »

Manet lisait peu, n'écrivait pas, mais il observait et son coup d'œil était tellement sûr que l'on se demande si les règles de l'éducation artistique, telles que nous les comprenons, peuvent avoir une influence qui ne soit pas néfaste sur un cerveau naturellement doué.

Ses préférences étaient pour les choses claires et les sujets tranquilles. S'il savait d'ailleurs ce qu'il aimait, il savait aussi ce qu'il n'aimait pas. « La première condition de la sagesse pour un peintre, disait-il, est de ne jamais passer par la rue Laffite ou, s'il est forcé d'y passer, de ne pas regarder les étalages des marchands de tableaux. »

Nous passâmes cependant tous les deux un jour rue Laffite et ce fut un marchand de tableaux qui nous sauva la vie. C'était pendant les journées de décembre 1851. Nous étions descendus sur le boulevard pour voir. On venait de fusiller devant le perron de *Tortoni* des promeneurs inoffensifs. Une charge de cavalerie s'engouffra dans la rue Laffite, balayant tout sur son passage. Le marchand de tableaux Beugniet nous recueillit, en nous tirant dans sa boutique entrouverte. Il n'était que temps.

Avec Manet j'assistai, couché à plat ventre sur la chaussée, à la canonnade de la maison Sallandrouze, sur le boulevard Poissonnière. On nous arrêta et l'on nous conduisit dans la maison à l'angle de la rue du Faubourg-Montmartre, où se trouvaient établis les bains de Jouvence. On y avait transporté de nombreux blessés. Nous obtînmes de l'officier qui commandait le poste-ambulance d'être reconduits, Manet chez un de nos amis, Caillat, qui habitait rue Geoffroy-Marie, moi chez le Dr Leblanc, rue du Faubourg-Poissonnière. J'y passai la nuit.

[…]

Je viens de parler des voyages de Manet. Il alla voir les Rubens d'Anvers, les Rembrandt d'Amsterdam, les primitifs de Bruxelles, les Hais de Harlem, les Albert Dürer de Dresde, les Holbein de Bâle. En Italie, il se montra très épris des Titien, des Tintoret, peu séduit par les Raphaël et les Michel-Ange. Mais son idée fixe était de voir l'Espagne. La *Course de taureaux* d'Alfred Dehodencq exposée au Salon de 1851 et placée au Luxembourg l'avait enthousiasmé. Il alla donc en Espagne. C'est là qu'il fit la connaissance de Théodore Duret dans un hôtel de la Puerta del Sol, où Manet, très difficile sur la nourriture, trouvait tout détestable et où il interpella Duret qui s'accommodait du *puchero* en homme affamé.

[…]

Aux vendredis du café *Guerbois* on rencontrait des hommes de lettres, des artistes. Les discussions y étaient vives. Duranty, romancier et critique, s'emportait, traitant Couture comme le dernier des imagiers. Au milieu de ce brouhaha, Manet gardait l'impassibilité du Jupiter olympien. Pas toujours cependant. C'est ainsi qu'il eut une fois avec Duranty lui-même, à la suite d'un article que ce dernier avait publié, une discussion qui se termina par une rencontre à l'épée.

L'un des témoins de Manet fut Émile Zola. Un seul engagement eut lieu, d'une violence telle que les deux épées se faussèrent. Duranty fut blessé au-dessus du sein droit, d'une blessure légère, l'épée de son adversaire ayant glissé sur une côte. « Je n'avais qu'une peur, disait Manet, c'était de lui passer par-dessus la tête. J'étais tellement souple ! Ce que j'ai cherché, la veille du duel, pour trouver des chaussures larges et spacieuses dans lesquelles je serais bien à mon aise, on ne peut s'en faire une idée. Enfin, j'en ai trouvé une paire au passage Jouffroy. Après le duel, je voulais les offrir à Duranty, mais il les a refusées, ayant le pied plus grand que le mien. Nous nous sommes d'ailleurs toujours demandé l'un et l'autre pourquoi nous avions été assez bêtes pour vouloir nous trouer la peau. »

Les deux amis se réconcilièrent et restèrent intimement liés. Avec Baudelaire, Manet eut également des rapports très étroits. On a attribué au premier une grande influence sur le second. C'est le contraire qui est vrai. La fréquentation de la rôtisserie *Pavard* et du restaurant *Dinoclieau*, de ce Dinoclieau dont on disait qu'il partageait avec François Ier l'honneur d'être le restaurateur des lettres et des arts, les conversations qu'il avait avec Manet, modifièrent sensiblement la manière de voir et de juger de Baudelaire, et si Manet et Baudelaire furent étroitement liés, c'est Manet qui garda l'influence sur son ami.

À une époque où le poète se maquillait d'une façon outrageante, « il en a une couche, s'écriait Manet, mais il y a tant de génie sous cette couche ! », Baudelaire était son compagnon habituel, quand Manet allait aux Tuileries, faisant des études en plein air, sous les arbres, d'après les enfants qui jouaient et les groupes de nourrices qui s'affalaient sur les chaises. Les promeneurs regardaient curieusement ce peintre élégamment vêtu qui disposait sa toile, s'armait de sa palette et peignait avec autant de tranquillité que s'il avait été dans son atelier.

J'ai dit quel flâneur était Manet. Nous montions un jour ensemble ce qui a été depuis le boulevard Malesherbes, au milieu des démolitions coupées par les ouvertures béantes des terrains déjà nivelés. Le quartier Monceau n'était pas encore dessiné. À chaque pas Manet m'arrêtait. Ici un cèdre se dressait isolé au milieu d'un jardin défoncé. L'arbre semblait chercher sous ses longs bras les massifs de fleurs détruits. « Vois-tu sa peau, me dit-il, et les tons violacés des ombres ? » Plus loin, des démolisseurs se détachaient blancs sur la muraille moins blanche qui s'effrondrait sous leurs coups, les enveloppant d'un nuage de poussière. Manet demeura absorbé dans une longue admiration devant ce spectacle, « La voilà, s'écria-t-il, la symphonie en blanc majeur dont parle Théophile Gautier. »

Une femme sortit d'un cabaret louche, relevant sa robe, retenant sa guitare. Il alla droit à elle et lui demanda de venir poser chez lui. Elle se prit à rire. « Je la repincerai, dit-il, et puis, si elle ne veut pas, j'ai Victorine. » Victorine Meurend, dont il a fait le portrait, était son modèle de prédilection. Nous montâmes à l'atelier. Sur deux chevalets étaient le *Guitarero* et le portrait de son père et de sa mère.

[…]

Il se formait autour de lui une petite cour. Le café *Tortoni* était le restaurant où il prenait son déjeuner avant d'aller aux Tuileries, et quand il revenait à ce même café de cinq à six heures, c'était à qui le complimenterait sur ses études que l'on se passait de main en main. Manet put croire un instant que dans notre pays de France où, selon l'expression de Voltaire, le succès seul a du succès, il était entré dans la gloire.

[…]

Sur ces réflexions, Manet se leva, après avoir brossé et remis sur sa tête son chapeau haut-de-forme. Car, à la campagne comme à la ville, il était invariablement vêtu d'un veston ou d'une jaquette serrée à la taille, d'un pantalon de couleur claire, et il se coiffait d'un chapeau très élevé à bords plats. Bien chaussé, armé d'une canne légère, il s'en allait en sifflotant ou bien en ponctuant ses phrases d'un hochement de tête et d'un claquement de langue, y ajoutant parfois un mouvement de la main de bas en haut qui voulait dire : « C'est ça, parce que c'est ça. »

Le claquement de langue était chez lui la manifestation suprême de l'admiration. Devant un Jongkind, un Whistler, un Bracquemond, un Desboutin, un Guys, devant les premiers paysages de Claude Monet, devant les Degas, les Pissarro, les Sisley, les études de Berthe Morizot et de Mary Cassatt, devant les Gauguin, les Renoir, les Cézanne, les Caillebotte, il accentuait plus ou moins ce claquement, mais c'était surtout devant la nature, quand un aspect le séduisait, qu'il faisait entendre ce bruit avec force, comme un cavalier qui excite sa monture.

Extrait d'« Édouard Manet, souvenirs »,
La Revue blanche, 1897, puis en volume, posth. 1913.

PAUL VALÉRY

(1871-1945)

Dernière visite à Mallarmé

Il est bien connu que, reçu à l'Académie française, Valéry a refusé non seulement de faire l'éloge, mais de prononcer le nom de son prédécesseur : Anatole France n'avait pas retenu Mallarmé dans le troisième Parnasse contemporain. *C'est manquer d'esprit, mais c'est avoir de la rigueur.*

Lorsque j'ai commencé de fréquenter Mallarmé en personne, la littérature ne m'était presque plus rien. Lire et écrire me pesaient, et je confesse qu'il me reste quelque chose de cet ennui. La conscience de moi-même pour elle-même, l'éclaircissement de cette attention, et le souci de me dessiner nettement mon existence ne me quittaient guère. Ce mal secret éloigne des Lettres, desquelles il tient cependant son origine.

Mallarmé, toutefois, figurait dans mon système intime le personnage de l'art savant et le suprême état de l'ambition littéraire la plus relevée. Je m'étais fait de son esprit une profonde compagnie, et j'espérais qu'en dépit de la différence de nos âges et de l'écart immense de nos mérites le jour viendrait que je ne craindrais pas de lui proposer mes difficultés et mes vues particulières. Ce n'était point qu'il m'intimidât, car personne ne fut plus doux ni plus délicieusement simple que lui ; mais il me semblait alors qu'il existât une sorte de contraste entre l'exercice de la littérature et la poursuite d'une certaine rigueur et d'une entière sincérité de la pensée. La question est infiniment délicate. Devais-je en saisir Mallarmé ? Je l'aimais et je le plaçais au-dessus de tous ; mais j'avais renoncé à adorer ce qu'il avait adoré toute sa vie, et à quoi il l'avait toute offerte, et je ne me trouvais pas le cœur de le lui faire entendre.

Je ne voyais cependant d'hommage plus véritable à lui rendre que de lui confier ma pensée, et que de lui montrer combien ses recherches, et les analyses très fines et très précieuses dont elles procèdent, avaient transformé à mes yeux le problème littéraire et m'avaient conduit à abandonner la partie. C'est que les efforts de Mallarmé, très opposés aux doctrines et au souci de ses contemporains, tendaient à ordonner tout le domaine des Lettres par la considération générale des formes. Il est extrêmement remarquable qu'il soit arrivé, par l'étude approfondie de son art, et sans connaissances scientifiques, à une conception si abstraite et si proche des spéculations les plus élevées de certaines sciences. Il ne parlait jamais, d'ailleurs, de ses idées que par figures. L'enseignement explicite lui répugnait étrangement. Son métier, qu'il abhorrait, était pour quelque chose dans cette aversion. Mais moi, en essayant de me résumer ses tendances, je me permettais intérieurement de les désigner à ma façon. La littérature ordinaire me semblait comparable à une arithmétique, c'est-à-dire à la recherche de résultats particuliers, dans lesquels on distingue mal le précepte de l'exemple ; celle qu'il concevait me paraissait analogue à une algèbre, car elle supposait la volonté de mettre en évidence, de conserver à travers les pensées et de développer pour elles-mêmes, les formes du langage.

« Mais du moment qu'un principe a été reconnu et saisi par quelqu'un, il est bien inutile de perdre son temps dans ses applications », me disais-je…

Le jour que j'attendais ne vint jamais.

*

J'ai vu pour la dernière fois Stéphane Mallarmé le 14 juillet 1898, à Valvins. Le déjeuner achevé, il me conduisit à son « cabinet de travail ». Quatre pas de long, deux de large ; la fenêtre ouverte à la Seine et à la forêt au travers d'un feuillage tout déchiré de lumière, et les moindres frémissements de la rivière éblouissante faiblement redits par les murs.

Mallarmé s'inquiétait des suprêmes détails de la fabrication du *Coup de dés*. L'inventeur considérait et retouchait du crayon cette machine toute nouvelle que l'imprimerie Lahure avait accepté de construire.

Nul encore n'avait entrepris, ni rêvé d'entreprendre, de donner à la *figure* d'un texte une signification et une action comparables à celles du texte même. Comme l'usage ordinaire de nos membres nous fait presque oublier leur existence et négliger la variété de leurs ressources, et comme il arrive qu'un artiste du corps humain nous en fasse voir quelquefois toutes les souplesses, au prix de sa vie qu'il consume en exercices et qu'il expose aux dangers de son désir, ainsi l'usage habituel de la parole, la pratique de la lecture cursive et celle de l'expression immédiate affaiblissent la conscience de ces actes trop familiers et abolissent jusqu'à l'idée de leurs puissances et de leurs perfections possibles – à moins que ne survienne et ne se dévoue quelque personne étrangement dédaigneuse des facilités de son esprit, mais singulièrement attentive à ce qu'il peut produire de plus inattendu et de plus délié.

J'étais auprès de cette personne. Rien ne me disait que je ne la reverrais jamais plus. Il n'y avait point, dans l'or du jour, de corbeau chargé de prédire.

Tout était calme et sûr… Mais cependant que Mallarmé me parlait, le doigt sur la page, il me souvient que ma pensée se mit à rêver *de ce moment même*. Elle y donnait distraitement une valeur comme absolue. Je songeais, près de lui vivant, à son destin comme achevé. Né pour le délice des uns, pour le scandale des autres, et merveille pour tous : pour ceux-ci, de démence et d'absurdité ; pour les siens, merveille d'orgueil, d'élégance et de pudeur intellectuelle, il lui avait suffi de quelques poèmes pour remettre en question l'objet même de la littérature. Son œuvre difficile à entendre, impossible à négliger, divisait le peuple lettré. Pauvre et sans honneurs, la nudité de sa condition avilissait tous les avantages des autres ; mais il s'était assuré, sans les rechercher, des fidélités extraordinaires. Quant à lui, dont le sourire de sage, de victime supérieure, accablait doucement l'univers, il n'avait jamais demandé au monde que ce qu'il contient de plus rare et de plus précieux. Il le trouvait en soi.

*

Nous sommes allés dans la campagne. Le poète « artificiel » cueillait les fleurs les plus naïves. Bleuets et coquelicots chargeaient nos bras. L'air était feu ; la splendeur absolue ; le silence plein de vertiges et d'échanges ; la mort impossible ou indifférente ; tout formidablement beau, brûlant et dormant ; et les images du sol tremblaient.

Au soleil, dans l'immense forme du ciel pur, je rêvais d'une enceinte incandescente où rien de distinct ne subsiste, où rien ne dure, mais où rien ne cesse ; comme si la destruction elle-même se détruisît à peine accomplie. Je perdais le sentiment de la différence de l'être et du non-être. La musique parfois nous impose cette impression, qui est au-delà de toutes les autres. La poésie, pensais-je, n'est-elle point aussi le jeu suprême de la transmutation des idées ?

Mallarmé me montra la plaine que le précoce été commençait de dorer : « *Voyez*, dit-il, *c'est le premier coup de cymbale de l'automne sur la terre.* »

Quand vint l'automne, il n'était plus.

Extrait de *Variété II*, 1934.

REMY DE GOURMONT

(1858-1915)

Paul Verlaine

Remy de Gourmont, un des plus influents écrivains de son temps, esprit subtil qui raisonnait, suivant son expression, par « dissociations d'idées », n'était pas un écrivain à se laisser bluffer, mais sa méfiance n'allait pas jusqu'à la sécheresse : ses écrits enthousiastes sur les écrivains symbolistes, dont il a été un des meneurs, en sont les premiers exemples. Il a ensuite découvert Stendhal, qui a agi sur lui comme une douche, et tombent les marquèteries symbolistes, laissant un prosateur simple et pourtant très reconnaissable. De son bastion du Mercure de France, *la revue et la maison d'édition, il a toujours pris la défense des divergents attaqués par les digérants. Gourmont donnait des gifles d'une justice exquise.*

Paul Verlaine fut l'autre consul du symbolisme. Je n'établis point de prééminence. Tous les deux furent aimés follement, Mallarmé avec plus de respect, Verlaine avec plus de familiarité. La première fois que je l'aperçus, ce fut à la Bibliothèque nationale, bon endroit pour dépister les grands écrivains, car ils y passent presque tous, quelque jour, mêlés à la troupe laborieuse. Sa figure, même si sa fiche nominative ne l'eût désignée à mon attention, m'eût frappé. C'était celle que je m'imaginais du Suève ou du Hun, de ces formidables barbares qui épouvantaient si fort Sidoine Apollinaire et qu'il n'a décrits qu'en tremblant. L'impression n'était pas si mauvaise. Ne venait-il pas de ravager l'art poétique à peu près comme ils avaient ravagé la majesté romaine ? Je ne le revis plus que dans les cafés et sur les trottoirs du boulevard Saint-Michel. Il ne quittait plus le quartier, après une vie trop singulière, que pour le refuge lointain et bienveillant des hôpitaux, où le jetait sa santé aventureuse. Sa destinée s'achevait, après l'apothéose de 1891, au Vaudeville, dans une sorte de calme tremblotant, au milieu d'amis trop familiers d'admirateurs trop curieux. On venait respirer dans son présent l'odeur de son passé.

Les cafés ne furent jamais tant à la mode. Un photographe, publiant *Nos écrivains chez eux*, établit Verlaine au café de la *Source*, près d'une absinthe. Quel contraste avec la somptueuse bibliothèque de la même série, où, dans les peaux d'ours, à l'ombre des lampadaires, M. Ohnet se rendait visible aux foules ! Un coin de table et pour tout appareil le haut verre étroit, la carafe frappée, l'encrier, la plume et le buvard, tel était le cabinet de travail du dernier grand poète français. S'il n'y fit pas ses meilleurs vers, c'est que l'absinthe peut-être était plus tentante que les feuilles de papier à lettre. J'ai une photographie du tombeau d'Edgar Poe où se détache en lettres énormes, au mur d'une maison voisine du cimetière : *Liquor*. Ce mot fatidique, *alcool*, plane au-dessus de la vie du pauvre Lélian. Sa vie, pourquoi ne pas en dire même les mauvais épisodes ? On raconte bien celle de Villon, qui fut un voleur de grand chemin, un échappé de la hart, et cela n'a jamais prouvé qu'une chose, c'est qu'il n'y a aucun rapport entre la moralité et le génie. « Qu'il soit plutôt un assassin et qu'il ait du talent ! » disait doucement Huysmans, devant les mauvais vers et la conduite dévouée d'un jeune poète. L'excès du paradoxe contient une vérité. On peut le trouver immoral, mais c'est un fait, que l'existence nous enseigne avec persévérance et qu'il a bien fallu accueillir, que les vies peuvent être basses et les œuvres hautes. La méthode de Sainte-Beuve et de Taine est ici en défaut et je n'ai jamais su par quoi la remplacer. À moins qu'il ne faille croire que les jugements des hommes sur la moralité soient fort incertains, à moins qu'il ne faille lire la nature en se plaçant, comme Nietzsche, au-dessus du bien et du mal. Et puis – et ceci, du moins, n'est pas incertain – il y a une fatalité physiologique. C'est ce qu'il faudra se dire en contemplant dans le jardin du Luxembourg le mystère de la figure rude, aux dessous de douceur, de ce grand enfant où se joignaient la brutalité des instincts du mâle et la faiblesse d'une femme aux nerfs alanguis. Il fut tout cela ; il fut le petit enfant qui récite pieusement sa prière et le faune qui rôde, pareil à l'ogre ; il fut sainte Thérèse, ivre d'amour divin, et aussi Sapho, qui n'aimait que ses pareilles ; il fut le rêveur attendri des tombées de nuit d'automne, qui frissonne à l'écharpe fuyante comme à la tournoyante feuille, et il fut aussi le mauvais galant qui s'endort dans les tavernes. Verlaine fut fraternel à tous les sentiments et à toutes les sensations.

Je ne sais comment lisent ceux qui n'ont vu dans *Les Poèmes saturniens* que des exercices poétiques, que d'impersonnelles notations. Qu'il ait eu l'intention d'obéir à la règle d'impassibilité voulue par Leconte de Lisle, c'est possible ; mais sa nature s'y refusa. Sa sensibilité déjà débordait. Sa muse est une statue, sans doute, mais qui parle :

Son regard est pareil au regard des statues,
Et pour sa voix lointaine, et calme, et grave, elle a
L'inflexion des voix chères qui se sont tues.

Toutes les poésies de Verlaine sont en bourgeon, et les feuilles déjà visibles, dans ces *Poèmes saturniens* ; certaines libertés prosodiques, dissimulées çà et là, me font douter qu'il ait jamais été un parnassien véritable, au fond de son cœur, au fond de ses nerfs. Celui qui se pâmait à entendre

Les sanglots longs
Des violons,

n'était pas parnassien, ni celui qui tressait à l'amour de nouvelles métaphores,

Baiser ! rose trémière au jardin des caresses !

ni celui qui écrivait, prélude de son futur art poétique :

De la douceur, de la douceur, de la douceur.

Ce volume, édité en même temps que *Le Reliquaire* de François Coppée, n'eut naturellement aucun succès. On le vit en vain, longtemps, à la vitrine de Lemerre, passage Choiseul, parmi les eucologes du successeur de Percepied, marchand de chapelets. Un jour, après *Le Passant*, *Le Reliquaire* (marchandé parfois, à cause de son titre) s'enleva. *Les Poèmes saturniens* restèrent, attendant leurs sœurs, *Les Fêtes galantes*, qui vinrent les rejoindre trois ans plus tard, en 1869, et n'eurent pas un destin meilleur. Verlaine, malgré que ses amis le missent au premier rang des poètes nouveaux, devait rester inconnu du public jusqu'en 1884 ou 1885, année de *Jadis et Naguère*.

Pauvres *Fêtes galantes*, qu'elles tombaient mal en ce moment de débats politiques, d'émeutes, à la veille de la guerre et de la Commune ! En 1871, une mentalité nouvelle avait surgi. Était-ce le moment de songer

Au calme clair de lune triste et beau,
Qui fait rêver les oiseaux dans les arbres
Et sangloter d'extase les jets d'eau.
Les grands jets d'eau sveltes parmi les marbres ?

Était-ce le moment de se redire, sous les horizons encore sanglants et enflammés :

Le soir tombait, un soir équivoque, d'automne :
Les belles, se pendant rêveuses à nos bras,
Dirent alors des mots si spécieux tout bas
Que notre âme depuis ce temps tremble et s'étonne ?

Tout au plus aurait-on pu murmurer, frissonnant encore de la peur ancienne :

Dans le vieux parc solitaire et glacé
Deux formes tout à l'heure ont passé...

Mais on ne murmurait rien de tel, et pour que les paroles de Verlaine, congelées par un terrible hiver politique, retrouvassent leur son et leur accent, il fallait que les petits enfants de vers 1860 eussent atteint l'âge d'homme et que parût, avide enfin de quelque chose qui sentît une odeur d'art, une génération lassée d'avance des lourdes querelles politiques et sociales.

Entre temps, Verlaine avait vécu. Deux ans avant *Les Poèmes saturniens*, il était entré à l'Hôtel de Ville, où il trouvait dans les bureaux Lafenestre, Velade, Mérat, poètes aussi, et beaucoup d'après-midi se passaient, au café du *Gaz*, en fiévreuses causeries d'art. Il admirait alors Leconte de Lisle et semblait très frappé par les poèmes précieux que publiait au *Parnasse contemporain* le jeune Stéphane Mallarmé. Comme plus tard Albert Samain, qui lui succéda à l'Hôtel de Ville, il ne daigna dépasser le grade d'expéditionnaire, quoiqu'il eût fait de fort bonnes études, et c'est en cette qualité qu'il demeura là jusqu'à l'incendie. N'ayant pas osé se représenter aux bureaux reconstitués au Luxembourg, il passa pour communard, et ce fut la première des légendes qui pesèrent sur sa vie, et la plus grave, celle qui, le jetant dans une sorte d'errance et de misère, le prédisposa aux mauvaises aventures. Les années de bureau de Verlaine furent les seules bonnes années de sa vie. Appuyé sur une sécurité médiocre, mais tout de même une sécurité, il s'était marié par amour. Tout ce que sa jeune poésie avait de plus divin, il croyait en avoir trouvé la réalisation même dans Mathilde Mauté de Fleurville, la demi-sœur du musicien Charles de Sivry :

En robe grise et verte avec des ruches,
Un jour de juin que j'étais soucieux
Elle apparut...

Le coup de foudre fut réciproque. Agréé, Verlaine vécut dans une féerie, en attendant l'heure. C'est l'expression de son attentif ami et biographe, M. Edmond Lepelletier. Verlaine n'avait encore connu ni l'amour, ni la liaison, ni le caprice. Sa jeunesse, farouche comme celle d'un dieu, mais moins chaste, n'avait bu qu'aux sources du hasard, soudain jaillissantes au coup de pied du désir. La jeune fille l'enivrait d'une ivresse inconnue qui se suffisait à elle-même. Il en oubliait les alcools, il redevenait lui-même, l'être naturellement doux, rêveur, un peu craintif, un cœur d'enfant. Si timide, qu'il fit sa cour par lettres, par lettres qui étaient des vers, qui devinrent *La Bonne Chanson* ! Comme un Sully Prudhomme, il y chantait la poésie du devoir :

Ce sera le devoir heureux aux gais combats...

Il se maria au bruit des premiers coups de canon, encore lointains, et l'année terrible fut pour lui l'année heureuse.

Cependant, favorisé par le désœuvrement du siège, la vie du corps de garde, le démon de l'alcool reprit possession de Verlaine, en même temps qu'un autre démon, plus terrible encore peut-être, entrait dans son existence : Arthur Rimbaud. Ce fut la séparation : Verlaine s'éloigna de la femme qu'il avait tant aimée et qu'il ne devait plus revoir. En 1872 il emmenait Rimbaud. Qu'était-ce donc que ce Rimbaud ? Hélas ! Rimbaud était sinon un grand poète, lui aussi, un des poètes les plus évidents entre ceux qui parurent alors. Ce gamin de génie qui n'écrivit qu'entre seize et vingt ans, puis disparut si bien qu'on le crut mort, fut un jeu de la nature, *lusus naturae*, comme on disait autrefois des cailloux biscornus ou des pétrifications folles. Sortant du collège de Charleville, il débarqua frauduleusement à Paris, en février 1871, et pénétra indûment dans l'atelier d'André Gill ; de là, grossier, mal élevé, impertinent, brutal et sauvage, s'introduisit dans le monde littéraire où il provoquait une sorte de stupeur. On pouvait le haïr, non le mépriser, car l'enfant vicieux récitait des poésies d'une nervosité incroyable, d'une hardiesse miraculeuse, d'un intense coloris, *Les Premières Communions*, *Les Assis*, *Le Bateau ivre*. Ces morceaux et les autres furent publiés trop tard pour avoir une réelle influence littéraire, mais ils témoignent d'une singulière, d'une mûre, précocité. Un de ces vers s'est redit longtemps en manière d'ironie :

Avec l'assentiment des grands héliotropes.

Ceux-ci sont plus vrais qui révèlent la profonde mélancolie de ce mauvais garçon de génie :

Mais vrai, j'ai trop pleuré. Les aubes sont navrantes,
Toute lune est atroce, et tout soleil amer...

Son fameux sonnet des *Voyelles*, qu'on cita dans le temps comme un type de poésie décadente, révéla aux praticiens de la psychologie physiologique le phénomène, pas très rare, de l'audition colorée. Il s'est élevé, depuis vingt ans, une montagne d'écrits sur cette question.

Est-ce Verlaine qui enleva Rimbaud, ou Rimbaud qui enleva Verlaine, le Verlaine aux nerfs de femme ? J'ai mon idée là-dessus, mais passons. Ils restèrent ensemble, à Londres, près d'une année. Verlaine se lassa le premier, s'enfuit vers Bruxelles où Rimbaud, rappelé par lui, le rejoignit. Il y a là des faits et une psychologie également obscurs, d'autant qu'à cette intimité se joint, dans les quelques lettres de Verlaine datées de cette période, un souvenir constant de sa femme qu'il voudrait reconquérir. Enfin, à une demande d'argent de Rimbaud, Verlaine répondit par le revolver. Cela tranchait une situation sans l'expliquer. Verlaine a-t-il été victime de la vanité affreuse de Rimbaud, qui paradait alors de tous ses vices ? Peut-être, mais Verlaine cachait sous sa légère naïveté d'enfant une nature compliquée, triple et quadruple, si bien qu'on s'y perd. Il fit deux ans de prison à Mons. On a proposé récemment de poser sur la geôle une plaque commémorative. Je crois que le silence vaudrait mieux encore, si le silence était possible. Pourtant on ne peut oublier que c'est là qu'il écrivit le livre qui fait de lui un des plus grands poètes catholiques de la France, *Sagesse. Les Romances sans paroles* avaient paru, dans le temps même de sa prison, par les soins de M. Edmond Lepelletier ; c'est là que se trouve la fameuse ariette, tant aimée, tant répétée :

Il pleure dans mon cœur
Comme il pleut sur la ville.
Quelle est cette langueur
Qui pénètre mon cœur ?

Sa conversion, qui avait été très sincère et qui devait transparaître jusqu'en ces derniers beaux livres, *Amour*, *Bonheur*, si elle modifia quelquefois la nature de son inspiration poétique, n'eut aucune influence sur sa vie et ses mœurs. De là on a conclu qu'elle était surtout littéraire. Je ne le crois pas. Verlaine était peu capable de dissocier la raison du sentiment, mais il fut toujours l'esclave de la sensation et ne sut jamais résister à un désir physique. Ses ivresses, ses colères, ses amours furent également terribles. Soumis à ses sens, c'était un homme affreux ; dès qu'il échappait à leur tyrannie, il redevenait le poète pur et doux, le causeur à l'ironie fine, le bon camarade, le promeneur du rêve et du sourire. Malheureusement, à mesure que les jours passaient, il perdait le peu d'empire qu'il avait sur lui-même, et ses dernières années s'écoulèrent en une sorte de noce populacière où l'encouragèrent, pour son malheur et leur honte, des jeunes gens, aujourd'hui bien assagis, et dont la seule gloire aura été d'avoir bu avec Verlaine. Du moins, lui qui y semblait voué, eut-il le bonheur d'échapper à l'hôpital des derniers jours, et de mourir en un petit logis d'ouvrier rangé, soigné par sa dernière maîtresse, à qui pour cela il a été beaucoup pardonné.

Verlaine est un grand poète et il a eu une grande influence sur la poésie française. On peut dire que, quelle que soit la forme matérielle qu'elle ait affectée, vers libre, vers libéré, vers romantique, elle a été tout entière et est encore sous la dépendance de Verlaine. Les poètes les plus récemment célèbres, comme Mme de Noailles, sont verlainiens encore par une certaine manière de briser le rythme en lui conservant sa fluidité, de fuir l'apparat de l'éloquence, de négliger volontairement la rime. Ce n'est qu'assez tardivement, dans *Jadis et Naguère* (1885) et en termes à la fois pittoresques et un peu sibyllins, qu'il adressait à M. Charles Morice, destiné entre tous à bien pénétrer son génie, cet *Art poétique* où des générations de poètes ont trouvé leur appui : De la musique avant toute chose. – Ne sois point trop précis, crains la trop grande clarté. – Pas la couleur, la nuance. – Crains la pointe, l'esprit, le rire. – Pas d'éloquence, étrangle-la. – La rime ? C'est un bijou d'un sou qui sonne creux et faux sous la lime.

Que ton vers soit la bonne aventure
Éparse au vent crispe du matin,
Qui va fleurant la menthe et le thym…
Et tout le reste est littérature.

Malgré certaines licences, ainsi que disait encore Théodore de Banville, c'est par la langue même, bien plus que par la prosodie, que Verlaine innove. Sa phrase monte et descend de ton, tout à coup bifurque, s'oublie comme dans une suspension de la pensée distraite, repart, arrive enfin au but que son caprice ne perd pas de vue. Jamais le vers de Verlaine ne sent l'effort, la rature, le recommencement. Le petit poème, souvent un sonnet, se déroule avec une parfaite certitude, selon une franche unité de rythme, selon une musique qui chante intérieurement en lui. La poésie de Verlaine, forme et pensée, est toute spontanée ; c'est fondu à la cire perdue ; elle est ou n'est pas. Rien n'y indique la retouche. La manière ne change pas, que l'inspiration soit religieuse ou libertine, c'est la même fluidité pure, que le ruisseau roule sur des herbes ou sur du gravier et sa voix dit toujours la même chanson amoureuse, que son amour rie aux femmes ou aux anges, et c'est presque la même sensualité. Lui-même a fondu en un recueil, *Parallèlement*, ces deux nuances de son rêve, érotisme et mysticisme.

De bonne foi, Verlaine, rénovateur du sentiment poétique, créateur de son verbe et de son vers, se crut le type du poète décadent. Il a exprimé cela magnifiquement :

Je suis l'empire à la fin de la décadence...

L'idée et le mot venaient de Huysmans, qui dessina, en des Esseintes, fantoche fameux, le type même de l'amateur de toutes les décadences. Cela eut des suites. Une bonne partie de la jeunesse se voulut décadente. C'est un chapitre amusant de l'histoire littéraire de notre temps, mais il y faut des détails que l'on dira une autre fois, maintenant que sont achevés les portraits de maîtres qui doivent se dresser en frontispice à ces souvenirs, comme des patrons et des protecteurs.

Extrait des *Promenades littéraires*, 1912.

GUILLAUME APOLLINAIRE

(1880-1918)

Feu Alfred Jarry

Quand Apollinaire écrivait sur Jarry, il n'était pas dans une position telle qu'il pouvait l'aider. Ayant (injustement) fait de la prison, étranger, il louange de plus un écrivain qui avait eu une brève notoriété de scandale, bien malgré lui, avec Ubu Roi*, et était mort presque oublié. Et puis passent les années. Le génie de l'un et de l'autre est reconnu. Fin des Sully Prudhomme, fin des Porto-Riche, dont les lecteurs et les spectateurs auraient été stupéfaits. Le public n'est jamais puni.*

La première fois que je vis Alfred Jarry, c'était aux soirées de *La Plume*, les secondes, celles dont on disait qu'elles ne valaient pas les premières. Le café du *Soleil-d'Or* avait changé de nom : il s'appelait le café du *Départ*. Ce nom mélancolique hâta sans doute la fin des réunions et peut-être celle de *La Plume.* Cette invitation au voyage nous fit vite partir bien loin les uns des autres ! Tout de même, il y eut au sous-sol, place Saint-Michel, quelques belles soirées, et des amitiés en petit nombre s'y lièrent.

Alfred Jarry, le soir dont il s'agit, m'apparut comme la personnification d'un fleuve, un jeune fleuve sans barbe, en vêtements mouillés de noyé. Les petites moustaches tombantes, la redingote dont les pans se balançaient, la chemise molle et les chaussures de cycliste, tout cela avait quelque chose de mou, de spongieux ;

le demi-dieu était encore humide, il paraissait que peu d'heures auparavant il était sorti trempé du lit où s'écoulait son onde.

En buvant du stout, nous sympathisâmes. Il récita des vers aux métalliques rimes en *orde* et en *arde.* Puis, après avoir entendu une chanson nouvelle de Cazals, nous nous en allâmes pendant un cake-walk effréné où se mêlaient René Puaux, Charles Doury, Robert Scheffer et deux femmes dont les cheveux se défaisaient.

Je passai presque toute la nuit, arpentant le boulevard Saint-Germain avec Alfred Jarry, et nous nous entretenions de blason, d'hérésies, de versification. Il me parla des mariniers parmi lesquels il vivait une grande partie de l'année, des marionnettes auxquelles il avait fait jouer *Ubu* pour la première fois. La voix d'Alfred Jarry était nette, grave, rapide et parfois emphatique. Il cessait tout à coup de parler pour sourire et brusquement redevenait sérieux. Son front remuait sans cesse, mais en largeur et non en hauteur comme cela se voit généralement. Vers 4 heures du matin, un homme s'approcha de nous pour demander le chemin de Plaisance. Jarry sortit prestement un revolver, intima au passant l'ordre de reculer de six pas et lui donna le renseignement. Nous nous séparâmes ensuite et il rentra à sa *grande chasublerie* de la rue Cassette où il m'invita à aller le voir.

« Monsieur Alfred Jarry ?

— Au troisième et demi. »

Cette réponse de la concierge m'étonna. Je montai chez Alfred Jarry qui effectivement habitait au troisième et demi. Les étages de la maison ayant paru trop élevés de plafond au propriétaire, il les avait dédoublés. Cette maison, qui existe toujours, a de cette façon une quinzaine d'étages, mais comme, en définitive, elle n'est pas plus élevée que les autres maisons du quartier, elle n'est qu'une réduction de gratte-ciel.

Au demeurant, les réductions abondaient dans la demeure d'Alfred Jarry. Ce troisième et demi n'était qu'une réduction d'étage, où, debout, le locataire se tenait à l'aise, tandis que, plus grand que lui, j'étais obligé de me courber. Le lit n'était qu'une réduction de lit, c'est-à-dire un grabat : les lits bas étant à la mode, me dit Jarry. La table à écrire n'était qu'une réduction de table, car Jarry écrivait couché à plat ventre sur le plancher. Le mobilier n'était qu'une réduction de mobilier qui ne se composait que du lit. Au mur était suspendue une réduction de tableau. C'était un portrait de Jarry dont il avait brûlé la plus grande partie, ne laissant que la tête qui le montrait semblable au Balzac d'une certaine lithographie que je connais. La bibliothèque n'était qu'une réduction de bibliothèque, et c'est beaucoup dire. Elle se composait d'une édition populaire de Rabelais et de deux ou trois volumes de la Bibliothèque rose. Sur la cheminée se dressait un grand phalle de pierre, travail japonais, don de Félicien Rops à Jarry qui tenait le chibre plus grand que nature toujours recouvert d'une calotte de velours violet, depuis le jour où le monolithe exotique avait effrayé une dame de lettres tout essoufflée d'avoir monté au troisième et demi et dépaysée dans cette *grande chasublerie* démeublée.

« C'est un moulage ? avait demandé la dame.

— Non, répondit Jarry, c'est une réduction. »

À son retour du Grand-Lemps où il avait été travailler avec Claude Terrasse, il vint me prendre dans un bar anglais de la rue d'Amsterdam où j'allais régulièrement. Nous y dînâmes, et comme Jarry avait « des ors », il voulut me payer Bostock. Aux dernières galeries, il effraya ses voisins en leur tenant des propos sur les lions, en leur dévoilant certains secrets épouvantables du domptage. L'odeur des fauves le grisait. Il prétendait avoir chassé la panthère dans un jardin de la rue de la Tour-des-Dames. À la vérité, c'était de jeunes panthères qui s'étaient échappées de leur cage restée ouverte par mégarde. Voilà les hôtes de Jarry bien embarrassés et prêts à tuer les pauvres petites panthères à coups de rifle par les fenêtres.

« N'en faites rien, dit Jarry, je me charge de tout. »

Il y avait dans la salle à manger où il se trouvait une armure à sa taille. Il se déguise en chevalier, et, tout bardé de fer, il descend au jardin en tenant un verre dans son gantelet. Les bêtes féroces bondissent et Jarry leur présente le verre vide. Domptées aussitôt, elles le suivent et rentrent dans leur cage qu'il referme.

« Car, disait Jarry, cette méthode est la meilleure pour réduire les fauves. De même que la plupart des hommes, les bêtes les plus cruelles ont horreur des verres vides, et, lorsqu'elles en voient, l'effroi les rend poltronnes ; on fait d'elles alors ce que l'on veut. »

Et comme en racontant ces histoires, il agitait son revolver, les spectateurs se reculaient, les femmes manifestaient leur terreur et quelques-unes voulurent s'en aller. Ensuite, Jarry ne me cacha pas la satisfaction qu'il avait éprouvée à épouvanter des philistins, et c'est revolver au poing qu'il monta sur l'impériale de l'omnibus qui devait le ramener à Saint-Germain-des-Prés. Là-haut, pour me dire adieu, il agitait encore son bull-dog.

Ce bull-dog passa quelque six mois dans l'atelier d'un de nos amis. Voici dans quelles circonstances.

Nous avions été invités à dîner rue de Rennes. À table, quelqu'un ayant voulu lui lire dans la main, Jarry prouva qu'il possédait toutes les lignes en double. Pour montrer sa force, il brisa à coups de poing des assiettes renversées, et finit par se blesser. L'apéritif, les vins l'avaient énervé. Les liqueurs achevèrent de l'exciter. Un sculpteur espagnol voulut le connaître et lui dit des amabilités. Mais Jarry intima à ce « bouffre » l'ordre de sortir du salon, de n'y plus reparaître, et il m'assura que ce garçon venait de lui faire les propositions les plus déshonnêtes. Au bout de quelques minutes, l'Espagnol qui avait fui revint et aussitôt Jarry tira sur lui un coup de revolver. La balle alla se perdre dans un rideau. Deux femmes enceintes qui se trouvaient auprès s'évanouirent. Les hommes n'étaient pas rassurés non plus, et à deux nous emmenâmes Jarry. Dans la rue, il me dit de la voix du père Ubu : « N'est-ce pas que c'était beau comme littérature ? Mais j'ai oublié de payer les consommations. »

En l'emmenant nous l'avions désarmé, et, six mois après, il vint à Montmartre nous réclamer le revolver que notre ami avait oublié de lui rendre.

Les espiègleries de Jarry firent le plus grand tort à sa gloire, et son talent, un des plus singuliers et des plus solides de son époque, ne lui rapportait pas assez pour vivre. Il vivait mal, se nourrissant à Paris de côtelettes de mouton crues et de cornichons. Il m'assura que, pour bonifier son estomac, il buvait souvent avant de se coucher un grand verre dans lequel il avait versé par moitiés du vinaigre et de l'absinthe, mélange bizarre qu'il liait en y ajoutant une goutte d'encre. Les dévouements féminins ont manqué au pauvre père Ubu.

Au Coudray, il vivait de sa pêche ; et certes, il est heureux qu'il ait souvent vécu hors Paris, au bord du fleuve. La ville l'eût tué plusieurs années plus tôt qu'elle n'a fait.

Alfred Jarry a été homme de lettres comme on l'est rarement. Ses moindres actions, ses gamineries, tout cela, c'était de la littérature.

C'est qu'il était fondé en lettres et en cela seulement. Mais de quelle admirable façon ! Quelqu'un a dit un jour devant moi que Jarry avait été le dernier auteur burlesque. C'est une erreur ! À ce compte, la plupart des auteurs du XVe siècle, et une grande partie de ceux du XVIe, ne seraient que des burlesques. Ce mot ne peut désigner les produits les plus rares de la culture humaniste. On ne possède pas de terme qui puisse s'appliquer à cette allégresse particulière où le lyrisme devient satirique, où la satire, s'exerçant sur de la réalité, dépasse tellement son objet qu'elle le détruit, et monte si haut que la poésie ne l'atteint qu'avec peine, tandis que la trivialité ressortit ici au goût même, et, par un phénomène inconcevable, devient nécessaire. Ces débauches de l'intelligence où les sentiments n'ont pas de part, la Renaissance seule permit qu'on s'y livrât et Jarry, par un miracle, a été le dernier de ces débauchés sublimes.

Il avait des admirateurs, et, parmi ses lecteurs, on comptait des philologues et surtout des mathématiciens. Même, il était populaire à l'École polytechnique. Mais beaucoup le méconnaissaient dans le public et parmi les gens de lettres. Il souffrait extrêmement de ces mépris. Une fois, il me parla longuement d'une lettre dans laquelle M. Francis Jammes le sermonnait à propos du *Surmâle* qui venait de paraître. Le poète d'Orthez disait que les livres de Jarry sentaient le citadin auquel la vie hors Paris rendrait la santé morale, etc. C'était cela ou quelque chose d'approchant. « Que dirait-il, observait Jarry, s'il savait que je passe la majeure partie de l'année à la campagne, au bord d'un fleuve où je pêche quotidiennement ? »

Après être resté longtemps sans le rencontrer, je revis Jarry au moment où son existence paraissait devenir moins précaire. Il faisait paraître des livres, annonçait *La Dragonne*, parlait d'un petit héritage duquel faisait partie une tour, à Laval. Cette tour, qu'il devait faire restaurer pour y habiter, avait la vertu singulière de tourner sans cesse sur sa base. Le mouvement était très lent toutefois puisque la tour mettait cent ans à accomplir le tour complet. Je crois que cette histoire fabuleuse provenait d'une logomachie où se mêlaient les deux sens du mot *tour* et ses deux genres.

Quoi qu'il en soit, Jarry tomba malade, et de misère. Des amis le sauvèrent. Il revint à Paris avec de l'argent et ses notes de pharmacie. C'étaient des comptes de marchand de vin !

Je ne fus plus ensuite au courant de son existence. Mais je sais qu'en très peu de jours, Jarry but pour beaucoup d'argent et qu'il ne mangea guère. Je ne sus pas qu'on l'avait transporté à l'hôpital de la Charité. Il paraît qu'il fut lucide et espiègle jusqu'au bout. Georges Polti, ayant été le visiter, s'approcha de son lit et, comme il était très ému et qu'il a la vue fort basse, il n'apercevait pas Jarry qui, tout mourant qu'il était, cria d'une voix forte pour avoir le plaisir de surprendre son ami et de le faire tressaillir : « Eh bien ! Polti, comment cela va-t-il ? »

Jarry mourut le 1er novembre 1906, et le 3 nous étions une cinquantaine à suivre son convoi. Les visages n'étaient pas très tristes, et seuls Fagus, Thadée Natanson et Octave Mirbeau avaient un tout petit peu l'air funèbre. Cependant, tout le monde sentait vivement la disparition du grand écrivain et du charmant garçon que fut Jarry. Mais il y a des morts qui se déplorent autrement que par les larmes. On ne voit pas bien des pleureuses à l'enterrement de Folengo, ni à celui de Rabelais, ni à celui de Swift. Il n'en fallait pas non plus à celui de Jarry. De tels morts n'ont jamais eu rien de commun avec la douleur. Leurs souffrances n'ont jamais été mêlées de tristesse. Il faut, pour de semblables funérailles, que chacun montre un heureux orgueil d'avoir connu un homme qui n'ait jamais éprouvé le besoin de se préoccuper des misères qui l'accablaient lui et autrui.

Non, personne ne pleurait derrière le corbillard du Père Ubu. Et comme c'était un dimanche, le lendemain des Morts, la foule de ceux qui avaient été au cimetière de Bagneux s'était vers le soir répandue dans les guinguettes des alentours. Elles regorgeaient de monde. On chantait, on buvait, on mangeait de la charcuterie : tableau truculent comme une description imaginée par celui que nous menions en terre.

Extrait d'« Alfred Jarry », *Les Marges*, 1922.

MAURICE SACHS

(1906-1945)

De Matisse à Foujita

Sur Maurice Sachs, voir infra*, p. 1093.*

Henri Matisse ne connut qu'assez tardivement la gloire. Il était fils d'un marchand de grains du nord de la France. Son père avait quelques biens et le destinait à devenir avoué. On l'éleva dans cette pensée. Henri Matisse jeune soupçonnait à peine la grandeur de ses dons. Une maladie le tint longtemps à la chambre. On lui donna pour le distraire une boîte d'aquarelle. Il y découvrit sa vocation véritable. On le voit, le sort paraît longtemps nous aveugler et tel accident qui semble sans importance révèle une carrière immense. Le génie, l'amour, le bonheur, le malheur, la mort, ces grandes pensées, ces grands moments de l'existence s'annoncent sans fracas. Ils nous pénètrent insidieusement et par telle tranchée de notre être dont nous ne soupçonnions pas qu'elle pût être un réceptacle fertile.

Henri Matisse quitta alors sa ville natale et gagna Paris. D'abord il y étudia le droit, mais s'en écarta peu à peu et, se mêlant aux peintres, décida de les joindre définitivement. Son père l'autorisa à travailler aux Beaux-Arts, mais après un temps voulut savoir si son fils aurait quelque avenir dans la peinture. Il visita son professeur.

« Mon fils pourra-t-il un jour obtenir le prix de Rome ? — Il est trop intelligent pour cela », répondit le maître. Matisse commença obscurément sa carrière.

Il se maria tôt, eut des enfants et ne se mêla que peu à la bohème. Cependant il ne gagnait aucun argent. Le découragement le prit. Il pensa retourner dans le Nord et succéder à son père. Un dernier effort : il voulut peindre des toiles « vendables », installa son chevalet au parc Monceau et fit des aquarelles qui lui paraissaient traditionnelles. Mais son génie l'emportait. La rue de Rivoli refusa ces images qui n'étaient pas assez « chromos ». Le sort en paraissait jeté. Pour faire vivre les siens, il allait abandonner les pinceaux. Mais vint un acheteur, puis un autre. Il se remit au travail. Un grand peintre nous était enfin assuré. Il prit la tête du groupe dit des « fauves » où Marquet, Derain, Vlaminck, Waroquier suivaient. Dans le même moment Picasso « inventait » le cubisme. Les deux écoles devaient se partager ce début de siècle et s'affronter. Matisse travailla de longues années avec ardeur. Le public enfin le reconnut. La gloire s'étendit, devint immense. Son nom s'est inscrit pour toujours dans l'histoire de la peinture. Il succéda au grand Cézanne.

L'art de Matisse est réfléchi, nouveau sans artifices, traditionnel dans son effort. Le poignet du peintre reste gouverné par son intelligence et toute son intelligence est appliquée à la seule peinture.

On connaît bien le visage de Matisse, il porte barbe, a l'air fort doux. Ses habitudes sont bourgeoises. Il aime les bateaux et en possède. Il va régulièrement en mer. Sa distraction favorite est le cinéma. Il s'y rend chaque soir, quel que soit le film. Si ce qui paraît sur l'écran ne l'intéresse pas, il ferme les yeux et écoute les murmures de la foule environnante, la musique ou les sonorités venues de l'écran.

Matisse a un fils sculpteur, une fille mariée à l'excellent critique Georges Duthuit et un autre fils, Pierre Matisse, grand connaisseur de peinture, marchand de tableaux à New York, qui a épousé une Américaine.

Georges Braque vint jeune aussi à Paris, mais moins démuni que ceux de Montmartre auxquels il se joignit. Son père lui avait recommandé de se trouver un maître. Ce fut le jeune Picasso qu'il prit. Son père n'avait sans doute pas imaginé ce choix.

Avec Picasso, il commença le mouvement cubiste, mais il est absurde de prétendre comme certains qu'il en eut le premier la pensée. Picasso reste « l'inventeur » unique de la libération des lignes et des volumes, telle que nous la concevons aujourd'hui.

Il est celui qui avant tout autre osa s'éloigner du sujet et chercher le sens pictural du modèle en dehors de la représentation de l'objet. Braque travailla si proche de Picasso qu'il est presque impossible de reconnaître l'une de l'autre leurs œuvres de l'époque 1910-1912.

Ils se séparèrent depuis et continuèrent seuls leur chemin. Mais il demeure chez Braque une obsession de Picasso. Jamais, semble-t-il, il ne secouera complètement ce joug qui lui est plus déplaisant qu'on ne pense, car imaginons ce que pourraient être les cruelles pensées d'un fils qui voudrait cesser de ressembler à son père. Braque cependant, s'il revient, presque contre son gré, à l'influence de Picasso, s'est quelque temps dégagé de lui. S'il ne put toujours éviter une composition, une construction de ses toiles où le passé se lisait encore, il changea au moins sa palette et l'illumina très différemment de celle de Picasso. Braque est éminemment français. Picasso dépassa toujours la mesure de la France. Braque se rattache par mille liens visibles à la tradition du XVIIIe siècle français. Il en a le goût, la mesure, le choix des couleurs. La palette de Braque est proche de celle de Watteau, c'est le parc de Versailles à l'automne. C'est la solidité sans la puissance, l'excellence sans la grandeur. Reverdy me disait un jour si bien : « Braque a de l'axe sans accent, Derain de l'accent sans axe. »

Fernand Léger compte parmi les premiers cubistes. Il est né en Normandie. Son père était un gros marchand de bétail, bien taillé, rude d'écorce, dur et puissant. En cela Léger lui ressemble. Mais je l'ai dit déjà en le comparant à Thibaud, Léger est fin, d'une finesse, d'une intelligence qu'on voit dans sa peinture, mais que sa première apparence ne révèle qu'à peine. Sa culture est étendue, ses connaissances sont profondes. Il a l'air de la terre, et son esprit est de la poésie.

Léger me donna un jour son *curriculum vitae* de peintre comme ceci : « Apport de la couleur dans le cubisme, 1912. Élément mécanique, 1918-1921. Objets contemporains dans la composition du tableau, 1924-1931. Signe particulier : n'a jamais introduit de mandoline dans ses tableaux. Donné possibilités au développement du néoplasticisme. »

Amedeo Modigliani était venu d'Italie. C'était un grand garçon mince, excessivement beau, rongé de phtisie, adonné à l'alcool. Il était du groupe héroïque. Sa vie à Paris fut misérable. Il allait de café en café, ivre, pauvre, n'ayant guère d'argent pour peindre.

Il logeait Dieu sait où, chez un ami, sous une table, dehors, dans un hangar changé en atelier commun. Il aimait les poètes et les philosophes (il disait qu'il descendait de Spinoza par sa mère). Il mourut jeune en 1920. Sa compagne, qui était alors enceinte, se suicida le jour de son enterrement. Leurs corps ne furent réunis qu'en 1928, dans une même tombe.

L'art de Modigliani est tout d'influence italienne. C'est l'esprit de l'école de Giotto qu'il apporta à Paris. Il ne semble pas qu'il prit beaucoup à la France, sauf le goût des rois nègres auquel chacun fut sensible les dernières années qui précédèrent la guerre. Sa peinture était fine et un peu trop élégante. Sa ligne était aisée, vivante mais dénuée de profondeur. Aucun peintre ne le suivit dans ses recherches. Il n'eut pas d'influence. Son œuvre est un archaïsme sauvé par beaucoup de dons naturels. Modigliani est le peintre des humbles figures parisiennes. À leur mélancolie, à leurs rêves, il a donné l'espérance de survivre. Il a baigné leurs yeux des bleuités douces du ciel italien.

Juan Gris, mort tout jeune, avait un bon goût incomparable, une distinction naturelle dont sa peinture est très révélatrice. Il suivit la marche du cubisme. Ses grandes qualités le sauveront de l'oubli, mais elles n'étaient pas assez fortes pour illustrer son nom et le placer au premier rang.

Roger de La Fresnaye était français, du Mans. Sa famille, normande comme celle de Léger. Né en 1885, il était de la même génération que Modigliani. Il joignit Picasso et Braque en 1911. Il se développa avec le mouvement cubiste. Puis il partit à la guerre, où il contracta une grave maladie dont il mourut quelques années après la paix. Son œuvre est française d'inspiration, au point qu'elle est tricolore. La Fresnaye était studieux, intelligent et sans beaucoup de force. Je ne dirai pas que sa peinture est molle, mais elle est dure sans puissance intérieure. Son œuvre, il est vrai, fut interrompue par la guerre et la maladie, mais je ne pense pas qu'elle eût beaucoup gagné par le développement. Un écrivain veut le plus souvent de longues années de préparation avant que sa plume trempe à la bonne encre. Même Stendhal, même Balzac n'œuvrèrent qu'assez tard. Un peintre est peintre dès son plus jeune âge (Rembrandt, Renoir, presque tous les peintres). C'est que la peinture veut des forces physiques, des élans neufs venus du corps. Il est trop tard à trente ans pour commencer à peindre. C'est quelquefois l'âge où certains devraient cesser. On peut juger un peintre à ses premières œuvres. Même manquées, toutes les promesses y sont.

La Fresnaye eût gardé, s'il eût vécu, tout son charme. Je doute qu'il eût pu devenir un grand peintre. Il n'en avait pas l'étoffe. Les morts des créateurs ne sont d'ailleurs jamais accidentelles. Si l'œuvre les requiert, ils vivent pour la terminer (exemple Proust).

Cocteau disait : « Roger de La Fresnaye est un anti-rapin. Le rapin ne réfléchit pas. Il rentre de la chasse, ôte ses bottes, regarde le paysage qu'il a tué. Tout le monde en mange et le trouve bon. Le lendemain matin, il se lève de bonne heure et repart pour la chasse, tuer une dame, une falaise, un vase de fleurs.

« L'œuvre de La Fresnaye n'a du reste rien de tragique. Elle comporte la tristesse douce de ceux qui savent que l'alphabet humain offre un nombre réduit de combinaisons[1]. »

André Derain est né dans le nord de la France comme Matisse, mais de quelque dix ans son cadet. Son père était pâtissier et avait du bien. Il envoya André Derain au lycée. Là, le futur peintre se lia avec les jeunes bourgeois de la ville, et il eût vécu content si son père ne l'eût obligé chaque dimanche à livrer aux familles leurs commandes de gâteaux. Le jeune garçon en souffrit profondément. Cette journée de repos et de fête était son jour d'humiliation. Ceux qui, la semaine, étaient ses égaux au lycée lui étaient supérieurs le jour de sortie. Ah ! que les parents comprennent mal les profondes souffrances qui s'éveillent aux cœurs des enfants ! Le père de Derain voulait son fils heureux. Il le voulait faire un bourgeois. Mais la répétition du supplice dominical décida le garçon à quitter la famille. Lorsqu'il eut seize ans, il vint à Paris. Il joignit les jeunes peintres d'alors, et particulièrement Matisse. Cela marqua le début de l'école dite des « fauves ».

L'art de Derain est mou. Son habileté de poignet est extrême. Sa peinture, comme celles de Greuze et de Henner, a du charme et manque de consistance. Derain connut un grand succès parce que ses toiles étaient plaisantes. Mais dès après la guerre il rejeta la stricte discipline qu'on voyait à ses œuvres de 1910 à 1914. Il abandonna la recherche passionnée. Ses dons faciles remportèrent. Il se ruina dans la postérité pour avoir trop vite accepté les applaudissements immédiats. Eût-il, comme Cézanne et Matisse, marché d'un pas toujours égal dans les rudes chemins de l'art, son nom

1. Jean Cocteau, *L'Esprit nouveau*, n° 3.

serait demeuré pour toujours éclatant, car le tempérament peintre existait en lui à l'état brut.

Derain est un grand et gros homme dont l'apparence est toute force. Il aime les automobiles de course et collectionne les œuvres de Corot. (L'usage d'ailleurs qu'il fait du « doré » dans ses paysages n'est pas éloigné de l'« argenté », trop utilisé par Corot à la fin de sa vie.)

Derain est des rois de Montparnasse, un des seuls « anciens » qui sont encore là pour que les nouveaux venus puissent croire à la durée d'un esprit « montparnassien » mort, en vérité, depuis longtemps.

Il y a de la mélancolie derrière la grosse gaîté de Derain, comme il y a de la tristesse derrière les apparences d'équilibre de Morand. Tous deux ont le même goût passionné de la vitesse. Tous deux s'enivrent du vent, comme pour oublier le goût amer d'une gloire qu'ils eussent peut-être désirée moins éclatante et plus profonde.

Georges Rouault est benoît d'abord. Son visage d'artisan un peu gras, assez pâle, est tout douceur. Il a remis entre les mains de Dieu les misères de son existence. Élève de Gustave Moreau, il est le conservateur de son musée, rue de La Rochefoucauld. L'influence de Moreau, très vive dans les premières œuvres de Rouault, ne l'a jamais tout à fait quitté. Il en a conservé l'amour d'une riche matière, comme un étal de pierres précieuses en poudre, des rouges de rubis, des bleus de saphir, ainsi qu'on voit aussi aux vitraux des temps gothiques. On remarque bien cela quand on regarde les jolis Moreau de la collection Hayem au Louvre (dans cette même salle où sont les ravissantes esquisses de Carpeaux qui font toujours penser qu'il eût été plus grand peintre qu'il ne fut grand sculpteur). Il est demeuré chez Rouault le goût du rare. Son œuvre ne s'est qu'une seule fois renouvelée (et, comme de Moreau, on ne peut regarder trop de Rouault ensemble sans être frappé d'une même richesse monotone). Il n'eut qu'un geste d'échappée. Ce fut un peu avant la guerre, lorsqu'il se découvrit une certaine qualité caricaturale à la Daumier qui servit bien son immense amertume. Cet homme, alors, tout de charité chrétienne dans la vie, jeta sur ses toiles les affreux mais vrais portraits arrachés à sa souffrance. Il peignit comme on maudit, avec grandeur, mais sa possibilité picturale était une et unique. Sa veine intarissable, par son tempérament, continua d'user les vieux trésors de Moreau, mais cruellement. Le même élan furieux le fait torturer les corps humains qui, ensuite, l'abat plein d'espoirs et plein de pénitences aux pieds de son Maître divin.

Giorgio De Chirico vint d'Italie. Il se joignit à ceux de l'École de Paris et leur apprit à montrer quelques secrets des âmes des poètes. On le connut d'abord pour ses beaux tableaux dits de l'« époque silencieuse » : rues vides, statues aux clairs de lune, horloges marquant une heure éternelle. À quelles sources inspirées puisait-il ses mystérieux sujets ? Il éveilla mille esprits inclinés vers les étrangetés de l'âme. Mais ce fut un jour comme si la source avait tari. Les enchantements s'épuisèrent. Il se tourna vers la peinture objective. Mais sa matière, pour qu'elle fût, voulait une addition poétique, car sa peinture était littéraire.

Chirico quittera peut-être ses écuries mythologiques. Il s'enfoncera peut-être une fois encore au cœur de l'Olympe et nous rapportera les beaux secrets des dieux de la poésie. Il demeurerait, sinon, à moitié du chemin qu'il promit de nous faire suivre.

Giorgio De Chirico est grand et fort. Il y a sur son visage, où les rides douloureuses ont creusé leurs vallées, un bon sourire d'homme qui aime. On ne peut manquer de s'attacher à lui. Loin de se réjouir d'une passagère défaite, on lui voudrait crier, comme un spectateur enthousiaste au gladiateur favori : « Reprends, reprends tes forces et ton courage, tu es jeune de l'éternelle jeunesse de la poésie. nous te voulons pour toujours victorieux. »

[...]

Raoul Dufy est ce que les femmes appellent « un bel homme ». Il a les épaules carrées, un air nonchalant. Il est fort et élégant ensemble. De longues années, il dessina des tissus, puis, fortune faite, retourna à la seule peinture. Son œuvre est trop plaisante peut-être pour être solide. Il peint comme ont parlé certains poètes, en sous-entendus. Son œil est si vif que l'essentiel d'un paysage le contente. Il décrit plutôt qu'il ne peint. Jamais il ne s'est tout à fait arraché à l'influence des sujets de Matisse, ou à certains « regards » qu'a eus Degas sur les champs de courses. Sans l'amertume de Lautrec, il a de lui le crayon facile. Ce sont deux artistes qu'on a surclassés en les voulant nommer des maîtres.

Nul peintre n'est mieux aimé de ses confrères que Moïse Kisling, le meilleur ami de Modigliani. Kisling est jovial et rond. Parce qu'on l'aime tant, il rit toujours et aime son prochain. Si on se sent très triste et très découragé, il faut aller voir Kisling. Près de lui, les tourments s'envolent. Sa peinture est vibrante et consciencieuse. Il y a porté cette véhémence colorée qui est naturelle chez les Slaves.

Marc Chagall, comme Kisling juif et slave, nous apporta, lui, les contes de fées de son folklore natal. C'est un fabuliste de la peinture, et Vollard eut une bonne idée en lui faisant illustrer les *Fables* de La Fontaine. Chagall a sa petite maison non loin d'où demeurait Gide, villa Montmorency. Il vit parmi les arbres et les fleurs. Et les oiseaux sans doute et les animaux familiers du jardin viennent lui dire leurs secrets. Ce sont leurs mystérieuses paroles qu'il a transposées en peinture.

[…]

André Lhote est né la même année que La Fresnaye, en 1885, à Bordeaux. Il y apprit tout seul le métier de peintre. Plus tard, il joignit les cubistes, puis devint professeur et critique d'art sans pour cela délaisser ses recherches et son œuvre. Il se défend d'être plus critique que peintre ou d'avoir perdu du temps à enseigner. Car, dit-il, en apprenant aux autres on continue de s'instruire soi-même. Et il a raison. Ses travaux contingents ne nuisirent pas à sa peinture. Mais Lhote est plus dessinateur que peintre. La couleur n'a jamais été son fort. Il est maître pourtant dans le trait et toute la nature continue de parler dans ses beaux paysages à la plume.

Le bon goût nuit le plus souvent à la peinture. Rien n'est déplorable comme un arrangement délicieux, une exquise ordonnance de sujet. Le bon goût est le plus dangereux poignard. Picasso ni Soutine n'y succombèrent. Braque a le bon goût de la couleur, mais assez de force pour le guider et ne s'en pas laisser accabler. Gino Severini est un des rares peintres de bon goût (peintre homme, car chez le peintre femme, comme Marie Laurencin, le goût reste une arme) qui ne peint qu'en recherche d'harmonie, mais dont l'œuvre échappe par bonheur à ce ton « sucré » qui est l'écueil du joli. Son œuvre est calme, développée à son plein, bien manœuvrée, comme bien conçue. Elle attache par tout ce qu'elle contient de charme doux que nous aimons, de bonne lumière. Elle est une suite d'images tendres. Severini est un fervent catholique. Il a décoré des églises. Ce sont des décorations d'églises encore qu'on lui devrait commander. Il saurait éviter la fadeur de Maurice Denis. Il saurait aussi nous montrer, mieux certes que les affreux barbouilleurs du quartier Saint-Sulpice, les miracles chrétiens où les cœurs s'émerveillent.

Maurice Utrillo naquit d'un père inconnu et d'une très jeune fille de la campagne, qui vint plus tard à Paris, pour être modèle : Suzanne Valadon. Elle rencontra Degas et Lautrec, qui la prirent en affection. Elle dessinait avec grâce. De modèle elle devint peintre et ses tons plus rudes, plus masculins que ne sont habituellement ceux des femmes, lui firent une belle carrière. Mais que de souffrances maternelles devaient emplir sa malheureuse vie ! De l'inconnu qui le fit par surprise, le jeune Maurice Valadon hérita le goût de boire. Il s'enivra très tôt. Sa mère épousa un Espagnol nommé Utrillo, qui adopta l'enfant (d'où les signatures du peintre Maurice Valadon sur les toiles de sa jeunesse, puis Maurice Utrillo, V. sur toutes les suivantes).

D'année en année l'alcoolisme s'empara plus fort du peintre. On le trouvait ivre dans les rues. On l'emprisonnait, puis on le relâchait. Les excès recommençaient. On le mit à l'hôpital. Il s'en évada. On l'enferma encore. Toute sa vie fut faite de cette poursuite atroce, de son besoin de peindre, de son besoin de boire. Ah ! qu'il est facile de rire et de condamner ! Ceux seuls qui ont connu les terribles attraits de l'alcool, le verre bu à jeun pour retrouver son équilibre, un autre, un autre encore, le brouillard qui monte dans la tête lourde et l'allège pour un moment, le cou douloureux, les paupières ensommeillées, l'excitation qui tout à coup habite l'homme et le porte de place en place, puis la grande nuit de la mémoire, le sommeil épais qui jette l'âme dans les ravins d'oubli, l'autre réveil, la langue tout emmêlée de laines, le verre d'alcool encore pour laver l'alcool d'hier, puis tout l'affreux cérémonial de l'ivrogne qui recommence, ceux-là seuls qui vivent dans le whisky, le cognac ou l'absinthe, ont bu l'horreur d'être le pire soi-même, savent par quels moments Utrillo et Modigliani ont passé.

Utrillo était beau et vif. Son œil brillait. Il portait une grande moustache à la française. La triste maladie l'a séparé des hommes, il vit seul, avec sa mère et Utter, son second beau-père (peintre lui aussi), dans une maison au midi de la France. Il est mort avant que vienne la mort. Mais son œuvre est vivante pour les siècles à venir. Il est le seul grand peintre de paysage qu'ait produit ce siècle (j'entends parmi les peintres donnés aux seuls paysages, car je ne néglige pas, bien entendu, les belles toiles, mais accidentelles quant à ce sujet, qu'on trouve dans les œuvres de Matisse et de Soutine).

Utrillo a toujours peint la France, ses petites villes, ses belles églises, ses rues grises et roses. (Une seule année fait exception dans son œuvre, celle où il visita la Corse.) C'est Paris et la province voisine qu'il représente le plus souvent. Renoir avait le sens des chairs et des fleurs. Utrillo a le sens des pierres. Personne comme lui ne peut peindre les murs des églises, lavés de pluies, marquetés de terre et de mousse. Sous sa main, la pierre s'émeut et prend vie. Il arrache au sommeil les cathédrales endormies. Les bâtiments séculaires s'éveillent et les bijoux précieux que jette le soleil sur la grisaille des murs scintillent de tous leurs feux discrets aux belles peintures d'Utrillo.

Il a aimé aussi les rues malheureuses où se promenait son corps découragé, les rues vides, ou les rues fourmillantes, ou celles encore toutes pavoisées de couleurs triomphantes aux jours des fêtes nationales. Il les a peintes avec ferveur, comme Rembrandt peignait sa belle Suzanne, et s'il n'a pu, comme des corps de femmes, les couvrir d'or et d'étoffes sonores, il a retrouvé leurs plus secrets trésors, il les a sorties de leur habillement monotone, il leur a fait parler, humble ici, là rutilant, le langage des hommes.

Les merveilleuses peintures d'Italie de Corot égalent mais ne surpassent pas les meilleures œuvres d'Utrillo.

Je voudrais signaler moins succinctement qu'ici Soutine, que je considère comme le plus grand peintre vivant, avec Matisse (exceptons Picasso, moins peintre qu'inventeur de génie). Mais je renvoie le lecteur obligeant au volume consacré à Soutine.

Soutine vint des environs de Vilna. Il arriva démuni à Paris, où il se lia avec Modigliani qui, le premier, soupçonna les dons inouïs qu'avait le jeune Slave. Il partagea d'abord la vie misérable du peintre italien, puis Modigliani mourut. Soutine resta seul. Son protecteur d'alors fut Zborowski, qui lui donnait de quoi hésiter à vivre.

Sa vie n'a pas d'autre histoire que la peinture. Son œuvre lui mange sa vie. Sa vie nourrit son œuvre. Soutine est presque sauvage à force de réserve et de timidité. Il est enclin à l'isolement. Il est capricieux à l'apparence parce que, hors celui de peindre, il n'a presque aucun désir. La richesse ou la gloire n'ont pas pour lui d'attraits matériels. Elles ne sont que le prix qu'il faut bien que les hommes paient à une œuvre si haute.

J'ai vu Soutine dans le jardin de M. et Mlle Castaing, près de Chartres. Ils sont amis du peintre et possèdent ses plus belles toiles. Leur vie est organisée autour de la peinture. Leur savoir est profond, leur jugement assuré, je dois à cette famille beaucoup de joies : leur frère Gérard Magistry me fit connaître Cocteau, eux-mêmes me montrèrent les premières toiles que je vis de Soutine et où je puisai une admiration, une émotion si grandes que la peinture devint part nécessaire de ma vie.

Soutine, cette première fois que je le vis, passait derrière les grands arbres du château de Lèves. Son visage était anxieux et austère, son œil transperçant, ses cheveux en buisson, son dos était voûté, sa démarche hâtive. Il avait l'air de ces beaux animaux des forêts qui paraissent et disparaissent, craintifs, chassés par l'expérience des lieux familiers à l'homme. Il portait avec méfiance son regard alentour. On eût dit qu'il protégeait même des visages amis son seul, son immense trésor, une toile encore fraîche, proie désirable, arrachée à des tourments inouïs, extraite de vive force de la jungle fabuleuse de son âme.

L'œuvre de Soutine appartient à la grande lignée de Rembrandt et de Renoir. Il est lui-même de cette race de peintres-peintres, dont je parlerai plus loin, en opposition à Picasso.

Toute son œuvre est nourrie de l'inspiration personnelle où brûle la flamme qui allume la matière et, comme une pâte de boulanger, la fait lever, la gonfle d'une valeur, d'une saveur, d'une âme qui sont inexprimables en mots.

Pour de la peinture de Soutine, je veux citer la phrase excellente d'Élie Faure, dite à propos de ce peintre : « Bien peu d'hommes ont possédé cette divination qui perçoit dans l'objet et introduit dans l'œuvre, par le moyen de la matière seule, et indépendamment de tout artifice de dessin, de suggestion ou de symbole, ce mouvement atomique secret qui la prolonge dans la durée en lui conférant la vie et la réintègre dans l'univers dont elle devient un fragment… on m'accusera de manquer de “spiritualité” si j'écris que la matière, en peinture, *est toute la peinture*, par conséquent tout l'esprit. »

L'œuvre de Soutine est toute sanglante de la bataille qui se livre en lui-même. Elle éclate comme un orage, mais elle se perpétue comme la toujours renaissante beauté, celle qu'on ne peut dénier, celle contre quoi les goûts divers n'ont rien à opposer, car elle est unique, existante, inévitable, entière part de nous-mêmes et de notre essence première, la beauté majuscule qui est celle de la nature à son summum d'exaltation, en plein champ, en plein bois, en pleine mer, en montagne ou aux tropiques.

Vlaminck suivit les fauves. Il peignit convenablement au début de sa carrière, puis il se répéta sans fin. Le malheur voulut qu'ayant eu peu à dire d'abord, la répétition n'en devînt que plus fastidieuse.

Marquet fut le premier des amis peintres de Matisse. Il l'est demeuré. Son art est studieux, agréable sans fadeur, ému sans romance et sans exaltation. Marquet est un excellent petit-maître (dans l'acception donnée à ce terme à l'endroit des peintres anciens).

Gromaire comme Diego Rivera s'étaient assimilé le cubisme pour en faire un différent usage. Dans leur œuvre, la construction cède au désir de l'apparence. Leur travail est « cubique », non abstrait.

Francis Picabia avait inventé avec Marcel Duchamp la peinture dadaïste, premier pas vers la peinture surréaliste. Il a, depuis, abandonné cette recherche et, sûr de son sort, s'est spécialisé dans le traitement léger, pas trop plastique, mais très agréable, de panneaux décoratifs baptisés « peintures » par la seule et quelquefois excessive générosité de certains marchands.

Dunoyer de Segonzac ne s'est mêlé à aucun groupe renommé. Il en a formé un lui-même avec Luc-Albert Moreau et quelques suiveurs. Sa peinture est sans influence vivante, mais a impressionné quantité de peintres accidentels, d'hommes doués, sans génie. Segonzac est à la peinture ce qu'est Dorgelès aux lettres : consciencieux, pas si personnel qu'il croit, rude sans puissance, large sans grandeur, très plaisant d'ailleurs. Il faut être un peintre immense pour faire sans la littérature.

Marie Laurencin a certes plus de grâce que Mary Cassatt, plus d'habileté instinctive que Berthe Morisot, plus de bonheur que Rosa Bonheur. L'œuvre de Morisot était trop proche de celle de Manet ; celle de Laurencin ne doit rien aux autres peintres. Elle a fait perpétuelles la jeunesse et ses grâces. Elle a enrubanné l'époque en bleu lavande, en rose tendre. Si ses personnages avaient un nez, ils respireraient sans fin les suaves parfums des jardins de contes de fées. Ils n'en ont pas, mais la palette de Marie Laurencin est odorante comme un bouquet de printemps.

[…]

Dans la vie il n'y a pas que des héros et des drames, il y a aussi les petits faits qui font l'existence douce ou pénible ; de même en art : il n'y a pas que la grande peinture dans une époque. À côté des maîtres qui dressent au-delà de la mort leurs monuments immenses, il y a place pour ceux qui racontent sur toile les incidents du cœur, de l'esprit et du mouvement. Pascin est un de ceux-là. Son œuvre vit de la vie quotidienne. Il est anecdotique mais avec les charmes de l'amour. Pascin a beaucoup aimé les femmes, leurs grâces, leurs gaucheries, leurs joies et leurs détresses, les pays exotiques et leur soleil, leur vie ouverte comme un fruit mûr. Il a aimé les êtres qui vivent, et il a ordonné avec une amoureuse patience les ardeurs inquiètes de leur existence.

Jean Hugo, avec bien plus de délicatesse et de sensibilité que Pascin, a peint pour notre joie une quantité de petites gouaches dont on ne sait laquelle préférer. Si Dieu avait requis un peintre pour faire faire les portraits des anges, il eût choisi Jean Hugo. Son art, qui lui est particulier, est minutieux, harmonieux, joli au sens le plus laudatif du mot. C'est une prière qu'il disait autrefois à la belle nature, qu'il dit aujourd'hui à Dieu.

Jean Hugo est l'arrière-petit-fils de Victor Hugo, l'aîné de sa famille. Du poète tonnant il n'hérita que sa stature. Il est très grand, très vaste. Sa poitrine bombe comme celle des militaires. Il n'appartient pas au milieu des peintres, mais à l'aristocratie de Paris (dont il s'est d'ailleurs éloigné, par amour de la paix et de la campagne).

J'allais souvent chez Jean Hugo lorsqu'il vivait encore à Paris avec sa femme, Mlle Valentine Cross-Hugo (qui a fait de ravissants portraits de tout ce qu'il y a de célèbre à Paris). Ils habitaient 9, rue Vignon (la maison où demeura un temps Reverdy, plus tard Cocteau). Leur appartement prenait jour sur la place de la Madeleine, derrière l'église. Ils avaient le goût du style louis-philippard, des livres et des tableaux. Je les avais connus quand ils habitaient auparavant, rue Chateaubriand, un appartement tout rose qui donnait sur un jardin discret qui me faisait penser aux feuillantines. Jean Hugo était calme, bon et généreux. La vie eût dû s'écouler toute douce devant lui, car on ne lui connaissait pas d'ennemi. Il portait élégamment le fardeau d'un nom si lourd. Comme son père Georges Hugo, il était un homme du monde, quelqu'un d'une grande distinction de cœur et d'esprit, un ami aimable, un homme près duquel on aurait voulu vivre. Ce sont toujours ceux-là, justement, qui s'écartent de la masse parce que les maléfices de la ville sont insupportables à leur vie. Jean Hugo s'est installé, solitaire, dans un mas des Landes, à Fourcques. Il y poursuit son œuvre exquise qui ne nous raconte que les douceurs de l'existence.

On regardera ses jolies images comme on regardait un livre d'heures.

Gleizes, Metzinger, Jeanneret, Ozenfant appartinrent avant la guerre au mouvement cubiste. Le nom d'Ozenfant porta plus loin que ceux des autres. Il fut le premier à fomenter une révolte ouverte contre Picasso, révolte qui, pour n'être pas inutile, était un peu spécieusement exprimée dans ses écrits. Ozenfant n'est pas un peintre. Le prestidigitateur l'emporte en lui. Mais il est bon critique d'art. Il voit le danger où le danger se cache. Sa parole est drue et pleine de sarcasmes. Il est un homme très intelligent mais qui n'a pas découvert l'indulgence : il me disait qu'en art l'indulgence mène à l'indigence (comme c'est le cas à New York). Cela est vrai de peintre à peintre. Cela peut être vrai encore de critique à peintre, particulièrement si l'on s'attaque aux grands. Mais si la sévérité est valable en jugement (rarement, oh ! si rarement !), elle n'a que faire du sarcasme, qui est l'arme d'un esprit étroit. On condamne pauvrement en faisant rire. Les attaques d'Ozenfant contre Picasso, contre Cocteau, contre d'autres, pour justes qu'elles fussent parfois, auraient gagné à rester moins ironiques. Le cas Picasso offre du danger sans jamais offrir à se moquer.

[…]

Formée d'éléments disparates venus de tous les points du globe, l'École de Paris groupera sous ce nom probablement les meilleurs peintres de ce début de siècle. Les pays autres que la France n'ont certes pas lieu de développer à ce propos ce que la psychanalyse appelle un complexe d'infériorité ! Chaque pays, à chaque époque, a sa spécialité. L'Italie a connu son temps de grandeur picturale, l'Allemagne de grandeur musicale, l'Amérique est maîtresse de l'architecture présente, la Russie développe la grande pensée sociale de ce temps. Ainsi s'organisent, se séparent, se localisent les grandes activités humaines. Un pays ne peut pas plus tout produire en même temps qu'un homme ne pourrait être dans une même vie cent hommes différents ; or un pays n'est qu'un groupement d'hommes dont la pluralité obéit aux règles de l'individu. Les jalouses discussions qui ont éclaté un peu partout ne sont que la preuve d'une affreuse et chauvine étroitesse d'esprit. Aujourd'hui le Germain est scientifique, l'Anglais politique, l'Américain constructeur, etc., etc. Le plus beau fruit qu'ait produit récemment la France, c'est l'École de Paris. Sa formation s'est faite d'elle-même et la France, certes, n'a eu dans le cas aucune pensée patriotique. Tout au contraire. Son gouvernement semble ne pas même savoir quels grands peintres vivent à Paris et ouvre le Luxembourg à une quantité de peintres médiocres dont il faudra bien un jour reléguer les œuvres dans des caves de province. Pareillement, l'École des beaux-arts de Paris n'a pas un professeur digne de figurer dans l'École de Paris et l'Institut n'est ouvert qu'à des peintres officiels dont l'œuvre est d'une pauvreté stupéfiante. Je ne prétends pas qu'il n'y ait que des peintres de génie parmi ceux de l'École de Paris. Ce serait grotesque. Il y a très peu de grands peintres dans une époque, mais les plus grands de celle-ci travaillent à Paris, car c'est là aujourd'hui que les peintres se font. Cela ne durera pas toujours. Les autres pays verront leur temps venir. Mais j'admire que, sans la protection d'un roi ou d'un prince, sans l'aide d'un mécénat officiel, un groupe ait pu se former et vivre, homogène, valable et glorieux pour tous les siècles à venir.

Le plus grand problème de l'École de Paris est la lutte des peintres abstraits, peintres d'esprit, contre la peinture de matière pure. À propos de Picasso, je reprendrai ce sujet. Dans ce début de siècle, dans cette école les deux tendances ont trouvé leur nourriture. Elles se sont affrontées sans se nuire, mais dans une grande et ardente émulation. Peu à peu, et sans préjudice d'une inclination soit intellectuelle, soit naturaliste (dans ce sens que Matisse et Soutine sont les classiques, l'un à la Vermeer, l'autre à la Rembrandt ; Picasso, le romantisme à la façon de Michel-Ange – le romantisme n'étant particulier ni au XIXe siècle, ni à Delacroix), l'histoire de l'art classera les peintres de ce temps selon leurs mérites respectifs, mais, où qu'ils appartiennent par l'esprit, à quelque climat, à quelque groupe, leurs œuvres dans leur gigantesque ensemble forment l'assise comme l'ornement de la grande École de Paris.

Parrains de cette école, maîtres en peinture qui assurent la transition entre le temps « impressionniste » et le début du XXe siècle, il faut citer Bonnard et Vuillard. Haute et diverse, leur œuvre est de « peintres-peintres ». Celle de Bonnard me paraît la plus forte et la plus grande. Leurs noms à tous deux sont assurés d'une renommée certaine dans la postérité. Leur influence est vivante dans tous ceux qui peignent aujourd'hui et, si je ne parle ici d'eux qu'aussi succinctement, c'est qu'ils appartiennent plutôt à l'étude de l'histoire de l'art à l'extrême fin du XIXe siècle qu'aux commentaires sur la décade 1918-1928.

En marge de l'École de Paris, peintres spécialisés à des titres divers et très connus du public, étaient Léon Bakst, José-Maria Sert, Bernard Boutet de Monvel, Jacques-Émile Blanche, Van Dongen, Foujita et Iacovleff.

Léon Bakst eut une influence indirecte sur les peintres d'aujourd'hui qu'on n'a pas accoutumé de reconnaître. Il apparut en même temps que les Ballets russes et les servit. Il apportait à Paris un bariolage de couleurs, une richesse orientale qui frappèrent tous les yeux. Il n'était pas un peintre, mais il avait un talent jusqu'à lui inconnu pour habiller une scène de théâtre. Ses décors étaient des contes de fées. Sa vision réchauffe bien des regards.

Bakst était un gros homme au profil très sémite. Il devint un des personnages de Paris[1]. Il habita jusqu'à sa mort une demeure très en ordre, avenue de Villiers, près du lycée Carnot.

Bernard Boutet de Monvel est autant connu à New York qu'à Paris. Il s'est spécialisé dans les portraits à l'aquarelle, qu'il traite avec beaucoup de charme et de vérité. Il a résolu le difficile problème de peindre ressemblant sans jamais peindre laid. Boutet de Monvel est un Français, très français, ce qu'on appelait en d'autres temps un gentilhomme. Il est très grand, très élégant, plein d'affabilité et de bonhomie. Son esprit est critique, sa pensée est secrète. C'est un des hommes les plus aimables qui soient, j'entends des plus dignes d'être aimés. Et l'affection que lui porte le monde de deux capitales dit bien mieux que je ne puis l'estime dans laquelle on le tient.

Jacques-Émile Blanche vint de l'école impressionniste. Il ne se défit jamais tout à fait de son influence. Mais tôt il se retira de la bataille de la peinture et se consacra aux portraits (étrange époque où le peintre très pur ne peint plus de portraits, où le portraitiste s'éloigne de tout intérêt proprement pictural !).

Jacques-Émile Blanche est un grand vieux monsieur, à la parole un peu embarrassée, au profil mou. Il a l'air d'un portrait de lui-même qui eût été peint par Carrière. Dans le calme de sa belle maison, tout entourée de jardins, rue du Docteur-Blanche, il écrit presque aussi souvent qu'il peint. Il se défend de vieillir dans la fréquentation des jeunes peintres intellectuels. Il est un homme du

1. Je renvoie le lecteur au volume de *Dessins* de Jean Cocteau (Paris, Stock), qui contient des portraits et des caricatures de nombreuses personnes de Paris dont j'ai parlé dans ce livre, notamment Bakst, Diaghilev, Mme Sert, et quantité d'autres. *(Note de Maurice Sachs.)*

monde qui peint pour les gens du monde. Son œuvre a le charme de bien représenter l'habillement d'une époque, avec moins de virtuosité mais aussi moins d'artifices, comme avec plus de platitude, que l'œuvre de Boldini.

Van Dongen porte un nom hollandais. C'est de Hollande qu'il nous vint. Les journaux de Deauville qui l'appellent le Maître hollandais oublient qu'on nomme ainsi Rembrandt. Van Dongen se contente certainement d'être hollandais et de beaucoup le plus parisien des Hollandais. Il n'est certes pas un maître. Il n'est même pas un élève. Il est un caricaturiste distrayant qui fait de la caricature peinte, ce qui n'est pas banal. Il partagea un temps avec Jean-Gabriel Domergue un succès assez populaire et médiocre. J'ajoute pourtant que Van Dongen avait au moins un tempérament peintre que Domergue n'eut même pas. Il devint célèbre pour des portraits de gens connus, dont le plus renommé fut celui, effroyablement réel, d'Anatole France, vert pomme et gâteux. Van Dongen s'installa près du bois de Boulogne, dans un hôtel particulier où il donna des fêtes qui étaient luxueusement bohèmes. Il se promena au bois, barbu, vêtu d'un chandail sur des pantalons trop longs, fumant la pipe. Les bourgeois de Paris qui s'aventurent le dimanche avenue Foch (en ces jours-là avenue du Bois-de-Boulogne) courent voir un « vrai peintre ». C'était un bon spectacle à bon marché. Van Dongen créa un type « rapin » adapté à ce siècle, un rapin de luxe, un bohème pour magasin de nouveautés. Après tout, c'est une carrière heureuse en soi, et qui ne dérange personne.

Foujita vint du Japon et s'amusa à Paris comme je n'ai jamais vu personne s'y amuser (peut-être que, si un jeune homme de Montparnasse s'installait à Tokyo et portait kimono, il s'amuserait tout autant). Foujita devint un des personnages les plus pittoresques de Paris. On le voyait à Montparnasse, à Deauville, à Cannes, brun, portant ses boucles d'oreilles et ses bracelets, entouré de femmes et d'amis, gai comme un enfant. Paris l'étonna, mais il n'en laissa rien voir et lui-même « épata » Paris (je m'excuse, il n'y a pas d'autre mot).

Paris est toujours reconnaissant à qui l'amuse. On aima beaucoup Foujita. D'ailleurs il était bien digne d'amitié. Avec cela, son esprit était très fin, il contait mille historiettes, connaissait tout le monde, sa peinture ne luttait contre rien d'autre qu'elle-même. Il essayait de la discipliner à être française et japonaise en même temps, ce qui n'était pas un petit travail. Il réussit à être très agréable et très charmant.

Quand Foujita, après quelques années passées en France, retourna visiter le Japon natal avec sa femme française, l'Empereur les reçut comme Jules II Michel-Ange. J'aurais bien voulu voir le spectacle. Mais cet empereur, peut-être un peu égaré sur la question de la peinture pure, avait raison cependant. Il encourageait les arts et les voyages.

Je crois Foujita trop intelligent pour ne pas savoir que son œuvre est en marge de la grande peinture et pour qu'il me garde rancune de ne pas le citer dans les rangs des peintres de l'École de Paris, j'entends le rang le plus étroit, car tout peintre résidant et travaillant à Paris se groupe forcément sous l'aile de l'École, autrement je n'aurais rien dit, car j'ai pour lui beaucoup d'amitié. Il n'est personne, d'ailleurs, qui puisse s'empêcher de l'aimer.

Extrait de *La Décade de l'illusion*, posth., 1951.

SPECTACLES

Rien de plus exaltant qu'un spectacle réussi. On applaudit de plaisir. On aime ces acteurs qui nous ont si finement transportés. Soit dit en passant, c'est un avantage de Paris que la multitude de spectacles qui se proposent à ses habitants. En province, on n'a pas le choix.

ANDRÉ FÉLIBIEN

(1619-1695)

Les *Divertissements de Versailles* et *Iphigénie*

Les spectacles de cour étaient des moments où la cour se donnait en spectacle. Surtout en danse, jugée noble alors qu'un prince n'aurait pas joué la comédie ; on a trouvé que Marie-Antoinette avait déchu en jouant dans Le Barbier de Séville. *Un roi dansant se faisait admirer : il ne prononçait pas les mots d'un autre. Henri III, avec qui Louis XIV a plus d'un point commun, raffolait des ballets. D'autres spectacles servaient à impressionner les visiteurs. Pendant la Révolution, la première fête publique a été donnée pour embêter le roi : Louis XVI a dû approuver la fête de la Fédération qui, en 1790, célébra le premier anniversaire de la prise de la Bastille. C'était au Champ-de-Mars, bien après devenu le lieu de divertissements de masse, Journées mondiales de la jeunesse avec le pape Jean-Paul II, anniversaire de Johnny Halliday, Coupes du monde de football, Jeux olympiques. Félibien est de ces amis des arts et de la littérature aidés par Nicolas Fouquet, à qui il a dédié* De l'origine de la peinture *en 1660, puis ont tremblé à la chute du surintendant des Finances. Colbert le rappelle, il est nommé historiographe des Bâtiments du roi et publie une histoire de la peinture en dix volumes.*

Le samedi dix-huitième d'août[1], Leurs Majestés étant sorties du château sur les six heures du soir, firent un tour de promenade dans le petit parc, suivies de toute la cour, au nombre de plus de trente carrosses à six chevaux. Ensuite elles entrèrent dans un des bosquets qui est entre l'allée royale et l'allée de Bacchus. Ces bosquets sont composés par compartiments de plusieurs petites allées de fontaine, d'où s'élève un piédestal, qui porte un autre bassin en forme de table ronde, dont les bords sont de pierres congelées de différentes couleurs. L'eau qui sort du milieu de ce bassin par la bouche d'un gros masque de bronze doré, retombe par nappes déchirées dans le bassin d'en bas. C'était à l'entour de ce bassin qu'on avait dressé une table de vingt-quatre pieds de diamètre pour la collation. Elle était ornée par devant de festons de fleurs ; et sur toute la circonférence il y avait seize pyramides de fleurs chargées de fruits, de pastes, et de confitures, disposées d'une manière ingénieuse et étaient massives, et les grandes étaient percées à jour. Au haut de chacune il y avait une boule d'or, où étaient attachés des grands festons de fleurs, qui joignaient toutes les pyramides les unes aux autres. Sur la table, entre chaque pyramide, l'on voyait de grands vases de véritable glace, remplis de fruits et de fleurs, et à côté d'autres petites pyramides de confitures glacées, accompagnées de porcelaines pleines de diverses liqueurs à la glace. Le devant de la table était chargé de grandes cuvettes et de jattes de porcelaine remplies à fond de toutes sortes de fruits et de quantité de corbeilles pleines de conserves et de fruits confits.

Dans les quatre allées principales du bosquet qui se terminent à cette fontaine, il y a quatre cabinets qui sont éloignés que de vingt pas ou environ. Au milieu de chaque cabinet, il y avait une table de dix pieds en quarré aussi environnée de festons de fleurs, et sur laquelle était une pyramide de cinq pieds de haut sur cinq de large : dans sa base elle était composée de différentes sortes de fruits crus, qui s'élevaient par degré. Dans les angles et sur chaque degré il y avait un vase de porcelaine rempli de fleurs, et de petites oranges mis alternativement l'un sur l'autre. Quatre autres pyramides de moindre grandeur, et solidement faites de mêmes fruits, étaient aux quatre coins de la table, dont le reste était chargé de jattes, de cuvettes de porcelaine, et de corbeilles

1. 1674, au cours des fêtes dites des « Divertissements de Versailles ».

pleines de fruits et de confitures ; et sur des soucoupes en cristal, il y avait toutes sortes de liqueurs. Ces tables étaient destinées pour les personnes qui ne mangeaient pas à la table du roi, laquelle surpassait les autres par la disposition extraordinaire de tous les mets dont elle était servie, et par le beau jet d'eau qui sortait du milieu avec un éclat et un bruit très agréable.

Après que Leurs Majestés eurent fait collation au son des violons et de hautbois, toutes les tables furent abandonnées au pillage, ainsi qu'elles ont accoutumé de l'être en ces sortes de rencontres ; et le roi, étant remonté dans la calèche, s'en alla suivi de toute la cour au bout de l'allée qui va dans l'Orangerie, où l'on avait dressé un théâtre.

La décoration était toute différente de celle des autres dont il a été parlé, mais très agréable : elle représentait une longue allée de verdure, où de part et d'autre il y avait des bassins de fontaine, et d'espace en espace des grottes d'un ouvrage rustique, mais travaillé très délicatement. Sur leur entablement régnait une balustrade, où étaient arrangés des vases de porcelaine pleins de fleurs. Les bassins des fontaines étaient de marbre, soutenus par des tritons dorés ; et dans ces bassins on en voyait d'autres plus élevés, qui portaient de grandes statues d'or. Cette allée se terminait dans le fond du théâtre par des tentes qui avaient rapport à celles qui couvraient l'orchestre ; et au-delà paraissait une longue allée, qui était l'allée même de l'Orangerie, bordée des deux côtés de grands orangers et de grenadiers entremêlés de plusieurs vases de porcelaine remplis de diverses fleurs. Entre chaque arbre il y avait de grands candélabres et des guéridons d'or et d'azur, qui portaient des girandoles de cristal allumées de plusieurs bougies. Cette allée finissait par un portique de marbre : les pilastres qui en soutenaient la corniche étaient de lapis, et la porte paraissait toute d'orfèvrerie.

Sur ce théâtre orné de la manière que je viens de dire, la troupe des comédiens du roi représenta la tragédie d'*Iphigénie*, dernier ouvrage du sieur Racine, qui reçut de toute la cour l'estime qu'ont toujours eu les pièces de cet auteur.

Lorsqu'elle fut finie, Leurs Majestés descendirent au bas de l'allée royale, d'où elles virent la grande pièce d'eau qui fait la tête du canal, illuminée d'une manière qui surprit tout le monde. Car hormis la face de devant, le reste était environné d'une balustrade de six pieds de haut, ornée de fleurs de lys et des chiffres du roi, le tout d'un artifice si rare qu'il paraissait un ouvrage fait d'or transparent et lumineux. Dans les premiers angles, où les faces droites des deux côtés de l'octogone se joignent à celles qui sont en demi-cercle, il y avait un massif en forme de piédestal de dix-huit pieds de large sur quatorze pieds de haut, qui semblait être d'albâtre, ou d'un marbre aussi clair que le cristal. Ce massif avait un avant-corps composé d'un socle et d'un autre piédestal tracé en amortissement, sur lequel était une lyre et au-dessus une fleur de lys environnée d'une couronne de laurier, qui paraissait dans le disque d'un soleil, dont la lumière se répandait de toutes parts. Au bas de la lyre il y avait deux globes ; et plusieurs autres instruments qu'on attribue à Apollon, qui tous ensemble s'élevaient en manière de trophée à la hauteur d'onze pieds. Cet avant-corps et tous les ornements n'étaient pas illuminés comme le massif. Il n'y avait qu'une table de marbre qui était éclairée dans le milieu du piédestal, et où était écrit *Nec pluribus impar*[1] : et quant aux trophées d'armes qui étaient aux côtés de la table, et à la lyre qui était au-dessus, ils étaient d'or véritable, et faisaient un ornement particulier et détaché des illuminations. Au bas du piédestal il y avait un grand bassin de fontaine de marbre en forme de coquille, d'où sortait de l'eau en abondance.

Aux angles plus éloignés, et qui sont à l'embouchure du canal, on voyait de chaque côté un corps d'architecture de soixante-quatorze pieds de long, composé de plusieurs parties, qui faisant face sur la pièce octogone et sur le canal, représentaient comme un grand perron élevé de seize pieds, avec des rampes des deux côtés. Chaque perron était divisé en trois piédestaux, qui avaient au-devant de leur base une fontaine semblable à celle dont j'ai parlé : celui du milieu avait un autre piédestal en avant-corps d'un marbre jaspé, environné d'ornements dorés, avec une table de lapis au milieu, où étaient les chiffres du roi. Sur ce piédestal était un socle chargé d'armes antiques, et au-dessus un globe orné de trois fleurs de lys, et surmonté d'une couronne éclairée d'un Soleil qui l'environnait. Deux cornes d'abondance étaient passées en sautoir derrière le globe, qui était comme enchâssé d'un feston d'or. Tout cet ornement s'élevait de quatorze pieds au-dessus du piédestal.

1. « À nul autre pareil », devise de Louis XIV.

Les deux autres piédestaux qui étaient aux côtés avaient la même hauteur que celui du milieu, et faisaient retour sur les faces du canal et sur la pièce octogone. Leurs tympans étaient ornés de boucliers antiques, et pour amortissement chaque piédestal avait une fleur de lys d'or. Derrière ces fleurs de lys étaient des figures de douze pieds de haut, qui représentaient des Victoires, ayant des ailes au dos, et tenant à la main des couronnes de laurier.

À quinze pieds de distance de ces piédestaux il y en avait deux autres qui n'avaient que cinq pieds de large sur six pieds de haut. Au-dessus était élevée en forme de trophée une fleur de lys entre deux boucliers antiques et un casque de front, dont elle était surmontée : c'était là que commençaient les rampes du perron qui se joignaient au piédestal des Victoires, et dans l'espace de ces rampes on avait représenté de grandes figures de fleuves, assises, et appuyées sur des urnes, d'où sortait de l'eau.

Tout ce magnifique ouvrage était illuminé, et paraissait de marbre transparent, et de différentes couleurs, ou plutôt de lumières coloriées, hormis les ornements d'or et les avant-corps, qui étaient de vrai or, et de matières solides.

Entre ces deux perrons et du milieu du canal sortait un rocher de plus d'onze toises de face, sur lequel était un obélisque tout en lumière porté par deux Griffons d'or, posés sur un piédestal richement orné. À la pointe de l'obélisque, qui était élevé à douze toises de haut, on voyait un Soleil aussi tout brillant de pareilles lumières. Du rocher et sous la base du piédestal sortait un Dragon les ailes déployées, qui semblait à demi écrasé sous le faix[1] de la machine.

Dans le milieu du piédestal était un grand bas-relief d'or sur un fond de tapis, où le roi était représenté à la tête d'une armée, traversant un large fleuve. Les Divinités de ce fleuve paraissaient couchées sur le devant, et appuyées sur leurs urnes. Ce bas-relief était environné d'un cadre doré avec les armes du roi au-dessus.

Du bas du piédestal sortaient de part et d'autre deux grands rouleaux en forme de console, qui s'étendaient sur toute la face du rocher. Ces rouleaux étaient enrichis d'or et de pierreries ; et étant joints l'un à l'autre au-dessous du bas-relief par une manière de frise, formaient une espèce d'ornement, qui avait la figure d'un jonc. Au-dessous étaient d'un côté un Aigle, et de l'autre un Lion.

1. Charge pesante.

Le Lion semblait abattu sous le joug ; et l'Aigle qui était soumis de même paraissait tout étonné, et dans une action de vouloir encore se défendre.

Sur ces rouleaux et proches de l'obélisque étaient deux grandes figures. Celle du côté droit représentait Hercule assis, et comme se reposant, appuyé d'une main sur des armes, et de l'autre tenant sa massue. À ses pieds étaient deux captifs attachés contre un trophée d'armes.

L'autre figure qui était du côté gauche représentait une femme richement vêtue d'un corselet à l'antique, et d'un grand manteau de pourpre telle qu'on peint Pallas. Elle avait un casque en tête, et tenait un bâton de commandement à la main : elle était aussi assise sur un monceau d'armes, et à ses pieds on voyait un autre captif contre un trophée d'armes.

Il y avait parmi ces figures plusieurs petits enfants : les uns mettaient des couronnes de laurier et de fleurs sur la tête d'Hercule et de Pallas ; les autres semblaient vouloir arracher des mains de ces Divinités le bâton et la massue qu'elles tenaient : d'autres environnaient cette même massue de festons ; et d'autres encore s'occupaient à lier les Captifs de semblables festons, au lieu de chaînes. Quoique toutes ces figures fussent d'illuminations, elles représentaient pourtant le naturel, mais elles paraissaient de couleurs agréables, et de lumières douces, au-dessous de l'obélisque et du Soleil qui brillaient de mille feux étincelants.

Cette machine était précédée de deux grandes figures en l'air, qui, tenant une trompette à la bouche, représentaient deux Renommées.

Toute cette décoration avait un sens symbolique et mystérieux. Par l'obélisque et le soleil on prétendait marquer la gloire du roi tout éclatante de lumière, et solidement affermie au-dessus de ses ennemis, et malgré l'Envie représentée par le Dragon. Les figures d'Hercule et de Pallas marquaient l'une la puissance invincible et la grandeur des actions de Sa Majesté ; l'autre sa valeur et sa prudente conduite dans toutes les entreprises, dont le Lion et l'Aigle ressentent les effets. Les Enfants signifient l'amour des peuples qui couronnent tant de généreux exploits, et qui, en liant ces Captifs avec des festons de fleurs et de laurier au lieu de chaînes, semblaient leur vouloir apprendre combien la domination du Prince qui les a vaincus est glorieuse, et douce à supporter. Toutes ces différentes parties étaient éclairées d'une lumière si égale et si bien disposée qu'elles formaient un beau tout, dont l'esprit n'était pas moins charmé que les yeux.

Quand le roi fut placé sous une grande tente qu'on avait dressée entre le bassin d'Apollon et le canal, le sieur Le Brun qui était l'auteur de ces illuminations, ayant reçu l'auteur de ces illuminations, ayant reçu le signal, on entendit le bruit du canon et de plus de quinze cents boëtes qui tirèrent autour du canal ; et en même temps les bords de la pièce d'eau, qui avaient paru éclairés de fleurs de lys et de chiffres, furent environnés d'un ornement continu de mêmes fleurs de lys et de mêmes chiffres, mais brillant des vives clartés de plusieurs lances à feu qui se trouvèrent allumées en un moment. Les perrons et les piédestaux parurent ornés de semblables lumières, qui marquaient les chiffres et les armes du roi ; et de toutes ces décorations il sortit un nombre infini de feux, qui remplirent l'air de cent figures différentes. Mais du dragon qui était sur le canal, l'on vit sortir par les yeux, par les naseaux et par la gueule comme des torrents de feu, d'où s'élevait une épaisse fumée qui, montrant quelque chose de terrible, faisait voir cependant d'autres beautés : car formant comme de gros nuages rouges et bleuâtres, tels qu'on en voit dans le temps des grands orages, il en sortait mille éclairs et mille foudres, qui, tantôt faisant de longues traînées en l'air, tantôt serpentant de part et d'autre, tantôt s'élevant et se plongeant dans l'eau, faisaient mille différents effets. Un nombre infini de semblables feux partaient en même temps des environs du canal, pendant que le dragon en vomissait une si grande quantité, que sa gueule semblait un gouffre, d'où sortaient mille Lutins enflammés, qui se jouaient, ou qui se battaient ensemble. Toute la pièce d'eau en était couverte : ils entraient jusqu'au fond du canal, et après s'être promenés, tantôt sur la surface, tantôt entre deux eaux, ils s'élevaient par petits tourbillons de feu, et faisant en l'air mille tours, ils crevaient avec un bruit épouvantable, produisant en même temps une infinité d'autres feux qui faisaient de nouveaux effets. Tout ce que l'on voyait dans cette grande étendue de plus de trois cents toises n'était plus ni du feu, ni de l'air, ni de l'eau. Ces éléments étaient tellement liés ensemble que ne les pouvait reconnaître, il en paraissait un nouveau, et d'une nature tout extraordinaire. Il semblait être composé de mille étincelles de feu, qui, comme une épaisse poussière, ou plutôt comme une infinité d'atomes d'or, brillaient au milieu d'une plus grande lumière. Parmi tout cela il s'élevait sans cesse de toutes parts mille fusées, qui coiffaient le plus haut de l'air d'une infinité d'étoiles étincelantes, pendant que d'autres plus grosses s'élevant encore plus haut avec un bruit et une impétuosité épouvantable semblaient attaquer les astres même par mille coups redoublés, et par mille autres feux qu'elles jetaient en l'air, qui retombaient en serpenteaux, ou sous d'autres différentes figures. Ce feu et ce bruit étaient continuels par la furieuse quantité de ballons et de grenades d'eau qui se mêlaient avec les ballons d'air et les foucades d'un nombre infini de saucissons. Mille partements de fusées s'étendaient, tantôt en forme de queue de paon, tantôt formaient autour du canal des aigrettes et des gerbes de feu d'une grosseur et d'une clarté extraordinaire. Enfin toute cette grande pièce d'eau fut environnée du nombre de cinq mille fusées, qui, étant parties toutes à la fois, s'élevèrent en l'air, et composèrent un dôme de lumière qui couvrit toute la tête du canal, sur lequel on vit tomber en forme d'une grosse pluie une infinité d'étoiles, d'une clarté qui surpassait celle des véritables étoiles : ce qui mit fin à ce beau feu, dont l'on peut juger des effets extraordinaires, puis qu'il était composé de près de trente mille différentes pièces d'artifice, dont il y en avait plusieurs qui chacune en particulier en contenait plus de vingt-cinq douzaines.

Mais comme on laissa aussi embraser toute la machine qui était sur le canal, avec les sept grands bateaux qui la portaient, cet embrasement fut encore un spectacle qui surprit ceux qui ne s'y attendaient pas, et qui fit paraître davantage la grandeur et la magnificence du divertissement.

Extrait des *Divertissements de Versailles*, 1674.

THÉOPHILE GAUTIER

(1811-1872)

La bataille d'*Hernani*

*Les peuples préfèrent la légende à toute chose. Je prends « peuple » dans le sens de Remy de Gourmont : « Le peuple, c'est tous ceux qui ne comprennent pas. Il y a des ducs parmi le peuple ; il y a des académiciens. Le peuple, c'est très bien composé » (*Des pas sur le sable…*). Théophile Gautier a eu beau préciser dans ses mémoires que, contrairement à ce qu'on répétait, il n'avait pas porté de scandaleux gilet rose à la bataille d'*Hernani*, rien n'y a fait, le gilet était rose. Le désir d'être trompé est inassouvissable.*

---

25 février 1830 ! Cette date reste écrite dans le fond de notre passé en caractères flamboyants : la date de la première représentation d'*Hernani* ! Cette soirée décida de notre vie ! Là nous reçûmes l'impulsion qui nous pousse encore après tant d'années et qui nous fera marcher jusqu'au bout de la carrière. Bien du temps s'est écoulé depuis, et notre éblouissement est toujours le même. Nous ne rabattons rien de l'enthousiasme de notre jeunesse, et toutes les fois que retentit le son magique du cor, nous dressons l'oreille comme un vieux cheval de bataille prêt à recommencer les anciens combats.

Le jeune poète, avec sa fière audace et sa grandesse de génie, aimant mieux d'ailleurs la gloire que le succès, avait opiniâtrement refusé l'aide de ces cohortes stipendiées qui accompagnent les triomphes et soutiennent les déroutes. Les claqueurs ont leur goût comme les académiciens. Ils sont en général classiques. C'est à contre-cœur qu'ils eussent applaudi Victor Hugo : leurs hommes étaient alors Casimir Delavigne et Scribe, et l'auteur courait risque, si l'affaire tournait mal, d'être abandonné au plus fort de la bataille. On parlait de cabales, d'intrigues ténébreusement ourdies, de guet-apens presque, pour assassiner la pièce et en finir d'un seul coup avec la nouvelle École. Les haines littéraires sont encore plus féroces que les haines politiques, car elles font vibrer les fibres les plus chatouilleuses de l'amour-propre, et le triomphe de l'adversaire vous proclame imbécile. Aussi n'est-il pas de petites infamies et même de grandes que ne se permettent, en pareil cas, sans le moindre scrupule de conscience, les plus honnêtes gens du monde.

On ne pouvait cependant pas, quelque brave qu'il fût, laisser *Hernani* se débattre tout seul contre un parterre mal disposé et tumultueux, contre des loges plus calmes en apparence mais non moins dangereuses dans leur hostilité polie, et dont le ricanement bourdonne si importun au-dessous du sifflet plus franc, du moins, dans son attaque. La jeunesse romantique pleine d'ardeur et fanatisée par la préface de *Cromwell*, résolue à soutenir l'« épervier de la montagne », comme dit Alarcon du *Tisserand de Ségovie*, s'offrit au maître qui l'accepta. Sans doute tant de fougue et de passion étaient à craindre, mais la timidité n'était pas le défaut de l'époque. On s'enrégimenta par petites escouades dont chaque homme avait pour passe le carré de papier rouge timbré de la griffe *Hierro*. Tous ces détails sont connus, et il n'est pas besoin d'y insister.

On s'est plu à représenter dans les petits journaux et les polémiques du temps ces jeunes hommes, tous de bonne famille, instruits, bien élevés, fous d'art et de poésie, ceux-ci écrivains, ceux-là peintres, les uns musiciens, les autres sculpteurs ou architectes, quelques-uns critiques et occupés à un titre quelconque de choses littéraires, comme un ramassis de truands sordides. Ce n'étaient pas les Huns d'Attila qui campaient devant le Théâtre-Français, malpropres, farouches, hérissés, stupides ; mais bien les chevaliers de l'avenir, les champions de l'idée, les défenseurs de l'art libre ; et ils étaient beaux, libres et jeunes. Oui, ils avaient des cheveux – on ne peut naître avec des perruques –, et ils en avaient beaucoup qui retombaient en boucles souples et brillantes, car ils étaient bien peignés. Quelques-uns portaient de fines moustaches et quelques autres des barbes entières. Cela est vrai, mais cela seyait fort bien à leurs têtes spirituelles, hardies et fières, que les maîtres de la Renaissance eussent aimé à prendre pour modèles.

Ces *brigands de la pensée*, l'expression est de Philothée O'Neddy, ne ressemblaient pas à de parfaits notaires, il faut l'avouer, mais leur costume où régnaient la fantaisie du goût individuel et le juste sentiment de la couleur prêtait davantage à la peinture. Le satin, le velours, les soutaches, les brandebourgs, les parements de fourrures, valaient bien l'habit noir à queue de morue, le gilet de drap de soie trop court remontant sur l'abdomen, la cravate de mousseline empesée où plonge le menton, et les pointes des cols en toile blanche faisant œillères aux lunettes d'or. Même le feutre mou et la vareuse des plus jeunes rapins qui n'étaient pas encore assez riches pour réaliser leurs rêves de costume à la Rubens et à la Velasquez, étaient plus élégants à coup sûr que le chapeau en tuyau de poêle et le vieil habit à plis cassés des anciens habitués de la Comédie-Française, horripilés par l'invasion de ces jeunes barbares shakspeariens. Ne croyez donc pas un mot de ces histoires. Il aurait suffi de nous faire entrer une heure avant le public ; mais, dans une intention perfide et dans l'espoir sans doute de quelque tumulte qui nécessitât ou prétextât l'intervention de la police, on fit ouvrir les portes à deux heures de l'après-midi, ce qui faisait huit heures d'attente jusqu'au lever du rideau.

La salle n'était pas éclairée. Les théâtres sont obscurs le jour et ne s'illuminent que la nuit. Le soir est leur aurore et la lumière ne leur vient que lorsqu'elle s'éteint au ciel. Ce renversement s'accorde avec leur vie factice. Pendant que la réalité travaille, la fiction dort.

Rien de plus singulier qu'une salle de théâtre pendant la journée. À la hauteur, à l'immensité du vaisseau encore agrandies par la solitude, on se croirait dans la nef d'une cathédrale. Tout est baigné d'une ombre vague où filtrent, par quelque ouverture des combles, ou quelque regard de loge, des lueurs bleuâtres, des rayons blafards contrastant avec les tremblotements rouges des fanaux de service disséminés en nombre suffisant, non pour éclairer, mais pour rendre l'obscurité visible. Il ne serait pas difficile à un œil visionnaire, comme celui d'Hoffmann, de trouver là le décor d'un conte fantastique. Nous n'avions jamais pénétré dans une salle de spectacle le jour, et lorsque noire bande, comme le flot d'une écluse qu'on ouvre, creva à l'intérieur du théâtre, nous demeurâmes surpris de cet effet à la Piranèse.

On s'entassa du mieux qu'on put aux places hautes, aux recoins obscurs du cintre, sur les banquettes de derrière des galeries, à tous les endroits suspects et dangereux où pouvait s'embusquer dans l'ombre une clef forée, s'abriter un claqueur furieux, un prudhomme épris de Campistron et redoutant le massacre des bustes par des septembriseurs d'un nouveau genre. Nous n'étions là guère plus à l'aise que don Carlos n'allait l'être tout à l'heure au fond de son armoire ; mais les plus mauvaises places avaient été réservées aux plus dévoués, comme en guerre les postes les plus périlleux aux enfants perdus qui aiment à se jeter dans la gueule même du danger. Les autres, non moins solides, mais plus sages, occupaient le parterre, rangés en bon ordre sous l'œil de leurs chefs et prêts à donner avec ensemble sur les philistins au moindre signe d'hostilité.

Six ou sept heures d'attente dans l'obscurité, ou tout au moins la pénombre d'une salle dont le lustre n'est pas allumé, c'est long, même lorsqu'au bout de cette nuit *Hernani* doit se lever comme un soleil radieux.

Des conversations sur la pièce s'engagèrent entre nous, d'après ce que nous en connaissions. Quelques-uns, plus avant dans la familiarité du maître, en avaient entendu lire des fragments dont ils avaient retenu quelques vers, qu'ils citaient et qui causaient un vif enthousiasme. On y présentait un nouveau *Cid* ; un jeune Corneille non moins fier, non moins hautain et castillan que l'ancien, mais ayant pris cette fois la palette de Shakspeare. On discutait sur les divers titres qu'avait dû porter le drame. Quelques-uns regrettaient *Trois pour une*, qui leur semblait un vrai titre à la Calderon, un titre de cape et d'épée, bien espagnol et bien romantique, dans le genre de *La vie est un songe*, des *Matinées d'avril et de mai* ; d'autres, et avec raison, trouvaient plus de gravité au titre ou plutôt au sous-titre l'*Honneur castillan*, qui contenait l'idée de la pièce.

Le plus grand nombre préférait *Hernani* tout court, et leur avis a prévalu, car c'est ainsi que le drame s'appelle définitivement, et que, pour nous servir de la formule homérique, il voltige, nom ailé, sur la bouche des hommes à la voix articulée.

Dix ans plus tard nous voyagions en Espagne. Entre Asligarraga et Tolosa, nous traversâmes au galop de mules un bourg à demi ruiné par la guerre entre les *christinos* et les *carlistes*, dont nous entrevoyions confusément dans l'ombre les murs historiés d'énormes blasons sculptés au-dessus des portes et les fenêtres noires à serrureries compliquées, grilles et balcons touffus, témoignant d'une ancienne splendeur, et nous demandâmes à notre zagal qui courait près de la voiture, la main posée sur la maigre échine de la mule hors montoir, le nom de ce village ; il nous répondit : « Ernani. » – À ces trois syllabes évocatrices, la somnolence qui commençait à nous envahir, après une journée de fatigue, se dissipa tout à coup. À travers le perpétuel tintement de grelots de l'attelage passa comme un soupir lointain une note du cor d'Hernani. Nous revîmes dans un éblouissement soudain le fier montagnard avec sa cuirasse de cuir, ses manches vertes et son pantalon rouge ; don Carlos dans son armure d'or, dona Sol, pâle et vêtue de blanc, Ruy Gomez de Silva debout devant les portraits de ses aïeux ; tout le drame complet. Il nous semblait même entendre encore la rumeur de la première représentation.

Victor Hugo enfant, revenant d'Espagne en France, après la chute du roi Joseph, a dû traverser ce bourg dont l'aspect n'a pas changé, et recueillir de la bouche d'un postillon ce nom bizarre d'une sonorité éclatante, si bien fait pour la poésie qui, mûrissant plus tard dans son cerveau comme une graine oubliée dans un coin, a produit cette magnifique floraison dramatique.

La faim commençait à se faire sentir. Les plus prudents avaient emporté du chocolat et des petits pains – quelques-uns – *proh ! pudor* – des cervelas ; des classiques malveillants disent à l'ail. Nous ne le pensons pas ; d'ailleurs l'ail est classique, Thestysis en broyait pour les moissonneurs de Virgile. La dînette achevée, on chanta quelques ballades d'Hugo, puis on passa à quelques-unes de ces interminables scies d'atelier, ramenant, comme les norias leurs godets, leurs couplets versant toujours la même bêtise ; ensuite on se livra à des imitations du cri des animaux dans l'arche que les critiques du Jardin des Plantes auraient trouvées irréprochables. On se livra à d'innocentes gamineries de rapins ; on demanda la tête ou plutôt le *gazon* de quelque membre de l'Institut ; on déclama des *songes tragiques* ! et l'on se permit, à l'endroit de Melpomène, toutes sortes de libertés juvéniles qui durent fort étonner la bonne vieille déesse, peu habituée à sentir chiffonner de la sorte son péplum de marbre.

Cependant le lustre descendait lentement du plafond avec sa triple couronne de gaz et son scintillement prismatique ; la rampe montait, traçant entre le monde idéal et le monde réel sa démarcation lumineuse. Les candélabres s'allumaient aux avant-scènes et la salle s'emplissait peu à peu. Les portes des loges s'ouvraient et se fermaient avec fracas. Sur le rebord de velours, posant leurs bouquets et leurs lorgnettes, les femmes s'installaient comme pour une longue séance, donnant du jeu aux épaulettes de leur corsage décolleté, s'asseyant bien au milieu de leurs jupes. – Quoiqu'on ait reproché à notre école l'amour du laid, nous devons avouer que les belles, jeunes et jolies femmes furent chaudement applaudies de cette jeunesse ardente, ce qui fut trouvé de la dernière inconvenance et du dernier mauvais goût par les vieilles et les laides. Les applaudies se cachèrent derrière leurs bouquets avec un sourire qui pardonnait.

L'orchestre et le balcon étaient pavés de crânes académiques et classiques. Une rumeur d'orage grondait sourdement dans la salle, il était temps que la toile se levât : on en serait peut-être venu aux mains avant la pièce, tant l'animosité était grande de part et d'autre. Enfin les trois coups retentirent. Le rideau se replia lentement sur lui-même, et l'on vit, dans une chambre à coucher du XVIe siècle, éclairée par une petite lampe, dona Josefa Duarte, vieille en noir, avec le corps de sa jupe cousu de jais à la mode d'Isabelle la Catholique, écoutant les coups que doit frapper à la porte secrète un galant attendu par sa maîtresse :

Serait-ce déjà lui ? — C'est bien à l'escalier
Dérobé —

La querelle était déjà engagée. Ce mot rejeté sans façon à l'autre vers, cet enjambement audacieux, impertinent même, semblait un spadassin de profession, un Saltabadil, un Scoronconcolo allant donner une pichenette sur le nez du classicisme pour le provoquer en duel.

*

— Eh ! quoi, dès le premier mot l'orgie en est déjà là ! On casse les vers et on les jette par les fenêtres, dit un classique admirateur de Voltaire avec le sourire indulgent de la sagesse pour la folie.

Il était tolérant d'ailleurs et ne se fût pas opposé à de prudentes innovations, pourvu que la langue fût respectée ; mais de telles négligences au début d'un ouvrage devaient être condamnées chez un poète, quels que fussent ses principes, libéral ou royaliste.

— Mais ce n'est pas une négligence, c'est une beauté, répliquait un romantique de l'atelier de Devéria, fauve comme un cuir de Cordoue et coiffé d'épais cheveux rouges comme ceux d'un Giorgione.

C'est bien à l'escalier
Dérobé.

Ne voyez-vous pas que ce mot *dérobé*, rejeté et comme suspendu en dehors du vers, peint admirablement l'escalier d'amour et de mystère qui enfonce sa spirale dans la muraille du manoir ! Quelle merveilleuse science architectonique ! quel sentiment de l'art du XVIe siècle ! quelle intelligence profonde de toute une civilisation !

L'ingénieux élève de Devéria voyait sans doute trop de choses dans ce rejet, car ses commentaires, développés outre mesure, lui attirèrent des *chut* et des *à la porte*, dont l'énergie croissante l'obligea bientôt au silence.

Il serait difficile de décrire, maintenant que les esprits sont habitués à regarder comme des morceaux pour ainsi dire classiques les nouveautés qui semblaient alors de pures barbaries, l'effet que produisaient sur l'auditoire ces vers si singuliers, si mâles, si forts, d'un tour si étrange, d'une allure si cornélienne et si shakspearienne à la fois. Nous allons cependant l'essayer. Il faut d'abord bien se figurer qu'à cette époque, en France, dans la poésie et même aussi dans la prose, l'horreur du mot propre était poussée à un degré inimaginable. Quoi qu'on fasse, on ne peut concevoir cette horreur qu'au point de vue historique, comme certains préjugés dont les motifs ou les prétextes ont disparu.

Quand on assiste aujourd'hui à une représentation d'*Hernani*, en suivant le jeu des acteurs sur un vieil exemplaire marqué de coups d'ongle à la marge pour désigner des endroits tumultueux, interrompus ou sifflés, d'où partent d'ordinaire maintenant les applaudissements comme des vols d'oiseaux avec de grands bruits d'ailes et qui étaient jadis des champs de bataille piétines, des redoutes prises et reprises, des embuscades où l'on s'attendait au détour d'une épithète, des relais de meutes pour sauter à la gorge d'une métaphore poursuivie, on éprouve une surprise indicible que les générations actuelles, débarrassées de ces niaiseries par nos vaillants efforts, ne comprendront jamais tout à fait. Comment s'imaginer qu'un vers comme celui-ci :

Est-il minuit ? — Minuit bientôt

ait soulevé des tempêtes et qu'on se soit battu trois jours autour de cet hémistiche ? On le trouvait trivial, familier, inconvenant ; un roi demande l'heure comme un bourgeois et on lui répond comme à un rustre : minuit. C'est bien fait. S'il s'était servi d'une belle périphrase, on aurait été poli ; par exemple :

— l'heure
Atteindra bientôt sa dernière demeure.

Si l'on ne voulait pas de mots propres dans les vers, on y supportait aussi fort impatiemment les épithètes, les métaphores, les comparaisons, les mots poétiques enfin – le lyrisme, pour tout dire, ces échappées rapides vers la nature, ces élans de l'âme au-dessus de la situation, ces ouvertures de la poésie à travers le drame, si fréquentes dans Shakspeare, Calderon et Gœthe, si rares chez nos grands auteurs du XVIIe siècle, que tout le théâtre de ce temps ne fournit que ces deux vers pittoresques, l'un de Corneille, l'autre de Molière, le premier dans le récit du Cid, le second dans les propos d'Orgon revenant de voyage et se chauffant les mains devant le feu. Le vers de Corneille est une cheville magnifique taillée par des mains souveraines dans le cèdre des parvis célestes pour amener la rime de « voiles » dont il avait besoin :

Cette obscure clarté qui tombe des étoiles.

Celui de Molière :

La campagne à présent n'est pas beaucoup fleurie

respire un sentiment de bien-être bourgeois et de satisfaction de ne plus être exposé aux intempéries de l'air, mais qui cependant fait penser, dans cette noire maison du vieux Paris où s'enchevêtrent comme des reptiles les tortuosités de l'intrigue, qu'il y a encore là-bas, à la campagne, quelque chose de vert et que l'homme, quoiqu'il ne la regarde guère, est toujours enveloppé de la nature.

Ce spectacle si nouveau occupait la malveillance. On suivait, sans la quitter des yeux, cette action si vivement engagée, et l'on sacrifiait plus d'une fois le plaisir de chuter ou d'interrompre à celui d'entendre. Le génie du poète dominait par instants les routines et les mauvais instincts de la foule qui regimbe contre tout ascendant qu'elle ne subissait pas la veille et trouve qu'elle admire déjà bien assez de gens comme cela.

Malgré la terreur qu'inspirait la bande d'Hugo répandue par petites escouades et facilement reconnaissable à ses ajustements excentriques et à ses airs féroces, bourdonnait dans la salle cette sourde rumeur des foules agitées qu'on ne comprime pas plus que celle de la mer. La passion qu'une salle contient se dégage toujours et se révèle par des signes irrécusables. Il suffisait de jeter les yeux sur ce public pour se convaincre qu'il ne s'agissait pas là d'une représentation ordinaire ; que deux systèmes, deux partis, deux armées, deux civilisations même – ce n'est pas trop dire – étaient en présence, se haïssant cordialement, comme on se hait dans les haines littéraires, ne demandant que la bataille, et prêts à fondre l'un sur l'autre. L'attitude générale était hostile, les coudes se faisaient anguleux, la querelle n'attendait pour jaillir que le moindre contact, et il n'était pas difficile de voir que ce jeune homme à longs cheveux trouvait ce monsieur à face bien rasée désastreusement crétin et ne lui cacherait pas longtemps cette opinion particulière.

En effet, de petits tumultes aussitôt étouffés éclataient aux plaisanteries romantiques de don Carlos, aux *Saint-Jean d'Avila* de don Ruy Gomez de Silva, et à certaines touches de couleur locale espagnole prises à la palette du *Romancero* pour plus d'exactitude. Mais comme au fond on sentait que ce mélange de familiarité et de grandeur, d'héroïsme et de passion, de sauvagerie chez Hernani, de rabâchage homérique chez le vieux Silva, révoltait profondément la portion du public qui ne faisait pas partie des *salteadores* d'Hugo ! *De ta suite – j'en suis !* qui termine l'acte, devint, nous n'avons pas besoin de vous le dire, pour l'immense tribu des *glabres*, le prétexte des plus insupportables scies ; mais les vers de la tirade sont si beaux, que dits même par ces canards de Vaucanson, ils semblaient encore admirables.

Mme Gay, qui fut plus tard Mme Delphine de Girardin, et qui était déjà célèbre comme poétesse, attirait les yeux par sa beauté blonde. Elle prenait naturellement la pose et le costume que lui donne le portrait si connu d'Hersent, robe blanche, écharpe bleue, longues spirales de cheveux d'or, bras replié et bout du doigt appuyé sur la joue dans l'altitude de l'attention admirative ; cette Muse avait toujours l'air d'écouter un Apollon. Lamartine et Victor Hugo étaient ses grands amis ; elle se tint en adoration devant leur génie jusqu'au dernier jour, et sa belle main pâle ne laissa tomber l'encensoir que glacée. Ce soir-là, ce grand soir à jamais mémorable d'*Hernani*, elle applaudissait, comme un simple rapin entré avant deux heures avec un billet rouge, les beautés choquantes, les traits de génie révoltants…

Extrait de l'*Histoire du romantisme*, 1874.

SARAH BERNHARDT

(1844-1923)

Un chahut au théâtre sous le Second Empire

Sarah Bernhardt est une comique qui a fait carrière dans le drame. Il est vrai que le drame est souvent comique. Comment on a pu ne pas s'esclaffer de rire devant L'Aiglon *ne peut s'expliquer que par la propagande de la presse jointe au sentimentalisme historique. Sarah Bernhardt jouait principalement ce genre de pièces, soit de Rostand, soit de Victorien Sardou, soit de François Coppée. Ce n'est pas avec* Phèdre *que l'on devient populaire.*

Ah ! ce théâtre de l'Odéon ! C'est le théâtre que j'ai le plus aimé. Et je ne l'ai quitté qu'à regret. Tout le monde s'aimait. Tout le monde était gai. Ce théâtre est un peu la continuation de l'école. Les jeunes venaient tous là. Duquesnel était un directeur plein d'esprit, de galanterie et de jeunesse.

Souvent, pendant les répétitions, on allait faire à plusieurs de grandes parties de balle au Luxembourg, durant les actes dont on n'était pas.

Je me souvenais de mes quelques mois auparavant à la Comédie-Française : ce petit monde était guindé, potinier, jaloux.

Je me remémorais mes quelques mois au Gymnase : on ne parlait que de robes, chapeaux ; on papotait de mille choses si loin de l'art.

À l'Odéon, j'étais heureuse. On ne pensait qu'à monter des pièces. On répétait le matin, l'après-midi, tout le temps. J'adorais cela.

J'habitais l'été un pavillon dans la villa Montmorency, à Auteuil. Je venais dans un « petit-duc », que je conduisais moi-même. J'avais deux poneys merveilleux que m'avait donnés ma tante Rosine, parce qu'ils avaient failli lui casser la tête, s'étant emballés à Saint-Cloud près d'un manège tournant de chevaux de bois.

Je longeais tous les quais à fond de train ; et, malgré l'atmosphère diamantée par le soleil de juillet, malgré la gaieté des bruits du dehors, c'est avec une véritable joie que j'escaladais les marches froides et fendillées et que je me dirigeais vite vers ma loge, distribuant des bonjours en courant. Puis, dégagée de mon manteau, de mon chapeau, de mes gants, je bondissais sur la scène, heureuse d'être enfin dans cette ombre infinie. La maigre lumière de la « servante » accrochait, de-ci, de-là, soit un arbre, soit une tourelle contre le mur, soit un banc ; et les visages des artistes ne recevaient la lumière que par instants.

Moi, je ne trouvais rien de plus vivifiant que cet air plein de microbes ; rien de plus gai que cette ombre ; rien de plus lumineux que ce noir !

Un jour, ma mère eut la curiosité de venir voir les coulisses. J'ai cru qu'elle allait mourir de dégoût. « Ah ! malheureuse enfant ! Comment peux-tu vivre là-dedans ? » murmura-t-elle. Et, arrivée dehors, maman respira, humant l'air à plusieurs reprises.

Oui, je pouvais vivre là-dedans. Je ne vivais même bien que là-dedans. Depuis, j'ai un peu changé. Mais j'ai encore une grande sympathie pour cette usine sombre dans laquelle, joyeux lapidaires de l'art, nous taillions les pierres précieuses fournies par les poètes.

Les jours s'égrenaient, emportant des petits espoirs déçus. Les jours naissants apportaient de nouveaux rêves ; et la vie me semblait un éternel bonheur.

Je jouai tour à tour : *Le Marquis de Villemer*, le rôle de la folle baronne, femme déjà experte âgée de trente-cinq ans – j'en avais à peine vingt et un et j'avais l'air d'en avoir dix-sept ; *François Le Champi*, le rôle de Mariette, dans lequel j'eus un gros succès.

Ces répétitions du *Marquis de Villemer* et de *François Le Champi* sont restées dans mon souvenir comme autant d'heures exquises.

Mme George Sand, douce et charmante créature, était d'une timidité extrême. Elle parlait peu et fumait tout le temps. Ses grands yeux étaient toujours rêveurs. Sa bouche, un peu lourde et vulgaire, avait une grande bonté. Elle avait peut-être été d'une taille moyenne, mais elle semblait tassée.

Je regardais cette femme avec une tendresse romanesque. N'avait-elle pas été l'héroïne d'un beau roman d'amour ? Je m'asseyais tout près d'elle. Je lui prenais la main et la tenais le plus longtemps possible dans la mienne. Sa voix était douce et charmeuse.

Le prince Napoléon[1], surnommé *Plon-Plon* par le populaire, venait souvent aux répétitions de George Sand. Il l'aimait infiniment.

La première fois que je vis cet homme, je devins pâle et sentis mon cœur s'arrêter : il ressemblait tellement à Napoléon Ier que je lui en voulus tout de suite : car, en lui ressemblant, il le diminuait de tout son lointain, et il le rapprochait de tout le monde.

Mme Sand me présenta à lui, malgré moi.

Il regardait d'une façon impertinente. Il me déplut. Je répondis à peine aux compliments qu'il me fit, et me glissai tout contre George Sand. Il se prit à rire, et s'écria : « Mais elle est amoureuse de vous, cette petite ! » George Sand me caressa doucement la joue : « C'est ma petite Madone, dit-elle, ne la tourmentez pas. » Et je restai près d'elle, jetant un œil furtif et mécontent au prince.

Mais peu à peu, je pris plaisir à l'entendre ; car la conversation de cet homme était brillante, sérieuse et spirituelle ; il émaillait bien ses discours et répliques de mots un peu crus, mais tout ce qu'il disait était intéressant et instructif. Il était méchant, et je lui ai entendu dire sur le petit Thiers des choses perfides, horribles, que je crois tant soit peu vraies. Et il a fait un jour, de cet aimable Louis Bouilhet, un portrait si amusant que George Sand, qui l'aimait, n'a pas pu s'empêcher de rire en le traitant de méchant homme.

Le prince était assez sans façon, mais cependant, il n'aimait pas qu'on lui manquât de respect. Un jour, un artiste nommé Paul Deshayes, qui jouait dans *François Le Champi*, entra dans le foyer des artistes, où se trouvaient : le prince Napoléon, Mme George Sand, le conservateur de la bibliothèque – dont j'ai oublié le nom – et moi. Cet artiste était commun et un peu anarchiste. Il salua Mme Sand, et s'adressant au prince, il dit : « Vous êtes assis sur mes gants, monsieur. » Le prince se souleva à peine, envoya la paire de gants à terre, disant : « Tiens, je croyais la banquette

1. Fils du roi Jérôme et cousin germain de Napoléon III.

propre. » L'acteur rougit, ramassa ses gants, et sortit en murmurant quelque menace communarde.

Je jouai *Le Testament de César Girodot*, le rôle d'Hortense. *Kean*, d'Alexandre Dumas, le rôle d'Anna Damby. Le public, le soir de cette première, était très méchant, très monté contre Alexandre Dumas père, pour une aventure qui lui était personnelle et n'avait rien à voir avec l'art. Mais la politique mettait depuis quelques mois les cerveaux en ébullition. On voulait le retour de Victor Hugo[1].

Au moment où Dumas pénétra dans sa loge, des hurlements l'accueillirent. Puis les étudiants, qui étaient en grand nombre, se mirent à réclamer *Ruy Blas* sur l'air des lampions. Dumas se leva, demandant la parole. Le silence se fit. Dumas commença : « Mes jeunes amis… » mais une voix s'écria : « Nous voulons bien vous écouter, mais vous devez être seul dans votre loge ! » Dumas protesta avec véhémence. Plusieurs personnes de l'orchestre prirent son parti, car il avait invité une femme dans sa loge ; et, quelle que soit cette femme, on n'avait vraiment pas le droit de l'insulter d'une aussi outrageante façon. Je n'avais pas encore vu pareille scène.

Je regardais par le trou de la toile, très intéressée et très énervée.

Je vis le grand Dumas, pâle de colère, montrant le poing, criant, jurant, tempêtant. Puis tout à coup, une salve d'applaudissements. La femme avait disparu de la loge, profitant du moment où Dumas, le corps hors de la loge, répondait : « Non ! non ! Cette femme ne sortira pas ! » Juste à ce moment, elle s'esquiva. La salle, ravie, cria : « Bravo ! » et on permit à Dumas de parler.

Mais il ne fut écouté que pendant quelques instants. Les cris de : *Ruy Blas ! Ruy Blas ! Victor Hugo ! Victor Hugo !* se firent à nouveau entendre dans un vacarme infernal.

Nous étions depuis une heure prêts à commencer le spectacle. J'étais très excitée.

Enfin Chilly et Duquesnel vinrent sur la scène : « Mes enfants, ayez du courage ! La salle est déchaînée ; ça ira comme ça ira… mais commençons ! »

« Ah ! dis-je à Duquesnel, tu sais, j'ai peur de m'évanouir. » En effet, mes mains étaient glacées, mon cœur battait. « Dis-moi… qu'est-ce qu'il faut faire, si j'ai trop peur ? — Il n'y a rien à faire ! » dit Duquesnel.

1. En exil.

On leva le rideau au milieu de la tempête, des cris d'oiseaux, des miaulements de chats, et de la reprise sourde et rythmée des : *Ruy Blas ! Ruy Blas ! Victor Hugo ! Victor Hugo !!!*

Mon tour arriva. Berton père, qui jouait Kean, avait été mal reçu. J'entrai, vêtue du costume excentrique « en Anglaise de 1820 ». J'entendis un éclat de rire qui me cloua sur le seuil de la porte où je venais de paraître. Au même instant, les applaudissements de mes chers petits amis les étudiants couvraient le rire des méchants. Je pris courage et me sentis même le désir de batailler. Mais je n'en eus pas besoin, car, après la seconde et interminable tirade dans laquelle je laisse entrevoir mon amour pour Kean, le public ravi me fit une ovation.

Extrait de *Ma double vie*, 1907.

JULES RENARD

(1864-1910)

Triomphe de *Cyrano de Bergerac*

La mémoire publique du théâtre, très volatile, permet des triomphes paradoxaux. Des pièces extrêmement démodées, dans le sens où elles participent d'une esthétique morte, ont un succès subit parce que le public, n'en ayant aucun souvenir, les trouve fraîches. Cas probable de Cyrano de Bergerac, *pièce à bons passages mais dont plus d'une rime fait honte à qui l'entend : cette pièce a réveillé dans ce que Jung a dénommé l'« inconscient collectif » les sonorités du théâtre romantique de cinquante ans avant.* Ruy Blas, *1838,* Cyrano de Bergerac, *1897. Quant à l'enthousiasme de Jules Renard, c'est peut-être l'exaltation du papillon pour le paon.*

---

7 mars 1897

Hier soir, lecture de *La Samaritaine* de Rostand. Un admirable, lecteur. Des vers jolis, jolis comme des cœurs. Une Samaritaine originale, et un Christ qui rappelle celui de Victor Hugo dans *La Fin de Satan*. Je n'ai pas de peine à dire à Rostand qu'il est un grand poète, comme Musset, Gautier, Banville, qu'il est plus fort que tous les poètes actuels, et qu'il est dans la poésie ce que je voudrais être dans la prose. Enfin, je l'admire en toute sécurité, et je suis sûr de ne pas me tromper. Il y a des admirations qui exigent effort, que le doute suit de près. Rostand, un peu pâle, dit : « Oh ! il est drôle ! » Et il a l'air heureux.

— J'aime bien mieux *Cyrano de Bergerac* que je suis en train d'écrire, dit-il.

Naturellement.

28 décembre 1897

Cyrano. Des fleurs, rien que des fleurs, mais toutes les fleurs à notre grand poète dramatique !

On ne savait plus. On barbotait. L'invasion du socialisme au théâtre déroutait les plus indifférents. L'artiste devrait-il donc s'occuper de ce qui ne le regarde pas, poser gauchement des problèmes insolubles, et s'abaisser à savoir quotidiennement le prix du pain ? Aurions-nous des Musset économistes et des Marivaux apôtres ? D'un seul coup de cothurne Rostand a repoussé ces ordures et, d'un seul effort, remis debout l'art isolé, souverain et magnifique. On va pouvoir encore parler d'amour, se dévouer individuellement, pleurer sans raison, et s'enthousiasmer pour le seul plaisir d'être lyrique.

Notez que la Providence – décidément, il y a un Dieu – a voulu que cette belle restauration de l'art se fît entre le théâtre des Mauvais Bergers et le théâtre des Deux Gosses, à égale distance des fausses pensées et des faux rires mêlés de fausses larmes. Ainsi, il y a un chef-d'œuvre de plus au monde. Réjouissons-nous. Reposons-nous. Flânons. Allons de théâtre à théâtre écouter les dernières niaiseries : nous sommes tranquilles. Quand il nous plaira, nous retrouverons le chef-d'œuvre. On peut s'y appuyer, s'y abriter, s'y sauver des autres et de soi-même. Comme c'est une preuve de santé, la fièvre ! Comme je suis heureux ! Que je me porte bien ! L'amitié de Rostand me console d'être né tard et de n'avoir pas vécu dans l'entourage familier de Victor Hugo.

Je vous jure qu'en toute lucidité je me sens bien inférieur à ce beau génie lucide qu'est Edmond Rostand.

Duměny :

— En a-t-il, dans son sac, cet animal-là ! En a-t-il !

— C'est plus beau que le quatrième de *Ruy Blas* ! dit Mendès qui pleure.

Nous nous embrassons, Rostand et moi, malgré nos chapeaux.

— Il est si gentil ! Il a tant travaillé ! Ça lui était bien dû ! dit sa belle-mère.

— Mais, madame, peu nous importe. C'est un homme de génie, voilà tout. Oui, nous aurons du succès, tous les succès qu'on peut avoir : jamais nous ne soulèverons une foule comme ça. Tout ce que je pourrais lui dire, c'est : « Ah ! mon ami, je vous attends à la prose. » La supériorité de Rostand, c'est qu'il nous accable et que nous ne trouvons rien à lui dire. Si nous avions fait son *Cyrano*, il nous trouverait quelque chose, lui.

30 décembre 1897

Cyrano. Première. C'est le triomphe d'hier, avec un léger tassement. On est fatigués. On n'a plus que la force de faire des grâces dans le fauteuil, comme des femmes charmées. Lemaitre se délecte et Sarcey exulte. Lemaitre me présente à lui. Il m'effraie un peu, ce monument à voix énorme. Comme Lemaitre lui dit, à propos des spectacles avant-dîner :

— Vous verrez ça, vous.

— Je serai mort, répond Sarcey.

— Vous êtes immortel, dit Lemaitre.

— Non ! Il n'y a que le bon Dieu qui soit immortel. Moi, je ne suis que l'oncle.

Et il rit énormément.

Lemaitre dit à La Jeunesse :

— Enfin, mon ami, pourquoi faites-vous toujours une tête comme ça ?

— Je ne la fais pas quand je suis seul, chez moi. Je ne la fais que dans le monde, au milieu des imbéciles.

Moment de stupeur, et Lemaitre finit par dire :

— Vous n'avez pas de chance. Vous êtes bien mal tombé, ce soir, au milieu de nous. Marinette a son succès de fraîcheur, drapée de dentelles, et pareille à une République fine.

Dans la loge de Coquelin je dis à Rostand :

— J'aurais été bien heureux si nous avions pu être décorés tous les deux le même jour. Puisque ce n'est pas possible, je vous assure que je vous félicite sans envie.

Ça, ce n'est pas vrai ; et voilà qu'en écrivant ces lignes je me mets à pleurer. Ah ! Rostand, ne me remerciez pas de vous tant applaudir, ni de vous défendre avec passion contre ce qu'il vous reste d'ennemis ! Mon âme n'est pas tant que vous croyez ravie : Je fais comme je peux pour cacher mon envie. Heureusement, par je ne sais quel malentendu, il y a, près de moi, au premier rang des fauteuils de balcon, huit fauteuils vides qui me consolent. (Voilà qui est exagéré. Ah ! peut-être que jamais l'homme n'a dit un seul mot vrai !)

Sarah Bernhardt entre.

— Rostand, Rostand ! Où est Rostand ?

— Il est déjà retourné à la Renaissance, lui dis-je.

— Vous êtes bête, dit-elle.

Et je ne suis pas bien sûr que ce soit une parole aimable. Puis elle dit :

— J'ai pu voir le dernier acte. Que c'est beau ! Acte par acte, mon fils me tenait au courant, dans ma loge. Je me suis dépêchée de mourir. Enfin, me voici. Je suis dans un état !… Regardez mes larmes. Regardez ! Regardez ! Je pleure.

Et tout le monde a envie de lui dire : « Mais non, madame ! Je vous assure. » Puis, elle se précipite sur Coquelin, lui prend la tête entre ses deux mains, comme une soupière, et elle se penche, et elle le boit, et elle le mange.

— Coq ! dit-elle. Oh ! grand Coq !

Et elle lui a déjà écrit cette lettre que *Le Figaro* cite, un chef-d'œuvre sur parchemin de crocodile :

« Je ne puis te dire ma joie pour ton – notre – triomphe d'hier et de ce soir. Quel bonheur, mon Coq ! Quel bonheur ! C'est l'art, c'est la beauté qui triomphent. C'est ton immense talent ! C'est le génie de notre poète ! Je suis si heureuse, oh ! si ! Je t'embrasse, le cœur battant de la plus pure des joies et de la plus sincère amitié. Sarah. »

Enfin, Rostand ! Et elle le prend pour elle seule, toujours par la tête, mais, cette fois, comme une coupe de champagne, mieux : une coupe d'idéal. Chez Maire. Rostand nous rejoint, puis Coquelin. Je me rattrape. Je répare mon enthousiasme.

— Accordez-moi que j'ai le droit d'être le plus fatigué, dit Coquelin.

— Oui, après les spectateurs.

— Vous m'avez écrit une lettre qui est un chef-d'œuvre, dit Rostand. Si jamais vous dites du mal de moi, je la fais imprimer.

— Mais on me saurait peut-être plus de gré d'avoir dit du mal que d'avoir écrit la lettre.

Quelqu'un a dit à Rostand : « En aviez-vous, en aviez-vous, des muses, dans votre berceau ! »

— Je n'ai pas assisté à un pareil triomphe depuis la guerre, dit un militaire.

— Mais, lui dis-je, je croyais que nous avions été battus ?

Je dis :

— Je vais casser ma plume.

— Ne faites pas ça !

— Oh ! J'en ai une pleine boîte !

Coquelin en lunettes a l'air d'un notaire de province, et il a beau faire : il a toujours cet air-là. Il manque de panache. Il est vieux jeu, de geste et de talon. Supérieur à son rôle, il le coupe en tranches de vingt rimes. Il ne les lance pas : il vous les flanque à la figure. Il est heureux, étant laid, de pouvoir parler comme un amoureux. Il avait une voix de trompette, et Rostand lui a collé au milieu du visage la trompette elle-même. Chez Guitry. Mirbeau trouve que Rostand a des qualités, mais *Cyrano* l'agace. C'est physique, chez lui. Il va faire un article contre Sarcey.

Il lui dira : « Il ne vous reste qu'à mourir, mais chez vous, pas au théâtre. Pensez donc ! Si vous êtes frappé d'apoplexie dans les fauteuils d'orchestre, comment fera-t-on pour vous sortir ? »

Le Passé, de Porto-Riche. Ça a l'air de la preuve du triomphe de Rostand. Quelle langue ! On y dit : « Madame, c'est une calomnie que vous articulez là. » Et puis, j'ai en horreur ces gens qui veulent donner un air de noblesse aux saletés qu'ils font.

Chez Léon Blum. Milieu hostile à Rostand. Comme je dis : « C'est votre poète, Mesdames. Vous allez toutes l'adorer », une petite dame noire, un joli petit corbeau juif, me dit :

— Ah ! vous croyez ?

Et elle parle, du reste avec intelligence, des ridicules de Rostand dans ses vers de la *Revue de Paris*, et du génie de Musset.

— Vous devriez, dit Blum, vous qui avez de l'influence sur Rostand, l'empêcher de faire autre chose que du théâtre. Surtout, qu'il ne publie pas ! Il se perd. La désillusion est trop forte. Le chêne et le roseau.

— C'est égal ! dit un chêne voisin du chêne déraciné. J'aime encore mieux être chêne.

— Je ne donne jamais plus de 35 sous au cocher, dit-elle, mais je lui fais un gracieux petit salut.

Une phrase qui vibre court, comme un fil de fer trop tendu.

Je n'ai qu'un génie régulateur.

Parler en italique.

Noir sur noir, comme un corbeau dans la nuit.

2 janvier 1898

Pour nous punir de notre paresse, il y a, outre nos insuccès, les succès des autres.

3 janvier 1898

Chez Muhlfeld.

— Il n'y a qu'un poète : c'est Rostand ! dit Mme Muhlfeld.

Je suis obligé de protester, parce que le voilà plus grand que Victor Hugo et qu'on tire, de son triomphe, des conséquences absurdes. *Cyrano*, un magnifique anachronisme, et pas plus. Rostand n'aura aucune influence sur la poésie, excepté sur les poètes médiocres qui voudront avoir son succès. *Cyrano* n'inquiète même pas les vrais poètes : c'est par des *Samaritaine* que Rostand les mettra dans sa poche.

— Voyons, entre nous, dis-je à Rostand, le succès de *Cyrano* vous a-t-il donné plus de joie que *La Samaritaine* ?

— Non, dit-il. Il y a, dans cette dernière pièce, des choses, le second acte, que je préfère à tout *Cyrano*. Il y a là un plus grand effort de poésie, et le succès de représentation a peut-être été plus grand.

— Vous avez tout fait dans *La Samaritaine*. Dans *Cyrano*, c'est le sujet, c'est l'époque qui vous ont soutenu. Un homme habile, un Sardou versificateur, pouvait trouver le sujet de *Cyrano* : il fallait un poète pour *La Samaritaine*. *Cyrano* fait de vous un poète dramatique, héroï-comique ; il vous cantonne.

Les poètes qui ne font pas de théâtre peuvent toujours se soulager en disant : « Il n'est que ça ! » Mendès, Rodenbach, etc., etc. Ils peuvent faire bonne figure, quoique un peu verte. La décoration de Rostand nous fait tous loucher.

— Qu'avez-vous éprouvé ? lui demandé-je.

— Oh ! ça m'a amusé aujourd'hui, chez mon coiffeur. Tous les gens qui vous connaissent regardent votre boutonnière, mais c'était déjà trop tard. Après *La Samaritaine* ça m'aurait fait plus de plaisir.

Et Rostand – le Rostand qui arrive tout seul, sans passer par les petites revues, mais en passant par les grandes, qui ne va pas dans les bureaux de rédaction, mais qui va dans le monde, qui ne boit pas de bocks dans les brasseries avec les bohèmes, mais aime mieux dîner chez les gens riches, qui préfère aux critiques de théâtre les directeurs mêmes de théâtres, et Sarah Bernhardt à Lugné-Poe – nous raconte une visite qu'il fit à Mlle Lucie Faure. Elle lui avait demandé un sonnet pour une bonne œuvre. Il le lui a porté. Elle l'a reçu simplement dans un petit salon plein de merveilleuses vieilles choses. Mme Barthou était là, qui est vraiment charmante. Tout à coup Félix Faure est entré pour faire une visite à sa fille. Il revenait de la chasse et avait un petit chapeau mou. Il s'est excusé, s'est assis, a dit : « Monsieur Rostand, bonjour ! » Il est merveilleux. On comprend que le tsar l'adore. C'est un grand acteur. C'est ce que l'Europe a de mieux comme Louis XIV. Puis il s'est levé, a salué, est sorti pour aller faire sa toilette. Cet homme-là doit se donner beaucoup de mal. Il est digne d'être président de notre République, qui, depuis la Révolution, n'a pas fait un pas vers le bon sens ni vers la liberté. C'est une république qui ne tient qu'à être reçue chez les Greffulhe.

9 janvier 1898

Chez Guitry. Bernard dit :

— Le bruit s'est répandu que je n'aime pas la pièce de Rostand et on vient à moi de tous côtés, et on se récrie : « Comment ! Il paraît que vous n'aimez pas la pièce de Rostand ? Pourquoi ? » Et l'on attend avec avidité que je donne mes raisons. Vandérem est venu ce matin.

Guitry, après avoir fait verdir Mendès avec les recettes de *Cyrano*, lui dit :

— Enfin, y a-t-il trente vers de *Cyrano* que vous signeriez ?

— Non ! dit Mendès en tournant le dos.

Sarah disant à Barbier :

— Très bien, votre pièce, si elle était en vers.

— Bon ! dit Barbier, qui la rapporte en vers.

— Oh ! si elle était en vers !

— Mais elle y est, dit Barbier.

— Oui, mais en d'autres vers.

31 mars 1898

Dîner Rostand.

— Enfin, Renard, que feriez-vous à ma place, après *Cyrano* ?

— Moi ? Je me reposerais dix ans.

En réalité, je sens qu'il passe par-dessus moi. S'il m'accordait du génie, il se trouverait sublime. Il y aurait toujours une petite nuance. Où il travaille le mieux, c'est en chemin de fer, et même en fiacre. Le mouvement agite son cerveau comme un panier d'idées. Il a cinquante sujets de pièces aussi merveilleux que *Cyrano*. Il aime tout du théâtre, jusqu'à ses odeurs d'urinoirs.

— Vous dites ça en riant !

— Je le dis en riant parce que c'est très sérieux.

Très bonne soirée peut-être pour un autre, ennuyeuse pour moi, et qui me laisse un mauvais souvenir. Je crois que j'ai perdu toute sympathie humaine, et je revois, dans tous les sourires, des dents de cannibales.

— Je n'aime plus le théâtre, dit Becque à Brandès. Je n'aime qu'à regarder des poitrines.

Tout à l'heure il dansera, et, entre son gilet et sa culotte, on verra déborder son caleçon. Et l'on se chuchotera : « Voyez-vous le caleçon de Becque ? Ce sont ses polichinelles qui sortent, peut-être. » Jamais les femmes ne m'ont paru aussi bêtes.

21 juin 1899

Cyrano qui a la langue encore plus longue que le nez.

19 février 1904

Il ne trouve pas le moyen de dire un mot sur cent qui ne soit imbécile. Il fait des affaires.

— Ah ! mon cher, on y voit des types bien plus vivants qu'au théâtre. Il faut sortir, voir le monde ! C'est malsain, de rester chez soi !

Il me demande :

— Avez-vous vu *Cyrano* ?

— Plus de vingt fois, dis-je.

— Mais l'avez-vous vu dans les nouveaux décors ?

— Non.

— Ah ! mon cher, c'est tout autre chose ! À la bonne heure ! Ça sort. Je trouve ça épatant.

— Dans les nouveaux décors ?

— Oui.

Pauvre imbécile !

Il dit encore :

— Je n'ai pas la prétention d'être un homme de lettres.

Il ne l'a plus.

— Le billard est un jeu intelligent, dit-il. Je n'aime que les jeux intelligents.

Nohain, qui va faire une conférence, rue Saint-Antoine, devant des ouvriers, me dit :

— C'est la première fois que je ne suis pas sûr d'avoir un grand succès.

1er février 1910

Chantecler. 131 et 133, dans un petit coin.

À *Cyrano* et à *L'Aiglon*, pour la répétition générale et pour la première, nous avions des places au premier rang. C'est l'échelle de la gloire.

Rostand est surtout un indifférent littéraire. Nous sommes tout au moins ses confrères : il ne nous lit pas.

L'artificiel lui suffit au point qu'il se passionne pour lui comme si c'était la vérité.

Il ne recherche pas, mais il accepte.

Est-il plus tranquille ? Touche-t-il la gloire ? Ne souffre-t-il pas du moindre succès d'un autre ?

Il peut marcher tout le temps sur un tapis, mais il est obligé de vivre la bouche dans l'air, à tous les miasmes.

Servitude. Être l'obligé d'un homme qui se conduit comme une fripouille. Certains menteurs ont un tel besoin de mentir qu'on a pitié d'eux et qu'on les aide.

— Je connais quelques vers de *Chantecler*, dit Capus. Ils sont beaux et stupides : beaux quand Guitry me les dit, stupides quand je les écoute.

Extrait du *Journal*, posth., 1925-1927.

ALFRED JARRY

(1873-1907)

Calendrier du Père Ubu pour 1901
Approuvé par Mgr St Bouffre

*Peu de choses sont plus comiques que le calendrier du Père Ubu. La fausse logique et la superstition ont rarement rencontré d'ennemi plus féroce. J'ajouterais la réplique de la Mère Ubu à son mari, ce Falstaff devenu roi. Tout en étant proches, proches comme des bêtes, ils n'arrêtent pas de s'envoyer des injures, jusqu'à ceci : « Mère Ubu : — Il n'y a qu'un parti à prendre, Père Ubu. Père Ubu : — Lequel, mon amour ? » (*Ubu Roi*). Les Ceaucescu devaient se parler ainsi.*

JANVIER

1	M	DÉCERVELAGE
2	M	* St Macaire d'Alex.[1]

1. Sont précédés d'un astérisque les prénoms empruntés au livre officiel intitulé : *Prénoms pouvant être inscrits sur les registres de l'état civil destinés à constater les naissances conformément à la loi du 11 Germinal an XI.*

LOI DU 11 GERMINAL AN XI relative aux prénoms et changements de noms.

Titre 1er. – Des prénoms.

Art. 1er. – À compter de la promulgation de la présente loi, les noms en usage dans les différents calendriers et ceux des personnages connus de l'histoire ancienne pourront seuls être reçus, comme prénoms, sur les registres de l'état

3	J	* Ste Bertille, *vierge et Vve*
4	V	* Ste Oringue, *vierge*
5	S	St Birbe
6	**D**	* St Fursy, *abbé*
7	L	* St Pelade, *évêque*
8	M	* Ste Goule ou Gudule
9	M	* Ste Basilisse, *vierge*
10	J	St Bateau
11	V	Ste Gale, *abbesse*
12	S	St Poil
13	**D**	St Sagouin
14	L	* St Hilaire
15	M	St Terme
16	M	Ste Giraie
17	J	* St Antoine, *abbé*
18	V	* St Léobard, *reclus*
19	S	Ste Asperge
20	**D**	St Grumeau
21	L	St Bol
22	M	St Dimenche, *abbé*
23	M	* Ste Messaline
24	J	* St Babylas
25	V	REPOPULATION
26	S	* St Profit
27	**D**	* St Avit, *martyre*
28	L	St Étronge
29	M	Ste Bardane
30	M	Ste Bourboule
31	J	Ste Touche

---

civil destinés à constater les naissances des enfants, et il est interdit aux officiers publics d'en admettre aucun autre dans leurs actes.

Les contribuables sont invités à demander, en vertu de la loi ci-dessus dans toutes les mairies, communication du présent Almanach. *(Note d'Alfred Jarry.)*

FÉVRIER

1	V	Ste Tignasse
2	S	St Schisme
3	**D**	* St Remezy, *évêque*
4	L	St Anal
5	M	Ste Delpot, *mère*
6	M	* St Barzanuphe, *sold.*
7	J	Ste Gidouille
8	V	COPULATION
9	S	* St Apollon
10	**D**	* Ste Zuarde
11	L	* St Cémon, *chantre*
12	M	* St Vèle, *moine*
13	M	St Hérold, *évang.*
14	J	St Ciput
15	V	Ste Crapule
16	S	Ste Soupe
17	**D**	AÉROSTATION
18	L	* Ste Prépédigne, *mart.*
19	M	* St Gabin, *prêtre*
20	M	Ste Marmelade
21	J	* St Pépin de Landen
22	V	* St Abile, *évêque*
23	S	SABBAT
24	**D**	CONCERT LAMOUREUX
25	L	* Ste Valburge
26	M	St Fouquier, *apôtre*
27	M	* St Galmier, *sous-dia.*
28	J	FIN DU MOIS
29		*Hunyadi.* Ste PURGE

MARS

1	V	Ste Basane
2	S	St Mandrin
3	**D**	INVALIDES
4	L	St Dumolard, *assas.*
5	M	St Gonse
6	M	St Anastay
7	J	* St Nestor, *évêque*
8	V	Ste Jeanne d'Arc
9	S	* Ste Catherine, *abbesse*
10	**D**	PUTRÉFACTION
11	L	Ste Bouse, *vierge*
12	M	St Guillotin, *méd.*
13	M	Ste GOUTTE, *Fête mil.*
14	J	St Pranzini
15	V	St Chem.-de-Fer, *ass.*
16	S	St Prado, *assas.*
17	**D**	LAVEMENT
18	L	* St Gabriel, *arch.*
19	M	St Hercule
20	M	* Ste Derphute
21	J	Ste Victoria, *reine*
22	V	* St Aphrodise
23	S	St Diable
24	**D**	REVUE
25	L	St Bazaine
26	M	St Clam
27	M	St Avoine, *pape*
28	J	St et ste Cartouche
29	V	* St Eustache
30	S	St Sabre
31	**D**	* St Hypace, *év. mart.*

AVRIL

1	L	* St Pierre, *apôtre*
2	M	Ste Truite
3	M	Ste Morue
4	J	St Barbeau
5	V	CONTINENCE
6	S	Ste Moule
7	**D**	PÊCHE
8	L	FÉRIÉ
9	M	St Esturgeon, *évêque*
10	M	Ste Baleine
11	J	St Goujon
12	V	St Gardon
13	S	* St Carpe, *év. de Thyat.*
14	**D**	CLÔTURE DE LA PÊCHE
15	L	St Escargot
16	M	St Maquereau
17	M	St Andouille
18	J	St Veau
19	V	Ste Limace
20	S	Ste Choucroute
21	**D**	VISITE DES ABATTOIRS
22	L	St Boudin, *apôtre*
23	M	St Cervelas
24	M	St Pied
25	J	Ste Hure
26	V	Ste Grenouille
27	S	Ste Longe
28	**D**	Sts Abatis
29	L	Ste Saucisse
30	M	Ste Couenne
31		*Hunyadi*. STE FOIRE

MAI

1	M	Ste Gigolette
2	J	St Obscène
3	V	* Ste Viole, *vierge et m.*
4	S	Ste Morale
5	**D**	St Potiron
6	L	* Ste Eupure, *vierge*
7	M	Ste Cuite
8	M	* St Pacôme
9	J	Ste Tatane
10	V	Ste Merdre
11	S	* Ste Jutte, *recluse*
12	**D**	CONSERVATOIRE
13	L	*Éructations*
14	M	Ste Balade
15	M	St Arsouille, *ermite*
16	J	* St Rose, *évêque*
17	V	* St Soiochon ou Sulcran
18	S	* St Potamon, *mart.*
19	**D**	* St Pinien
20	L	* St Bernard, *hermite*
21	M	* St Beuvon, *soldat pr.*
22	M	* Ste Quitère
23	J	St Charme
24	V	Ste Bouzine
25	S	* St Injurieux, *sénat.*
26	**D**	* St Bérenger, *moine*
27	L	St Tétard
28	M	* Ste Ubaldesque, *vier.*
29	M	*Quatre-temps*
30	J	* Ste Pulchérie
31	V	Ste Purée

JUIN

1	S	* St Fortuné
2	**D**	Ste Totoche
3	L	* St Côn, *bénédictin*
4	M	* St Optat
5	M	St Pie VIII, *pape*
6	J	St Possible
7	V	Ste Tourte
8	S	Ste Guenille
9	**D**	Ste Bourde
10	L	* St Zotoucque
11	M	St Athanor
12	M	* St Evelpiste
13	J	St Plon
14	V	Ste Activité
15	S	* St Modeste
16	**D**	* St Cloud
17	L	* Ste Musque, *fem. mar.*
18	M	* Ste Spécieuse
19	M	* St Gervais
20	J	St Silvère
21	V	Ste Brigide
22	S	St Gorgonzola, *diac.*
23	**D**	* St Cucufat
24	L	* St Sou, *pape*
25	M	St Forficule
26	M	* St David
27	J	St Bouguereau
28	V	Ste Grue
29	S	St Inventaire
30	**D**	* Ste Émilienne, *mart.*

JUILLET

1	L	St Lundi
2	M	*Visitation*
3	M	St Anatole F.
4	J	St Gril
5	V	* Ste Brosse
6	S	St Bout
7	**D**	St Mirli
8	L	Ste Colombine
9	M	Ste Truffe
10	M	Ste Félicité
11	J	Ste Confiture
12	V	Ste Couche
13	S	St Pistolet
14	**D**	FÊTE DU PÈRE UBU
15	L	St Légitime
16	M	Ste Poire
17	M	St Membre
18	J	* St Saëns ou Sidoine
19	V	Ste Bassine
20	S	St Soupir
21	**D**	Ste Civette
22	L	*Édification*
23	M	St Gros
24	M	St Poireau
25	J	St Cul
26	V	* Ste Natalie
27	S	Ste Narine
28	**D**	Ste Dalila
29	L	St Bedon
30	M	Ste Roustissure
31	M	Ste Tripe

AOÛT

1	J	St Potiron
2	V	* St Alphonse
3	S	* St Geoffroy
4	**D**	* St Marc de Girardin
5	L	* St Abel
6	M	* St Pipe, *diacre*
7	M	* St Gaëtan
8	J	Ste Dandine
9	V	* St Amour
10	S	Ste Goulache
11	**D**	Ste Œuvre
12	L	* St Truphème
13	M	St Buvard
14	M	St Zebb, *bienheureux*
15	J	*Fête de l'Empereur*
16	V	Ste Marmelade
17	S	* St Septime
18	**D**	St Offenbach
19	L	* St Flamidien
20	M	Ste Barbue
21	M	St Bondon
22	J	* Ste Pusice
23	V	Ste Estatue
24	S	St Diapason
25	**D**	* St Sein
26	L	* St Zéphyrin
27	M	St Périnée
28	M	* St Médéric
29	J	Ste Farce
30	V	* Ste Fiacre
31	S	Ste Corne

SEPTEMBRE

1	**D**	St Leu-Taverny
2	L	St Lazare, *Gare*
3	M	Ste Plume
4	M	* Ste Rosalie
5	J	St Godegrin, *Mart.*
6	V	Stes Femmes
7	S	St Bois
8	**D**	*Nativité du Père Ubu*
9	L	Ste Bouteille
10	M	St Bordure
11	M	St Loison
12	J	* Ste Perpétue
13	V	Ste Vérola
14	S	St Olibrius
15	**D**	St Nicodème
16	L	* Ste Euprepie
17	M	* St Lambert
18	M	St Vent
19	J	* St Janvier
20	V	Ste Phynance
21	S	* St Mathieu
22	**D**	* St Denis, *Maurice*
23	L	Ste Vadrouille
24	M	* St Andoche
25	M	St Didot
26	J	St Népomucène
27	V	Ste Flanelle
28	S	* St Venceslas
29	**D**	Ste Oneille
30	L	* St Jérôme

OCTOBRE

1	M	St Bouc
2	M	Ste Pure, *bienh.*
3	J	St Phoque
4	V	Ste Femelle
5	S	St Sucre
6	**D**	St Pruneau
7	L	Ste Vermine
8	M	* Ste Pollène
9	M	Ste Crème
10	J	* Ste Tanche
11	V	* St Placide
12	S	Ste Bourrique
13	**D**	SS Marrons
14	L	St Cope, *évêque*
15	M	* Ste Thérèse
16	M	Ste Belgique
17	J	St Omnibus
18	V	Ste Noisette
19	S	St Tabac, *abbé*
20	**D**	* Ste Cléopâtre, *relig.*
21	L	Ste Otarie
22	M	* St Modérant
23	M	* St Hilarion
24	J	* St Raphaël, *peintre*
25	V	Ste Savate
26	S	Ste Varice
27	**D**	* St Abraham, *pape*
28	L	* St Morbiole, *pénitent*
29	M	Ste Varlope
30	M	* St Arsène
31	J	St Aviso

NOVEMBRE

1	V	TOUSSAINTS
2	S	*Examen de Conscience*
3	**D**	St Hurluberlu
4	L	* St Patrobas
5	M	St Paper
6	M	Ste Brique
7	J	St Bouif
8	V	Ste Lèchefrite
9	S	Ste Affiche
10	**D**	St Just
11	L	Ste Croûte
12	M	* Ste Craphaïlde
13	M	Ste Nitouche
14	J	Ste Pellicule
15	V	St Sexe
16	S	St Siège
17	**D**	* St Agnan
18	L	*Stes Maximes*
19	M	St Bouffre
20	M	St Gribouille
21	J	St Gniat
22	V	Ste Crevette
23	S	* St Dagobert
24	**D**	Ste Flora
25	L	Ste Chair
26	M	St Attentif
27	M	St Béroalde
28	J	* St Sosthène
29	V	Ste Cuisse
30	S	St Hyx

DÉCEMBRE

1	**D**	*Avent*
2	L	St Ruth
3	M	* Ste Magne
4	M	* Ste Barbe
5	J	St Cabas
6	V	Ste Orchidée
7	S	St Quille, *abbé*
8	**D**	Ste Blancheur
9	L	* Ste Léocadie
10	M	St Tuyau
11	M	Ste Râpe
12	J	St Fil, *vierge*
13	V	Ste Pelle
14	S	Ste Progonde
15	**D**	* St Mesmin
16	L	St Renard
17	M	Ste Yolande
18	M	* St Flaive, *concierge*
19	J	St Thymold
20	V	Ste Bottine
21	S	* Ste Péronnelle
22	**D**	* St Honorat
23	L	St Alambic
24	M	Ste Pochetée
25	M	St Câpre
26	J	St Phlegmon
27	V	* Ste Fabiole
28	S	St Poivre
29	**D**	Ste Lippe
30	L	Ste Bobine
31	M	* St Silvestre

Extrait de l'*Almanach illustré du Père Ubu*, 1901.

JEAN RENOIR

(1894-1979)

Mon premier film

Jean Renoir, tant de bons films. Et comme il en parle bien, avec la modestie des gens de génie qui ne trouvent pas si extraordinaire d'avoir triomphé d'obstacles, puisqu'ils n'existent plus et qu'ils pensent aux suivants.

La Fille de l'eau naquit en 1924 du bizarre assemblage de Catherine Hessling et de la forêt de Fontainebleau. Je possédais une maison à la lisière de la forêt à Marlotte. Avec Catherine[1], nous découvrions l'enchantement de ce paysage mystérieux. Les arbres de la forêt de Fontainebleau sont évidemment de vrais arbres : ils n'en constituent pas moins un décor d'une irréalité troublante. Surtout les hêtres avec leurs troncs bien droits s'élevant vers la surface de la forêt dans une lumière bleuâtre. On se croirait au fond de la mer au milieu de mâts de navires naufragés.

C'est dans ce décor que je tournai une partie du rêve de *La Fille de l'eau*. Un jour, un groupe de promeneurs nous aperçut au moment où je pendais Pierre Champagne par les pieds à une branche d'arbre. Un des passants me demanda : « Qu'est-ce que vous tournez donc là ? — C'est un rêve », lui répondis-je. « Un

1. Sa première femme, Catherine Hessling.

rêve ! s'étonna le passant, mais alors pourquoi ne le tournez-vous pas "en cinéma" ! » Le brave homme ne comprenait pas l'emploi de moyens matériels pour tourner un rêve.

Curieusement, le mystère de ce décor splendide m'amena à comprendre que je pouvais parfaitement m'en passer. Pour un metteur en scène qui veut bien se donner la peine de regarder, tous les éléments de notre vie comportent leur côté féerique. Une station de métro peut devenir aussi mystérieuse qu'un château hanté. Maintenant, je crois mieux comprendre la nature des relations de l'auteur et du public. Ce dernier est reconnaissant au premier de lui avoir dévoilé que l'escalier de son immeuble peut parfois le mener au château de la Belle au Bois Dormant.

La Fille de l'eau était une histoire sans importance littéraire. Lestringuez et moi avions écrit ce scénario pour mettre en valeur les qualités plastiques de Catherine Hessling. La magie de la forêt de Fontainebleau nous y aidait. L'intrigue était au second plan de nos préoccupations. Elle n'était qu'un prétexte à des plans présentant une valeur purement visuelle. Nous nous élevions contre le point de vue des intellectuels qui donnent la priorité au sujet et considèrent le contenu comme plus important que le contenant. Ils admirent *Le Radeau de la Méduse* de Géricault, mais pour de fausses raisons. C'est un magnifique tableau, mais peu de gens se rendent compte que ce tableau est grand par suite d'une symphonie équilibrée de couleurs et de formes. Ce qu'il signifie est secondaire. Ce qui est important, c'est que l'auteur s'y soit exprimé complètement, qu'il se soit donné au sujet dans une sorte d'exaltation.

Une œuvre d'art n'est digne de ce nom que si elle donne au public l'occasion de rejoindre l'auteur. Regarder *Le Radeau de la Méduse* équivaut à une conversation avec Géricault. Le reste, notamment le compte rendu de la situation, n'est que littérature. Il en est de l'art comme de la vie. On aime une histoire parce qu'on aime le conteur. La même histoire, contée par un autre, n'offre aucun intérêt. André Gide résume cet état de choses en deux mots : « En art, seule la forme compte. »

Dans le rêve de *La Fille de l'eau*, et plus tard dans celui de *La Petite Marchande d'allumettes*, je m'en suis donné à cœur joie : prises de vues avec la caméra filmant à l'envers, apparitions brusques de personnages, cheval monté par Catherine Hessling galopant dans les nuages et surtout une chute de Catherine à travers le ciel particulièrement réussie.

Techniquement, j'avais réalisé ces deux derniers essais avec des moyens d'une simplicité extrême. À l'époque, les surimpressions ne se faisaient pas encore en laboratoire. Elles étaient tournées directement lors de la prise de vues. Sur un grand plateau des vieux studios Gaumont des Buttes-Chaumont, j'avais fait construire un cylindre de toile d'une vingtaine de mètres de diamètre. Ce cylindre était peint à l'intérieur d'un noir absolu. Le plancher de même. Catherine, vêtue de blanc, montait un cheval également blanc. Elle devait galoper devant le fond noir, à une distance suffisante pour éviter les ombres. La caméra, installée dans l'axe du cylindre sur une plate-forme pivotante, suivait la galopade en un panoramique parfait. La prise de vues avait lieu en deux temps, sur la même pellicule. En un premier temps, on photographiait Catherine et son cheval. Puis, toujours avec la caméra montée sur pivot, on photographiait en un second temps un fond de nuages sur la même pellicule non encore développée.

Ces trucages me passionnaient et passionnaient la petite troupe en partie composée d'amateurs que j'avais réunie pour mon entreprise de « rénovation » du cinéma français. La jeunesse ne doute de rien. Les opérateurs Gibory et Bachelet et quelques techniciens étaient des professionnels. Les acteurs étaient pour la plupart des amis. Mon ami Pierre Champagne se chargeait de transporter le matériel de prises de vues. Mimi Champagne, sa femme, et Catherine Hessling s'occupaient des costumes.

J'entrais dans le cinéma avec des idées bien arrêtées. Je ne croyais pas à l'importance du sujet. J'en reconnaissais la nécessité, mais lui refusais le privilège d'influencer le cours du récit. Pour moi l'idéal eût été un film sans sujet, basé uniquement sur les sensations du metteur en scène, traduites à l'usage du public par les acteurs.

Les amateurs de théâtre emploient souvent pour dire leur admiration pour une pièce l'expression « bien charpentée ». Cette belle charpente m'agaçait prodigieusement. Ce qui comptait pour moi, c'était un beau gros plan. Il se trouvait que pour avaler un gros plan le public avait besoin d'une histoire. Je me soumettais à cette nécessité, mais à contrecœur. Bien entendu, je m'élevais résolument contre l'adaptation à l'écran de chefs-d'œuvre littéraires. Nous ne mangerions jamais de ce pain-là, disions-nous. Serment d'ivrogne.

Je croyais à l'improvisation sur le plateau ou sur le lieu de tournage et j'y crois encore. L'imagination humaine est dangereusement limitée. Elle tend à n'utiliser que des clichés. C'est le contact avec les acteurs, le décor, les accessoires qui ouvre les yeux sur des aspects que l'on ne prévoyait pas. Cependant, je craignais et crains encore de reproduire la nature telle qu'elle est. Je crois qu'il faut l'observer avec passion et, par des angles de prises de vues, par l'éclairage, élargir le sens d'un décor, d'un paysage, d'un visage humain.

Le montage rapide me fascinait. Dans *La Fille de l'eau*, certains plans ne mesurent pas plus de cinq images. Le public éberlué a la sensation de recevoir une gifle dans l'œil. Je n'étais pas le seul à pratiquer ce genre de montage. Abel Gance l'avait utilisé superbement dans *Napoléon*. Ce mode de montage, ainsi que les prises de vues déformées, principalement de bas en haut, devaient être dans l'air car, en même temps que les Russes et sans s'être concerté avec eux, il en avait fait usage. Le montage rapide n'est qu'une tentative de remplacer la progression dans le jeu de l'acteur par la progression dans le montage ; en répétant par courtes saccades le plan d'un acteur on peut produire sur le public une impression d'intensité. Ce genre de montage ne dura pas longtemps et se limita à quelques productions dites d'avant-garde. Il n'était d'ailleurs qu'un aspect de la lutte de l'artificiel contre le naturel. Il devait faire une brillante réapparition un demi-siècle plus tard à la télévision américaine dans des spectacles de variétés comme *Laugh in*. Je devais bien vite renoncer à ce genre d'expérience et maintenant, je considère que le meilleur montage est celui qui ne se voit pas. J'adorais les angles de prises de vues bizarres. Maintenant, je pense que le meilleur angle est celui déterminé par la hauteur d'un être humain de taille normale. Dans le cas de gros plans, l'objectif doit être à la hauteur correspondant à la position de l'œil du protagoniste.

Ma méthode concernant le jeu des acteurs était exactement à l'opposé des principes que je devais appliquer plus tard. Je voulais que les interprètes bornent leur rôle à celui d'automate et n'apportent au film que leur physique. Je leur refusais le droit à l'émotion. Ce qu'ils appelaient « sentir » un rôle n'était pour moi qu'un prétexte à grimaces de cabotin. Je me souviendrai toujours de ma ridicule intervention pendant un certain gros plan de Catherine. Malgré mes recommandations, cette vraie actrice, émue par la situation, laissa échapper de vraies larmes. Je fis arrêter la prise de vues, l'envoyai se remaquiller et tournai à nouveau le plan avec des larmes de glycérine.

Le travail de laboratoire me passionnait. J'aimais suivre les différentes phases du développement de mon film. J'eus vite fait de découvrir que l'appoint de projecteurs dans une scène de jour tournée par temps gris peut donner des effets de nuit d'une grande qualité. C'est la méthode que je devais employer plus tard dans *La Nuit du carrefour*. Peu à peu, la caméra devait m'apprendre la nécessité de me soumettre à la loi commune à tous les sages dont le nom est resté dans l'histoire, à commencer par Aristote. Cette loi est celle du juste milieu. En photographie elle se démontre facilement. Le noir absolu n'est utilisable que pour des effets déterminés. Il en est de même pour le blanc absolu : une vive lumière détruit les autres lumières.

Je considérais que le monde, et surtout le cinéma, était encombré de faux dieux. Ma tâche était de les renverser. Flamberge au vent, j'étais prêt à y consacrer ma vie. Les faux dieux sont toujours là. Ma persévérance, au cours d'un demi-siècle de cinéma, a peut-être aidé à en déboulonner quelques-uns. Elle m'a également aidé à découvrir que certains de ces dieux étaient vrais et ne méritaient pas d'être déboulonnés.

Un faux dieu qui demeure tout-puissant est ce que les gens appellent le « bon goût » et qui n'est que le goût du médiocre. Au nom du bon goût la société assassine toute tentative inhabituelle. Mes amis et moi nous proclamions résolument en faveur du mauvais goût. D'autres expressions nous hérissaient, par exemple « c'est exagéré », qui traduit la gêne du public de se trouver confronté avec une œuvre le dépassant.

À l'opposé de la crainte de l'exagération, il y a l'admiration béate pour le faux naturel. Avec Lestringuez, nous avions fabriqué une expression qui en résumait assez bien toutes les manifestations. C'était le mot « hostellerie » (prononcer hossetellerie). Au théâtre, l'acteur qui se croit obligé de patoiser pour rendre plus « naturel » le rôle d'un paysan est hostellerie. Le sommelier qui, vêtu d'une blouse bleue et une fausse clé de la cave pendue à son cou, vous sert le vin dans une cruche imitation ancien est hostellerie. Le château fort moderne avec mâchicoulis bâti par un commerçant retraité est hostellerie : en général la tour de garde abrite les cabinets. L'ancienne écurie transformée en « ferme » avec poutres apparentes rajoutées est hostellerie. Le yachtman qui se croit obligé de mettre une casquette d'amiral pour aller prendre l'apéritif au bar du coin est hostellerie, surtout s'il ne possède pas de yacht.

Mais le faux dieu le mieux retranché dans sa forteresse, l'ennemi numéro un, c'est le cliché. Par cliché, j'entends une image, une opinion, une pensée qui s'est sournoisement substituée à la réalité. Il y a des clichés qui durent depuis des centaines d'années. En voici quelques-uns : le bon vieillard, l'amour vainqueur de tous les obstacles, le fidèle serviteur, la bravoure militaire, le sens de l'humour des Anglais, les méridionaux vêtus de couleurs vives, la fin justifie les moyens. Or, la vie nous apprend qu'il y a de méchants vieillards, que l'amour est souvent vaincu, que les serviteurs ne sont pas toujours fidèles, qu'il y a des militaires parfaitement lâches, qu'il y a des Anglais dénués de tout sens de l'humour, que la plupart des méridionaux s'habillent en noir, qu'il n'y a pas de fin qui justifie l'assassinat. J'ajoute que les jeunes premières de cinéma blondes et parfumées ne représentent que de loin les jeunes premières de la vie. Pour obéir au cliché on leur colle des perruques blondes bouclées. J'aimerais penser que cette utilisation du cliché ne trompe personne. Mais non, nourri de mensonges, le public tient à ses habitudes et se complaît dans la fausseté d'un monde qu'on lui a fabriqué.

Extrait de *Ma vie et mes films*, 1974.

MANY FÊTES

Many fêtes.
Francis Scott Fitzgerald, *Tendre est la nuit*

Que ça peut être lugubre, une fête ! Cette injonction, d'abord. Et les gens se frôlent, mornes comme des algues, jusqu'à ce qu'assez d'alcool les ait excités. Les soldats de la fête sont rarement enthousiastes. Le titre de cette partie vient de l'épigraphe de Tendre est la nuit, *et on sait comment l'amateur de fêtes qu'était Fitzgerald a fini. Réponse à Julien Sorel par le comte Altamira dans* Le Rouge et le Noir *:*

> Quel beau bal ! dit-il au comte, rien n'y manque.
> — Il y manque la pensée, répondit Altamira.

FRANÇOIS DE BASSOMPIERRE

(1579-1646)

Un tournoi en 1605

Datant de 1605, le tournoi que Bassompierre relate est l'un des derniers qui se soient donnés en France, le dernier peut-être. La mort d'Henri II un demi-siècle auparavant ne les avait pas démodés. Un fait intéressant dans la vie de ce roi est que, quand il avait été emprisonné comme otage en Espagne à la place de son père François Ier vaincu par Charles Quint, il lisait roman de chevalerie sur roman de chevalerie. Et c'est dans un tournoi, vieille mode de chevalerie perpétuée, qu'il est mort. On est toujours tué par les jeux.

[Février.] Le roi permit à MM. de Nemours et de Sommerive de courir les rues masqués le mardi gras 20e février. Ils rencontrèrent MM. de Vittry, de Saint-Luc, comte de Sault, et moi, qui venions de nous préparer pour l'entrée d'un combat de barrière, et nous demandèrent si nous voulions être de la partie ; dont les ayant remerciés, ils nous dirent : « Gardez-vous donc de nous rencontrer, car nous n'épargnerons personne à coups de bourrelets. » Alors Vittry le père répondit : « Messieurs, nous vous préparerons la collation au cimetière Saint-Jean, si vous la voulez venir prendre. » Et ainsi nous étant séparés, nous nous résolûmes de courir aussi les rues. Mais comme nous ne nous étions apprêtés que tard, il y avait apparence que leur troupe eut été plus forte

que la nôtre, sur quoi M. de Vittry nous dit : « Si vous me voulez croire, nous nous mettrons une douzaine de parents ensemble, armés de toutes pièces d'armes dorées, dont nous ne manquons pas, et mettrons huit ou dix hommes masqués devant nous, et aurons de bons bourrelets à l'arçon de la selle. Nous ne demanderons rien à personne ; mais si l'on nous attaque, ou nos masqués, alors nous nous pourrons défendre, et avec grand avantage. » Ce que nous fîmes, et nous mîmes, M. de Vittry et son fils, M. de Créquy et le comte de Sault, M. de Saint-Luc et le commandeur son frère[1], M. de Senecey et Beauvais-Nangis, Trémon, frère de Senecey, et moi, tous armés de belles armes dorées jusqu'aux grèves[2] et aux sollerets[3], sur de grands coursiers, avec des selles d'armes, avions nos épées au côté, et des bourrelets aux mains, de cordes de puits couvertes de taffetas incarnat. Nous mîmes devant nous huit ou dix masques à cheval, non armés que de bourrelets, et partîmes de derrière la place Royale, de chez Vittry, et marchant par la rue Saint-Antoine, deux à deux, nous arrivâmes en la place du cimetière Saint-Jean, en même temps que la grande bande, qui pouvait être de deux cents chevaux, commença à paraître du côté de la rue de la Verrerie ; et dès qu'ils eurent aperçu les masques qui marchaient devant nous, ils vinrent à la charge : et nos masques, selon l'ordre que nous avions donné, s'étant retirés derrière nous, qui parûmes alors, et les changeâmes rudement, nos genouillères les incommodaient fort, et leurs bourrelets ne blessaient que nos armes ; de sorte qu'ils jugèrent pour le mieux de se retirer dans leur gros qui était encore dans la rue de la Verrerie, lequel ils mirent en désordre ; et nous, cependant, les poursuivant toujours, j'eus le contentement qu'un de mes rivaux de Mlle d'Antragues, de qui j'étais alors amoureux, fut bien frotté devant elle, qui était aux fenêtres de son logis à nous regarder. Enfin ils s'écartèrent, et nous leur passâmes à travers. Ce fut le mardi 20e de février[4], et le jeudi 22e j'eus une bonne fortune.

Le dimanche 25e se fit le combat à la barrière, le seul qui se soit fait du règne du feu roi, ni de celui de son fils le roi présent régnant[5]. Notre partie était les chevaliers de l'Aigle, et étions le

1. Charles d'Épinay, commandeur de Malte.
2. Armures pour les jambes.
3. Armures pour les pieds.
4. En fait le 22 ; les dates suivantes sont à décaler.
5. Henri IV et Louis XIII.

comte de Sault, Saint-Luc, et moi, qui entrions ensemble. Feu M. de Vittry était notre maréchal de camp, qui eut meilleure grâce en cette action-là qu'aucun autre qui s'en mêlât alors : aussi était-ce un très honnête et brave homme, et original à sa mode[1].

Mars. – Le mardi suivant, qui était le 27e février[2], le matin, le roi, étant aux Tuileries, dit à M. de Guise : « Ah ! Guisart, Antragues nous méprise tous pour idolâtrer Bassompierre. Je ne vous parle pas sans le bien savoir. » M. de Guise répondit : « Sire, vous ne manquez pas de moyens pour vous venger, et pour moi je n'en ai point d'autre que celui du chevalier errant, en le défiant de rompre trois lances à camp ouvert, cet après-dîner, au lieu qu'il plaira à Votre Majesté nous ordonner. » Le roi nous l'accorda, comme souvent il nous arrivait de faire pareilles parties, et nous dit que ce serait dans le Louvre, et qu'il en ferait sabler la cour. Il[3] prit M. de Jainville, son frère, pour son second, et M. de Termes pour tiers ; et moi je pris M. de Saint-Luc et M. le comte de Sault.

Nous vînmes tous six dîner et nous armer chez Saint-Luc ; et comme nous avions toujours des harnais et livrées préparées à tous évènements, nous fûmes armés d'armes argentées, et nos panaches incarnats et blancs, comme nos bas de saie aussi : et M. de Guise et sa troupe, à cause de la prison de la marquise de Verneuil, de qui il était alors amoureux couvert, s'habilla et arma de noir et or.

Nous vînmes donc au Louvre ; et notre équipage qui entra le premier, et nos personnes aussi, nous mîmes du côté du vieux corps de logis, et M. de Guise qui vint après, se mit au-dessous des fenêtres de la reine, vis-à-vis de nous. Notre carrière était le long de la salle des Suisses. Il advint que M. de Guise était monté sur un petit cheval nommé Lespesnes, et moi sur un grand coursier que le comte de Fiesque m'avait donné. Il prit le bas du ruisseau, et moi le haut du pavé, de sorte que j'étais fort haut au prix de lui ; et au lieu de rompre sa lance en haussant, il la rompit en baissant, tellement qu'après avoir rompu le premier éclat contre mon masque, il rompit le second contre la tassette ; qui glissa jusque dans la fente des chausses, par où elle entra dans mon ventre, et

1. Contre eux, ceux qui avaient offert leur cartel sous le nom de chevaliers de Thrace, menés par le duc de Nevers : le comte de Cramail, le marquis de Cœuvres, depuis duc d'Estrées, le baron de Termes et le comte de Saint-Aignan. À l'entrée des chevaliers de l'Aigle, Bassompierre portait sur son écu un aigle regardant le soleil avec cette devise : « *Yo solo lo merezco* », « Moi seul le mérite ».
2. 1er mars.
3. Le duc de Guise.

s'arrêta dans ce grand os qui joint la hanche et les reins ; et là, la lance se rompit pour la seconde fois, et m'en demeura un tronçon, plus long que le bras, attaché aux os de la cuisse, qui me sortait du ventre. Je rompis ma lance dans sa salade, et bien que je me sentisse mortellement blessé, j'achevai ma carrière, et on me vint aider à descendre proche du petit degré du roi, ou M. le Grand me prit et Guittaut l'aîné, qui m'aidèrent à monter chez M. de Vendôme[1] sous la chambre du roi ; et un gentilhomme de M. le prince[2], pensant que le tronçon que j'avais dans le corps fut seulement au bas de saie, me l'arracha, sans y penser, si à propos, que les chirurgiens eussent eu peine de le faire si adroitement. Alors tous mes boyaux sortirent de mon ventre, et tombèrent au côté droit de mes chausses : le nombril me tenait contre le dos, et la quantité de sang que je perdais m'empêcha de me pouvoir soutenir ; de sorte que l'on me jeta sur le lit de M. de Vendôme, là où, après être désarmé, on visita ma plaie, on me remit les boyaux dans le ventre le mieux que l'on put ; puis avec une longue tente et force bandages, on les y tint ferme. Le roi, monsieur le connétable, et tous les principaux de la cour étaient là, la plupart pleurant, ne pensant pas que je dusse vivre une heure. Je ne fis pas néanmoins mauvaise mine, ni ne crus jamais mourir. Plusieurs dames y étaient, qui me virent panser, et je voulus à toute force retourner à mon logis ; pour quoi faire la reine m'envoya sa chaire où on la portait, car pour lors elle était grosse. Le peuple me suivait en y allant, avec apparence de déplaisir. Comme j'arrivai à mon logis, je perdis la vue, ce qui me fit penser que j'étais bien mal ; et l'on me fit confesser et saigner quasi en même temps. Cependant je ne croyais pas mourir, et ne faisais que rire.

Le roi, dès que je fus blessé, fit cesser le tournoi, et ne permit qu'aucun autre courut, depuis cette course en camp ouvert ; ayant été la seule qui ait été faite cent ans auparavant en France, et n'a été recommencée depuis.

Sur les onze heures du soir du jour de ma blessure, la vue me revint, que j'avais perdue sept heures auparavant ; qui donna la première espérance de ma vie, que jusqu'alors on avait tenue désespérée. Mais comme quelques tranchées violentes m'eussent en même temps tourmenté, on crut que j'allais passer, et les prêtres commencèrent à me parler de mon salut : je disais toujours que je

1. César, duc de Vendôme, fils naturel de Henri IV et de Gabrielle d'Estrées.
2. Henri II de Bourbon, prince de Condé, le père du « Grand Condé ».

me sentais mieux qu'ils ne pensaient ; et les tranchées s'étant apaisées, je me mis à reposer avec un peu de fièvre, et dormis jusqu'à six heures du matin, que l'on me saigna derechef pour arrêter le sang qui coulait perpétuellement de ma plaie, et le divertir. Alors je m'affaiblis fort ; mais peu après, m'étant remis à dormir, je crus à mon réveil être tout à fait guéri. Aussi n'eussé-je depuis aucun accident ni mal, sinon quand on me faisait rire avec excès ; car ma tente sortait quelquefois du ventre, et mes boyaux aussi. Enfin je me guéris à une cuisse près[1], d'où j'avais perdu le mouvement dès que je fus blessé.

Il ne se peut dire combien je fus visité pendant ma blessure, et principalement des dames. Toutes les princesses y vinrent et la reine y envoya trois fois ses filles, que Mlle de Guise y amenait passer les après-dîners entiers : et elle, qui croyait être obligée de m'assister puisque son frère m'avait blessé, y était la plupart du temps. Ma sœur de Saint-Luc, qui coucha toujours au pied de mon lit, tant que je fus en danger, recevait les dames : et le roi, hormis le lendemain de ma blessure, vint tous les après-dîners me voir, et en partie aussi pour y voir les bonnes compagnies. Enfin je sortis le seizième jour ; mais j'avais toujours une tente dans le ventre. Plus de trois semaines après on me portait dans une chaise ; car je n'avais nul affermissement sur le côté droit, et allais à potence jusqu'après que ma blessure fut fermée, que je m'appuyais sur un bâton, ayant toujours un grand frémissement en toute la cuisse et jambe droite.

Extrait du *Journal de ma vie*, posth., 1665.

1. Droite *(addition de l'auteur)*.

HONORÉ DE BALZAC

(1799-1850)

Le faubourg Saint-Germain

Tout infecté de clichés et entêté de préjugés qu'il puisse être, de plus statisticien et généralisateur, enfin enserré d'attelles à tuer toute possibilité de fiction, Balzac se hisse au-dessus de lui-même dans La Comédie humaine. *C'est grâce à sa grande idée du retour des personnages, mais aussi par des envols de folie descriptive cessant par là d'être de la description pour devenir l'essence même des choses. Il est grandiose dans tout ce qui est artifice, les villes, Paris, les traîtrises et les robes des femmes. Personne n'est moins réaliste que ce prétendu maître du réalisme.*

Ce que l'on nomme en France le faubourg Saint-Germain n'est ni un quartier, ni une secte, ni une institution, ni rien qui se puisse nettement exprimer. La place Royale, le faubourg Saint-Honoré, la Chaussée-d'Antin possèdent également des hôtels où se respire l'air du faubourg Saint-Germain. Ainsi, déjà tout le faubourg n'est pas dans le faubourg. Des personnes nées fort loin de son influence peuvent la ressentir et s'agréger à ce monde, tandis que certaines autres qui y sont nées peuvent en être à jamais bannies. Les manières, le parler, en un mot la tradition faubourg Saint-Germain est à Paris, depuis environ quarante ans, ce que la cour y était jadis, ce qu'était l'hôtel Saint-Paul dans le XIVe siècle, le Louvre au XVe, le Palais, l'hôtel Rambouillet, la place Royale au

XVIe, puis Versailles au XVIIe et au XVIIIe siècle. À toutes les phases de l'histoire, le Paris de la haute classe et de la noblesse a eu son centre, comme le Paris vulgaire aura toujours le sien. Cette singularité périodique offre une ample matière aux réflexions de ceux qui veulent observer ou peindre les différentes zones sociales ; et peut-être ne doit-on pas en rechercher les causes seulement pour justifier le caractère de cette aventure, mais aussi pour servir à de graves intérêts, plus vivaces dans l'avenir que dans le présent, si toutefois l'expérience n'est pas un non-sens pour les partis comme pour la jeunesse. Les grands seigneurs et les gens riches, qui singeront toujours les grands seigneurs, ont, à toutes les époques, éloigné leurs maisons des endroits très habités. Si le duc d'Uzès se bâtit, sous le règne de Louis XIV, le bel hôtel à la porte duquel il mit la fontaine de la rue Montmartre, acte de bienfaisance qui le rendit, outre ses vertus, l'objet d'une vénération si populaire que le quartier suivit en masse son convoi, ce coin de Paris était alors désert. Mais aussitôt que les fortifications s'abattirent, que les marais situés au-delà des boulevards s'emplirent de maisons, la famille d'Uzès quitta ce bel hôtel, habité de nos jours par un banquier. Puis la noblesse, compromise au milieu des boutiques, abandonna la place Royale, les alentours du centre parisien, et passa la rivière afin de pouvoir respirer à son aise dans le faubourg Saint-Germain, où déjà des palais s'étaient élevés autour de l'hôtel bâti par Louis XIV au duc du Maine, le Benjamin de ses légitimés. Pour les gens accoutumés aux splendeurs de la vie, est-il en effet rien de plus ignoble que le tumulte, la boue, les cris, la mauvaise odeur, l'étroitesse des rues populeuses ? Les habitudes d'un quartier marchand ou manufacturier ne sont-elles pas constamment en désaccord avec les habitudes des Grands ? Le Commerce et le Travail se couchent au moment où l'aristocratie songe à dîner, les uns s'agitent bruyamment quand l'autre se repose ; leurs calculs ne se rencontrent jamais, les uns sont la recette, et l'autre est la dépense. De là des mœurs diamétralement opposées. Cette observation n'a rien de dédaigneux. Une aristocratie est en quelque sorte la pensée d'une société, comme la bourgeoisie et les prolétaires en sont l'organisme et l'action. De là des sièges différents pour ces forces ; et, de leur antagonisme, vient une antipathie apparente que produit la diversité de mouvements faits néanmoins dans un but commun. Ces discordances sociales résultent si logiquement de toute charte constitutionnelle, que le libéral le plus disposé à s'en plaindre, comme d’un attentat envers les sublimes idées sous lesquelles les ambitieux des classes inférieures cachent leurs desseins, trouverait prodigieusement ridicule à M. le prince de Montmorency de demeurer rue Saint-Martin, au coin de la rue qui porte son nom, ou à M. le duc de Fitz-James, le descendant de la race royale écossaise, d’avoir son hôtel rue Marie-Stuart, au coin de la rue Montorgueil. *Sint ut sunt, aut non sint*, ces belles paroles pontificales peuvent servir de devise aux Grands de tous les pays. Ce fait, patent à chaque époque, et toujours accepté par le peuple, porte en lui des raisons d’État : il est à la fois un effet et une cause, un principe et une loi. Les masses ont un bon sens qu’elles ne désertent qu’au moment où les gens de mauvaise foi les passionnent. Ce bon sens repose sur des vérités d’un ordre général, vraies à Moscou comme à Londres, vraies à Genève comme à Calcutta. Partout, lorsque vous rassemblerez des familles d’inégale fortune sur un espace donné, vous verrez se former des cercles supérieurs, des patriciens, des première, seconde et troisième sociétés. L’égalité sera peut-être un *droit*, mais aucune puissance humaine ne saura le convertir en *fait*. Il serait bien utile pour le bonheur de la France d’y populariser cette pensée. Aux masses les moins intelligentes se révèlent encore les bienfaits de l’harmonie politique. L’harmonie est la poésie de l’ordre, et les peuples ont un vif besoin d’ordre. La concordance des choses entre elles, l’unité, pour tout dire en un mot, n’est-elle pas la plus simple expression de l’ordre ? L’architecture, la musique, la poésie, tout dans la France s’appuie, plus qu’en aucun autre pays, sur ce principe, qui d’ailleurs est écrit au fond de son clair et pur langage, et la langue sera toujours la plus infaillible formule d’une nation. Aussi, voyez-vous le peuple y adoptant les airs les plus poétiques, les mieux modulés ; s’attachant aux idées les plus simples ; aimant les motifs incisifs qui contiennent le plus de pensées. La France est le seul pays où quelque petite phrase puisse faire une grande révolution. Les masses ne s’y sont jamais révoltées que pour essayer de mettre d’accord les hommes, les choses et les principes. Or, nulle autre nation ne sent mieux la pensée d’unité qui doit exister dans la vie aristocratique, peut-être parce que nulle autre n’a mieux compris les nécessités politiques : l’histoire ne la trouvera jamais en arrière. La France est souvent trompée, mais comme une femme l’est, par des idées généreuses, par des sentiments chaleureux dont la portée échappe d’abord au calcul.

Ainsi déjà, pour premier trait caractéristique, le faubourg Saint-Germain a la splendeur de ses hôtels, ses grands jardins, leur silence, jadis en harmonie avec la magnificence de ses fortunes territoriales. Cet espace mis entre une classe et toute une capitale n'est-il pas une consécration matérielle des distances morales qui doivent les séparer ? Dans toutes les créations, la tête a sa place marquée. Si par hasard une nation fait tomber son chef à ses pieds, elle s'aperçoit tôt ou tard qu'elle s'est suicidée. Comme les nations ne veulent pas mourir, elles travaillent alors à se refaire une tête. Quand la nation n'en a plus la force, elle périt, comme ont péri Rome, Venise et tant d'autres. La distinction introduite par la différence des mœurs entre les autres sphères d'activité sociale et la sphère supérieure implique nécessairement une valeur réelle, capitale, chez les sommités aristocratiques. Dès qu'en tout l'État, sous quelque forme qu'affecte le *Gouvernement*, les patriciens manquent à leurs conditions de supériorité complète, ils deviennent sans force, et le peuple les renverse aussitôt. Le peuple veut toujours leur voir aux mains, au cœur et à la tête, la fortune, le pouvoir et l'action ; la parole, l'intelligence et la gloire. Sans cette triple puissance, tout privilège s'évanouit. Les peuples, comme les femmes, aiment la force en quiconque les gouverne, et leur amour ne va pas sans le respect ; ils n'accordent point leur obéissance à qui ne l'impose pas. Une aristocratie mésestimée est comme un roi fainéant, un mari en jupon ; elle est nulle avant de n'être rien. Ainsi, la séparation des Grands, leurs mœurs tranchées ; en un mot, le costume général des castes patriciennes est tout à la fois le symbole d'une puissance réelle, et les raisons de leur mort quand elles ont perdu la puissance. Le faubourg Saint-Germain s'est laissé momentanément abattre pour n'avoir pas voulu reconnaître les obligations de son existence qu'il lui était encore facile de perpétuer. Il devait avoir la bonne foi de voir à temps, comme le vit l'aristocratie anglaise, que les institutions ont leurs années climatériques où les mêmes mots n'ont plus les mêmes significations, où les idées prennent d'autres vêtements, et où les conditions de la vie politique changent totalement de forme, sans que le fond soit essentiellement altéré. Ces idées veulent des développements qui appartiennent essentiellement à cette aventure, dans laquelle ils entrent, et comme définition des causes, et comme explication des faits.

Le grandiose des châteaux et des palais aristocratiques, le luxe de leurs détails, la somptuosité constante des ameublements, l'*aire* dans laquelle s'y meut sans gêne, et sans éprouver de froissement, l'heureux propriétaire, riche avant de naître ; puis l'habitude de ne jamais descendre au calcul des intérêts journaliers et mesquins de l'existence, le temps dont il dispose, l'instruction supérieure peut prématurément acquérir ; enfin les traditions patriciennes qui lui donnent des forces sociales que ses adversaires compensent à peine par des études, par une volonté, par une vocation tenaces ; tout devrait élever l'âme de l'homme qui, dès le jeune âge, possède de tels privilèges, lui imprimer ce haut respect de lui-même dont la moindre conséquence est une noblesse de cœur en harmonie avec la noblesse du nom. Cela est vrai pour quelques familles. Çà et là, dans le faubourg Saint-Germain, se rencontrent de beaux caractères, exceptions qui prouvent contre l'égoïsme général qui a causé la perte de ce monde à part. Ces avantages sont acquis à l'aristocratie française, comme à toutes les efflorescences patriciennes qui se produiront à la surface des nations aussi longtemps qu'elles assiéront leur existence sur le *domaine*, le domaine-sol comme le domaine-argent, seule base solide d'une société régulière ; mais ces avantages ne demeurent aux patriciens de toute sorte qu'autant qu'ils maintiennent les conditions auxquelles le peuple les leur laisse. C'est des espèces de fiefs moraux dont la *tenure* oblige envers le souverain, et ici le souverain est certes aujourd'hui le peuple. Les temps sont changés, et aussi les armes. Le Banneret à qui suffisait jadis de porter la cotte de mailles, le haubert, de bien manier la lance et de montrer son pennon, doit aujourd'hui faire preuve d'intelligence ; et là où il n'était besoin que d'un grand cœur, il faut, de nos jours, un large crâne. L'art, la science et l'argent forment le triangle social où s'inscrit l'écu du pouvoir, et d'où doit procéder la moderne aristocratie. Un beau théorème vaut un grand nom. Les Fugger modernes sont princes de fait. Un grand artiste est réellement un oligarque, il représente tout un siècle, et devient presque toujours une loi. Ainsi, le talent de la parole, les machines à haute pression de l'écrivain, le génie du poète, la constance du commerçant, la volonté de l'homme d'État qui concentre en lui mille qualités éblouissantes, le glaive du général, ces conquêtes personnelles faites par un seul sur toute la société pour lui imposer, la classe aristocratique doit s'efforcer d'en avoir aujourd'hui le monopole, comme jadis elle avait celui de la force matérielle. Pour rester à la tête d'un pays, ne faut-il pas être toujours digne de le conduire ; en être l'âme et l'esprit, pour en faire agir les mains ? Comment mener un peuple sans avoir les puissances qui font le commandement ? Que serait le bâton des maréchaux sans la force intrinsèque du capitaine qui le tient à la main ? Le faubourg Saint-Germain a joué avec des bâtons, en croyant qu'ils étaient tout le pouvoir. Il avait renversé les termes de la proposition qui commande son existence. Au lieu de jeter les insignes qui choquaient le peuple et de garder secrètement la force, il a laissé saisir la force à la bourgeoisie, s'est cramponné fatalement aux insignes, et a constamment oublié les lois que lui imposait sa faiblesse numérique. Une aristocratie, qui personnellement fait à peine le millième d'une société, doit aujourd'hui, comme jadis, y multiplier ses moyens d'action pour y opposer, dans les grandes crises, un poids égal à celui des masses populaires. De nos jours, les moyens d'action doivent être des forces réelles, et non des souvenirs historiques. Malheureusement, en France, la noblesse, encore grosse de son ancienne puissance évanouie, avait contre elle une sorte de présomption dont il était difficile qu'elle se défendît. Peut-être est-ce un défaut national. Le Français, plus que tout autre homme, ne conclut jamais en dessous de lui, il va du degré sur lequel il se trouve au degré supérieur : il plaint rarement les malheureux au-dessus desquels il s'élève, il gémit toujours de voir tant d'heureux au-dessus de lui. Quoiqu'il ait beaucoup de cœur, il préfère trop souvent écouter son esprit. Cet instinct national qui fait toujours aller les Français en avant, cette vanité qui ronge leurs fortunes et les régit aussi absolument que le principe d'économie régit les Hollandais, a dominé depuis trois siècles la noblesse, qui, sous ce rapport, fut éminemment française. L'homme du faubourg Saint-Germain a toujours conclu de sa supériorité matérielle en faveur de sa supériorité intellectuelle. Tout, en France, l'en a convaincu, parce que depuis l'établissement du faubourg Saint-Germain, révolution aristocratique commencée le jour où la monarchie quitta Versailles, le faubourg Saint-Germain s'est, sauf quelques lacunes, toujours appuyé sur le pouvoir, qui sera toujours en France plus ou moins faubourg Saint-Germain ; de là sa défaite en 1830. À cette époque, il était comme une armée opérant sans avoir de base. Il n'avait point profité de la paix pour s'implanter dans le cœur de la nation. Il péchait par un défaut d'instruction et par un manque total de vue sur l'ensemble de ses intérêts. Il tuait un avenir certain, au profit d'un présent douteux. Voici peut-être la raison de cette fausse politique. La distance physique et morale que ces supériorités s'efforçaient de maintenir elles et le reste de la nation a fatalement eu pour tout résultat, depuis quarante ans, d'entretenir dans la haute classe le sentiment personnel en tuant le patriotisme de caste. Jadis, alors que la noblesse française était grande, riche et puissante, les gentilshommes savaient, dans le danger, se choisir des chefs et leur obéir. Devenus moindres, ils se sont montrés indisciplinables ; et, comme dans le Bas-Empire, chacun d'eux voulait être empereur ; en se voyant tous égaux par leur faiblesse, ils se crurent tous supérieurs. Chaque famille ruinée par la révolution, ruinée par le partage égal des biens, ne pensa qu'à elle, au lieu de penser à la grande famille aristocratique, et il leur semblait que si toutes s'enrichissaient, le parti serait fort. Erreur. L'argent aussi n'est qu'un signe de la puissance. Composées de personnes qui conservaient les hautes traditions de bonne politesse, d'élégance vraie, de beau langage, de pruderie et d'orgueil nobiliaires, en harmonie avec leurs existences, occupations mesquines quand elles sont devenues le principal d'une vie de laquelle elles ne doivent être que l'accessoire, toutes ces familles avaient une certaine valeur intrinsèque, qui, mise en superficie, ne leur laisse qu'une valeur nominale. Aucune de ces familles n'a eu le courage de se dire : Sommes-nous assez fortes pour porter le pouvoir ? Elles se sont jetées dessus comme firent les avocats en 1830. Au lieu de se montrer protecteur comme un Grand, le faubourg Saint-Germain fut avide comme un parvenu. Du jour où il fut prouvé à la nation la plus intelligente du monde que la noblesse restaurée organisait le pouvoir et le budget à son profit, ce jour, elle fut mortellement malade. Elle voulait être une aristocratie quand elle ne pouvait plus être qu'une oligarchie, deux systèmes bien différents, et que comprendra tout homme assez habile pour lire attentivement les noms patronymiques des lords de la Chambre haute. Certes, le gouvernement royal eut de bonnes intentions ; mais il oubliait constamment qu'il faut tout faire vouloir au peuple, même son bonheur, et que la France, femme capricieuse, veut être heureuse ou battue à son gré. S'il y avait eu beaucoup de ducs de Laval, que sa modestie a fait digne de son nom, le trône de la branche aînée serait devenu solide autant que l'est celui de la maison de Hanovre. En 1814, mais surtout en 1820, la noblesse française avait à dominer l'époque la plus instruite, la bourgeoisie la plus aristocratique, le pays le plus femelle du monde. Le faubourg

Saint-Germain pouvait bien facilement conduire et amuser une classe moyenne, ivre de distinctions, amoureuse d'art et de science. Mais les mesquins meneurs de cette grande époque intelligentielle haïssaient tous l'art et la science. Ils ne surent même pas présenter la religion, dont ils avaient besoin, sous les poétiques couleurs qui l'eussent fait aimer. Quand Lamartine, La Mennais, Montalembert et quelques autres écrivains de talent doraient de poésie, rénovaient ou agrandissaient les idées religieuses, tous ceux qui gâchaient le gouvernement faisaient sentir l'amertume de la religion. Jamais nation ne fut plus complaisante, elle était alors comme une femme fatiguée qui devient facile ; jamais pouvoir ne fit alors plus de maladresses : la France et la femme aiment mieux les fautes. Pour se réintégrer, pour fonder un grand gouvernement oligarchique, la noblesse du faubourg devait se fouiller avec bonne foi afin de trouver en elle-même la monnaie de Napoléon, s'éventrer pour demander aux creux de ses entrailles un Richelieu constitutionnel ; si ce génie n'était pas en elle, aller le chercher jusque dans le froid grenier où il pouvait être en train de mourir, et se l'assimiler, comme la Chambre des lords anglais s'assimile constamment les aristocrates de hasard. Puis, ordonner à cet homme d'être implacable, de retrancher les branches pourries, de recéper l'arbre aristocratique. Mais d'abord, le grand système du torysme anglais était trop immense pour de petites têtes ; et son importation demandait trop de temps aux Français, pour lesquels une réussite lente vaut un *fiasco*. D'ailleurs, loin d'avoir cette politique rédemptrice qui va chercher la force là où Dieu l'a mise, ces grandes petites gens haïssaient toute force qui ne venait pas d'eux ; enfin, loin de se rajeunir, le faubourg Saint-Germain s'est avieilli. L'étiquette, institution de seconde nécessité, pouvait être maintenue si elle n'eût paru que dans les grandes occasions ; mais l'étiquette devint une lutte quotidienne, et au lieu d'être une question d'art ou de magnificence, elle devint une question de pouvoir. S'il manqua d'abord au trône un de ces conseillers aussi grands que les circonstances étaient grandes, l'aristocratie manqua surtout de la connaissance de ses intérêts généraux, qui aurait pu suppléer à tout. Elle s'arrêta devant le mariage de M. de Talleyrand, le seul homme qui eût une de ces têtes métalliques où se forgent à neuf les systèmes politiques par lesquels revivent glorieusement les nations. Le faubourg se moqua des ministres qui n'étaient pas gentilshommes, et ne donnait pas de gentilshommes assez supérieurs pour être ministres ; il pouvait rendre des services véritables au pays en ennoblissant les justices de paix, en fertilisant le sol, en construisant des routes et des canaux, en se faisant puissance territoriale agissante ; mais il vendait ses terres pour jouer à la Bourse. Il pouvait priver la bourgeoisie de ses hommes d'action et de talent dont l'ambition minait le pouvoir, en leur ouvrant ses rangs ; il a préféré les combattre, et sans armes ; car il n'avait plus qu'en tradition ce qu'il possédait jadis en réalité. Pour le malheur de cette noblesse, il lui restait précisément assez de ses diverses fortunes pour soutenir sa morgue. Contente de ses souvenirs, aucune de ces familles ne songea sérieusement à faire prendre des armes à ses aînés, parmi le faisceau que le XIXe siècle jetait sur la place publique. La jeunesse, exclue des affaires, dansait chez Madame, au lieu de continuer à Paris, par l'influence de talents jeunes, consciencieux, innocents de l'Empire et de la République, l'œuvre que les clefs de chaque famille auraient commencée dans les départements en y conquérant la reconnaissance de leurs titres par de continuels plaidoyers en faveur des intérêts locaux, en s'y conformant à l'esprit du siècle, en refondant la caste au goût du temps. Concentrée dans son faubourg Saint-Germain, où vivait l'esprit des anciennes oppositions féodales mêlé à celui de l'ancienne cour, l'aristocratie, mal unie au château des Tuileries, fut plus facile à vaincre, n'existant que sur un point et surtout aussi mal constituée qu'elle l'était dans la Chambre des pairs. Tissue dans le pays, elle devenait indestructible ; acculée dans son faubourg, adossée au château, étendue dans le budget, il suffisait d'un coup de hache pour trancher le fil de sa vie agonisante, et la plate figure d'un petit avocat s'avança pour donner ce coup de hache. Malgré l'admirable discours de M. Royer-Collard, l'hérédité de la pairie et ses majorats tombèrent sous les pasquinades d'un homme qui se vantait d'avoir adroitement disputé quelques têtes au bourreau, mais qui tuait maladroitement de grandes institutions. Il se trouve là des exemples et des enseignements pour l'avenir. Si l'oligarchie française n'avait pas une vie future, il y aurait je ne sais quelle cruauté triste à la géhenner après son décès, et alors il ne faudrait plus que penser à son sarcophage ; mais si le scalpel des chirurgiens est dur à sentir, il rend parfois la vie aux mourants. Le faubourg Saint-Germain peut se trouver plus puissant persécuté qu'il ne l'était triomphant, s'il veut avoir un chef et un système.

Maintenant il est facile de résumer cet aperçu semi-politique. Ce défaut de vues larges et ce vaste ensemble de petites fautes ; l'envie de rétablir de hautes fortunes dont chacun se préoccupait ; un besoin réel de religion pour soutenir la politique ; une soif de plaisir, qui nuisait à l'esprit religieux, et nécessita des hypocrisies ; les résistances partielles de quelques esprits élevés qui voyaient juste et que contrarièrent les rivalités de cour ; la noblesse de province, souvent plus pure de race que ne l'est la noblesse de cour, mais qui, trop souvent froissée, se désaffectionna ; toutes ces causes se réunirent pour donner au faubourg Saint-Germain les mœurs les plus discordantes. Il ne fut ni compacte dans son système, ni conséquent dans ses actes, ni complètement moral, ni franchement licencieux, ni corrompu, ni corrupteur ; il n'abandonna pas entièrement les questions qui lui nuisaient et n'adopta pas les idées qui l'eussent sauvé. Enfin, quelque débiles que fussent les personnes, le parti s'était néanmoins armé de tous les grands principes qui font la vie des nations. Or, pour périr dans sa force, que faut-il être ? Il fut difficile dans le choix des personnes présentées ; il eut du bon goût, du mépris élégant ; mais sa chute n'eut certes rien d'éclatant ni de chevaleresque. L'émigration de 89 accusait encore des sentiments ; en 1830, l'émigration à l'intérieur n'accuse plus que des intérêts. Quelques hommes illustres dans les lettres, les triomphes de la tribune, M. de Talleyrand dans les congrès, la conquête d'Alger, et plusieurs noms redevenus historiques sur les champs de bataille, montrent à l'aristocratie française les moyens qui lui restent de se nationaliser et de faire encore reconnaître ses titres, si toutefois elle daigne. Chez les êtres organisés il se fait un travail d'harmonie intime. Un homme est-il paresseux, la paresse se trahit en chacun de ses mouvements. De même, la physionomie d'une classe d'hommes se conforme à l'esprit général, à l'âme qui en anime le corps. Sous la Restauration, la femme du faubourg Saint-Germain ne déploya ni la fière hardiesse que les dames de la cour portaient jadis dans leurs écarts, ni la modeste grandeur des tardives vertus par lesquelles elles expiaient leurs fautes, et qui répandaient autour d'elles un si vif éclat. Elle n'eut rien de bien léger, rien de bien grave. Ses passions, sauf quelques exceptions, furent hypocrites ; elle transigea pour ainsi dire avec leurs jouissances. Quelques-unes de ces familles menèrent la vie bourgeoise de la duchesse d'Orléans, dont le lit conjugal se montrait si ridiculement aux visiteurs du Palais-Royal ; deux ou trois à peine continuèrent les mœurs de la Régence, et inspirèrent une sorte de dégoût à des femmes plus habiles. Cette nouvelle grande dame n'eut aucune influence sur les mœurs : elle pouvait néanmoins beaucoup, elle pouvait, en désespoir de cause, offrir le spectacle imposant des femmes de l'aristocratie anglaise ; mais elle hésita niaisement entre d'anciennes traditions, fut dévote de force, et cacha tout, même ses belles qualités. Aucune de ces Françaises ne put créer de salon où les sommités sociales vinssent prendre des leçons de goût et d'élégance. Leur voix, jadis si imposante en littérature, cette vivante expression des sociétés, y fut tout à fait nulle. Or, quand une littérature n'a pas de système général, elle ne fait pas corps et se dissout avec son siècle. Lorsque, dans un temps quelconque, il se trouve au milieu d'une nation un peuple à part ainsi constitué, l'historien y rencontre presque toujours une figure principale qui résume les vertus et les défauts de la masse à laquelle elle appartient : Coligny chez les huguenots, le coadjuteur au sein de la Fronde, le maréchal de Richelieu sous Louis XV, Danton dans la Terreur. Cette identité de physionomie entre un homme et son cortège historique est dans la nature des choses. Pour mener un parti ne faut-il pas concorder à ses idées, pour briller dans une époque ne faut-il pas la représenter ? De cette obligation constante où se trouve la tête sage et prudente des partis d'obéir aux préjugés et aux folies des masses qui en font la queue dérivent les actions que reprochent certains historiens aux chefs de parti, quand, à distance des terribles ébullitions populaires, ils jugent à froid les passions les plus nécessaires à la conduite des grandes luttes séculaires. Ce qui est vrai dans la comédie historique des siècles est également vrai dans la sphère plus étroite des scènes partielles du drame national appelé les Mœurs.

Extrait de *La Duchesse de Langeais*, 1834.

ALFRED DE VIGNY

(1797-1863)

Un dandy : Alfred d'Orsay

Quel splendide écrivain ! Vigny semble le possesseur d'un sentiment qui en aurait stérilisé d'autres et lui a donné son genre, son grand genre : le désabusement. Jamais il ne s'en sert pour renoncer. Vigny est la noblesse même.

Il y a dans la vie des amitiés secondaires qui apparaissent, s'éclipsent, reparaissent et s'éteignent comme des feux follets. Les amitiés d'enfance ne sont, à vrai dire, que des compagnonnages joyeux qui restent non par amitié, mais intimité, chose bien plus profane et légère.

Dans une vie bien remplie et *honorablement conduite*, ces sortes d'adolescences continuées ne doivent tenir qu'une place toute semblable à celle qu'on voit occupée dans une tragédie par les comparses qui se montrent pendant une scène courte, rapide, vive et gaie.

D'Orsay tient la place d'une seconde dans la première heure de ma vie, dans l'heure du collège. Dans cette pension chez M. Hix, rue de Matignon, toute militaire et impériale, pleine de fils des sénateurs, des généraux et des princes de la Confédération du Rhin, où je fus non élevé mais endoctriné et retardé pendant quelques années, je vis et connus, dans des classes qu'il faisait mal ou plutôt pas du tout, un enfant blond, bouclé, frisé naturellement tout autour de la tête, absolument semblable aux Amours de l'Albane et à ceux que Girodet, dans toutes ses compositions, a blottis sur le sein, sous l'épaule ou sur les genoux des Vénus et des Galatée et des Danaé qu'il peignait : c'était Alfred d'Orsay.

Sa sœur aînée, Mlle Ida d'Orsay, qui après le rétablissement des Bourbons épousa le duc de Guiche, était moins féminine et moins délicate dans sa beauté que le jeune Alfred dont la bouche fraîche et rose, qu'il conserva telle toute sa vie, s'épanouissait comme la bouche d'une jeune fille anglaise lorsqu'elle s'entr'ouvre et laisse voir parmi les dents blanches une petite langue qui prononce le *the*. Ida était alors, vers l'âge de douze ans qu'elle pouvait avoir quand son frère en avait dix, une belle blonde, grande, grasse et grosse fille, à la peau blanche mais aux joues rouges, gonflées de santé comme ses bras qui étaient marbrés et bleus à force de vigueur. Lorsqu'elle devint plus grande et vers dix-sept ans, cela ne fit qu'augmenter, au point qu'étant au bal, je la vis un jour courir aux fenêtres comme étouffée par le sang. Ses cheveux blonds tombaient à flots sur ses épaules et elle semblait en tout une belle fille alsacienne. Cet air de paysanne la révolta et un beau jour elle s'en trouva si indignée qu'elle imagina de se faire maigrir, de ne plus manger ou à peine…, de boire force vinaigre, et elle suivit, malgré père et mère, ce projet de pensionnaire avec tant d'obstination qu'elle tomba en défaillance d'abord, puis en maladie grave et profonde, la poitrine attaquée de telle sorte qu'un jour on la dit à la mort et il s'en fallut de si peu, que sa fin fut annoncée dans les papiers publics. Elle en revint pourtant en une année, mais elle revint telle qu'elle avait résolu de se refaire, pâle pour toujours et aussi maigre qu'elle s'était vue gonflée, intéressante enfin et personnage de roman possible et probable, tandis qu'avant il y avait impossibilité absolue à mettre sur cette face réjouie la moindre souffrance morale. La plus légère ombre de mélancolie n'aurait osé s'étendre sur des joues de pourpre et des lèvres de vermillon.

Pour son petit frère, à qui je reviens, il ne garda guère des études qu'il vit faire aux autres qu'une habitude amusante de crayonner des caricatures et des costumes. Le costume surtout fut le but des méditations constantes, réfléchies, attentives de toute sa vie. Sa grand'mère, Mme Craffort, et sa mère, qui toutes deux avaient été fort belles, son père, général de l'Empire, qui toute sa vie ne fut appelé à l'armée autrement que le beau d'Orsay par les soldats et l'Empereur même, étaient ravis de se voir revivre dans Ida et Alfred qu'on nommait l'Amour et Psyché par allusion au tableau de Gérard, alors nouveau. Je fis assez peu d'attention à cet enfant élégant et grec de forme et de bonne grâce, de profil délicat, occupé comme je l'étais de disputer à mes compagnons le droit d'en savoir plus qu'eux.

Plus tard, l'adolescent reparut pour moi de par le monde. À l'âge des bals que nous passions ensemble, il étalait le plus d'élégance qu'il en pût tirer de la cassette de son père, fort épuisée par le jeu. Il avait la fortune d'un sous-lieutenant et les goûts d'un prince héréditaire.

À peine officier, il se mit à jouer gros jeu comme son père et fit en un hiver des dettes qui dépassaient de beaucoup ses revenus de dix années. Son père, excellent et brave général, plein de douceur et de bonne grâce dans son commandement d'une brigade de la garde royale où je venais d'entrer officier, était assez aimé de ses deux régiments mais fort peu de ses créanciers qui le poursuivaient sans pitié à ce point qu'il était forcé de s'abstenir de sortir de chez lui avant le coucher du soleil et qu'un jour on vint faire une saisie dans sa maison, tout au milieu d'un bal qu'il donnait. Ce fut alors que l'on fit voyager en Italie l'enfant prodigue qui rencontra lady Blessington. Cette jolie et spirituelle personne était amie de Mme d'Orsay, sa mère, et lui promit de faire la fortune du bel Alfred. Elle n'y manqua pas et fut à l'instant pour lui ce que pour Tom Jones fut lady Bellanton. Lord Blessington, de son côté, n'était pas moins ravi de la personne du jeune Alcibiade qu'il ne quittait jamais et qui l'accompagnait dans ses courses, ses chasses, ses voyages et ses fêtes. Pendant que Junon et Jupiter s'étaient ainsi volontairement attelés à son char, on élevait pour le traîner une troisième Déité, une Vénus qui grandissait dans l'ombre pour lui être sacrifiée un jour. C'était la fille unique d'un premier mariage de lord Blessington. Cette beauté blonde aux yeux bruns que j'ai connue à Paris avait par héritage la moitié de la fortune de sa mère qui était considérable, même en Angleterre où les plus grandes fortunes du continent paraissent misérables. Dès que cette enfant fut nubile, sa jeune belle-mère la jeta à son amant, mais avec défense expresse d'y toucher. Elle suivait donc sa famille en voyage, à peu près comme l'eût pu faire une demoiselle de compagnie et, tant que l'innocence primitive et baptismale ne fut pas évanouie en elle, on la vit calme et radieuse auprès de son mari dont elle semblait et n'était en effet que la sœur cadette. Mais lorsqu'elle revint à Paris avec l'amant de sa mère dont elle n'avait que le nom, je ne sais quelle conversation française lui ouvrit les yeux sur les devoirs conjugaux et, tout à coup, elle changea de ton et se mit à dire tout haut, en dansant dans les plus grands bals de la cour, à toutes ses amies et même aux jeunes gens qu'il ne fallait pas qu'on s'imaginât qu'elle était mariée, que son mariage imaginaire était tout à fait mythologique. Qu'elle n'était qu'une vierge mariée à l'église et à la mairie et admise à dîner seulement entre l'amant de sa belle-mère et mylord son père. Que tous trois avaient tellement gaspillé sa fortune qu'elle n'avait plus guère que sa beauté qui lui appartînt et qu'elle avait résolu d'y ajouter encore sa liberté, qu'elle choisirait de son mieux un consolateur ou plutôt un révélateur qui lui fît connaître les secrets de la nature et de l'amour que le mariage n'avait pas daigné lui enseigner ; qu'elle ne croyait pas pouvoir, en une telle extrémité, mieux témoigner le respect de son nom qu'en choisissant le personnage de la plus brillante lignée qui s'offrirait comme vengeur et, en effet, elle prit sans hésiter, et le plus publiquement possible, le fils aîné du roi.

Le duc d'Orléans l'aima du mieux qu'il put parmi bien d'autres de ses danseuses du grand monde et du petit. Jusqu'à son mariage, il l'allait voir et la mettait de ces parties de chasse qu'il faisait avec ses frères et les jeunes gens du Jockey-Club où chacun amenait les femmes et les filles les plus jolies et les plus éclatantes qu'on pût fournir, sorties pour la plupart des coulisses de l'Opéra, dont le bonheur était de croiser les femmes du faubourg Saint-Germain avec des voitures et des gens payés par leurs maris et là de leur dire comme en un jour de carnaval tout un catéchisme d'injures grossières, composé de leurs anecdotes secrètes qu'elles mettaient ainsi au grand jour, en les faisant mourir de honte.

Lady d'Orsay, se voyant abandonnée tout à coup de son seul et premier vainqueur dès le lendemain de son mariage officiel et légitime, chercha les occasions de se faire remarquer et vint seule et sombre comme une veuve se montrer à une chasse de Chantilly et mettre sa voiture en travers des chevaux du jeune Prince qui voulut bien encore lui parler à la portière, mais pour la dernière fois. Dès lors, elle vécut d'une pension de douze mille francs qu'il lui faisait et ne fut revue aux alentours des d'Orléans que lorsque l'aîné des princes d'Orléans se tua en descendant de voiture à

Neuilly. On la vit à la messe funèbre, passer une nuit en deuil, en pleurs et en gémissements que l'on respecta.

Pour Alfred d'Orsay, son mari, parfaitement indifférent à la conduite de sa femme, il vivait à Londres, ne voulant pas revenir à Paris et n'y pouvant même penser à cause de ses dettes. Il en fit de nouvelles en Angleterre et s'occupa de dissiper la fortune de son beau-père et de sa belle-mère comme il avait usé celle de sa femme.

Ce fut à Londres que je le revis, avec le plus de suite en 1838. J'y étais amené par les affaires de fortune de Mme de Vigny. Je retrouvai en lui ce que j'avais vu en France, c'est-à-dire le même Chérubin de *Figaro*, grandi et formé de corps, mais *de cervelle point*. Sur un torse d'homme élancé, fort souple et bien taillé, la même tête d'enfant toujours rieuse et évaporée. Joues roses, cheveux blonds bouclés, le nez au vent, aussi retroussé que celui de Roxelane qui gouvernait un empire. Il parlait en ricanant et de haut aux plus grands seigneurs d'Angleterre ; en France, il était pour nous ce que fut Chérubin pour Beaumarchais, un charmant polisson ; mais pour les Anglais, il fut un modèle de l'ancienne gaîté prétendue française et de l'inimitable entrain du chevalier de Grammont dont Hamilton leur avait laissé le portrait, dont les lettres de lord Chesterfield avaient tracé la théorie pour ceux de la race anglo-saxonne qui oseraient prétendre à *sacrifier aux grâces* comme il l'enseigne. La tradition est si puissante en ce pays où l'on rencontre partout le Moyen Âge sur son chemin, que celle même de l'excentrique est respectée. Chaque famille se croit obligée d'être fidèle aux caprices d'un autre temps s'ils étaient ceux de ses ancêtres et inscrits sur sa généalogie. C'est ainsi que lord Eglington se croit obligé de donner tous les ans un tournoi en souvenance de celui de son aïeul Montgommery qui eut le malheur de tuer Henri II dans un jeu semblable. Par un pareil sentiment, sans doute, le jeune lord Chesterfield était l'un des admirateurs et des imitateurs les plus ardents des grâces françaises auxquelles sacrifiait d'Orsay. Il poussait ainsi que les autres jeunes lords et dandies jusqu'à la gaucherie la servile imitation de chaque fantaisie de leur modèle en beaux airs, ce qu'ils nomment *fashion*. Un jour, entre autres exemples, il arriva durant un de mes séjours à Londres qu'une grande chasse fut donnée à Windsor, durant laquelle une foule de petits garçons de Londres et de Cokneys ou gamins de Westend suivit la chasse en courant et faisant des battues. Alfred d'Orsay descendant de cheval pour monter dans sa voiture après la curée et revenir à Londres aperçut un de ces enfants qui tombait de fatigue auprès d'un arbre, il le fit coucher à ses pieds dans sa voiture comme un lévrier et partit en riant comme un fou de son compagnon de voyage. Aussitôt ses admirateurs d'applaudir et lord Chesterfield ayant donné l'exemple, chacun prit un petit garçon déguenillé dans sa voiture et se chargea de lui.

Depuis Brummel, le sceptre des dandies était resté vacant. D'Orsay le saisit en prince, mais il lui en coûta cher. Personne n'eût osé parmi les jeunes gens du grand monde se révolter contre la mode qu'il avait inventée. On attendait respectueusement les décrets du conseil des grands tailleurs qu'il présidait et où il apportait le dessin des modes et des changements à proposer. Souvent, le matin, j'arrivais à Gore House et le voyais partir pour Hyde Park à cheval et suivi de deux laquais à cheval comme lui. C'était le plus beau moment de sa journée. Il allait faire ce que les Anglais nomment une *exhibition*. Il n'était plus alors le législateur de la mode, mais il en était le type même et le plus parfait modèle, la statue de cire que promenait au pas un cheval de race, afin que l'on eût le temps de graver dans sa mémoire la forme de l'habit nouveau et la manière dont il était porté. Ce rôle de dissipation qui l'amusait d'abord finit par l'enchaîner et devint une sorte de fonction publique obligatoire. On démêlait de temps en temps qu'il valait mieux que ce rôle de dandisme forcé à perpétuité auquel il s'était voué et de législature des modes du jour et du lendemain. Quelques mouvements involontaires montraient un bon cœur et quelques mots un esprit assez fin et souple, mais sans force, sans étendue, sans profondeur et sans expression. Son instinct des caricatures s'était tourné en un talent déjà assez prononcé pour le dessin sérieux. Il fit de lui-même un *portrait équestre*, gravure très populaire à Londres et pleine de goût. Il me montra des statuettes assez habilement moulées par lui, parmi lesquelles celle d'une nièce de lady Blessington, jeune personne de quinze ans, sourde et muette et d'une remarquable beauté. Il eût donc été un homme de talent, peut-être dans la peinture et la sculpture s'il avait eu le temps de réfléchir, de se chercher, de se trouver. Mais condamné à faire dire de lui partout aux hommes et aux femmes : « Quel charmant jeune homme », son malheur fut d'être trop beau. Il était dès 1830 ce que je le revis en 1838 à Londres et tel qu'il me revint à Paris en 1849. D'une haute taille qui, de loin, eût été d'un grenadier, mais les traits enfantins comme la tête demeurait puérile. La forme en tous sens et surtout dans le sens latin : *Forma* ou Beauté fut l'unique pensée, la seule application de sa vie, de ses yeux, de sa bouche. Dirai-je de son intelligence ? Je ne sais. À vingt-cinq ans, il venait de temps à autre me voir et le dessin des uniformes, la bonne grâce d'un cheval et la manière de se vêtir, selon les visites, l'occupaient avec une sorte de passion. Il posait des questions à ses amis auxquelles on ne pouvait répondre que par des éclats de rire.

— Trouves-tu, disait-il, que Camille d'Orlandes soit aussi beau que moi ? Le trouves-tu plus joli garçon que Ludovic de Rosambo ?

Et il s'étonnait de nos sourires, prenant la chose au sérieux et avant tout.

Ses cheveux furent toujours blonds, ses dents toujours égales et blanches, ses lèvres roses. Son front était petit et étroit, ses yeux très grands, très doux et très bleus, de ce bleu d'azur parfait que l'on donne aux poupées de tous les pays, son visage rond à recevoir un bourrelet sans étonner personne.

Je me demande si la beauté de ce genre n'est pas une infortune dans un homme, lorsque, portée à ce point, elle devient quelque chose de semblable à une profession, se montrer et faire sensation devient alors le premier besoin. Il faut recueillir sur son chemin des paroles de surprise et des déclarations d'enchantement, si ce n'est d'amour, des deux sexes indifféremment comme le danseur aime autant charmer les hommes du parterre que les femmes dans les loges et prendrait des attitudes aussi belles et aussi étudiées, ferait des regards, des sourires et des mines passionnées quand même il n'y aurait pas une femme devant lui, car dans l'acteur et l'actrice la coquetterie est hermaphrodite.

Quelques jours avant d'apprendre la mort d'Alfred d'Orsay, je parlais de lui chez moi et je disais qu'il me semblait que la vieillesse lui serait absolument impossible et pour ainsi dire défendue sous peine de quitter son rôle et de n'être plus lui-même.

Peut-être l'esprit tendu à la gravité pédantesque qui règne en France aujourd'hui avec des prétentions philosophiques, scolastiques et humanitaires, est-il la cause de l'habitude que nous avons de renier dans le caractère national son *aimable folie* et ses petits grelots. Il y a de l'enfant dans le Français, il a des gaîtés sans cause et joue comme les chats en égratignant. « C'est toujours le Français *né malin* et vaudevilliste, de Boileau, *ayant de la joie dans le caractère* », dit Montesquieu. Sous la Régence et Louis XV, Alfred d'Orsay eût été le modèle du Français parfait et accompli. De nos jours, il ne parut à personne, quoiqu'il eût cinquante et deux ans, qu'il fût un homme formé, mais en toute chose et partout le plus aimable et le plus gracieux des enfants gâtés.

Comment ne mettrait-on pas quelque soin à conserver le souvenir et l'image de ces natures bienveillantes et enjouées dont l'instinct natif et le perpétuel besoin sont le désir de plaire et de répandre autour de soi le bonheur, l'allégresse et le sentiment exquis de la Beauté et de la Bonté ? La plupart des hommes sont moroses et hargneux, il me parut, au contraire, que d'âge en âge son front s'éclaircissait et qu'il ne faisait que passer de la première jeunesse à la seconde, de la seconde à une troisième jeunesse plus fraîche et plus sereine. Il avait laissé de sa souveraineté des royaumes de l'élégance un souvenir français, c'était la fondation d'une caisse de secours pour les Français jetés par les revers dans les îles Britanniques. Toutes les émigrations, toutes les misères venues de nos rivages gaulois le béniront en recevant le pain quotidien.

Extrait des *Mémoires inédits*, établis d'après les manuscrits.

ÉMILE ZOLA

(1840-1902)

Une baignoire de marbre rose

À cause de Zola, nous ne savons pas que Zola est un artiste. « J'accuse... ! » nous en a éloignés. Ses articles de presse n'auraient pas suffi, ni ses partisans à banderole Germinal*, roman qui, aussi puissant qu'il soit, laisse trop voir sa documentation : Hugo n'a pas manqué de faire de la politique, Balzac survit à* Eugénie Grandet *par quoi les programmes de collège tentent de nous dégoûter de lui. Que de grands moments de littérature dans Zola ! La visite du Louvre par la noce de Gervaise dans* L'Assommoir *; les femmes Josserand croisant Octave Mouret dans l'escalier de* Pot-Bouille *; tant d'autres. Si l'artiste dans Zola n'est pas remarqué, c'est aussi parce que, dans la littérature française, on n'a pas l'habitude du travail dans la masse. Ses finesses se trouvent comme dans un bas-relief. Dans* La Curée*, il ne décrit pas, il* est *la chambre de Renée Saccard, fille de bourgeois sévères qui y fait l'amour avec le fils de son mari. Si l'on croit Zola et Quinet, le Second Empire était une voracité se déchaînant sous la torpeur. Ce régime, abattu par la défaite militaire, a été achevé par le lexique des* Rougon-Macquart *: « curée », « débâcle », « débandade », « brutalité », « ventre », ou encore, dans* Nana*, cette remarque d'une vieille femme regrettant la discrétion des anciens mariages : « Aujourd'hui il fallait des cohues. »*

L'appartement particulier de Renée était un nid de soie et de dentelle, une merveille de luxe coquet. Un boudoir très petit précédait la chambre à coucher. Les deux pièces n'en faisaient qu'une, ou du moins le boudoir n'était guère que le seuil de la chambre, une grande alcôve, garnie de chaises longues, sans porte pleine, fermée par une double portière. Les murs, dans l'une et l'autre pièces, se trouvaient également tendus d'une étoffe de soie mate gris de lin, brochée d'énormes bouquets de roses, de lilas blancs et de boutons-d'or. Les rideaux et les portières étaient en guipure de Venise, posée sur une doublure de soie, faite de bandes alternativement grises et roses. Dans la chambre à coucher, la cheminée en marbre blanc, un véritable joyau, étalait, comme une corbeille de fleurs, ses incrustations de lapis et de mosaïques précieuses, reproduisant les roses, les lilas blancs et les boutons-d'or de la tenture. Un grand lit gris et rose, dont on ne voyait pas le bois recouvert d'étoffe et capitonné, et dont le chevet s'appuyait au mur, emplissait toute une moitié de la chambre avec son flot de draperies, ses guipures et sa soie brochée de bouquets, tombant du plafond jusqu'au tapis. On aurait dit une toilette de femme, arrondie, découpée, accompagnée de poufs, de nœuds, de volants ; et ce large rideau qui se gonflait, pareil à une jupe, faisait rêver à quelque grande amoureuse, penchée, se pâmant, près de choir sur les oreillers. Sous les rideaux, c'était un sanctuaire, des batistes plissées à petits plis, une neige de dentelles, toutes sortes de choses délicates et transparentes, qui se noyaient dans un demi-jour religieux. À côté du lit, de ce monument dont l'ampleur dévote rappelait une chapelle ornée pour quelque fête, les autres meubles disparaissaient : des sièges bas, une psyché de deux mètres, des meubles pourvus d'une infinité de tiroirs. À terre, le tapis, d'un gris bleuâtre, était semé de roses pâles effeuillées. Et, aux deux côtés du lit, il y avait deux grandes peaux d'ours noir, garnies de velours rose, aux ongles d'argent, et dont les têtes, tournées vers la fenêtre, regardaient fixement le ciel vide de leurs yeux de verre.

Cette chambre avait une harmonie douce, un silence étouffé. Aucune note trop aiguë, reflet de métal, dorure claire, ne chantait dans la phrase rêveuse du rose et du gris. La garniture de la cheminée elle-même, le cadre de la glace, la pendule, les petits candélabres, étaient faits de pièces de vieux sèvres, laissant à peine voir le cuivre doré des montures. Une merveille, cette garniture, la pendule surtout, avec sa ronde d'amours joufflus, qui descendaient, se penchaient autour du cadran, comme une bande de gamins tout nus se moquant de la marche rapide des heures. Ce luxe adouci, ces couleurs et ces objets que le goût de Renée avait voulus tendres et souriants mettaient là un crépuscule, un jour d'alcôve, dont on a tiré les rideaux. Il semblait que le lit se continuât, que la pièce entière fût un lit immense, avec ses tapis, ses peaux d'ours, ses sièges capitonnés, ses tentures matelassées qui continuaient la mollesse du sol le long des murs, jusqu'au plafond. Et, comme dans un lit, la jeune femme laissait là, sur toutes ces choses, l'empreinte, la tiédeur, le parfum de son corps. Quand on écartait la double portière du boudoir, il semblait qu'on soulevât une courtepointe de soie, qu'on entrât dans quelque grande couche encore chaude et moite, où l'on retrouvait, sur les toiles fines, les formes adorables, le sommeil et les rêves d'une Parisienne de trente ans.

Une pièce voisine, la garde-robe, grande chambre tendue de vieille perse, était simplement entourée de hautes armoires en bois de rose, où se trouvait pendue l'armée des robes. Céleste, très méthodique, rangeait les robes par ordre d'ancienneté, les étiquetait, mettait de l'arithmétique au milieu des caprices jaunes ou bleus de sa maîtresse, tenait la garde-robe dans un recueillement de sacristie et une propreté de grande écurie. Il n'y avait pas un meuble, et pas un chiffon ne traînait ; les panneaux des armoires luisaient, froids et nets, comme les panneaux vernis d'un coupé.

Mais la merveille de l'appartement, la pièce dont parlait tout Paris, c'était le cabinet de toilette. On disait : « Le cabinet de toilette de la belle Mme Saccard », comme on dit : « La galerie des glaces, à Versailles. » Ce cabinet se trouvait dans une des tourelles de l'hôtel, juste au-dessus du petit salon bouton-d'or. On songeait, en y entrant, à une large tente ronde, une tente de féerie, dressée en plein rêve par quelque guerrière amoureuse. Au centre du plafond, une couronne d'argent ciselé retenait les pans de la tente qui venaient, en s'arrondissant, s'attacher aux murs, d'où ils tombaient droits jusqu'au plancher. Ces pans, cette tenture riche, étaient faits d'un dessous de soie rose recouvert d'une mousseline très claire, plissée à grands plis de distance en distance ; une applique de guipure séparait les plis, et des baguettes d'argent guillochées descendaient de la couronne, filaient le long de la tenture, aux deux bords de chaque applique. Le gris-rose de la chambre à coucher s'éclairait ici, devenait un blanc-rose, une chair nue. Et, sous ce berceau de dentelles, sous ces rideaux qui ne laissaient voir du plafond, par le vide étroit de la couronne, qu'un trou bleuâtre, où Chaplin avait peint un amour rieur, regardant et apprêtant sa flèche, on se serait cru au fond d'un drageoir, dans quelque précieuse boîte à bijoux, grandie, non plus faite pour l'éclat d'un diamant, mais pour la nudité d'une femme. Le tapis, d'une blancheur de neige, s'étalait sans le moindre semis de fleurs. Une armoire à glace, dont les deux panneaux étaient incrustés d'argent ; une chaise longue, deux poufs, des tabourets de satin blanc ; une grande table de toilette, à plaque de marbre rose, et dont les pieds disparaissaient sous des volants de mousseline et de guipure, meublaient la pièce. Les cristaux de la table de toilette, les verres, les vases, la cuvette étaient en vieux bohème veiné de rose et de blanc. Et il y avait encore une autre table, incrustée d'argent comme l'armoire à glace, où se trouvait rangé l'outillage, les engins de toilette, trousse bizarre, qui étalait un nombre considérable de petits instruments dont l'usage échappait, les gratte-dos, les polissoirs, les limes de toutes les grandeurs et de toutes les formes, les ciseaux droits et recourbés, toutes les variétés des pinces et des épingles. Chacun de ces objets, en argent et ivoire, était marqué au chiffre de Renée.

Mais le cabinet avait un coin délicieux, et ce coin-là surtout le rendait célèbre. En face de la fenêtre, les pans de la tente s'ouvraient et découvraient, au fond d'une sorte d'alcôve longue et peu profonde, une baignoire, une vasque de marbre rose, enfoncée dans le plancher, et dont les bords cannelés comme ceux d'une grande coquille arrivaient au ras du tapis. On descendait dans la baignoire par des marches de marbre. Au-dessus des robinets d'argent, au col-de-cygne, une glace de Venise, découpée, sans cadre, avec des dessins dépolis dans le cristal, occupait le fond de l'alcôve. Chaque matin, Renée prenait un bain de quelques minutes. Ce bain emplissait pour la journée le cabinet d'une moiteur, d'une odeur de chair fraîche et mouillée. Parfois, un flacon débouché, un savon resté hors de sa boîte, mettaient une pointe plus violente dans cette langueur un peu fade. La jeune femme aimait à rester là, jusqu'à midi, presque nue. La tente ronde, elle aussi, était nue. Cette baignoire rose, ces tables et ces cuvettes roses, cette mousseline du plafond et des murs, sous laquelle on croyait voir couler un sang rose, prenaient des rondeurs de chair, des rondeurs d'épaules et de seins ; et, selon l'heure de la journée, on eût dit la peau neigeuse d'une enfant ou la peau chaude d'une femme. C'était une grande nudité. Quand Renée sortait du bain, son corps blond n'ajoutait qu'un peu de rose à toute cette chair rose de la pièce.

Extrait de *La Curée*, 1871.

JULES BOISSIÈRE
(1863-1897)

L'opium d'Indochine

Jules Boissière survit pour une mauvaise raison, tant pis, tant mieux. Ceux qui connaissent Fumeurs d'opium*, sur un officier de l'armée française en Cochinchine (comme l'auteur, qui y a fait son service militaire puis y est devenu administrateur colonial) échouant dans la drogue, pensent souvent que c'est un récit : bien mieux, c'est un roman. La fiction dit plus de choses que le récit, parce qu'elle condense. Quatre-vingts ans avant la guerre du Vietnam qui a détraqué toute une jeunesse américaine (et tué bien des Vietnamiens ensuite persécutés par ceux qui disaient avoir gagné pour eux), ce qui lui est arrivé se trouvait dans ce roman français du* XIX*e* *siècle.*

Nous ne sortirons plus de la forêt – la sombre forêt indéfinie qui s'étend du Delta tonkinois à l'immensurable et flottante frontière du Kouang-Si, nous n'en sortirons plus jamais ; nous sommes marqués pour y mourir. Mourir, ce ne serait rien encore ; et longtemps j'ai vécu et bataillé sans y songer, car toujours, avant cette heure, je fus, d'instinct comme de raison, convaincu et satisfait de la nécessité du repos définitif après la vie terrestre. Mais, depuis que j'ai fumé l'opium dans la forêt, je doute, et j'ai peur de mourir, pour ce qui peut advenir ensuite. Je comprends tant de choses dont je ne soupçonnais pas même l'existence, aux jours bénis de la certitude ignorante et de la joie !

Je devine tant de volontés et tant d'intelligences éparses dans la matière brute et dans le vent de la nuit ! – Hélas ! ce n'est plus pour moi que les vieux arbres sont muets et les minéraux inoffensifs. L'opium m'a rendu si clairvoyant ! – et parfois je m'en enorgueillis, parce que je suis plus savant qu'autrefois ; et plus souvent j'en souffre, parce que j'ai perdu la quiétude de l'âme. Pour les Annamites, un Génie bienfaisant anime chacun des caractères de la sainte écriture chinoise – pour moi, derrière tous les êtres que vous jugez privés de conscience et de vie, un mauvais démon s'est caché.

Maudit le jour où, après avoir vainement tenté la fortune dans la vieille Europe, je vins ici, de Hong-Kong, en aventurier joyeux et hardi, pour retrouver de très antiques mines d'or, jadis exploitées par des vivants, *et peut-être aujourd'hui gardées par des morts* !

*

Comment je suis entré dans la forêt mystérieuse, d'où peut-être jamais nous ne sortirons ? – Écoutez :

Il y a six mois de cela, je me présentai chez le résident français de la province de Thai-Nguyen, avec une lettre du Gouverneur Général lui prescrivant de m'accueillir favorablement et de faciliter mon entreprise. Le résident me choisit, dans sa milice, une escorte, composée de quelques Annamites du Delta et d'un plus grand nombre de *Thôs* montagnards, recrutés au nord de la province, dans la région que j'allais parcourir ; ces derniers, au besoin, me serviraient de guides ; ils m'aideraient à entrer en relations avec les habitants à demi sauvages de la montagne et de la forêt.

Ce fonctionnaire ne me cacha pas que j'entreprenais une rude tâche, et que toutes les maladies me guetteraient à chaque pas, pour me surprendre et m'abattre, en cette contrée malsaine où les Annamites eux-mêmes, pourtant plus acclimatés que moi, mouraient en quelques mois de la dysenterie et de la fièvre. Bah ! dans la brousse de Bornéo, j'avais couru bien d'autres dangers ! J'étais jeune, alerte, d'esprit froid et positif, et je ne craignais rien au monde. Je remerciai le résident pour ses renseignements comme pour l'escorte donnée, et je me mis en route, accompagné d'un Européen – mon employé –, de trente miliciens et d'une vingtaine de coolies porteurs.

C'est dans la vallée du Song-Li, d'après une vieille carte annamite, que se trouvent les mines aujourd'hui abandonnées, pour lesquelles le gouvernement percevait jadis un impôt, payé en taëls d'or par des exploitants chinois. Mais la carte est si inexacte que, depuis six mois, je cherche en vain leur emplacement, à travers la forêt qui couvre la région maintenant déserte, autrefois riche et peuplée. Quatre postes militaires – Cho-Ra, Cho-Chu, Cho-Moi et Hung-Son – y sont disséminés, très loin l'un de l'autre, et sans communication possible pendant la saison des pluies. Aux portes de leur étroite enceinte se presse l'impénétrable forêt.

Les habitants de ces contrées sont de misérables *Thôs*, peut-être autochtones – quelques centaines d'âmes à peine –, qui vivent dans la perpétuelle anxiété d'être recrutés comme coolies par les pirates ou par nos convois. Parfois, quand nos officiers en reconnaissance s'avisent de battre le pays en dehors des sentiers tracés et s'engagent sur quelque piste presque indistincte, un peu moins large qu'une foulée d'éléphants, il leur arrive de découvrir à l'improviste un groupe de cases de paille, soigneusement dissimulées au centre d'un épais fourré, au sommet d'un mamelon entouré d'une brousse qui semblait inextricable, ou tout au fond d'une ravine, une fente à peine entre deux falaises. À quelques heures de là, on pourra trouver un étroit plateau débroussaillé, où les gens du hameau cultivent le riz et le maïs, dans les cendres d'un hectare de forêt incendiée.

L'eau potable sera plus loin encore. Les cases sont vides, à l'arrivée fortuite de nos officiers, car leurs habitants ont l'oreille fine et l'odorat subtil du chien et du sauvage. Ils ont éventé de loin l'étranger et pris la fuite, emportant la provision de riz, les volailles, les porcs, toutes leurs misérables richesses.

C'est fini ; ils ne reviendront plus ici ; ils chercheront ailleurs, toujours dans la forêt, un autre asile : là, pour quelque temps encore, ils resteront ignorés de tous, sauf du tigre vénéré – *monsieur le Tigre* – qui, malgré les prières, les sacrifices et la bonne odeur des papiers brûlés à son intention, vient dévorer leurs porcs et parfois, la nuit, pousse la porte de chaume, entre dans une case, et enlève à la force des dents un pauvre diable.

Et, malgré tout, ces gens ne descendent pas dans le Delta, riche et salubre ; ils ne quitteront pas leur monde sans air ni horizon, leur terre mortelle. Ils aiment passionnément la forêt qui a fait leur âme sombre, profonde et triste, à sa propre image.

Son indélébile influence subsiste même en ces miliciens, si soumis, si dévoués, dont une discipline quasi militaire et le contact quotidien des Européens n'ont pas transformé les idées ni atténué les superstitions. Ils appartiennent à cette race des *Thôs à dents jaunes*, que l'Annamite aux dents laquées de noir redoute comme les pires sorciers, et dont il a fixé le type en ses classiques légendes. Pauvres êtres, doux, crédules et bons ! Grâce à leur connaissance intime du pays, presque tous les soirs je trouve une case pour abriter ma tête, et les habitants, qui ne s'enfuient plus à notre approche, m'accueillent en camarade – en « frère aîné », on dit ici. Mais comme ils redeviennent défiants et craintifs, ces miliciens et ces paysans, quand je les interroge sur l'emplacement des mines anciennes !

Ils les croient gardées par de dangereux fantômes ; ils se refusent à me renseigner, l'esprit hanté d'effroyables superstitions. Et le soir, autour du feu de bois et de la marmite, ils se redisent à voix basse bien des tristes légendes d'autrefois et parlent avec respect des âmes qui errent dans la forêt environnante.

*

Oui, ces terreurs devaient naître en ce monde sans air ni horizon, sur cette terre mortelle. Peut-être qu'aussi, dans ce pays où règne, en souverain orgueilleux et absolu, le végétal – où l'homme est si peu de chose, une exception à peine tolérée, et où il ne peut rester qu'en consentant à mourir jeune, par la meurtrière émanation du végétal –, peut-être qu'il survit de ces influences mystérieuses, dont notre Moyen Âge sombre eut la pleine conscience, et que les fantômes, dépossédés du monde habité, se sont retirés ici pour y régner en despotes sur les âmes crépusculaires des pauvres gens.

Mais comment, peu à peu, cette pensée s'est-elle glissée en moi, qui fus toujours si assuré dans mon matérialisme ? Ah ! c'est que j'ai fumé l'opium et j'ai senti s'épanouir en moi un sens qui me manquait autrefois ou, tout au moins, qui n'avait pu se développer quand je vivais dans la sceptique Europe. Et, à mesure que je devenais plus conscient du mystère épars dans tous les êtres et dans toutes les choses, par mon intelligence plus affinée et par mes sens plus subtils, pourquoi, au lieu de s'enorgueillir, mon âme s'est-elle assombrie, aux heures surtout où je me réveille, la tête lourde, au lendemain d'un jour où j'ai trop fumé ?

*

Avant d'entrer dans la forêt, jamais je n'avais fumé d'opium ; c'est le sieur Roux, mon employé, qui m'a révélé les rêves et la science enclos dans la bonne pipe. Il mourut l'autre semaine ; et par sa mort et par la pipe, j'ai appris que nous ne sortirons jamais de la forêt : nous sommes marqués pour y mourir.

Savez-vous ce que c'est que la fièvre ? – Dans le Delta et ailleurs, on connaît la fièvre des marais : parfois on en meurt, mais plus souvent on s'en guérit en « changeant d'air », par un simple voyage en France ou au Japon. Ici nous tremblons *la fièvre des bois*, que vos médecins d'Europe ne connaissent pas. La gueuse ! vous la buvez par les poumons et par la peau, le matin, quand vous marchez en forêt.

Elle se tapit, pour vous attendre, dans le sentier, sous les feuilles tombées qui se décomposent en tas et qui gardent sous leur amas, comme une précieuse réserve – vous le sentirez en y plongeant la main –, l'humidité chaude des mille et mille pourritures animales et végétales. Avant l'aube, elle monte dans le brouillard blanc qui se dégage de la terre et qui s'est imprégné de toutes ces corruptions. Les rois de la forêt, banyans, bambous, lataniers, vivent de ce terreau profond et de cette lourde atmosphère ; pendant des siècles, ils s'en engraissent et croissent plus fiers et plus beaux que dans le voisinage hostile de l'homme dont l'activité, dédaigneuse des géants presque éternels, épuise la terre au profit de ses éphémères et naines moissons. Mais en revanche, ici, l'homme frissonne en suant, aux plus chaudes heures du jour, et, dans ses os et son sang, il sent se glisser la fièvre des bois, celle qui jamais plus ne vous quitte et sûrement vous tuera – tels ces poisons implacables tirés du bambou par les Malais de Sumatra.

Tous mes miliciens annamites sont irrémissiblement empoisonnés par cette *malaria*, bue dans l'eau des ruisseaux et respirée dans les brouillards du matin. La nuit, ils ne dorment pas ; je les entends geindre et s'agiter sur le lit de camp ou sur la terre malsaine. Quand la fatigue ferme leurs yeux, des cauchemars les secouent et les réveillent, des cauchemars toujours les mêmes, où passent les fantômes de la forêt. Et les miliciens *Thôs* expliquent que nous avons irrité les Génies gardiens de l'or ; et les Génies, commis à cette garde par l'Empereur du Ciel, doivent, pour éviter d'être punis, nous chasser de la région ou nous tuer tous. À certaines heures, depuis que je fume, le doute et la peur montent en moi – qui jamais ne les connus aux jours passés – et comme mes hommes, en mes nuits troublées, je vois des fantômes, sans doute nés de la fièvre qui me ronge et qui me dévorera.

Et je fume de plus en plus, pour oublier la fièvre, et aussi pour écarter les fantômes. Mais s'ils n'eussent été que de vaines créations de mon cerveau débilité, l'opium les eût chassés, sans doute, comme il a fait disparaître tant de rêveries éphémères, et tant de préjugés, remords, scrupules dénués de sens, que certains actes et telles idées soulevaient jadis en moi. Non, l'opium m'a, plus qu'avant, affirmé les fantômes, car il tue l'erreur et dévoile la vérité. Et cela, mon employé, le vieux fumeur obstiné, me le redit souvent quand nous sommes couchés côte à côte, et seulement séparés par la pipe et par la lampe allumée.

Celui-là, je l'avais rencontré dans une rue de Haiphong, mineur sans ouvrage, et je lui avais proposé de m'accompagner dans ces régions du Haut-Tonkin, où il a passé deux ans comme soldat dans la Légion étrangère. Il fumait l'opium, mais je ne m'en inquiétais guère ; je l'en plaisantai, comme d'un goût étrange. Savais-je, à cette époque, ce que c'était que l'opium ? Même, est-ce que je savais quelque chose au monde, avant d'avoir fumé ? – J'avais cru rencontrer en Roux, tout bonnement, un pauvre diable, naïf, illettré, très actif, au cerveau simple et sans pensée. Il parlait avec passion de la forêt qu'il connaissait bien ; il me disait qu'il avait jadis découvert l'emplacement d'une ancienne mine, et qu'il le retrouverait sans peine. Puis, en vérité, il me paraissait doué d'énergie et d'activité ; les fumeurs sont si rusés quand il s'agit de tromper un profane sur l'état de leur intelligence et de leur vouloir !

Mais, dans la forêt, une nouvelle personnalité s'est révélée en lui, et Roux m'est apparu comme un être bizarre et parfois inquiétant : un passionné fou, qui rêve de s'enrichir vite, par quelque merveilleux hasard, et de fumer, après, jusqu'à la mort ; un taciturne songeur, hanté plus que les *Thôs* eux-mêmes par les fantômes et par les Génies. Oui, la forêt mystérieuse a recréé ou repétri à son image l'âge de cet homme, comme l'âme des autochtones. Aux premiers jours, il n'allumait sa lampe qu'à l'étape du soir ; il se rationnait, devant moi – je m'asseyais auprès de lui, sur le lit de camp, pour causer et me distraire ; et, peu à peu, de jour en jour, je m'entraînais à fumer –, oh ! quelques pipes à peine.

Alors, je me sentais plus fort et plus gai, et je ne m'attristais plus du vent dans la nuit ni des gémissements des hommes malades. Mais Roux me parlait, toujours, toujours, des mines gardées par les morts, d'une lutte à entreprendre ; il disait que l'opium lui avait donné confiance et révélé tant de moyens d'arracher l'or aux fantômes ; et il insultait les fantômes, et il leur criait des injures ; puis, en fumant, il se pacifiait, par l'effet béni de la morphine, et passait des nuits entières, immobile, muet, comme mort – les yeux ouverts pourtant et l'ouïe subtilisée, voyant et entendant tout, même les êtres invisibles et silencieux.

Je fumais de plus en plus chaque jour ; et, ayant fumé, je comprenais mieux la forêt. Je savais bien que j'irais toujours fumant davantage, mais cela ne me déplaisait pas ; pendant quelques nuits, je dormis sans fièvre ni cauchemar. Mais bientôt les fantômes apparurent – ah ! je l'ai bien compris ; pour ne pas m'effrayer et provoquer peut-être un effort de ma volonté vers la délivrance, ils s'étaient abstenus tant que mes nerfs et mon cœur, encore insuffisamment asservis, pouvaient vivre et battre sans l'opium ; mais maintenant, la noire drogue était nécessaire à ma vie, comme l'air du ciel, et les plus épouvantables terreurs ne devaient me déterminer à me priver d'elle.

Et les spectres grouillaient et fourmillaient en mes sommeils. Mais, parmi mes miliciens, il se trouvait des hommes qui discernaient les êtres de l'au-delà, mieux que moi, sans fumer, par le seul effet d'une longue hérédité dans la forêt mystérieuse.

Parfois ils s'interrompaient de parler, un doigt levé, et, fermant les yeux, murmuraient de très antiques formules magiques : ils avaient éventé quelque influence mauvaise – comme peut-être les chiens quand ils aboient à la lune. Le soir, sous les abris improvisés en plein bois, ou dans les chaumières des hameaux, ils s'assemblaient autour d'un feu clair, se racontaient de terrifiantes légendes, puis frissonnaient en silence quand le vent nocturne sifflait à travers les bambous. Tant de fois, dans la longue suite des siècles, leurs ancêtres avaient ainsi frissonné ! Eux-mêmes, les sceptiques Annamites, s'imprégnaient de l'horreur mystique de la forêt, de la nuit et des légendes ; jusqu'au matin, chacun d'eux veillait à tour de rôle, un sabre à la main ; et quand un cauchemar planait sur ses camarades endormis, le veilleur gesticulait pour écarter les fantômes.

Une fois, nous passâmes huit jours dans un hameau sans pouvoir continuer nos recherches, les chemins étant coupés par les orages ;

et là, Roux et moi, nous fumions nuit et jour : plus nerveux et plus fou que jamais, il disait que le moment était venu, que la mine était proche, et les morts gardiens toujours plus irrités contre nous. Ces discours et d'autres faisaient naître en moi de la tristesse et déjà de l'épouvante, par les pluvieuses après-midi qui ravivent la fraîcheur des feuilles vertes emplissant notre horizon, par les crépuscules gris et rouges qui me donnaient de vagues envies de suicide. Je ne me sentais joyeux que le soir, dans la case barricadée qui s'illuminait au centre de tout ce noir de la forêt infinie, quand la lampe veillait sur le lit de camp et que le feu de broussailles flambait clair.

Dans ce monde étrange du végétal, nos intelligences surhumaines et dominatrices s'élargissaient à la compréhension de tous les mystères, après bien des pipes fumées, et c'était la revanche du corps vaincu et ployé par la toute-puissance des arbres. Mais, pour Dieu, qui fit en si peu de temps ma volonté si débile, mes mains si tremblantes ? À certaines heures, il me semble que nous sommes deux pauvres êtres, à demi hallucinés, tâtonnant à l'aveugle et divaguant, à travers la forêt méchante. Le matin, au réveil, cette pensée me hante, quand ma tête est lourde d'avoir trop fumé.

Mais bientôt, dès la lampe rallumée, l'opium chasse cette futile et vaine idée, et je *sais*, alors, sans doute possible, que nos intelligences ont exploré des mondes interdits au vulgaire des hommes.

Je dis *nous*, bien que j'aie vu recouvrir de terre et de feuilles le corps de mon camarade. Vous dites que Roux est mort et que je reste seul maintenant ? Oui, c'est vrai. Mais sait-on qui vit ni qui meurt, et qui survit surtout ? Et puis, pensez comme il vous plaira – que m'importe ?

[…]

« C'est un triste poste que Deo-Lang ; mais, moi, je ne suis pas triste : j'ai l'opium.

« Un poste que dominent de blanches falaises, moutonnées d'une brousse sombre et frisée comme la tête d'un nègre. Deux cents indigènes, venus de partout et d'ailleurs, se sont groupés autour de l'enceinte : ils cultivent quelques rizières et possèdent douze buffles qui paissent sous la garde de nos hommes – car les yeux aigus des pirates nous surveillent, de l'impénétrable forêt environnante. Nous sommes perdus, plus isolés qu'un bateau en plein océan, au centre d'une immense région hostile où s'espacent quelques misérables villages. Mais l'opium peuple mes rêves de foules cosmopolites, en luxueux haillons de soies multicolores.

« La garnison – indigènes et *joyeux* – est répartie dans douze chaumières, des toitures et des cloisons de paille sur une ossature de bambous. Et, comme la construction du poste n'est pas terminée, la moitié des hommes dort, la nuit, en plein air et, à midi, sieste sous les lits occupés par les camarades. Il n'y a pas ici dix soldats valides. Les moins malades travaillent au fossé et au remblai, et beaucoup meurent de remuer cette terre malsaine. Les plus malades sont astreints aux corvées de quartier : maigres et jaunes, ou bouffis de male graisse et le teint cireux, ils traînent mélancoliquement, d'une main, leur balai sur le sable de la place d'armes. Et, parfois, on voit sortir d'une case, soutenu par un camarade et titubant, quelque être décharné, la barbe férocement hirsute et noire sur une face de cire, le corps perdu dans le pantalon et le bourgeron de coutil trop larges, les yeux ternes et déjà morts : c'est un dysentérique. Diarrhée, fièvre, dysenterie, moi je ne crains rien ; j'ai la panacée qui sent bon.

« Hier, on portait un *joyeux* dans la “salle des morts” – un châlit de bambous sous une *paillotte*. Un agonisant – un qui s'accrochait à la vie, de ses ongles tordus, comme aux bords polis et glissants d'une margelle de puits – le regardait partir, avec des yeux attentifs et doux, un air très sage et très réfléchi. Celui-ci s'était juré de tenir jusqu'à l'arrivée du convoi, dont on profite tous les deux mois pour évacuer les mourants vers le Delta salubre où ils se remettent à vivre. Or, depuis trois jours, nous savons que le convoi ne montera pas, les chemins étant impraticables par cette saison d'orages. Le pauvre gars s'abandonne – et il a rejoint son camarade dans la salle des morts ; ils y ont passé côté à côté cette chaude nuit si belle où j'ai tant fumé.

« Après tout, Deo-Lang n'est pas un si mauvais poste ; l'opium n'y est pas cher, et pas plus impuissant qu'ailleurs à me donner l'absolu bonheur...

*

... « Cinq heures après midi. J'étais en marche depuis le matin – le sergent-major m'ayant réveillé avant l'aube – et je n'avais pas fumé depuis la veille. Je m'étais mis en route avec vingt-cinq tirailleurs ; il s'agissait de montrer nos fusils dans deux ou trois villages de la vallée du Song-Li, des villages de *Thôs* montagnards, souvent visités par les pirates. Un vieux mandarin militaire – un *quan-co* – m'accompagnait comme guide. Tout le jour nous avions cheminé à travers la forêt vierge.

« Donc, depuis la veille au soir, je n'avais pas fumé. À la halte, vers midi, j'avais essayé, avec l'aide de mon *boy*, d'installer ma lampe en rase campagne, au revers d'un fossé. Mais il pleuvait et le vent du nord soufflait en bourrasque ; et mon brave Theu, plus intoxiqué que moi-même, n'avait pu préparer une seule pipe ; et il sacrait, le pauvre bougre ! De guerre lasse, nous avions dû manger chacun une boule d'opium. Vous savez ? On fait cuire à la lampe une goutte de la noire drogue, la valeur d'une pipe, et on l'avale comme une pilule. Et cela équivaut à dix pipes fumées, ou peu s'en faut. Je ne puis dire que je souffrais, puisque la morphine avait mécaniquement produit son pacifiant effet, mais la bonne fumée me manquait ; c'est pourquoi je me hâtais, pressant mes hommes, vers Lang-Xi, le plus important village de la région, où nous devions nous installer pour la nuit et où, enfin, je fumerais. Ah, misère ! que la route me semblait longue, par ces interminables sentiers – des foulées à peine – couverts d'une herbe courte et drue où mon petit cheval ne perdait pas un coup de dent !

« Vers six heures, mon sergent indigène me dit que nous approchions de Lang-Xi. Nous traversions, sous le ciel gris et noir, une plaine encerclée de montagnes bleues. Çà et là, je remarquais quelques carrés de rizières, entre les vastes terrains vagues, hérissés de brousse sombre où la brise froide sifflait. Avec l'espoir de bientôt atteindre le village, le besoin de l'opium s'exaspérait en moi, et je me rappelais en rageant ces bons jours où, dans notre poste fiévreux, on se hâtait de manger à cinq heures pour fumer après. Et je pensais avec délices que, avant un quart d'heure, je m'étendrais sur un lit de camp, sur une natte – propre ou sale, qu'importait ? – et la sacro-sainte veilleuse enfin allumée.

« Cependant la campagne restait déserte ; pas un homme dans les rizières ni sur le sentier ; et, aux abords d'un gros village, je sentais bien que cela ne nous présageait rien de bon. Par précaution, j'ordonnai la halte derrière une haie vive. La nuit tombait rapidement, sous un ciel d'orage, après le bref crépuscule des tropiques.

« Nous étions arrivés aux bords du Song-Li. Sur notre rive, en amont, apparaissaient les toits en chaume de Lang-Xi, et les murailles en briques d'une pagode, dans les masses feuillues de deux banyans. Autour du village on apercevait par endroits, à travers des bambous, le rempart en terre durcie. Tout semblait tranquille ; du reste, incité par le besoin de fumer, j'allais sans autre examen commander "en avant, marche !" quand deux de mes hommes m'amenèrent un indigène qui se disait envoyé par les notables de Lang-Xi.

« Je l'interrogeai ; voici ce que je compris à sa réponse entrecoupée de prosternations multiples, à ses phrases ponctuées de "*Bom quan leun* (ah ! monsieur le grand mandarin !)" émises de cette voix lente, basse, hésitante et comme terrifiée, qui signifie le respect dû aux supérieurs en ces pays d'étiquette raffinée, mais qui m'horripilait, pendant ces éternelles minutes d'impatience : un chef pirate, le Dôc-To, était venu avec ses hommes à Langi-Xi, pour y fêter l'anniversaire de son ami Thanh-Hien, tué par nous l'année précédente, et honoré au rang des Génies, en ce village d'où sa famille était originaire. On l'avait accueilli sans difficultés ; mais ses hommes, ivres d'eau-de-vie de riz, avaient violenté des femmes ; les principaux du village s'étant interposés, le vieux Dôc-To, qui ne semblait pas de bonne humeur ce soir-là, avait fait décapiter deux femmes et trois notables et incendier plusieurs cases. À cette heure, Dôc-To dormait, ivre d'opium ; un seul factionnaire gardait le village, et nous pouvions surprendre les pirates dispersés dans les cases et désarmés.

« Un piège peut-être ? Oui, sans doute : mais je ne voulus pas y penser ; fumer, mon Dieu, fumer ! J'avais si fort besoin de fumer ! Je bâillais invinciblement, un larmoiement piquait et rougissait mes paupières, d'horribles crampes tordaient mon estomac, je tombais en défaillance, et je fusse allé tout droit et sans escorte au milieu des pirates, pour leur demander à genoux la permission de fumer, quitte à me laisser empaler après les premières pipes.

« Cependant un effroyable orage crevait sur nos têtes. Voyons, si le coolie disait vrai, pouvions-nous *caler* devant quelques pirates et passer la nuit en plein air, en ce pays presque inconnu, avec la chance pour nous d'être tués le matin, quand on nous attaquerait, tous harassés et mouillés ? D'autre part, nous précipiter à l'aveugle dans une embuscade, sur la foi d'un indigène suspect ? Mon Dieu, fumer, fumer, tout le reste est folie et vanité. Et le besoin de l'opium montait, montait en moi. Las, surexcité, en proie à une indicible impatience nerveuse, j'aurais tout massacré, tout vendu, pour fumer enfin ma pipe, en paix. Pour m'arracher à ce malaise et retrouver toute ma lucidité d'esprit, si nécessaire à cette heure de doute et d'anxiété, il m'eût suffi de manger vite une ou deux boules d'opium ; mais alors je n'aurais pu fumer le soir, fumer à ma guise. J'aimais mieux souffrir en mon corps et mon âme, au hasard de sacrifier ma tête, mes hommes et les fusils, et me réserver pour le lit de camp, pour la douce fumée lointaine, que j'avais crue si proche tout à l'heure !

« Donc, je commande la marche en avant. Protégés par la nuit et l'orage, nous arrivons, sans encombre, au pied du rempart. Et de plus en plus je me disais que tant de tranquillité dissimulait sans doute quelque piège, que j'aurais dû réfléchir plus longtemps, à tête reposée, sur tout cela – mais je voulais fumer, je vous dis. À ce moment, l'orage s'enfuyant vers le sud, la pleine lune apparue entre deux nuages nous laissa voir le factionnaire assis sur le mur, son fusil entre les jambes. Lui nous aperçut en même temps et, jetant un grand cri, essaya de se relever : mon mandarin militaire l'étendit roide d'un coup de son immense coupe-coupe.

« Et je ne pensais qu'à l'opium.

« En moins d'une minute, nous avions escaladé le rempart et sauté dans le village, quand les pirates, rappelés par la clameur du factionnaire, s'élancèrent hors des paillottes. Je voyais passer des ombres, luire çà et là les lames des coupe-coupe ou les canons des fusils ; et j'avançais le premier, rageant, la tête perdue, avec, en mon cerveau défaillant, l'idée fixe que nous allions tous être tués *et que je n'aurais pas fumé auparavant*. Même je ne me rendais pas compte du désarroi de l'ennemi qui, surpris, n'essayait pas de résister et s'enfuyait par le rempart. J'entrai dans une case, sur les talons d'un caporal indigène : la lampe à opium, je ne vis que la lampe, sur un lit de camp, douce, pure, luisant clair comme une planète. Je m'élançai vers elle, dans l'oubli complet des pirates et de mes hommes ; mais le caporal courait en avant, et dans la lueur blanche flambait l'éclair de sa baïonnette croisée.

« Deux secondes à peine, il hésita : sur le lit était couché un vieil Annamite à mince barbiche, en les moires violettes de ses vêtements ; d'une main il soutenait la pipe à opium au-dessus de la lampe, et sa main droite étendue nous commandait d'attendre. Puis il laissa tomber la pipe, abaissa la main droite, et, rejetant avec lenteur la lourde fumée amassée dans sa poitrine, il resta immobile devant nous. Le caporal, que le geste avait arrêté, comme par un effet magnétique, fit un pas en avant et enfonça la baïonnette dans le corps du vieux ; l'homme n'essaya pas de résister, il n'étendit même pas la main vers le revolver placé auprès de lui sur le plateau incrusté de la fumerie ; il se laissa tuer sans une plainte, et mourut avec un bienveillant sourire, comme dans l'extase, comme si nous eussions été impuissants – et nous l'étions – à troubler par la force sa surhumaine joie de thériaki. "Le Dôc-To !" dit alors le caporal, en me désignant orgueilleusement le cadavre.

« À ce moment, mon sergent indigène se trouva près de moi ; vaguement, en rêve, je l'entendis me raconter que tout était fini, qu'il ne restait plus un ennemi dans le village. Je l'écoutais à peine, dans l'angoisse du besoin de fumer. Je lui ordonnai de tirer à bas du lit et de faire enlever le corps du bonhomme, et je m'étendis à la place du vieux pour fumer à mon tour ; je l'avais bien gagné. Et tandis que mon *boy* préparait la première pipe, je prescrivais au sergent, en bredouillant, de répartir les hommes dans les cases et d'assurer la garde du village. Il salua militairement, fit demi-tour par principe et sortit.

« Enfin, j'allais fumer ! Sur le lit de camp, je ne pouvais rester en place, je me tournais et me retournais, tel un fiévreux dans l'épouvantable fatigue qui suit l'accès. Je me sentais las, cruel, incapable de donner un ordre clair et précis. Et comme goulûment je me jetai sur la première pipe préparée, qui ne calma pas ma souffrance ! Les notables accourus se prosternaient devant le lit de camp, comme devant l'autel du dieu Opium, où ils avaient déposé en offrande à mon intention un plateau d'œufs et de bananes. Ils me narraient les crimes des pirates ; j'essayais d'écouter et je ne pouvais comprendre ce qu'ils disaient. Je regardais fixement le maire, un grotesque à face d'ahuri, noir comme une taupe, avec un grand nez bêtement cassé, de grandes dents jaunes, et, au milieu de l'échine, une articulation qu'il développait en ses courbettes, pour ponctuer ses phrases admiratives à l'adresse du haut mandarin que j'étais.

« Il me parlait d'un pirate oublié par ses camarades ; et alors les notables poussèrent jusqu'au lit de camp le prisonnier, un spectre inerte, blême d'avoir trop fumé, mais par cela même indifférent aux brutalités de ces pauvres diables. Ô saint et divin opium ! Puis, je ne vis plus le prisonnier : peut-être, aussi, que j'avais donné l'ordre de l'exécuter. Il ne m'en souvient plus, et que vous importe ?

« Après quatre ou cinq pipes fumées, je me sentis revenir à la santé ; je ne souffrais plus en mon corps ; et mon esprit, hors des brumes, me semblait luire, doux et clair, comme la lampe elle-même. Je me retrouvais actif, ardent et gai ; et mon mal se dissipait, avec la paresse, la cruauté, l'indifférence à tout ; j'avais vu tout cela remonter brusquement et disparaître dans l'inconnu, exactement à la manière d'un rideau qu'on lève au théâtre. Alors il me souvint de la faute commise – d'avoir confié à mon sergent indigène la surveillance des hommes et la sécurité du village. Bon Dieu ! à cette heure, mes gens étaient bien capables de faire regretter les pirates dans les cases des habitants !

« À cette idée, je sautai à bas du lit, et, prenant mon ceinturon et mon revolver, j'allai m'assurer de l'exécution des ordres donnés. Allons, mon sergent méritait force éloges ; les hommes répartis dans les cases surveillaient leur riz en train de cuire dans les marmites de terre, et faisaient bon ménage avec l'habitant. Quatre factionnaires gardaient le rempart, se hélant de quart d'heure en quart d'heure. Je revins, tranquillisé, vers ma chaumière, par la longue place du marché, humant dans la brise les lourdes exhalaisons des mares où les gens de Lang-Xi cultivent leurs salades d'eau. Des coolies allaient enlever les cadavres des décapités. Et il me souvient d'une fillette de treize ans que je vis là couchée parmi les morts, étendue sur le ventre, avec ses pauvres mollets blêmis, laissés à nu par la blouse et le pantalon brutalement relevés, et ses bras en croix ; la tête tenait à peine au corps par un lambeau de peau sanglante.

« La place blanche s'étendait sous le ciel éclairci ; en un tableau très académiquement composé, les assassinés froidissaient sous la lune câline, dans le merveilleux cadre de cette nuit du Tonkin, claire à laisser voir le vert tendre des herbes. Un cochon, éventré d'un coup de baïonnette, courait en criant sur les fumants débris de quelques chaumières, d'où se dressaient les tiges noircies des bambous incendiés.

« Et tout cela sentait le marécage, la paille brûlée, le sang refroidi et l'opium.

« Rentré dans ma case et pacifié désormais, je regarde curieusement autour de moi : en un rouge cartouche planent cinq chauves-souris de bois doré, emblème des cinq Bonheurs ; elles entourent de leurs ailes griffues un caractère chinois qui signifie "bonheur suprême". Sur les colonnes qui supportent le toit, on a collé de larges banderoles de papier où de sages calligraphes peignirent des sentences énonciatrices de vœux raisonnables ou de bons conseils. Un *con-hien*, oiseau parleur, à bec rose, à jaune huppe, lisse ses plumes noires et luisantes et bavarde dans sa cage ; et sur un autel, derrière les vases où brûlent des bâtonnets parfumés, s'élève l'effigie sculptée de ce Thanh-Hien dont on a fêté l'anniversaire : une statue de grandeur humaine, la face peinte, et de noires moustaches sur la lèvre ; nos tirailleurs qui, dans les pagodes, trouent au bas des reins, pour chercher de l'or, les trois Bouddhas et la déesse Kouan-An, s'écartent avec terreur de l'image du Génie, parce qu'il fut un chef redouté, parce qu'il a des raisons de nous être hostile, et les Génies inférieurs sont moins cléments à l'impie que les dieux suprêmes plongés dans la définitive béatitude.

« Des coups de fusil éclatent au dehors : une alerte, sans doute une attaque des pirates, furieux d'avoir sans combat cédé la place et abandonné leur chef. Je saute hors de la maison ; je me sens lucide et gai, et je serais content de me battre, avec l'idée que nul de nous ne peut être tué. Merci, vénérable et sacro-saint Opium !

« Mais le *quan-co* accourt à ma rencontre : les pirates, nous voyant bien gardés, se sont retirés.

« Dans l'ombre d'une maison se meuvent une vingtaine de silhouettes indécises, et par éclairs luit la lame large et longue des coupe-coupe. Le *quan-co* s'est fait escorter des hommes du village, *Thôs* montagnards à faces de bandits ; tous ils ont les cheveux noués d'un crépon, en queue de cheval, flottant en arrière, le front découvert, la ceinture sur la blouse. Le mandarin, un bonhomme rabougri, sec comme une racine de buis, brandit un grand sabre à poignée d'ivoire et donne ses ordres pour la nuit. Son domestique élève brusquement une lanterne sourde à la hauteur de nos visages ; et je rentre dans ma case, gardant en mes prunelles les faces féroces, les blouses noires sabrées par des ceintures vertes, la lumière blanche sur les lames, la composition et l'éclairage à la Rembrandt de cette *Ronde de nuit*.

« À tour de bras, un vivant jacquemart sonne dix heures sur une cloche de fer ; les chiens du village jappent et piaillent férocement, et la lune, ivre d'opium sans doute, poursuit sa paisible ascension lente sur les bruits, les incendies, les pauvres aventures de notre terre.

« Et je fume, je fume, je fume. Et maintenant je vois la vie en rose, une bienveillance universelle monte en moi. Je pense au vieux chef tué, mort heureux sur ce même lit de camp – au vieux chef, mon semblable, mon frère. Vrai, je voudrais le voir là, à mes côtés, et partager avec lui la sainte drogue, mère du bonheur, qui luit comme de l'ébène limpide dans l'étui en corne de buffle. J'écoute avec bienveillance les plaintes interminables du *quan-co*. Il dit que les Français, qui tiennent tant aux mandarins civils, ne font guère état des militaires ; on les emploie à surveiller des coolies, eux, les colonels et généraux de l'antique armée de Minh-Mang et de Tu-Duc.

« Et le cœur serré, devant le vieux chef qui pleure lugubrement l'irrémédiable défaite, je me prends à souffrir de sa peine. Une mélancolie monte en moi, comme devant toutes les grandes choses qui s'abolissent, surtout quand on devine que les nouveaux venus, fils orgueilleux d'une autre race, n'essaieront pas d'adoucir l'angoisse de l'heure suprême aux derniers partisans de Cause en train de mourir. Et je me sens, en toute sincérité de cœur, le frère du vieil homme, parce que j'ai beaucoup fumé et que, d'un regard attendri, je vois qu'il fume comme moi.

« Je fume encore, encore. Ma vaste bienveillance s'élargit toujours ; mais avec elle voici que monte et grandit l'indifférence et le dégoût d'agir. Un besoin me vient d'absolue inertie, de rester en place, de ne pas parler, et de laisser rouler les mondes, sans y toucher, satisfait de les voir et de les comprendre, du haut de mon intelligent et lucide anéantissement. Je ne rêve pas, je ne suis pas ivre ; non, je pense, je vois, j'entends, *mieux que de mon vivant*. L'oiseau parleur bavarde en annamite, et sa voix grêle récite – mais qui me l'a dit ? – les ironiques et triomphales litanies de l'Opium. Les chauves-souris, les cinq Bonheurs volent ensemble, pour un hommage, vers le caractère du bonheur suprême : et ce caractère – je le sais à cette heure – signifie : opium. Mais cela, c'est trop facile à comprendre, n'est-ce pas ?

« Sur le socle du Génie je discerne, grain à grain, la poussière ; je reconnais le cliquetis de chaque insecte, au loin dans la brousse ; et, s'il me plaisait, j'entendrais aussi l'herbe pousser : la belle affaire ! Et ce Génie qu'on nous disait si hostile, son sourire m'apparaît indulgent et doux ; il sait comme moi, n'est-il pas vrai ? que nous sommes frères, car lui aussi, sans doute, il fut un sage fumeur. Il est mort, pourtant !

« Il est mort… Oui, mourir… je sais ; il paraît qu'on meurt… et d'aucuns disent *qu'on en meurt*. C'est toi qui dis cela, mandarin ?

et que j'ai trop fumé, et que les pirates peuvent revenir en forces. Non ? non ?… Si, tu l'as dit, menteur ! Et après ? qu'ils viennent donc, les pirates ! Ce sont des frères, comme le Dôc-To, et comme toi-même, mon vieux. Tu sais, ce soir je suis bon – pas ivre du tout, par exemple ! –, j'aime tous les hommes, tous les Génies, toutes les actions et toutes les paroles. Et puis, ça m'est égal ; et quoique bon diable, je ne me lèverais pas pour saluer le Bouddha lui-même, s'il daignait venir. Qu'a-t-il de plus que moi, en somme ? Il ne peut pas me faire de mal ; personne ne peut me faire de mal – du reste, je m'en moque, je suis heureux. Et si, ce soir, les ennemis entraient par la brèche, si je voyais, à deux pas de moi, un pirate levant son coupe-coupe pour m'assassiner, eh bien ! moi aussi, je tendrais le cou ; et, en mourant, j'aurais un bienveillant – et pas même dédaigneux – sourire pour mon assassin, comme ce vieux Dôc-To – comme mon bon frère ! »

[…]

Et les journées passent, très brèves puisque je fume. Je me garde constamment sous l'influence de l'opium : soit la matinée, au réveil des sommes abrutissants, dormis la bouche ouverte, quand je me lève, la nuque douloureuse et les reins cassés, à peine capable de me débarbouiller ; soit à la méridienne et le soir, quand je reconquiers sur le lit de camp la confiance douce, claire et gaie comme ma lampe, et la faculté de comprendre les beaux vers. Temps bénis, inoubliables minutes ! La nuit, lorsque le vent des hauts agite les lourdes feuilles des bananiers – à midi, lorsque les hommes somnolent sous la double paillotte, abrités de l'aveuglante lumière que réfléchit la falaise – dans la case barricadée de Bui ou la fraîche salle de Dôc-Cô ; les heures, jour ou nuit, me sont pareilles, éclairées par l'unique veilleuse, loin du soleil et de la lune également hostiles. Je ne vis que par l'opium, en l'opium. Il est vrai, je ne puis fumer que deux fois par jour, à la sieste et à la veillée ; mais, par une judicieuse utilisation de l'idée fixe, à l'aide d'une forte concentration de la pensée, les autres moments glissent très vite, insignifiants et tels que non vécus ; et je n'existe en réalité que durant ces quatre cents minutes – environ – de la fumerie ; je les divise, pour les prolonger, en regardant de cinq en cinq minutes la pendule helvétique, apportée de Hong-Kong, qui s'érige chez tous les mandarins, insolente camelote, parmi les papillotantes incrustations, les cuivres antiques et les miraculeuses broderies.

Toutefois, en dépit de mes stratagèmes, les périodes d'affaissement se multiplient, quand la pensée et le vouloir, trop longtemps bandés pour mon anémie, se détendent, flasques et sans ressort, et que je reste impuissant à roidir encore ces cordes mouillées. Alors s'infiltrent en moi, plus cruelles que le remords, des terreurs depuis tant de semaines disparues : l'appréhension des crises nerveuses, et celle d'être livré pour le châtiment. Et aussi – mais d'où viennent et que signifient celles-là ? – des terreurs inexplicables, infusées peut-être en moi par un sortilège. Plus débile que jadis, je connais enfin les effrois suprêmes : ces craintes, vagues et terribles, je ne les avouerais à personne ; elles m'obsèdent, par ces nuits nouvelles où l'opium, impuissant, ne verse plus le baume de paix. C'est inexprimable, l'état de mon âme ; il s'y condense un précipité de mille épouvantes, surtout durant les lourdes pluies crépitant sur l'ardoise ou chuchotant sur le chaume, quand le gros Bui m'a conté de fantastiques légendes où *de très vieux morts d'Annam* jouent leur rôle macabre et joyeux. Donc, du Césade d'antan déjà ne survit qu'un idiot radoteur, abandonné comme les viles nourrices de campagne aux influences de l'ombre, de l'orage et des revenants ? Ainsi je m'interroge, en des ricanements imbéciles. Au matin j'en hausse les épaules ; et, les ténèbres revenues, je frissonne encore à des histoires de cercueils dénudés par les averses, remontant à la surface du sol pour y déverser d'effroyables liquéfactions humaines qui se coagulent en vampires et promènent l'effroi triomphal et l'horreur ; aussi des traditions, comme en écouta notre enfance, de morts transmués en Génies mauvais, dans la forme du chien qui sauta par-dessus leur cadavre, Ces balbutiements de puériles cervelles me hantent, comme les diables hantèrent ces morts. Je crois, mon Dieu ! je crois : moi, vivant, intact de corps et d'esprit, bientôt je serai l'immonde haillon de chair en pourriture, qu'un démon ricaneur ou le nécromant redresse et secoue pour la peur des enfants et des femmes.

[…]

4 décembre

Dix jours depuis ma condamnation – une décade de continuelles fumeries. Je *sais* que dans vingt-quatre heures je serai mort, et que j'écris mes derniers feuillets. Une lettre de France, du lieutenant mon frère, m'a-t-on dit, m'arrive, décachetée à l'ordonnance. J'ai prié mon vieux chevronné d'y jeter un regard :

« Dites seulement si l'aîné connaît ma désertion. » — « Oui. Il vous écrit à tout hasard… » — « Bien, merci. » — J'ai déchiré la lettre. Le sergent hausse les épaules ; et moi, je dédaigne de me justifier. Qu'aurais-je trouvé ? Des objurgations inutiles, puisque trop tardives ; des reproches également vains ; sans doute le conseil du suicide. Cette idée m'irrite : je suis et veux rester libre ; à l'heure de mourir, je dénie à quiconque le droit de m'injurier, de me conseiller même ; et je n'aime personne, et je repousse, comme d'étrangers, les insultes et prières d'un père ou d'un frère. Larmoyer en des pages épistolaires, solliciter des pardons – je n'en ferai rien. Du moins qu'on se souvienne de moi comme d'un homme qui sut vouloir et agir – ce sera une dernière ironie de la Destinée que, débile entre les débiles, je laisse une telle mémoire. On dira : « Pauvre garçon ! il fut presque irresponsable, l'intelligence anémiée par le climat torride et par l'opium ; mais, sang de gentilhomme ne pouvant mentir, il se révéla énergique et volontaire jusqu'à la fin. » Et toujours ils ignoreront que je fus d'intelligence subtile, large et saine entre toutes, mais de volonté vacillant à chaque influence du dehors, comme à chaque pensée de mon cerveau ondoyant et divers. J'ai souvent rêvé d'un curieux caractère à étudier : l'homme d'intelligence ouverte, froide, l'homme qui a fait le tour des idées, sceptique, ne reculant en théorie devant aucune « scélératesse » et, dans ses plans, les admettant toutes pour réussir ; mais, à l'exécution, dans la vie quotidienne, dominé par son tempérament généreux, confiant et bienveillant. Et voyez la niaiserie humaine ! Pour chacun, celui-là est le bon camarade, l'honnête homme de ses actions, alors que, en réalité, sa bonté, son honnêteté sont *sa seule faiblesse*, sa véritable infériorité – œuvre vile de la chair et du sang, contre lesquelles réagit en vain son intelligence *scélérate*, sa réelle pensée. Pour les imbéciles, c'est-à-dire pour la majorité des hommes, l'intention ne compte pas, et chacun de nous est presque toujours honni ou glorifié pour les vices ou pour les vertus qu'il n'eut jamais…

L'ordre télégraphique d'exécuter l'arrêt du conseil doit arriver, je l'ai calculé, au plus tard aujourd'hui. Puis, l'opium me rend plus lucide qu'une somnambule ; et ce soir, dans l'adieu de l'aumônier, dans un regard du portier, dans l'accent inusité de leurs habituels conseils d'espérer, je devine qu'il faut mourir demain. On ne me trompe pas, moi !…

… Laissé seul, je suis resté d'abord – une grande heure – aussi calme que tous me virent au cours du procès. J'ai brûlé quelques pipes – cinq ou six à peine –, griffonné des lignes, feuilleté des bouquins. Mais – la drôle d'aventure, pour un garçon coutumier de concentrer sa pensée sur le livre lu, au point d'oublier les alentours, le lieu, le moment, les personnages ! – je n'arrivais pas à fixer mon attention. Et quand, impatienté, pour me forcer à comprendre, je tentais d'analyser une phrase, mot par mot, comme à l'école, les caractères imprimés sautillaient à la manière des danseuses. Tout à coup, je me suis levé de la natte : l'horreur de mourir surgissait à l'improviste. Un quart d'heure j'ai marché en rond tel qu'un fauve, ne parvenant pas à m'apaiser, sans penser nettement à rien, les nerfs exaspérés, le corps malade, plus que l'intelligence. Je voudrais exprimer très exactement cela : l'angoisse de ma fin imminente était moins conçue que ressentie ; elle se révèle de telle sorte, je suppose, aux animaux en péril de mort, au bétail qu'on mène à l'abattoir, aux êtres aptes à souffrir mais non à penser. Après, ayant recouvré quelque empire sur mes gestes, j'ai fumé dix pipes, et dix encore ; alors seulement l'épouvante a passé des organes dans l'intellect, de la sensation dans la conception, de l'inconscient à la conscience. À ce moment j'étais sauvé, certain du calme dès que l'angoisse se plaçait, simple matière à étude, désormais analysable, sous l'objectif de l'intelligence. Mais demain, si à la minute suprême une peur sensuelle, échappant au regard fixe de ma pensée, s'empare encore de mes nerfs et de ma viande ? Alors, peut-être, je me contorsionnerai grotesquement à la manière des autruches ou du disciplinaire fusillé l'autre semaine ? Je n'oserais jurer que cela ne sera pas ! Et maintenant j'ai peur d'avoir peur, j'appréhende que reparaisse l'ignoble affolement. Un seul remède sans doute – fumer, me tenir constamment sous l'influence du saint opium, souverain pacificateur des corps et des âmes. Mais si la panacée me trahissait, à fin unique de me prouver – ultime ironie ! – qu'il n'y a pas au monde, pour le malheureux, un ami sûr ? La frénésie m'a ressaisi. Une énorme araignée, que je revois chaque jour à la même place, sans doute intoxiquée d'opium, se trouvait sur la natte, à quelques centimètres de ma lampe. Je levais la main pour l'écraser. Ensuite, ai-je pensé, pourquoi celui qu'on va tuer ne ferait-il pas au pauvre animal hideux la magnifique charité de la vie ? Je l'ai considérée avec bonté, confiante, immobile, se grisant de la fumée merveilleuse, et peut-être jouissant d'un bonheur surnaturel, pour la première fois révélé à sa race immonde. Et brusquement, dans un accès de rage et de suprême égoïsme, je l'ai broyée d'un coup de poing : j'aurais voulu qu'avec elle pérît le monde entier, comme je périrai, dans des convulsions sanglantes, les membres lacérés palpitant de douleur aiguë et mortelle. Un homme fut entré, je l'assassinais : non, dans mes muscles émasculés j'aurais concentré la force de le maintenir comme garrotté par des cordes solides, de lui crever les yeux, de lui ronger le nez, afin que, me survivant, il survécût pour souffrir à toute heure en sa chair et son orgueil, et que, trop lâche pour le suicide, il m'enviât d'être mort. Et encore une fois, pauvre être abandonné aux contradictoires suggestions de l'Inconscient, je m'apaise au souvenir de ceux-là qui moururent au gué du Nui-Dao. Ils craignaient de mourir, plus que je ne le crains ; en marchant vers le ruisseau, ils voyaient rapidement se rétrécir la marge entre eux et la mort ; dix mètres, cinq mètres, un mètre à peine ; puis, tout à coup, le plongeon sous l'averse des balles, dans la furieuse poussée d'un sous-officier, en dépit des reculades effarées, des gigottements et des grimaces. Et voici que, pareil à ces hommes, je m'approche vite, vite, de l'heure où je serai cadavre, sans la chance d'une broussaille où m'abriter. Parmi eux, d'aucuns, à quelques pas de la frontière mortelle, prenaient leur élan et, dans la folie de la peur, bondissaient tête baissée pour en finir plus tôt avec l'effroyable incertitude. Pouvoir comme eux fermer les yeux, et ne les rouvrir jamais !

4 h. matin

Ils vont venir, ils viennent, les bourreaux ! je les pressens, vous dis-je, les ambassadeurs de la Mort ! – Oui, j'en suis sûr –, à cette heure où je veille seul, près d'ici veillent d'autres hommes qui froidement, méthodiquement, tranquilles dans l'accomplissement d'un devoir, préparent la fosse, le cercueil, l'acte mortuaire ; et qui bâillent, trouvant le temps long et l'attente fatigante. Mon Dieu, mon Dieu ! Pourtant si je me trompais, si venait le pardon ? mon Dieu, qu'il vienne ! mon Dieu, que je me trompe ! mon Dieu, sauvez-moi ! Je blasphémai, quand je jurai de me suicider plutôt que d'accepter l'ignominie des travaux publics. Pardonnez au blasphémateur, ô mon Dieu ! Mille années de honte, toutes les hontes, mais pas la mort ! Oh ! le songe dont je m'éveille ruisselant de glaciale sueur ! S'il disait vrai, ce cauchemar, présage du déni de grâce ! Las d'écrire et de fumer, je me suis endormi sur ma natte, la lampe allumée, dans la prison sombre et chaude. Jusqu'au sommeil, il me souvient d'avoir fixé mes regards sur la muraille, balafrée de charbonnages manuscrits, et sur les toiles d'araignée ; je discernais nettement la fine trame, le corps velu des guetteuses ; – et, au-dessous, les yeux luisants d'un margouillat qui guette aussi, son corps de serpent recourbé en arc de cercle, ses quatre pattes étalées collant leurs ventouses à la chaux du mur. Soudain les lourdes murailles ont croulé, au son brutal et bref du canon ; et je savais en mon rêve que c'était le canon de Hanoï, annonçant le réveil. Et des trompettes claironnaient, sur des notes pressées, claires, *spirituelles*, comme si des anges soufflaient dans les cuivres, là-haut, là-haut, aux lointains cristallins d'un ciel où s'épanouissaient les roses et vertes floraisons de l'aurore. C'était un matin d'allégresse triomphale, tombant du profond firmament sur des plaines blondes, sur des mers de nacre frémissante et de vivant lapis ; et de fluettes nuées, houppes frisées ou flocons de soie, s'enfuyaient, blanches et dorées, si haut que l'alouette trillant ses frêles musiques ne les pouvait suivre. Par tous les pores m'entrait le délice des formes, des sons, des nuances et des odeurs, et de ce léger souffle glacé qui battait mes cheveux et s'engouffrait sous le rude bourgeron, pour glisser jusqu'à ma chair – ô l'exquise souffrance ! – une fraîche lame d'acier. J'avais des jours passés tout oublié ; je m'épanouissais avec le ciel, les fleurs et les bêtes, sans penser, dans l'instinct de participer à l'univers heureux, dans l'unique joie d'exister ; et par un simple vœu j'aurais pu, enlevé du sol, fuir aussi là-haut parmi les flocons neigeux et dorés, planer sur les rizières blondines, sur les mers frémissantes et nacrées. Or, en cette merveilleuse aurore de printemps surgissent des paysages connus, le bord du fleuve à Dap-Cau, la route des Sept-Pagodes, indécis encore, pareils aux tableaux d'une lanterne magique avant la mise au point. Puis des maisons blanches – comme d'immenses cubes de pierre –, des bouquets d'arbres déjà vus à la Concession de Hanoï – des rues, l'enceinte grise d'une citadelle ; et maintenant, plus précises, plus nettement dessinées, une rase pelouse et, dans le ciel profond, une octogone tour de briques roses, où monte vite, vite, vite, au battement de la diane, au rythme alerte des clairons, un pavillon tricolore fuyant, toujours plus petit, jusqu'au sommet de la tour. Je n'étais plus seul, impersonnellement heureux, confondant mon âme et ma chair avec la joie du monde – mais perdu parmi des soldats, en blouse de treillis comme moi-même. Formant le cercle, nous arborions des mines de condoléance, sur ces visages faussement contrits qu'on se compose en vue d'indifférentes obsèques. Qui devait mourir, en ce matin clamant l'allégresse de vivre, par les cent mille voix des insectes, par l'odeur des corolles et l'infatigable va-et-vient des vagues bleues ? Assurément, si quelqu'un entrait dans la mort, ce ne pouvait être qu'un dilettante connaissant combien dénué de signification ce mot « mourir », désirant – pour renouveler ses plaisirs – changer de forme et passer de l'humanité dans la vie inconnue des fleurs ou des bêtes. Pourquoi donc s'attrister ? Il y avait à coup sûr un malentendu qu'à tout prix j'expliquerais, afin de dissiper la tristesse épandue en brouillard sur les visages, injurieuse pour cette matinée d'universel délice. Et je m'efforçais de rassurer mes voisins, par d'évidentes raisons – l'affaire de quelques mots, à peine. Mais, bizarre aventure ! ils ne comprenaient rien à mes explications, lumineuses pourtant et si indiscutables ! et, souffrant de leur peine, soucieux de les rasséréner et de les unir à ma joie, à la joie du monde, j'avais conscience d'un ineffable devoir de charité, l'apostolat du bonheur. Ils ne comprenaient pas. Tous secouaient la tête, me considérant avec un sourire énigmatique ; et leur obstination me faisait mal. Alors, la pitié pour ces déshérités troublant la certitude de mon allégresse, un doute, une angoisse déjà, s'insinuait lentement en ma poitrine, avec l'acier aigu du vent froid, maintenant douloureux. Un homme s'avança, vêtu comme nous, la tête rase, soutenu par un prêtre, escorté de douze soldats en armes. Je devinais à présent voilà l'homme qui devait mourir. Mais celui-là du moins me comprendrait ; je savais si bien qu'il mourait volontairement, par caprice de dilettante, pour se mêler à toutes les vies éparses dans le vaste monde ! Enfin, il m'aiderait à convaincre les autres, les pauvres diables, à les délivrer de tristesses injurieuses pour l'universel délice… Je ne distinguais pas encore les traits de son visage, étrangement voilés d'une brume grise. Pourquoi, puisque je voulais le voir, pourquoi se cacher ainsi en égoïste – pourquoi ? – répétais-je, en frappant du pied, et déjà tremblant de colère. Et, sans doute par la maudite suggestion des tristesses ambiantes, désormais le sort de cet homme m'apparaissait redoutable et maudit, et poignait mon cœur. En même temps, dans le ciel pâlissant, les blancs flocons s'épaississaient en large grisaille de nuages, et les angéliques trompettes ne clamaient plus la joie et le triomphe de vivre. L'homme approchait ; à coup sûr il allait mourir et mourir affreusement – pauvre homme ! Je le lisais à cette heure, dans ses pensées se répercutant en moi – par quel phénomène inexpliqué ? car je ne voyais toujours pas son visage. Ces tristes pensées, je les lis, je les entends – les mêmes qui me furent coutumières aux temps de désespérance oubliés en ce miraculeux matin. Or mon angoisse croissait, toujours inexplicable, et, à présent, l'acier du vent ayant éraflé mon épiderme, des tenailles – il me semblait – arrachaient mon cœur par lambeaux. Tout à coup, la brume flottant sur l'inconnu se dissipa ; et le visage de cet homme ressemblait au mien comme celui d'un frère jumeau, et les soldats en cercle me regardaient, moi aussi, avec des airs faussement attristés. Je commençais à soupçonner ceci : rien ne pourrait séparer mon sort du destin de ce sosie dont les pensées répondaient aux miennes en écho, dont les sentiments doublaient les miens. Je détournai la tête pour échapper à une fascination qui des yeux de cet homme allait à mes yeux et, sans apparent mouvement, insensiblement m'entraînait vers lui. *Je sentais que cette attraction ne cesserait que lorsque mon corps et mon âme se seraient unis, confondus, avec le corps et l'âme de l'inconnu, et ma destinée liée irrévocablement à la sienne.* Alors, quand j'eus détourné la tête, horreur sans nom ! à mes côtés je vis se dresser un prêtre, identique par la stature et les traits au prêtre qui soutenait l'*autre*. Mais le prêtre affectueusement me souriait. Affolé, me raccrochant à l'espoir que promettait ce sourire, je suppliai l'homme noir de me rassurer ; il me comprenait, bien que je n'entendisse pas moi-même le son de ma voix. Alors, comme j'attendais, anxieux, haletant, sa parole salutaire, son verbe consolateur, que boirait mon âme à larges goulées, il se pencha bienveillamment pour se faire mieux ouïr ; et, ayant évidemment prêté l'oreille, j'entendis ces mots : « Condamné à mort, mon frère ! il faut mourir. *Je suis bien mort, moi aussi !* » Je vis les yeux du prêtre, ses prunelles claires virant vite au soleil, flamber de rage assouvie et de triomphante haine ; et je reconnus en lui Plantin ressuscité, ses minces lèvres ricaneuses, ses dents entre-croisées s'avançant pour me mordre – et toute sa face horrible où se plissait la peau du front et s'agitaient clownesquement les oreilles, pour exprimer l'épouvantable ironie de sa gaîté macabre. Sous le ciel, soudain noir d'orage, je restais seul, garrotté, des fusils braqués sur moi… Dans le surhumain effort vers la fuite, je viens de me réveiller en la prison sombre et chaude, à la clarté de ma lampe. Mon Dieu, que le rêve ne se réalise pas ! Faites qu'on ne m'appelle pas pour mourir. Mon Dieu, j'espère !… Ils ne viendront pas…

5 h. 30

Ils sont venus. Un bruit de pas et la porte ouverte arrêtent ma plume sur cet appel d'espérance. Maintenant, j'ai bu le verre de vin que m'offre un gendarme, et je vais signer ces dernières lignes. Je n'écris ni à mon père, ni à ma mère – ni à personne au monde. Je ne crains plus d'être lâche ; les heures terribles sont passées. Je m'en retourne – très calme, je le jure ! vers la nuit d'où je vins, voilà vingt ans. Adieu, vous tous ! – et si vous apprenez qu'au moment suprême je restai brave et fier, malgré la redoutable anxiété de souffrir en ma chair – glorifiez, ô mes amis ! les bienveillants Génies de l'Opium.

Extrait de *Fumeurs d'opium*, 1896.

MAX JACOB ET MARCEL PROUST

Les dîners en ville

L'un des meilleurs poètes français et l'un des meilleurs romanciers français du XXᵉ siècle, étant beaucoup sortis l'un et l'autre, ont ensuite dit le plus grand mal des sorties. De la même génération, Juifs chrétiens, homosexuels, grands moqueurs, puis retirés de la vie, ils ne se ressemblent qu'extérieurement et pour ce détail des sorties, dont Blaise Pascal aurait pu dire autant. Le ressemblant ne réside pas dans la ressemblance.

MAX JACOB
(1876-1944)

Dîner en ville

Que de messieurs ! et quel silence autour de la table ronde. La table ronde et moi seul parlent. Or les ronds concentriques des assiettes, les baguettes des couverts se précisent : l'O devient oméga, le t devient thêta et voici que le ramage des enguirlandements signifie en grec : tu es ici sur le chemin de l'enfer. Bosses concentriques de la mare.

Extrait de *Visions infernales*, 1924.

~

MARCEL PROUST

(1871-1922)

Dîners de barbares

Cette obscure connaissance de ce qui devait être me fut donnée par la chose singulière qui arriva avant que j'eusse commencé mon livre, et qui m'arriva sous une forme dont je ne me serais jamais douté. On me trouva un soir où je sortis meilleure mine qu'autrefois, on s'étonna que j'eusse gardé tous mes cheveux noirs. Mais je manquai trois fois de tomber en descendant l'escalier. Ce n'avait été qu'une sortie de deux heures, mais quand je fus rentré, je sentis que je n'avais plus ni mémoire, ni pensée, ni force, ni aucune existence. On serait venu pour me voir, pour me nommer roi, pour me saisir, pour m'arrêter, que je me serais laissé faire sans dire un mot, sans rouvrir les yeux, comme ces gens atteints au plus haut degré du mal de mer et qui, traversant sur un bateau la mer Caspienne, n'esquissent même une résistance si on leur dit qu'on va les jeter à la mer. Je n'avais à proprement parler aucune maladie, mais je sentais que je n'étais plus capable de rien comme il arrive à des vieillards alertes la veille et qui, s'étant fracturé la cuisse, ou ayant eu une indigestion, peuvent mener encore quelque temps dans leur lit une existence qui n'est plus qu'une préparation plus ou moins longue à une mort désormais inéluctable. Un des moi, celui qui jadis allait dans un de ces festins de barbares qu'on appelle dîners en ville et où pour les hommes en blanc, pour les femmes à demi nues et emplumées, les valeurs sont si renversées que quelqu'un qui ne vient pas dîner après avoir accepté, ou seulement n'arrive qu'au rôti, commet un acte plus coupable que les actions immorales dont on parle légèrement pendant ce dîner, ainsi que des morts récentes, et où la mort ou une grave maladie sont les seules excuses à ne pas venir, à condition qu'on ait fait prévenir à temps pour l'invitation du quatorzième, qu'on était mourant, ce moi-là en moi avait gardé ses scrupules et perdu sa mémoire.

Extrait du *Temps retrouvé*, posth., 1927.

MISTINGUETT
(1875-1956)

« Dans les bouges la nuit »

Bon bec de Paris comme il y en eut tant entre-deux-guerres, Mistinguett incarne une comédie parigote qui commence dès son nom. Semblant une faute d'orthographe, l'air d'un sifflotement, « Mistinguett » résume la narquoiserie caractéristique de toute une période. Face aux meuglements des chanteuses du malheur dites « réalistes », à la féerie noire, gluante et non sans ironie parfois, Mistinguett a été le moineau de Paris. Elle se moquait de tout avec le plus grand sérieux, devenant camp. Une archi-parigote a importé un comportement archi-londonien.

Malgré ma vie princière,
J'pense aux beaux soirs de la barrière
Où j'allais dans la rue,
Aimée, exploitée et battue,
Parée de tous mes diames
Quand j'ai l'cafard j'reviens
Offrir mon état d'âme
Aux gas qu'ont peur de rien

Dans les bouges la nuit,
D'Montparnasse à Grenelle,
Le destin me conduit
Vers des amours nouvelles.

Près des mauvais garçons,
Mon cœur est en délire,

Un air d'accordéon
Et mon être chavire

Une java violente
M'apporte l'étreinte troublante,
La brutale caresse
D'un de ces beaux gas à la r'dresse.
Pâmée je dois me rendre
Car toutes les fadeurs
Qu'dans l'jour je dois entendre
N'ont pas cette faveur

Dans les bouges la nuit,
D'Montparnasse à Grenelle,
Le destin me conduit
Vers des amours nouvelles.
Près des mauvais garçons,
Mon cœur est en délire,
Un air d'accordéon
Et mon être chavire

Extrait de la revue *Paris qui brille*, au *Casino de Paris*, 1931.
Paroles de Cherubini, musique de Cesare A. Bixio.

PAUL POIRET

(1870-1944)

Une maison de couture

Les seuls riches amusants sont ceux qui dépensent de l'argent à autre chose qu'à en gagner davantage. Le couturier Poiret, dont la vie ressemble à un roman naturaliste écrit par Françoise Sagan, a donné des fêtes fameuses et ruineuses. Sa maison a fait faillite en 1929 et il est mort sans le sou. C'est immoral.

C'était un jour de mi-carême que me promenant à pied dans le beau quartier qui avoisine les Champs-Élysées, rue d'Artois, avenue d'Antin (aujourd'hui avenue Victor-Emmanuel-III) je m'arrêtai devant un terrain vague fermé d'une grille. C'était une propriété abandonnée, où, sous de grands arbres, probablement centenaires, l'herbe folle croissait. Des poules picoraient dans tous les coins. On y voyait tous les chats du quartier, errant en quête d'un gibier. La grille sur la rue était fermée, mais je voulus entrer dans ce palais de la Belle au Bois dormant et je cherchai une porte.

Il y en avait une faubourg Saint-Honoré. Une voûte soutenue par des colonnes donnait accès dans une cour fermée par une vieille bâtisse. C'était le dos de l'hôtel, qui donnait par une magnifique façade sur l'avenue d'Antin. Je fis parler la concierge. C'était une maison abandonnée depuis quinze ans. Il fallait louer le tout, et c'était trop grand pour un commerçant. Aucun particulier ne voulait relever ces ruines, ces corniches dégradées, cette toiture qui menaçait de s'effondrer. Deux jours plus tard, je signais mon bail, j'entreprenais des travaux qui durèrent trois mois (cela me parut interminable), je fis creuser le jardin pour lui donner l'aspect de ceux que j'avais vus à Versailles et dans les beaux châteaux de France. Le 1er octobre la maison était transformée, j'avais respecté son caractère auguste, on eût dit la demeure d'un grand seigneur d'une autre époque. Un parterre de broderies s'étalait comme un tapis au milieu des allées. Il y avait une pelouse hérissée de crocus multicolores, il y avait un théâtre de verdure, aboutissant à une salle fraîche. Il y avait un perron de trois marches sur 17 mètres de long, aux extrémités duquel se tenaient, bondissantes et légères, deux biches en bronze, deux merveilles que j'avais rapportées d'Herculanum.

Tous ceux qui ont vécu une heure dans ce cadre enchanteur seront touchés de ces détails. On entrait dans la maison par dix portes sur le perron, et on pouvait, les jours d'été, ouvrir tous les salons de réception comme une galerie sur le jardin. Les tapis étaient rouge groseille, et contrastaient délicieusement avec la verdeur des parterres. Des lustres savants et ingénieux mêlaient en perspective les stalactites de leurs cristaux. Au fond du salon une grande salle carrée décorée de fresques délicates assistait au départ d'un escalier d'honneur garni d'une belle rampe ancienne.

Au premier étage, c'était l'intimité charmante des salons d'essayage, avec des chaises longues, des meubles de repos, des candélabres et des miroirs. C'est dans ce palais enchanteur que défila, quinze ans, toute la vie parisienne et exotique, dans ce qu'elle avait de plus raffiné.

Sur un des côtés du jardin se détachait la façade d'un deuxième hôtel particulier, que j'habitais personnellement. C'est là que j'installai une merveilleuse statue que j'avais achetée chez un importateur de Chine. C'était la plus belle pièce d'art qui eût jamais quitté le territoire oriental, que ce bloc de granit, représentant une Bodhisatva qui pouvait bien être la déesse de la Miséricorde, comme on me l'a dit, à moins qu'elle ne fût tout autre chose. Cet objet d'art était d'une telle beauté que je voulus lui restituer un cadre digne d'elle, et que je lui sacrifiai toute une pièce au rez-de-chaussée de l'hôtel qui donnait sur mon jardin. Je fis couvrir les murs d'un enduit gris, et j'y fis placer un projecteur unique, de sorte que la déesse retrouvait l'atmosphère qu'elle avait connue dans les grottes de Long-Men ou d'ailleurs, dont elle était issue.

Je passais des heures à la consulter dans les moments troublés de ma vie ou bien je la contemplais dans son halo de lumière, qui semblait l'habiller de tous les vœux et toutes les prières dont elle avait été l'objet. Que de potentiel humain était venu se briser sur ce granit impénétrable ! Les six Chinois qui avaient prêté leurs épaules pour la transporter d'abord à Pékin avaient été décapités. Elle avait été cachée deux ans dans les sous-sols de l'hôtel des *Wagons-Lits* à Pékin, où elle avait attendu un moment d'inattention des douaniers pour s'échapper de Chine. Elle rencontra chez moi l'élite de la pensée. Beaucoup d'artistes et de philosophes ont été introduits devant elle, et quelques-uns se sont crus obligés d'y faire des déclarations définitives, au lieu de se borner à admirer et de se laisser pénétrer par la grandeur métaphysique et la beauté éternelle qu'elle irradiait. Quand vint la guerre, je l'enfermai soigneusement, persuadé qu'en raison de son poids personne ne songerait à la voler. C'est moi-même qui la fis sortir de son antre, en la vendant au Metropolitan de New York. Je vais la voir à chacun de mes voyages. Elle y occupe une place d'honneur dans un aréopage de dieux et de déesses de la même époque et de la même origine. Je ne crois pas qu'elle soit, comme on me l'a dit, la statue de la Miséricorde. Je pense plutôt, s'il y a une déesse de l'Hypocrisie, que c'est celle-là, car son expression est perfide et le malheur est entré avec elle dans ma maison. J'attribue à cette déesse qui avait jeté un mauvais sort.

Extrait d'*En habillant l'époque*, 1930.

MAURICE SACHS

(1906-1945)

Le Bœuf sur le toit et les sorties d'après-guerre à Paris

On ne peut pas relever une mode tombée. Le bar du Bœuf sur le toit, *nommé d'après un ballet de Darius Milhaud et Jean Cocteau, a été fréquenté par tous les sorteurs de Paris entre 1922 et 1927. Gens qui changent de décor comme une volée d'oiseaux vire dans les airs : un jour plus personne d'intéressant n'y est allé. Ont suivi quantité de tentatives de réanimation par des entrepreneurs, vaines. Chose exceptionnelle, le cabaret* Madame Arthur *à Paris a réussi pendant quelques mois, soixante-dix ans après son ouverture, vers 2020, à se rafraîchir, mais les nouveaux clients moqueurs et affectueux ont vite quitté l'endroit, devenu le déchaînement des soirées de groupes. Maurice Sachs est ce séducteur malhonnête qui n'a même pas eu d'ampleur dans la bassesse. Séducteur, profiteur, voleur, il trahissait ses bienfaiteurs ; Juif, il est devenu collaborateur et a probablement fini abattu par un soldat allemand au cours d'une marche forcée à la fin de la guerre. On a ensuite découvert des manuscrits inédits pleins de talent. C'est immoral.*

De tous les restaurants, de tous les bars que la mode fait et défait, aucun d'eux, en ces jours-là, n'eut plus de vogue que *Le Bœuf sur le toit.* Cet établissement fut créé par Louis Moysès, qui avait un grand talent d'hospitalité et d'organisation. Le nom en fut donné par Cocteau ; il devait rappeler un ballet dont il était le titre et dont la scène était un bar. On a depuis oublié le ballet et l'origine du nom, inséparable aujourd'hui du succès d'un lieu de plaisirs. (Ainsi, quand nous achetons le *Figaro*, ne nous souvenons-nous plus du gai coiffeur et ne pensons-nous qu'au journal, bien qu'à vrai dire le parfum y ait ses droits depuis M. Coty.)

Ce qui fit le succès du *Bœuf sur le toit*, outre le tact et l'intelligence de son créateur, ce fut l'opinion qui se répandit vite dans Paris qu'on y rencontrait toutes les célébrités de la ville. En effet, Moysès sut attirer les peintres, les poètes, les musiciens et les écrivains, les gens du monde, leurs amis et une admirative jeunesse. C'était le seul endroit (et je n'en ai jamais connu d'autres) où l'on pouvait aller en habit ou en flanelles grises, les femmes en décolleté ou en tailleur. La société s'y mêlait aux peintres et aux acteurs, les hommes d'affaires aux écrivains. Il n'était pas rare d'y rencontrer des travailleurs en chandail descendus de Montparnasse ; quelques-uns s'y enivraient, chacun avait ses soucis, mais il régnait, je ne sais comment, une amitié très douce. On se parlait d'une table à l'autre. On s'égayait en commun. Ou bien on se connaissait tous, ou l'on faisait vite connaissance. On dansait d'abord au son d'un seul piano tenu par Doucet, qui est devenu célèbre depuis avec Wiener – le bon Doucet jouait joyeusement tout en lisant des romans d'aventures. Les employés de l'établissement étaient devenus des amis aussi. L'excellente femme qui prodiguait, en bas, les parfums et les ablutions était de nos camarades. Elle nous montrait, à l'automne, les belles médailles de Lourdes et d'ailleurs qu'elle rapportait de ses pieuses vacances.

Moysès avait bien compris ce mélange d'élégance, d'esprit, de paresse, de bonne humeur et de courtoisie qui force les citadins à élire un lieu plutôt qu'un autre pour leurs longues réunions nocturnes.

On arrivait au *Bœuf* vers dix heures. On ne le quittait qu'à une heure le matin. Encore y restait-on parfois quelques-uns lorsque les portes étaient closes.

Les jeunes gens qui désiraient voir Cocteau, Picasso, Diaghilev, Max Jacob, Miassine, Picabia, Auric, Poulenc, Milhaud, Léger, Wiener, Lurçat, Léon-Paul Fargue, Marie Laurencin, Derain, Desnos, Aragon, Tzara, Maurice Rostand, le prince Youssoupov et tant d'autres, les y trouvaient souvent.

Là, dans le tumulte des conversations et des rires, tout Paris se rencontrait. Il serait vain de vouloir énumérer ceux qui ont passé ce seuil, de la princesse Murat au comte de Beaumont, célèbre pour ses bals ; de la comtesse de Noailles au roi Ferdinand de Roumanie ; d'André Breton, fondateur du surréalisme, à René Clair. Aucun Parisien, aucun visiteur avisé de Paris n'a manqué d'aller au *Bœuf sur le toit.* Ou y rencontrait même Erik Satie, musicien ermite d'Arcueil.

Il m'est bien difficile de faire comprendre à mes amis américains qui n'ont pas connu ce Paris-là l'emprise qu'avait sur nous tous *Le Bœuf sur le toit.* On n'imaginait guère de finir la journée sans y aller. J'imagine que le stade antique avait quelque chose de cet attrait pour les jeunes Grecs. Ce n'est certes pas que *Le Bœuf sur le toit* fût un lycée, ni son public un corps enseignant, mais, aux yeux de la jeunesse, il brillait de feux enchantés. Il était le lieu où nos vrais maîtres étaient présents. Et d'ailleurs on apprenait plus d'avoir entendu quelques phrases de certains glorieux habitués qu'on n'eût appris des cours des Beaux-Arts. Sans doute ceux que j'ai déjà nommés ne pensaient guère que leur présence illuminait nos esprits. Ils allaient là, tout bonnement, se distraire et rencontrer leurs amis, mais leurs admirateurs, figés devant leurs boissons, les contemplaient comme les peuplades primitives leurs totems. Loin de porter les dieux lares dans nos maisons, nous nous portions vers leur demeure temporaire, si bien qu'il se forma dans cet endroit comme un campement nocturne pour deux vastes familles : celle, célèbre, qui occupait les tables et nous donnait son spectacle quotidien, celle, obscure, faite de spectateurs ravis qui se pressaient modestement au bar.

Au plaisir de l'esprit se mêlait celui, plus licencieux, de nouer des aventures. Cela aussi étonne les New-Yorkais, car les rencontres dans les lieux publics, suivies d'épanchements du cœur, y seraient d'un goût détestable. Mais ces choses n'ont pas la même importance en France. Paris, d'ailleurs, a toujours été bien libre en ce sens, et les sentiments, à ce qu'il m'en souvient, ne perdaient pas leurs droits au sein de ces ardentes réunions. Les nouveaux venus étaient mal regardés.

Le gros du public n'osa d'abord se mêler au groupe clos des habitués du *Bœuf sur le toit.* Ils n'y vinrent que plus tard, quand nous partîmes. Outre *Le Bœuf sur le toit*, Paris allait volontiers à Montparnasse, qui venait de naître. Il y a encore vingt ans, les femmes de famille bourgeoise qui y vivaient pour le bon air, l'économie et les jardins n'osaient guère rentrer seules le soir. Il y règne, aujourd'hui, une impossible cohue. Au temps dont je parle, Montparnasse était à son début. Les grands boulevards y étaient sombres encore. Deux cafés, *Le Dôme* et *La Rolande*, modestes alors, s'arrachaient la clientèle. C'est proche de ceux-ci que se fit le petit théâtre de la rue Huyghens où furent représentées, je crois, *Les Mamelles de Tirésias* d'Apollinaire et donnés les premiers concerts des *Six*. Tout auprès s'était ouvert le *Jockey*, bar obscur que fréquentaient les centaures des champs de courses, puis les peintres. On y rencontrait souvent Foujita et l'inimitable Kiki, qui chantait des chansons de Marius. Mais on a consacré trop de volumes à Montparnasse pour que je recommence ici. Nous y allions peu, et les amis des peintres descendaient rarement « à Paris ». On vivait là-haut comme dans un village ; les touristes et les jeunes Américains qui ont copié des habillements bizarres, quelquefois rencontrés, ne savent peut-être pas qu'ils plagient l'ancienne misère apportée là du Montmartre coloré d'Utrillo et de Modigliani, dont la tradition fut rompue au croisement des boulevards Raspail et du Montparnasse.

Extrait de *La Décade de l'illusion*, posth., 1951.

LÉON-PAUL FARGUE

(1876-1947)

Cafés des Champs-Élysées

Fargue a laissé la poésie pour la chronique. Grand dommage pour l'une, tant mieux pour l'autre, qu'il a illustrée avec une imagination dont elle n'est pas si souvent pourvue. Fargue laisse une petite légende parisienne de chauffeurs de taxi impayés et ainsi de suite que je ne rapporterai pas, car il vaut mieux que du pittoresque.

Il y a des cafés qui éclatent d'atmosphère, même quand ils sont vides. Des cafés qui sont, par eux-mêmes, de bons rabicoins[1], et qui se satisfont d'une confortable célébrité de statue ou de paysage. Tel est encore le café *Lipp*, tout chaud d'âme et d'intimité. Tels furent jadis le *Clairon de Sidi-Brahim* de la place du Tertre, ou *Le Chat noir*, du temps que Narcisse Lebeau rimait :

Dans le passage Vivienne,
Elle me dit : Je suis d'la Vienne !
Et elle ajouta :
J'habite chez mon oncle,
C'est le frère à papa ;
Je lui soigne un furoncle...
C'est un sort plein d'appas.

---

1. Refuges.

Je devais r'trouver la donzelle,
Passage Bonne-Nouvelle.

Mais en vain je l'attendis
Passage Brady...
Les voilà bien, les amours de passage !...

Comme on le voit, les Parisiens, à cette époque, ne connaissaient pas l'angoisse, et ce genre de petits poèmes faisait fureur. Les cafés ont changé d'aspect, mais les amours de passage demeurent... C'est même un peu à une femme que je dois d'avoir connu les cafés des Champs-Élysées, si différents des autres, et qui ne supporteraient pas sans mourir l'absence des clients. Mon excellent confrère François Fosca a écrit que les cafés parisiens étaient trop nombreux, et qu'il faudrait certainement des années pour les visiter et pénétrer leurs secrets. Ceci est exact, si l'on considère la multitude des établissements, leur variété et leur tournure. Pourtant, il ne faut pas plus d'une journée pour se livrer à une enquête approfondie dans un quartier précis. C'est à une femme, je le répète, que je dois d'avoir pris contact avec les grandes verrières des Champs-Élysées. Et quand je dis à une femme, c'est, comme on le verra, façon de parler.

Rien ne désignait spécialement les Champs-Élysées au rôle de Foire aux Cafés qu'ils sont devenus en peu d'années. Foire aux Cafés qui va même parfois jusqu'à la foire d'empoigne. C'est là, en effet, que se jouent à peu près toutes les parties du commerce parisien. Pourtant, la denrée en vogue, du Rond-Point à l'Étoile, est d'abord le cinéma. Sont-ce les cafés des Champs-Élysées qui ont donné naissance au marché cinématographique ? Est-ce le cinéma qui a fait sortir du bitume tant de terrasses ? Telle est la double question que je me posais, un matin, au *Select*[1], en attendant, devant un quart Vichy, disons-le, une admiratrice. Celle-ci, que je ne connaissais que par son écriture, m'avait écrit de province pour me donner rendez-vous avenue des Champs-Élysées, au *Select* précisément. Elle désirait avoir mon avis sur un certain nombre de problèmes, dont le premier mettait en relief la nécessité où elle se trouvait de faire du cinéma pour être heureuse. Pourquoi s'adressait-elle à moi ? Je veux bien croire, puisqu'elle le spécifiait,

1. 100, avenue des Champs-Élysées.

que c'est parce que nos grand-mères s'étaient autrefois connues dans le Berry, et qu'elle-même avait composé quelques poèmes en prose avant d'être visitée par le Démon de l'Écran. Bref, averti que, la photo aidant, on me reconnaîtrait facilement, j'attendais devant mon quart Vichy, en remuant dans ma tête les conseils de prudence que je pouvais donner à une jeune provinciale.

Le *Select* commençait de vivre. Dans la salle du fond, plus obscure et comme secrète, des oisifs s'engageaient déjà dans des parties de cartes qui dureraient jusqu'au déjeuner. Non pas des joueurs de cartes comme ceux de Toulon ou des bars de Ménilmontant, tous chômeurs joyeux, rentiers corrects ou bricoleurs sincères, mais des personnages singulièrement sérieux, préoccupés, noceurs sans argent, anarchistes du snobisme ou resquilleurs de la belle vie, qui subsistaient grâce à de savants dosages de cafés crème. Ils jouaient dans un silence de complot, avec une application de bureaucrates. Peu à peu, la grande salle s'emplit de gigolos qui fuyaient le lycée, un bouquin dans la poche, de journalistes sans journaux, et de ces fils à papa besogneux qui attendent du ciel parisien que les situations leur tombent toutes rôties dans la bouche. On commandait les premiers cocktails. J'avais le sentiment de me trouver dans le salon d'attente de quelque professeur d'aventure, ou dans une gare cosmopolite où chacun espérait un train merveilleux à destination de la fortune. Impression que l'arrivée de *Paris-Midi*, sur lequel on se jetait comme sur un communiqué officiel, renforçait encore. Quant à ma provinciale, d'elle pas la moindre trace. Il y avait bien des femmes, cousues aux tables comme des ornements, et toutes assurément rêvaient au film qui les sauverait de la médiocrité, mais aucune ne portait le signe provincial, aucune n'était venue à un rendez-vous…

L'heure de l'apéritif marqua le départ de quelques joueurs de bridge, et l'entrée en groupe d'un haut personnel cinématographique, discrètement salué par les disponibles de toutes sortes. Le haut personnel cinématographique, qui venait, selon toute vraisemblance, de s'éveiller, semblait de mauvaise humeur. Les ordres furent transmis aux garçons dans un français dont les hésitations ou l'accent trahissaient tantôt le russe, tantôt l'anglais, tantôt l'allemand, tantôt le hongrois et tantôt un idiome inconnu. Le café crème l'emportait nettement sur les vermouths, picons, vins sucrés ou alcools. C'était dans ce lieu une véritable nourriture. De fortes épouses, aux bijoux voyants et grisâtres comme des autos d'avant-guerre, vinrent bientôt retrouver les membres de l'état-major du film. On parlait millions, centaines de mille francs, pellicules, histoire de France, studios. Et pourtant, il était plus que certain que le plus important de ces personnages n'avait ni bureaux, ni employés, ni domicile. La grande affaire était de monter une société. On commence par engager en principe des acteurs, on téléphone à des distributeurs, on fait miroiter de gros bénéfices possibles devant les directeurs de salles, et l'on se procure ainsi une dizaine de mille francs, qui servent à régler des notes d'hôtels ou des taxis qui attendent. Puis, on cherche ce qui s'appelle un « scénario », on écrit aux artistes, on décommande les distributeurs, on entre tout vivant dans un cauchemar de cafés crème, d'annuaires téléphoniques, de projets, on croit à ce qu'on dit, on ne dit pas ce qu'on croit, on se satisfait de mots, de promesses, on recommande des cafés-crème, on câble à des êtres imaginaires, qui acquièrent de ce fait une espèce d'existence, on attend des réponses, on caresse des esquisses de films propres à bouleverser Paris, et l'on s'aperçoit finalement qu'il est quatre heures de l'après-midi. Alors, on décampe, on va installer un camp de conversation dans un autre café, et l'on recommence à divaguer avec une abondance telle que le souci du lendemain n'ose jamais se lever dans l'âme…

Il est, au *Select* comme ailleurs, une clientèle de Parisiens sensés qui ont juste le temps d'avaler un apéro avant de déjeuner dans le quartier, des Parisiens qui travaillent sans espérer à faux et sur lesquels, cependant, ces rêveries, ce culot monotone et cette blaguologie, « comme on dit au village », font impression. Des demoiselles qui n'ont pas encore mal tourné n'en finissent pas de dévisager ce bataillon de Russes, de Bavarois, de Viennois, de Polonais, d'Américains pour bals champêtres, d'où s'élèvent des fumées prometteuses. Voici bientôt cinq ans que ces faux banquiers, ces faux producteurs parlent et reparlent des mêmes choses sans bouger de place, et il se trouve encore des consommateurs pour envier leur sort. Pas un qui ait mis un film debout, si l'on peut dire, et, pourtant, le courage de continuer à cafécrémer au *Select* ne l'abandonne pas. Mon voisin de gauche caresse de sa main ganglionnée de bagues un paquet sur lequel je lis l'adresse de quelque personnage californien. Le paquet s'en ira dans l'inconnu et, des mois durant, l'expéditeur vivra de revenus d'espérance. Peu d'escrocs, assurément, dans cette clientèle des Champs-Élysées. Des fous. Les escrocs sont occupés. Ils tournent réellement. Ceux qui demeurent assis sont des intoxiqués à leur manière. Le cinéma a remplacé pour eux les mystiques agonisantes de leur pays…

Je me proposais de révéler toutes ces choses à ma provinciale. Mais celle-ci ne se montrait pas. Déjà, les gens sérieux du quartier, entrés là par habitude, reprenaient le chemin de leurs occupations. Les autobus remontaient, vers les ateliers ou les bureaux, les Parisiens de la couture ou de l'automobile. Seuls restaient à leur table les grands malades du cinéma. Un frisson d'inquiétude parfois traversait l'établissement. L'obligation de payer certaines notes se lisait sur des visages de faiseurs de films. Admirablement insensibles à ces espérances ou à ces angoisses, les garçons passaient, polis et mécaniques, entre les tables.

Vexé comme celui qui aurait attendu en vain une jolie femme sous les yeux de la foule, je pris brusquement la résolution de sortir et d'aller déjeuner. Quand on sort d'un immeuble quelconque des Champs-Élysées, on a la sensation du large. Je me promenai longuement, comme sur un pont de paquebot, avant d'entrer au *Fouquet's*[1], capitale indiscutée de l'endroit. Si le *Select* absorbe comme une administration ce que le quartier a de plus douteux, de plus éphémère, le *Fouquet's* ne donne asile qu'à ce que Paris compte de moins contestable. On va au *Select*, on a l'air d'être reçu chez Fouquet. Le haut personnel cinématographique, qui, de temps à autre, a besoin de changer d'air, quand il vient au *Fouquet's*, choisit de préférence le soir et se confine dans les coins. Par coquetterie, dit-il, il tient la terrasse jusqu'aux premiers froids un peu vifs. À la vérité, il est profondément humilié par la clientèle heureuse de vivre du *Fouquet's*, dans laquelle il reconnaît ceux qui font pour de bon d'authentiques films et qui passent dans les salles. Il voit Tourneur, au nom prédestiné, Raimu, qui ne passe pas inaperçu, Murat, Pierre Benoit, qui fit des dialogues, tous gens qui ne rêvent pas. D'autres encore, mêlés au monde de la Bourse ou à celui des Courses, et pour qui le *Fouquet's* à la cuisine excellente est une antichambre délicieuse.

Fouquet's est un de ces endroits qui ne peuvent passer de mode qu'à la suite, il faut bien le dire, d'un bombardement. Et encore ! D'autres cafés, d'autres restaurants périclitent, perdent leur clientèle, ferment leurs portes et font faillite. Le *Fouquet's* persiste, comme un organe indispensable au bon fonctionnement de la santé

1. 99, avenue des Champs-Élysées.

parisienne. C'est un endroit à potins d'hommes, car les hommes sont aussi concierges que les femmes. C'est là qu'en des temps de rentrées les hommes vont se conter leurs bonnes fortunes de l'été. C'est là qu'ils se mendient des tuyaux de Bourse ou de Courses dont la plupart n'ont pas besoin, car le *Fouquet's* peut se vanter de donner asile aux grosses fortunes, mais, comme dit l'autre, il faut bien vivre comme on vit à Paris… Quel Paul Bourget nous donnera le roman de l'homme-avion, de l'homme-cocktail, à la fois sportif et mondain, affecté et cultivé, insupportable et charmant, des années 1930-1938 ? S'il existe et qu'il manque de documentation, qu'il aille au *Fouquet's*, Bibliothèque nationale du parisianisme élégant.

À qui souvient-il encore de l'époque où, sur le plan des cafés, les Champs-Élysées ne brillaient que par le *Fouquet's* ? Ils étaient nobles et nus. Soudain, des cafés ont surgi comme une équipe de coureurs ! *Le Berry*, devenu *Le Triomphe*, *Le Colisée*, *Le Marignan*, *Le Longchamp*, *Le Normandy*, *Le Florian*, flanqués des escadrilles de « George V », de « Champs-Élysées », de « Marly ». Une vraie flotte. Il semble qu'il y ait eu dans le passé une nuit pendant laquelle les Parisiens auraient pris d'assaut ces établissements nouveaux, étincelants, immenses ou minuscules, qui surgirent l'un après l'autre du vieux trottoir… D'où vient cette clientèle, qui s'étale comme un auditoire électoral, les soirs d'été, jusqu'au passage des taxis ? Entre ces expositions d'apéritifs et ces cascades de café crème, les cinémas éclatent comme des feux d'artifice, les carrossiers font des merveilles d'incendie. L'avenue devient une des plus éclairées, des plus fréquentées de l'Europe. La clientèle est venue de toutes les capitales à la fois pour goûter à nos huîtres, pour se mêler à nos mannequins, à nos directeurs de maisons de couture, clientèle pourrie malheureusement en son centre, comme une prune par un ver, par le peloton de cinéastes errants qui vont depuis vingt ans du *Select* au *Fouquet's*, du *Fouquet's* au *Triomphe* et du *Triomphe* au *Select*, dans l'espoir de trouver non pas les 100 000 francs qui manquent encore pour donner le premier tour de manivelle, non pas la star qui fera frémir d'aise les provinces, mais le hasard qui les dégoûtera du cinéma…

En quittant ce jour-là le *Fouquet's*, je ne me décidai pas à abandonner le quartier sans avoir jeté un coup d'œil, par acquit de conscience, dans les cafés. La crainte de savoir que ma provinciale avait pu être happée au passage par le monstre cinéma me tourmentait autant que l'espoir, très humain, de faire sa connaissance. Pouvais-je faire mieux que de m'offrir à la vue des clients des cafés ? Personne, hélas, ne se leva pour me reconnaître. Lorsque je m'éloignai enfin de l'avenue, je la vis brusquement, ce soir d'automne, comme une immense plage formée par la réunion de tous les cafés où les Parisiens viennent prendre un bain de fraîcheur et de lune, après dîner. Et l'on sent très bien, le *Fouquet's* mis à part, que tous ces établissements où personne ne se connaît, où l'on manque parfois ses rendez-vous, où l'on se tasse comme pour une cérémonie, sont placés « sous le signe » éphémère des plages. Il suffirait que la clientèle se portât en masse vers un autre endroit de Paris pour qu'ils se volatilisent. Le *Fouquet's*, seul, émergerait vivant du brouillard, et, plus bas, le *Francis*, d'une part, *Le Rond-Point*, de l'autre, que font vivre et durer les théâtres, les couturiers et les journalistes. Aujourd'hui, les Champs-Élysées sont aux cafés. D'autres, d'ici quelques mois, naîtront sans doute sur ce trajet unique au monde. Mais, demain ?

Extrait du *Piéton de Paris*, 1939.

GABRIEL-LOUIS PRINGUÉ

(1885-1965)

Dernière fête avant la catastrophe

*Les mondains se taisent. S'ils parlaient, ils ne seraient jamais réinvités. Et donc, à table, banalités, rentrés, dodo. Avant de se coucher, certains prennent des notes. Elles constituent parfois la vengeance des flatteries qu'ils ont débitées, quoique tous les dîneurs ne soient pas des hypocrites crachant le venin après le miel, à la façon d'Horace de Viel-Castel (1802-1864), sorteur qui ne rentrait que pour tenir un journal intime suintant de ragots et d'autant plus anodin que beaucoup sentent l'invention en plus de la mauvaise haleine ; un mauvais écrivain célèbre du XX*e *siècle, Roger Peyrefitte, a laissé des* Propos secrets *de cet ordre (1977, 1980). Ce n'est pas le ragot qui fait Saint-Simon, c'est le génie. Gabriel-Louis Pringué, dans sa candeur d'homme qui a vécu toute sa vie dans le même milieu, n'a évidemment pas imaginé que son titre de* Trente Ans de dîners en ville *pouvait être cocasse, non plus que les auteurs de* Cinquante Ans de panache *(André de Fouquières, 1951) ou de* Tout m'est bonheur *(comtesse de Paris, 1978). Elsie de Wolfe, Américaine, riche, décoratrice, lesbienne (ces définitions qui ne définissent rien ne sont pas moins cocasses), a épousé un lord Mendl sur le tard et donné, dans sa maison de Versailles, ce grand dîner dont parle Pringué qui passe être pour le dernier avant la chute de Paris en 1940. Quelques jours après celle-ci, un officier allemand entre chez* Maxim's. *Le prince de Faucigny-Lucinge, le reconnaissant d'une chasse en Autriche, lui demande : « Vous êtes ici pour longtemps ? »*

Durant la guerre de 1914-1918, pendant le séjour de plusieurs mois que je fis à Compiègne, au GQG comme officier interprète, j'avais été invité à dîner chez lady Mendl, alors Elsie de Woolfe. Elle dirigeait avec la baronne Henri de Rothschild, à Compiègne, l'hôpital de l'Ambrine. Elsie, qui était pleine de fantaisie, revêtait, à cet effet, un costume assez curieux dont la coiffe affectait la forme d'un hennin du Moyen Âge comme on les voit sur les portraits d'Agnès Sorel et d'Anne de Beaujeu. Pour ce dîner, elle était habillée de soie blanche dans le style d'une peinture de Watteau, pour l'embarquement à Cythère. Mme de Rothschild était venue dans l'uniforme d'infirmière israélite, c'est-à-dire le costume d'une religieuse catholique avec un collier de perles en plus. Les généraux britanniques Woodroff, qui avait l'air d'un adolescent, joufflu rose et blond, et Clivé monoclé assistaient à ce repas avec une sorte de lieutenant ou capitaine infirmier, femme qui me stupéfia. C'était Miss Desmond Hackett. Elle portait l'uniforme d'officier anglais, ce qui, à cette époque, pouvait surprendre et réalisait une grande nouveauté. Coiffée comme un jeune garçon avec une raie de côté et les cheveux châtains collés à la gomina, elle avait, fixé dans l'œil, un monocle cerclé d'or – une petite jupe très courte laissait voir des bottes vernies d'un marron rosé, étincelantes. Tout cela, en pleine bataille, car la valse des obus tout alentour ne cessait pas, faisait très Opéra-Comique et me divertissait. J'étais le voisin de Miss Hackett. Son esprit pétillant, cynique, et un peu corps de garde distingué, car elle était grenadier jusqu'au bout des ongles, m'amusa infiniment. Comme le lendemain, je me rendais au ministère de la Guerre, elle me pria à déjeuner à l'hôtel *Ritz*, dans son appartement, qu'elle partageait avec deux autres lieutenants infirmiers femmes.

C'est à ce déjeuner que je fis la connaissance de la jolie Gaby Deslys et d'Harry Pilcer, son danseur. Gaby Deslys, qui, fille d'un pharmacien de Marseille, s'appelait Mlle Caire, était la gentillesse, la gaîté, l'obligeance et la simplicité mêmes. Elle portait d'admirables perles d'un orient parfait. Je devais souvent la voir dans la suite et je comprends qu'elle ait fasciné une jeune tête couronnée.

Pressé de rentrer au GQG, le train ne partant que tard, Gaby Deslys me proposa de prendre sa grande automobile découverte, toute blanche avec des raies noires, et c'est dans cet équipage que je franchissais les grilles du palais de Compiègne devant mes camarades ébaubis.

Lady Mendl, élève du marquis de Castellane, possédait le don de recevoir et d'offrir des fêtes spectaculaires, théâtrales et du plus bel effet. Elle habitait à Versailles un petit palais qui fut, je crois bien, celui du duc de Nemours, meublé avec un goût très recherché et sûr, au milieu d'un jardin de féerie, enchâssé dans l'armature du parc de Louis XIV. C'est la dernière fête à laquelle j'ai assisté; rentrant de Londres dans l'été de 1939, quelques semaines avant la guerre qui a détruit l'Europe.

Je veux en dire quelques mots car ce fut le chant du cygne du Faste en ce Monde.

Dès la porte, des valets de pied en spencer blanc, aux revers bleu de roi, à aiguillettes d'argent, conduisaient les invités dans le salon aux boiseries délicates, où lady Mendl, un diadème de solitaires en forme de poires coiffant ses cheveux couleur de jade, ses mains, ses bras, longs gantés de suède vert, vous accueillait souriante, affable, spirituelle. Un feu de bois pétillant chantait sa plainte, accordant sa mélodie à celle de l'orchestre qui, plus loin sur la terrasse, ordonnait la danse. Cette terrasse elle-même était recouverte d'une tente de coutil vert et blanc, aménagée à la manière impériale et soutenue par des lances entrecroisées. Des meubles de jardin en capiton de satin blanc l'ornaient. Des nègres torchères, en bois sculptés du XVIIIe siècle, l'éclairaient. Dans le jardin, les tapis de Perse et de Turquie couvraient les pelouses où des poufs en capiton de satin blanc offraient un repos aux promeneurs. Au fond des charmilles, un orchestre tzigane, venu de Bucarest pour un soir, évoquait la sauvagerie ardente des Karpathes lointaines dans ce décor du siècle et de l'esprit. Des processions de lys guidaient vers le bassin de marbre rose, aux parois de mosaïque bleue, parmi les buis taillés, les ifs découpés, le rêveur vers un temple qui, dans l'eau de lapis-lazuli, mire son charme mélancolique. J'y étais seul. Les roses, les lys, les giroflées embaumaient. D'une haie montait une tendre psalmodie et dans l'eau bleue du bassin, le croissant de la lune dessinait son image. Instants uniques.

Fuyant sans bruit vers le potager du roi, dont les bassins et jeux d'eau s'en allaient dans l'ombre sévère du grand parc, que des lampes harmonieusement placées éclairaient, j'écoutais au loin la mélancolie d'un accordéon romantique qu'accompagnait une voix d'enfant. M'échappant à l'étreinte de tout ce fabuleux irréel, grisé d'extase, ivre de senteurs, de nuit, de musique, je revenais vers la valse des couples, vers le rapide mouvement des tulles et des soies, au rythme de l'orchestre.

Sur la grande pelouse, la foule parée, les perles entrechoquées, les diadèmes étincelants, les diamants emprisonnant la fragilité des nuques tournoyaient, le spectacle commençait. Le spectacle fut un cirque au complet avec équilibristes, clowns, gymnasiarques aériens, éléphants, chevaux dressés, haute école des écuyères, tout le théâtral décor du vrai cirque dans son ampleur. Une de mes amies m'a avoué qu'il y avait des singes blottis dans les arbres. Je ne les ai pas vus. Dans la salle à manger, le plus succulent des buffets était servi par petites tables.

Voilà pour le décor. Que dire de l'assistance qui était simplement magnifique ; la cohorte des plus jolies femmes, des plus élégamment fastueuses, des mieux vêtues, était là, au garde à vous du merveilleux et du joli, toutes accommodées, le pompon sur l'oreille.

Nuit ensorcelante. Nuit exaltante. Nuit magique. Nuit fantastique. Tel fut le bal de lady Mendl.

La femme du ministre de Hongrie, la jolie comtesse Kuhn-Hedervary, me disait en sortant : « Cette fois, nous dansons bien sur un volcan. »

Extrait de *Trente Ans de dîners en ville*, 1948.

ÉTIENNE DAHO ET ARNOLD TURBOUST

(nés en 1956 et en 1959)

« Tombé pour la France »

Étienne Daho a apporté à la chanson française une chose rare dans cet art si souvent direct, l'allusion. Le poète et essayiste William Empson a écrit un livre fameux en Angleterre, Seven Types of Ambiguity. *Étienne Daho serait le huitième. Et c'est parce que ce maître en ambiguïté y reste qu'il garde sa singularité. En effleurant, Daho a apporté une teinte à la masculinité française, jusqu'à lui si moustachue. Quelqu'un qui chante*

Je me voulais léger, léger
Du plaisir sans se retourner
Ce plaisir ne m'allégeait pas
La beauté n'avait pas de bras

Je rêvais d'une vie de plumes
Ignorais la stèle et l'enclume
Je balayais mes propres traces
Que de temps perdu en surface

n'est pas désapprouvé par Paul Verlaine.

Be-bop, pieds nus sous la lune,
Sans foi ni toit ni fortune,
Je passe mon temps à faire n'importe quoi.

Sur les pistes, noires de préférence
Quand le démon de la danse
Me prend le corps, je fais n'importe quoi.
Tout va bien.
Sur un jerk électronique
Se nouent des amours ludiques
Be-bop, la vie c'est n'importe quoi
C'est la fête
C'est psychédélique,
Me demande pas ce que je fabrique
Je te répondrais n'importe quoi
J'en sais rien.

Dum-di-là, je m'étourdis, ça ne suffit pas
À me faire oublier que t'es plus là
J'ai gardé cette photo sur moi,
Ce photomaton que t'aimais pas
Si tu reviens n'attends pas
Qu'au bout d'une corde mon corps balance
Be-bop, pieds nus sous la lune,
Sans foi ni toi ni personne
Je crois bien que je ferais n'importe quoi
Pour te voir
Cinq minutes encore à Sables d'or près des dunes
Je te raconterai n'importe quoi
Ce sera bien.

Dum-di-là, je m'étourdis, ça ne suffit pas
À me faire oublier que t'es plus là
J'ai gardé cette photo sur moi,
Ce photomaton que t'aimais pas
Si tu reviens n'attends pas
Que je sois tombé pour la France
Pour te voir
Cinq minutes encore à Sables d'or près des dunes
Je te raconterai n'importe quoi
Ce sera bien.

Dum-di-là, je m'étourdis
Ça ne suffit pas
À me faire oublier que t'es plus là
J'ai gardé cette photo sur moi, ce photomaton que t'aimais pas
Si tu reviens n'attends pas
Que je sois tombé pour la France.

Paroles : Étienne Daho ; Musique : Arnold Turboust,
Tombé pour la France, 1985.

TABLE DES TEXTES CITÉS

APOLLINAIRE Guillaume, « Feu Alfred Jarry », *Les Marges*, 15 janvier 1922

BACHAUMONT Louis de, « Une momie égyptienne à la morgue de Paris en 1767 », *Mémoires secrets*, posth. 1777-1789

BAKER Joséphine, « Ma petite Tonkinoise », chanson créée par Polin en 1906, reprise par Joséphine Baker en 1930, paroles : Henri Christiné ; musique : Vincent Scotto ; publiée avec l'aimable autorisation de Sylvain Thomas

BALZAC Honoré de, « Le faubourg Saint-Germain », *La Duchesse de Langeais*, 1834

BARBUSSE Henri, « Des allumettes dans les tranchées », *Le Feu*, paru en feuilleton dans *L'Œuvre*, 1916 ; repris en volume chez Flammarion, 1916

BASSOMPIERRE François de, « Les derniers jours d'Henri IV », *Journal de ma vie*, posth., 1665

—, « Un tournoi en 1605 », *Journal de ma vie*, posth., 1665

BAUDELAIRE Charles, « Richard Wagner à Paris », *L'Art romantique*, 1861

BERNARD Marc, « Les manifestations ouvrières de février 1934 », *Faire front*, posth., © La Fabrique, 2018

BERNARDIN DE SAINT-PIERRE Jacques-Henri, « Rousseau à Paris », *Essai sur Jean-Jacques Rousseau*, [1772], 1re éd. 1818

BERNHARDT Sarah, « Un chahut au théâtre sous le Second Empire », *Ma double vie*, Charpentier &Fasquelle, 1907

BESSETTE Hélène, « La femme de ménage », *Ida*, Le nouvel Attila-Othello, 2018

BLANC Julien, « Au collège Saint-Joseph », *Confusion des peines*, Gallimard, 1943
BOISSIÈRE Jules, « L'opium d'Indochine », *Fumeurs d'opium*, 1896
BOURDIN Christophe, « « Vous ne trouvez pas qu'on en parle trop ? » (Le sida), *Le Fil*, La Différence, 1994
BRANTÔME, « Les malheurs d'une reine » (Marguerite de Navarre), *Vies des dames illustres*, 1593-1594
BRETÉCHER Claire, « Plouc Tour », *Tourista*, © Dargaud, 1989
BRUANT Aristide, « Belleville-Ménilmontant », *Dans la rue, chansons & monologues*, 1889
— « Crâneuse », *Dans la rue, chansons & monologues*, 1889
CALVINO Italo, « Ermite à Paris », *Ermite à Paris*, traduit par Jean-Paul Manganaro, 1974, © Éditions Gallimard
CAMUS Albert, « Les rues d'Oran », *L'Été*, [1950], © Éditions Gallimard, 1954
CASSOU Jean, « Il y a eu des Français », *La Mémoire courte*, © Sillage, 1953, publié avec l'aimable autorisation de Mme Anne Sée
CENDRARS Blaise, « Tout le front ne parlait que de Charlot », in *Aujourd'hui/Jéroboam/Sous le signe/Le Brésil/Trop c'est trop*, © Éditions Denoël, 1957, 2005. Extraits tirés du volume 11 de « Tout autour d'aujourd'hui », Nouvelle édition des œuvres complètes de Blaise Cendrars dirigée par Claude Leroy
CHAMFORT, « Le serment du Jeu de paume », *Tableaux historiques de la Révolution française*, 1791-1798
—, « Louis XV », *Maximes, pensées, caractères et anecdotes*, 1re éd. 1796
CHANTELOU Paul de, « Le Bernin en France », *Journal de voyage du cavalier Bernin en France*, 1665, *Gazette des Beaux-Arts*, 1885, édité à partir d'une copie du manuscrit original
CHARLES D'ORLÉANS, *En regardant vers le pays de France*, v. 1433
CHATEAUBRIAND François René de, « Saint-Malo », *Mémoires d'outre-tombe*, [1849], Gallimard, 1951
CHESTERFIELD Philip Stanhope lord, « Conseils d'un Anglais à son fils allant à Paris en 1750 », *Lettres à son fils*, trad. Amédée Renée, 1842
CHURCHILL Winston, « Clemenceau », *Mes grands contemporains*, trad. Antoine Capet, Tallandier (collection « Texto »), 2019.
— « Vive la France ! », discours aux Français et en français, BBC, 21 octobre 1940

CLEMENCEAU Georges, « Ce qui donne du courage, ce sont les idées », *Le Silence de M. Clemenceau. M. Clemenceau peint par lui-même*, Albin Michel, 1929

COCTEAU Jean, « Le défilé de la victoire », *Carte blanche*, 1920, © Éditions Grasset & Fasquelle, 2023

COPI, « Les comme ça », in *Vive les pédés et d'autres fantaisies*, Collection Olivius, © Éditions de l'Olivier, 2014

CORBIÈRE Tristan, « Saint Tupetu de Tu-pe-tu », *Les Amours jaunes*, 1873

CYRANO DE BERGERAC, « Je fus très aise pour le plaisir que je recevais », *Histoire comique contenant les États et Empires de la Lune*, 1657

DABIT Eugène, « La promenade du dimanche aux Buttes-Chaumont », *Faubourgs de Paris*, Gallimard, 1933

DAHO Étienne et TURBOUST Arnold, « Tombé pour la France », 1985, © auteur : Étienne Daho ; compositeur : Arnold Turboust, Éditions Satori Song et Lonely Boppa

DAMAS Léon-Gontran, « Solde », *Pigments-Névralgies*, 1937, © Présence Africaine Éditions, 1972

DANTZIG Charles, « Le député Furnesse » (Un homophobe), *Histoire de l'amour et de la haine*, © Éditions Grasset & Fasquelle, 2015

DAUDET Alphonse, « Les nourrices », *Souvenirs d'un homme de lettres*, 1889

DELBO Charlotte, « Vincentella, dite Danielle, Casanova, née Périni », *Le Convoi du 24 janvier*, © Les Éditions de Minuit, 1966

DESPENTES Virginie, « J'écris de chez les moches », *King Kong Théorie*, © Éditions Grasset & Fasquelle, 2006

DUMAS Alexandre, « Ma révolution de 1830 », *Mes mémoires*, 1851

DURAS Marguerite, « "Poubelle" et "Planche" vont mourir », *Outside*, © P.O.L. Éditeur, 1984

FARGUE Léon-Paul, « Cafés des Champs-Élysées », *Le Piéton de Paris*, [1936], Gallimard, 1939

—, « Montparnasse 1910-1935 », [1941], *Refuges*, 1942

—, « Sur le trottoir tout gras… », *Poèmes*, Éditions de la Nouvelle Revue française, 1912

FÉLIBIEN André, « Les *Divertissements de Versailles* et *Iphigénie* », *Les Divertissements de Versailles*, 1674

FLAUBERT Gustave, « Le Midi en 1847 (Carcassonne, le pont du Gard, Nîmes, Arles, Toulon, Marseille) », *Par les champs et par les grèves*, posth., 1881
FRÉHEL, « Y en a qui vous parlent de l'Amérique », *Où est-il donc ?*, paroles : André Decaye et Lucien Carol ; musique : Vincent Scotto
GALTIER Jean-Boissière, « Une pagaïe charmante – L'armée Leclerc arrive à Paris », *Mémoires d'un Parisien*, t. 3 © Éditions de La Table Ronde, 1963
GARÇON Maurice, « Le retour des permissionnaires », *Journal 1912-1939*, édition établie, présentée et annotée par Pascal Fouché et Pascale Froment, © Éditions Fayard-Les Belles Lettres, Paris, 2022
GAUTIER Théophile, « L'idéal et les bombes », *Tableaux de siège*, 1871
—, « La bataille d'*Hernani* », *Histoire du romantisme*, 1874
GENET Jean, « J'ai dédié ce poème à la mémoire de mon ami Maurice Pilorge », *Le Condamné à mort*, 1942, © Éditions Gallimard
GIDE André, « Les saigneurs de caoutchouc », *Voyage au Congo*, Gallimard, 1927
GIRIER René, dit René la Canne, « Les débuts d'un truand », *Chienne de vie*, Martel, 1952
GOURMONT Remy de, « Paul Verlaine », *Promenades littéraires*, [1910], Mercure de France, 1912
GOURNAY Marie de, « Je me contente de les égaler aux hommes », *Égalité des hommes et des femmes*, 1622
GRAMONT Élisabeth de, « Comme des somnambules », in *Clair de lune et taxi*, © Éditions Grasset & Fasquelle, 1932.
GUERMANTES Oriane de, « Hesse-Darmstadt, Saint-Empire et gnan gnan », *À la recherche du temps perdu*, Grasset puis Gallimard, 1913-1927
GUILHEM DE TUDÈLA, « Les massacres de Béziers », *La Chanson de la croisade des Albigeois*, écrite en 1213-1214, 1re édition 1250-1300, trad. et notes Paul Meyer, 1879
HALÉVY Ludovic, « Gambetta », *Trois Rencontres avec Gambetta*, posth., 1929
HENRI IV, « Si je n'avais été roi, j'eusse été pendu », extrait de Gédéon Tallemant des Réaux, *Historiettes*, posth., 1834
HOCQUENGHEM Guy, « Je ne connais pas de villes, je ne connais que des ghettos », *Le Gay Voyage*, © Albin Michel, 1980

HUGO Victor, « Conversations avec Louis-Philippe », *Choses vues*, posth., 1887
—, « Depuis six mille ans la guerre », *Les Chansons des rues et des bois*, 1866
—, « La toilette du condamné », *Le Dernier Jour d'un condamné*, 1829
—, « Mortelles rêveries d'un apprenti poète à Paris », in *Littérature et philosophie mêlées*, 1834
JACOB Max, « Dîner en ville. Que de messieurs !... », in *Visions infernales*, 1924, © Éditions Gallimard
JAMMES Francis, « Le paysan », in *De l'angélus de l'aube à l'angélus du soir*, 1898
JARRY Alfred, « Calendrier du Père Ubu pour 1901 », *L'Almanach illustré du Père Ubu*, 1901
KERDYK René, « Complainte de la guillotine », v. 1930
KLEIST Heinrich von, « Cafés et autres commerces à Paris sous l'Empire », *Berliner Abendblätter*, 6 septembre 1810, trad. de l'allemand par Charles Dantzig
LA BOÉTIE Étienne de, « Invective au peuple », *Discours de la servitude volontaire*, 1576, publié pour la première fois dans son intégralité dans une édition de 1727 des *Essais* de Montaigne
LEDUC Violette, « La compagnie des homosexuels », *Trésors à prendre*, 1960, © Éditions Gallimard
L'ESTOILE Pierre de, « Décapitation du comte de Montgommery sur la place de Grève le 16 juin 1574 », *Journal du règne de Henri III*, posth., 1621
—, « Frisés, fraisés et batailleurs : les mignons », *Journal du règne de Henri III*, posth., 1621
LEVET Henry Jean-Marie, « Afrique occidentale », [1905], *Cartes postales*, 1921
LIGNE Charles-Joseph de, « Mon séjour chez M. de Voltaire », *Mémoires*, posth., 1827-1828
LISSAGARAY Prosper-Olivier, « Paris avant la chute », *Histoire de la Commune de 1871*, 1876
LORRAIN Jean, « Printemps de Tunis », *Heures d'Afrique*, 1899
LOTI Pierre, « La prise de Hué », *Le Figaro*, 28 septembre, 13 octobre et 17 octobre 1883
MAI 68, Slogans relevés par divers témoins
MALAQUAIS Jean, « Paris occupé », *Journal de guerre*, New York, 1943 ; Phébus, 1997

MANCIET Bernard, « Le pin des Landes », *Le Triangle des Landes*, Flammarion, 1981

MANSFIELD Katherine, « Une alerte à Paris en 1915 », *Lettres*, trad. Madeleine T. Guéritte, Stock, 1940

MARGUERITE DE VALOIS, « La nuit de la Saint-Barthélemy », *Mémoires*, 1re éd. posth., 1628

MARX Karl, « La carrière de Thiers », *La Guerre civile en France*, 1871

MAUPASSANT Guy de, « La légende du mont Saint-Michel », *Clair de lune*, 1884

MÉRIMÉE Prosper, « Attentats contre Napoléon III », *Lettres à la comtesse de Montijo*, 1930

MIGNOT DE DAMPIERRE D'HORNOY, « Le cadavre de Voltaire en carrosse », *Mort d'Arrouët de Voltaire*, manuscrit adressé à l'évêque d'Annecy, le 1er décembre 1778

MIRBEAU Octave, « L'automobilisme », *La 628-E8*, Fasquelle, 1907

MISTINGUETT, « Dans les bouges la nuit », extrait de la revue *Paris qui brille*, 1931. Paroles de Cherubini, musique de Cesare A. Bixio. Adaptation française de Henri Varna et De Lima © S.A. MUSICALES BIXIO. Publié avec l'autorisation de S.E.M.I, Paris (France)

MONLUC Blaise de, « Un conseil de guerre de François Ier », *Commentaires*, d'après l'édition revue sur les manuscrits pour la Société de l'Histoire de France ; 1re éd. posth., 1592

MUSSET Alfred de, « L'ennuyeux parc de Versailles », [1849], *Poésies nouvelles*, 1850

NIZAN Paul, « La translation des restes de Jean Jaurès au Panthéon », *La Conspiration*, Gallimard, 1938

NUIT DEBOUT, Slogans sur le sol de la place de la République, Paris

PASQUIER Étienne-Denis, « Les Juifs de France et le Grand Sanhédrin de 1807 », *Histoire de mon temps*, 1893-1895

PHILIPPE Charles-Louis, « La syphilis », *Bubu-de-Montparnasse*, Éditions de la Revue blanche, 1901

POIRET Jean, « Mariage chez les transformistes », *La Cage aux folles*, 1973, © L'avant-scène théâtre/Collection des quatre-vents, 2004

POIRET Paul, « Une maison de couture », *En habillant l'époque*, Grasset, 1930

PRINGUÉ Gabriel-Louis, « Dernière fête avant la catastrophe », *Trente Ans de dîners en ville*, 1948, © Éditions Lacurne

PRIVAT D'ANGLEMONT Alexandre, « Les métiers du père Chapellier », *Paris Anecdote*, 1845

PROUST Antonin, « Édouard Manet », *Édouard Manet, souvenirs*, [1897], éd. posth., 1913

PROUST Marcel, « Dîners de barbares », *Le Temps retrouvé*, posth., 1927

—, « La princesse Mathilde », *À l'ombre des jeunes filles en fleurs*, Éditions de la Nouvelle Revue française, 1919

RABELAIS François, « La bibliothèque Saint Victor », *Pantagruel*, [1532], transcription Henri Clouzot, Larousse, 1913

RENARD Jules, « Triomphe de *Cyrano de Bergerac* », *Journal*, posth., Bernouard, 1925-1927

—, « Les murs de province », *Journal*, posth., Bernouard, 1925-1927

RENOIR Jean, « Mon premier film », *Ma vie et mes films*, © Éditions Flammarion, 1974

ROCHEFORT Christiane, « La cité », *Les Petits Enfants du siècle*, © Éditions Grasset & Fasquelle, 1975

SACHS Maurice, « De Matisse à Foujita », *La Décade de l'illusion*, posth., Grasset, 1951

—, « *Le Bœuf sur le toit* et les sorties d'après-guerre à Paris », *La Décade de l'illusion*, posth., Grasset, 1951

SAINT-SIMON Louis de, « Mort et caractère de Louis XIV », *Mémoires*, posth., 1829

SARTRE Jean-Paul, « Un promeneur dans Paris insurgé » [1944], *Situations I*, 1947, © Éditions Gallimard

SCOTT FITZGERALD Francis, « La Côte d'Azur », *Tendre est la nuit*, [1934], trad. Jacques Tournier, Le Livre de Poche, 2007

SÉNAC Jean, « Les massacres de Juillet », *Matinale de mon peuple*, in *Œuvres poétiques*, © Actes Sud, 1999

SÉVIGNÉ Mariee de, « Splendeur de la Montespan », *Lettres*, 1re éd., posth., 1734 et 1737

STAËL Germaine de, « Portrait de Napoléon », *Dix Années d'exil*, posth., 1818

STENDHAL, « Lyon », *Mémoires d'un touriste*, 1838

SUE Eugène, « Histoire de la goualeuse », *Les Mystères de Paris*, 1843

TAILHADE Laurent, « Le 13 novembre 1918 à Paris », *Les Reflets de Paris*, posth., 1921

TALLEMANT DES RÉAUX Gédéon, « Louis XIII », *Historiettes*, éd. posth., 1834-1836

TILLION Germaine, « Science carcérale », in *Ravensbrück*, © Éditions du Seuil, 1988/ © Éditions Points, 2015
TOCQUEVILLE Alexis de, « La moins sanglante des révolutions », *Souvenirs*, [1848], posth., 1893
*XXX*ᵉ *Bulletin de la Grande Armée*, « La victoire d'Austerlitz », 3 décembre 1805
VALÉRY Paul, « Dernière visite à Mallarmé », *Variété II*, Éditions de la Nouvelle Revue française, 1934
VERLAINE Paul, « Je trouvai, en rentrant à Paris, une lettre signée Arthur Rimbaud… », *La Plume*, 15-30 novembre 1895
VIGNY Alfred de, « Les gestes d'un roi », *Mémoires inédits*, établis d'après les manuscrits
—, « Un dandy : Alfred d'Orsay », *Mémoires inédits*, établis d'après les manuscrits
VILLON François, « Ballade des femmes de Paris », *Le Testament*, 1re éd. connue 1489
VOLTAIRE, *La Mort du chevalier de La Barre*, publié sous pseudonyme à Amsterdam en 1768
YOUNG Arthur, « Bonnes affaires des marchands de brochures » (Paris en 1790), *Voyages en France*, 1re trad. fr. 1931 ; trad. Philippe Bernard, 1970. D.R.
ZOLA Émile, « J'accuse… ! », *L'Aurore*, 13 janvier 1898
—, « Oh ! ce canon ! » (Napoléon III à Sedan), *La Débâcle*, 1892
—, « Pour les Juifs », *Le Figaro*, 16 mai 1896
—, « Une baignoire de marbre rose », *La Curée*, 1871

TABLE DES MATIÈRES

HEURES NOBLES

NOTRE ILIADE

HEURES TRISTES

POP-CORN

LA VIE DURE

LES CONDAMNÉS À MORT

PARIS-PANAME

AILLEURS EN FRANCE

FRANÇAIS AILLEURS

FEMMES HAUTS ET BAS

ET ALORS ?

LA DENT DURE

ÉTOILES FILANTES

ENCRE, NOTES ET COULEURS

SPECTACLES

MANY FÊTES

DU MÊME AUTEUR

Formes d'essais

Proust Océan, Grasset
Théories de théories, Grasset
Le Napoléonisme. Les trois stades du légendaire, Silvana Editoriale
Dictionnaire égoïste de la littérature mondiale, Grasset et Le Livre de Poche
Chambord-des-songes, Flammarion et GF
Traité des gestes, Grasset et Le Livre de Poche
Les Écrivains et leurs mondes, Robert Laffont, coll. « Bouquins »
New York, noir, Blaizot
À propos des chefs-d'œuvre, Grasset et Le Livre de Poche
Pourquoi lire ?, Grasset et Le Livre de Poche
Encyclopédie capricieuse du tout et du rien, Grasset et Le Livre de Poche
La Guerre du cliché, Les Belles Lettres
Il n'y a pas d'Indochine, Les Belles Lettres puis Grasset et Le Livre de Poche
Remy de Gourmont. Cher Vieux Daim !, Les Belles Lettres puis Grasset et le Livre de Poche

Formes d'anthologies

Anthologie des écrivains français racontés par les écrivains qui les ont connus, Les Belles Lettres puis Grasset, coll. « Les Cahiers rouges »
Anthologie de la poésie grecque antique (dir.), Les Belles Lettres
Remy de Gourmont. La Culture des idées, Robert Laffont, coll. « Bouquins »
Marcel Schwob, Œuvres (dir.), Les Belles Lettres
Voltaire, Poésies (dir.), Les Belles Lettres

Formes de romans

Paris dans tous ses siècles, Grasset
Histoire de l'amour et de la haine, Grasset et Le Livre de Poche
Dans un avion pour Caracas, Grasset et Le Livre de Poche
Je m'appelle François, Grasset et Le Livre de Poche

Un film d'amour, Grasset et Le Livre de Poche
Nos vies hâtives, Grasset et Le Livre de Poche
Confitures de crimes, Les Belles Lettres

Formes de poèmes

Genre : fluide, Seuil, coll. « Points »
Démocratie de bord de mer, Grasset
Les Nageurs, Grasset
La Diva aux longs cils (poèmes 1991-2010), Grasset
Bestiaire, avec des dessins de Mino, Les Belles Lettres
En souvenir des long-courriers, Les Belles Lettres
À quoi servent les avions ?, Les Belles Lettres
Ce qui se passe vraiment dans les toiles de Jouy, Les Belles Lettres
Que le siècle commence, Les Belles Lettres
Le chauffeur est toujours seul, La Différence

Formes de traductions

Francis Scott Fitzgerald, *Un légume*, Les Belles Lettres puis Grasset, coll. « Les Cahiers rouges »
James Joyce, *Les Chats de Copenhague*, Grasset
Robert Ross, *Aubrey Beardsley*, Grasset, coll. « Les Cahiers rouges »
Oscar Wilde, *Aristote à l'heure du thé*, Les Belles Lettres puis Grasset, coll. « Les Cahiers rouges »
Oscar Wilde, *L'Importance d'être Constant*, Grasset, coll. « Les Cahiers rouges »

Si vous désirez recevoir gracieusement le journal
de la collection « Bouquins »,
découpez ce bulletin et adressez-le à :

ÉDITIONS BOUQUINS

92, avenue de France – 75013 Paris

NOM* & PRÉNOM* ....

PROFESSION ....

ADRESSE* ....

E-MAIL ....

Je m'intéresse aux disciplines suivantes :

- Dictionnaires et Ouvrages de référence .... ☐
- Histoire et Essais .... ☐
- Littérature et Poésie .... ☐
- Littérature populaire. Aventures et Policiers .... ☐
- Musique .... ☐
- Voyages .... ☐

Suggestions ....

....

....

Titre de l'ouvrage dans lequel est insérée cette page ....

....

* Les informations collectées par la Collection Bouquins – Robert Laffont directement auprès de vous font l'objet d'un traitement automatisé afin de vous tenir informé des nouvelles actualités de la maison d'édition. Les informations marquées d'un astérisque sont obligatoires et sont nécessaires pour pouvoir vous inscrire dans nos bases de données. À défaut, la Collection Bouquins – Robert Laffont ne sera pas en mesure de répondre à votre demande. Ces informations sont à destination exclusive de la Collection Bouquins – Robert Laffont et seront conservées pendant une durée maximum de trois ans à compter de leur date de collecte.

Conformément au Règlement (UE) 2016/679 relatif à la protection des données à caractère personnel, vous disposez des droits suivants sur vos données : droit d'accès, droit de rectification, droit à l'effacement (droit à l'oubli), droit d'opposition, droit à la limitation du traitement, droit à la portabilité. Vous pouvez également définir des directives relatives à la conservation, à l'effacement et à la communication de vos données à caractère personnel après votre décès.

Pour exercer vos droits, merci d'adresser votre courrier recommandé AR à l'adresse suivante : DPO EDITIS, 30, place d'Italie, 75013 Paris, en y joignant la copie d'une pièce d'identité.

En cas de manquement aux dispositions ci-dessus, vous avez le droit d'introduire une réclamation auprès de la CNIL.

Composition et mise en pages
Nord Compo à Villeneuve-d'Ascq

#lisez! engagé
www.lisez.com
Pour plus d'information :
Imprimé sur du papier issu de forêts gérées durablement.

Achevé d'imprimer par
Normandie Roto Impression s.a.s.
N° d'impression : 2403376

Imprimé en France